루이스 헨리 세브란스

그의 생애와 시대

루이스 헨리 세브란스

그의 생애와 시대

김학은 지음

받는 기쁨보다 주는 기쁨이 더 큽니다.
You are no happier to receive it than I am to give it.

보고사
BOGOSA

For

Dr. Songlim Yuh

증보판 서문

『루이스 헨리 세브란스 그의 생애와 시대』를 출판한 지 15년이 지나 증보판을 상재할 수 있음을 기쁘게 생각한다. 지난 판본에서 세브란스 장로와 에이비슨 박사가 미국에서 극적으로 만나 서울에 한국 최초의 근대 의과대학과 세브란스 병원을 설립하게 된 사연을 기록하였다. 이번 증보판의 기회를 이용하여 세브란스가 이 땅에 남긴 또 하나의 기여를 기록하고 싶다.

세브란스 장로는 의료선교의 세계적 챔피언이지만 기독교에 헌신한 자유주의자이다. "그의 신앙과 자유로움은 많은 사람에게 영감을 주었다." 그의 자선으로 근대 서양의학의 불모지였던 조선에 세브란스 의학교를 창설하고 발전시키는데 일생을 바친 에이비슨 박사 역시 자유주의자이다. 그는 한국에 오기 전에 캐나다 토론토 의과대학 교수였는데 당시 캐나다는 영국의 식민지였다.

1908년 안식년을 얻어 잠시 미국으로 귀환한 에이비슨 박사는 언더우드 박사, 헐버트 박사와 함께 한국 선교를 위한 한국 캠페인을 기획하였다. 젊은 선교사를 파송하는데 필요한 모금 운동이었다. 여기에 미국에서 공부하던 이승만이 합류하였고 뉴욕 선교본부의 세브란스 장로가 적극적으로 도왔다. "참으로 이상스러운 일은 언더우드, 헐버트, 나[에이비슨], 우리 셋…은 그 해 우리 사업을 위해서 미국 전역에 연설하러 순회할 때 이승만의 도움을 받을 수밖에 없게 되었다는 점이다." 한국 캠페인은 성공적이었다. 9만 달러를 모금하여 20명의 선교사를 파송할 수 있었다. 또 네브라스카주 헤이스팅스 대학 내에 한국 학생의 교육을 위한 모금에 이승만이 세브란스를 소개하여 만든 프로그램이 헤이스팅스 대학 아카데미였다.

삼일운동으로 당황한 총독부는 불과 3주 만에 10명의 주한 선교사와 회합을 열고 사태 수습의 의견을 물었다. 여기에 참석한 세브란스 의학교 교장 에이비슨 박사의 발언은 주목할 만하다. "나는 대영제국 신민이지만 어떤 의미에서 미국 친구들보다 언론의 자유가 더 있을 수 있다. 대영제국 신민으로 생각하지 않으면 안 된다. 세키야[關屋貞三郎 총독부 학무국장] 씨가 솔직히 말을 했으니 마음에서 솔직한 의견을 말하겠다. … 여기에 인간의 자유에 대하여 내 생각을 말하겠다. 1. 민족정신은 대단히 중요하다. 나는 영국의 식민지 백성으로 경험을 말할 수 있다. … 2. 자유인은 민족의 언어를 사용할 수 있다. … 3. 언론의 자유는 또 하나의 권리이다. … 4. 동시에 출판의 자유가 있다. … 5. 이것과 관련하여 집회의 자유가 있다. … 6. 모든 자유인은 참정권을 갖는다. … 머리에 떠오르는 것 하나는 과거 수년 동안 통치의 상징으로 항상 착검을 휴대한다는 것이다. 세키야 씨를 집에서 보았을 때 평상복이어서 친구같이 느껴지나 집무실에서 보면 제복에 눌려 무서운 생각이 든다. 세키야 씨도 개인적으로는 착검을 좋아하지 않을 것으로 생각한다. (그가 자신도 착검을 좋아하지 않는다고 대답하였다) 그렇다면 일본은 인류의 자유를 위해 동맹이라고 생각한다." 언론의 자유는 미국 연방헌법 수정조문 제1조이며 권리장전에 속한다.

여기서 에이비슨 박사는 제1차 세계대전이 민주주의와 자유를 지키기 위한 전쟁이었음을 상기시키고 새로운 시대에 일본도 자유의 원칙을 한국에 실행할 것임을 촉구하였다. 에이비슨 박사는 이 발언이 위험하다고 알고 있었으나 영일동맹 하에 보호받는다는 점도 알고 있었다.

이 회합의 내용은 미 선교사들에 의해 제66회 미국 상원에 제출되었다. 여러 가지 복합적인 이유도 있었겠지만 주한 미 선교사들의 보고가 주일 미 선교사들을 움직이고 뉴욕의 선교본부를 움직여 마침내 일본 정부가 개선하는 데 일조하였다. 그해 9월 조선 총독이 경질되고 이른바 문화통치가 시작되었다. 착검도 사라졌다. 그러나 새 총독의 "이러한 정책 변경은 사태의 근본적인 요구를 충족시키는 것이 아니었다. … 이 두 가지 정책[동화정책과 착취정책]은 새로운 실패를 초래하였다."

이승만은 배재학당에서 서재필로부터 권리를 배웠다. 그는 영어를 더욱 연마하기 위하여 자주 에이비슨 박사를 찾아가는 기회에 미국의 정치제도를 습득하였다. 자유와 권리가 서양 문명의 핵심이고 그 배경에는 기독교 신앙이 있음도 알았다.

그러나 이승만이 기독교 신앙을 체험한 것은 한성 감옥에 수감되었을 때였다. 그는 기독교를 진심으로 믿고 자유의 의미를 깨달았다. "예수께서 세상에 내려오셔서 천 백대의 무궁히 끼치신 모든 은혜 가운데 우리의 가장 감격하게 여기는 바는 모든 세상 사람의 결박을 풀어 놓으신 것인바 … 지금 우리나라에 이런 이치를 아는 자도 우리 예수교인뿐이요. … 슬프다. 우리나라의 실낱같은 혈맥은 다만 예수교회에 달렸으니." 이승만은 감옥에서 함께 수감되어 있던 이상재를 비롯하여 양반들을 기독교로 개종하는 데 결정적 역할을 하였다.

이승만이 깨달은 자유는 천부의 자유 freedom이다. 이에 대하여 법률이 부여하는 법부의 자유는 liberty이다. 천부의 자유는 글자 그대로 하나님이 부여한 양도가 불가능한 자유이고, 법부의 자유는 고대 로마에서 주인이 노예를 풀어주는 인위적 자유에서 연유한다. 어원으로 살펴보면 알프스산맥을 중심으로 독일처럼 북쪽 국가에는 liberty에 해당하는 낱말이 없고 프랑스처럼 남쪽 국가에는 freedom에 해당하는 단어가 없다. 이 두 가지 자유가 영국에 와서 구분될 계기가 생겼으니 그것이 『킹 제임스 바이블』의 제정이다. 예수가 "진리가 너희를 자유롭게 하리라"라고 가르쳤을 때 그 자유가 천부의 자유이다. 이 개념이 기독교와 함께 미국으로 건너가 더욱 정교하게 발전하였다.

에이비슨 박사의 모교 토론토 의과대학의 교훈이 "진리가 너희를 자유롭게 하리라"이다. 그는 이 교훈을 세브란스 의학전문학교와 연희전문학교로 가져왔다. 그는 18년 동안 양교 교장을 동시에 지내며 많은 업적을 남겼다. 그의 제자들이 그의 자유주의를 암묵적으로 사사한 것은 자연스러운 일이었다.

동양 삼국 5천 년 역사에 자유라는 낱말이 없었다. 중국의 엄복이 1860년대 영국에서 가져온 자유는 존 스튜어트 밀의 자유 liberty였다. 한국 역시 고래로 불기(不羈)라는 말은 있었으나 자유나 권리라는 단어는 없었다. 박영효가 1880년대 최초로 일본에서 가져온 자유 역시 liberty였지만 당시 사람들은 이해하지 못했다. 유길준의 자유는 후쿠자와의 자유를 수입한 것이다.

이승만 박사는 대통령이 된 후 에이비슨 박사에게 〈건국공로훈장〉을 수여하며 회고하였다. "에이비슨 박사는 그가 이 땅에 전한 기독교 정신으로부터 오는 자유주의 사상의 상징으로써 본 대통령의 신실한 친구이었으며 또 본 대통령의 청년 시기에 기독교적인 민주주의의 새 사상을 호흡하게 하였다."

에이비슨 박사가 청년 이승만에게 가르쳐준 자유는 freedom이었다. 이승만이 썼다. "조물주께서 일체로 권리를 품부하였으며 생명과 자유와 안락한 복을 구하는 것이다 남이 빼앗지 못할 권리라." 그러한즉 "자유가 본래 우리의 물건이요, 남에게 청구할 것이 아니다." 이승만이 자유민주주의를 대한민국 건국이념으로 삼은 데에는 그가 고백했듯이 에이비슨 박사의 가르침이 크게 작용하였다. 이렇듯 한국의 자유주의 역사에 세브란스는 한 축을 기록한다.

초판이 세상에 나온 이래 끊임없는 격려를 해주신 김병수 전 연세대학교 총장에게 감사를 드린다. 이번에도 보고사가 어려운 일을 흔쾌히 도맡아서 해주어 기쁨이 배가 되었다.

2023년 8월
김 학 은 적음

초판 서문

사상 최초로 상업적인 목적으로 석유를 캐낸 것은 1859년이었는데 여기에서 모든 것이 발단되었다. 루이스 헨리 세브란스 씨가 석유사업을 시작한 것은 1864년인데 링컨이 대통령이었다. 그가 친구 존 데이비슨 록펠러 I세와 함께 스탠더드 석유회사(Standard Oil Company)를 설립하던 1870년이란 강화도에서 신미양요를 일으킬 미국 함대가 통상외교를 목적으로 미국을 출발한 해였다. 그가 록펠러와 함께 스탠더드 석유회사 이사에서 사실상 은퇴하던 1896년에 매킨리가 대통령에 당선되었다. 1865년 링컨의 암살과 1901년 매킨리의 암살 사이의 36년이 세브란스 씨가 사업가 및 자선가로 활동하던 시기와 일치한다. 이 시기에 한 명의 대통령을 제외하고는 공화당이 집권하였다. 그 가운데에서도 링컨, 존슨, 아서를 제외하면 모두 오하이오주 출신 공화당 대통령들이었다. 한편, 지구 반대편의 한국은 그의 역사에서 가장 위태로운 시기를 맞이하였으니 그것은 오랜 쇄국으로 병인양요, 신미양요, 운양호사건, 개국, 갑신정변, 갑오개혁을 거치지만 세계사 흐름에 발맞추기에 너무 늦었기 때문이다.

이에 비해 미국은 1865년 남북전쟁을 종식시키고 1869년 대륙횡단 철도를 완공하면서 명실공히 하나의 국가가 되었고 철도에 힘입어 산업이 폭발적으로 팽창하였다. 지역별 시간제도도 철도시간을 기준으로 통일되었다. 남북전쟁 전의 고립된 농업국가에서 개방된 산업국가로 변모하였다. 불과 30년 사이에 인구는 2배 이상으로 불어났다. 같은 기간에 석탄 생산은 24배, 밀 수출은 25배, 석유 생산은 92배, 철강 생산은 112배로 증가하였다.[1] 토착민의 저항이 끝남과 동시에 서부 개척도 마무리되어 법과 질서가 도입되었다. 넘치는 국력과 경제력은 해외로 뻗어 일본을 개국시켰고 한국과 조미우호통상조약을 체결하였으며 세계 구석구석에 선교사를 보냈다.

이때 역사상 유래 없는 자본가들이 등장하였으니 록펠러, 카네기, 모건, 밴더빌트, 벨, 포드, 워너메이커, 코닥, 에디슨 등이다. 세브란스도 그 가운데 한 사람이다. 1892년 신문왕 퓰리처의 『세계 *The World*』는 미국 인구 7천7백만 명 가운데 백만장자(요즈음 가치로는 억만장자)가 3,045명이라고 보도하였다.[2] 당대의 소설가 마크 트웨인(Mark Twain, 1835~1910)은 이 시기를 『황금시대 *The Gilded Age*』라고 불렀다.

석유 생산의 중심은 오하이오주 클리블랜드시(Cleveland, Ohio)였고 철강 생산의 중심은 이웃 펜실베이니아주의 피츠버그시(Pittsburgh, Pennsylvania)였다. 그러나 철강 생산의 규모는 석유 생산과 비교할 수 없을 정도로 낮았다.[3] 당시 미국의 힘은 여기에서 나왔으니 클리블랜드의 산업자본가와 월스트리트의 금융자본가가 미국 정계를 움직였다. 특히 급격히 팽창하는 서부 개척과 대서양에 이어 태평양을 제압하는 국력에 필요한 막대한 재원은 스탠더드 석유회사의 석유수출 대금이었다. 1897년 공황에도 스탠더드의 석유수출 덕택에 아무도 회사 문을 닫지 않았다. 같은 공화당원이라도 클리블랜드의 존 데이비슨 록펠러 I세(John Davison Rockefeller Sr., 1839~1937)는 마크 알론조 한나(Mark Alonzo Hanna, 1837~1904) 상원의원을 밀었고, 뉴욕 월스트리트의 모건은 시어도어 루즈벨트 뉴욕 주지사를 밀었다. 누가 누구를 밀건 공화당은 자본가를 대변하였으니 이 정책을 최초로 공개적으로 들고 나온 사람이 마크 한나 상원의원이었고 그가 윌리엄 매킨리를 대통령으로 만들었다. 그는 이미 막대한 자금 동원 능력으로 벤자민 해리슨을 대통령에 당선시킨 경험이 있었다. 미국 대통령 선거에서 오하이오주에서 패배하면 당선되기 어렵다는 전통은 여기에서 비롯한다. 이 시기에 미국은 유럽 국가를 제치고 세계의 패권국가로 등장하였다. 그것은 국무장관 존 밀턴 헤이(John Milton Hay, 1838~1905, 임기 1898~1905)의 1899년 문호개방정책과 1900년 파나마 운하 건설 조약 체결로 절정에 달하였다. 마침내 미국은 태평양과 대서양을 동시에 제압할 수 있는 강력한 해양국가가 되었다. 공교롭게도 세브란스가 록펠러와 함께 스탠더드 석유회사를 시작하던 1870년에서 세브란스가 사망하던 1913년 사이의 기간을 역사가들은 제국주의 시기라고 부른다.[4] 그가 사망하는 해에 미국의 중앙은행인 연방준비제도(The Federal Reserve System)가 설립되었고 작고한 후 1년 뒤 제1차 세계대전이 발발하였다. 세상은 전과 달라졌다.

미국이 팽창하던 황금시대에 대서양 건너 유럽에서는 급성장한 마르크스(Karl Marx,

1818~1883) 사상에 영향을 받은 각종 학풍이 사회체제를 전복하려는 혁명적 열기로 발전하여 사회가 뒤숭숭하였다. 이것이 마침내 러시아 혁명을 일으켰다. 이와 대조적으로 미국에서는 부자들을 스펜서(Herbert Spencer, 1820~1903)의 사회진화론으로 설명하는 풍조와 베블런(Thorstein Veblen, 1857~1929)의 유한계급론으로 설명하는 학풍이 등장하였다. 부자는 우수한 인종이기 때문에 적자생존의 법칙에 따라 사회에서 성공할 수 있다는 것이 전자의 주장이고, 우열에 상관없이 인류 역사에 보편적으로 등장하는 유한계급에 불과하다는 것이 후자의 주장이었다. 황금시대에 마르크스 사상은 미국에서 위협적이지 못하였으니 그것은 미국이 기본적으로 열성적인 개신교의 국가였기 때문이다. 오히려 윌리엄 제임스(William James, 1842~1910)의 실용주의가 대두되어 큰 세력을 이루었다. 기독교와 실용주의. 이것이 세브란스가 살던 시대의 조류였다.

세브란스 씨는 황금시대의 메카 클리블랜드의 한복판에서 태어나고 활동하였다. 그와 록펠러, 헤이, 한나는 모두 클리블랜드의 친구 사이였고 함께 일도 하였다. 할아버지나 아버지가 모두 의사였던 의사 집안 출신이었다는 공통점도 있다. 이들은 모두 거부가 되었고 약속이라도 한 듯이 모두 기독교 신자에 자선가가 되었다. 헤이와 한나의 자선은 미국 내에 머물렀다. 록펠러와 세브란스는 국내뿐만 아니라 해외로 자선의 손길을 뻗었으니 록펠러는 중국에 세브란스는 한국에 뜻을 두었다. 록펠러의 중국 자선은 중국이라는 방대한 석유시장과 무관하지 않았다. 록펠러는 기부를 할 때 세브란스에게 자문을 구하였는데 세브란스 자신은 한국의 위치가 어디인지도 모르는 시절에 아는 한국인도 없었고 한 번도 방문하지 않은 나라에 의학대학과 병원을 기증하였다. 누구와 상의한 것일까.

세브란스 자선의 힘은 그가 석유에서 벌어들인 막대한 재산에서 비롯하였으나 그 정신은 기독교 신앙에서 유래한다. 그를 선교 자선가(missionary philanthropist)라고 부르는 이유가 여기에 있다. 그는 아마 최초의 전업 자선가였을 것이다. 남북전쟁이 종식된 19세기 후반 미국의 기독교는 그 어느 때보다 열성적이었다. 거의 모든 국가와 지역에 선교사를 파견하였는데 세브란스는 효과적인 선교수단이 의료라는 사실을 알고 있었다. 그러나 의료선교는 하나님의 사업이므로 교파를 초월하여 모두가 힘을 모아 함께 일할 수 있는 의료선교의 연합체(union)를 세브란스는 염원하였다. 그의 자선은 한국뿐만 아니라 만주, 중국, 일본, 태국, 버마, 인도, 필리핀 등 아시아 전 대륙에 골고루 퍼져있다. 죽기 전까지 자선의 손길을 멈추지 않았고 갑자기 사망했을 때 그의 주머니에서 발견된 수첩에는 약속하고 미처 이행하지 못한 미지급 자선명세표가 있었다. 이 명세서를 보면 그의 자선이, 비록 일부분만 남아서 전체 규모를 알 수 없지만, 얼마나 광범위했는지 짐작할 수 있다.

그가 도와준 여러 나라 가운데 최후까지 나라의 빗장을 열기를 거부한 나라가 한국이었다. 개국한 이후에도 기독교 선교에 대해서는 여전히 의심의 눈초리를 보냈다. 1884년 내한한 한국 최초의 의료선교사 호레이스 뉴턴 알렌 박사도 선교를 감추고 미국 공사관 소속 의사의 신분으로 입국하였다. 한국에 대한 세브란스 장로의 기독교 의료선교는 이렇게 어려웠던 시대적 배경을 업고 시작되었으나 세브란스 병원과 의학대학은 그의 자선 가운데 꽃이 되었고 긍지(pride)가 되었다.

세계적으로 보았을 때 20세기의 문은 기독교 세계선교대회가 열었다. 1900년 뉴욕 "에큐메니컬 선교대회"가 그것이다. 1888년 런던대회를 계승한 이 대회를 1906년 "평신도 선교운동"과 1910년 에든버러 "세계선교대회"가 다시 계승하였다. 이것은 다시 제1차 세계 대전 직후에 "교단 간 선교운동"으로 발전하였다. 세브란스는 모든 선교대회의 부회장으로 참가하였다. 세브란스 씨가 1900년 아무도 관심을 갖지 않은 한국에 대규모 첫 번째 자선가로 등장할 수 있었던 것은 그가 교회가 요청하는 이러한 시대적 소명에 몸 바쳐 쌓은 세계 선교에 대한 폭넓은 경륜의 결과였다.

그의 등장 시기는 절묘하게도 한국의 선교사업의 방향 전환 시기와 일치하니 1900년은 한국에서 신약성경이 완역된 해이다. 이것은 1885년 이래로 시작된 개신교의 전도중심 선교사업이 일단 한 단계 완성되었음을 의미한다. 그 결과가 1907년 1월 평양 장대현교회에서 일어나서 전국을 휩쓴 "대부흥운동"으로 나타났고 이것은 곧 "백만인 구령운동"으로 이어졌다. 국권을 빼앗긴 백성의 실의, 이길 수 없는 침략자에 대한 적개심, 역사와 문화에 대한 자부심을 이끌어줄 지도자를 갈망하던 시기에 개신교가 정신세계를 제시하자 기다렸다는 듯이 곧 나타난 전 세계에서 유래를 찾기 힘든 폭발적 분출이었다. 서양문물을 도입하여 개혁하자고 일으켰던 갑신정변은 실패하였지만 역설적으로 서양의학의 도입의 계기를 마련하였으니 한국의 의료선교사업은 기적 같은 발흥기·부흥기를 맞이하게 되었다.

자연히 다음에 치중할 사업은 교육과 의료였다. 그러나 1900년에 아직도 전도사업을 주장하는 선교사가 주류이었다. 1903년 한 선교보고서는 "병원과 학교를 사용하여 [기독교에 대한 한국인의] 편견을 깨어버려야 할 시기가 한국에도 올 터인데 그 시기는 아직도 오지 않았다."라고 기록하였다. 세브란스 씨가 병원 건축을 위하여 거금을 기부했을 때 주한 선교사들이 "그 돈의 반을 전도사업에 쓰자"고 주장한 것도 같은 맥락이었다. 세브란스 씨가 단연코 이 주장을 반대하고 자신의 뜻을 관철한 것은 그가 의료선교와 의료교육의 중요성을 누구보다 먼저 깨달았기 때문이다.

세브란스 장로의 1900년 기부는 재정 면에서도 획기적인 사건이 되었다. 1890년 이래 뉴욕 장로교 선교본부의 재정이 "[한국 선교지부의] 절실한 요청에 응할 수 없음이 유감스러웠다." 언더우드 박사는 고아원을 시작하면서 장차 기독교 대학이나 신학교로 발전시키려는 생각을 품고 있었다. 이 고아원은 예수교학당이라 불렀는데 그 재정은 선교부가 담당하였다. 재정이 어려워지자 선교부는 이 학당을 1890년에 모펫 박사에게, 1893년에는 밀러 박사에게 맡기면서 자립을 모색하였다. 그러나 이 학당은 현장을 실사하던 뉴욕 선교부 총무에 의하여 1897년에 폐쇄되고 말았다. "서울이 학교 장소로 적당한 곳인지 … 이는 어려운 문제이다. 서울은 시골아이들을 타락시키는 장소이[다]." "한인교인들에게는 아직도 고등교육이 요구되지 않으므로 학교의 문을 닫았다."라고 보고하였다. 이때 언더우드와 에이비슨은 폐쇄조치에 반대하였다. 이로써 1897년부터 학교 위치에 대하여 지루한 논쟁이 시작되었지만 성과는 없었다. 선교본부의 재정이 어렵고 한국인의 지적 수준을 의심하는 시기에 세브란스 장로에 의하여 대규모 자선의 대상(의학대학)과 위치(서울)를 과감하게 정하지 않았다면 선교사업은 여전히 전도사업 위주였을 것이고 세브란스 병원과 의학대학은 성사되지 못했을 것이다.

세브란스 씨의 1900년 기부는 한국 선교사업의 물줄기를 트는 데 선구적인 역할을 한 셈이다. 병원과 학교. 이 두 가지 사업 역시 1885년 이래 계속되어 오던 사업이었지만 이제 성공적인 전도사업의 동력을 얻은 즈음에 세브란스 병원의 등장은 전국에 많은 기독교 학교와 선교병원 설립의 예고가 되었다. 1905년 을사늑약으로 실의에 빠진 한국 백성의 잠재적인 능력이 비로소 하나의 빛을 발견하게 되었으니 한글성경을 읽기 위해서라도 1907~1910년은 "교육혁명"의 시기가 되지 않을 수 없었다. 1900년의 시작과 1907년의 정점에 교육과 의료를 합친 세브란스의 의학교육이 자리 잡고 있으니 세브란스 씨의 뒤를 이은 많은 군소 자선가들이 이에 동참하여 전도사업을 교육사업과 의료사업으로 확장하는 데 커다란 동력을 제공하였기 때문이다. 아직도 세브란스 씨를 따를 대규모 자선가는 나타나지 않고 있다.

세브란스 씨의 자선은 교파를 초월한 최초의 연합의학교와 한국 최초의 현대식 종합 병원을 태동시켰다. 그 결과 한국의 현대의학교육이 일본을 통하지 않고 미국에서 직접 도입되었다. 특히 당시 미국 의학의 선두 가운데 하나였던 클리블랜드의 웨스턴 리저브 외과의학과 캐나다 토론토 의과대학의 의학이 직접 세브란스 병원과 의학대학에 이식되었다.[5)] 서울대학교의 김두종 교수는 기록하였다. "세브란스 병원은 … 우리나라의 서양의학의 발상지로서 서양 문화를 직접으로 가져오게 한 영예의 전통을 자랑할 수 있는 곳이다. 우리나라에 전해온 근세의학의 역사 중에 가장 광채 있는 페이지를 차지한 것도 세브란스이거니와, 우리 의학의 발전적 과정에 있어서 민족적 고난과 호흡을 같이하게 된 것도 세브란스 병원이다." "[세브란스 의학대학은] 일제의 압박에 항쟁하면서 영미 크리스트 각 교파들의 전도사업과 함께 미국 의학제도에 의한 의학교육 및 의료사업을 꾸준히 확충하는 데 많은 힘을 아끼지 않았다."[6)]

세브란스 병원 등장의 또 하나의 의의는 그에 크게 자극받은 일본 통감부의 이토 히로부미가 경술국치 이전임에도 관립 대한병원을 설립하였다는 점이다. 여기에다 세브란스 의학대학의 등장은 기독교 선교가 한 세대 동안 축적한 교육사업의 기초 위에 마침내 1919년 민립 대학과, 심지어 경성제국 대학의 설립에 자극제가 되어[동아일보 2011년 6월 20일 A21면], 한국 현대사에 중요한 역할을 담당하였으며 그 중요성은 오늘날까지 계속되고 있다. 이상이 세브란스 씨가 한국 땅에 남긴 유산이다.

세브란스 장로는 1900년 서울에 병원을 기증한 후 1907년에 단 한 차례 한국을 단기 방문하였다. 그의 방문은 부족함을 채워주고 교파를 초월한 연합병원으로 발전할 수 있는 가능성을 보기 위함이었다. 병원에 추가하여 그의 생전에 전염병 환자 격리병동, 외래 병동, 의학대학 교사를 기증하였다. 자신의 돈으로 선교의사도 보내주었다. 러들로 교수와 허스트 박사는 그의 주치의였음에도 그의 뜻을 따라 한국에서 일생을 보냈다. 요즈음 식으로 표현하면 하드웨어와 소프트웨어를 모두 책임진 것이다. 그러나 그 자신은 생애의 대부분 집이 없이 호텔에서 홀로 살았다. 생전에 두 명의 부인과 사별하고 혼자 산 지가 39년이었고 대부분의 시간을 뉴욕의 호텔에서 지냈기 때문이다. 매년 여름 고향 클리블랜드에 오면 자신이 매입해둔 땅에 자녀가 세운 저택에 머물다 가을이 되면 다시 뉴욕으로 갔다. 그가 클리블랜드에서 손님을 초청하면 어머니의 저택이 아니면 형님의 저택이었다. 그가 마지막 숨을 거둔 곳도 아름다운 "한국 정자"가 있던 외동딸 엘리자베스 세브란스 알렌(Elizabeth Severance Allen, 1865~1944)의 저택이었다. 그의 유산 목록에도 집과 부동산이 없었다.

석유의 시대는 세브란스 씨의 작고와 함께 끝났고 휘발유 시대가 등장하였다. 석유는 어둠을 밝히는 등잔과 질병을 치료하는 약품을 제공하였으나 휘발유는 새로운 동력의 시대를 열어주었다. 전등, 자동차, 비행기의 시대가 그것이다. 라이트 형제의 최초의 비행기와 포드의 최초의 자동차는 모두 스탠더드 회사의 휘발유를 동력으로 삼았다. 세브란스는 석유에서 벌어들인 거금을 시대에 걸맞게 "광명과 의학"에 사용하였으니 미국에서 노년에 돈을 쓰기 위해 사무실을 갖고 있던 두 자선가 가운데 하나가 되었다.

그가 작고한 후 30년간 새로운 시대에 그의 유업을 그의 자녀인 존 롱 세브란스와 엘리자베스 세브란스 알렌 프렌티스, 그리고 그의 측근인 에이비슨 박사와 러들로 박사 등이 계승하여 세브란스 병원과 세브란스 연합의학대학을 보살폈다. 일제강점기와 한국전쟁 속에서도 살아남았다. 록펠러의 혈통은 번창하였지만 중국의학교육에 대한 그의 자선은 중국공산당이 집권하면서 명맥이 끊겼다. 세브란스의 혈통은 끊겼지만 세브란스가 1900년에 베푼 「세브란스 의학」은 세브란스 의학대학을 계승한 연세대학교에서 꽃을 피웠고 「세브란스 기금」은 「세브란스 병원」을 통하여 여전히 맥을 잇고 있다.

의학 이외에도 예술을 후원한 세브란스 가문을 사람들은 클리블랜드의 메디치 가문이라고 불렀다. 특히 외아들 존 세브란스를 로렌조 메디치라고 불렀는데[7] 클리블랜드 교향악단을 위해 그가 세운 세브란스 홀은 그에게 타지마할이었지만 지금은 세브란스 가문의 자선을 상징하는 기념물이 되었다.

소개의 말씀

윤석범

연세대학교 상경대학 명예교수

역사를 쓴다는 것은 누가 쓰느냐에 따라 그 내용이 여러 가지 형태로 달라질 수 있다. 같은 기록이나 사료를 보는 시각에 따라 해석이 다양할 수 있기 때문이다. 전기는 역사 가운데에서도 쓰는 사람의 주관성이 크게 작용하는 분야이다. 소련 정권 아래에서 어용학자들이 쓴 맑스의 전기는 성인 열전의 반열에 올라갈 만큼 맑스를 신격화하였는가 하면 최근 프란시스 윈이 쓴 전기는 맑스를 또 하나의 평범한 사람으로 그리고 있다.[1)]

나는 김학은 교수가 연세대학교에 부임하여온 1980년부터 그를 가깝게 존경하는 동료로서 함께 교류하여 왔다. 1985년 연세대학교 개교 100주년을 계기로 학교 당국에서 세브란스에 관한 연구사업의 일환으로 전기 제작이 의뢰된 이후 벌써 20여 년이 지나는 동안 김학은 교수가 학자적인 집념을 가지고 말 그대로 산 넘고 물 건너 온 누리를 누비면서 자료를 수집하는 과정에서, 그 순간 순간을 지켜본 나는 이러한 정열이 없으면 전기를 쓴다는 것은 불가능할 것이라는 것을 뼈저리게 느끼게 되었다. 우리나라 개화기의 문물과 세브란스에 관련된 자료를 손에 넣기 위하여 서울과 지방을 주말마다 왕래하는가 하면 방학중에는 세브란스의 고향이었던 미국 오하이오주 클리블랜드에까지 수십 차례를 나들이하는 것을 보고 이제야 우리나라에서도 제대로 연구되고 집필된 전기가 출간되겠구나 하는 확신을 갖게 되었다. 학문적인 대화와 문화적인 분위기를 좋아하는 우리 둘은 김학은 교수가 새로운 자료를 구할 때마다 서로 즐겁게 그 자료에 관하여 토론하고, 음미하고, 또 반추하면서 수많은 저녁을 함께 보내기도 하였다. 그러는 사이에 나에게도 저절로 세브란스라는 분이 친밀하게 뇌리에 각인되면서, 나도 또한 이 전기를 쓰고 있는 게 아닌가 하는 착각에 빠지기도 하였다.

최근까지 간행된 대부분의 우리나라 전기들은 평전(評傳)이라는 단어를 제목 뒤에 붙이는 관례를 가지고 있다. 구태여 풀어 본다면 비평을 하면서 전기를 썼다는 내용이라고 할 수 있겠다. 서구에서 발행되는 전기가 대부분 평범한 제목을 달고 있는 반면에, 우리나라에 특히 평전, 즉 Critical Biography라고 쓰는 이유는 아마 작가의 입장에서 비판적으로 썼기 때문에 자료가 부족한 부분에서는 불가피하게 축소할 수밖에 없었다는 뜻을 함축했다고 볼 수도 있다. 직설적으로 표현하면 덜 연구한 결과를 가지고 포괄적일 수가 없는 전기를 썼다는 이야기가 된다.

대개 전기를 쓰는 일은 경우에 따라 필생의 작업이다. 네틀이 쓴 로자 룩셈부르크의 전기나 아이삭 도이치가 쓴 트로츠키의 전기는 가히 저자들의 평생의 역작이라고 할 수 있다.[2] 헤로드가 쓴 케인즈 전기도 두 사람이 거의 일생을 동료로 지내면서 연구 결과로서의 걸작이라고 할 수 있다.[3] 김학은 교수는 23년을 이 전기에 매달리면서 거의 성년기의 반을 보냈다고도 할 수 있다. 이 전기의 원고를 탈고하면서 김학은 교수가 두 차례에 걸쳐 눈 수술을 받은 것도 우연한 일은 아니다. 너무 오랜 시간을 고문서와 타자하는 일에 보낸 결과가 아닐 수 없다. 아홉 번째 교향곡을 지휘하던 베토벤이 소리를 들을 수 없었으나 그 악보는 이미 그의 머릿속에 있고 귀에 다 담겨져 있었던 것과 마찬가지로 세브란스의 일생도 김학은 교수의 머릿속의 눈에 모두 담겨져 있을 것이다.

전기 읽기를 좋아하는 내가, 거의 처음으로 우리나라에서 우리 학자에 의하여 간행되는 제대로 된 전기의 원고를 쓰다듬으면서, 이렇게 몇 자 적어본다.

1) Francis Wheen, *Karl Marx : A Life*, New York: W. W. Norton, 2000.
2) J. P. Nettl, *Rosa Luxemburg*, Oxford University Press, 1966.
Isaac Deutscher, *The Prophet Armed, Trotsky : 1879-1921*.
________, *The Prophet Unarmed, Trotsky : 1921-1929*.
________, *The Prophet Outcast, Trotsky : 1929-1940*, Oxford : Oxford University Press, 1954.
3) R. F. Harrod, *The Life of John Maynard Keynes*, London: Macmillan, 1951.

추천사

지훈상

연세대학교 의무부총장 겸 의료원장

우리 연세대학교 창립과 발전에는 많은 국내외 선각자들의 헌신과 도움이 절대적이었습니다. 그중에서도 루이스 헨리 세브란스 씨의 도움은 우리나라 기부문화의 장을 연 매우 중요한 의의도 갖습니다.

기부라는 개념조차 없었던 구한말 이역만리 한 이방인이 전해 준 후원은 대가없이 이웃을 돕는 기부개념을 우리나라에 심은 것이었습니다. 또한 실질적으로 수혜자가 자립할 수 있도록 지속적이고도 구체적인 계획안에 도움을 주는 기부가 되도록 하여 일회성으로 그치는 시혜로서의 당시 사회의 기부 성격을 변화시켰다는 점입니다.

그러므로 우리나라 최초로 후원 결과물에 기부자의 이름을 명명함으로써 기부자의 뜻을 기리고 그 사용처를 명확히 알려 또 다른 기부자의 동참을 유도한 것은 우리나라 기부문화를 본격화했다 할 것입니다.

이러한 세브란스 씨의 공헌에도 불구하고 여타 다른 선각자에 비해 많은 면이 알려지지 않아 매우 아쉬운 감이 있었습니다. 그러한 가운데 우리 대학 김학은 교수님이 본연의 학문연구와 교육으로 매우 분주하신 가운데 세브란스 씨에 대한 모든 면을 정리하신 저서를 내시어 다시금 세브란스 씨의 공헌을 상기하고 높은 뜻을 기릴 수 있게 되어 매우 기쁘게 생각합니다. 특히 뜻하지 않은 질환에도 불구하고 지난 23년간 진행해 온 저서를 완성하신 교수님의 노력에 큰 경의를 표합니다.

지난 108년 전 세브란스 씨의 후원으로 세워진 세브란스 병원은 2005년 새롭게 최첨단 새 병원을 신축하는 한편, 국내 최초로 국제의료기관 인증(JCI)을 획득하는 등 세계적인 의료기관으로 도약하고 있습니다. 새 병원 완공 즈음 연세의료원과 세브란스 병원은 세브란스 씨의 후손을 찾기 위해 백방으로 노력한 결과 한 재미 의대 동창의 도움으로 세브란스 씨의 친형인 솔론 세브란스 씨의 고손녀 프랭키 여사를 모실 수 있었습니다. 프랭키 여사도 선조의 한국과의 인연을 처음 알고 그 자리에서 병원 발전 기금을 희사하였습니다.

"역사는 기억하는 자의 것"이라는 격언이 있듯이 세브란스 병원과 연세대학교가 발전하기 위해선 그 토대를 놓은 선구자와 후원자를 항시 기억해야 할 것입니다. 김학은 교수님의 이번 저서는 그 발전을 위한 지침서로 우리 모두가 필독하고 숙지해야 할 것입니다.

책의 사연

이 책은 미국 기독교 선교 자선가[8] 루이스 헨리 세브란스(Louis Henry Severance, 1838~1913, 한국표기 世富蘭偲)의 전기이다. 연세대학교의 교명 연세의 "세"는 그의 이름을 기념한 것이다. 세브란스 씨를 역사책에 기록할 만한 위대한 인물이라고 말하기 어려울지 모른다. 그럼에도 그의 전기를 쓰는 명분은 그가 미국에서 대표적인 2대 기독교 선교 자선가였기 때문이기도 하지만[9] 슈바이처 박사의 전기를 쓰는 이유와 크게 다르지 않다고 생각하는 데 있다. 널리 알려진 대로 슈바이처 박사는 훌륭한 의사였음에 틀림없지만 아프리카 청년들을 의사로 계속 교육시키지 못하고 현지 주민에 대한 자신의 의료봉사로 끝냈다. 그에 비하면 세브란스 씨는 의사가 아니었음에도 한국 의학교육에 남긴 발자취를 과소평가할 수 없으니 지금도 그의 유업이 계속되고 있음이다. 그것이 연세대학교 의과대학과 세브란스 병원이다.

미국 장로교단의 「세브란스 존 엘 기금」은 지금도 매년 연세대학교 세브란스 병원에 이자를 송금한다. 루이스 헨리 세브란스는 작고한 지 95년이 되었는데 이 기금을 만든 주인공은 그의 외아들 존 롱 세브란스(John Long Severance, 1863~1936)이다. 외아들도 죽은 지 72년이 지났다. 아들 대에서 후손은 끊겼지만 이 기금으로 누대(累代)를 이어가고 있다.

잘 알려진 바대로 한국의 운명이 풍전등화였던 1900년 아버지 세브란스가 서울에 현대식 종합병원(1904년 준공)을 기증하였다. 세브란스 병원은 한국 최초의 현대식 종합병원이고 세브란스 의학대학은 한국 최초의 의학대학이다. 1899년 당시 한국인의 하루 품삯은 30센트였으며[10] 장로교회 1년 총 헌금이 770달러였다.[11] 이처럼 가난한 나라에 2만 5천 달러의 현대식 종합병원 건물[12)]을 시작으로 3만 달러의 의학대학 건물(1913년 준공)을 기증한 이후 한국 사람이라면 누구나 세브란스라는 이름 석 자는 알고 있다. 그러나 그가 누구였으며 어떤 사람이었는지 알려져 있지 않다. 그 후 계속해서 수많은 건물과 의료진을 제공했을 뿐만 아니라 108년이 지난 오늘날까지 줄기차게 기부금을 보낸다는 사실을 아는 사람도 별로 없다. 더욱이 미담의 주인공들이 모두 사라진지 오랜 후이다. 세계 역사에 믿기 어려운 사실이다. 이러한 무관심 속에서 현대 한국 의학이 일본을 통하여 수입되지 않았고 발달된 캐나다와 미국에서 직접 도입될 수 있었던 것이 세브란스 덕택이라는 사실이 세월이 흐르면서 잊혀진 것은 어쩌면 당연할지 모르나 무책임한 것이다. 이것이 이 책을 집필하면서 가장 염두에 둔 "어째서 우리는 이 사람의 일생을 돌아보려고 하는가"의 질문에 대한 대답이 되겠지만 마음속 깊은 곳에서는 우리가 기억해야 할 사람이었지만 어쩌다 망각한 상실감 때문이었을 것이다. 이만하면 이들의 얘기를 쓸 만하지 않겠는가.

110년 전인 1898년 한국에 거주하던 외국인 총수가 17,812명이었는데 일본인이 15,062명, 중국인이 2,530명, 나머지 220명은 서양인이었다.[13)] 또한 1884~1941년의 60년 동안 한국에서 활동한 외국 의료인의 누적 인원이 311명이었다.[14)] 연평균 5명이었고 한 해에 30명을 넘기 어려웠다. 이 가운데 세브란스 씨만큼 유업을 한국에 남긴 사람은 매우 희귀하다. 더욱이 그는 한국에 거주한 적도 없었고 간섭한 적도 없었다. 이처럼 특별한 자선이 가능했던 이유를 "받는 기쁨보다 주는 기쁨이 더 크다"는 그의 좌우명으로 요약할 수 있다.

그러나 생각해보면 나는 전기 작가가 아니고 소설가는 더더욱 아니다. 전문적으로 훈련받은 역사학도도 아니다. 나는 경제학 교수이다. 전문 전기 작가가 아닌 사람이 자신의 전문분야에서 벗어난 인물의 전기를 쓰자니 허점도 있을 것이다. 양식 있는 사람이라면 웃을 일이다. 그러나 전기 작가이건 아니건 한국 사람이라면 대부분 그 이름 정도는 알고 있는 세브란스 씨가 누구인지 그에 대하여 책 한 권이 나오지 않고 있으니 역사학자도 아니고 전기 작가도 아닌 문외한의 나라도 써야 하는 남모를 지경에 쫓기고 쫓겨 막다른 골목에 이르러서야 붓을 들게 되었다. 그 지경이라는 것이 세브란스 씨의 전기를 집필하게 된 이상한 인연 때문이었다. 책머리에 대뜸 저자 자신의 이력을 밝히는 게 상궤를 벗어나서 도리가 아니지만 이 책의 집필 "명분"이 되는 그 이상하다는 인연을 설명하자니 피할 재주가 없다.

나는 1977년 4월 미국 펜실베이니아주 피츠버그시의 피츠버그 대학(University of Pittsburgh)에서 경제학 박사(Ph. D.)를 취득하고 같은 해 6월 조교수(Assistant Professor)로 부임한 대학이 미국 오하이오주 클리블랜드시의 케이스 웨스턴 리저브 대학교(Case Western Reserve University)이다. 이 대학교는 1967년에 웨스턴 리저브 대학(Western Reserve University)과 케이스 공과대학(Case Institute of Technology)이 연합하여 하나가 되었다. 마치 호레이스 그랜트 언더우드 박사(Rev. Horace Grant Underwood, 1859~1916, 한국표기 元杜尤 또는 元穆禹特)가 세운 연희대학교와 호레이스 뉴턴 알렌 박사(Horace Newton Allen, MD, 1858~1932, 한국표기 阿蓮, 敖蘭, 安蘭, 安蓮, 또는 安連)와 올리버 에이비슨 박사(Oliver R. Avison, MD, 1860~1956, 한국표기 魚丕信 또는 魚斐信)가 설립한 세브란스 의과대학이 연합하여 연세대학교가 된 것과 같다.

부임 며칠 후 대학 당국이 신임 교수를 환영한다는 의미에서 클리블랜드 교향악단(The Cleveland Symphony Orchestra)의 정기 연주회에 초청하였다. 그 교향악단이 상주하는 음악당 이름이 세브란스 홀(Severance Hall)이고 나의 연구실 창문에서 보일 정도로 가까운 거리에 있었다. 다시 며칠 지나서 일용품을 사기 위하여 대학에서 약 4킬로미터 정도 떨어진 대형 실내시장을 찾았더니 이름이 세브란스 쇼핑센터(Severance Shopping Center)였다. 나에게도 친숙한 이름이었지만 당시에는 내가 관심을 가질만한 이유가 없었다. 그럼에도 미국인 동료 교수에게 물어보았더니 그도 타향사람이어서인지 모르기는 마찬가지였다.

세월이 흘러 나는 1980년 3월에 연세대학교 상경대학 경제학 교수로 부임하였다. 그리고 1985년, 연세대학교가 창립 1백주년을 맞이하여 기념행사를 개최할 때 초창기 대학 설립에 기여한 공로자들의 후손들을 초대하였다. 당연한 예우이다. 1백주년은 호레이스 뉴턴 알렌 박사가 1885년에 세운 병원인 제중원(濟衆院)[15]에서부터 세월을 헤아린 것인데 그를 계승한 에이비슨 박사가 1900년 뉴욕에서 세브란스 씨를 만난 것이 계기가 되어 1904년에 세브란스 기념병원으로 발전하였다. 세브란스 씨는 이 발전이 가능하도록 에이비슨 박사를 재정적으로 후원한 자선가였다. 이로써 연세대학교는 알렌, 에이비슨, 세브란스, 언더우드 네 사람의 노력으로 창설되었다. 의료선교사이며 외교관인 알렌이 놓은 초석에 전도 선교사 언더우드가 계승했고 의료선교사 에이비슨이 발전시키는 데 기독교 자선가 세브란스가 자금을 지원했다. 네 사람이 연합한 결정체, 이것이 현재의 연세대학교이다. 그 가운데 두 사람의 이름을 기리는 기관을 연세대학교는

1세기의 터울을 두고 지었으니 하나가 1904년의 "세브란스 병원 Severance Hospital"이고 다른 하나가 2004년의 "언더우드 국제대학 Underwood International College"이다. 사정이 이럴진대 세브란스 씨의 후손도 초청되었어야 마땅하였다. 그러나 어쩐 일인지 그들의 모습은 보이지 않았다. 연세대학교는 세브란스 가문과 오랫동안 연락이 두절되어 아무도 그들에 대하여 몰랐던 것이다.

나는 그것이 이상했다. 그제서야 클리블랜드시의 세브란스 홀이 생각났고 세브란스 쇼핑센터도 머리에 떠올랐다. 세브란스라는 사람이 서울 연세대학교의 세브란스 병원과 클리블랜드시의 케이스 웨스턴 리저브 대학이라는 두 기관에 연관되어 있다면 그것은 두 대학에 모두 부임한 나에게 이상한 인연을 엮어준 것이라 생각하였다. 그 후 클리블랜드시에 갈 때마다 자료를 모으기 시작하였다. 세브란스라는 이름 넉 자만 갖고 시작했으니 쉽지 않은 작업이었지만 어느 듯 취미가 되었다. 여기서 한 줄 기록 저기서 한 줄 기록을 모아서 커다란 조각그림 맞추기의 한 조각씩 찾는 과정이었다. 기록에 의하면 세브란스 씨는 일기와 편지를 남겼다고 한다. 아쉽게도 그것은 전해지지 않는다. 이것을 찾기 위하여 클리블랜드 일대를 샅샅이 뒤졌다 하여도 과언이 아닐 것이다. 아직도 제일 중요한 조각은 행방불명이며 조각그림 맞추기는 미완성이다.

내가 세브란스 씨의 일생에 대하여 "소소한 관심"을 갖고 있다는 소문을 들은 박영식 당시 연세대학교 총장이 한번 그의 전기를 써보라고 권유하였을 때 나는 수락할 수 없었다. 그 당시 세브란스 씨에 대한 서술을 한 페이지 이상 넘긴 국내외 자료가 없었고 그것도 모두 대동소이한 내용이었다. 자료가 너무 귀해서 자신이 없었다. 당시 박 총장은 알렌, 에이비슨, 언더우드를 비롯한 초기 공로자들의 전기를 기획하고 있었다. 그 일환이 세브란스 전기였다. 그러한 훌륭한 취지를 들으니 거절할 명분이 없었지만 여전히 망설였다. 박 총장은 자료가 부족하다면 차차 보충하고 내용을 윤색하여 전기소설처럼 써보는 것도 괜찮다고까지 말하기에 이르러서 결국 설득당하였다. 나는 권유를 받아들이면서 시간을 제한하지 말아달라고 부탁드렸다. 박 총장도 쾌히 수락하면서 조건을 달았다. 알프레드 어빙 러들로 교수(Alfred Irving Ludlow, MD, 1875~1961, 한국표기 羅道路 또는 羅道魯)를 추가해 보라는 것이다. 이 사람은 원래는 세브란스 씨의 주치의였는데 25년을 세브란스 의학대학에서 봉직하면서 현대 한국 외과의학의 시조가 되었다. 러들로 교수는 세브란스 전기에 빠질 수 없는 인물이기에 수락하였다. 그때가 1992년이었다. 그리고 16년의 세월이 흘렀다. 그 사이 알렌, 에이비슨, 언더우드의 전기는 차례대로 출간되었다. 이들은 모두 회고록을 남겨서 그것을 바탕으로 전에도 여러 사람이 썼다. 그러나 세브란스가 남긴 "많은" 기록은 후손과 함께 사라진 듯하여 국내외를 막론하고 아무도 그의 전기를 쓰지 못했다. 최근에 미국에서 그에 대한 부분적인 전기가 출판될 기미가 나타나고 있음은 다행이다.

수년 후 러들로 교수의 전기는 연세대학교 의과대학 의사학교실의 박형우 교수가 쓰고 싶다고 전화로 양해를 구하기에 나는 환영하였다. 박형우 교수는 이유복 교수와 함께 러들로 교수의 전기를 출판하였다.[16] 이제 세브란스 씨의 전기만이 남았다. 그러나 박영식 총장과의 약속 때문에 이 책에서도 어쩔 수 없이 러들로 교수의 일생을 기록했지만 예의상 이유복 교수와 박형우 교수의 책에 빠진 부분만 소개하였다. 그렇지 않다 하여도 어차피 그는 세브란스 씨의 분신 같은 사람이므로 세브란스 씨의 전기에서 빠뜨릴 수 없었다.

2008년 6월 3일은 연세대학교 의과대학에서 제1회 졸업생 7명이 배출된 지 1백주년이 되는 날이다. 한국 역사상 최초로 서양의학을 체계적으로 배운 의사들의 탄생이었다. 이들을 가리켜 한국 역사에서는 의술개업인허장 1번에서 7번까지 7박사라고 부른다. 나는 더 이상 미룰 수가 없는 지경에 이르렀음을 깨달았다. 그러나 나의 경제학 공부에 바빠 세브란스 자료 수집이 순조롭게 진행되지 못했음을 고백하지 않을 수 없다. 그럼에도 불구하고 현재까지 모은 자료를 가지고라도 집필을 시작하였다. 그 결과가 이 책이다.

많은 사람들은 20세기 초에 세브란스 씨가 아는 사람도 없고 자선을 하기 전에는 한 번도 방문한 적이 없었던 한국 땅 서울에 병원과 대학 건축을 위해서 "거금"을 쾌척(快擲)했던 이유가 궁금할 것이다. 이에 대한 대답을 얻으려면 세브란스라는 사람의 삶과 일을 재구성하는 데 있어서 한국보다 미국 자료에 상당한 지면을 할애할 수밖에 없을 것이다. 그러한 취지로 미국에서 그의 일생을 기록한 1차 사료를 발굴하려 애썼다. 미국과 관련하여 내가 찾은 1차 사료는 여기 저기 산재한 그의 행적이다. 이 자료는 세브란스 씨가 당시에 잘 알려 지지 않은 서울에 거금을 쾌척한 이유를 부분적으로 밝히기 때문에 사료로서 가치가 있다고 믿는다. 더 욕심을 부려본다면 19세기 말과 20세기 초의 한미관계에 알려지지 않았던 부분을 발굴했다는 데 의미를 부여할 수 있다.

한국과 관련하여 내가 찾은 1차 사료는 몇 가지로 요약된다. 첫째, 지금까지 알려지지 않은 세브란스 씨의 1907년 한국 방문 행선지를 추적할 수 있었고, 둘째, 에이비슨 박사가 1900년 뉴욕 카네기 홀에서 연설한 역사적인 원고를 입수하였으며, 셋째, 최초의 졸업생이 배출되었던 1907~1908년도 세브란스기념병원과 의학대학의 연차보고서를 발굴했다는 것이다. 넷째, 20세기 초 한국을 다녀간 많은 사람들이 기록을 남겼지만 그 가운데 지금까지 알려지지 않은 세브란스 관련의 일기, 기록, 편지를 발굴했다. 그 밖에도 새로운 문서들과 사진들을 찾아내었다. 예를 들자면 이들 1차 사료 가운데 1911년 6월에 서울을 다녀간 세브란스 씨의 외동딸의 일기에 따르면 세브란스 의학대학의 동창이 최초로 모인 시기는 1911년 6월 20일 화요일이었고 장소는 세브란스 병원 구내 에이비슨 정구장이었다. 또 하나의 1차 사료는 에이비슨 박사가 세브란스 씨를 만난 것이 1900년 4월 30일 월요일 낮 12시 뉴욕 카네기 홀 회랑이었음을 우리에게 일러주고 있어서 세브란스 병원의 잉태 시각을 알 수 있다.

이들 1차 자료를 우선적으로 사용하지만 그의 일생을 재구성하려니 불가피하게 기존에 이미 알려진 내용이 최소로 중복되는 것은 불가피한 일이었다. 예를 들어 이 책에 수록된 160여 장의 사진 가운데 130여 장은 내가 새로이 발굴한 것이고 나머지는 다른 곳에서 볼 수 있는 것들이다.

세브란스의 한국 자선의 형태는 현금과 기금을 제외하면 세브란스 병원과 의학대학의 건물들이다. 그러나 원래의 건물들은 도시계획에 밀려 모두 사라졌다. 이름만 남은 것이 서울역 앞에 신축된 세브란스 빌딩과 연세대학교 의과대학 부속 세브란스 병원뿐이다. 그러나 세브란스는 1910년에 정신여학교에도 건물을 기증하였다. 이것이 정신여고 구 본관 건물인 세브란스관이다. 정신여고가 새로운 주소로 이사 가면서 이 건물의 주인은 바뀌었다. 이 건물이 아마도 세브란스가 서울에 기증한 수많은 건물 중에 유일하게 남은 건물일 것이다. 곧 100주년이 된다. 그의 전기를 기록한 사람으로서 이 건물은 보존해야 한다고 믿는다. 그 밖에 새문안교회에 (파이프 ?) 오르간, 부산의 규범여학교 교사, 남대문교회의 (구)예배당 건물도 기증하였다.

이 책은 전체 10장으로 구성되어 있는데 3분의 1(제2장~제5장)은 미국과 관련되었고, 나머지 3분의 2(제1장, 제6장~제10장)가 한국과 관련되었다. 그것은 나의 자의적 구분에 따라서 5등분한 세브란스의 일생에 기초하여 약간 변형을 가미한 결과이다. 1838~1856년의 어린 시절, 1856~1864년의 은행원 시절, 1864~1874년의 제1차 성공 시절, 1874~1895년의 제2차 성공시절, 1895~1913년 자선사업의 시절로 등분하였다. 그러나 이러한 연대기는 무미건조하여 실제 책의 구성은 긴장감을 더하려고 이 기준에 약간 변형을 가미하여 연대기를 무시하고 세브란스에게 의미 있는 연도와 도시 이름을 중심으로 집필하였다. 그리고 약간의 상상력을 동원하여 내용을 풍부하게 만들려고 애썼다. 그렇다고 사실을 왜곡하지는 않았고 가능한 모든 출처를 밝혀 각주는 1,500개를 넘었고 참고자료가 500여 개에 달하였다.

이러한 취지에서 평면적인 기술을 피하려고 되도록 주변 사건을 많이 삽입하였다. 흔히 역사책을 읽다 보면 느끼는 공통점은 그 당시의 시대적 배경을 소홀히 하여 시간만을 따라 세로축, 또는 수직선으로 기술하여, 당시 상태를 나타내는 가로축, 또는 수평선의 사건을 잊기 쉽다는 점이다. 이 책에서는 세브란스라는 인물의 행적을 세로축으로 기록하면서 가로축인 그의 무대 배경을 필요 이상이라고 생각할 정도로 도입하였다. 한 가지 예를 들면 1백 년 전의 1만 달러가 세로축으로 오늘날의 가치로 환산하는 것도 중요하지만, 가로축으로 동일 시점에서 다른 가치와 비교하여 평가하는 것도 중요하다. 이 작업이 현학적인 것이 아니요 불필요한 것도 아니라고 믿는 것은 지난 1백 년의 역사가 그 어느 때보다 너무 변화무쌍했기 때문이다. 이러한 취지에서 책의 제목을 『루이스 헨리 세브란스: 그의 생애와 시대』라고 "시대"를 강조하였다.

1세기 전에 미국에 살았던 루이스 헨리 세브란스의 생애가 오늘 한국에 사는 우리에게 무엇을 의미하는지를 부족한 이 사람이 제대로 전달했다면 그의 전기를 기록한 나로서는 만족한다. 거듭 말하지만 나는 전기 작가나 역사학자가 아니므로 앞으로 전문가가 나서서 이 책을 기반으로 삼아 자료를 더 발굴하여 나의 부족한 부분을 채워주기를 바랄 따름이다. 정직하게 말하면 이 책은 전기라기보다 몇 개의 단편을 모아놓은 것에 지나지 않을 것이다. 그래서 두렵다. 이 책을 쓰는 동안 미국에서 Diana Tittle이 『Severance Legacy』라는 책을 집필하고 있다는 소식을 들었다. 나는 2008년 봄까지는 이 책을 끝내야 하므로 그녀의 책을 읽지 못한 채 쓰게 되어 더욱 두렵다. 그러나 한국과 관련하여 세계 최초의 세브란스 전기가 되리라는 데 위안을 가져본다. 다른 한편 세브란스 씨의 사별한 첫 번째 부인의 집안에서 이안 프래지어(Ian Frazier)라는 작가가 배출되었는데 그가 집안의 편지와 구전을 모아서 1994년에 발표한 『Family』라는 자전소설에서 세브란스 씨의 청년시대를 이야기하고 있다. 이것은 어느 기록에서도 볼 수 없는 귀한 자료이다. 그러나 이 책도 그 이상의 자료는 제공하지 못하고 있으므로 나의 두려움은 어느 정도 완화되었고 위안도 잃지 않게 되었다. 다행스러웠던 것은 원고를 거의 탈고하였을 무렵 세브란스와 같은 동네에 살았고 세브란스의 두 번째 부인의 선생님이었으며 자선에 있어서 세브란스에 뒤지지 않았던 대자선가 플로라 스톤 마서의 전기 『Flora Stone Mather』가 글래디스 하다드(Gladys Haddad) 교수에 의해 출간되어 큰 도움이 되었다.

이 책은 필자의 게으름으로 23년이 걸렸다. 자료수집이 힘들어 여러 번 포기하려고 하였는데 그럴 때마다 여러 분들이 나를 격려하였다. 윤기중 교수, 윤석범 교수, 홍성찬 교수, 신동천 교수, 김정식 교수, 이학종 교수, 송자 전 총장, 정창영 전 총장(이상 옛 연희대학교), 김병수 전 총장, 이유복 교수, 지훈상 의무부총장, 박창일 세브란스 병원장, 손흥규 대외부총장, 그리고 세브란스 동창회장 여러분들(이상 옛 세브란스 의학대학)에게 감사를 드린다. 무엇보다 연세대학교 중앙도서관 학술정보원에서 귀한 자료를 찾아주신 정영미 교수, 김영원 선생, 김명주 선생에게 심심한 감사를 드린다. 그 밖에 우스터 대학 도서관, 알렌 기념의학 도서관, 케이스 웨스턴 리저브 대학 도서관, 웨스턴 리저브 역사학회, 카네기 도서관, 코넬 대학 도서관, 예일 대학 도서관, 시카고 대학 도서관, 기타 수많은 지역 도서관의 사서들에게도 감사를 드린다. 그 가운데 케이스 웨스턴 리저브 대학의 고문서 관리사 Mrs. Jill Tatem, Mrs. Sue Hanson, 알렌 기념의학도서관의 Mrs. Jennifer Nieves, Mrs. Laura J. Travis, 웨스턴 리저브 역사학회의 Mrs. Ann K. Sindelar, 우스터 대학의 Professor Lowell Coolidge의 도움은 잊을 수가 없다. 세브란스라는 이름 넉 자만 가지고 추적을 시작하던 초기에 Dr. Bela Gold, Dr. Sonya Gold, Dr. Song Yuh의 도움은 병기해야 한다. 특히 Dr. Song Yuh는 세브란스의 조카손녀 Mrs. Marianne Millikin Hadden을 찾아주어서 면담할 수 있었다. 그녀는 당시 90세였는데 세브란스를 생전에 본 유일한 생존자였다. 원고가 거의 끝날 무렵 나의 누님(김정희, Maria Chong Seo)이 이안 프래지어의 『Family』와 글래디스 하다드의 『Flora Stone Mather』를 보내주어 이 책을 끝마무리할 수 있었다. 나와 세브란스의 기이한 인연이 시작된 곳은 케이스 웨스턴 리저브 대학교인데 그곳에 취직시켜 주신 은사 Professor Mark Perlman(1924~2006)과 연세대학교에 자리를 마련하는 데 도움을 주신 최호진 교수(崔虎鎭 敎授)에게 이 모든 성취에 대하여 감사를 드린다. 두 분의 도움이 없었다면 이 책의 시작도 없었을 것이다. 한 가지 슬픈 일은 펄만 교수가 이 책이 완성되기 전에 작고하신 것이다.

처음에 내가 계획하기로는 200쪽의 책이었는데 결과는 약 700쪽의 분량이 되고 말았다. 독자 가운데에는 한국과 별로 관련 없어 보이는 미국의 이야기가 제2장~제5장을 차지하므로 불필요하다고 생각할지 모르겠으나 그렇지 않다는 것이 나의 판단이다. 첫째, 세브란스 개인을 이해하기 위해서이다. 둘째, 이것이 중요하지만, 생각보다 세브란스가 활동한 당시의 클리블랜드 일대가 한국과 깊은 관계가 있었다는 사실의 깨달음이다. 역사에서 언급되지 않은 초기 한미관계를 이해하는 데 작은 도움이 된다고 생각한다. 마지막으로, 최근의 구미 각국에서 출판되는 전기를 살펴보면 분량이 방대해지는 경향이 있다. 새로운 자료가 계속 발굴되기 때문이다. 어떤 자료가 중요하고 어떤 자료가 중요하지 않은지 사전에 알 길이 없다. 아무렇지도 않은 한 줄의 기록이 그다음 기록을 찾는 데 중요한 단서가 될 수 없다고 아무도 단언할 수 없기에 자료의 취사선택이 어려운 것이다. 나는 역사학도가 아니므로 자료의 선택에 대한 전문적인 훈련을 받지 못했다. 자료의 비교가 내가 할 수 있는 전부였고 이러한 배경에서 내가 갖고 있는 자료를 몽땅 쏟아붓기로 작정하였더니 이렇게 분량만 커지고 말았다. 이후 관심 있는 연구자들을 배려한다고 스스로 위로하였다. 그러나 출판을 담당한 연세대학교 출판문화원의 측면에서는 비용을 생각하지 않을 수 없을 것이다. 상업성이 희박한 이 방대한 전기의 시장성을 고려하지 않을 수 없음에도 불구하고 이 책의 출판을 흔쾌히 감당한 연세대학교의 의무부총장 겸 의료원장 지훈상 교수와 좋은 책이 되도록 이끌어준 연세대학교 출판문화원 원장 김하수 교수, 이인구 부원장, 전일용 과장, 김성수 선생에게 심심한 사의를 표명한다.

나와 세브란스의 인연은 이 책을 쓰는 것으로 그치지 않았다. 이 책의 초고를 탈고하여 수정·보완·삭제를 하기 직전 나는 갑자기 실명의 위기에 처하게 되었다. 출판이 예정일인 6월 3일보다 늦어진 것은 말할 것도 없고 깊은 실의에 빠진 것은 어쩔 수 없는 노릇이었다. 이때 세브란스 병원 권오웅(權五雄) 교수의 신속한 결정과 탁월한 수술이 나를 실명에서 건져주었다. 104년 전 세브란스 병원은 한국 땅에 광명을 주는 병원이 되리라는 결기를 가지고 상징적 의미에서 첫 환자로 백내장 환자를 선택하여 그에게 광명을 주었는데 104년 후에 세브란스 전기를 기록한 망막 천공, 파열 환자가 광명을 얻었으니 기연이 아니고는 있을 수 없는 일이다. 권 박사에게 특별한 감사를 드린다. 그가 없었으면 이 책의 출판도 어려웠을 것이다. 권 교수를 도운 이승규, 송지훈, 임수진, 신주연, 배형원 의사를 비롯하여 세브란스 병원 안과교실 망막센터의 모든 의료진에게 고마움을 감출 길 없다. 회복 중인 나의 오른쪽 눈을 대신하여 편집 과정에서 초고를 수정·보완·삭제하는 수고를 아끼지 않은 연세대학교 출판문화원의 함소진 선생의 도움을 잊을 수 없다. 그럼에도 곳곳에서 중언부언이 남아있는 것은 순전히 저자의 탓이다. 마지막으로 이 책의 집필을 처음으로 제안한 박영식 전 연세대학교 총장에게 감사를 드린다. 그는 오랫동안 인내심을 갖고 필자를 만날 때마다 이 책의 완성에 대하여 궁금함을 물으면서 격려하였다. 이제야 마음의 빚을 덜게 되었다.

2008년 6월 3일
세브란스 의학대학 제1회 졸업식 1백주년을 기념하여
연세대학교 상경대학 연구실에서
김학은 적음

일러두기

1. 인명을 표기하는 데 있어서 처음 등장할 때에 영문표기와 생몰연도(生沒年度)를 소개하고 그 후에는 가능하면 생략하였다. 지명도 같은 표기방식으로 당시의 지명을 따랐으며 필요할 때에는 현재의 지명을 병기하였다.

2. 이 책에서 특별한 경우를 제외하고는 미국 북장로교와 남장로교를 구분하지 않고 그냥 미국 장로교라고 표현하였다. 마찬가지로 미국 북감리교와 남감리교도 구분하지 않고 미국 감리교라고 불렀다. 에이비슨 박사의 자서전에서도 이와 같은 방식을 채택하였다.

3. 혼동이 생기는 경우가 아니면 이 책의 전편에서 세브란스 의학교라는 정식 명칭 대신에 영문의 이름 Medical College를 그대로 옮겨 의학대학이라고 표기하겠다. 의과대학이라고 번역할 수 있으나 그것은 종합대학 속의 단과대학이므로 피했다. 약학대학을 약과대학이라고 부르지 않는 이유를 따랐다. 의학대학이라고 단일 표기하는 것은 세브란스가 의학교에서 연합의학전문학교에서 의과대학 등으로 이름이 변하기 때문에 이것들을 하나로 통일하여 부르려는 편리함 때문이다.

4. 마찬가지 이유로 혼동이 생기는 경우가 아니면 이 책에서 조선, 대한제국, 대한민국을 모두 한국으로 통일하여 표기하겠다.

5. 저자는 새로운 사진자료에 대하여 소유자에게 판권사용료를 지불하였으며 소장자가 연세대학교인 경우를 제외하고 나머지 사진자료의 인용에 대하여 허락을 받았다. 너무 오래된 사진자료의 경우에는 소유권이 불분명하였다.

6. 이 책에서 Avison을 에이비슨으로 표기하겠다. 그 이유에 대하여 제1장 주석 20에 설명하였다.

차례

제7장

서울
1904년

제8장

서울
1907년

제9장

레이크 뷰
1913년

제1장
서울 1907년

경의선

대한제국 광무 4년(1900)에 노량진과 용산을 연결하는 한강철교가 완성되었고, 곧 이어 청파동과 염천교[1] 사이에 1층 목조 건물인 남대문역이 세워졌다. 이로써 인천역에서 출발하는 기차가 남대문역까지 8개 역을 통과하는 데 걸리는 시간은 1시간 45분이었고 하루 6차례 운행되었다.[2] 화차 뒤에 객차와 두 량의 침대차까지 달았다.[3] 경인선의 완전 개통과 함께 경의선과 경부선도 1906년까지 완전 개통되었다.[4] 유사 이래 서양 사람의 자발적인 발길이 없었던 은둔의 나라 한국의 수도 서울에 오는 여정은 일본에서는 경부선을, 만주에서는 경의선을, 중국에서는 경인선을 이용할 수 있게 되었다.[5]

융희 1년(1907) 8월 26일[6] 두 사람의 미국인이 남대문역에 도착했다. 그들은 경의선(의주~서울)을 타고 만주에서 서울로 왔다. 그날 먹구름이 서울 하늘을 가렸다. 지난 보름 동안 비가 내린 후라서 역 앞에 비포장도로의 진흙탕이 더욱 깊어졌고 미끄러웠다.[7] 그날 경의선[8]을 타고 오후 6시 30분 남대문역에 도착한 군용열차[9]에서 승무원의 뒤를 이어 승객들이 내렸다.[10] 마지막에 두 명의 서양인이 천천히 내렸다.[11] 그 가운데 은빛 머리에 은색 수염이 고운 노신사가 있었다. 미국 스탠더드 석유회사의 최초 7명의 창립이사 가운데 하나이며, 은퇴한 재무이사이지만, 여전히 6대 대주주이고, 석유왕 존 데이비슨 록펠러 I세의 친구인 70세의 루이스 헨리 세브란스였다. 두 사람의 우정은 대물림되어 아들 대에서도 사업을 함께 하였다. 이 사람이 이 책의 주연(主演)이다.

세브란스 씨는 키가 크고 존엄하며 멋진 미남의 신사였다.[12] 오래된 여행과 고령에도 불구하고 꼿꼿하며 건강하게 보였다.[13] 그날은 세브란스 씨가 32세의 젊은 주치의 알프레드 어빙 러들로 박사를 대동하고 1907년 1월 28일 고향인 미국 오하이오주 클리블랜드시를 출발하여 세계일주여행을 떠난 지 7개월이 되는 때였다.[14] 러들로 박사는 세브란스 씨의 주치의가 되기 전에는 그의 사위 더들리 피터 알렌 박사(Dudley Peter Allen, MD, 1852~1915)의 제자이며 동료 의사였다.[15] 이 사람이 이 책의 조연(助演)이다.

때는 초가을. 산천은 아름다웠지만 고종의 강제 퇴위와 한국군 강제해산으로 한국군과 일본군의 교전이 일어난 지 불과 1개월. 경향 각처에서 봉기한 의병들이 일본군과 전투를 계속하고 있는 터라 온 나라가 뒤숭숭하였다. 일본군은 철도 이외에 서울로 오는 길을 모두 봉쇄하였고[16] 서울에서는 모든 성문과 공공건물을 삼엄하게 경비하고 있었다.[17] 더욱이 그 전날 개최된 경성박람회에 넘치는 인파에 대비하여 더욱 삼엄하였다. 남대문역도 예외가 아니라서 경비가 물 샐 틈 없었는데 이를 헤치고 역 구내로 들어온 서양 사람들이 있었다. 세브란스 씨와 러들로 박사를 마중 나온[18] 남대문역 1백 미터 앞 세브란스 기념병원(Severance Memorial Hospital)의 의사들이었다.[19] 그 가운데 제시 허스트 박사(Jasse W. Hirst, MD, 1875~1934, 한국표기 許濟)가 있었고 그 옆에 콧수염에 키가 큰 올리버 알 에이비슨 박사의 온화한 얼굴에 기쁨이 넘쳤다.[20] 이 사람이 바로 세브란스 기념병원의 책임의사이며 부속 의학교의 교장이다. 그가 세계일주 여정의 세브란스 씨를 서울로 초청하였다(제8장 참조).

〈자료 Ⅰ-1〉 호레이스 뉴턴 알렌 박사와 올리버 알 에이비슨 박사

출처: 연세대학교/ 1907~1908 Annual Report of Severance Hospital

에이비슨 박사는 일찍이 뜻을 세워 캐나다 토론토 대학교 의과대학의 편안한 교수직을 사직하고 미국 장로교 의료선교사를 자원하여 1893년 한국에 왔다.[21] 그는 한국 역사에서 최초의 서양의사 호레이스 뉴턴 알렌 박사가 1885년에 세운 한국 최초 서양병원인 제중원(濟衆院)[22]을 1897년에 계승하여 그것을 1904년에 세브란스 기념병원으로 발전시킨 인물이다(자료 Ⅰ-1). 외관상 차이점은 제중원은 단

출처: Underwood of Korea 1918

〈자료 Ⅰ-2〉 제중원과 세브란스 기념병원

출처: 연세대학교

층 기와 한옥이었는데 세브란스 기념병원은 지하 1층 지상 2층의 현대식 벽돌 건물이었다(자료 Ⅰ-2). 지하 1층의 반이 경사진 지상으로 나와 있고 남향의 언덕이라서 3층처럼 보였다. 이 건물 뒤에는 전염병 격리병동이 서 있었다.[23]

에이비슨 박사가 1893년 처음 제중원에 부임했을 때 그 실망감이란 이루 말할 수 없었다. 한국에 올 때 이미 각오한 바 있었고 주위에서 큰 기대를 하지 말라는 권고도 들었지만 그래도 충격이었다.[24] 건물은 모두 1층 한옥이었고 하는 일이라야 기껏 약국에서 하는 일과 크게 다르지 않았기 때문이다. 당시 그는 "시설 좋은" 토론토 의과대학[25]의 교수였으며, 동시에 토론토 시장의 주치의였고, 토론토시 기독청년회(YMCA) 의무관 겸 이사였다.[26] 그 밖에 빈민구제사업단인 희망단(Band of Hope)의 지도자였으며 토론토 감리교회의 평신도 전도사였다. 그가 교회에서 설교할 수 있는 자격은 여기에서 유래한다. 젊은 나이에 이미 지도층의 인사가 되었기에 그로서는 제중원의 시설은 실로 어이없는 경험이었다. 이러한 낙후를 딛고 한국 최초의 현대식 종합병원으로 획기적인 발전이 가능하도록 에이비슨 박사를 재정적으로 후원한 자선가가 방금 남대문역에 도착한 세브란스 씨이다. 이에 앞서 1897년 에이비슨 박사에게 제중원을 인계한 호레이스 뉴턴 알렌 박사는 매킨리 대통령의 도움으로 한국 주재 미국 공사관의 참사관을 거쳐 1901년에 특별전권공사(Envoy Extraordinary and Minister Plenipotentiary)가 되었다.[27]

세브란스 씨의 세계일주여행 목적은 두 가지였다. 첫째, 세계에 퍼져있는 미국 장로교선교 현장을 시찰하고, 둘째, 자신이 개인적으로 재정 지원한 의료선교 교육기관을 방문하는 것이었다.[28] 그는 세속적으로는 은퇴한 스탠더드 석유회사의 재무이사로서 대부호의 신분이었지만, 종교적으로는 클리블랜드의 장로교회 장로였으며, 클리블랜드 장로교 연합회 회장이었고, 미국 장로교 뉴욕 해외 선교본부의 이사, 그리고 뉴욕 에큐메니컬 해외선교대회의 명예부회장에, 국제 기독교청년회 이사였다. 세브란스 씨가 헌신한 해외선교에 대한 평가는 다음과 같다.[29]

> "평신도 선교운동에 위촉을 받고 선교 현장에 뛰어들은 사람 가운데 완벽하고 독립적이면서 가치 있는 업적을 이룬 사람이 … 클리블랜드의 엘 에이치 세브란스이다. 그는 훌륭하게 훈련된 정신을 선교 현장의 여건을 조사하는 데 쏟았다. … 그처럼 자신의 사명에 시간을 다하고, 해외 선교 현장을 정직하게 조사하는 일을 우선적으로 생각하는 사람이 많아야 한다. 교역자나 평신도나 그의 의견과 판단에 귀를 기울여야 한다."

세브란스 장로는 이번 세계일주여행의 목적을 위해서 자신과 러들로 박사의 모든 경비를 자신의 지갑에서 지불하였다. 개인이 스스로 사명을 부여하여 이 같은 일을 한 사람은 일찍이 없었다. 그가 방문한 모든 나라의 선교사들이 그에게 도움을 요청하였고 그는 기꺼이 그 요청을 들어주었다.[30]

세브란스 장로는 이번 여정에서 한국에 앞서 하와이에서 2주와 일본에서 3개월을 보낸 다음, 중국과 만주의 여러 선교 현장을 찾아 4개월을 여행하였다.[31] 그가 중국에서 서울로 향하는 만주 일대에는 수많은 일본 군인들이 이동 중이었다. 견장을 보니 51, 52, 54사단이다.[32] 일본인들이 인부들을 동원하여 의주와 평양 사이에 또 하나의 철로를 놓고 있었는데 며칠 전 폭우로 철로가 유실되어 복구하고 있었다.[33] 일본이 모든 사람의 예상을 뒤집고 청일전쟁과 러일전쟁에서 잇달아 이긴 직후라서 청국 군인과 러시아 군인은 볼 수 없었다.

한국에서는 서울, 평양, 선천, 재령을 차례대로 거쳐 다시 서울 부근을 방문한 다음 대구, 부산을 방문하였다. 모든 역마다 일본 군인들을 가득 태우고 정차한 열차를 보았으니[34] 한국이 일본의 독무대가 되었음을 몸소 체감했다고 볼 수 있다. 한국에서는 3개월을 체류하며 많은 병원, 교회, 학교를 방문하였다. 부산 방문을 끝으로 다시 일본으로 출국했다. 그곳에서 기선을 타고 홍콩, 싱가포르, 페낭을 거쳐 버마(오늘날의 미얀마)와 인도 그리고 세일론(오늘날의 스리랑카)을 방문한 뒤 수에즈 운하를 통과하여 유럽을 거쳐 미국으로 귀항할 것이다.[35)]

한국에 도착한 후 순종 황제를 알현하고 입국 인사를 올렸다(자료 I-7). 그가 한국을 방문한 목적도 다른 나라와 마찬가지로 자신이 재정적으로 후원한 세브란스 기념병원과 의학대학을 둘러보기 위함이었다. 그러나 세브란스 씨는 이 병원 이름이 자신의 이름을 기념한다는 사실을 미처 모르고 있었다.[36)] 공식적인 병원이름과 대조적으로 의학대학에는 아직 세브란스라는 명칭을 공식적으로 붙이지 못했다. 그 까닭은 대한제국 정부가 1909년 7월에야 사립 세브란스 병원 의학교를 인가해 주었고, 병술국치 후인 1912년 9월에 사립 세브란스 연합의학교로 개칭되었다가, 1917년 5월 조선교육령에 의해 사립 세브란스 연합의학전문학교가 되었기 때문이다. 인가도 받기 전에 의학대학을 만든 배경에는 한국 정부관리의 훼방으로 인한 에이비슨 박사의 말할 수 없는 고초가 있었다.[37)] 그럼에도 불구하고 세브란스 장로가 다녀간 다음 해 출간된 『1907~1908년 세브란스 병원 보고서』[38)]의 속표지에는 이미 『세브란스 병원과 의학대학의 연차보고서』[39)]라고 두 기관을 합쳐 명기하고 있다(자료 I-3).[40)] 이 연차보고서는 "미국 장로교 선교부 American Presbyterian Mission"의 이름으로 출간되었다.

세브란스 장로가 방문한 바로 이듬해 1908년 6월 3일에 7명의 첫 번째 졸업생이 배출될 예정이었지만 그는 그 졸업식을 보지 못할 것이다.[41)] 그의 이번 한국 방문이 처음이자 마지막이 되었기 때문이다. 흥미로운 점은 아직 의학교로 인가해 주지 않은 상태에서도 졸업 다음 날 한국 정부의 내부 위생국이 의술개업인허장을 수여하였다는 점이다. 이것이 역사에 기록된 한국 최초의 의사면허 1번부터 7번이다. 이들에게는 세브란스 의학대학 졸업장만으로도 의사시험을 치르지 않고 한국, 일본, 만주에서 개업할 수 있는 특전이 부여되었다.[42)]

Annual Report
of
Severance Hospital
and
Medical College
Seoul, Korea

Conducted by
American Presbyterian Mission

출처: Courtesy of Professor Lowell Coolidge

〈자료 I-3〉 1907~1908년 세브란스 병원과 의학대학 연차보고서 속표지

머릿돌

세브란스 기념병원과 의학대학은 세브란스 장로의 전폭적인 재정지원으로 1902년 8월 8일부터 기초공사를 시작하여 11월 27일에 머릿돌을 놓는 정초식을 갖게 되었다(자료 I-4). 여기에 참석을 권하는 공식 초청장을 각계각층에게 보냈다.

> 본월이십칠일(음력십월이십팔일)오후세시에남문밧게새로짓는졔즁원(쎄버란씨긔렴병원)긔초의모퉁이돌을놋켓사오니오셔서참예하심을바라옵니다.
>
> 이돌을대미공사안련씨가놋켓사압
>
> 구쥬강생 一千九百二年十一月
>
> 대한광무六년임인十一月
>
> 졔즁원백

이 초청장이야말로 세브란스라는 이름을 한국 땅에 처음 알려지게 한 중요한 문서이다. 그와 함께 이 초청장은 당시에 이미 3가지 사실을 들어 세브란스 기념병원이 알렌 박사의 제중원을 계승한 후신임을 분명히 밝혔다는 데 그 중요성을 더하고 있다. 첫째, 새 병원이 제중원이면서 동시에 세브란스 기념병원임을 병기하였고, 둘째, 머릿돌을 놓는 사람이 제중원 설립자 알렌 박사임을 별도로 명기하였으며, 셋째, 초청의 주체

출처: 연세대학교

〈자료 I-4〉 1902년 세브란스 기념병원의 정초식에서 머릿돌을 놓는 알렌 특별 전권 공사

가 제중원임을 분명하게 알림으로써 연속성과 계승자임을 만천하에 선언하였다.[43] 이것만으로 부족하다면 각계각층의 수많은 사람들이 이 공식적이며 공개적인 초청에 응하여 축하함으로써 이 초청장의 적법성을 인정하였다. 사람들은 알고 있었다. 1895년 콜레라가 만연하였을 때 제중원과 제중원 의학생이 중심이 되어 방역과 치료에 힘쓴 결과 고질적인 이 역병을 물리친 사실. 그래서 1898년 만민공동회는 정부에 하루속히 서양 의술을 가르치는 정부의학교를 설립해줄 것을 공개적으로 요구하였다(제8장을 참조). 정부는 7만 원(3만 5천 달러)이 없어서 정부의학교를 설립할 수 없다고 답변하였다. 만일 제중원과 그 의학생이 정부병원에 속해 있었다면 만민공동회가 이 같은 요구를 했을 리 없었고 정부 역시 제중원이 정부병원이고 그곳에서 의학생을 길러내고 있는데 무슨 소리를 하느냐고 반박하였을 것이다. 정부는 결국 이듬해(1899) 학부 소속의 내부 의학교와 내부병원 관제를 반포하였다. 제중원을 계승한 세브란스 병원 정초식 초대에 많은 사람이 응했다는 것은 이러한 내막을 알고 있었다는 증거이다. 정초식에서 행한 알렌 공사의 연설문에서도 이 점을 분명하게 선언하였다.

> "그 병원[구 제중원] 이름만 정부병원이오 그 실상은 미국 북장로교회 보조금으로써 세운 것이니 대한 정부에서는 그 집과 터만 있을 뿐이다."

새 제중원(세브란스 기념병원)이 남대문 밖 도동(현재 서울역 건너편 세브란스 빌딩 일대)에 1만 2천 평의 부지를 매입하여 새 건물을 짓고 이전하기 전, 원래의 제중원은 재동(현재 헌법재판소 부근)에 이어 구리개(銅峴, 현재 을지로 외환은행 본점 부근)에 있는 한옥과 터만 한국 정부에서 빌렸을 뿐, 의사들의 월급을 비롯하여 나머지는 미국 북장로교 해외선교본부의 경비로 운영하였다는 뜻이다. 제중원의학교 및 병원의 운영에 관해서 선교사들 사이에 합의한 내용이 이 점을 분명하게 지적하고 있다.[44]

1. 제중원의학교와 관련하여 교수들은 교수회를 구성하고 매월 정기회의와 1명의 발의로 개회할 수 있는 임시회의를 가질 것.
2. 외국인이 관계하는 한 학교의 모든 운영권은 그들에게 있으며, 한국인이나 다른 외국인과의 협정은(회원 1명으로 된 특별한 분과는 제외) 교수회와 충분한 합의가 없으면 맺지 못함.

3. 학교로서 정부와의 모든 연락, 학생과 사무실에 관한 규칙, 교과과정에 관한 모든 결정, 학생 입학 사정 등에 관한 모든 지침은 교수회의에서 최소한 2명의 협의와 찬성을 얻은 후 만들 것.
4. 제중원과 관련하여 현재 근무하는 세 의사는 각자 동일 권한을 가지는 이사회를 조직할 것.
5. 의료사업을 담당하는 위원회를 구성할 것.
6. 모든 약품의 주문은 이 위원회에 제출하여 허락을 받을 것.

여기에 더하여 새로운 병원을 지어 이사하는 경우 제중원 내부를 병원으로 개조하였던 비용은 한국 정부가 미국 장로교에 지불한다는 계약도 단순히 건물과 토지만 임차한다는 사실을 재확인할 뿐이다.

무엇보다 중요한 점은 제중원(세브란스 병원)은 1885년 4월 10일에 개원한 이래 오늘

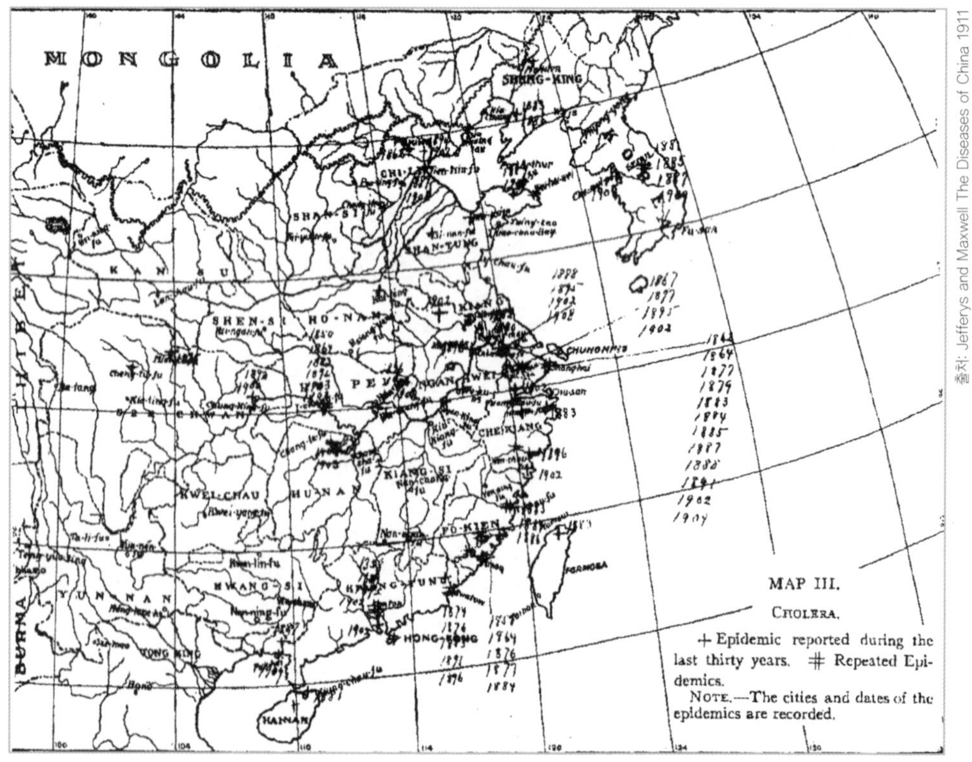

〈자료 Ⅰ-5〉 19세기 말~20세기 초의 중국과 한국의 콜레라 발생 연도 지도(몽골의 면적이 오늘날보다 더 넓다)

출처: Jefferys and Maxwell The Diseases of China 1911

날까지 하루도 문을 닫은 적 없이 환자를 치료하였고 설립자 알렌 박사 이래 28명의 병원장이 계승하여 오늘에 이르고 있다는 사실이다(부록의 명단을 참조).

이때가 언제였던가. 정초식이 있던 바로 그달에만 콜레라로 한국인 1천여 명이 죽었다.[45] 이 전염병은 2~3년에 한 번씩 발생하였다(자료 Ⅰ-5를 참조). 두 달 전인 9월에는 장티푸스가 창궐하여 수만 명이 죽었다.[46] 미신으로 질병을 치료하던 한국에서 현대식 병원은 하루속히 준공되어야 했다. 1902년 11월 28일에 알렌 특별 전권 공사가 국무장관에게 보낸 외교문서에 의하면 그 전날인 11월 27일에 세브란스 기념병원의 정초식이 있었다고 보고하였다.[47]

No. 542 미국 공사관

서울, 1902년 11월 28일

국무장관 귀하

본관은 어제 서울시 남대문 외곽 낮은 봉우리에 현대식 병원의 머릿돌을 놓는 영광을 갖게 되었음을 보고합니다.

그 건축 자금은 오하이오주 클리블랜드시의 루이스 헨리 세브란스 씨가 보내온 1만 5천 불 상당의 금액이며 그 병원을 "세브란스 기념병원"으로 이름 지었습니다. 이 건축 사업은 뉴욕시 5번가 156거리 장로교 선교본부의 주관으로 이루어진 것입니다.

머릿돌 행사는 추수감사절에 이루어졌는데 수많은 외국인과 내국인 이외에 외국 대표와 한국 고위관리가 참석하였습니다.

본관이 머릿돌을 놓는 영광을 갖게 된 것은 수년 전에 본관이 시행하였던 의료행위 덕분입니다. 이 행사에 관한 본관의 논평을 동봉합니다.

호레이스 엔. 알렌

세브란스의 명칭은 이때부터 지금까지 계속 사용되고 있다. 다만 1942~1945년 일본이 미국과 싸우던 태평양전쟁 3년 동안만 일본이 아사히(旭)의학전문학교로 바꾸었다. 그러나 그전 1910~1941년의 30년 동안은 일제강점기였음에도 불구하고 세브란스라는 명칭을 사용할 수 있었던 것은 1908년 미일조약에 의해 한국에서 미국의 상호와 지적재산권을 보호받을 수 있었기 때문이었다.[48] 당시 세브란스 기념병원과 의학대학이 미국 장로교 선교본부 주관하에 있었다는 사실은 이렇게 중요하였다. 대신 미국은 한국에서 치외법권을 포기하여 미국 시민을 일본 재판관할권 아래에 두게 하였는데 당시 미국령 필리핀에서 일본인들의 치외법권을 미국 정부가 인정하지 않았기 때문이다(자료 Ⅷ-11의 상단을 참조). 에이비슨 박사는 영국 국적의 캐나다 사람이었으므로 이 조약에 해당되지 않는다. 미일조약과 영일동맹이 발효되는 동안 이 조건이 세브란스 병원을 지키는 데 큰 몫을 하였다.

그러나 다른 나라의 경우는 그렇지 않은 것 같다. 고종의 어의였던 독일인 의사 분쉬(Richard Wunsch, 1869~1911, 한국표기 富彦士) 박사의 일기는 그 점을 염려하고 있다.

"두 나라[러시아와 일본] 가운데 어느 한쪽이 승리할 경우 한국 정부는 어떻게 될지. 그리고 그들이 고용한 외국인과 맺은 계약은 어떻게 처리할지 궁금합니다."[49]

"만약 일본이 한국을 점령하게 되면 일본인 의사에게 제자리를 내놓고 계약에 따라 기꺼이 해약할 준비가 되어 있음을 일본 정부에 이미 통보하였습니다."[50]

"일본 공사와 해약 때문에 상의도 해야 합니다. 일본 사람들이 이 일을 완전히 맡아서 처리하면서 황실에는 물어보지도 않습니다."[51]

분쉬 박사의 걱정은 기우였을까. 고종 임금이 세운 학부소속 내부의학교를 을사조약 이후 이토 히로부미(伊藤博文)가 대한의원에 강제로 편입하였던 것을 보면 이 걱정이 기우가 아니었음이 드러났다. 고종과 계약을 맺었던 헐버트 박사(Homer B. Hulbert, 1863~1949, LLD, 한국표기 訖法)는 미국 시민이었음에도 불구하고 고종이 세운 육영공원(育英公院)의 교사이었음인지 1905년 이후 일본이 주택을 강제로 매각하라는 등 괴롭힘을 당하고 있었으며 일본이 고용한 미국인 탐정이 감시하였다.[52] 결국 1909년 어려움을 이기지 못하고 한국에서 철수하였다. 만일 알렌 공사나 에이비슨 박사도 개인적으로 또는 그들이 만든 제중원이나 세브란스 병원이 한국 정부와 계약을 하였다면 분쉬 박사처럼 걱정했을 것이고 헐버트처럼 견디기 힘들었을 것이다. 미국과 전쟁을 개시하던 1942년에 아사히 의학전문학교로 개명할 것을 강요한 것을 보면 그 이전이라도 세브란스 병원도 강제로 매각하라는 압력을 받았을 것이다. 그렇게 하지 못한 것은 에이비슨의 의료선교사 신분이 고종 황제나 한국 정부와 아무 상관없음을 뜻하며 제중원(세브란스 병원)이 미국 장로교의 주관하에 있음을 일본이 인정하였음을 뜻한다.

그러나 1907년에 미국 의회의 움직임이 미국 선교사들을 불안하게 만들었는데 1907년 1월 21일 자 언더우드 부인이 선교본부에 보낸 편지에 나타나 있다.[53]

"전략. 저는 방금 하원 위원회에서 발의된 법안을 가지고 있는데 외국에서 5년 이상 지낸 모든 미국 시민들의 시민권을 박탈하자는 법안입니다. … 선교본부[에서] 즉시 항의해 주시기 바랍니다. 만일 항의에도 불구하고 법안이 통과된다면 선교본부는 우리가 매 5년마다 본국으로 돌아오도록 허락할 수밖에 없습니다. 만일 우리에게 여권이 없고 영사와 공사의 도움을 받지 못한다면 우리는 외국에서 아무 일도 할 수 없습니다. 후략."

해외에서 일하는 선교사들이 겪는 여러 가지 어려움 가운데 하나가 언더우드 부부에게 생겼다. 이 편지의 날짜는 세브란스 장로가 세계일주여행으로 미국을 떠날 즈음이었다. 이 편지의 수신자는 아서 브라운 목사(Rev. Arthur Brown, DD, 1856~1963)인데

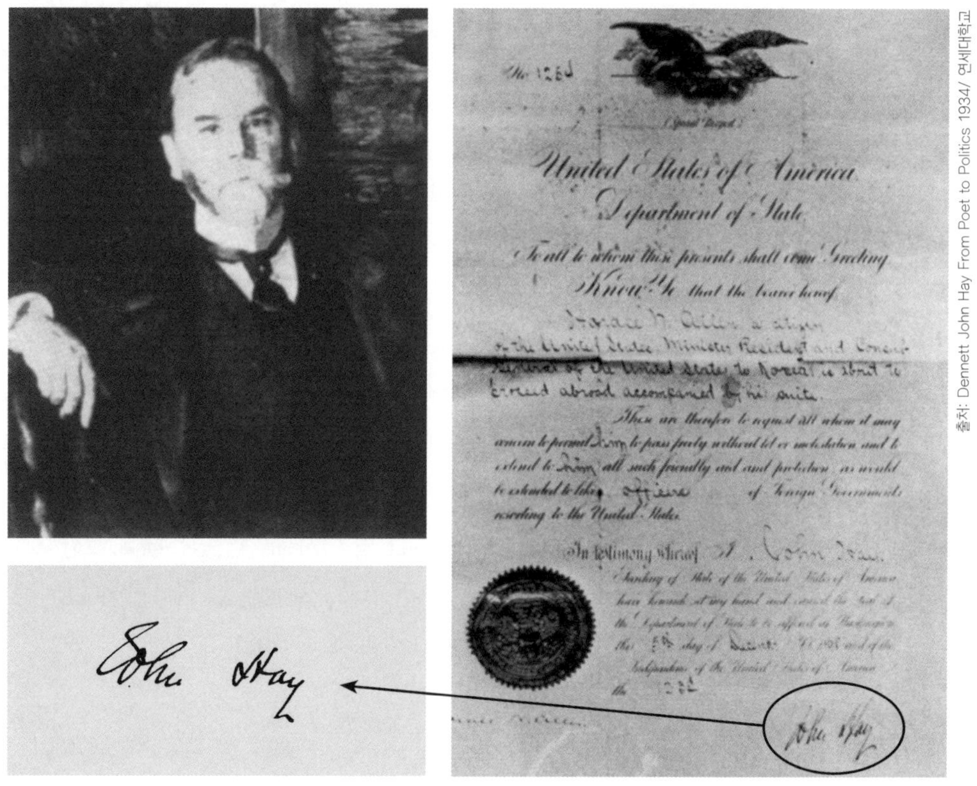

United States of America

Department of State

To all to whom these presents shall come, Greeting:

Know Ye that the bearer hereof

출처: Dennett John Hay From Poet to Politics 1934/ 연세대학교

〈자료 Ⅰ-6〉 미국 국무장관 존 헤이와 그가 서명한 알렌 공사의 외교관 여권

뉴욕 장로교 해외선교본부의 총무였다. 후에 국무장관의 물망에 오른 적이 있는 영향력 있는 인물이었다.

알렌 특별 전권 공사의 보고서[문서번호 542]를 받은 미국 국무장관은 어떤 인물이었나. 그가 바로 미국의 4대 국무장관 가운데 하나인 존 밀튼 헤이(John Hay, 1838~1905, 국무장관 재임 1898~1905)였다. 그는 윌리엄 매킨리 대통령(William McKinley, 1843~1901, 재임 1897~1901)과 시어도어 루즈벨트 대통령(Theodore Roosevelt, 1858~1919, 재임 1901~1909)의 행정부에서 서구 열강의 중국 분할을 반대하고 하나의 중국이 여러 나라에게 대등하게 개방하는 "문호개방주의"를 표방하면서 미국의 세계주의 사도(使徒)가 된 인물이다.[54] 그는 알래스카를 둘러싼 미국과 캐나다 사이의 국경 문제도 외교적으로 해결하였고, 파나마 운하 건설을 위해 영국과 조약을 실현시켜 미국이 유럽을 제치고 세계의 패권국가가 되는 초석을 놓았다. 그 당시 알렌 특별 전권 공사가 소지한 외교관 여권은 국무장관 존 헤이의 서명으로 발급되었다(자료 I-6).

시인이며 언론인이고 외교관이었던 존 헤이 장관은 24년 동안 클리블랜드시의 웨스턴 리저브 대학의 이사(재임 1881~1905)였다. 우리의 주인공 세브란스 장로도 17년 동안 이 대학의 이사(재임 1894~1911)였으며 동갑 친구였다.[55]

헤이 장관의 처제는 세브란스 씨가 상처한 후 맞이한 두 번째 부인의 선생님이었다. 여기에다 헤이는 세브란스와 함께 클리블랜드시의 유명한 명사모임인 "유니언 클럽 The Union Club"의 회원이었다. 이 클럽의 회원가입 위원장은 헤이 장관의 작은 동서인 사무엘 마서(Samuel Mather, 1851~1931)였는데 그 역시 웨스턴 리저브 대학의 이사였다. 이 사람이 석유왕 록펠러의 유니언 클럽 회원가입을 거절하여 화제가 된 인물이다.[56] 둘 사이는 앙숙이었다. 사무엘 마서는 세브란스 장로의 어머니 메리 헬렌 롱 세브란스(Mary Helen Long Severance, 1816~1902)가 클리블랜드 제일장로교회(일명 올드스톤 교회 Old Stone Church)의 교우들과 함께 1863년에 설립한 클리블랜드 최초의 종합병원인 "레이크사이드 병원 The Lakeside Hospital"의 이사도 겸하였는데 세브란스도 이 병원의 이사였다. 마서는 1902년 세브란스의 어머니가 작고한 후 이사장이 되어 오늘날 케이스 웨스턴 리저브 대학병원으로 발전시킨 대자선가이다.

경부선

세브란스 장로와 러들로 박사가 만주에서 경의선으로 서울에 도착하고 일주일이 지난 9월 2일. 일본에서 경부선으로 남대문역에 밤 9시 30분에 내린 23세의 미국 젊은이가 있었다. 클리블랜드 레이크사이드 병원과 웨스턴 리저브 대학의 이사장 사무엘 마서의 둘째 아들(존 헤이 국무장관의 조카)인 아마사 스톤 마서(Amasa Stone Mather, 1884~1920)가 예일대학을 막 졸업하고 친구들과 세계일주 여행 도중 일본을 거쳐 서울을 방문한 것이다.[57] 그가 친구들과 북경에서 다시 합류하기로 약속하고 홀로 부산을 향해 출발한 일본 시모노세키(下關)항에는 콜레라가 창궐하여 물을 조심하였다.[58] 이를 대비하여 그는 보온병을 준비하였다. 쥐와 바퀴벌레가 돌아다니는 배가 밤새 항해 끝에 부산 부두에 도착한 것이 오전 9시 30분이었는데 마서는 곧바로 오전 11시 경부선으로 갈아타고 밤 9시 30분에 남대문역에 도착하였다. 서울의 성문과 모든 공공건물을 일본 군인이 경비하고 있는 것을 보고 놀랐다.[59]

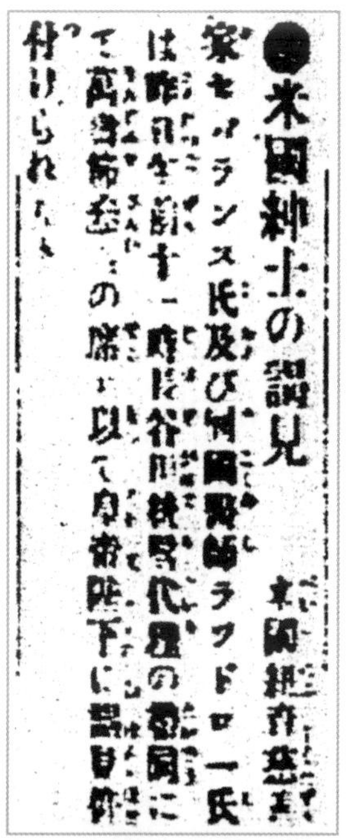
●米國紳士の謁見 米國紳士慈善家セヴランス氏及び同國醫師ラッドロー氏は昨日午前十一時長谷川統監代理の紹介にて萬壽齋の際を以て皇帝陛下に謁見仰付けられたり

출처: 朝鮮新報 明治四十年 九月三日

황제 알현

마서는 무엇이 그리 바빠서 부산 구경도 하지 않고 서울로 직행한 것일까. 세브란스 병원을 방문하는 것이 목적이었던 것으로 보인다. 그래서 도착 다음날(9월 3일) 제일 먼저 병원을 찾아갔다. 그러나 세브란스 장로는 에이비슨 박사와 함께 그 전날 융희 황제를 알현하고(자료 Ⅰ-7 기사 참조) 지방(?)으로 떠나서 없었다. 혼

출처: 연세대학교 의과대학 동은의학박물관

〈자료 Ⅰ-7〉 1907년 9월 2일 세브란스와 러들로의 융희 황제 알현 기사(9월 3일 자)/ 방한한 세브란스와 러들로

자 환자를 보던 허스트 박사가 장기 여행의 피로감으로 마서의 다리에 생긴 종기를 주사와 약으로 치료하며 세브란스가 다음날 돌아올 것이라고 일러주었다. 다음 날(9월 4일) 저녁 세브란스와 함께 귀경한 에이비슨 박사가 젊은 마서를 병원 내의 관저로 초대하여 그곳에서 세브란스, 러들로, 허스트와 함께 식사를 하며 밤 11시가 넘도록 얘기를 나누었다.[60] 에이비슨 부인이 내 놓은 음료는 시원한 밀크셰이크가 전부였다. 에이비슨, 세브란스, 러들로 모두 금주·금연자들이다. 젊은 마서는 시원한 맥주가 간절하였지만 참는 수밖에 없었다. 마서는 경부선 열차의 반이 일본 군인으로 찼다고 말하였다. 거의 모든 역마다 일본 군인이 지키고 있었고 의병과 전투가 치열했던 제천과 가까운 곳에서 불에 탄 역[청주역 ?]을 보면서 그 전투에서 수백 명이 죽었다고 들었다. 불과 한 달 전 8월 1일 한국군 강제해산으로 전국에서 봉기한 의병은 일본군과 거의 매일 전투 중이었다. 마서는 어떤 역에서 한국인들을 매우 험하게 다루는 일본 관헌들을 목격하였다. 보따리와 기차표를 떨어뜨렸다는 이유로 한국 노인을 일개 일본 노무자가 발로 걷어차는 것도 보았다.

마서는 6주 동안 일본 체류의 아름다운 추억이 싹 가셨다. 에이비슨 박사와 허스트 박사도 맞장구를 쳤다. 마침 허스트 박사는 그 전날 일본 군인의 총을 맞은 한국인을 치료한 얘기를 꺼냈다. 6백여 명이 살고 있던 어느 마을을 일본군이 불 질렀는데 불타는 자신의 집에서 가구를 꺼내려는 주민을 일본 군인이 총으로 쏘았던 것이다. 교통을 통제하는 상황에서 하루만에 세브란스 병원으로 올 수 있는 거리라면 서울 근교였을 것이다. 강화, 이천, 양주가 아니었을까. 1907년 8월 양주군 예수교 교사 홍태순이 대한문 앞에서 자결한 것을 시작으로 의병이 하나 둘씩 양주에 집결하여 마침내 그해 12월에 의병장 허위(許蔿, 旺山, 1854~1908)는 8천 명을 거느리고 동대문 밖까지 진격하였다. 바로 그 즈음 세브란스는 동대문 부근의 연동교회를 방문하였으니[61] 의병항쟁의 한복판을 목격할 뻔하였다. 후에 허위의 순국을 기념하는 길이 그가 진격했던 바로 그 장소에 생겼으니 그것이 동대문구 왕산로(旺山路)이다. 그의 후손들은 만주와 러시아로 망명하여 독립운동으로 흩어졌는데 손자 허진(許眞, ?~1997)이 모스크바에서 나에게 소회를 적어 전해준 한시가 있다.

櫛風沐雨轉愴然 (바람으로 머리 빗고 비로 목욕하는 처연함에도)
求道大義宿露連 (대의를 이루려 노령을 떠돌았도다)

國事家業未復成 (국사 가업 다시 찾지 못하였나니)

蹉跎霜髮惜暮年 (애석타, 뜻을 이루지 못한 채 저무는 노년이여) - 許 眞 -

마서는 민 왕후 시해 사건에 대한 일본의 공식 보고서를 입수했다고 주장했다. 그가 태프트 국무장관과 메이블 보드먼(Mabel Boardman, 1860~1946) 미국 적십자사 총재의 추천서로 일본 궁성을 방문한 적이 있었으니 그 과정에서 입수했는지 모르겠다. 미국 적십자 명예총재는 대통령이었는데 실질적인 책임자 메이블 보드먼 총재는 마서의 부모가 결혼할 때 신부 측(마서의 어머니)의 들러리였다.[62] 메이블 총재의 아버지 윌리엄 보드먼(William Boardman, 1832~1915)은 세브란스가 청년 때부터 잘 아는 사이였으며 함께 웨스턴 리저브 대학의 이사였다(제2장 참조). 메이블 총재는 2년 전(1905) 시어도어 루즈벨트 대통령의 맏딸 엘리스(Alice Roosevelt, 1884~1980)가 한국을 방문할 때 그녀를 수행하고 한국을 1주일 간 다녀간 바 있다(제6장 참조).

"이 기회를 이용하여 궁전에서 커다란 영향력을 행사하는 왕비의 목숨을 제거해야만 한다는 것을 재차 결의하였다."

이것을 세브란스 등에게 읽어주며 마서는 사건 전말을 더 자세하게 이야기하였다. 이 문서는 최근에 발굴된 한국 최초의 육영공원 영어교사였으며 고종의 헤이그 밀사였던 헐버트 박사의 미발간 회고록에서 찾아볼 수 있다.[63]

마서는 소나무에 목이 매달린 한국인의 시체를 보고 사진을 찍었다. 일본 군인이 감시하는 가운데 한국인들은 무심히 오갈 뿐이었다. 그 광경을 보자니 갑자기 예정에도 없이 의병전투가 보고 싶어졌다. 북경에서 만날 예정인 친구와 엇갈릴 위험이 있었지만 모험을 하기로 하였다. 마서는 마침 한국에 특파된 영국의 『데일리 메일 *Daily Mail*』의 매킨지(F. McKenzie) 기자와 얘기를 나누고 의병전투 취재로 제천에 동행하기로 약속하였다. 두 사람은 같은 호텔에 묵고 있었다. 매킨지가 권총을 점검하자 마서도 소지한 권총과 장총을 점검하였다. 상황을 좀 더 자세히 알기 위하여 『대한매일신보』의 영국인 주필 베델(Ernest Thomas Bethel, 1872~1909, 한국표기 裵說), 주한 미국 공사 새먼스(Wheeler Sammons)와 함께 미국 공사관에서 식사하였다. 새먼스 공사는 마서에게 부러진 총알을 보여주었다. 한국군과 일본군이 교전을 벌였을 때 전투현장에서 가까운 미국 공사관에 날아든 총알이었다. 총알에 맞아서 부러진 나뭇가지도 보여주었다. 국무성에 보고하려고 보관한 것이다. 마서는 미국 공사관의 울타리 너머로 새로 황제에 등극하였지만 경운궁(덕수궁)에 사실상 연금되어 "울에 갇힌 짐승처럼" 왔다 갔다 하는 순종 황제의 모습을 보았다.

제천에서는 보름 전인 8월 15일 신돌석(申乭石, 1878~1908) 장군이 의병을 이끌고 충청도 일대에서 1년 동안 일본군과 전투를 벌렸다. 그러나 매킨지 특파원이 일본군의 통제로 의병전투가 한창인 서울 이남으로 취재여행이 어려워지자 마서는 아쉽지만 그를 포기하고 혼자 9월 6일 평양을 거쳐 만주 목단(봉천, 청나라의 발상지이므로 盛京 Shunching이라고도 불렀는데 지금의 심양)으로 떠났는데[64] 에이비슨 박사가 그곳에서 의료선교하는 영국인 크리스티 박사(Dugald Christie, MD, 1855~1936) 앞으로 편지를 써주었다.[65] 훨씬 후의 일이 되겠지만 러들로 박사는 크리스티 박사를 만나러 목단으로 자주 출장 갔다.[66] 치안이 확보되지 않은 만주에서 마적이 나타나 기차를 강탈하고 사람을 헤치는 일이 빈번하다고[67] 새먼스가 주의를 주었다. 목단과 할빈 사이에서는 승객으로 가장하여 열차에 탑승한 후 치안이 소홀한 곳에서 밤에 열차를 통째로 강탈하기도 하였다. 젊은 마서는 권총과 장총을 소지했지만 그렇다고 안심할 일은 못 되었다. 만주에서 초보 유도기술 덕분에 한때 곤경에서 벗어났다.[68]

마서는 마침 『상트페테르부르크 뉴스 *St. Petersburg News*』의 취재기자 콘스탄틴데 미하일노프(Konstantinde Michailnov)를 서울에서 만나 안동(지금의 요녕성 단동시)까지 동행하며 친구가 되었다. 그는 러시아 육군 소령이기도 하였는데 러일전쟁 때 블라디보스토크에서 주로 활동하였다. 그는 함경도 영흥 지방으로 의병전투를 취재하러 가기 위하여 안동(단동)에서 마서와 헤어지면서 다음 내용을 편지로 알려줄 것을 부탁하였다.

> [평양에서 목단까지] 교량과 터널이 몇 개이고, 그 재료는 무엇이며, 그 길이는 얼마인가, 기차는 어떤 기차를 사용하는지, 역의 크기. 부탁이 너무 큰가. 고마우이. 콘스탄틴데 미하일노프.

세월이 수상하니 사람도 변하여 기자인가 밀정인가. 미하일노프가 처음 만난 마서에게 그런 부탁을 한 것은 당시 만주의 안봉선(안동-봉천)과 한국의 경의선으로 여행한 사람이 드물었기 때문이다. 경의선이 가설된 지 1년밖에 되지 않았고 안봉선 역시 2년

밖에 되지 않았다. 시베리아 횡단철도가 완성된 지도 불과 5년 전이었으니 경험 있는 여행객이 희귀한 것은 당연하였다. 마서는 서울에서 그에 관한 정보를 얻으려고 여러 사람을 만났지만 허사였다. 마침 『상하이 타임스 *Shanghai Times*』의 주인인 영국인 안지어 씨(Mr. Angier)를 만나 정보를 얻었다. 그는 상해와 서울을 왕래하면서 사업을 하며 서비동(Surbiton ?)에 별장을 갖고 있었다. 그는 그 노선이 한번 가볼 만하지만 험한 경험이 될 것이라고 주의를 주었다. 마서의 일기와 1911년 아버지의 여정을 그대로 답습하여 서울을 방문한 세브란스의 외동딸 엘리자베스 세브란스 알렌(Elizabeth Severance Allen, 1865~1944, 더들리 피터 알렌 박사의 부인)의 일기에도 험한 여정이 생생하게 기록되어 있다(제3장 참조). 다시 말하면 세브란스와 러들로는 당시로서는 이 험난한 노선을 여행한 드문 여행객이 되었다. 세브란스는 무엇 때문에 이런 위험까지 감수하며 굳이 한국을 방문하려 애썼는가.

앞서 말한 것처럼 세브란스는 마서의 아버지와 함께 웨스턴 리저브 대학과 레이크사 이드 병원의 이사였다. 러들로 박사도 레이크사이드 병원의 외과의사이자 웨스턴 리저브 의과대학의 교수였다. 마서의 일기로 보아서 그는 러들로 박사도 전부터 잘 아는 듯하였다. 러들로 박사의 1905년 레이크사이드 병원 사진첩 1쪽에서 사무엘 마서의 사진을 볼 수 있다. 말하자면 세 사람 사이에는 레이크사이드 병원과 웨스턴 리저브 의과대학이라는 공통분모가 있었다. 세브란스의 외동딸이 1911년 세계일주여행 중에 보낸 편지목록에는 러들로 박사와 함께 마서에게 보낸 편지도 포함되어 있었다(자료 Ⅳ-5를 참조). 사무엘 마서는 클리블랜드에서 의료-교육-기독교 자선가로 세브란스와 쌍벽을 이루는 인물이었는데 아마사 스톤 마서는 이 모든 것을 아버지에게 편지로 보고하였다.[69)]

아버님께 1908년 1월 25일

캘카타

전략, 아버님의 뜻이기도 하겠지만 저는 어머님이 당부하신 두 가지 사항을 실천하고 있습니다. 첫째, 주일을 지키고 있습니다. 아마 지금처럼 지킨 적이 없을 겁니다. 중략. 둘째, 일본을 떠난 이래 제가 매우 중시하고 있는 선교와 기독청년회에 관한 것입니다. 서울과 목단에서 선교사들을 만나고 선교병원들[세브란스 기념병원과 크리스티 박사의 목단병원]을 방문했습니다. 중략. 상해에서는 어머님의 친구이신 루이스 씨와 함께 기독청년회관에 갔습니다.

여기서 루이스 씨는 상해기독청년회의 총무였는데 그 건물은 아마사 스톤 마서의 어머니 플로라 스톤 마서(Flora Stone Mather, 1852~1909)가 기증한 것이다.[70] 플로라 스톤 마서의 자선행위는 다음 편지에 잘 나타나 있다.

동생에게 1907년 10월 24일

대만

전략. 트윙 총장 내외를 다시 만났다. … 그리고 어머니의 친구 상해기독청년회의 루이스 씨를 다시 만났다. 어머니께서 이 일에 그토록 깊은 관심과 한량없는 자선을 베풀었다는 사실을 그가 말해서 비로소 알게 되었다. 후략.

여기서 트윙(Rev. Charles Thwing, DD, LLD, 1853~1937) 목사는 세브란스, 마서, 헤이가 이사로 재직하는 웨스턴 리저브 대학 총장을 가리킨다. 그가 웬일로 상해를 방문하였을까. 그의 집안에는 중국에서 활동하는 선교사 이 더불유 트윙(Rev. E. W. Thwing) 박사가 있었다. 그는 중국에서 아편을 금지하는 운동을 벌였는데 당시 중국의 실세 원세개(袁世凱)의 집안 형제가 대량으로 아편을 재배하는 것을 찾아내서 언론에 공개한 적이 있다. 그는 손문을 회견하여 서방세계에 알리는 데에도 일조하였다. 트윙 목사는 한국 주재 미국 선교사들과 친했는데 1919년 삼일운동 때 서울에서 일본 경찰이 구타하는 여자 선교사를 보호하려다 일본 경찰에 구금당하였다. 트윙 총장은 단과대학의 웨스턴 리저브를 종합대학으로 만드는 등 그 대학 역사상 가장 커다란 업적을 쌓았는데 말년에 세브란스 장로의 외아들 존 세브란스가 아버지를 추모하여 기부한 "세브란스 석좌교수 기금"을 둘러싸고 뜻하지 않은 실수를 저질렀다. 아마사 스톤 마서의 아버지 사무엘 마서가 이사장으로서 트윙 총장에게 사표를 권하였다(제4장을 참조).

마서의 편지와 일기로 미루어보아 세브란스 기념병원은 세브란스 자신도 자신의 이름이 붙은 병원 이름을 몰랐으니 마서도 마찬가지라서 그냥 "미국 병원 The American Hospital"이라고 불렀지만 처음부터 클리블랜드 사회에 화젯거리로 널리 알려졌다고 여겨진다. 그 이유는 마서가 일본에서 친구들과 북경에서 만나기로 하고 헤어져 혼자 한국에 왔다는 데 있다. 당시 마서의 친구들에게는 한국은 방문할 만한 나라가 아니었다.

마서가 한국에서 머문 곳이라고는 서울과 평양뿐인데 그나마 평양에서는 밤에 도착하여 잠만 자고 새벽에 떠났으니 그의 목적은 서울뿐이었다. 마서는 서울에 9월 2일 밤에 도착하여 6일 새벽에 떠났고 다른 곳은 일체 얼씬거리지도 않았고 그럴 시간도 없었다. 심지어 9월 1일에 개최된 경성박람회도 구경하지 않았다. 이 박람회는 구리개(銅峴)의 (구)제중원 자리에서 열렸는데 그가 만일 경성박람회를 구경했다면 세브란스가 기증한 새 병원과 그 전의 제중원 병원을 비교한 기록을 남겼을 것으로 기대되지만 일본은 박람회를 위하여 건물을 변경하였다(朝鮮新報 明治四十年九月一日). 그의 목적은 서울의 미국 병원이라고만 알려진 세브란스 장로가 세운 선교병원을 방문한 것이었다. 그리고 세브란스가 세운 병원이라는 사실을 비로소 알았다. 세브란스가 드러내지 않고 자선을 한 좋은 예가 되었다. 이러한 사실을 부모에게 편지로 보고하였다.

젊은 마서는 인도의 다르 분가(Dahr Bunga)의 세계적인 보석 박람회와 세일론 콜롬보의 호텔에서 다시 세브란스 씨와 러들로 박사를 만났다. 그 보석들은 한때 사자한(타지마할을 세운 인도 무굴 제국의 왕)의 것이었다. 그때 세브란스는 나폴레옹 Ⅲ세처럼 뺨에도 멋진 털을 기르고 있었다. 마서는 세브란스와 1주일 후면 헤어질 것을 생각하면서 나머지 여행이 외로울 것이라고 아버지에게 편지를 썼다.[71]

아버님께 1908년 4월 12일

콜롬보

전략. 세브란스 씨와 러들로 박사가 이 호텔[Galle Face Hotel]에 묵고 있는데 1주일 정도 이 섬[세일론]에 머물다가 귀국할 것입니다. … 제 계획은 확실하지 않고 편지도 받지 못하고 아는 사람도 없어지고 외톨이가 될 것 같다는 이상한 느낌이 듭니다. 후략.

아버님께 1908년 4월 15일

갈레 페이스 호텔

전략. 세브란스 씨와 러들로 박사 등 몇몇 지인(知人)만 빼고는 콜롬보에서 아는 사람이 없습니다. 그러나 제 여행은 계속될 것입니다. … 의사의 권유대로 의약품을 준비했지만 전의 경험을 살려서 주의를 하고 있습니다. … 저는 키니네, 나방이와 모기 등 해충기름, 독사 해독제, 각반, 붕대, 등을 준비했습니다. 후략.

콜롬보의 갈레 페이스 호텔에는 당시로서는 드물게 수영장이 있었다. 마서의 여행물품 목록은 타자용지 5장에 이를 정도로 끝이 없다. 침대보까지 갖고 다녔다. 그리고 이동 중에 자주 분실되었다. 세브란스 씨의 여행물품도 그러했을 것이다. 당시 아시아 여행이 힘들었던 것은 마서와 동행하였던 7명의 친구 가운데 하나가 도중에 사망한 것을 보면 알 수 있다. 젊은이도 힘든데 칠순의 세브란스는 말할 것도 없었을 것임에도 불구하고 무엇 때문에 그는 위험한 여행을 강행하였는가.

그로부터 18년 전으로 거슬러 올라간 1889년. 웨스턴 리저브 대학 내에 여자대학(College for Women)이 탄생했을 때 여자 교육의 중요성을 주장한 플로라 스톤 마서가 기숙사와 교사를 기증하면서 형부인 헤이 장관에게 3천 달러를 부탁하였고 어머니에게 5천 달러를 요구하였다. 가족끼리만 할 것인가. 이때 세브란스가 장모와 함께 대학 교회를 기증하였다. 남편 사무엘 마서에게서 이 소식을 들은 플로라는 이 사려 깊은 선물에서 자신의 노력이 열매를 맺었다고 생각하였다.[72] 이 여자가 세브란스 둘째 부인의 선생님이었는데 방금 서울을 방문한 아마사 스톤 마서의 어머니이다. 이 여자대학은 그녀가 죽은 후 1931년에 플로라 스톤 마서 대학(Flora Stone Mather College)으로 교명을 바꾸었다.[73] 플로라가 자기 생전에 자신의 이름과 대학을 연관시키는 것을 반대하였기 때문이다. 아들 마서가 상해에 가서야 비로소 어머니가 상해기독청년회관을 기증했다는 사실을 알았다는 것도 같은 맥락이다. 여자대학이 설립되고 10년 후인 1899년 이번에는 거꾸로 케이스 공과대학의 생물학과 건물(DeGrace Building)을 지을 때 세브란스가 1천 달러를 기부하자, 플로라 스톤 마서가 1천 달러, 그녀의 형부 헤이 국무장관이 1천 달러, 그녀의 어머니 줄리아나 스톤이 2천 달러를 기부하였다.

헤이, 마서, 스톤, 세브란스는 모두 세브란스 장로의 외조부의 진료실 3층에서 시작한 클리블랜드 최초의 교회인 올드스톤 교회(Old Stone Church)에 봉사하였다.[74] 이들은 "세계에서 가장 아름다운 백만장자의 거리"라고 부르는 클리블랜드시의 유클리드 거리(Euclid Avenue)에 모여 살았다. 여기에는 록펠러도 살고 있었다. 요즈음 같으면 억만장자의 거리라고 부를 것이다.[75] 당시 미국 정치와 경제의 중심은 오하이오였고 오하이오의 중심은 클리블랜드였는데, 유클리드 거리가 클리블랜드의 중심이었다.[76]

웨스턴 리저브 대학의 이사장은 헤이 장관과 사무엘 마서의 장인인 클리블랜드의 철도왕이며 광산왕인 아마사 스톤(Amasa Stone, 1818~1883)이었지만 알렌 공사가 국무성에 보내는 보고서를 작성하였을 때에 그는 이미 죽은 다음이었다. 그의 외손자가 방금 서울을 방문한 아마사 스톤 마서였으니 외손자는 외할아버지의 이름을 계승한 셈이다. 외할아버지 아마사 스톤은 시골(허드슨, 위치는 자료 Ⅱ-3을 참조)에 있던 웨스턴 리저브 대학이 적자로 어렵게 되자 클리블랜드시로 옮겨와 "사실상" 재창립했으며 그의 두 사위 존 헤이와 사무엘 마서 그리고 자신의 친구들을 이사에 임명하였다.[77] 그가 임명한 이사 가운데 전직 대통령 러더포드 헤이스(Rutherford Hayes, 1822~1893, 대통령 재임 1877~1881)도 있었는데[78] 그는 호레이스 알렌 주한 미국 특별 전권 공사 부인의 사촌 오빠였다.[79] 존 헤이 국무장관은 헤이스 대통령 행정부에서는 국무차관(Assistant Secretary)을 지냈다. 이렇게 하여 알렌-헤이-세브란스 또는 알렌-헤이스-헤이-세브란스의 인맥을 생각할 수 있다.

인맥

그러나 알렌 특별 전권 공사의 인맥은 이보다 더 넓다. 중국에 대한 헤이 장관의 문호개방정책은 1899년에 발표되었는데 이 글을 쓴 사람은 락힐(William W. Rockhill, 1854~1914)이었다.[80] 그는 알렌 특별 전권 공사에 앞서서 1886~1887년에 한국 주재 미국 공사를 지낸 저명한 동양학자였는데 헤이 장관뿐만 아니라 시어도어 루즈벨트 대통령도 그를 신임하여 알렌 특별 전권 공사에게 "미국의 아시아정책을 계획한 사람이고 계속 추진하고 있는 실행자"라고 말했다.[81] 락힐은 "선교사들에 대하여 그렇게 호의적이지는 않았다." 언더우드 박사가 한국에 도착하자마자 조미우호통상조약[82]을 무시하고 제물포에서 큰 소리로 찬송가를 부른 데 대하여 한국에서 "전도행위는 시기상조이며 미국인들의 지위와 궁성에서의 인기를 실추시키게 되는 위태로운 일로 생각된다."라고 말했다. 그러나 "한국에 발을 디딘 어느 외국인보다도 한국에 관해서" 잘 알고 있는 알렌 박사에 대해서는 지원을 해주었다. 알렌 박사의 노력으로 락힐 공사의 태도도 변하여 "전도사업을 수행하는 데 있어서 선교사의 노력을" 높이 평가하게 되었다.

그 후 락힐은 중국 주재 미국 대사가 되었는데 이때 아마사 스톤 마서가 서울에 이어 중국을 여행하게 되자 락힐 대사가 북경에서 경호원과 준마를 제공하여 당시로서는 드물게 몽고 내륙 깊숙한 곳까지 여행할 수 있었다.[83] 마서는 일기에 "클라라 이모와 굉장히 친한 락힐 대사가 잘 도와주고 있다."라고 기록하였다.[84] 클라라(Clara Stone Hay, 1849~1914) 이모는 존 헤이 국무장관의 부인이다. 헤이 장관은 죽었지만 세계의 가는 곳마다 이모부인 헤이 국무장관의 덕택으로 미국 공사의 도움을 받을 수 있어서 마서의 세계일주여행이 편했다. 그의 여권에 찍힌 특별한 붉은 도장도 삼엄한 일본군 경비 속에서 한몫을 하였다.

락힐의 후임으로 딘스모어(Hugh A. Dinsmore, 1850~1930, 공사 재임 1887~1890)가 주한 미국 공사로 부임하였다. 그는 "냉정하고 지각 있는 법률가"였으며 "양심적인 기독교 신사"였다. 그는 한국 주재 선교사들과 잘 지냈고 귀국하여 하원의원(재임 1893~1905)이 되었다. 1905년 2월 민영환이 보낸 청년 밀사 이승만(李承晩, 1875~1965)과 헤이 국무장관의 면담을 주선한 사람이 딘스모어였으니 이승만–알렌–딘스모어–락힐–헤이가 서로 연결된다.

공사

알렌 특별 전권 공사는 보고서(문서번호 542)에서 병원의 기부자가 "클리블랜드시의 루이스 헨리 세브란스 씨"라고 성씨뿐만 아니라 이름과 출신 도시까지 특별히 밝혔는데 이것은 알렌 공사가 재임시절 보낸 900여 통의 다른 보고서와 비교했을 때 파격적이다. 헤이 국무장관이 아는 사람이었기 때문이다.[85] 1904년에 뉴욕 장로교 선교본부의 아서 브라운 총무(Rev. Arthur Brown, 1856~1945)가 한국을 방문할 때 클리블랜드 제일장로교회(일명 올드스톤 교회)의 신자인 헤이 국무장관은 알렌 특별 전권 공사에게 문서(No.252, 1904년 2월 10일)를 보낸다.[86] 러일전쟁의 와중에 한국 주재 미국 선교사를 보호하려고 내한하는 그의 신변을 특별히 부탁하는 내용이었다. 이런 이유로 알렌 특별 전권 공사가 세브란스 기념병원이 뉴욕 장로교의 주관 아래에 있다고 강조한 것도 무슨 의미였는지 헤이 장관은 즉시 알았을 것이다. 이것은 세브란스 기념병원이 한국의 국가기관과 독립된 사립 기관이라는 점을 적시한 것이며 위태롭고 불안한 일본의 침략 조짐에서 미국 장로교의 보호 아래에 있음을 뜻한다. 그러한 의미에서 정초식 때부터 벌써 세브란스 기념병원이라고 명명한 것도 모두 깊은 생각으로 결정한 것이다.

1900년 세브란스 씨의 최초 1만 달러 기부금이 1902년 기공할 때 1만 5천 달러로 커지더니 1902년 머릿돌 놓는 무렵에는 2만 달러로 증액되었고 결국 3만 5천 달러에 완공되었다.[87] 미국에서 새 병원 소식을 듣고 만족한 세브란스 장로는 병원 운영기금과 함께 전염병 격리병동도 기증하였고, 1907년 한국 방문에서는 별도의 외래병동을 위하여 1만 달러를, 귀국한 후 1908년에는 의학대학 교사 건축비용 3만 달러도 보냈다. 얼마 후에는 15만 달러로 커졌다. 그 후에도 계속 커졌으며 세브란스 씨가 사망한 후 외아들 존(John Long Severance, 1863~1936)과 외동딸 엘리자베스(Elizabeth Sill Severance, 1865~1944)가 아버지의 뜻을 받들어서 더욱 키웠다. 2세대에 걸쳐 도합 44년을 후원하였다.[88] 외아들은 사망하면서 유언 속에 기금(존 엘 세브란스 기금)을 남겨 매년 이자로 후원할 수 있도록 만들었다. 기금의 가치가 유지되는 한 영원한 후원이 될 것이다. 이러한 의미에서 기념병원 이름의 세브란스는 아버지 루이스 헨리를 기념한 것이지만, 후에 교파를 초월하여 연합(union)했다는 의미에서 이름 붙인 세브란스 연합의학대학은 아버지뿐만 아니라 자녀를 포함하여 세 가족을 연합했다는 뜻도 된다.[89]

머릿돌은 그날 오후 3시에 놓여졌다. 에이비슨 박사가 개회를 선포하고 언더우드 박사에게 사회를 부탁하자 수락연설을 하였다. 제물포 내리교회(안골교회)의 조지 히버 존스 목사(Rev. George Heber Jones, Ph. D., 1867~1919, 한국표기 趙元時 또는 趙元始)가 개회기도를 인도하였고 한국인 목사의 기도가 그 뒤를 이었다. 세브란스 기념병원은 뉴욕 장로교 선교본부의 주관하에 있는 데 대하여 존스 목사는 감리교 신자이며 내리교회는 감리교회이다. 이것은 이 행사가 초교파임을 의미하며 서양 선교사와 한국 교역자의 연합(union) 행사임을 나타낸다. 무스 목사(Rev. J. R. Moose)가 성경을 읽었고 역시 한국인 목사도 성경을 읽었다. 이윽고 언더우드 박사가 알렌 공사를 소개하면서 한국에서 의료 사업을 처음 시작한 사람이며 오늘이 있기까지 그의 개척에 커다란 신세를 졌음을 강조하였다. 뒤이어 등단한 알렌 특별 전권 공사는 연설에서 지금까지 한국에서 서양 의료 역사와 사람들과 일화를 소개하였다. 특히 에이비슨 박사의 노고를 치하하였다. 이어서 에이비슨 박사의 연설을 서울 연동교회의 게일 목사(Rev. James S. Gale, 1863~1937, 한국표기 奇一)가 유창한 한국말로 통역하였다. 이것이 끝나자 알렌 특별 전권 공사가 한국 기술자가 한국산 은으로 만든 흙손을 쥐고 머릿돌을 상자와 함께 내려놓았다. 그 상자에는 성경, 찬송가, 기독신문, 일간신문, 동전, 기타 물건들을 담았다.[90] 에이비슨 박사가 마지막 몇 마디를 하고 레이놀즈 목사(Rev. W. D. Reynolds, 한국표기 李訥緖)의 축도로 끝났다.[91]

출처: 明治三十六年八月の南大門驛附近/ 朝鮮鐵道協會會誌 1931

〈자료 Ⅰ-8〉 1903년 8월 청파동에서 바라본 세브란스 기념병원의 공사 장면

머릿돌을 놓은 후 미국으로 주문한 물자와 연장이 도착한 것은 1902년 가을이었다. 지상공사가 시작되어 건물이 외양을 갖추었을 1904년 2월에 러일전쟁의 발발로 재료비와 인건비가 폭등하여 파산을 두려워한 건축업자가 해약하였다. 할 수 없이 에이비슨 박사는 세브란스 씨가 파견한 설계사와 함께 가르치는 의학생까지 동원하고 설계도면에 의지하면서 나머지 공사를 강행하였다. 서양 병원의 건축 경험이 있는 사람이 없어서 에이비슨 박사와 설계사가 직접 납땜을 하며 배관도 하였다.

당시 대한제국 정부는 서양 건물이 궁전보다 높아지는 것을 못마땅하게 여겼다.[92] 이미 1898년에 명례방 언덕 위에 세워진 명동성당이 임금이 거주하는 궁전과 역대 임금들의 신주를 모신 종묘를 굽어본다고 반대가 심하여 어려움을 겪었고, 감리교가 도성 내에 높은 교회를 지으려는 계획에 대해서도 반대하였다. 외국인 거류지를 용산에 따로 마련해야 한다는 주장이 나온 것도 그러한 이유였다.[93] 사태가 이보다 더 나빠진 것은 이로 인하여 1888년 기독교 금지 포고령까지 내렸다는 점이다.[94] 결국 용산은 벌써부터 눈독을 들이던 일본이 장악하여 일본군 주둔지가 되었다(자료 Ⅰ-12를 참조).

이러한 판국이어서 세브란스 기념병원의 건축은 남대문 밖임에도 불구하고 한국 정부는 건축허가를 내주지 않았다.[95] 고종이 외국인의 기부를 가상하게 생각하였다 하지만 그도 소용없었다. 그러나 에이비슨 박사는 굴하지 않고 건축을 강행하였다. 그러자 이번에는 머릿돌을 준비하던 일꾼을 순검이 잡아가서 큰 어려움을 치렀다.[96] 그 순검이 아팠을 때 에이비슨 박사가 무료로 치료를 해주었는데 그도 소용없는 일이었다. 이 점에 대하여 알렌 특별 전권 공사는 머릿돌 연설문에서 섭섭함을 토로하였다.

> "한 가지 서운한 일은 에이비슨 의사에게 정부에 붙은 병정을 돌아보아 치료금 없이 병을 고쳐주거늘 본국 신사[세브란스 씨]의 돈을 허비하여 산 때에서 건축사 코덴[고든] 씨가 그 역사를 동독하실 때에 순검이 역부를 잡아갔으며 또 관허 문권을 인허하지 아니하는 것이옵나이다."

1903년 8월에 〈자료 Ⅰ-8〉처럼 청파동 언덕에서 바라본 사진에 도동 낮은 언덕 위에 웅장하게 올라가는 세브란스 기념병원의 외양을 보면 외세가 몰려오는 혼란스런 당시 상황에서 갈피를 잡지 못하는 한국인의 심정도 이해할 만하다. 사진에서 좌측으로

〈자료 Ⅰ-9〉 1937년 세브란스 병원과 의학대학 안내지도와 서울역 부근 지도

멀리 남대문이 보이고 철로변 남대문역에서 화물차가 정차하여 화물을 부리고 있다. 이 사진을 보면 병원과 남대문역의 위치를 파악하는 데 도움이 된다. 현재 남대문에서 힐튼 호텔까지 연결되는 도로에서 남대문교회(일명 세브란스 교회)[97] 부근이 병원의 위치였다. 남대문교회는 애초부터 병원 내부에서 시작하였으니 이 고증은 맞는다. 사진이 보여주는 것처럼 당시에는 퇴계로가 없었다.

병원 정문은 남대문역을 우측에 놓고 남대문을 등 뒤에 둔 남향인데 지금의 서울역 앞 세브란스 빌딩보다 훨씬 동쪽이며 경사진 언덕으로 위치도 높다. 현재 서울역 앞의 세브란스 빌딩은 병원보다 9년 뒤에 언덕 아래 평지에 건설된 세브란스 의학대학 교사의 자리이다. 이 건물도 세브란스의 기증이다. 〈자료 Ⅰ-9〉의 1937년 세브란스 병원의 영문 안내 지도가 이를 뒷받침한다.

준공

정초식에서 2년 후 1904년 11월 16일에 세브란스 기념병원이 개원하였다. 정초식 때와 마찬가지로 여러 요로(要路)에 초청장을 보냈다.

> 세부란씨병원(남대문밧새로지은졔즁원)다되엿삽기로금월양력동지달십육일오후새로네시에 낙셩연을 하겟사오니오서셔참례하시기를바라나이다.
>
> 새졔즁원 세부란씨병원 남대문밧 도동

이 초청장에서도 세브란스 병원이 새 제중원이라고 지적하여 제중원의 계승자임을 다시 한번 확인하고 있다. 에이비슨 박사는 후일에 누군가 이 역사적 사실을 왜곡할 것을 예견하고 그를 염려한 것일까. 혹여 후일에 오해가 없도록 거듭 다짐하였다.

개원식장의 날씨는 이 초청장이 강조하는 것처럼 의혹 한 점 없이 화창하였다.[98] 다시 한번 많은 인파가 모인 가운데 에이비슨 박사 부인이 은제 열쇠로 병원 문을 처음 열었다.

에이비슨 박사가 병원을 건립하게 된 경과를 짧게 보고하였고 평양 장대현교회의 모펫 목사(Rev. Samuel A. Moffett, 1864~1939, 한국표기 馬布三悅)와 서울 새문안교회의 언더우드 목사가 축사를 했다. 알렌 공사가 먼저 연설을 하였고 윤치호(尹致昊, 1865~1945)가 외국 의술이 한국에 의미하는 바를 추가하였다. 여기서도 대표적인 감리교 신자인 윤치호가 연설을 했다는 것은 정초식과 마찬가지로 개원식도 교파를 초월한 연합(union) 행사임을 뜻한다. 뒤이어서 에이비슨 박사가 세브란스 기념병원의 연혁에 대하여 설명하였다. 에이비슨 박사는 4년 전(1900) 뉴욕에서 한국에서 서양의학의 연혁을 다음과 같이 소개한 적이 있었는데 개원식에서는 여기에 새로운 것을 추가했을 것이다.[99]

> 한국에서 의료사업은 [1882년의 조미우호통상조약에 근거하여] 1884년 호레이스 뉴턴 알렌 박사가 [한국에 파송되고 3개월 후 일어난 갑신정변으로 우정국에서 중상을 입은] 민영익 공[민 왕후의 조카]을 치료하면서 비롯하였다. 이 치료로 그는 개인적으로 [민 왕후와] 왕실의 후의를 얻게 되었으면서 동시에 그 후 모든 후임자에게도 혜택이 되었다. 이러한 호의를 가진 사람들을 만난 기회를 활용하여 한국에서 복음을 전하는 선교사들은 신뢰를 쌓게 되었다.
>
> 이러한 기회가 주어졌을 때 왕실의 후원 아래 병원을 확보한 알렌의 지혜와 그로 말미암아 [미국 뉴욕의 장로교] 선교본부가 계속 의료선교사와 복음선교사를 파송하게끔 만든 지혜야말로 이 나라를 계속해서 복음의 문을 활짝 열게 만들었다. 이 조그마한 쐐기가 튼튼하게 박히지 않았더라면 이에 대한 반발이 일어났을 때 많은 관리들이 다시 [복음의] 문을 닫았을 것이다.
>
> 1895년 콜레라가 창궐하였을 때 의사와 간호사의 지시로 복음선교사들이 몇 주 동안 밤낮으로 이 질병과 싸워서 한국인들에게 경탄의 대상이 되었다. 예수의 사랑에 감읍하고 외국인의 본보기에 감동하여 아직도 경탄의 눈을 떼지 못하는 한국 기독교도들은 동포들을 구하기 위하여 충성과 열성을 다하고 있다. 빈부나 계급에 상관없이 환자를 받으며 더러운 상처를 어루만지고 사체를 싸매는 등 가장 어려운 일조차 기꺼이 솔선수범하여 의무를 다하고 있다. 전에는 이 의무를 한국인들은 경멸하였다. 이제는 놀란 한국인들이 "우리가 눈으로 보고 있는 것이 과연 무엇인가." "기독교라는 것이 이렇다면 나쁜 것은 아니리라"라고 자문하고 있다.

갑신정변에서 중상을 입어 한의사들이 포기하였던 빈사 상태의 민영익(閔泳翊, 1860~1914)을 서양 의사 알렌 박사가 극적으로 살림으로써 100년 이상 계속된 박해로 말미암아 가톨릭교회가 이루지 못했던 모든 역사를 한꺼번에 뛰어넘는 기적이 한순간에 일어났던 것이다. 세브란스가 태어나기 불과 1년 전(1837) 조선의 청년 김대건이 마카오 신학교에 입학하였고 그가 조선에 돌아오자마자 당한 순교가 박해의 절정이었다. 이 기적이 있었기에 김대건 신부 순교 50년이 지나 세브란스 기념병원도 가능하였다. 다시 말하면 에이비슨 박사의 이 역사적인 연설도 세브란스 병원의 뿌리가 알렌의 의료선교에 두고 있다는 사실을 일깨워주는 것이다. 그렇지 않고서야 세브란스 병원의 준공식에서 구태여 한국에서 서양의학의 연혁을 많은 사람들에게 거듭 상기할 필요가 없었을 것이다. 한국에서 선교와 의료는 이때부터 불가분의 관계를 맺을 수밖에 없었고 그 구체적인 결정체가 제중원을 계승한 세브란스 병원이라고 에이비슨 박사는 외치고 있는 것이다. 에이비슨 박사는 이 사실을 다른 곳에서도 누차 강조하였다.

"우리가 진심으로 하나님께 감사하는 것은 그때 그 지점에 있는 사람[알렌 박사]이 그 상황[갑신정변]의 필요에 능히 그리고 적절히 대처할 수 있었던 기민과 능력, 그리고 결단의 사람에서입니다. 만일에 그때 거기 있었던 사람이 그만한 능력이 없었고 그 고관[민영익]을 치료할 수 없었다면 어떻게 될 뻔하였습니까. … 이렇게 해서 처음부터 선교사들은 이 백성의 상이나 하에서 존경을 받게 되었던 것이며 그들의 메시지는 다들 경청하게 되었던 것입니다."[100)]

서양문물을 도입하여 개혁하자던 갑신정변은 실패하였지만 서양의학의 도입이 성공한 것은 뜻밖의 결과였다. 이러한 면에서 갑신정변은 실패가 아니었다. 의료선교를 통하여 한국을 바꿀 계기를 마련한 밑거름이 되었다. 알렌 박사 이전에 서양의학이라고 해야 일본 군의관에 의해 주로 군인을 상대하는 정도에 불과한 보잘 것 없는 수준이었는데 민간인도 진료하였다. 1877년 부산에서 일본 해군 대군의(大軍醫) 야노 기테쓰(矢野義徹)가 제생의원의 원장이 되었고, 1880년 원산의 생생병원(生生病院)에서 역시 일본 해군 대군의 야노 기테쓰와 도다(戸田)가 진료하다 육군 일등군의(一等軍醫) 고마쓰 스스무(小松運)가 이어받았으며 같은 해에 서울에서 해군 대군의 마에다 기요노리(前田清則)가 진료를 하였다. 1883년에는 인천에서 일본 공사관 일등군의 가이세 도시유키(海瀨敏行)가 의료를 하였다.[101)] 이들은 모두 군의관이었다. 짐작컨대 군의학교에서 배웠을 것이다. 이 가운데 마에다 기요노리가 지석영에게 종두를 가르쳤다. 이상이 알렌 박사가 제중원을 설립하기 전 한국에서 서양의학의 수준이었다.

개원식 참석자들이 병원 건물을 둘러보고 작지만 완벽한 병원임을 알게 됐다. 외래는 무료였다.[102] 세브란스 병원은 자선병원이었다. 입원실에는 약 40개의 병상이 있었다. 에이비슨 박사는 1개의 병상 운영비용이 1년에 100원(50달러), 즉 1주에 1달러이므로 1명의 독지가가 100원을 내면 1년에 8명~10명의 한국인 환자가 건강해질 수 있다고 설명하였다.[103] 이런 사람이 40명만 나타나면 병원 운영은 문제없을 것이다. 윤치호가 황성기독청년회관(YMCA)에서 이 같은 내용을 말하자 당장 돈이 모아졌다. 기독청년회는 초교파이다.

병원에 기증자의 이름을 붙이는 것을 반대하는 사람이 있었던 것 같다. 그러나 이미 1894년 평양의 홀 기념병원(Hall Memorial Hospital), 1901년 청주의 던컨 기념병원(Duncan Memorial Hospital)의 예가 있으며, 1904년 부산의 전킨 기념병원(Junkin Memorial Hospital), 1905년 평양의 캐롤라인 라드 기념병원(Caroline Ladd Memorial Hospital)의 예가 뒤를 따를 것이다. 이들 병원의 규모는 세브란스 기념병원과 비교했을 때 종합병원이 되기에는 너무 작았다. 여기에 더하여 세브란스 장로는 단순히 건물만 지어준 것이 아니라 운영기금도 보냈는데 그것은 3만 5천 원(1만 7천5백 달러)으로서 여기에 최하 5퍼센트 이자율을 적용하여도 매년 1천7백5십 원(875달러)에 해당하는 금액이 무료 외래환자의 경비로 충당되었다.[104] 1900년 미국 장로교 선교본부에서 보내주는 병원 운영비가 3천 원(1천5백 달러)이었음을 참고하면 그의 절반에 해당하는 금액이었다.[105] 당시 한국의 이자율은 최하 30퍼센트였으니[106] 이것을 적용한다면 1만 원(5천 달러)이 되는데 이것은 선교부 운영비를 초과하는 금액이었다. 이뿐만이 아니었다. 에이비슨 박사와 허스트 박사의 봉급은 별도였다.[107] 에이비슨은 뉴욕의 선교본부에서 책임졌지만 허스트 박사는 세브란스 씨가 책임졌다.[108] 여기에다 간호사와 수간호사의 봉급은 루이스 헨리 세브란스 씨의 친형 솔론 세브란스(Solon L. Severance, 1834~1915)가 보내주었다.[109] 그렇다면 병원 이름에 세브란스 씨의 이름을 붙일 만하지 않겠는가.[110] 그 후 44년을 세브란스 가문이 계속 후원하고 계속해서 오늘날까지 100년 동안 "세브란스 기금 Severance John L. Fund"이 후원할 것을 생각하면 더욱 그렇다. (구)제중원 시절 고종이 매년 병원 운영 보조금으로 3천 원(1천 5백 달러)을 보냈지만 중간에 (구)제중원의 한국 주사들이 착복하여 에이비슨은 운영비를 만져볼 수도 없었다.[111] 무엇보다 일본이 1942년에 실제 그리했던 것처럼 장차 병원을 강제로 접수하려는 의도를 좌절시키려면 이름부터 그렇게 정해야 했을 것이다.

이때가 어느 때였던가. "화창한 날씨 속에서 모든 것이 하나가 되어 다 잘되었다"[112]는 세브란스 기념병원이 개원하는 그 순간에도 만주 요동반도 여순(旅順, Port Arthur)에서는 러시아와 일본이 사투를 벌이고 있었고 제물포 앞바다에서는 일본 군함이 러시아 군함 2척을 격침시킨 러일전쟁의 와중이었다.[113] 세계사를 바꿀 한판의 승부에서 한국의 운명은 풍전등화가 되었고 돌보는 이 없는 "불쌍한" 한국 백성들은 질병과 미신에서 헤매고 있었다.

알렌

11월 16일에 개원을 했지만 정식 준공일은 9월 23일이었다. 호레이스 알렌 특별 전권 공사는 국무장관 앞으로 개원 소식(No. 828)을 보낸다.[114]

No. 828　　　　　　　　　　　　　　　　　　　　　　　　　　　　미국 공사관

한국, 서울, 1904년 11월 21일

국무장관 귀하

1902년 11월 28일 본관의 542번 편지에 본관이 오하이오주 클리블랜드시의 엘 에이치 세브란스 씨의 재정후원으로 서울에 세워진 세브란스 기념병원의 머릿돌을 놓았다고 보고한 바 있습니다.

이제 본관은 이 병원이 완공된 16일에 즉시 문을 열고 적극적인 업무가 시작되었음을 보고합니다. 병원 개원에 고위관리뿐만 아니라 대부분의 외국 선교사들과 외국 대표들이 참석하였습니다.

이 병원은 뉴욕시 5번가 156거리의 장로교 선교본부의 주관하에 있습니다.

이 병원의 위생시설을 보고하기 위하여 일본에서 서울에 파견된 일본 관리는 일본에도 이만한 큰 병원은 여럿 있지만 세브란스 병원만큼 완벽한 시설의 병원은 없다고 보고하였습니다.

이 병원의 관리인들과 후원자들의 의도 및 병원의 업무범위에 관한 짧은 보고서를 동봉합니다.

이 병원은 인구 30만 명의 서울시에 사실상 유일한 종합병원입니다. 이것은 한국인에 대

한 미국인의 자선의 좋은 선례가 될 것입니다.

호레이스 엔 알렌

이 문서에서 알렌 특별 전권 공사는 일본 관리의 검사보고를 근거로 세브란스 기념병원 시설이 일본의 어떠한 병원도 따라올 수 없을 정도로 완벽하다고 보고한 점이 눈에 띈다. 일본뿐만이 아니다. 제물포 성누가 병원의 웨어 박사(Hugh Weir, MD)가 영국 성공회 선교본부에 보고한 바에 의하면 "모든 면에서 [세브란스 병원은] 본국의 최신식 병원에 못지않게 잘 구비되어 있다."[115] 이 점에 대해서는 제7장에서 상술할 것이다. 알렌 공사의 보고서에는 없으나 세브란스 의학대학의 수업연수가 나중에 일제의 교육정책으로 변질되긴 하였지만 제1회부터 8년이었다는 점을 미리 강조하고자 한다.[116] 이것은 세브란스 의학대학이 건물만 완벽한 것이 아니라 당시 세계적으로도 드문 학업기간을 채택하였다는 점을 강조하기 위함이다. 이것도 제7장에서 상술할 것이다. 다시 말하면 1907년 당시 세브란스 기념병원과 의학대학은 세계적인 기준에 맞추었다는 뜻이다.

또 하나 지적할 사실은 기독교와 더불어 서양의학이 일본을 통하여 한국에 소개되지 않았다는 점이다. 한국보다 불과 20여 년 앞서 개국한 일본이 한국을 강점하고 모든 서양문물을 소개했다 주장하지만[117] 의학은 예외였다. 1910년 『플렉스너 보고서 *Flexner Report*』가 평가한 미국 제2의 의과대학인 웨스턴 리저브 의과대학과 캐나다 제1의 의과대학인 토론토 의과대학의 우수한 의학교수에 의해 직접 전수되었다(플렉스너 보고서에 대해서는 제7장을 참조). 교재도 일본 교과서에 의지하지 않고 에이비슨 박사가 서양 교과서를 한글로 번역하여 사용하였다. 아직도 한문 사용이 만연하던 당시에 의학용어를 한글로 번역하는 데 무척 고생하였던 것 같다. 중국어 번역본과 일본어 번역본 가운데 어원이 공통적인 것을 고르고 그렇지 않을 때에는 새로운 한글 의학용어들을 만들어 내었다. 이 작업에 제1회 졸업생이 되는 김필순(1876~1919)의 노고가 컸다.[118]

"조선말만 잘 알 뿐 아니라 영어도 충분히 알아서 의학상 술어를 번역하여 줄 만한 사람이 없이는 준비할 수 없었다. 황해도 장연에서 온 청년 한 사람 … 은 서울 배재학당에서 영어도 상당히 배왓고 또 나다려 의학 공부할 것을 말하며 교과서 번역을 도와주고 그 갑으로 학비를 도와달라고 하엿다. 그의 일흠은 김필순이엇다."

교재 번역에는 김필순 이외에 홍석후와 홍종은도 참여하였다. 김필순은 에이비슨이 길러낸 첫 번째 수제자로서 졸업 후 모교에서 가르치다가 1911년 일제가 날조한 소위 "105인 사건"으로 만주와 몽고로 망명하여 독립운동에 투신하던 중 1919년에 의문의 죽임을 당하였다. 한국 정부는 그에게 1997년 독립유공자 건국훈장을 추서하였다. 그의 큰아들 김영은 크리스티 박사의 만주 목단의과대학을 졸업하여 만주에서 의사가 되었고 작은 아들 김염(1910~1983)은 1930년대 명배우로서 상해에서 "중국 영화계의 황제"가 되었다.[119)]

알렌 특별 전권 공사가 국무성에 보내는 준공식 보고문서(번호 828)의 수신자도 여전히 세브란스 씨의 클리블랜드 친구인 존 헤이 국무장관이었다. 그에게 알렌 특별 전권 공사가 보낸 1902년 정초식 보고와 1904년 준공식 보고에는 모두 후원자가 "클리블랜드시의 세브란스 씨"라고 명기하였다는 것은 앞서 본대로이다. 이 때문에 그 후 모든 기록에 "클리블랜드의 세브란스 씨"라고 표기되어 있다. 이것이 틀린 것은 아니다. 다만 순종 황제 알현에서 "뉴욕의 자선가 세브란스"라고 소개하였고(자료 I-7), 제8장에서 소개할 에이비슨 박사가 작성한 『1907~1908년 세브란스 기념병원 연차보고서』에도 "뉴욕시의 세브란스 씨"라고 표현한 것이 차이점이다.[120)] 알렌의 보고서와 에이비슨의 보고서를 비교하기 위하여 1907~1908년 연차보고서의 서두를 소개하면 다음과 같다.

> "전략. [병원의] 전체 건물과 대지는 뉴욕시의 세브란스 씨의 기증으로 세워졌고 그의 이름을 기념하는 병원이 되었다. 그는 이 사실을 모른다. 후략."

여기서 에이비슨이 세브란스가 기증한 것이 건물뿐만 아니라 "대지"까지 포함한다는 사실을 지적한 것은 예사로운 것이 아니다. 아래에서 설명할 것이지만 에이비슨의 쓰라린 교훈이 배어있으며 다시 한번 모든 면에서 한국 정부와 상관없는 사립병원임을 강조한 것이다.

여기에다 또 하나 강조한 것은 기증자가 "뉴욕시의 세브란스 씨"라고 밝힌 점이다. 에이비슨 박사가 뉴욕에서 세브란스 씨를 만나서 병원 기부를 약속받고 1900년 10월 2일에 한국에 귀환했을 때 알렌 공사에게 기부자가 "뉴욕시의 세브란스 씨"라고 밝혔다. 그 증거가 에이비슨 박사가 쓴 1907~1908년 연차보고서의 표현이다. 또 하나의 증거는 1889년 스탠더드 석유회사가 청문회에 소환되었을 때 오하이오주 검찰총장 데이비드 와트슨(David K. Watson)이 스탠더드 석유 오하이오 회사의 중역들 가운데 오하이오주에 거주하는 사람이 없다는 사실을 발견한 점이다.[121] 그런데도 에이비슨 박사와 대조적으로 알렌 공사는 계속 "오하이오주 클리블랜드시"의 세브란스 씨라고 기록하였다. 세브란스 씨가 1887년 이후 줄 곳 뉴욕시에서 거주하였음에도 두 사람의 보고에서 이러한 차이를 보인다. 더욱이 알렌 특별 전권 공사는 세브란스 기념병원이 뉴욕시 5번가 156거리의 장로교 선교본부의 주관하에 있다는 점을 두 번의 편지(문서번호 542번과 828번)에서 거듭 강조하였는데 같은 5번가에 있던 월도프-아스토리아 호텔이 세브란스 씨의 거주지였다.[122]

왜 그랬을까. 중요한 차이점은 알렌 특별 전권 공사가 보고하던 1902년과 1904년에는 헤이 장관이 생존하였지만 1908년 에이비슨 박사가 연차보고서를 쓸 당시에는 헤이 장관은 사망한 후였다. 에이비슨은 영국 국적의 캐나다 사람이며 미국에는 유력한 친구가 없었다.[123] 그가 처음 세브란스 씨를 "우연히" 만났을 때 그가 클리블랜드 사람인 줄 몰랐다. 그를 1900년에 만난 곳이 뉴욕이었고 그의 아들 존 롱 세브란스를 1899년에 만난 곳도 뉴욕이었기 때문이다.[124] 세브란스와 서신 교환의 주소지도 뉴욕이었다. 그러나 알렌 특별 전권 공사의 입장에서는 다르다. 그는 클리블랜드에서 가까운 톨리도(Toledo, Ohio, 위치는 자료 Ⅱ-3을 참조) 사람이었는데 오하이오주의 델라웨어시(Delaware, Ohio, 위치는 자료 Ⅱ-3을 참조)에 소재한 오하이오 웨슬리언 대학을 거쳐 오하이오주 마이애미 의과대학을 졸업하여 의사가 된 후 곧장 중국을 거쳐 1884년에 한국으로 왔다. 그 후 1894년에 오하이오 웨슬리언 의과대학이 클리블랜드 소재의 웨스턴 리저브 의과대학에 흡수되었고 마이애미 의과대학은 신시내티 의과대학에 흡수되었다. 다시 말하면 알렌 특별 전권 공사가 헤이 국무장관에게 보고서를 쓰던 당시에 의학대학 사이의 복잡한 흡수통합을 알고 있었고 가장 유력한 웨스턴 리저브 대학의 이사가 헤이 국무장관과 세브란스 장로라는 사실을 알고 있었다. 그는 한때 보고서에 중요함을 표시하지 않는 한 국무성이 자신의 보고서를 읽지 않는다고 불평하였다. 헤이 장관의 주목을 끌기 위해서라도 "클리블랜드 친구"인 세브란스 씨의 성과 이름과 출신지를 표시하였다고 추측할 수 있다. 머릿돌을 놓을 때 함께 묻은 알렌 특별 전권 공사의 연설문에서도 이 점을 은근히 강조하고 있다.

"[에이비슨 박사가] 오하요라 하는 성읍 클리블랜드에서 세브란스 씨라 하는 신사를 만나서 자세히 말씀한즉 세브란스께서 그 연휼하신 높은 의리로써 많은 재산을 내어 에이비슨 의사에게 주었습니다. 오하요는 곧 나의 향읍이니 이차 양지하시옵소서."

에이비슨 박사가 세브란스 씨를 만난 곳이 클리블랜드가 아니었음에도 거듭 그것을 강조하고 있다. 여기에 더하여 1902년 국무장관에게 보내는 전문 말미에 "본관이 머릿돌을 놓는 영광을 갖게 된 것은 수년 전에 본관이 시행하였던 의료행위 덕분입니다"라고 자신의 행적을 드러내는 것도 잊지 않았다. 1904년 전문 말미에도 "이 병원의 관리인들과 후원자들의 의도 및 병원의 업무범위에 관한 짧은 보고서를 동봉합니다."라고 헤이 장관의 주의를 다시 한번 끌고 있다. 그렇게 할 이유 가운데 하나가 알렌 특별 전권 공사는 정치적으로 헤이 장관의 도움을 받는 처지였고 헤이 장관은 세브란스 씨의 친구였다. 나중에 존 헤이 장관의 외손녀의 시누이와 결혼하게 되는 윌러드 스트레이트(Willard D. Straight, 1880~1918)는 1904년 러일전쟁을 취재하는 로이터통신의 기자로 1904년 3월 16일에 내한하였다. 평양지역에서 취재활동을 마치고 1905년 6월부터 서울 주재 미국 공사의 개인비서 겸 부영사(vice-consul)가 되어서 한국이 일본의 수중에 떨어지는 것을 목격하고 공사관 철수와 함께 1905년 12월 25일에 한국을 떠났다.[125] 그는 쿠바의 미국 공사관을 거쳐서 1907년에 만주 목단의 미국 공사가 되었는데 헤이 국무장관의 조카인 아마사 스톤 마서가 서울을 들러 만주를 방문하였을 때 친구가 되어 만주 일대를 함께 여행하였다.[126] 운명이란 모르는 것이어서 비슷한 나이의 두 젊은이는 각각 1918과 1920년에 세계를 휩쓴 스페인독감에 걸려 요절하였다.

미국이 일본보다 한국 편에 서기를 주장한 알렌 특별 전권 공사가 그 때문에 시어도어 루즈벨트 대통령과 심한 말다툼 끝에 당장 파면되는 것을 만류한 사람이 다름 아닌 헤이 장관이었다.[127] 후일 알렌 박사는 자신의 저서 『조선의 풍물 *Things Korean*』에서 다음과 같이 주장하였다.[128]

"불쌍한 조선인들은 현재 절망적인 곤경에 처해 있다. 이 책을 통하여 일본의 과오를 폭로하여 백성들의 감정을 그 방향으로 이끌어 가는 데 노력을 경주해 주도록 제의도 받기도 했지만 현재로서는 바람직하지 않을 것 같다."

"사태의 비극적인 양상은 조선인들이 곤경에 처했을 때 우리[미국]가 그들을 버렸고 또 수세기 동안의 쇄국을 포기하고 조약관계라는 현란한 위치로 유인하기 위하여 조선과 맺은 신성한 조약을 무시했다는 사실이다. 조약문에는 다음과 같은 구절이 있다. 만약 타국이 도리에 맞지 않은 일을 하면 조력 보호하고 또는 완전한 평화를 유지하기 위하여 조정의 노력을 아끼지 않을 것이다."

"포츠머스 협정 체결시 결정적인 순간에 미국은 이 숭고한 약속을 무시했던 것이다. 따라서 미국은 신성한 조약 파기에 따르는 비난을 감수하지 않을 수 없다."

고종의 밀사였던 헐버트 박사도 같은 의견이었다.[129]

"한국을 일본에 넘긴 것은 러시아가 아니다. 그것은 우리 자신이었다. 우리[미국]가 한국을 아무런 경고도 없이 그의 불구대천의 적인 일본에게 넘겼다. 더욱이 두 나라 사이에 조약이 아직 유효한 때 친구라고 여겼던 우리가 버렸다."

한국뿐만 아니라 중국에 대한 미국의 배신도 고발되었다.[130]

"미국은 중국과 조약을 맺고 미국인이 중국에 자유롭게 입국하는 만큼 중국인들도 미국에 자유롭게 갈 수 있다고 들었다. 이 조약 이후에 중국은 문호를 개방하였다. 그러나 미국은 조약을 깨고 1882년 중국인 배척법(The Chinese Exclusion Act)을 만들었다."

미국인만 고발한 것이 아니다. 앞서 소개한 아마사 스톤 마서가 홀로 목단으로 간 다음 날, 멋진 기지를 발휘하여 단신으로 전투지역인 제천에 잠입하는 데 성공한 영국 특파원 매킨지도 그의 저서 『대한제국의 비극』에서 영국 정부에게 준엄하게 묻고 있다.

"이러한 일을 당함에 영국 국민의 의무에 대하여 의문을 던질 때가 되었다. 나는 우리 자신과 우리의 우방, 일본에게 분명하게 못 막을 사항이 있음을 알아야 한다고 믿는다. 그것은 우리보다 약한 국가와 맺은 신성한 조약의 의무를 더럽히면서 불쾌한 잔학, 불필요한 살육, 전면적인 재산의 약탈로 쌓아올리는 제국주의 팽창이야말로 우리의 본성에 맞지 않는다는 점이다."

매킨지는 1908년에 이 책을 쓰면서 그와 헤어져 만주로 떠난 마서가 한 말이 생각났다.

"옳은 것인지 그른 것인지 하여간 일본이 한 번도 깨어난 적이 없었던 한국을 깨웠다. 그들은 수천 년 동안 조상이 해오던 방식 대신에 현재의 문제를 얘기하기 시작하였다. 왜 그런고 하니 과거에만 묻혀 살던 나라가 있었으니 그것이 고요한 아침의 나라 조선이었기 때문이다."[131)]

한국 체류가 4일에 불과한 23세의 청년의 관찰이지만 매킨지 기자로부터 받은 영향 같다고 생각되는 것은 매킨지가 이 책을 탈고하고 그해 여름 미국 콜로라도 덴버에서 개최된 "한국인애국동지대표자대회"의 대회장 이승만에게 격려의 편지를 보면 짐작할 수 있다.

"한민족이 일제로부터 당하는 불공정과 억압은 거시적으로 볼 때 한민족을 분발시키는 효과가 있을 터임으로 앞으로 한국은 '아시아 최초의 기독교 국가이자 20세기 진보의 선두주자'가 될 것이다."[132)]

매킨지는 언론인이라 그러한 양심적인 글을 쓸 수 있다. 그러나 알렌 공사는 외교관이라 처지가 다르다. 그럼에도 불구하고 세브란스 기념병원 머릿돌 연설문에서도 노골적으로 표현하고 있다.

"에이비슨 의사의 성사하신 공과 및 신사 세브란스 씨의 기념병원이 이 기초석 위에 장하게 선 것을 하례하오며 먼저 서양에 있어서 어린 나라[미국]가 먼 동양에 있어서 오랜 나라[한국]를 사랑하는 표적이 되고 또 건장한 사람[미국]이 특별히 잔악한 이웃[일본]을 돌아보라 하는 큰 표적이 되기를 바라옵니다."

알렌 특별 전권 공사는 의사이면서 외교관답게 세브란스 기념병원을 일본을 경계하라는 표적으로 미국이 선물한 것으로 보고 있다.

한국 문제로 자신에게 대들어 화가 난 시어도어 루즈벨트 대통령이 알렌 특별 전권 공사를 1905년 3월에 해임하였을 때 그것은 "알렌의 워싱턴 친구인 헤이와 락힐"조차 몰랐을 정도로 전격적이었다고 하며, 만일 헤이 장관이 아프지만 않았어도 알렌 특별 전권 공사가 불명예스런 해임은 당하지 않았을 것이라고 아쉬워하였다.[133] 알렌 특별 전권 공사의 정치적 후견인이며 세브란스 씨의 친구인 헤이 장관은 1905년 7월 1일에 죽었고 클리블랜드의 레이크 뷰 묘지(Lake View Cemetery)에 묻혔다. 그의 장인 스톤은 이미 그곳에 묻혔다. 이 묘지에는 헤이의 뒤를 이어 장차 한나, 세브란스, 록펠러가 차례대로 묻힐 것이다. 살아서도 같은 동네 살더니 죽어서도 같은 묘지에 묻혔다.

알렌 특별 전권 공사가 헤이 장관에게 준공식 보고를 하고 이듬해 1905년 2월에 민영환이 보낸 청년 밀사 이승만이 헤이 장관과 면담을 하게 된다. 이 면담은 헤이 장관으로서는 한국 사람과 두 번째 또는 세 번째 면담일 것이다. 1904년 9월 30일 자 국무성 문서에는 워싱턴 한국 공사관의 조민희(趙民熙, 1859~1931) 공사가 헤이 장관과 면담을 하였다고 기록되어 있다.[134] 그에게 한국이 독립을 지킬 수 있도록 도움을 바라는 고종 황제의 친서를 전달하는 것이 면담의 목적이었다. 이완용의 처남인 조민희는 1907년 7월 귀국하여 평양감사가 되었는데 그해 9월에 평양 장대현 장로교회에서 열리는 제1회 장로교 독노회에 세브란스가 참석하였다. 조민희는 나중에 일본으로부터 작위를 받았다. 또 알렌 특별 전권 공사의 1905년 1월 26일 자 문서에는 버지니아주 로아노크 대학 졸업생 서병규가 헤이 국무장관의 도움을 받기 위하여 미국을 향해 떠났다는 보고가 있지만 면담이 성사되었는지는 알려진 바가 없다.[135]

일찍이 청년 이승만의 상투를 에이비슨 박사가 잘라주었고 그것이 인연이 되어 이승만은 일요일마다 (구)제중원에 에이비슨을 찾아가서 영어회화를 연습하며 한국의 장래에 관해 이야기하였다.[136] 세브란스 씨는 에이비슨의 후원자였으며 헤이는 세브란스의 친구였다. 이승만이 10세 때(1885) 천연두에 걸려 3개월 동안 실명하였는데 눈을 뜨게 고쳐준 사람이 제중원의 알렌 박사였다.[137] 그는 감옥에 있던 이승만이 1904년 자유의 몸이 되는 데에도 큰 역할을 하였다.[138] 이승만이 1901년 감옥에서 작성한 세계 유명인사록에 영국의 에드워드 7세, 독일의 몰트게, 미국의 태프트 등과 함께 헤이 장관의 이름을 올려놓았다.[139] 알렌 특별 전권 공사는 헤이 장관에게 거의 이틀 걸러 문서로 한국 사정을 보고하였고 이에 대하여 헤이 장관은 알렌 특별 전권 공사에게 훈령을 내렸다.[140] 알렌 특별 전권 공사 부인의 사촌오빠가 헤이스 전직 대통령이었고[141] 헤이스 대통령은 헤이 장관이나 세브란스 씨의 친구였으며 특별히 헤이는 헤이스 밑에서는 국무차관을 지냈다.[142] 이 세 사람은 모두 웨스턴 리저브 대학의 이사였다.[143] 여하튼 이승만–에이비슨–세브란스–헤이스–헤이–이승만. 한 사람만 건너뛰면 모두 아는 친구 사이였다. 이들 사이에서 락힐과 딘스모어도 각자의 몫을 하였다.

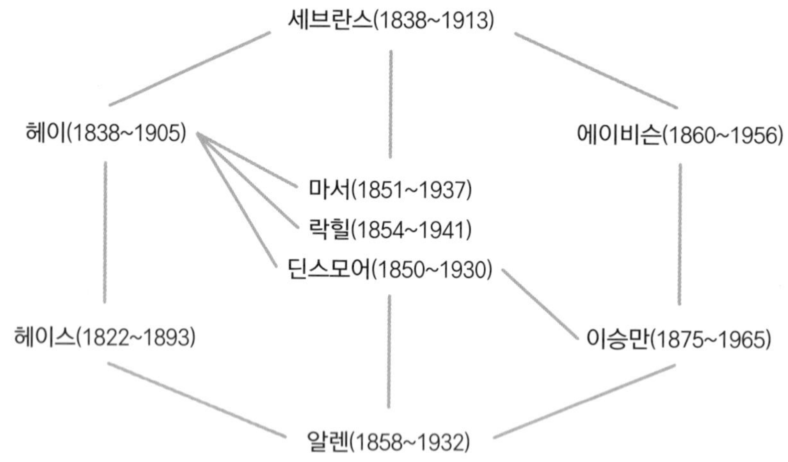

여기에 더하여 클리블랜드 제일장로교회(일명 올드스톤 교회)의 등록신자인 헤이 장관은 워싱턴에서는 커버넌트 장로교회(Church of the Covenant)에 출석했는데[144] 이승만은 밀서를 갖고 워싱턴에 도착한 다음 날인 1905년 1월 1일에 커버넌트 교회에서 신년 예배를 보았다. 특별한 예배였으니 헤이 장관이 출석했을 가능성이 높다. 다시 1개월 후 1905년 2월에 이승만은 국무장관 사무실에서 헤이 장관을 30분간 면담하였다. 면담 2개월 후 이 교회에서 이승만이 1905년 4월 23일 부활절에 세례를 받았는데[145] 부활절이었으므로 헤이 장관이 출석했을 가능성이 크다. 이승만은 감옥에서 작성한 세계유명인사록 명단에 여러 세계적인 인물들과 함께 수록된 헤이 장관과 교류하기에 좋은 기회였다고 생각했을 것이다. 그러나 그해 7월 1일에 헤이 장관이 죽어 그 생각이 깨졌다. 나이 차이가 37년이니 그럴 만도 하였다.

방문의 비밀

1904년 9월 세브란스 기념병원의 준공식장에서 명예로운 주인공 세브란스 씨는 어디에 앉았을까? 그는 불참하였다. 그가 불참한 이유는 자신이 기증한 건물 준공식에는 나타나지 않는 그의 수줍음[146] 때문이기도 하였지만, 1904년 이전에는 한국과 중국의 철도가 미비했기 때문이었다. 경부선이 1904년 11월에, 경의선이 1906년 3월에 개통되었으니 그 이전의 육로여행에는 조랑말에 의지할 수밖에 없었을 것이다. 그 육로도 좁아서 대부분 오솔길이었고 대로라고 해야 마차 한 대가 겨우 지나갈 정도였다.[147] 이것은 70세 고령에 무리임으로 아마 에이비슨 박사가 만류하였을 것이다. 에이비슨 박사는 조랑말의 높이가 낮아서 다리가 땅에 닿지 않으려고 애쓰는 것이 더 피곤하게 만들었다고 썼다.[148] 세브란스 씨도 키가 컸으니 마찬가지였을 것이다. 그가 해외여행에 주치의를 대동할 정도의 고령이었음을 생각하면 이해할 수 있다.[149] 그렇다고 교통이 편해진 제1회 졸업생을 배출하는 1908년을 선택하지 않은 것 역시 그의 수줍음 때문이었을지 모른다. 그래서 1906년 경의선과 경부선의 완전 개통에 맞추는 동시에 1908년 제1회 졸업식을 피하려는 세브란스 씨의 방문은 1907년일 수밖에 없었다. 그의 여행은 1년 전에 계획되었는데 1906년 11월 8일에 에이비슨 박사는 세브란스 씨가 1907년에 한국을 방문할 것이라고 뉴욕 장로교 선교본부에 보고하였다.[150]

이러한 이유로 세브란스 씨의 세계일주여행은 주변 사람들에 비하여 늦었다. 세브란스 씨의 하나뿐인 친형 솔론은 가족과 함께 1904년과 1907년에 두 번 동양을 여행한 바 있다. 그 전인 1867년에 솔론 내외는 유럽과 이스라엘의 성지를 순례하였다. 루이스 헨리 세브란스 씨도 유럽은 자주 여행하였다. 그러나 이것만이 그가 1907년을 서울 방문의 해로 택한 유일한 이유였을까? 더 중요한 이유는 없었을까. 무슨 까닭이 있기에 위험을 무릅쓰고 극동 일대를 여행할 해로 하필 1907년을 택한 것일까. 여기에는 흥미로운 "비밀"이 있는데 제2장에서 어느 정도 밝혀진다.

오늘 세브란스 씨가 서울에 첫 발자국을 내딛는 남대문역에 마중 나온 인파 가운데 세브란스 병원의 전신인 (구)제중원을 설립하고 나중에 미국 특별 전권 공사가 되어 세브란스 기념병원의 머릿돌을 놓았던 알렌 박사의 모습도 보이지 않는다. 1905년 을사늑약으로 일본이 한국의 외교권을 강탈하자 그해 11월 28일[24일]에 미국 공사관이 철수하였기 때문이다. 알렌 특별 전권 공사는 이보다 8개월 전인 3월 29일[30일]에 전격적으로 해임되어 6월에 공사 업무를 후임자 에드윈 모건(Edwin Morgan) 공사에게 이양하였다.[151] 국무부에 보내는 알렌 특별 전권 공사의 마지막 편지는 1905년 5월 30일 날짜에 써진 것이다. 같은 날 일본은 한국의 모든 통신 및 통신시설을 접수하였다.[152] 세브란스 병원 건축에 헌신하는 에이비슨 박사를 애써서 도운 알렌 박사는 6월 5일[9일]에 출국하였다. 그렇지 않았으면 세브란스 씨를 붙잡고 헤이 장관을 비롯한 유력한 친구들 얘기로 꽃을 피웠을 것이고 정치적으로 유익했을 것이다.

알렌은 떠났지만 남은 선교사들은 정치가들에게 배신감을 느꼈다. 독일 영사관도 곧 철수할 것이고, 이태리 영사관도 마찬가지이다. 약삭빠른 중국 공사는 체면 때문에 미국보다 먼저 철수하려 하였다. 마치 난파선에서 달아나기 바쁜 쥐새끼들 같았다고 스트레이트는 편지에 썼다.[153] 정부가 자신들을 저버렸다고 생각한 선교사들의 심정은 상심, 비참, 유기, 절망이었다. 머지않아 한국에 거주하는 미국 시민의 재판도 일본의 관할권에 들어갈 것이다(제8장 참조). 더욱 걱정스러운 것은 자신들을 믿었던 한국 신자들은 이제 누구에게서 위로를 받을 것인가.[154] 아직 최초의 한국인 목사가 탄생하려면 2년을 더 기다려야 한다.[155] 선교사들의 사기는 땅에 떨어졌다. 한국을 방문한 시어도어 루즈벨트 대통령의 딸 엘리스를 위하여 선교사들이 1905년 9월 22일 오후 창덕궁에 마련한 연회에서 이러한 기운은 이미 감돌았다. 여기에 참석하였던 민영환(閔泳煥, 1861~1905)은 절망 끝에 을사조약을 보고 11월 29일 자결하였다.

한국만 위태로운 처지에 놓인 것이 아니었다. 1900년 중국에서는 의화단이 선교사들을 살해하였고, 1904년에는 러일전쟁(1904년 2월~1905년 11월)으로 극동의 정세가 불안정하였다. 개전 전날 2월 9일에 서울의 은행과 점포가 철시하였다.[156] 그 하루 전 제물포에 일본군 사단병력이 상륙하였고 그 이틀 전에는 제물포 앞바다에서 러시아군함 2척을 격침시켰다. 일본이 일방적으로 아직 주권국가인 한국 땅에 전시법을 공포하여 민심이 흉흉하고 통행금지를 실시하여 마음대로 다니지 못했다. 1904년 9월 21일에 마포에서 경의선 공사를 방해하였다고 한국인 3명을 일본 군인이 공개 총살하였다.

공교롭게도 세브란스 씨가 서울을 방문한 1907년 4월 20일에, 1905년의 을사늑약이 불법임을 전 세계에 알리기 위해 고종 황제가 네덜란드 헤이그(The Hague)로 밀사를 파견하였다. 임무가 실패하자 밀사 이준(李儁)은 7월 14일에 헤이그에서 순사(殉死)하였다. 헤이그 밀사 사건을 빌미로 일본은 고종을 7월 20일에 강제로 퇴위시키니 순종이 8월 27일에 즉위하였다. 세브란스 씨는 순종 황제를 알현하고 이준 열사가 다니던 서울 연지동의 연동교회를 방문할 것이다. 헤이그 밀사에 이어 고종은 육영공원 영어교사 헐버트 박사를 시어도어 루즈벨트 대통령에게 보내지만 루즈벨트는 그의 밀서를 접수하지 않았다. 세브란스가 방문하게 될 황성기독청년회의 회장이었던 그는 그해 서울로 돌아오지 못하여 세브란스를 만날 수 없었다. 세브란스 장로는 헐버트 박사와 어떤 "관계"였을까. 제6장을 기다려야 한다.

세브란스 씨의 서울 방문 불과 1개월 전 고종의 강제퇴위에 이어 8월 1일에는 한국 군대가 강제로 해산되자 이에 격분한 황실의 시위연대 제1대대장 박성환(朴性煥, 1869~1907)이 자결하자 이에 자극을 받은 한국군과 일본군이 시위연대 제1대대와 가까운 서소문에서 시가전을 벌였고 한국군 100명과 일본군 30명이 사망하였다. 비는 억수같이 쏟아지는데 서소문에서 가까운 세브란스 기념병원은 부상병들로 초만원이 되었다.[157] 그 와중에 선교사 3명이 쏟아지는 총탄에 하마터면 죽을 뻔하였다.

그 가운데에는 제물포 내리교회 목사를 지낸 후 뉴욕에서 감리교 선교본부 총무를 역임하고 1907년에 다시 내한하여 감리교 신학대학 학장과 동시에 성서공회 회장이 된 조지 히버 존스 박사(Rev. George Heber Jones, 1887~1919, 한국표기 趙元時 또는 趙元始)가 있었다.[158] 그는 첫 발의 총성을 들은 사람이다.[159] 군대해산이 도화선이 되어 서울 장안은 봉기가 일어났고 혁명이 일어날 기미가 조성되어 유럽의 1848년 혁명 분위기와 흡사하다고 독일 의사 분쉬 박사는 일기에 적었다.[160] 12월에는 전국의 의병이 양주에 집결하였다. 서울의 외국인들조차 서둘러 출국하거나 출국을 심각하게 고려하는 판이었다.[161] 자국의 공사관을 보호하기 위하여 각국의 군대가 제물포에 상륙하였다. 이 와중에 세브란스 씨가 방문하는 곳 가운데 하나가 될 게일 목사의 연동교회와 가까운 동대문 밖에서 그 10월에 호랑이가 출몰하여 사람을 물어 죽였다.[162]

이처럼 세브란스가 한국을 방문하는 때는 한국 역사에서 미증유의 가장 위태롭고 어려운 시기였다. 정부는 있었으되 국가를 지킬 힘이 없어서 지구상에서 사라지는 것은 시간문제였다. 성난 백성은 3천 군데에서 의병을 일으켜 산하는 전투로 점철되었다. 그러한 위험에도 불구하고 세브란스 씨에게 중요한 일은 자신이 재정적으로 후원한 세브란스 기념병원을 방문함이지만, 그 밖에도 1907년 9월에 평양에서 최초로 개최되는 한국 장로교 제1회 독노회에 "미국의 통신위원" 자격으로 참석하고,[163] 국제 기독청년회 이사의 신분으로서 항상 관심을 갖는 기독청년회관(서울 YMCA)이 11월에 갖는 정초식을 보기 위함이었다. 그 밖에도 많은 교회와 학교 등 선교 현장을 시찰하는 것도 빼놓을 수 없는 목적이었다.[164] 마침 일본 도쿄와 중국 상해에서 그해 6월에 기독청년회의 세계대회가 개최되었으니 연치가 더 높아지기 전에 겸사겸사 동양을 방문할 좋은 기회였다. 그러나 외교권도 빼앗기고 이렇게 복잡한 국내외 정세 속에서 세브란스 일행은

어디서, 어떻게 한국 입국비자를 받은 것일까.[165)]

여기서 흥미로운 사실은 세브란스 일행이 한국 방문을 마치고 다시 일본으로 되돌아가 기선을 타고 버마를 거쳐 인도로 가기 전에 통과해야 하는 해협식민지(Straight Settlements 싱가포르와 수마트라 사이의 해협에 있는 구 영국 식민지)를 먼저 방문한다는 점이다. 이곳은 스탠더드 석유회사의 아시아 석유 시장의 중요 전략거점이었다. 이곳의 장악을 위해 스탠더드 석유회사가 다투는 경쟁 석유회사로는 뒤늦게 출발한 영국의 "쉘 석유회사 the Shell Company"와 네덜란드의 "로얄 더치 회사 the Royal Dutch Company"가 있었다. 바로 그해(1907) 두 회사는 합병하여 스탠더드에게는 더 위협적이 되었다. 여기에 얽힌 흥미로운 사실은 뒤에서 다시 언급할 기회가 있을 것이다. 회교 사회인 이곳의 방문은 장로교 선교 현지시찰과 별로 관계가 없는 듯하다. 기록에 의하면 병원 방문으로 되어 있다.

에이비슨

에이비슨 박사라고 절망감과 배신감을 느끼지 않았을까. 그러나 그는 미국 장로교 해외선교부 소속이지만 영국 국적의 캐나다 사람이었고 영국과 일본은 1902년 이래 영일동맹 관계에 있었다. 한국에서 그는 영국 영사관 보호하에 있었다. 그의 신분은 이처럼 세 나라가 관련되어 있어서 간단하지 않았고 이 세 가지 조건이 초창기 세브란스 병원을 일본으로부터 지키는 데 큰 몫을 담당하였다. 황성신문에 다음과 같은 기사가 났었다.

> "남문 외 이문동 내에 영인(英人) 에이비슨(魚丕信) 씨가 병원을 신건(新建) 하난대 정부인가가 무(無)하던지 경무청에서 금즙(禁) 하더라."[166)]

무엇보다 그에게는 위로가 있었으니 온갖 난관을 뚫고 고생한 보람으로 병원 건물을 완공한 것이다. 이제 그는 세브란스 씨를 맞이할 준비가 되었다. 그는 기쁜 마음으로 남대문역에서 세브란스 씨의 도착을 기다리며 세브란스 씨와 만났던 때를 회상했다.

그것은 정확하게 1900년 4월 30일 월요일 낮 12시였다. 뉴욕 카네기 홀에서 개최된

"에큐메니컬 선교대회 Ecumenical Missionary Conference"에서 세브란스 씨를 "우연히" 만나 서울에 병원 건축을 재정적으로 지원하겠다는 약속을 받아낸 지 7년 만의 해후였다.[167] 그 7년 동안 혼자서 세브란스 기념병원을 건축하는 한편, 의학생들을 선발하여 교육시키고, 의학교재를 한글로 번역하며, 끝없이 밀려드는 유료·무료 환자들을 치료하고, 장티푸스, 발진티푸스, 이질, 말라리아에 감염되어 사경을 헤매었으며,[168] 부패한 정부관리를 상대하고, 각국 공관이 철수하는 위험 속에, 말할 수 없었던 고생과 기쁨[169]이 주마등처럼 지나갈 틈도 없이 낯익은 목소리가 들렸다.

"안녕하셨소, 에이비슨 박사, 반갑소."

"안녕하셨습니까, 세브란스 씨, 다시 뵈어 기쁩니다. 먼 길에 노고가 깊겠습니다."

"아니오. 7년 동안 나는 오늘이 오기를 하나님께 기도한 만큼 기쁘기만 합니다. 조금 더 일찍 와서 박사를 도와주었으면 더 좋았을 걸 그랬습니다."

뉴욕 장로교 해외선교본부 건물에는 기도실이 있었는데 세브란스 장로는 매일 12시가 되면 여기에서 기도를 하였다.[170] 방문객이 있으면 권유하여 함께 기도하였다. 주로 해외 선교 현장을 위하여 기도하였다. 그는 에이비슨 박사가 지난 7년 동안 어떠한 고초를 겪었는지 알고 있었다. 그는 에이비슨 박사가 어려울 때마다 편지와 전보로 격려하며 에이비슨 앞을 가로막는 장애를 단호하게 물리쳐 주었다. 두 사람의 나이 차이는 22년으로 아버지와 아들 사이 같다. 남대문역에서 노년의 세브란스와 장년의 에이비슨은 감격의 포옹을 하였지만 7년 전 뉴욕에서 만난 일을 상기하기에는 동행인들을 소개하기가 너무 바빴다. 그 가운데 세브란스 씨의 주치의 알프레드 어빙 러들로 박사가 에이비슨 박사의 첫눈에 들어왔다. 에이비슨 박사는 세브란스의 편지를 통해서 그를 알고 있었다.

병원만 고급이면 무엇하나? 새로이 시작하는 세브란스 병원의 책임의사는 에이비슨 박사뿐이었으니 숙련된 의사가 절대적으로 부족하였다. 아직 첫 번째 한국인 졸업생조차 배출되지 않은 상태였다. 에이비슨 박사는 급한 대로 동료 의사들의 도움을 받으며 병원을 운영해왔다. 그를 도운 의사들 가운데에는 제물포에 있는 성공회 소속 성누가 병원의 영국인 웨어 박사(Hugh H. Weir, MD)와 서울의 고종 황제의 어의 독일인 분쉬 박사(Dr. Richard Wunsch, 1869~1911)가 있었다.[171] 이 사실을 알고 있던 세브란스 씨는 3년 전 병원 준공에 대비하여 자비를 들여 허스트 박사를 서울에 파송하여 에이비슨 박사를 도와주도록 하였다.[172] 그가 지금 남대문역에 에이비슨 박사 옆에서 세브란스 씨와 악수를 나누고 있다. 아직도 의사가 절대적으로 필요한 에이비슨 박사는 욕심대로 세브란스 씨의 주치의 러들로 박사를 병원에 초청하고 싶은 충동을 억제하며 급히 말했다.

"저기 보이는 건물이 바로 병원입니다."

에이비슨 박사가 낮은 초가들을 헤치고 남대문 밖 도동(桃洞)의 낮은 언덕 위에서 서울을 등지고 용산을 바라보며 우뚝 솟은 두 채의 2층 벽돌 건물을 가리키며 말했다.[173] 하나는 병원이고 그 뒤에 서 있는 다른 하나는 전염병 환자의 격리병동이었다. 두 건물 모두 세브란스가 기증한 것이다. 처음에는 병원만 기부하였는데 전염병이 자주 창궐하는 한국에서 전염병 격리병동도 그에 못지않게 급했다. 이 사정을 알게 되자 병원이 완공되는 즉시 기꺼이 기증하였다. 언더우드는 뉴욕 선교본부에 보내는 편지에서 그 진행을 언급하고 있다.[174]

출처: A History of the Church in Korea 1971

<자료 Ⅰ-10> 1908년 세브란스 기념병원의 태극기와 성조기(마차에 이토 히로부미가 앉아 있다.)

"전략. 격리병동 건축은 매우 느리게 진행되고 있다. 우리는 그 병동이 계속 필요한데, 건축하고 있는 중국인은 그것이 필요 없다고 생각하는 듯하다. 완성되면 계속 사용될 것이다."

〈자료 I-8〉이 보여주는 것처럼 당시에는 높은 건물이 없어서 멀리서도 병원이 보였다. 그러나 에이비슨 박사는 그 병원 이름에 세브란스의 이름을 붙인 것을 말하지 않았다. 그 건물은 얼른 보아도 새 건물임을 알 수 있다. 이 건물의 위치는 나중에 조선총독부가 만든 주소로는 京城府 南大門通 五丁目 一一五番地였다. 그러나 〈자료 I-10〉처럼 병원 건물에 일장기는 보이지 않고 건물 오른쪽 깃대에 태극기와 건물 머리 중심부 깃대에 성조기만이 선명하게 마주보며 높이 나부끼고 있었다.

이 모습은 『1907~1908년 세브란스 병원 보고서』에 실린 사진인데 건물 앞으로 1908년 6월 3일 제1회 졸업식에 참석하고 돌아가는 조선 통감 이토 히로부미의 마차가 보인다. 그의 참석에도 불구하고 국기봉에 일장기가 걸리지 않았다는 것은 흥미로운 사실이다. 〈자료 I-10〉의 세브란스 병원 본관 건물 뒤에 빨랫줄처럼 만국기가 보이는데 일장기는 만국기와 함께 장식용으로 걸렸을 뿐이다. 태극기 규정을 반포한 것은 1900년 12월이었다. 을사조약 이후이지만 국권피탈 이전이라서 가능하였을까. 아니면 미국 장로교 본부의 주관하에 있었기 때문일까. 그도 아니면 영일동맹 때문이었을까. 캐나다인 에이비슨의 국적은 당시에는 영국이었다. 1901년 빅토리아 영국 여왕이 죽은 소식을 듣고 울 정도로 에이비슨 박사는 영국인이었다.[175]

이토 히로부미가 영국 국적의 에이비슨 박사의 기세에 눌린 듯한 인상을 받는 것은 그가 다른 기회에 고종 황제에게는 "미국 국기가 가장 위풍당당한 건물이자 한국인의 재산이 되어야 할 수도국에 펄럭이고 있는 것을 애석하게 여긴다"고 위협적으로 너스레를 떨었음을 보면 알 수 있다.[176] 1905년 9월에 시어도어 루즈벨트 대통령의 맏딸 엘리스가 한국을 방문할 때 그녀가 도착한 제물포에서부터 일본인들이 태극기와 성조기의 게양을 막으려 애썼던 것도 같은 맥락에서 일어난 일이었다.[177] 그런데 세브란스 병원에는 태극기와 성조기라니. 이토 히로부미도 에이비슨 박사에게는 어쩔 수 없었나 보다. 더욱이 그 졸업식에서 사용한 군용천막을 이토 히로부미가 빌려주는 등 협조했는데 말이다.

남대문역에서 보면 병원 건물 우측에 조금 떨어져서 건물 높이보다 약간 더 높은 구조물 꼭대기에서 바람에 돌아가는 이색적인 풍차가 돋보였다. 〈자료 Ⅰ-11〉이 그것이다. 서울 시내에는 1898년에 전화, 전보, 전기가 설치되기 시작하였고 상수도시설은 1903년에야 가설되기 시작하였지만 1902년부터 기초를 파기 시작한 세브란스 병원까지 공급되려면 더 기다려야 했다.[178] 세브란스 병원에는 보완시설을 준비해야 했다. 이 풍차는 한국의 어느 곳에서도 볼 수 없는 것이었다. 이것은 바람에 의해 깊은 곳의 지하수를 퍼 올리는 비상급수시설로 미국 서부 개척민의 유산이며 비상 발전기의 원천이기도 하였다. 자주 우물이 마르는 서울에서 각종 균과 기생충에 오염되지 않은 깨끗한 물의 공급은 절대적이었다. 더욱이 새 병원에 충분한 물의 공급이 필수적이었고 그 밖에 한국 최초로 실내 배관에 의한 난방과 온수 공급을 위해서 안정적인 물의 공급이 필요했다.[179] 그러나 풍차는 상수도 가설과 함께 곧 철거되어 그 후의 사진에는 보이지 않는다. 이 이상한 모습의 풍차만 보아도 이 건물이 범상하지 않은 건물이라는 점은 분명했다. 한국에서 건물에 바람개비라고는 새로 생긴 기상관측소의 조그만 풍향계뿐이었던 시절이다. 풍차가 없더라도 동부에 사는 미국인이라면 누구나 그것이 병원 건물이나 학교 건물이라는 것을 쉽게 짐작할 수 있다.

> "그러리라 짐작하였소. 기차가 도착하기 전에 그 건물을 보며 러들로 박사에게 이미 말하였다오. 나의 농장의 풍차와 같군요"[180]

세브란스가 클리블랜드 교외에 매입한 방대한 농장(오늘날 세브란스 쇼핑센터)에도 이 같은 구조물을 세웠으므로 익히 알고 있었다(자료 Ⅰ-11). 아직 클리블랜드의 수도와 전기가 그곳으로 들어오지 않았기 때문이었다.

〈자료 Ⅰ-11〉 1904년 세브란스 기념병원의 풍차와 세브란스 농장의 풍차

"내 아들 존이 안부를 전하라 했습니다. 존을 기억하시죠?"

"기억하다 뿐이겠습니까."

에이비슨 박사는 (구)제중원의 열악한 의료시설로 환자들로부터 각종 전염병에 감염되면서 건강을 상하여 1899년 고향 토론토로 돌아와 안식년을 보내고 있었다. 그는 그러한 병원 상태로는 도저히 더 이상 안 되겠다고 생각하고 병원 건축에 승인을 얻고자 그해 가을 뉴욕으로 장로교 해외선교본부의 총무 프랭크 엘린우드 박사(Frank Field Ellinwood, DD, LLD, 1826~1908)[181]를 만나러 갔다. 그때 "우연히" 젊은 사람을 만났는데 에이비슨 박사와 비슷한 연배의 존 롱 세브란스(John Long Severance, 1863~1936)였다. 존을 만난 지 6개월 뒤인 1900년 봄 뉴욕에서 그의 아버지 루이스를 만나게 된 또 한 번의 "우연한" 인연이 오늘의 세브란스 병원과 의학대학 설립의 실마리가 되었다(제6장에서 설명). 여기서 "우연"이라는 단어는 이들과 만남을 신기하게 생각한 에이비슨 박사가 강조했던 낱말이다.

아들 존은 아버지를 추모하여 1931년에 클리블랜드 교향악단(the Cleveland Symphony Orchestra)이 상주할 수 있는 아름다운 세브란스 홀(Severance Hall)을 헌정하였다.[182] 이 건물은 케이스 웨스턴 리저브 대학(Case Western Reserve University) 내의 아마사 스톤 기념교회(Amasa Stone Memorial Chapel) 건너편에 오늘도 그 웅장하면서 아름다운 자태를 드러내고 있다(자료 Ⅲ-34과 자료 Ⅺ-1을 참조). 그 옆에는 세브란스 씨의 사위 더들리 피터 알렌 박사가 다른 자선가들과 함께 도운 클리블랜드 미술관(the Cleveland Museum of Art)이 고요하게 서 있다. 아들 존은 1936년에 죽으면서 자신의 땅 가운데 10만 평을 이 미술관에 기증하였다.[183] 훨씬 훗날이 되겠지만 이곳에는 러들로 박사가 한국에서 수집하여 기증한 한국의 유물들이 수장되어 있다.

도동

남대문 밖에 수많은 낮은 초가집 사이에 우뚝 솟은 서양식 벽돌 건물만이 남대문과 서로 키를 재고 있었다. 1907년 9월 서울 시내에 이보다 더 높은 구조물은 아마 없었을 것이다. 수년 후에 일본 국왕의 대변자 조선총독부가 들어서면서, 하늘의 대변자 명동성당과 함께, 한국인의 대변자 세브란스 병원은 서울의 명소가 되었다.[184)] 하나는 북쪽에, 또 하나는 동쪽에, 마지막 하나는 남쪽에 자리 잡아 서울을 3분하였다.

세브란스 병원이 앉은 서울역 앞 부지는 세브란스 씨가 건축비 이외에 별도로 보내준 1만 달러[185)]로 구입한 땅이다.[186)] 그러나 하마터면 서울역 앞 세브란스 병원과 의학대학은 그 자리에 없을 뻔하였다. 그것은 두 가지 사건 때문이었다. 남대문역을 세우려면 그 일대의 토지를 수용할 필요가 있었다. 1899년 9월 한성 판윤 이채연(?~1899)은 방(榜)을 붙였다.

> "숭례문에서 청파 다리까지, 남묘 뒤에서 만리재까지 소속된 땅을 민유지에서 관유지로 편입할 터이니 이곳에 사는 사람들은 일절 토지를 사고 팔지를 마시오."[187)]

지금 지도로 보면 남북으로는 남대문에서 숙명여대 입구까지, 동서로는 힐튼 호텔에서 만리동까지 모두 11만 평의 면적이다. 당시에는 퇴계로가 없었다. 여기에 남대문역 앞 세브란스 병원 부지가 포함됨은 물론이다. 대한민국 건국 대통령 이승만 박사의 어릴 적 집도 이 부근인 도동(桃洞)에 있었는데 이 방이 붙었을 무렵에는 장동에서 살았다.[188)]

이 방대한 계획을 반대한 것은 의외로 황실이었다.[189)] 남대문 근처 남묘(南廟)에는 동대문 밖 동묘(東廟)[190)]와 함께 관우(關羽)의 사당이 있었으니 중국을 자극할 염려가 있었고, 남대문 앞 남지(南池)를 메우면 서울의 화기를 막는다는 풍수지리에 어긋날 우려가 있었다. 여기에 더하여 청일전쟁 이후 일본의 세력이 커져가던 때에 계획 면적이 1872년 일본 최초의 역인 신바시역(新橋驛)보다 넓어서 일본의 눈치도 보지 않을 수 없었다. 무엇보다 임금이 수원 정조 능을 방문하는 능행길을 막았다. 수용 계획에 포함된 시민들의 항거도 거셌다. 사람들은 남대문역 공사장에서 시위를 하며 공사를 방해하였다. 할 수 없이 정부에서는 철도원 총재 권재형(權在衡)으로 하여금 부지를 절반인 5만 평으로 축소케 하고 권재형과 일본 공사 하야시(林權助) 사이에 "남대문 밖 경부철도 정차장 부지 협정서"를 체결케 하였다. 이 축소 덕택에 풀려난 부지 가운데 일부를 에이비슨 박사는 세브란스 병원과 의학교 부지로 때맞추어 매입할 수 있었다.

에이비슨 박사는 1900년 뉴욕에서 세브란스 씨를 만나고 한국으로 돌아온 후에 새 병원을 을지로 1가 현재의 외환은행 본점에 있던 (구)제중원 내에 짓고 싶었다.[191)] 세브란스 씨의 기부금은 건물 대금일 뿐 부지 대금이 포함되지 않았기 때문이다. 이때 세브란스 씨의 병원 기증 소식을 들은 고종 임금이 외국인의 뜻이 가상하다며 자신도 기여를 하려고 부지를 하사할 뜻을 전해왔지만 관리들의 방해로 일이 제대로 진척되지 않았다.[192] 이 사실을 알게 된 세브란스는 "참을성을 잃고" 1만 달러 건축비만으로는 어렵다고 판단하여 별도로 5천 달러를 수표[193]로 보내면서 그 돈으로 부지를 사도록 권했다.

> "에이비슨 박사, 이제 그 문제는 당신 하기에 달렸소. 박사가 필요로 하는 것을 황제의 고문관들이 싫어하고 황제는 자기의 고문관의 말만 믿고 있으니 더 이상 황제의 말을 기다리지 말고 지체 없이 일을 진행하시오."[194]

세브란스 장로는 수륙만리 뉴욕에서 고종 임금의 성격과 습관을 어떻게 알았을까. 아무리 에이비슨 박사가 편지로 현지 사정을 잘 설명한다고 하지만 세브란스 씨는 고종의 습성까지 들여다보고 앉아서 에이비슨 박사를 전폭적으로 믿고 일이 돌아가는 모습을 정확하게 판단하고 있었다는 증거이며 일단 판단을 하면 촌음을 허비하지 않는 그의 빠른 성격을 나타낸다. 황제에게 기대지 마라, 내가 추가로 보내는 돈으로 빨리 땅을 사라. 이러한 그의 빠른 행동은 뒤에 여러 차례 확인된다. 참고로 1907년 윤치호가 개성에 감리교 거류지를 짓기 위하여 70에이커의 부지를 매입할 계획으로 추정한 금액이 7천 달러였다.[195] 당시에도 서울과 개성의 부동산 가격은 이처럼 차이가 났다.

이에 용기를 얻은 에이비슨은 뜻을 바꾸어 남대문 밖 도동(桃洞)의 9.5에이커(약 1만 2천 평)의 낮은 언덕을 정하고 알렌 특별 전권 공사에게 궁중에 선처를 조정해 줄 것을 부탁하였다. 대지 매입 문제는 국가 간의 문제로 확대되어 알렌 공사는 미국 국무성에 그 해결 방안을 문의하기도 하였다.[196] 개항장인 제물포와 부산 이외에 서울에서 외국인이나 외국기관이 한국인으로부터 대지를 매입할 수 있었던 것은 국가 간 조약에 근거한 것이다. 남대문역 주변의 부지가 토지수용 대상에서 풀린 직후이고 알렌 특별 전권 공사의 외교적 노력[197]에 힘입어 에이비슨 박사는 우여곡절 끝에 원하던 9.5에이커의 대지를 1902년 6월이 되어서야 비로소 매입할 수 있었다.[198] 세브란스 장로의 귀중한 선물을 안고 돌아온 지 1년 반만의 일이다.

그 우여곡절이라는 것은 이용익(李容翊, 1854~1907)의 계속적인 훼방이었다. 당시 친러파의 거두였던 이용익은 자신이 러시아 병원을 짓고 싶었던 것이다. 에이비슨 박사가 세브란스 씨의 약속을 받고 1900년 10월 2일에 한국으로 귀환하자 뒤이어서 세브란스 씨는 설계사 고든(Henry B. Gorden, 1855~1951)을 1901년 6월에 한국으로 파견하였는데 1902년 6월까지 1년 동안 병원 건축을 할 수 없었던 것은 이용익의 이러한 방해 때문이었다. 고든의 출장비용까지 담당하였던 세브란스 씨로서는 "참을성을 잃고" 짜증이 날만도 하였을 것이다. 결국 알렌 공사의 외교적인 도움과 세브란스 씨가 별도로 보내준 부지 대금으로 남대문 밖 복숭아골(도동)의 대지를 매입한 것이 1902년 6월이었다. 이러한 국가 간의 외교적인 우여곡절에 세브란스의 친구이며 알렌 특별 전권 공사의 상관인 헤이 국무장관이 개입하지 않을 수 없었을 것이다. 알렌 특별 전권 공사는 대지 매입 문제에 있어서 국무성에 문의하였기 때문이다. 1882년 미국과 수교할 때에는 외국인은 부동산을 임대만 할 수 있었는데 이듬해 영국과 수교하면서 모든 외국인은 최혜국 조항 덕택에 소유권을 가질 수 있게 되었다.

결과적으로 보면 이용익의 방해로 고종이 대지를 하사하지 못한 것은 후일을 생각해서 잘된 일이었다. "대지"까지 포함하여 세브란스 병원이 고종 황제나 한국 정부와 완전 독립적인 사립기관이 되었기 때문이다. 앞서도 지적했듯이 1907~1908년 연차보고서의 첫머리에 "대지"도 세브란스 씨의 기부라고 강조한 것은 이러한 중요한 뜻이 담겼고 이 때문에 후일 일본도 어찌할 수 없었다.

세브란스 병원은 벽돌과 돌로 지었다.[199] 개화 이후 한국에서 첫 번째 한국산 벽돌 건물은 1898년에 세워진 명동성당이다. 한국에서는 고래로 건축하는 데 있어서 벽돌을 사용하지 않았다. 궁궐은 돌을 벽돌처럼 깎아서 지었고 일반 백성의 집은 작은 돌과 흙을 섞어 지었다. 정조 때 수원성의 축성에서 처음 벽돌을 사용하였으나 그것으로 끝이었다. 개화 이후 입국한 서양인들이 집을 지으려면 벽돌을 외국에서 수입해야 하였다.[200] 명동성당은 막대한 벽돌을 수입할 자금이 없어서 벽돌 기술을 알고 있는 중국인 100여 명을 데리고 양화진 순교 현장의 흙으로 벽돌을 구웠다.[201] 중국 인부들은 임금이 아주 낮았다. 명동성당이 완공되고 4년 후인 1902년에 세브란스 병원을 지으면서 중국인 벽돌공의 신세를 다시 지게 되었다.[202] 중국인 해리 장(Harry Chang 張時英)은 일찍이 한국 주재 미국 공사관에서 일하면서 영어를 익혔고 육영공원의 영어교사 헐버트(Homer B. Hulbert, 1863~1949, 한국표기 訖法)를 비롯하여 많은 외국인 주택을 지었던 경력의 소유자였다.[203] 그러나 그 역시 난방과 배관은 할 줄 몰랐다. 세브란스 병원이 완공되고 2년 후 1906년에 해리 장은 종로에 있는 황성기독청년회관(YMCA)의 건축책임자가 된다. 다시 4년 후인 1908년에 중국인 기술자들은 전주로 내려가서 1914년까지 전동성당을 지었다. 그전에는 서울의 염초청교 밖에 중림성당을 지으면서 벽돌공이 필요하게 되자 서울로 다시 불러들였다. 세브란스 병원이 벽돌을 수입하지 않았으면 한국에서 한국산 벽돌로 지어진 두 번째 아니면 세 번째 건물일 것이다.

그러나 많은 자재를 수입한 듯하다. 언더우드가 1901년 3월 9일에 미국 선교본부에 이 점에 대하여 문의한 바 있다.[204)]

> "조사해 본 결과 우리는 목재 가격이 이곳보다 오리건에서 훨씬 저렴하다는 것을 알게 되었습니다. 대패질로 마무리된 1,000자의 목재가 오리건에서는 10달러이나 동일한 목재가 이곳 서울에서는 70달러입니다. 철도회사는 배 한 척 분량의 오리건 목재를 구했는데 제물포까지 1,000자 당 1.90달러의 운반비가 들었습니다. 건축할 새 병원, 새 교회, 그리고 6~7개의 사택을 조심스럽게 견적해보면 작은 배 한 척 분량의 목재가 필요합니다."
>
> "목재와 모든 것을 동부에서 사서 운송하는 것이 유리할 것입니다. 귀하도 아시다시피 운반비는 매우 많이 들지만 … 작은 배 한 척의 적재량이며 만일 배가 제물포까지 바로 온다면 … 운송비는 상해나 고베까지 바로 오는 것보다 비싸지 않을 것이라고 합니다."

여기서 새 교회는 남대문교회를 가리키는데 이것도 세브란스 장로의 기부 품목에 들어갈 것이다.

이러한 우여곡절을 겪고 지었지만 훌륭한 점은 병원의 위치였다. 그 위치는 남향인데 성 밖에서 보면 남대문역이 도보로 불과 10분 거리였다. 준공한 지 2개월 후 1905년 1월에 세브란스 병원을 방문한 제물포 성공회 성누가 병원의 웨어 박사(Hugh H. Weir, MD)는 기록을 남겼다.

> "… 서울에서 가장 큰 남대문 밖에 시장을 앞뒤로 끼고 있다. … 깨끗한 공기와 햇볕의 혜택을 받아서 … 건물 양쪽의 탑에는 햇빛이 하루 종일 들어온다. [겨울임에도] 환자는 가벼운 옷을 입고 햇볕으로 치료된다. 병실이 따듯하여 일부러 난방을 켜지 않아도 된다. 벽은 타일로 장식되었고 환기가 매우 잘되고, 화장실, 옷장, 주방, 온수와 전기, 등등 모든 것이 최상의 병원이다."[205)]

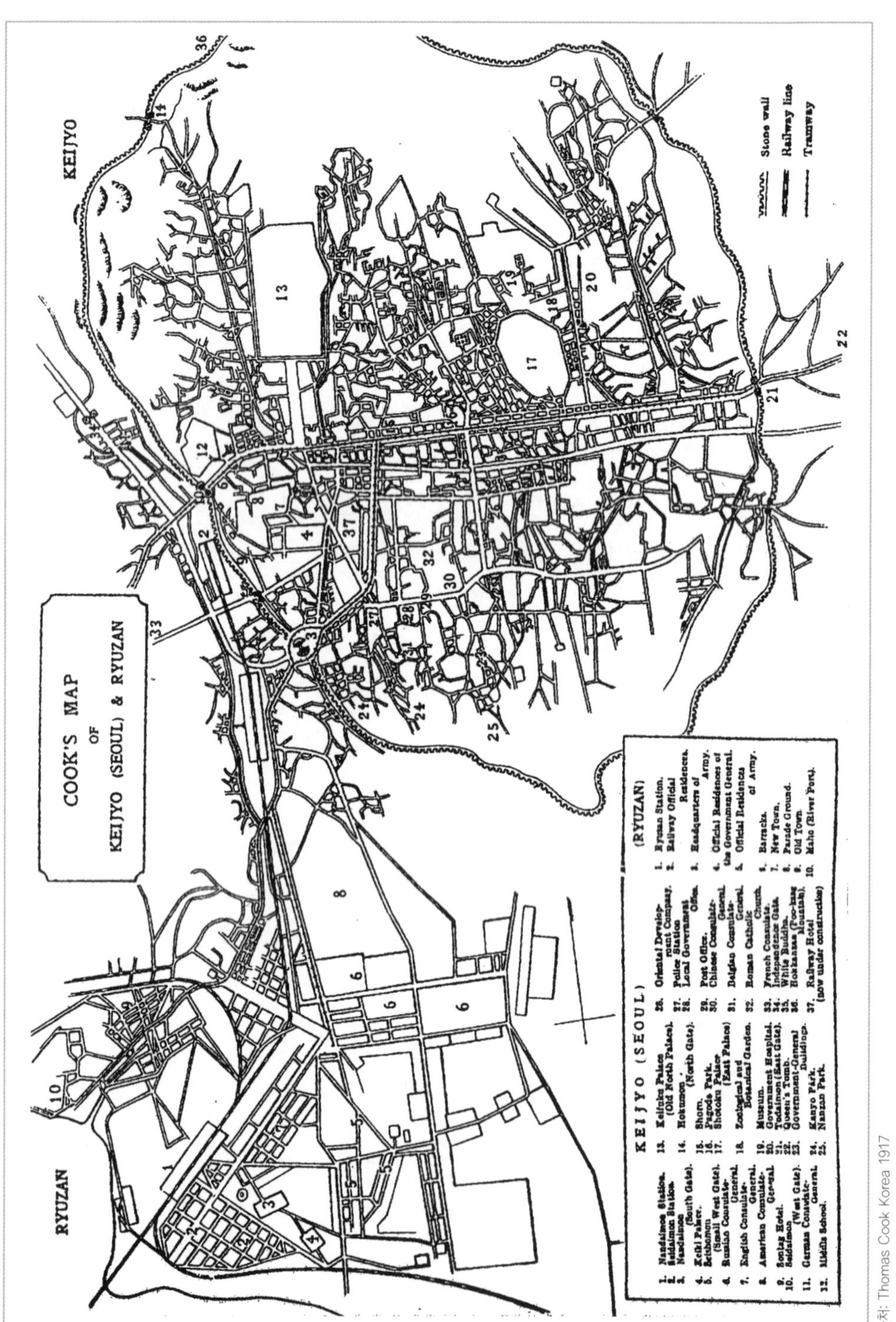

출처: Thomas Cook Korea 1917

〈자료 Ⅰ-12〉 1917년 토마스 쿡의 서울 지도

한국에 오기 전에 영국 런던의 바솔로뮤 병원에서 의사로 근무한 경험이 있었던 웨어 박사의 시각에서 기록된 것인 만큼 세브란스 기념병원은 최상의 병원이었음에 틀림없다.

그러나 이보다 더 훌륭한 점은 한강철교와 남대문역의 완공으로 경인선, 경부선, 경의선과 연결되어 세브란스 병원의 위치는 한국 땅에서 더 없는 요지가 되었다. 세브란스 병원은 전차노선과 연결되어 환자들이 오는 데 편리해졌다. 전차노선은 남대문역 남쪽에서 두 방향으로 갈라지는데 하나는 용산으로 연결되고 다른 하나는 경인선 철로 밑으로 교차되어 마포나루에 이른다. 이미 고가 교차로가 생겼다. 남대문역은 그 후 국권피탈 후 1910년 10월 1일에 경성 역으로 승격되었고 1925년에 현재의 자리로 새로 짓고 이전하였다. 이렇다 할 식당이 없었던 서울에서 서울역 식당은 명물이 되었고 세브란스 병원의 교수들은 점심을 이곳에서 먹으며 외부와 교제를 넓혀갔다. 일본말 홍수 속에서 에이비슨, 러들로, 허스트, 오긍선, 윤일선, 이용설 등은 영어로 대화를 하였다.[206] 1955년 10월 연희대학교와 세브란스 의과대학이 통합하는 문제를 논의하는 회의도 서울역 식당에서 열렸다.[207] 여기서 새로운 교명으로 연세대학교가 제의되었다.

남대문역(번호 1) 다음에는 서대문역(번호 2)이 있었는데 영국의 여행사 토마스 쿡(Thomas Cook Company)이 1917년에 발간한 여행안내서에 등재되어 있다(자료 I-12). 이 안내책자에 외국인에게 널리 알려진 세브란스 기념병원이 빠져 있다는 것은 뜻밖의 일이다. 이와 대조적으로 현재의 서울대학교병원 자리에 대한의원이 정부병원(the government hospital)으로 등재되어 있다(번호 20). 조선총독부가 배포한 자료에 근거했을 것으로 추측할 수 있다. 대한의원은 1907년 3월 15일에 설립되었다.[208] 모든 총독부 연차보고서(Annual Report of Governor-General)에는 세브란스 병원이 빠져있다. 아직 남대문역과 수색역이 연결되지 않아서 경의선은 남대문역에서 용산을 거쳐 출발하였다.[209]

성문 안에서 보면 연희전문학교의 설립자 호레이스 그랜트 언더우드 박사가 1887년에 세운 새문안교회가 도보로 30분 거리였다. 이 교회도 여행책자에 빠져있다. 나중에 세브란스 기념병원 내의 세브란스 교회(남대문교회)가 설립될 때까지 새문안교회는 집회의 장소였다. 나이가 한 살 많은 언더우드 박사는 시종일관 에이비슨 박사의 단짝이었다. 언더우드 박사는 아예 집을 세브란스 병원 뒤 지금의 대한생명 빌딩 부근에 새로 지어 옮겨 왔고[210] 의사였던 그의 부인이 병원 일을 도왔다. 그녀는 왕비의 주치의였다. 언더우드 박사는 의료와 의학교육이 선교에 필수적임을 이해한 선교사였다. 1893년 에이비슨 박사가 편안한 토론토 의과대학 교수직을 버리고 한국행을 결심한 것도 언더우드의 순회강연에 영향을 받았기 때문이다.[211] 언더우드가 죽고 에이비슨이 연희전문학교 교장을 겸직하였다. 연희전문학교와 세브란스 의학전문학교의 통합은 그때부터 논의되고 있었다.

여행안내서에는 손탁 호텔이 등재되어 있다(번호 9). 손탁 호텔은 병원에서 도보로 20분 거리였다. 이 호텔은 당시 서울에서 유일의 서양식 호텔인데 궁전에서 안토아네트 손탁(Antoinette Sontag, 1854~1925)을 위해 세워주었다.[212] 그녀는 독일 알사스 지방 출신인데 러시아 공사 칼 베베르(Karl I. Weber, 1841~?, 한국표기 韋貝)의 동생의 처제로 한국에 와서 아관파천 후 친러파가 득세하던 1902년 3월에 호텔을 열었다.[213] 손탁 호텔의 1층은 무도회장과 식당이고 2층은 객실이었다. 호텔의 음식은 일품으로 소문났었다.[214] 이곳은 친러파의 몰락으로 1918년 폐쇄될 때까지 서양 사람들의 사교장으로 유명하였다. 이토 히로부미가 1905년 11월 9일에 손탁 호텔에 투숙한 후 각부 대신들을 불러놓고 을사조약에 협조할 것을 위협하였다.[215] 러일전쟁을 취재하러 한국에 왔던 젊은 윈스턴 처칠(Winston Churchill, 1874~1965), 잭 런던(Jack London, 1876~1916), 마크 트웨인(Mark Twain, 1835~1910)도 손탁 호텔에 투숙하였다.[216] 시어도어 루즈벨트 대통령의 딸 엘리스(Alice Roosevelt, 1884~1980)도 묵었다. 고종 황제도 신축 중인 별궁이 완성될 때까지 임시 처소로 손탁 호텔에 머무른 적이 있었다.[217] 에이비슨 박사가 1899년 잠시 병가(病暇)를 얻어 캐나다로 돌아갈 때 고종이 이곳에서 그를 위하여 송별만찬을 베풀어주었다.[218] 세브란스 병원을 방문하는 초기 외국인들은 남대문역에서 가깝고 각국 대사관에서 지척인 손탁 호텔을 이용하기가 안성맞춤이었다. 객실마다 독립된 욕실이 없다는 것이 흠이었지만 당시에는 세계적으로도 방마다 욕실을 갖춘 호텔은 전무하였다.[219] 부호들은 한꺼번에 여러 객실을 빌려야 목욕을 혼자 할 수 있었다.[220]

세브란스 일행은 에이비슨 박사 집에서 머물기도 했지만[221] 아마 손탁 호텔을 이용했을지 모른다. 1911년 6월에 한국을 방문한 세브란스의 외동딸 내외도 손탁 호텔에서 1주일을 묵었다.[222] 손탁 호텔에서 묵지 않았다면 마침 그해(1907) 7월에 언더우드 박사가 안식년으로 미국에 가고 없었으므로 병원 뒤에 있는 그 집을 임시로 빌렸을지 모른다. 그도 아니면 미국 공사관(번호 8)을 이용했을 것이다.[223]

이듬해(1908)에 세브란스 병원을 세우는 데 고생한 에이비슨 박사도 안식년을 떠나는데 그는 미국에서 쉬지도 못하고 이미 와있는 언더우드, 헐버트 등과 함께 한국 선교에 필요한 인력과 자금을 모집하는 "한국 선전 Korea Campaign"을 대대적으로 전개한다. 여기에 미국에서 공부하던 이승만이 가세하여 미국 전역을 함께 순회강연한다. 이들에게 세계일주여행을 마치고 귀국한 세브란스 장로가 동참하여 적극적인 도움을 준다.(제5장과 제9장 참조). 세브란스, 이승만, 에이비슨, 언더우드, 헐버트 등이 한 팀을 이루었다.

손탁 호텔의 이웃 정동교회에서 정동 구락부가 조직되었다. 여기서 황성기독청년회의(YMCA)가 탄생하였는데 에이비슨 박사는 초대이사가 되었고 헐버트 박사가 이사장이 되었다. 그는 그 후에도 계속 이사직을 유지하였다. 일본 기독청년회의 산하에 강제로 편입되는 위험이 생겼을 때 그것을 저지하는 데 큰 역할을 하였다.[224] 그는 토론토 의과대학에 다닐 때 자기 집에서 친구인 하디 박사(Robert A. Hardie, MD, 한국표기 河鯉泳)와 함께 토론토 의과대학 기독청년회(Medical Y)를 처음으로 조직하였고 게일(James S. Gale, 1863~1937, 한국표기 奇一)과 펜윅(Malcolm Fenwick, 1863~1935)을 선교사로 한국에 파송하는 데 주도적인 일익을 담당한 경험이 있었다.[225] 1935년 에이비슨 박사가 미국으로 은퇴하여 돌아가자 3년 후인 1938년 일본은 황성기독청년회를 강제로 해산시켰다.

세브란스 병원 내에 사택이 아직 마련되지 않았을 때 에이비슨 박사는 세브란스 병원에서 15분 거리에 있는 상동에 산 적이 있었다.[226] 여기서 (구)제중원은 가까웠다. 이 부근에 한국에서 독자적으로 은행권을 발행하던 일본제일은행이 있었다. 제일은행 지점장 다카기(高木)도 황성기독청년회의 이사였다. 지금의 한국은행 주변에 각종 은행이 밀집한 은행거리가 형성되었으니 외국의 재정지원이 빈번하였던 당시 사정을 감안하면 병원의 재정운영상 편리한 곳이 되었다. 1878년 현재 한국은행 건너편에 일본제일은행이 들어섰고 제물포에는 일본 공사관 부근에 지점을 내보냈는데 1905년부터는 아예 자신의 은행권을 발행하기 시작하며 국고 취급을 위임받았다. 1909년 10월 (구)한국은행이 설립되기 전까지 일본제일은행권이 널리 통용되었다. 이 화폐를 "시부자와 화폐"라고 불렀다. 시부자와 남작은 당시 일본의 재무대신이었는데 한국 직산에 금광도 갖고 있었다.[227] 감리교 선교의사 스크랜튼 박사(William Scranton, 1856~1922)가 후에 선교사직을 사직하고 직산금광의 진료소에서 일했다. 그의 어머니가 이화학당을 설립하였다. 자본금 5백만 원의 일본 제일은행은 1901년 전반기 6개월에만 이윤이 1,555,245

원이었고 비용을 제한 제일은행의 순이윤은 403,990원이었다.[228] 순이윤율이 16퍼센트였다. 1903년 2월에 일본제일은행권 남발로 한국의 화폐가치가 폭락하였고 한국민 사이에서 일본제일은행권 거부운동이 일어났다. 세브란스 일행이 일본 체제 3개월과 한국 체제 3개월간 비용 지출에 일본제일은행을 이용하였을지 모른다. 아마사 스톤 마서는 일본 엔화를 멕시코 은화로 환전하였다. 혹은 서울에 있던 미국 생명보험회사 뉴욕 에퀴터블(New York Equitable Life Insurance)의 지사를 이용했을지도 모른다.[229] 세브란스는 이 보험회사의 모회사인 에퀴터블 신탁회사(Equitable Trust Company)의 주주였다.[230] 또 다른 방법으로 스탠더드 석유회사의 한국 대리점의 수표를 이용했을 수도 있다.[231] 1907년 9월 당시 환율은 1달러에 2원이었고[232] 1파운드에 10엔이었으며[233] 1파운드에 4.9달러였다.[234] 의관을 중시하는 한국에서 최고급 갓이 200원(100달러)으로 대단히 비쌌으니 부자 양반을 제외하고 보통 상민들은 법률로 금하지 않았더라도 쓸 수 없었을 것이다.[235] 당시 하루 품삯이 30센트였다.

한국 정자

세브란스 씨는 서울의 가을 하늘이 고향 클리블랜드의 가을 하늘을 닮았다고 생각하였다. 생각해 보니 위도가 비슷하다. 지금쯤 고향에도 가을이 시작되었을 것이다. 불편하고 무더운 경의선 군용열차에 오랫동안 시달렸다가 하차했기 때문이었을까. 한강에서 불어오는 무덥지만 초가을 기운이 감도는 바람이 고향 클리블랜드의 이리 호수(Lake Erie)에서 불어오는 바람처럼 상쾌하였다.[236] 서울의 산에서는 여름이라도 바람이 맑고 시원하였는데 낮은 구릉에 우뚝 솟은 세브란스 병원 역시 시원하였다.[237]

세브란스는 한때 백만장자의 거리에서 살았지만 클리블랜드 동부 교외의 낮은 언덕에 125(약 15만 평)의 부지를 오래 전에 사두었다. 무슨 목적으로 방대한 땅을 샀는지 그가 갑자기 타계하여 알 길이 없다. 그곳에서는 멀리 푸른 이리 호수가 내려다보인다. 세브란스의 의사 외할아버지 데이비드 롱 박사(David Long, MD, 1787~1851)는 자신의 이름을 따서 롱우드(Longwood)라는 토지에 집을 지은 적이 있었다. 그래서인지 세브란스가 매입한 부지에 그의 아들이 1911년에, 딸이 1913년에 저택을 세우고 각각 글렌우드(Glenwood)와 글렌알렌(Glen Allen)이라고 이름하였다. 아들은 상속받은 이 땅에 추가하여 1백 에이커를 더 사서 증조할아버지의 농장의 이름을 따서 롱우드라고 개칭하였다.

면적 240에이커(약 30만 평)의 롱우드에 세운 외아들 존 세브란스의 저택(자료 Ⅲ-33)에는 파이프 오르간이 있는 음악연주실과 이태리 피렌체시의 팔라초 베치오(Palazzo Vecchio)에 있는 유명한 베르치오(Verrocchio) 분수로 장식한 미술전시실이 있었다.[238] 때때로 연주가를 초청하여 음악회를 열었다. 그는 자손이 없어서 1936년 사망하기 전에 240에이커의 반을 클리블랜드 미술관(Cleveland Museum of Art)에 기증하고 나머지 반을 루이스 세브란스의 친형 솔론의 외손자 세브란스 알렌 밀리킨(Severance Allen Millikin, 1896~1985)에게 물려주었다. 이 사람이 유일한 상속자가 된 조카손자이다. 그는 할리우드의 여배우 마르타 아바(Martha Abba)와 결혼하였는데 둘 사이에는 자식이 없었다. 두 번째 부인인 마그리타 만빌(Marguerite Manville)과의 사이에도 자식이 없었다. 세브란스 장로가 모은 재산의 상당한 부분이 여배우에게 지불하는 이혼 위자료로 사라졌다.

여기에 더하여 밀리킨은 말년에 부지와 저택을 부동산 개발업자에게 매각하여 오늘날 세브란스 쇼핑센터(Severance Shopping Center)가 들어서면서 옛 모습을 찾을 길이 없게 됐다.[239] 당시 클리블랜드의 시민들과 언론은 세브란스를 기리고자 이곳을 보존해야 한다는 시민운동을 벌였지만 결국 시의 관련법까지 고치면서 2천5백만 달러에 매각되었다. 세브란스 농장 곁에는 록펠러의 방대한 영지가 있었는데 이것도 시가 교외로 팽창하면서 매각되어 오늘날 그 자취가 대부분 사라졌다.

세브란스의 조카손자 밀리킨은 세브란스 형제의 집안의 유일한 남성이었는데 결국 그는 자신의 할아버지(솔론)와 작은 할아버지(루이스)의 막대한 재산을 모두 없애버렸다. 그의 아버지는 세브란스의 친형 솔론 세브란스의 의사 사위 밀리킨 박사(Benjamin Millikin, MD, 1861~1916)였는데 그도 1913년에 세브란스 영지 부근에 집을 짓고 벤 브래(Ben Brae)라고 이름하였다. 모두 백만장자의 거리 유클리드가(街)에서 살면서 이곳에서 지냈다. 이것은 모두 세브란스가 작고한 후의 일이다. 그가 생존했을 때에는 별장처럼 사용하였다. 1913년 세브란스가 유클리드 8811번지에서 작고했을 때 조카들이 벤 브래에서 달려왔다.

세브란스 씨의 옛 부지는 신설된 도로에 의해 두 부분으로 갈라졌다. 당시에는 세브란스 씨의 부지 속에 포함되었지만 현재는 신설된 도로 때문에 양쪽으로 갈라져 세브란스 쇼핑센터 건너편 낮은 구릉에 현재의 "유태인 지역 회관 The Jewish Community

출처: Courtesy of Allen Memorial Medical Library/
© Courtesy of Western Reserve Historical Society

〈자료 Ⅰ-13〉 1915년 세브란스 씨의 외동딸 엘리자베스의 저택 글렌알렌의 한국 정자

Center"이 들어섰다. 글렌우드의 세브란스 저택에서 내려다 볼 수 있는 위치이다. 여기에 외동딸의 저택 글렌알렌이 있었는데 그 정원에 "한국 정자 The Korean Pavilion"가 있었다(자료 Ⅰ-13).

이 정자는 세브란스 씨의 외동딸 부부가 1911년 6월 한국을 방문하고 귀국하여 1915년에 건축을 시작하였는데 기와는 한국에서 세브란스의 주치의 러들로 박사가 보내주었다.[240] 기둥은 서양식으로 절충하였고 정자 앞에 연꽃이 가득 찬 연못을 만들었다. 외동딸 엘리자베스가 남편과 함께 1911년 서울을 방문했을 때 경복궁을 보았는데 그때 경회루의 연꽃을 보아서인가. 1907년 아마사 스톤 마서 역시 경회루를 방문하고 연꽃을 언급하며 사진을 남겼다. 후에 한국에서 봉사를 마치고 귀향한 러들로 박사는 이 한국 정자를 방문하고 영사기에 기록영화를 남겼다.[241] 한국 정자의 남은 사진은 두 종류이다.[242] 그러나 두 사진을 자세히 보면 지붕의 곡선이 다르다(자료 Ⅰ-13 참조). 전자는 한국의 곡선이고 후자가 일본의 곡선이다. 지붕 모습이 바뀐 사연은 알려지지 않았다.

이 한국 정자는 현재 없어졌다.[243] 수많은 나라를 방문하고 여러 기관을 도와준 세브란스 집안이 한국을 얼마나 사랑했는지 말없이 보여주는 정자였다. 이 정자가 아마 한미우호의 두 번째 상징이었을 것이다. 첫 번째 상징은 물론 알렌 공사가 국무성에 보내는 문서에 표현했듯이 세브란스 기념병원과 의학대학이다.

진창

1899년에 청량리-서대문의 전차노선이 개통되고 1900년에 용산까지 연장되었다. 이 전차는 세브란스 기념병원 앞을 통과하였다. 에이비슨 박사는 남대문역에 내린 세브란스 씨와 러들로 박사를 마차에 안내하였다.[244] 일찍이 고종 황제가 에이비슨 박사에게 인력거 1대와 인부 2명을 보냈고, 사인교 1대와 4명의 교꾼도 보냈다.[245] 말하자면 기사 딸린 자가용인 셈이다. 나중에 에이비슨 박사가 도동의 세브란스 의학전문학교 교장과 연희동의 연희전문학교의 교장을 겸임할 때 언더우드 박사의 형인 미국 언더우드 타자기 회사 사장 존 언더우드(John Thomas Underwood, 1857~1937)가 자동차를 보내주기 전까지 바쁜 그에게 큰 힘이 되었다.

남대문역에 내린 세브란스 씨가 에이비슨 박사와 마주 보며 마차에 앉고 일행들도 모두 각자에게 마련된 마차에 올라탔다. 당시 기차가 느려서 목단에서 안동까지 19시간, 의주에서 평양까지 8시간이 소요되고, 평양에서 서울까지 10시간이 걸렸으니 고령에 지치는 것도 무리는 아닐 것이다. 세브란스는 자동차와 비행기가 없던 시절에 자신만을 위한 자가용 기차를 소유한 사람이었다.[246] 그럼에도 그는 운동을 좋아하는 사람이었고 걷고 뛰기를 즐겼다.[247] 그래서 그런지 그는 당시에 부호들과 달리 노년까지 날씬한 몸매를 유지하였다(자료 Ⅲ-5와 자료 Ⅸ-2를 참조). 불편한 군용열차에 오래 시달렸으니 걷고 싶었던 것일까. 마차가 출발하기 직전 세브란스는 일어서면서 말했다.

"에이비슨 박사, 잠시 걸으며 거리를 구경하면 어떨까요.

세브란스 장로의 사위 더들리 피터 알렌에 의하면 세브란스는 "소년처럼 여행의 구석구석을 좋아하였다"고 한다. 동행한 주치의 러들로 박사도 2개월 전의 중국 여행이 반복됨을 직감하였다. 중국 소주(蘇州)에서 세브란스 씨는 러들로 박사를 대동하고 고령임에도 골목골목 걸어서 돌아다녔다. 어느 골목은 너무 좁아 개라도 만나면 꼼짝없이 공격을 당할 처지이므로 "개가 무는 골목"이라고 이름하였다. 심지어 아편굴까지 들어가 보았고 사형수를 참수하는 저잣거리에서 불쌍한 사형수가 마지막에 앉게 되는 의자도 보았다.[248] 세브란스만 그런 것이 아니다. 아마사 스톤 마서도 평양에 저녁에 도착하여 하루 밤을 유숙하게 되었는데 저녁 식사 후에 『상트페테르부르크 뉴스』의 콘스탄틴데 미하일노프 기자와 밖에서 산보하다가 한국 집을 불쑥 찾아들었다. 서로 언어가 통하지 않아서 서로 웃음으로 때웠지만 한국인의 살림살이를 보고 싶었던 것이다. 마서가 보온병의 커피를 권하자 한국인이 담배를 권하였다. 마서는 한국인이 외국인에 친절하다고 일기에 기록하였다. 세브란스 씨의 호기심도 서울에서 발동되었다. 그러자 에이비슨 박사가 말했다.

"길이 너무 험합니다."

에이비슨 박사는 서울의 진흙 거리 사정을 잘 알고 있었다.[249] 비라도 오면 사정은 더욱 악화되었다.[250] 비가 오지 않아도 상태는 마찬가지였으니 바람에 더러운 오물 가루가 날렸고 이것이 질병을 일으켰다.[251] 외국인들 사이에 보스트윅(F. Bostwick)[252]이 썼다는 "머나 먼 조선 땅"이라는 시가 전해 온다.[253]

"바다 너머 저 멀리 외떨어진 나라
한국이라고 알려진 나라가 있다
이목을 끄는 아무것도, 마음에 드는 아무것도 없는 나라
청결이라는 관념도 없으며
가장 훌륭한 문장으로도
사람과 사물을 분명하게 묘사할 수 없는 곳
노래 부르는 시인에게 이상한 불안감을 불러일으키는
저 머나먼 나라 조선
사람들이 사는 집은 오물로 덮여 있고
짚세기로 엮은 허물어진 지붕
비누가 알려지지 않은 곳
수많은 해충들이 깨어나고
하이에나 굴속에서 나는 것보다 더 악취가
거리를 진동하는 곳
일생에 한 번 방문으로 충분한 나라
저 머나먼 나라 조선 … 후략."

이 시의 필자는 군함의 함장으로서 수많은 나라를 방문하였을 테니 당시의 한국을 제대로 표현한 것이리라 받아들일 수 있다. 이것이 1898년의 한국의 모습이었다. 이 악취가 선교사들의 신경을 곤두 세워 동료들의 사소한 결점과 실수에도 참지 못하고 싸움질하게 만드는 한 요인이 될 정도였다.[254] 에이비슨 박사도 한국에 부임 초기부터 이 점을 걱정하였다.[255]

"나는 조선에서의 의료사업의 전망에 대해 보다 깊이 생각해 왔었다. 전염병이 만연하는 것도 보았고 가공스런 사망률도 보았으며 도회지와 시골 어느 곳이든 비위생적인 환경을 보았다."

이러한 사정은 당시에 일본도 마찬가지였다.[256] 중국도 다르지 않았다.[257] 한국에 앞서서 방문한 아름답기로 소문난 중국 소주(蘇州)에서 러들로 박사는 "위에는 하늘 아래에는 소주"라는 중국 속담과 달리 악취를 견디기 힘들었다고 기록하였다.[258] 1902년에 고종의 시의로 내한한 독일인 의사 분쉬 박사도 사람들의 노상방뇨뿐만 아니라 개를 비롯한 가축들의 배설물이 그대로 거리를 더럽히고 있음을 목격하였다. 그는 편지에 썼다.[259]

"서울 거리의 청소는 개가 배설물을 얼마나 빨리 먹어치우느냐에 달렸다."

겨우 5년 후인 1907년에는 서울의 상황이 얼마나 달라졌을까. 1904년 처음으로 서울에 공중변소가 등장하였지만 관리들이 출근할 때 가마 속에서 사용하던 요강을 폐지한 것이 겨우 세브란스 씨가 서울을 방문한 1907년 11월이었다.[260] 21년 후인 1928년에도 세브란스 병원을 취재하러 온 미국 『버밍햄 뉴스 *The Birmingham News*』 기자는 서울거리의 악취를 도저히 견딜 수 없다고 보도하였다.[261] 임금의 어가(御駕)가 지나갈 때에만 황토를 깔았다지만[262] 임금이라고 임시봉창에서 벗어나는 것이 아니다. 황토 밑에 깔린 악취가 임금을 비롯한 모든 사람에게 그 이상의 문제를 일으키는데 그것이 공중보건의 핵심이지만 당시 한국 사람들은 아무도 몰랐다. 모든 질병의 원인이 바로 악취를 일으키는 생활환경에서 시작하기 때문이다. 특히 병균과 기생충이 물로 침투하여 우물의 위생상태가 열악하였다. 에이비슨 박사는 이 점을 우려하였다.[263]

"조선 전역의 모든 읍과 촌락의 우물은 … 조선의 사망률이 출생률보다 높게 만든 여러 가지 질병의 주된 원인이 되었는데 마치 조용한 아침의 나라가 이 같은 비위생적인 상태를 개선시킬 조처가 없는 한 거의 전멸할 운명에 처해 있는 것 같았다."

"선교의사들이 그들이 갖고 있는 발달된 위생에 대한 지식을 보급하는 일에 헌신하는 것보다 더 중요한 일이 무엇이겠는가. 나는 이런 교육을 시키고 조선인 의사를 양성하는 데에 시간과 정력을 바치기로 결심하였다. 예수의 복음을 단지 영혼을 구제하는 수단으로 설교하고 사람들이 지상에서 멸망할 운명에 처하게 내버려둔다면 그 설교가 무슨 소용이 있겠는가. 예수님이 설교했듯이 그리스도의 복음은 영혼의 고양만큼이나 사람들을 육체적 고통에서 해방시키는 일에도 헌신해야 되지 않겠는가."

거리가 지저분함에도 마차에서 내려 걷겠다는 세브란스 씨의 말에 에이비슨은 순간적으로 생각나는 것이 있었다. 에이비슨 박사가 한국에 부임하는 길에 2주간 일본에서 체류할 때 요코하마에서 외국인 거주지로 가는 길에 인력거에서 내려 걸은 경험이 있었다.[264] 당시 그는 젊기라도 하였다지만 지금 세브란스 씨는 70객이므로 걱정이 되었다. 에이비슨의 걱정에 세브란스 씨가 대답하였다.

"가까운 거리니까 괜찮소. 사실 이건 아무 것도 아닙니다. 내가 젊어서 친구 록펠러나 한나와 함께 석유를 캐러 펜실베이니아주의 타이터스빌 오지에 갔을 때 그곳은 이보다 더 했지요. 한번은 원유로 범벅이 된 거리에 허리까지 빠진 적도 있었습니다. 그곳은 정말 지옥 같았습니다만, 당시로서는 그날의 타이터스빌행이 오늘의 서울행이 되리라고는 상상조차 하지 못했습니다. 다른 일행들은 마차로 가고 나는 잠시 걷겠으니 에이비슨 박사, 수고스럽겠지만 나와 러들로 박사를 안내해 주시면 고맙겠습니다."

세브란스 씨도 알고 있었다. 정도의 차이가 있었지만 당시에 미국의 시골이나 서부도 마찬가지였기 때문이었다. 다른 점이 있었다면 지저분한 거리에 대비하여 미국 사람들은 굽이 높고 목이 긴 장화를 신었고 한국인들은 짚신을 신었다는 것뿐이었다. 에이비슨 박사가 쾌활하게 대답하였다.

"그렇게 하죠. 저도 걷는 것이 좋습니다."[265]

진흙 속에 목 높은 장화와 바지가 더럽히는 것쯤은 마다하지 않고 세 사람은 걷기 시작하였다. 낮은 초가 사이의 좁은 서울 거리를 걸으면서 세브란스 씨의 추억은 43년 전인 1864년 젊은 모험의 꿈을 안고 찾아갔던 기름투성이의 타이터스빌 마을로 향하고 있었고, 에이비슨 박사의 마음은 7년 전인 1900년 세브란스 씨를 처음으로 만났던 뉴욕시 카네기 홀로 달려가고 있었다.

제2장
타이터스빌 1864년

노워크 신탁

이 장의 목표는 두 가지이다. 미국 펜실베이니아주 타이터스빌(위치는 자료 Ⅱ-3을 참조)에서 세브란스 씨가 대부호가 될 수 있는 실마리를 잡는 계기와 그에게 영향을 준 친구 관계이다. 우리는 이미 제1장에서 그의 친구들, 특히 헤이, 마서, 트윙이 사소하더라도 한국과 어떠한 형태의 관계를 맺고 있음을 보았다.

남북전쟁(1861~1865)이 한창이던 1863년 링컨 대통령의 노예해방선언과 게티스버그 전투의 승리로 전황은 북군에게 유리하게 돌아섰다.[1] 다음 해 1864년 5월 5일, 25세의 청년 루이스 헨리 세브란스는 친구 마크 알론조 한나(Mark Alonzo Hanna, 1837~1904)와 함께 북군에 자원입대하였다. 두 친구에게는 자원할 수밖에 없는 사정이 있었다. 세브란스는 1862년에 결혼을 하면서 오하이오주 밖으로 신혼여행을 계획하였는데 전쟁 중이라 토드(Todd) 주지사의 허락이 필요했다. 그러나 입영 적령기라서 그의 신청은 기각되었다. 할 수 없이 가까운 곳에서 신혼여행을 보낼 수밖에 없었다. 대신 신혼의 신랑은 1년간 입영이 연기되었다.[2] 한편, 한나는 아버지가 와병 중이라 대신 돈으로 다른 사람을 입영시켰다. 당시 이것은 합법적이었다. 그러나 전쟁이 치열해지자 그 역시 입영하였다.

세브란스는 115보병 대대에 병참 상사로, 한나는 155보병대대에 소위로 배치되었다. 이때 164보병대대에는 세브란스의 클리블랜드 기독청년회 후배인 세러노 펜(Sereno Peck Fenn, 1844~1927)이, 17보병연대에는 데이비드 베네딕트 박사(David Benedict, MD,

1833~1901)가 있었다. 세브란스는 오하이오주 신시내티시에서 기초훈련을 받고 수도 워싱턴시를 방어하는 데 투입되었다. 7월 10일과 11일의 치열한 전투에서 세브란스의 소대에서만 5명의 사상자가 생겼다.[3] 한나 소위는 전사자를 고향에 송치하러 출타 중이어서 전투를 보지 못하였다. 후에 이 전투는 남군의 양동작전에 불과하였다는 것이 밝혀졌다.

어찌되었던 네 젊은이는 살아남았다. 장차 세브란스는 석유로 거부가 될 것이고, 한나는 연방 상원의원이 될 것이다. 펜은 석유의 부산물인 페인트로 부자가 되어 현재의 클리블랜드 주립대학의 전신인 펜 대학(Fenn College)을 설립하고 세브란스의 외아들의 장인이 될 인물이며, 군의관으로 종군하던 베네딕트 박사는 세브란스의 처남이었다.

청년 세브란스와 한나는 111일간 복무를 마치고 1864년 8월 23일에 제대하였다. 이것이 유명한 1백일 자원대대(The Hundred Volunteers)이다. 제대 후에 세브란스는 잠시 옛 직장이었던 은행으로 복귀하였으나 곧 고향 오하이오주 클리블랜드시[4]를 떠나 동쪽으로 200킬로 정도 떨어진 펜실베이니아주 타이터스빌(Titusville, Pennsylvania) 오지 마을에 가족과 함께 도착하였다.[5]

세브란스는 입대 전 1862년 8월 12일에 파니 버킹엄 베네딕트(Fanny Buckingham Benedict, 1839~1874)와 결혼하여 큰아들 존을 두고 있었다. 타이터스빌에서 큰딸 엘리자베스, 막내아들 로버트, 막내딸 앤 벨이 태어날 것이다. 그러나 막내아들과 막내딸은 일찍 죽는다. 막내아들을 뒤따라서 부인 파니도 젊은 나이에 죽었다. 자신의 어머니가 자신을 낳고 죽었듯이 그녀 역시 막내를 낳고 죽었다. 결국 어머니 없이 존은 외아들이 되고 엘리자베스가 외동딸로 성장하게 되었다.

파니는 클리블랜드에서 서쪽으로 약 100킬로 정도 떨어진 허드슨 카운티 노워크(Norwalk, Hudson County, Ohio, 위치는 자료 Ⅱ-3을 참조)의 의사인 데이비드 베네딕트 박사의 여동생이었다.[6] 아버지 제임스 베네딕트(James Benedict)는 12살에, 어머니는 1살에 세상을 떠나서 오빠와 함께 할아버지 집에서 자랐다. 할아버지 플래트 베네딕트(Platt Benedict, 1775~1866)는 노워크 최초의 개척민이었는데 우체국장과 시장을 지냈고 교회도 세웠다.[7] 그가 마을의 이름을 지었고 그의 이름을 딴 베네딕트 거리도 있다. 할아버지가 91세로 사망했을 때 파니는 남편 세브란스와 함께 아직 아기인 존과 엘리자베스를 안고 장례식에 참석하였다. 그의 장례식에 1천 명이 조문하였고 클리블랜드에서 특별열차가 출발하였다.[8]

데이비드 베네딕트 박사는 고향에서 1856년 고등학교를 졸업하고 클리블랜드 의학대학(Cleveland Medical College)에 진학하여 1861년에 의사가 되었다.[9] 이때 은행원이었던 세브란스와 만나 친구가 되어 그의 여동생과 결혼한 것 같다. 그 후 스탠더드 석유회사 회계장부의 비밀을 털어놓을 정도로 가까운 친구가 되었다.[10] 신혼의 세브란스는 노워크 교외에 냇가를 따라 펼쳐진 처갓집 초장에 베네딕트 박사가 목장을 만드는 일을 거들어주었다.[11]

남북전쟁이 터지자 북군에 종군하던 베네딕트 박사는 포로가 되었다. 의사라서 포로 교환으로 풀려나자 다시 북군에 합류하였다. 그는 남군의 송진기름(turpentine) 저장고가 불에 타는 것을 자주 목격하였다고 가족에게 보내는 편지에 썼다.[12] 당시에는 석유의 용도가 발견되기 전이었으므로 송진기름은 등잔과 고약에 쓰이는 중요한 군대 보급품이었다. 송진기름은 남부에서 생산되었는데 몇 년 내에 품질이 뛰어난 북부 석유가 대체할 것이다.

남북전쟁이 끝나고 고향에 돌아온 베네딕트 박사는 의사를 그만두고 약국을 열었고 시골 은행의 이사가 되었다. 의사를 그만둔 이유는 아이들이 질병으로 죽는 것에 속수무책이었던 좌절감 때문이었다.[13] 데이비드 박사는 모든 베네딕트 가족이 모일 수 있는 큰 집을 지었다. 훨씬 후에 데이비드 박사의 외아들이 젊은 나이에 폐렴으로 죽었을 때 이미 거부가 된 세브란스가 이 집에 조문하기 위해 "자가용 기차"로 노워크역에 도착한 것을 노워크 사람들은 기억하였다.[14] 이 집은 현재도 노워크에 서 있다.

베네딕트 박사는 여동생 파니가 죽자 그녀의 자녀인 조카들을 자주 불렀다. 존과 엘리자베스는 이종사촌들과 친하게 지내며 외삼촌의 집을 제2의 집으로 여겼다. 세브란스의 외동딸 엘리자베스(Elizabeth Sill Severance, 1865~1944)는 이종사촌인 엘렌 엘리자 베네딕트(Ellen Elija Benedict, 1868~1942)와 특히 친했다. 나이가 비슷하여 평생 친구가 되었다. 세브란스가 1913년에 작고했을 때 노워크의 처조카들이 조문을 하였다.

엘렌 엘리자의 애칭은 릴리(Lillie)였다. 릴리의 시누이 그레이스(Grace Wickham)는 화가 찰스 큐란(Charles Curran, 1861~1942)에게 1892년에 시집갔는데 결혼식에 많은 사람이 참석하였다. 찰스 큐란은 "이리 호의 릴리 연꽃"(Lotus Lilies of Lake Erie, 1890)을 그렸는데 파리 미술관에서 전시를 하여 호평을 받았다. 이 그림은 지금 시카고 테라 미술관(Terra Museum of American Art)에 전시되고 있다.[15] 엘리자베스가 후에 자신의 저택에 한국 정자를 세우고 그 연못에 연꽃을 심은 것은 우연이 아닌 듯하다.

릴리가 낳은 딸들 가운데 앤 벨(Anne Belle)이 있었는데 1896년에 죽은 엘리자베스의 여동생의 이름과 나이가 같았다(자료 Ⅲ-15를 참조). 엘리자베스는 이 조카를 무척 사랑하여 당시로서는 드물게 유럽여행을 보냈다.[16] 이 조카가 유럽에서 돌아올 때 자신의 언니 코라(Cora Benedict Wickham)의 아들 데이비드에게 선물을 주었는데 이 어린 조카가 장성하여 스탠포드 대학에서 박사를 받고 스탠더드 석유 오하이오 회사(이때는 이름이 소하이오 Sohio로 바뀌었다)의 연구원이 되었다. 외할아버지의 매부(세브란스)가 재무 이사로 일하던 회사에서 일하게 된 것이다. 1944년 엘리자베스는 죽으면서 앤 벨에게 거액의 유산을 남겼다.[17]

릴리의 시아버지 찰스 위컴(Charles Wickham, 1836~1925)은 오하이오주 14선거구 출신의 연방 하원의원이었는데 19선거구의 윌리엄 매킨리 하원의원과 친구가 되었다. 매킨리는 나중에 세브란스의 친구 마크 한나의 도움으로 미국 대통령이 되었다.

세브란스의 외아들 존은 어릴 때 함께 뛰어놀던 이종사촌들을 기억하였다. 그는 아버지의 작고 후 여동생 엘리자베스와 함께 어머니를 추모하여 "노워크 신탁기금 The Norwalk Trust"을 창설하고 이종사촌들이 클리블랜드에 정착하도록 도왔다.[18] 이것은 아버지의 뜻이기도 하였다. 1백 년이 지난 지금도 그 기금은 이종사촌의 후손들에게 1년에 2번씩 소득을 지급한다.[19] 소하이오의 연구원이 된 데이비드가 받다가 죽은 후 그의 소설가 아들(세브란스의 처가 쪽 고손자) 이안 프래지어(Ian Frazier)가 지금도 이 소득을 받고 있다. 세브란스 장로가 생전에 번 돈이다.

헤이

세브란스가 제대하고 1년 뒤 1865년에 링컨 대통령이 암살당하였다. 그의 사체를 실은 기차가 수도 워싱턴을 떠나 일리노이주의 스프링필드시로 가는 길목에 클리블랜드역에 잠시 멈추었다. 클리블랜드 10만 인구 가운데 9만의 인파가 모여 애도하였다. 링컨의 관은 기차에서 내려져 클리블랜드 제일장로교회(올드스톤 교회)에서 의식을 치른 다음 다시 기차로 옮겨졌는데 클리블랜드 대부호 아마사 스톤이 운구하였다.[20] 링컨의 임종을 지킨 그의 개인비서 27살의 청년 존 밀턴 헤이는 장차 자신이 아마사 스톤의 큰딸 클라라(Clara Stone, 1849~1914)와 결혼하여 1874년에 클리블랜드시로 이주하고 세브란스와 한나를 비롯한 경제계와 정치계의 거물들과 친구가 되어 사업에 성공하는 한편 그것을 발판으로 정치계에서 주영대사와 국무장관까지 오를 줄 당시로서는 몰랐을 것이다.

헤이에게 클리블랜드는 초행이 아니었다. 1861년 대통령에 당선된 링컨을 수행하여 일리노이주의 스프링필드시에서 수도 워싱턴에 가는 길에 클리블랜드를 방문한 적이 있었다. 대통령 당선자 링컨은 헌법을 수호하고 연방을 지키자는 연설을 하였다. 이때 링컨에게 꽃다발을 바친 9살의 어린 소녀가 있었는데 아마사 스톤의 작은 딸 플로라 스톤(Flora Stone, 1852~1909)이었다. 보답으로 링컨은 이 어린 소녀의 볼에 입 맞추었다.[21] 이 어린아이는 평생 이 사건을 잊지 못했는데 존 헤이의 처제가 될 소녀였으며, 세브란스의 두 번째 부인의 주일학교 선생님이 될 것이고, 1907년 서울 세브란스 병원을 방문한 아마사 스톤 마서의 어머니가 될 것이다.

존 헤이는 브라운 대학에서 인문학으로 졸업하였다. 그는 시와 글을 사랑하였다. 지금도 그의 시를 애송하는 사람이 있다. 워터게이트 사건에서 닉슨 대통령의 탄핵을 심사하던 아치볼드 콕스(Archibald Cox, 1912~2004) 판사. "미국의 양심"이라고 알려진 사람이다. 그의 외할아버지는 암살당한 링컨을 계승한 앤드류 존슨 대통령의 탄핵재판에서 대통령을 변호한 윌리엄 에바르츠(William Evarts, 1818~1901)였는데 후에 헤이스 대통령 행정부에서 국무장관을 지냈다. 이때 국무차관이 바로 존 헤이였다. 그는 이미 젊어서 마크 트웨인과 함께 당대를 대표하는 2대 문객이 되었다. 그러나 문필로 생활할 수 없어서 일리노이주의 스프링필드시에서 변호사가 되었다. 그의 이웃 변호사가 니콜라이(John George Nicolay, 1832~1901)였는데 헤이와 친구가 되었다. 에이브러햄 링컨의 보조변호사 겸 비서였던 니콜라이의 소개로 헤이는 22살의 젊은 나이에 링컨의 개인비서가 되는 행운을 얻었다. 이때부터 1867년 존슨 행정부에서 알래스카를 매입한 국무장관 시워드(William Henry Seward, 1801~1872)의 주목을 받았다.

헤이는 링컨의 위대함에 평생 압도당하였다. 남북전쟁 때 링컨이 그에게 대령 계급을 수여하였다. 그는 장관이나 대사

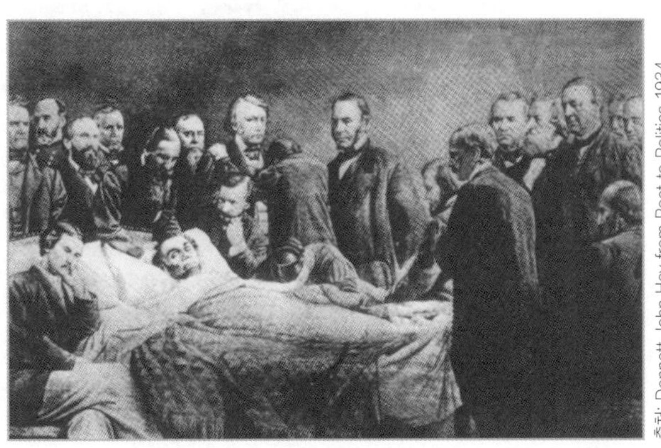
출처: Dennett John Hay from Poet to Politics 1934

〈자료 Ⅱ-1〉 1865년 링컨의 임종 침대 곁에 앉은 존 헤이

보다 대령으로 부르는 것을 더 좋아하였다. 가족들도 그렇게 불렀다. 그의 보이지 않는 거만은 여기에서 유래한다. 클리블랜드 부호의 큰딸과 결혼한 덕택에 그 도시로 이주하고 부자가 되어 그곳에서 사귄 친구들의 혜택을 받으면서도 거리를 두었다. 가장 친했던 상원의원 마크 한나조차 "아무리 헤이와 친해도, 아무리 즐거운 때라도, 그의 등을 두드리지 못했다."라고 회상하였다.[22] "헤이 대령"은 거만하였다. 링컨이 임종할 때 곁의 의자에 앉아서 상관의 마지막을 지키는 그의 모습으로 유명해졌다(자료 Ⅱ-1).

윌리엄 매킨리가 대통령에 당선되었을 때 상원의원 마크 한나의 노력으로 존 헤이가

The Guardian Trust Company,

OF CLEVELAND, OHIO.

JOHN F. WHITELAW, - - - - - - - PRESIDENT.
J. H. WADE, - - - - - - - - VICE-PRESIDENT.
J. V. PAINTER, - - - - - - - VICE-PRESIDENT.
E. W. OGLEBAY, - - - - - - SEC'Y AND TREAS.

DIRECTORS.

M. A. HANNA,
J. H. WADE,
J. V. PAINTER,
GEO. W. HOWE,
E. R. PERKINS,
JOHN F. WHITELAW,
JOHN J. SHIPHERD,
S. T. EVERETT,
W. H. CORNING,
E. W. OGLEBAY,
GEO. A. GARRETSON,
H. C. RANNEY,
A. A. POPE,
JAS. BARNETT,
GEO. H. WORTHINGTON.

$500,000 CAPITAL.

STOCKHOLDERS.

M. A. Hanna,
J. H. Wade,
J. V. Painter,
Geo. W. Howe,
E. W. Oglebay,
Jno. J. Shipherd,
S. T. Everett,
Warren H. Corning,
E. R. Perkins,
Jno. F. Whitelaw,
Chas. A. Otis,
G. A. Garretson,
H. E. Myers,
M. Price,
Myron T. Herrick,
A. A. Pope,
Henry C. Rouse,
Wm. B. Sanders,
Andrew Squire,
J. H. Dempsey,
G. H. Worthington,
Jas. Nicholl,
T. H. Brooks,
P. H. Babcock,
J. H. Outhwaite,
Amos Townsend,
J. M. Worthington,
J. G. W. Cowles,
H. C. Ranney,
S. E. Williamson,
W. D. Rees,
Jas. Barnett,
L. C. Hanna,
C. C. Baldwin,
Jas. H. Hoyt,
E. R. Date,
W. G. Pollock,
F. W. Pelton,
Webster & Angell,
W. L. Miller,
D. Z. Norton,
Fayette Brown,
R. H. Bourne,
John Hay,
G. E. Herrick,
Chas. L. Pack,
H. B. Payne,
J. H. McBride,
James M. Jones,
P. M. Spencer,
S. S. Warner,
C. S. Bissell,
J. M. Weitz,
W. J. Southworth,
I. C. Cooper,
Thos. Burnham,
H. E. Green,
N. O. Stone,
H. P. McIntosh,
J. J. Sullivan,
N. C. Brewer,
G. H. Stone,
M. A. Bradley,
O. G. Getzen-Danner,
S. H. Curtis,
H. C. Ellison,
H. D. Coffinberry,
Joseph Black,
John H. Farley,
B. L. Pennington,
Thos. H. Wilson,
A. J. Ricks,
H. L. Vail,
E. W. Radder,
J. B. Hanna,
Walter J. James,
W. B. Whiting,
E. E. Beeman,
N. M. Horton,
Chas. L. Mosher,
Robert Blee,
A. L. Withington,
Jno. R. Geary,
Dietz, Denison & Prior,
Henderson, Kline & Tolles.

PAYS INTEREST ON DEPOSITS.

LOANS ON APPROVED COLLATERAL.

출처: Lakeside Magazine 1895

〈자료 Ⅱ-2〉 1895년 마크 한나와 존 헤이의 신탁회사의 광고

영국 대사에 임명되었다. 헤이는 한나와 친구이면서 한나가 이사로 재직하는 신탁회사의 주주였다(자료 Ⅱ-2). 그와 영국 대사 자리를 놓고 다투는 경쟁자는 레이드(Whitelaw Reid, 1837~1912)였다. 그는 일찍이 프랑스 대사를 지냈고 부통령 후보가 되었던 인물이며 한때 뉴욕 트리뷴(New York Tribune)의 편집장이었고 헤이는 그의 밑에서 부편집장인 적도 있었다. 한나는 헤이와 오랫동안 밀담을 나눈 끝에 건강상의 이유로 레이드를 후보에서 탈락시켰다.[23] 그러나 한나가 제일 먼저 죽었고 그 뒤를 이어 헤이가 건강 때문에 죽자 레이드가 그 뒤를 이어 영국 대사가 되었다.

여하간 방금 영국 대사가 되어 기분이 좋아진 존 헤이가 호텔 모임에서 부인과 함께 나오는 상원의원 한나와 마주쳤다. 헤이가 한나 부인에게 농을 걸었다. "모나리자여 나에게 미소를 주시오." 한나 부인이 쏘아붙였다. "존 헤이, 또 다시 나를 그렇게 부르면 내 남편 한나가 힘을 써서 레이드를 영국 대사로 임명한다 해도 나는 조금도 섭섭하지 않을 거요."[24] 한나 의원은 가만히 있었고 헤이 대사는 머쓱해져서 사라졌다. 영국 대사 시절의 경험이 후일에 그를 유능한 국무장관으로 만들었다. 그가 미국을 세계국가로 성장시키는 데 영국의 도움을 적절히 이용할 줄 알게 된 지혜는 이 시절의 경험에서 나온 것이다.

링컨이 죽고 레이드 밑에서 『뉴욕 트리뷴 *New York Tribune*』의 부편집인이던 시절 헤이는 마크 트웨인의 재질을 일찍이 간파하였다. 그는 마크 트웨인의 고향에서 멀지 않은 곳에서 태어났다. 마크 트웨인이 자신의 문학에 사용하는 고향 사투리에 호감이 가서 그의 작품의 논평을 도맡았다. 마크 트웨인은 헤이와 1872년에 식사를 함께한 이후 평생 친구가 되었다. 뉴욕 트리뷴은 철도 부호이며 악덕기업가로 일컫는 제이 굴드(Jay Gould, 1837~1892)의 소유였는데 그는 헤이를 지지하여 편집인으로 임명하였다. 1881년 마크 트웨인의 『왕자와 거지』가 출간되었을 때 헤이가 제일 먼저 논평을 실었다. 1905년 헤이의 주선으로 시어도어 루즈벨트 대통령과 백악관에서 식사를 했을 때 마크 트웨인의 인기는 절정에 달하였다. 그러나 1907년 노벨문학상이 『정글북』을 쓴 키플링에게 돌아가자 마크 트웨인은 옥스퍼드 대학에서 명예박사를 받아 체면을 세웠다. 이때 주영 미국 대사 레이드가 베푼 축하 연회에서 마크 트웨인은 말했다. "나는 존 헤이를 내 머리털이 하나도 하얗지 않고 여기 있는 레이드 대사의 머리털보다 더 많을 때부터 일찍이 알고 지냈다." 그리고는 헤이가 세계를 위하여 공헌한 바를 상기하였다. 헤이는 이 연설 3년 전에 이미 죽었다.

1874년 가난뱅이 시인 존 헤이는 백만장자 아마사 스톤의 장녀 클라라 스톤과 결혼하여 클리블랜드로 이주하였다. 그는 장인이 마련해준 백만장자 유클리드가의 대저택에 정착하였다. 9년 후에 장인이 "편리하게" 자살하자 그의 사업을 맡아서 경영하며 마음껏 시를 쓰는 한편 필생의 대작 10권의 에이브러햄 링컨 전기를 친구 니콜라이와 함께 썼다.

장인은 죽으면서 막대한 재산을 두 딸에게 물려주었다. 그 유산을 큰딸 클라라는 문필가–외교관 남편 존 헤이의 화려한 생활에 아낌없이 썼다. 작은 딸 플로라는 유산을 사업가–자선가 남편 사무엘 마서와 함께 자선에 아낌없이 썼다. 작은딸 부부의 자선의 유업은 오늘날까지 계속되고 있다. 최근에는 그녀의 전기도 출판되었다.[25] 1913년 세브란스가 작고하였을 때 클리블랜드의 신문은 다음과 같이 애도하였다.[26]

> "클리블랜드의 커다란 손실이었던 플로라 스톤 마서가 우리 곁을 떠난 지 불과 4년 만에 또 하나의 커다란 손실이라고 아니할 수 없다."

헤이는 나름대로 두 번째 고향인 클리블랜드를 좋아하려고 애썼다. 우선 그는 장인이 마련해준 대저택[27]을 갖고 있었고 장인이 임명하여 웨스턴 리저브 대학의 이사가 되었다. 여기에 유니언 클럽의 회원이며 올드스톤 교회의 교인이 되었으니 그럴 만도 하였다. 웨스턴 리저브의 개척민 모임에 가서 연설도 하였고 유니언 클럽에 가입하여 그 내부에 따로 "뱀파이어 클럽 Vampire Club"을 만들어 한 달에 한 번 모였다.[28] 그러나 록펠러와는 사이가 좋지 않았다. 세브란스만이 원만한 관계를 유지한 듯하다. 헤이는 한때 클리블랜드에서 연방 하원의원에 출마하려고도 하였다. 헤이는 죽기 전에 자신이 갖고 있던 모든 사신(私信)을 소각하여 교우 관계를 알 수 없게 되었다. 다만 그의 아들이 가지고 있던 아버지의 문서들을 의회도서관에 기증하였다. 세브란스의 편지와 일기 역시 유실되어 헤이와의 자세한 교우관계를 알 수 없다. 대학, 병원, 은행 등의 이사 명단으로 둘 사이를 유추할 수 있을 뿐이다. 헤이 장관의 작은 동서와 세브란스의 교우 관계를 짐작하게 하는 문서는 남아있다.

세브란스, 한나, 헤이의 아버지나 할아버지가 모두 의사라는 공통점이 있는데 여기에 더하여 한나와 헤이의 공통점은 클리블랜드의 부호의 딸과 결혼했고 그것을 이용하여 일찍부터 정치에 관심이 많았으며 마침내 정계에서 성공했다는 점이다. 이와 대조적으로 세브란스는 정치에는 관심이 없었고 기독교 교육에 애정을 가졌다. 세브란스와 헤이는 다함께 장로교인이었다. 다른 점은 세브란스는 독실한 교인인 데 대하여 헤이는 정치적 교인이었다.[29)]

세브란스가 타이터스빌에서 원유사업에 종사한 지 7년 만에 타이터스빌을 떠날 때 그는 이미 부자가 되었다. 자녀도 3명을 더 얻어 4명이 되었다. 이것이 그의 1차 성공이다. 그의 친구 한나는 1867년 유정 화재로 정유사업을 그만두고 장인 회사를 자신의 회사로 발전시켜 거부가 되었고 이를 발판으로 정계에 뛰어들었다. 그가 설립한 엠 에이 한나 회사(M. A. Hanna Company)는 오늘날에도 성업 중이며 전 세계 20대 화학회사에 속한다. 그는 미국 최초로 정부는 기업가를 대표해야 한다고 주장하고 자신의 주장을 실천에 옮긴 사람이다.

은행원

자원입대 전에 세브란스는 클리블랜드시의 상업은행(Commercial National Bank)[30)]의 은행원이었다. 회계와 재무에 대한 그의 지식은 8년 동안의 은행원 시절에 연마된 것이다. 석유사업을 시작한 록펠러는 이 은행에서 수백만 달러의 사업자금을 빌려갔다.[31)] 세브란스는 사회생활을 은행원으로 시작하였지만 그의 집안은 친가와 외가가 모두 대대로 의사 집안이었다. 처남도 의사였다. 그러나 그의 아버지 솔로몬 루이스 세브란스(Solomon Lewis Severance, 1812~1838)만은 예외적으로 상인이 되었다. 아버지는 그가 태어나기 2주 전에 고향에서 약 250킬로 떨어진 버지니아주 윌링(Wheeling, Virginia)[32)]의 유황온천 요양소(white sulphur springs)에서 폐결핵으로 사망하였으니 그는 유복자가 되었다.

1856년 고등학교를 졸업한 18세의 루이스는 4살 위의 친형 솔론처럼 은행원으로 사회생활을 출발하였다.[33)] 그의 고등학교는 당시 인구 5천 명[34)]의 클리블랜드시 유일의 공립 고등학교인 중앙고등학교였는데 자신의 집 앞에 있었다.[35)] 한 학급 아래에 존 데이비슨 록펠러 I세, 마크 한나, 올리버 페인(Oliver Hazard Payne, 1839~1917)이 재학하고 있었다. 두 학급 아래에는 하워드 한나(Howard M. Hanna, 1840~?)가 재학하고 있었다. 록펠러는 가정 사정으로 중도에 그만둔 후 폴섬 초급대학(Folsom's Business

College)에서 3개월 동안 회계업무를 배웠다.[36] 이 초급대학은 나중에 다이크 대학(Dyke College)으로 이름으로 바꾸었는데 이사진에 세브란스(J. L. Severance)와 마서(S. H. Mather)의 이름이 보인다. 여기서 세브란스는 루이스의 작은 아버지이고 마서는 사무엘의 아버지 상원의원 마서를 가리킨다. 루이스의 작은 아버지는 고아였는데 세브란스 집안에 입적되었다.

한나는 웨스턴 리저브 대학으로 진학했지만 괄괄한 성격으로 석연치 않은 사고로 몇 개월 만에 그만두고 사업에 뛰어들었다. 록펠러와 마크 한나는 성격이 반대였지만 둘도 없는 절친한 친구였다.[37] 페인은 예일대학으로 진학하였다. 록펠러가 석유사업을 시작할 때 제일 먼저 동기생 페인에게 높은 수익의 장부를 보여주고 함께 일할 것을 권유하였다. 이렇게 하여 스탠더드 석유 트러스트에서 일하게 된 페인은 그 후 미국 담배 트러스트를 설립하였고 카네기의 제철회사를 인수하여 오늘날의 미국 제철회사(The U.S. Steel Company)로 발전시키는 데 중요한 역할을 하였다. 하워드는 자신의 형 마크가 중도에 포 기한 정유사업을 계속하다가 1876년에 록펠러에게 매각하여 부자가 되었다.

세브란스, 한나, 페인은 장로교인, 록펠러는 침례교인이었다. 교파는 다르지만 모두 노예제도를 반대하는 공화당원이었다. 마크 한나는 나중에 공화당의 재정 담당 거물이 되어 1896년에 윌리엄 매킨리를 대통령으로 만들고, 자신은 상원의원이 되며, 존 헤이를 국무장관에 앉히고, 제중원 의사 호레이스 알렌 박사를 한국 주재 미국 공사에 임명하는 데 직접 간접적인 영향력을 행사하게 된다. 스탠더드가 독점금지법에 걸려 곤란을 받을 때 담대하게 스탠더드의 편을 들기를 망설이지 않았다. 모두 쟁쟁한 친구들이었다.

유니언 클럽

세브란스가 은행에 입사하던 당시 은행장은 윌리엄 보드먼(William J. Boardman, 1832~1915)이었는데 후에 철도사업으로 부자가 되어 헤이, 세브란스와 함께 웨스턴 리저브 대학의 이사가 되었다. 앞서 소개한 대로 그의 맏딸 메이블 소프 보드먼(Mabel Thorp Boardman, 1860~1946)이 미국 적십자사의 총재가 된 인물이다. 그녀는 시어도어 루즈벨트 대통령의 맏딸 앨리스 루즈벨트와 함께 1905년 10월에 한국을 방문했을 때 에이비슨을 비롯한 선교사들이 창덕궁에서 환영파티를 열어주었다. 보드먼의 영향으로 사무엘 마서가 1904년 클리블랜드에 적십자사를 세웠고 앞서 본 것처럼 그의 아들이 1907년 서울 세브란스 병원을 방문할 때 그녀가 추천서를 써주었다.

윌리엄 보드먼은 1872년에 설립된 클리블랜드 명사모임인 유니언 클럽(The Union Club of Cleveland)의 창립회원 81명 가운데 한 사람이었다. 창립회원들은 설립비용으로 각각 6백 달러를 납부하여 총 4만 8천6백 달러가 모였다. 클럽은 당대의 유명한 설계사 슈바인퍼스(Charles Schweinfurth, 1856~1919)에 의뢰하여 시내 중심에 고층건물을 세웠다. 이 사람이 백만장자 거리에 세브란스의 저택을 포함하여 15개의 대저택을 설계한 사람이다. 당시 대학이 없던 인구 10만의 클리블랜드에서 유니언 클럽의 설립 목적은 파격적이었다.

"매일의 일에 대하여 읽고, 토의하고, 교육을 증진하고, 체력을 단련시키는 것"

창립회원 가운데에는 윌리엄 보드먼 이외에 마크 한나, 사무엘 마서, 아마사 스톤, 헨리 페인도 있었다. 헨리 페인은 연방 상원의원인데 올리버 페인의 아버지이다. 세브란스가 이 클럽의 회원이 된 것은 이 친구들 덕택이다.[38] 존 헤이는 장인 아마사 스톤과 작은 동서 사무엘 마서의 도움을 받아 회원이 되었다. 그는 당대의 문필가답게 당시 세계적으로 유명한 영국의 문필가 매튜 아놀드(Matthew Arnold, 1822~1888)를 초청하여 유니언 빌딩에서 강연회를 열었다. 강연 제목은 "민수기"였다.

이 클럽은 너무 유명해서 전임 헤이스 대통령과 현임 매킨리 대통령도 신청서를 제출했지만 몇 년을 기다려야 했고 록펠러는 결국 회원이 되지 못하였다. 그러나 그의 동생 윌리엄 록펠러는 회원이 되었다. 이 클럽에서 5명의 대통령(그랜트, 헤이스, 가필드, 매킨리, 태프트), 9명의 장관(헤이, 콕스, 베이커 등), 6명의 상원의원(페인, 한나, 베이커 등), 9명의 하원의원, 2명의 대법관(태프트 등)이 배출되었다. 이들은 모두 각자의 직책에 취임할 때 이 클럽에서 연회를 베풀었다. 1900년에 회원이 500명으로 증가했고 현재도 활동 중이다. 남성 전용 클럽이다.

타이터스빌

세브란스가 이주하기 불과 5년 전만 하여도 타이터스빌 부근은 사람이 별로 살지 않는 오지의 빽빽한 삼림지대였다(위치는 자료 Ⅱ-3). 그 일대는 넓게 퍼진 계곡이었는데 계곡의 냇가는 묽은 팥죽 같은 기름이 천지를 덮었고 석탄광에도 흘러들어서 광부들을 괴롭혔다. 우물에도 기름이 흘러들었다. 이러한 연유로 그 일대를 예전부터 기름 지류(Oil Creek)라 불렀고 이곳의 기름을 세네카 인디언의 이름을 따서 세네카 기름(Seneca Oil)이라고 불렀다. 당시 기름의 용도는 상처에 바르는 것이 전부였다. 아무도 기름에서 등유나 휘발유를 추출하는 방법을 몰랐고 기름이 등잔을 밝힐 수 있다고 생각한 사람은 없었다.[39)]

기름과 함께 뿜어내는 천연가스를 운송할 방법을 모를 때였으므로 밤을 밝히는 것은 기름뿐이었다. 당시 등잔에 사용하는 기름은 석탄에서 추출한 기름(coal oil)이었는데 그을음이 많고 냄새가 심했다. 그리고 비쌌다. 최고급 기름은 고래기름이었다. 포경으로 고래의 숫자가 줄어들기 시작하고 반면에 인구의 증가로 인하여 고래기름을 대체할 수 있는 새로운 등잔기름의 필요성이 절실하여졌다. 남북전쟁으로 고래기름의 수요가 커지자 가격이 폭등했다. 예일대학 출신의 화학자 벤자민 실리만(Benjamin Silliman, 1779~1864)과 은행가 제임스 타운센드(James Townsend, 1816~1885)와 변호사 조지 비셀(George Bissel, 1821~1884)은 석유(rock oil)가 고래기름을 대체할 수 있다고 믿었다. 조지 비셀은 1853년에 펜실베이니아주의 오일 스프링스(Oil Springs)를 탐색하였다. 오늘날 그를 석유산업의 아버지라고 부르는 것은 이 때문이다. 이들이 고용한 사람이 에드윈 드레이크(Edwin Drake, 1819~1880)였다.

1859년 8월 28일 별명이 "대령"인 전직 기차 차장 드레이크가 타이터스빌에서 최초로 원유를 캐는 데 성공하였다. 대령이라는 별호를 가진 것은 그곳 사람들에게 강한 인상을 주기 위함이었다. 원유의 소식은 빠르게 퍼져 "검은 황금 열기 Black Rush"가 시작되었다. 불과 10년 전 1849년의 캘리포니아 "황금 열기 Gold Rush"가 재현되었다. 이것은 인류 역사상 없었던 일이었고 앞으로 최소 2백 년간 기름의 시대가 도래한다는 신호였다.

드레이크 "대령"이 원유를 발견한 지 채 1년도 되지 않은 1860년에 클리블랜드시의 독학 화학자 사무엘 앤드류스(Samuel Andrews, 1836~1904)는 드레이크 원유에서 등유

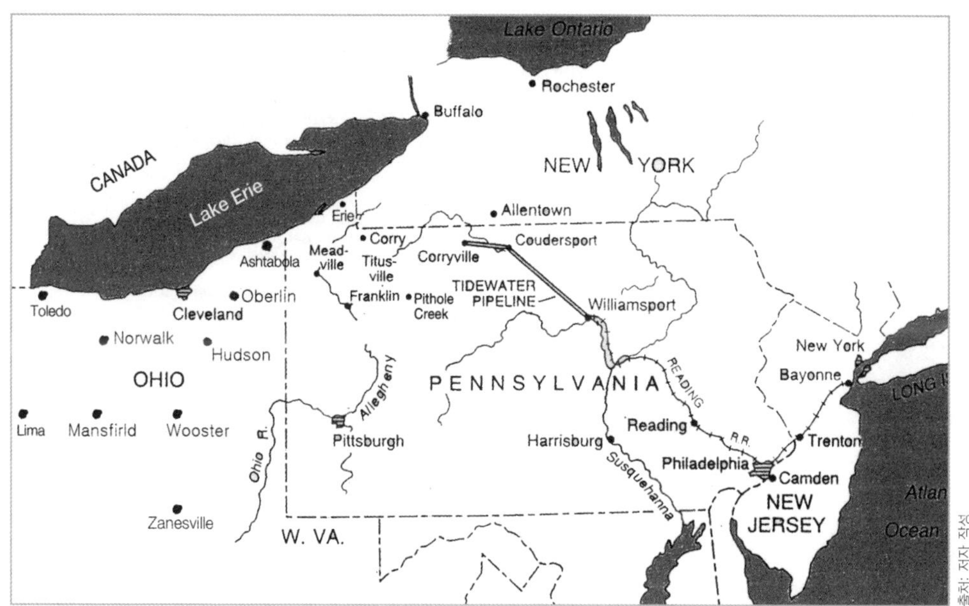

〈자료 Ⅱ-3〉 타이터스빌과 그 주변 지도

를 추출하는 데 성공하였다. 이 추출의 기술은 비밀이었는데 이것은 앤드류스와 평소에 친분이 있었던 상품중개상인 록펠러에게는 행운이었다. 앤드류스는 자신의 직장을 그만두고 록펠러에게 합류하였다. 이들은 그 누구보다 먼저 석유산업에 첫 발을 내디딜 준비가 되어 있었다. 1860년 록펠러가 기름 사업의 타당성을 검토하기 위하여 타이터스빌에 갔다. 그러나 세브란스가 제대 후에 타이터스빌행을 결심하게 된 데에는 남북전쟁에서 기름의 가능성을 보았기 때문이다. 거기에 더하여 그전에 친구 록펠러가 기름사업에 투자하기 위하여 자신의 은행에서 거액의 자금을 대출하는 것을 보았기 때문이다.[40)]

이즈음 1861년에 세브란스 씨와 동갑인 백화점왕 존 워너메이커(John Wanamaker, 1838~1922)가 필라델피아에 첫 번째 백화점을 열었다. 백화점(department store)이라는 용어는 그가 처음 사용하였다. 그가 백화점으로 거부가 된 것은 석유를 비롯한 대형산업의 출현으로 중산층 소비자가 대거 출현하였기 때문이다. 당대의 시인 휘트만은 "가장 중요한 계층은 중산층이다."라고 말했다. 석유에서 그들이 좋아하는 소비재가 생산되어 백화점을 채울 수 있었다. 특히 화장품, 바세린, 비누, 양초, 연고, 윤활유, 등유는 폭발적인 인기를 끌었다. 여기에 등잔을 선물로 주었다. 전에는 남자가 주로 고객이었다. 그러나 여자로 바뀌었다. 워너메이커는 해리슨 대통령 밑에서 체신부장관이 되면서 기차로 운송하는 상품수송비를 대폭 낮추었다. 그는 세브란스의 친구 마크 한나의 친구였는데 1907년 서울에 황성기독청년회관을 기증한다.[41)]

전쟁 전에는 의학용품으로 품질이 낮은 송진기름을 남부에서 수입하여 썼으나 전쟁으로 이것마저 어려워졌다. 북군 부상병을 치료하던 세브란스 대대의 외과의사 군의관 제임스 스미스(James Smith), 찰스 더튼(Charles Dutton), 제임스 암스트롱(James Armstrong)과 위생 상사 제임스 가드너(James Gardner)가 기름의 의학적 가능성을 보여주었다고 생각된다(자료 Ⅱ-4 참조). 여기에 더하여 새로운 용도가 발견된 것이다. 1863년 이래로 북군의 승리는 방금 원유에서 등유를 추출하는 새로운 기술의 덕을 보았다. 등유는 북군 사이에서 밤을 밝히는 데 빠르게 퍼졌다. 남군은 등유보급이 막혀서 품질이 떨어지는 송진기름을 사용할 수밖에 없었다. 북군 사령관 율리시즈 그랜트 장군(General Ulysses Grant, 1822~1885)은 새로운 등유 남포 밑에서 참모들과 작전을 계획하였다. 세브란스는 대대의 병참 책임자였는데 그 가운데 등유가 중요한 보급품이었다. 이렇게 중요하기에 그의 처남 데이비드 베네딕트 박사의 부대도 남군의 송진기름 저장고를 공격하였다고 앞서 애기하였다.

MEMBERS FROM CUYAHOGA COUNTY

FIELD AND STAFF.

illiam H. Hayward, Colonel.
hn N. Frazee, Lieutenant Colonel.
. Dwight Palmer, Major.
Thomas Goodwille, Adjutant.
Herman M. Chapin, Quartermaster
James M. Smith, Surgeon.
harles F. Dutton, Assistant Surgeon.
James F. Armstrong, Assistant Surgeon.

NON-COMMISSIONED STAFF.

John H. Burton, Sergeant Major.
Wilson L. Dodge, Quartermaster Sergeant.
James P. Gardner, Hospital Steward.
Louis H. Severance, Commissary Sergeant.
Jackson McLeland, Chief Musician.

COMPANY A.

〈자료 Ⅱ-4〉 세브란스 대대 주요 명단

검은 황금

클리블랜드시에서 타이터스빌 마을에 가려면 애시터뷸라(Ashtabula, 위치는 자료 Ⅱ-3을 참조)까지 기차를 타고 그다음에는 역마차로 빽빽한 삼림의 오지(奧地)까지 들어가야 한다. 이 철도의 주인이 헤이 장관의 장인 아마사 스톤인데 오하이오의 철도왕으로 큰돈을 벌었다. 또 하나의 방법은 펜실베이니아주 이리시(Erie City, 위치는 자료 Ⅱ-3을 참조)까지 기차를 타고 가서 그 후에 역마차를 이용하는 것이다.[42)] 이리시는 현재 보잘것없이 작아졌지만 1813년 미국이 제2차 독립전쟁에서 영국을 격파하고 이리 호수(Lake Erie)를 장악한 올리버 페리 제독(Admiral Oliver Perry, 1785~1819)의 승전기념비가 있는 곳이다. 이곳은 이리 호수를 끼고 있어서 뒤늦게 발전한 클리블랜드시에게 그 자리를 내주기 전에는 대서양에서 세인트 로렌스강으로 들어오는 화물선박의 국제 기항지였다.

기차의 의자와 난간마다 일확천금을 꿈꾸는 청년들로 붐비고 심지어 지붕까지 꽉 찼다. 남북 전쟁의 종전으로 군대에서 쏟아져 나오는 젊은 제대군인들이 밀어닥쳤다. 세브란스도 그 가운데 하나였다. 타이터스빌에서 드레이크 "대령"이 원유를 발견하고 1년 안에 75개의 유정이 생겼고 정유회사는 30개가 생겼다. 클리블랜드에도 20개의 정유회사가 들어섰다. 1850년대에 5천 명의 인구가 불과 15년도 아니 되어 4만 4천 명으로 폭증하였다. 모두 기름의 경쟁에서 남보다 앞서려는 열기가 천연가스처럼 뿜어댔다. 처음에는 우물에서 물을 긷듯이 펌프로 퍼 올리다가 우연히 부딪힌 유정에서 원유가 터져 분수처럼 하늘로 치솟아 마구 흘러 미처 처치하지 못해 버려지는 기름으로 사방이 기름 천지이었다.

지금도 당시의 기록영화를 보면 기름은 마치 강물처럼 흘렀고 실족이라도 하면 거의 떠내려갈 것 같은 유속이었다. 비라도 오면 기름으로 범벅되어 늪으로 변한, 길도 아닌 길에 역마차는 빠져 허우적거렸다. 이런 경우를 대비하여 마부는 두 필의 말을 준비해야 했다. 기름 늪에 빠진 말은 쏴 죽이고 새 말로 갈아치웠다. 죽은 말의 시체에 기름이 스며들어 풍기는 악취는 지독하였다. 캐낸 기름을 도시로 가져오는 길도 마찬가지였다. 방해되는 나무는 칼이나 톱으로 절단하여 길을 내었다. 마차가 엎어지기라도 하면 가득 실은 기름통이 깨져 흘러나온 기름으로 도저히 사람 살 곳이 못 되었다.

강에 도달하면 새로운 위험이 기다렸다. 원유 통을 실은 뗏목이 너무 많았고 원유 통은 강의 유속에 견디지 못해 강물에 빠지기 일쑤여서 타이터스빌에서 피츠버그시(Pittsburgh City, 위치는 자료 Ⅱ-3을 참조)로 흐르는 앨러게니강(Allegheny River, 위치는 자료 Ⅱ-3을 참조)은 기름으로 생물이 살 수 없게 오염되었다. 사람들은 용기에 담은 깨끗한 물을 사먹어야 했다. 한번은 앨러게니강에서 화재가 일어나서 타이터스빌에서 남쪽으로 10킬로 떨어진 프랭클린시(Franklin City, 위치는 자료 Ⅱ-3을 참조)를 연결하는 다리가 불타버렸다.

당시 타이터스빌은 화약고였다. 허구한 날 화재가 일어났다. "흡연자는 총살"이라는 팻말이 여기저기 붙었지만 소용없었다. 최초의 발견자 드레이크의 유전도 발견된 지 한 달이 못 되어 화재로 잿더미가 되었다. 펌프로 원유를 퍼 올리다 우연히 유정을 건드리자 압력에서 벗어난 원유가 거대한 벽처럼 솟아 하늘을 가리게 되고 가스가 함께 분출되어 화재가 일어났다. 언젠가는 3일 동안 계속된 화재로 많은 사람이 죽었다. 젊은 세브란스는 밤에 거의 잠을 자지 못하였다. 화재가 나면 자신의 유정에서 화재가 난 줄 알고 뛰쳐나가기 일쑤였다. 마크 한나는 1867년 화재로 정유사업에서 손을 떼었다.

타이터스빌에서 세브란스의 활동은 단편적으로 알려져 있다. 그는 원유사업 이외에도 가스회사를 경영하였다. 하루는 자신의 회사 직원이 땅에 가스관을 손질하느라고 일하는 현장에서 격려차 등을 두드리고 몇 마디 하였다. 그 직원은 소음 탓으로 제대로 알아들을 수 없어서 나중에 그 내용을 물어보았다. 그러자 세브란스는 "오, 당신은 나중에 한몫을 할 것이오"라고 말했다고 대답하였다. 그는 그렇게 부하직원에게 자상하였는데 그 직원은 정말 그 회사에서 중요한 인물이 되었다.[43]

타이터스빌은 어릴 적부터 신앙심이 깊은 세브란스에게 매춘과 도박과 술이 넘치는 온갖 악의 고장이 되었다. 이 마을을 록펠러는 "기름에 흠뻑 젖은 고모라 Sodden Gomorrah"라고 불렀다.[44] 매일 정오에 30~40명의 윤락녀들이 선정적인 옷차림으로 말 타고 마을을 한 바퀴 돌았다. 록펠러는 악의 마을인 타이터스빌에서 되도록 멀리 떨어지기로 결심하고 타이터스빌에서 원유채취보다 클리블랜드에서 석유정제를 택하였다. 록펠러는 기름 늪에 허리까지 빠진 적이 있어서 타이터스빌이 싫었다.[45] 세브란스는 원유생산을 택하고[46] 원유생산에서 부산물로 얻어지는 가스를 채취하는 가스사업에도 손을 대면서[47] 악의 마을에 장로교회 복음의 씨를 심을 것을 결심했으니 타이터스빌에 제일장로교회를 세우는 데 앞장서서 도왔다.[48] 그는 어릴 때부터 신앙심이 깊었는데 어머니가 물려준 신앙의 유산이었다. 그의 친형 솔론도 신앙심이 깊었다.

사라 판 타인 애덤스 부인(Mrs. Sarah Van Tine Adams, ?~1866)은 남편 애덤스 목사를 따라서 아프리카 줄루(Zulu)에서 선교활동을 끝내고 돌아와서 젊은 세브란스 씨의 타이터스빌 집에 지친 몸을 의탁하여 2년을 함께 살았다.[49] 타이터스빌에는 그녀의 친척(?)이 경영하는 판 타인 유정회사(Van Tine and Co. Limited)가 있었다.[50] 아마 세브란스는 판 타인과 동업을 했을지 모른다. 이때부터 그는 해외선교에 관심이 깊었다. 그 전에 판 타인 애덤스 부인은 클리블랜드의 세브란스 어머니 집에서도 15년을 살았다.[51] 세브란스가 후에 에이비슨 박사를 비롯하여 해외 선교사들이 안식년에 미국으로 귀향

할 때 쉴 수 있는 집을 마련해준 것은 이러한 환경 속에 자란 덕택이다.[52)]

생산이 정제보다 더 위험했고 자본도 더 필요했다. 생산자를 들고양이 채굴자(wildcat oil driller)라고 불렀다. 더욱이 생산의 문제는 고갈과 탐색의 위험이었다. 당시에는 이에 대해서 거의 아는 바가 없었다. 록펠러는 일생동안 한 번도 생산에 참여하지 않으면서 생산을 장악하였다. 그것은 정제시장을 독점적으로 장악하였기에 가능하였다.

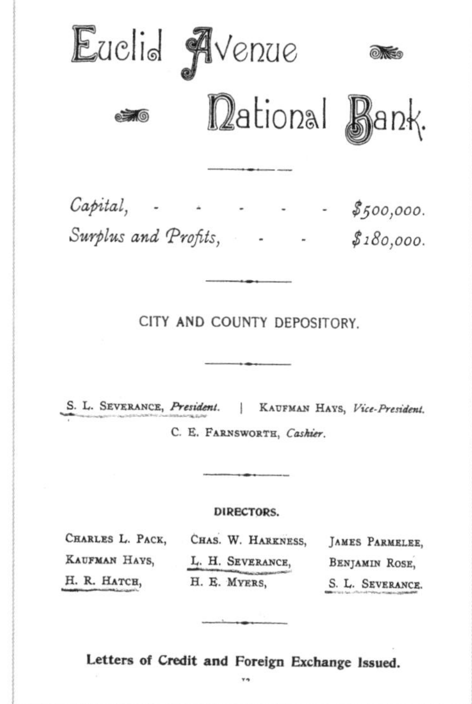

Euclid Avenue National Bank.

Capital, - - - - - $500,000.
Surplus and Profits, - - $180,000.

CITY AND COUNTY DEPOSITORY.

S. L. SEVERANCE, *President.* | KAUFMAN HAYS, *Vice-President.*
C. E. FARNSWORTH, *Cashier.*

DIRECTORS.

CHARLES L. PACK, CHAS. W. HARKNESS, JAMES PARMELEE,
KAUFMAN HAYS, L. H. SEVERANCE, BENJAMIN ROSE,
H. R. HATCH, H. E. MYERS, S. L. SEVERANCE.

Letters of Credit and Foreign Exchange Issued.

출처: Lakeside Magazine 1895

〈자료 Ⅱ-5〉 1895년 세브란스 형제 은행의 광고

그러나 두 젊은이가 결심을 실행에 옮기기도 전 1861년 남북전쟁이 터지자 그들 앞에 선택이 기다리고 있었다. 록펠러는 사람을 300달러에 고용하여 대리징집으로 문제를 해결하고 1863년 앤드류스와 함께 상품중개에서 석유정제로 미래를 걸었다. 아마사 스톤은 예일대학에 다니던 자신의 외아들 아델버트(Adelbert Stone, 1844~1865)가 징집되는 것을 막으려고 징집할당 위원회에 6만 달러를 내놓았다. 그 아들은 징집에서 피하여 전장에서 죽지 않았지만 대학 친구들과 야영을 갔다가 익사하였다.[53)]

세브란스는 1864년 제대 후 은행에 잠시 복귀했다가 남북전쟁에서 목격한 석유의 가능성을 믿고 타이터스빌의 원유생산에 뛰어들었다. 어릴 때 집 근처 클리블랜드 공공광장에 가끔 나타나는 약장사가 기름을 파는 것을 보았던 것이 조그만 원인이 되었을 것이다.[54)] 그러나 결정적인 것은 입대 전 1863년에 록펠러가 석유사업으로 자신의 은행(자료 Ⅱ-5)에서 막대한 자금을 빌리는 것을 보았기 때문일 것이다. 록펠러는 경영권을 지키기 위하여 증권 시장에서 기채하거나 빌리지 않고 은행에서만 끝도 없는 단기자금을 끌어드였다.[55)] 이 은행은 곧 오하이오 최대의 은행으로 성장했다. 세브란스는 은행원 생활 8년(1856~1864)의 저축을 투자하기로 결심하였다. 은행장이 된 친형 솔론의 지원 약속도 있었는데 그는 이 은행의 이사였다(자료 Ⅱ-5). 형은 32살의 젊은 나이에 은행장으로 부자가 되어 1867년 세계 최초의 호화 유람선 "퀘이커 시티 Quaker City"에 승선하여 유럽과 이스라엘의 성지를 순례하였다. 이때 세상에 아직 알려지지 않은 소설가 마크 트웨인이 샌프란시스코 신문사의 기자로 동행하여 평생의 친구가 되었다.[56)]

일확천금

급조된 마을 타이터스빌의 생활은 부평초와 같은 것이었지만 두 부류가 있었다. 하나는 자신의 집을 짓고 결혼하여 사는 사람과 임대주택에서 사는 사람이었다. 전자는 성공한 사람이고 후자는 실패한 사람으로 인식되었다.[57)] 세브란스는 그 마을에서 가족과 삶의 보금자리를 만들었고 네 자녀까지 두었지만 훨씬 뒤에 불행하게도 그 가운데 둘을 잃었다.[58)] 〈자료 Ⅱ-6〉는 젊은 세브란스 부부와 세 자녀 존, 엘리자베스, 앤벨의 사진이다.

최초의 발견자 드레이크는 평생 임대주택에서 살았다. 그에게는 최초의 원유채취자라는 명예는 있었지만 사업에는 실패하여 결국에는 파산으로 무일푼이 되었다. 다만, 최초 채취의 공을 인정받아 약간의 연금을 받을 수 있었다. 그만큼 원유생산은 도박에 가까웠다. 세브란스는 타이터스빌에서 원유생산에 성공하여 10년 만에 부자가 되었다. 록펠러는 클리블랜드에서 석유정제에서 부자가 되었다. 이 두 젊은 친구가 이제 합칠 때가 올 것이다.

당시는 남북전쟁 직후라서 전후복구 경기의 열기가 대단하여 호경기가 계속되었지만 패배한 남부의 면화산업은 퇴보하였고 영국은 목화 수입에 일대 타격을 받았다. 목화 수입은 영국 노동자 9백만 명 가운데 50만 명을 흡수하고 있었다. 남북전쟁으로 목화 수입이 전면 중지되어 옷감의 원료가 면직에서 아마포로 대체되는 바람에 면직의 수요와 직조기의 수요가 급감하였고 노동자는 일자리를 잃었다. 아마포로 수지맞은 것은 아일랜드였다. 당연히 가격도 올랐다. 영국 정부는 올라간 가격만 보고 세금을 무겁게 매겼는데 고스란히 소비자에게 전가되었다. 그 와중에 대포회사는 미국 북군의 대포 주문으로 호황을 누렸다. 선반공장도 꾸준히 바빴는데 이집트와 인도가 싼 노동력으로 직조기를 주문한 덕택이다. 미국의 남북전쟁이 지구를 돌아 드디어 인도까지 그 영향권에 들어가게 된 것이다. 그 밖에도 상상력이 미치는 범위에서 그 영향력을 추적

출처: © Courtesy of Western Reserve Historical Society

〈자료 Ⅱ-6〉 타이터스빌 시절 세브란스 가족 사진

할 수 있을 것이다. 실직한 면직 생산자들이 요크셔 지방으로 몰려왔고 이들 지역에서 소비가 감소하여 상점이 어려워지자 엉뚱하게 지주들도 고통을 겪었다. 토지를 빌리는 사람도 줄고 임대료가 하락했기 때문이었다. 빈집은 곧 망가지게 되고 노는 땅에는 잡초가 무성했다. 결혼도 3분의 1로 줄자 가구당 가족 수가 불어났다.[59]

그러나 이러한 부정적 효과를 새로운 석유산업이 대신했을 뿐만 아니라 상상할 수 없을 정도로 그를 훨씬 능가하는 긍정적 효과를 낳았다. 록펠러의 성공에 자극을 받아 후일 텍사스에서 기름을 발견한 은행가 토마스 멜론(Thomas Mellon, 1813~1908, 카네기 멜론 대학의 후원자 집안의 형제)은 당시를 다음과 같이 묘사하였다.[60]

> "당시는 드문 시기였다. 일생에 한 번 찾아올까 말까 하는 시기였다. 1863년부터 1873년의 기간은 쉽게 부자가 되는 때였다. 부동산과 상품의 가치는 오르기만 했고 시장은 항상 붐볐다. 누구든지 사고 그저 기다렸다가 팔면 돈을 벌었다. 그 가운데 부동산이야말로 짧은 기간에 엄청난 이익을 창출하였다."

가장 수익이 컸던 전설적인 유정은 1달러 투자에 무려 1만 5천 달러를 벌었다.[61] 유정 설치의 비용이 낮았기 때문이었다. 심지어 어떤 유정은 우물에서 사용하는 펌프 하나로 시작한 곳도 있었다. 아직 기름통이 없어서 그저 급한 대로 위스키 통에 퍼 담아 팔면 그만이었다. 곧 위스키 통도 동이 나자 통의 가격이 뛰기 시작하였다. 당시에 유행하던 노래 가사가 그때의 분위기를 전해준다.

> "이웃에 스미스가 있었지. 땡전도 벌지 못하는 가난뱅이였다네.
> 옷은 늘 전당 잡히고 몸에 맞지도 않았지.
> 이제 멋쟁이가 되었네. 다이아몬드, 가죽장갑, 지팡이. 모두 기름 때문이라네."

그렇다고 누구나 모두 부자가 된 것은 아니었다. 세브란스가 타이터스빌에 온 지 불과 2년 만인 1866년에 원유가격이 곤두박질쳤다. 생산을 중단하는 사람도 생기고 떠나는 사람도 속출하였다. 당시 타이터스빌에서 채취한 원유를 싣고 나오는 운송업자들이 독점을 형성하여 운송비를 비싸게 받는 등 온갖 행패를 부렸다. 이것도 원유가격 등락에 영향을 주었다. 원유생산자들은 1864년부터 원시적이나마 나무 송유관을 만들어 수송하게 되면서 그들의 독점에 대항하였다. 1866년부터 거의 모든 유정에 송유관이 연결되었다. 그러나 운송업자들은 여전히 송유관을 깨고 훼방을 놓았다. 송유관을 지키는 일은 보통 일이 아니었지만 그래도 그렇지 않은 경우에 비하여 비용이 낮았다.

사업과 우정

타이터스빌에서 세브란스는 세 가지 일에 열중하였다. 첫째는 타이터스빌 제일장로교회에 열심이었다. 20대의 젊은 나이에 장로가 되었고[62] 교회를 크게 건축하는 데 앞장섰다.[63] 그는 세속의 즐거움을 멀리하였다. 이 습관은 평생 계속되었다. 그는 젊어서부터 기독교 청년회(YMCA)의 회원이었는데 평생 이 단체에 관심을 기울였다. 그가 죽었을 때 그의 수첩에서 타이터스빌 기독청년회 후원 미납 잔금 3,000달러의 기록을 발견하고 그의 아들이 완납하였다.[64] 그가 태어날 때부터 다닌 클리블랜드 제일장로교회(올드스톤 교회)에 목사 파견을 부탁하였고 일찍이 홀로된 그의 어머니를 통하여 클리블랜드 제일장로교회와 계속 끈을 놓지 않고 있었다.[65] 나중에는 어머니가 클리블랜드에 세운 우들랜드 장로교회(Woodland Avenue Presbyterian Church)에서 장로로 봉직하였다. 그의 신앙심을 따라갈 사람이 친구 록펠러였다. 언젠가 홍수로 강이 불어 쌓아놓은 원유 통이 떠내려갈 순간에도 안식일이라고 교회에 갔다.[66] 거의 같은 시기에 유람선 "퀘이커 시티 Quaker City"로 유럽을 여행 중이던 세브란스의 형과 형수는 안식일이라고 이태리 통일의 영웅 가리발디의 생가 방문을 거절하였다. 아마 크림 반도의 얄타(Yalta)에서 러시아 황제의 접견을 안식일에서 다음날로 미루지 않았었다면 그마저 거절하였을 것이다.[67] 세브란스의 외아들의 장인도 젊은 시절 사장이 안식일에 일을 시킨다고 직장을 옮겼다.

두 번째는 석유에 관한 모든 업무의 전문가가 된 것이다. 당시 원유사업에 대하여 아무도 아는 바가 없었다. 처음부터 끝까지 생소한 업무이었다. 그는 은행원이라는 당시 최고의 직업을 이미 경험한 젊은 지식인답게 이 기회에 새로운 사업인 원유의 탐사, 생산, 정제, 저장, 수송, 현물거래, 선물거래[68], 송유관, 자금조달, 회계업무에 능통하게 되었다. 석유화학과 회계에 관한 그의 지식은 그 후 그의 자선행위에서 발휘된다(제5장 참조). 세월이 흘러 세브란스와 록펠러가 모두 은퇴한 어느 날 클리블랜드~뉴욕 기차에 동석하게 되었다. 식당차에서 점심을 먹으면서 세브란스가 록펠러에게 물었다.[69]

"록펠러 씨, 우리가 타이터스빌에서 만난 이래 큰일을 많이 하였소. 그런데 우리가 한 일 가운데 어떤 것이 가장 큰 성공이라고 생각하시오? 타이터스빌(Titusville)에서 타이드워터(Tidewater)까지 가설한 송유관이 아닐까요?"

이 기록처럼 두 사람은 타이터스빌에서 함께 일했다. 나중에 세브란스의 유능함과 신중함을 보고 야심이 넘치는 록펠러가 그를 "사버렸다."[70] 이것이 세브란스가 스탠더드 석유회사의 중책을 맡게 된 계기였다. 록펠러는 세브란스의 권유로 자선도 하였다.[71]

세 번째는 교제의 범위를 넓힌 것이다. 록펠러는 세브란스에게 개인적으로 신앙적으로 절대적인 신뢰를 주었다. 이 둘은 비슷한 성품의 많은 친구를 확보하였고 특히 기독교에 바탕을 둔 사업정신, 검소한 생활, 사업에 대한 확고한 자신감을 앞세웠다. 이 원칙은 그들이 석유사업을 전 세계로 키우는 데 결정적인 역할을 하였다. 록펠러는 다음 말을 좋아했다.

"우정을 바탕으로 동업자가 되는 것이 아니라, 사업을 바탕으로 친구가 되는 것이 우리의 신조이다."[72]

세브란스가 당시 교제한 사람 가운데 계속 사업에 동행한 대표적인 사람으로 록펠러 이외에 헨리 플래글러(Henry Flagler, 1830~1913), 헨리 로저스(Henry Rogers, 1840~1909), 존 아치볼드(John Archbold, 1848~1916)가 있다. 나중에 플래글러는 세브란스의 처삼촌이 되며, 로저스는 록펠러를 배신하게 되고, 아치볼드는 세브란스와 록펠러가 나란히 은퇴한 후 스탠더드 석유회사의 후계자가 된다. 아치볼드에 대해서는 일화가 전해진다. 하루는 록펠러가 타이터스빌을 방문하여 호텔에 투숙하게 되었다. 투숙자 명부에 이름을 적는데 자신의 이름 바로 앞에 어떤 투숙자 이름이 보였다. 당시는 오늘날처럼 투숙자 개인마다 별도의 등록용지가 마련되지 않고 커다란 공책에 칸마다 차례대로 도착시간과 함께 주소와 이름을 기입하였으므로 투숙자 전체를 알 수 있었다. 마치 오늘날 결혼식장의 방명록과 같은 것이다.

"존 디 아치볼드, 배럴당 4달러"[73)]

아치볼드는 록펠러보다 9살 연하의 청년으로 원유를 판매하고 있었다. 이 간단한 호텔 등록에서 록펠러는 청년 아치볼드의 철저한 직업의식을 꿰뚫어 보았다. 아치볼드는 나중에 록펠러가 1872년 '기름전쟁'을 벌일 때 타이터스빌 정유업자의 지도자로서 록펠러에 대하여 격렬하게 저항하였지만 록펠러가 일찍이 그의 자질을 알아본 것은 이러한 연유이다.[74)] 1875년 록펠러가 자신의 사업에 합류할 것을 권유하였을 때 아치볼드는 태도를 바꾸고 기꺼이 수락하였다. 그에게 주어진 임무는 타이터스빌의 정유업소를 모두 매입하는 것이었는데 불과 2개월 만에 27개의 정유업소를 매입하는 저력을 보였다.

로저스는 타이터스빌에서 소규모 정유소를 경영하고 있었는데 스탠더드 석유회사의 주식을 사기 위하여 돈을 절약하느라고 임대주택에서 살았다. 이 사실은 그가 정유업자로서 실패하였음을 의미한다. 나중에 스탠더드 석유회사의 이사가 되었을 때 소설가 마크 트웨인(Mark Twain, 1835~1910)을 파산에서 구해줄 정도로 그를 개인적으로 좋아하였다. 마크 트웨인의 권유로 헬렌 켈러(Helen Keller, 1880~1968)의 래드클리프 대학(Radcliffe College) 교육비를 책임질 정도까지 발전하였으나 잡지사 기자 아이다 미네르바 타벨(Ida Minerva Tarbell, 1857~1944)과 결탁하여 스탠더드 석유회사의 내부 정보를 흘려줌으로써 회사에 심각한 타격을 입혔다. 로저스의 이러한 행동에 대해서 확실하게 알려진 이유는 없지만 록펠러에 대한 질투심이 아니었을까 추측한다. 타벨의 아버지는 타이터스빌에서 기름저장탱크를 경영하였는데 록펠러의 사업팽창에 대하여 저항하다가 실패하였다. 그녀는 이것을 마음에 두고 기회를 보다가 질투꾼인 로저스의 복수 기회를 포착하고 유혹하였다. 로저스는 타벨이 어릴 때 그녀의 집 앞에 살았다. 그녀는 로저스가 제공한 내부정보로[75) 『스탠더드 석유회사의 역사』를 써서 유명해졌다.[76) 셔먼 독점금지법(Sherman Antitrust Act, 1890)이 탄생한 것은 그녀의 덕분이다.

플래글러는 록펠러가 인재 발굴에 성공한 대표적 사례이다. 세브란스가 1874년 첫 번째 부인과 사별하고 20년 동안 독신으로 지내다가 1895년에 맞이한 두 번째 부인이 플래글러의 이복형 스티븐 하크니스의 외동딸 플로렌스 하크니스(Florence Harkness, 1863~1895)이다. 이래서 플래글러는 20년 후 처삼촌이 된 것이다. 그러나 두 번째 부인마저 결혼 9개월 만에 사망하였다. 죽은 딸을 기념하기 위하여 하크니스 가문은 웨스턴 리저브 대학 내의 여자대학에 플로렌스 하크니스 재단(Florence Harkness Foundation)을 설립하였다. 세브란스는 처가와 함께 그녀를 추모하여 웨스턴 리저브 대학(Western Reserve College)에 플로렌스 하크니스 기념교회(Florence Harkness Memorial Chapel)를 세웠다.

록펠러

세브란스는 타이터스빌에서 한 살 아래 친구인 록펠러 정유회사에 안정적으로 원유를 공급하는 비밀의 내부 조력자 가운데 하나였을 것으로 추측된다. 록펠러와 비밀히 관계를 맺은 사람들 사이의 암호는 머로우스(Morose)였다. 록펠러-세브란스 기름이라는 뜻이었을까. 록펠러는 암호를 좋아하여 회사는 "클럽"이고 록펠러 자신은 "잡탕"이라고 불렀다. 록펠러의 사진과 이름이 인구에 회자하게 된 1882년까지 모든 것이 비밀에 쌓였다. 록펠러는 조용히 실력을 쌓아간 것이다.

당시 원유공급은 불확실한 것이었다. 원유사업은 그만큼 위험한 것이었다. 수많은 불확실성 가운데 록펠러가 초기에 가장 염두에 둔 것은 타이터스빌 땅속에 얼마의 석유가 매장되었느냐를 알고 싶은 것이었다. 타이터스빌 이외에 다른 곳에서도 원유가 묻혀 있느냐 하는 것도 의문이었다. 이 정보가 확보되지 않으면 계속된 투자를 할 수 없었다.

1865년 1월 타이터스빌 마을에서 16킬로 떨어진 피트홀 계곡(Pithole Creek, 위치는 자료 Ⅱ-3을 참조)이라는 곳에서도 원유가 발견되었다. 사람이 살지 않던 이곳은 곧 사람들로 법석되기 시작하였다. 한 집 건너 술집이었고 1백 명을 수용할 수 있고 멋진 샹들리에가 있는 극장도 들어섰다. 가장 붐빌 때 하룻밤 사이에 50개의 호텔이 들어섰다.[77] 그 가운데 본타 하우스 호텔(Bonta House Hotel)은 무려 6만 달러의 건축비를 투자한 호텔이었다. 그러나 1년 만에 원유가 고갈되자 인구 6명으로 격감한 유령도시가 되었다. 한때 2백만 달러를 호가하던 땅이 4달러 37센트에 팔렸다.

아이다 미네르바 타벨은 당시 8살이었다. 그녀의 아버지 프랭크 타벨은 원유를 담는 통을 제작하여 돈을 벌었다. 지금도 전 세계에서 사용하는 원유의 표준 단위는 이 당시 펜실베이니아에서 사용하던 42갤런의 펜실베이니아 기름통(1barrel=42갤런)이다. 그는 나중에 원유저장탱크를 세웠고 타벨 탱크라고 불렀다. 원유가 고갈되자 그녀의 아버지는 타이터스빌로 이주를 결심하고 6만 달러의 본타 하우스 호텔을 불과 6백 달러에 사서 해체한 후 호화로운 자재를 타이터스빌로 옮겨 저택을 지었다.

록펠러는 타이터스빌도 이렇게 될까 봐 걱정이었다. 세월이 지난 후에도 원유매장에 대한 우려는 계속되었다. 예를 들어 1875년에는 펜실베이니아 지리조사위원회 회장 헨리 리글리(Henry Wrigley)는 이제 원유생산이 최고에 이르렀으니 곧 고갈될 것이라고 발표하여 투자자들을 움츠리게 만들었다. 그러나 몇 달이 지나지 않아 타이터스빌에서 멀지 않은 브래드포드시(Bradford City, 위치는 자료 Ⅱ-3을 참조)에서 새로운 유정이 발견되어 이 발표를 무색하게 만들었다. 1885년에도 걱정은 계속되었다. 한참 지나서도 존 아치볼드는 펜실베이니아 석유매장이 고갈될 것이고 그 같은 대규모 매장지가 새로 발견될 확률은 1백만 분의 1이라는 전문가의 말을 듣고 갖고 있던 스탠더드의 주식을 팔았다.

이제 록펠러는 중요한 결정을 해야 하였다. 동업 관계에 있던 클라크 형제(the Clark Brothers)와 결별하고 독자적으로 앤드류스와 함께 석유사업에 뛰어들 기로에 있었기 때문이다. 문제는 원유매장량이다. 타이터스빌 원유도 피트홀 원유처럼 고갈될 것인가. 1849년 황금열기처럼 일회용으로 끝날 운명이라면 투자는 위험한 결정이 될 것이다. 그러나 세브란스는 타이터스빌로 이주한 지 1년밖에 안 되는 1865년에 수많은 새로운 유정이 발견되었다는 사실을 근거로 기름이 고갈되지 않음을 확신했다. 록펠러도 확신하게 되었다. 이를 바탕으로 록펠러의 스탠더드 석유회사(Standard Oil Company)의 모태가 되는 스탠더드 공장(the Standard Works)이 발진하게 되었다.

그것이 1865년이다. 서부에서는 권총을 앞세운 카우보이 총잡이가 설치는 무법의 시대였다. 유명한 서부 보안관 와이어트 어프(Wyatt Earp, 1848~1929)와 닥 홀리데이(Doc Holliday, 1851~1887)의 우정을 그린 오케이 목장의 결투가 일어날 즈음이었다. 실제로 세브란스 씨의 사위 더들리 피터 알렌 박사(Dudley Peter Allen, MD, 1852~1915)도 하버드 의과대학에 진학하기 전에 서부에서 소 목동(카우보이) 노릇을 한 적이 있었다.[78] 인디언의 연기신호, 기병대의 나팔소리, 카스터 장군이 이끄는 기병대의 전멸, 질주하는 소떼의 굉음. 제시 제임스의 열차강도 등이 파노라마처럼 사라지면서 동시에 그 자리를 메우듯이 등장하는 현대문명의 총아 석유산업. 세브란스의 스탠더드 시대가 열렸다.

스탠더드

스탠더드 공장(the Standard Works)은 중간 단계에 불과했다. 그것은 록펠러가 상품 중개상에서 벗어나 이제 막 정유사업으로 변신하는 디딤돌에 불과하였다. 그렇다 하여도 공장 이름을 "스탠더드"라고 명명한 것은 록펠러의 야심을 보여준다. 정유사업의 "표준"을 만들겠다는 의도를 담고 있다. 당시 타이터스빌의 원유생산과 정유사업은 한마디로 무질서의 아수라장이었다. 석유의 품질 기준도 없었고 규격에도 표준이 없었다. 석유에 나프타나 가솔린이 많이 함유되어 있는 경우 소비자는 불을 붙이는 순간 화상을 입거나 타 죽는다. 원유가 발견된 지 10년이 지난 1870년대에도 석유에 불을 붙이다 매년 7천 명이 석유 폭발로 죽었다. 석유에 포함된 유황의 비율도 정유회사마다 달랐다. 당시에는 석유화학이라는 학문분야가 없었다. 표준석유는 시급한 문제였다. 생산윤리도 없었다. 갱도를 대각선으로 뚫어 남의 기름을 훔치는가 하면 되도록 빠른 속도로 캐내어 일확천금을 움켜준 뒤 약간 남은 거의 빈 유전을 다른 사람에게 팔고 떠나버리기 일쑤였다.

피트홀 계곡이 1년 만에 유령도시가 된 것은 매장량도 적었다는 데 기인하였지만 그보다 너무 빨리 캐내었다는 것이다. 매장량을 모르는 상태에서 생산의 조절이 시급하였다. 생산만 그런 것이 아니었다. 정유업계도 마찬가지였다. 어중이떠중이가 몰려들어 타이터스빌과 클리블랜드에 정유업자가 5천 명에 달한 적도 있었다. "정육점 주인, 양초 생산자, 제빵업자 등 모든 직업인이 뛰어들었다." 1만 달러 정도의 소자본만 갖고

도 정유공장을 차릴 수 있었기 때문이다. 그 결과 가격이 안정되지 못하였다. 경쟁이 심하였고 새로운 유전이 발견될 때마다 원유가격은 요동쳤다. 1864년에 배럴당 12달러였던 것이 1865년에는 2달러 40센트로 폭락하였다. 1870년 정유 생산이 3배로 증가하자 정유회사의 90퍼센트는 적자를 면치 못하였다. 이것은 전체 정유산업에도 위협이 되었다. 생산을 조절하고 안정적인 가격으로 원유가 공급되는 문제를 해결하기 위하여 1869년에 원유생산자협회(the Petroleum Producer's Association)가 조직되었지만 별다른 효과를 낳지 못하였다.

록펠러는 이 문제를 해결하는 유일한 방법은 타이트스빌, 클리블랜드, 피츠버그, 뉴욕의 모든 정유회사를 매입하는 것이라고 생각하였다. 요즈음 말로 표현하자면 원유를 사는 사람이 한 명인 수요독점을 생각한 것이다. 이렇게 하면 원유생산자는 판매할 곳이 스탠더드 이외에 없으므로 자연히 원유생산까지 장악하게 된다. 그렇게 하는 그의 목적은 단 한 가지였다. 가격을 안정시키고 품질을 표준화하는 것이었다. 이 목적을 위하여 그에게는 자금이 필요하였지만 스탠더드 공장으로는 역부족이었다. 철도를 장악하는 것이 관건이 되었다. 스탠더드는 아마사 스톤의 레이크쇼어 철도회사(Lakeshore Railroad)와 비밀히 독점 계약하여 철도회사에게 매일 60차량의 안정적인 물량을 보장하면 철도회사는 대신 71퍼센트의 가격으로 스탠더드의 석유만을 운반하는 것을 첫 목표로 정하였다. 이것은 철도회사가 스탠더드에게 29퍼센트 뒷돈을 주기로 하는 형식이었다. 당시 뒷돈 거래에 관한 법률이 전무한 만큼 불법은 아니었다.[79] 그런데 이 관행이 뒷날 말썽이 될 줄 아무도 몰랐다.

록펠러와 스톤은 사이가 좋지 않았지만 서로 이득이 되므로 그들은 손을 잡고 가격 경쟁에서 절대적으로 유리한 비밀계약을 맺었다. 스톤의 작은 사위 사무엘 마서와도 앙숙이었는데 사업의 이득을 위해서 단 한 번 손을 잡은 적이 있었다. 그것도 인사만 하고 30분 만에 이루어진 것이다. 그리고 다시는 만나지 않았다. 스톤과 맺은 비밀 뒷거래 방법은 다른 철도회사와도 이루어졌다. 록펠러는 철도를 장악하는 것으로 부족하여 보관에 필요한 석유통과 정제에 필요한 화학약품도 모조리 매점할 각오였다. 결국 록펠러는 장차 석유의 처음 생산부터 마지막 판매까지 모든 과정을 수직적으로 장악하게 될 것이다. 그러나 대규모 자금의 차입은 곧 회사의 장악력을 잃을 수 있게 된다. 정유회사 매입의 첫 번째 관문에서 모순된 이 두 문제를 해결한 것은 세브란스의 처삼촌 헨리 플래글러였다. 그가 채용한 변호사 사무엘 도드(Samuel Dodd)가 이 문제를 해결하기 위하여 생각해 낸 것이 오늘날의 지주회사의 원조가 된 스탠더드 석유 신탁회사(Standard Oil Trust)였다. 이에 대한 설명은 잠시 미룬다.

재무이사

헨리 플래글러는 앞서 설명한 대로 세브란스가 1874년에 상처하고 20년을 홀아비로 살다가 1894년에 재혼할 때 처삼촌이 되지만 당시에는 곡물상인으로 더 큰 기회를 보고 있던 37살의 중년이었다. 그의 이복형이자 부인의 삼촌은 거부의 은행가 스티븐 하크니스(Stephen Harkness, 1818~1888)였다. 플래글러는 록펠러 상회에 책상을 임대해 쓰고 있었는데 매일 함께 일하고 출퇴근하면서 놀랍게도 서로 비슷한 성격임을 서로 알게 되었다. 록펠러가 자금이 필요하다는 것을 알게 된 플래글러는 돈이 많은 자기 이복형 하크니스를 소개하였다.

하크니스는 젊을 때 친구인 존 셔먼 상원의원이 의회가 금주법의 전 단계로서 주류에 무거운 세금을 부과할 것이라고 귀띔해주자 은행에서 돈을 빌려 대량의 술을 사서 거부가 된 사람이다. 나중에 매킨리 대통령이 존 셔먼을 국무장관에 임명하는데 1년 후에 존 헤이로 교체한다. 하크니스는 자금을 공급하는 조건으로 이복동생 플래글러를 록펠러 상회에 엮어줄 심산이었다. 장시간 토의 끝에 스탠더드 공장을 해체하고 합명회사인 "록펠러, 앤드류스, 그리고 플래글러 회사 Rockefeller, Andrews and Flagler Company"를 설립하였다. 록펠러는 사장, 앤드류스는 기술 담당, 플래글러는 자금 담당이었다. 진짜 자금줄인 하크니스는 자신의 이름을 집어넣지 않은 데 대하여 "우리 애[플래글러]가 잘할 것일세"라고 일축하여 "숨은 동업자(shadow partner)"가 되었다. 하크니스는 다음과 같은 성품의 주인공이었다.[80)]

> "하크니스는 자신이 드러나는 것이라면 그 어느 것도 피했다."

그것이 1867년이었다. 여기서 스탠더드라는 이름은 잠시 물밑으로 들어갔다. 우리의 주인공 세브란스라는 이름도 아직 보이지 않는다.

그러나 록펠러는 정유회사 매입에 더 많은 자금이 필요하게 되자 이 합명회사를 해체하고 주식회사를 설립하였다. 주식을 믿을 수 있는 친지에게만 팔았다. 이렇게 하여 1870년 1월 10일에 1만 주의 1백만 달러의 자본금으로 "스탠더드 석유회사 Standard Oil Company"가 탄생하였다. 회사 이름에 스탠더드라는 이름이 다시 수면 위로 떠올랐다. 이 이름은 전 세계에 불멸의 이름으로 기억될 것이다. 창립주주들과 그들의 보유 주식은 다음과 같다.

<1870년 1월 10일 스탠더드 석유 주식회사 창립 주주(6명)>

존 디 록펠러(John D. Rockefeller, Sr.), 2,667주

윌리엄 록펠러(William Rockefeller), 1,333주

사무엘 앤드류스(Samuel Andrews), 1,333주

스티븐 브이 하크니스(Stephen V. Harkness), 1,334주

헨리 엠 플래글러(Henry M. Flagler), 1,333주

올리버 제닝스(Oliver Jennings), 1,000주

록펠러, 앤드류스 그리고 플래글러 합명회사, 1,000주

이때가 언제이던가. 미국이 강화도 초지진에서 은둔의 나라 한국과 신미양요의 전투를 벌인 1871년에서 불과 1년 전의 일이다. 이 전투에 참여했던 젊은 해군 장교가 나중에 한국 주재 미국 공사로 부임하는 푸트(Lucius Foote)이다. 당시 미국 전함의 추진력은 아직 석탄이었다. 추진력이 석탄에서 석유로 바뀔 때 창립주주의 투자자금은 공전의 상승을 기록할 것이다. 이 회사가 앞으로 공룡처럼 커지는 거대 기업 스탠더드 석유의 모체가 되는 스탠더드 석유 [오하이오] 회사(Standard Oil Company [of Ohio])이다. 아직은 오하이오주를 벗어나지 못하므로 회사 이름에 오하이오라는 말을 붙이지 못한 상태이다. 하크니스는 드디어 주주가 되었다. 그의 외동딸 플로렌스는 장차 상처한 세브란스의 두 번째 부인이 될 것이다(자료 Ⅲ-23을 참조). 윌리엄 록펠러는 존 데이비슨 록펠러의 둘째 동생이며, 올리버 제닝스는 윌리엄의 처남이다.[81] 윌리엄은 언제나 형에게 충실하였다. 존 디 록펠러의 지분은 27퍼센트에 불과하지만 동생과 동생의 처남을 합치면 과반수를 넘는다. 이날 이후 회사가 아무리 커지더라도 존 디 록펠러의 지분은 평균 26퍼센트이었다. 이것이 카네기, 프릭, 모건 등 절반 이상을 보유한 다른 부호들과 다른 점이었다. 그럼에도 록펠러는 언제나 회사를 장악하는 데에는 전혀 문제가 없었

다. 아무도 그의 권위와 지도력에 도전하는 사람이 없었다.

스탠더드 석유회사는 처음에는 킹스베리 런(Kingsbury Run)의 서쪽 해구에 3 에이커(약 3천6백 평) 부지를 임대하였다. 나중에 1백 에이커(약 12만 평)로 확장되었다. 이곳은 당시에는 클리블랜드시의 외곽이었다. 이곳을 정한 데에는 두 가지 이유가 있었다. 하나는 기름이 너무 위험하여 클리블랜드시 당국이 정유시설을 시와 격리시켰기 때문이었다. 당시에는 자동차와 비행기가 발명되기 전이었으므로 정제 후 등유나 석유의 부산물로 생산되는 휘발유가 골칫거리였다. 가장 휘발성이 높으므로 처리가 곤란하여 강이나 호수에 마구 버렸다. 다른 하나는 이리 호수(Lake Erie), 쿠야호가강(the Cuyahoga River), 대륙 횡단철도(Continental Railroad)에 접해 있기 때문에 수송에 이점이 있었기 때문이다. 이 같은 이점은 후일의 가격경쟁에서 스탠더드 석유회사에게 유리하게 작용한다. 피츠버그시를 제치고 클리블랜드시가 석유의 메카가 된 요인이다. 이 회사는 세계 제일의 큰 회사가 되었다. 초창기부터 미국 정유 생산의 10퍼센트를 점하여 이 회사를 능가할 회사가 없었다. 이 회사는 펜실베이니아의 석유 생산의 대부분을 소화하여 전 세계에 판매하였다. 록펠러 나이 불과 31세였고 세브란스는 32살이었다. 전성기에는 미국 생산의 90퍼센트를 차지하였고 그 가운데 70퍼센트를 해외에 수출하였다.

이 대목에서 기록상 일치하지 않는 의문이 생긴다. 세브란스에 관한 거의 모든 기록은 세브란스가 타이터스빌에서 고향 클리블랜드로 귀향하는 시점을 1874년으로 지목한다. 그러나 1870년에 설립한 스탠더드 석유회사의 창립 임원 명단에 세브란스의 이름이 보인다.

<1870년 1월 10일 스탠더드 석유 주식회사 창립 임원(7명)>

존 디 록펠러(John D. Rockefellfer, Sr.), 사장

윌리엄 록펠러(William Rockefeller), 부사장

헨리 엠 플래글러(Henry M. Flagler), 총무이사

사무엘 앤드류스(Samuel Andrews), 기술이사

올리버 에이치 페인(Oliver H. Payne), 재무이사

루이스 헨리 세브란스(Louis Henry Severance), 출납이사

조지 아이 베일(George I. Vail), 감사.

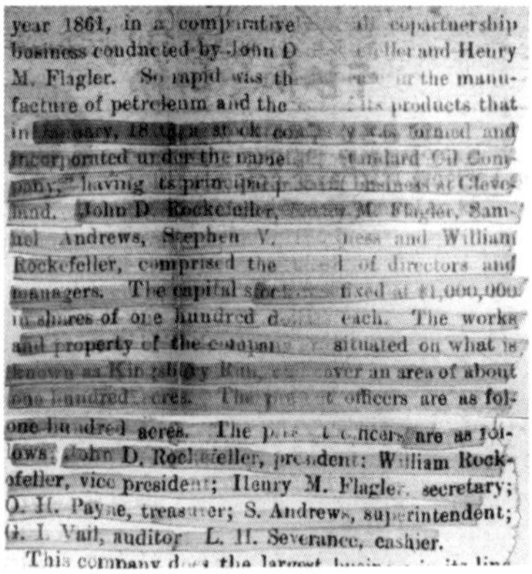

창립주주 가운데 하크니스는 나이도 많고 "숨은 동업자"였으니 처음부터 임원이 될 생각이 없었다. 또 하나 창립주주 가운데 올리버 제닝스는 윌리엄의 처남으로 참여하였으니 그 역시 임원이 될 능력이 있는 사람이 아니었다. 더욱이 그는 2년 후에 주식의 절반을 처분하였다. 그러면 창립주주 가운데 임원이 될 수 있는 사람이 4명뿐이므로 임원 될 사람이 부족했다. 록펠러는 이 세 자리를 믿을 수 있고 능력 있는 사람으로 채운 것으로 보인다. 그들이 세브란스, 페인, 베일이었을 것이다. 세브란스가 사망하고 상속법원의 판결이 났을 때 뉴욕 타임스는 세브란스를 가리켜 "스탠더드 석유 오하이오 회사의 최초의 설립자 가운데 한 사람 one of the first organizers"이라고 표현하였다.[82] 처음에는 출납이사로 참여했던 세브란스는 2년 뒤에 재무이사가 되어 스탠더드 석유 오하이오 회사의 재무이사를 1892년까지 지내고 1896년까지는 스탠더드 석유 뉴저지 회사의 재무이사를 지낸다. 그리고 은퇴하였다.

플래글러는 세브란스가 봉사하던 올드스톤 교회의 주일학교 교장이었고 앞서 얘기한 대로 20년 후에는 세브란스의 처삼촌이 되는 사이이다. 예일대학 출신 올리버 페인은 록펠러의 고등학교 급우이며 북군 대령이었는데 일본을 개국시킨 매튜 페리 제독의 친척이었다. 그의 아버지 헨리 페인은 클리블랜드 유니언 클럽의 창설회원 가운데 하나였으며 오하이오 출신 상원의원이었다. 베일은 올드스톤 교회의 장로였는데 곧 이사 명단에서 사라질 것이다.[83] 회사가 충분히 커진 후 제일 먼저 떠난 사람이 기술이사 앤드류스였다. 회사가 더 이상 그의 기술이 필요하지 않았기 때문이지만 성격상 록펠러와 자주 충돌하였다. 페인 역시 후에는 반드시 필요한 인물이 아니므로 떠났다.

세브란스의 처삼촌 플래글러는 훨씬 후에 플로리다로 이주하여 철로를 부설한 후 그곳을 휴양지로 개발하여 오늘날의 플로리다 모습으로 만들었는데 그 까닭은 석유사업에 싫증이 났기 때문이다. 그는 지금의 플로리다주 마이애미시에서 키웨스트까지 3,500킬로의 철도를 놓았다. 1905년에서 1912년까지 5천만 달러의 비용이 지불되었는데 모두 플래글러의 깊은 주머니에서 나왔다. 세계 8대 불가사의라고 부른다. 수많은 섬을 다리로 연결하였는데 수많은 태풍에도 살아남았다. 가장 극심하던 1935년 태풍에 키웨스트 주변이 모두 폐허가 되었지만 플래글러 다리는 건재하였다. 서부 사람들은 기차로 마이애미까지 와서 플래글러의 철도로 키웨스트까지 갈 수 있었다. 파나마 운하가 건설되어 서부 사람들이 선박으로 키웨스트로 오게 되어 그다지 재미있는 사업은 되지 못하였다. 플래글러는 철도가 완성되던 해에 죽었다. 오늘날 2,200마일의 키

웨스트 도로를 매일 4,200대의 자동차가 달린다. 이것은 모두 플래글러의 선각적인 개척 덕분이다. 세브란스의 친구 에이비슨 박사가 한국에서 은퇴하고 플로리다로 돌아가 말년을 보낼 수 있었던 것도 플래글러의 개발 덕분이다. 그러고 보면 세브란스만이 록펠러와 함께 1896년에 은퇴할 때까지 각자의 자리를 지켰다.

1874년은 세브란스의 첫 번째 부인 파니 버킹엄이 죽은 해이다. 그녀는 막내를 낳고 건강이 나빠졌다. 세브란스는 그녀를 환경이 나쁜 타이터스빌에서 클리블랜드로 데리고 왔다. 이때가 1871년이었다.[84] 어느 문서에 의하면 1870년에 세브란스가 스탠더드 석유회사의 초대 총무이사·재무이사(the first secretary/treasurer)를 지냈다고 기록되어 있다.[85] 세브란스가 스탠더드 석유회사에 처음에는 주주가 아니라 출납이사로 참여하고 있는데 추측컨대 1870에서 1874년까지 타이터스빌에서 자신의 원유생산회사와 가스회사를 경영하면서 동시에 부인의 건강 때문에 1871년에 주소를 클리블랜드로 옮겨 스탠더드 석유회사의 출납이사의 임무를 수행한 것이 아닌가 생각된다. 스탠더드는 생산회사가 아니라 정유회사였기에 가능했을 것이다. 몇 가지 이유를 생각할 수 있다.[86]

첫째, 앞서 세브란스와 록펠러가 뉴욕행 기차에서 나눈 대화대로 세브란스 씨는 "우리"가 함께 놓은 타이터스빌에서 타이드워터까지 송유관을 최대의 업적으로 꼽았다. 이 송유관은 1876년에 건설하였다. 록펠러의 정유공장은 클리블랜드에 있었는데 타이터스빌에서 클리블랜드와 반대방향으로 송유관을 놓았다는 것은 세브란스가 아직도 타이터스빌의 생산에 관련하고 있었다는 뜻이다. 이 송유관은 원유를 타이드워터(위치는 자료 Ⅱ-3)까지 보내고 그곳에서는 기차에 실어 뉴욕항으로 보내는 것이다. 전 세계로 수출하는 데 크게 기여하였다.

둘째, 스탠더드 석유회사가 초창기에 비밀리에 인수한 40개 회사들의 명단이 최초로 1907년 청문회에서 밝혀졌는데 여기에 세브란스의 이름이 보이지 않는다.[87] 그러나 앞서 말한 것처럼 1913년에 세브란스가 사망했을 때 뉴욕 타임스는 그가 "스탠더드 최초의 임원"이라고 표현하였다.[88] 처음부터 세브란스가 주식을 사지 않았지만 처음부터 임원이었다는 점을 가리킨다. 이것은 페인의 경우도 마찬가지이다. 그도 타이터스빌의 원유생산자이면서 초창기 임원으로 참여하지만 주주는 아니었다. 고등학교 동기생인 그에게 록펠러가 수익이 넘치는 자신의 장부를 은밀히 보여주면서 투자할 것을 권하여 1872년에 주주가 되었다(자료 Ⅱ-7을 참조). 록펠러는 정유회사를 매입하면서 언제나 장부를 보여주며 현금과 주식 가운데 하나를 고르도록 하였다. 매각을 거절하면 가차 없이 도산하게 만들었고 매각에 응하면 능력에 따라 임원으로 영입하였다. 이렇게 인수 대가를 받고 합류한 사람에 페인, 보스트윅, 스탠리 등이 있다(자료 Ⅱ-7을 참조). 〈자료 Ⅱ-7〉이 보이는 바대로 록펠러는 매입을 위하여 항상 여유분의 주식을 보유하였는데 1872년에 인수위원의 자격으로 여유분을 보유하였다.

〈자료 Ⅱ-7〉 1870-1872년 스탠더드 석유회사의 주식분포와 인수용 여유 주식

	1870 (창립)	1871	증감	1872 (증자)	1872 (신규발행)	합계	비율
존 디 록펠러	2,667	2,016	-651	806	3,000	3,822	16.6
윌리엄 록펠러	1,333	1,459	126	584		2,041	5.8
헨리 플래글러	1,333	1,459	126	584	1,400	3,443	9.8
사무엘 앤드류스	1,333	1,458	125	583		2,041	5.8
스티븐 하크니스	1,334	1,458	124	583		2,04	5.8
오 비 제닝스	1,000	300	-500	200		700	2.0
록펠러/앤드류/플래글러 상회	1,000	0	-1,000	0		0	0.0
아마사 스톤		500	500	200		700	2.0
스틸만 위트		500	500	200		700	2.0
티 피 핸디		400	400	160		560	1.6
벤자민 브루스터(인수대가)		250	250	100		350	1.0
페인(인수대가)					4,000	4,000	11.4
자베즈 보스트윅(인수대가)					700	700	2.0
조셉 스탠리(인수대가)					200	200	0.6
피터 와트슨(인수대가)					500	500	1.4
존 디 록펠러(인수위원 자격)					11,200	11,200	32.0
합계	10,000	10,000	0	4,000	21,000	35,000	100.0

출처: Morris, The Tycoons, Owl Books, 2005

셋째, 1872년 스탠더드 회사가 자본금을 1백만 달러에서 3백50만 달러로 증자할 때 뒤늦게 철도왕 아마사 스톤이 참여하였다(자료 Ⅱ-7을 참고). 이 사람의 큰사위가 나중에 국무장관이 되는 존 헤이이다. 스톤은 2년 뒤 1874년에 회사를 장악하려 하였다. 록펠러는 스톤에게 증자의 기회를 주지 않고[89] 여유주식을 장차 인수용으로 돌려놓았다. 스톤은 화가 나서 갖고 있는 주식을 록펠러에게 팔아버렸다. 그것으로 세브란스를 인수한 것으로 추측할 수 있다. 이것은 세브란스가 1874년에야 비로소 자신의 타이터

스빌 회사를 정리하고 그 자금으로 스탠더드의 대주주가 될 수 있었다고 추측할 수 있는 단서가 된다. 한편 이 때문에 스톤과 록펠러의 관계가 후일 악연으로 발전하지 않았나 생각된다. 이 관계는 스톤의 작은 사위 사무엘 마서에게 미쳐 록펠러가 유니언 클럽에 가입하는 것을 못마땅하게 생각하고 막았다. 명문가 출신의 마서가 보기에 록펠러는 보잘 것 없는 집안 출신으로 보았던 것이다.

넷째, 1872년에 록펠러가 타이터스빌의 모든 정유회사를 매입할 때 그것을 음모라고 부르고 격렬한 저항이 일어났다. 이것이 정체불명의 "남부개발회사 The South Improvement Company"를 둘러싼 "기름전쟁 the oil war"이다. 기름전쟁의 배경은 아직도 수수께끼이다. 당시에는 그 배후로 록펠러의 스탠더드 석유회사를 지목하였다. 그러나 최근의 연구에 의하면 록펠러는 이 회사의 창설과 별로 상관이 없음이 밝혀졌다. 1872년 2월 27일 타이터스빌 오페라 극장에 3천 명이 군집하였다. 그들의 손에는 "음모자를 처단하라" "협상불가" "포기하지 말라"라는 팻말과 현수막이 들려 있었다. 록펠러를 비롯한 그의 참모들을 알리바바와 40명의 도적을 빗대어 "악마와 40명의 도적"이라고 불렀다. 앞서도 설명했지만 아치볼드가 불과 2개월 만에 27개의 정유회사를 매입한 것이 이때이다. 록펠러와 주주들을 악마라고 표현했는데 여기에 세브란스의 이름이 보이지 않는다.[90] 블랙리스트에 오른 대표적인 사람들은 록펠러, 아마사 스톤, 보스트윅, 워링, 로간, 로크하트, 와트슨이었다. 세브란스는 원유생산자였지 정유업자가 아니었기 때문이다. 무엇보다도 타이터스빌 장로교회의 독실한 장로가 같은 마을의 신도와 시민들로부터 배척을 받을 수는 없는 노릇이다. 마을에서 살고 교회에 열심인 한 그는 록펠러에 합류할 수 없었을 것이다. 그렇다고 록펠러에 대항하는 편에 합류할 수도 없었을 것이다.

유황

세브란스 씨의 일생에는 항상 존 디 록펠러의 동업자라는 이력 이외에 그의 막내 동생 프랭크 록펠러(Frank Rockefeller, 1845~1917)의 동업자라는 이력도 따라다닌다. 세브란스 씨는 스탠더드 석유회사 재무이사이면서 동시에 프랭크 록펠러와 허먼 프래쉬(Herman Frasch, 1851~1914) 및 피어거스 스콰이어(Feargus Squire, 1850~1932)와 함께

"유니언 유황 회사 Union Sulphur Company"를 설립한 적이 있다.[91] 모두 10년 이상 손아래 사람들이다. 여기에는 사연이 있다. 세브란스는 온후한 사람이며 명예로운 성격의 소유자였다.[92] 남의 부탁을 거절하지 못한다.[93]

"제발 내게 그걸 말하지 마시오. 불행한 사람의 처지를 들으면 잠을 잘 수 없습니다."[94]

세브란스나 록펠러는 모두 가족을 잃은 아픔에서 의학의 중요성에 눈을 떴다. 세브란스의 자식이나 형제들은 모두 훌륭하게 성장하였다. 록펠러의 자식들도 훌륭하게 성장하였다. 앞서도 소개한 대화이지만 이번에는 세브란스의 물음에 록펠러의 대답을 듣기 위해 다시 인용하겠다.

"록펠러 씨, 우리가 타이터스빌에서 만난 이래 큰일을 많이 하였소. 그런데 우리가 한 일 가운데 어떤 것이 가장 큰 성공이라고 생각하시오? 타이터스빌에서 타이드워터까지 가설한 송유관이 아닐까요?"

록펠러가 정색하며 대답하였다.

"아닙니다. 세브란스 씨. 내 외동아들 존 II세가 훌륭하게 성장했다는 것입니다. 내 눈에 넣어도 아프지 않습니다. 나의 노년에 위안입니다."[95]

세계의 제일 부자도 자식이 훌륭하게 성장한 것을 무엇보다 앞세운다. 그러나 세브란스와 달리 록펠러에게는 평생의 골치 덩어리가 있었으니 하나는 아버지이고, 또 하나는 둘째 동생 프랭크 록펠러였다. 아버지는 이중결혼을 하여 록펠러는 평생 그것을 숨겼다. 록펠러의 남자형제는 3명인데 첫째 동생 윌리엄은 형을 도와 스탠더드 석유회사를 키우는 데 큰 역할을 하였다. 그러나 둘째 동생 프랭크는 골칫거리였다. 형이 자리도 만들어주고, 돈도 주고, 자식들까지 평생 챙겨주어도 언제나 형을 미워하였다. 심지어 부자, 특히 록펠러를 미워하는 기자 아이다 미네르바 타벨에 붙어서 형 회사의 비밀을 언론에 흘려주고, 의회 청문회에서는 형을 곤란하게 만드는 증언을 하였다. 회사를 차려주면 경영을 잘못하여 파산 직전에 형에게 도로 사가라고 떼쓰기 일쑤였다. 가족묘지에 장식 돌을 놓는 모임에서 일찍 죽은 자식의 관을 끄집어내며 "내 자식은 혈액 한 방울도 여기에 묻지 않는다"고 시위를 하였다. 그는 독립기념일(7월 4일)이 되면 군복을 입고 형 앞에 나타났다. 자신은 남북전쟁의 참전용사이지만 형은 돈 주고 대리 입영시킨 기피자라고 빈정댔다. 그의 문제는 능력도 문제이지만 상습적인 도박과 음주가 문제였다. 형 존은 동생 프랭크에게 말했다.

"프랭크, 어쨌든 너는 내 동생이다."

이 말을 한 이후 형제는 한번도 눈을 마주 보고 말한 적이 없었다. 동생에게 보내는 편지도 딱딱하게 "친애하는 록펠러 씨에게"로 시작하였다. 당대의 존 디 록펠러도 어떻게 구제할 길이 없는 이 사나이를 세브란스가 붙들어 준 적이 있다. 그를 데리고 허먼 프래쉬와 피어거스 스콰이어와 함께 유니언 유황 회사를 차린 것이다. 세브란스의 인품을 엿볼 수 있는 단편이다. 증거는 없지만 록펠러가 어떻든 뒤에서 부탁했을 것이라고 추측할 수 있는데 그 추측에는 근거가 있다.

허먼 프래쉬는 누구인가. 그가 없었다면 스탠더드는 세계적인 석유회사로 도약하지 못했을 것이다. 그는 스탠더드 석유회사의 유일한 화학자였다. 당시에는 석유화학이라는 학문이 없었으니 과학자를 실험실에 고용한 회사는 스탠더드 석유회사뿐이었다. 한편 피어거스 스콰이어는 스탠더드 석유회사의 총무로서 프랭크보다 명목상 지위는 낮지만 실제적으로는 높다. 프랭크의 자리라는 것이 형이 만들어준 명목상에 불과한 것이었으니까.

1880년에 이르러서 펜실베이니아 원유가 바닥을 보이기 시작하였다. 스탠더드는 결정을 해야 했다. 러시아 원유를 사다 정제할 것인지 더 찾아볼 것인지. 그러나 러시아 원유의 정제는 운송 때문에 가격경쟁에서 불리할 것이다. 이때 오하이오주와 인디애나주의 경계선 부근 라이마(Lima, Ohio, 위치는 자료 Ⅱ-3을 참조)에서 원유가 발견되었다. 1885년의 일이다. 그런데 유황이 많이 포함되어 지독한 냄새가 났다. 품질이 문제였지만 방대한 양이었다. 사방 160킬로에 뻗어있는 기름밭을 둘러본 록펠러는 화학자 프래쉬에게 지시를 했다.

"어떻게 해서든지 냄새와 유황을 제거하시오."

이것은 아무도 해보지 않은 초유의 일이었다. 만일 이것이 성공하면 스탠더드는 펜실베이니아주에 이어 오하이오주의 기름으로 미국 시장의 33퍼센트를 장악할 것이다. 스탠더드는 결정해야 했다. 방대한 기름밭을 지금 매입할 것인지 화학자 프래쉬가 분리에 성공한 다음에 매입할 것인지. 이사회는 양분되었다. 록펠러가 이끄는 이사들과 찰스 프래트(Charles Pratt, 1830~1891)가 이끄는 이사들이 첨예하게 대립되었다. 세브란스는 록펠러 편이었고 로저스는 프래트 편이었다. 록펠러는 격렬하게 반대하는 프래트 편 이사들에게 조용하지만 단호하게 말했다.

"좋다. 그렇다면 내 돈 3백만 달러를 투자하여 매입하겠다. 만일 프래쉬가 분리에 성공하면 회사가 나에게 그 돈을 도로 갚아주고 만일 프래쉬가 분리에 실패하면 나 혼자 그 손해를 감수하겠다."

화학자 프래쉬가 기를 쓰고 애쓴 끝에 성공하였다. 1888년의 일이다. 스콰이어 총무는 라이마에서 록펠러에게 급전을 쳤다.

"프래쉬 방식이 성공하였습니다."

이것으로 모든 문제가 해결되었다. 1893년에서 1901년까지 스탠더드가 주주들에게 지급한 배당금이 2억 5천만 달러로 급증한 것은 모두 이 성공 때문이었다. 이때부터 케이스 공과대학의 찰스 마베리(Charles Mabery) 교수는 석유에 함유된 유황의 표준비율에 관한 논문만 30편을 발표하였다. 석유화학이라는 새로운 분야가 탄생한 것이다. 마베리 교수는 세브란스의 친구였다.

이때에도 프랭크는 라이마에 가서 형을 도와주기는커녕 그곳에 부동산 투기하겠다고 형에게 돈을 요청하였다. 스탠더드가 사고자 하는 땅의 가격만 올려놓는 일이었다. 이보다 시급한 문제는 원유에서 분리되어 남은 유황을 어찌할 것인가. 원유사업 초창기부터 록펠러는 비료로 팔았다. 그러나 이제 유황이 다량 함유된 원유가 발견되었으니 비료 이상의 용도를 개발하는 독립된 회사가 필요하게 되었다.

여기에 더하여 프래쉬는 중요한 발견을 하였다. 암석에서 유황을 분리하는 데에도 성공한 것이다.[96] 전에는 땅 속 깊이 있는 유황을 캐내는 데 너무 많은 인명의 손실이 발생하였다. 유황의 비등점이 높지 않다는 화학적 성질을 이용하여 프래쉬는 뜨거운 물을 부어 넣어 암석의 유황을 녹여 펌프로 뽑아내는 방법을 개발하였다. 세브란스가 화학자 프래쉬와 이를 뒤에서 독려한 총무 스콰이어와 함께 말썽꾸러기 프랭크를 데리고 루이지애나와 텍사스 경계에 있는 베유 차우피크(Bayou Choupique)에 회사를 만든 것이 바로 "유니언 유황 회사"이다. 세브란스가 사장이 되었다. 그러나 물을 끓이는데 나무를 쓰다가 이것이 비싸지자 석유를 사용하였는데 운송비 때문에 채산이 맞지 않았다. 세브란스는 장부를 들여다보고 더 이상은 무리라고 판단하고 회사를 폐쇄하였다. 유니언 유황 회사는 실패였다. 세브란스는 많은 투자를 낭비하게 되자 당황하였다.[97]

그러나 세브란스는 돈 버는 데 운이 따르는 사람인가 보다. 바로 이때 유니언 유황에서 100킬로밖에 안 되는 텍사스에서 석유가 발견되자 운송비가 문제가 되지 않았다. 유니언 유황 회사는 대성공이었다. 전에는 이탈리아 시실리에서 유황을 수입하였는데 세브란스의 유니언 유황 회사의 성공으로 미국은 유황의 최대생산국이 되었고 시실리는 큰 타격을 받았다.

이로써 골칫거리 동생 프랭크에게 또 하나의 기회를 주었는데 이번에는 프래쉬와 스콰이어를 붙여놓았다. 록펠러는 온후하고 신중한 세브란스가 프랭크를 붙들어주기를 기대했을 것이다. 사실 기름을 정제하고 남은 유황을 버리지 않고 비료로 처음 만들어 판 사람이 록펠러였으니 이 회사의 배경이 그였을 것이다.[98] 비료에 추가하여 의약품으로도 사용되었다. 여기에 성냥제조에도 필요하였는데 영국의 워커가 성냥을 발명한 1827년 이래 유황의 수요가 폭발적이었다.[99] 세브란스의 유황 회사는 혁신적인 방법으로 유황 생산을 늘려 미국을 전 세계의 유황 생산국으로 만들었다. 여기서도 세브란스 씨는 석유 못지않게 큰돈을 벌었다. 그의 별명은 "석유와 유황의 왕 oil and sulphur magnate"이었다.[100]

세브란스는 스탠더드에서 은퇴하던 1896년에 유니언 유황 회사에서도 은퇴하였다. 그 후 유니언 유황 회사는 1909년에 5천 톤의 유황 화물선을 영국 조선소에 주문하였는데 이름을 "세브란스 Severance"라고 지었다. 제1차 세계대전이 한창이던 1918년 미국 해군은 "세브란스호"를 구입하여 해군함정으로 사용하였다.

언더우드 공원

라이마 유전을 둘러싸고 록펠러와 대립하였던 프래트 이사는 죽으면서 자신의 재산을 헌납하여 오늘날 유명한 "프래트 예술 디자인 학교 Pratt Institute of Art and Design"를 뉴욕에 세웠다. 그의 저택은 뉴욕시 브루클린의 클린턴 언덕에 있었는데 오늘날 그의 부지 일부가 프래트 플래이그라운드(Pratt Playground)가 되었다(자료 Ⅱ-8).

이 지역은 부호들의 저택이 즐비했던 곳인데 연희전문학교의 설립자 호레이스 그랜트 언더우드 목사의 친형 존 토마스 언더우드(John Thomas Underwood, 1857~1937)의 저택도 이 지역의 라파예트 거리(Lafayette Avenue)와 워싱턴 거리(Washington Avenue)가 만나는 곳에 있었다. 라파예트 거리에는 언더우드 목사를 한국에 파송한 라파예트 장로교회가 있다(자료 Ⅱ-8). 언더우드 사장(자료 Ⅱ-8)은 "언더우드 타자기 회사"의 설립자이며 사장이었다. 그의 타자기가 등장하기 전에는 타자를 치는 사람은 자신이 치고 있는 서류를 볼 수 없었다. 언더우드 타자기는 이 불편한 점을 개선하여 오늘날의 타자기처럼 서류를 보면서 타자기를 칠 수 있게 만들었다. 당시로서는 혁신적이었고 그의 회사는 곧 세계 최대의 타자기 회사가 되었다(자료 Ⅵ-13). 언더우드 사장이 작고하고 유족들이 저택과 함께 약 1천 에이커(약 120만 평)의 부지를 뉴욕시에 기증하였다. 이것이 오늘날 언더우드 공원(Underwood Park)이다(자료 Ⅱ-8).

연희전문학교를 설립하는 데 애썼던 호레이스 그랜트 언더우드 목사(자료 Ⅱ-8)가 작고하자 그의 친구 에이비슨 박사가 총독부로부터 학교인가를 받아냈다고 앞에서 썼다. 에이비슨 박사가 교장을 겸하였다. 존 언더우드 사장이 동생의 유업을 추모하여 에이비슨 교장에게 10만 달러를 보내서 건물을 세우니 그것이 연희전문학교 언더우드 관이다(자료 Ⅱ-8). 오늘날 본관 건물이다. 그 전에는 치원관(5천 달러 한국전쟁으로 소실)을 희사하였고, 현재의 학교부지 20만 평(자료 Ⅱ-8)의 구입자금 5만 3천 달러를 에이비슨 교장에게 보냈다. 거의 동시에 세브란스의 외아들 존 세브란스가 자금을 보내어 연희전문학교 부지 옆에 병원 부지 10만 평을 구입하였다(제10장 주석 168을 참조). 현재의 연세대학교 의과대학과 세브란스 병원 자리 부근이다. 〈자료 Ⅱ-8〉의 지도에서 한국인 마을(native Korean village)과 시범마을(new model village) 자리이다. 장차 두 학교의 연합을 계획하였다.

루이스 세브란스 장로가 한국에 파송하는 여러 의료선교사들의 봉급을 책임진 것

출처: New York City Map

뉴욕시의 언더우드 공원

출처: 언더우드 기념관

호레이스 그랜트 언더우드

출처: 연세대학교

라파예트 장로교회

출처: 언더우드 기념관

존 토마스 언더우드

〈자료 Ⅱ-8〉 뉴욕시의 언더우드 공원, 라파예트 장로교회, 언더우드 형제, 언더우드 관, 학교부지(계속)

출처: 연세대학교

언더우드 관

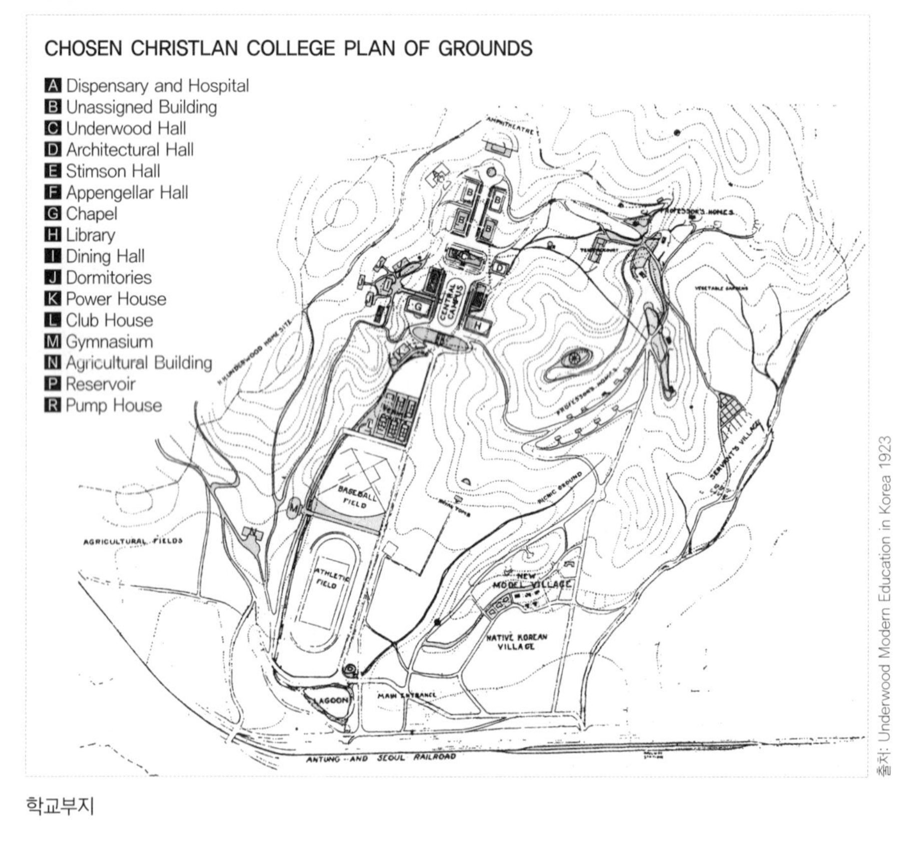

출처: Underwood Modern Education in Korea 1923

학교부지

〈자료 Ⅱ-8〉 뉴욕시의 언더우드 공원, 라파예트 장로교회, 언더우드 형제, 언더우드 관, 학교부지처럼 존 언더우드 사장도 동생을 도와 여러 전도선교사의 봉급을 책임졌다(제6장을 참조). 그 역시 뉴욕 장로교 해외선교본부의 이사를 역임하였는데 세브란스 장로와 친분을 가졌다. 한 가지 사실은 존 언더우드 사장이 세브란스의 외아들 존 세브란스와 함께 뉴욕 5번가 150거리에 있는 감리교 해외선교본부에 설립한 "조선의 기독교육을 위한 협력이사회"의 이사가 되었다(제10장을 참조). 이 단체는 주로 세브란스 병원, 세브란스 의학전문학교, 연희전문학교를 재정적으로 후원하는 단체였다. 이때가 1917년이었는데 루이스 세브란스 장로와 호레이스 언더우드 목사는 모두 작고한 후였다.

사라진 장부의 비밀

초창기부터 동일한 6명이 항상 스탠더드의 대주주였다. 스탠더드가 출범한 지 27년이 흐른 1897년에도 신문왕 조셉 퓰리처(Joseph Pulitzer, 1847~1911)의 뉴욕 『월드지 *The World*』에 6명의 대주주를 "6명의 거물 six overlords"이라고 칭하였다.[101] 록펠러도 인정하였다.

> "스탠더드 석유회사는 록펠러, 페인, 하크니스, 프래트 가족이 과반수를 차지했다."[102]

1907년 청문회에서 밝혀진 록펠러의 막대한 재산 가운데 스탠더드의 주식만 9천4백만 달러였으니 첫 번째 대주주였다.[103] 그러나 1937년 록펠러가 사망했을 때 그가 남긴 재산은 2천 6백만 달러에 불과하였다. 페인은 3천2백만 달러를 남겼으니 두 번째 대주주였다.[104] 하크니스 가족에는 하크니스의 외동딸인 세브란스의 두 번째 부인 플로렌스 하크니스 세브란스도 포함된다. 하크니스에게는 그 밖에 두 아들이 있었는데 큰 아들이 상속받은 1백 50만 달러를 4천 6백만 달러로 키웠다.[105] 이 가운데 2천 3백만 달러가 스탠더드 주식이었는데 이것으로 세 번째 대주주였다. 그의 동생 찰스 하크니스는 세브란스 형제 은행의 이사였다(자료 Ⅱ-5 참조). 처남 매부가 함께 이사인 셈이다. 프래트는 2천만 달러를 남겼으니 네 번째 대주주였다.[106] 록펠러와 세브란스가 은퇴한 후 스탠더드의 회장이 된 존 아치볼드는 1916년에 5,000주의 1천5백만 달러를 남겼다.[107] 세브란스는 1913년에 5,070주의 1천 5백만 달러를 남겼다.[108] 대주주로서 세브란스의 위치를 짐작할 수 있다. 스탠더드 회장보다 보유주식이 더 많았다. 1907년에는 아치볼드가 스탠더드의 두 번째 대주주였다.[109)]

록펠러가 1896년 실질적으로[110)] 은퇴할 때까지 초창기 임원들이 흩어진다.[111)] 동생 윌리엄도 로저스와 함께 "제이 피 모건 회사 J. P. Morgan Company"에 필적할 만한 금융회사를 창업하여 떠난 후에도[112)] 록펠러와 함께 남은 초기 임원은 세브란스 한 명뿐이었다. 록펠러는 초기의 경험을 살려서 1880년대부터 모르는 사람과 사업을 같이하지도 않았고 만나지도 않았다.[113)] 록펠러와 세브란스가 1896년에 같이 은퇴하였으니 세브란스만이 평생 동업자가 된 셈이다. 세브란스가 1913년 작고했을 때 그의 장례식에 록펠러가 참석하였다.[114)]

세브란스가 재무이사가 되어 록펠러와 함께 나란히 은퇴할 때까지 처음부터 26년 동안 그 자리를 유지한 비결이 무엇이었을까. 초기 임원들 가운데 재무와 회계와 석유화학 등 모든 분야에 대해서 상세한 지식을 갖춘 사람은 세브란스뿐이었기 때문일 것이다.[115)] 세브란스는 고등학교밖에 나오지 않았지만 은행원이었으므로 회계에 밝았다. 그러나 그 밖의 업무에 대해서도 해박했는데 당시 석유화학이란 분야가 등장하기 전이어서 전문가가 따로 없었기 때문이다. 그의 화학지식은 타이터스빌의 생산현장에서 나온 것이다. 그의 친구 한나가 설립한 엠 에이 한나 회사(M. A. Hanna Co.)가 유수한 화학회사가 될 수 있었던 것도 마찬가지 이유에서이다. 앞서 소개한 석유화학의 개척자 케이스 공과대학의 마베리 교수는 세브란스의 친구가 되었다. 그러한 배경에서 세브란스의 석유화학에 대한 관심도 우스터 대학(The College of Wooster)의 화학관을 시찰하고 화재가 날 것을 경고할 정도로 깊었다.[116)] 화재 후에 새 화학관을 기증하였다(제5장을 참조). 아들의 모교 오벌린 대학에도 화학실험 건물을 기증하였다(제3장 참조). 아들도 화학을 전공하였다. 그러나 이것이 그가 20년 동안 재무이사를 유지할 충분한 이유가 되었을까?

어느 회사이든지 회사 기밀의 핵심은 회계장부이다. 세브란스는 누구보다 회계에 밝았고[117)] 임원 가운데 은행원 출신은 세브란스뿐이었다. 20년 동안 스탠더드가 급속히 성장하면 서 당시로서는 불법행위가 아닌 뒷돈 거래[118)]의 모든 장부를 갖고 있었기에 아무도 그의 자리를 넘보지 못했을 것이다. 록펠러의 막내 동생 프랭크(Frank Rockefeller, 1845~1917)가 의회 청문회에서 형에게 불리한 진술을 하였을 때 그에게는 장부가 없었다. 회사 비밀의 일부가 로저스 이사에 의해 타벨에 누설되어 세상에 알려졌다지만 장부는 주지 못했다. 회계장부는 록펠러와 세브란스만의 비밀이었을 것이다. 그 간접적 증거가 〈자료 Ⅱ-9〉의 상단에 뉴욕 타임스의 기사인데 이것을 보면 스탠더드의 이윤이 연도별로 기록되어 있다.[119] 그러나 1897~1902년과 1906년의 이윤은 캐내지 못하였다. 이 가운데 일부는 〈자료 Ⅱ-9〉의 하단에 도표가 보이는 것처럼 1930년대에 나타났지만 지금도 1897~1899년의 기록은 모른다.[120] 다만 언론이 추측하여 보충하여 만든 자료가 있을 뿐이다.[121]

세브란스는 록펠러와 함께 1896년에 은퇴하였다. 그러고 보면 은퇴한 다음 해부터 6년 동안 회계장부가 행방불명인 셈이다. 어찌된 일인가. 제1장에서 본 것처럼 1907년에 세브란스는 세계 일주 여정에서 한국을 방문하였다. 세브란스가 평양에 머물던 그해 9월 19일에 스탠더드 석유회사는 7가지 독점금지법을 위반한 혐의로 청문회에 불려갔다. 1907년 9월 19일에 열린 뉴욕 연방 법정에서 켈로그 검사(Prosecutor Frank B. Kellogg, 1856~1937)는 회계장부의 일부가 사라졌음을 발견하였다.

"스탠더드 석유 뉴저지 회사가 다른 회사의 주식을 조절하기 위하여 스탠더드 석유 신탁회사(Standard Oil Trust)

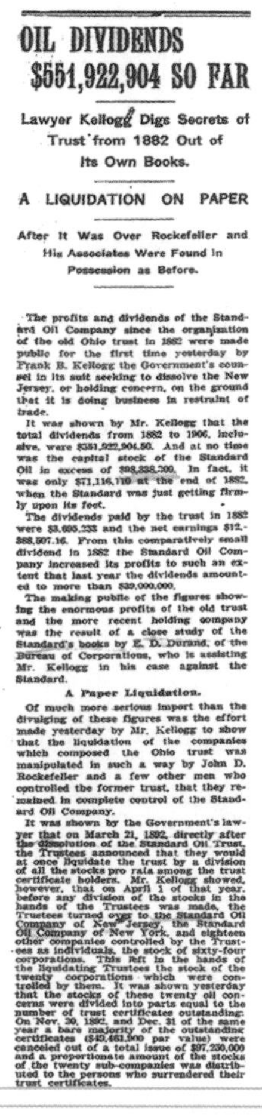

OIL DIVIDENDS $551,922,904 SO FAR

Lawyer Kellogg Digs Secrets of Trust from 1882 Out of Its Own Books.

A LIQUIDATION ON PAPER

After It Was Over Rockefeller and His Associates Were Found in Possession as Before.

The profits and dividends of the Standard Oil Company since the organization of the old Ohio trust in 1882 were made public for the first time yesterday by Frank B. Kellogg the Government's counsel in its suit seeking to dissolve the New Jersey, or holding concern, on the ground that it is doing business in restraint of trade.

It was shown by Mr. Kellogg that the total dividends from 1882 to 1906, inclusive, were $551,922,904.50. And at no time was the capital stock of the Standard Oil in excess of $98,338,300. In fact, it was only $71,116,110 at the end of 1882, when the Standard was just getting firmly upon its feet.

The dividends paid by the trust in 1882 were $3,695,233 and the net earnings $12,388,507.16. From this comparatively small dividend in 1882 the Standard Oil Company increased its profits to such an extent that last year the dividends amounted to more than $39,000,000.

The making public of the figures showing the enormous profits of the old trust and the more recent holding company was the result of a close study of the Standard's books by E. D. Durand, of the Bureau of Corporations, who is assisting Mr. Kellogg in his case against the Standard.

A Paper Liquidation.

Of much more serious import than the divulging of these figures was the effort made yesterday by Mr. Kellogg to show that the liquidation of the companies which composed the Ohio trust was manipulated in such a way by John D. Rockefeller and a few other men who controlled the former trust, that they remained in complete control of the Standard Oil Company.

It was shown by the Government's lawyer that on March 21, 1892, directly after the dissolution of the Standard Oil Trust, the Trustees announced that they would at once liquidate the trust by a division of all the stocks pro rata among the trust certificate holders. Mr. Kellogg showed, however, that on April 1 of that year, before any division of the stocks in the hands of the Trustees was made, the Trustees turned over to the Standard Oil Company of New Jersey, the Standard Oil Company of New York, and eighteen other companies controlled by the Trustees as individuals, the stock of sixty-four corporations. This left in the hands of the liquidating Trustees the stock of the twenty corporations which were controlled by them. It was shown yesterday that the stocks of these twenty oil concerns were divided into parts equal to the number of trust certificates outstanding. On Nov. 30, 1892, and Dec. 31 of the same year a bare majority of the outstanding certificates ($49,461,900 par value) were canceled out of a total issue of $97,250,000 and a proportionate amount of the stocks of the twenty sub-companies was distributed to the persons who surrendered their trust certificates.

Enormous Profits Shown.

Many days were spent in getting together the figures showing the Standard's profits and dividends since the old trust started business. It is looked upon as one of the most valuable exhibits that has been produced thus far in the case. The computations show that the average annual dividend paid by the Standard since the formation of the trust is $22,076,916.18. The average rate of dividend has been 24.15.

The table showing the annual dividends since 1882, as discovered by Mr. Durand in the Standard's books, is as follows:

Dividends. Net Earnings or Profits.

Total.....$551,922,904.50

The Manhattan Oil Purchase.

Another attempt was made by Mr. Kellogg yesterday to get at the facts concerning the purchase of the Manhattan Oil Company. His purpose is to show that the sole object of the Standard's buying the Manhattan was to get it out of the way, and that the purchase was made through London agents in order that the real purchaser would not appear in the transaction. F. T. Cuthbert, President of the Manhattan, was called as a witness, and told of the sale of the Manhattan's refineries to the Solar Refining Company, a Standard concern, after the Manhattan was sold out by Commodore Benedict and Anthony N. Brady.

It was shown that the refineries formerly operated by the Manhattan have been dismantled and its capital stock reduced from $2,000,000 to $150,000. The General Industrial Development Syndicate of London is the present owner of Manhattan stock, Mr. Cuthbert said. W. W. Johnson is managing Director, and J. W. R. Francis Secretary of the London company, and although Mr. Cuthbert makes reports of the earnings of the Manhattan Company to these two men, he said on the stand that he had never seen them. Mr. Cuthbert said the Manhattan was not a paying proposition when the London syndicate bought it out.

"How did you account for the fact that Mr. Johnson and Mr. Francis put $2,000,000 into the Manhattan Oil Company if it was not a paying concern?" asked Mr. Kellogg.

"I didn't account for it," replied the witness.

Big Payments Not Accounted For.

An account in which several million dollars are charged up to James McDonald, a Director of the Anglo-American Oil Company, a Standard concern, was placed on exhibit by the Government's lawyer. It is supposed by Mr. Kellogg that this account has some connection with the taking over of the Manhattan Oil Company and the Security Oil Company by the Standard. He has been unable to prove just what the connection is, but intends to keep pounding at it until the transaction is made clear. The books of the Standard show that the following sums were paid to Mr. McDonald with no apparent return: In 1900, $2,314,444; in 1901, $1,983,773; in 1902, $1,135,044; in 1903, $1,928,832; in 1904, $2,730,719; in 1905, $2,123,006, and in 1906, $1,427,907.

Attorney General R. B. Davidson of Texas and Deputy Attorney General J. P. Lightfoot have come to New York to act in conjunction with Mr. Kellogg in the present suit against the Standard and its subsidiary concerns.

Standard Oil Book Equity, Earnings, and Dividends
($ in millions)

Year	Book Equity	Net Earnings	Earnings/Equity	Dividends	Divs/Equity
1883	$72,869,596	$11,231,790	15.4%	$4,268,086	5.9%
1884	75,858,960	7,778,205	10.3%	4,288,842	5.7%
1885	76,762,672	8,382,935	10.9%	7,479,223	9.7%
1886	87,012,107	15,350,787	17.6%	7,226,452	8.3%
1887	94,377,970	14,026,590	14.9%	8,463,327	9.0%
1888	97,005,621	16,226,955	16.7%	13,705,505	14.1%
1889	101,281,192	14,845,201	14.7%	10,620,630	10.5%
1890	115,810,074	19,131,470	16.5%	11,200,089	9.7%
1891	120,771,075	16,331,826	13.5%	11,648,826	9.6%
1892	128,102,428	19,174,878	15.0%	11,874,225	9.3%
1893	131,886,701	15,457,354	11.7%	11,670,000	8.8%
1894	135,755,449	15,544,326	11.5%	11,670,000	8.6%
1895	143,295,603	24,078,077	16.8%	16,532,500	11.5%
1896	147,220,400	34,077,519	23.1%	30,147,500	20.5%
1897–99	N/A	N/A	N/A	N/A	N/A
1900	205,480,449	55,501,775	27.0%	46,691,474	22.7%
1901	210,997,066	52,291,768	24.8%	46,775,390	22.2%
1902	231,758,406	64,613,365	27.9%	43,851,966	18.9%
1903	270,217,922	81,336,994	30.1%	42,877,478	15.9%
1904	297,489,225	61,570,111	20.7%	35,188,266	11.8%
1905	315,613,262	57,459,356	18.2%	39,335,320	12.5%
1906	359,400,195	83,122,252	23.1%	39,335,320	10.9%

Note: N/A = not available.
Source: Allan Nevins, *John D. Rockefeller*

출처: New York Times 1907년 10월 9일/ Nevins John D Rockefeller 1940

〈자료 Ⅱ-9〉 1882~1906년 스탠더드 석유회사의 회계기록과 사라진 기록를 만드는 데 필요했던 거래를 보여주는 중요한 회계장부는 확보되었지만, 정부의 법률가가 필요로 하는 회계장부의 일부가 아직도 발견되지 않고 있다."[122]

스탠더드 석유 신탁회사의 정체란 무엇인가. 여기에 더하여 스탠더드 석유 뉴저지 회사란 또 무엇인가. 이에 대한 설명은 잠시 뒤로 미룬다. 어쨌든 켈로그 검사는 회계장부를 확보하기 위하여 플린 형사(Detective Flynn)가 이끄는 미연방 비밀검사국(Secret Services)에 의뢰하여 수개월을 조사하였다.[123] 흥미로운 점은 켈로그 검사는 청문회를 준비하면서 증거를 누구에게서 얻었는지 그 원천을 밝히지 않았다는 것이다.[124] 록펠러는 평소에도 직원들이 외부인들과 접촉하는 것을 극도로 경계하며 보안에 유의하였지만 내부첩자는 항상 있게 마련인가 보다.

록펠러 이하 핵심 인물을 기소할 것인가를 묻는 질문에 켈로그 검사는 침묵으로 답변하였다. 그것이 긍정을 뜻하는 것인가라는 질문에 그가 대답하였다.

"아직은 말할 단계가 못 된다."[125]

회계장부가 빠짐없이 확보되지 않았기 때문이었을 것이다. 그런데 3일 후인 9월 22일에 켈로그 검사는 돌파구를 찾은 듯하였다. 스탠더드 석유회사가 초창기에 경쟁업체를 인수할 때 끝까지 격렬하게 저항했던 스코필드, 슈머, 티글 석유회사(Schofield, Schurmer & Teagle Oil)를 증언대에 세울 수 있었다. 그리고 수색영장을 발부하여 스탠더드 석유 재무이사의 금고를 뒤졌다. 대부분의 장부를 압수할 수 있었지만 일부 장부는 여전히 오리무중이었고 무엇보다도 이사회 회의록이 사라졌다. 켈로그 검사는 이해할 수 없었다.[126]

"이사회 회의록이 없어졌다니 이상하지 않은가."

1882년 스탠더드 석유회사가 다른 경쟁업체를 인수할 때 그들의 주식을 수탁하고 대신 신탁증서를 교부하였다. 이름도 아예 "스탠더드 석유 신탁회사 Standard Oil Trust"라고 바꾸었다. 스탠더드 석유 오하이오 회사도 다른 석유회사와 함께 신탁회사에 포함되었다. 이렇게 포함된 석유회사가 40개나 되었다. 40개 회사의 주주들은 자신들의 주식을 스탠더드 석유 신탁회사에 위탁하였다. 주주로서의 모든 권한과 함께 위탁계약을 영원히 취소할 수 없다는 조건하에 맡긴 것이다. 대신 수익성 높은 배당금을 기대하였다. 스탠더드 석유 신탁회사는 이렇게 함으로써 드디어 미국 석유시장의 75퍼센트를 장악할 수 있게 되었는데 이 방대한 시장이 스탠더드 석유 신탁회사의 9명의 수탁이사(trustees)의 수중에 들어갔다. 그 가운데에서도 록펠러가 좌지우지하게 되었다.

뉴욕의 스탠더드 석유 신탁회사 건물에는 40개의 위탁회사들이 입주하여 있다(자료 Ⅱ-10). 그러나 이 커다란 빌딩에는 이상스럽게 안내판이 없었다. 부서나 사람을 찾

출처: Standard Oil New Jersey Company Lamp 1957

〈자료 Ⅱ-10〉 뉴욕 브로드웨이 26번지의 스탠더드 석유 신탁회사 초창기 건물

으려면 특별히 배치된 사람에게서 안내를 받아야 했다.[127] 종업원들도 다른 부서를 방문할 때에는 모자와 저고리로 정장을 해야 했다. 은퇴한 임원의 사무실 문에도 내부의 사람 이름이 써 있지 않았다. 은퇴한 세브란스의 사무실도 마찬가지였을 것이다. 보안이 철저한 온갖 비밀에 쌓인 회사였다. 이 비밀의 일부가 1907년 청문회에서 처음으로 일반인에게 드러났다.

그러나 1892년 오하이오주 법원에서 이런 식의 신탁이 위법이라고 판결하고 분리를 선고하였다. 신탁이 사실상 독점시장을 형성하였다고 판단한 것이다. 스탠더드는 다른 방법을 모색하였다. 때마침 1896년에 뉴저지주가 최초로 지주회사법을 만들자 그곳으로 본사만 옮겨 스탠더드 신탁회사의 간판을 "스탠더드 석유 뉴저지 회사 Standard Oil Company of New Jersey"로 바꾸고 속으로는 신탁회사처럼 운영하였다. 이 법에 의하면 이사 가운데 한 사람만 뉴저지주에 거주하면 되고 자본금의 20센트에 대해서만 세금을 내면 그만이었다. 나중에 뉴저지주지사를 거쳐 대통령이 된 윌슨은 뉴저지주를 지주회사의 어머니라고 불렀다. 델라웨어주도 뉴저지주를 흉내 내었지만 뉴욕에 가장 가까운 철도와 항구를 갖고 있는 뉴저지주를 당해낼 수 없었다.

1907년의 청문회는 법률적으로 해체된 신탁회사의 재건을 실질적으로 추진한 회의록을 찾는 것이었고, 1892년의 분리 판결을 교묘하게 피하여 스탠더드 석유 뉴저지 회사가 내부적으로 신탁회사처럼 운영(?)했다는 혐의의 증거를 찾는 것이었다. 그럴 수밖에 없는 것이 임원 구성과 의사결정 구조 등 요즈음 식으로 말하면 기업의 지배구조에 아무 변화가 없었기 때문이다. 석유시장은 여전히 스탠더드에 의해 장악되었다.

앞서 지적했던 대로 반독점금지 법이 제정된 것이 1890년이었고 타벨의 집요한 고발로 스탠더드 석유회사가 시장을 독점한다는 사회적 문제가 대두된 지 여러 해가 되었다. 회계 담당자로서 청문회에 소환되는 책임을 면하기 어려웠을 것이고 그 장부가 공개되면 록펠러를 비롯하여 관련된 많은 사람들이 해를 입을지 모를 일이었다. 1907년 청문회에 불려 나간 현직 재무이사는 웨슬리 틸포드(Wesley Tilford)였는데 켈로그 검사 질문에 "기억이 나지 않는다"는 답변으로 버틸 수밖에 없었다.[128] 스탠더드의 변호사 밀번(John G. Milburn)이 옆에서 도왔다.[129]

"켈로그 검사가 알기를 원하는 거래는 오래 전에 일어난 것이라 증인들이 기억하지 못하는 것은 이상스러운 일이 아니다. … 내일 틸포드 재무이사를 다시 만나서 금요일에 증언한 내용을 다시 듣겠다. 우리는 증인이 진술한 내용이 오도되는 것을 원하지 않는다. 우리는 모든 기록과 장부를 켈로그 검사에게 제출할 것이다. 스탠더드 석유의 임원들은 그가 알고 있는 것을 증언할 것이다. 우리는 숨길 것이 없다."

20년만 일찍 청문회가 열렸다면 재무이사 세브란스가 소환되었을 것이다. 그랬으면 무엇이라고 답변했을까. 아닌 게 아니라 세브란스는 현직에 있던 20년 전인 1887년에 주간통상위원회(Interstate Commerce Commission)의 청문회에 소환된 적이 있었다. 석유 수송수단의 뒷돈거래에 관한 청문회에서 세브란스는 서약을 하고 장부에 있는 대로 스탠더드가 동원할 수 있는 석유탱크 트럭의 수를 대답하였다(자료 Ⅱ-11의 우측 상

THE STANDARD OIL CASES.

TESTIMONY REGARDING THE RATES FOR TANK CARS AND OIL IN BARRELS.

WASHINGTON, Nov. 22.—Howard Page, who is connected with the management of the Standard Oil Company of Kentucky, was examined in connection with the Standard Oil cases, before the Inter-State Commerce Commission, this forenoon. He was complaint's witness. He stated that no drawbacks or rebates of any kind were allowed the Standard Oil Company by the railroads south of the Ohio, and that the rates paid are the published rates given to everybody. The shipments were made in tank cars, in barrels, and in cases. The railroads did and could well afford to carry oil in tank cars cheaper than by any other method. The cars were furnished by the Standard Oil Company, the oil was loaded from the Standard Company's tanks at the point of shipment, and unloaded into the company's tanks, or into tank wagons, at the place of destination, and both loading and unloading were done by consignor. The oil shipped in tank cars was never in the custody of the railroad except when in transit. Its carriage required of the railroads no terminal facilities. Tank cars were "back loaded" with turpentine and cottonseed oil. They were about 2,000 pounds lighter than ordinary box cars. On the other hand, oil in barrels was delivered at the stations, stored by the railroads like other freight, loaded and unloaded by the railroad men, and required the use of railroad box cars. The average leakage of oil in transit in barrels was about a gallon a barrel. The cars were saturated with the oil and made the more inflammable, while many kinds of merchandise shipped thereafter in them were liable to damage by reason of the oil in the car. Box cars sent South filled with oil were more liable to be brought back empty than tank cars. When oil was shipped in tank cars the car was the unit upon which rates were given. For example, the rate for hauling one tank car from Louisville to Memphis was $25. The average capacity of the tank cars of the Standard Oil Company of Kentucky was 4,057 gallons, equal to 78 barrels of 52 gallons each. The Kentucky Standard Oil Company purchased oil of the Standard Oil Company of Ohio, of the Camden Consolidated Oil Company, of Parkersburg, West Va., and of the Baltimore United Oil Company, and sold oil in all parts of the territory south of the Ohio and east of the Mississippi. Witness's company had its own establishments, comprising tanks, pipes, &c., at various central points in the South. These were situated with a view to convenience of access, yet so far from the railroad stations as to give rise to no danger in case of fire.

L. H. Severance, Treasurer of the Standard Oil Company of Ohio, was sworn, and produced certain information copied from the records of the company respecting the capacities of the tank cars of his company.

J. M. Culp, General Freight Agent of the Louisville and Nashville Railroad Company, was examined at great length about the operations and the rates of his company. During the progress of the examination witness said, in reply to Commissioner Walker, that his company was governed by the published classifications of the Southern Railway and Steamship Company. He also said that for the transportation of oil, except for a period of a few weeks subsequent to April 5, it had always charged car rates upon oil in tanks.

The Commissioner called attention to a declaration upon the pamphlet publication of the association that oils in tank cars shall be charged at so much per hundred pounds. Witness admitted that his company did not in that respect comply with the published classification.

The Chairman questioned the witness as to how he claimed compliance with the law, which requires the publication of rates. Witness said the special car rates were, or ought to be, posted in the stations of the company, printed by a typewriter. This he held to be a sufficient notice to the public. There was nothing, so far as witness knew, to prevent the making of a cheaper rate than that published, whenever a shipper called for a rate, simply by having the new rate printed on a typewriter and posted in the station.

In reply to counsel for the complainant witness said the only rate on oil in barrels from Louisville to Huntsville, Ala., since April 5, was 29½ cents per hundred pounds. No other rate had been given to anybody. Counsel produced a letter, the signature of which witness recognized as that of a clerk in his office, which letter was to Mr. George Rice, the complainant, giving the rate from Louisville to Huntsville at 37 cents a hundred pounds. Witness explained this on the theory that the letter was probably written by a stenographer who had made an error. Counsel thereupon produced a letter bearing witness's own signature addressed to complainant, stating that the rates given to claimant were as low as those given to any one, and that the company would give no other. Witness said that was written under the impression that the rates originally given Mr. Rice were correct. Counsel asked how that could be, since the second letter was written in reply to one from complainant, quoting the thirty-seven-cent rate, and asking if no better terms could be given and if other shippers were not given more favorable rates. Witness replied as before, adding that he did not at the time know the rates, and, not doubting that they had been given correctly, he did not examine them.

Witness, on cross-examination by the railroad counsel, explained the principles which govern the making of oil rates, and gave testimony tending to justify the discrimination between barrel and tank rates. Witness had not concluded his testimony when the commission, at 5 P. M., adjourned.

출처: New York Times 1887년 11월 23일

〈자료 Ⅱ-11〉 1887년 청문회의 세브란스 증언의 기사

단의 점선을 참조).[130]

재무이사 세브란스의 증언까지 동원되며 청문회는 몇 년을 끌었다. 드디어 옆에서 보던 친구 마크 한나가 1890년에 오하이오주 법무장관 와트슨(David Watson)에게 도발적인 편지를 보냈다.[131]

"전략. 청문회가 아직도 끝나지 않았다는 사실을 알고 나는 편지를 쓰기로 결심하였습니다. 나는 스탠더드 석유와 아무 관계가 없습니다만 나의 가까운 친구들[록펠러, 플래글러, 세브란스 등]이 관계하고 있습니다. 중략. 스탠더드 석유는 이 나라에서 가장 뛰어난 인물들이 경영하고 있습니다. 그들은 모두 공화당원이며 기부도 많습니다. 오하이오의 공화당 본부에서 제대로 일을 처리하고 있지 않다는 사실을 나는 알게 되었습니다. 우리가 필요한 것은 사업가의 협조이지 적대감이 아닙니다. 이 점에 대하여 장관은 나와 견해가 다르지 않을 것입니다. 아마 상원의원 셔먼(Senator Sherman)이 일을 꾸몄다고 들었습니다만 개인적으로 그 정보를 신뢰하지는 않습니다. 만일 그 소문이 맞는다면 내게도 알려 주십시오. 그에게 따로 내가 할 말이 있기 때문입니다. 이 일은 신중하게 다루어야 한다는 것이 나의 의견입니다."

이 편지를 쓰던 1890년은 셔먼 의원의 독점금지법이 통과되던 해였다. 한나가 아무리 공화당을 좌지우지하는 실력자(The Republican Boss)라 하지만 정치적 부담을 지지 않고는 쓸 수 없는 대단한 용기였다. 이에 대해 와트슨 검사는 타벨의 편지를 동봉하면서 자신은 대기업을 공격할 의도가 없으며 상원의원 셔먼도 이 일에 아무 관계가 없다고 답장을 썼다. 이 답장을 받고 2주 후에 한나가 다시 편지를 썼다. 거의 협박에 가깝다.

"전략. 나는 스탠더드 석유를 그 시작 때부터 잘 잘고 있습니다. 그 회사를 조직한 사람들[록펠러, 플래글러, 세브란스 등]은 지난 30년 동안 나의 가장 가까운 친구들입니다. 이들만큼 이 도시에 커다란 혜택을 가져온 기업도 없습니다. 그들은 당신의 공격에 매우 분개하고 있습니다. 때가 오면 그들의 영향력을 느끼게 될 것입니다. 그러니 솔직히 말해 이것이 정치적으로 매우 슬픈 실수가 될 상황에서 그 결과가 귀하에게 영광이 되지 않을 것이라고 확신합니다. 상원의원 셔먼이 아무 상관이 없다니 정말 반갑습니다. 같은 이유로 귀하도 아무 상관이 없게 되기를 희망합니다."

앞서 지적했듯이 한나도 정유회사를 운영했는데 화재로 동생에게 처분하였고 록펠러의 죽마고우였기에 그가 스탠더드에 대해서 소상히 알고 있다고 주장한 것은 사실이다. 또 앞서 지적했듯이 1887년까지 뒷돈거래는 위법이 아니었다. 타벨이 잡지와 책에 위법이라고 썼지만 그것은 거짓 폭로였다.[132] 존 아치볼드는 의회 청문회에서 뒷돈 거래가 불법이 된 1887년 이후에는 그 행위를 하지 않았다고 진술하였다. 그는 그 증거로서 회계장부가 아닌 철도회사들의 편지를 제시하였다.[133] 그에게도 회계장부는 없었다는 증거이다. 록펠러는 아예 불법으로 규정된 1887년 이전에 이미 뒷돈거래를 멈추었다고 말했다. 그래서인지 그 재판으로 아무도 감옥에 가지 않았다. 그러나 조사과정에서 록펠러는 감옥에 갈까 봐 걱정하였다. 세브란스와 함께 록펠러는 1896년에 은퇴하였지만 측근들이 록펠러라는 이름만이라도 회장 자리에 남겨 두었던 탓이다. 그럴 수밖에 없었던 이유는 "그는 그렇게 해야만 하였다. 재판이 진행 중인데 만일 우리가 감옥에 가게 되면 그도 우리와 함께 가야 하기 때문이다."[134] 록펠러를 피뢰침으로 삼은 것이다. 그의 변호사들도 장담하지 못하였으니 뉴욕 타임스는 "스탠더드 석유의 임원들은 감옥에 갈지 모른다"라고 썼다.[135]

그러나 역시 록펠러는 그들의 대장다웠다. 그는 한 번도 독단적인 결정을 하지 않았다. 그는 카네기와 달리 절반 이상의 주식을 갖고 있지 않았고 회사에 수많은 위원회를 만들었다. 그는 위원회가 결정할 때까지 기다리는 인내심을 가졌다. 어느 때는 2년을 참고 기다렸다. 그에게는 믿는 구석도 있었다. 그는 회사의 초기부터 핵심 측근들만 이해할 수 있는 암호와 같은 모호한 표현을 사용하였다. 전형적인 편지는 이렇다. "당신의 25일 자 편지를 받았다. 정당한 방법으로 진행할 것을 권한다. 록펠러. (서명)" 다른 사람은 몰라도 수하의 부하직원들은 이것이 무슨 뜻인지를 정확하게 알고 움직였다. 록펠러는 한 번도 구체적인 지시를 한 적이 없었다. 모든 청문회에서도 그가 사용한 방법은 "기억이 나지 않는다" 또는 "질문의 요지를 이해하지 못하겠다"는 대답으로 핵심을 피해 가는 것이었다. 그 기억이 나지 않는다는 기억이 법정에서 나오기만 하면 정밀한 기계처럼 기민하게 움직였다.

그러나 다시 1897년에 오하이오주 법무장관 프랭크 모네트(Frank Monnett)는 스탠더드 석유가 1892년의 해체 판결을 지키지 않았다고 확신하고 1898년 10월과 1899년 3월에 청문회를 다시 열었다. 그러나 또다시 결정적인 장부를 발견할 수 없었다. 그럴 수밖에 없는 것이 회사가 1898년 11월에 장부, 일지, 문서를 모두 소각했기 때문이다.[136]

이것이 가능했던 이유는 뉴저지주의 지주회사법에 의하면 스탠더드 석유 뉴저지 회사는 연차보고서를 제출할 의무가 없었기 때문이다.[137] 이래서 초기 기록이 거의 남아있지 않았다. 일부의 기록은 소각하였고, 일부의 기록은 스탠더드의 후신 엑손(Exxon)이 텍사스 대학(University of Texas)에 기증하였는데 2006년 이후에 공개하는 조건이었다. 오하이오주 대법원은 혐의를 발견하는 데 또다시 실패하였다.

1907년 청문회로 다시 돌아가서, 이때에도 그 전처럼 검사가 장부를 발견하는 데 실패한 이유는 무엇이었을까. 1898년 청문회에서는 소각으로 장부를 찾지 못했다지만 소각한 후인 1899~1902년과 1906년의 장부는 어떻게 됐기에 찾지 못했을까. 이 비밀은 최근에야 일부 알려졌다. 독자는 세브란스의 첫 번째 부인 파니를 기억할 것이다. 그녀는 일찍 사망했지만 오빠 데이비드 베네딕트 박사와 세브란스는 평생의 친구였다. 그러기에 1913년 세브란스가 작고했을 때에도 이들 가족이 조문을 하였다(제9장 참조). 베네딕트 박사의 고손자인 작가 이안 프래지어(Ian Frazier)가 최근에 말했다.[138]

"나의 아버지는 세브란스 씨가 재무이사로서 보관하고 있던 장부를 [1907~1908년]여행에 갖고 떠나서 검사가 조사할 수 없었다고 종종 말씀하셨다."

여기서 "나의 아버지"란 세브란스의 처남 베네딕트 박사의 증손자로서 스탠포드 대학을 졸업하고 스탠더드 석유 오하이오 회사에 입사한 데이비드 프래지어(David Frazier, 1919~1987, 가계는 자료 Ⅲ-15를 참고)를 가리킨다. 그는 세브란스의 자녀들이 만든 노워크 기금의 수혜자였다. 앞서 얘기한 대로 세브란스는 회계장부의 비밀을 처남인 데이비드 베네딕트 박사에게는 얘기하였다.

집안에 내려오는 구전이 옳다면 세브란스는 1907년에 재판을 예측하고 여행을 준비하였을지 모른다. 집안의 구전과 뉴욕 타임스 기사가 일치하므로 베네딕트 박사의 진술은 맞는다고 볼 수밖에 없다. 게다가 프래지어는 다른 회사도 아닌 스탠더드에서 평생을 보냈으니 그 내막을 회사 내부에서 확인하고 말했을 것이다.

오하이오주가 스탠더드 석유를 상대로 다시 재판하기 시작한 것은 1906년 10월 9일이었는데[139] 1개월 후인 11월 8일에 에이비슨 박사가 뉴욕 장로교 선교본부에 세브란스 씨가 1907년 한국을 방문할 것이라고 보고하였고 세브란스는 1907년 1월 28일에 미국을 떠났다. 에이비슨 박사의 보고 이전을 역산해보면 세브란스는 재판이 임박하자

출처: © Courtesy of Western Reserve Historical Society

〈자료 Ⅱ-12〉 세브란스의 집 내부

여행을 결심했을 것으로 보인다. 아니면 우연의 일치였을까.

어찌 보면 1907년을 한국 방문의 해로 잡은 진짜 이유는 이 때문이었는지 모른다. 그해는 세브란스 의학대학의 제1회 졸업의 해도 아니고 세브란스 기념병원의 준공의 해도 아니었기 때문이다. 명분은 한국에서 새로운 교통수단인 기차가 등장하여 편리해진 여행과 평양에서 열리는 제1회 장로교 독노회의 참석이었다. 그가 평생 동안 자신을 크게 드러내지 않고 낮은 자세로 산 이유가 아마도 여기에 있는지 모를 일이다. 록펠러는 항상 자신뿐만 아니라 주변 인물들도 눈에 띄지 않도록 당부하였다. 거래처의 사람이 호화롭게 사는 것을 보고 당장 계약을 취소한 적도 있었다. 초기에 자신의 집도 호화롭지 않게 꾸몄다. 세브란스도 마찬가지였다. 한때 그가 유지하였던 집도 대부호에 어울리지 않게 소박하다. 〈자료 Ⅱ-12〉를 보면 정면 벽난로 위의 사진은 어머니이고 그 오른쪽 밑이 외동딸 엘리자베스의 사진이다. 왼쪽 벽을 장식한 것은 외할아버지와 외할머니의 사진이고 그 사이에 사위 알렌 박사의 사진이 있다. 그 밖에 가족을 제외하고 다른 장식은 없다. 문밖에 자동차가 보인다. 추측컨대 록펠러가 세브란스를 신뢰하는 이유가 여기에 있을지도 모른다. 또한 세브란스가 그렇게 중요한 자리에 오랫동안 있었으면서 다른 사람들과 달리 회사에 관한 기록을 남긴 것이 지금까지 발견된 적이 없다.[140] 속된 말로 하면 스탠더드 석유회사의 전성기 회계 비밀을 무덤까지 가지고 간 것일까. 이 장부는 지금 어디에 있을까.

그러므로 세브란스가 여행에 갖고 떠난 회계장부는 1897년 이후의 것의 일부이었을 것이다. 세브란스는 어찌된 일인지 설명할 수 없지만 은퇴 후까지도 자신이 관리하던 스탠더드 석유회사의 회계장부를 갖고 한국으로 떠났으므로 당국이 조사할 수 없었다. 그러니 켈로그 검사는 장부의 행방을 전혀 알 길이 없었을 것이다. 스탠더드 석유신탁회사를 만들 때 거기에 가입하는 40개 석유회사의 대표자들이 찬성의 서명을 하였고 그들에게 신탁증서를 교부하였으며 그들이 투표로 3년 임기의 9명의 수탁이사를 뽑았기 때문에 세브란스는 어디에도 끼이지 않았다. 세브란스가 몸담고 있던 스탠더드 석유 오하이오 회사의 대표는 록펠러였고 록펠러가 찬성의 서명자였고 신탁자였기 때문이다. 동시에 록펠러는 9명의 수탁이사 가운데 하나이며 스탠더드 신탁회사 이사회의 회장이었다. 게다가 세브란스는 은퇴한 지 벌써 10년이 지났다.

1887~1907년까지 20년 동안 스탠더드는 21개 주에서 반독점금지법 위반혐의로 소송을 당했고 444명의 증인이 1천 1백만 단어의 증언을 하였고 1,374점의 증거물이 제시되었으며 12,000페이지에 달하는 21권의 보고서가 나왔다.[141] 그런데도 세브란스는 록펠러 뒤에서 몸을 드러내지 않을 수 있었고 검사는 그와 그가 갖고 있는 장부를 찾아내지 못하였다. 여하튼 이 사건을 성공적(?)으로 마무리한 켈로그 검사는 출세가도에 올라섰고 1925~29년에 쿨리지 대통령 밑에서 국무장관을 지냈고 저 유명한 켈로그-브리암 조약의 공로로 1929년에는 노벨 평화상을 받았다.

그래도 의문은 남는다. 세브란스가 1896년에 은퇴했는데 은퇴한 후 1899~1902년과 1906년의 장부를 보관한 것은 무슨 이유였을까. 자신이 재직하던 시절의 장부는 소각되었으므로 은퇴 후의 장부를 보관한 이유는 아무도 모른다. 주변 상황으로 추측할 수밖에 없다. 1892년 오하이오에서 위법으로 판결받고 회사를 뉴저지로 옮기면서 처음에는 조심했을 것이다. 다시 말하면 1897년 이전에는 법을 줄타기했을 것이다. 그러나 자동차의 등장과 더불어 석유의 수요가 폭발적으로 증가하면서 내부적으로 신탁회사의 형태를 그대로 유지했을 것이다. 애써서 신탁회사를 만들어 시장을 장악하여 얻어낸 폭발적인 수익을 그대로 나누어줄 수는 없는 노릇이었다. 1897년 스탠더드 주식이 하늘 높은 줄 모르고 오르기 시작하였다. 록펠러의 재산이 9개월 사이에 증가한 부분만 5천 5백만 달러이었다. 1906년 현재 스탠더드 석유회사의 자산가치가 3억 6천만 달러였는데[142] 그 가운데 26퍼센트가 록펠러의 지분이었으므로 9천 4백만 달러가 스탠더드 석유회사에서 나오는 그의 재산이었다.[143] 다른 재산과 합치면 록펠러의 재산가치는 5억 5천만 달러였는데 이 가운데 1억 달러를 자선에 사용하였다.[144] 가장 성장이 빨랐던 때는 1901년이었다. 이 가운데 세브란스가 은퇴할 전후인 1893년부터 1901년까지 스탠더드 주식회사가 주주에게 지급한 배당금은 2억 5천만 달러였는데 이 가운데 절반 가량이 6명의 대주주에게 지급되었다.[145] 여기서 다시 록펠러에게 26퍼센트에 해당하는 3천만 달러가 지급되었으니 록펠러를 제외하고 일인당 평균 2천만 달러였다. 대주주들은 배당수입을 다시 철도, 가스, 전기 등 다른 산업에 투자하였다. 세브란스가 사망하였을 때 공개된 그의 유산이 바로 이 점을 증언하고 있다(제9장을 참조). 그의 투자는 광범위하게 여러 산업에 걸쳐져 있다. 세브란스의 처삼촌 헨리 플래글러가 1899년에 이혼하기 위해 지불한 위자료만도 2백만 달러의 스탠더드 석유회사의 주식이었다.[146] 세브란스 씨가 사망한 1913년에 록펠러의 재산은 9억 달러였다.[147] 그의 아들 록펠러 Ⅱ세(1874~1960)는 "나의 아버지는 최초의 10억 달러 부자가 되는데 실패하였다"라고 회상하였다. 그러나 전성기에 그의 재산은 미국 경제의 2퍼센트를 차지하였으니 50개의 주 가운데 하나는 록펠러의 것이라고 할 만하였다. 그는 평생 5억 4천만 달러를 자선사업에 썼다. 당시 스탠더드 석유회사의 자산가치는 상상을 초월한다.

이와 같은 정황에서 전성기였던 1892~1898년의 장부는 소각하고 그 이후 장부 역시 무슨 이유인지는 정확히 모르겠지만 공개되어서는 안 될 사정이 있었던 것으로 보인다. 이번에는 소각하는 대신 전과 다르게 밖에 노출되지 않은 임원 가운데 은퇴한 세브란스가 보관하는 편이 안전했을지 모른다. 그리고 만일을 위하여 해외여행에 가지고 떠난 것이리라. 켈로그 검사가 결국 영장을 발부하여 현직 재무이사의 금고를 수색하였던 것을 사전에 예상하기로 한 듯하다. 앞서도 말했지만 당시에 이러한 행위는 위법이 아니었던 것으로 보인다. 제출의 의무가 없었기에 검사도 비밀수사국 탐정을 시켜 회계 정보를 입수할 수밖에 없었다.

해외로 나가면 문제가 해결되는가. 청문회를 참관하였던 한 사람은 켈로그 검사가 플래글러를 기소하지 않은 이유가 그가 유럽에 있다고 생각했기 때문이라고 기록하였다. 플래글러는 청문회의 시작부터 소환 대상이었다.

"플래글러는 유럽에 있다고 알고 있습니다."

"아니오, 플래글러는 미국에 있으니 검사가 원한다면 소환할 수 있습니다."148)

앞서 소개한 바대로 플래글러는 플로리다를 개발하고 있었다. 그럼에도 어쩐 일인지 켈로그 검사는 그를 기소하지 않았다. 검사는 스탠더드에 불리한 진술을 할 사람은 기소하지 않겠다는 점을 분명히 하였다. 이러한 조건에서 증언대에 선 사람은 찰스 프래트(Charles Pratt, 1830~1891)뿐이었다. 검사의 목적은 행방불명의 장부를 찾고자 하는 것이었다. 이 대화에 비추어보아 당시에는 외국에 가면 청문회에 소환할 수 없는 듯하였다. 세브란스의 여행은 혼자 결정한 여행이었을까. 어찌 되었던 결과적으로 1907년 재판에서 스탠더드는 2천9백만 달러의 벌금선고를 받았지만 아무도 감옥에 가지 않았다.

그러나 벌금선고가 내려졌을 때 스탠더드 석유의 주가가 500에서 421로 하락하고 주식시장이 침체에 들어갔다. 그렇지 않아도 주식시장은 요동치고 있었는데 찬물을 끼얹은 격이 되었다. 1907년 10월에 예금주들이 은행 앞에 줄을 섰다. 은행이 도산하기 전에 남보다 먼저 예금을 인출해 가려는 인파였다. 록펠러는 응급조치로 소지하고 있던 채권을 담보로 뉴욕은행에 예치하였다. 재무장관 코트루가 금융황제 모건(J. P. Morgan, 1837~1913)을 긴급히 만나고 정부자금 2천5백만 달러를 그에게 예치하였다. 당시에는 연방준비은행(Federal Reserve Bank)이 생기기 전이었다. 이것이 1907년의 공황의 정체였다. 이와 대조적으로 스탠더드 석유에 대한 재판이 진행 중이던 1893년의 공황에서 하나의 회사도 도산하지 않았던 것은 스탠더드의 팽창 덕분이었다. 당시 미국 수출품목 가운데 석유가 4번째로 크게 기여하였으니 서부 개척과 국력 팽창의 재정은 스탠더드 석유에 힘입은 바 크다.

당시 소문으로는 독점금지법에 쫓기는 또 하나의 대기업인 미국철강회사(the U. S. Steel)가 정부의 예봉을 피하기 위하여 검사를 스탠더드 조사로 유인하였다고 한다. 어찌되었던 스탠더드는 1907년 선고에 불복하고 상고하였다. 연방항소심 법원은 1907년의 판결이 잘못되었음

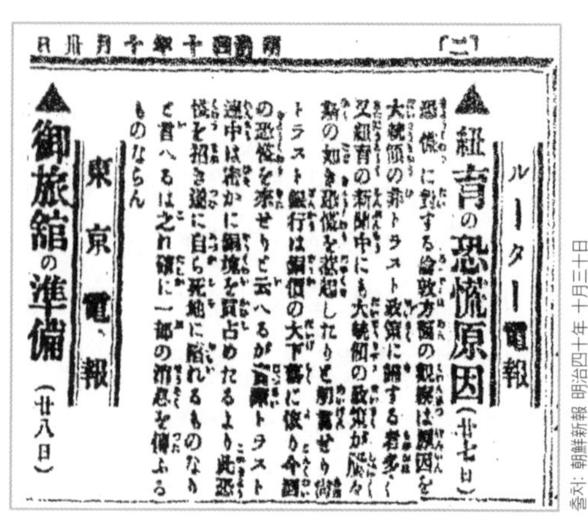
朝鮮新報　明治四十年十月卅日　「二」

ルーター電報

紐育の恐慌原因（廿七日）

恐慌に對する輿論方面の觀察は原因を大統領の非トラスト政策に歸する者多く又紐育の新聞中にも大統領の政策が屡々斯の如き恐慌を惹起したりと明言せり倫敦トラスト銀行は銅價の大下落に依り今回の恐慌を來せりと云へるが銅トラスト連中は密かに銅塊を買占めたるより此恐慌を招き遂に自ら死地に陷れるものなりと言へるは之れ確に一部の消息を傳ふるものならん

東京電報

御旅館の準備（廿八日）

출처: 朝鮮新報 明治四十年 十月三十日

〈자료 Ⅱ-13〉 1907년 공황의 일본 신문 기사

을 지적하고 벌금형을 번복하였다. 오히려 랜디스 판사(Judge Landis)를 꾸짖고 스탠더드 관련자 전원에게 무죄를 선고하였다. 세브란스가 귀국하던 1908년 7월의 일이었다.[149] 세브란스는 편안한 마음으로 귀국하였을 것이다. 그러나 시어도어 루즈벨트 대통령은 대단히 화가 났다. 그도 랜디스 판사가 편파적인 판결을 내렸다고 인정했으나 그렇다고 스탠더드가 무죄라고는 생각하지 않았다. 1911년 연방대법원에서 결국 스탠더드 석유 뉴저지 회사를 독점이라고 판단하고 회사를 분할하라는 판결이 떨어진다. 각종 소송에 휘말린 지 20년 만의 일이다. 그로부터 2년 후 1913년에 세브란스는 작고하였다.

평신도 선교운동

앞서 지적한 대로 에이비슨 박사가 1906년 11월 8일에 뉴욕 장로교 선교본부에 세브란스 씨가 1907년 한국을 방문할 것이라고 보고하였고 세브란스 장로는 1907년 1월 28일에 보관하고 있던 스탠더드 석유의 장부를 갖고 미국을 떠난 것은 사실이다. 그 시기가 스탠더드의 재판과 일치하여 도피성이라고 의심받을 만하다.

그러나 다른 중요한 이유도 있었다. 세브란스 장로는 1906년에 시작된 "평신도 선교운동 The Laymen's Missionary Movement"에 깊숙이 관련되어 있었다(제9장 참조). 그래서 제1장에서 인용한 대로 "평신도 선교운동에 위촉을 받고 선교 현장에 뛰어든 사람 가운데 완벽하고 독립적이면서 가치 있는 업적을 이룬 사람이 … 클리블랜드의 엘 에이치 세브란스이다."라는 평가를 받았다. 이 운동의 발기 근거를 보면 "여러 선교본부의 종합감독 아래 평신도 선교운동을 일으키고 … 당대 세계복음화를 목표로 … 50명 이상으로 평신도백년위원회를 조직하여 … 가급적 빠른 시일에 선교지를 방문하고 그 실정을 본국교회에 보고하게 하는 것"이다. 이 취지에 따라 1906년 11월 15일에 평신도 선교운동을 조직하였다. 세브란스 장로는 이 취지를 "가급적 조속히" 실행에 옮기기 위해 1906년 11월에 장로교 선교본부의 허락을 받고 1907년 1월 28일에 미국을 출발한 것이라 볼 수 있다. 훌륭한 명분이었다.

이 명분이 정당화될 수 있는 것은 동일한 이유로 1908년 초 록펠러가 침례교 선교 현장 조사차 시카고 대학의 버튼 박사(Ernest DeWitt Burton, DD, 1856~1925)를 아시아에 보낸 것이다. 버튼 박사는 인도, 중국, 일본, 한국의 선교지를 방문하고 보고서를 남졌다. 그러나 세브란스 장로가 보고서를 제출했는지 제출했다면 남아있는지 아직 불분명하다.

정부의 조사를 피하려고 그랬는지, 아니면 평신도 선교를 하려고 그랬는지 몰라도 어쨌든 세브란스 장로의 세계일주여행은 여러 모로 보람 있는 일이었다. 그런데 그가 부재중에 사건 하나가 자라고 있었다. 록펠러와 세브란스가 은퇴하고 후임자는 앞서 지적했듯이 아치볼드였다. 그는 집안일을 돌보는 흑인 집사를 하나 두고 있었다. 집사에게는 아들 윌리(Willie)가 있었는데 집사가 불쌍하다고 이 아들에게 스탠더드의 심부름꾼 자리를 주었다. 당시로서는 흑인에 대한 파격적인 처사였다. 생활이 안정된 윌리는 경마에 미치면서 빚을 졌다. 그는 친구와 함께 아치볼드 책상을 뒤져서 편지를 훔쳤다. 그 편지는 여러 상원의원에게 보내는 비밀편지였다. 이 편지들은 공개되어서는 안 되는데 윌리는 이것들을 갖고 당대의 최대의 황색신문 『뉴욕 아메리칸 *New York American*』의 편집장 엘드리지(Fred Eldridge)를 찾아갔다. 이때가 1904년이었다. 사장 랜돌프 허스트(William Randolph Hearst, 적군파에 납치되어 이목을 집중시킨 패티 허스트 Patty Hearst의 증조부)는 때를 기다렸다. 4년을 끈기 있게 기다리다가 마침내 1908년 대통령 선거 유세에서 폭로하였다. 세브란스가 세계일주여행에서 귀환한 직후였다. 그의 폭로로 스탠더드가 지원하는 후보가 떨어졌고 두 명의 상원의원이 정치적으로 매장되었다. 그러나 아치볼드는 살아남았고 명예를 회복하려고 시라큐즈 대학에 1백만 달러를 기부하였다. 허스트에게서 2만 달러를 받은 윌리는 동네에 선술집을 차렸다. 모두 세브란스가 없을 때 터진 그와 무관한 일이었다.

대주주

타이터스빌의 성공은 그의 일생을 통해서 막대한 부를 가져다주는 시작에 불과했다. 세브란스가 작고했을 때 클리블랜드의 신문 플레인 딜러(The Plain Dealer)의 부고에 의하면 "대주주" 세브란스의 남은 재산이 8백만 달러였다고 한다. 다른 기록에 의하면 3천8백만 달러를 남겼다.[150)] 그러나 앞서 본대로 뉴욕 타임스는 상속법원의 결정을 인용하면서 1천5백만 달러를 남겼다고 보도하였다.[151)] 대부분이 스탠더드 석유 뉴저지 회사의 주식이었다. 그의 외동딸 엘리자베스가 1944년에 남긴 유산이 1천 7백만 달러였다.[152] 자선에 많은 돈을 쓰고도 이만한 돈이 남겼으니 세브란스는 대주주였음에 틀림없다(구체적 사항은 제9장을 참조). 세브란스의 사위 더들리 피터 알렌 박사는 말했다.

> "세브란스가 1901~1913년에 '해외선교'에만 지불한 금액이 5십 만 달러인데 이것은 총 자선 금액의 작은 부분이다. 그는 다른 사람들이 알지 못하게 자선을 하기 때문이다."[153]

그럴 수밖에 없는 것이 세브란스가 우스터 대학에 기부한 것만도 75만 달러였고(제5장을 참조), 살아생전 약속하고 작고함으로써 미처 약속을 이행하지 못한 해외기부의 잔금만 20만 달러였다(제9장을 참조). 많은 자선이 아무도 모른 채 누락되었다. 그렇더라도 "알려진" 해외선교의 50만 달러 기부만으로도 1884년 미국 장로교 총회 해외선교 예산 총액 약 76만 달러에 육박하는 크기인데 이 금액을 1900년의 가치로 환산하면 1백 60만 달러였다.[154] 대체로 세브란스 씨의 알려진 해외자선 금액은 총회 해외선교 예산의 3분의 1의 해당하는 금액인데 그것마저도 총 자선 금액의 작은 일부였다. 장로교 해외선교에서 그가 차지하는 비중을 짐작할 수 있다.

아무도 모르게 제공하는 기부의 예를 들자면 세브란스 기념병원을 지을 때 그 설계자인 고든(Henry Gorden, 1855~1951)을 건축 감독관으로 뉴욕 장로교 선교본부에서 파견하였다. 그의 여행경비와 3년간(1901~1904)의 봉급을 지불한 사람이 누구였는지 아무도 모른다. 그러나 에이비슨 박사는 그가 세브란스 씨라는 것을 암시하고 있다.[155] 고든은 그다음으로 중국에 가서 공사를 감독하였다.[156] 아마 산동성 등주(登州)에 있는 세브란스 여학교였을 것이다. 이 추측은 제6장에서 계속된다.

제3장
클리블랜드 1871년

한나

이 장의 목표는 세브란스의 조상, 조부모, 부모, 친구, 자녀, 사위의 일생을 조연으로 등장시켜 그가 막대한 재산을 기독교의료자선사업에 사용한 배경과 자녀들이 아버지의 유업을 계승하게 되는 과정을 이해하려는 것이다.

세브란스는 록펠러의 기름전쟁이 끝날 때 즈음 비로소 타이터스빌을 떠날 수 있었다. 그러한 계기가 있었으니 그의 부인 파니 버킹엄 베네딕트가 죽은 것이다. 환경이 좋지 않은 타이터스빌에서 건강을 상한 그녀를 세브란스는 1871년 클리블랜드로 데리고 왔다. 그러나 건강을 회복하지 못한 그녀는 1874년 8월 1일, 남편의 36회 생일에 세상을 떠났다. 그러나 이러한 가족적인 불행을 딛고 그가 성공한 것은 클리블랜드로 귀환하였기 때문이다. 세브란스 씨가 타이터스빌 마을에서 1차로 성공하였다면 그의 본격적인 2차 성공은 1871년 클리블랜드시로 돌아온 뒤였다. 그를 부자에서 부호로 만들어 준 것이 클리블랜드시의 스탠더드 석유회사이다. 사실 따지고 보면 타이터스빌의 1차 성공도 그가 클리블랜드의 오래된 명문가 출신이라는 데 기인한다. 당시 타이터스빌의 아수라장 속에서 성공한 소수의 사람들 대부분은 지리적으로 가까운 클리블랜드 출신인데 그 가운데 록펠러, 세브란스, 플래글러, 페인, 하크니스, 한나 등이 대표적이다. 이들은 모두 거부가 되었다. 거칠게 말하자면 이들은 역사상 최초의 기름사업을 마음 맞는 친구들끼리 조직하여 역사상 최대의 회사로 발전시킨 것이다.[1] 이들이 스탠더드를 시작하던 때가 미국이 서부 개척에 박차를 가할 때였다. 서부 개척의 상징적 사건. 조지 암스트롱 카스터 장군의 기병대가 몬태나주 빅혼에서 시우 인디언족에게 몰살당한 것이 1876년이었다.

앞서 얘기한 대로 록펠러, 플래글러, 세브란스, 헤이, 한나는 모두 백만[억만]장자의 거리에 함께 모여 살았다. 의사를 아버지로 둔 마크 한나가 나중에 대학병원에 기부를 하는 자선가가 된 것도 아버지의 영향 덕이다. 한나는 오하이오 최고 갑부에[2] 연방 상원의원이 되었고, 록펠러는 세계 최고 갑부가 되었다. 헤이는 국무장관이 되었다. 한나는 석유에서 시작하여 전차, 철강, 화학으로 거부가 되었다. 록펠러가 내향적인데 한나는 외향적이다. 록펠러가 석유사업에만 매진할 때 한나는 정치에 뛰어들어 상원의원이 되었다.

한나는 정치적 기회를 엿보다가 백화점왕 존 워너메이커와 함께 1백만 달러를 모아 해리슨(Benjamin Harrison, 1833~1901)을 대통령에 당선시켰다. 그의 할아버지 윌리엄 해리슨(William Harrison, 1773~1841)도 대통령이었으므로 미국 역사상 유일한 조손(祖孫) 대통령이 되었다. 그러나 할아버지는 대통령 취임식에서 걸린 감기로 1달도 못 되어 죽었다. 워너메이커는 선거를 도운 공로로 체신부 장관이 되었다. 그러나 여기에 만족하지 않은 한나는 모든 공직을 거절하고 더 큰 기회를 찾다가 공화당원 윌리엄 매킨리(William McKinley, 1843~1901)를 파산에서 구제하였다. 이때 한나와 함께 도와준 사람들이 존 헤이, 사무엘 마서, 앤드류 카네기 등이다. 결국 자신의 자금동원 능력으로 오하이오 주지사 매킨리를 1896년 선거에서 대통령으로 만드는 데 1등 공신이 되었다. 그는 공화당 예비대회 자금 10만 달러를 혼자 지불하였고 전국 대회를 조직하는데 드는 3백 50만 달러를 혼자 모금하였다. 당시로서는 전무한 금액이었다. 한나는 당대 정계의 거물이 되었는데 언론은 그를 달러 마크(Dollar Mark)라고 불렀다. 한나의 능력에 감탄한 존 헤이는 친구에게 편지를 썼다.[3]

> "금년에 한나가 이룩한 업적이 얼마나 놀라운 것인가. 이 선거에 돌입하기 전에 나는 그의 능력을 이렇게까지 몰랐다. 그러나 이제부터 그에 대한 존경심이 매 시간 자란다. 그는 타고난 정치지도자이다. 직선적이고, 정직하고, 대담하다. 전투에서 혜안이 있고 적의 약점을 파악하는 데 탁월하다. 그가 정부의 요직을 맡을지 모르겠다. 그러기를 바란다."

많은 사람들이 한나가 정부의 요직을 차지할 것이라고 예상하였다. 매킨리 대통령

도 그렇게 생각하였다.[4)]

"우리는 함께 이 선거를 치렀다. 미래를 생각하기 전에 나는 귀하에게 일생동안 나에게 베푼 엄청난 빚에 대하여 감사를 드리지 않을 수 없다. 보상을 바라지 않는 이 같은 봉사가 있었던가. … 이제 미래에 대해 생각해야 한다. … 장관을 맡아주기를 바란다. … 즉시 볼 수 없을까. 부인과 가족에게 우리 내외의 인사를 전해 주기를 바란다. 귀하의 친구, 윌리엄 매킨리."

예상과 달리 한나가 거절하여 또 한번 세상이 놀랐다. 이 선거는 은본위제도에 대한 금본위제도의 승리였으며 미국 경제사의 중요한 사건이다. 매킨리 대통령을 기점으로 비로소 미국은 유럽을 제치고 세계경제의 주역으로 떠올랐다. 금본위제도를 내걸은 공화당이 은본위제도를 내걸고 민주당, 인민당, 국민은화당이 연합하여 내세운 브라이언(William Jennings Bryan, 1860~1925)을 이긴 것은 클리블랜드의 산업자본가와 월스트리트의 금융자본가들의 지지를 얻었기 때문이었다. 이때 마크 한나는 자신 있게 말했다. "그[브라이언]는 항상 은 문제를 말해왔는데 바로 여기서 우리가 그를 굴복시켰다."[5)] 왜냐하면 단 하나의 문제만으로 사람들을 결속시킬 수 없기 때문이었다. 선거운동에 록펠러가 25만 달러를 기부하여 한몫을 거든다.[6)] 세브란스가 얼마큼 기부했는지는 알 길이 없다. 당선이 확정되자 한나는 매킨리에게 "하늘에는 하나님이 계시고 땅에서는 우리가 잘 지낸다."라고 전보를 쳤다.[7)]

한나와 록펠러는 클리블랜드의 중앙고등학교 시절부터 다른 친구와 함께 삼총사가 될 정도로 절친한 친구였지만 그와 스탠더드 석유를 함께 운영하지 않은 것은 그의 성격과 자존심 탓이었다. 만일 그가 록펠러와 동업을 하였다면 둘이 충돌할 것은 뻔한 이치였다. 한나는 친구와 그런 사이가 되는 것이 싫었고 자신의 길을 정치에서 찾았다. 한나는 록펠러를 언제나 도와주었다. 그가 상품중개인이었던 1862년 동업자 가레트슨이 수익이 큰 주류를 취급하자고 주장하자 금주를 믿는 한나는 그와 결별하고 새로운 회사를 만들면서 『클리블랜드 헤럴드 *Cleveland Herald*』에 광고를 냈다.[8)]

자신의 광고에 친구인 록펠러의 것도 실어주었다. 그러나 한나는 록펠러와 동업을 한 적도 있다. 당시 일간지 『클리블랜드 헤럴드』는 가장 유력한 신문이었다. 그러나 『리더 *Leader*』에게 밀리기 시작하였다. 그러자 한나는 록펠러, 플래글러, 아마사 스톤과

알 한나, 엘 한나, 에스 에이치 베어드, 엠 에이 한나,
로버트 한나 회사
(한나, 가레트슨 회사의 후신)
식품도매, 선물과 위탁상인
상품, 생선, 소금, 기타
리버가 169번지와 177번지, 선창가
클리블랜드, 오하이오
대리인
클리블랜드, 디트로이트, 수피리얼 호수 기선
참고. 클라크와 록펠러도 클라크와 록펠러 회사의 상호로 계속 상품위탁사업을 한다.
주소는 리버가 39, 41, 43, 45번지의 클라크, 가드너 회사의 창고이다.

함께 『클리블랜드 헤럴드』를 인수하여 자신이 직접 경영하였다. 당시 사람들은 그들을 "마크 한나와 그 일당 Mark Hanna and his gang"이라고 불렀다.

공화당의 윌리엄 매킨리가 1897년에 대통령에 취임하자 존 헤이를 영국 대사로 임명하였다. 오하이오 상원이었던 셔먼(John Sherman, 1823~1900)을 국무장관으로 밀어내고 그 자리를 한나가 차지하였다.[9] 〈자료 Ⅲ-1〉는 상원의원 한나가 매킨리 대통령 내외를 자신의 집에 초대한 사진인데 정면을 바라보는 사람이 대통령이고 샹들리에를 바라보는 사람이 한나 상원의원이다. 그러나 불과 1년 뒤 1898년 9월 말에 헤이를 국무장관에 임명하였는데 그의 외교는 달러 외교였다. 앞서 언급한 대로 마크 한나 의원과 존 헤이 장관은 세브란스 씨의 친구였는데 헤이와 한나 모두 보호무역정책을 지지하는 "이상한" 세계주의자였다. 당시 지식으로는 보호주의와 세계주의가 모순된다는 사실을 몰랐다. 그래서 제국주의라는 오명을 뒤집어썼다. 헤이 장관과 달리 한나 의원은 외교에 대해서는 문외한이었다.

한나는 미국 역사상 대통령 선거에서 산업계를 공공연하게 대변하는 것을 정치적 목표로 내세운 최초의 인물이 되었다. 당대의 언론인 링컨 스테픈스(Lincoln Steffens)은 "정치란 영국에서는 스포츠이고, 독일에서는 직업이고, 미국에서는 사업이다"라고 갈파한 대로 한나의 목표는 정치를 통해서 미국의 기업가를 돕는 것이었다. 그러나 세상에 알려진 바와 달리 노동자들에게도 잘하여서 그의 회사는 한 번도 파업을 하지 않았고 오늘날까지 번성하고 있다. 1901년 "미국 광산 노조 UMW"가 전면전인 파업에 돌입

하였을 때 마크 한나와 제이 피 모건이 중재에 나섰는데 결렬되자 결국 시어도어 루즈벨트 대통령이 나서서 해결하였다.

한나의 정치적 신념은 미국에서 중요하다. 당시에는 사상 유래 없는 부호의 출현과 빈부의 격차로 자본주의의에 대한 비판이 세계적인 문제였다. 아마사 스톤과 칼 마르크스(Karl Marx)의 생몰연대(生沒年代, 1818~1883)가 일치하는 것이 시사하는 바와 같이, 유럽에서는 마르크스 사상이 커다란 세력을 형성하여 여러 나라에 위협이 되었다. 러시아에서는 이미 한 차례 폭동이 실패로 끝났지만 머지않아 볼셰비키 혁명은 시간문제였다. 이에 비하면 미국에서는 헐버트 스펜서(Herbert Spencer, 1820~1902)의 사회진화이론과 소스타인 베블런(Thorstein Veblen, 1857~1929)의 유한계급론이 대두되었다. 전자는 부자란 적자생존에서 살아남은 우수한 사람들이라는 주장이고, 후자는 부자는 역사적으로 등장한 수많은 유한계급의 한 예에 불과하다는 주장이다. 모두 자본주의를 전복하려는 뜻은 없었다. 사업가를 대변하는 마크 한나의 정치적 신념은 미국을 유럽 국가와 경계선을 그었다. 여기에 윌리엄 제임스(William James, 1842~1910)의 실용주의가 미국을 풍미하였다. 한나 의원의 정치철학이 곧 실용주의였다.

출처: Croly Marcus Alonzo Hanna: His Life and Work 1912

〈자료 Ⅲ-1〉 마크 한나 집에 식사 초대된 매킨리 대통령 내외

실용주의 아래 미국 기독교는 부자의 존재를 자선으로 합리화하였다. 부자가 하늘나라에 들어가는 것이 낙타가 바늘귀를 통과하는 것보다 어렵다는 성경의 말씀이 가장 걸리는 구절이었다. 이에 대해 교회는 멋진 말을 만들어내었다. 고대 예루살렘의 성문 가운데 바늘귀라는 성문이 있었다. 너무 좁아 당시의 운반수단인 낙타에 물건을 실은 물건의 일부를 덜어내지 않고는 통과할 수 없을 정도로 좁았다. 부자는 재산의 일부를 자선에 베풀거나 특히 교회에 바쳐야 천국에 갈 수 있다는 의미로 해석하였다. 그러나 오랫동안 가르쳐온 이 이야기가 그러한 성문이 끝내 발견되지 않았다는 고고학자들의 주장에 설득을 잃었다. 따라서 다른 의미를 고안할 필요가 있었다. 낙타 camel를 뜻하는 고대 그리스어는 kamelos인데 로프 rope를 뜻한다. 따라서 바늘귀에 로프가 통과하는 것이 부자가 천국을 통과하는 것보다 쉽다는 뜻이 된다. 6인치 양탄자 바늘에는 로프가 쉽게 통과된다. 신약성서의 통방교본을 보면 아라믹 말의 gamla는 로프도 되고 낙타도 된다. 로프를 낙타털로 만들기 때문이다. 이렇게 보면 낙타가 바늘귀를 통과하는 것은 너무 쉽다.

마크 한나와 시어도어 루즈벨트는 1884년에 만난 이래 정치적 동지가 되었다. 그러나 곧 경쟁자로 변했다. 루즈벨트는 미–스페인 전쟁을 적극 찬성하였고 한나는 여론이 요구할 때를 기다렸다. 헤이는 문필가답게 이 전쟁을 "작고 멋진 전쟁"이라고 표현하였다. 1900년 뉴욕 주지사이던 루즈벨트가 부통령 후보가 되었을 때 한나는 그것을 저지할 힘이 없었다. 같은 공화당 내부에서 한나는 록펠러를 등에 업었고 루즈벨트는 모건을 등에 업었다. 석유황제 록펠러와 금융황제 모건의 대리전이 되었다. 재선에 성공한 매킨리가 1901년 암살당하여 부통령 루즈벨트가 대통령직을 계승했을 때 "소 목동이 대통령이 됐군" 하고 경멸하였다. 루즈벨트에 대항하여 1904년 대통령 선거에 나서려다 장티푸스에 걸려 죽었다. 클리블랜드의 레이크 뷰 묘지에 묻혔다. 그의 친구 헤이 장관은 그다음 해에 여기에 묻힐 것이다.

호레이스 알렌 주한 미국 공사가 1897년 서울~제물포 철도부설권을 얻을 때 오하이오 출신 상원의원 캘빈 브라이스(Calvin Brice, 1845~1898)의 도움을 받았는데 그는 마크 한나의 심복이었다. 브라이스 의원은 철도사업으로 거부가 된 사람인데 눈을 밖으로 돌려 중국 철도 부설에 관심이 있었다. 알렌 공사가 경인철도 기공식에 참석하며 말했다.

한나가 무시 못 하는 친구[브라이스]가 관여하고 있으므로 성공을 확신한다."[10)]

브라이스의 전임 상원의원이 바로 세브란스의 친구 올리버 페인(Oliver Payne, 1839~1917)의 아버지이며 유니언 클럽의 창립회원이었던 헨리 페인(Henry Payne, 1810~1896) 상원의원이었다. 경인철도 기공식 자리는 제물포의 알렌 공사의 개인 별장 앞이었다. 알렌이 서울에서 제물포 별장까지 다니기 좋도록 고종 황제가 배려한 것이다. 여기서 알렌–브라이스–한나–세브란스의 또 하나의 연줄이 성립한다.

여기에 더하여 의사며 외교관인 알렌 공사와 매킨리 대통령과의 인연은 이렇다. 알렌 박사가 아직 (구)제중원 의사였던 1887년에 고종의 청탁으로 워싱턴 주재 한국 공사관에 부임하는 외교관을 워싱턴까지 안내하고 2년 동안 그곳의 한국 공사관에서 일하였다.[11)] 그는 한국으로 돌아가서 한국 주재 미국 공사가 되고 싶었는데 당시 오하이오 출신 상원의원이었던 매킨리가 외국 공사관에서 일하면서 그렇게 될 수는 없을 거라고 조언하였다.[12)] 그의 조언을 따라서 워싱턴의 한국 공사관의 자리를 그만두고 1890년에 한국으로 다시 돌아와서 제물포에서 개업하고 때를 기다리던 중 그해 8월에 주한 미국 공사관의 서기관으로 임명되었다. 세월이 흘러 1897년에 호레이스 알렌 박사는 매킨리 대통령에 의하여 대망의 주한 미국 공사가 될 수 있었는데 그것은 알렌 박사가 오하이오 인맥의 덕을 입었기에 가능하였다. 매킨리 대통령은 다시 1901년 6월 알렌 공사를 특별 전권 공사로 승진시켰다. 그리고 석 달 후에 암살당하였다. 알렌 박사는 강력한 후원자를 잃은 것이다.

앞서 호레이스 알렌 박사 부인의 사촌오빠가 전직 대통령 러더포드 헤이스(Rutherford Hayes, 임기 1877~1881)라고 말했는데 그 역시 헤이 장관 및 세브란스 씨와 함께 웨스턴 리저브 대학의 이사였다. 알렌 공사는 오하이오 출신이므로 오하이오 공화당 정치가들의 도움을 받았다. 그는 "매킨리 계열"이었다.[13)] 당시 오하이오 출신 대통령은 5명이었는데 헤이스, 가필드, 매킨리, 태프트, 하딩이었다. 이들은 모두 공화당원이었다. 이 가운데 태프트는 신시내티 출신이었고[14)] 하딩은 세브란스 씨가 죽은 다음에 백악관에 들어갔다. 가필드는 대통령이 되자마자 암살되었고 헤이스(재임 1877~1881)와 매킨리(재임 1897~1901)가 세브란스 씨의 시절에 활동하였으나 매킨리 역시 두 번째 임기를 채우지 못하고 암살당하였다.

세브란스 씨가 활동하던 공화당 정부 시절, 특히 매킨리 시대에 공화당은 기독교와 자본을 대표하였고 국내나 국외에서 미국의 위상을 두드러지게 높였다. 미국 기업은 유럽을 추월하고 해외발전에서 앞장을 서게 되어 대서양에서 태평양까지 장악하게 되었다. 드디어 태평양의 요충인 하와이와 필리핀을 병탄하기에 이르렀다. 이때 석유산업에 바탕을 둔 클리블랜드의 힘은 미국 정치의 중심이 되었고 세브란스 씨는 클리블랜드의 유력자 가운데 하나였으며 그의 친구들은 각 방면의 거물이었다. 이러한 측면에서 알렌–매킨리–헤이–세브란스 또는 알렌–헤이스–헤이–세브란스의 인맥을 생각할 수 있다.

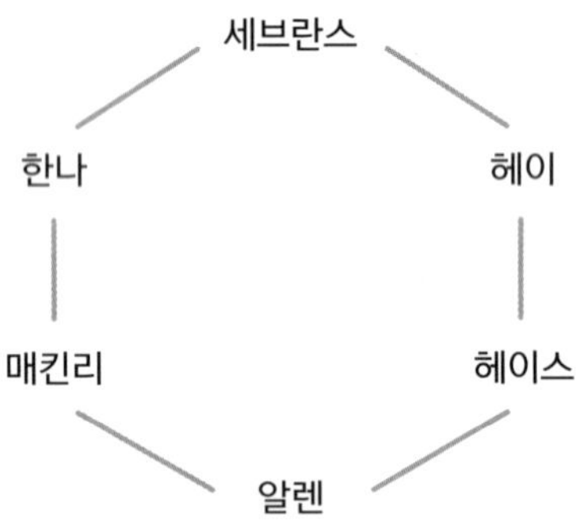

알렌이 한국 주재 미국 공사가 될 수 있었던 배경에는 당시 미국의 공무원 자리는 대통령 당선의 공로자에게 돌아가는 엽관제도(spoils system)였기 때문이었다. 그 가운데 공사 자리는 아주 손쉬운 엽관자리였다. 육영공원의 영어교사 헐버트(Homer B. Hulbert) 박사는 기록하기를 심지어 "한국에 나와 있는 우리들 교사들이 공화당의 후의를 입었는데 이제 민주당[의 클리블랜드 대통령]이 정권을 잡아서 포크 공사(Minister Foulk)도 은퇴해 버렸고 우리 자신의 정부가 [한국에서의] 우리의 일을 무시하고 있다."[15)]

페인

앞서 말했듯이 올리버 해저드 페인(Oliver Hazard Payne, 1839~1917)은 세브란스의 고등학교 1년 후배이며 록펠러의 급우였는데 상원의원 헨리 페인(Henry B. Payne, 1810~1896)과 어머니 메리 페리(Mary Perry) 사이에서 태어났다. 어머니의 삼촌이 일본을 개국시킨 매튜 페리 제독(Commodore Matthew Perry, 1794~1858)과 1812년 영국을 상대로 벌인 제2독립전쟁에서 영국 군함을 격침시킨 올리버 해저드 페리 제독(Oliver Hazard Perry, 1785~1819)이다. 그의 이름은 유명한 페리 제독의 이름에서 따온 것이다. 그의 여동생 플로라(Flora Perry Payne)가 오빠의 예일대학 친구인 윌리엄 위트니(William Whitney, 1841~1904)에게 시집갔다. 남편은 후에 해군장관, 정치가, 사업가로 크게 성공할 것이다. 이들 사이에서 태어난 아들이 페인 위트니(Payne Whitney)인데 이 아들이 헤이 국무장관의 딸 헬렌 헤이(Helen Hay)와 결혼하였다. 이로써 헤이 국무장관은 클리블랜드에서 사귄 친구와 사돈이 되었다. 이밖에 페인은 헤이의 동서 사무엘 마서와 함께 저축 대부조합의 이사였다(자료 Ⅲ-2). 페인의 가계는 다음과 같다.

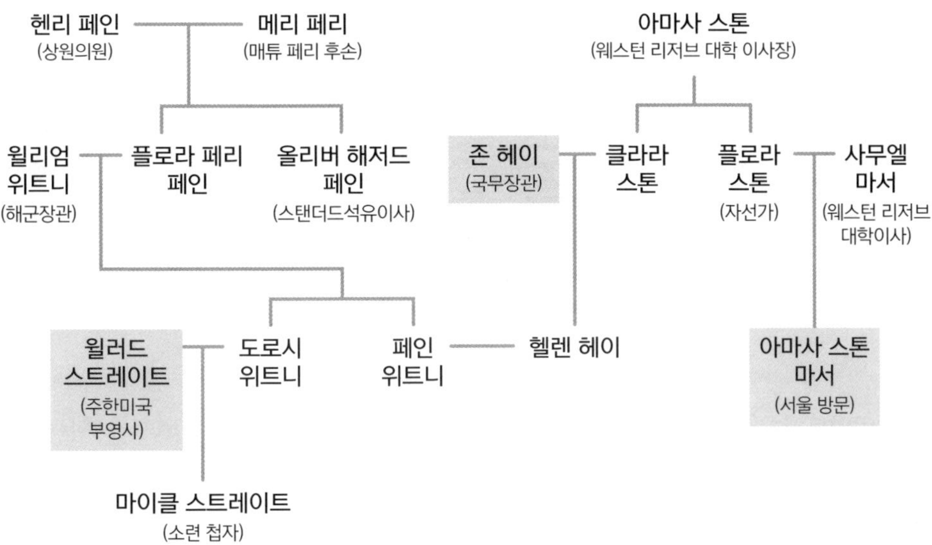

페인 위트니의 여동생 도로시 페인 위트니(Dorothy Payne Whitney, 1887~1968)가 윌러드 스트레이트(Willard Straight, 1880~1918)와 결혼하였다. 다시 말하면 스트레이트는 올리버 페인의 조카사위인데 이 사람이 1905년에 한국 주재 미국 부영사가 되어 한국이 일본의 수중에 떨어지는 것을 목격하고 그 후 만주 목단의 미국 영사가 된 인물이다. 중국어에 능통한 그는 세브란스를 방문한 아마사 스톤 마서와 함께 친구가 되어 만주에서 사냥하였다. 그는 제1차 세계대전 말에 파리에서 미국 외교관으로 일하던 중 세계를 휩쓴 스페인독감으로 사망하였다. 그의 한국 체류는 짧았지만 중요한 사건의 목격자가 되어 아직 공개되지 않은 기록을 남겼다.

출처: Lakeside Magazine 1895

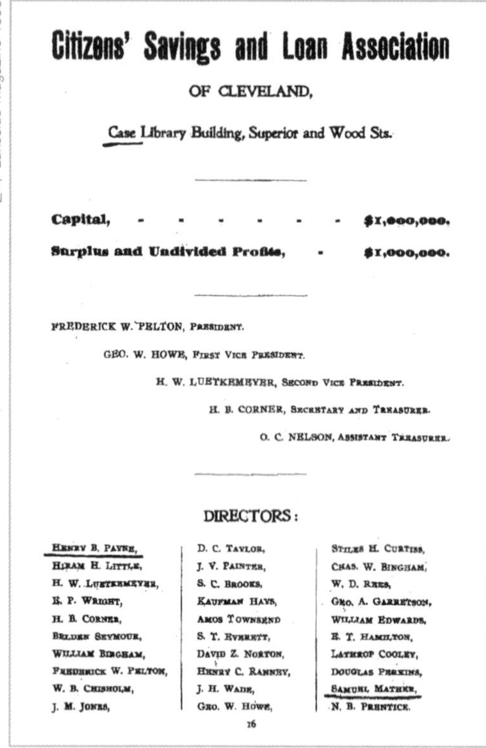

Citizens' Savings and Loan Association

OF CLEVELAND,

Case Library Building, Superior and Wood Sts.

Capital, - - - - - - - $1,000,000.

Surplus and Undivided Profits, - $1,000,000.

FREDERICK W. PELTON, President.

GEO. W. HOWE, First Vice President.

H. W. LUETKEMEYER, Second Vice President.

H. B. CORNER, Secretary and Treasurer.

O. C. NELSON, Assistant Treasurer.

DIRECTORS:

Henry B. Payne,	D. C. Taylor,	Stiles H. Curtiss,
Hiram H. Little,	J. V. Painter,	Chas. W. Bingham,
H. W. Luetkemeyer,	S. C. Brooks,	W. D. Rees,
E. P. Wright,	Kaufman Hays,	Geo. A. Garretson,
H. B. Corner,	Amos Townsend	William Edwards,
Belden Seymour,	S. T. Everett,	E. T. Hamilton,
William Bingham,	David Z. Norton,	Lathrop Cooley,
Frederick W. Pelton,	Henry C. Ranney,	Douglas Perkins,
W. B. Chisholm,	J. H. Wade,	Samuel Mather,
J. M. Jones,	Geo. W. Howe,	N. B. Prentice.

16

〈자료 Ⅲ-2〉 1895년 올리버 해저드 페인과 사무엘 마서의 저축대부조합의 광고

그의 아들 마이클(Michael Straight, 1916~2004)은 케임브리지 대학을 졸업하였는데 대학 친구와 함께 소련 첩자가 되었다. 페리 제독, 페인 상원의원, 위트니 해군장관, 헤이 국무장관을 조상으로 둔 자손이기에 자백 후 사업가로 변신할 수 있었다. 그러나 그의 자백은 너무 늦었다. 마이클 스트레이트는 케임브리지 대학의 동창생이며 유명한 소련 스파이 킴 필비(Kim Philby, 1912~1988)와 함께 소련을 위하여 일했는데 이들의 활동으로 트루먼 대통령이 중국에 대하여 원자폭탄을 사용하지 않을 것이라는 비밀을 모택동에게 흘려주었다. 모택동은 걱정 없이 한국전쟁에 참전할 수 있었고 그 결과 수많은 사람이 죽었다. 스트레이트의 자백이 빨랐으면 인명피해가 줄었을 것이다.[16] 할아버지(외숙모의 아버지) 헤이는 필리핀 때문에 한국을 희생시켰고 손자는 공산주의 때문에 한국 통일에 해악을 끼쳤다.

귀향

1871년 세브란스 씨가 타이터스빌 마을의 생활을 정리하고 고향 클리블랜드시로 귀향하였다. 이것은 클리블랜드로 보면 사무엘 마서에 견줄만한 자선가의 등장이었다. 또 하나의 거물이 될 인물이 등장하니 3년 후 클라라 스톤과 결혼하여 클리블랜드로 이주한 존 헤이였다. 그러나 그해는 세브란스에게는 부인 파니 버킹엄 베네딕트가 막내딸 앤(Anne Belle Severance, 1868~1896)을 낳고 깊은 병이 시작되는 해였다. 그녀는 막내아들 로버트(Robert Severance, 1872~1872)를 낳은 기쁨도 잠시 그가 한 살도 못 살고

죽자 뒤따라서 2년 후에 세상을 떠났다. 22년 후에는 그 막내딸조차 젊은 나이에 결핵으로 죽는다. 그녀의 애끊는 일기가 남아서 읽는 이로 하여금 애처롭게 만든다.[17] 세브란스의 비통한 심정은 말할 수 없었을 것이다.

부인의 건강 악화가 그가 타이터스빌 마을의 생활을 청산하고 클리블랜드시로 귀향하는 계기가 되었을 것이다. 부인이 사망하자 그는 어린 자녀들이 클 때까지 홀아비로 지내기로 결심했겠지만 그에게는 4명의 어린 자녀가 있었고 그 가운데 막내아들은 겨우 태어난 지 얼마 되지 않았으니 그들을 돌보기 위하여 일찍이 22살에 남편을 잃고 평생 과부로 지낸 홀어머니 메리 헬렌 롱 세브란스(Mary Helen Long Severance, 1816~1902) 곁으로 돌아올 필요가 있었던 것이다.

무엇보다 친구 록펠러의 합류 권고도 강력하였다.[18] 그로부터 22년 동안 록펠러와 함께 나란히 은퇴하는 1896년까지 스탠더드 석유회사의 출납이사에서 감사로, 다시 재무이사로 자리를 옮기면서 이사회의 핵심적 임원으로서 회사가 무섭게 성장하는 것을 보았다. 그의 마지막 직위는 스탠더드 석유 뉴저지 회사의 재무이사이었는데 그 기간은 1876~1896년이었다.[19] 1876년에 마크 트웨인이 책 『황금시대 *Gilded Age*』를 출판하여 유행하기 시작하였고 1896년에 알래스카에서 금이 발견되어 "2차 황금열기 Gold Rush"를 뿜었다. 그는 황금시대의 한복판에서 거만의 부를 쌓았고 그것을 기독교의료 선교사업에 아낌없이 썼다.

1873년이라면 심각한 공황이 발생한 해이지만 스탠더드 석유는 이와 상관없이 발전하였다. 그러나 사회는 크게 달라졌다. 남북전쟁의 후유증이 공황으로 변신하였는데 그 고통으로 술에 의존하는 사람이 급증하였다. 여기에 전쟁 이후에 밀려드는 유럽의 이민들이 자신들의 술을 신천지에 갖고 왔다. 독실한 기독교인들에 의해 금주법이 많은 주에서 실시되었고 전국적인 실시로 발전하려는 때에 남북전쟁으로 좌절하였다. 이제 다시 본격적인 금주운동을 벌일 때가 되었다고 판단한 곳이 오하이오, 그중에서도 클리블랜드의 올드스톤 교회(Old Stone Church)였다. 여자 신자들이 매일 교회에 모여서 회합을 갖고 거리로 나갔다. 특히 맥주를 음료수로 생각하는 독일계와 동유럽 이민자들이 서부 클리블랜드에 모여 살았다. 올드스톤 교회는 술과의 전쟁을 벌였다. 세브란스의 어머니도 그 가운데 한 사람이었다. 이러한 열기가 러더포드 헤이스를 백악관으로 보냈고 그곳은 안주인 "레모네이드 레이디"에 의해 술이 사라졌다.

이러한 때에 타이터스빌 마을에서 고향 클리블랜드시로 돌아온 세브란스는 어린 자녀들과 함께 홀어머니 메리 헬렌 롱이 사는 저택에 임시로 여장을 풀었다. 이제 어머니는 58세이다. 그녀의 집은 유클리드가(Euclid Avenue)의 E89번 거리에 있었는데(자료 Ⅲ-3), 여기서 오늘날 클리블랜드 어린이 병원이 탄생하였고 이것이 발전하여 지금의 보건박물관(Cleveland Health Museum)이 되었다.[20] 할머니는 클리블랜드시에서 최초로 고아원을 시작한 사람이다. 할머니가 손주들(세브란스의 자녀)을 돌보기에는 연로하니 형과 형수가 아이들을 맡겠다고 제의하였다. 앞으로 외아들 존과 외동딸 엘리자베스는 고종사촌인 줄리아(Julia Severance, 1862~1950)와 헬렌(Helen Severance)과 알렌 더들리(Allen Dudley Severance, 1865~1929)와 함께 자랄 것이다.

첫 일요일 오전에 자녀들과 함께 어머니를 모시고 올드스톤 교회에 출석하였다. 그의 아들이 장성하여 이 교회에서 결혼할 것이다. 1년 후(1872) 어머니가 교우들과 우들랜드 장로교회(Woodland Avenue Presbyterian Church)를 봉헌하자 그곳으로 옮겼다. 이 교회는 장로교회와 성결교회가 연합하여 새로 창립된 교회였는데 친형 솔론이 장로가 되었다. 세브란스가 평생 교파를 초월하여 기독교 교육에 힘쓴 것도 이러한 배경 탓이다. 세브란스의 권유로 친구 록펠러가 이 장로교회에 1879년과 1891년에 각각 750달러씩 기부하였다.[21] 록펠러는 침례교인이었다.

출처: Cleveland The Lewis Publishing Company 1918

〈자료 Ⅲ-3〉 1864년 백만장자의 거리에 있던 메리 헬렌 롱 세브란스의 집

〈자료 Ⅲ-4〉 1871년 클리블랜드로 귀향했을 무렵 중년의 루이스 헨리 세브란스

〈자료 Ⅲ-5〉 꽃밭에 서 있는 노년의 세브란스

출처: © Courtesy of Western Reserve Historical Society

루이스는 타이터스빌 장로교회의 장로였지만 여기서는 주일학교 부교장과 교장을 거쳐서 1884년에야 장로가 될 것이다. 나이가 중년에 접어들어 모습도 중후해졌다(자료 Ⅲ-4). 우들랜드 교회는 도시의 팽창에 따른 인구의 변동과 그로 인한 주거환경의 변화로 교회 운영의 어려움을 겪을 것이다. 누군가가 우뚝 서서 교회를 받쳐주어야 교회가 운영될 것이다. 그는 죽을 때까지 이 교회를 붙들어 주었고 교회와 주변을 완전히 개조하여 좋은 환경을 만들어 주었다. 1913년 죽기 직전에도 체육관을 지어주었다. 그 스스로 모든 운동을 좋아하였다.[22)]

기독청년회관(YMCA)에도 다녀왔다. 이 회관은 1854년에 설립되었다(자료 Ⅲ-6). 그는 젊어서부터 이 회관의 회원이었고 아주 열심이었다. 세브란스가 아직 청년이었던 어느 날, 나중에 클리블랜드 최초의 대학인 케이스 공과대학을 설립한 레오나드 케이스 Ⅱ세(Leonard Case Jr., 1820~1880)가 아직 장년일 때 1천 달러짜리 은행수표를 기독청년회관에 기부하고 이름도 밝히지 않은 채 아무 말 없이 나가는 모습에 그는 큰 감동을 받았다.[23)] 그는 죽을 때까지 기독청년회의 활동에 의미를 크게 부여했고 크게 도움을 주었다. 만주를 비롯한 동양의 기독청년회에도 도움을 주었다. 장로교인이지만 기독청년회에 깊은 관심을 갖고 있다는 것은 세브란스 씨가 교파를 초월하여 기독교 교육을 중시한다는 뜻이다.

저녁 예배에 다녀와서 어머니가 먼저 회상에 잠겼다. 얼마 만이던가. 작은아들과 시

출처: Cleveland The Lewis Publishing Company 1918

〈자료 Ⅲ-6〉 1854년 클리블랜드 기독청년회관과 세브란스가 기증한 교회

간을 함께 보내는 것이. 아들도 함께 회상에 잠겼다. 그는 골프를 포함하여 모든 운동을 좋아했고 꽃과 나무를 사랑했다(자료 Ⅲ–5).[24] 어릴 적 아버지 없이 홀어머니 슬하에서 나무가 가득 찬 의사 외할아버지의 롱우드 농장에서 형과 뛰놀던 일이 눈앞에 떠올랐다. 지금 자신의 아이들이 이번에는 어머니 없이 할머니 앞에서 그렇게 뛰놀고 있다. 어머니 메리 헬렌 롱도 당신이 어릴 적 뛰어놀던 동네를 회상하였다. 그리고 인구 57명의 그 작은 도시에서 태어난 훌륭한 인물들을 회상하여 손주들에게 들려주었다. 케이스 공과대학의 창설자 레오나드 케이스 Ⅱ세는 그녀의 어릴 적 앞집에 살던 친구이었다. 나중에 커서 케이스가 말했다.

> "내가 가진 것은 클리블랜드가 만들어 준 것이다. 클리블랜드가 커진 덕택이다. 클리블랜드가 마땅히 되돌려 받아야 한다. 이것이 내 뜻이다."[25]

그녀는 레오나드보다 4살 위였고 그의 형 윌리엄과 동갑이었다. 그녀가 학교에 들어갈 나이가 되었을 때 아버지는 그녀를 기숙학교에 보냈다. 그녀는 그때까지 살던 어린 시절의 클리블랜드를 그려보았다. 한국 독자들과 별로 상관이 없는 옛 클리블랜드를 소개하는 이유는 세브란스 씨가 타이터스빌에서 부자가 된 것은 그가 클리블랜드의 초기 개척민 57명 가운데 1명을 조상으로 두었다는 점이 크게 작용했는데 그때의 개척민 동네를 살펴보기 위함이다. 다시 말하자면 세브란스 집안은 클리블랜드의 가장 오래된 명문가라는 뜻이다. 그러나 계속 읽으면 드러나겠지만 옛 클리블랜드는 생각보다 한국과 가깝다는 것을 알게 될 것이다. 〈자료 Ⅲ–7〉이 57명에서 554명으로 성장하던 클리블랜드 중심가의 1814년대 지도이다.

N

Public Square.

OLD STONE CHURCH

1st House Herschell Foote.
Book Store I.
2nd Deacon Rouse.
I.

1 Mowray's Tavern.

First Cleveland
Newspaper
printed on site Champion Houses
of middle house.
II.

Store built by
Eleas & Harvey Murray.

Burrough's Blacksmith Shop
and Residence.
III.

Seneca Street

Spangler's Tavern,
built by George Wallace.
IV.

Leonard Case.
V.

Stiles' Cabin Bank.
VI.

2 Dr. David Long after 1831.
3 Abram Hickox's blacksmith shop
4 Jonathan Bliss.
5 Hiram Wellman.
6 Dudley's Dry-goods Store.
7 William Bliss—Goldsmith
(In house
8 Elisha Taylor's House and Store
later kept by T. P. May.
9 Duckworth's Drug Store.
10 Irad Kelley House, Store &
P. O.
11 Ashbel Walworth.
12 Custom House or Office.
13 Dr. Long's house, brick, left in
1830.
Log house built by George Huntington, where M. H. Long was born.
14 Office or Store kept by Dr. D.
Long.
15 Moses White (Tailor).
16 Ben Tuell's Silver-smith.
17 Rouse book store and dwelling.
18 William Stockwell.
19 Silas Walsworth Hatter.
20 Merwin Tavern

Bank Street

Superior Street

P. M. Weddell's store and house.
VII.
Levi Johnson's House.
VII½
VIII
Philo Scovill's Hotel "Franklin."
IX.
Cutter & Keise Store.
IX½
Later Nathan Perry's House
House
X.
Nathan Perry's Store

Water Street

출처: Wickham Pioneer Families of Cleveland 1796~1840 1914

〈자료 Ⅲ-7〉 1815년 어머니 메리 헬렌 롱의 유년시절 집 주변지도

올드스톤 교회

제일 위쪽의 공공광장(The Public Square)은 현재에도 클리블랜드시의 중심광장이다. 이 광장에는 이 도시의 설립자 모세 클리블랜드 장군(General Moses Cleaveland)[26]의 동상과 1812년 제2의 독립전쟁 개전에 이리 호수에서 영국 함대를 격침시킨 올리버 페리 제독(Commodore Oliver Hazard Perry, 1785~1819)의 동상이 서 있다. 이 사람의 동생이 일본을 개국시킨 매튜 페리 제독(Commodore Matthew Perry, 1794~1858)이다. 광장 북쪽에 세브란스의 할아버지가 창립 교인이었던 올드스톤 교회(Old Stone Church)가 있었는데 그 후 2번의 화재와 도시의 팽창에도 불구하고 지금도 그 자리에 서 있다. 두 번째 화재에서 모든 교회 좌석이 불탔는데 그곳을 방문하였던 링컨 대통령 가족이 앉았던 자리만이 온전하게 남아 화제가 되었다.

이 교회의 정식 이름은 클리블랜드 제일장로교회(The First Presbyterian Church)이다. 이 교회는 세브란스의 의사 외할아버지 데이비드 롱 박사의 진료실 3층에서 시작하였다.[27] 탈출 흑인 노예를 잡으러 노예사냥꾼들이 여기까지 오면 목사는 〈자료 Ⅲ-8〉의 종을 울려 시민들이 노예사냥꾼들을 몰아내어 탈출 노예들을 보호하고 그들이 정착하도록 도와주었다. 모두 노예제 폐지주의자들이었으며 링컨을 지지하여 북군을 위해 싸웠다. 북부 오하이오는 전국에서 노예 폐지 주장으로 이름 높았다. 흑인도 신자로 받아 함께 예배 보았다.[28] 더 나아가서 올드스톤 교회의 신자들은 자신의 교회를 클리블랜드에 거주하는 중국 화교가 예배를 볼 수 있는 장소로 제공하였다.[29] 이것은 당시에 같은 장로교 교회라도 인종차별을 하였던 다른 교회와 다른 점이다. 심지어 기독교 잡지 『계간 장로교 *Presbyterian Quarterly*』는 "여호와께서 유색 선을 그으셨다"라고 강변하는 시절이었다.[30] 1925년 중국 인촌에서 살인이

출처: A Comic History of Cleveland, 1901/ Old Stone Church

〈자료 Ⅲ-8〉 1839년 올드스톤 교회의 종탑

일어났을 때 경찰이 이곳을 급습하자 올드스톤 교회의 목사와 신자들이 중국인을 옹호하는 방송을 전국에 내보냈다.[31] 중국인 배척이 심하던 당시에 이것은 대단한 용기였다(제6장 참조).

존 헤이가 국무장관으로 재직하던 1900년에 일어난 의화단 사건으로 중국이 미국에 지불하는 배상금 2천4백만 달러의 반에 해당하는 1천만 달러를 중국 학생의 장학금 기금으로 사용할 것을 제의한 것은 그가 올드스톤 교회의 영향을 받았기 때문이다.[32]

이 교회의 신자 플로라 스톤 마서는 흑인 대학에도 많은 돈을 기부하였다. 오하이오의 윌버포스 대학(Wilberforce College), 노스캐롤라이너의 리빙스턴 대학(Livingston College), 애틀랜타 대학(University of Atlanta)이 수혜자였다. 앨라배마의 터스키기 대학(Tuskegee Institute)도 도움을 받았는데 이 대학의 식물학 교수 조지 워싱턴 카버(George Washington Carver, 1864~1943) 박사는 옥수수와 땅콩의 전문가로 식량과 식물기름 분야에 큰 업적을 남겼다. 이들 대학들은 대체로 남부 대학인데 북부에 사는 플로라 스톤 마서가 클리블랜드에서 먼 이들 대학에 기부하는 이유는 제6장에서 드러난다.

앞서 언급한 대로 올드스톤 교회 최초의 해외 선교사는 1833년 아프리카 줄루에 파견한 사라 판 타인 애덤스 부인과 세일론에 파송된 허친스 목사 부부였다. 허친스 목사는 1831년 교회 내에 "여신자선교회 Lady's Mission Society"를 조직하여 선교사들을 후원하였는데 애덤스 부인과 허친스 부인이 2년간 일을 맡아다가 각기 선교 현장으로 파견된 이후 세브란스의 어머니가 1832년에 맡아서 그 후 20년 동안 선교사들을 뒷바라지하였다.[33] 그 후 인도 벤굴(Vengurle)에도 선교사를 파견하였는데 헤이 국무장관의 처제 플로라 스톤 마서가 재정적인 후원자가 되었다.[34] 플로라를 존경한 세브란스의 두 번째 부인 플로렌스도 오랫동안 올드스톤 교회의 해외선교 후원자였다.

장대현교회

제1장에서 소개한 대로 1907년 9월에 세브란스 씨와 러들로 박사는 한국 방문에서 평양 장대현교회를 내방한 바가 있었는데(제8장을 참조), 그것이 계기가 되어 1909년 올드스톤 교회에서 평양 장대현교회에 엘리 밀러 마우리 박사(Dr. Eli Miller Mowry, 1877~1969, 한국표기 牟義里)를 선교사로 파견하였다. 1920년 장대현교회는 마우리 선교

출처: 한국 교회사 연구소

〈자료 Ⅲ-9〉 마우리 박사와 숭실학교 음악대

사의 지도로 올드스톤 교회 창립 100주년 기념으로 축하 휘장을 보냈다(자료 Ⅲ-10). 사진에서 마우리 박사가 휘장을 들고 있고 그 왼쪽 뒤에 조만식 장로의 얼굴이 보인다. 마우리 박사는 평양 숭실전문학교 생물학 교수로 부임하여 부인과 함께 음악선교를 하였다. 그의 부인은 한국 최초의 합창단을 만들고, 한국 최초의 교향악단을 평양 숭실대학에 조직하였으며, 젊은이들에게 피아노와 바이올린을 가르쳤다. 부부는 휴대용 풍금을 가지고 마을을 돌아다니며 농민들에게 찬송가를 들려주어서 많은 사람들이 신자가 되었다.[35] 그들이 다니던 클리블랜드 올드스톤 교회의 파이프 오르간은 세브란스 장로의 두 번째 부인을 추모하여 장모가 기증한 것이었다(자료 Ⅲ-11).[36] 파이프 오르간에는 다음과 같은 글이 새겨져 있다.

출처: Courtesy of the Old Stone Church

〈자료 Ⅲ-10〉 1920년 평양 장대현 장로교회가 올드스톤 교회에 보낸 기념휘장과 마우리 선교사

사랑스런 우리의 딸 플로렌스, 1863년 9월 20일~1895년 7월 29일, 를 추모하여 그녀가 사랑했던 교회에 안나 엠 하크니스가 기증하다. "하나님의 자녀됨에 축복이 있으라."

1910년 올드스톤 교회 창립 90주년 행사에는 세브란스의 외아들 존의 장인장모가 파이프 오르간에 차임벨을 기증하였다. 다시 1917년에 장인은 부인을 추모하여 파이프 오르간에 어울리는 아름다운 하프와 종탑에 차임벨을 기증하였다. 존과 그의 신부는 이 교회에서 결혼하였다.

출처: Courtesy of the Old Stone Church

〈자료 Ⅲ-11〉 올드스톤 교회에 세브란스 가족이 기증한 파이프 오르간

마우리 박사의 수제자인 박윤근(朴潤根, 1891~1989)은 1916~1919년에 클리블랜드에서 가까운 우스터 대학(The University of Wooster, 위치는 자료 Ⅱ-3을 참조)으로 유학 가서 화학과 음악을 공부하였다. 우스터는 마우리 박사의 고향 맨스필드(Mansfield, Ohio 위치는 자료 Ⅱ-3을 참조)에서 가까운 곳이다. 우스터 대학에는 세브란스가 1902년에 기증한 세브란스 화학관이 있는데 여기서 공부했을 것이다(제5장에서 설명). 그가 귀국하여 평양 숭실대학에서 가르친 제자가 현제명(1902~1970), 안익태(1906~1965), 계정식(1904~1974)이다.

마우리 박사가 숭실전문학교에서 가르친 제자 가운데에는 이용설(1895~1993)도 있다. 에이비슨 박사가 전도 관계의 일로 평양에 갔을 때 그를 찾아간 소년 이용설은 의사가 되고 싶은 뜻을 표하고 마우리 박사의 추천으로 1915년 세브란스 의학대학에 입학을 하였다. 그는 1919년 함태영(후에 2대 부통령)의 지도로 삼일운동에 가담하고 북경으로 피신하였다가 안창호의 권유로 록펠러가 인수한 북경협화의학대학(The Union Medical College of Peking)에서 남은 의학공부를 계속하였다. 1922년 에이비슨의 신원보증으로 귀국하여 러들로 교수의 제자가 되었고 러들로 교수가 알선하여 세브란스 가문의 재정후원을 얻어 미국 노스웨스턴 의과대학에 유학하여 1926년 의학박사 학위를 받았다. 귀국하여 러들로 교수의 외과교실의 후계자가 되었다. 이밖에도 러들로 박사는 1928년 3월에 그동안 한국에서 수집한 문화재를 연희전문학교에 기증하니 이때가 대학 박물관의 시작이 되었다.[37)]

여기에 더하여 에이비슨 박사는 연희전문학교의 초대교장을 1917년부터 1934년까지 17년간 지냈다. 현재까지 최장수 책임자로서 이 기록은 앞으로도 깨지기 힘들 것이다. 연희전문학교 설립은 언더우드가 시작하였으나 총독부가 인가를 하지 않았다. 그는 황성기독청년회 대학부에서 출발하여 경신학교를 세우고 초대교장에 취임하여 온갖 어려움을 겪었지만 결국 인가를 얻지 못하였다. 여러 곳에서 반대가 심하였다. 연희전문학교의 설립은 총독부만 마땅치 않게 생각한 것이 아니었다. 평양의 숭실전문학교를 세운 선교사들은 한국에 대학은 하나만으로 충분하고 그것은 숭실전문학교라는 점을 들어 반대하였다. 감리교는 감리교대로 배재학당을 대학으로 승격시키려고 노력하였다. 이것이 소위 선교사 사이와 선교본부 사이에서 일어난 대학 문제(College Question)였다.[38)] 언더우드가 작고하고 두 가지 문제를 극복한 에이비슨은 이듬해 4월 7일에 총독부로부터 자신의 이름으로 인가장을 받아내는 데 성공하였다.

> 學 三一二
> 京畿道 京城府
> 私立延禧專門學校聯合財團理事米國人 オー アル エビソン 外 十二人
> 大正 六年 三月 七日府 申請 私立 延禧專門學校
> 設置ノ件認可ス
> 大正 六年 四月 七日
> 朝鮮總督 伯爵 長谷川好道 職印

에이비슨의 국적이 영국인데 미국으로 기재한 것이 이채롭다. 연희전문학교 인가를 획득한 에이비슨은 그 후 17년 동안 부지를 확보하고 건물을 세우고 모금을 하였으며 종합대학으로 승격시키려고 초기 17년 동안 무진 애를 썼다. 1934년 에이비슨 박사가 교장에서 물러날 때 연희전문학교 졸업생은 1,046명이었고 교수는 60명이었다. 세브란스가 한국에 미친 직접 간접의 영향을 도표로 그리면 다음과 같다.

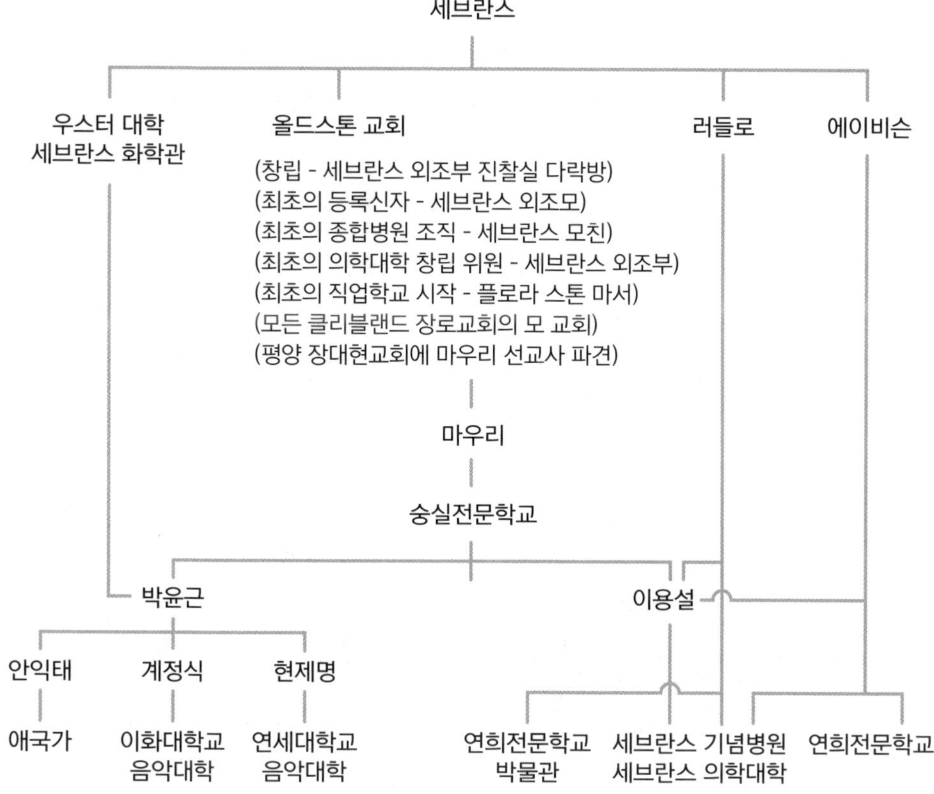

박윤근은 이용설과 함께 1930~1933년에 세브란스 의학전문학교 재단이사가 된다.[39] 이렇게 보면 세브란스 씨와 그가 봉사한 올드스톤 교회는 연세대학교에 세브란스 병원과 의학대학만 지어준 것이 아니라 연희전문학교, 음악대학, 박물관에도 간접적으로 기여하였던 셈이다. 좀 더 확대한다면 안익태가 애국가를 작곡함으로써 멀게는 여기에도 기여했다고 볼 수 있다.

회상

〈자료 Ⅲ-7〉의 13번지와 14번지 사이의 통나무집에서 세브란스의 어머니 메리는 1816년에 태어났다. 그녀는 역마차를 타고 오는 이주민을 보았고, 이리 호수로 항해하는 첫 번째 기선도 기억하였다. 이리 운하가 완성되자 통행하는 배도 보았다. 아버지는 그녀를 여자기숙학교에 보내 교육시켰다. 그녀가 15살 되던 1831년에 아버지는 2번지에 돌집을 지어 이사했다. 1833년 메리가 결혼하고 나서 아버지가 교외의 롱우드 농장으로 이사할 때까지 이곳에서 살았다. 이 일대는 현재 연방준비 클리블랜드 은행(The Federal Reserve Bank of Cleveland)[40]과 클리블랜드 공공도서관(Cleveland Public Library)이 자리 잡고 있다.

대각선 건너편에 은행과 신문사 『어드버타이저 *Advertiser*』가 있었다. 2년 뒤에 이름을 『클리블랜드 헤럴드 *The Cleveland Herald*』라고 바꿨다. 이 신문사는 나중에 상원의원 마크 한나의 소유가 되는데 현재는 클리블랜드시의 유일한 일간지 『플레인 딜러 *The Plain Dealer*』의 사옥이 서 있다. 은행에서 하나 건너 코브(Junius Brutus Cobb)의 서점이 있었다. 바로 옆집 3번지에 말굽을 만드는 대장간이 있었는데 주인은 "여기가 말굽 다는 곳입니까? 네, 손님, 그렇습니다"라는 익살스런 간판을 내걸었다. 나중에 마차 수선소가 되었다. 메리가 7살 되던 해 4번지에 살던 사람이 말라리아에 걸려 그녀의 아버지가 치료했지만 그만 죽고 말았다. 그 사람의 딸과 메리는 어릴 적 친구였다. 7번지는 금은방이었고 은제품을 팔았다. 인디언들이 은을 갖고 와서 필요한 물건과 바꾸었다. 그녀의 할머니의 은수저를 여기서 만들었다. 그 옆은 공터였는데 어린애들이 뛰어놀기 좋았다.

금방 앞은 레오나드 케이스 Ⅰ세(Leonard Case, Sr.)의 집이었는데 그는 나중에 토지투기로 거부가 되었다. 당시에는 옆 건물 은행의 주인이고 행원이었으며 수위였다. 그의 둘째 아들 레오나드 케이스 Ⅱ세(Leonard Case Jr.)는 아버지로부터 막대한 토지를 물려받아 케이스 공과대학(Case Institute of Technology)을 설립하였다. 케이스 공과대학은 카네기 공과대학(Carnegie Institute Technology)과 캘리포니아 공과대학(California Institute of Technology)과 함께 미국의 3C 공과대학으로 손꼽혔다. 나중에 웨스턴 리저브 대학과 합쳐 케이스 웨스턴 리저브 대학(Case Western Reserve University)으로 하나가 되었다. 레오나드 케이스 Ⅰ세의 집 마당에는 큰아들 윌리엄이 노아의 방주를 본떠 만든 거대한 방주(Ark)가 있었다. 여기에는 새, 암석, 조개껍질, 나무 등 자연물로 가득 찼다. 이것이 자라 오늘날의 클리블랜드 자연사 박물관(the Cleveland Academy of Natural Sciences)이 되었다.

9번지는 약국이었다. 10번지가 우체국이었는데 유일한 벽돌 건물이었다. 11번지는 그녀의 판사 외할아버지의 집이고 12번지가 그가 책임자로 있는 세관이다. 18번지는 스톡웰(Stockwell)의 집이었는데 그의 아들 존 스톡웰(John Nelson Stockwell, 1832~1920)은 루이스 헨리 세브란스보다 6살 위였다. 그는 독학으로 천문학자가 되었다. 그는 프랑스의 과학자 라프라스가 쓴 책을 모두 코브 서점에 주문한 후 스스로 프랑스 말과 미적분을 공부하여 월식과 조수에 관한 논문을 썼다. 그는 1844년 11월 24일에 개기 일식이 있을 것이라고 예측하였다. 이에 놀란 레오나드 케이스 Ⅱ세가 나이 차이에도 불구하고 친구가 되었고 후에 케이스 공과대학의 초대학장으로 앉혔다.

그다음은 1804년에 이주해 온 나단 페리(Nathan Perry)의 집인데 여기서 메리 페리(Mary Perry)가 태어났다. 그녀는 상원의원이 되는 헨리 페인과 결혼하여 그 사이에서 나단 페리 페인, 올리버 해저드 페인, 플로라 페리 페인을 두었다. 나단은 1875년에 클리블랜드의 시장이 되었고, 올리버는 록펠러와 고등학교 동기동창으로 스탠더드 석유회사의 창립주주이며 세브란스와 함께 창립이사가 되었다. 플로라는 해군장관이 되는 위트니와 결혼하였다. 앞서 얘기한 대로 플로라의 사위가 주한 미국 부공사 윌러드 스트레이트이고 외손자가 소련 첩자 마이클 스트레이트이다. 이 집안은 일본을 개국시킨 매튜 페리 제독의 친척이다.

할아버지

이 책의 주인공 루이스 헨리 세브란스는 1838년 8월 1일 오하이오주 클리블랜드시에서 아버지 솔로몬 루이스 세브란스(Solomon Lewis Severance, 1812~1838)와 어머니 메리 헬렌 롱(Mary Helen Long, 1816~1902) 사이에서 차남으로 태어났다. 그의 형은 솔론 루이스 세브란스(Solon Lewis Severance, 1834~1915)이다. 그가 태어나기 1년 전에 조선의 청년 김대건(1821~1846)은 마카오 천주교 신학교에 입학하였다. 그가 태어나던 해에 모스 부호가 발명되어 전신을 이용할 수 있게 되자 전국의 우체국장들이 반대하는 소동이 있었다.[41]

통상 인구가 희박한 지역의 개척민 가계가 복잡하듯이 그의 가계도 그러하므로 먼저 모계부터 보자. 우리에게 거의 의미가 없는 이 가계를 보는 주요 이유는 루이스의 친가와 외가가 모두 의사였다는 점을 보이기 위함이다. 어머니 메리 헬렌 롱의 아버지 즉 우리의 주인공 루이스의 외할아버지 데이비드 롱 Ⅱ세 의사(David Long, Jr. MD,

1787~1851)는 동부 매사추세츠주(Massachusetts State)의 셸번시(Shelburne City)에서 의사 할아버지 존 롱(Dr. John Long, MD)과 의사 아버지 데이비드 롱 Ⅰ세(Dr. David Long, Sr. MD) 밑에서 의학 훈련을 받고 뉴욕 시립 의과대학에서 학업을 마쳤다. 의사 밑에서 수련을 쌓으면 의사가 되던 시절에 이만하면 대단한 학력이었다. 이로써 3대째 의사가 되었다. 그의 아버지는 16세의 나이에 조지 워싱턴 장군 휘하에서 독립전쟁에 참전하였다.[42] 1810년 의과대학을 졸업한 즉시 당시로서는 가장 가까우면서 가장 오지의 서부 개척지인 웨스턴 러저브(Western Reserve)를 찾아서 인구 57명의 클리블랜드시에 왔다.[43] 그가 이 도시를 택한 이유는 1809년 5월 28일에 쓴 그의 편지에 남아있다.[44]

> "나는 판사 월워스(Judge Walworth)와 상의하였다. 그는 무의촌인 클리블랜드가 젊은 의사에게 최적의 도시라고 조언하였다. 나는 현재보다 미래의 전망을 더 생각했다."

오하이오가 연방에 가입한 것은 1803년이었는데 이해에 제퍼슨 대통령이 루이지애나 영역을 매입하여 미국의 국토가 2배로 확대되었다.[45] 데이비드 롱 Ⅱ세는 23살 미혼의 외과의사로 클리블랜드에 도착했으니 그 도시의 첫 번째 의사가 되었다. 이때가 1810년 6월 10일이었다.[46] 그에게 조언을 했던 월워스 판사도 같은 해에 클리블랜드로 진출하였다. 이해는 클리블랜드시의 최초의 개척자 모세 클리블랜드 장군(General Moses Clevealand)이 자신을 따르는 소수의 부하들을 거느리고 이 오지에 온지 불과 15년밖에 안 되는 때였으니 개척의 땅이었다. 클리블랜드시의 이름은 그의 이름에서 비롯한다.[47] 그의 동상은 지금도 클리블랜드시의 한복판인 공공광장(The Public Square)에 서 있다.

데이비드 롱 박사는 1824년에 클리블랜드 의사협회 초대회장이 되었다. 도착하자마자 콜레라가 발생하자 그는 의술로 많은 사람을 구해서 단연 영웅이 되었고 클리블랜드시의 최초의 판사 존 월워스(Judge John Walworth)의 딸 줄리아나(Juliana, 1794~1866)와 1811년에 결혼하였다(자료 Ⅲ-12 참조). 신부는 간호사였다. 장인 월워스 판사는 코네티컷 토지회사의 지사장과 세관장도 겸임하였다. 당시에는 개척도시마다 세관이 있었는데 월워스 판사에게 세관장을 수여한 제퍼슨 대통령의 임명장이 지금도 남아있다.[48]

판사와 지사장과 세관장의 수입만으로도 생활이 어려워 잡화상회를 운영해야만 하였다. 데이비드 롱 의사도 의사 수입만으로 생활이 어려워 건어물과 소금을 비롯한 잡

〈자료 Ⅲ-12〉 클리블랜드 최초 의사 데이비드 롱 II세와 가족사진

화점을 운영하여 어려운 가계를 도왔다. 1830년에 클리블랜드 인구가 1천 명에 불과하였으니 당연했을 것이다. 결과적으로 의술과 상술이 이 집안의 내력이 되었다. 클리블랜드의 잡지에 데이비드 롱 Ⅱ세 잡화점의 광고가 실렸다.[49)]

"석회, 쇠봉, 버펄로 가죽옷 등을 팔거나 교환합니다."

석회는 콜레라가 창궐할 때 필요하다. 경제적인 어려움에도 불구하고 그는 고아원이 존재하지 않던 1820년대에 5명의 고아를 데려다 키웠다.[50)] 고아 가운데 한 명을 친구이며 매제인 로버트 브루스 세브란스 의사가 아들로 입적하고 친구이며 처형의 이름을 따라서 존 롱 세브란스라고 지어주었다. 로버트 브루스 세브란스 의사가 우리의 주인공 루이스의 친 할아버지이다. 그에게는 친아들이 있었으니 그가 루이스의 아버지 솔로몬 루이스 세브란스이다. 세브란스는 입적한 삼촌 존 롱 세브란스를 매우 좋아한 듯 자신의 외아들의 이름을 일찍 요절한 이 삼촌의 이름으로 지었다. 외할아버지 데이비드 롱 Ⅱ세 의사와 그의 부인 줄리아나는 고아를 돌보는 한편 당시 모든 주민이 합친 것보다 더 많은 자선을 하였다.[51)]

결혼 다음 해인 1812년 6월 19일 메디슨 대통령은 영국과 전쟁을 선포하였다. 독립전쟁(1776~1783)이 종식된 지 29년 만에 다시 붙은 것이다. 이것이 제2차 독립전쟁이다. 해상에서 빈번한 충돌이 전쟁을 유발했는데 의외로 미국해군이 브라질 근해와 노

바스코샤 앞바다에서 영국 군함을 격침시켰다. 1813년 9월 10일 세인트로렌스강을 따라서 이리 호수로 들어오는 영국 해군을 올리버 페리 제독(Oliver Hazard Perry)이 격침시켰다. 그는 일본을 개국시킨 매튜 페리 제독(Admiral Matthew Perry)의 형이다. 해전은 육상으로 번져 수도 워싱턴 디 씨는 불에 탔고 메디슨 대통령은 백악관에서 밥 먹다가 피신하였다. 그러나 볼티모어와 뉴올리언스에서 영국군을 무찔렀다. 특히 볼티모어 격전지에서 현재의 미국 국가 "성조기여 영원하라"가 탄생하였다. 당시로서는 서부 국경선인 디트로이트에서도 인디언과 합세한 영국군을 맞이해 전투가 벌어졌다.

1812년 6월 24일 영국군과 동맹군이었던 인디언이 클리블랜드에서 2명의 백인을 죽였다. 오믹(Omic)이라는 이름의 인디언의 교수형이 행해졌는데 몸이 무거워 밧줄이 끊어졌다. 몸집이 큰 피터 알렌 의사(Dr. Peter Allen)가 업고 온 그의 시체를 데이비드 롱 Ⅱ세 의사가 사망을 확인하고 그의 해골을 의학용으로 간직하였다.[52] 피터 알렌 박사의 손자가 장차 세브란스의 사위가 되는 더들리 피터 알렌 박사이다. 이때 클리블랜드 최초로 종합병원인 군대 야전병원이 생겼다. 전쟁에서 많은 부상자가 시내 중심부로 후송되었다. 데이비드 롱 Ⅱ세의 부인 줄리아나는 어느 부상병의 부인에게 말했다.

"당신 남편에게 가보시오. 내가 당신의 아기를 돌보리라."[53]

그렇게 말하는 순간 그녀의 신혼 남편 데이비드 롱 Ⅱ세도 군의관으로 전장에서 종군하는 처지였다. 당시 주민들은 영국군과 인디언의 연합부대가 클리블랜드로 들이닥칠까 걱정하고 있었다. 남편은 디트로이트에서 영국군이 항복했다는 소식을 제일 먼저 말을 타고 달려와 알려주었다.

영미전쟁이 터지고 6일 만인 6월 25일에 지구 반대편 유럽에서는 나폴레옹이 러시아를 침입하였다. 영국이 양쪽에서 전쟁을 할 수 없다는 판단에서 일으켰다. 이때 존 애덤스 2대 대통령의 아들 존 퀸시 애덤스가 러시아 주재 미국 대사가 되어 상트페테르부르크에 체류 중이어서 걱정이 컸다. 후에 존 퀸시 애덤스는 6대 대통령이 되었다. 그의 손자는 헨리 애덤스인데 국무장관 존 헤이의 둘도 없는 친구가 되어 워싱턴 정계를 움직였다.

다른 의사들이 성경이 과학이 아니라고 주장하면서 교회 참석을 게을리 했는데 데이비드 롱 Ⅱ세와 줄리아나는 달랐다. 1817년 클리블랜드 최초의 교회인 올드스톤 교

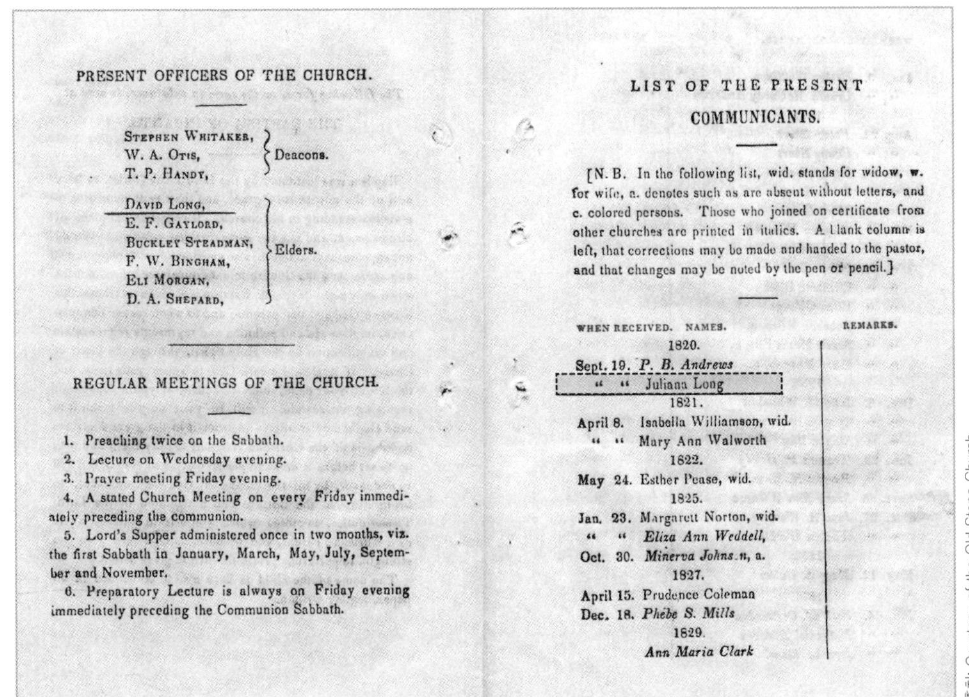

PRESENT OFFICERS OF THE CHURCH.

STEPHEN WHITAKER,
W. A. OTIS,
T. P. HANDY,
} Deacons.

DAVID LONG,
E. F. GAYLORD,
BUCKLEY STEADMAN,
F. W. BINGHAM,
ELI MORGAN,
D. A. SHEPARD,
} Elders.

REGULAR MEETINGS OF THE CHURCH.

1. Preaching twice on the Sabbath.
2. Lecture on Wednesday evening.
3. Prayer meeting Friday evening.
4. A stated Church Meeting on every Friday immediately preceding the communion.
5. Lord's Supper administered once in two months, viz. the first Sabbath in January, March, May, July, September and November.
6. Preparatory Lecture is always on Friday evening immediately preceding the Communion Sabbath.

LIST OF THE PRESENT COMMUNICANTS.

[N. B. In the following list, wid. stands for widow, w. for wife, a. denotes such as are absent without letters, and c. colored persons. Those who joined on certificate from other churches are printed in italics. A blank column is left, that corrections may be made and handed to the pastor, and that changes may be noted by the pen or pencil.]

WHEN RECEIVED.	NAMES.	REMARKS.
1820.		
Sept. 19.	*P. B. Andrews*	
" "	Juliana Long	
1821.		
April 8.	Isabella Williamson, wid.	
" "	Mary Ann Walworth	
1822.		
May 24.	Esther Pease, wid.	
1825.		
Jan. 23.	Margarett Norton, wid.	
" "	*Eliza Ann Weddell,*	
Oct. 30.	*Minerva Johns.n,* a.	
1827.		
April 15.	Prudence Coleman	
Dec. 18.	*Phebe S. Mills*	
1829.		
	Ann Maria Clark	

출처: Courtesy of the Old Stone Church

〈자료 Ⅲ-13〉 1820~1842년 올드스톤 교회의 교적부

회(Old Stone Church)가 창립될 때 그와 그의 부인 줄리아나 롱은 창립 교인 15명 가운데 하나였다. 앞서 말한 대로 그녀의 집에서 올드스톤 교회가 시작하였는데 그녀의 기독교 신앙은 어릴 때 순회 전도사의 설교를 들은 것이 계기가 되었다.[54] 그의 집에서 술과 담배 그리고 노름은 금기사항이었다. 다시 말하면 의술과 상술과 기독교는 이 집안의 3대 뿌리가 되는데 이 뿌리에서 자란 나무에 꽃을 피운 사람이 우리의 주인공 루이스 헨리 세브란스이다. 앞서 미리 언급한 대로 세브란스가 평생 술, 담배, 노름을 하지 않은 이유는 이러한 배경 탓이다.

올드스톤 교회는 3년 후 1820년에 올드스톤 장로교회와 올드 트리니티 감리교회로 나뉜다. 세브란스의 할머니 줄리아나는 분리될 때 올드스톤 교회에 남은 두 사람 가운데 하나가 되었다. 〈자료 Ⅲ-13〉의 교적부에 그녀의 이름과 남편 이름이 보인다(점선). 세브란스의 친구 사무엘 마서는 올드 트리니티 교회에 다녔고 그의 부인 플로라 스톤은 올드스 톤교회에 다녔다. 줄리아나와 데이비드 롱 Ⅱ세 슬하에 여러 자녀를 두었지

만 모두 잃고 1명의 딸 메리(Mary Hellen Long)만 남았다(자료 Ⅲ-14). 가장 친했던 오빠는 장성하여 질병으로 죽었다. 당시에는 질병으로 이러한 현상이 보편적이었다. 그녀가 출생한 자리는 아버지 데이비드 롱 Ⅱ세가 최초로 개업한 곳으로 오늘날 미국 연방준비 클리블랜드 은행(the Federal Reserve Bank of Cleveland)과 클리블랜드 공립 도서관(the Cleveland Public Library) 사이이다. 이곳은 그녀의 아버지가 클리블랜드 최초의 도서관을 열었던 곳이기도 한데 지금도 남아있는 기록에 의하면 그가 빌린 책은 세르반테스의 "돈키호테"와 월터 스코트의 "음유시인"이었다. 회원들은 회비를 냈는데 그가 책을 빌리고 지불한 기록이 지금도 남아있다.

1820년 롱 박사의 진료소에서 시작된 올드스톤 교회는 1843년 클리블랜드 최초의 의학 교육을 시작하였다. 최초의 교수는 존 달라마터(John Dalamater) 박사 등 4명이었는데 웨스턴 리저브 대학에 의학과를 신설하는 허가를 클리블랜드시에 신청하였다. 그러나 의학박사(MD)를 수여할 수 있는 여건이 의심스러워서 6명의 위원회를 조직하여 심사하기로 하였다. 이 위원회에 위원으로 임명된 사람이 롱 박사이다.[55] 위원회는 정치적인 영향을 발휘하여 허가를 받아냈다. 이때가 1843년으로 북부 오하이오의 첫 번째 의학과의 창설이다. 메리의 나이 27살, 세브란스의 나이 5살이었다. 세브란스는 외할아버지가 웨스턴 리저브 의과대학 설립 위원이었다는 사실이 자랑스러웠을 것이고 어머니 메리는 오래 살아남아서 그녀의 유명한 아들이 엄청난 거부가 되어 기독교 의료교육 자선사업 하는 것을 모두 본 것은 우연이 아니다. 이 유명한 아들이 우리의 주인공 루이스 헨리 세브란스이다. 외할아버지의 업적을 요약하면 다음과 같다.

〈세브란스의 외할아버지 데이비드 롱 Ⅱ세 박사 경력〉

- 뉴욕 의과대학 졸업
- 클리블랜드 최초의 의사
- 노예제도 반대 협회 클리블랜드 회장
- 클리블랜드 의사협회 초대회장
- 웨스턴 리저브 의과대학 창립 위원
- 올드스톤 교회 창립 집회 장소 제공
- 클리블랜드 최초의 도서관 조직

의사 집안

다음 부계를 보자. 루이스의 친할아버지 로버트 브루스 세브란스(Robert Bruce Severance, MD) 역시 매사추세츠주의 셸번시(Shelburne City)에서 장인인 데이비드 롱 Ⅰ세 의사(David Long, Sr. MD), 즉 루이스의 외증조할아버지 밑에서 의학 교육을 받았다. 그 역시 의사가 되었으니 루이스의 친가와 외가는 모두 의사 집안이다. 더욱이 친할아버지와 외할아버지가 모두 외증조부 한 사람에게서 의술을 배웠다. 로버트 세브란스 의사는 셸번시에서 데이비드 롱 Ⅰ세의 여동생인 다이아나 롱(Diana Long)과 결혼하였다. 선생님의 딸과 결혼한 것이다. 이들 사이에서 아들 솔로몬 루이스 세브란스(Solomon Lewis Severance, 1812~1838)가 태어났는데 이 사람이 우리의 주인공 루이스의 아버지이다. 솔로몬은 음악과 예술 교육을 받았고 좋아하였다.

어머니가 일찍 세상을 떠나자 그는 고향 셸번시를 떠나 클리블랜드시에서 의사 데

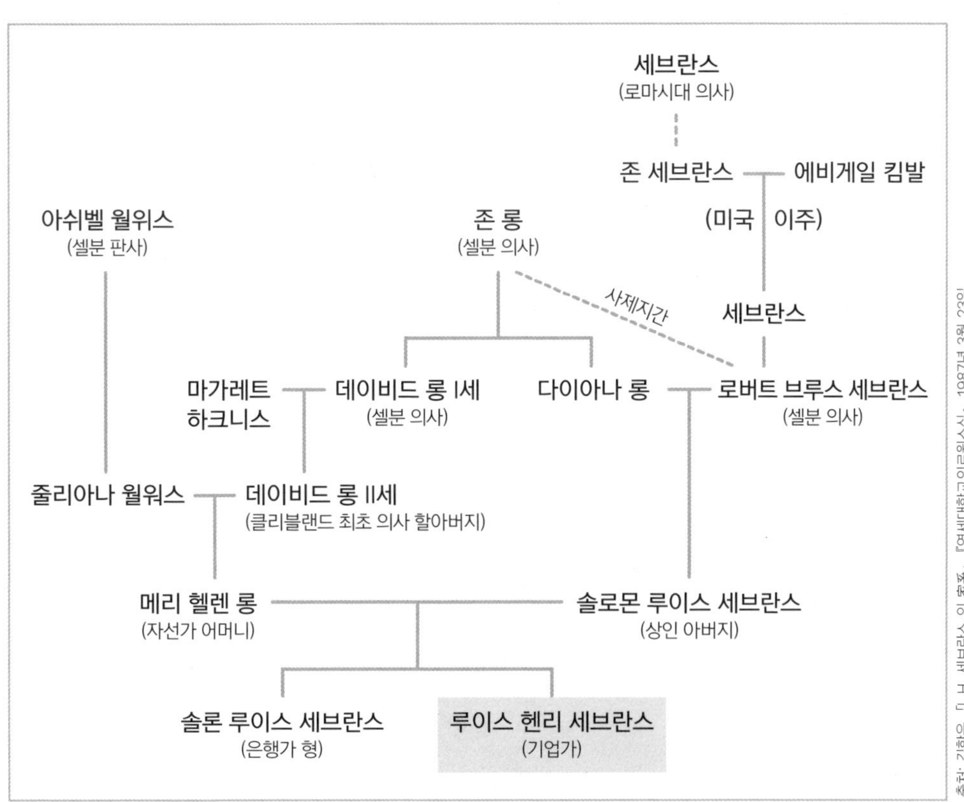

〈자료 Ⅲ-14〉 세브란스 의사-자선가-상인-기업가 조상의 가계도

출처: 김학은, 「L.H. 세브란스 의 家系」, 『연세대학교의료원소식』, 1987년 3월 23일

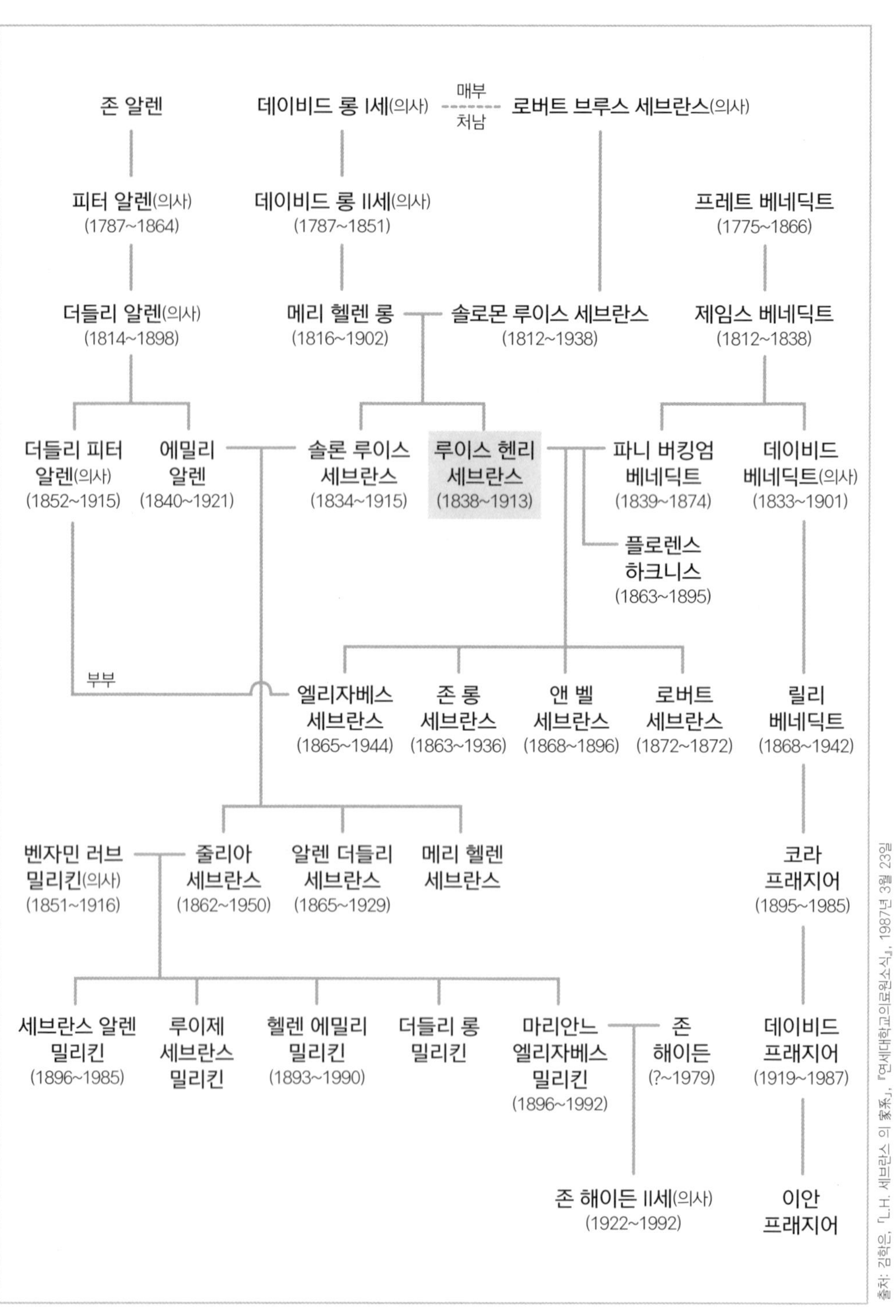

출처: 김학은, 「L.H. 세브란스 이 家系」, 『연세대학교의료원소식』, 1987년 3월 23일

〈자료 Ⅲ-15〉 세브란스-알렌-밀리킨-해이든 가계도

이비드 롱 Ⅱ세의 딸 메리 헬렌 롱(Mary Hellen Long, 1816~1902)과 결혼하여 상인이 되었다. 여기서 다시 한번 의술과 상술의 만남을 보게 된다. 두 젊은 부부는 교회의 합창대에 열심이었다. 그런데 루이스 아버지의 어머니는 루이스 어머니의 조고모가 된다. 다시 말을 바꾸면 루이스의 친할머니는 루이스의 고모할머니가 된다. 복잡하니까 그림으로 보면 도움이 된다(자료 Ⅲ-14와 자료 Ⅲ-15).

다시 강조하거니와 우리에게 별로 중요하지 않은 듯 보이는 이 가계도를 소개하는 것은 루이스 헨리 세브란스의 외가, 친가, 처가가 모두 의사라는 점을 보이기 위함이다. 앞으로 보면 더 알게 되겠지만 루이스 헨리 세브란스 집안은 그의 아버지 솔로몬(상인)과 형 솔론(은행가)과 자신(기업가)만을 제외하고 친할아버지(의사), 외할아버지(의사), 외증조할아버지(의사), 외고조할아버지(의사), 처남(의사), 사위(의사), 사위의 아버지(의사), 사위의 할아버지(의사)가 몽땅 의사라는 사실이 그의 의료선교의 배경과 무관하지 않는다는 추측을 강조하기 위함이다. 그리고 모두 교회를 설립하였다는 공통점도 있다. 심지어 주치의의 할아버지도 의사였다. 그러나 의료선교에는 돈이 필요하다. 이 책임을 거부가 되는 루이스가 담당하게 된다. 세브란스의 역사적인 가계를 보아도 의사 집안의 모습이 더욱 뚜렷해진다.

미국 땅을 최초로 밟은 세브란스 가계의 선조는 존 세브란스(John Severance)이다. 1634년 그는 영국의 입스위츠(Ipswitch)를 떠나 신대륙을 찾아왔다. 그는 에비게일 킴벌(Abigail Kimball)과 결혼하여 일가를 이루었다. 그의 장인 리처드 킴벌(Richard Kimball)과 장모 울스라(Ursula)도 같은 해(1634)에 엘리자베스(Elizabeth)라는 배를 타고 뉴잉글랜드(New England)에 도착하였다. 존과 에비게일은 1637년 보스턴(Boston)에서 솔즈베리(Salisbury)로 이사하였는데 이곳은 루이스의 외고조부 존 롱이 정착했던 셸번(Shelburne)과 가까운 곳이다.

세브란스의 조상은 로마시대의 의사였다.[56] 당시의 이름은 세베루스(Severus)였다. 서기 146년 북아프리카 해안 도시 셉티스(Septis)의 루시우스 셉티무스 세베루스(Lucius Septimus Severus)가 로마시민이 된 것이 최초의 기록이다. 최근에 움베르토 에코(Umberto Eco)가 쓴 소설 『장미의 이름 *The Name of Rose*』의 배경이 되는 이탈리아 수도원의 의사 이름도 세베루스이다. 로마가 망한 후 이 이름은 독일에서 발견된다. 이것은 엄격함(severe), 진지함(serious), 순결함(chaste), 덕스러움(virtuous)이라는 뜻이다. 그 이후 이 이름은 Sever, Severin, Severinus, Severus, Severance로 변하였다. Severus

가운데 한 사람이 로마황제가 되었고 Severinus는 중세시대에는 성인, 순교자라는 의미로 통했다. 현대의 세브란스(Severance)라는 이름은 프랑스의 영향이 가미된 것이다. 로마 시대 이름 없는 시골 의사가 2천 년 후에 지구의 반대편 서울에서 의료선교로 이름을 남길 줄 누가 알았으랴.

아버지

아버지 솔로몬 루이스는 1830년에 매사추세츠 셸번을 떠나 클리블랜드로 이주해 왔다. 그는 "커틀러-세브란스 상회 Cutler and Severance"를 열고 상업에 뛰어드는 한편 1833년에 "클리블랜드 노예제도 반대 단체 Cleveland Anti-Slavery Society"를 조직하여 총무가 되었다. 데이비드 롱 박사가 회장이었다. 이 단체가 발전하여 1837년에는 "쿠야호가 카운티 노예제도 반대단체 Cuyahoga Anti-Slavery Society"로 성장하였다. 1833년에 데이비드 롱 박사의 외동딸 메리 헬렌 롱과 결혼하였는데 촌수로 따지면 부인 헬렌 롱은 자신의 외할머니 다이아나 롱의 조카손녀이었다. 그러나 뜻을 펴지 못하고 1838년에 폐렴으로 죽었다. 방금 사진기술이 발명된 시기라서 모습을 남기기 어려웠을 텐데 그의 사진이라고 추정되는 사진 한 장을 세브란스 가족 사진첩에서 발견할 수 있다(자료 Ⅲ-16을 참조).

롱-세브란스 의사 집안에다 기독교 선교교육 및 자선의 분위기를 불어넣은 것은 루이스의 어머니였다(자료 Ⅲ-16). 어머니 메리 헬렌 롱 세브란스(Mary Helen Long Severance, 1816~1902)는 두 아들 루이스와 솔론을 낳고 1838년 22살에 미망인이 되었다. 더욱이 둘째 아들 루이스는 유복자였다. 그녀는 평생 재혼하지 않고 두 아들 솔론과 루이스를 양육하며 기독교 사회봉사로 일생을 마쳤다. 메리가 어릴 때 인디언의 습격으로 이리 호수의 갈대에 숨었던 기억을 아들에게 들려주곤 하였다. 남편 솔로몬과 결혼하던 1833년 11월 12일 밤에 수많은 혜성이 나타나서 좋은 징조라고 자랑하였다. 1910년 루이스의 형 솔론의 증언을 들어보자.

"정확하게 일백 년 전 6월 곱슬머리에 촌스러운 얼굴의 23살 청년이 인구 57명의 은둔의 클리블랜드를 찾아왔다. 이 청년이 나의 할아버지 데이브드 롱 의사이다. 그는 클리블

〈자료 Ⅲ-16〉 세브란스의 어머니 메리 헬렌 롱 세브란스와 아버지 솔로몬 루이스 세브란스(추정)

랜드의 첫 번째 의사가 되었다. 도착한 지 1년이 지나서 그는 존 월워스의 딸 줄리아나 월워스와 결혼하였다. 그녀의 아버지는 우체국장이고 세관장이었으며 코네티컷 토지회사의 대리인이었다.[57] 그해 클리블랜드 항구의 4분기 수입은 2달러 83센트였다. 클리블랜드까지 여정은 배를 이용하였는데 난파되곤 하였다. 월워스 판사도 익사할 뻔하였다. 클리블랜드 사람들은 영국군과 인디언을 이리 호수 해변에서 보면 옷이랑 그릇을 갖고 내륙으로 숨었다. 단지 30명만 남았는데 이들은 영국군과 인디언을 보면 저지하려고 하였다. 그 가운데 나의 외할머니와 친할머니도 있었다. 할머니에게 여자는 싸울 수 없다고 말했더니 부상병을 치료하고 남자들을 응원할 수 있다고 대답하였다. 전투에서 부상병이 전송되어 이웃에 실려 왔다. 당시에 돈이 귀했기 때문에 물물교환이 성행하였다. 나의 의사 할아버지와 판사 할아버지도 상점을 열어 물건을 팔았다. 소금은 한 통에 20달러이었고 돼지고기, 옥양목, 목걸이 등을 인디언의 설탕, 생선과 교환하였다. 판사 외할아버지는 종종 은세공품과 교환했는데 할머니의 첫 번째 은수저는 이것으로 만든 것이다. 할머니는 인디언과 키니네를 바꾸면서 친구가 되었다고 말하였다. 교환하러 오는 인디언은 할머니의 아버지 집 벽난로 옆에서 묵게 하였다. 인디언들은 놀이, 털가죽, 벌집 등을 가져왔다. 이 인디언들이 어느 부족에 속했는지는 알 길이 없다. 아마 치파웨, 오타와, 아니면 세네카였을 것이다. 함정을 파서 곰을 잡는 얘기도 들려 준 사람이 할머니이였다. ⋯."

"클리블랜드의 인구는 매우 느리게 증가하였다. … 하루는 어머니에게 이웃 아이가 뛰어와서 하는 말이 '내 말을 믿겠어? 내가 금방 셌는데 여기 인구가 554명이야.' 이것이 1825년이었다. 9년 후 내가 태어날 때 인구는 3,323명이었다.[58] 나의 어머니는 데이비드 롱 의사의 딸이다. 나의 아버지에 대해 간략하게 얘기해야겠다. 나의 아버지는 솔로몬 루이스 세브란스이다. 나의 최초의 기억은 휴론가(Huron Street)에 아버지가 지은 집의 앞 창문에서 내다 본 것이다. 그 앞으로 행진이 지나갔는데 그날은 워싱턴의 생일이었다. … 아버지는 마른 물건을 취급하는 상인이었다. 그런데 병에 걸려 할아버지 집으로 갔다. 그때 나는 4살이었다. 현관 앞에 마차가 와서 할아버지가 아버지를 데리고 간 일을 지금도 기억한다. 당시에 폐렴 치료를 위하여 버지니아 윌링에 있는 유황 온천으로 향하였다. 그것이 내가 아버지를 본 마지막이었다. 아버지는 거기서 병이 깊어 돌아가셨다. 그때 아버지의 나이는 26살이었다."

"어머니는 언제나 가난한 사람들의 복리를 염려하셨다. 어머니는 클리블랜드 기독교 고아원의 설립자 가운데 한 사람이었다. 그 후 50년 동안 어머니는 5천 명의 고아들을 보살폈다. 그리고 어머니는 레이크사이드 병원(the Lakeside Hospital)의 후원자였다."

"내가 다닌 첫 번째 공립학교는 베델 교회(Bethel Chapel)였다. 이 학교는 주일학교에서 발전한 것인데 사라 씨 판 타인 양(Sarah C. Van Tyne)이 키운 것이다. 사라 선생님은 그 후 애덤스 목사님(Rev. Dr. Adams)과 결혼하여 선교사로 남아프리카로 갔다. 15년 후에 돌아와서 나의 어머니 집에서 작고하였다.[59] 사라 피치(Sarah Fitch)가 나의 첫 번째 선생님이다. 리처드 프라이(Richard Frye)는 세인트클레어가의 아카데미에서 가르쳤는데 여기에 나는 몇 학기를 다녔다. 사립학교로 옮기니 헨리 차일드(Henry Childs) 선생님이 가르쳤다. 학교를 다시 옮기니 더블류 디 베티(W. D. Beattie) 선생님이 가르쳤다. 아버지가 돌아가시고 나는 외할아버지 집으로 가서 거기서 공립학교에 다녔다. 여기서는 선생님이 후원자와 함께 기숙하였다. 여러분들 밀러 추종자들의 종말론을 기억 하실 것이다.[60] 신도들 가운데 하나가 자기 집에 화재가 나자 '걱정하지 않는다. 모든 것은 곧 사라질 것이다.' 라고 말했다. 종말이 오지 않자 밀러의 추종자 사이에서 혼란이 일어났다."

"여러분들 뽕나무 사건을 기억하십니까? 할아버지 농장에도 뽕나무가 있었습니다. 누에가 실을 뽑는 것입니다. 할아버지 집의 지하실에 실을 뽑는 기계가 있었습니다. 색깔은 파랬는데 내가 기억하기에는 그리 성공적이지 못했습니다. 나는 최선을 다해 기계를 돌려서 고치에서 실을 뽑으려 했습니다. 열을 식히기 위해 물을 부어야 했습니다. 우리가 심은 것은 검정 뽕나무였는데 한 그루에 1달러였습니다. 나중에 백색의 뽕나무를 중국에서 들여왔지만 클리블랜드에서는 실패였습니다."

"학교, 교회, 기독청년회와 그 밖에 조직에 대해서는 이야기하지 않겠습니다. 그들의 훌륭한 업적은 이미 역사가 되었고 이미 기록되었습니다. 돌이켜보면 초기 사람들에게는 그들에 부과된 의무를 수행하는 훌륭한 정신이 있었음을 우리는 깨닫게 됩니다."[61)]

이 회고담에서 벌써 학교, 교회, 기독청년회라는 조직이 등장한다.[62)] 초기 정착민들이 인디언과 영국에 대항하는 숨 가쁜 생활에서도 어디에 가치를 두고 있었는지 짐작할 수 있다.

삼촌

루이스와 솔론의 친할아버지 로버트 브루스 세브란스 박사는 두 아들 솔로몬 루이스와 시어도어(Theodore Severance, 1814~?)을 두었는데 그 밖에 두 고아 에라스무스(Erasmus Severance, 1817~1840), 존 롱(John Long Severance, 1822~1859)을 아들로 입적하였다. 우리의 주인공 루이스 헨리 세브란스에게는 삼촌이다.

록펠러가 중앙고등학교를 중퇴하고 석유사업에 뛰어들기 전에 직업학교에 가서 회계와 습자를 배웠다고 앞서 썼는데 그 학교 이름이 폴섬 학교(Folsom's Business College)였다. 이 학교의 이사 명단에 루이스의 삼촌인 시어도어 세브란스와 존 롱 세브란스의

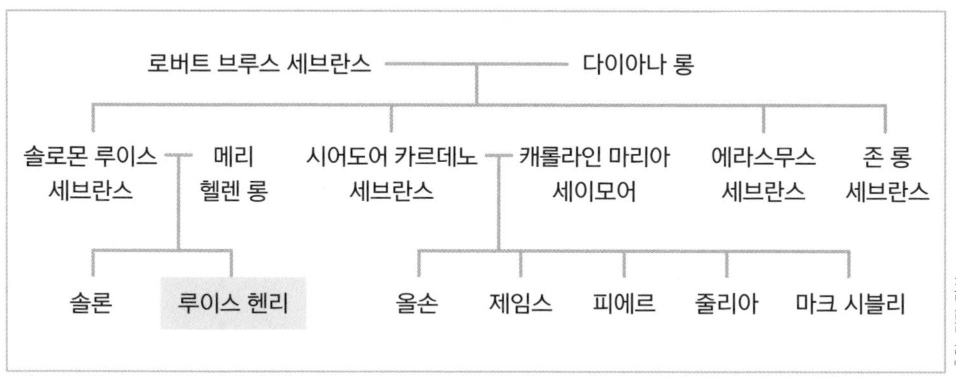

〈자료 Ⅲ-17〉 로버트 브루스 세브란스 박사의 가계도

이름이 보인다. 상원의원 존 셔먼과 사무엘 마서의 이름도 보인다. 동일 이름의 사무엘 마서의 아버지이다. 이 학교는 현재 다이크 대학(Dyke University)이 되었다.

에라스무스와 존은 평생 독신이었으므로 여기서는 자손이 없다. 루이스는 아들을 낳자 죽은 막내삼촌 이름을 지어준 것 같다. 이것은 그가 비록 양자였지만 조카 루이스와 친했음을 의미하는 것이다. 시어도어는 재무장관 새먼 체이스(Secretary Salmon Chase, 1808~1873)의 친구였는데 그의 도움으로 사우스캐롤라이나주의 세관장이 되었다. 그는 캐롤라인 마리아 세이모어(Caroline Maria Seymour Severance, 1820~1914)와 결혼하였는데 이 여자가 유명한 미국 최초의 여권 운동가가 되었다. 그녀가 여권운동에 뛰어든 것은 시집의 영향 때문이다. 세브란스 집안은 반노예주의, 금주, 여권신장을 믿었다. 그녀는 세브란스 집안이 다니던 올드스톤 교회의 목사가 노예제도에 대하여 확실한 태도를 보이지 못하자 남편과 함께 올드스톤 교회에서 나와 통합교회(Unitarian Church)를 설립하였다. 그녀는 말했다.

> "성경의 황금률이 피부색깔이나 머리카락의 형태를 막론하고 모든 사람에게 적용될 수 없음을 보고 우리[세브란스 집안]는 목사의 코앞에서 또는 성도들 틈에서 더 이상 앉아 있을 수가 없었다."

그녀는 미국 최초의 여성 투표권을 주장하는 사람 가운데 하나였으며 최초의 여성 클럽을 설립한 사람이 되었다. 이 여자가 세브란스라는 이름을 전국적으로 알린 사람이다. 그녀는 5명의 자녀를 두었는데 그 가운데 막내아들 마크 시블리(Mark Sibley Severance, 1846~1931)가 재능을 보여 여러 가지 사업에도 성공하였지만 소설가로서 제법 이름을 남겼다. 외동딸(Julia Severance)이 어머니의 연설, 기고, 편지 등을 모아 문집으로 출판하였다.

어머니

어머니 메리 헬렌 롱은 14살 때부터 아버지가 창립교인이었던 클리블랜드 제일장로교회(the First Presbyterian Church = the Old Stone Church) 합창단에서 찬송가를 불렀

출처: Courtesy of the Church of Covenant

〈자료 Ⅲ-18〉 제2장로교회 = 커버넌트 교회

다. 그녀의 신앙심은 두 아들에게 계승되었다. 1833년 이 교회의 사무엘 허친스 목사(Rev. Samuel Hutchins)가 세일론에서 선교활동을 시작하였지만 병을 얻어 귀향했다. 그의 영향으로 1832~1871년까지 교회에 젊은 여자 선교회를 결성하였는데 그녀도 일찍부터 열성 회원이었다. 그녀의 장남 솔론이 회고했듯이 남아프리카 줄루에 파송한 선교사 사라 판 타인 애덤스 부인이 15년 후인 1850년에 귀국하여 그녀의 집에서 15년 동안 말년을 보내다 1866년에 그곳에서 죽었다. 그녀는 아프리카에 선교사를 파송하는 단체도 조직하였다.

그녀가 태어나기 3년 전에 유명한 의료선교사 데이비드 리빙스턴 박사(Dr. David Livingstone, 1813~1873)가 태어났다. 리빙스턴 박사는 아프리카에 복음을 전하고 영국 정부로 하여금 노예매매를 불법으로 규정하게 만들었다. 1871년 뉴욕 헤럴드 신문의 헨리 스탠리(Henry Stanley, 1841~1904) 기자가 아프리카에서 실종된 리빙스턴 박사를 찾아낸 사건은 전 미국에 큰 화제와 반향을 일으켰고 여기에 자극을 받아 아프리카 선교운동이 급등하였다.[63] 그러나 선교사들은 아프리카 다음으로 극동에서 기독교 교육의 중요성도 언급하였다. 루이스는 어릴 때부터 이러한 영향을 많이 받아 극동에 관심이 많았다. 특히 올드스톤 교회에서 파송한 아프리카 줄루의 선교사 판 타인 부인과 세일론의 선교사 허친스 목사의 영향을 크게 받았다. 세브란스는 말했다.[64]

"인도 청년들이 예수를 믿지 않은 채 대학에 들어가는 것이 이상하다. 거기에는 반드시 이유가 있을 텐데 그것을 알고 싶다."

앞서 본대로 제1장로교회(올드스톤 교회)의 목사가 노예제도에 대해 미지근한 태도를 보여 루이스의 둘째 삼촌 시어도어가 다른 교회로 교적을 옮겼다고 말했는데 교회는 좌석도 매매하여 가난한 사람들은 뒤에 앉을 수밖에 없었다. 이에 반발하고 상당수의 신자가 교회를 떠나 새 교회를 설립하였으니 클리블랜드 제2장로교회(the Second Presbyterian Church, 위치는 자료 Ⅳ-2를 참조)이다. 1844년 제2장로교회로 분교(分敎)할 때 교적을 옮긴 신자 가운데 세브란스(좌석번호 119)와 어머니(좌석번호 122)가 있었다(자료 Ⅲ-19). 여기서 세브란스는 입적한 막내삼촌 존 롱 세브란스를 가리킨다.[65]

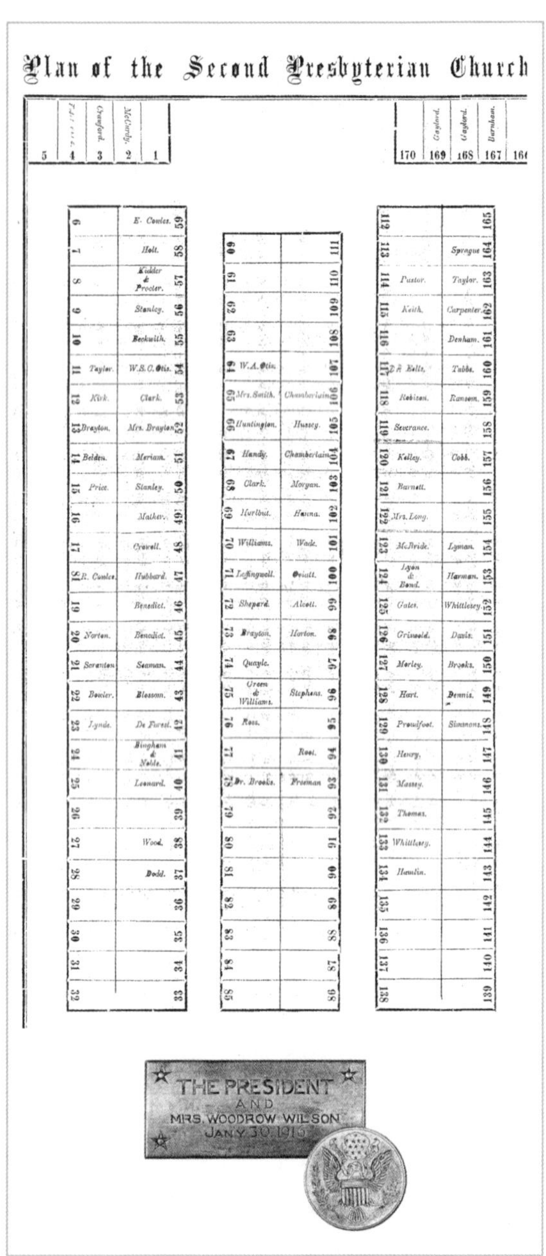

〈자료 Ⅲ-19〉 1852년 제2장로교회의 세브란스 좌석과 1916년 윌슨 대통령의 기념좌석

출처: Courtesy of the Church of Covenant

여기에 동조한 사람들이 한나 상원의원의 아버지(좌석번호 102)와 사무엘 마서의 아버지(좌석번호 49)였다. 빛의 속도가 방향에 상관없이 일정하다는 사실을 발견하여 아인슈타인의 상대성 원리의 길을 열어준 몰리 교수의 아버지(좌석번호 127)도 이때 행동을 함께 하였다.[66] 이 교회는 좌석을 매매하지 않았고 노예제도에 반대를

분명히 표명하였다. 제2장로교회는 발전을 거듭하여 오늘날 커버넌트 교회(Church of the Covenant)가 되었다. 1916년 윌슨 대통령이 이 교회를 방문하여 좌석번호 49에서 예배를 보았다(자료 Ⅲ-19). 이 자리는 상원의원이었던 사무엘 마서의 자리였다. 그는 플로라 스톤 마서의 시아버지였다. 당시 이 교회의 목사와 윌슨 대통령이 대학교 동기동창생이었다.

도시가 급속히 팽창하자 메리는 교외로 주거를 옮기면서 1872년에는 자신의 집과 가까운 거리의 우들랜드 장로교회(the Woodland Avenue Presbyterian Church)도 설립하였다. 그녀는 일찍부터 노예제도를 반대하였고 탈출한 흑인 노예를 집에 숨겨주고 보호하였다. 남북전쟁이 발발하자 그녀는 의료위생부대의 후원자가 되었고 많은 고아가 생기자 올드스톤 교회와 협력하여 기독교 고아원(the Protestant Orphan Asylum)을 설립하였다. 장남 솔론이 증언했듯이 평생 5천 명의 고아를 돌보았다.[67]

레이크사이드 병원

무엇보다 세브란스의 어머니 메리가 의사 아버지와 자선가 어머니가 유산으로 남긴 돈으로 올드스톤 교인들과 함께 클리블랜드의 첫 번째 종합병원인 레이크사이드 병원(the Lakeside Hospital)을 시작하였다는 점이 우리의 눈길을 끈다. 우리는 그녀의 아버지가 클리블랜드 첫 번째 의사라는 사실을 알고 있다. 그럼에도 불구하고 그녀의 남편이며 우리의 주인공 루이스 헨리 세브란스의 아버지가 폐렴인지 폐결핵으로 젊은 나이에 죽었다는 사실도 알고 있다. 친가와 외가가 모두 의사인 집안에 시집온 그녀답게 51세 되던 1863년에 올드스톤 교회 신자들과 함께 「무연고자의 집 The Home for the Homeless」을 설립하였는데, 그 후 병원 이름을 「클리블랜드 병원 The Cleveland Hospital」과 「윌슨 거리 병원 The Wilson Street Hospital」 이외에도 여러 차례 바꾸었다. 이때까지 건물을 임대하였다. 1881년에 「자선 병원 The Charity Hospital」으로 다시 개명하였다. 이 모두가 이름 그대로 자선의 성격이 강했다. 「레이크사이드 병원 The Lakeside Hospital」으로 개명한 것은 1889년이었는데 1898년부터는 허드슨시에서 클리블랜드시로 학교를 옮긴 웨스턴 리저브 대학병원의 협력 병원이 되었다. 외래환자는 무료였고 입원환자는 하루에 1달러를 냈다.[68]

〈자료 Ⅲ-20〉 레이크사이드 병원: 새 건물과 구급마차

출처: Courtesy of Allen Memorial Medical Library

1895년 이리 호수 연안 레이크사이드 거리에 새 병원(자료 Ⅲ-20)을 지었을 때 세브란스는 어머니와 함께 이 병원의 이사였다(자료 Ⅲ-21을 참고). 병원 신축 기념으로 "잡지 레이크사이드 Lakeside Magazine"를 간행하자 한나, 페인, 마서, 하크니스 등 수많은 세브란스의 친구들의 기업체가 광고를 제공하였는데 기업체가 없는 존 헤이는 시를 기고하였다(자료 Ⅲ-22를 참고). 대학병원과 레이크사이드 병원은 법적으로 독립된 병원이었지만 의사들은 양쪽에서 일할 수 있었고 이사들 가운데 몇몇은 두 병원 이사회의 겸직이었다. 겸직 이사 가운데 세브란스의 어머니 메리는 1902년 세상을 떠날 때까지 40년 동안 레이크사이드 병원의 이사였고 우리의 주인공 루이스 헨리 세브란스도 이사였다.

병원 이사가 하는 일은 무엇인가. 그것도 입원비가 하루 1달러인 자선적 성격의 종합병원의 살림을 꾸려갈 뿐만 아니라 확장해 가는 직책을 여자가 40년이란 오랜 기간 동안 맡았다. 그 자금이 어디에서 왔겠는가. 기록을 찾지 못했지만 어머니가 설립자이며 이사인 레이크사이드 병원에 거부의 효자 아들이 평생 동안 재정적으로 후원했다는 것은 의심할 바 없다.[69] 1881년까지 월슨 거리의 건물을 임대하였던 병원을 그 후 1889년 레이크사이드 거리로 옮겨 새로 지었다는 것은 거액의 기부가 있기에 가능한 일이었

LAKESIDE HOSPITAL.

OFFICERS.

Lee McBride, President,
Ralph W. Hickox, Vice-President,
Mrs. E. C. Pechin, Treasurer,
H. C. Studley, Secretary,
Mrs. Anna M. North, Assistant Secretary.

BOARD OF TRUSTEES.

Ralph W. Hickox, ... 1896.
L. H. Severance, ... 1896.
W. S. Tyler, ... 1896.
Mrs. H. B. Hurlbut, . . 1897.
Lee McBride, ... 1897.
Samuel Mather, ... 1897.
George A. Garretson, ... 1898.
Mrs. M. H. Severance, ... 1898.
James Pickands, ... 1898.

BOARD OF MANAGERS.

Mrs. James Barnett,
Mrs. Nellie Bolton,
Mrs. Thomas Bolton,
Mrs. Th. H. Brooks,
Mrs. Harvey H. Brown,
Mrs. Wm. Chisholm,
Mrs. G. T. Chapman,
Mrs. G. H. Ely,
Mrs. P. M. Hitchcock,
Mrs. B. E. Helman,
Mrs. V. P. Kline,
Mrs. M. D. Leggett,
Mrs. Isaac Leisy,
Mrs. John Martin,
Mrs. Lee McBride,
Mrs. John Tod,
Mrs. E. S. Page,
Mrs. Jas. Pickands,
Mrs. Benj. Rose,
Mrs. W. H. Sabin,
Mrs. M. T. Silver,
Mrs. W. S. Tyler,
Mrs. H. Robb.

출처: Lakeside Magazine 1895

〈자료 Ⅲ-21〉 1895년 레이크사이드 병원의 이사명단

다. 어머니만이 그의 기부를 알았을 것이다. 이때는 세브란스의 재산이 급속히 불어나는 때였다. 그와 함께 사무엘 마서도 동료 이사로서 많은 기부를 하였다.

세브란스 씨의 사위 더들리 피터 알렌 박사가 하버드 의과대학을 졸업하고 유럽에서 수련을 마친 후 1883년에 처음 레이크사이드 종합병원에 왔을 때 시설이 부족했다고 술회하였다.[70] 클리블랜드의 병원시설이 유럽에 뒤쳐졌다는 얘기이다. 당시 이름은 자선병원이었다. 레이크사이드 종합병원에서 더들리 피터 알렌 박사의 수술실은 감염의 위험이 컸다. 당시 클리블랜드에는 세 개의 종합병원이 있었는데 주변의 세인트 빈센트 병원이나 클리블랜드 시립병원의 시설도 이 이상을 능가할 수 없었다. 그 가운데 특히 새로 발명된 방사선 필름은 위험하였다. 세월이 지나서 1929년에 이웃의 클리블랜드 클리닉(The Cleveland Clinic) 병원에서 방사선 필름에 불이 붙는 바람에 병원이 화재에 휩싸여 123명의 환자가 죽었다. 클리블랜드 클리닉은 지금도 건재하며 세계적인 병원이 되었다.

클리블랜드 클리닉의 설립자 가운데 한 사람이 유명한 조지 크라일 박사(George Crile, 1864~1943)이다. 그는 세계적인 외과의사로 사람에게 수혈을 처음 성공시킨 의사였는데 세브란스의 사위 더들리 피터 알렌 박사의 경쟁자였다. 웨스턴 리저브 의과대학의 주도권을 놓고 벌인 다툼에서 알렌 박사가 패배하여 조기 은퇴하였다. 이 사건은 지금까지 화제가 된다.[71] 그러나 알렌 박사나 크라일 박사는 모두 러들로 박사의 은사였다. 이 배경이 러들로 교수가 미국의 최신 외과의학을 한국에 이식하는 데 큰 도움이 되었다(제10장 참조).

TO ONE ABSENT.

ONLY a week ago, heaven bent so near
It bartered greetings with the jocund earth,
The sweet June day was filled with love and mirth,
A world of verdure laughed in summer cheer.
And when night came, its charm was doubly dear;
Under that opulent moon joy knew no dearth;
All beautiful and gracious things had birth
In your eyes' cherishing light;—for you were here.

Now all that glow of life is vanished; lorn
The world lies under the cold gleam of morn.
Withered and shrinking in its spectral blue
Hangs the sad moon, a pale and shuddering ghost
Of all that glory in your absence lost—
Fading and waning, love, for lack of you.

John Hay.

출처: Lakeside Magazine 1895

〈자료 Ⅲ-22〉 1895년 레이크사이드 병원 잡지에 기고한 국무장관 존 헤이의 시

주도권 다툼에서 밀렸지만 알렌은 당대 유명한 외과의사였다. 이보다 앞서 1894년에 그도 웨스턴 리저브 의과대학에 교수로 임명되었을 때 선임 교수 구스타프 웨버 박사(Gustav Weber, MD, 1828~?)를 내쫓은 장본인이었다. 당시 웨스턴 리저브 의과대학은 우스터 의과대학을 흡수하면서 대학 밖에 있던 세브란스의 사위 더들리 피터 알렌 박사(Dudley Peter Allen, MD, 1852~1915)와 세브란스 친형의 사위 벤자민 밀리킨 박사(Benjamin Love Millikin, MD, 1851~1916)를 추가적으로 채용했다. 웨스턴 리저브 대학 총장 찰스 트윙(Charles Thwing, 1853~1937)은 세브란스의 친구 사무엘 마서에게 편지를 썼다.[72)]

> "우스터 대학 사람들이 우리 교수가 되어서 기쁠 것이다. 이 흡수통합을 통해서 우스터는 끝났다. 그러나 우스터 사람들을 많이 뽑는 것은 현명한 처사가 아니라고 본다."

웨버 박사는 우스터 의과대학 교수였는데 이 흡수통합으로 사임하였다. 마서는 웨스턴 리저브 대학과 레이크사이드 병원의 이사였다. 세브란스도 두 기관의 이사였다.

레이크사이드 병원의 업적 가운데 하나는 클리블랜드시민들이 갑상선 호르몬의 부족으로 목이 부어있다는 사실을 발견한 것이다. 메릴랜드의 존스 홉킨스 의과대학을 졸업하고 1905년 이 병원에 부임한 젊은 데이비드 마린(David Marine, MD, 1880~1976) 박사는 부임 첫날 클리블랜드 역에서 레이크사이드 병원으로 향하는 마차에서 목이 부어있는 개들을 주목하였다. 당시 이리 호숫가의 주민들 대부분이 목이 부어있었다. 그는 텍사스까지 내륙 지역을 광범위하게 조사하여 그것이 옥도(요오드)의 부족으로 생기는 병이라고 결론 내렸다. 마린 박사는 사람들에게 옥도 섭취를 권했지만 사람들이 듣지 않았다. 어린애에게 먹이자는 건의도 교육 당국에 의하여 거절당했다. "애들에게 독을 먹일 수 없다"는 주장이었다. 그러나 마린 박사는 클리블랜드에서 20킬로 떨어진 워렌시 여학교의 4천 명 학생에게 옥도를 먹이는 데 성공하였는데 1년 후에 증상이 사라졌다. 1924년에 비로소 소금에 옥도를 첨가하기 시작하여 클리블랜드 시민들뿐만 아니라 바다에 접하지 않아서 신선한 해산물을 먹을 수 없는 내륙의 주민들도 혜택을 보게 되었다.[73] 이것이 오늘날 누구든지 먹게 된 「옥도 소금」의 유래이다.

1902년에 세브란스의 어머니 메리 헬렌 롱 세브란스가 죽고 사무엘 마서(Samuel Mather, 1851~1931)가 레이크사이드 병원의 이사장이 되었다. 그가 국무장관 존 헤이의 작은 동서였다. 1915년 웨스턴 리저브 대학병원과 레이크사이드 병원의 이사들이 50만 달러를 내놓았다. 그러자 대학의 이사장인 사무엘 마서가 나머지는 자신이 낼 터이니 최고의 병원을 지으라고 말하였다. 그 결과 1924년 미국에서 가장 큰 대학병원이 봉헌되었다. 다시 1931년에 확장하여 6백만 달러의 대학병원이 준공되었다. 그 전인 1926년에 레이크사이드 병원은 레인보우 어린이 병원과 함께 웨스턴 리저브 대학병원에 병합되었다. 오늘날의 케이스 웨스턴 리저브 대학병원이다. 지금도 대학병원 운영에 마서 기금(Mather Society)이 중요한 역할을 한다. 그 외에도 마서의 집안은 케이스 웨스턴 리저브 대학의 7개 건물을 기증하였다(위치는 자료 Ⅳ-2를 참조).

현재 대학병원 건물을 레이크사이드-한나 사각 건물(The Lakeside-Hanna Quadrangle)이라 부른다(위치는 자료 Ⅳ-2를 참조). 여기서 상원의원 마크 한나(Mark Hanna)의 이름이 다시 등장한다. 형이 죽은 후 동생 하워드가 계속 대학병원을 후원하였다. 한나 형제의 아버지는 의사였다. 레이크사이드 병원의 발전은 흡사 제중원에서 세브란스 기념병원을 거쳐서 연세대학교 의과대학 세브란스 병원이 된 경로에 비교할 수 있다. 1895년 레이크사이드 병원을 새로이 건축할 때 세브란스 씨는 이 병원 이사회의 일원이었는데 이때의 경험이 1900년 세브란스 병원을 계획하고 1907년 신축된 병원을 시찰하여 부족한 부분을 채워주는 데 크게 도움이 될 것이다.[74)]

플로렌스

세브란스 씨의 자선에 힘을 실어주었던 인물이 그의 두 번째 부인 플로렌스 하크니스이다. 첫 번째 부인이 그에게 자식을 선사하였다면 두 번째 부인은 그에게 있어서 자선의 동반자였다. 그러나 두 부인의 삶이 모두 너무 짧았다. 특히 두 번째 부인의 삶이 짧았는데 그녀의 재산과 자선은 결국 세브란스의 자식에게 상속되어 자식들이 자선의 대를 이었다.

세브란스 씨는 첫 번째 부인이 1874년에 죽은 이래 20년 동안 독신으로 지내며 세 자녀의 양육과 교육에 힘썼다. 막내딸 앤 벨이 연약하여 영국으로 휴양을 보내었지만 결국 그곳에서 죽었다.[75)] 나머지 두 자녀가 모두 훌륭하게 성장한 1895년 스탠더드 석유회사에서 은퇴하고 플로렌스 하크니스(Florence Harkness, 1863~1895)를 두 번째 부인으로 맞이한 것은 이런 면에서 다행이었다. 그녀는 스탠더드 석유회사의 두 번째 대주주 스티븐 하크니스(Stephan Harkness, 1818~1888)의 외동딸이며 세 번째 대주주 플래글러의 조카딸이었다. 하크니스는 젊었을 때 친구인 하원의원 존 셔먼(John Sherman, 1823~1900)이 정부가 곧 술에 대해서 무거운 세금을 매길 것이라고 귀띔해 주었다. 하크니스는 돈을 빌릴 수 있을 만큼 빌려서 술을 살 수 있는 만큼 샀다. 곧 세금을 매기자 사 둔 술값이 올라서 큰돈을 벌었다.[76)] 이 돈을 초창기 돈이 절실히 필요한 록펠러에게 빌려주고 투자하여 스탠더드 석유회사의 두 번째 대주주가 된 것이다. 존 셔먼은 상원의원을 여러 번 지냈는데 특히 1890년에 독점금지법을 제출하여 유명해졌다.

플로렌스는 클리블랜드의 사립학교 "데이 부인 학교 Mrs. Day's School"에서 초등교육을 받았다. 일요일에는 올드스톤 교회에 출석하였는데 플로라 스톤 마서(Flora Stone Mather, 1852~1909)는 그녀가 가장 좋아하는 주일학교 교사였다. 둘 사이는 11살 차이였다. 플로라의 형부가 헤이 국무장관이다. 세브란스 씨는 헤이 장관과 이런 식으로도 친분 관계가 맺어졌다. 그녀가 동부의 기숙학교에서 고등교육과 대학교육을 마쳤을 때 아버지가 죽었다. 아버지가 만들어준 막대한 신탁기금을 1888년 상속한 그녀는 25살

스티븐 하크니스(장인)

플로렌스 하크니스 세브란스

루이스 헨리 세브란스

출처: Kennedy A History of the City of Cleveland 1897/ Missionary Review of the World 1913

〈자료 Ⅲ-23〉 세브란스-하크니스 가족과 플로렌스 하크니스 기념교회

플로렌스 하크니스 기념교회

의 젊은 나이임에도 불구하고 자선사업을 위한 기금을 만들고 해외선교와 이주민을 위한 "손잡아주기 선교 The Lend-a-Hand Mission"를 시작하였다. 이것은 그녀가 따르는 대자선가 플로라 스톤 마서의 영향 때문이었다.[77] 그녀는 특히 올드스톤 교회의 해외선교를 후원하였다. 그녀의 남동생 에드워드 하크니스 역시 아버지의 유산을 스탠더드 석유회사에 더욱 투자하여 대주주가 되었다. 그도 누나처럼 많은 자선을 베풀었는데 매부 세브란스가 한국 방문 도중에 들린 하와이의 "퀸즈 병원 Queen's Hospital"에 병동을 기증하였으니 그것이 오늘날 하크니스 병동이다.

뉴욕에서 자선가로서 독신으로 살던 그녀는 역시 뉴욕에서 자선가로서 살던 아버지 친구 세브란스를 만나서 1894년 9월에 자신의 윌러비(Willoughby 위치는 자료 Ⅱ-3을 참조) 집에서 결혼하였다. 이 마을의 이름은 클리블랜드 초기 의사 윌러비를 기념한 것이다. 하객들이 세브란스의 자가용 기차를 타고 클리블랜드에서 윌러비까지 왔다. 기선 "카이저 빌헤름호"를 타고 이태리로 신혼여행을 다녀온 것이 1895년 1월이었다. 신혼부부는 신부의 윌러비 집에서 살았다. 세브란스는 뉴욕의 오랜 독신 생활을 호텔에서 지냈기 때문에 집이 없었다. 그해 봄에 신부가 산책을 나갔다가 감기에 걸렸는데 패혈증으로 발전하여 그해 7월에 사망하였다. 밝고 명랑하며 재치가 넘치던 젊은 부인을 잃자 세브란스는 친구인 해치(Henry Hatch, 1831~1915)와 올드스톤 교회의 하이든 목사(Rev. Hiram Haydn, 1831~1913)와 상의하여 그녀를 영원히 기념하기 위하여 웨스턴 리저브 대학의 여자대학 내에 플로렌스 하크니스 기념교회를 세웠다(자료 Ⅲ-23, 위치는 자료 Ⅳ-2를 참조).

해치는 세브란스 형제 은행의 이사였으며(자료 Ⅱ-5 참조) 세브란스와 마찬가지로 웨스턴 리저브 대학의 이사였는데 갈보리 교회의 당회장(president of a board trustees)이었다. 이 교회는 올드스톤 교회가 커지자 파생한 교회였다. 하이든 목사는 올드스톤 교회의 목사였는데 웨스턴 리저브 대학의 총장을 지냈다. 하크니스 기념교회는 백만장자의 거리의 대저택과 유니언 클럽을 설계했던 슈바인퍼스가 설계를 하여 1902년 부활절에 봉헌하였다.[78] 세브란스의 친구 하이든 목사가 봉헌사를 읽었다.

"학생들의 신앙심에 바친다. 고인의 가슴에 하나님이 심어놓았던 탁월한 재능을 잃지 않고, 하나님을 위한 이 도시의 정신이 꺼지지 않도록, 그녀를 데려가셨다."

"젊은이들에게 하나님의 뜻을 교육시키는 데 바친다."

기념교회의 벽에는 잠언 31장 31절이 새겨져 있다.

"그 공을 성문에서 보상해 주리라."

내부 문 위에는 이사야서 62장 3절이 새겨져 있다.

"네 여호와의 손에 들려있는 화려한 관처럼 빛나고
네 하느님 손바닥 위에 놓인 왕관처럼 어여쁘리라."

이 교회는 현재 케이스 웨스턴 리저브 음악대학(클리블랜드 음악원 Cleveland Institute of Music)에서 사용하고 있다. 하크니스 가문의 재산은 세브란스가 상속하여 더욱 부자가 되었다. 재산상으로는 세브란스와 하크니스 가문이 합쳐진 것이다. 플로렌스 하크니스 세브란스는 레이크 뷰 묘지에 묻혔다. 여기에 그녀의 남편도 묻힐 것이고 가족도 묻힐 것이다. 남편의 친구 록펠러, 헤이, 한나, 페인도 묻힐 것이다. 남편의 주치의도 묻힐 것이다.

외동딸

레이크사이드 병원은 장차 세브란스 씨의 의료선교사업에서 인재를 모으는 구심점이 되었다. 세브란스의 어머니는 1883년에 큰며느리의 남동생인 더들리 피터 알렌 박사와 그의 친구 벤자민 밀리킨 박사를 데리고 왔고 그의 제자 러들로 박사를 1901년에 선발하였다. 알렌 박사는 그녀의 손녀 엘리자베스(Elizabeth Sill Severance, 1865~1944)와 1896년에 결혼하여 손주사위가 되었고 밀리킨 박사는 조카사위가 되었으며 러들로 박사는 1904년에 그녀 아들의 주치의가 되었다(러들로 박사에 대해서는 제10장에서 따로 기술).

이 엘리자베스야말로 세브란스 가문의 의료-기독교-선교-경제에서 의료 쪽에 한층 무게를 실어준 주인공이다. 그녀는 일찍이 자신의 집을 휴론 병원(Huron Road Hospital)에게 내주었고 사망할 무렵에는 자신의 집을 클리블랜드 보건박물관(Cleveland Health Museum)에 내놓았다. 그녀는 1892년에 외과의사 더들리 피터 알렌 박사와 결혼하여 부부가 함께 자선가가 되었다(자료 Ⅲ-24). 알렌 박사는 3대의 의사 집안인 세브란

엘리자베스 세브란스 알렌 프렌티스

더들리 피터 알렌

프렌시스 프렌티스

출처: Courtesy of Allen Memorial Medical Library/ Oberlin Aiumni Magazine 1915

〈자료 Ⅲ-24〉 엘리자베스 실 세브란스-더들리 피터 알렌-프렌시스 프렌티스

스 가문이 루이스와 솔론 형제에 와서 끊겼는데 다시 의사의 전통을 이어 준 사람이다.

더들리 피터 알렌 박사 자신은 알렌 가문의 3대째 의사였다. 할아버지 피터 알렌(Peter Allen, MD)이 의사였다. 더들리 피터 알렌 박사의 할아버지 피터가 사용하던 의료기구는 현재 클리블랜드의 알렌 기념의학 도서관(Allen Memorial Medical Library, 위치는 자료 Ⅳ-2를 참조)에 보관 전시되고 있다. 이 의료기구는 1800년대에 의사들이 말안장에 가방을 매달고 왕진을 다녔으므로 말안장 가방(the saddlebag)이라 불렀다. 한국에 최초로 파견된 호레이스 뉴턴 알렌 박사가 남긴 의료가방도 이와 비슷하다. 피터 알렌 박사는 세브란스의 외할아버지 데이비드 롱 Ⅱ세 박사의 친구였다. 나이가 같았다(자료 Ⅲ-15를 참조). 앞서 얘기한 대로 1812년 전쟁에서 교수형 당한 인디언 오믹을 업고 데이비드 롱 Ⅱ세 박사의 병원으로 간 사람이 피터 알렌 박사였다.

더들리 피터 알렌의 아버지 더들리 알렌(Dudley Allen, MD)도 대를 이어 의사가 되었다. 그는 허드슨의 웨스턴 리저브 학원(웨스턴 리저브 대학의 전신)에서 공부를 하였는데 여기서 인디언 선교에 뜻을 두고 서부로 떠나는 스폴딩(Henry Spalding)을 만나 친구가 되었다. 더들리는 선교사 친구에게 인디언을 위해서 의류와 일상용품을 보내주었고 스폴딩은 그 보답으로 인디언의 일상용품을 보내주었다. 더들리는 이것을 모아 오벌린 대학(오벌린의 위치는 자료 Ⅱ-3을 참조)의 인디언 박물관인 알렌크로프트(Allencroft)를 지었다. 1830년대에 워싱턴주 왈라왈라에서 인디언이 선교사들을 학살하는 사건이 벌어지자 선교본부에서 인디언에 대한 선교를 중지시켰다. 더들리 알렌은 오벌린 대학도시에서 개업을 하였다. 그의 집과 병원을 학생들이 알렌크로프트라고 불렀는데 1,600명의 인구의 조그만 시골 마을에서 타지의 유학생들에게 인기가 있었다. 이 집은 지금도 있는데 기숙사로 사용한다.

더들리 알렌 박사의 아들 더들리 피터 알렌 자신은 오벌린 고등학교를 졸업하고 오벌린 대학(Oberlin College)에 1870년에 입학하여 졸업하였다. 웨스턴 리저브 의과대학을 거쳐 하버드 의대(Harvard Medical School)를 졸업하고 유럽의 베를린, 하이델베르크, 프라이부르크, 라이프치히, 파리, 런던에서 2년간 훈련받은 당대 쟁쟁한 외과의사였다. 클리블랜드에 정착하여 레이크사이드 병원의 외과주임이며 동시에 웨스턴 리저브 의과대학의 외과교실 주임교수가 되었다. 그는 마차 3대를 항시 대기시키고 레이크사이드 병원과 웨스턴 리저브 의과대학 사이를 오갔다.[79]

알렌 박사와 같은 시기에 오벌린 대학을 다닌 유명한 사람이 시어도어 루즈벨트 대통령의 친구이며 한국에서 친일정책에 앞장섰고 이완용을 도와 1905년 한일의정서를 체결하는 데 막후활동을 했던 스티븐스(D. W. Stevens, 1851~1908, 한국표기 須知分)이다.[80] 그는 일본의 사주를 받아 시어도어 루즈벨트 대통령에게 조언하여 1882년 조미우호통상조약을 무시하게 만든 장본인이었다. 호레이스 알렌 공사가 해임될 때 그의 "워싱턴 친구 락힐"이 이를 안타깝게 생각하며 1905년 3월 21일에 루즈벨트의 친구인 스티븐스에게 편지를 보냈다. "변화하는 것만이 득책이 아니며 헤이가 아프지 않았다면 루즈벨트가 자신의 생각에 동의하여 기다렸을 것"이다.[81] 그랬으면 스티븐스의 운명도 달라졌을 것이다. 그로부터 2년 후 1907년 스티븐스는 샌프란시스코에서 장인환과 전명운 의사에게 암살당하였다. 스티븐스는 오벌린 대학을 1871년에 졸업하였는데 1870년에 졸업한 알렌 박사도 알았을 것이다. 또한 워싱턴에서 유학 왔으니 알렌 박사의 알렌크로프트의 신세를 많이 입었을 것이다. 당시 오벌린 대학의 등록금은 무료였으며 학교에서 노동으로 생활비를 벌었다. 스티븐스에게는 알렌 박사뿐만 아니라 세브란스 기념병원과도 얽혀 재미있는 얘깃거리가 있다. 에이비슨 박사는 (구)제중원에서 1893년부터 일했는데 1894년 한국 정부와 계약을 하였다. 장차 미국 장로교가 독립된 병원 건물을 짓고 나가면 그동안 (구)제중원건 물을 병원으로 사용하기 위하여 투자한 비용은 돌려받는다는 내용이었다. 앞서 얘기했듯이 제중원을 1904년 세브란스 기념병원으로 옮기자 이 계약에 의거하여 한국 정부는 미국 장로교에 30,289원을 지불하였다. 한편 (구)제중원 건물을 환수한 한국 정부는 이것을 스티븐스의 관저로 내주었고 스티븐스는 일본인들의 사교장으로 사용하게 하였다.[82] 이밖에 고종의 독일인 의사 분쉬가 한국을 떠나 일본에서 일자리를 알아볼 때 스티븐스가 잘 처리해 주었다.[83]

그런데 운명적인 것은 루이스의 사위 더들리 피터 알렌의 누나 에밀리 알렌(Emily Allen, 1840~1921)은 루이스의 형 솔론의 부인이었다. 다시 말하면 루이스의 형수와 루이스의 사위는 남매였는데 나이 차이가 12살이어서 이러한 가족관계가 가능했던 것이다. 앞에서 말한 것처럼 세브란스의 부인이 죽고 아들과 딸을 형 솔론과 형수 에밀리가 길렀으니 4촌과 함께 컸다. 그런데 숙모인 에밀리의 남동생 더들리 피터가 자주 누나의 집을 놀러왔다. 어머니가 일찍 세상을 떠나서 누나를 어머니처럼 따르며 컸기 때문이다.[84] 이래서 어릴 때부터 엘리자베스는 자기를 길러준 숙모의 남동생과 가까웠다. 세브란스-알렌 집안이 겹사돈이 된 데에는 이러한 배경이 있었다(자료 Ⅲ-15의 가계도 참고).

더들리 피터 알렌 교수는 클리블랜드에서 50킬로 떨어진 오벌린 대학을 졸업하고 잠시 소 목동으로 서부를 떠돌다가 웨스턴 리저브 의과대학에 입학했으나 1년 후에 하버드 의대로 옮겼다. 교수들 가운데 올리버 홈즈(Oliver Holmes)와 헨리 비글로(Henry Biglow)가 유명했다. 하버드를 졸업한 후 매사추세츠 종합병원에서 1년의 수련을 쌓았다. 이 병원은 1846년에 세계 최초로 에테르를 사용하여 마취 수술한 것으로 유명하다. 1880년 유럽으로 건너가서 2년을 여러 곳에서 수련을 쌓았다. 베를린의 폰 랑겐벡(von Langenbeck), 비엔나의 빌로스(Billroth), 파리의 구엔(Guyon), 런던의 톰슨 경(Sir Henry Thomson)에게서 외과의학을 배웠다. 베를린의 폰 랑겐벡 박사는 독일 외과의학의 아버지였는데 그가 수술하는 장면을 보았다. 이곳에서 1학기 동안 당대 최고의 외과교수 피르호 박사(Professor Rudolf Virchow, 1821~1902) 교수 밑에서 수련을 받았다. 피르호 박사는 독일의 사회보건을 개선하는 데 큰 공헌을 하였고 독일제국 국회의원이었는데 비스마르크조차 두려워한 사람이었다.[85] 비엔나에서 빌로스가 처음으로 유문절제(幽門切除)하는 수술도 보았다.

더들리 피터 알렌 박사가 유럽에서 중요한 사람을 만나게 되는데 그가 클리블랜드에서 온 벤자민 밀리킨 박사(Benjamin Love Millikin, MD)이다. 한 살 차이의 두 사람은 평생 친구가 되면서 집안이 되었다. 벤자민 밀리킨 박사는 더들리 피터 알렌 박사를 클리블랜드로 데려 오는 지렛대가 된다. 밀리킨 박사는 1900년에 웨스턴 리저브 의과대학의 학장이 되어 미국에서 최초로 7년 과정의 의학교육의 혁신을 가져오는 공로자가 된다. 이러한 인연으로 알렌 박사는 클리블랜드 최초의 전문 외과교수가 된다.[86]

같은 시기에 이 책의 주인공 루이스의 딸 엘리자베스와 루이스의 형 솔론의 큰딸 줄리아(Julia, 1862~1950)가 음악을 공부하러 비엔나에 왔다. 두 처녀는 3살 터울의 고종사촌이어서 매우 친했다. 엘리자베스는 숙모 에밀리(Emily Allen)의 남동생인 더들리 피터 알렌 박사를 어릴 때부터 집안 모임에서 알고 있었고 줄리아에게 더들리 피터 알렌 박사는 외삼촌이다. 비엔나에서 네 사람은 자주 만났다.[87] 요한 스트라우스가 새로 작곡한 왈츠를 들을 수 있는 맥줏집에서 만났다.[88] 그로부터 10년 뒤 엘리자베스는 더들리 피터 알렌 박사와 결혼하고 줄리아는 벤자민 밀리킨 박사와 결혼하게 된다. 다음은 우리의 주인공 루이스의 형 솔론의 사위 벤자민 밀리킨 박사의 막내딸(Marianne Millikin Hadden)의 증언이다.[89]

"나의 아버지는 오하이오주 워렌시(Warren) 인근의 농장 출신인데 앨러게니 대학(Allegheny College)을 졸업하고 필라델피아의 윌스 안과 병원(Wills Eye Hospital)에서 공부하였다. 거기서 알렌 박사를 만났을 것이다.[90] 그리고 그를 설득하여 클리블랜드로 데리고 왔을 것이다. 우리는 지금은 메이필드 거리의 세브란스 쇼핑센터가 된 근교의 알렌 박사 집 옆에 살았다. 아버지와 알렌 박사는 프로스펙트 거리(Prospect Avenue)의 사무실을 함께 사용하였다. 그 사무실 자리에 지금은 카터 호텔(The Carter Hotel)이 들어섰다. 어머니는 언제나 남편과 삼촌이 함께 일하니까 의학에 관심이 많았다. 두 집안은 매우 가까웠다. 알렌 박사는 외삼촌이지만 거의 같은 세대였기 때문이다."[91]

이때 옆집에 록펠러가 살고 있었다. 벤자민 밀리킨과 거의 비슷한 시기에 앨러게니 대학에 재학한 사람 가운데 록펠러의 앙숙 아이다 미네르바 타벨이 있었다. 밀리킨 박사의 큰딸 마리엔느도 클리블랜드 산모 건강협회의 이사를 20년 지내며 케이스 웨스턴 리저브 의과대학, 클리블랜드 박물관, 클리블랜드 어린이 발달센터, 클리블랜드 음악협회에 많은 기부를 하였다. 그의 둘째 딸 헬렌도 자선가가 되었다. 40년간 클리블랜드 교향악단의 이사로서 클리블랜드 가든 센터의 회장, 고아원, 간호협회를 도왔다. 세브란스–알렌–밀리킨 가계에 있어서 더들리 피터 알렌의 역할은 〈자료 Ⅲ–15〉와 같다.

남편 더들리 피터 알렌 박사가 1915년에 폐렴으로 죽자 부인 엘리자베스는 남편의 모교인 오벌린 대학에 "더들리 피터 알렌 기념예술대학 건물 The Dudley Peter Allen Memorial Art Building"을 기증하였다. 그녀는 여기에 더하여 예술학과에 "아델리아 필드 존스톤 석좌 교수 자리 The Adelia Fields Johnston Professorship"을 신설하였는데 존스톤 부인은 알렌 박사가 젊을 때 오벌린의 학교로 진학을 도와준 교사였다. 그 밖에도 엘리자베스는 1915년 남편이 작고하자 그의 모교 오벌린 대학에 "더들리 피터 알렌 기념미술관 The Dudley Peter Allen Memorial Museum of Art"를 봉헌하고 그녀가 소장했던 많은 그림과 유물들을 함께 기증하였다(자료 Ⅲ–25를 참조).

앞서 얘기했듯이 더들리 피터 알렌은 3대째 의사였다. 특히 아버지 더들리 알렌 역시 오벌린에서 공부하였고 그곳에서 오래 개업을 하였다. 더들리 피터 알렌 박사에게 누나 제니가 있었는데 오벌린 대학 재학 중에 병으로 죽자 "제니 알렌 간호기금"을 오벌린 대학에 만들었다. 이것이 오벌린 대학의 최초의 자선기금이었다.

오벌린 주민들이 대학병원을 만들고 싶어서 십시일반으로 모금을 할 때 그 성과

출처: Courtesy of Allen Memorial Medical Library/ Oberlin University Library

〈자료 Ⅲ-25〉 알렌 기념의학도서관-알렌 기념병원-알렌 기념미술관

에 대하여 알렌과 세브란스는 회의적이었다.[92] 그러나 주민들이 5달러씩 걷어 드디어 1907년 8월에 8개 병상의 조그만 병원을 만들었다. 이 병원의 입원비는 1주일에 10달러였다. 알렌 박사는 감동하여 "이러한 모금은 전무후무한 것일 것이다"라고 말하고 드디어 움직였다. 그러나 그가 실행에 옮기기 전 1915년에 폐렴으로 뜻하지 않게 죽자 엘리자베스 세브란스는 남편의 장부에서 병원 건축 기금 10만 달러를 발견하였다. 엘리자베스는 여기에 5만 달러를 보태어 15만 달러의 병원을 새로 세웠다. 이것이 1925

년에 오벌린 대학에 세워진 91개 병상의 "알렌 기념병원 Allen Memorial Hospital"이다(자료 Ⅲ-25).

병원 건축을 위해서 주민들과 대학당국을 설득하는 엘리자베스의 편지는 그녀의 37년간의 오랜 개인비서 릴리안 프랄 러들로(Lillian Prall Ludlow) 양이 맡아서 하였다. 놀라운 것은 릴리안 프랄 러들로는 1935년에 죽었는데 유언에 의하여 1990년에 2백만 달러에 해당하는 재산을 오벌린 대학의 알렌 기념병원에 기부했음이 최근에 밝혀진 것이다. 이 재산이 "알렌 의학센터 기금 Allen Medical Center Fund"이 되었다.[93] 그녀는 엘리자베스와 알렌의 자선에 감동하여 오랫동안 간직했던 뜻을 죽은 후에 실천한 것이다. 그녀의 할머니 엘리자베스 프랄(Elizabeth Prall)은 1841년 미국에서 최초로 학사학위를 받은 4명 가운데 한 여성인데 오벌린 대학에서 받았다. 세브란스의 자선은 현재 진행형이다.

릴리안 프랄은 세브란스의 주치의 러들로 박사의 둘째 형님 아서 러들로 목사(Rev. Arthur C. Ludlow, 1861~1927)가 상처한 후 1922년에 그의 부인이 되었고 남편과 시동생의 모교인 웨스턴 리저브 대학에도 1백 90만 달러를 유산으로 남겼음도 1990년에야 밝혀졌다.[94] 그녀의 여동생 아이다 제인 프랄(Ida Jane Prall)도 1889년 웨스턴 리저브 대학의 여자대학을 졸업하였다. 러들로 박사와 세브란스 씨의 관계가 다시 엮어졌다. 세상에 드러내지 않고 기부하는 자선은 이들의 전통인 모양이다. 릴리안 프랄이 거금을 장만할 수 있었던 이유는 37년간 엘리자베스 세브란스의 비서를 한 것과 무관하지 않았을 것이다.

엘리자베스는 남편이 일하던 웨스턴 리저브 대학 구내에 1921년 그를 기념하는 "알렌 기념의학도서관 Allen Memorial Medical Library"도 세웠다(자료 Ⅲ-25). 더들리 피터 알렌 박사는 생존 시 의학 도서관의 중요성에 대하여 항상 강조하였다. 알렌 박사 부부는 1911년 세계일주 여정에서 6월에 한국에 1주일 간 머물면서 세브란스 병원을 돌아보았다.[95] 귀국한 후 1911년 11월 25일에 자신을 위해 클리블랜드 의학 도서관 학회가 마련한 유니언 클럽의 연회장에서 더들리 피터 알렌 교수는 연설의 말미를 다음으로 장식하였다.

"여러분, 내가 사랑하고 나에게 명예를 가져다 준 의업을 위하여 축배를 듭시다."[96]

이 자리에는 장인 루이스 헨리 세브란스와 나란히 록펠러도 참석하였다. 하워드 한나(상원의원 한나의 동생), 사무엘 마서 등 유명인사가 모였다. 세브란스의 주치의이며 더들리 피터 알렌 교수의 제자이자 조수의사였던 알프레드 어빙 러들로 박사도 참석하였다. 러들로 박사는 며칠 후면 서울의 세브란스 기념병원과 의학대학에서 평생 봉직하기 위하여 클리블랜드를 떠날 몸이었다. 더들리 피터 알렌 교수는 러들로 박사가 본받을 스승이었다.

〈자료 Ⅲ-26〉 1900년경 수술 복장의 알렌 교수와 러들로 박사

더들리 피터 알렌은 엘리자베스와 사이에서 자식을 남기지 못하여 루이스 헨리 세브란스 집안의 의사 전통을 후대에 전해주지 못했다. 그러나 자신의 조카 줄리아(누나의 딸이며 세브란스의 형의 큰딸)를 친구 벤자민 밀리킨 박사에게 소개함으로써 그쪽으로 계승하게 하였다. 엘리자베스 부부와 밀리킨 부부는 같은 곳에 모여 살았고 여기에 존도 합세하였다. 이들이 살던 곳을 세브란스–알렌–밀리킨 장원이라고 불렀다.

그러나 밀리킨의 자녀 가운데 아무도 의사가 되지 않았지만 벤자민 밀리킨 박사의 막내딸 마리엔느와 사위 하덴 Ⅰ세 사이에서 아들이 의사가 되었다. 그 사람이 하덴 Ⅱ세(John A. Hadden, Jr.)이다. 하버드 대학을 졸업하고 제2차 대전에서 패튼 장군의 부관을 지낸 그는 웨스턴 리저브 의과대학에 진학하여 의사가 되었다. 한나가 기증한 한나–퍼킨스 간호학교의 아동발달 연구소 소장을 역임하였고 웨스턴 리저브 대학병원의 교수가 되었다.[97]

여기에 또 한 명의 의사가 세브란스 씨의 무대에 등장하니 루이스 헨리 세브란스의 주치의 알프레드 어빙 러들로 박사이다. 루이스 헨리 세브란스 가문의 의사 전통은 두 갈래로 이어졌다(자료 Ⅲ–27). 첫째, 의료사업의 "혈육의 유산"은 사위 더들리 피터 알렌 박사가 고리가 되어 형의 후손을 통해서 밀리킨 가문에서 하덴 가문으로 이어졌다. 알렌 박사가 조카를 친구 밀리킨 의사에게 혼인시킨 결과였다.

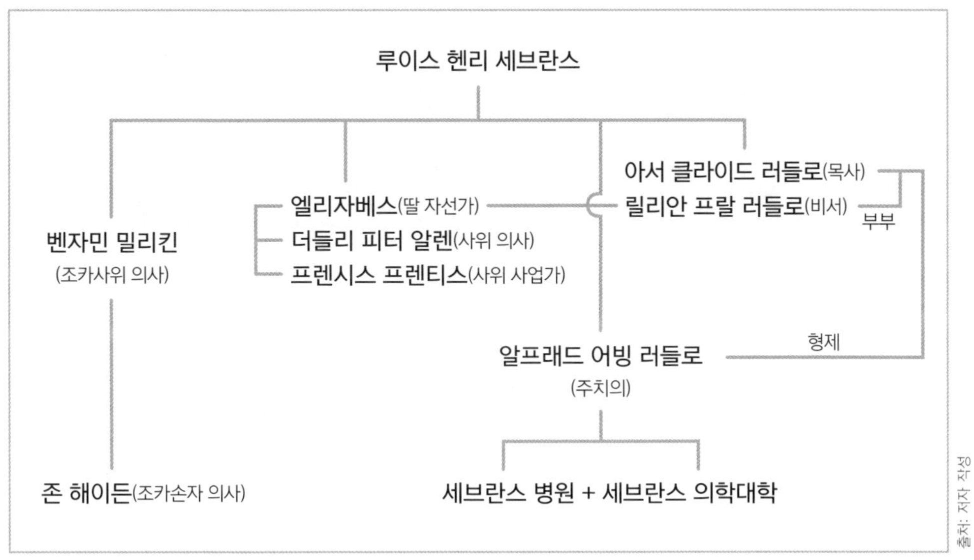

〈자료 Ⅲ-27〉 루이스 헨리 세브란스의 혈육의 유산과 정신의 유산

둘째, 의료선교의 "정신의 유산" 역시 사위 더들리 피터 알렌 박사의 천거로 장인의 주치의가 된 알프레드 어빙 러들로 박사에 의하여 이어졌고 그것을 서울의 세브란스 병원이 계승하였다. 알렌 박사가 러들로 박사를 루이스 헨리 세브란스에게 소개한 결과였다. 러들로 박사는 더들리 피터 알렌 박사의 제자이자 조력 의사였다. 〈자료 Ⅲ-26〉의 사진을 보면 앞줄 중앙이 알렌 박사이고 앞줄 오른쪽 끝이 알프래드 어빙 러들로 박사이다. 그에 대해서는 따로 제10장에서 기술할 것이다. 알렌 박사의 역할이 중요했다.

세브란스-프렌티스 병동

엘리자베스는 오빠 존과 함께 아버지의 뒤를 이어 세브란스 기념병원을 재정적으로 계속 후원하였다. 이것은 가업이 되었다. 그 밖에도 클리블랜드의 의학 발전에 기부를 아끼지 않았다. 그녀는 할머니 메리가 사재를 털어 "레이크사이드 병원 The Lakeside Hospital"을 설립하는 것과 아버지가 서울에 세브란스 기념병원을 짓는 것을 모범으로 삼아 자신도 1937년에 "성누가 병원 St. Luke's Hospital"을 새로이 건축하였다.[98)]

성누가 병원(자료 Ⅲ-28)의 이사장에는 그녀의 두 번째 남편 프렌시스 프렌티스(Fren-

출처: Courtesy of St. Luke's Hospital

〈자료 Ⅲ-28〉 성누가 병원과 히람 하우스

cis Prentiss, 1858~1937)가 되었다(자료 Ⅲ-24). 프렌티스는 1873년 클리블랜드로 이주하여 여러 가지 사업에 손대어 거부가 되었다. 1909년에는 "산업박람회 Industrial Exposition"의 회장을 맡아서 성공리에 마쳤다. 그는 웨스턴 리저브 대학의 이사를 지내며 이 대학의 신축건물마다 많은 기부를 하였고 세브란스 일가가 후원하는 클리블랜드 교향악단, 클리블랜드 미술관, 클리블랜드 박물관의 후원회장이 되었다. 19세기 후반에 밀려드는 이민자들을 위하여 "히람 하우스 Hiram House"를 설립하여 이들이 정착하는 것을 도왔다(자료 Ⅲ-28). 어려운 성누가 병원을 맡아 자신의 재산의 70퍼센트에 해당하는 6백만 달러를 기부하여 건물을 새로 짓고 쇄신하였다. 그는 죽을 때까지 이 병원의 이사장이었다.

그는 오랫동안 독신이었는데 1900년 나이 42세에 결혼하였지만 3년 만에 부인이 죽었다. 자식은 없었다. 다시 17년 동안 독신으로 살다가 1917년 엘리자베스 세브란스 알렌과 재혼하였다. 결혼식은 뉴욕의 세인트 토마스 감리교회에서 성대하게 거행하였다.[99] 이로써 클리블랜드의 두 거부 자선가가 부부가 되었다. 새 남편과 상의하여 2백만 달러를 들여 성누가 병원의 본관 건물을 "더들리 피터 알렌 기념병동 The Dudley Peter Allen Memorial Building"으로 봉헌하였다(자료 Ⅲ-28). 그해에 제1차 세계대전이 발발하였고 전쟁터보다 스페인독감으로 병상에서 많이 죽었다. 성누가 병원은 새로 단장하자마자 바빠졌다.

엘리자베스는 남편 프렌티스와 상의하여 오빠와 함께 1928년 서울의 세브란스 의학대학에도 건물을 기부하였으니 이것이 "세브란스-프렌티스 병동 Severance-Prentiss Wing"이다(자료 Ⅲ-29). 최초의 세브란스 기념병원과 의학대학 본관 건물을 연결하는

4층 건물로서 세브란스 의학대학 건물 가운데 가장 큰 건물이 되었다(위치는 자료 Ⅰ-9를 참고). 이로써 프렌티스는 서울을 방문하지도 않고 건물을 기증하여 이름을 남겼다.

엘리자베스 세브란스 프렌티스 재단

엘리자베스가 둘째 남편과 함께 이름을 붙인 것은 세브란스-프렌티스 병동만이 아니다. 남편이 1937년에 작고하자 그녀는 1942년에 "엘리자베스 세브란스 프렌티스 재단 The Elizabeth Severance Prentiss Foundation"을 설립했다. 목적은 다음과 같다.[100]

1. 보건과 의학, 외과의 지식의 보급, 발전, 획득을 돕고, 진흥시킨다.
2. 공중보건을 향상시키는 활동을 진작시키고 주도한다.
3. 오하이오주 쿠야호가 카운티(Cuyahoga County)[101]에 있는 자선의 목적으로 공공을 위한 병원과 보건소를 지원한다. 장비와 설비에 대한 기부 또는 희귀하고 비싼 약품 구매나 관리와 유지비용에 기부한다.
4. 병원관리와 유지를 발전하는 데 지원한다.
5. 모든 사람, 특히 가난한 사람에게 필요한 병원 설계에 지원한다.

오빠 존이 자식이 없이 죽었고, 아버지와 새어머니 사이에서도 자식이 없었으니, 아

출처: Avison Creating A Medical School 1937

〈자료 Ⅲ-29〉 세브란스 병원 옆의 빈터를 파내어 부지를 만드는 교수들과 학생들(우).
그 자리에 세워진 세브란스-프렌티스 병동(좌)

버지, 오빠, 새어머니, 첫 번째 남편 알렌 박사, 두 번째 남편 프렌티스의 유산이 모두 엘리자베스 한 사람에게 돌아갔다.[102] 세브란스-하크니스-프렌티스의 재산이 합쳐졌다. 그녀는 살아생전 2개의 병원, 1개의 도서관, 1개의 미술관을 세웠고, 1개의 기금을 조직했고, 수많은 기관에 기부하였다. 1944년 그녀가 사망했을 때 남긴 유산이 1천4백만 달러였다. 1930년대의 대공황으로 70퍼센트의 자산을 잃고도 이만한 유산을 남겼으니 대단한 재산가였다.

처음에 그녀는 웨스턴 리저브 의학대학에 기부할 뜻이 없었다. 웨스턴 리저브 의과대학의 복잡한 정치적인 갈등 때문에 그녀 남편 알렌 박사가 출타 중에 의과대학이 교수 정년을 65세에서 60세로 낮추었다. 그래서 알렌 박사는 59세에 은퇴를 하였다. 이때 이것을 결정하는 이사회가 개최되었을 때 그의 장인 루이스 헨리 세브란스는 해외에 출장 중이었다. 출장에서 돌아온 세브란스는 격노하여 이사직을 사퇴하며 모든 후원을 거부하였다.[103] 웨스턴 리저브 의과대학은 중요한 재정 후원자를 잃어버렸다. 그러자 대학은 한나 상원의원의 동생 하워드 한나를 설득하여 후원자로 만들어 재정 위기를 넘겼다. 이때 한나 상원의원은 별세한 후였다. 이 모든 것이 엘리자베스 마음에 상처를 주었다. 웨스턴 리저브 의과대학과 레이크사이드 병원에 등을 돌리고 대신 성누가 병원을 지원한 것도 그 이유였다. 그러나 유언에서는 마음을 넓게 먹고 관대하게 처리하였다. 1942년 6월에 웨스턴 리저브 대학은 그녀에게 여성 최초의 인문학 명예박사 학위를 수여하였다. 1944년 그녀의 별세 후 그녀가 남긴 기금에서 수백만 달러가 지출되었다. 이 기금은 60년이 지난 현재도 운영되고 있다.

엘리자베스 세브란스는 더들리 피터 알렌이나 프렌시스 프렌티스 사이에서 자손을 얻지 못했다. 이로써 루이스 헨리 세브란스의 외손은 끊겼다. 이에 대하여 벤자민 밀리킨과 줄리아 세브란스 사이에서 의사의 맥이 다시 이어져 내려가고 있다. 밀리킨의 딸과 결혼한 존 해이든 Ⅰ세(John A. Hadden, Sr., 1887~1979)의 아들 존 하덴 Ⅱ세(John A. Hadden, Jr. MD, 1922~1992)가 의사가 되어 의사의 대를 이었다. 이제 혈육으로는 롱-세브란스-알렌-밀리킨-하덴의 의사 가문이 형성되었고, 정신으로는 롱-세브란스-에이비슨-러들로-세브란스 병원으로 계승되었다.

서울 방문

남편 더들리 피터 알렌 박사가 뜻하지 않게 조기 은퇴를 당하자 엘리자베스는 그와 함께 1910년에 세계일주여행을 떠났는데 서울의 세브란스 병원에 당도한 것은 1911년 6월 17일이었다.[104] 두 사람은 여행을 떠나기 전에 미리 맹장수술을 받았다.[105] 오늘날과 달리 당시의 맹장수술은 쉬운 수술이 아니었는데 알렌 박사의 맹장수술은 지금도 외과의학 역사책에 등장한다.[106] 일본에서 중국과 만주를 거쳐 한국으로 입국하고 다시 일본으로 출국한 여정이 아버지의 1907년 여정과 동일하였으므로 그녀의 여행일기(자료 Ⅲ-30)를 통하여 세브란스의 여정과 세브란스의 친구들을 유추할 수 있다.

> [1911년] 3월 1일, 수요일. [일본에서] 홍콩에 아침 일찍 도착하였다. … 배에서 [국제기독청년회] 마트 박사를 만났다. … 한국의 에이비슨 박사가 우리를 서울에 초청하는 편지를 받았다.

> 4월 10일, 월요일. [상해기독청년회의 총무]인 테일러 박사 집에서 저녁을 먹었는데 [서울의 황성기독청년회를 도운]브룩맨 부부가 합석하여 기뻤다. 아주 즐거운 저녁이었다.

> 6월 13일, 화요일, [천진 주재 미국 영사 부인]과 함께 김 박사의 병원을 방문하였다. 그녀는 지역간호사 제도를 설립하고 있다. 지난 5개월 동안 1,900명 이상의 환자를 치료하였다. 40명을 수용할 수 있는 병원이다. 5시 30분에 목단을 향해 떠났다.

> 6월 16일-17일, 금요일 토요일. 새벽 3시 30분에 [만주] 목단을 떠났다. 처음 40마일은 넓은 철도였는데 아침 7시 30분에 좁은 철도로 바뀌었다. 비좁고 불편하기 짝이 없다. … 일본인들이 넓은 철도를 개설하고 있다.… 밤 10시에 안동[오늘날 단

출처: © Courtesy of Western Reserve Historical Society

<자료 Ⅲ-30> 엘리자베스 세브란스 알렌의 서울 방문 일기

동]에 도착하였다. 일본 여관에서 묵었다. 다음 날[17일] 새벽 일찍 배[페리]를 타고 [압록강을] 건너서 의주에서 서울로 가는 넓은 기차를 탔다. 하루 종일 … 걸려 밤 10시 20분에 서울에 도착하니 에이비슨 박사, 허스트 박사. 한국 의사들이 마중 나왔다. … 손탁 호텔에 들어가니 아주 안락하였다.

6월 18일 일요일. 방에서 조용히 쉬었다. 더들리[피터 알렌, 남편]은 [세브란스] 교회에 갔고 에이비슨 집에서 저녁을 먹었다.

6월 19일, 월요일. 세브란스 병원, 외래병동, [세브란스] 교회를 방문하였다. 에이비슨 집에서 점심을 먹었다. 언더우드 박사 부부와 헐버트 씨를 만났다. 저녁 6시 30분에 밀러 [목사] 집에서 열린 선교사 월례회에 참석하였다. 여러 선교사들과 저녁을 함께 먹으며 와 웜볼드 양의 월례보고를 들었다. 아주 즐거운 저녁이었다. 언더우드 박사가 자신의 마차로 엔[놀턴] 씨 부인과 나를 숙소에 데려다 주었다.

6월 20일, 화요일. 에이비슨 박사가 우리를 왕궁에 데리고 갔다. … 오후에는 교회 근처에 있는 에이비슨 정구장과 운동장에서 열린 세브란스 병원의 의학대학의 동창회 축제에 참석하였다. … 홍[석후] 박사가 나를 데리고 갔는데 이 모임은 3년 전 제1회 졸업생 이후 첫 번 동창회이다. 한국인과 유럽인들이 함께 모여 흥미로웠다. 옥외등이 비추는 가운데 채양 밑에서 연설이 있었고 더들리도 연설을 하였는데 언더우드 박사가 통역하였다. 한국 음식이 너무 [매워] 나중에 호텔에서 저녁을 먹었다.

6월 21일, 수요일. 서대문에 있는 학교를 방문하였다. 언더우드 박사의 남자 학교와 여자 학교, 밀러 목사가 교회의 남학생을 보고 있는 가운데 더들리가 연설하였다. 김 씨가 통역을 하였고 언더우드 박사가 보고 있었다. … 왕비가 살해된 왕궁을 보았다. 에이비슨 박사와 점심을 먹었다. 저녁이 되자 언더우드 박사가 우리를 멋진 자신의 집으로 데리고 갔다. 여기서 기독청년 회관의 이[승만] 박사와 김[정식 ? 김린 ?] 씨를 만났다. 비가 왔지만 아주 즐거운 저녁이었다.

6월 22일, 목요일. 대관식 날. … 허스트 박사를 방문하였다. 오후에 영국 공사관에서 레이 대리 공사가 베푼 가든파티에 참석하였다.

6월 23일, 금요일. 실내에서 편지를 쓰고 쉬면서 보냈다. 더들리는 기독청년회관과 일본 정부병원을 방문하고 에이비슨 박사와 허스트 박사와 함께 의료에 대한 얘기로 바빴다. 오후에는 에이비슨 박사 내외, 언더우드 박사 내외, 밀러 목사 내외, 쉴즈[간호사] 양이 참석한 저녁 파티에 참석하였다. 저녁 후에 모두 영국인들이 프랑스 공사관 정원에서 베푼 파티에 갔다. 음악, 환등기, 춤으로 즐거웠다.

6월 23일 프랑스 공사관에서 열린 파티에서 엘리자베스와 알렌 박사 부부는 명동성당의 뮈텔 주교를 만난다. 주교는 부부의 프랑스어가 유창하다고 일기에 적었다.

6월 24일, 토요일. 오전은 실내에서 쉬었다. 점심에는 더들리와 함께 에이비슨 집에서 식사를 하였다. 여기서 게일 목사 부부, 쉴즈 양, 허스트 박사를 만났다. 점심 후에 병원의 유아원을 방문하고 병원 아래에 있는 한국 집을 보았다. 저녁에 언더우드 박사 부부와 함께 마차로 산책을 하였다.

6월 25일, 일요일. 비가 많이 왔다. 언더우드 교회에서 예배를 보았다. 많은 남학생과 여학생이 참석하였으며 성인 남녀도 많았다.

6월 26일, 월요일. 맑게 개었다. 아쉬움 속에 손탁 호텔과 작별을 하였다. 역에 많은 사람들이 우리가 떠나는 것을 보려고 마중 나왔다. 우리를 전송하려고 이·에이치·밀러 목사가 남자 학교 [경신학교]의 100명의 남학생을 인솔하여 3마일을 걸어왔다. 에이비슨 박사 내외, 언더우드 박사, 쉴즈 양, 웜볼드 양, 서[병호 ?] 군, 세브란스 의학대학의 의사들, 감리교 선교사들이 역에 왔다. … 부산까지 하루가 걸린다. … 저녁 6시 30분에 부산에 도착하니 장로교의 웰러 목사가 마중 나왔다. 자신의 선교사업을 보라고 했지만 우리의 배가 허락하지 않았다. 시모노세키로 가는 배가 떠날 때까지 우리와 함께 있었다.

세브란스 동창회

1911년 6월 13일 현재 중국 천진에 있는 40개 병상의 병원에서 일하던 여의사 김 박사(Dr. Kim)란 누구였을까. 중국의 김씨 성은 진이라고 발음하므로 이 사람은 한국 사람이다. 유일한 후보는 김필순 박사인데 그는 남자에다가 1911년부터 만주에서 주로 활동하였으니 아무리 생각해도 짚이는 의사가 없다. 한국 최초의 여의사 김점동 박사는 1910년에 폐결핵으로 죽었으니 그녀도 아니다.

6월 17일 새벽 엘리자베스 부부가 안동[단동]에서 의주로 평저선(삿대로 미는 배)으로 강을 건넌 것은 아직 압록강 철교가 민간인에게는 개통되지 않았기 때문일 것이다. 선교사 월례회의에서 보고서를 읽은 웜볼드 양(Miss Wambold)은 간호사였는데 1902년 콜레라가 만연하였을 때 이 병에 걸린 주한 이탈리아 영사 프란체세티 디 말그라 백작을 간호한 미국 선교사였다.[107] 그녀의 정성에도 보람 없이 백작은 젊은 나이에 죽었다.

주목되는 점은 엘리자베스가 1911년 6월 20일 화요일 저녁에 최초로 열린 세브란스 의학대학의 동창회를 증언하고 있다는 사실이다. 여기서 엘리자베스를 안내한 홍석후 박사가 동창회를 조직한 듯하다. 아마 세브란스 동창회는 한국 최초의 현대식 동창회일지 모른다.

또 하나 흥미로운 사실은 언더우드 박사 집에서 저녁 모임에 초대된 기독청년회의 이 박사(Dr. Yi)는 이승만 박사를 가리킨다. 당시 그곳에는 이씨 성을 가진 박사는 그가 유일하였다. 이 박사의 영문 이름표기 Yi는 에이비슨 박사와 러들로 박사도 사용하였다(자료 X-27을 참조). 이 박사는 5월~6월의 1달 동안 전국순회를 하면서 기독청년회를 조직하였고 6월에는 개성 하령회(夏令會)를 마친 직후였다. 선교사들이 한 달에 한 번씩 월례회를 가졌다는 것도 새로운 사실이다.

역에 환송 나온 서 군은 세브란스 구내에서 살았던 한국 최초의 유아세례자 서병호였을 것이다. 그의 형 서광호는 6월 2일에 제2회로 졸업하여 의사가 되었으니 서 군이라고 부르지 않고 서 박사라고 불렀을 것이다. 서병호는 밀러 목사의 연동교회의 신자였다. 밀러 목사(Rev. E. H. Miller, 한국표기 密義斗)가 데리고 5킬로를 걸어 환송 나온 1백여 명의 남학생들은 연동교회의 경신학교 학생들이었음에 틀림없다. 밀러 박사는 후에 연희전문에서 화학을 가르쳤는데 아펜젤러관, 스팀슨관, 노천극장 공사를 감독하였다.

여기서도 아버지가 제1회 졸업식을 피한 것처럼 엘리자베스 부부도 졸업식을 일부러 피한 느낌을 주는 것은 그들이 2주만 일찍 왔으면 제2회 졸업식에 참석할 수 있었기 때문이다. 엘리자베스는 에이비슨 박사의 초청편지를 3월 1일에 홍콩에서 받았으니 충분히 시간을 조정할 수 있었을 것이다. 일본에서 3개월을 보낸 것을 조금만 줄였어도 한국에서 1주일 이상을 체류할 수 있었을 터인데. 모두 주인 행세를 하지 않으려는 태도가 아니었을까.

당시 부자들은 여행에 여러 명의 수행원을 대동하였다. 심지어 미용사와 요리사까지 대동한 벼락부자도 있었다. 그러나 엘리자베스 부부의 여행에는 수행원이 없었다. 그녀가 손수 짐을 꾸리고 일정을 챙기는 모습이 일기에 기록되어 있다. 세브란스도 러들로 박사와 둘이서 여행하였다. 마서도 혼자 마찬가지였다. 마서는 젊은이라서 그랬을 것이라 접어둘 수 있지만 세브란스의 주변 인물들은 대체로 자신들을 챙기는 사람들이라고 판단할 수밖에 없다.

외동딸 내외의 여정을 참고하면 세브란스 장로가 이 여행일기의 시간을 그대로 따랐을 가능성을 가늠해 볼 수 있다. 그대로 따랐다면 만주 목단에서 새벽 3시 30분에 출발하여 시속 15킬로의 불편한 기차를 타고 안동[단동]에 밤 10시에 도착하였을 것이다. 무려 15시간이다. 다시 새벽에 일어나 안동[단동]에서 압록강을 돛대도 없이 삿대에만 의지하는 조그만 삼판배로 건너 의주에서 경의선을 타고 밤 10시 20분에 서울에 도착하였을 것이다. 역시 15시간이다. 외동딸 엘리자베스는 일기에 보듯이 서울 체류기간에 손탁 호텔에서 자주 쉰 것은 거의 이틀간 잠을 못 자서 피곤이 겹쳤기 때문이다. 그러나 세브란스는 70의 고령이었으므로 그렇게 하지 못했을 것이다.

제1장에 소개한 22살의 젊은 마서도 서울을 출발하여 안동[단동]까지 단번에 가지 못하고 평양에서 쉬었다 갔다. 그 평양도 서울에서 10시간이 걸렸고 평양에서 의주는 8시간 30분이 걸렸다. 마서도 안동[단동]에서 목단까지 가는 기차의 불편함을 그대로 일기에 적었다. 의자가 부족하여 자리를 깔고 앉았다. 더욱이 마서가 탄 안동-목단 기차는 운행 도중에 그 가운데 한 량이 철로에서 이탈되었다. 승객들은 12킬로를 걸어서 다음 정거장에서 다른 기차를 탈 수 있었다. 마서는 안동과 목단 사이에서 하루를 유숙하였다. 이러한 일이 빈번하였으므로 세브란스가 탑승한 열차도 예정시각을 지키기 어려웠을 것이다. 이러한 사정을 생각할 때 세브란스 역시 도중에 여러 번 쉬었다고 유추할 수 있다. 마서는 서울을 9월 6일에 출발하여 관광 없이 목단에 10일에 도착하였으니 무려 4일이 소요된 셈이다. 세브란스가 서울에 도착하자마자 다음날 지방에 갈 수

있었던 것은 그가 해 떨어지기 전에 서울에 도착하는 여유 있는 여정을 택하였기 때문이었을 것이다. 목단-안동 중간과 안동과 서울 중간에 일본인이 경영하는 여관이 있었다는 사실이 당시 철로여행의 사정을 말해준다.

메디치

의사의 대는 혈육과 정신의 두 갈래로 뻗어갔지만 사업의 대는 그의 아들 존(John Long Severance, 1863~1936)이 계승하였다. 존은 루이스의 큰아들이자 외아들이다. 그의 남동생 로버트가 유아시절 죽었기 때문이다. 앞서 말했지만 그의 이름은 태어나기 전에 죽은 막내 할아버지의 이름을 따온 것이다. 모든 문헌은 그가 1864년 5월 8일에 태어났다고 기록하고 있다.[108] 그렇다면 그는 아버지 루이스가 북군에 자원입대하고 3일 후인 5월 8일에 태어났다는 얘기가 된다. 어떻게 만삭의 아내를 두고 자원입대하였는지 이해하기 어렵다. 그러나 존의 모교인 오벌린 대학(Oberlin College)만은 그가 1863년 5월 8일에 태어났다고 기록하고 있다.[109] 그의 모교의 기록이 맞을 것이다. 그의 아버지 루이스가 어머니 파니 베네딕트와 결혼한 때가 1862년 8월 12일이니 앞뒤 날짜가 맞는다.

출처: Missionary Review of the World 1913

〈자료 Ⅲ-31〉 1901년 오벌린 대학의 세브란스 화학실험관 건물 그는 오벌린 대학에서 화학을 전공하였다. 아버지가 1901년 대학에 세브란스 화학 실험관 교사(Severance Chemical Laboratory)를 기증하였는데(자료 Ⅲ-31), 그 기록이 일부 남아있다. 〈자료 Ⅲ-32〉를 보면 1898년 3월 2일~1910년 ○월 9일까지 13만 9천 달러를 기부하였는데 이 가운데 1902년 1월 3일에 세브란스 화학실험관(Sev. Chem. Lab.)이라는 문자가 보인다. 그 밖에도 여러 가지 기부 기록이 보인다.

〈자료 Ⅲ-32〉의 상단 좌측 날짜 옆에도 동일한 형태로 세브란스의 철자가 일부 보

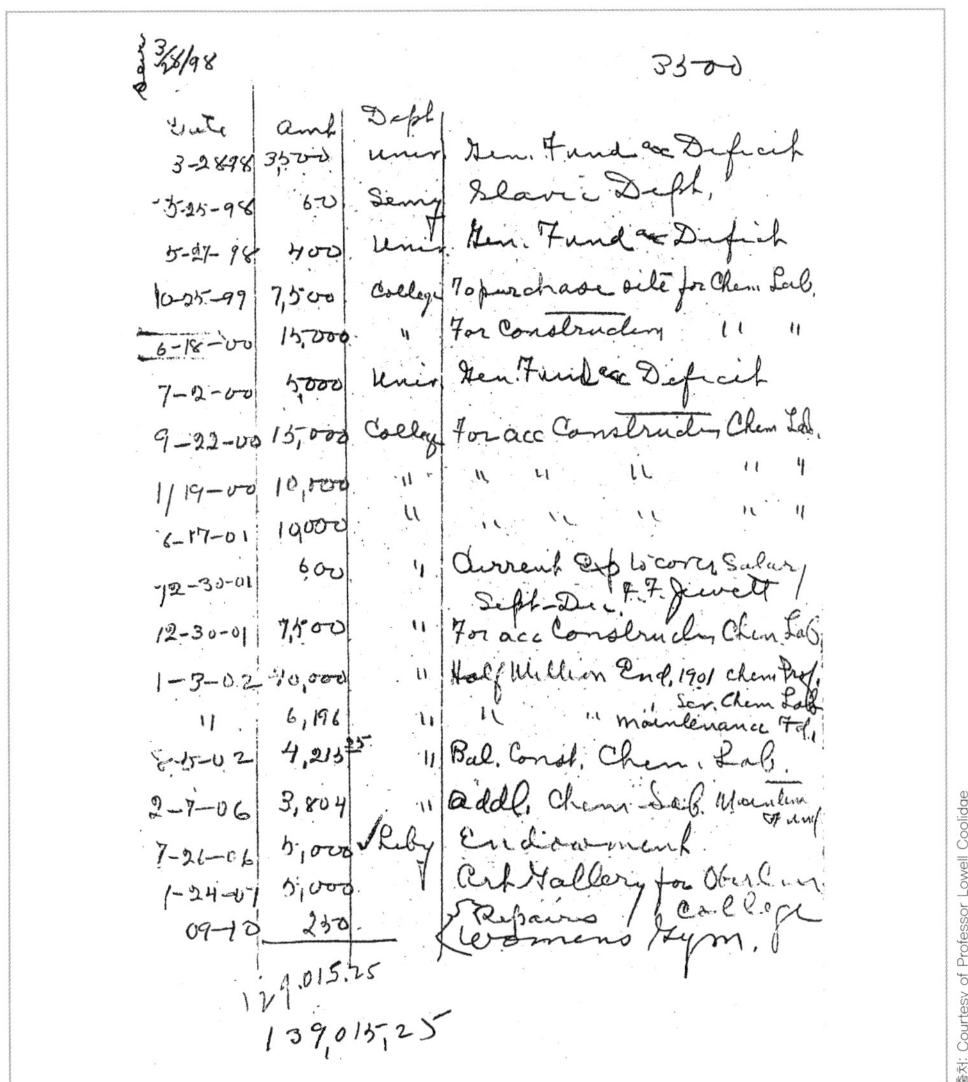

3/28/98 35 00

Date	amt	Dept	
3-28-98	35,00	Univ	Gen. Fund acc Deficit
3-25-98	6.0	Semy	Slavic Dept,
5-27-98	400	Univ	Gen. Fund acc Deficit
10-25-99	7,500	College	To purchase site for Chem Lab.
6-18-00	15,000	"	For Construction " "
7-2-00	5,000	Univ	Gen. Fund acc Deficit
9-22-00	15,000	College	For acc Construction Chem Lab.
1/19-00	10,000	"	" " " " "
6-17-01	10,000	"	" " " " "
12-30-01	600	"	Current Exp to cover Salary Sept-Dec. F.F. Jewett
12-30-01	7,500	"	For acc Construction Chem Lab.
1-3-02	40,000	"	Half Million End. 1901 chem Prof.
"	6,196	"	" " maintenance Sev. Chem Lab Fd.
5-15-02	4,213.25	"	Bal. Const. Chem. Lab.
2-7-06	3,804	"	addl. Chem Lab. Maintenance Fund
7-21-06	5,000	Ruby	Endowment
1-24-07	5,000		Art Gallery for Oberlin College
09-10	230		Repairs / Womens Gym.

129,015.25

139,015.25

출처: Courtesy of Professor Lowell Coolidge

〈자료 Ⅲ-32〉 1898~1910년 세브란스가 오벌린 대학에 기부한 기록 일부

날짜	금액	기부처	내역
1898. 3. 28	3,500	대학교	일반기금 계정 적자
1898. 5. 25	50	신학교	슬라브어 학과
1898. 5. 27	400	대학교	일반기금 계정 적자
1899. 10. 25	7,500	대학	화학실험관 부지 매입
1900. 6. 18	15,000	대학	화학실험관 건축
1900. 7. 2	5,000	대학교	일반기금 계정 적자
1900. 9. 22	15,000	대학	화학실험관 건축계정
1900. 1. 19	10,000	대학	화학실험관 건축계정
1901. 6. 17	10,000	대학	화학실험관 건축계정
1901. 12. 30	600	대학	에프 에프 제네트의 9월~12월 월급정산 경상지출
1901. 12. 30	7,500	대학	화학실험관 건축계정
1902. 1. 3	10,000	대학	1901년 세브란스 화학 교수와 화학실험관 건축비 50만 달러 기금
1902. 1. 3	6,196	대학	1901년 화학실험관 운영관리기금 50만 달러 기금
1902. 8. 5	4,213.25	대학	화학실험관 건물 건축
1906. 2. 7	3,804	대학	화학실험관 운영관리기금 추가
1906. 7. 26	5,000	도서관	기금
1907. 1. 24	5,000		오벌린 대학의 미술관
1910. x. 9	250		여학생체육관 수선비
	129,015.25		
	139,015.25		

인다. 또 1907년 1월 24일에 지출 내역이 기록되고 그 후 1910년 사이에 기록이 없는 것은 1907년 1월 28일부터 1908년 6월까지 세계일주여행을 하였기 때문인 것으로 보인다. 이 기록은 세브란스의 자필이 아닌 것 같다. 돈을 수령한 사람 아니면 비서의 필체인 것 같다. 그 이유는 〈자료 Ⅵ-8〉의 세브란스 씨의 친필과 다르기 때문이다. 이 기록을 보면 1898년 3월 28일부터 시작하여 1910년 ○월 10일까지 오벌린 대학의 세브란스 화학실험관, 신학대학, 도서관, 여학생체육관, 미술관, 교수 봉급, 기금 등 다양하다. 세브란스 병원이나 세브란스 의과대학에 대한 지출은 보이지 않는다. 세브란스는 기부처마다 따로 기록한 것 같다. 1899년 10월 25일의 화학실험관(Chem. Lab.)은 오벌린 대학의 화학실험관인 듯하다. 우스터 대학의 화재 이전의 기부이고 불탄 화학실험관의 건축이 아니라 부지에 대한 지출이기 때문이다.

출처: Courtesy of Mariance Millikin Hadden/ Western Reserve Historical Society

〈자료 Ⅲ-33〉 존 롱 세브란스와 저택

이승만 박사의 배재학당 스승 벙커 박사(Rev. Dalziel A. Bunker, 1863~1932, 한국표기 房巨)가 유니언 신학교에 가기 앞서서 1883년에 오벌린 대학을 졸업했고 동갑인 존은 1885년에 오벌린 대학을 졸업하였으니 같은 시기에 재학하였다. 벙커 박사도 알렌크로프트를 알았을 것이다. 특히 알렌크로프트에는 알렌 박사의 아버지의 친구 스폴딩 선교사가 보낸 각종 물건들이 전시되고 있었고 인디언에게 선교하는 스폴딩 선교사의 행적에 대해서는 오벌린 학생이라면 누구나 알고 있었다. 오벌린 졸업생들은 선교에 열성적이었는데 중국 선교에서 많이 살해당했다. 이런 인연 때문인지 몰라도 세브란스가 서울을 방문했을 때 벙커 박사의 부인이 교장으로 있는 정신여학교에 아름다운 건물을 기증하였는데 지금도 남아있다(제8장 참조).[110]

존은 졸업 후 아버지의 스탠더드 석유회사에서 사업에 대한 훈련을 받았다. 그 후

출처: Courtesy of Professor Bela Gold/ Esther Kim/ 이광린

〈자료 Ⅲ-34〉 1931년 세브란스 홀

클리블랜드 아마기름회사(Cleveland Linseed Oil Company)의 재무이사가 되었다. 이 회사는 도료(塗料)를 생산하는 회사에 재료를 공급하는 회사였다. 이 회사가 자라 미국 아마기름회사(American Linseed Oil Company)로 성장하는데 록펠러 Ⅱ세도 대주주로서 참여하였다. 특히 록펠러 Ⅱ세가 아버지에게 물려받은 스탠더드의 모든 직책에서 물러나서 자선사업에만 열중하기 시작하던 1911년 이후에도 이 회사의 이해관계만은 그만두지 않았다.[111] 이로써 세브란스와 록펠러는 2대째 함께 사업을 한 셈이다. 록펠러가 자식 대까지 대물림으로 사업으로 관계를 맺은 것은 세브란스가 유일할 것이다. 존은 그 밖에도 콜로니얼 소금회사(Colonial Salt Company)와 클리블랜드 철강회사(The Cleveland Steel Company)의 사장이 되었다. 아버지 루이스도 미국 아마기름회사, 콜로니얼 소금회사, 클리블랜드 철강회사의 대주주였다. 그 이외에도 존은 두 개 은행의 경영자였다. 그는 아버지의 도움도 있었지만 그 스스로 노력으로 사업에서 부자가 되었다. 그는 아버지가 물려준 농장에 집을 지었다(자료 Ⅲ-33).

존은 1891년 11월 3일 올드스톤 교회에서 엘리자베스 헌팅톤 드위트(Elizabeth Huntington Dewitt, 1865~1929)와 결혼하였다. 엘리자베스는 클리블랜드 공공광장 부근에서 유년시절을 보냈는데 그녀의 아버지 조슈아 헌팅턴 드위트(Joshua Huntington Dewitt, 1820~1868)는 올드스톤 교회의 신자였고 모직상인이었다. 그녀가 4살 때 아버지가 사망하자 어머니는 자신이 다니던 올드스톤 교회의 세레노 펙 펜(Sereno Peck Fenn, 1844~1927)과 재혼하였다. 그녀는 올드스톤 교회의 여성선교회의 회장이었다. 세브란스 어머니가 이 선교부의 제2대 회장이었다.

세레노 펜은 클리블랜드 기독청년회(YMCA)의 회장이었으며 올드스톤 교회의 장로였다.[112] 세브란스가 클리블랜드 기독청년회관 건축에 50만 달러를 기부하였으니 당연히 세브란스와 가까이 알고 지냈다.[113] 그는 조그만 회사에서 경리 일을 보았는데 일요일에 근무하라는 사장의 요구를 거절하였다. 안식일을 지켜야 했기 때문이다. 그 회사를 그만두고 스탠더드 석유회사에서 생산되는 석유의 부산물로 도료를 만들어서 거부가 되었다. 노년에 기독청년회(YMCA)의 대학부를 발전시켜 펜 대학(Fenn College)을 설립하였는데 직업 학교였던 이것이 성장하여 오늘날 클리블랜드 주립 대학(Cleveland State University)이 되었다. 황성기독청년회 대학부가 발전하여 연희전문학교가 되었고 다시 연희대학이 된 것과 유사하다. 그는 일본의 도쿄와 폴란드의 크라쿠프에 기독청년회관을 기증하였다. 고등학교 졸업자인 세브란스에게 기독청년회관은 대학이었다.

존은 부인이 죽자 그녀를 기념하여 클리블랜드 교향악단이 상주할 수 있는 세브란스 홀(Severance Hall)을 지었다(자료 Ⅲ-34). 그러나 아버지를 추모하여 건축된 것이라고도 한다. 최초의 계획 단계에는 부인이 생존하였기에 이 주장이 타당한 것으로 보인다. 1929년 대공황이 시작되는 때인데 그의 재산도 타격을 입어 4천만 달러에서 7년 후에 죽을 때 5백만 달러로 감소하였다. 그러나 2백 60만 달러를 들여 세브란스 홀을 1931년에 완공하였고 50만 달러를 운영기금으로 남겼다. 사람들은 세브란스 가문을 클리블랜드의 메디치라고 불렀다. 특히 존을 로렌조 메디치라고 불렀는데[114] 세브란스 홀은 그에게 타지마할이 되었다.

세브란스 기금

존은 아버지가 1913년 별세한 후 오벌린 대학의 이사, 중국 남경 대학의 이사, 장로교 해외 선교회의 이사의 아버지 자리를 계승하였다. 모두 자기 돈 써서 도와주는 단체들이다. 제1차 대전이 터지자 1917년 11월 4일 미국 기독교청년회가 3천5백만 달러를 모금할 때 16명의 모금위원 가운데 한 명이 되었다. 전쟁에 참전한 미국 병사와 적군

포로들에게 기독교 교육시키는 것을 목적으로 하였다. 아들도 아버지를 닮아 기독청년회를 적극 도왔다. 그의 장인의 영향도 컸을 것이다. 그러나 우리에게 중요한 사실은 그가 1917년에 아버지가 세운 세브란스 연합의과대학[115)]을 돕는 단체가 뉴욕에 설립되었을 때 재무위원장으로서 아버지의 뒤를 이었다는 점이다.[116)] 이 단체는 뉴욕 주법에 따라 조직되었는데 세브란스 의학대학에 참여하는 미국과 캐나다의 여러 선교단체의 연합체였다. 법적 이름은 "조선의 기독교 교육을 위한 연합이사회 The Cooperating Board for Christian Education in Chosen"였다. 이 단체는 1941년 일본이 태평양전쟁을 일으킬 때까지 세브란스 병원과 의학대학을 도왔다. 1937년의 재무위원장은 뉴욕 5번가 150번 거리에 있는 조지 서덜랜드 목사(Rev. George F. Sutherland)였다.[117)] 언더우드 박사의 형(언더우드 타자기 회사 설립자)도 이사였다.

여기에 더하여 존은 죽으면서 아버지가 세운 세브란스 병원과 의학대학을 위해 기금을 남겼다. 그것이 "존 엘 세브란스 기금 The Severance John L. Fund"이다. 대공황으로 재산이 크게 감소되었음에도 불구하고 아버지의 뜻을 잊지 않고 이 기금을 마련했는데 오늘날까지 미국 장로교회(Presbyterian Church U. S. A.)를 통하여 서울 세브란스 병원에 이자를 후원금으로 보내고 있다. 1955년부터 2005년까지 매년 작게는 7천 달러 크게는 16만 달러가 계속 서울 연세대학교 세브란스 병원으로 수표가 우송되는데 그 금액

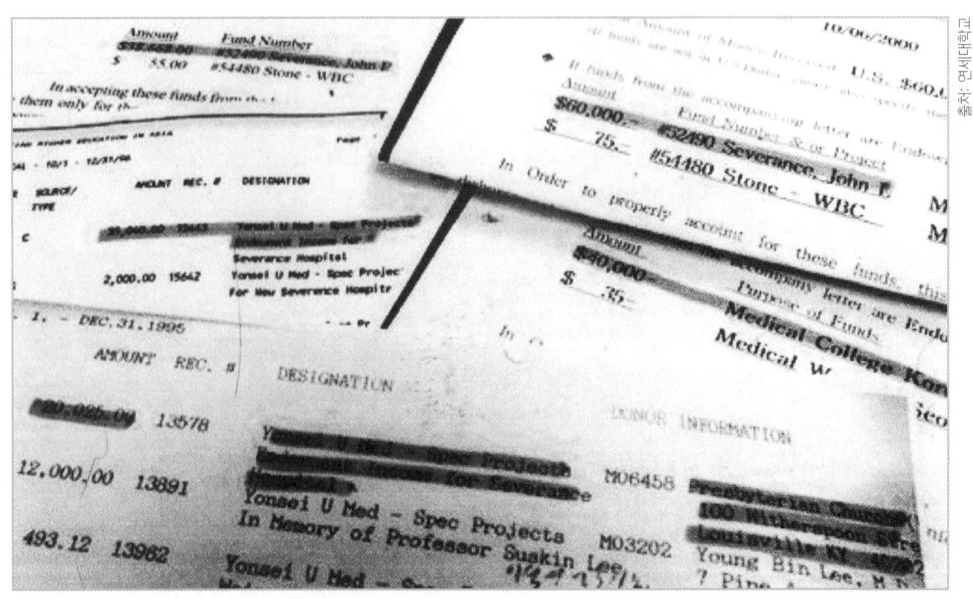

출처: 연세대학교

〈자료 Ⅲ-35〉 세브란스 외아들 고 존 롱 세브란스가 만든 「세브란스 존 엘 기금」이 보내는 세브란스 병원 후원 수표

의 원천이 존 엘 세브란스 기금이었다. 지난 50년 동안 도합 80만 달러가 송금되었다.

이 글을 쓰는 이 순간에도 이 기금의 이자는 자라고 있으니 〈자료 Ⅲ-35〉을 보면 수표에 2000년 6월 10일 기금번호 #52490과 함께 Severance, John L. Fund라는 기금사업의 이름이 보인다. 송금액은 6만 달러이다. 흥미로운 점은 그 밑에 또 다른 기금번호 #54480과 함께 기금사업에 스톤(Stone)이라는 이름이 보인다. 이것은 누구인가. 아마사 스톤의 후손이란 말인가. 흥미로운 발견이다. 만일 그렇다면 존 롱 세브란스가 스톤의 후손을 권유하여 참여한 것은 아닐까. 아마사 스톤의 외아들 아델버트는 대학 재학 중에 죽었으니 막내 딸 플로라 스톤 마서의 후손이 아버지를 기념하기 위하여 만든 기금이었을까. 아니면 1907년 세브란스 기념병원을 다녀간 그녀의 아들 아마사 스톤 마서가 만들었을까. 스톤의 부계는 절손되었는데 대체 누구란 말인가. 러들로 박사의 친구인 선교의사 스톤 박사였을까. 모를 일이다.

아들 세브란스는 1936년 죽을 때 이 기금을 만들었고 그의 여동생 엘리자베스는 1944년 죽을 때까지 세브란스를 도왔으니 1941년 태평양전쟁에서 한국동란이 끝나는 1953년까지 미국과 국제결제가 어려웠던 때를 제외하면 세브란스 가문은 지난 108년간 줄기차게 세브란스 병원과 의학대학을 위해 헌신해온 것이다. 이러한 예가 일찍이 세계사에 있었을까.

그러나 아들 내외 사이에 자식이 없었으니 친손이 끊겼다. 이로써 루이스 헨리 세브란스의 친손과 외손은 모두 끊겼다. 그에게서 세브란스 가문의 기독교-교육-의료-선교-경제의 틀이 종결되었다. 법적 상속은 친형 솔론의 외손자 세브란스 밀리킨에게로 이어졌는데 그도 자식을 두지 못하였다.

마지막 세브란스

루이스 헨리 세브란스에게는 한 명의 친형이 있었다. 앞서도 자주 등장한 솔론 세브란스(1834~1915)이다. 사립학교에서 교육을 마친 후 곧바로 은행원이 되었다. 처음 임무는 심부름(messenger)이었다. 그의 은행은 백만장자의 거리에 있는 유클리드 애비뉴 내셔널 뱅크(Euclid Avenue National Bank)였는데 나중에 은행장이 되었다. 이 은행은 나중에 이름을 여러 번 바꾸어 제일은행(The First National Bank)이 되었는데 오하이오에서 가장 큰 은행으로 성장하였다. 죽을 때까지 이 은행의 이사장이 되었다.

그는 더들리 알렌 박사의 맏딸 에밀리 알렌(Emily C. Allen)과 결혼하였는데 부부는 제2장로교회의 교인이었다가 우들랜드 교회의 장로와 주일학교 교장이 되었다. 부부는 여행을 좋아하여 동양을 두 번이나 다녀갔고 세계일주여행도 하였다. 국내에서는 미시시피강을 여행하였는데 마크 트웨인의 소설에도 인용되었다. 부인 에밀리(세브란스의 형수이면서 동시에 외동딸 엘리자베스의 시누이)가 여행하며 기록한 일기와 편지가 현재 남아 있다. 솔론은 동생이 설립한 서울의 세브란스 기념병원 간호사들의 봉급을 책임졌다.[118)]

솔론과 에밀리는 딸 셋과 외아들을 두었다. 앞서 얘기한 대로 큰딸 줄리아는 밀리킨 박사에게 시집갔다. 외아들 알렌 더들리 세브란스(Allen Dudley Severance, 1865~1915)는 오벌린 신학교(1890~1892)와 하트포드 신학교(1892~1893)를 거쳐서 오벌린에서 신학 학사를 취득하였으므로 그 역시 배재학당의 벙커 박사와 동창이 되었다. 그 후 애머스트에서 석사를 한 다음 유럽으로 가서 공부를 더하였다. 귀국하여 웨스턴 리저브 대학 내의 여자대학에서 가르쳤으며 웨스턴 리저브 대학의 종교학 교수가 되었다. 그는 평생 독신으로 지냈으므로 솔론 세브란스의 남자 혈통은 이것으로 끝났다. 이것은 솔론 세브란스와 루이스 헨리 세브란스 형제의 부계 혈통이 사라짐을 의미하므로 동시에 세브란스의 부계 혈통이 단절됨을 의미한다. 시사 주간 잡지 『타임 *Time*』은 1942년 7월 6일 호에 존 롱 세브란스를 "마지막 세브란스 Final Severance"라고 불렀다.

제4장
클리블랜드 1896년

자선

루이스 헨리 세브란스는 1871년 클리블랜드로 돌아와서 스탠더드 석유회사의 대주주 가운데 하나이며 회계이사와 재무이사로 거만의 부를 쌓았다. 1896년에 현직에서 은퇴하였지만 여전히 대주주였다. 앞서 설명한 것처럼 1887년부터 1907년까지 20년 동안 재판에 휘말린 끝에 스탠더드 트러스트는 1911년 대법원의 판결로 마침내 34개의 독립된 회사로 분리되었다. 그러나 법률가들은 이 시기에 중요한 변화가 일어나고 있음을 인식하는 데 실패하였다. 당시 스탠더드의 석유는 주로 등잔용이었는데 그의 대체상품으로 에디슨이 발명한 전구가 등장하여 독점금지법에 저촉되지 않을 수도 있었다는 점이다. 80년 후에 마이크로 소프트 회사의 빌 게이츠도 같은 문제에 부닥쳤을 때 "나는 독점자가 아니다. 나의 경쟁자는 가까운 미래에 몸을 숨기고 있다."라는 유명한 말을 남겼다.

스탠더드에게는 가까운 미래가 아니라 당장 1879년에 에디슨이 전구를 발명하였으니 1887년부터 시작한 독점혐의는 사실상 본질을 놓친 것이었다. 1879년이라면 스탠더드 트러스트가 탄생하기 전이었다. 전구의 등장으로 스탠더드가 생산하는 등유의 수요가 급감하기 시작한 것을 보면 전구라는 대체상품의 등장이 얼마나 위력적인 줄 알 수 있다. 1885년에 이미 25만 개의 전구가 생산되었다. 이제 등유는 도시의 밤을 전구에게 빼앗겼고 농촌으로 밀렸다. 농촌 전기의 보급도 시간문제였다. 석유 수요는 나날이 줄어들 운명이었다. 아직까지 선박과 군함은 석탄을 동력으로 삼고 있었다. 그래서 기선이라고 불렀다. 석유의 시대는 갔다.

그러나 1896년에 헨리 포드가 가솔린 내연기관의 자동차를 생산하기 시작하여 새로운 수요가 창출되었다. 그해는 세브란스와 록펠러가 은퇴한 해였는데 미국에 자동차의 수는 4대였다. 2년 후 800대가 되었고 1911년에는 60만 대로 늘었다.[1] 그것은 석유의 시대가 가고 휘발유의 시대가 왔음을 알리는 것이다. 1896년 시카고에서 자동차 경기가 최초로 열렸다. 9년 후(1905)에 북경과 파리 간 국제 자동차 경기가 열렸다. 낙타와 말의 도움을 받아 스키피오 보르베제가 운전한 40마력의 이태리 자동차가 61일 동안에 주파하여 우승하였다. 이 경기에 의해 자동차가 문명의 총아로서 등장하였다. 자동차에 이어서 모든 선박과 전함에 석탄 대신 기름이 쓰일 것이다. 7년 후에 라이트 형제가 비행기를 발명할 것이다. 그들도 스탠더드의 휘발유를 연료로 하늘을 날랐다. 11년 후에는 주유소가 등장할 것이다. 자동차와 주유소 다음에는 아스팔트 도로가 등장하여 지구를 뒤덮을 것이다. 주택과 건물의 난방에도 사용될 것이다. 25년 후에는 플라스틱이 발명될 것이며 그와 더불어 석유화학이 발달할 것이다. 이제 기름의 수요는 거의 무한하게 증가할 것이고 세브란스의 재산도 함께 불어날 것이다. 20세기는 석유화학의 시대이다.

나날이 늘어나는 막대한 재산을 갖고 이제부터 기독교 교육기관에 대한 세브란스의 본격적인 자선활동이 시작될 시기가 되었다. 이미 보았지만 그의 주변을 둘러보면 조부모, 부모, 사위, 친구가 모두 자선가였으며 기독교인이었다. 이 모든 주변을 세브란스가 대신하여 보람 있는 일을 벌일 차례이다. 자손이 귀한 집안에서 막대한 재산을 어떻게 할 것인가.

그가 현직에서 은퇴하던 1896년에 그의 막내딸 앤 벨(Anne Belle Severance, 1868~1896)이 결핵으로 사망하였고 그 전해는 두 번째 부인 플로렌스 하크니스(Florence Harkness, 1863~1895)가 폐혈증으로 죽었다. 계속되는 불행 속에서 그는 기독교 교육을 위한 자선의 뜻을 더욱 굳혔다. 파크 대학(Park College), 옥시덴탈 대학(Occidental College), 메리스빌 대학(Marysville College), 벨래뷰 대학(Bellevue College), 휴론 대학(Huron College), 그린빌-터스컬럼 대학(Greenville and Tusculum College), 와이트워스 대학(Whitworth College), 아이다호 대학(Idaho College), 더뷰크 신학(Dubuque Seminary), 네브래스카의 헤이팅스 대학(Hastings College), 여러 장로교회, 여러 기독청년회(YMCA

와 YWCA) 등을 도와준 것은 작은 예들이다.[2)]

이 가운데 파크 대학은 평안북도 선천 제중원의 샤록스 박사(Alfred M. Sharrocks, MD, ?~1919, 한국표기 謝樂秀)의 모교였다. 장로교 선교부는 1900년 평양에 남자 중학교를 세우니 한국에서 두 번째 중학교였다. 이 학교 교장 베어드 목사(Rev. William Baird 裵偉良)도 파크 대학 출신이었는데 평양중학교 학생들이 노동을 하여 숙식비를 벌도록 공작부, 인쇄소, 농장을 설치하였다. "베어드 교장의 교육 목적과 이상은 미주리주 파크 대학의 운영 원칙을 따르는 것이다." 파크 대학의 설립이념은 "믿음과 일 Faith and Work"이었다. 1900년 언더우드는 선교본부에 편지를 보냈다.[3)]

"전략. 현재 한국에는 선교사가 필요하지만 단순한 복음 설교자는 필요 없습니다. 본국에서 작은 교회의 목사 자리를 맡을 수 있는 자는 장군이 될 수 없습니다. … 올해 서울 선교지부를 위해 특별히 요청하는 것은 파크 대학의 전 교수였던 랩슬리 맥아피 목사를 서울 선교지부와 연계된 교육사업을 담당하도록 한국에 파송해 달라는 것입니다."

"우리는 미주리의 파크 대학을 모범으로 삼고 있습니다. 우리는 맥아피 교수를 얻을 수 있기를 희망하며 …."

1905년 파크 대학 설립자의 딸 헬렌 맥아피(Helen McAfee McCune)와 함께 온 남편 매큔 박사(George S. McCune, 尹山溫)가 평양중학교에 부임하였다가 1909년 선천 신성중학교 교장으로 취임하였다. 세브란스는 장차 평양과 선천을 방문할 것이다.

매큔 박사는 1911년 조선 총독 암살사건에 연루되었다는 혐의를 받았고 1919년 삼일운동을 도왔다. 그의 큰아들이 조지 맥아피 매큔(George McAfee McCune, 1908~1948)인데 숭실전문학교 교장을 지냈다. 그는 세브란스가 다녀간 이듬해 평양에서 태어났다. 그의 최대 업적은 하버드 대학의 라이샤워 교수와 함께 한글을 영문으로 표기하는 방법을 개발한 것이다. 이것이 매큔-라이샤워 로마자 표기방법(McCune-Reichauer Romanization)이다. 그는 1937년에 주한 미국 영사관에 있던 외교문서를 사진기로 찍어 조선 총독부가 압수할까 봐 장인 아서 베커 교수(Professor Arthur Becker)가 근무하는 연희전문학교에서 인화 현상을 하였다. 오늘날 한미외교사 연구에 커다란 공헌을 남겼다. 그의 아우는 지리학자였는데 한국 지리에 관한 여러 권의 책을 저술하였다.

아버지 매큔 박사는 선천에서 한국 어린이를 데려다 교육을 시켜 미국으로 유학을 보냈는데 이 어린이가 백낙준(1895~1985)이다. 그는 매큔 박사의 모교인 파크 대학을 1922년, 프린스턴 신학교를 1925년, 예일대학에서 1927년에 박사를 받았다. 귀국하여 연희전문학교에서 교수를 지냈고 다시 1937~1939년에 파크 대학에서 가르쳤다.

제3장에서 소개했듯이 오벌린 대학도 파크 대학처럼 학비가 면제였고 식비는 학생들의 노동으로 해결하였다. 세브란스가 오벌린 대학과 웨스턴 리저브 대학을 도와준 것은 특별한 예가 되었으니 아직 현직에 있을 때 외아들이 다니던 오벌린 대학에 화학실험관을 기증한 것이 그것이다. 이 실험관은 후에 세브란스 실험관으로 개명되었다. 웨스턴 리저브의 여자대학에 플로렌스 하크니스 기념교회를 기증하였다. 우스터 대학이 그가 대규모로 도와준 첫 번째 기독교 대학이다. 이들은 모두 미국 국내 기관들이다.

세브란스가 죽고 그의 수첩에서 미처 지불하지 못한 잔액의 명단이 발견되었다. 그 명단을 보면 일본 도쿄의 메이지 기독학원, 중국 체푸의 병원, 필리핀 세부의 여자학교, 중국 항주의 유니언 여학교, 중국 해남의 병원, 중국 상해의 기독청년회, 중국 광동의 진리의 빛 신학교, 중국 남경 대학, 중국 남경 여자 신학교, 인도 캘하푸르의 여자학교, 시암(태국) 치앙마이의 신학교 등이다. 모두 해외기관들이다(제9장 참조). 그 사이 드러나지 않은 기관이 얼마나 많았는지는 아무도 모른다. 그리고 마침내 서울의 세브란스 병원과 의과대학은 그에게 빛나는 기부가 되었다.[4] 그의 자부심(his pride)이었으며 만족이었다.[5] 기독교-교육-의료-선교에서 자신이 염원하던 연합사업이 완성되었기 때문이다.

19세기 말에 클리블랜드는 미국에서 가장 번성하는 도시였다. 석유, 철강, 광산, 전기, 철도, 금융 등의 분야에서 거부들이 대거 출현했고 이들 가운데 많은 사람들이 자선가가 되었다. 이미 소개한 케이스, 스톤, 마서, 한나, 페인, 프렌티스 이외에 웨이드, 헌팅턴, 해치, 헐버트, 잉걸스, 퍼킨스, 볼턴, 라우즈, 콕스 등 열거하기 어려울 지경이다. 이들의 대부분은 1872년 클리블랜드의 인구가 불과 10만일 때 나타나기 시작하였다. 이들의 자선 대상은 학교, 교회, 병원, 고아원, 노인, 여자, 어린애, 이민자였다. 이 명단에는 록펠러의 이름이 보이지 않는다. 그는 클리블랜드에서 석유로 세계 제일의 부자가 되었지만 그 고장에서는 대접받지 못하였기 때문이다. 특히 록펠러는 토박이 부자였던 아마사 스톤과 그의 두 사위 존 헤이와 사무엘 마서와도 사이가 좋지 않았다. 록펠러는 뉴욕 주에서 태어나 소년시절 클리블랜드로 이주해 왔다.

그러나 록펠러의 기부 기록을 보면 클리블랜드에도 많은 자선을 하였다.[6] 대표적인 곳이 케이스 공과대학의 록펠러 건물이다(위치는 자료 Ⅳ-2를 참조). 이 건물은 지금도 남아 있는데 처마 밑의 사각형 장식돌 하나 하나에는 불멸의 과학자들의 이름이 새겨져 있다. 또 하나 꼽을 수 있는 것이 존스 목사(Rev. John Davis Jones, 1845~1926)가 운영하는 베델 선교(Floating Bethell Mission)였다. 두 사람은 클리블랜드 침례교 성경학교의 동창생으로 매우 친했다. 그런데 재미있는 것은 그렇게 친하면서도 도와줄 때에는 세브란스에게 조언을 구했다는 사실이다. 베델 선교의 부채를 도와달라는 존스 목사의 편지에 록펠러는 답장을 보냈다.[7]

> "나에게 200달러 또는 300달러를 도와달라는 목사님의 판단이 옳다면 그리고 도와주는 사람이 없다면 100달러 또는 200달러를 더 보낼 수 있습니다. 많은 사람이 참여할수록 더 은혜로운 일이 됩니다. 다만 세브란스 씨와 상의하는 것이 좋겠습니다."

록펠러가 세브란스를 신뢰하는 이유 가운데 하나가 그의 자선사업이었는데 세브란스 자신에게 자선사업에 본받을 인물이 있었으니 레오나드 케이스 Ⅱ세(Leonard Case Jr., 1820~1880)였다. 이 사람은 클리블랜드 최초의 대학을 세운 자선가였다. 공교롭게도 이 사람의 아버지 레오나드 케이스 Ⅰ세(Leonard Case Sr.)는 세브란스의 의사 외할아버지 데이비드 롱 박사의 집 건너편에 살았다(자료 Ⅲ-7을 참조). 케이스 공과대학(Case Institute of Technology)을 설립한 레오나드 케이스 Ⅱ세의 일화는 다음과 같이 전해온다.[8]

> "그는 자신이 공과대학을 세웠다는 것을 죽을 때까지 숨겼다."

루이스 헨리 세브란스에 관해서도 다음과 같은 일화가 전해진다.[9]

> "그의 방식은 남이 모르게 기부하는 것이었다."

케이스는 선교만 제외하고는 여러 모로 세브란스를 닮았다. 정치가를 믿지 않았고 자선을 드러내지 않았으며 수줍은 성격을 지녔다.

세브란스만 케이스를 본보기로 삼은 것이 아니다. 케이스가 죽고 그의 자선사업이 알려지자 크게 감동받은 클리블랜드의 은행가 존 룬드 우즈(John Lund Woods)가 1892년에 웨스턴 리저브 의과대학에 15만 달러를 기부했다. 이때 의과대학의 책임자는 웨버(Gustav Weber, MD, 1828~?) 교수였는데 세브란스의 사위 알렌 박사와 사이가 나빠 결국 사임하게 된다. 알렌 박사는 새로운 강자가 나타날 때까지 클리블랜드 의학계를 휘어잡을 것이다. 그가 유명한 외과의사 조지 워싱턴 크라일 박사(George Washington Crile, 1864~1943)이다. 크라일 박사와 알렌 박사 사이에는 돌이킬 수 없는 알력이 있었지만 두 사람 모두 러들로 박사에게는 소중한 스승이었다.

케이스

레오나드 케이스 Ⅱ세는 1820년에 클리블랜드에서 태어났다. 그는 병약하여 평생 질병에 시달렸다. 그의 아버지 레오나드 Ⅰ세는 1800년에 클리블랜드로 이주했는데 이 일대의 가능성을 보고 토지에 투자하여 막대한 부자가 되었다. 그는 변호사, 은행원, 철도건설자가 되어 돈을 벌었다. 웨스턴 리저브는 동부의 코네티컷주가 소유한 오하이오주 북동부 일대의 방대한 땅을 일컫는데 그의 아버지가 이것을 매입하는 대리인이 되었고 그 자신 방대한 땅을 샀다. 그에게 두 아들이 있었는데 레오나드 Ⅱ세는 둘째 아들이었다. 클리블랜드의 시장(재임 1850~1852)을 지낸 형 윌리엄(William Case)이 미혼으로 죽자 레오나드 Ⅱ세는 집안의 재산을 상속하였다. 당시 금액으로 1천5백만 달러였다. 어릴 때 윌리엄 케이스와 세브란스의 어머니는 길 건너편에 살았는데 나이가 비슷하였다.

그는 자선사업을 하면서 드러내길 싫어하였다. 한번은 루이스 헨리 세브란스가 속한 기독교청년회(YMCA)가 모금할 때 그에게 손을 벌렸다. 그는 가타부타 아무 말도 하지 않았다. 다음 날 기독교청년회를 찾아간 그는 1천 달러 은행수표를 놓고 역시 아무 말 없이 사라져 버렸다. 결심을 하고도 발설하지 않고 나중에 실천하는 레오나드 케이스 Ⅱ세의 태도는 나중에 루이스 헨리 세브란스에게 본보기가 되었다. 레오나드 케이스 Ⅱ세는 말했다.[10)]

"내가 가진 것은 클리블랜드가 만들어 준 것이다. 클리블랜드가 커진 덕택이다. 클리블랜드가 마땅히 되돌려 받아야 한다. 이것이 내 뜻이다."

케이스가 말한 대로 클리블랜드가 얼마나 빠른 속도로 커졌는지를 다음 자료가 가리킨다.

〈자료 Ⅳ-1〉 클리블랜드의 성장

연도	인구	순위	사건
1800	7		오하이오가 주로 승격되어 연방에 가입(1803)
1810	57		세브란스 의사 외할아버지 롱 박사 클리블랜드 도착
1820	606		롱 박사 진료소에서 올드스톤 교회(제1장로교회) 창립
1830	1,075		세브란스 부모 결혼(1833)
1840	6,071	67	세브란스 출생(1838) 세브란스 외조부 웨스턴 리저브 대학 창립위원(1844)
1850	17,034	41	제2장로교회 창립(1844)
1860	43,417	21	드레이크, 원유 채취 성공(1859) 세브란스, 북군 자원입대(1864)
1870	92,829	15	세브란스, 원유 생산(1864~1874) 록펠러, 스탠더드 석유회사 창설 세브란스, 스탠더드 석유회사 재무이사(1870~1896)
1880	160,146	11	케이스, 공과대학 창립(1880) 웨스턴 리저브 대학 이전(1882)
1890	261,353	10	세브란스, 뉴욕 거주(1887) 세브란스, 스탠더드에서 은퇴(1896)
1900	381,768	7	세브란스, 에이비슨 만남 세브란스, 세브란스 기념병원 기증 세브란스, 전염병동 기증(1904)
1910	560,663	6	세브란스, 서울 방문(1907), 외래병동 기증(1907) 세브란스, 정신여학교 본관(세브란스관) 건물 기증 세브란스, 세브란스 의학대학 교사 기증 세브란스, 부산의 규범여학교 건물 기증(1909) 세브란스, 남대문교회에 (구) 예배당 기증 세브란스, 새문안교회에 파이프(?) 오르간 기증 세브란스, 한국 선전 운동에 참여(1908) 세브란스, 사망(1913)
1920	796,841	5	올드스톤 교회 창립 1백주년 기념 평양 장대현교회에서 휘장 선물
2000	478,403	33	록엔롤 명예전당 완성(1995)

출처 Population of Cleveland, Cleveland, Ohio, 2000.

1904년 세브란스 기념병원이 완공되었을 때 서울의 인구가 30만 명이었으니 인구만으로 본다면 클리블랜드는 서울과 비슷한 도시였다. 그러나 경제력은 크게 차이가 나니 클리블랜드 한 명의 시민이 서울시민 전체 또는 한국 전체를 위하여 병원을 무상으로 지어 주었다. 클리블랜드의 인구는 1920년을 정점으로 그 후에는 감소하고 순위도 쳐져갔다. 특히 세브란스의 생존 시기(1838~1913)의 인구 증가는 폭발하는 경제력의 성장 때문이었다. 그것은 석유의 덕택이었다. 석유로 인하여 각종 산업이 발달하였다. 당시의 폭발적인 석유산업이 가져다주는 연관산업의 탄생과 발전을 분석할 수 있다면 클리블랜드 자본의 생산력과 그로 인한 클리블랜드의 수많은 자선가들의 기부의 내역을 이해할 수 있을 것이다. 이들의 후손이 오늘날에도 자선을 계속하고 있다. 클리블랜드에는 아직도 소위 옛날 돈(old money)이 많이 있다.

1876년 레오나드 케이스 Ⅱ세는 클리블랜드 도서관 학회에 30만 달러를 기부하였다.[11] 이것이 나중에 세브란스 가문과 인연이 될 줄을 그도 몰랐을 것이다. 학회는 이 돈으로 케이스 도서관(Case Library)이 상주할 수 있는 케이스 빌딩(Case Building)을 지었는데 오하이오와 캘리포니아 사이에 가장 커다란 빌딩이었다(자료 Ⅳ-2를 참조). 여기서 세브란스의 사위 알렌 박사가 주도하여 클리블랜드 의학도서관이 시작되었다. 1905년 케이스 빌딩이 화재로 소실되자 의사들이 활동하는 교외로 장소를 옮겼고 옛 자리에는 현재의 연방정부 건물이 들어섰다. 세브란스의 외동딸 엘리자베스가 기부하여 1921년 시작된 알렌 기념의학도서관이 1926년에 완공되자 마침내 영원한 자리를 얻게 되었다. 이 건물은 미국 제1의 의학도서관으로 현재 클리블랜드시 문화재로 지정되었다.

한편 레오나드 케이스 Ⅱ세는 형 윌리엄이 시작했지만 결핵으로 죽는 바람에 끝내지 못한 클리블랜드 홀(Cleveland Hall)을 30만 달러를 들여서 완성시키고 그 건물을 도서관 학회에 기증하였다. 이 건물은 1931년에 세브란스 홀(Severance Hall)이 들어설 때까지 클리블랜드시의 음악당 역할을 하였다.

마침내 1877년 레오나드 Ⅱ세는 7백만 달러의 부동산을 기증하여 케이스 공과대학(Case Institute of Technology)을 설립할 뜻을 세웠다. 이러한 사실이 알려지는 것을 싫어한 그는 죽을 때까지 이 사실을 숨겼다. 1880년 레오나드 Ⅱ세는 죽었는데 미혼이었다. 대학은 그가 죽고 나서야 그의 이름을 붙일 수 있었다. 케이스는 높은 뜻을 가졌으나 사람들 앞에 나서는 것을 좋아하지 않았다. 그의 사촌이 초대했을 때 거절 편지를 보면 알 수 있다.[12]

"내가 수줍어서 초대에 응할 수 없지만 어쨌든 고맙다. 행복을 확신할 수 있나. 나는 사람이 행복할 수 있다는 것을 믿지 않는다. 행복에 가장 가까운 것은 성공적인 일을 하는 것이다. 숭고한 일일수록 더욱 그렇다. 그러나 결코 행복할 수는 없다."

그는 케이스 공과대학의 설립취지에서 그의 이상대로 수학, 물리학, 공학, 화학, 경제 지리, 광산학, 금속학, 자연사, 그리고 언어학을 가르칠 것을 주문하였다. 공학도가 반드시 언어와 문학을 이해해야 한다고 믿었다. 같은 무렵 보스턴의 매사추세츠 공과대학(MIT)의 설립자들도 같은 생각이었다. 케이스가 죽었을 때 그를 추모하는 글이 다음과 같았다.[13)]

"그의 마음씨 큰 자선을 말하자면 그와 같은 사람은 이제 사라졌다고 말하는 편이 나을 것이다. 그 자신은 불행하였지만 그는 다른 사람을 행복하게 만들기 위해서 살았다."

그러나 그와 같은 사람이 곧 나타날 것이니 그가 우리의 주인공 루이스 헨리 세브란스 씨였다. 1880년 케이스 Ⅱ세가 독신으로 죽고 한참 뒤에 케이스의 사촌이 케이스 공과대학의 이사장이 되었다. 그 역시 자신의 기부가 드러나는 것을 싫어했다. 1925년 대학에 5만 달러를 무기명으로 기부하였다. 1944년 죽었을 때 65만 달러를 대학에 기부하였다. 그는 독설의 유머가 풍부하였는데 대학이 그에게 명예 법학박사(LLD)를 수여하려 하자 그것이 이중거짓말쟁이(Double-Damned Liar=LLD)라고 거절하였다. 어떤 사람이 케이스 집안은 숨어서 자선사업을 한다는데 그 점에 대해서 어떻게 생각하느냐고 묻자 그가 대답하였다.[14)]

"우리 집안은 감자와 같은데 가장 훌륭한 점은 땅속에 있다는 것이다."

그 역시 독신으로 죽었다. 케이스 집안은 케이스 공과대학을 남기고 홀연히 사라졌다. 자신들에게 맡겨진 클리블랜드의 토지를 현명하게 사용하여 대학을 남겼다.

의학도서관, 음악당, 대학의 설립을 놓고 볼 때 아무래도 세브란스 가문이 케이스가문의 발자취를 따라간 것 같다. 또 하나 공통점은 케이스와 세브란스가 모두 수줍었다는 점이다. 여기에 더하여 불행하기로 말하자면 세브란스 자신도 유복자로 태어나서 두 명의 자식을 잃고 두 명의 부인도 잃었으니 개인적으로는 행복했다고 볼 수 없다. 그러나 그 역시 남의 행복을 자신의 행복으로 삼았다.[15] 또 하나 닮은 점은 케이스 가문과 세브란스 가문이 모두 자선만 남기고 지상에서 사라졌다는 사실이다.

스톤

앞에서 우리는 스탠더드 석유회사의 창립 2년 뒤인 1872년에 주주가 된 대부호 아마사 스톤(Amasa Stone)을 기억할 것이다. 나중에 국무장관이 된 존 헤이의 장인이며 1907년에 세브란스 기념병원을 방문한 아마사 스톤 마서의 외할아버지이다. 1874년 스톤이 회사를 장악하려는 기미를 보이자 록펠러가 쫓아냈다. 레오나드 케이스 Ⅱ세 역시 사업상 아마사 스톤과 연루된 적이 있었는데 그가 정직하지 못하다고 비난하여 두 사람 사이가 좋지 않았다. 당시의 한 문필가는 스톤의 묘비명이 "죽어서 가장 초라한 장례식을 가질 가장 큰 부자"가 어울릴 것이라고 기록하였다.

1880년 레오나드 케이스 Ⅱ세가 죽자 스톤은 케이스 공과대학 바로 옆으로 웨스턴 리저브 대학을 이사하는 조건으로 50만 달러를 기부하겠다고 제의하였다. 당시 웨스턴 리저브 대학은 클리블랜드에서 50킬로미터 떨어진 허드슨(Hudson)에 있었는데 적자였다(위치는 자료 Ⅱ-3을 참조). 그의 야심은 대학 이름을 스톤 대학(Stone College)으로 고치는 것이었다. 케이스 공과대학의 이름에 대한 질투심에서 우러나온 것이다. 레오나드 케이스 Ⅱ세와 다르게 허영심을 노골적으로 드러냈다.

그러나 최근 연구에 의하면 그의 의도는 명예 회복에 있었다.[16] 아마사 스톤의 레이크 숄 철도회사는 클리블랜드에서 150킬로 떨어진 애시터뷸라 부근(위치는 자료 Ⅱ-3을 참고)에 교량을 건설하였는데 눈보라가 심하던 어느 날 교량이 무너져서 기차가 계곡으로 추락하고 승객 92명이 죽었다. 이 가운데에는 스톤이 다니는 올드스톤 교회의 장로 부부도 있었다.

이 사건으로 교량 책임자가 자살하고 아마사 스톤에게 비난의 화살이 날아왔다. 그 역시 교량 건설로 사업을 시작한 사람으로서 떨어진 명예를 회복하기 위하여 웨스턴 리저브를 옮기고 새로운 대학을 지은 것이다.

그는 전에도 자선을 하였지만 교육자선은 한 번도 한 적이 없었다. 그가 학교를 세운 것은 두 딸의 교육을 위하여 설립한 클리블랜드 학원(Cleveland Academy)뿐이었다. 그러나 이 학교마저도 주식회사 형태로 31명이 투자하여 토지를 사고 건물을 세웠다. 아마 주식회사 형태의 학교는 이것이 최초일 것이다. 주식회사 형태의 대학이 출현한 것은 20세기 후반부터이었으니 선구적인 생각이 된 셈이다. 회사는 학교를 린다 길포드(Linda Guilford)에게 5년 동안 임대하였다.[17] 대신 길포드는 학교 수입의 20퍼센트를 회사에게 지불하였다. 아마사 스톤의 작은 딸 플로라는 길포드 선생님을 너무 좋아하여 후에 웨스턴 리저브 대학에 그녀를 기념하는 건물을 기증하였다. 그 건물이 길포드 건물인데 지금도 남아있다.

의도야 어떠했든 웨스턴 리저브 대학을 케이스 공과대학 옆에 세우고자 했던 스톤의 구상이 한 가지 생각지도 않던 중요한 공헌을 하였다. 케이스 공과대학이 탄생한 지 불과 7년 만인 1887년에 물리학 교수 앨버트 마이컬슨(Albert Michelson, 1852~1931)은 웨스턴 리저브 대학의 화학교수 에드워드 몰리(Edward Morley, 1838~1923)의 도움으로 빛의 속도를 측정하는 실험에 착수하였다. 그들의 실험은 빛의 속도가 측정하는 방향에 영향을 받는다는 가설을 검정하는 것이었다. 흡사 소리가 발생 방향에 따라 속도의 측정치가 달라지는 것에 비유할 수 있다. 실험결과는 그들이 예상하는 것과 달리 방향에 상관없이 일정하다는 것이어서 처음에는 실험이 실패하였다고 생각하였다. 그러나 그들의 실험은 대성공이었으니 빛의 속도는 방향에 관계없이 일정하다는 것이 사실로 판명되었다.[18] 이 실험은 1905년 아인슈타인(Albert Einstein, 1879~1955)이 상대성 원리를 발견하는 길을 열어 주었다. 마이컬슨 교수는 그 업적으로 1907년 미국인 최초로 노벨 물리학상을 받았다. 이 세기적인 실험이 가능하였던 것은 케이스 공과대학에 있던 마이컬슨 교수의 실험실이 불타서 웨스턴 리저브 대학에 있는 몰리 교수의 실험실을 이용했기 때문이다.

대학 이름을 자신의 이름으로 바꾸려는 스톤의 계획은 실패하였지만 젊어서 익사한 자신의 외아들의 이름 아델버트(Adelbert)를 붙이는 데 성공하였다. 아마사 스톤은 아들의 요절이 너무 아쉬워서 사위 존 헤이와 딸 클라라 스톤 사이에서 장남이 태어나자 아델버트 스톤 헤이라고 지었다. 그러나 이 손자도 젊어서 요절하였다. 마이컬슨 교수가 빌려 쓴 몰리 교수의 실험실이 바로 아델버트 홀(Adelbert Hall)에 있었다. 다시 말하면 아델버트 홀은 광속실험의 산실이 되었다. 이것이 웨스턴 리저브 대학 내의 아델버트 대학(위치는 자료 Ⅳ-2를 참조)이고 우리의 조연인 러들로 박사가 1898년에 졸업한

학부대학이다.[19)]

아들 이름으로 대학을 기증한 스톤은 이사회를 장악하였다. 나중에 국무장관이 되는 그의 큰사위 존 헤이(John Hay), 작은 사위 사무엘 마서(Samuel Mather), 방금 대통령을 지낸 러더포드 헤이스(Rutherford Hayes), 방금 대통령에 당선된 제임스 가필드(James Garfield), 스탠더드 석유의 사무엘 앤드류스(Samuel Andrews) 등이 그가 임명한 이사였다. 전·현직 대통령을 움직일 정도로 그의 영향력은 컸다.

헤이에게는 장인이 절대적으로 필요한 존재였다. 가난한 시인이었던 그는 장인을 통하여 철도에 투자하여 막대한 재산을 만들 수 있었다. 그는 이상주의 시인에서 변신하여 밴더빌트, 굴드, 카네기, 모건 등 황금시대의 부호들과 어울리게 되었다. 헤이는 드디어 자본주의의 신봉자가 되었고 그 제도를 윤리적이라고 여겼다. 소설 『빵(The Bread-Winners)』은 노동자를 부정적으로 묘사하였는데 고급관리가 된 후에 출판을 멈추게 하려고 애썼다. 장인이 죽은 후 헤이는 전보회사 웨스턴 유니언(The Western Union)의 이사를 계승하여 독재권을 휘둘렀다.[20)] 세브란스는 웨스턴 유니언의 주주였다. 세브란스 홀이 자리 잡은 그 일대의 방대한 토지는 웨스턴 유니언 창설자 웨이드(Jepta Homer Wade)가 기증한 것으로 그의 이름을 기념하여 웨이드 공원이 되었다. 그는 그 공원에 클리블랜드 미술관(The Cleveland Museum of Art)을 유치하고 운영기금으로 130만 달러를 기부하였다.

이때가 1881년이었는데 불과 2년 뒤에 스톤은 심한 우울증으로 자신의 집에서 권총 자살하였다. 일찍이 존 헤이는 익명으로 『돈 제조자(The Money-Makers)』라는 소설을 출판하였는데 기이하게도 소설의 주인공도 자살로 끝난다. 헤이는 당시 부인과 함께 유럽에 있었는데 장인이 자살할까 봐 장인에게 언제든지 원한다면 클리블랜드로 돌아가겠다고 편지를 썼지만 이미 늦었다. 스톤이 죽은 후 헤이는 큰사위로서 책임감을 가지고 1905년 죽을 때까지 웨스턴 리저브 대학의 이사직을 유지하였는데 심지어 주영 미국 대사와 국무장관일 때에도 여전히 이사였다. 헤이스 대통령 역시 1893년 죽을 때까지 이사를 유지하였다.[21)] 그는 한국 주재 호레이스 알렌 공사 부인의 사촌오빠였다. 가필드 대통령은 암살당하여 이사회에 한 번도 참석하지 못하였다. 존 헤이는 공화당원이었는데 자신의 장인이 기부한 대학에서 자유무역을 가르치는 것을 허용하지 않았다. 공화당 대통령이었던 헤이스에게 쓴 편지에서 그는 다음과 같이 주장하였다.[22)]

"민주당의 클리블랜드 대통령의 자유무역을 가르치는 경향이 있는데 대학을 망치는 짓이므로 막아야 한다."[23]

헤이는 공화당을 만든 링컨의 개인비서로 출발한 사람답게 공화당의 산 증인이며 실력자였고 공화당이 가장 번성했을 때 정부 요직을 지낸 사람이었다. 공화당은 클리블랜드의 산업자본 및 월스트리트의 금융자본과 함께 성장하였다. 헤이스 대통령의 국무장관은 윌리엄 에바르츠(William Evarts, 1818~1901)였는데 그는 앤드류 존슨 대통령의 탄핵재판에서 대통령을 변호하여 유명해진 인물이다. 이때 헤이는 국무차관이었다. 헤이의 편지는 계속된다.

"커틀러 교수가 이사회와 맞지 않는다는 것은 공공연한 비밀이다. … 모든 위대한 사상가처럼 그는 보호주의자가 아니다. 그는 자유무역을 믿는다. 결국 이사회는 자유무역이 죄가 아니라고 가르치는 총장과 함께할 수 없다."

당대의 사회적 논쟁도 미국이 늘 신경 쓰는 두 가지였다. 러시아 문제와 자유무역 논쟁이었다.[24] 커틀러 박사(Carroll Cutler, 1829~1894)는 1871년 이래로 15년간 총장을 지낸 사람이다. 헤이의 장인 아마사 스톤이 허드슨에 있던 웨스턴 리저브 대학을 클리블랜드로 이동하기 훨씬 전부터 총장을 지냈으니 이러한 일로 커틀러 총장을 해임하기에는 사유가 너무 미약하였다. 이에 이사회는 커틀러 총장이 남녀공학을 지지한다는 핑계를 들어 해임하였다. 후임에 트윙(Rev. Charles Thwing, DD, LLD, 1853~1937) 목사를 천거하였다.

트윙 목사는 하버드 대학을 거쳐 앤도버 신학교를 졸업하였다. 하버드 대학 시절 그를 가르친 교수 가운데 헨리 애덤스 박사(Henry Adams, 1838~1918)가 있었는데 그의 아버지는 영국 대사였고, 할아버지는 4대 대통령 존 퀸스 애덤스였으며, 증조할아버지는 2대 대통령 존 애덤스였다. 쟁쟁한 집안 출신의 헨리 애덤스는 존 헤이의 막역한 친구였다. 두 친구는 워싱턴의 "다섯 개의 심장"이라는 클럽을 조직하여 워싱턴 정계를 휘저었다. 둘은 워싱턴에 커다란 저택을 붙여서 짓고 이웃하여 살았는데 두 사람이 모두 죽고 그 집은 최고급의 애덤스-헤이 호텔(Adams-Hay Hotel)로 탈바꿈하였다. 지금도 성업 중이다. 웨스턴 리저브 대학 이사회의 존 헤이는 막역한 친구인 헨리 애덤스 교수에게 총장 추천을 상의하자 애덤스는 하버드 대학의 찰스 엘리어트 총장의 수제자인 트윙 목사를 추천하였다. 트윙 목사는 총장 재임 31년 동안(1891~1921) 교수의 수를 37명에서 415명으로 늘렸고 26개의 건물을 신축하였다. 특히 의과대학의 시설과 교육에 크게 공헌하였다.[25)]

세브란스 석좌교수

세브란스의 아들 존은 1916년 아버지를 추모하여 웨스턴 리저브 대학에 "종교교육 연구소 Institute of Religious Education"를 설립할 목적으로 10만 달러를 기증하였다. 그러나 조건이 있었다. 세브란스 석좌교수(Severance Professorship)를 만들어 그 자리에 자신이 다니는 갈보리 장로교회의 목사를 역임한 토마스 사무엘 맥윌리엄스 목사(Rev. Thomas Samuel McWilliams)를 추천하였다. 이승만의 일기에 의하면 그는 1908년 11월 27일에 맥윌리엄스 집에서 열린 "여성 해외 선교회"에서 "한국 선전"을 하였다.

> Friday. Women's Foreign Missionary Society at Dr. McWilliams residence. Pastor of Calvary Presbyterian Church Euclid Ave., Cleveland, Ohio.

그러나 트윙 총장은 기금 모금에 눈이 어두워서 오래 총장으로서 훌륭한 업적을 쌓았음에도 불구하고 절차를 무시하는 실수를 저질렀다. 경악한 교수들은 맥윌리엄스의 자격이 부족하고 강의 내용이 모호하다고 반발하였다. 맥윌리엄스 목사는 프린스턴 신학교 출신이며 1911년 올드스톤 교회에서 시작한 "클리블랜드 교단 간 공의회 Interchurch Council of Greater Cleveland"의 설립자 가운데 하나였다. "종교교육 연구소"는 이미 이사회에 승인을 얻은 후라 트윙 총장은 맥윌리엄스에게 1년간 안식년을 앞당겨 주어 당대의 교육학자 존 듀이(John Dewey)에게 사사할 것을 허락하였다. 이렇게 되자 교수들은 트윙 총장에게 등을 돌렸다. 이듬해 제1차 세계대전에 미국이 참전하며 이 문제는 잠잠하여 졌으나 전쟁이 끝나고 1920년에 트윙 총장에게 편지 한 통이 전달되었다. 웨스턴 리저브 대학과 케이스 공과대학을 통합하려는 웨스턴 리저브 대학의 이사장 사무엘 마서가 보낸 것이다. "새로이 통합된 대학의 총장은 양교에서 나오지 않는다."는 내용이었다. 사실상 사임을 권고한 것이다. 트윙 총장이 사임할 때 웨스턴 리저브 대학 이사회는 그의 공로를 인정하여 후한 퇴직금을 주며 총장공관에서 남은 평생을 보낼 수 있도록 허락하였다. 이 공관의 건축비용 1만 달러는 일찍이 헤이, 마서, 세브란스, 웨이드 등 모든 이사들이 분담하였다.[26] 트윙 총장은 그 후 사망할 때까지 16년 동안 그 집에서 살았다.

이것은 모두 그 후의 일이고 당시에 트윙 목사는 다른 직무에서 당장 벗어날 수 없었다. 이사회는 할 수 없이 이 대학에서 13년 동안 이사를 지냈고 1880~1884년 동안 뉴욕 회중교회 해외선교본부(American Board of Commissions for Foreign Missions : ABCFM)의 총무를 지낸 경력의 올드스톤 교회 담임목사 히람 하이든(Rev. Hiram Haydn, DD, 1831~1913) 박사를 1887년 총장으로 임명하였다. 하이든 목사는 세브란스 씨의 절친한 친구였다(제5장에서 상술).[27]

마서

결국 웨스턴 리저브 대학 이사회는 1888년 여학생을 뽑는 의안을 부결하였다. 당시 이사회는 죽은 아마사 스톤의 두 사위 존 헤이와 사무엘 마서가 주도하였다. 이 무렵 존 헤이는 말직의 외교관 생활과 정치에 싫증을 느껴 1881년 정치에서 손을 떼려고 하였다. 그리고 1881~1890년에 링컨 전기의 집필에 몰두하였다. 링컨의 제1차 사료로 집필된 이 전기는 10권의 대작인데 당시로서는 최고 액수인 50만 달러의 인세를 받았다.[28] 그러면서 웨스턴 리저브 이사회에서 활발한 활동을 하였다. 그는 장인이 세운 이 대학에서 주인 노릇을 하며 "장인의 돈이 그의 뜻과 달리 쓰이는 것을 용납할 수 없다."라고 말했다.

이사회는 대신 별도의 여자대학(College for Women)을 세우는 데 동의하였는데 교수의 봉급을 포함하여 전혀 재정지원을 하지 않는다는 조건을 달았다. 그 이유는 그 당시 여자 졸업생이 모교에 기여하는 바가 없다고 판단하였기 때문이다. 당시 여자대학은 1865년에 문을 연 바사르 대학(Vassar College)과 1875년에 개교한 웰슬리(Wellesley College)와 스미스 대학(Smith College) 등 세 곳뿐이었다.

1888년 9월 7일 이제 막 새로 출범하려는 이 여자대학의 장래가 어두웠다. 존 헤이

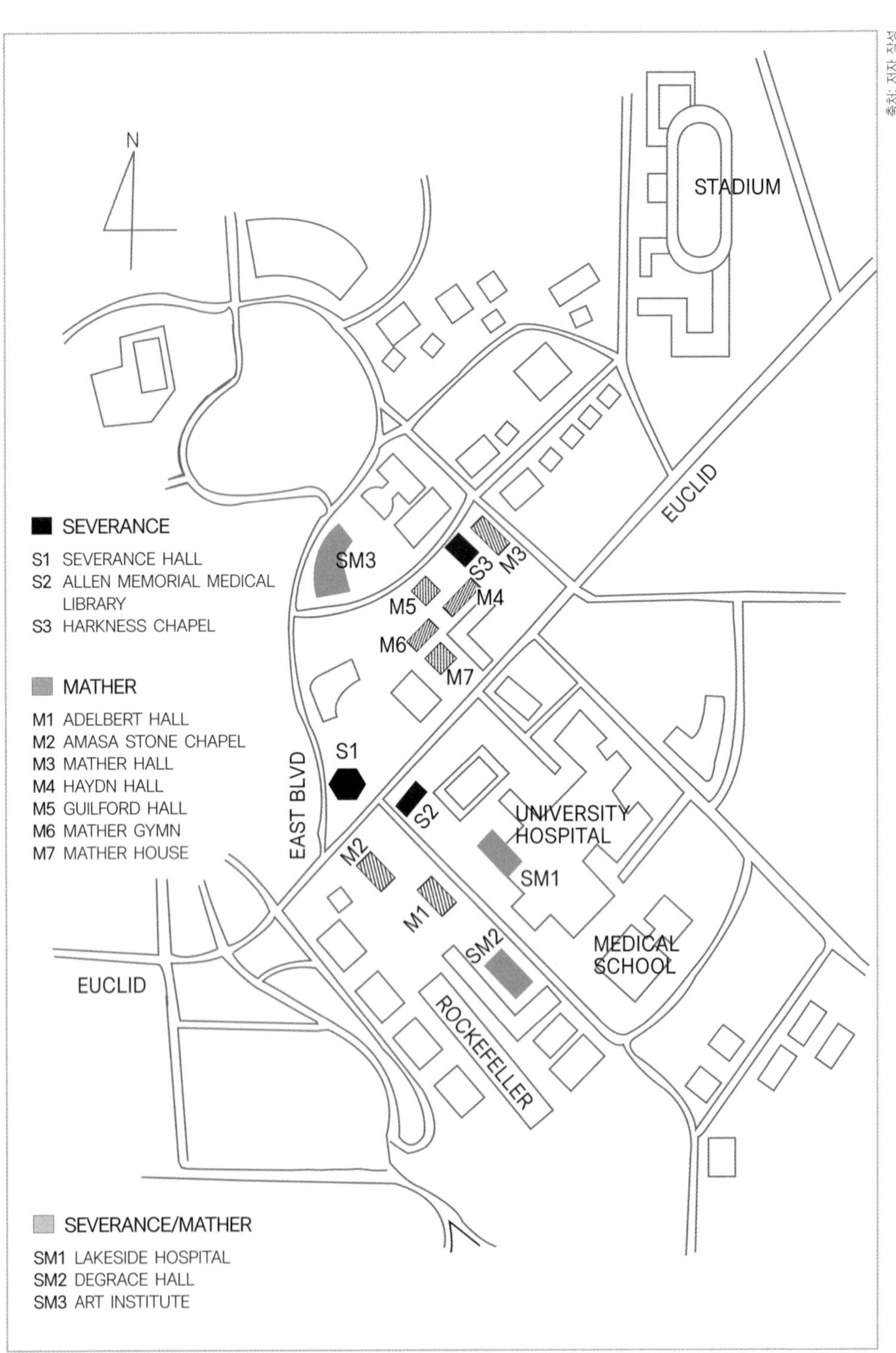

〈자료 Ⅳ-2〉 웨스턴 리저브 대학과 케이스 공과대학에 세브란스 가문과 마서 가문이 기증한 대학건물의 지도

장관의 3천 달러와 그의 장모의 5천 달러의 기부로 건물을 임대할 수 있었다. 이때 루이스 헨리 세브란스의 이름이 기부자 명단에 나타난다. 첫 부인을 잃고 오랫동안 독신이었던 그는 장모인 안나 하크니스(Anna Harkness)와 함께 플로렌스 하크니스 기념대학교회를 기부하였다(위치는 자료 Ⅳ-2를 참조). 이 여자대학에 세브란스의 조카인 알렌 더들리 세브란스(Allen Dudley Severance, 1865~1915) 교수가 교회사를 가르치고 있었다. 이때 불과 40세밖에 되지 않은 아마사 스톤의 작은 딸 플로라 스톤 마서가 나서서 15만 달러를 기부하여 두 개의 학교 건물 길포드 홀과 히람 하이든 홀을 지었다(위치는 자료 Ⅳ-2를 참조). 그녀는 말했다.

"나를 칭송하지 마시오. 나는 하나님의 보물을 관리하는 손일 뿐입니다."[29)]

"나는 하나님의 청지기라고 굳게 믿습니다. 내가 노력하지 않은 재산이 내 손에 있습니다. 나는 하나님이 내게 시키신다고 여기고 나의 아버지가 계셨으면 내게 그렇게 하라고 시키시는 대로만 사용해야 합니다."[30)]

지금도 이 3개의 건물은 남아 있는데 케이스 웨스턴 리저브 대학의 음악대학(클리블랜드 음악원 Cleveland Institute of Music)이 사용하고 있다. 그 대학의 부지는 웨스턴 유니언의 창설자 젭사 호머 웨이드의 손자가 기증하였다. 이 여자대학을 1904년에 졸업한 플로렌스 알렌(Florence E. Allen)은 연방판사가 되는 최초의 여성이 됨으로써 여자도 모교에 기여하는 바가 있다는 것을 증명하였다.

1931년 여자대학의 이름을 플로라 스톤 마서 대학으로 개칭하였는데 줄여서 마서 대학 또는 플로라 대학이라고도 부른다. 그러고 보면 1881~1931년의 50년 동안 스톤-마서 집안은 웨스턴 리저브 대학에 남학생을 위한 아델버트 대학과 여학생을 위한 플로라 대학을 창설한 셈이다. 아델버트와 플로라는 아마사 스톤의 아들과 딸이다. 1909년 플로라는 암으로 임종을 앞두고 다음과 같이 말했다.[31)]

"내 장례식은 드러나지 않게 해달라. … 그동안 내가 관여했던 모든 기관에 감사의 편지를 썼다. 그러나 어떠한 기관도 내 이름과 연관시키는 일은 하지 말라. … 나는 아버지가 나에게 맡긴 돈을 사용하는 충실한 청지기가 되려고 애썼다. 세상에는 나보다 더 높고 더 덕스러우며 더 존경받고 더 사랑 받는 삶도 많다. 나의 관을 [장례식장] 건물의 홀에 놓지 말고 소수의 친구들에 둘러싸인 서재에 놓길 바란다."

플로라가 죽자 그녀의 장례식이 열린 올드스톤 교회의 조종이 울렸다. 이 교회 부근에 있던 한 은행에서 열리던 중역회의가 그녀에게 조의를 표하기 위하여 연기되었다. 이것은 전무후무한 일이었다. 중역 한 사람이 말하였다. "플로라 스톤 마서를 대신할 사람이 이 도시에는 없소."[32] 이 중역은 누구였을까.

플로라는 죽으면서 아버지를 추모하여 아마사 스톤 기념대학교회(Amasa Stone Chapel)를 아델버트 대학 옆에 세워줄 것을 트윙 총장에게 부탁하였다. 이로써 아버지, 아들, 딸의 기념건물이 완성되었다. 서울에 세브란스의 아버지, 아들, 딸의 기념건물이 들어선 것과 흡사하다. 마서 집안은 그 밖에도 7개의 건물을 웨스턴 리저브 대학에 기증하였다(자료 Ⅳ-2 참조).

마서-스톤 가문이 기증한 아마사 스톤 기념교회, 아델버트 대학, 플로라 대학이 웨스턴 리저브 대학의 한쪽에 몰려 있다면 다른 한쪽에는 세브란스의 일가가 세운 건물들이 서 있어 좋은 대조를 보인다(자료 Ⅳ-2). 1921년에 이 여자대학이 최초로 임대하였던 자리에 세브란스 씨의 사위 더들리 피터 알렌 박사를 추모하는 더들리 피터 알렌 기념의학도서관이 들어서며, 이 도서관 맞은편에는 세브란스의 아들 존이 세운 음악당 세브란스 홀이 들어설 것이다. 알렌 기념의학도서관을 둘러싸고 웨스턴 리저브 의과대학과 부속병원이 차례대로 자리 잡았는데 그것은 어머니가 시작한 레이크사이드 병원의 후신이다. 다시 말하면 이 여자대학 자리를 중심으로 세브란스 집안의 유산이 모여있다. 여기에 더하여 1895년에 둘째 부인이 작고하자 세브란스 씨는 이 대학에 그녀를 추모하는 플로렌스 하크니스 기념교회(Florence Harkness Memorial Church)를 기부하였다. 이 교회의 이름에는 부인의 처녀 적 이름만 있지 세브란스라는 이름은 생략되었다. 우스터 대학에는 플로렌스 하크니스 성경선교교육학과(Florence Harkness Bible and Missionary Training Department)를 설립하였다. 여기에도 세브란스라는 명칭은 붙이지 않았다. 세브란스는 기부를 하는 데 있어서 레오나드 케이스 Ⅱ세처럼 자신의 이름이 남는 것을 별로 탐탁하지 않게 생각하였다. 그는 웨스턴 리저브 대학의 이사가 되었다.

이 대학의 이사이며 전임 대통령이었던 러더포드 헤이스는 남녀공학의 지지자였다. 하이든 목사가 총장으로 임명되어 헤이스 이사가 대학의 열쇠를 인계하는 행사를 갖게 되었다. 그런데 헤이스는 다른 사람을 대신 시켰다. 그 사람은 다름 아닌 헤이스의 부인이었는데 그녀 자신이 열렬한 남녀공학 지지자였기 때문이다. 백악관 시절 헤이스 부인은 퍼스트레이디로서 손님들에게 음료수로 레모네이드만 제공하여 '레모네이드 루시'라고 불렸는데 장로교인인 남편이 샴페인조차 제공하는 것을 금지시켰다. 이것이 당시 장로교의 분위기였으며 이 분위기가 무르익어 드디어 금주법으로 발전하였다.

세브란스의 이름은 그다음 해에도 나타난다. 1899년 케이스 공과대학의 생물학과 건물(The De Grace Hall)이 봉헌되었다(위치는 자료 Ⅳ-2를 참조). 이 건물의 공사는 2년 걸렸다. 이 건물을 위하여 세브란스는 1천 달러, 국무장관 존 헤이가 1천 달러, 그의 처제 플로라 마서가 1천 달러, 그의 장모 플로라의 어머니가 2천 달러를 기부하였다. 이 건물은 지금도 남아있는데 생물학과 실험실로 쓰인다.

유명한 목사를 할아버지로 둔 사무엘 마서는 철강으로 스스로 부호가 되었고 부호 아마사 스톤의 둘째 딸 플로라와 결혼하여 더욱 부자가 되었고 큰동서인 국무장관 헤이의 든든한 배경을 업고 있었다. 그는 개인적으로 건강상의 극심한 고난을 겪은 후 세브란스 씨를 본보기로 자선가가 되어 웨스턴 리저브 대학을 후원하였다. 특히 대학병원을 재정적으로 도왔다. 남편을 도와 플로라 스톤 마서도 자선가가 되었다.

마서 부부의 자선은 오늘날 케이스 웨스턴 리저브 의과대학 대학병원(University Hospital)에 마서 후원회(Mather Society)가 계승하고 있다. 앞서 말했듯이 이 대학병원의 전신이 세브란스의 어머니가 올드스톤 교회에서 1863년에 설립한 레이크사이드 종합병원이었다. 이때 플로라 스톤 마서의 아버지와 어머니도 도왔다.[33] 레이크사이드 종합병원의 운영은 세브란스 집안과 마서의 집안의 가업이 되었다. 마서는 올드스톤 교회의 독실한 장로교 신자였는데 클리블랜드 대표를 거쳐 전국 대표까지 올라갔다. 그러나 마서 집안의 자선은 주로 오하이오에 머물렀다.

하이든

하이든 목사는 애머스트 대학(Amherst College)을 거쳐서 유니언 신학대학원을 졸업하고 1871년 이래로 올드스톤 교회 목사였다. 그는 클리블랜드의 기독교계와 교육계에 중요한 인물이 되었다. 그는 금주를 믿었을 뿐만 아니라 극장, 무용, 도박을 반대하였다. 그가 올드스톤 교회에 부임하여 조사를 마친 후 보고서를 제출했는데 클리블랜드에는

1,288개의 술집, 12개의 도박장, 122개의 윤락가가 있었고 1879년 한 해에만 4,600건의 체포가 있었다.[34] 그의 노력으로 이듬해부터 최소한 일요일에는 모든 유흥가가 문을 닫게끔 발전하였다. 그는 교회 주변의 바람직하지 않은 노점상까지 하나님의 뜻에 어긋난다고 지목하며 교회 주변을 정화하였다. 올드스톤 교회 여신도들은 매일 유흥가를 돌면서 전도하였다. 그는 1878년 다트머스 대학(Dartmouth college)이 개최한 논문대회에서 1등상을 수상하였는데 교회에 부정적으로 미치는 세속적 영향에 대한 것이었다.

그는 1887년 웨스턴 리저브 대학의 총장이 되기 전에 1880~1884년에 뉴욕 회중교회 해외선교본부(American Board of Commissioners for Foreign Missions, ABCFM)의 총무를 지냈다. 하이든 박사는 1887~1890년에 웨스턴 리저브 대학의 총장이었지만 트윙 목사가 다른 직무에서 벗어날 때까지 잠시 맡은 임시 총장이었다. 이에 대해 하이든 총장은 트윙 목사에게 말했다.[35]

> "세례 요한처럼 나의 사명으로 여기고 때가 와서 당신이 선출될 때까지 총장직을 기꺼이 받아들이기로 하였다. 당신이 준비되었을 때 우리는 당신을 선출할 것이다."

하이든 총장은 록펠러에게도 편지를 보내 여자대학의 도움을 요청하였다. 그러나 록펠러는 정중하게 거절하였다. 플로라 스톤 마서의 남편 사무엘 마서(Samuel Mather, 1851~1931)는 아마사 스톤의 둘째 사위였는데 클리블랜드의 유니언 클럽(the Union Club)에 록펠러가 회원이 되는 것을 막은 인물이었다고 앞에서 밝혔다. 그가 막은 이유는 간단하다. 마서는 클리블랜드 토박이 부유한 명문가 출신인데 록펠러가 가난한 집의 출신이었기 때문이다. 아무리 돈이 많아도 그의 눈에는 록펠러가 하찮은 집안 출신으로밖에 보이지 않은 것이다. 한번은 록펠러가 유조선이 필요했는데 이리 호수에서 진수를 하려면 마서의 회사에 주문할 필요가 있었다. 둘은 악수도 하지 않은 채 서명만 하고 헤어졌다. 이익 앞에서는 적과 동지가 없었다.

록펠러는 스탠더드 석유회사에서도 아마사 스톤과 사이가 나빴으니 스톤의 딸이 관계하는 대학에 기부할 뜻이 없었다. 그는 아마사 스톤이 웨스턴 리저브를 사기 전 1881년에 이 대학에 거액을 기부한 적이 있었다.[36] 그러나 스톤이 웨스턴 리저브 대학에 있는 한 록펠러는 한 푼의 기부도 내지 않았다. 대신 이웃의 케이스 공과대학에는 20만 달러를 기부하였다.[37] 여기에 더하여 록펠러는 3천5백만 달러를 쾌척하여 시카고 대학

(The University of Chicago)을 세웠다. 그러나 아마사 스톤의 작은딸 플로라가 편지를 쓰자 록펠러도 웨스턴 리저브 대학 대신 플로라가 지원하는 유치원협회에 20년간 후원하였다.[38] 록펠러는 플로라의 신앙심과 자선행위를 깊이 존중했기 때문이다.

러들로

루이스 헨리 세브란스의 외할아버지와 외할머니는 올드스톤 교회의 창립교인이었고 어머니 메리는 이 교회의 평생 후원자였다. 히람 하이든 목사가 웨스턴 리저브 대학의 총장으로 부임한 후에도 여전히 올드스톤 교회의 목사직을 유지했지만 그를 도운 목사 가운데 하나가 아서 클라이드 러들로 박사(Rev. Arthur Clyde Ludlow, 1861~1927)이다.

출처: Ludlow The Old Stone Church 1920

THE OLD STONE CHURCH

THE STORY OF A HUNDRED YEARS

1820 - 1920

BY
ARTHUR C. LUDLOW, D.D.

CLEVELAND, 1920
PRIVATELY PRINTED

〈자료 Ⅳ-3〉 1920년 러들로 목사와 그가 집필한 『올드스톤 교회 : 백년의 이야기 1820~1920』 표지

러들로 목사는 웨스턴 리저브 대학을 거쳐 유니언 신학대학원을 졸업하였다. 클리블랜드로 돌아온 후 마일즈 팍 장로교회(Miles Park Presbyterian Church)에서 평생 시무하였다. 그는 오하이오주 장로교구 총무가 되었다(1900~1927). 『올드스톤 교회 : 백년의 이야기 1820~1920』[39]의 저자(자료 Ⅳ-3)이기도 한 러들로 목사는 세브란스의 주치의이며 이 책의 조연인 알프레드 어빙 러들로 박사(Alfred I. Ludlow, MD, 1875~1961)의 둘째 형님이다. 앞서 소개한 대로 장차 세브란스 씨의 외동딸 엘리자베스의 개인비서 릴리안 프랄(Lilian Prall)의 남편이 될 사람이다.[40]

아서 러들로 목사는 두 번째 부인과도 사별하고 독신으로 지내던 1923년 평생 봉직했던 마일즈 팍 장로교회에서 은퇴하였다. 그해

에 릴리안 프랄과 결혼하는 동시에 신혼여행 길에 동생 알프레드 어빙 러들로 박사가 일하고 있는 서울 세브란스 병원을 방문하였다.[41] 귀국하여 아마사 스톤 기념교회의 사무실에서 웨스턴 리저브 대학의 역사를 집필하던 중 끝내지 못하고 1927년에 사망하였다. 프랄 부인은 1935년에 작고하였다.

러들로 목사의 동생 알프레드 어빙 러들로 박사가 세브란스의 주치의가 된 것은 그가 뛰어난 의사이기도 하였지만 이러한 가족적인 친분관계에 바탕을 두었을 것이다. 다행스러운 것은 형에 못지않게 독실한 기독교 신자였음도 세브란스의 마음에 들었을 것이다.

프랄 여사는 엘리자베스의 비서가 되기 전에는 그녀의 남편 알렌 박사와 이종형부 밀리킨 박사의 비서였다. 이들 사이의 복잡한 관계를 〈자료 Ⅳ-4〉가 요약하였다.

세브란스 씨가 여자대학에 플로렌스 하크니스 기념교회를 기부한 것은 타이터스빌에 가기 전에 어머니를 따라서 이 교회의 3대째 신자였던 연고로 히람 하이든 목사와 아서 러들로 목사의 권유에서 시작한 듯 보인다. 러들로 목사는 세브란스의 어머니

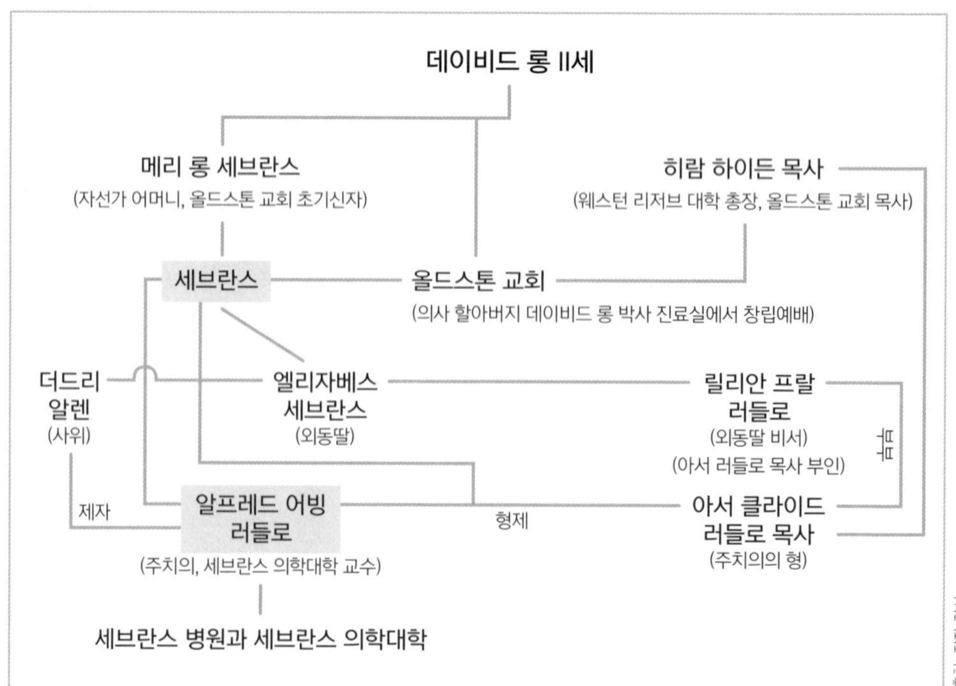

〈자료 Ⅳ-4〉 세브란스-올드스톤 교회-하이든 목사-러들로 형제

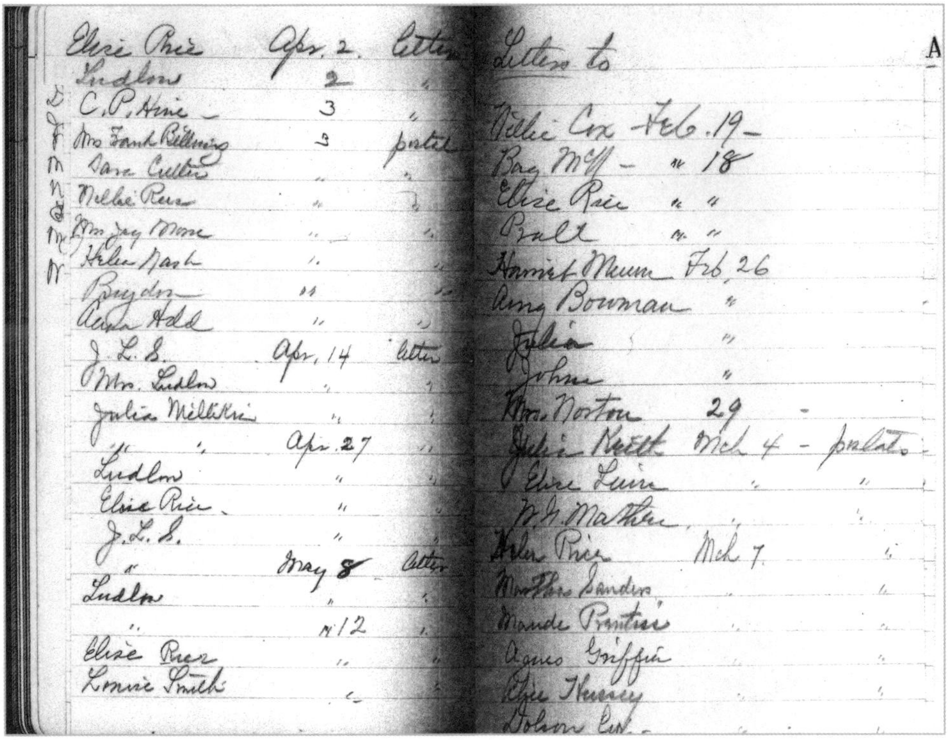

출처: © Courtesy of Western Reserve Historical Society

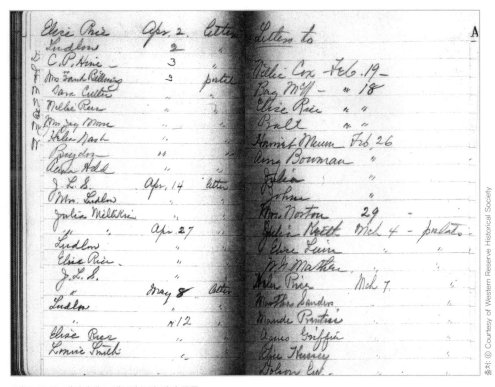

<자료 Ⅳ-5> 엘리자베스 세브란스의 편지 목록

가 1902년에 작고하자 그녀를 위해 조사를 썼을 정도로 가까웠다.[42] 그는 세브란스가 1913년에 세상을 떴을 때도 조사를 썼다. 세브란스의 일화를 후세에 전해주는 글 가운데 남아 있는 글로 비추어 볼 때 러들로 목사만큼 세브란스에 대해 많은 일화를 전한 사람도 없다. 세브란스의 외동딸과 비슷한 나이였는데 그녀의 편지 목록(자료 Ⅳ-5)을 보면 러들로 목사 부부의 이름이 자주 등장한다. 그녀의 오랜 비서였다가 상처한 러들로 목사의 세 번째 부인이 된 프랄(Prall)의 이름도 보이고 스톤 마서(S. Mather)의 이름도 보인다.

하이든 총장은 세브란스와 하크니스 부인 이외에 클라크 부인(Mrs. James Clark)과 플로라 스톤 마서도 설득하였다. 클라크 부인의 남편은 록펠러의 초기 동업자였다. 플로라 스톤 마서는 세브란스의 둘째 부인이 주일학교에서 제일 좋아하던 교사였다. 그녀의 유언대로 1911년에 웨스턴 리저브 대학 내에 아버지를 추모하는 아마사 스톤 기념교회(위치는 자료 Ⅳ-2)를 헌정했는데 러들로 목사가 은퇴한 후에 이 교회에 사무실을 내주었다. 플로라 스톤 마서는 하이든 목사를 너무 존경하여 그녀의 남편 사무엘과 함께 1901

년에 하이든 목사를 기념하여 여자대학에 하이든 홀(Haydn Hall)을 기부하였는데 그것이 기숙사였다(위치는 자료 Ⅳ-2). 현재 음악대학 도서관으로 사용한다. 이에 앞서 1888년에는 그녀는 "하이든 석좌교수 The Hiram Haydn Professorship"를 신설하였다. 나아가서 웨스턴 리저브 대학의 총장에서 물러난 그를 여자대학 담당 부총장에 임명하였다.

플로라 스톤 마서는 형부인 헤이 장관을 자랑스럽게 생각하였는데 이렇게 하여 존 헤이-플로라 스톤 마서-하이든-세브란스의 인맥도 형성되었다. 플로라가 기부한 기관이 세브란스가 기부한 곳과 일치하는 곳이 많다. 아이다호 대학, 히람 대학, 웨스턴 리저브 대학, 여자대학, 기독청년회(YMCA와 YWCA), 우스터 대학 등이 그것이다. 마서는 중국 상해의 기독청년회관도 지어주었다.[43] 플로라 마서가 오하이오주 우스터 소재 우스터 대학(University of Wooster)에 거액을 기증했다는 기록도 존재한다.[44] 그러나 그것이 언제였는지는 아직 밝히지 못했다. 그녀는 1909년에 사망했으니 그 전임에는 틀림없는데 한 가지 단서는 그녀의 유명한 주치의 크라일 박사(러들로 교수의 스승)가 우스터 의과대학 출신이었다는 점이다. 우스터 의과대학은 웨스턴 리저브 의과대학에 흡수병합되었다. 하이든 목사는 총장 자리에서 물러난 후 동료 목사 아서 러들로 목사, 플로라 스톤 마서와 함께 루이스 헨리 세브란스의 자산사업을 도와줄 기회가 생겼으니 그것이 1901년 우스터 대학 구출사건이다.

제5장
우스터 1902년

증인

지금까지 세브란스 씨의 재산 형성과 자선 배경에 대하여 설명하였다. 이 장의 목표는 세브란스의 구체적 자선의 대상으로서 한국의 세브란스 병원에 앞서서 미국의 우스터 대학(위치는 자료 Ⅱ-3을 참조)을 소개하는 것이다. 한국인에게 우스터 대학을 세브란스 병원과 관련짓기에는 두 기관이 너무 멀리 떨어져 있다. 하나는 미국 다른 하나는 한국에 있다. 지리적으로 멀 뿐만 아니라 그 이름도 생소하다. 그러나 읽어보면 알게 되겠지만 이름처럼 생소한 곳은 아니다. 앞서 얘기한 대로 1909년 클리블랜드 올드스톤교회가 평양 장대현교회에 파견한 선교사 마우리 박사(Dr. Eli Miller Mowry)의 제자 박윤근(朴潤根)이 우스터 대학에 유학하였듯이 선교사들 사이에서는 널리 알려져 있었다.

세브란스 병원이 제중원에서 탈바꿈하여 현대식 병원으로 다시 태어날 무렵, 우스터 대학은 대화재의 잿더미에서 새로 태어났다. 두 대학 모두 어려운 순간에 루이스 헨리 세브란스 장로의 결정적인 도움을 받았다. 우스터 대학 구출사건에서 우리는 세브란스 씨의 진면목을 볼 수 있다. 더욱이 우스터 대학 구출사건에서 세브란스 기념병원의 탄생이 우연이 아니었음을 확인할 수 있으니 그것은 1913년 세브란스 씨의 추모예배에서 낭독한 우스터 대학 홀덴 총장의 추모사에 나타나 있다.

> "우스터 대학에 대한 고 세브란스 씨의 열정은 전염성이어서 곧 국내뿐만 아니라 해외의 모든 장로교회에 퍼져갔다."[2)]

이것은 세브란스 장로에 대한 홀덴 총장의 찬사이지만 순서로 보면 세브란스 기념병원이 먼저이었으니 이 찬사는 다음과 같이 거꾸로 말해야 한다.

> "세브란스 병원과 의학대학에 대한 고 세브란스 씨의 열정은 전염성이어서 곧 국내뿐만 아니라 해외의 모든 장로교회에 퍼져갔다."

여하 간에 세브란스 씨의 열정에 크게 감염된 것이 서울의 세브란스 기념병원과 우스터 대학이었다. 세브란스 씨의 애정은 서울의 세브란스 병원과 의학대학에서 미국 내의 우스터 대학으로 확대되었다.[3] 홀덴 총장의 글에 세브란스 씨의 진면목이 잘 나타나 있다.

> "[우스터 대학이] 대화재를 딛고 재기한 이야기는 그[세브란스]의 인격과 일을 말하지 않고는 설명할 수 없다. 그 어려운 시기에 보여준 그의 크나큰 공헌은 아무리 높게 평가해도 지나치지 않는다. … 그의 신앙과 자유로움은 많은 사람에게 영감을 주었다."[4]

이러한 점에서 세브란스 씨의 기독교 자선정신과 세브란스 병원의 기증을 이해하기 위하여 예비적으로 우스터 대학의 홀덴 총장과 세브란스 씨의 인연을 먼저 살펴볼 필요가 있다.

루이스 헨리 세브란스를 이해하는 데 있어서 중요한 한 요소는 어릴 때부터 영향 받은 기독교 선교교육에 대한 깊은 관심이다. 그 깊이를 엿볼 수 있는 좋은 사례가 2개 있으니 하나는 서울의 세브란스 병원과 의학대학(Severance Hospital and Medical College)이고, 다른 하나는 클리블랜드시에서 남쪽으로 약 1백 킬로 떨어진 오하이오주 우스터시(Wooster, Ohio)에 있는 우스터 대학(the University of Wooster)이다. 우스터 대학은 당시에 예일대학을 본보기로 삼아 중부의 예일대학이 되는 것을 목표로 하였다. 이 두 기관은 도움이 절실한 거의 같은 시기(1900~1902)에 세브란스 씨로부터 적극적인 도움을 받았다. 그러나 도움을 받은 한쪽이 다른 쪽을 알기에는 그 거리가 너무 멀었다. "왼손이 하는 일을 오른손이 모르게 하라"의 좋은 예이다.

만일 세브란스 씨의 자선사업이 미국 내의 기독교 교육은 회피하고 오직 해외에만 국한하였다면 그 저의에 대하여 의혹의 눈초리를 피할 수 없을 것이다. 그가 자선사업을 해외로 확장할 때 미국은 미증유의 세계주의 정책이 시작되는 시점과 거의 일치하기 때문이다. 선교와 제국주의에 대해서는 많은 문헌들이 있고 이 책의 주제가 아니므로 생략하겠다.[5] 다만 세브란스 씨의 해외선교에 대한 자선사업과 국내 기독교 교육을 위한 자선사업을 같은 수준에 놓고 비교하는 것은 그의 순수 자선의 정신을 엿볼 수 있다고 믿기 때문이다.

우스터 대학은 오하이오 장로교 본부 소속이며 해외 선교의 중심지였다. 1899년 이 대학의 총장으로 프린스턴 대학 출신의 루이스 에드워드 홀덴 박사(Louis Edward Holden, DD, 1863~1942)가 취임하였다(자료 V-1). 당시 36세의 젊은이였다. 세브란스의 아들 존과 동갑이었고 에이비슨 박사보다 3살 아래였다.

〈자료 V-1〉 1900년 세브란스 병원 탄생의 최초 증인 루이스 에드워드 홀덴 총장

에이비슨 박사가 안식년 휴가 기간에 1900년 뉴욕 카네기 홀에서 열린 에큐메니컬 선교대회(Ecumenical Missionary Conference)에서 「의료선교 단체 사이의 예양 Comity in Medical Missions」라는 제목의 연설에서 서울에 현대식 연합병원의 필요성을 강조하며 독지가를 찾고 있었다는 사실은 앞서 서술하였다. 이때 청중석에는 37살의 홀덴 총장이 62세의 루이스 헨리 세브란스 씨 옆에 앉아 있었다. 홀덴 총장은 우스터 대학의 총장이 된 지 1년도 채 되지 않았다. 낙후된 우스터 대학을 개선하기 위하여 도움이 절실히 필요하여 독지가를 만나기 위하여 선교대회에 참석한 것이다. 에이비슨 박사와 비슷한 처지였다. 연설이 시작되자마자[6] 세브란스 씨는 옆에 앉은 홀덴 총장에게 다음과 같이 말했다고 전해진다.

"내가 저 젊은이에게 병원을 지을 돈을 주면 어떨까?"[7]

이 말을 하고 세브란스 씨는 에이비슨 박사의 연설을 더 듣지도 않고 자리에서 일어나서 복도로 나간 다음 에이비슨 박사 연설이 끝나기를 기다렸다.[8] 이로써 홀덴 총장은 이제 막 서울의 세브란스 기념병원과 의학대학 잉태의 최초의 증인 및 증언자가 되었다. 루이스 헨리 세브란스 씨에게 있어서 에이비슨 박사는 해외 기독교 의료교육에 대한 기부의 대리인이었고, 홀덴 박사는 국내 기독교 교육에 대한 기부의 대리인이었다. 세브란스 씨는 클리블랜드 장로교회의 장로였다. 동시에 웨스턴 리저브 대학과 오벌린 대학의 이사였다. 이들 대학은 기독교 대학이 아니다. 그에게 대학과 기독교를 함께 묶어준 사람이 홀덴 총장이고 그 계기가 1901년 우스터 대학의 화재이다.

그러나 홀덴 총장의 심정은 어떠했을까. 이제 막 세브란스 씨를 붙들고 도움을 청해야 하는 처지가 아닌가. 그의 영향력으로 다른 독지가도 소개받아야 하는 입장이 아닌가. 알지도 못하는 아시아의 작은 나라보다, 같은 오하이오 장로교단에 속한 우스터 대학이 더 중요하지 않을까. 아직 탄생도 하지 않은 기관보다 이미 있는 기관을 돕는 것이 더 가치 있는 일일 것이다. 예수를 믿지 않는 나라의 대학보다 예수를 믿는 대학을 더 도와주는 것이 당연한 순리일 것이다.

이승만

그러나 이것이 인연이 되어 후일 비슷한 나이의 에이비슨 박사로 하여금 그의 안식년을 고향 토론토가 아니라 우스터에서 보내게 하고, 그의 7명 자녀 가운데 6명이 우스터 대학에서 무료로 공부하도록 주선하였다.[9] 에이비슨 박사뿐만 아니라 다른 해외 선교사들도 안식년을 우스터에서 지냈으며 그들을 위하여 세브란스 씨가 네 채의 집까지 마련하여 주었다. 우스터 대학은 1925년에 에이비슨 박사에게 명예 문학박사를 수여하고, 1927년에 러들로 박사에게 명예 과학박사를 수여했다.

에이비슨과 이승만의 관계는 이승만이 자신의 일기를 에이비슨에게 맡길 정도로 친밀하였다.[10] 에이비슨 박사는 안식년 때마다 이승만을 찾거나 이승만이 에이비슨을 찾았다. 예를 들면 1916년 이승만 박사가 하와이에서 후진 교육에 힘쓰고 있을 때 세 번째 안식년을 맞은 에이비슨 박사는 미국 가는 길에 하와이의 이승만을 찾았다. 이승만 박사는 달려와 마치 큰형님을 만나는 것처럼 에이비슨 박사의 목을 껴안으며 기쁨에 울었다.[11] 에이비슨 박사가 은퇴한 후인 1939년 4월에 이승만 박사는 워싱턴에서 독립운동을 하고 있었는데 뉴욕으로 에이비슨 박사를 찾아왔다.[12] 이승만이 프린스턴 대학원에서 박사공부를 하던 1908년 두 번째 안식년을 우스터 대학에서 보내던 에이비슨 박사를 한 연설장에서 만났다고 앞서 썼다. 따라서 이승만이 에이비슨 박사가 어디서 안식년을 보내는지 알고 있었을 것이라는 추정은 자연스러운 것이다. 당시 에이비슨 박사는 세브란스 씨가 우스터 대학 구내에 지어준 해외선교사 사택에서 안식년을 보내고 있었다. 두 사람 사이의 친밀한 관계를 생각할 때 이승만이 우스터를 방문했거나 에이비슨 박사가 우스터로 데리고 갔거나 하지 않았을까 추측해 본다. 그러한 가능성이 크다. 우선 에이비슨은 캐나다 사람으로 미국에는 우스터, 클리블랜드, 뉴욕 이외에 아는 사람이 거의 없었다.[13] 이승만은 학생 신분으로 각처의 교회나 기독청년회관에서 연설을 하며 그 수입으로 생활하고 있었는데 에이비슨은 이 사실을 알고 있었다.[14] 그는 5년 동안 무려 140회의 연설을 하였다.[15] 평균 2주에 1번꼴이다. 우스터 대학은 해외선교의 중심지였다. 세브란스 씨가 작고한 후 그의 추모예배가 우스터 대학 교회에서 열리던 1913년 10월 12일 일요일 주보의 광고란에 영스타운시에서 열리는 오하이오 장로교 노회(老會)에서 "아프리카에서 급하게 부름"이라는 제목으로 우드 교수의 연설이 있을 것이라는 알림이 있을 정도로 외부인사의 연설은 상시적인 것으로 보인다.[16] 1908년에 에이비슨 박사도 이승만에게 연설의 기회를 마련하였다.[17] 이때에 이승만은 아직 장로교인이었다. 헐버트[18]와 언더우드도 이승만에게 연설기회를 마련해 주었다. 이승만, 에이비슨, 헐버트, 언더우드 네 사람이 미국을 돌면서 한국 선교를 위한 자금과 선교사 모집을 목적으로 한국 선전 순회연설을 하였다(제6장 참조).[19] 네 사람이 세브란스 씨가 출석하는 클리블랜드의 장로교회와 기독청년회관이나 뉴욕의 장로교회와 기독청년회관에서 연설하였다(제6장 참조).[20] 세브란스 씨는 기독청년회에 관심이 많았다고 앞서 썼다. 이승만이 워싱턴에 구미위원회를 설치하고 독립운동을 하던 때 19개 도시의 미국인 유지들을 규합하여 한국 우호연맹을 조직하였다. 이 가운데 R. E. 톨루즈 목사는 우스터 대학에서 가까운 맨스필드시의 대표였다. 맨스필드는 평양 숭실학교의 마우리 선교사의 고향이다.

또 하나 흥미로운 사연을 생각할 수 있다. 1910년에 이승만이 프린스턴 대학에서 철학 박사를 취득하고 귀국하여 서울의 황성기독청년회관(YMCA)의 대학부의 교수가 되었다. 그는 105인 사건을 조작한 일제의 탄압을 간신히 피해 감리교 총회에 평신도 대표로 참석하는 기회를 이용하여 1912년 미국으로 망명하였다.[21] 1년 전인 1911년에는 서울을 방문한 세브란스의 외동딸 내외와 저녁을 함께 하였다 함은 앞에서 밝혔다. 그 후 1910년대에 하와이에서 한국 기독학원을 세우고 후진을 양성할 때 수제자 노디 김(Nodie Dora [Kimhai] Kim)을 미국 본토로 유학을 보냈는데 그 대학이 우스터 학원

(Wooster Academy)이었다. 그녀는 이곳을 졸업하고 오벌린 대학으로 진학하여 1922년에 졸업하였다.[22] 이승만은 일찍이 오벌린 대학은 알고 있었다.[23] 그러나 우스터 학원의 경우는 다르다. 미국의 그 많은 대학 가운데 하필 이름도 생소한 우스터 학원이었을까. 1908년에 이승만이 우스터의 에이비슨을 찾아갔던 것이 계기가 되었을까. 세브란스 씨는 우스터 대학과 오벌린 대학의 이사였고 별세 후에는 아들 존이 그 자리를 계승하였다. 우스터 대학은 장로교 대학이었는데, 노디 김은 감리교 신자였고 감리교가 운영하는 하와이 한국 기독학원을 졸업하였다.[24] 우스터 학원 입학 사정위원회가 생각하기에 정식학교도 아니었다. 추천자 이 박사 또한 이때에는 감리교를 선택하였으며 그 자격으로 2차 도미하여 일본의 체포를 피할 수 있었다. 장로교 대학에 감리교 신자가 입학하는데 감리교인 이승만 박사의 추천서보다는 에이비슨 박사의 도움이 아니었을까 추측해 본다. 에이비슨 박사와 홀덴 총장은 친구 사이였다. 안식년에는 그곳에서 지냈다. 이 대학에서 명예박사 학위도 받았다. 일찍이 청년 이승만의 상투를 잘라준 사람이 에이비슨 박사였다. 이승만은 에이비슨 박사의 제중원의 여의사 화이팅(G. E. Whiting, MD, 1869~1952, 한국표기 吳婦人 花伊滕)에게 한국말을 가르쳤다. 청년 이승만이 역적으로 지목되어 관헌에 쫓기자 에이비슨 박사가 그를 숨겨주었다. 그러나 선교사를 도와주기 위하여 외출하다가 체포되어 감옥에 무기수로 있을 때 그에게 영어 사전과 성경을 보내주자 기독교인이 되었다. 감옥에 콜레라가 번졌을 때 이승만의 요청으로 에이비슨 박사가 약을 보내주었다. 에이비슨의 7명의 자녀 가운데 6명이 차례대로 우스터 대학을 다녔으니 노디 김이 재학할 당시 에이비슨 박사의 자녀 가운데 최소한 하나 내지 둘은 재학했을 것이다. 우스터 대학은 이승만–에이비슨–세브란스–우스터–노디 김의 연결고리를 제공하였으니 서울과 우스터는 생각보다 생소하지 않은 곳이었다(제6장 참조). 이 생소하지 않은 뒤에는 우스터 대학의 화재와 그 화재에서 우스터 대학을 구한 세브란스 씨가 있었다.

기독교 정신

에이비슨 박사가 세브란스 씨를 뉴욕에서 만나서 도움을 받게 된 것이 1900년이다. 그보다 불과 1년 전 1899년에 낙후된 우스터 대학에 새 총장으로 임명된 홀덴 총장에게 베푼 세브란스 씨의 자선은 나중에 세브란스 병원에 대한 그의 기부를 이해하는 데 도움이 된다. 우스터 대학도 화재로부터 완전 복구되었고 세브란스 씨가 서울 방문에서 세브란스 기념병원과 의학대학을 모두 시찰한 후인 1910년 1월에 홀덴 총장에게 보낸 세브란스 씨의 편지에 이런 글이 있다.[25]

> "사람의 일생 가운데 지고의 선은 남을 돕는 것입니다. 그리고 이 같은 생각이 학생들 하나 하나에 심어져야 합니다. 그래서 이것이 그들의 일생을 통해 중요한 동기가 되도록 해야 합니다."

세브란스의 사위 더들리 피터 알렌 박사에 따르면 세브란스 씨는 한 가지 기본적인 생각에 사로잡힌 듯하였다. 그것은 교파를 초월한 교회 사회의 건립이었다. 그는 젊은 사람들을 기독교 교리에 훈련시키는 것이 교회가 그의 본 임무를 최선으로 다할 수 있는 길이라 믿는 것 같았다. 이 같은 안목을 갖고 그는 교파를 초월한 기독교 교육에 관심을 갖게 된 것이다.[26] 세브란스 씨는 말했다.

> "기독교 청년회 [YMCA와 YWCA]의 사업이 가장 큰 효과를 볼 수 있으려면 기독교 정신을 통해서만이다."[27]
>
> "최선의 결과는 기독교인 사이의 연합과 교파 차이의 최소화로 얻을 수 있다."[28]

이러한 생각을 갖고 있는 세브란스 씨와 홀덴 총장의 만남은 세브란스 씨와 에이비슨 박사의 만남에 비유할 수 있다. 세브란스 씨에게 있어서 우스터는 서울의 미국 판이었다. 세브란스와 우스터 대학의 관계는 우스터 대학의 대화재가 계기가 되었다.

프릭

홀덴 박사가 우스터 대학의 총장에 내정된 1899년 대학 시설을 시찰하고 깜짝 놀랐다. 너무 낙후되어 화재의 위험이 있어서 여차하면 대학이 재기 불능에 빠질 수 있다는 점이다. 낙후 상태가 심하여 보험회사는 대학 자산 25만 달러의 4분의 1인 6만 달러밖에 보험을 받아주지 않았다. 본관 건물 2층에 옹색하게 자리 잡은 대학도서관이 그 무거운 책의 무게를 견딜지 의문이었다. 본관 건물을 더 위험하게 만든 것은 화학과의 강의실과 실험실이 모두 지하실에 있었기 때문이다.

취임 전부터 홀덴은 학교의 필요시설을 확충하기 위하여 자선가들을 방문하기로 결심하였다. 홀덴은 예일대학에서 기독교 교육으로 박사를 받은 타지 사람이므로 아직 세브란스를 모를 때였다. 당대의 손꼽히게 소문난 부호는 록펠러, 카네기(Andrew Carnegie, 1835~1919), 프릭(Henry Clay Frick, 1849~1919), 굴드(Jay Gould, 1836~1892), 모건(John Morgan, 1837~1913), 밴더빌트(William Vanderbilt, 1821~1885) 등이었다. 모두 1820~40년대에 태어나서 황금시대를 대표하는 부호들이다. 홀덴의 머리에서 카네기와 프릭 가운데 먼저 떠오른 사람이 피츠버그시의 또 하나의 철강왕 프릭이었다. 프릭의 아버지는 우스터에 묻혔고 어머니가 아직 우스터에 살고 있으며 삼촌이 그 근처 웨인 카운티(Wayne County)의 은행장이라는 사실을 알게 되어 프릭부터 만나기로 하였다. 이때가 1899년 9월이었다. 프릭의 삼촌인 은행장의 소개편지를 얻어서 피츠버그로 향하였다. 사무실에서 프릭은 홀덴을 힐긋 쳐다보면서 말했다.

"나를 만나고 싶은 이유가 무엇이요?"

"당신에게 우스터 대학이 수행하고 있는 기독교 교육에 관해서 얘기하고 싶습니다."

"그렇다면 얘기는 끝이요. 나에게는 흥미 없는 일이니까요."

프릭은 홀덴보다 14년 더 장년이다. 그러나 홀덴은 기가 꺾이지 않고 프릭의 두 눈을 똑바로 바라보며 말했다.

"프릭 씨, 제가 보기에는 선생께서 실수하신 것 같습니다. 제가 총장으로서 학생들에게 프릭 씨 같은 훌륭한 사람이 되기 위해서는 나의 말에 귀를 기울여야 한다고 가르치는 데 당신이 그들의 말에 귀를 기울이지 않아서야 되겠습니까? 아무래도 불공평한 일이지요. 제가 이 자리에서 에이 피(AP) 통신사로 곧장 가서 프릭 씨가 기독교 교육에 관심 없다고 발표해도 괜찮겠지요?"

순간 프릭은 움츠리며 말했다.

"당신은 지금 바른 말을 한 것이오. 내 말을 취소하리다. 나는 기독교 교육에 관심을 갖고 있는데 그것이 무엇인지 몰랐을 뿐이오. 말씀하시오. 내가 어떻게 했으면 좋겠소."

"프릭 씨, 내가 오늘 아침 일찍 당신을 찾아온 것은 당신의 지갑을 얻으러 온 것이 아니고 당신의 마음을 얻으러 온 것입니다. 나는 오랫동안 이 나라에 기독교 대학이 무엇을 의미하는지 그것을 말할 기회가 오기를 기다려 왔습니다."

"그렇다면, 홀덴 총장, 당신은 이제 나의 마음을 얻었습니다. 내가 어떻게 하면 좋겠소? 내가 우스터 대학을 위해 할 수 있는 바를 말하시오."

"허락하신다면, 앞으로 프릭 씨의 아버지와 어머니를 기념하는 도서관 건물을 짓고 싶습니다. 괜찮겠습니까?"

프릭은 즉석에서 종이와 펜을 꺼내더니 말하면서 적었다.

"나, 헨리 프릭은 우스터 대학에 도서관 건물 한 채 빚을 지고 있다. 도서관 건물이 시작될 때 홀덴 박사 앞으로 1만 달러를 약정한다."

그는 그것을 홀덴에게 보여주고 일어나서 악수를 청하더니 방문해주어 고맙다고 말하면서 외치듯이 첨언하였다.

"설계사를 선정하시오! 당신이 원하시는 바대로 하시오! 나에게 현금을 청구하시오!"

홀덴은 이 소식을 혼자 간직했다가 총장 취임식에서 처음으로 공개하였다. 이제 홀덴 총장은 세브란스 씨를 만날 차례이다. 그러나 철강왕 앤드류 카네기(Andrew Carnegie)와의 만남을 먼저 이야기하지 않을 수 없다. 프릭이나 카네기와의 만남과 세브란스와의 만남이 어떻게 다른지 알 수 있는 좋은 기회이다. 특히 세브란스 씨의 기부 사업의 특징이 그대로 드러난다.

카네기

홀덴 박사가 총장에 취임한 지 얼마 되지 않아 뉴욕으로 철강왕 카네기(Andrew Carnegie, 1835~1919)를 찾아갔다. 원래 그날은 홀덴 총장이 시카고에서 열리는 장로교 회의에 연설하기로 되어 있었다. 그러나 이 사실을 알게 된 세브란스 씨가 다른 사람을 보내 대독하라 권하고 빨리 카네기에게 갈 것을 조언하였다. 세브란스 씨는 이처럼 일을 미루지 않고 결심이 서면 즉각 처리하는 사람이다. 뉴욕에 도착하자 눈이 유례없이 퍼부었다. 카네기는 승마복을 입고 있었다. 홀덴 총장이 말했다.

"카네기 씨, 나는 당신에게 오하이오 우스터 대학의 기독교 교육에 대해서 몇 말씀을 드리려고 왔습니다. 나는 최근에 그곳의 총장으로 부름 받았는데 몇 채의 새 건물이 필요하게 되었습니다."

홀덴은 현재의 건물이 낡아서 화재의 염려가 있고 그리되면 책을 소실할 수 있고, 무엇보다 학생들의 생명에 관한 일이라고 사정을 설명하였다. 그리고 대학교회의 건축을 부탁하였다. 그러자 카네기가 반응을 보였다.

"대학 교회, 아, 대학 교회, 왜 나에게 대학 교회를 부탁하시오. 무슨 교파입니까?"

"장로교입니다."

"그렇다면 장로교회에게 부탁해야지요. 나는 장로교인이 아닙니다. 아마 내가 교회에 파이프 오르간을 보내니 내가 교회에 관심이 있다고 생각하는 모양인데 그렇지 않습니다.[29] 내가 파이프 오르간을 기증하는 것은 교회가 사람들이 모여서 음악을 들을 수 있는 최적의 공연장이기 때문입니다. 나는 이에 대해 영예를 받을 자격이 없고 오히려 내가 이기적이라고 비난받아도 마땅합니다. 다른 사람들은 건물을 짓지만 나는 그 건물을 음악 보급에 사용하기 때문이지요. 나는 기독교 신자가 아닙니다. 나는 불가지론자입니다. 그렇다고 내가 무신론자라는 뜻은 아닙니다. 당신은 도서관이 필요하십니까?"

홀덴은 솔직하게 말했다.

"도서관 건물은 기증받았습니다."

"누구에게서 받았습니까?"

"프릭 씨입니다."

"무어라고요! 이거 수년 동안에 가장 재미있는 소식이로군요. 헨리 프릭이 도서관을 기증하다니!"

프릭은 1892년 카네기 철강회사의 동업자였으므로 그의 개성을 잘 알고 있었다. 카네기의 주식이 55퍼센트였고 프릭의 주식은 11퍼센트였다. 1900년에 둘은 갈라선다. 1901년 카네기는 회사를 4억 8천만 달러에 모건에게 매각한다. 이것이 오늘날 미국철강회사(US Steel)이다. 카네기는 록펠러의 수법을 배워 철강 생산에 있어서 광산부터 운송까지 수직 결합을 하였다. 독점금지법에 대상이었다. 그의 노동조합 탄압은 유명했다. 1892년 프릭은 파업노동자에 대하여 파업방해자를 고용하여 양측이 총을 들고 전투를 벌려 7명의 노동자가 죽었다. 8,000명의 주방위군이 투입되고 계엄령까지 선포되었다.

그해 러시아 이민 청년이며 무정부주의자인 알렉산더 버크먼이 프릭의 사무실에 들어와 권총으로 프릭을 쐈다. 경찰이 범인을 체포하였고 프릭은 중상을 입었지만 하던 일을 계속하였다. 응급차가 도착하자 그는 말했다. "나는 죽지 않는다. 그러나 어찌 되었건 회사는 하던 일을 계속하길 바란다." 범인이 10년을 감옥에서 지내다가 러시아로 출국당하기 20일 전 프릭이 죽었다. 범인은 "어쨌든 그가 먼저 이 나라를 떠났군" 하고 말했다. 프릭은 막대한 재산을 남겼는데 그의 유언에 따라서 아름다운 박물관을 세웠다. 이것이 오늘날 뉴욕 5번가의 프릭 박물관이고 그의 후손이 관리하고 있다.

이러한 프릭의 성격을 잘 알고 있었기에 그에게서 도서관 건축을 약속 받아낸 홀덴에게 내심 탄복하였다. 그리고 홀덴을 시험하기로 작정한 듯 자신의 관심만 빨리 말했다.

"나는 지금 도서관을 보급하는 중입니다.[30] 내 비서가 엄선해서 가져오는 도서관 계획은 모두 들어줄 작정입니다. 지금 책상 위에 800개의 신청이 들어와 있습니다. 당신이 신청한다면 들어주겠습니다."

카네기는 편지 한 통을 보여주면서 신이 나서 말했다.

"내가 3년 전에 피츠버그시에 카네기 도서관을 세웠을 때 록펠러가 이 편지를 보냈습니다. 한번 읽어보시겠습니까?"

홀덴이 보니 다음과 같이 적혀 있었다.

"축하합니다. 더 많은 부자들이 당신을 본받아 따라하기를 바랍니다. 그전에라도 당신이 오늘 하신 일의 열매가 열릴 것을 확신합니다. 때가 되면 많은 부자들이 그 열매를 보고 다른 사람들을 위해 좋은 일을 하고 싶어할 날이 온다고 확신합니다."

홀덴이 편지를 돌려주자 카네기는 의기양양하게 미소 지으며 물었다.

"홀덴 박사, 내 도서관 보급에 대하여 어떻게 생각하십니까."

홀덴이 주저하지 않고 말했다.

"기회를 주시니 솔직하게 말씀드리겠습니다. 제가 언젠가 모 도시의 카네기 도서관에 간 적이 있습니다. 그 도서관은 바로 고등학교 앞이었으니 위치로는 최적이라고 생각했을지 모르겠습니다. 학교가 시작된 후 오전 9시 50분에서 정오까지 도서관에서 글을 썼습니다. 그때까지 2명이 왔습니다. 점심을 먹고 돌아와 2시에서 도서관이 문 닫는 오후 9시까지 글을 썼습니다. 그 시간에 3명이 있었습니다. 당신은 5만 달러를 투자했는데 하루에 5명만이 도서관을 이용했습니다. 그러나 대학의 도서관은 항상 학생들로 붐빕니다. 어느 쪽에다 투자하시겠습니까."

카네기는 한풀이 꺾여 홀덴의 말을 인정했다.

"당신 말이 옳습니다. 더 잘 할 수 있는 건데 말입니다."

홀덴은 말을 계속 이었다.

"사람의 일생과 업적을 기념하는 최적의 장소에 대해 생각해 보신 적이 있습니까?"

"글쎄요."

"옥스퍼드 대학과 케임브리지 대학같이 오래된 기관을 본 적이 있습니까? 교회도 언젠가는 허물어지고 다른 건물이 들어섭니다. 대학은 변하지 않는 것을 추구하는 곳이며 사회는 항상 대학을 필요로 합니다. 대학은 모든 인류에게 혜택을 줍니다. 영국 의회가 얼마 전 가장 현명하고 가장 혜택이 큰 기관이 무엇인지를 조사하라고 위원회를 만들었습니다. 결과는 14권의 책으로 출판되었습니다. 대답은 기독교 대학이라는 것입니다. 이것이 영국과 스코틀랜드가 가장 앞선 나라가 된 이유가 되는 것입니다."

카네기는 어릴 때 스코틀랜드에서 미국으로 이민 온 사람이다. 스코틀랜드인에 대해서는 다음과 같은 얘기가 전해온다.

"혼자면 상점을 열고
둘이면 교회를 짓고
셋이면 은행을 세운다."

하나님과 재물이 그들의 신조이다. 여기에 교육을 더하니 다음의 기도가 된다.

"오, 하나님, 우리는 황금을 주십사 하고 기도하지 않습니다.
대신 황금이 어디에 있는지 가르쳐 주십시오."

많은 스코틀랜드 사람들이 황금을 찾으러 세계에 흩어졌다. 카네기도 그 가운데 한 사람이었다. 카네기는 홀덴의 말을 가만히 듣고 있더니 벽난로에 가서 기대며 말했다.

"젊은이, 나는 자신이 신념을 갖고 무슨 일을 하는지 아는 사람을 좋아합니다. 지금 도서관을 가졌으니 책이 필요할 때가 올 것입니다. 그때 내게 오시오. 그러면 도우리라. 그 사이라도 뉴욕에 올 때에는 언제라도 나를 찾아오시오."

홀덴 박사는 수첩을 꺼내어 카네기의 말을 그대로 적고 읽었다.

"이것이 당신이 하신 말씀이지요."

그는 웃으면서 말했다.

"맞소. 내가 그렇게 말했소."

"뉴욕에 오면 꼭 찾아오겠습니다. 내가 감히 말씀을 드리건대 당신이 세상을 뜨기 전에 기독교 교육을 위해 세상이 깜짝 놀랄 가장 큰 규모의 기부자가 되실 겁니다."

"고맙소."

그로부터 얼마 후에 화재가 나자 세브란스 씨는 홀덴 총장에게 빨리 카네기에게 알리라고 권했다. 그 자리에서 카네기는 1만 달러를 약속했고 후에 다시 5만 달러를 보내왔다. 후에 카네기는 홀덴 박사의 예언대로 피츠버그시에 카네기 공과대학(오늘날의 카네기 멜론 대학)을 설립하였는데 당시로서는 가장 큰 규모의 2천3백만 달러를 투자하였다. 대학 봉헌식이 있던 날 홀덴 박사도 초대되었다. 그 자리에서 카네기는 자신이 기독교 교육을 위해서 투자한 것은 홀덴 박사의 영향 덕분이라고 솔직하게 고백하였다. 카네기 공과대학은 기독교 대학이 아니었으니 불가지론자다운 발언이었다.

우스터 보고서

1899년에 카네기를 만나기 전에 홀덴은 세브란스를 만나러 클리블랜드의 아케이드(제9장을 참조)에 있는 그의 사무실을 방문하였다.[31] 이에 앞서 홀덴 총장은 우들랜드 교회의 가스톤 목사(Rev. William Gaston)에게 소개를 부탁하였고 가스톤 목사는 세브란스의 친형 솔론 세브란스에게 부탁하였다. 형에게서 소식을 들은 세브란스가 온화하게 웃으면서 홀덴 총장을 맞이했다.

"아, 당신이 우스터 대학의 신임 총장이군요. 총장님, 당신 앞에 어려운 일이 놓여 있겠습니다. 나를 만나자고 한 이유는 무엇입니까?"

사람의 마음을 헤아리는 듯한 세브란스의 질문에 홀덴이 대답했다.

"세브란스 씨, 나는 당신께 질문을 하나 하기 위해 왔습니다. 괜찮겠지요?"

"물론이지요. 무엇입니까?"

"무례하다고 생각하시지 않기를 바랍니다. 당신은 어째서 우스터 대학에 관심을 보이지 않습니까?"

"흠, 이것은 예리한 질문이군요. 대답하려면 좀 생각을 해야겠습니다."

세브란스가 생각할 여유를 주지 않고 홀덴은 말했다.

"나는 원래 오하이오 사람이 아니어서 몰랐습니다만, 세브란스 씨, 당신이 여러 가지 자선사업과 종교 일에 깊은 관심을 갖고 있다는 사실을 알게 되었습니다. 당신은 웨스턴 리저브 대학(Western Reserve College)과 오벌린 대학(Oberlin College)의 이사이며 또한 클리블랜드 장로교회의 장로이십니다. 이런 분이 오하이오 장로교구가 우스터 대학을 대표적인 대학으로 육성하려는 노력에 관심을 갖지 않는 이유가 궁금하였습니다."

이 말은 세브란스 씨가 이미 자선가로 널리 알려졌음을 의미한다. 세브란스는 한 동안 생각에 잠기더니 느닷없는 말을 하였다.

"올드스톤 교회의 목사이신 히람 하이든 박사를 만난 적이 있소?"

"아니오. 만난 적이 없습니다."

그러자 문이 열리면서 하이든 박사가 나타나는 것이 아닌가. 앞서 소개했듯이 이 사람은 1880~1884년에 뉴욕 회중교회 해외선교본부의 총무, 1884~1887년에 클리블랜드 올드스톤 교회의 목사, 1887~1890년에 웨스턴 리저브 대학의 총장을 역임한 적이 있으며 세브란스가 여자대학에 기부하도록 만든 사람이다. 플로라 스톤 마서가 가장 존경하는 목사이다. 그는 또한 클리블랜드시가 팽창할 때 거의 모든 장로교회를 설립한 목사이다. 그가 잠시 뉴욕의 회중교회 해외선교부의 총무로 일하고 다시 올드스톤 교회의 목사로 부임하게 되었을 때 첫 번째의 기대에 부응하지 못하기 쉬우므로 현명하지 못하다고 사람들이 조언하였다. 그가 대답하였다.

"가장 친하고 가장 현명한 나의 뉴욕 친구가 '뉴욕에 살아 보았으면서 클리블랜드에서 행복할 수 있느냐'고 물었다. 나의 대답은 나의 일이 있는 곳이 나의 행복이 있는 곳이라고 대답하였다."[32)]

여기서 가장 친하면서 가장 현명하다는 뉴욕 친구는 세브란스이다. 세브란스는 일어서서 두 사람을 소개하며 입을 열었다.

"하이든 박사야말로 우스터 대학에 관심을 가져야 할 분이오. 하이든 박사, 우스터 대학에 가 본 적이 있소?"

하이든 박사는 당황하며 대답했다.

"아니오. 그곳에 가 본 적이 없습니다."

"나도 가 본 적이 없습니다. 홀덴 박사가 나에게 어째서 우스터 대학에 관심을 갖지 않느냐고 물었습니다. 지금은 그 이유를 알 수 없습니다. 아마 우스터에 가보면 그 이유를 알게 되지 않을까요."

프릭이나 카네기와 달리 현장을 직접 답사하고 도와줄 것을 찾는 세브란스의 모습이다. 이때 홀덴이 기뻐서 소리칠 뻔하였다.

"좋습니다. 여러분 같은 분이 이렇게 관심을 보이는 대학이라면 내가 어째서 나의 신명을 바쳐가며 대학을 위하여 애쓰는지를 알 것 같습니다. 가까운 날에 우스터에 오시기를 희망합니다."

세브란스는 그 자리에서 즉시 방문날짜를 정하였다. 다음 목요일이었다. 다시 한번 즉각 일을 처리하는 세브란스 씨의 성격이 드러났다. 그러나 한편으로 세브란스 씨는 조심스럽다.

“하이든 박사는 목사인데 무슨 일이 일어나면 날짜가 바뀔 수도 있을 수 있다는 점을 이해하셔야 합니다. 그렇게 되면 당신이 실망하지 않도록 내가 전보를 치지요. 걱정하지 마십시오. 그럴 경우에는 방문이 잠시 연기되는 것뿐이니까요.”

마치 예언이라도 되듯이 다음 목요일에 하이든 목사에게 장례식을 주재할 일이 생겼다. 다시 방문 일자를 조정하였다. 기차역에서 내려서 학생들의 환영을 받고 홀덴의 집에서 점심을 먹었다. 세브란스는 모든 건물을 세밀히 살펴보았고 대지의 가치를 평가라도 하듯이 찬찬히 둘러보았다. 물리학과 건물에 도착했을 때 세브란스는 속으로 경악을 금치 못했다. 이 모습을 눈치챈 하이든 목사가 홀덴 총장에게 귓속말을 하였다.

“지금 세브란스 씨를 움직일 때입니다. 그의 가슴이 얼마나 큰지 보시오.”

이 말은 하이든 목사가 세브란스의 자선을 이미 여러 차례 경험했음을 의미한다. 그것이 무엇이었는지 자세히 알 길은 없지만 그 가운데 하나가 앞서 여자대학에 대한 기부였을 것이다. 이 말에 홀덴은 용기를 얻었다. 그보다 앞서서 세브란스는 하이든 목사에게 그의 마음을 보여준 적이 있다. 하이든 목사는 일찍이 웨스턴 리저브 대학을 원래 있던 오하이오주 허드슨시에서 클리블랜드로 옮기는 데 아마사 스톤을 도와 큰 역할을 한 사람이다. 세브란스는 모든 것을 다 둘러보고 떠나면서 역에서 홀덴 총장에게 말했다.

“젊은이, 화재가 날 것이오. 그 화재는 화학과 지하실에서 일어나서 모든 것을 태울 것이오. 서둘러 보험을 들도록 권하겠소.”

젊을 때 타이터스빌에서 원유 때문에 숱한 화재를 경험함 사람다운 예언이다. 우스터 대학을 방문하고 돌아온 세브란스 장로는 러들로 목사를 우스터 대학에 보내어 교육적인 차원에서 평가해줄 것을 부탁하였다. 이때가 1901년이었다. 러들로 목사는 세브란스 장로에게 “대학에 대해 애정을 갖고 가르치는 능력을 지닌 교수들”에 대해 열정적인 보고서를 제출하였다. 이 “우스터 보고서 Wooster Report”에 만족한 세브란스 장로는 홀덴 총장을 오벌린 대학의 [세브란스] 화학실험관(자료 Ⅲ-31) 봉헌식장에 초대하였다. 세브란스 장로가 우스터 대학에 보내는 애정의 신호였다.

"이것은 홀덴 총장이 우스터의 새로운 친구를 얻었음을 의미한다."[33]

세브란스는 도와주기로 결심한 것이다.[34] 홀덴 총장의 우스터 대학은 세브란스 장로의 시험에 합격하였다. 세브란스 장로는 아무나 덥석 도와주지 않는다. 감정으로 움직이지 않고 철저한 조사를 거친다.

앞서 얘기한 대로 아서 러들로 목사는 세브란스의 주치의이며 이 책의 조연인 알프레드 어빙 러들로 박사의 둘째 형님이다. 1901년이라면 알프레드 어빙 러들로는 웨스턴 리저브 의과대학을 방금 졸업하고 레이크사이드 병원에서 세브란스의 사위 더들리 피터 알렌 박사 밑에서 인턴을 시작한 지 6개월이 되는 때였다. 말하자면 러들로의 아우 형제가 세브란스 집안과 깊은 인연을 맺고 있었다.

화재

세브란스가 경고하고 6개월이 지난 1901년 12월 10일 홀덴 총장은 새로운 과학관을 기부할 수 있는 독지가를 만나려 우스터를 떠났다. 우스터로 돌아올 예정인 다음 날 호텔 식당에서 아침을 먹고 있는데 호텔 종업원이 전보를 전해주었다. 그의 부인이 보낸 것인데 그날 새벽 1시에 화재가 나서 우스터 대학이 전소했다는 것이다. 그는 즉시 여러 사람에게 전보를 보냈는데 그 가운데 카네기와 세브란스가 있었다. 카네기에게 보낸 전문은 다음과 같다.

"어제 나는 한 대학의 총장이었습니다. 오늘 나는 잿더미 속의 총장이 되었습니다. 오늘 아침 우리의 본관 건물을 비롯하여 주요 건물이 잿더미가 되었습니다. 홀덴. (서명)"

이 전문을 읽고 카네기의 반응이 어떠했는지 알 길이 없으나 세브란스는 전보를 받자마자 즉시 전보를 보냈다.

"걱정 마시오. 아마 우스터를 위해서 가장 좋은 일이 될 것이오. 당신이 재건 계획을 세우면 나에게 오시오. 엘 에이치 세브란스. (서명)"

이 전보에 용기를 얻은 홀덴은 대학의 교수들과 학생들에게 전보를 쳤다.

"우리 대학은 잿더미가 됐습니다. 우리가 다시 세울 때까지 꿋꿋하게 견딥시다."

저녁 기차로 폐허가 된 대학에 도착한 홀덴은 모두 불러서 연설을 하였다.

"여러분, 우리 우스터 대학을 재건합시다. 그러기 위하여 우리가 먼저 노력을 보여 줍시다. 우선 여러분들이 이 지역의 사업가를 모으시고 모금할 수 있을 만큼 노력하시오. 여러분이 이 지역에서 모금한 1달러에 대하여 나는 다른 곳에서 1달러를 가져오겠소."

우스터시의 고아원에서 원아들이 모은 12달러를 보내왔다. 주미 중국 대사 우팅황(Wu Ting Fang)이 25불을 보냈다.[35] 그다음 날 세브란스를 만났다. 이때 세브란스는 전보에서 용기를 보여준 것처럼 마음속에 도와줄 결심이 섰지만 말하지 않았다. 몇 주가 지나서 세브란스와 점심을 함께 한 어떤 인사가 홀덴 총장에게 전하기를 세브란스가 자선가 모임인 유니언 리그 클럽(the Union League Club)에서 모인 사람들에게 다음을 말했다고 한다.[36]

"나는 홀덴 총장이 내 사무실을 나가기도 전에 1만 달러를 우스터 대학에 주기로 작정하였소."

세브란스 씨는 클리블랜드의 유니언 클럽(The Union Club)의 회원이기도 하다. 이 장면은 레오나드 케이스 Ⅱ세의 기독교청년회의 기부 장면을 연상시킨다. 기부 결심을 했으면서 발설은 하지 않고 그다음 말없이 실천하는 태도이다.

세브란스는 당장 모금운동을 전개하였다. 자신의 우들랜드 교회 목사 윌리엄 콕스, 윌리엄 가스통 목사를 위시하여, 마일즈 팍 교회의 아서 러들로 목사, 올드스톤 교회의 히람 하이든 목사와 함께 우스터에 나타났다. 이들은 클리블랜드의 장로교를 대표하는 모금단이다. 우스터의 오페라 음악당에서 시민 대표들과 만났다. 여기서 당장 43만 달러가 모아졌다.[37] 며칠 지나서 세브란스의 초대를 받은 홀덴 총장이 계획서를 보여주자 세브란스가 말했다.

"다섯 개의 건물 가운데 하나를 내가 책임지겠소. 어느 것인지는 당신이 결정하시오."

"나에게 그 결정을 주시니 가장 비싼 건물을 부탁합니다. 그 건물은 화학과와 물리학과의 건물입니다."

"좋습니다. 내가 그것을 맡지요."

"당신이 그것을 맡는다면 다른 사람들도 기꺼이 다른 건물을 맡을 겁니다."

식당으로 들어서자 세브란스의 어머니 메리가 루이스의 형 솔론과 함께 들어왔다. 형님 집으로 초대한 것이다. 이 당시 세브란스는 뉴욕의 월도프-아스토리아 호텔에서 거주하고 클리블랜드에서는 자녀 집에 머물렀다. 어머니는 홀덴 총장을 포옹하면서 말했다.

"이번에도 루이스가 총장님을 도울 수 있으면 좋겠어요."

이 말은 세브란스의 자선을 목격한 사람만이 할 수 있는 말이다. 어머니는 자기 아들이 그동안 많은 자선사업을 해왔다는 것을 알고 있었던 것이다. 어머니는 훌륭한 여자였다.[38] 여왕 같은 용모에 은빛 머리칼이 눈에 부셨다(자료 Ⅲ-16을 참조).[39] 팔십을 넘겼지만 크고 꼿꼿했다. 홀덴은 세브란스를 쳐다보며 물었다.

"제가 당신 어머님께 당신이 우스터에게 약속한 바를 말씀드려도 되겠습니까?"

"물론이지요."

홀덴이 그녀의 아들의 기부 내용을 말하자 그녀는 백발의 아들의 목을 껴안고 외쳤다.

"루이스, 너는 정말 착한 애로구나. 고맙다."

이어서 어머니는 홀덴에게 대학교회는 누가 기부한 것인가 물었다.

"시카고의 사라 데이비드슨 부인이 1만 5천 달러를 기부했습니다. 그녀는 우리 대학의 교수의 어머니이십니다. 그러나 교회는 3만 달러가 필요합니다."

어머니는 즉석에서 약속했다.

"내가 나머지를 드리지요. 루이스, 어떠냐, 에미의 약속이."

이듬해 어머니가 작고하였을 때 우스터 대학은 그녀의 부음을 크게 실으면서 우스터 대학의 커다란 손실이라고 제목을 달았다.[40)]

이것은 세브란스가 우스터에 베푼 기부의 시작일 뿐이다. 그 후 12년 동안 우스터에게 75만 달러를 기부하니 가장 큰 기부자가 되었다. 세브란스는 친구 록펠러에게도 권하여 12만 5천 달러를 기부하게 만들었다. 화학과 건물 이외에 체육관, 홀덴 홀, 경기장도 세브란스 자선의 결과이다. 자신의 두 번째 부인을 추모하여 플로렌스 하크니스 성경선교교육학과(Florence Harkness Bible and Missionary Training Department)를 신설하였다. 평신도 선교사를 길러내는 곳이다.

우스터 대학이 화재에서 재건하는 데 세브란스는 돈만이 아니라 클리블랜드 장로교 본부의 힘을 빌렸다. 이 일을 올드스톤 교회의 히람 하이든 목사, 마일즈 팍 교회의 아서 러들로 목사, 자선가 플로라 스톤 마서가 도왔다. 러들로 목사가 목격한 세브란스의 우스터 구출사건의 일화를 보면 세브란스의 꼼꼼한 성격을 짐작할 수 있다.[41)]

"[우스터 대학 재건] 사업의 목표는 40만 달러였는데 그 본부가 세브란스의 클리블랜드 사무실이었다. 거의 목표액이 달성되던 어느 날 오전 10시에 모든 장부를 검토하던 세브란스는 10달러의 차이를 발견하였다. 점심때까지 끈질기게 조사하였지만 찾아내지 못하였다. 주위에서 점심을 먹고 계속하자고 했지만 그는 쳐다보지도 않고 손을 저으면서 계속 파고들었다. 30분 후에 다시 점심을 권했으나 여전히 거절하였다. 세 번째 권유도 묵살되었다. 오후 3시가 되자 그는 연필을 놓으며 '이제 알았어. 점심 먹으러 가세'라고 말했다."

우스터 대학의 새 건물들이 봉헌되는 날 세브란스 장로는 2백 명의 손님들을 데리고 10시 20분 특별열차로 도착하였다. 아마 자신의 자가용 기차였을 것이다. 우스터역에는 2천 명의 인파가 이들을 마중 나왔다. 세브란스가 대동한 사람 가운데에는 웨스턴 리저브 대학의 트윙(Charles Thwing) 총장, 워싱턴-제퍼슨 대학의 모펫(Moffett) 총장, 벨로이트 대학의 이튼(Eaton) 총장, 케이스 공과대학의 석유화학 교수 마베리(C. F. Mabery), 맥코믹 신학대학의 존슨(Herrick Johnson) 총장, 뉴욕 장로교 선교본부의 할시(A. Woodruff Halsey) 목사가 있었다.[42] 모두 장로교단의 쟁쟁한 인물들이다. 세브란스의 기부를 한두 번쯤 받은 사람들이다.

이 가운데 맥코믹 신학교는 당시 미국에서 해외선교에 가장 열성적이었던 곳인데 한국에 선교사를 많이 배출하였다. 1891년 언더우드 목사가 선교사를 모집하러 미국 전역을 순회할 때 토론토 의과대학의 강연에서 에이비슨 박사가 자원하였다 함은 앞서 썼다. 이때 그의 형 존 토마스 언더우드 타자기 회사 사장이 6명의 선교사 봉급을 책임지겠다고 나섰다. 이에 뉴욕 장로교 해외선교본부의 엘린우드 총무는 언더우드 목사에게 맥코믹 신학교에 가서 파송할 사람을 찾아보라고 권했다. 이 권고를 전후하여 언더우드 목사는 맥코믹 신학대학 총장으로부터 강연 요청 편지를 받았으니 이 또한 신기한 일이다. 언더우드 목사는 엘린우드 총무에게 보내는 편지에 썼다. "맥코믹 신학교에서는 벌써 한국에 대한 관심이 일어나고 있습니다. [평양] 모펫의 동생이 2학년이고 [대구] 베어드의 동생은 1학년입니다. 이 두 사람과 함께 한국에 갈 맥코믹 출신이 많이 있기를 희망합니다." 여기서 언급된 모펫(Samuel A. Moffett, 1864~1939, 한국표기 馬布三悅), 베어드(William Baird, 1862~1931, 한국표기 裵偉良), 다니엘 기포드(Daniel Gifford, 1861~1900, 한국표기 奇甫)는 이미 한국에 와있었고, 언더우드의 노력으로 그래함 리(Graham Lee, 1861~1916, 한국표기 李吉咸), 윌리엄 스왈른(William Swallen, 1859~1954, 한국표기 蘇安論), 사무엘 무어(Samuel Moore, 1860~1906, 한국표기 李三悅), 루이스 테이트(Lewis Tate, 1862~1925 최의덕) 등이 파송되었다.

화재를 딛고 재건하는 시기는 1902년~1903년이었다. 1900년에 세브란스 씨는 서울에 세브란스 병원을 기증했다. 아직 우스터에서는 화재가 나기 전이었지만 낙후된 우스터 대학을 위해서 홀덴 총장이 기부를 절실하게 원하는 기간에 서울의 에이비슨 박사를 도와주겠다는 세브란스 씨의 말을 들었을 때 어떤 심정이었을까. 화재는 6개월 후에 발생하겠지만 당시에 우스터 대학은 화재 위험이 상존하고 있었기 때문이다.

우스터 대학 화학과 건물(자료 V-2)에 들어서면 정면에 세브란스의 대형 초상화

<자료 V-2> 우스터 대학의 세브란스 화학관

출처: Missionary Review of the World 1913

가 걸려 있어 방문객을 압도한다. 세브란스 화학관은 1999년 10월 12일에 같은 이름으로 재건축되었다. 봉헌식은 10월 23일에 열렸다. 건축비는 1천2백만 달러이었는데 작게는 25달러에서 크게는 1백만 달러에 이르기까지 500명의 개인과 기업이 기부하였고 이사회가 32퍼센트를 담당하였다. 1백 년 전 세브란스가 기증했던 옛 건물은 보존하였다. 1백 년 된 칠판도 보존되었다(자료 V-2). 세브란스의 이름은 새롭게 태어났다.

노벨상

세브란스 씨의 기부는 보상을 받았다. 1901년 우스터 대학이 화재로 새로운 세브란스 화학관의 공사가 시작되던 1902년에 입학한 학생이 있었다. 15세의 어린 나이에 입학한 이 소년 수재는 1학년 때 세브란스 화학관이 올라가는 것을 보면서 철학을 공부하였다. 1902년 세브란스 화학관이 완공되자 화학으로 전공을 정하였다.

이 학생이 칼 콤턴(Karl Compton, 1887~1954)이다. 그가 재학하던 시기였던 1902~1908년 가운데 1908년에는 에이비슨 박사가 안식년을 우스터 대학 구내에 세브란스가 기부한 사택에서 보내고 있었으며 아들은 이 대학에 재학 중이었다. 칼 콤턴은 졸업하고 잠시 1909~1910년에 모교에서 강의를 하다가 프린스턴 대학원으로 진학하였다. 재학 중에 동급생 오웬 리처드슨(Owen Richardson)과 논문을 같이 썼는데 훨씬 후에 리처드슨 교수만 노벨상을 받았지만 칼 콤턴은 매사추세츠 공과대학의 총장(MIT)이 되었다.

그의 아우 아서 콤턴(Arthur Compton, 1892~ 1962) 역시 형의 뒤를 따라 우스터 대학에서 화학을 전공하였다. 아서는 졸업 후 형처럼 프린스턴 대학원으로 진학하였다. 그의 지도 교수가 형의 친구 리처드슨 교수이었다. 아서는 콤턴 효과(The Compton Effect)

의 발견으로 1927년 35살 젊은 나이에 노벨 물리학상을 수상하였다(자료 V-3). 최근에 미국 항공우주국(NASA)은 태양계의 비밀을 밝히고자 망원경이 부착된 인공위성을 발사하였는데 콤턴 위성이라고 명명하였다.

앞서 밝힌 바대로 평양 장대현교회의 마우리 선교사의 제자 박윤근(1891~1989)이 평양 숭실대학을 졸업하고 1916~1919년에 우스터 대학에서 화학을 전공하였으니 같은 시기에 콤턴 박사와 함께 강의를 들었을 것이다. 나이도 한 살 차이밖에 되지 않는다. 앞서 얘기한 대로 이승만 박사의 제자 노디 김도 1922년에 우스터 학원을 졸업하였으니 이들을 보았을 것이다.

출처: Times 1927

〈자료 V-3〉 우스터 대학 세브란스 화학관 출신 1927년 노벨상 수상자 아서 콤턴의 타임지 표지

또 하나의 형제인 윌리엄 콤턴(William Compton)은 워싱턴 대학의 총장이 되었다. 하나뿐인 여동생 메리 콤턴(Mary Compton)은 세브란스 씨가 설립한 플로렌스 하크니스 성경선교교육학과에서 공부하고 장로교 선교사가 되었다. 이들의 아버지 엘리아스 콤턴(Elias Compton)은 장로교 목사였는데 우스터 대학 학장을 지냈다. 세브란스가 90세까지 오래 살았다면 대단히 기뻐했을 것이다.

세브란스의 기도

이 세 가지 일화에서 당대 세 사람의 거부인 세브란스, 프릭, 카네기가 비교가 된다. 세브란스 씨의 인품에 반한 홀덴 총장은 1901년 세브란스 씨를 대학이사회의 이사로 영입했다. 1905년부터 이사장이 되었고 죽을 때까지 그 자리에 헌신하였다. 그가 세상을 뜨자 그의 아들 존이 그 뒤를 이었다. 이사장의 자격으로 이사회를 이끌어 가는 세브란스 씨는 기도로 회의의 끝을 맺는다. 우스터 대학의 졸업식 날에 기도하는 모습이 글로 남겨져 있다.

"졸업식 날 이사회의 끝은 그[세브란스]의 열정적이고 아름다운 기도로 장식되었다. 그에게는 표현의 뛰어난 능력이 주어져서 하늘에 계신 아버지께 마치 친구에게 대하듯 말하는 재주가 주어진 것 같았다. [그는] 지난해의 모든 은총과 영적으로 하나가 되도록 인도하신 하나님께 감사를 드리는 데 온 마음을 드러내 놓았다. 크나큰 번성과 하나님의 나라를 통하여 대학이 성취한 높은 이상에 대해 깊은 만족감을 표현하였다."[43]

세브란스는 뉴욕 장로교 선교본부에서 이사로 직책을 수행할 때 매일 12시에 본부 건물의 기도실에서 선교를 위하여 기도하였다. 세브란스 병원 부지를 구할 때에도 예외가 아니었다. 그가 회의를 주재하는 모습도 글로 남겨져 있다.

"세브란스 씨는 마침 벽에 걸린 '십자가에서 내려오는 예수'의 그림을 가리키며 우리를 드높이고 우리에게 용서의 마음과 미래의 희망을 줄 수 있는 유일한 권세로서 예수 그리스도를 바라보라고 간청하였다."[44]

세브란스가 후원한 메리빌 대학(Maryville College)의 윌슨 목사(Rev. S. T. Wilson)가 1913년 4월에 뉴욕으로 세브란스를 찾아갔다. 세브란스는 그날도 어김없이 12시에 윌슨 목사를 데리고 기도실에 가서 기도를 하였다. 그날 기도 제목은 중국이었다.[45] 세브란스는 여기에서 한국을 위한 기도도 올렸을 것이다.

한국 선전

1913년 미국 대통령이 되는 우드로 윌슨(Woodrow Wilson, 1856~1924, 재임 1913~1921) 박사가 1906년 프린스턴 대학 총장에 재선되어 취임할 때 이사회는 루이스 헨리 세브란스 이사장을 취임식장에 하객으로 보냈다.[46] 윌슨 박사가 총장이던 1908년에 이승만이 프린스턴 대학원에 입학하여 사제 사이가 되었다. 이승만이 하버드 대학에서 석사공부를 마치고 1908년 겨울학기 초(가을)에 뉴욕의 유니언 신학교에 주거를 정하고 콜롬비아 대학으로 통학하였다. 그해 초가을 뉴욕 장로교 해외선교본부 사무실에 들렀다가 "우연히" 어네스트 홀 목사(Rev. Ernest F. Hall)를 만났다.[47] 그는 1903~1908년 동안 한국 주재 선교사였는데 뉴욕 선교본부로 막 돌아와 총무가 되었다. 홀 목사는 이승만이 감옥에 있을 때 도와주었다. 그는 이승만에게 유니온 신학교에 갈 것이 아니라 자신의 모교인 프린스턴 대학원으로 가는 게 좋다고 권유하였다. 이승만은 프린스턴 대학원에서 보내온 홀 목사의 우편을 받았는데 프린스턴역에서 만나자는 편지와 함께 차표와 기차 시간표가 들어있었다. 이승만이 프린스턴 대학원에서 공부할 때 존 헤이 국무장관의 "대중국문호개방정책"을 기본으로 삼아 미국의 "대아중립론(對亞中立論)"에 관한 논문을 준비하였다. 이에 기초하여 그는 1910년에 박사학위 논문 "미국의 영향을 받은 중립"을 제출하여 박사가 되었다.

한편 세브란스 씨는 1903년까지 뉴욕 주재 클리블랜드 장로교 대표였고 1904년에 세계기독교 뉴욕대회의 부회장으로 선출되었다. 1907년 한국을 포함한 세계일주여행에서 돌아온 1908년 여름에 세브란스 씨는 뉴욕 장로교 해외선교본부 이사회의 이사로 피선되었다. 세브란스 씨는 뉴욕의 월도프-아스토리아 호텔에 거주하면서 자신이 이사로 재직하는 장로교 해외선교본부에 자주 드나들었다. 호텔과 해외선교본부는 모두 5번가에 있었다. 선교본부의 기도실에서 세브란스는 매일 12시에 여기서 선교를 위한 기도를 올렸다. 직책상 홀 서기와 만나야 할 일도 있었을 것이다. 세브란스 씨는 매년 여름을 클리블랜드에서 보냈고[48] 가을이 되면 뉴욕으로 복귀하였다. 1908년 가을에도 세브란스 씨는 뉴욕 5번가에 복귀하였다.

앞서 설명했듯이 이승만은 에이비슨의 친구였고 그가 출옥 직후 세브란스 기념병원이 준공하였으니 세브란스 씨가 누구였는지 알고 있었을 것이고, 세브란스 씨가 홀 목사가 서기로 근무하는 장로교 해외선교본부의 이사였다는 사실도 알고 있었을 것이다. 홀 목사는 1917년에 세브란스 의학대학을 돕는 해외선교이사회의 총무이사가 되고 세브란스 씨의 아들 존 롱 세브란스는 재무이사가 될 것이다.[49] 에이비슨은 1908년 7월 1일부터 두 번째 안식년으로 우스터 대학에 거주하고 있었다.[50] 그는 뉴욕 또는 클리블랜드에 거주하는 세브란스 씨를 찾아가서 세브란스 의학대학 교사 건축 계획서를 제출하였다.[51] 1908년 가을에 이승만, 에이비슨, 홀, 세브란스는 모두 뉴욕에 있었다. 아니면 최소한도 이승만, 홀, 세브란스만이 뉴욕 5번가에 있었다. 이승만-홀-세브란스-에이비슨-이승만의 연결을 생각할 수 있다. 이승만이 에이비슨의 소개로 세브란스를 뉴욕에서 만나지 않았을까.

증거가 있다. 1908년 안식년에 미국에서 "한국 선전"을 벌였던 언더우드의 1908년 11월 5일 자 편지에서 감지할 수 있다.[52)]

"전략. 한국 캠페인 위원회는 오늘 회의를 열고 장시간 세브란스 씨와 토론한 후 다음 사항을 결정했습니다. 중략. [이 에프] 홀이 이 나라에 도착한 이후 강력한 캠페인에 참석했고, 실제로 안식년을 지내지 않았으므로, 선교본부는 그에게 안식년 봉급을 최소한 올해 예산연도까지 계속 주고 그는 건강이 허락하는 한 캠페인을 위해서 최대한 노력하도록 권고한다."

본부를 뉴욕 5번가 150거리 해외선교본부에 "한국 선전위원회 Korea Campaign Committee"를 두고 미국 전역에서 벌인 이 "한국 선전"의 목적은 한국 선교를 위한 모금과 선교사 모집이었다. 그 결과 9만여 달러를 모금하였고 20명의 새 선교사를 파송할 수 있었다.[53)] 모금 가운데 평양 신학교 신축기금이 있었으며 새 선교사 가운데에는 세브란스가 봉사하는 클리블랜드 올드스톤 교회가 파송한 마우리 박사가 있었다. 이 "한국 선전"에 안식년으로 미국에 귀환했던 모든 재한 선교사를 동원하였는데 언더우드, 홀, 에이비슨, 베어드, 헐버트 등이 참여하였다. 이 "한국 선전"에 세브란스 장로가 참여한 것이다. 그런데 이승만도 가세하였다. 이승만은 한국 교회와 한국 독립에 관한 탁월한 연설가였으며 그것은 당시에 그의 생계수단이었다. "한국 선전"은 선교사의 일이기 전에 그와 그의 조국의 일이었다. 에이비슨의 회고록에 의하면 그해에 에이비슨, 언더우드, 헐버트, 이승만이 전국 교회에 연설하러 함께 돌아다녔다.

"참으로 이상한 일은 언더우드, 헐버트, 나, 우리 셋 … 은 그해[1908년]에 우리 사업 [한국 선전]을 위해서 미국 전역에 연설하러 순회할 때 이승만의 도움을 받을 수밖에 없게 되었다는 점이다."[54)]

그들이 순회 연설한 도시는 클리블랜드, 뉴욕, 필라델피아, 보스턴, 시카고, 버펄로, 밀워키, 센트루이스, 인디애나폴리스, 캔자스, 미니애폴리스, 피츠버그이다(『Underwood of Korea』, 1918, p.268).

세브란스 씨는 1907년 9월 한국 방문에 에이비슨 박사의 안내로 연동교회의 게일 목사를 찾아가서 예배를 보았다(제8장 참조). 게일 박사는 1893년 클리블랜드 기독청년회관에서 열린 제2회 해외선교 세계학생자원 운동대회(The First International Convention of the Student Volunteer Movement for Foreign Missions)에 연동교회의 기포드 목사와 함께 연사로 초청되어 청년들에게 연설을 하였다(제6장을 참조). 클리블랜드 기독청년회관의 건물은 세브란스가 50만 달러를 기부하여 지은 것이다.[55] 이 대회는 정기적으로 계속되었는데 세계적인 기독청년회 운동가 존 모트(John Mott, 1865~1955, 한국표기 穆德)가 조직하였다. 그는 나중에 그 업적으로 노벨 평화상을 수상하였다. 이때 재정후원자는 사무엘 마서의 여동생 캐서린 마서(Katherine Mather)였고 기독청년회의 회장은 세브란스 씨의 학교 후배이며 외아들 존의 장인이 되는 세레노 펜이었으며 전국에서 모인 참석 학생 가운데 세브란스 씨의 조카 더들리 알렌 세브란스가 있었다. 세브란스 씨가 후원했음은 물론이다.

에이비슨과 그의 절친한 친구이자 연동교회의 목사이며 클리블랜드 기독청년대회 연사였던 게일 박사가 이승만이 1904년 도미할 때 써 준 소개장(추천서)의 수신인은 "미국 각지의 기독교인 형제들"이었다.[56] 이 가운데 세계기독교 뉴욕 연합대회의 부회장인 세브란스 씨가 포함되었을 개연성이 크다. 당시 이승만을 도와줄 수 있는 "기독교 형제들" 가운데 에이비슨 박사의 심중에 세브란스만큼 영향력 높은 인물이 있었을까. 캐나다 인으로 미국에 연고자가 없는 에이비슨에게 세브란스야말로 거의 유일한 "기독교 형제"였으니 말이다(제6장을 참조). 세브란스의 외동딸이 1911년 한국을 방문하였을 때 언더우드 박사 집에서 이승만 박사와 함께 저녁식사를 하였다(제3장을 참고). 이 박사는 1910년에 귀국하여 황성기독청년회관 대학부 교수로 일하고 있었다. 그녀는 한국 체류 기간이 1주일에 불과하여 많은 사람과 저녁식사를 할 수 없었으니 이승만 박사와 저녁을 하였다는 사실은 그를 전부터 알고 있었다고 유추할 수 있는데 그 증거가 1908년

Eel's Memorial Church. Spoke for Korea propaganda. Dr. Underwood's movement, Cleveland, Ohio. Woodland Church (presbyterian)[sic] Sunday morning service. Mr. Severance's Church (Hospital). Lakewood Ave. Presbyterian Church Sunday evening service. Cleveland, Ohio.

11월 29일 이승만의 일기이다.

복식회계

세브란스 씨는 섬세한 사람이다. 앞서 보았듯이 프릭이나 카네기는 현장을 방문하지 않고 몇 마디 말로 귀찮은 듯이 남의 이목을 생각해서, 또는 언론이 무서워서, 기부를 결정하는데 세브란스는 현장을 방문하고 꼼꼼히 살핀다. 화학과 건물에서 화재가 날 것이라고 예견한 것을 보아도 알 수 있다. 그는 즉석에서 결정하지 않고 숙고한 후에 결정하였다. 홀덴 총장의 첫 방문을 예상하고 하이든 목사를 대기시킨 것을 보면 그가 방문객의 마음을 알고 그에 맞게 준비하였다는 것을 짐작할 수 있다. 다른 사람과 상의하며 독단적이지 않다. 여기에 더하여 "보고서"를 참고하였다. 그럼에도 불구하고 그가 얼마나 세심한 전문가였는가를 알려주는 일화가 있다.

어느 날 홀덴 총장의 근심 어린 얼굴을 본 세브란스 씨가 그 이유를 물었다. 홀덴이 조심스럽게 대답했다.

"세브란스 씨, 내가 총장이 되었을 때 대학 재산을 보니 50만 달러에서 시작했습니다. 그런데 지금 제가 보니 35만 6천 달러밖에 되지 않습니다. 정말 50만 달러에서 시작했다면 나머지는 어떻게 된 것일까요? 만일 그렇지 않다면 그렇지 않다는 것을 증명해야만 합니다. 그런데 대학 회계가 단식회계만을 사용했으므로 도저히 알 수가 없습니다. 담당자를 의심하지 않고 진실을 밝히는 방법이 무엇일까요. 내 추측은 대학이 결코 50만 달러에서 시작한 적이 없었다는 겁니다. 또는 그 금액이 약정되었다면 결코 모든 금액이 모금되지 않았다는 겁니다. 장로교 교구와 우스터 후원자에게 진실이 알려져야 합니다."

세브란스 씨가 홀덴 총장의 어깨에 손을 얹으며 위로하듯이 말했다.

"그 일은 나에게 맡기고 걱정하지 마시오. 여름 방학에 내 자신이 내려가서 문제를 해결해서 당신에게 진실을 밝혀 주겠소."

세브란스 씨는 회계 전문가이며 스탠더드 장부를 갖고 한국 여행을 떠날 정도로 담대한 사람이기도 하였다. 그는 자신의 돈으로 회계사를 데리고 함께 소매를 걷어붙이고 아침부터 밤까지 2주 동안 흡사 월급 받고 일하는 사람처럼 일했다.[57] 그의 회계사 이름이 존 하덴(John Hadden)이었는데 그의 손자가 장차 조카사위가 될 것이며 이 집안의 의사 전통을 이어갈 것이다(자료 Ⅲ-15를 참조). 세브란스 씨는 새로운 회계방법을 도입할 것을 제의했고 그것에 기초하여 수개월 작업 끝에 5만 달러가 차이가 난다는 사실을 밝혀냈다. 그리고 그 차이의 이유가 매년 적자가 나자 적자를 보충하는 데 그것으로 지불되었음도 밝혀냈다.[58] 세브란스는 자신의 호주머니에서 복식회계로 전환하는 모든 비용과 회계전문가의 비용도 지불하였고 진실도 밝혔다(자료 Ⅲ-15를 참조). 당시나 지금이나 단식회계만 가지고 회계의 문제를 찾아낸다는 것은 매우 어려운 일이었다. 이 일화는 세브란스 씨의 전문성을 보여주는 좋은 예가 되었다. 그가 젊었을 때 은행원이었다는 사실을 잊으면 안 된다.

외국에서 봉사하는 사람

그렇다고 세브란스가 그렇게 말랑말랑한 사람이 아니었다. 세브란스가 작고하던 1913년 봄 우스터 대학의 학생 동아리에서 신입 학생을 구타한 사건이 일어났다. 신입생의 아버지가 이 사실을 알고 총장에 항의하자 총장은 재단의 이사장인 세브란스에게 보고하러 뉴욕으로 갔다. 홀덴이 사무실에 들어서기가 무섭게 세브란스가 말했다.

"홀덴 총장, 나에게 얘기하지 않은 것이 있지요. 어째서 당신 혼자 모든 무거운 짐을 지려고 하시오. 그 짐을 나와 나눕시다."

"무슨 말씀이십니까?"

"동아리 사건 말이요."

"어떻게 아셨습니까?"

"작은 새가 날아와서 알려주었지요."

"작은 새"란 누구였을까. 사건이 나자 세브란스는 나름대로 동아리의 학생들을 만

나보고 동아리의 졸업선배들도 만나보았다. 한편 동아리에 속하지 않은 학생들도 만났다. 그는 동아리가 학교의 규율을 어기고 더욱이 기독교 정신을 따르지 않는다는 사실을 알게 되었다. 그는 이러한 동아리를 위해서는 재단이사회가 아무 것도 하지 않겠다고 단호하게 선언하였다. 당시 홀덴 총장은 화재의 후유증에서 완전히 벗어나서 대학 발전기금을 모으고 있었다. 목표는 1백만 달러였다. 장로교단의 교육이사회(Board of Education)는 대학이 외부에서 25만 달러를 모금해 오면 나머지를 채워주겠다고 한 상태이었다. 그런데 그 25만 달러는 세브란스 몫이었다. 이래서 우스터 대학의 동아리는 재편되어야만 하였다. 동아리에서 강력한 항의가 제기되었지만 세브란스는 요지부동이었다.[59)]

에이비슨 박사도 비슷한 경험을 한 바 있다. 토론토 대학교 의과대학에서 학생들의 모임에 술잔치가 성행하였는데 추태를 부려 사고가 자주 발생하였다. 이 폐습을 시정하기 위하여 에이비슨 학생은 몇몇 뜻을 같이하는 학생들과 금주회를 조직하였다. 2년간 노력한 결과 학생회에서 받아들여져 사라졌다.[60)] 에이비슨 박사는 한국에서 발진티푸스에 감염되어 혼수상태에 빠진 일이 있었다. 그때 치료하던 성공회 소속 의사가 에이비슨의 원기를 위하여 브랜디를 받아 마시게 하였는데 에이비슨 박사는 혼수상태에서 벗어나자 집에 없던 웬 브랜디 병을 보고 물었다. 자초지종을 들은 그는 부끄러워하였다. 성공회에서는 음주를 장로교만큼 엄하게 다루지 않는다.

1929년 연희전문학교 상과에서 학과장 선임 문제가 동맹휴학으로 번졌다. 당시 교장은 에이비슨 박사였다. 이 사건을 대하는 그는 위협에도 불구하고 단호하였다. 학생이 일단 동맹 휴업을 하게 되면 더 이상 학생이 아니다. 학생이 아닌 이상 어떠한 교섭에도 상대할 수 없다. 동맹휴업을 중지하면 학생들이 제출하는 요구에 대하여 응할 수 있다. 그 사건으로 당시 상과 졸업반 학생 가운데 3~4명만 남기고 전원 자퇴 형식으로 학교에서 제적되었다. 이 정책은 그 후 연희전문학교에서 일관된 정책이 되었다(『백낙준 전집』 9권, pp.31~32). 에이비슨 교장은 세브란스에게서 배운 것일까. 세브란스가 동아리를 해체하기 직전인 1908~1909학년도에 에이비슨 교장은 우스터 대학에서 안식년을 보내고 있었다.

연희전문의 동맹휴학으로 조병옥 교수가 학교를 떠났다. 우스터 대학의 동아리는 해체되었고 이 문제가 홀덴 총장의 임기에도 영향을 미쳤다. 노벨상을 받은 콤턴 박사의 아버지가 학장으로서 총대를 메고 해체시켰다. 바로 그해에 세브란스의 처남 베네딕트 박사의 손녀 코라(Cora Benedict, 1895~1985)가 우스터 대학에 재학 중이었는데 학교가 금하는 동아리를 만들자 퇴학을 당하게 될 줄 몰랐을 것이다.[61] 그녀는 스미스 대학으로 옮겨 교사가 되었다. 코라는 훨씬 후에 플로리다에 별장을 장만하는데 그곳은 세브란스의 처삼촌 플래글러가 개발한 곳이었다.[62] 코라는 세브란스의 외동딸이 만든 노워크 기금의 수혜자로 죽을 때까지 1년에 두 번씩 수표를 받았다. 재미있는 사실은 미국에서 학생 동아리가 최초로 자체 건물을 지은 것은 코라의 외할아버지 데이비드 베네딕트 박사에 의해서이다.[63] 세브란스의 처남이다.

거의 같은 시기에 프린스턴 대학의 우드로 윌슨 총장이 학생 동아리를 개편하기로 마음먹었다. 윌슨은 사각 계획(Quad Plan)이라고 이름 짓고 동아리를 일단 해체하려 하였다. 그러나 실시하기도 전에 동창회에서 반발이 거세게 일어나서 대학 재단이사회와 윌슨 총장은 한 발 물러섰다. 20년이 지나서 하버드 대학과 예일 대학에서 이 계획을 채택하였다. 세브란스 씨가 동아리를 해체한 것은 이들보다 20년 앞선 것이다.

완고한 세브란스가 동아리를 재편하기 1년 전인 1911~1913학년도에 학생들에게 12만 달러의 체육 경기장을 기증하는 관대함을 보였다. 세브란스가 경기장 완공을 축하하며 보낸 전문은 다음과 같다.

"외국 땅에서 봉사하는 사람들과 국내에서 도움이 필요한 곳을 채워주는 사람들을 잊지 않으면서 오늘 나는 우스터 대학의 아들과 딸들의 미래를 위하여 경기장을 바쳐 이날의 원기와 즐거움에 덧붙입니다. 엘 에이치 세브란스. (서명)"[64]

이 경기장 봉헌에도 나서기를 싫어하는 세브란스 씨는 불참하고 축전으로 대신하였다. 세브란스가 이 축하전문을 보낼 때에는 서울을 다녀온 후였다. 학생들이 새 경기장에서 즐기고 있을 때라도 외국에서 봉사하는 사람들을 기억하라. 외국 땅이란 어디를 가리키는 것인가. 학생들 가운데에는 에이비슨 박사의 자식도 들어 있었다. 이에 대한 답장이 전문으로 세브란스에게 보내졌다.[65]

"엘 에이치 세브란스
월도프-아스토리아, 뉴욕

학생들, 동창회, 교수들, 재단 그리고 우스터 대학의 친구들은 그들의 가장 진실한 인사를 보냅니다. 꼭 필요한 현대식 경기장 선물에 대해 그들의 깊은 감사를 보내고 싶습니다. 하늘에 계신 우리 아버지께서 당신에게 영감을 주신 것에 대하여 감사를 드립니다. 오늘 여기에 참석하시지 못함을 서운해 합니다. 그러나 우스터 대학의 최고의 친구에게 마음의 충정으로부터 세 번 활기를 보냅니다. 우리와 함께 행복이 있으시기를 기원합니다. 우스터의 친구들로부터. (서명)"

세브란스의 자선에 대한 보답으로 차머스 마틴 교목(Rev. Chalmers Martin, DD)이 1913년 5월 17일에 지은 세브란스 경기장(The L. H. Severance Gymnasium)이라는 시(詩)가 남아서 전해온다. 그 마지막 귀는 다음과 같다.

"세브란스 경기장이 있으라 함에 있더라!"

세브란스가 에이비슨이나 다른 선교사들이 안식년에 귀국하여 지낼 수 있는 네 채의 집을 지어준 것도 이때였다.[66] 그의 친구 플로라 스톤 마서도 작고한 자신의 어머니를 기념하여 한 채의 집을 기증하였다. 중국 파송 선교사인 헌터 코벳 목사(Rev. Hunter Corbett)가 안식년에 그의 가족과 함께 쉰 곳도 우스터 대학이었다. 어머니가 아프리카의 사라 폰 타인 애덤스 선교사와 세일론의 허친스 선교사에게 쉴 곳을 제공한 것을 어릴 때부터 보고 그를 본보기로 따랐다. 세브란스가 우스터 대학에 기부한 총액은 75만 달러이다.[67] 세브란스의 권유로 록펠러가 지원한 금액은 12만 5천 달러였다.[68]

새 경기장은 우스터 대학에 준 그의 마지막 선물이 되었으니 그로부터 한 달도 못 되어 별세하였다. 그의 수첩 속에서 경기장 미납 잔금 5만 달러의 기록이 발견되어 아들이 완납하였다.[69]

경기장 완공 축하 전보에서도 세브란스는 항상 외국 땅에서 봉사하는 의료선교사들을 잊지 않았고 다른 사람에게도 그들을 잊지 말 것을 당부하였다. 그들을 위해 새로운 도움을 줄 수 있는 기회가 열렸으니 그가 1900년에 뉴욕 카네기 홀에서 열리는 에큐메니컬 선교대회(Ecumenical Missionary Conference)에 클리블랜드 장로교 대표로 참석하게 된 것이다. 이것이 세브란스와 에이비슨이 만나는 기회가 될 줄은 아무도 몰랐다.

우스터 대학은 기독교 교육에 대한 세브란스 관심의 결실의 장소가 되었다. 또 하나의 결실을 위해 씨앗이 뿌려졌으니 이 씨앗에는 기독교 선교에 의료교육이 추가되었다. 일본에 의해 해체의 기로에 서 있고 아무도 관심을 갖지 않는 머나 먼 조선이라는 작은 나라에 세브란스 씨의 의료선교의 씨앗이 심어진 것이다. 그 씨앗은 자라 큰 나무가 될 것이다. 오하이오의 우스터에서 한국의 서울로. 세브란스의 기도는 1900년 뉴욕에서 열린 에큐메니컬 선교대회에서 응답을 받았다.[70]

제6장
뉴욕 1900년

부회장

지금까지 우리는 세브란스의 미국에서 자선 배경을 지루할 정도로 추적하였다. 모국의 자선 경험이 지루하고 싫증이 날 정도로 무르익어야 해외자선의 뜻이 자랄 수 있음을 암시하기 위함이었을까. 자선에 관한 세브란스의 철학을 소개한 것뿐이다. 그의 마음속에는 아무도 넘볼 수 없는 기준이 있었고 그 기준에 합당해야 비로소 자신의 지갑과 마음을 열었음을 보여주는 일화를 소개한 것이다. 우스터 대학의 경우에서 볼 수 있었듯이 그는 측근인 러들로 목사로 하여금 우스터 대학에 관한 교육보고서를 제출하게 하였다. 그리고 그것을 바탕으로 기부를 결정하였다. 당대의 기록자는 세브란스를 "고전적 신사로서, 세련되고 보수적인 취향에, 예리한 판단의 소유자이지만 친절하다"고 평하였다.[1] 이것은 그가 서울에 세브란스 병원을 기증하는 데 기분과 감정에 휩싸여 결정하지 않았을 것임을 암시한다. 이 장의 목표는 그 암시를 근거로 그의 "예리한 판단"을 추적하는 것이다.

우스터 대학은 세브란스 씨의 대표적인 미국 내 자선의 대상이었다. 그는 해외자선의 대상을 어떻게 선택하였을까. 특히 한국의 자선은? 록펠러도 자선에서는 세브란스에게 자문을 구했다고 하였는데 세브란스 자신이 해외자선을 선택하는 과정이 흥미롭다. 이 장에서 우리는 세브란스가 한국과 인연을 맺는 첫 장면을 복원할 것이다.

1900년 4월 21일(土)부터 5월 1일(화)까지 뉴욕 카네기 홀(자료 VI-1)을 비롯한 인근

7개 교회에서 교파를 초월한 에큐메니컬 선교대회(Ecumenical Missionary Conference)가 최초로 개최되었다.[2] 이 회의는 미국 회의였다. 장로교의 본산인 스코틀랜드 에든버러에서는 1910년에 세계선교대회가 열릴 것이다(제9장을 참조). 미국 각 교파가 전 세계에 파송한 선교사 가운데 800여 명의 대표들이 뉴욕에 모여들었다. 멀리 아프리카의 마다가스카르섬과 아르헨티나 옆 영국령 포클랜드섬의 대표도 왔고 보어 전쟁(1899~1902) 중의 남아프리카뿐만 아니라 레바논과 인도네시아와 같은 회교국가에 파송된 대표도 도착하였다. 한국에서는 에이비슨 박사(서울) 이외에 베어드 목사(Rev. W. M. Baird, 평양), 빈튼 박사(C. C. Vinton, MD, 서울), 레이드 목사(C. F. Reid, MD, 개성), 밀러 목사(Rev. F. S. Miller, 서울), 해리슨 목사(Rev. J. W. Harrison, 전주)가 참석하였다(자료 Ⅵ-4 참조). "언더우드 타자기 회사"의 사장인 언더우드 박사의 친형 존 언더우드(John T. Underwood)도 참석하였다.

이 카네기 홀이 세브란스 기념병원이 탄생하는 역사적인 연설이 울려 퍼지는 장소가 될 것이다. 카네기 홀의 연단 뒤에는 커다란 세계지도가 걸렸는데 서반구에는 "땅끝까지 복음을 전하라." 동반구에는 "그러하매 가서 복음을 전하더라"가 적혀있었다.

출처: Architectural Record 1910/ Courtesy of Jioia Cianciosi

〈자료 Ⅵ-1〉 1900년 세브란스 기념병원이 탄생한 카네기 홀 가운데에는 "세계가 선교의 땅일지니 좋은 겨자씨는 하나님 나라의 자녀들이다."로 장식되었다. 연단에서 뉴욕 주지사 시어도어 루즈벨트가 환영사를 읽고, 미국 대통령 윌리엄 매킨리가 기조연설을 하였으며, 대회 명예회장 벤자민 해리슨 전 대통령이 답사를 하였다. 매킨리 대통령은 젊어서부터 초교파 세계교회주의 운동에 깊이 관여하고 있었고 이미 20대에 오하이오주 캔턴시의 기독청년회의 의장을 역임하였다.[3] 글로버 클리블랜드 전 대통령은 명예회원으로 참석하였고, 캐나다의 수상과 총독도 참석하였다. 당시 캐나다는 영국령이었으므로 총독은 영국 빅토리아 여왕의 대리인이었다. 말하자면 미국과 영국의 최고 통치자가 참석하는 성대한 모임이 되었다. 여기에 뉴욕 상공회의 의장이 명예부회장이 되었다. 모든 의전은 장로교 선교본부의 아서 브라운 박사(Rev. Arthur J. Brown, DD, PhD, 1856~1945)가 맡아서 내빈을 맞이하였는데 총괄위원과 자문위원이기도 하였다. 프랭크 엘린우드 박사(Rev. Frank Ellinwood, DD, PhD, 1826~1908)는 총괄위원, 집행위원, 프로그램위원으로 선출되었다. 윌리엄 램버스 박사(Rev. William R. Lambuth, MD, DD)는 총괄위원이 되었다. 여기서 우리가 눈여겨보아야 할 사람이 세브란스보다 12살 연장자인 엘린우드 박사이다.

〈자료 VI-2〉 1900년 뉴욕 에큐메니컬 선교대회에 참석할 무렵 노년의 세브란스

카네기 홀에만 5천 명의 청중으로 꽉 찼다.[4] 다른 7개의 인근 교회까지 합치면 모두 5만 명이 모였다.[5] 이 대회를 위한 모금에 수많은 사람이 참여했는데 록펠러와 세브란스도 기부를 하였다.[6] 악덕기업가(robber baron)로 낙인찍힌 유명한 굴드(Jay Gould)의 딸도 기부하였다.[7] 록펠러는 침례교 파견위원이었고, 세브란스는 장로교 파견위원(delegate)이었다(자료 VI-3 참조). 그도 어느덧 노년의 신사가 되었다(자료 VI-2). 이 대회에서 세브란스와 록펠러는 명예부회장으로 뽑혔다.[8] 명예부회장은 400명이었는데 4월 28일 아침 카네기 홀에서 열린 평신도 대회에서 연단에 앉은 명예부회장은 세브란스와 록펠러를 비롯하여 35명에 불과하였다(자료 VI-3). 백화점왕 워너메이커는 관객석의 전

LAYMEN'S VIEWS ON MISSION WORK

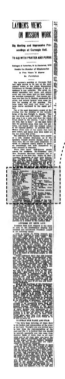

among the audience. Ex-President and Mrs. Benjamin Harrison occupied one of the boxes in the first tier. Henry M. MacCracken, Chancellor of New York University, occupied a box with Mrs. Russell Sage and Miss Helen Gould. Another box was taken by John Wanamaker and party of Philadelphia; in another one sat E. P. Metcalf, Governor of Rhode Island. John S. Kennedy was also in the audience. Of the 400 Vice Presidents there were on the platform:

John D. Rockefeller,
Russell Sage,
William B. Hornblower,
Charles E. Hughes,
Edwin J. Gillies,
W. Henry Grant,
Henry H. Hall,
Henry C. Conger,
John Crosby Brown,
Scott Foster,
Seth Low,
William G. Low,
Col. John J. McCook,
Alexander Maitland,
Hugh O'Neill,
William H. Parsons,
Clinton L. Rossiter,
William J. Schieffelin,
Charles A. Schieren,
Fred B. Schenk,
W. C. Schermerhorn,
F. L. Slade,
William A. Smith,
James Talcott,
Samuel Thorne,
Spencer Trask,
William A. Butler, Yonkers.
S. B. Capen, Boston.
John H. Converse, Philadelphia.
E. A. K. Hackett, Fort Wayne, Ind.
S. P. Harlison, Pittsburg.
W. J. Northen, Atlanta, Ga.
H. H. Procter, Boston.
L. H. Severance, Cleveland, Ohio.
Alden Speare, Boston,
and others.

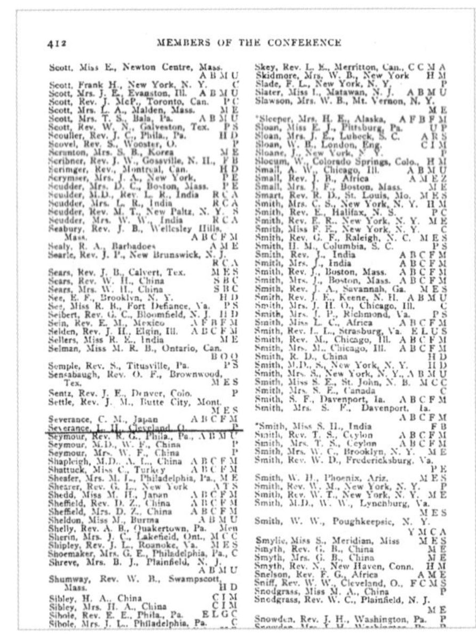

412 MEMBERS OF THE CONFERENCE

Scott, Miss E., Newton Centre, Mass. A B M U
Scott, Frank H., New York, N. Y. C
Scott, Mrs. J. E., Evanston, Ill. A B M U
Scott, Rev. J. McP., Toronto, Can. P C
Scott, Mrs. L. A., Malden, Mass. M E
Scott, Mrs. T. S., Bala, Pa. A B M U
Scott, Rev. W. N., Galveston, Tex. P S
Scouller, Rev. J. C., Phila., Pa. H D
Scovel, Rev. S., Wooster, O. P
Scranton, Mrs. S. B., Korea M E
Scribner, Rev. J. W., Gossville, N. H., F B
Scrimger, Rev., Montreal, Can. H D
Scrymser, Mrs. J. A., New York, P E
Scudder, Mrs. D. C., Boston, Mass. P E
Scudder, M.D., Rev. L. R., India R C A
Scudder, Mrs. L. R., India R C A
Scudder, Rev. M. T., New Paltz, N. Y. S
Scudder, Mrs. W. W., India R C A
Seabury, Rev. J. B., Wellesley Hills, Mass. A B C F M
Sealy, R. A., Barbadoes A M E
Searle, Rev. J. P., New Brunswick, N. J. R C A
Sears, Rev. J. B., Calvert, Tex. M E S
Sears, Rev. W. H., China S B C
Sears, Mrs. W. H., China S B C
See, E. F., Brooklyn, N. Y. H D
See, Miss R. B., Fort Defiance, Va. P S
Seibert, Rev. G. C., Bloomfield, N. J. H D
Sein, Rev. E. M., Mexico A F B F M
Selden, Rev. J. H., Elgin, Ill. A B C F M
Sellers, Miss R. E., India M E
Selman, Miss M. R. B., Ontario, Can. B O Q
Semple, Rev. S., Titusville, Pa. P S
Sensabaugh, Rev. O. F., Brownwood, Tex. M E S
Sentz, Rev. J. E., Denver, Colo. P
Settle, Rev. J. M., Butte City, Mont. M E S
Severance, C. M., Japan A B C F M
Severance, L. H., Cleveland, O. P
Seymour, Rev. R. G., Phila., Pa., A B M U
Seymour, M.D., W. F., China P
Seymour, Mrs. W. F., China P
Shapleigh, M.D., A. L., China A B C F M
Shattuck, Miss C., Turkey A B C F M
Sheafer, Mrs. M. L., Philadelphia, Pa., M E
Shearer, Rev. G. L., New York A T S
Shedd, Miss M. H., Japan A B C F M
Sheffield, Rev. D. Z., China A B C F M
Sheffield, Mrs. D. Z., China A B C F M
Sheldon, Miss M., Burma A B M U
Shelly, Rev. A. B., Quakertown, Pa. Men
Sherin, Mrs. J. C., Lakefield, Ont., M C C
Shipley, Rev. J. L., Roanoke, Va. M E S
Shoemaker, Mrs. G. E., Philadelphia, Pa., C
Shreve, Mrs. B. J., Plainfield, N. J. A B M U
Shumway, Rev. W. B., Swampscott, Mass. H D
Sibley, H. A., China C I M
Sibley, Mrs. H. A., China C I M
Sibole, Rev. E. E., Phila., Pa. E L G C
Sibole, Mrs. J. L., Philadelphia, Pa. C

Skey, Rev. L. E., Merritton, Can., C C M A
Skidmore, Mrs. W. B., New York H M
Slade, F. L., New York, N. Y. P
Slater, Miss I., Matawan, N. J. A B M U
Slawson, Mrs. W. B., Mt. Vernon, N. Y. M E
*Sleeper, Mrs. H. E., Alaska, A F B F M
Sloan, Miss E. J., Pittsburg, Pa. U P
Sloan, Mrs. J. E., Lubeck, S. C. A R S
Sloan, W. B., London, Eng. C I M
Sloane, J., New York, N. Y. P
Slocum, W., Colorado Springs, Colo., H M
Small, A. W., Chicago, Ill. A B M U
Small, Rev. J. B., Africa A M E Z
Small, Mrs. J. F., Boston, Mass. M E
Smart, Rev. R. D., St. Louis, Mo. M E S
Smith, Mrs. C. S., New York, N. Y. H M
Smith, Rev. E., Halifax, N. S. P C
Smith, Rev. E. R., New York, N. Y. M E
Smith, Miss F. E., New York, N. Y. C
Smith, Rev. G. F., Raleigh, N. C. M E S
Smith, H. M., Columbia, S. C. P S
Smith, Rev. J., India A B C F M
Smith, Mrs. J., India A B C F M
Smith, Rev. J., Boston, Mass. A B C F M
Smith, Mrs. J., Boston, Mass. A B C F M
Smith, Rev. J. A., Savannah, Ga. M E S
Smith, Rev. J. E., Keene, N. H. A B M U
Smith, Mrs. J. H. O., Chicago, Ill. C
Smith, Mrs. J. P., Richmond, Va. P S
Smith, Miss L. C., Africa A B C F M
Smith, Rev. L. L., Strasburg, Va. E L U S
Smith, Rev. M., Chicago, Ill. A B C F M
Smith, Mrs. M., Chicago, Ill. A B C F M
Smith, R. D., China H D
Smith, M.D., S., New York, N. Y. H D
Smith, Mrs. S., New York, N. Y., A B M U
Smith, Miss S. E., St. John, N. B. M C C
Smith, Mrs. S. E., Canada C
Smith, S. F., Davenport, Ia. A B C F M
Smith, Mrs. S. F., Davenport, Ia. A B C F M
*Smith, Miss S. H., India F B
Smith, Rev. T. S., Ceylon A B C F M
Smith, Mrs. T. S., Ceylon A B C F M
Smith, Mrs. W. C., Brooklyn, N. Y. M E
Smith, Rev. W. D., Fredericksburg, Va. P E
Smith, W. H., Phoenix, Ariz. M E S
Smith, Rev. W. M., New York, N. Y. P
Smith, Rev. W. T., New York, N. Y. M E
Smith, M.D., W. W., Lynchburg, Va. M E S
Smith, W. W., Poughkeepsie, N. Y. Y M C A
Smylie, Miss S., Meridian, Miss M E S
Smyth, Rev. G. B., China M E
Smyth, Mrs. G. B., China M E
Smyth, Rev. N., New Haven, Conn. H M
Snelson, Rev. F. G., Africa A M E
Sniff, Rev. W. W., Cleveland, O., F C M S
Snodgrass, Miss M. A., China P
Snodgrass, Rev. W. C., Plainfield, N. J. M E
Snowden, Rev. J. H., Washington, Pa. P

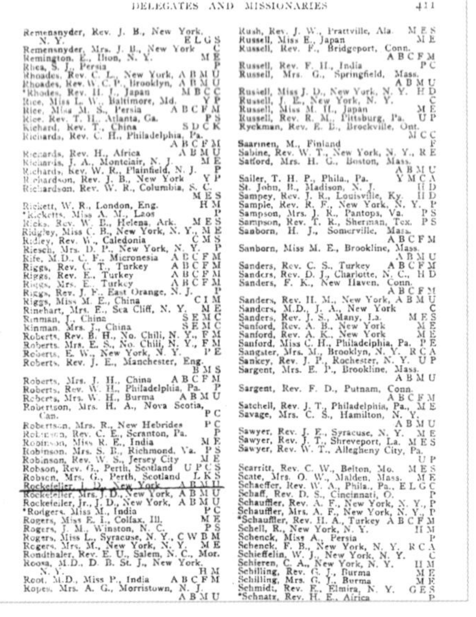

DELEGATES AND MISSIONARIES 411

Remensnyder, Rev. J. B., New York, N. Y. E L G S
Remensnyder, Mrs. J. B., New York C
Remington, E., Ilion, N. Y. M E
Rhea, S. J., Persia P
Rhoades, Rev. C. L., New York, A B M U
Rhoades, Rev. W. C. P., Brooklyn, A B M U
*Rhodes, Rev. H. J., Japan M B C C
Rice, Miss L. W., Baltimore, Md. Y P
Rice, Miss M. S., Persia A B C F M
Rice, Rev. T. H., Atlanta, Ga. P S
Richard, Rev. T., China S D C K
Richards, Rev. C. H., Philadelphia, Pa. A B C F M
Richards, Rev. H., Africa A B M U
Richards, J. A., Montclair, N. J. M E
Richards, Rev. W. R., Plainfield, N. J. P
Richardson, Rev. J. B., New York Y P
Richardson, Rev. W. R., Columbia, S. C. M E S
Rickett, W. R., London, Eng. H M
*Ricketts, Miss A. M., Laos P
Ricks, Rev. W. B., Helena, Ark. M E S
Ridgley, Miss C. B., New York, N. Y., M E
Ridley, Rev. W., Caledonia C M S
Riesch, Mrs. D. P., New York, N. Y. P
Rife, M.D., C. F., Micronesia A B C F M
Riggs, Rev. C. T., Turkey A B C F M
Riggs, Rev. E., Turkey A B C F M
Riggs, Mrs. E., Turkey A B C F M
Riggs, Rev. J. F., East Orange, N. J. P
Riggs, Miss M. E., China C I M
Rinehart, Mrs. E., Sea Cliff, N. Y. M E
Rinman, J., China S E M C
Rinman, Mrs. J., China S E M C
Roberts, Rev. B. H., No. Chili, N. Y., F M
Roberts, Mrs. E. S., No. Chili, N. Y., F M
Roberts, E. W., New York, N. Y. P E
Roberts, Rev. J. E., Manchester, Eng. B M S
Roberts, Mrs. J. H., China A B C F M
Roberts, Rev. W. H., Philadelphia, Pa. P
Roberts, Mrs. W. H., Burma A B M U
Robertson, Mrs. H. A., Nova Scotia, Can. P C
Robertson, Mrs. R., New Hebrides P C
Robinson, Rev. C. E., Scranton, Pa. P
Robinson, Miss R. E., India M E
Robinson, Mrs. S. B., Richmond, Va. P S
Robinson, Rev. W. S., Jersey City M E
Robson, Rev. G., Perth, Scotland U P C S
Robson, Mrs. G., Perth, Scotland L K S
Rockefeller, J. D., New York A B M U
Rockefeller, Mrs. J. D., New York, A B M U
Rockefeller, Jr., J. D., New York, A B M U
*Rodgers, Miss M., India P C
Rogers, Miss E. I., Colfax, Ill. M E
Rogers, J. M., Winston, N. C. P S
Rogers, Miss L., Syracuse, N. Y., C W B M
Rogers, Mrs. M., New York, N. Y. M E
Rondthaler, Rev. E. U., Salem, N. C., Mor.
Roosa, M.D., D. B. St. J., New York, N. Y. H M
Root, M.D., Miss P., India A B C F M
Ropes, Mrs. A. G., Morristown, N. J. A B M U

Rush, Rev. J. W., Prattville, Ala. M E S
Russell, Miss E., Japan M E
Russell, Rev. F., Bridgeport, Conn. A B C F M
Russell, Rev. F. H., India P C
Russell, Mrs. G., Springfield, Mass. A B M U
Russell, Miss J. D., New York, N. Y. H D
Russell, J. E., New York, N. Y. C
Russell, Miss M. H., Japan M E
Russell, Rev. R. M., Pittsburg, Pa. U P
Ryckman, Rev. E. E., Brockville, Ont. M C C
Saarinen, M., Finland F
Sabine, Rev. W. T., New York, N. Y., R E
Safford, Mrs. H. G., Boston, Mass. A B M U
Sailer, T. H. P., Phila., Pa. Y M C A
St. John, B., Madison, N. J. H D
Sampey, Rev. J. R., Louisville, Ky. H D
Sample, Rev. R. F., New York, N. Y. P
Sampson, Mrs. J. R., Pantops, Va. P S
Sampson, Rev. T. R., Sherman, Tex. P S
Sanborn, H. J., Somerville, Mass. A B C F M
Sanborn, Miss M. E., Brookline, Mass. A B M U
Sanders, Rev. C. S., Turkey A B C F M
Sanders, Rev. D. J., Charlotte, N. C., H D
Sanders, F. K., New Haven, Conn. A B C F M
Sanders, Rev. H. M., New York, A B M U
Sanders, M.D., J. A., New York C
Sanders, Rev. J. S., Many, La. M E S
Sanford, Rev. A. B., New York M E
Sanford, Rev. A. K., New York M E
Sanford, Miss C. H., Philadelphia, Pa. P E
Sangster, Mrs. M., Brooklyn, N. Y. R C A
Sankey, Rev. J. P., Rochester, N. Y. U P
Sargent, Mrs. E. P., Brookline, Mass. A B M U
Sargent, Rev. F. D., Putnam, Conn. A B C F M
Satchell, Rev. J. T., Philadelphia, Pa., M E
Savage, Mrs. C. S., Hamilton, N. Y. A B M U
Sawyer, Rev. J. E., Syracuse, N. Y. M E
Sawyer, Rev. J. T., Shreveport, La. M E S
Sawyer, Rev. W. T., Allegheny City, Pa. U P
Scarritt, Rev. C. W., Belton, Mo. M E S
Scate, Mrs. O. W., Malden, Mass. M E
Schaeffer, Rev. W. A., Phila., Pa., E L G C
Schaff, Rev. D. S., Cincinnati, O. P
Schauffler, Rev. A. F., New York, N. Y., P
Schauffler, Mrs. A. F., New York, N. Y., P
*Schauffler, Rev. H. A., Turkey A B C F M
Schell, R., New York, N. Y. H M
Schenck, Miss A., Persia P
Schenck, F. B., New York, N. Y. R C A
Schieffelin, W. J., New York, N. Y. C
Schieren, C. A., New York, N. Y. H M
Schilling, Rev. G. J., Burma M E
Schilling, Mrs. G. J., Burma M E
Schmidt, Rev. F., Elmira, N. Y. G E S
*Schnatz, Rev. H. E., Africa P

출처: New York Times 1900년 4월 28일/ Ecumenical Missionary Conference 1900 New York

〈자료 Ⅵ-3〉 1900년 뉴욕 에큐메니컬 선교대회 세브란스와 록펠러의 참가 기록과 명예부회장 기록용실(box)에 앉아 있었다. 연단에 앉은 명예부회장들은 한 번씩 연설을 하였는데 세브란스의 발언은 알려지지 않았다.

회의는 일요일을 제외하고 9일간 계속될 것인데 하루를 3회로 나누어 모두 70개의 분과에서 500여 명의 연사가 논문을 읽을 것이다. 첫날 4월 23일(월) 오후 2시 30분에 갈보리 감리교회에서 빈튼(C. C. Vinton 서울), 레이드(C. F. Reid 개성), 에이비슨(O.

354 PROGRAMME

Monday, April 23

MORNING

CARNEGIE HALL

Authority and Purpose of Foreign Missions

Chairman—REV. JUDSON SMITH, D.D., Boston

Devotional Service .... Walter B. Sloan, London
Authority and Purpose of Foreign Missions .... Rev. A. H. Strong, D.D., LL.D., Rochester, N. Y.
The Source of Power .... Rev. J. Hudson Taylor, China
The Supreme and Determining Aim ... Robert E. Speer, M.A., New York
Benediction .... Rev. William Ashmore, D.D., China

CENTRAL PRESBYTERIAN CHURCH

Authority and Purpose of Foreign Missions

Chairman—REV. JAMES A. CUNNINGHAM, M.A., London

Devotional Service .... Rev. James A. Cunningham, M.A.
The Cause Crowned by the Closing Century .... Rev. James I. Vance, D.D., Nashville, Tenn.
The Source of Power .... Rev. Henry T. Chapman, Leeds, Eng.
The Supreme and Determining Aim ... Rev. Paul de Schweinitz, Bethlehem, Pa.
Rev. Henry C. Mabie, D.D., Boston
Benediction .... Rev. James A. Cunningham, M.A., London, England

AFTERNOON

CALVARY BAPTIST CHURCH

Japan—Korea

Chairman—REV. T. M. MCNAIR, Japan

Prayer .... Rev. Thomas Marshall, D.D. Chicago

Korea:
General Survey of Korea .... C. C. Vinton, M.D., Seoul
Evangelistic Work in Korea .... Rev. C. F. Reid, D.D., Seoul
Medical Work in Its Past, Present, and Future Aspects .... O. R. Avison, M.D., Seoul
Education in Mission Work .... Rev. W. M. Baird, Pyeng Yang
Spirit of Korean Christians .... Rev. F. S. Miller, Seoul
Work in Southern Korea .... Rev. J. W. Harrison, Chunju

Japan:
Recent Progress in Japan .... Rev. J. L. Dearing, D.D., Yokohama
Present Religious and Educational Problems .... Rev. Albertus Pieters, Nagasaki
Recent Impressions of the Mission Work .... Rev. Julius Soper, D.D., Tokyo
Changes of Half a Century .... *Rev. J. C. Hepburn, M.D., East Orange, N. J.
Hope for Formosa .... Rev. Thomas Barclay, Formosa
Educate the Women .... Miss M. B. Griffiths, Tokyo
Preachers in Japan .... Rev. E. R. Woodman, Tokyo
Evangelistic Work among Students .... Rev. H. H. Coates, M.A., Tokyo

* Retired.

출처: Ecumenical Missionary Conference 1900 New York

<자료 VI-4> 1900년 뉴욕 에큐메니컬 선교대회 한국 선교 현장에 관한 회의순서

R. Avison 서울), 베어드(W. M. Baird 평양), 밀러(F. S. Miller 서울), 해리슨(J. W. Harrison 전주)이 한국의 선교 현장을 설명하였다(자료 VI-4). 베어드 목사 부인의 "방법과 기회(Methods and Opportunities)"는 4월 26일 오후 2시 30분 카네기 홀 회의에 배정되었고, 언더우드 박사는 4월 27일 오전 10시 카네기 홀 회의에서 "새로운 선교지에서 교훈(Object Lesson in New Field)"이라는 제목의 글을 읽기로 배정되었지만 참석하지 못하고 논문만 보내 왔다.

가장 바쁜 사람은 에이비슨 박사였는데 거의 매일 서로 다른 제목으로 여러 곳에서 연설을 하였다. 4월 23일 갈보리 교회에서 "의료교육(Medical Training)"과 4월 24일 중앙장로교회에서 "한국에서 성서(The Bible in Korea)"를 연설하였다. 4월 27일에는 중앙장로교회 회의에서 "선교의 자립-중요성, 방법, 우연성(Self-Support by Mission Churches-Importance, Methods, Incidents)"이라는 제목으로 말할 때 중국에서 온 윌리엄 애시모어 목사(Rev. William Ashmore)도 발표하였는데 뉴욕 타임스에도 요약이 기사로 소개되었다.[9] 이 기사 바로 위에 대회 명예부회장 세브란스 씨가 평신도 대회의 단상에 앉아 있다는 기사가 나란히 실렸다. 두 사람의 역사적인 만남이 있기 이틀 전에 신문에서는 이미 만난 셈이다.

에이비슨 박사는 그 밖에 한 번 더 배정을 받았는데 4월 30일 오후 2시 30분 중앙장로교회에서 열리는 「병원과 진료소 분과 회의(Hospitals and Dispensaries)」에서 "의료선교에 있어서 예양(Comity in Medical Works)"이라는 제목으로 연설할 예정이었다.[10] 이것이 세브란스를 만나게 해주고 세브란스 병원을 태동시키는 역사적인 연설이다. 그러나 이것은 예정에 불과하다. 〈자료 VI-5〉의 뉴욕 타임스 기사와 〈자료 VI-6〉의 선교대회 백서의 실제 순서를 비교해 보면 다음과 같이 예정이 변경되었음을 알 수 있다.

	예정	실제
장소	중앙장로교회	카네기 홀
시간	4월 30일 오후 2시 30분	4월 30일 오전 8시
분과	병원 및 진료소 분과	의료 분과
원고	의료선교에 있어서 예양	의료선교에 있어서 예양

다른 사람들의 발표는 예정대로 진행되었는데 유독 에이비슨 박사의 발표 장소와 시간만 변경되어 카네기 홀에서 오전 8시에 열리는 「의료 분과 회의 Medical Work」에

서 연설하게 되었다.[11] 이것이 뉴욕 타임스 기사의 실수가 아닌 것으로 보이는 것은 첫째, 선교대회의 홍보를 담당한 "언론위원회 Press Committee"의 "가장 중요한 일은 보고서를 준비하기 위하여 모든 회의의 자세하고 정확한 자료를 확보하는 것"이었다. "[뉴욕]트리뷴, [뉴욕]타임스, [뉴욕]선, [뉴욕]헤럴드 등 뉴욕뿐만 아니라 전국의 모든 신문의 기사와 칼럼은 열흘 동안 선교대회로 도배하였다." 실수가 있을 수 없다. 둘째, 이것이 더 확실한 증거가 되겠지만, 에이비슨 박사가 발표하기로 예정된 원래의 분과 회의는 「의료 분과 Medical Works」가 아니라 「병원 및 진료소 분과 Hospitals and Dispensaries」였고, 그에 따라 에이비슨 박사의 연설원고가 "이 글에서는 병원과 진료소만 생각하기로 한다"로 시작하였다.[12] 그는 예정대로 "병원과 진료소"에 대해서 원고를 준비했던 것이다. 그런데 「병원 및 진료소 분과 회의」에서 다른 발표자는 그대로 두고 유독 에이비슨 한 사람만 오전의 「의료 분과」가 열리는 카네기 홀로 옮겨놓았으니 에이비슨은 원고를 수정할 사이도 없이 원래 준비하였던 "병원과 진료소"에 관한 논문을 발표할 수밖에 없었다. 어찌된 일이었을까. 이 궁금증을 추적해야 하는데 그 전에 그 주변을 먼저 설명할 필요가 있다.

카네기 홀

4월 30일(월)에 카네기 홀에서 회의가 3번 열렸다. 9일간의 전체 회의에서 이날 오전 8시 회의만이 「의료 분과 회의」였다. 오전 연설을 듣기 위해 루이스 헨리 세브란스는 제일 높은 후미 회랑(away up in the back gallery)에 앉아 있었다.[13] 우스터 대학의 홀덴 총장도 세브란스 씨의 옆자리에 자리를 잡았다. 마치 아버지와 아들처럼. 실제로 홀덴 총장의 자서전을 보면 자신을 아들처럼 대해주었다고 술회하였다.[14] 그러나 홀덴의 이름은 파견위원 명단에 없다. 무슨 자격으로 참석했을까. 아버지처럼 믿고 따르는 세브란스를 따라온 것일까. 그 사이에 세브란스는 한 가지 생각에 몰두하였는데 그것은 팔순 노모의 소원이었다.

"루이스야, 네 아버지, 네 아들 로버트, 네 딸 앤 벨이 모두 결핵으로 죽지 않았느냐. 그리고 네 첫 번째 처와 두 번째 처도 모두 병으로 죽지 않았느냐. 이런 불행이 어 디에 있겠느냐. 내가 일찍이 네 외할아버지가 물려주신 유산으로 레이크사이드 병원(The Lakeside Hospital)을 세웠던 것도 네 아버지의 죽음이 가슴에 맺혀서 그런 것이다. 그때 클리블랜드에 번듯한 병원이라도 있었으면 네 아버지가 멀리 버지니아주의 윌링[15]까지 가서 그렇게 젊은 나이에 허무하게 생명이 꺼지지 않았을 것을 말이다."

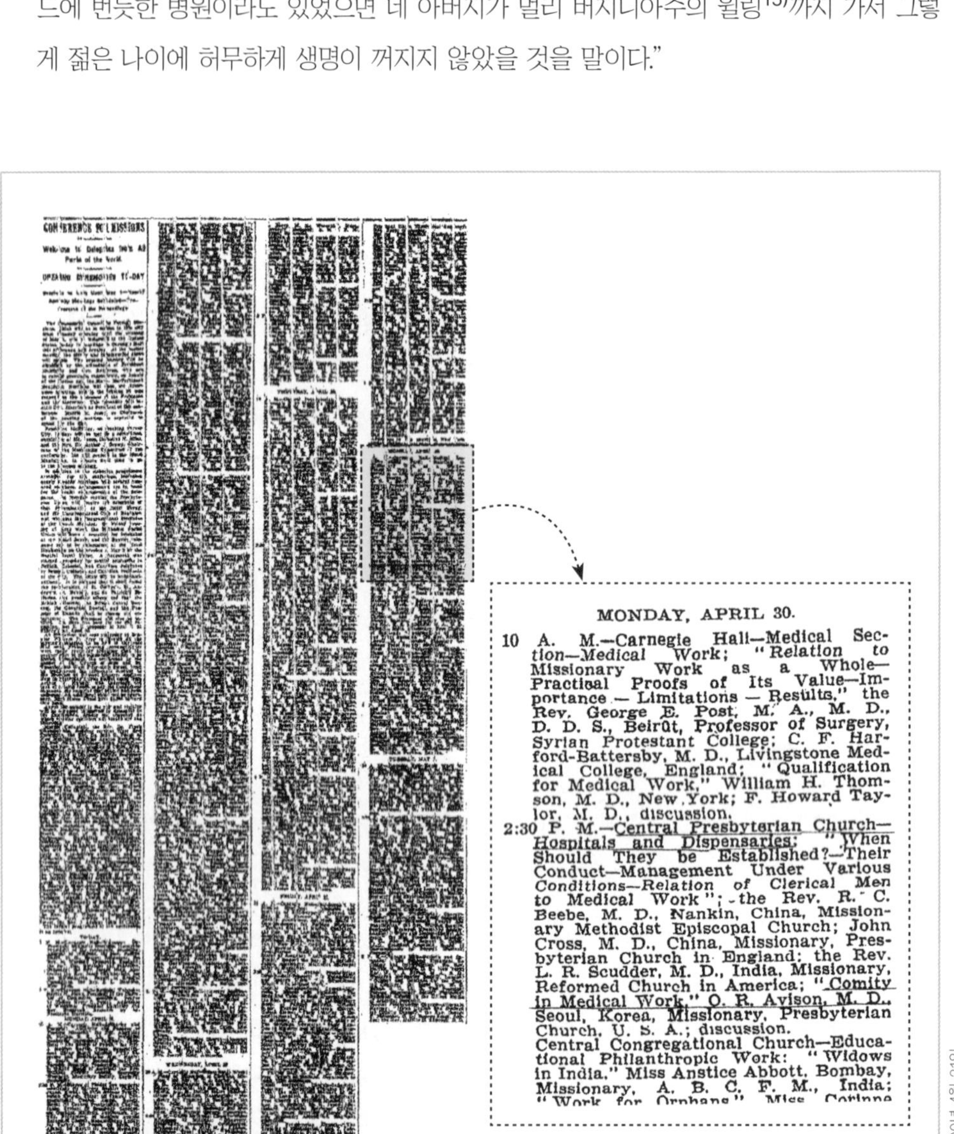

MONDAY, APRIL 30.

10 A. M.—Carnegie Hall—Medical Section—Medical Work; "Relation to Missionary Work as a Whole—Practical Proofs of Its Value—Importance — Limitations — Results," the Rev. George E. Post, M. A., M. D., D. D. S., Beirût, Professor of Surgery, Syrian Protestant College; C. F. Harford-Battersby, M. D., Livingstone Medical College, England; "Qualification for Medical Work," William H. Thomson, M. D., New York; F. Howard Taylor, M. D., discussion.

2:30 P. M.—Central Presbyterian Church—Hospitals and Dispensaries; "When Should They be Established?—Their Conduct—Management Under Various Conditions—Relation of Clerical Men to Medical Work"; the Rev. R. C. Beebe, M. D., Nankin, China, Missionary Methodist Episcopal Church; John Cross, M. D., China, Missionary, Presbyterian Church in England; the Rev. L. R. Scudder, M. D., India, Missionary, Reformed Church in America; "Comity in Medical Work," O. R. Avison, M. D., Seoul, Korea, Missionary, Presbyterian Church, U. S. A.; discussion.

Central Congregational Church—Educational Philanthropic Work: "Widows in India." Miss Anstice Abbott, Bombay, Missionary, A. B. C. F. M., India; "Work for Orphans," Miss Corinne

출처: New York Times 1900년 4월 21일

<자료 Ⅵ-5> 1900년 뉴욕 에큐메니컬 선교대회 에이비슨 박사 발표순서 뉴욕 타임스 기사

세브란스는 불과 4년 전에 결핵으로 죽은 막내딸 앤 벨(Anne Belle Severance, 1868~1896)을 생각했다. 그는 앤 벨이 장성한 1894년까지 20년 동안 재혼하지 않았다. 그 앤 벨이 1896년 9월 25일 공기 좋은 영국의 휴양지 와이트섬 벤트너(Ventnor, Isle of Wight)에서 숨을 거둘 때 세브란스는 곁에 있었다. 그는 지난 2년 사이에 부인에 이어 딸을 잃은 것이다. 그가 1896년에 스탠더드에서 은퇴한 것도 영국에서 딸의 간호 때문인 것으

PROGRAMME 373

EVENING

CARNEGIE HALL

Mass Meeting in Interest of Famine Sufferers in India

Chairman—HON. SETH LOW, LL.D., New York

Prayer .... Rev. R. S. MacArthur, D.D., N. Y.
Introductory Address.................. J. H. Barrows, D.D., Oberlin
Causes which Lead to Famine in India. Rev. L. B. Wolf, India
Rev. David Downie, D.D., India
How the Indian Government Handles a Famine........................ Rev. W. H. Findlay, M.A.
Facts and Statistics.................. Rev. James Smith, Ahmednager
What an Indian Famine is Like...... Rev. Dr. Johnson
*Rev. E. W. Parker, D.D.
Manorama Mary Medhui
(Collection for Famine Relief.)
Why Foreign Nations Should Help in Famine Relief................ Rev. Charles Cuthbert Hall, L. LL.D., New York
What Can the United States and Other Christian Nations Do?..... Rt. Rev. H. C. Potter, D.D., LL.D., Bishop of New York
Benediction .... Bishop H. C. Potter, D.D., N. Y.

Monday, April 30

MORNING

CARNEGIE HALL

Medical Work

Chairman—REV. JACOB CHAMBERLAIN, M.D., D.D., China

Devotional Service.................. Rev. C. F. Reid, D.D., Korea
Relation to Missionary Work as a Whole—Practical Proofs of Its Value—Importance, Limitations, Results (Paper) .... Rev. George E. Post, M.D., D.D.S., Beirut, Syria
C. F. Harford-Battersby, M.D., England
Qualifications for Medical Work....... F. Howard Taylor, M.D., China
Comity in Medical Work............. O. R. Avison, M.D., Seoul, Korea
Discussion .... F. P. Lynch, M.D.; Frank Van Allen, M.D.; May E. Carleton, M.D.; *J. C. Hepburn, M.D.
Prayer .... Y. L. Graham, M.D., Philadelphia, Pa.

CENTRAL PRESBYTERIAN CHURCH

Christian Literature

Chairman—REV. C. F. REID, D.D., Korea

Devotional Service .... Rev. C. F. Reid, D.D., Korea
Christian Literature in China.......... Rev. Timothy Richard, Shanghai
The Recent Reform Movement in China Rev. George Owen, Peking
How We Won Our Way on the Congo. Rev. Henry Richards, Africa
Christian Union and Missions......... J. H. Garrison, D.D., St. Louis, Mo.

* Retired.

출처: Ecumenical Missionary Conference 1900 New York

〈자료 Ⅵ-6〉 1900년 뉴욕 에큐메니컬 선교대회 에이비슨 박사가 발표한 의료 분과 회의 순서

로 보인다. 그는 딸의 사망 소식을 대서양에서 전보로 쳤다.[16)]

> "이토록 가까운 천국에 대해 우리가 아는 바가 전혀 없다니 얼마나 이상스러운 일인가."
> "주의 이름은 견고한 망대요, 그 속은 의로움과 안전이다."

세브란스 씨는 앤 벨이 남긴 애끓는 병상일기[17)]를 어루만지고 딸을 추억하는 한편 어머니 소원이 이루어지도록 병원 건립을 생각 중이었다. 막내딸의 일기에는 아버지가 재혼하지 않고 길러준 부성애에 대한 존경과 사랑으로 가득 차 있으며 자신이 죽은 다음에 아버지를 걱정하고 있다. 세브란스 씨는 세상에서 거부였고, 사회에서 자선가였으며, 교회에서 독실한 장로였고, 집에서는 자식들로부터 존경받는 아버지였다. 이렇기 때문에 그가 사망한 다음에도 자식들이 아버지의 유업을 받들어 세브란스 병원을 도와준 것이다.

ECUMENICAL

MISSIONARY CONFERENCE

NEW YORK, 1900

REPORT OF THE ECUMENICAL CONFERENCE ON FOREIGN MISSIONS, HELD IN CARNEGIE HALL AND NEIGHBORING CHURCHES, APRIL 21 TO MAY 1

IN TWO VOLUMES
VOL. I.

FIRST EDITION, TWENTY-FIVE THOUSAND

NEW YORK
AMERICAN TRACT SOCIETY
LONDON
RELIGIOUS TRACT SOCIETY

출처: Ecumenical Missionary Conference New York 1900

<자료 Ⅵ-7> 1900년 뉴욕 에큐메니컬 선교대회 백서 표지

병원 건립 문제는 1년째 그의 뇌리에서 맴돌았다. 두 번째 아내가 죽고 막내딸이 죽은 다음 해 1897년에 메이플라워 교회(Mayflower Church)와 블러바드 교회(Boulevard Church)를 봉헌하였다. 교회 다음은 병원이었다. 대학병원인 레이크사이드 병원의 이사로서 병원에 대해서 경험도 얻었다. 그러나 클리블랜드에는 이미 종합병원이 여럿 생겼

고 우스터에도 대학병원이 있다. 그러하다면 병원이 절실히 필요한 곳은 어디일까. 기독교 정신이 충만한 곳이라면 좋을 텐데. 사무엘 허친스 목사(Rev. Samuel Hutchins)와 사라 판 타인 애덤스(Sarah C. Van Tine Adams) 선교사가 늘 얘기하던 극동에 그런 곳이 있을까. 그는 에큐메니컬 선교대회를 준비하는 대표들이 1900년을 대회 개최의 해로 정한 배경을 알고 있었다.

"새로운 세기가 시작되는 1900년부터 20세기에는 태평양이야말로 세계사의 중심이 되리라고 믿는다."[18)]

"선교대회는 유럽과 미국의 정치와 경제의 팽창이 기독교 정신을 땅 끝까지 채우는 때에 열어야만 한다. 미국은 필리핀의 복속으로 아시아와 직접 마주치게 되었다."[19)]

그러나 같은 태평양 지역이라도 중국에는 이미 400개의 서양 병원이 있지 않은가.[20)] 더욱이 에이비슨 박사가 카네기 홀에서 연설하는 1900년 4월과 5월에 중국에서는 의화단이 기독교와 외국인을 배척하는 난리를 일으키고 있었다. 뉴욕 대회도 알고 있었다.

"중국에서는 봉기의 구름이 어느 때보다 일고 있다. 이러한 변화와 상관없이 기독교 정신의 범위는 확장되며 비기독교 지역의 상태의 이해를 돕게 되었고 인류의 발전이 기독교 선교와 결코 떨어질 수 없다는 신념을 깊게 해준다."[21)]

북경을 비롯한 중국 북부, 특히 산동성에는 위험의 기운이 감돌았다. 뉴욕 5번가 156번 거리에 있는 장로교 선교본부의 찰스 핸드(Charles W. Hand) 재정부장은 중국에 전문을 보내어 사정을 물었지만 아무 대답을 못 받자 두려움에 찬 목소리로 말했다.

"우리는 걱정하고 있습니다. 그러나 아무 것도 아는 바가 없어서 더 불안합니다."[22)]

드디어 이웃 5번가 150번 거리에 있는 감리교 선교본부에 전문이 왔다. 총무 레오나드 박사가 받았는데 다음과 같았다.

"북경. 1900년 6월 9일. 중국인 기독교도에 대한 학살. 외국인이 위험. 워싱턴에 압력."[23)]

레오나드 총무는 매킨리 대통령과 친구 사이였다. 그는 즉시 백악관에 중국의 전문과 함께 다음과 같은 전문을 6월 12일에 보냈다.

"이 전문[중국의 전문]은 미국인이 매우 위급한 상태에 있음을 알리는 것입니다. 정부의 보호가 필요합니다. 레오나드."[24)]

드디어 6월 21일에 서태후는 북경 주재 8개국 공사관에 대하여 전쟁을 선포하였다. 이미 230명의 외국인이 살해되었고 수만 명의 중국인 기독교도가 학살되었다. 그 해 8월에 8개국 군대가 북경에 입성하여 중국은 항복하였다. 9월 22일에 뉴욕 장로교 선교본부에 모든 교파의 선교관계자들이 모였다. 장로교 대표로 프랭크 엘린우드, 찰스 핸드, 아서 브라운이 참석하였다. 감리교에서는 레오나드 박사가 참석하였다. 의장에 코브(Cobb), 총무에 아서 브라운 박사를 뽑았다. 이 모임에서 회중교회 해외선교부(American Board of Commissioners for Foreign Missions, ABCFM) 소속의 13명의 선교사가 살해되었고, 장로교 소속 5명의 선교사가 희생당하였음을 확인하였다. 그리고 몇 가지를 의결하였다. 첫째, 선교사는 중국에서 철수하지 않는다. 다만 중국에서 강제로 추방하면 한국과 일본으로 임시 피난시키며 다시 기회를 본다. 둘째, 배상금을 받아서 그 가족에게 지불한다. 셋째, 중국에서 군대가 철수하는 것을 반대한다. 이상의 뜻을 관철하기 위하여 1901년 1월에 뉴욕에서 개최되는 초교파 해외 선교회의에 제출하는 문서를 프랭크 엘린우드가 박사가 책임지고 작성한다.[25)]

중국 선교가 초미의 문제로 떠올라서 새 병원 건축 후보지로 극동의 다른 나라를 고려하게 된 세브란스 씨는 도움을 받고자 4월 30일 오전 8시 30분 카네기 홀에서 열리는 「의료 분과 회의」에 참석하였다. 오전 회의는 한국 개성의 레이드 목사(Rev. C. F. Reid)의 개회기도로 시작되었다. 시리아, 영국 그리고 중국에서 온 의료선교사의 연설이 끝난 후 오전 연설로서는 마지막 연설만 남았다. 그때였다. 누군가 연단에 올라왔다. 그는 자신의 아들 존이나 옆에 앉은 홀덴 총장과 비슷한 연배의 중년이었다. 그는 준비된 원고를 꺼내어 조심스럽게 읽기 시작하였다.[26)]

"… 한국에 현재 설립된 병원들은 건물, 장비, 사람, 수입에서 부족한 점이 많다. 부족의 이유는 자금의 궁핍이다. 자금 궁핍의 이유는 각 선교단체가 제대로 병원 일을 하는 데 상대적으로 돈이 많이 들기 때문이다. 예를 들어서 서울에는 8개의 병원과 진료소가 있는데 모두 합하여 9명의 의사와 6 내지 7명의 간호사가 있다 …."

카네기 홀의 내부는 매우 넓고 높지만 육성이 잘 들리도록 설계되어 듣는 데 문제가 없었다. 그러나 에이비슨 박사는 목청을 힘껏 높였다. 누가 알랴. 5천 명 가운데 저 뒤에 나의 후원자가 있을지.[27] 이것은 카네기 홀에 많은 후원자가 참석하였음을 의미한다. 다시 말하면 에큐메니컬 선교대회는 해외 파송선교사와 미국 내의 기독교 기업가의 만남의 대회였다. 뉴욕 상공회의의 의장 모리스 제섭(Morris K. Jesup)이 대회 명예부회장으로 참석한 가운데 선교 후원회의 회원들이 참석하였다. 에이비슨 박사가 카네기 홀에서 발표하기 3일 전인 4월 27일 저녁 카네기 홀에서는 기업가들의 특별회의(business meeting)가 있을 예정인 것이 이러한 배경을 말해준다. 제섭은 후원회 회장이었다. 여기서 브루클린의 전 시장인 찰스 쉬렌(Charles Schieren) 부회장이 말했다.[28]

"사업가들은 아주 현실적인 질문을 한다. 내 돈이 어떻게 쓰이는가. [이러한] 사업가에게 [선교사]여러분들은 돈이 어떻게 사용되는지 강한 인상을 주어야 한다. 그러면 그들은 지갑을 열 것이다. 불행히도 나는 해외선교에 대해 아는 바가 없다."

이에 대하여 필라델피아에서 온 존 컨버스(John H. Conserse) 부회장은 말했다.[29]

"선교에 대한 사업가의 태도는 분명하며 무조건이다. 기독교도라면 선교는 곧 의무이다. 그의 사업이 선교에 기여하여야 한다는 사실을 인식하여야 한다. 선교는 전화, 전보, 전기의 길을 예비하는 것이다. 그들은 상인과 사업가가 기꺼이 발을 들여놓을 수 있도록 문을 열어야 한다."

구리개(銅峴) 제중원이 1904년 세브란스 병원으로 이사할 때 그곳에서 함께 시작한 승동교회가 갈 곳이 없어져서 임시 처소를 빌려 예배를 보았다. 신도들이 원래 있던 교회 터를 매각한 대금 9천 원으로 교회 건축이 부족하자 이때 컨버스 부회장이 2,750달러(5천 원)를 보내서 승동(오늘날 인사동)에 새 교회를 지을 수 있었다.[30] 그는 또 언더우드가 계획한 여학교에 기부금을 보낸 것 같다.[31] 누가 이 필라델피아의 사업가로 하여금 기부하게 만들었을까.

그의 자선을 유도한 사람이 뉴욕 장로교 해외선교본부의 총무였던 브라운 박사(Rev. A. Brown, DD. PhD, 1856~1945)라는 암시가 언더우드 박사의 편지에 나타나 있다.

> "전략. 서울에서 우리가 지금까지 지켜온 노선이나 정책을 따라 중앙교회[승동교회]는 스스로 교회건물을 마련할 것입니다. … 우리는 선교지부를 위해 … 서울 중앙에 일부 건물이 필요합니다. 따라서 선교회가 서울 지부와 공동으로 사용할 부지를 매입할 예산을 요청(합니다.) 가난한 본토인들이 자신들의 교회건물을 짓기 때문에 추가로 이 비용까지 낼 수 있다고 기대할 수 없습니다. 저는 선교본부가 올해 이 비용을 배정해 줄 것으로 믿습니다."[32]
>
> "전략. 서울 선교지부는 얼마 전에 귀하께 중앙교회[승동교회]와 필요한 교회건물에 대해 편지했습니다. 귀하께서 이 문제를 선교본부와 재정위원회에 강력히 제안해 주셔서 재정을 확보해주시기 바랍니다."[33]

에이비슨이 연설할 때 공교롭게도 세브란스 씨는 홀덴 총장과 함께 제일 높은 후미 회랑에 앉아있었다.[34] 〈자료 VI-1〉의 5층 회랑인 것 같다. 카네기 홀에 가 본 사람은 알지만 앞줄은 특별석이다. 세브란스 씨는 클리블랜드 장로교 연합회장이고, 뉴욕 세계선교대회의 부회장이며, 대부호이니 얼마든지 앞줄에 앉을 수 있는데도 불구하고 제일 뒷부분에 앉았다는 것은 그의 수줍은 성품을 나타낸다. 세브란스 씨는 극동에 대해서 각별한 관심을 갖고 있었다. 그가 어릴 때 올드스톤 교회의 사라 애덤스 선교사와 허친스 목사가 항상 극동의 선교를 강조하였다. 세브란스 씨의 외동딸 엘리자베스가 1944년에 사망했을 때 그녀의 유언 속에 1천4백만 달러 유산의 2퍼센트를 아버지가 생전에 관심을 가졌던 극동의 의료선교에 보낼 것이 포함되었다(제3장 참조). 극동이란 어디였나. 좁은 의미에서는 한국과 만주뿐이었다. 세브란스는 일찍이 다음과 같이 말했다고 전해진다.

> "극동에서 우리가 하는 일의 목적이 단순하게 교육에만 머물지 말고 그들의 아버지이신 하나님께 나아가게 하는 교육에 있다는 점을 잊어서는 안 된다."[35]

세브란스 씨는 한국을 생각하였다. 한국, 극동의 힘없고 조그만 나라 한국이라. 세브란스는 올드스톤 교회의 히람 하이든 목사의 연설을 상기하였다.

"나는 지금까지 끊임없이 해외선교에 관여해 왔다. 나는 지금도 1850년의 겨울을 기억한다. 소수의 사람이 난로에 모여 하나님께 헌신하면서 나머지 세기에는 복음이 놀랍도록 전파되기를 기도 드렸다. 우리 앞에 문이 열리고 오시는 주님께 광대한 길이 놓이게 되기를 기도하였다. 지금 아프리카가 유럽 열강에 의해서 중심에서 주변까지 가로질러 찢기는 것을 보니 아시아와 아프리카에 대한 당시의 우리 무지가 지금 생각하니 도저히 믿을 수 없는 지경이 되었다."[36)]

히람 하이든 목사는 클리블랜드의 모든 장로교회를 설립한 사람이다. 올드스톤 교회가 차고 넘치면 파생교회를 만들고 또 넘치면 다시 만드는 일을 계속하였다. 국내 선교의 일을 마친 다음 그가 열정을 갖은 것이 해외 선교였다. 아시아에 대한 그의 선교는 여기에서 연유하며 이번 뉴욕 대회에도 장로교 파견위원으로 참석하였다.

에이비슨 박사는 처음에는 세계 각국의 선교지에서 온 다른 선교사들에 비하여 자신의 원고가 초라하다고 생각하였다. 그래서 용기를 얻기 위하여 부인을 단상에 앉혔다.[37)] 그러나 자신도 모르는 새에 준비한 원고를 접고 마음에서 우러나오는 외침으로 카네기 홀을 울렸다.[38)] 아래에서 보겠지만 그의 원고는 에이비슨이 생각한 것과는 다르게 빼어난 명문이며 세브란스 씨의 가슴에 와닿는 데 긴 시간이 필요하지 않았다. 그는 에이비슨 박사의 연설이 시작되자 곧 몸을 일으켜 나가서 에이비슨 박사를 복도에서 12시까지 기다렸다.[39)] 이렇게 하여 1900년 4월 30일 월요일 낮 12시에 카네기 홀은 세브란스 병원의 탄생지가 되었다. 세브란스 병원은 새로운 세기가 열림과 동시에 태어났다.

한국

이 책에서 우리는 세브란스를 중심으로 서양의 기독교와 의학을 한국에 이식하는 과정을 설명하려다 자칫 한국은 미신과 무지의 나라로 묘사하고 서양은 의학과 과학의 나라로 그리는 우를 범하기 쉽기 때문에 이 시점에서 균형을 잡을 필요가 있다.

헐버트 박사는 한국 기록에 의존하여 최초의 금속활자라고 생각되는 53개를 영국에서 전시를 하고 미국 뉴욕의 자연사박물관에 기증하였다. 이 금속활자는 어느 대신이 헐버트에게 선사한 것이다. 그는 활자의 자세한 사용법과 함께 세계 최초의 금속활자라고 소개하였다.[40] 에이비슨 박사 역시 한때 이렇게 말한 적이 있다.

"저는 런던에 있는 대영 박물관에서 꼬리표가 붙은 책 한 권을 본 적이 있습니다. 거기에는 「금속활자로 인쇄된 세계 최고의 책 - 조선」이라고 적혀 있었습니다. 독일의 구텐베르크가 금속활자를 발명하기 150년 전의 일입니다. 이런 나라를 도와 혼수상태에서 다시 벗어나도록 하지 못한다면 유감천만의 일이 될 것입니다."[41]

"한국은 지금 열강에 의해 사라질 운명에 있습니다. 그것은 정치하는 사람들의 잘못일 겁니다. 그러나 그곳의 백성은 말할 수 없는 고통을 당하고 있습니다. 기독교가 무엇인지 이제 간신히 눈과 귀를 열려는 상태입니다. 기독교만이 꺼져 가는 이 나라의 불쌍한 백성의 희망입니다."

에이비슨은 회고록의 서문에서도 다음과 같은 소회를 기록하였다.[42]

"이 회고록은 막강하고 비도덕적인 인접국가[일본]의 자체적인 미숙과 우둔 사이에서 기진맥진한 국가[한국]가 소생하도록 도우려고 애쓴 한 개인 및 한 가족의 부분적인 기록에 지나지 않는다. 현재 한국은 훌륭한 육체적 활력이 잠시 휴면상태에 있지만 이제 각성하여 어떠한 인접국가의 필적할 수 있는 지적능력을 충분히 입증하고 있다."

러들로도 그의 여행기에서 다음과 같은 역사적인 사실을 지적하였다.[43]

"예수 이후 5세기경에 한국은 높은 문명을 이루었다. 당시 반 미개상태의 일본이 문명의 충격을 받은 것은 한국을 통해서였다."

에이비슨 박사야 한국에서 일생을 바칠 각오를 한 사람이니 한국을 좋게 표현할 수 있다 하지만, 한국 체류가 불과 3개월밖에 안 되었고, 일본 방문을 생략하지 않은 것도 아닌, 초행의 길에 언제 다시 한국에 올지 모르는 상태에서 쓴 러들로 박사의 기록은 객관적이고 그의 진심이 표출된 것으로 보아도 무방할 것이다.

에이비슨 박사와 러들로 박사의 지적은 옳은 것이었다. 정치가 잘못되었지만 한국에는 훌륭한 문화가 있었다. 19세기 말에 와서 한국은 약체가 되어 열강에 시달리게 되었지만 외국의 많은 지식인들은 한국의 높은 문화수준을 알고 있었다. 여기 학문적으로 뛰어난 글이 있다.

> "1950년대 나는 국무성 소속의 전문관료로서 국민당 및 공산당 정권의 중국과 이승만 대통령 시절의 한국에서 살아 본 적이 있다. 이 두 나라에서 체류하였던 경험이 후에 나로 하여금 새로운 경제이론을 발전시키는 데 큰 도움이 되었다는 사실을 부정할 수 없다. 이 두 나라에 있는 동안 나는 상당히 높은 수준의 문화를 목격하였다. 국민들이 대단한 근면성을 지니고 있었으며 오랜 기간을 통해 문명화된 생활 속에서 지식인들도 많았고 그들의 예술작품들은 한마디로 경탄할 만하였다. 1750년경까지만 하여도 두 나라의 정부는 외국인들이 칭찬하는 대상이었고 대내적인 안정성은 유럽제국들에 비하여 못할 것이 없었다. 그러나 이러한 긍정적인 요소들에도 불구하고 두 나라 국민들의 생활수준은 궁핍하기 짝이 없었다. … 국민 개개인들의 훌륭한 자질과 그 찬란한 문화역사에도 불구하고 중국인과 한국인의 생활이 찌들 수밖에 없었던 원인에 대하여 나는 드디어 일종의 결론을 내릴 수 있었다. 그것은 사회체계가 경제발전을 도저히 이룩할 수 없도록 짜여 있었던 것이다. 당시 구체적으로 어떤 사회체계 때문인가라는 질문에 답하려고 나는 상당히 노력했으나 이제 와서 돌이켜 보면 나의 새로운 경제이론으로서 잘 설명될 수 있는 상황이었다. [당시 나는 부패가 그 원인이라고 생각하였다.] 그러나 여기서 주의해야 할 점은 부패라는 단어에 그 나라 백성들은 어떤 비도덕적이라는 어감을 부여하고 있지는 않았다는 사실이다. 예컨대 한 사람은 물건을 팔아 갑부가 되고, 다른 한 사람은 어떤 시의 시장이라는 직위를 이용하여 비슷한 수준의 부호가 되었을 때 보통 중국인들은 시장보다도 상인에 대해 거부감을 더 느끼고 있었던 것이다. 정치적으로 고위직에 올라가거나 고위직에 있는 사람과 잘 사귀려면 윤택한 생활을 보장받을 수 있다는 관념이 너무나 자연스럽게 수용되고 있었다. 정상적으로 상업을 통해 돈을 버는 것이 오히려 명예롭지 못한 일로 여겨졌다. 사람들이 잘 살아보려고 애쓰긴 하지만 권력층과의 연계를 통해 목적을 달성하려고 하였다. … 이러한 사회체계의 결과 사회 내 상당량의 에너지가 이젠 지대추구라고 불리게 되는 특권에 부여되었으며 그것은 경제발전의 독소로서 작용하였다. 본래 특권이란 그것을 획득했다고

해서 안심할 수 있는 속성을 갖고 있지 못한다. 제2의 특권층이 언제라도 앞의 특권층을 대체해 버릴 수 있기 때문이다. … 결과적으로 재능이 권력층으로부터 특혜를 받거나 또는 그 특혜를 유지하려는 데에 탕진하였다. 그러므로 삶의 양식이 불안정할 수밖에 없었으나 승자에게는 늘 타산이 맞는 술수였다. 반면 필연적으로 경제발전은 정체될 수밖에 없었다. 타인을 위한 소비자혜택을 만들어 내지 못하고 비생산적 부문에 경제자원을 쏟아붓는 격이었으며 따라서 대부분의 경제 행위는 서로 해를 주는 효과를 야기했던 것이다."[44)]

1750년경 프랑스에는 루이 14세가, 러시아에는 피터 대제가 통치하고 있을 무렵, 청에는 건륭, 조선에는 영조라는 걸출한 군주가 있었다. 그보다 3백 년 전에 세종은 세계에서 가장 훌륭한 문자인 한글을 발명하여 훗날 한국인이라면 누구든지 성경을 읽게 되었다. 영어로 한국 역사를 최초로 저술한 헐버트 박사는 혈액순환의 원리를 최초로 발견한 사람 이 한국인이라고 주장하였다.[45)] 에이비슨은 한국인이 나침반을 최초로 만들었다고 주장하였다.[46)] 최초의 적교(吊橋)와 최초의 철갑선을 만든 문명국이라는 점도 강조하였다. 헐버트는 세인트루이스 세계박람회에 이순신 장군의 거북선을 전시할 계획도 세웠다.[47)] 이러한 주장보다 더 구체적인 예로서 에이비슨 박사는 이승만이 조지 워싱턴 대학에서 학사, 하버드 대학에서 석사, 프린스턴 대학에서 박사를 5년 만에 취득한 것을 한국인의 우수성을 나타낸 본보기라고 크게 기뻐하였다.[48)] 그는 1908년 제1회 졸업식의 연설에서 이 점을 강조하였다.

"조선인들이 매우 열등하여 아무 것도 할 수 없다고 말하며 조선인의 능력에 대해 매우 무지한 사람들이 있습니다. 나는 지난 15년 동안 조선인들을 가르치고 일하면서 조선인들의 능력과 정신세계에 대해 알게 되었습니다. 조선인들이 다른 나라 사람보다 조금도 뒤쳐지지 않는다는 것을 망설이지 않고 말할 수 있습니다."

에이비슨과 러들로는 기회가 있을 때마다 한국인의 우수성을 언론에 전했다.[49)] 그는 1936년에 손기정이 베를린 올림픽에서 우승한 것을 자랑스럽게 여겼다.[50)]

뿐만 아니라 한국인이 일본이 아니라 미국 장로교의 도움으로 현대의학을 도입한 것을 다행스럽게 생각하였으며, 천주교가 일본이나 중국을 통해서 전파된 것이 아니라 한국인이 서적을 통하여 스스로 자생적으로 믿은 것을 신기하면서도 자랑스럽게 생각하였다.

"우리 선교사들은 이 박애의 과학과 그 기술이 조선에서는 기독자의 손에 의해서 시위되고 이 백성에 대한 기독교 교리의 전달이 사랑과 돕는 정신의 실천으로 실현되기 시작했다는 사실에 어딘가 자랑하게도 되고 또 감사하게 되지 않겠습니까."[51]

연합회장

1893년 루이스 헨리 세브란스는 클리블랜드 장로교 연합회(Cleveland Presbyterian Union)의 회장으로 피선되었다. 이 조직은 올드스톤 교회를 필두로 클리블랜드의 16개의 장로교회의 연합체인데 그 목적은 선교와 주일학교를 연합(union)체제로 묶는 것이다. 이사회는 1년에 4번 모이는데 선교, 교회 건축과 보수, 유지, 목사의 봉급을 재정적으로 책임진다. 세브란스의 형 솔론 세브란스도 이사로 참가하여 활동하였다.

회장의 직분은 1903년까지 10년간 계속될 것이다. 이로써 세브란스는 1900년 봄의 뉴욕과 가을의 스코틀랜드 에든버러[52]에서 열리는 교파를 초월한 에큐메니컬 선교대회에 클리블랜드 장로교 연합 대표의 신분으로 참석할 수 있는 자격이 생겼다. 1904년에는 이 세계선교대회 미국유럽총회 부회장으로 피선될 것이다. 1906년에는 "평신도 선교대회"의 발족에 일익이 될 것이고 1908년에는 뉴욕 장로교 해외선교본부의 이사가 될 것이며 1910년에 에든버러에서 열리는 세계선교대회(World Missionary Conference)에 참석할 것이다. 이 대회에 한국 감리교 대표로 제물포의 조지 하버 존스 목사(Rev. George Heber Jones)가 참석할 것이다. 한국인으로 윤치호도 참석하였다.[53] 윤치호는 일찍이 미국에서 유학하여 영어가 유창하였다. 그는 1904년 세브란스 기념병원이 개원할 때 축하 연설하였고 다시 기독청년회에서 연설하여 세브란스 후원금을 즉석에서 거둔 바가 있다. 그의 부인은 1905년 2월 9일에 세브란스 병원에서 자궁외 임신으로 수술받았으나 합병증으로 죽었다. 독일인 의사 분쉬 박사(Dr. Richard Wunsch, 1859~1911)가 집도하였고 에이비슨 박사와 여자의사 커틀러 박사(Dr. Cuttler)가 도왔다. 부검은 에이비슨 박사와 허스트 박사가 실시하였는데 환자가 결핵을 앓고 있었다는 것이 밝혀졌다. 그럼에도 윤치호는 세브란스 병원의 적극적인 후원자가 되었다. 에든버러 대회에서 윤치호가 세브란스를 만났는지 궁금하다. 세브란스는 에든버러 대회 재정 후원회 부회장 중 하나였다.

세브란스 씨가 카네기 홀에 참석한 데에는 또 다른 중요한 계기가 있었다. 그는 1887년부터 뉴욕에 거주하고 있었는데 매년 여름은 클리블랜드에서 보냈다. 클리블랜드와 뉴욕에 많은 친구들을 얻게 되었으며 그의 영향력은 재계와 종교계에 커졌다. 세브란스 씨가 뉴욕으로 거처를 옮긴 것은 1885년 스탠더드 석유회사가 뉴욕으로 본부를 옮겼기 때문이다. 스탠더드의 28명 이사들은 유명한 풀만 기차(the Pullman Car)를 클리블랜드에서 전세 내어 중간에 멈추지 않고 곧장 뉴욕의 세인트 제임스 호텔(the Saint James Hotel)로 입성하여 윌리엄 록펠러가 주재한 점심을 먹고 존 록펠러가 초대한 저녁을 먹었다.

스탠더드 석유 신탁회사

록펠러는 1882년 세계 최초로 석유 신탁회사(Standard Oil Trust)를 창설하였다. 오늘날 지주회사의 원형이다. 당시에는 이러한 개념이 없어서 스탠더드의 전속 변호사 사무엘 도드(Samuel Dodd)와 상의하여 신탁회사라고 이름 지었다. 전통적으로 노인, 과부, 고아, 상속을 위한 금전신탁이나 재산신탁의 좋은 말이 별안간 위협적이 되었다.

록펠러의 문제는 당시의 법률로는 경쟁회사의 주식을 매입할 수 없었다는 점이다. 이 문제를 합법적으로 해결하기 위하여 경쟁회사의 주식을 신탁회사가 매입하는 것이 아니라 수탁하고 그 증거로 신탁회사는 신탁증서(certificate)를 발행하여 주주에게 교부하였다. 법을 교묘히 피한 것이다. 40개의 경쟁회사의 41명의 주주가 참여하였다. 1주식에 대하여 20신탁증서를 주었다. 세브란스가 재무이사로 있는 스탠더드 석유 오하이오 회사도 40개 가운데 하나였다. 그 목적은 록펠러를 정점으로 9명의 이사가 수탁자가 되어 40개 회사를 하나로 통솔하기 위함이었다. 9명의 수탁이사(trustee)는 3년이 임기인데 40개의 회사가 투표로 뽑는다. 35,000주 가운데 9명의 수탁이사 수하에 수탁된 것이 23,314주였다. 다시 그 가운데 9,585주가 록펠러의 손안에 들어왔다. 최초의 9명의 수탁이사는 존 록펠러, 윌리엄 록펠러, 페인, 프레글러, 보스트윅, 프래트, 아치볼드, 브루스터, 워든이었다. 여기에 세브란스의 이름이 보이지 않는 것은 그가 속한 스탠더드 석유 오하이오 회사의 대표는 록펠러였기 때문이다. 스탠더드 트러스트는 법적으로 실체가 없는 서류상의 회사로서 민간인끼리 계약에 기초한 위탁제도였다. 임원의 봉급도 당연히 그가 속한 회사에서 지급되었다.

세브란스도 뉴욕으로 진출하였다. 그러나 그는 여전히 이제는 계열회사가 된 스탠더드 석유 오하이오 회사의 재무이사였지 신탁회사의 재무이사는 아니었다. 1882년 스탠더드 석유 신탁회사의 창립 임원은 다음과 같다.

존 데이비슨 록펠러 - 회장
헨리 플래글러 - 총무이사
자베즈 아벨 보스트윅[54] - 재무이사

1882년 4월 5일에 발행한 신탁증서에 세 임원[록펠러, 플래글러, 보스트윅]의 서명이 보인다. 지금 남아있는 신탁증서 163번은 윌리엄 록펠러에게 교부했는데 1,000주였고 그가 확인한 서명이 보인다. 신탁증서 177번은 웨스트버지니아 상원의원인 캄덴(J. N. Camden)의 500주였다. 역시 신탁했다는 기록과 그가 확인한 서명이 보인다. 세브란스도 신탁증서를 받았다.[55] 이때 세브란스 씨가 부회장이라는 기록도 있는데 확인되지 않는다.[56] 확실한 것은 세브란스는 스탠더드 석유 트러스트와 함께 설립된 스탠더드 석유 뉴저지 회사의 재무이사로 자리가 바뀌었다는 점이다. 스탠더드 뉴저지 회사는 스탠더드 오하이오가 뉴욕의 스태튼섬의 맞은편에 보유하고 있던 뉴저지주의 베이온(Bayonne) 항구에 세워졌다(위치는 자료 Ⅱ-3을 참조). 이후 생산에서 판매까지 모든 것은 스탠더드 뉴저지 회사가 관장하였다. 말하자면 서류상의 회사인 스탠더드 트러스트의 실질적 권한의 집행 회사였고 세브란스는 이 회사의 실질적인 재무이사였다.

뉴욕에 도착 전 이미 이사들은 모두 5번가에 거처를 마련하였다. 세브란스도 처음에는 5번가 50번 거리에 있는 "버킹엄 호텔 Hotel the Buckingham"에 자리 잡았다. 장로교 해외선교본부가 같은 5번가 156번 거리에 있었고 감리교 선교본부도 5번가 150번 거리에 있었다. 버킹엄 호텔은 당시 최고의 호텔로 부호들의 주거용 호텔이었다. 여기에 일찍이 록펠러 가족도 장기 거주한 적이 있었다. 지금의 5번가 삭스 백화점의 자리이다. 호텔 창문을 통하여 유명한 성 패트릭 성당(St. Patrick Cathedral)의 거대한 착색 유리창이 비쳤다. 밤이면 더욱 장관이었다. 뉴욕의 명물이 될 브루클린 다리는 공사 중이었는데 가깝게 보였다. 이웃의 51번 거리에는 플래글러 총무이사가 자리 잡았다. 52번 거리에는 오래 전부터 철도왕 밴더빌트가 살고 있었다.

스탠더드 석유 신탁회사의 본부는 뉴욕 브로드웨이 26번지의 9층 건물인데 당시 뉴욕의 몇 안 되는 높은 건물 가운데 하나로서 트리니티 교회와 시청 사이에 있었다. 주요 이사들은 회사 건물 9층의 최고이사식당(top executive restaurant)에서 매일 함께 점심을 먹으며 회의를 하고 정보와 아이디어를 교환하였다. 최고이사 이외에 아무도 9층 식당에 들어올 수 없었다. 나중에 회사에 누를 끼친 로저스가 소설가 마크 트웨인과 부자를 고발하는 여기자 아이다 미네르바 타벨을 대동했지만 이것은 규칙 위반이었다.[57] 그만큼 이곳은 그들만의 성역이었다. 당시 뉴욕 센트럴 철도(The New York Central Railroad)의 주인이며 전설적인 대부호 윌리엄 밴더빌트(William Vanderbilt)는 말했다.

> "이들[스탠더드 신탁회사 이사들]은 나보다 훨씬 똑똑하다. 이들은 매우 모험적이지만 똑똑하다. 나는 자신의 업무에서 이들처럼 똑똑한 사람들을 만나 본 적이 없다."[58]

세브란스의 명석함은 어디에서 유래되는가. 그가 졸업한 클리블랜드 중앙고등학교는 1873년 비엔나 세계 교육박람회에서 1등을 하였고 1876년 필라델피아 미국 교육박람회에서 우수한 학교로 뽑혔다.[59] 앞서도 소개하였지만 세브란스의 형 내외가 마크 트웨인과 함께 세계 최초의 유람선 "퀘이커 시티"를 타고 유럽과 이스라엘 성지를 다녀왔다. 그 정도로 젊은 나이에 부자가 되었다. 지적인 면은? 세브란스 부인은 무명의 마크 트웨인의 천재성을 간파할 정도로 지적이었으며 6개월의 여정에서 그를 기독교인으로 만들려고 노력하였다. 그 의도는 실패하였지만 마크 트웨인은 그녀를 존경하였다.

> "내 견해로는 [퀘이커 시티의 승객 가운데] 세브란스 부부를 비롯한 소수만 제외하고 나머지는 상스럽고, 타락했으며, 무례하다."[60]

진실은 마크 트웨인이 더 무례하였다. 그가 매주 후원 신문사에 보내는 원고에는 동행한 일행에 대하여 가차 없는 필봉을 휘두른 심술이 해학으로 둔갑하였다. 중간 기착지에 배달된 신문을 본 일행들이 항의를 하는 소동이 일어났다. 여행이 끝나자 그는 세브란스 부인에게 "굿바이"라는 시를 헌정하였다. 그녀는 클리블랜드로 그를 초청하였고 시동생(세브란스)이 있는 타이터스빌 오페라 하우스에도 초청하였다. 여기서 "톰소여의 모험"이 연극으로 상연되었고 수입금은 고아원에 기부하였다. "톰소여의 모험"은 타자기로 집필한 최초의 소설이다. 그녀의 문필은 마크 트웨인도 인정하여 평생의 친구가 되었다. "퀘이커 시티"의 여행을 그녀는 일기(Journal)로 남겼고 마크 트웨인은 작품 "순진한 사람들 해외에 가다(Innocents Abroad)"로 남겨 호평을 받았다. 이것이 그의 두 번째 작품이었다. 그녀는 세브란스의 사위 알렌 박사의 누나였고 형의 부인이었는데 오벌린 대학에서 교육을 제대로 받았다. 그녀의 맏딸 줄리아가 어머니의 서신과 일기를 모아 "에밀리 세브란스의 일기편지(Journal Letters of Emily Severance)"를 출판하였다. 대체로 세브란스 집안의 지적 분위기를 말해준다.

세브란스는 뉴욕으로 거처를 옮긴 후에도 항상 클리블랜드 하이츠(Cleveland Heights, 오늘날 세브란스 쇼핑센터 부근)의 자녀들 저택에서 여름을 보내기 위하여 귀향하였다.[61] 이 습관은 록펠러도 마찬가지였다. 클리블랜드는 그들의 영원한 고향이었다.

세브란스는 두 번째 부인도 죽고 아들과 딸은 장성하여 각기 일가를 이루었으며 자신은 스탠더드에서 은퇴를 하여서 신앙과 자선사업에 몰두하고 있었는데 마침 1900년에 클리블랜드 장로교회 연합회는 그에게 클리블랜드 장로교 연합회 회장이라는 중요한 임무를 부여하였다. 또 장로교 교육재단의 이사로 선출되었다. 세브란스 씨는 버킹엄 호텔에서 혼자 살다가 두 번째 부인을 맞이한 후 잠시 클리블랜드로 옮겼으나 그녀마저 사별한 1896년에 현역에서 은퇴한 후 1899년부터 5번가 34번 거리에 새로 신축된 최고의 "월도프-아스토리아 호텔 Waldorf-Astoria Hotel"로 거처를 옮겼다. 지금의 엠파이어 스테이트 빌딩 자리이다. 호텔 주인 아스톨은 1912년 타이타닉호에 승선하였다가 비극을 당하였는데 그가 갖고 다니던 의자가 서아프리카 해안에서 발견되었다.

꿍꿍이

세브란스 씨가 뉴욕에서 건강하게 활동할 때 지구의 반대편 한국에서 에이비슨 박사는 1893년부터 시작된 (구)제중원 운영에 너무 지쳐서 건강이 나빠졌다. 그가 공개한 자신의 하루 일과를 보면 이해할 수 있다.[62] 그는 하루를 십분 단위로 쪼개 썼다.[63] 에이비슨은 매사를 빠르게 처리하는데 걸음도 빨랐다. 아펜젤러 목사가 그것을 보고 "에이비슨 박사 너무 빨리 걸어요. 매사를 너무 빨리 해요. 여기서 그렇게 빨리 살다가는 곧 쇠잔해져서 10년밖에 못 살아요"라고 말했다.[64)]

그 말이 맞은 셈이다. 10년이 아니라 5년 만에 쓰러질 지경이 되었다. 에이비슨이 처음 그의 전임자 알렌 박사를 보았을 때에 그의 건강도 나빠져 있었던 것은 같은 이유에서이다.[65)] 그 이유는 (구)제중원의 환경이 너무 열악하다는 데 있었다. 난방과 상수도 및 하수도가 구비되지 않고 침대도 없는 한옥을 병원으로 사용했으니 건강이 나빠지지 않을 수 없었을 것이다. 환자를 수술하고 다음 환자를 같은 수술대 위에서 수술할 수밖에 없으니 감염이 되기 쉬웠다. 에이비슨 박사 자신이 한때 환자로부터 장티푸스와 발진티푸스에 감염되었던 것은 이러한 시설 때문이었다. 게다가 의학생도 가르치고 의학 교재도 번역하고 왕진도 다녀야 하며 골치 아픈 행정과 관리까지 도맡아 하여야 했다. 비효율적이고 부패한 조선정부의 관리들을 상대하여야 했다. 시간이라도 나면 도로와 교통이 나쁜 당시에 조랑말을 타고 전국 장터를 찾아다니며 언더우드가 소책자를 나누어주고 설교하는 사이에 에이비슨은 환자를 진료하였다. 몸이 무쇠라도 부서졌을 것이다. 1898년에는 언더우드 목사와 함께 당나귀를 타고 부산까지 가서 부흥회를 연 적도 있다. 키가 큰 에이비슨의 다리가 당나귀보다 더 길어 걷는 것이 더 편했을 정도였다.[66)] 그만 건강이 상한 것이 아니었다. 그의 부인도 마찬가지였다. 부인과 함께 일본과 중국에 잠시 쉬러 다녀와서 건강이 회복된 듯하였으나 다시 나빠졌다.

에이비슨은 부인과 함께 건강을 회복하기 위하여 휴식을 취할 필요가 있어 안식년을 2년 앞당겨 해외 선교본부로부터 허락을 받고 캐나다로 돌아갔다. 이때가 1899년이었다. 당시 언더우드는 안식년 제도에 수정이 필요하다고 생각하였다.[67)]

> "지난 번 본국 여행을 통해 저는 선교본부가 8, 9년마다 1년간 본국에서 안식년을 가지도록 하는 것은 잘못이라고 더욱 더 확신하게 되었습니다. 이것은 한 선교사로 하여금 그의 사역에서 일 년 반 이상 떠나 있게 만듭니다."

송별만찬을 고종 황제가 손탁 호텔에서 성대하게 베풀어주었고 선물도 주었다.[68)] 캐나다의 휴식기간에도 그는 서울에 현대식 병원을 짓는 계획을 중단하지 않고 병원을 위하여 계속 기도하였다. 어느 날 토론토 대학 동창인 건축설계사 헨리 고든(Henry

B. Gorden, 1855~1951)을 찾아가서 상의하였다. 고든은 한국에서 선교사업하는 펜윅(Malcom Fenwick, 1863~1935)[69]을 후원하는 위원회에 위원일 정도로 한국에 관심을 갖고 있었다.

토론토에서 1888년 한국 연합 선교(Corean Union Mission)가 조직되었는데 고든이 회장이었다. 이 조직은 교파를 떠나서 한국에 선교사를 파송하는 것을 목적으로 하였는데 12명의 이사로 구성되었다. 토론토 대학 시절 고든은 기독청년회(YMCA)의 회원이었다. 고든의 아들과 손자 모두 목사가 되었다. 고든은 1889년에 고든 신학선교대학(Gorden College of Theology and Mission)을 창설한다. 그가 해외선교에 열심인 것은 토론토 대학 시절 학생자원 운동(Student Volunteer Movement)에 참가하면서 받은 영향이다. 이 운동은 아프리카에서 전도하다 사망한 데이비드 리빙스턴 박사(Dr. David Livingston, 1813~1873)에게 영향을 받은 무디(D. L. Moody, 1837~1899)가 일으켰다. 당시 리빙스턴 박사를 아프리카 오지에서 찾아낸 스탠리(H. M. Stanley, 1841~1904) 기자의 얘기는 미국에서 커다란 반향을 일으켰지만 그것이 아프리카 오지에서 머나먼 한국에까지 영향을 미칠 줄을 그 누가 예상이나 하였을까. 1887년 캐나다의 녹스 대학(Knox College)의 잡지에 다음과 같은 호소문이 났다.

> "복음의 마지막 땅 한국(Corea)이 도움을 기다린다. 1천5백만 영혼이 하나님의 사자를 기다리고 있다. 5명이 이미 파송되었다. 신자보다 더 많은 이 불신자들을 위하여 대체 무엇을 기다리는가?"[70]

펜윅을 이어 게일과 하디도 한국으로 떠났다. 하디는 에이비슨의 의과대학 1년 후배인데 에이비슨은 별도로 자신의 지갑을 털어 200달러를 후원하였다. 그가 떠나고 기독청년회의 선교기금이 바닥을 보였다. 에이비슨은 당시의 심경을 기록하였다.[71]

> "우리들은 교회를 통하여 선교사를 도울 계획을 세운 바 있었다. 나는 우리의 수입이 많아질수록 헌금도 많아져야 한다고 생각했다. 그래서 나와 내 아내 몫으로 각각 5달러를 내기 시작하였고 애들의 나이가 늘어가는 햇수마다 1달러씩을 더 냈다. … 우리는 애들이 … 자라 집을 떠나서도 그렇게 해주길 바랐다. 우리가 한국에 가서 일하게 됐을 때에 액수가 바뀌었다. 그 까닭은 선교사의 월급이 많지 않아 많은 돈을 낼 수 없었기 때문이었다.

그러나 헌금은 계속되었다."

미국의 장로교회가 해외선교를 최초로 추진한 것은 1831년 피츠버그 장로교 지구 서부해외선교회였다. 여기서 1833년에 인도, 아프리카, 미국 인디언에 선교사를 파견하였다. 앞서 본대로 같은 1833년에 클리블랜드의 올드스톤 교회에서도 아프리카에 사라 판 타인 애덤스와 세일론에 허친스 목사를 파송하였으니 미국 장로교로서는 해외에 선교사를 파견한 두 번째 장로교회가 되었다. 1837년 뉴욕에 해외선교부가 창설되어 멕시코, 남미, 시리아, 페르시아, 인도, 태국, 중국, 일본에 선교사를 파견하였다. 한국을 마지막 선교지라 부를 만하였다.

장로교만 그런 것이 아니었다. 각종 해외선교단체가 생겨났다. 그들을 재정적으로 돕는 단체도 생겨났다. 하나의 예로서 클리블랜드의 올드스톤 교회의 히람 하이든 목사가 한때 총무를 지냈던 회중교회 해외선교 이사회(ABCFM)[72]의 보스턴 선교부는 태평양의 미크로네시아에 선교사를 파견하였는데 후원을 위하여 지분을 팔았다. 고종의 밀사 헐버트 박사의 아버지도 이 단체의 소속이었다. 지분을 보유한 사람은 수익을 얻는 것이 아니라 비용을 지불해야 하였다. 그러나 지분을 팔아 모금하는 선교단체 가운데 모든 선교단체가 그러는 것은 아니지만 그 가운데 인도에 파견된 조지 셔우드 에디 목사(Rev. George Sherwood Eddy)는 기업가가 지분을 사는 이유를 다음과 같이 말했다.[73]

"이상적인 투자의 핵심은 안전과 수익이다. 해외선교야말로 확실한 수익을 보장한다. … 오래 전에 니시마라는 일본 청년 하나가 보스턴에 도착하였다. 조셉 하디가 그를 학교에 보낸 후 일본으로 귀국시키면서 도시샤 대학을 설립하였다. 이 대학이 배출한 5천 명의 정치가, 언론인, 군사령관 등이 근대 일본의 지도자가 되었다."

"일본이 만주철도를 가설하기 위하여 런던 금융시장에서 기채하고 그 판매대금을 미국에서 썼다. 미국은 5천만 달러의 철도 자재를 팔 수 있었는데 그 이유는 만주철도를 건설하는 사람들이 미국 선교사들의 희생적인 후원으로 미국에서 공부했기 때문이다."

"단 한 번의 투자로 미국 실업가들은 5천만 달러의 수확을 얻을 수 있었다. 단 한 번의 주문으로 지난 7년 동안의 전 세계의 모든 선교활동의 경비가 빠진 것이다."

"25년 전에 한국은 미국과 통상이 없는 폐쇄국가였다. 지금 20만의 기독교 신자가 생겼다. 방금 한국을 방문하고 돌아온 아서 브라운 총무는 한국에서 필라델피아에서 제작한 기관차가 끄는 델라웨어에서 생산된 객차를 타고 다녔다. 철로는 피츠버그에서 만들었고 오리건에서 만든 못으로 뉴욕기술자가 고정시켰다. 식사에는 시카고 쇠고기, 피츠버그 피클, 미네소타 밀이 제공되었다. 한국이 미국과 통상하여 얻는 이익으로 미국의 선교사들의 비용이 빠지는 것이다."

이러한 분위기에 영향을 받는 선교단체도 있었던 것은 사실이었다. 부유한 가정에서 태어나서 예일대학을 졸업한 에디 목사다운 연설이다. 에디 목사는 그의 연설에서 인용한 대로 어떻게 한국에 대하여 잘 알았는가. 그는 이승만이 1902년 무기수로 감옥에 있을 때 그에게 몰래 신약성서를 차입해준 적이 있다. 이 성서는 현재 보관되어 있다. 인도의 선교사였던 그가 어떻게 당시에는 무명의 이승만을 알게 되었고 성서를 들여보냈는지 그 경로를 모르겠다. 에디 목사는 그 후 1911년 황성기독청년회가 주최한 청년 하령대회에 연사로 초청되어 한국에 왔다.

에디 목사는 하버드 대학에서 박사를 받고 귀국한 이승만 박사, 제물포 성누가 병원의 웨어 박사(Hugh H. Weir, MD) 등과 함께 기독청년들을 상대로 1주일간 강연을 하였는데 이것을 트집 잡아 일제는 총독을 암살하려 했다는 소위 105인 사건을 만들어 기독애국지사들을 체포하였고 에이비슨 박사가 총독을 만나 항의를 전달하였다.

그러나 사업과는 거리가 먼 순수선교도 있었으니 그 예가 캐나다 청년들이 시작한 한국 선교였다. 토론토의 사업가들이 조직한 한국 연합 선교의 시작이 고든이라면, 토론토의과대학의 기독청년회가 조직한 순수 한국의료선교의 시작은 에이비슨 박사이다. 토론토의 쌍두마차였다. 에이비슨이 병원 건축에 대하여 고든과 상의하자 고든이 물었다.

"올리버, 돈은 얼마나 준비되었나?"

"한 푼도 없다네."

"말 앞에 마차를 매놓은 격이로구먼. 얼마를 들여서 지을 것인지 모르면서 어떻게 설계를 할 수 있겠는가?"

"설계도가 없이 얼마나 들 것인지는 어떻게 아나?"

에이비슨이 물러나지 않자 고든이 다시 물었다.

"대체로 몇 명의 환자를 수용할 계획인가?"

"약 40명 정도일세."

"아, 그러면 대략 1만 달러면 되겠군. 내가 무료로 그걸 설계해 주지."

설계사 고든이 첫 번째 기부자가 되었다. 얼마 후에 에이비슨 박사에게서 옛날에 치료를 받은 적이 있었다는 여인이 찾아와서 병원을 위해 써달라고 5달러를 기부하였다. 이 이름 모를 여인이 두 번째 기부자가 되었다. 에이비슨은 힘이 솟음을 느꼈다. 에이비슨은 셋째 아들의 이름을 고든(Gorden W. Avison)이라고 지었다.

친구 고든의 설계도에 의거하여 에이비슨 박사는 뉴욕 장로교 선교본부에 서울에 근대식 병원을 짓기 위하여 1만 달러를 모금하는 것을 허락해 달라고 요청하였다. 건강이 회복할 무렵, 뉴욕 장로교 선교 본부에서 들러 달라는 연락이 왔다. 이때가 1899년 가을이었다. 뉴욕에 도착한 에이비슨 박사는 총무 엘린우드 박사(Rev. Frank Field Ellinwood, DD, 1826~1908)에게서 서울에 병원을 짓는데 1만 달러를 모금해도 좋다는 통고를 받았다. 여러 사무실에 들른 후 승강기에서 막 내리자 로비에서 어느 중년 신사와 대화하는 선교본부의 재무부장 찰스 핸드 씨(Mr. Charles W. Hand)를 보았다. 핸드는 재정부장인데 언더우드 목사는 종종 봉급에 대해 편지를 보냈다.[74)]

"저[언더우드 목사]는 핸드 씨에게 언더우드 부인이 즉시 미국으로 돌아가야 하는 것이 필수적으로 보이는 이유와 그녀가 돌아가게 될 상황에 대해서 편지했습니다."

"남편 언더우드는 늘 바쁘나 핸드 씨에게 제가 미국에 온다는 소식을 이야기하고, 저[언더우드 부인]는 이곳에 있을 동안 미국에 와있는 저에게 평소에 주는 봉급을 지불해 줄 것을 부탁했습니다."

핸드는 그 중년의 신사를 에이비슨 박사에게 소개하였는데 이름이 세브란스였다. 에이비슨과 동년배처럼 보였다. 인사를 나누고 젊은 세브란스가 자리를 뜨자 핸드는 에이비슨 박사에게 말했다.

"에이비슨 박사, 병원을 원하지요. 그리고 본부가 방금 그것을 허가했다지요."[75)]

그리고는 의미 있는 얘기를 남겼다.

"저 사람의 가족과 사귀기만 한다면 원하는 병원을 지을 수 있겠군요. 다른 건 생각할 필요도 없습니다."[76]

이것은 선교본부의 재정 담당자로서 세브란스 씨의 자선을 여러 차례 목격한 사람만이 할 수 있는 말이었다. 이러한 사실을 전혀 모르는 에이비슨 박사에게 그의 말은 생각할수록 여운을 남겼다. 병원 건축 허가가 났는데 누군가와 친하기만 하면 그것이 가능하다니. 핸드 부장은 어떻게 그런 말을 자신 있게 할 수 있을까. 그 사람이 자금을 대주면 다른 사람의 도움이 필요 없다니.[77] 신기한 일이었다. 에이비슨이 핸드 부장의 말을 듣고 나서 밀러 목사(Rev. F. S. Miller, 한국표기 閔老雅)의 예언과 같은 편지를 받은 것은 우연한 일치였을까. 서울에서 선교사로 일하며 초기 연동교회를 발전시키는데 애쓰던 그는 부인의 건강이 악화되어 병가를 뉴욕의 요양소에서 보내고 있었고 때마침 1900년 뉴욕 에큐메니컬 선교대회에 참석할 수 있었다. 이때 프랭크 엘린우드 총무가 병문안 목적으로 방문한 자리에서 에이비슨 박사의 병원건립 제안을 말해주었다. 밀러 목사는 맞장구를 치면서 선교본부가 승인했으면 좋겠다고 대답하였다. 그러자 엘린우드 총무가 말했다.

"에이비슨 박사가 캐나다 사람인데다 오랫동안 미국에 있지 않았으므로 돈 많은 부자를 사귀지 못하여 [병원 건축]자금을 구하기가 어려울까 걱정입니다."[78]

선교본부는 아무에게나 병원 건축을 승인하지 않는다는 뜻일까. 밀러 목사가 즉시 대답했다.

"괜찮습니다. 에이비슨 박사는 돈 많은 하나님과 친합니다."[79]

밀러 목사에게서 이러한 내용의 편지를 받은 것은 에이비슨 박사가 안식년을 끝내고 임지인 한국으로 귀환할 준비를 하고 있던 1900년 봄이었다. 이와 거의 동시에 에이비슨 박사는 또 한 통의 편지를 받았는데 엘린우드 총무가 보낸 것이었다. 한국으로 임지귀환을 가을까지 미루고 에큐메니컬 선교대회에 참석해달라는 소식이었다. 안식년 기간에는 봉급이 지급되지만 연장기간에는 지급되지 않는다. 봉급지급도 없이 안식년을 연장하라고 요청하는 엘린우드 박사에게 무슨 꿍꿍이가 있었을까. 그것도 잠시 동안의 연장이 아니라 5월부터 10월 가을까지 연장하라니! 엘린우드는 에이비슨이 이번 기회를 놓치면 다음 회의까지 10년 동안 후원자를 만나기 어렵다고 걱정하는 것 같다.

엘린우드 박사가 에이비슨 박사에게 돈 많은 부자를 소개하려고 애쓴 흔적이 있다. 에큐메니컬 선교대회에 참석한 선교사들에게는 주일(4월 29일)에 뉴욕시와 근교의 교회에서 설교할 기회가 주어졌다. 이것을 제단 배정(pulpit services)이라고 불렀다. 예를 들면 한국에서 참석한 모리스 목사(Rev. C. D. Morris)는 트레몬트 감리교회(Tremont Baptist)에 배정받았다.[80] 그 취지는 장래의 후원자와 밀접하게 접촉할 수 있는 기회를 주는 것이다.[81] 에큐메니컬 선교대회의 마지막 토요일(4월 28일)에 엘린우드 박사는 에이비슨 박사에게 뉴욕시에서 가까운 스키넥터디시(Schenectady, N.Y.)의 교회에서 일요일에 강연할 것을 권하였다. 카네기 홀에서 에이비슨 박사의 역사적인 연설은 아직 이틀 뒤에 있을 예정이다. 에이비슨 박사는 인도의 토번 주교(Bishop J. M. Thoburn)와 중국 내륙 선교부를 세운 영국인 허드슨 테일러 박사(Hudson Taylor, MD, 1832~1905, 중국표기 戴德生)와 함께 가기로 되었다. 토요일 밤에 도착하여 유니언 신학대학 총장 집에서 하루를 유숙한 뒤 총장이 일요일 아침에 에이비슨 박사 등을 데리고 월터 피트킨 씨(Mr. Walter Pitkin, ?~1905) 집에 데리고 갔다. 그는 미국 최대의 기차 제작 회사인 세넥터디 기차 제작 회사 부사장이었다. 그는 1904년에 사장이 된다. 아침 식사에서 그의 부모가 선교사였고 그래서 어릴 때 가난하게 살았음을 알았지만 그가 선교사를 존경한다는 사실도 알았다. 묻지도 않았는데 그가 먼저 에이비슨에게 새 병원의 계획에 대하여 여러 가지를 물었다. 에이비슨이 보기에 부자가 한가롭게 묻는 것 같았다.[82] 그러나 에이비슨이 성실히 답변하자 그는 말했다.

"박사의 계획이 마음에 듭니다. 한 치의 공간 낭비가 없군요."[83]

그러더니 에이비슨이 묻지도 않았는데 다음과 같이 말했다.

"제가 돕고 싶습니다. 5백 달러를 드리지요."

에이비슨은 묘한 생각이 들었다. 요청도 하지 않았는데 친구가 무료로 병원 설계를 해주었고, 소문을 들은 옛 환자가 5달러를 내놓더니, 이제 이 사람이 5백 달러를 기부하다니. 그러나 에이비슨 박사는 세브란스 씨를 떠올렸다. 그가 기부를 한다면 아마도 다른 사람들이 기부하는 것을 반대할지 모른다는 생각이 들었다. 에이비슨은 피트킨 씨에게 솔직히 말해버렸다. 그러자 그가 말했다.

"나도 세브란스 씨를 잘 압니다."

세브란스 씨는 뉴욕에서 유명인사였다. 그래도 에이비슨 박사는 핸드 재정부장이 준 암시에 가능성을 기대하고 있었다. 피트킨은 계속 말했다.

"어쨌든 5백 달러를 드리리다. 병원에는 돈 쓸 일이 많으니까요. 그리고 더 필요하다면 더 드리겠습니다."[84]

뉴욕시로 돌아온 에이비슨은 엘린우드 총무에게 보고를 하자 그도 매우 기뻐하였다. 전체적인 분위기가 엘린우드의 꿍꿍이 같다. 우선 이 제단 배정(pulpit services)의 책임자는 디어링 목사(Rev. J. L. Dearing)였다.[85] 그런데 에이비슨 박사의 경우에는 예정에도 없이 디어링 박사 대신 엘린우드 박사가 직접 나서서 배정한 것이다. 또한 유니언 대학 총장이 손님인 에이비슨에게 아침을 권하지 않고 피트킨 씨 집에서 대접하게 한 것은 정상적인 것이 아니다. 토요일 밤에 도착했는데 일요일(4월 29일) 아침에 이러한 대접이 있었다면 엘린우드가 사전에 조율해 놓았을 것이다. 피트킨 씨는 어떻게 에이비슨이 병원 건축을 계획하고 있다는 것을 알았을까. 세 가지 가운데 하나일 것이다. 그도 에이비슨 박사의 강연을 들었거나 엘린우드 박사가 가르쳐 주었든가. 아니면 에이비슨 자신이 말했든가. 그러나 에이비슨 박사가 연설한 것은 하루 뒤인 4월 30일(월)이었으니 첫째 경우는 아니다. 셋째 경우는 문헌마다 조금씩 다르므로 확실하지 않다. 둘째 경우가 어느 정도 타당하다. 피트킨 부회장은 카네기 홀에서 열리는 4월 27일 기업가 특별회의에 참석해서 엘린우드 박사로부터 에이비슨의 사정을 들었을 것이다. 더욱 괴이한 일은 피트킨 씨의 집에는 에이비슨 혼자 간 것이 아니다. 그 자리에는 토번 주교와 허드슨 테일러 박사도 있었다. 토번 주교는 이미 4월 24일 오전 회의에서 이미 연설하였고 테일러 박사도 이미 4월 23일 오전 회의에서 이미 발표하였다. 그들도 돈이 필요했을 것이다. 테일러 박사는 51년간 중국에서 125개 학교를 세우고 205개 선교부를 주재시키며 800명의 선교사와 12만 5천 명의 중국 기독교도를 거느린 사도 바울 이후 최대의 선교사로 칭송받는 인물이었다. 이미 연설이 끝난 두 사람에게는 아무 말이 없고 아직 연설이 시작되지 않은 에이비슨 박사에게는 스스로 도움을 주겠다는 피트킨 씨의 호의는 아무래도 엘린우드의 사전 포석으로 보인다.

어찌됐든 엘린우드는 에이비슨의 보고를 듣고 기뻐하면서 그 자리에서 에이비슨에게 한 달 후에 열리는 세인트루이스 장로교 총회에 참석하기를 권했다. 이 총회에서 일어난 얘기는 아래에서 서술하겠지만, 엘린우드는 피트킨 씨뿐만 아니라 세브란스 씨와도 무언가 얘기가 오갔을 것으로 추측할 수밖에 없다. 이 추측의 정황증거는 아래에서 제시된다.

에이비슨이 귀국한 그해(1900)에 한국 사정은 어땠나. 황해도 소래 마을[86]에서 쉬고 있던 언더우드 부부는 한국 사회에서 반 기독교적 음모가 진행되고 있음을 우연히 알았다. 이 소문에 의하면 이용익이 전국의 보부상에게 지령을 내려 한국에 있는 기독교 선교사와 서양인을 몰살시키려는 음모였다.[87] 이것은 중국의 의화단 사건에 영향을 받은 것이다.[88] 언더우드 박사는 이 내용을 아무도 알아차리지 못하도록 라틴어로 에이비슨 박사에게 전보를 쳤다.[89] 이것을 받아본 에이비슨 박사는 알렌 공사에게 전달하였는데 알렌 공사는 처음에는 반신반의하였으나 조사를 해본 결과 사실임이 드러나자 신속히 선교사들에게 알렸고 고종에게 조치를 부탁하였다. 하수인 한 명이 잡혀 처형되었다.[90] 이런 나라에 의료선교 병원을 지으려고 재정후원자를 찾아 헤매는 에이비슨을 보라.

에이비슨의 꿈

에이비슨 박사는 무엇이 답답하여 서울에 현대식 병원을 기독교 후원금으로 지으려고 저리도 애쓰는가. 한국 정부가 종합병원을 지을 때까지 몇 년만 참고 기다리면 되지 않겠는가. 그는 한국에 오기 전에는 토론토 시장의 주치의였다.[91] 또 서울에서 서양 의사 가운데 유일한 의과대학 교수 출신이고 황제의 어의이니 당연히 높은 자리를 차지할 텐데. 사실 세브란스 기념병원이 1904년에 준공이 되는 데 자극을 받은 한국 정부는

1907년에 대한의원을 설립하였다.[92] 그러나 에이비슨에게는 이와 다른 확고한 생각이 있었다. 그는 자신의 생각을 4월 25일(수)에 카네기 홀의 실내악 연주실(Chamber Hall)에서 열린 「의학 교육(Medical Training)」 분과토론에서 다음과 같이 개진한 바 있다.[93]

"내가 할 수 있는 것, 하려고 하는 것은 한 가지를 기원하는 것이다. 현지의 의사와 간호사를 교육시키는 제대로 갖추어진 병원을 갖는 것이다. 어째서? 왜 다른 병원이면 안 되는가? 아니 어째서 교육시켜야만 하는가? 내가 보기에 선교사업이란 모두 임시일 뿐이라는 전제에 뿌리를 두어야 할 것 같다. 궁극적으로는 현지인이 맡아서 유지하고 계속해야 한다는 생각 말이다. 그렇지 않으면 우리가 하는 일은 가치가 없는 일이다. 우리가 계속적으로 선교본부가 보내주는 의사에게만 의존한다면 우리는 걱정할 것이 없다. 그러나 우리의 일이 일시적인 것이라면 현지인이 의사가 되어야 한다는 생각을 해야만 한다. 현지인이 의사가 되어야 한다면 누군가가 훈련시켜야 한다. 그들을 교육시킬 수 있는 사람은 선교 현장의 의료선교사이다. 그러나 이것은 단단한 믿음과 함께 자비로운 감성을 지닌 돈 많은 기독교인이 있기 전에는 가능하지 않다. 혹 정부가 한다면 모를 일이다."

"한국 정부가 의학교를 설립할 때가 되었다. 그러나 우리가 현지 청년을 그 학교에 보내면 믿음이 없는 단순한 의사만 길러내어 우리의 선교에 장애만 될 뿐이다. 나는 때가 되어 기회를 포착할 준비가 되었다고 생각한다. 내가 한국을 떠날 때 7명을 가르치고 있었다. 나는 그들에게 '정부병원이 곧 설립될 것이다. 기억해둘 것은 그 학교에 가서 가르칠 수 있는 사람은 너희들뿐이 될 것이라는 점이다'라고 말하였다. 이제야말로 정부의학교가 설립되기 전에 [한국]청년들을 가르치는 것이 우리 선교가 잡을 수 있는 기회라고 생각한다. 정부의학교가 설립되면 그 학교에서 가르칠 수 있는 사람은 오직 기독교 의사뿐이다. 이것이 내가 내다본 미래이고 그때가 오는 것을 준비하자는 것이다."

"어디서 가르치나? 현지에서. 무슨 언어로? 현지 언어로. 어떤 의사는 내게 '영어를 못하는 학생은 뽑지 않겠다'라고 말하였다. 그럴까? 나는 우리 학교 학생들을 한국어로 교육시키겠고, 동시에 영어를 가르치겠다. 그러면 그가 졸업할 즈음에 영어 책을 읽을 수 있을 정도가 되어 더욱 발전할 수 있을 것이다. 영어로만 강의하면 그가 그의 백성과 유리될 것이기 때문이다."

여기서 눈여겨볼 대목은 "왜 다른 병원이면 안 되는가"와 "어째서 (의학) 교육시켜야만 하는가"이다. 한마디로 에이비슨 박사는 현대의학의 불모지 한국에서 한국 청년을 최초의 기독교인 의사로 길러내어 의학교수로 양성한 다음 그들이 그 후에 기독교 정신으로 가르치는 모든 한국 의사를 기독교 의사로 만들 원대한 꿈을 갖고 있었던 것으로 보인다. 여기에 그 시절에 이미 이중언어 교육을 시키겠다는 것은 시대에 앞선 놀라운 발상이 아닐 수 없다. 『코리아 리포지터리 *Korea Repository*』 잡지 1895년 11월호에 "선교부는 영어를 가르치는 학교를 좋다고 여기지 않는" 분위기에서 에이비슨 박사는 반기를 든 셈이다. 장차 일본말의 홍수 속에서도 세계어가 되는 영어교육과 의학교육, 거기에 빼앗길지 모르는 한국어를 함께 교육시키겠다는 생각이 그로 하여금 서둘러 현대식 기독교 선교병원을 짓기를 열망하고 그것을 실현 시켜줄 "자비로운 감성을 가진" 기독교인 자선가를 찾아 헤매었다고 볼 수 있다. 이 숭고한 생각이 한국 현대의학이 일본을 통하지 않고 미국 기독교를 통하여 이 땅에 이식된 계기가 되었으며 이 정신은 지금도 세브란스 병원과 의학대학에서는 살아 있다.

사실 에이비슨은 세브란스를 만나기 전에 한번 기회가 있었다. 박영효는 청일전쟁에서 승리한 일본이 한국의 교육제도를 완전히 장악할 것으로 내다보았다. 그는 민 왕후에게 일본의 종교와 문화가 한국에 맞지 않으며 일본의 교육관과도 배치되므로 한국에도 학교가 필요함을 역설하였다. 만일 국립학교로 세우면 일본의 압력이 심해질 테니 선교사들로 하여금 선교사업으로 교육을 담당하게 하자는 제의를 하였다. 이 제의에 따라 언더우드 박사가 선교본부의 허락을 받아내었고 학교부지까지 정했다. 그러나 이 사실을 눈치챈 일본의 방해로 박영효가 타의에 의하여 일본으로 출국하는 바람에 허사가 되었다.[94] 에이비슨은 이것이 교훈이 되었을 것이다. 어떠한 경우라도 일본의 영향력에서 벗어난 의료선교의 방법을 찾으려 결심한 것이다.

에이비슨의 판단은 정확하였다. 그는 "정부병원"의 설립이 목전에 있음도 알고 있었다. 대한제국은 제중원을 완전히 미국 장로교로 이관하고 1899년 의학교를 설립하였다. 일본인 의사를 고용하여 3년 속성과정으로 서양의학을 가르쳤다. 교장은 지석영이었다. 부속병원으로 광제원을 설치하였다. 그러나 1907년 이토 히로부미는 의학교와 광제원과 적십자병원을 통합하여 대한의원을 설립하고 일본인 의사로 교체하였다. 지석영 교장은 학생감으로 강등되었다. 만일 에이비슨이 교장 자리를 탐내었다면 비슷한 운명이 기다렸을 것이고 세브란스 병원과 의학대학은 시작도 못 했을 것이다. 여기서 우리는 어째서 세브란스 병원과 의학대학이 미국 장로교 해외 선교부 주관하에 있어야 했는지 비로소 이해할 수 있다.

예양과 연합

에이비슨 박사가 서둘러 기독교 재단의 현대식 병원이 서울에 필요한 이유를 설명한 지 3일 후 1900년 4월 30일(월) 오전 8시에 열리는 「의료 분과 회의」에서 "의료선교단체 사이의 예양(Comity in Medical Missions)"이라는 주제의 연설을 요청받았다.[95] 이 주제는 에이비슨 박사가 평소 생각하던 것과 일치하였다. 그에게 연설을 부탁한 엘린우드 박사 자신은 이미 "교육에 있어서 예양(Comity in Educational Works)"을 발표하였다. 연설 장소는 예정과 달리 카네기 홀로 변경되었다. 그래서 에이비슨 박사는 그날 오전 마지막 발표자가 되었다. 5천 명의 청중으로 장내가 꽉 찼다. 에이비슨 박사 연설은 다음과 같다. 이 원고는 작게는 세브란스 병원과 의학대학, 크게는 현대 한국 서양 병원을 탄생하게 한 문서이며 동시에 세브란스 씨를 "감동"시킨 문서이다. 에이비슨 박사의 기독교 의료선교 철학이 모두 담겨져 있으며 1백 년이 지난 지금까지 영향을 미치는 중요한 문서이므로 전문을 싣는다. 내가 알기로는 처음 공개되는 것이며 명문이다.[96] 영어 제목은 두 가지로 알려져 있지만 한국어 번역에는 차이가 없다.[97]

오 알 에이비슨 : 의료선교에 있어서 예양(禮讓)[98]

의료선교의 목적은 다음과 같다. (1) 선교사에게 의료를 제공, (2) 선교지 본국 주민에게 의료를 제공, (3) 전도방법만으로 교인이 될 수 없는 사람에게 편견을 없애주고 복음을 전하는 방법으로 전도에 도움을 제공, (4) 선교지 본국인 의사와 간호사를 교육.

이러한 목적을 위하여 이 논문에서는 병원과 진료소만 생각하기로 한다. 다른 것들은 우의에 의해 그다지 영향 받지 않기 때문이다.

한국에 현재 설립된 병원들은 건물, 장비, 사람, 소득에서 부족한 점이 많다. 부족의 이유는 자금의 궁핍이다. 자금 궁핍의 이유는 각 선교단체가 제대로 병원 일을 하려면 상대적으로 돈이 많이 들기 때문이다. 예를 들어서 서울에는 8개의 병원과 진료소가 있는데 모두 합하여 9명의 의사와 6 내지 7명의 간호사가 있다.

현재 서울에서 어렵고 별로 효과적이지 못한 일을 하고 있는 의료인력의 절반만 갖고

도 쉽고 효율적으로 일을 할 수 있다. 그리고 나머지 절반을 다른 일에 돌릴 수가 있다.

각 교단이 따로 따로 병원을 운영하는 현재의 계획은 정부나 외국단체로부터 기대되는 모든 재정지원을 가로막을 뿐이다. 이에 반하여 병원을 어떻게 운영하는지 제대로 아는 사람이 책임자가 되는 하나의 종합병원이 모든 후원을 관장한다면 선교재정에 크게 숨통을 열어줄 것이다.

내 생각에 중요한 점은 이들 병원 앞날의 발전과 지원이다. 교회가 계속 지원한다면 앞날에 희망은 없다. 그리고 그렇게 해야 할 이유도 없다. 진실로 우리가 그들에게 정신적인 보석을 전해주어 삶의 생기가 자라고 생활을 향상시켜 언젠가는 그들이 자립하게 되는 앞날이 없다면 우리는 그러한 것들을 전해주려는 노력에 망설여질 것이다. 그리고 우리는 계속적으로 지원을 현지교회나 국가에 책임을 떠맡게 하려는 가정에만 기대게 될 것이다. 그들의 교회가 충분히 강성하게 되어 각 교단이 각각의 병원을 유지하는 것은 요원하다는 것이 나의 생각이다. 많은 병원에 투입될 현지의 의사와 간호사를 배출하는 것도 오랜 시간이 걸린다. 따라서 분리정책은 현지교회의 책임이라는 초기 가정에 치명적 약점이 될 것이다.

여러 개의 취약한 의료사업에 비하면 통합된 의료사업은 많은 장점을 갖고 있다.

(a) 나은 장비, 많은 의사, 많은 간호사가 어려운 수술을 할 수 있고 나은 결과를 만들 수 있다.

(b) 여러 의사들이 있으면 분업이 가능하다. 각자가 자신의 전공에 집중할 수 있다. 그 결과 전문성을 높일 수 있고 치료에 성공을 확신할 수 있다.

(c) 전문적인 독서와 연구를 할 수 있는 시간을 얻을 수 있다. 의료선교사를 보내는데 신중을 기하는 것이 중요하다면 그들이 자신의 분야에서 낙오되지 않도록 하는 것도 중요하며 그들이 시간이 지남에 따라 더욱 효율적으로 성장하는 것도 중요하다.

계속적인 도움이 필요로 하는 이 나라를 낙오되지 않은 의사들에게 맡기지 않아야 한다면 이 위대한 일을 하는 선교사들의 생명과 운명이 계속적인 도움이 필요 없는 나라를 낙오자에게 맡겨져서는 안되지 않아야 하겠는가!

(d) 의사들이 개인적으로 복음을 전도하는 데에도 여유 있는 시간을 줄 수 있다. 이것은 본인 신앙의 힘을 유지하고, 복음전도사업에 동감하는 유대를 갖으며, 의료사업이 복음사업가와 의료사업가 모두가 원하는 대로 그렇게 되어야만 하고 그렇게 될 수 있는 복음사업이 되도록 하는 데 반드시 필요한 조건이다.

(e) 한 병원에 두 명 이상의 의사가 있음으로 병원에 지장을 주지 않고 다른 일과 의무

교대할 수 있다. 이것이 중요하다. 복음 전파의 측면에서, 사람들의 마음과 그들의 가정생활, 그들의 삶의 조건, 그들이 노출된 질병의 요인, 의사가 치료와 조언에 성공하려면 고려해야 할 요인을 종합해서 알려진 바에 의하면 의사를 돕는 데 의무 교대만큼 유용한 것이 없다.

(f) 의료선교사의 의무에 매우 중요한 것은 현지 주민에 대한 의학교육이다. 이것은 언어 훈련, 교재의 번역과 집필, 가르침에 바치는 시간과 정력을 요구한다. 이러한 작업은 개별 병원에서 혼자서는 전혀 불가능한 일이다.

최선의 의료업무는 현재처럼 여러 개로 흩어져서 취약한 제도보다는 튼튼하게 단합된 기관에서 가능하다.

어째서 우리는 그렇게 비싸고 그렇게 장애가 많은 분열된 제도를 고집하는가? 그러므로 이러한 제도를 도입하자는 나의 세 번째 제안이 내 논문의 목적이다. 즉 제대로 갖춘 통합된 의료 기관은 예양 원칙(principle of comity)의 응용을 필요로 한다. 여러 교단의 힘을 한데 모아서 각각의 교단 선교사에게 의료를 제공하는 동시에 각각의 교단의 병원업무를 차질 없이 수행하는 연합병원 체제(a system of union hospitals)를 주요지역에 만들면 이 목적을 달성할 수 있다.

세 가지 방법이 내 마음속에 떠오른다.

(1) 몇 개의 지역에 연합병원(union hospital)을 설립하는 것이다. 여기에 각 교단이 미리 정해진 비율로 건물, 장비, 인력, 관리에 기여한다.

(2) 각 교단이 맡고 있는 지역에 개별병원을 설립한다. 그러나 그 병원은 그 지역에서 연합병원의 업무를 수행한다.

(3) 업무를 교대하는 원칙을 적용한다. 예를 들어서 한 지역에서 한 교단이 병원유지하면 다른 교단은 인쇄업무나 교육업무와 같은 다른 일을 수행하는 것이다.

이러한 계획은 면밀한 현지조사, 병원지역의 선정, 교단의 동의를 필요로 한다.

첫 번째 것은 공정하고 용이하게 보인다. 각 지역에 각 교단에게 기회를 부여하기 때문이다. 그래서 각 교단의 책임을 분담하는 비율을 정하는 것도 어려운 일이 아니다. 오히려 지역의 중요성을 결정하고 어떤 교단이 의료업무를 제공하느냐의 문제보다 상대적으로 쉽다. 한편 이것은 병원을 누가 운영하느냐의 문제로 분쟁이 일기 쉽다. 그러나 일반적인 병원정책은 선교단체 사이에 조정될 수 있을 것이다. 세부 정책은 의사들이 결정하면 된다. 책임자는 위원회에서 선출하면 될 것이다. 또는 빈자리는 연령순으로 채울 수 있을 것이다.

연합병원 체제에 반대가 있을 것이라는 점을 잘 알고 있다. 어떤 것은 매우 어려울 것이지만 어느 것도 극복할 수 없을 정도는 아니라고 본다. 장점이 단점보다 뛰어나서 우리는 믿음을 갖고 앞으로 나아갈 수 있기 때문이다.

예양의 또 다른 특성은 한 교단의 열성이 다른 교단으로 전파될 수 있다는 점이다.

선교본부는 해외에 파견한 선교사들이 그들의 역량을 최대한 발휘할 수 있도록 그들의 후생을 책임져야 한다는 일반적인 제안에서 시작하자. 그러면 의료사업에 대해 제안을 할 수 있다. 이것은 둘 중 하나이다. 이 일을 수행할 수 있는 의사를 파견하거나 이미 현지에 있는 의사가 이 일을 하게 하는 것이다. 두 가지 모두 적법하고 적당하다. 후자의 경우, 교단이 파견한 의사이거나 그렇지 않은 일반의사이다. 일반의사의 경우 상응하는 보상을 기대하는 것은 당연한 일이다. 선교의사는 기꺼이 무보수로 하려 하지만 그가 해야만 하고 선교본부가 그렇게 하라고 봉급을 주는 의무를 수행하는 시간을 빼앗아 버린다. 그 잃어버린 시간을 보충하는 일은 선교본부의 일이 된다. 그러므로 나는 다른 측면에서 질문을 생각하고 싶다. “값을 청구해야만 할까?” 대신 “보상을 주어야 하는가?” 이것이 대답하기 훨씬 쉽다. 감정을 제거했기 때문이다.

예양이란 다른 곳에서 동일한 일로 돌려주는 것에서 찾을 수 있거나 - 내가 당신의 선교 일에 참여할 테니 당신은 우리의 선교 일에 참여하시오, 또는 다른 일을 통해서 찾을 수 있다 - 내가 당신의 인쇄 일을 도울 터이니 당신은 우리 의료 일을 도와주시오.

만일 돈으로 협상한다면 가격을 어떻게 정할 것인가? 1년 단위로 고정된 금액으로 정하든가 참여 회수대로 정하든가 또는 매회 참여에 대해 가격을 매기든가이다. 나는 첫 번째 - 즉 고정 금액 - 이 더 만족스러울 것이라고 생각한다. 그 이유는 의사들은 그렇게 하는 것이 자율적이고 더 자유스럽게 느끼기 때문이다.

값을 어떻게 매길 것인가? 비슷한 조건 밑에서 일을 할 때 매기는 값에 기초하면 공정하다고 생각한다. 가족이 있는 선교사에게 1년에 50달러가 적당할 것이다. 이것을 기준으로 독신 선교사나 대가족 선교사의 경우를 조절하면 된다.

약값은 별도로 매겨야 한다. 원래의 약값에 주문하고, 처치하고, 자연 망실하는 시간을 추가한다. 이렇게 하면 선교본부는 이 같은 거래에서 손실을 막을 수 있다.

각자의 경험에 따라 이러한 예양에 대해 소소한 질문이 나올 수 있다고 예상한다. 그 가운데 하나는 한 교단의 의료선교사가 다른 교단의 현지 교인을 대하는 기준이다. 무료로 치료해야 할까? 값을 요구할까? 그렇다면 얼마를 요구해야 할까? 내가 생각하기에는 그들이 우리에게 오는 사정, 지불할 수 있는 능력, 선교의 측면에 달렸다.

어떤 선교단체는 기독교인이 되면 무료로 치료한다. 이 경우 그 교인을 책임지는 선교부는 그러한 환자를 치료하는 요청서를 보낼 것이다. 일을 분명하게 하기 위하여 청구서를 보내야 하는데 의사들은 별로 기분 내키는 일이 아니다.

만일 자신의 교인에 무료진료를 책임을 지지 않는 선교부가 있는 곳에 의사가 없다면 현지주민은 그곳에 있는 아무 의사에게나 치료를 받을 것이다.

각 교단은 각자의 선교방법을 따를 권한이 있다. 그러나 값을 매기는 의사는 무료 병원과 경쟁하기가 어려울 것이다. 그런 경우 편의를 위해서 그 권한을 따르지 않는 것은 생각해 볼만한 일이다. 이것은 선교단체가 생각해야 할 문제이다. 왜냐하면 병원끼리 경쟁하는 것은 나쁜 정책이기 때문이다. 물론 선교사들은 진료비를 청구하는 예절과 지혜가 있음을 믿어야 한다. 병원과 진료소가 그렇게 하도록 주장하기에 앞서서. 이 글의 저자는 인력을 늘리고 개선된 장비를 갖추는 데 필요한 선교자금이 의약품과 음식과 약값을 지불할 수 있는 사람에게까지 무료로 공급하는 데 사용하는지 그 이유를 알 수 없다. 물론 가난하여 무료로 진료를 받을 수밖에 없는 사람에게는 적용되지 않는다. 우리는 이러한 가난한 사람들을 보다 많이 도와주어야 한다. 약값을 지불할 능력이 있는 사람에게서 받은 돈을 효율적으로 이들을 위해 사용해야 한다.

현지 주민에게 의학교육을 실시하는 것은 우리가 시작한 이 일의 미래를 생각할 때 매우 중요한 주제이다. 한 사람이 혼자하기에는 너무 큰일이다. 우리가 의료사업에 있어서 예양이 완성되는 조건이 성숙될 때까지 여러 의료선교 단체의 여러 의사들이 합쳐서 이루면 유리할 것이다.

에이비슨이 후일 회고록에서 기억을 더듬어 요약한 것은 다음과 같다.

"현재 서울에 있는 각 교파에서 파견된 7[8]명의 선교의사가 연합(union)하여 한 병원에서 일할 수 있다면 7[8]개의 작은 병원에서 하는 일의 몇 배를 더 할 수 있으며 그 가운데 몇 사람은 다른 지역에 가서 의료전도를 할 수 있을 것입니다."

에이비슨의 구상은 교파를 초월한 연합병원을 지으면 7[8]명의 의사가 훨씬 효율적인 의료선교사업을 할 수 있다는 것이다. 서울의 세브란스 기념병원과 세브란스 연합의학대학의 탄생은 이 연설에서 시작한 것으로 보아야 한다.

백낙준(1929)은 예양(禮讓)을 다음과 같이 설명한다. "한국은 강토가 작은 나라인데 여러 선교 단체가 계획 없이 점령한다면 결과는 충돌 아니면 협력밖에 없을 것이다. 이 아홉 개의 선교단체는 4개의 교파이다. 침례교회, 성공회, 감리교회 및 장로교회이다. 이 여러 교파들이 충돌을 피하려 하면 지구 저편 끝에서 자기네들 사이에 시작되었던 차이점을 지구 이 편에 와서는 다 묻어버리고 제1차적으로 자기네 자신들이 합동하여야 될 것이다. 선교사들 사이에서 그러한 합동이 이루어져야 제2차적으로 한국 내 모든 교인집단을 묶어 한국에 하나의 기독교회를 만들 수 있을 것이다. 여러 선교단체들이 거의 같은 시기에 들어왔으므로 시간이 더 흘러가서 합작이 어려워지기 전에 협력 합작할 것을 다수의 선교사들은 찬성하였다. … 1893년에 북장로교회와 북감리교회는 합의를 보았다. … 해당 지역에 처음으로 선교분소를 설치한 선교부에 양도하되 교인은 그 소속교회의 추천이 없으면 이적할 수 없게 되었다. … 그 원칙은 … 마침내 확고한 선교지역 구획안이 성립되었다." 교육, 의료, 출판, 전도, 번역, 등 선교사업에 있어서 예의로서 양보할 것은 양보하고 협력할 것은 협력한다는 의미이다. 에이비슨이 이해한 예양은 "내가 당신 선교 일에 참여할 테니 당신은 우리 선교 일에 참여하시오, 또는 내가 당신의 인쇄 일을 도울 터이니 당신은 우리 의료 일을 도와주시오." 다시 말하면 동종 또는 이종 업무에 있어서 연합과 양보(Unity and Comity)이다.

한국에서 예양에 관한 최초의 움직임은 1889년 "미국 북장로회 선교와 빅토리아[호주] 선교 연합 공의회"의 결성이었다. 그러나 다른 교파가 응하질 않아서 장로교만이 진행하였으니 그것이 백낙준이 지적한 대로 1893년에 조직된 "장로교회 치리기구 준행 선교부 공의회(長老敎會 治理機構 遵行 宣敎部 公議會)"이다. 이 공의회에서 바로 "예양합의 Comity Agreements"를 도출하였다. 이 합의에 의하여 장차 선교사업을 "연합하며 분할"하는 방향으로 이끌 것을 목표로 삼았다. 이 합의가 마침 1900년 뉴욕 에큐메니컬 선교대회의 정신과 일치하였다. 여기에 참석한 세브란스 장로는 "연합과 예양" 가운데 어느 편에 무게를 두었는가.

세브란스의 꿈

에이비슨의 연설로 오전 회의가 끝날 즈음 에이비슨 박사를 찾는 사람이 있다고 하기에 달려가 보니 프랭크 엘린우드 총무가 연단의 한복판에서 노년의 미남 신사를 소개하였다.

"저는 루이스 헨리 세브란스라고 합니다."

"저는 올리버 에이비슨입니다."

"오전에 연설하신 논문을 읽고 알고 있습니다. 예양과 연합(comity and unity)이라는 말이 인상적이었습니다. 그 가운데에서도 연합(unity)이라는 말이 더 좋군요."

연합정신은 에큐메니컬 선교대회의 중심 과제였다. 대회 첫날 보스턴의 마블 목사(Rev. H. C. Marble)가 기도를 하였다.

"하나가 된 교회에 하나님의 축복이 있기를 빕니다."

이어서 등단한 명예회장 해리슨 전 대통령도 기조연설에서 다음과 같이 강조하였다.[99)]

"이 모임의 혜택과 영향은 기독교도의 연합(union)에서 크게 나타날 것입니다. 이 정신의 가치는 국내에서도 크지만 해외에서는 두 배로 큽니다."

이처럼 세브란스 연합의학대학의 창립은 에큐메니컬 선교대회 연합정신의 소산이다. 세브란스의 칭찬에 에이비슨이 대답하였다.

"감사합니다."

"만나서 즐거웠습니다. 다음 수요일에 다시 만나서 얘기 좀 할 수 있을까요?"

"좋습니다. 그런데 지난 가을에 세브란스라는 이름의 중년 신사를 만난 적이 있는데 혹시 인척이 아닐까요?"

세브란스는 그의 모습에 대하여 물었다. 뉴욕 대회에는 그의 먼 친척인 티 씨 세브란스(C. M. Severance)가 일본에서 참여하였기 때문이다(자료 Ⅵ-3을 참조). 에이비슨이 설명하자 세브란스 씨는 웃으며 대답했다.

"제 아들 존입니다."

에이비슨은 가슴이 두근거렸다. 찰스 핸드 재무부장의 말을 상기하자 어쩌면 원하는 병원을 지을지도 모르겠다는 설렘이었다. 여기서 흥미 있는 점을 발견할 수 있다. 에이비슨은 원고에서 연합을 의미하는 unity라는 말은 사용한 적이 없다. 그는 다만 연합 union이라는 단어를 사용하였다. 더욱이 원고를 자세히 분석해야 예양과 연합을 대비시킬 수 있다. 더 흥미로운 점은 연합이라는 말은 원고의 뒷부분에 등장하는데 세브란스는 연설이 시작되자마자 일어서서 회의장을 빠져나가 복도로 내려가서 12시까지 에이비슨 박사를 기다렸다는 점이다.[100] 그리고는 예양보다 연합이 더 마음에 든다고 말하였으니 대체 어찌된 일일까. 누군가가 사전에 원고를 보내온 것이 아닐까. 아니면 회의장에서 원고가 미리 준비되었던 것이었을까. 사실 원고가 준비되지 않은 연설을 대비해서 뉴욕 대회에는 16명의 속기사가 배치되어 있긴 하였다.[101] 매일 저녁 다음 날 6천 부의 진행표와 광고가 인쇄되어 아침마다 배포되었다. 아무튼 약속대로 다음 수요일(5월 2일)에 세브란스와 만났다. 이때는 선교대회가 끝난 다음이었다. 세브란스가 물었다.

"서울에 7[8]개의 선교병원이 있다니 또 다른 교단의 병원을 만들 필요가 없겠군요."

"그렇습니다. 7[8]개의 병원이 그 어느 것도 병원이라고 부를 수 없을 정도로 빈약합니다. 간호사도 없이 한 명의 의사가 운영하고 있습니다. 이 가운데 몇 명만이라도 연합하여 협력하면 7[8]개의 병원이 따로 하는 것보다 매우 좋은 일을 할 수 있을 겁니다."

"박사 말이 옳은 것 같군요. 동의하리다. 그렇다면 무슨 계획이라도 갖고 있습니까?"

에이비슨은 얼른 갖고 있던 고든의 설계도를 가방에서 꺼내 보여주었다.[102] 세브란스는 자세히 들여다보면서 에이비슨이 생각지도 못한 여러 가지 질문을 계속 던졌다.[103] 에이비슨이 모든 것을 간결하게 대답하자 세브란스는 만족한 듯이 여운을 남기는 말을 하였다.

"나는 이제 가볼 곳이 있습니다. 어쩌면 또 만나게 되겠지요."[104]

아니 이 말을 하려고 기껏 수요일에 따로 만나자고 약속했단 말인가. 누구 약 올리나. 그럼에도 이 말을 듣고 한껏 부풀었던 에이비슨이 희망을 버리지 않았던 것은 세브란스가 하도 진지하였기 때문이다. 그러나 다시 생각해보면 세브란스의 말로 미루어 그는 오후에 볼일이 있었다고 추정된다. 그는 매일의 오후에는 다른 일이 있는 것일까. 그래서 처음 만난 월요일 12시에도 잠깐 얘기를 나누고 수요일에 만나자고 얘기를 미루었던 것일까. 수요일이라면 선교대회가 모두 끝난 후이므로 여유가 있기 때문이라 추측할 수 있다. 또 그렇게 하여야 에이비슨이 설계도를 챙길 여유와 질문에 대답을 준비할 시간도 가질 터이니 말이다. 이 때문에 엘린우드 박사가 원래 오후 2시 30분에 예정되었던 에이비슨의 발표를 오전으로 옮기고 장소도 카네기 홀로 바꾼 것이리라. 이것은 프로그램 위원인 프랭크 엘린우드의 선처였을까. 아무튼 수요일에 세브란스와 만나기 위하여 에이비슨은 설레는 마음으로 설계도를 가방에 준비하였던 것은 다행스러운 일이었다.

이런 일을 아는지 모르는지 엘린우드 총무는 다시 에이비슨 박사에게 한 달 뒤 6월에 세인트루이스에서 열리는 북장로교 총회에도 참석할 것을 권고하였다. 이 한 달 동안 에이비슨은 무슨 생각을 했을까. 아무튼 이 총회에서 에이비슨 박사가 토론 발언을 마치자 좌장인 할시 목사(Rev. L. S. Halsey, 1872~1964)가 청중에게 말했다.

"방금 말씀을 마치신 분은 한국에서 의료선교로 수고하시는 올리버 에이비슨 박사입니다. 아직 공개는 안 되었지만 좋은 소식이 있습니다. 어느 신사 분이 선교본부에 와서 에이비슨 박사와 그의 일에 대하여 여러 가지 질문을 한 후에 에이비슨 박사가 일할 수 있는 병원을 서울에 기증할 뜻으로 1만 달러를 보내왔습니다."[105]

할시의 형 우드러프 할시 목사(Rev. Woodruff Halsey, DD)는 1902년 장로교 해외선교본부의 총무였는데 우스터 대학이 화재에서 재기하여 세브란스 화학관이 봉헌될 때 축도한 사람이다.[106] 에이비슨 박사는 깜짝 놀랐다. 세브란스 씨가 총회에 참석했다는 사실에 더욱 놀랬다. 회의가 끝나고 그 헌금에 대한 공식 서한을 받았다. 그리고 세브란스를 찾았다.

"감사합니다. 깊은 사의를 드립니다. 이 선물은 한국의 아픈 사람들에게 큰 혜택이 될 것 입니다."

"도움을 받는 당신의 기쁨보다 도움을 주는 내 기쁨이 더 큽니다. 당신도 그것을 알게 될 것입니다."

"저희 내외가 1년을 두고 이 병원을 위하여 기도했는데 이제 응답을 받았습니다."

"박사의 말을 들으니 나도 할 말이 있소. 지난 1년 동안 병원을 하나 짓는 것이 나의 소망이었는데 어느 곳에 지어야 할지 결정을 못하던 중 당신의 강연을 듣자 그곳이 바로 한국의 서울이라는 것을 깨닫고 기부를 결심하였습니다. 이는 이미 하나님이 인도하여 주신 것입니다."

뉴욕 장로교 선교본부 건물의 꼭대기에는 기도실이 있는데 세브란스는 매일 12시가 되면 이곳에서 주로 해외선교를 위한 기도를 드렸다.[107] 에이비슨 박사와 대화하는 장면은 세브란스 씨가 우스터 대학의 홀덴 총장을 도와주는 장면을 연상시킨다. 홀덴 총장이 세브란스 씨의 사무실을 나가기도 전에 그는 1만 달러를 결심하였지만 발설은 하지 않았다가 나중에 제3자를 통하여 알렸다. 에이비슨 박사의 경우도 결심을 했지만 발설은 하지 않고 제3자를 통하여 알렸다. 세브란스 씨는 너그러우며 수줍은 사람이었다. 또 하나 흥미로운 점은 세브란스가 "당신도 그것을 알게 될 것입니다"라고 발언한 것이다. 세브란스도 처음부터 자선의 기쁨을 느끼지 못했다는 뜻이다. 어느 계기에 베푼 자선이 그에게 경험하지 못했던 새로운 기쁨을 주었을 것이다. 그 계기는 그의 어린 시절의 성장배경, 기독교 정신, 가족사와 함께 그에게 다가왔을 것이다. 이 말은 또한 "에이비슨 박사, 당신도 나처럼 다른 사람에게 무언가 주어보시오. 당신도 내가 갖는 기쁨을 경험할 것이오."를 뜻한다. 에이비슨 박사도 한국을 위하여 일생을 바쳤으니 후일에 세브란스 말의 뜻을 알았을 것이다. 에이비슨은 여섯째 아들의 이름을 세브란스(E. Severance Avison)라고 지었다.

두 가지 기준

세브란스는 왜 한 번도 가보지 않은 서울을 선택했을까? 이것이 이 책에서 가장 궁금한 부분이다. 그러나 몇 가지 단서가 있다. 그것을 중심으로 상황을 추측할 수밖에 없다. 1902년 세브란스 기념병원의 머릿돌을 놓은 알렌 공사의 기념사에 이런 구절이 있다.

"… 지금 기초석 아래 감추는 말 가운데 감사할 것은 신사 세브란스 씨께서 대한 한성을 구경도 못 하시고 대한 남녀를 보지도 못하시고 특별히 긍휼하신 뜻을 베푸는 일이라."

알렌 공사도 이 부분이 궁금했을 것이다. 서울을 택한 이유가 에이비슨 박사의 연설에 감동을 하였고 "우연의 연속"의 결과라고 말하지만[108] 이것만으로는 부족하다. 물론 감동이 영향을 줄 수 있다. 그 예가 우스터 대학이다. 앞서 소개한 대로 우스터 대학이 화재로 위기에 처했을 때 세브란스가 재빨리 도와주어 재기하였지만 그 배경에는 세브란스의 정서도 한몫을 하였다. 화재가 막 일어나자 세브란스 장로는 웨스턴 리저브 대학의 총장 트윙의 제안을 홀덴 총장에게 전달하였다.[109]

"이 참에 우스터 대학을 '필립스 엑스터 Phiilips Exter'처럼 최고의 예비학교로 전환시키는 것이 어떠냐는 트윙 총장의 제안을 어떻게 생각하쇼."

"트윙 총장에게 저의 대답을 전해주십시오. 그의 쓸개가 밥통에 붙었다면 흑사병으로 20분 내에 죽으리라."

"진정하시오. 그 대답을 그대로 트윙 총장에게 전달할 수야 없지요."

"아닙니다. 그대로 전달해주십시오. 어째서 자신이 직접 말하지 않고 당신을 통해 간접적으로 제안을 하는지 그 스스로도 알게 될 것입니다."

트윙 총장은 대학은 웨스턴 리저브 하나만으로 족하다고 생각하는 사람이다. 며칠 지나지 않아 세브란스가 자선가 모임에서 점심을 하면서 말했다.

"나는 지금까지 트윙 총장의 제안에 대해 그렇게 대답할 용기가 있는 사람을 본 적이 없다. 그는 성공할 자질이 있다. 나는 그가 내 사무실을 나가기 전에 10만 달러를 기부하기로 작정하였다."

세브란스가 상대방의 언변이 훌륭하여 그에 감동하지 않고 아첨만 좋아하지 않는 분별력의 사람이라는 일화이다. 우스터 대학의 경우 그가 화재 이전에 현장을 방문하여 화재를 경고한 적이 있었던 만큼 감정에 휩싸여 기부를 결정하지 않았다. 게다가 모든 오하이오 장로교단이 주목하고 있는 상태였다. 그럼에도 덥석 도와주지 않고 홀덴 총장과 우스터 대학을 시험하여 러들로 목사의 보고서를 받아본 다음 자신의 기준에 합당하다고 판단하여 도와줄 것을 결정하였다. 여기에 홀덴 총장의 기개까지 본 것이다. 다시 말하면 대학의 이상과 그것을 실천할 수 있는 책임자가 그가 설정한 기부의 "두 가지 기준"이었다.

그러나 서울은 방문한 적도 없고 그가 도와주지 않는다 하여도 아무도 관심을 두지 않을 것이다. 그렇다면 세심하고 신중하여 기부하기 전에 현장을 방문하고 문제점을 확인하는 세브란스가 에이비슨 박사의 단 한 번의 연설만 전적으로 믿고 생면부지의 서울에 기부를 결정했다고 보기에는 의문이 남는다. 두 가지 기준을 재보기는커녕 한 가지 기준이나 제대로 충족되는지 알 수 없다. 앞서 세인트루이스 회의의 할시 좌장의 표현대로 세브란스 씨가 선교본부에 "에이비슨 박사와 그의 일에 대하여 여러 차례 문의"를 했다는 점이 바로 그의 성격을 나타낸다. 이때에는 이미 기부를 결정한 다음이었는데 마지막으로 확인한 것이리라. 그와 함께 일해 본 경험이 있었던 뉴욕 장로교 선교본부의 총무 화이트 목사(Rev. Stanley White, DD)의 말을 인용해보자.

> "세브란스의 장점은 문제점을 세세하게 연구하는 능력이 있다는 점이다. 행동으로 옮기기 전에 문제점을 완전히 파악한다. 기부를 결정함에 있어서 다른 사람의 의견이나 원론적 지식에 의존하지 않는다. 그 문제에 능통한 사람에게 문의하고 건물의 위치와 계획과 지도에 대하여 문의한다. 마지막 점까지 자세하게 비용을 계산한다. 흡사 그것이 자신의 사업인 양 시간과 노력을 들인다. 그 뜻은 분명하다. 그는 그 일들이 자기 사업처럼 여기는 능력이 있으며 하나님의 발아래에 가져다 놓는 듯이 일을 한다. 그는 하나님의 사업에도 사업 능력이 있는 사람이 필요하다고 믿는다."[110)]

화이트 박사의 이 말 역시 세브란스의 기부를 여러 차례 목격하지 않았으면 할 수 없는 증언이다. 웨스턴 리저브 대학 총장 트윙 박사는 세브란스가 이사회에서 보여준 치밀함에 대하여 감탄하였다.[111)]

> "그 [세브란스]는 대학 재정을 토의할 때 그의 완벽한 이해를 구할 때까지 빈틈없었다."
> "그는 세세한 점까지 파고들었고 지적으로 윤리적으로 자신의 의무와 다른 사람의 의

무라고 생각하였다."

"그의 돈이 가장 효율적으로 사용될 수 있도록 치밀함과 인내함을 요구하였다."

어떻게 사용하는 것이 효율적으로 사용하는 것인가. 언젠가 그는 뉴욕에서 열린 장로교 총회에서 잠시 틈을 내어 참석한 목회자들을 허드슨강의 유람선에 안내하는 일을 계획하였다. 그의 꼼꼼한 성격대로 계획이 제대로 실현될 수 있도록 현장을 답사하기 위하여 친히 유람선을 타보기로 결정하였다. 거리는 짧아서 걸어갈 수 있었지만 유람선이 떠날 시간이 임박하여 택시(영업용 마차를 당시에 택시라고 불렀다)를 타게 되었는데 마부가 손님의 사정을 눈치채고 두 배의 택시요금을 요구하였다. 세브란스는 동행한 동료 목사에게 말했다.[112)]

"우리 뛰읍시다."

아무리 대부호라 하더라도 한 푼이라도 허비하는 것을 용납하지 않고 보다 능률적인 쪽을 택하여 오후를 기분 좋게 보낼 수 있었다. 자신의 책임을 완수하기 위하여 현장을 답사하는 치밀함을 보인다. 에이비슨 박사도 세브란스의 치밀함을 증언한다. 앞서 세넥터디 전차회사 부사장 피트킨 씨의 인상을 세브란스 씨와 비교하였다.

"피트킨 씨는 유쾌한 분이며 … 세브란스 씨처럼 치밀하다."[113)]

세브란스 씨만 치밀하지 않았다. 이승만도 미국 땅을 처음 밟은 날 숙박비 50센트 음식값 10센트라고 그의 일기에 기록하여 그의 꼼꼼함을 나타냈다.[114)] 세브란스의 친구 록펠러도 그에 못지않았다. 록펠러 아들의 회고에 의하면 송유관을 가설할 때 길이 1센티 벽돌 1장까지 직접 챙겼다고 한다. 모든 청구서의 항목은 그것이 비록 1센트라 하더라도 완전히 이해하지 못하면 지불하지 않았다. 그가 신혼여행에서 "나이아가라 폭포 관람료 75센트, 이발 1달러, 사과 5센트"라고 장부에 기록했다는 것은 당시 미국인들 사이에 화제가 되었다. 파리 식당의 음식 이름이 프랑스어였는데 종업원이 그것을 서툰 영어로 제대로 설명하지 못하자 아들에게 일일이 물었다. "작은 일인 것 같지만 아버지에게는 생활 철학이었다." 록펠러는 책을 좋아하는 사람이 아니었지만 파리에서 류 월리스(Lew Wallace, 1824~1905)가 쓴 『벤허(Ben Hur)』를 걸어가면서 읽었다.[115) 이 책은 당시에 누구나 읽는 인기 있는 책이었다. 그러나 록펠러가 읽는 이유는 다른 데 있었다. 월리스는 장군 출신이었는데 오스만 터키 주재 미국 대사를 지내면서 술탄을 설득하여 터키에서 스탠더드 석유를 자유롭게 판매하는 데 성공하였기 때문이다.[116)]

작은 새

토론토의 한국 연합 선교부(Corea Union Mission)가 펜윅 목사(Rev. Malcolm Fenwick)를 한국에 파송할 때 그는 코리아(Corea)와 코르시카(Corsica)를 구분하지 못했다고 한다.[117)] 그를 한국에 보낼 때 그의 교회 목사는 한국을 위해 기도한다면서 남태평양에 있는 섬이라고 불렀다.[118)] 제물포 성누가 병원의 웨어 박사가 영국에서 한국으로 떠날 때 모두들 "한국이 어디에 있지? 그리스 옆에 있지 않나?"라고 물었다.[119)] 서양인들에게 오늘날 부탄이 그렇게 멀게 느껴지듯이 "멀리 떨어져 있는 이상한 나라"일 수밖에 없었다.[120)] 이런 나라에 그토록 관심을 갖는 이유가 궁금하다.

이러한 상황에서 매우 치밀한 세브란스 씨는 1900년 당시 한국에 대하여 얼마나 알고 있었을까? 앞서 본 것처럼 세브란스는 우스터 대학에서 동아리 문제가 불거져 나왔을 때 홀덴 총장이 찾아와서 설명하기 전에 이미 혼자서 조사를 마치고 "작은 새가 와서 전해주었다"고 시치미를 뗐다. 세브란스 씨가 에이비슨 박사를 도와주기로 결심한 것은 그의 세밀하고 꼼꼼한 성격상 카네기 홀에서 에이비슨 박사의 연설에 감동하여 즉흥적으로 내린 것이 아니라 그 나름대로 조사에 근거를 두었을 것이다. 그 증거가 있다. 우스터 대학의 홀덴 총장은 1908년 에이비슨 박사를 만난 자리에서 1900년 4월 30일 뉴욕 에큐메니컬 선교대회 오전 회의에서 에이비슨 박사의 연설이 막 시작되었을 때의 광경을 들려주었다.

> "그걸 내가 말해 주리다. 당신 [에이비슨]의 연설이 시작되고 얼마 되지 않아 세브란스 씨는 '내가 저 젊은이에게 병원을 지을 돈을 주면 어떨까?'라고 말한 뒤 곧바로 일어나서 뒷문을 빠져나가 복도로 나가 단상과 가까운 복도에서 정오까지 당신 연설이 끝나기를 기다렸다."[121)]

어째서 연설을 모두 듣지 않고 시작하자마자 기부를 결심하고 퇴장하였을까. 에이비슨 박사의 연설원고를 읽어보면 도저히 이해할 수 없는 부분이다. [연설 원고참조]. 에이비슨 박사는 병원을 구걸하지 않고 효율적인 의료선교를 수행하기 위해서는 8개의 조그만 병원보다 연합한 병원이 효율적이라는 점을 5천 명 청중에게 피력했을 뿐이다. 좋은 결과를 기대한 것도 사실이지만 그러나 자신의 주장을 합리적으로 표현한 명문장이다.

이러한 배경을 종합하면 세브란스는 이미 어떤 경로를 통해 조사에 근거하여 기부를 결심하였다고 해석할 수 있다. 앞서 말했듯이 세브란스 씨는 오후에 가야 할 곳이 있어서 오후 참석이 어려웠을 것인데 마침 에이비슨 박사의 오후 강연을 오전으로 옮겼다는 것은 우연으로 보기에는 석연치 않다. 또 세브란스는 세인트루이스 회의에서 기부를 발표하기 전 마지막 순간에도 선교본부에 에이비슨 박사의 일과 인품에 관해 "두 가지 기준"을 물었다. 홀덴 총장의 경우를 보아도 그가 사무실을 나가기 전에 기부를 결정한 것도 자신의 형을 통하여 홀덴 총장의 방문을 사전에 알고 그에 대해 조사를 마쳤기 때문이다. 에이비슨과 만남에 있어서도 월요일에 잠시 만나서 뜸을 드리고 수요일에 다시 만나자고 한 것은 이틀 동안 에이비슨과 서울의 의료선교 사정에 대한 추가적 정보 때문이었다. 서울에 대해서도 "작은 새가 와서 전해 주었다." 그 작은 새란 누구였을까.

에이비슨 박사의 경우에도 기부의 배경을 몇 가지로 추측할 수 있다. 세브란스가 1년 동안 기도하며 병원 후보지를 간구했을 때 여러 후보지 가운데 한국에 대해서는 몇 가지 통로를 이용하여 정보를 얻었을 것이다. 첫째는 극동 선교에 대한 세브란스의 관심, 둘째는 에큐메니컬 선교 대회에서 의료선교 분과의 분위기였고, 셋째는 세브란스의 친구 하이든 목사의 영향, 넷째는 선교본부의 미첼 박사나 엘린우드 박사를 통해서이고, 다섯째는 친구인 헤이 국무장관을 통해서이고, 여섯째는 『코리아 리뷰 *Korea Review*』의 발행인 호머 헐버트 박사 가족의 연줄을 생각할 수 있고, 일곱째 자신의 스탠더드 회사를 통해서일 것이며, 마지막으로 『세계선교평론 *Missionary Review of the World*』이 도움을 주었을 것이다. 하나씩 짚어보자.

극동 선교

이 책의 곳곳에서 세브란스가 "극동 선교"에 대해 깊은 관심을 갖게 된 배경을 밝혔다. 세브란스가 1913년에 갑자기 사망했을 때 그의 호주머니에서 발견된 수첩에는 그 때까지 지원을 약속하고 지불하지 못한 명세서가 있었다(상세한 목록은 제9장 참조). 거기에는 중국, 버마(미얀마), 태국, 일본, 인도, 필리핀 등 아시아 전역에 걸쳐있는 학교, 교회, 병원이 적혀있었다. 그의 자선은 한국에만 머무르지 않고 아시아 전역에 걸쳐 있었던 셈이다. 여기서 우리는 네 가지 점을 지적할 수 있다. 첫째, 이 목록에는 이미 지불이 끝난 기부는 적혀 있지 않았다. 어떤 지불액은 센트 단위까지 적혀 있는 것으로 보아 잔금만을 적었다고 여겨지기 때문이다. 둘째, 이 목록에는 한국이 빠져 있다. 이미 지불이 완결되었기 때문이다. 셋째, 또 하나 재미있는 점은 목록의 지역이 세브란스의 아시아 방문 지역과 대체로 일치한다는 점이다(제8장을 참조). 이것은 그가 기부지역에 가본 후에 자선을 하였다는 점을 시사한다. 아시아 지역의 여행은 1907~1908년에 있었기 때문이다. 넷째, 그러나 애초에 관심을 가졌던 극동이란 어디를 가리키는가. 당시에 극동지역을 한국에서는 원동이라 불렀으며 그것은 시베리아, 만주, 한국을 가리키는 지명이었다. 이 네 가지 점을 종합하면 다음과 같은 결론을 추론할 수 있다. 그의 해외자선은 서울의 세브란스 병원이 처음이었다. 그런데 이것이 그에게 기대 이상으로 만족감을 가져다주었다. 그에 관한 어느 문서를 보아도 다른 기부처의 이름은 언급하지 않아도 서울의 세브란스 병원은 반드시 등장한다. 세브란스 병원은 그가 죽을 때까지 그의 "자랑 pride"이었다. 이것이 조심스럽고 치밀한 그에게 자선의 범위를 넓히는 계기가 되었을 것이다. 극동에서 아시아 전역으로. 구체적으로는 서울에서 동양 전체로. 그가 아시아 선교지를 방문하고 돌아가서 방문지에서 만난 수많은 선교사들과 서신을 교환하며 그들의 요청을 들어주었다는 사위 알렌 박사의 증언이 그 점을 가리킨다. 말하자면 서울의 세브란스 병원이 그에게 있어서 해외자선의 시금석이 된 것이다. 그러므로 극동 가운데 서울을 지목한 사연을 추론해볼 차례이다. 나머지는 서울의 예를 따라오면 되었기 때문이다.

에큐메니컬 선교대회

앞서도 말했지만 에큐메니컬 선교대회의 여러 가지 목적 가운데 하나가 해외선교사와 미국 내의 후원자, 주로 기업가들을 연결하는 것이었다. 에이비슨은 1931년에도 선교대회에 참석하러 출국하는데 이때의 목적도 자선가를 구하는 것이었다.[122] 1900년 에큐메니컬 선교대회에 참석한 800여 명의 선교사 가운데 의료선교에 관한 주제를 발표한 사람은 모두 14명에 불과하였는데 그 가운데 4명은 미국에 거주하는 사람이었으니 실제로 해외의료선교의 주제는 10명만이 발표하였다. 이 가운데 감리교 의사가 2명, 에든버러 의료선교회 소속 의사가 1명, 자유교회 스코틀랜드 선교회 의사가 1명, 영국 장로교 의사가 1명, 미국 개혁교회 의사가 1명, 성공회 의사가 1명, 베이루트에서 온 소속 불명의 의사가 1명, 중국 등주에서 온 소속 불명의 의사 1명, 미국 장로교 의사가 1명이었다. 에이비슨 박사가 의료선교에 관한 연설을 한 유일한 미국 장로교 선교의사였다.

세브란스는 장로교가 주관하는 초교파 연합(union) 의료선교에 기부할 심산이었는데 에이비슨 박사만이 경쟁자 없는 유일한 선택이 된 셈이다. 결과론이지만 에이비슨을 도와준 세브란스는 중국 등주에도 세브란스 여학교 건물을 기증하였다.[123] 모두 "우연의 일치"라고 보기보다 이때 결정된 것이라고 보는 것이 타당할 것이다. 게다가 에이비슨의 원고는 다른 의료선교사들의 원고와 비교할 때 단연 빼어났다. 그리고 연설 내용이 세브란스 씨가 줄 곳 생각하던 기독교 사업에 있어서 교파를 초월하는 연합 정신과 일치하였다.[124] 그러나 이것은 세브란스가 생각하는 해외 의료선교의 충분조건이지 필요조건은 아니었다. 치밀한 세브란스 씨는 정보가 더 필요했다. 누구에게서 얻을 수 있었을까. "작은 새"란 누구였을까.

미첼

1900년 뉴욕 에큐메니컬 선교대회의 역사적 뿌리는 깊지만 직접적 계기는 1896년 엘린우드 박사(자료 VI-9)가 미국과 캐나다 해외선교본부 총무 연차대회에서 제의를 한 데에서 비롯한다.[125]

> "나는 런던대회 10주년이 되는 1898년 이래로 모든 땅에 나가 있는 우리 형제들을 위대한 에큐메니컬 선교대회에 초청하는 것을 희망해 왔다."

여기서 에큐메니컬 선교대회라는 이름이 처음 등장하였다. 이 제의에 따라 각 교단의 총무인 엘린우드, 스미스, 레오나드, 던컨, 랑포드의 5인 위원회가 구성되었다. 2년 뒤 산하 위원회를 설립하였는데 램버스(Walter R. Lambuth), 던컨(Samuel W. Duncan), 코브(Henry N. Cobb)가 선임되었다. 램버스 박사는 앞으로 소개하겠지만 세브란스가 재정 지원하게 될 일본 주재 선교사다. 그는 언더우드에게 에큐메니컬 선교대회에 참석하여 논문을 발표할 것을 권하였다. 언더우드 박사는 엘린우드 총무에게 그 내용을 담아 1899년 9월 8일에 답장을 했다.[126)]

> "… 램버스 박사님이 보낸 서신을 … 받았습니다. … '새 선교지에서 자립에 관한 객관적 교훈'에 대한 논문을 써 달라고 부탁했으며, 그것을 읽기 위해 대회에 참석할 수 있도록 준비해줄 것을 촉구했습니다. … 최소한 정기 안식년 시점이 되기 전에 제가 휴가를 가는 것은 옳지 않다고 생각합니다."

코브 박사 역시 세브란스의 도움을 받는 목사였다. 그는 앞서 보았듯이 중국에서 선교사들이 위험에 직면하였을 때 초교파 대책회의 의장이 된 사람이다. 1913년에 세브란스와 함께 우스터 대학 이사회에 참석하기 위하여 클리블랜드에 왔다가 뜻밖에 세브란스의 임종을 지킨 사람이다. 세브란스의 형수 에밀리의 일기를 보자(제9장을 참조).

> [1913년] 6월 19일. 목요일. 전략. 루이스 [세브란스]가 뉴저지주 엘리자베스의 코브 목사 부부와 함께 집에 왔다. 저녁을 함께 먹었다.
>
> 6월 28일. 토요일. 코브 목사가 여러 사람과 함께 왔다. 점심을 먹고 오후 3시에 [세브란스의] 장례식에 갔다.

이처럼 에큐메니컬 선교대회의 발의부터 실무계획에 이르기까지 책임자들이 세브란스의 친구들이었다. 이들은 다시 1년 뒤 재정위원회를 구성하였고 수백 명의 사업가들에게 협조공문을 보냈다. 목표는 3만 달러였다. 세브란스와 록펠러에게도 보냈음은 물론이다. 목표액 달성이 보이자 전 세계에 흩어져 있는 6만 명의 선교사들에게 초청편지를 보냈다. 이 모든 계획에는 엘린우드 박사가 처음부터 끝까지 주도적으로 관여하였다.

엘린우드 총무는 19세기 중엽의 평범한 선교본부를 19세기 말에 세계기구로 발전시킨 "대총무"였다. 세브란스 씨와 엘린우드 박사 사이의 인연은 오래되었다. 1890년 세브란스의 외아들의 장인 세레노 펜은 세브란스와 함께 클리블랜드 기독청년회관(YMCA)을 새로 봉헌하였다. 이때 세브란스는 50만 달러를 지불하였다.[127] 앞서도 잠깐 말했지만 펜은 일본의 도쿄와 폴란드의 크라쿠프에도 기독청년회관을 기증한 사람이다. 또한 그는 클리블랜드 기독청년회 대학부를 발전시켜 펜 대학을 설립하였는데 이것이 발전하여 오늘날 클리블랜드 주립대학이 되었다. 세레노 펜은 클리블랜드 기독청년회의 회장이었다. 세브란스는 이 회관에 교회도 기증하였는데 그 기록이 남아있다(자료 Ⅵ-8). 수신자는 클리블랜드 장로교 노회의 총무이며, 클리블랜드 기독청년회관의 재무관이고, 올드스톤 교회의 장로인 부쉬넬 박사이다. 클리블랜드 기독청년회관의 사진을 보면 그가 기증한 교회 건물이 오른쪽으로 보인다(자료 Ⅲ-6을 참조).

이 클리블랜드 기독청년회관에서 1891년 2월 26일~3월 1일에 기독청년회 지도자 존 모트(John Mott, 1865~1955, 한국표기 穆德)가 "제1회 해외선교 세계학생자원 운동대회 The First International Convention of the Student Volunteer Movement for Foreign Missions"를 개최하였다. 이때 558명의 참석 학생에 연사가 122명이었다. 연사 가운데에는 클리블랜드 올드스톤 교회의 미첼 목사, 영국의 애시모어 박사, 일본의 램버스 박사, 중국의 네비우스 목사, 메이지 학원의 이부카 부원장, 해리스 목사, 한국에서 온 여의사 메타 하워드(Meta Howard, MD)와 함께 엘린우드 박사도 초대되었다.[128]

존 모트는 세계적인 기독청년회 지도자로서 업적을 인정받아 1946년 노벨 평화상을 수상하였다. 세브란스가 갑자기 사망했을 때 그의 수첩에는 모트 박사에게 약속하고 미처 지급하지 못한 기부금액이 적혀 있었다.

램버스 박사(Rev. W. R. Lambuth, MD)는 감리교 목사이며 의사인데 윤치호와 친했으며 1900년 뉴욕 에큐메니컬선교대회에도 실무위원을 참석하고 세브란스와 같은 시기에 한국을 방문하였다. 네비우스 목사(Rev. John Nevius)는 혁신적인 전도방법을 창안한 인물로서 언더우드 박사를 비롯한 한국의 선교사들이 그의 방법을 따랐다. 현지인으로 하여금 교회를 짓게 하고 그들의 적극적인 참여로 교회의 살림을 꾸려 가는 것 등 "선교와 자립"의 취지였다.

중국에서 온 애시모어 박사는 1900년 뉴욕 세계선교대회에서 에이비슨 박사와 함께 논문을 발표한 의사였다. 메이지 기독학원의 이부카(Rev. Kajinoske Ibuka, 井深梶之助) 박사는 세브란스가 재정적으로 후원하는 일본 사람 가운데 하나였다. 그는 메이지 학원의 원장이 된 최초의 일본인이다. 세브란스가 1913년 사망했을 때 그에게 미처 지

CABLE ADDRESS
"BUCKINGHAM, NEW YORK

THE BUCKINGHAM
FIFTH AVE & 50TH ST.
NEW YORK.
CHARLES L. WETHERBEE.

July 8/90

D. E. Bushnell Treas
Cleveland. O.
My dear Sir
I am in receipt of yours
with enclosure for which please accept
thanks - I have requested Mr Schweinfurth
to draw estimates upon you as Treasurer
for the Chapel and have written to
my son John to hand you check
for $10,000.00 & as soon as you have
paid out about $20,000.00 please advise
& we will send you check for a second
$10,000. & so on as may be required for
Chapel Completion. - There are only three
Contracts as yet for its Construction. to a
Mr Smith the Stone & mason work
Mr McAllister for Carpenter "
Mr Shackleton for Slating & Copper -
Mr Smith's Contract is under $40,000. -
& the only one who will need
any money, until after joints are
put in - McAllister's bid was
about $15000 - I will see that the
exact amount of the Contracts are
given you so that you may properly
keep track of payments.

Yours truly
L. H. Severance

〈자료 Ⅵ-8〉 1890년 뉴욕 5번가 버킹엄 시절 세브란스의 클리블랜드 기독청년회관 교회 건물 기부 편지

출처: Courtesy of Professor Lowell Coolidge

cable address
Buckingham, New York

THE BUCKINGHAM
Fifth Ave & 50th St.
New York

Dr. E. Bushnell Treas[urer][129)] July 6, 1890
Cleveland, Ohio
My Dear Sir

I am in receipt of yours with enclosure for which please accept thanks. I have requested Mr. Schweinfurth[130)] to draw estimate upon you as Treasurer for the chapel and have written to my son John to hand your check for $10,000, and as soon as you have paid out about $20,000, please advise and we will send you check for a second $10,000 and so on as may be required for chapel completion. - These are only those contracts as yet for its construction. to a Mr Smith the stone and mason work, Mr McAllister for carpenter work, Mr. Shackleton for slating copper work. Mr. Smith's contract is under $40,000 and the only one who will need any money, until after joints are put in - McAllister, bid was about $15,000. I will see that the exact amount of the contract are given you so that you may properly keep track of payments.

Yours Truly

L. H. Severance, signed.

불하지 못한 약속 잔금이 수첩에서 발견되었다(제9장을 참조). 이부카 박사는 1913년 한국 기독청년회를 일본 기독청년회 산하에 예속시키려는 도쿄 회의에서 일본 측 대표 가운데 하나였다. 이때 한국 측 대표였던 에이비슨 박사의 강력한 반대 발언으로 투표에서 승리하여 독립적인 기독청년회를 유지할 수 있었다. 이때 이사진을 한국인 4명, 서양인 4명, 일본인 4명으로 하자는 국제기독청년회 총무 존 모트의 절충안도 부결시켜 이사진에서도 일본인을 배제할 수 있었다.

세계선교학생자원운동대회에서 메타 하워드 여의사는 2년 동안의 경험을 토대로 한국에서 여의사가 필요하다고 학생들에게 한국 의료선교에 자원할 것을 촉구하였다. 그녀는 1887년 한국에 와서 최초의 여성병원인 "보구여관 Caring for and Saving Women's Hospital"을 설립했지만 한국 풍토에서 건강을 상하여 1889년에 귀국하였던 차였다. 그녀는 이화학당의 예를 들면서 한국 여성들의 미래에 대하여 강연하였고 외부세계에 완고하게 문을 닫고 있는 한국 남자들의 마음을 열게 할 수 있는 것은 한국 여성의 교육을 통하는 길이라고 말했다. 이때 감동을 받은 학생 하나가 외쳤다.

"나는 한국에 갈 것이다. 의사가 필요한 곳이고 나를 가장 필요로 하기 때문이다."[131]

이게 누구였을까. 주한 선교사 가운데 학생 때 이 운동에 참석했던 사람 가운데 대구 동산 병원의 존슨 박사와 제물포 성누가 병원의 랜디스 박사가 있었다(제8장 참조). 참석 학생 가운데에는 세브란스의 조카(친형 솔론의 외아들) 알렌 더들리 세브란스가 있었다.[132] 오벌린 신학교에 재학 중이었던 그는 앞서 말한 대로 결국 웨스턴 리저브 대학의 종교학 교수가 되었다. 알렌 더들리 세브란스와 동갑이며 사촌인 존 세브란스(세브란스의 외아들)는 이 대회에 참석하지 않았지만 1917년 11월 4일 미국 기독청년회가 3,500만 달러를 모금할 때 16명의 모금위원 가운데 한 명이 되었다.[133] 존 모트 박사도 위원이었다. 제1차 대전에 참전한 미국 병사와 포로들을 기독교 교육시키는 것을 목적으로 하였다. 윌슨 대통령이 모트 박사에게 치하의 편지를 보냈다.[134]

클리블랜드의 세계선교학생자원운동에 자극을 받은 토론토 의과대학과 기독학생회는 협력하여 1892년에 학생자원운동을 조직하였다. 이것은 아직 토론토 의과대학생이었던 에이비슨과 고든이 매킨지와 게일 선교사를 한국에 파견한 것에서 비롯한 것이다. 캐나다의 학생자원운동은 다시 자라 "캐나다 대학 선교 Canadian Colleges' Missions"가 되어 퀘벡과 온타리오주의 60개 군소 학교가 가입하여 해외선교사를 파송하였다. 여기서 『캐나다 대학 선교 *Canadian College Missionary*』라는 월간잡지를 발간하였다.[135]

존 모트 박사는 다시 1898년 2월 23일~27일에 클리블랜드 기독청년회관에서 "제3회 회의 The Third International Convention of the Student Volunteer Movement for Foreign Missions"를 개최하였다. 일본의 램버스 박사가 이번에도 참석하였다. 이 대회의 재정후원 위원회 담당자 가운데 하나가 사무엘 마서의 유일한 여동생 캐서린 마서(Katherine Mather, 1853~1939)였다. 한국에서는 연동교회의 기포드 목사(Rev. D. Gifford, 1861~1900, 한국표기 奇普)와 게일 목사(Rev. Gale, 1863~1937, 한국표기 奇一)가 참석하였다. 기포드 목사의 연설제목은 "한국인의 삶에 영향을 끼친 선교"였고 게일 목사는 "한국의 필요"에 대하여 말했는데 학생들 수준에 맞게 놀라울 정도로 재치 있는 내용이었다. 이 대회에 참석하기 위하여 떠나기 전에 기포드 목사는 1896년 10월 4일 연동교회의 두 번째 예배당을 봉헌하면서 그 기쁨을 엘린우드 총무에게 편지로 알렸다.[136)]

> "어제 연못골 교회의 새 예배당 봉헌 예배를 드리는데 참석해 교인들의 즐거워하는 모습을 보고 감격의 기쁨을 함께 하면서도 한편 곧 떠나게 됨을 슬퍼했습니다."

그해 11월 5일 떠나는 안식년을 슬퍼하는 것이다. 그는 자기 집을 새 예배당으로 내놓았다.

1891년 제1회 해외선교 세계 학생운동 대회에서 엘린우드 박사와 함께 연설한 미첼 박사(Rev. Arthur Mitchell, DD, 1835~1893)는 클리블랜드의 올드스톤 교회의 목사(1880~1884)를 거친 뉴욕 장로교 해외선교본부 총무였다(자료 Ⅵ-9). 1880년 회중교회 해외선교 뉴욕 본부의 총무로 떠나는 히람 하이든 박사가 직접 자신의 후임자로 천거한 인물인데 사무엘 마서와 플로라 스톤의 결혼식을 주례하였다. 그가 집례하여 세브란스의 외아들 존 세브란스의 장인 세레노 펜과 백화점왕 히그비가 장로가 되었다. 그가 올드스톤 교회에 재직 시에 화재가 일어나서 전소되었다. 올드스톤 교회는 이 참에

〈자료 Ⅵ-9〉 한국 선교를 도운 미첼-엘린우드-브라운

부지를 팔고 다른 곳으로 이전하자는 주장이 팽배했을 때 존 헤이가 노력해서 그 자리에 새 건물을 지었다. 그때 사무엘 마서, 플로라 스톤 마서, 존 헤이, 하크니스, 세브란스 등 많은 사람이 기부했다 함은 앞서 설명하였다. 새 건물이 봉헌될 때 하이든 목사가 다시 돌아왔는데 그와 함께 시무를 시작한 헨리 헐버트 부목사가 있었다. 그는 한국에서 일하는 호머 헐버트의 형님이다.

미첼 목사는 1884년부터 1892년까지 뉴욕 장로교 해외선교본부의 총무를 지냈는데 1870년부터 물망에 올랐던 인재였다. 그는 1889년 10월에 한국을 방문하였는데 서울에서 선교사들의 열악한 환경을 목격하고 개선하는 데 도움을 주었다. 당시 언더우드 목사와 헤론 의사(John Heron MD, 1856~1890 惠論) 사이에 불화가 깊었는데 미첼 목사가 헤론 집에 유숙하자 언더우드 부인이 불안하였다. 그래서 1889년 10월 6일 엘린우드 총무에게 편지를 썼다.[137)]

> "헤론 의사 집에서 체류할 예정인 미첼 씨가 그와 함께 지낸다면 그는 이곳 사정을 제대로 파악할 수 없습니다."

헤론은 언더우드와 사이가 벌어진 사연은 알렌 박사까지 거슬러 올라간다. 원래 한국 파송 제1호로 결정된 것은 헤론 의사였다. 그런데 중국에 있던 알렌 박사가 먼저 부임하게 되었고 그 후 일어난 일련의 기적이 그에게 확고한 영예를 가져다주었다. 헤론 박사는 20대에 테네시 의과대학 교수로 초빙을 받은 수재였으나 거절하고 의료선교를 지원하여 한국에 왔다. 부임하고 보니 제물포의 외교관과 부유한 상인 환자들을 알렌이 독점하고 있어서 소외되었다고 생각하고 알렌과 극도로 사이가 벌어졌다. 그러나 알렌이 미국에 가는 보빙사를 데리고 가면서 헤론이 서울의 제중원을 담당하며 고종의 어의로 임명되자 선교의 임무를 소홀히 한다고 생각한 언더우드와 사이가 벌어졌다. 미첼 목사의 방문으로 둘 사이는 어느 정도 소강상태가 되었다. 이때 제중원에 대해서도 미첼 총무는 여러 가지 조언을 하였다. 예를 들면 언더우드 부인은 이때 제중원의 일을 그만두게 되었고 언더우드가 일을 풀어나갔다.

한국과 관련하여 미첼 목사의 공헌은 언더우드 목사가 만든 한국 최초의 영한사전과 영한문법서의 출판을 적극 도와주었다는 것이다. 한국에 1885년에 부임한 이래 언더우드 목사는 틈틈이 원고를 준비하였다. 여기에 게일 박사와 헐버트 박사가 도왔다.

언더우드 목사는 1889년 7월 2일과 7월 10일 편지에서 출판비 700달러를 선교본부가 부담해줄 것을 요청하고 있다. 당시 한국에는 인쇄시설이 없어서 한글자모를 일본 요코하마에서 만들 계획이었다. 출판비용 이외에 또 다른 문제는 사전과 문법서는 선교본부의 허가를 받아야 출판할 수 있는데 다른 선교사들이 복음전도가 시급하다는 이유로 반대하였다. 마침 한국을 방문 중인 미첼 목사는 선교사 회의의 참석자들 모두가 이 문제에 대해 침묵을 지키자 자신이 책임질 테니 출판하라고 독려하였다(Underwood of Korea, pp.94~96). 사실상 선교본부의 허락이 떨어진 것이다. 언더우드 목사는 결국 이듬해 2월 문법서 출판에 선교본부가 500달러를 지원해준 데 대해 감사의 편지를 쓰고 5월 11일 편지에서 출판이 완수되었음을 선교본부에 보고하며 한 부를 보내겠다고 약속하였다. 여기에서 용기를 얻은 언더우드는 이번에는 대형 사전을 준비하였다(언더우드 자료집 I, pp.207~213).

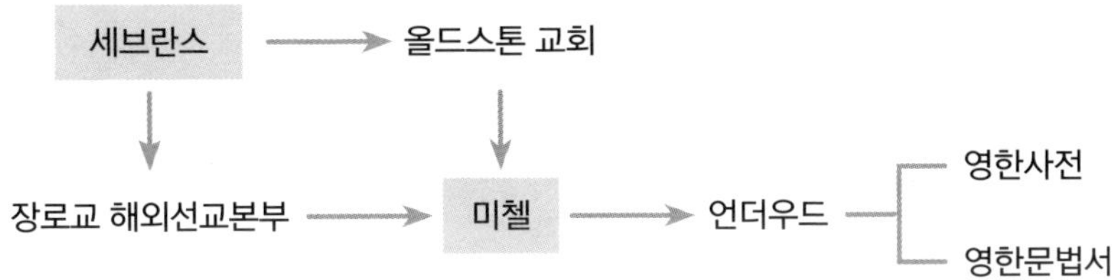

일찍이 미첼 목사는 뉴욕 해외선교본부의 총무를 지낼 때 해외선교지를 자주 방문하였다. 그는 큰딸을 멕시코 선교사로 보냈고 작은 딸을 인도로 보냈다. 셋째 딸은 중국 광동에 갔다. 미첼 목사 자신도 마지막 2년을 아시아에서 복음을 전하는 데 보냈다. 중국 남경에서 시력을 잃게 되었지만 즉석 설교로 버텼다. 마침내 태국 방콕에서 설교 도중 쓰러졌다. 그는 뉴욕에서 사망하였다. 미첼 목사의 부음을 듣고 엘린우드 박사가 애도의 편지를 보냈다.[138)]

> "총무로서 미첼 목사와 맺은 관계에 대해 많은 얘기를 할 수 있다. 그는 모든 사람을 믿었고 사랑했다. 주님에게 그처럼 진실 되고 충직한 종은 없었다."

이처럼 클리블랜드의 올드스톤 교회는 뉴욕 선교본부의 총무를 배출하는 곳이었다. 엘린우드의 전임자는 세브란스의 미첼목사였고 후임자는 아서 브라운 목사였다.

1884~1892년 아서 미첼
1884~1903년 프랭크 엘린우드
1903~1929년 아서 브라운

뉴욕 해외선교본부의 총무 자리는 복수이고 이들은 그 가운데 하나로서 모두 한국 선교를 도운 사람들이다. 서울에 있던 러들로 교수가 웨스턴 리저브 의과대학 동창회에 제출한 서류에 미국 내의 연락처를 형인 러들로 목사 이외에 브라운 목사를 지정하였다. 브라운과 마찬가지로 엘린우드 박사는 오래 전부터 한국에서 선교사업의 필요성을 확신하고 있었다.[139] 그가 한국에 대해서 관심을 가진 이유는 잘 알려지지 않았으나 올드스톤 교회가 일찍부터 클리블랜드에 거주하는 중국인 노동자를 포섭하여 교회를 사용할 수 있도록 배려한 것도 작용하였으리라 생각된다. 의화단 사건으로 중국이 열강에게 배상할 때 헤이 국무장관이 배상금의 절반을 중국 청년들의 교육을 위해 사용할 것을 제안한 것도 그가 올드스톤 교회의 장로로서 이와 같은 일에서 영향을 받았다고 볼 수 있다.[140] 또 미첼 목사의 예에서 볼 수 있듯이 온 가족이 아시아에서 선교를 하였다. 마지막 남은 곳이 한국이었다.

하이든

세브란스의 친구 미첼 목사가 한국을 방문하고 언더우드의 영한사전과 영한문법서 출간을 돕는 등 한국 선교를 위해 애썼던 데 비하여, 세브란스의 또 한 명의 친구 하이든 목사는 한국 선교에 뜻하지 않은 결정적 영향을 남긴 것 같다. 그는 앞서 얘기한 대로 1870~1880년 올드스톤 교회의 담임목사를 지내고 1880년 8월~1884년 10월에 회중교회 해외선교본부(American Board of Commissioners for Foreign Missions, ABCFM)의 총무를 지냈다(Ludlow, 1920, p.226). 그가 뉴욕 본부의 총무로 재직 중이던 1882년 조미우호통상조약의 체결로 여러 선교단체들이 한국 선교의 가능성을 탐색하고 있었다. 제일 먼저 움직임을 보인 것은 감리교였다. 조약 이듬해 1883년에 한국 정부는 민영익을 대표로 하는 보빙사를 미국에 보냈는데 대륙횡단기차에서 민영익은 감리교의 가우처 목사(Rev. John Gaucher)와 사귀게 되었다. 이때 통역은 한국을 여행 중이었던 부유한 젊은 청년 퍼시벌 로웰(Percival Lowell)이었다. 그는 나중에 명왕성의 존재를 예측하고 자신의 이름의 두문자를 붙여 Pluto라 명명함으로서 이름을 남겼다. 가우처 목사는 1884년 1월에 일본에 있는 매클레이 감리교 선교사(Rev. R. S. Maclay)에게 서한을 보내 한국에 다녀올 것을 요청하였다. 매클레이는 중국에서 사역할 때 난파된 조선 선박의 선원을 보고 조선에 포교를 마음먹고 있었던 참이었다. 그는 수신사 일행을 따라 일본에 온 김옥균을 만나 한국 사정을 청취한 후 서울에 와서 다시 김옥균을 통해 고종에게 서신을 올렸다. 그 결과를 감리교 선교잡지에 발표하였다. 매클레이 박사는 클리블랜드에서 개업하고 있던 스크랜튼 박사(William Scranton, 1856~1922)를 직접 찾아가서 한국 선교를 요청하여 그가 한국에 오게 되었고 그에 앞서서 알렌이 먼저 왔음은 세상이 다 아는 이야기이다.

이때 회중교회 해외선교본부(ABCFM)의 수석총무(the senior secretary)가 한국 선교는 시기상조라는 장문의 내용을 기고하였다(Underwood, Reminiscences, p.99: 백낙준, 1929, p.85). 이 "수석총무"가 뉴욕 총무라면 하이든 목사일 가능성이 크다. 회중교회 해외선교부 보스턴 총무는 미크로네시아 선교를 담당하므로 그럴 가능성이 적다. 뉴욕 총무는 해외선교를 위하여 뉴욕, 오하이오, 뉴저지, 필라델피아, 볼티모어, 워싱턴, 코네티컷을 통솔하였다. 앞서 인용한 대로 하이든 목사는 1850년에 "… 나머지 세기에는 하나님의 복음이 … 전파되기를 기도하였다. [그러나] 지금 아프리카가 유럽 열강에 의해서 … 찢기는 것을 보니 아시아와 아프리카에 대한 당시 우리의 무지가 지금 생각하니 도저히 있을 수 없는 지경이 되었기" 때문에 하나 남은 한국마저 자신들의 "무지"로 "찢기게" 될까 봐 시기상조라는 것일까. 하이든 목사일 가능성이 큰 것은 그가 뉴욕 총무를 그만둔 것이 1884년 10월이었는데 1885년 4월에 회중교회 선교사 2명이 한국에 상륙했다는 사실이다. 그렇다면 한국 선교를 반대하던 하이든 박사가 그만둔 직후 한국에 대한 선교정책을 바꾼 것이라 볼 수 있다. 회중교회는 역사적으로 북장로교와 가까웠는데 좁은 한국에서 경쟁하기 싫어서 선교를 그만둔 것 같다. 하이든 박사가 클리블랜드 올드스톤 장로교회의 목사의 신분으로 회중교회 해외선교본부 총무를 할 수 있었던 것처럼 뉴욕 장로교 해외선교본부 이사인 세브란스 장로가 1907년 한국을 방문하여 평양에서 개최된 제1회 장로교 노회에 참석할 때 그의 자격은 "회중교회 해외선교본부 통신위원 Corresponding Member of the American Board of Foreign Missions"이었다(제8장의 자료 Ⅷ-8을 참조). 그는 세계일주여행을 할 때 이 신분으로 모든 교파의 해외선교 현장을 방문한 것이다.

어찌되었든 수석총무의 글을 1885년에 읽은 뉴욕 라파예트 장로교회의 맥윌리엄스 장로(D. W. McWilliams, 1838~1919)가 뉴욕 장로교 해외선교본부의 엘린우드 박사(Frank Ellinwood, DD, PhD., 1826~1908)에게 그 사실 여부를 1884년 2월에 문의하였다. 마침 감리교 선교부와 장로교 선교부는 모두 뉴욕 5번가에 가까운 곳에 있었는데 비슷한 시기에 감리교의 움직임을 장로교가 감지하고 조선 선교를 강력히 주장하던 참이었다. 엘린우드 총무는 맥윌리엄스에게 한국 선교가 적시라고 대답하였다. 그러자 맥윌리엄스 장로는 6[5]천 달러를 1884년 5월에 기탁하며 즉시 선교사를 보낼 것을 요구하여 엘린우드는 중국에 있던 알렌 박사를 한국으로 보냈다. 이때 클리블랜드의 어떤 여성도 2천 달러를 기부하였다. 이처럼 맥윌리엄스 장로는 세브란스의 친구 하이든 박사와 알렌 박사 사이의 연결고리가 되는데 그의 공적은 제1장에서 이미 언급한 바 있다.

> "평신도 선교운동에 위촉을 받고 선교 현장에 뛰어들은 사람 가운데 완벽하고 독립적이면서 가치 있는 업적을 이룬 사람이 뉴욕의 디 더블유 맥윌리엄스와 클리블랜드의 엘 에이치 세브란스이다."

이 정도로 기록되었다는 것은 맥윌리엄스와 함께 세브란스의 선교운동은 장로교나 감리교를 막론하고 해외선교본부에 널리 알려졌다고 생각해도 무방하다. 세브란스와 나란히 그 공적을 인정받은 맥윌리엄스는 보석상인 마퀀드(F. Marquand)의 유산관리자였는데 "기독교 교육을 위해 국내외에 사용할 수 있다"는 유언을 충실히 집행하고 있었다. 기부금이 확보되자 장로교 선교본부는 곧바로 중국에 있던 알렌 박사를 한국으로 파송하였고 이제 언더우드 차례가 되었다. 언더우드 목사는 원래 인도 선교를 원했다. 그러나 조미우호통상조약과 함께 한국 선교의 가능성을 보았다. 그는 뉴욕의 거리에서 "우연히" 엘린우드 총무를 처음 만났다. 초면이라는 것은 그가 방금 한국 담당 총무가 되었다는 뜻이다. 언더우드는 엘린우드에게 한국 선교를 희망한다고 말했는데 우연의 일치인 것은 엘린우드가 마침 선교본부에서 한국 선교의 원래 내정자가 포기하였다는 편지를 받았으니 언더우드가 한국에 갈 수 있을 것이라고 일러주었다. 이렇게 되어 언더우드가 라파예트 장로교회의 선교사로 한국에 왔음도 모두 다 아는 이야기가 되었다.

다시 정리해보면 하이든 총무의 글이 비록 한국 선교 시기에 대해 잘못된 예측을 하였음에도 불구하고 그의 글이 결과적으로 한국 선교를 촉발했다고 볼 수 있다.

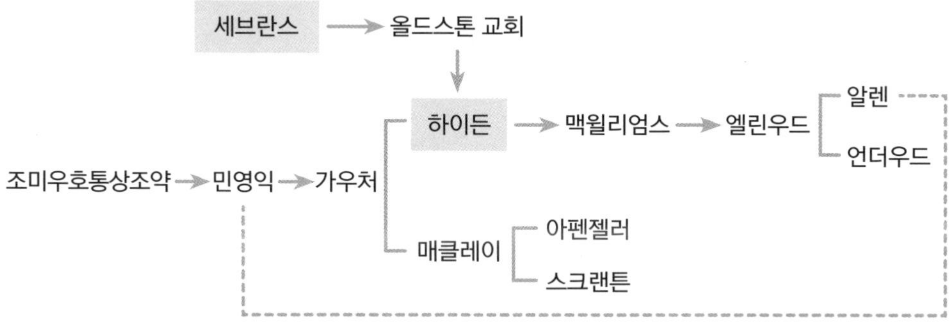

그러나 맥윌리엄스는 세브란스와 달리 부를 쌓는 과정에서 의혹을 받은 적이 있다. 그는 악덕기업가라고 지목받는 제이 굴드(Jay Gould, 1836~1892)와 동업을 한 적이 있는데 그 과정이 석연치 않았다. 그래서 당대의 기자는 그가 밖에서는 기독교인이었지만 "브로드웨이 71번지[그의 사무실]에 들어서는 순간 기독교의 금언을 잃는 것 같다."라고 기록하였다.(뉴욕 타임스, 1885년 6월 13일). 그가 사망하였을 때 제이 피 모건을 비롯한 당대의 부호들이 조문하였다.

맥윌리엄스는 장로교 해외선교본부 이사였는데 어찌되었던 그가 한국 선교에 있어서 같은 해외선교본부의 이사인 세브란스 장로보다 한 걸음 빨랐으니 해외선교본부에서 세브란스 장로는 이 과정을 모두 보았을 것이다. 특히 그의 친구 미첼 목사와 하이든 목사의 의견도 청취했을 것이다. 맥윌리엄스의 조선에 대한 기부행위가 세브란스 장로에게 어떤 영감을 주었을까. 만일 2천 달러를 기부한 클리블랜드의 여성의 정체를 알 수만 있다면 한국을 지원하려는 세브란스 결정의 배경을 더 잘 이해할 수 있을 것이다. 맥윌리엄스 장로의 한국 선교에 대한 기여는 이것으로 다한 것일까. 조금 더 기다려야 하는데 기이하게도 그는 언더우드 형과 동업자 관

監理敎會朝鮮宣敎五十週年紀念

Rev. Robert S. Maclay, D.D., who came to Seoul on June 24, 1884 and secured permission from the King to do school and hospital work.

Hon. Kim Ok Kyun, who commended Methodism to the King in 1884

출처: 정동교회

〈자료 Ⅵ-10〉 매클레이와 김옥균의 도움으로 시작한 감리교 조선선교 50주년 기념 전단

계가 된다. 언더우드 목사가 한국 선교사로 자원했을 때 이러한 관계가 되리라고는 상상도 못 했을 것이다.

엘린우드

이때 엘린우드 박사 자신은 이미 아시아 종교에 대해 일가를 이룬 인물이었다. 2006년에 엘린우드 박사의 1891년 강연이 출간되어 그가 동양에 선교사업의 필요성을 역설하던 배경을 어느 정도 이해할 수 있게 되었다. 엘린우드 목사는 저명한 종교학자였으며 뉴욕 시립대학에서 가르쳤다. 그가 1891년에 유니언 신학대학원의 "엘리 재단 강좌 The Ely Foundation Lecture"에서 행한 강의 『동양 종교와 기독교』가 출판되었다(자료 VI-11). 이 책을 보면 그가 동양 종교에 대한 방대한 문헌을 섭렵하였고 해박한 지식을 소유했다는 것을 알 수 있다. 그는 『세계선교평론 *The Missionary Review of the World*』 1891년 2월호에 「불교와 기독교」라는 논문도 기고하였다. 이러한 지식에 바탕을 두고 동양 선교의 불가피성에 도달했는지 모르겠다. 그러나 이미 19세기 말의 중국에는 각국 선교사가 세운 병원만도 4백 개가 넘었다.[141] 이에 대해 한국은 알렌이 오기 전까지 전무하였다.

앞서 언급한 대로 하이든 박사가 회중교회 해외선교부 뉴욕 총무였던 1882년에 조미우호통상조약이 체결되었다. 그가 총무를 그만둔 것이 1884년이었으니 1883년 호레이스 뉴턴 알렌 박사를 중국에 보낸 결정은 하이든 박사가 총무로 있을 때였다. 그러나 중국에 있던 알렌 박사를 1884년에 한국으로 파송하는 역할을 담당한 사람은 프랭크 엘린우드 박사였다. 그때 이미 한국의 선교사업을 위해 6천 달러를 기부한 자선가가 있었다.[142] 앞서 소개한 대로 이 가운데 2천 달러는 클리블랜드 여자가 보내준 것인데 그 여자는 누구였을까. 혹시 플로라 마서는 아니었을는지. 혹은 세브란스의 두 번째 부인이 되는 플로렌스 하크니스가 아니었을까.

알렌 공사는 한국에서 체류하는 1884~1905년의 전 기간에 걸쳐 프랭크 엘린우드 목사에게 꾸준히 한국에서 의료선교활동을 보고하였다. 언더우드 박사도 마찬가지였다. 뉴욕 장로교 해외선교본부에는 극동 선교에 대한 방대한 정보가 보고되었는데 필라델피아 장로교 선교역사관에 보관되어 있다. 알렌 공사는 한국이 "선교활동역사상 일찍이 볼 수 없었던 가장 적합한 곳"이 되었고 "전 세계의 선교지의 기수"가 되었다고 보고하였다.

맥윌리엄스의 행동에 자극을 받은 엘린우드 목사는 세브란스 씨를 에이비슨 박사와 연결해준 사람답게 세브란스에게 서울에 대한 정보를 주었을 것이다. 그럴만한 기적 같은 사건이 터졌으니 그것이 곧 갑신정변이다. 이 정변은 역사에서 실패한 정변이라고 기록되었지만 기독교와 의료 역사에서는 대성공의 정변이다. 알렌 박사가 한국 땅을 밟은 지 3개월이 되었을 때 김옥균이 일으킨 우정국 사건으로 민영익이 자상(刺傷)을 입고 빈사상태에 빠졌다. 민 왕후가 총애하던 조카였던 만큼 궁중의 한의사들이 달려들어 그를 회생시키려 하였지만 실패하였다. 이때 마지막 수단으로 서양 의사 알렌 박사가 고빙되어 그의 외과기술로 "조선의 2인자" 민영익을 살려 놓음으로써 굳게 문을 닫

ORIENTAL RELIGIONS AND CHRISTIANITY

A COURSE OF LECTURES DELIVERED ON THE ELY FOUNDATION

BEFORE THE STUDENTS OF UNION THEOLOGICAL SEMINARY,

NEW YORK, 1891

BY FRANK F. ELLINWOOD, D.D.

SECRETARY OF THE BOARD OF FOREIGN MISSIONS

OF THE

PRESBYTERIAN CHURCH U.S.A.;

LECTURER ON COMPARATIVE RELIGION

IN THE UNIVERSITY OF THE CITY OF NEW YORK

출처: Ellinwood Oriental Religious and Christianity 1891

〈자료 Ⅵ-11〉 1891년 프랭크 엘린우드 박사의 저서 『동양 종교와 기독교』의 표지

았던 조선의 빗장을 풀게 되었다. 이 놀라운 소식은 세계 장로교에 널리 퍼졌다. 뉴욕의 장로교 선교본부가 쾌거라고 기뻐한 것은 당연한 일이었다. 모르는 사람이 없게 되었다. 에이비슨 박사가 1900년 뉴욕 에큐메니컬 선교대회에서 행한 연설에도 언급되었고 그전에도 수많은 선교사들의 기록에도 한결같이 지적되었다. 세브란스라고 예외가 아니었을 것이다.

1884년에 알렌 박사를 중국에서 한국으로 전근시킨 엘린우드 박사는 1885년 언더우드를 파송하는 데에도 주요 역할을 하였다(자료 Ⅵ-12). 그는 1900년 언더우드 부인이 집필한 『상투 속에서 15년』의 추천글을 써주었다. 그의 노력은 1893년 에이비슨 박사가 한국에 가는 데까지 미쳤다. 더 나아가서 1897년 고종의 다섯째 아들 이강(李堈,

Yokohama Japan
Jan 26th 1885

To Dr Ellingwood. Underwood

Dear Doctor.

I arrived here yesterday morning after a rather rough voyage & am now stopping at Dr Hepburn's. I found a letter from Dr Allen to Dr Hepburn in which he asked that I should go at once or as early as possible. There was a steamer that left here this afternoon for Nagasaki to connect with the steamer for Korea but I could hardly get what few things I may need & be off quite so soon and still further I deemed it advisable to make the acquaintance of the missionaries here & also the Koreans & Mr Loomis had spoken about introducing me to them this week. I therefore concluded to wait for the next steamer which will be in about 2 or three weeks

Yours Truly
Horace G. Underwood

출처: 새문안교회/ 연세대학교

〈자료 Ⅵ-12〉 1885년 언더우드 박사가 엘린우드 총무에게 보낸 편지

義和君, 1877~1955. 나중에 義王 또는 義親王에 봉함)을 미국에 유학 보낼 때 고종은 그의 특별후견인(special guardship)으로 엘린우드 박사를 지명하였다.[143] 이강은 버지니아주의 로아노크 대학(Roanoke College)에 다녔다. 이때 김규식도 따라갔다. 김규식은 언더우드의 양자였는데 언더우드가 모든 것을 알선하지 않았을까. 아니면 로아노크 대학에서 주미 한국 공사관에 한국 유학생을 보내줄 것을 요청하였으니 당시 주미공사 이채연이 알선했을 가능성도 있다. 그러나 이 가능성은 적어 보인다. 언더우드는 엘린우드가 파송한 선교사였고 서신을 교환하는 사이였으며 언더우드의 부인이 왕비의 시의를 지냈으니 언더우드였을 가능성이 크다. 언더우드 박사는 명성황후 시해사건이 있었던 다음 날 의화군을 자기 집에 피신시켰다. 의화군의 미국 유학은 고종의 부탁이었다. 의화군이 미국으로 떠날 때 언더우드는 그와 함께 일본까지 갔다. 일본에서 미국까지는 가톨릭교회의 통역관이 수행하였다.[144]

그러나 알렌 공사의 보고는 약간 다르다. 그에 의하면 고종이 의화군을 미국에서 공부시키고 싶다는 분위기를 처음 감지한 사람은 일본 요코하마에 있던 헨리 루미스(Rev. Henry Loomis) 박사였다.[145] 그는 고종의 허락을 받고 마침 미국으로 떠나는 모펫 목사에게 부탁하였다.[146] 이에 모펫 목사가 뉴욕 해외선교본부의 엘린우드 박사에게 의뢰한 것 같다. 탁지부에서 매달 100달러(금)를 의화군의 유학비로 뉴욕 해외선교본부에 보냈다.[147] 알렌 공사의 보고가 정확하다고 생각되는 것은 언더우드가 왕자와 함께 일본까지 갔고 엘렌우드에게 뒷일을 부탁하는 편지를 보냈지만 일본까지 따라온 "반역자" 때문에 왕자가 [한국으로 ?] 되돌아온 것이다. 의화군은 그 후 버지니아주의 로아노크 대학에서 오하이오주 델라웨어에 있는 오하이오 웨슬리언 대학으로 전학하였는데 여기는 알렌 공사의 모교였다. 뉴욕 시립대학이나 웨스트포인트에 보내려는 언더우드의 희망과 대조적인 결과였다. 1911년 한국을 방문하고 일본으로 건너간 세브란스의 외동딸 내외는 루미스 박사를 만난다. 요코하마에서 기선을 타고 하와이로 떠나기 전이었다. 다음은 그녀의 일기이다.

> [1911년] 8월 26일. 토요일. 전략. 4시 25분 요코하마 급행열차를 탔다. 미국 해외선교 이사회의 G_박사의 여동생인 루미스 박사 부인을 찾았다. G_박사의 부탁이 있었다.
>
> 8월 28일. 월요일. 전략. 루미스 양을 만났다. 오후에는 브리프 223번지의 그녀의 어머니 집에 가서 차를 마셨다. 그녀의 아버지[루미스 목사]도 만났다. 그는 40년 전에 [일본에]

왔는데 그때는 기독교 신자가 12명이었다. 나머지는 구교 신자였다. 지금은 20만 명이 되었다. 정치계에서 영향력 있는 사람 가운데 많은 사람이 기독교 신자이다.

이것으로 보아 세브란스의 교제 범위가 기독교 선교에서 매우 넓었다는 것을 짐작할 수 있다.

결정적인 것은 엘린우드가 1900년 4월 30일 에이비슨 박사를 오후 강연에서 세브란스가 참석할 수 있는 오전으로 옮기고 장소도 장로교 중앙교회에서 카네기 홀로 바꾸었다는 점이다. 여기에 더하여 「병원 및 외래분과」에서 「의료선교분과」로 에이비슨 박사만 이동시켰다. 또 뉴욕에서 세브란스와 연결시키고 한 달 뒤에 에이비슨 박사를 세인트루이스 회의에 보내 다시 세브란스를 만나게 하는데 막후 역할을 하였다. 뉴욕의 연설 제목도 에이비슨 박사가 정한 것이 아니었고 엘린우드가 제시한 것이었다. 에이비슨 박사의 안식년을 2년 앞당겨 허락하고 반년 더 연장시키면서까지 뉴욕 연설을 시킨 것도 엘린우드 박사였다. 그 이유는 밝혀지지 않았지만 만일 안식년을 앞당기지 않았거나 반년을 연장하지 않았더라면 에이비슨 박사는 세브란스 씨를 만나지 못했을 것이다. 여기에 더하여 에이비슨 박사의 휴가를 더욱 연장하여 6월에 세인트루이스 회의에 보낸 것도 엘린우드였다.

이러한 모든 사건을 에이비슨은 그저 "우연의 연속"이라고 표현하고 있다. 앞서 얘기했듯이 엘린우드는 세브란스가 극동에 관심이 많았다는 사실을 알고 있었다.[148] 에이비슨 박사가 카네기 홀에서 연설할 때에도 한국이라는 말이 세브란스 씨의 귀를 잡아당겼다. 세브란스는 연설을 다 듣지 않고도 자리에서 일어났다.[149] 에이비슨 자신도 반복하여 표현했지만 이것은 단순한 "우연"이라고 보기가 힘들다. 엘린우드 박사와 세브란스 씨 사이에 모종의 얘기가 있었던 것이라고 생각할 수 있는 충분한 정황증거가 있다.

우선 엘린우드 총무는 한국 선교에서 신나는 보고를 받고 있었는데 그것은 언더우드와 엘린우드 사이에 주고받은 수많은 서신교환에서 찾아볼 수 있다. 새 병원 건축에 대해서는 1899년 7월 11일 자 편지에서 실마리를 찾을 수 있다.[150]

> "전략. 저[언더우드]는 귀하[엘린우드 총무]께서 이 편지를 받기 전에 에이비슨 의사를 만나서 그에게서 우리의 사업에 대해 들으셨다고 생각합니다. [제중원]에 대해 어떤 조치를 취해야 합니다."

이때는 에이비슨 박사가 첫 번째 안식년으로 캐나다에 귀환한 직후인데 이 편지로 미루어보아 에이비슨은 새 병원 건축에 대해 출국 전에 언더우드와 의논이 있었다고 볼 수 있다. 그러나 에이비슨은 회고록에서 누구와도 의논하지 않았다고 기록하였다.[151) 앞서 얘기한 것을 이제 시간 별로 다시 검토해 보자. 에이비슨은 1899년 7월 안식년으로 캐나다로 귀환한 후 쇠약해진 건강을 회복하고 그해 가을에 두 가지 일을 하였다. 고든으로부터 설계도를 기증 받고 이에 근거하여 선교본부에 1만 달러 건축비용의 모금을 허락해달라고 요청하였다. 엘린우드는 에이비슨에게 선교본부를 방문해 달라고 요청하였다. 선교본부에서 허락을 하였고 그 자리에서 우연히 재정부장 핸드와 그가 소개한 아들 세브란스를 만났다. 가을에 에이비슨과 만나고 엘린우드는 1899년 12월 5일 서울의 선교지부에게 의견을 묻는 편지를 보냈다. 이에 대해 언더우드는 1900년 1월 16일에 답장을 보냈다.[152)]

"서울 선교지부는 귀하(엘린우드)께서 12월 5일 자 서신에서 문의하신 병원 … 에 관한 질문에 답변하도록 저를 임명하셨습니다."

"귀하께서는 가장 저렴한 [병원]공사가격을 질문하셨습니다. 이곳 선교회의 의견은, 이 점에서 선교본부의 의견과 일치하는 듯한데, 병원은 한꺼번에 지어서는 안 되며, 한 번에 두세 개의 병동을 짓고, 병원은 서서히 지어야 한다는 것입니다. 선교회 위원회의 서너 명 위원들은 이 문제를 언급하면서 뭔가 일이 되려면 최소한 10,000엔 혹은 금화 5,000달러가 필요하다고 말했습니다. 우리는 만일 미국에 가 있는 에이비슨 의사가 적절히 노력하면 이 액수의 돈은 쉽게 구할 수 있다고 생각합니다."

이 편지는 에큐메니컬 선교대회 열리기 3개월 전에 보낸 것이다. 에이비슨은 이때 엘린우드가 서울 선교부에서도 1만 달러를 예상했다고 말해서 기이하게 생각했다고 회고하였다.[153)] 언더우드는 어떻게 5천 달러나 1만 달러를 자신 있게 예상할 수 있었을까. 혹시 자신의 형에게 기대하였을까.[154)]

"저는 이 문제를 형에게 편지했으며 그 문제에 대해 제가 말한 것을 저의 형에게 듣기 바랍니다."

언더우드 사장으로서는 계수가 서울에 진료소를 갖고 있는 여의사(언더우드 부인 호튼 박사)였으니 새 병원에 관심이 많았다. 그녀는 독립문 부근에 진료소를 운영하고 있었다. 제2장에서 본 것처럼 언더우드 목사의 형은 세계 최대의 타자기 회사의 설립자이며 사장으로서 경제적으로 동생의 선교사업을 도와주고 있었다. 하나의 예가 1891년 11월 20일 자 편지에 나타나 있다.[155)]

"한국에 파송할 6명의 선교사 가운데 저[언더우드]의 형이 의사 한 명을 지원해 줄 수 있는지 오늘 오후 귀하[엘린우드]께서 문의하신 데 대해 저는 형에게 이를 물어보았고 그는 흔쾌히 지원하겠다고 말했습니다."

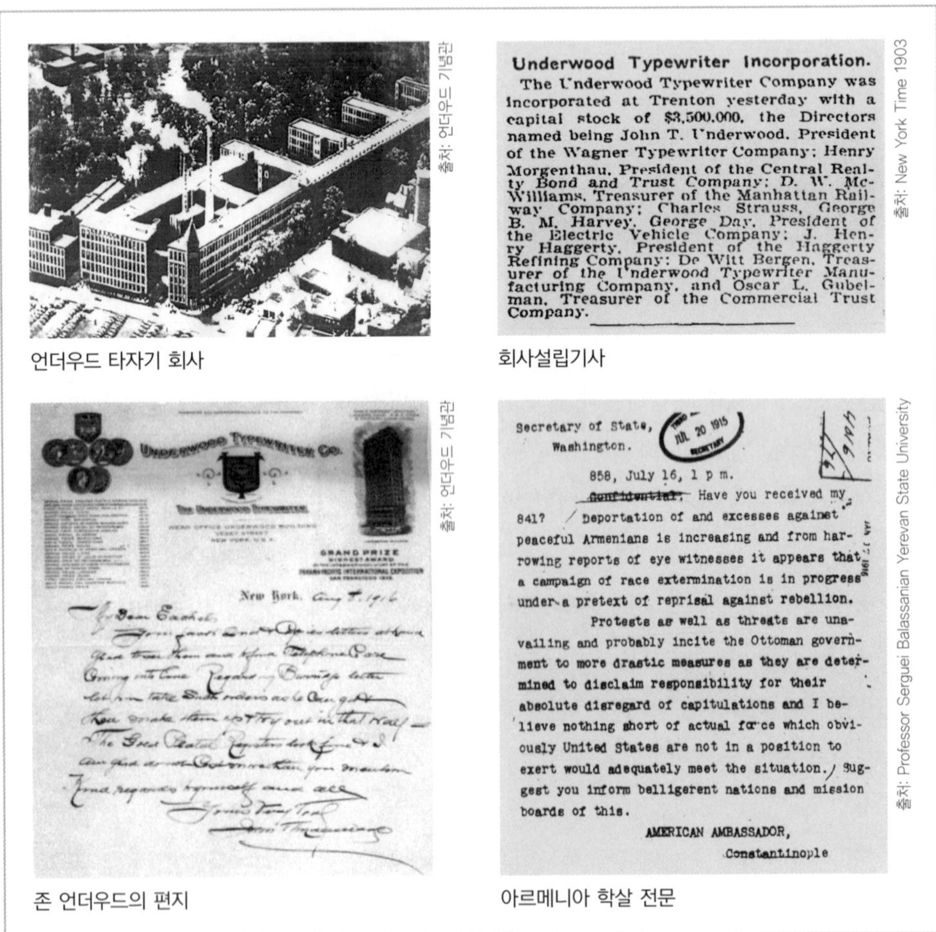

언더우드 타자기 회사

Underwood Typewriter Incorporation.

The Underwood Typewriter Company was incorporated at Trenton yesterday with a capital stock of $3,500,000, the Directors named being John T. Underwood, President of the Wagner Typewriter Company; Henry Morgenthau, President of the Central Realty Bond and Trust Company; D. W. McWilliams, Treasurer of the Manhattan Railway Company; Charles Strauss, George B. M. Harvey, George Day, President of the Electric Vehicle Company; J. Henry Haggerty, President of the Haggerty Refining Company; De Witt Bergen, Treasurer of the Underwood Typewriter Manufacturing Company, and Oscar L. Gubelman, Treasurer of the Commercial Trust Company.

회사설립기사

Underwood Typewriter Co.

New York, Aug 7. 1916

존 언더우드의 편지

Secretary of State,
Washington.

858, July 16, 1 p m.

~~Confidential.~~ Have you received my 841? Deportation of and excesses against peaceful Armenians is increasing and from harrowing reports of eye witnesses it appears that a campaign of race extermination is in progress under a pretext of reprisal against rebellion.

Protests as well as threats are unavailing and probably incite the Ottoman government to more drastic measures as they are determined to disclaim responsibility for their absolute disregard of capitulations and I believe nothing short of actual force which obviously United States are not in a position to exert would adequately meet the situation. Suggest you inform belligerent nations and mission boards of this.

AMERICAN AMBASSADOR,
Constantinople

아르메니아 학살 전문

〈자료 Ⅵ-13〉 언더우드 타자기 회사, 회사설립기사, 존 언더우드의 편지, 아르메니아 학살 전문 언더우드 사장은 선교사를 지원했을 뿐만 아니라 앞서 기술한 것처럼 동생을 추모하여 서울 연희전문학교에 언더우드 관을 기증하였다. 그는 1903년 자본금 3백 50만 달러로 세계 최대의 타자기 제조사 "언더우드 타자기 회사 Underwood Typewriter Incorporation"를 설립하였다(자료 Ⅵ-13 참조).

여기서 우리가 눈여겨볼 대목은 존 언더우드 사장의 후원이다. 그는 동생을 언제나 도왔는데 1892년 남장로교 선교본부가 2명의 선교사를 한국에 파송하는 것을 거절하자 형이 후원하여 한국에서 남장로교 선교가 시작될 수 있었다. 그전인 1891년에는 북장로교 선교본부가 6명의 선교사를 파한할 것을 결의하자 그들의 봉급을 형이 지원하였다. 동생이 작고한 다음에도 그의 유업을 위해 연희대학 건설에 후원을 아끼지 않았다.

언더우드 목사가 한국에서 성공할 수 있었던 것은 형의 물질적인 후원과 미첼 총무, 엘린우드 총무, 브라운 총무의 지지를 얻었기 때문이다(자료 Ⅵ-9). 그들의 선교철학이 오늘날 한국 교회의 특징을 형성하였다. 평양 선교부와 비교하여 서울 선교부가 상대적으로 융성한 것도 그들의 덕택이고 이 터전 위에 세브란스 병원도 도움을 받았다. 이러한 일은 누적되듯이 선교본부에 보고되었고 선교본부의 이사인 세브란스 장로처럼 꼼꼼한 사람이 모를 리 없었을 것이다. 존 언더우드는 장로교 해외선교본부의 이사가 되었다. 존 언더우드 사장이 작고한 후 유족들은 부동산을 뉴욕시에 기증하여 오늘날 언더우드 공원(Underwood Park)이 되었다 함은 앞서 썼다(자료 Ⅱ-8 참조).

언더우드 타자기 회사 창립 임원 9명은 각각 쟁쟁한 인물들이었다(자료 Ⅵ-13 참조). 뉴욕에서 언더우드 사장의 영향력을 짐작할 수 있다. 그 가운데 두 명은 소개할 만하다. 센트럴 부동산 채권 회사(Central Realty Bond and Trust Company)의 사장인 헨리 모겐소 Ⅰ세(Henry Morgenthau Sr., 1856~1946)와 맨해튼 철도회사(Manhattan Railway Company)의 재무이사 다니엘 맥윌리엄스(Daniel W. McWilliams, 1838~1919)이다.

모겐소는 언더우드처럼 어릴 때 미국으로 이민 온 독일계 유태인인데 부동산 금융으로 거부가 된 인물이다. 그 후 오스만 터키 주재 미국 대사가 되었는데 그의 재임 시절(1913~1915) 터키에 의해서 자행된 아르메니아인 2백만 명 학살사건을 세상에 알렸다.(자료 Ⅵ-13 참조). 유태인 학살 사건이 일어나기 30년 전이다. 그는 이 초유의 학살을 인종청소라고 불렀다. 그의 아들이 헨리 모겐소 Ⅱ세(1891~1961)인데 프랭클린 루즈벨트 대통령 행정부에서 재무장관을 지내며 대공황과 싸우고 제2차 세계대전에서 전쟁 자금을 관리하였다. 전후에는 브레튼 우즈 협정에 크게 공헌하였고 국제통화기금 창설에도 관여하였다. 전후에 유럽복구 계획에 큰 공헌을 하였다. 그의 딸이 유명한 작가 바바라 터커만(Barbara Tuckman)이다.

맥윌리엄스는 앞서 기술한 대로 세브란스 장로와 더불어 평신도 선교운동에 뛰어든 2대 인물로 평가받은 사람이다. 1902년 9월 17일 밤 가족이 모두 잠들었을 때 그의 집에 화재가 났는데 개가 크게 짖는 바람에 깨어났다. 불이 침실 문을 막았으나 모두 잠옷 바람으로 탈출할 수 있었다(뉴욕 타임스, 1902년 9월 18일 자 기사). 그는 세브란스 장로와 동갑인데 일찍이 은행가이며 뉴욕 메트로폴리탄 미술관의 회장인 헨리 마퀀드(Henry Gordon Marquand, ?~1902)와 동업을 하였다. 맥윌리엄스의 부인이 마퀀드의 여동생이었다. 다시 말하면 처남 매부지간이다. 맥윌리엄스는 언더우드 사장과 함께 타자기회사를 경영할 때에는 맨해튼 철도회사의 재무이사였다. 그의 처남의 형 프레데릭 마퀀드(Frederic Marquand, 1799~1882)는 보석상인이었는데 유니언 신학교와 예일대학에 각각 대학교회를 기증하였다. 그가 죽자 그의 유언을 충실히 받들어 해외선교에 자선을 할 사람으로 동생의 매부 다니엘 맥윌리엄스를 "프레데릭 마퀀드 기금 수탁자 Trustee of the Frederic Marquand Fund"로 지명하였다(뉴욕 타임스, 1887년 2월 17일 자 기사). 이 사람이 한국 선교의 문을 열기 위해 6천 달러를 엘린우드 총무에게 맡기며 한국 선교를 시작할 것을 재촉한 인물이다. 이 기부에 의하여 중국에 있던 알렌 박사를 한국으로 파송할 수 있었다 함은 이미 앞에서 썼다. 전설적인 부흥설교사 무디 목사(Rev. Dwight L. Moody)의 평생친구인 그는 무디가 세운 학교에 프레데릭 마퀀드 기금에서 1천 달러를 기부하였다(뉴욕 타임스, 1887년 2월 17일 자 기사). 무디 기념재단의 재무이사도 지냈다(뉴욕 타임스, 1919년 1월 9일 자 기사). 또한 뉴욕 브루클린 기독청년회의 회장이었고 해외주일학교연합회의 이사였다. 맥윌리엄스는 1866년 이래 뉴욕 라파예트 장로교회의 장로였다. 이 교회가 언더우드 목사를 한국에 파송하였으며 그가 죽자 그의 영결예배를 드린 곳이다. 생각해보면 마퀀드가 죽은 것은 1882년인데 그의 재산 관리를 위임받은 라파예트 장로교회의 맥윌리엄스 장로가 1884년에 한국 선교를 시작하기 위하여 6천 달러를 기부하였고 1885년에 라파예트 장로교회가 언더우드 목사를 한국에 파송하는 일련의 사연이 일어난 것은 기적이라면 기적이랄 수 있다. 맥윌리엄스 장로는 그것으로 그치지 않고 언더우드 목사의 형과 타자기 회사를 동업하였다. 그는 동업하기 전부터 언더우드 목사의 선교를 도왔는데 1891년 2월에 쓴 한국 선교회 연례회의 보고서에 의하면, "… 두 채의 사택을 신축할 계획을 결정해서 지붕과 건축자재를 희사한 맥윌리엄스 회사의 헌금을 …" 받았다. 미국 장로교에서 시작한 한국 선교가 연세대학교 설립에서 완성된 과정은 자료 Ⅵ-14와 같다.

언더우드의 두 편지 사이의 기간이 6개월(1899년 7월~1900년 1월)이다. 그 사이에 엘린우드 총무는 미국 장로교 총회의 건축위원회에서 경력을 쌓은 사람답게 이미 한국에 병원을 예비한 것 같은 편지를 12월에 보낸 것이다. 엘린우드 총무에게 1899년 12월 5일의 문의편지가 가능했던 이유는 무엇이었을까. 세브란스가 1년 동안 찾고 있던 병원 기부처를 에이비슨 박사의 요청에서 찾은 것일까. 엘린우드는 언더우드를 한국에 두고 에이비슨을 미국에 불러 선교대회에 세워야 하는 전략을 짰다면 지나친 추측일 것이다. 그러나 정황을 모아보면 그 추측의 방향을 가리킨다.

우리는 엘린우드가 1898년부터 에큐메니컬 대회를 준비하였다는 것을 안다. 언더우드 박사는 1898년 8월 5일 자 편지에서 이미 선교대회를 언급하고 있다.[156)]

> "전략. 1900년 뉴욕에서 열릴 거대한 선교대회는 이 [네비우스의 자급] 방법과 그 결과를 전체 선교 기구 앞에 제시하는 시간으로 만들어야 한다고 저는 생각합니다. 한국만큼 그 방법이 시험된 선교지는 없으며 … 그 결과는 검토해 볼 가치가 있습니다."

언더우드 부인도 동조하고 있다. 그녀가 엘린우드 박사에게 보낸 1899년 8월 28일 자 편지에는 남편이 에큐메니컬 대회에 논문을 보내달라는 선교본부의 편지를 받았다는 내용과 함께 남편의 안식년을 앞당겨 줄 것을 요청하고 있다. "언더우드는 만일 그가 원하는 대로 길이 분명하게 열리면 몹시 가고 싶어 합니다." 언더우드 목사는 "아내의 계속되는 질병 때문에 너무 여유가 없어서 … 우리가 본국에 돌아가지 않으면 안 될 것을 우려했고 … 이 편지를 쓰기 전에 우리는 여행을 떠나려고 시도했을 것입니다."라고 1899년 7월 17일 자 편지에서 귀국을 바라고 있다. 그러나 언더우드 목사가 램버스 박사가 자신에게 참석하여 논문을 발표하도록 권유하는 편지를 보냈다는 내용과 함께 여러 사정 때문에 참석하지 못하지만 논문은 보낼 수 있다고 답장을 보낸 것이 9월 8일

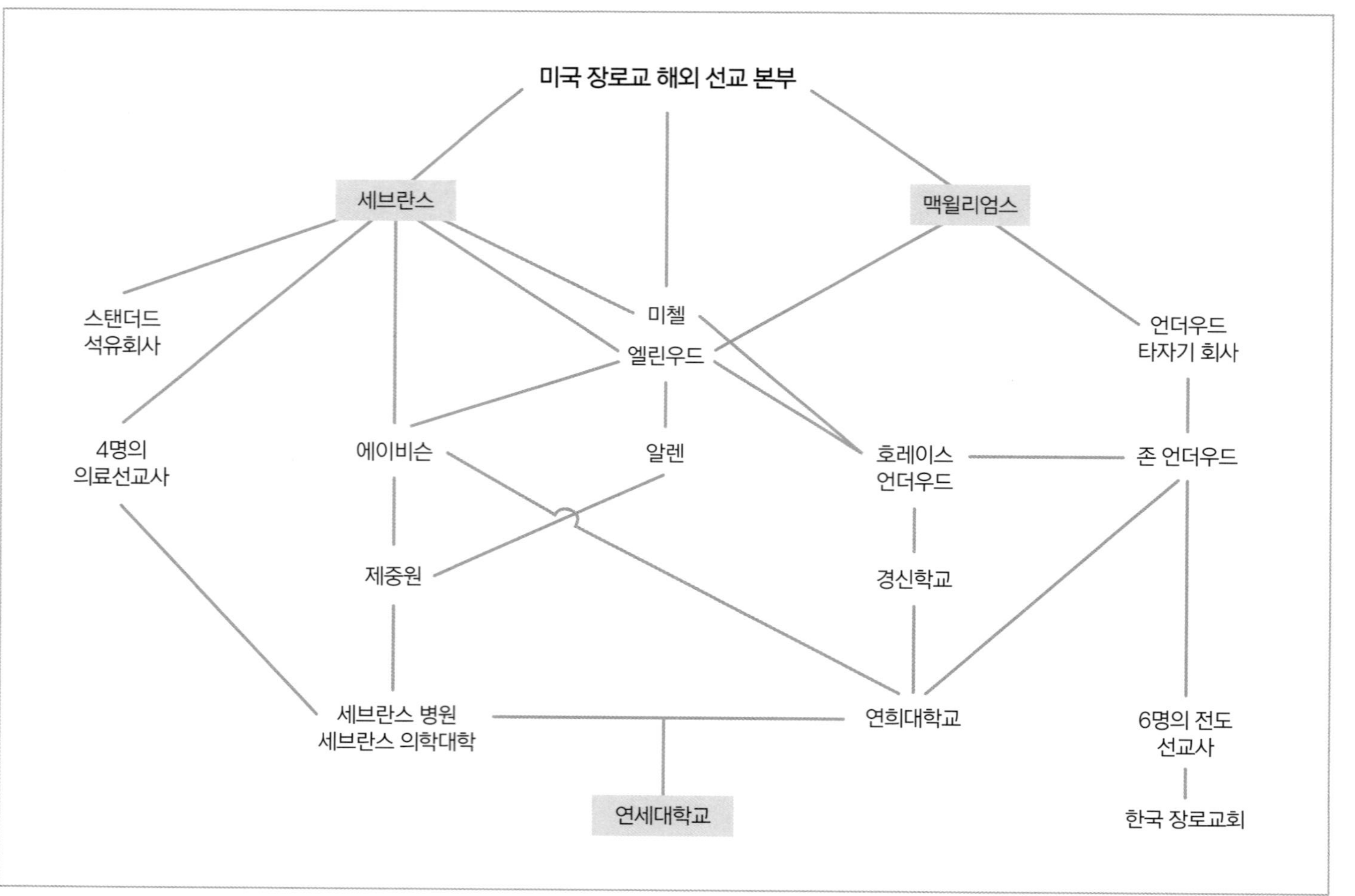

〈자료 Ⅵ-14〉 미국 장로교에서 시작하여 연세대학교 설립으로 완성된 한국 선교

이었다. 그러나 재미있는 것은 경비를 요청하며 "그 경비로 가는 것이 지혜롭게 보인다면 제가 선교대회에 참석하기 위해 현장을 비우도록 선교본부에서 허락해"줄 것을 은근히 요청하고 있다. 그가 참석을 하지 않은 것은 이 경비 요청이 기각된 듯하다. 언더우드 목사의 이유는 경비였지만 부인의 소망은 앞당긴 안식년이었다. 부인의 요청도 허락되지 않았다. 이와 대조적으로 건강을 이유로 신청한 에이비슨의 "앞당긴" 안식년은 들어주었고 그가 귀환한 1899년 7월부터 12월까지 엘린우드 총무와 의논이 있었을 것으로 보이며 그에 따라 엘린우드 총무는 한국 현장에 있는 언더우드 목사에게 새 병원의 저렴한 건축비용을 문의한 것으로 볼 수 있다. 전도선교사의 요청은 이루어지지 않고 의료선교사의 요청은 허락되었다. 기이하지 않은가.

언더우드 목사는 엘린우드 총무에게 교육선교사를 충원해 줄 것을 오랫동안 요청하였는데 이 과정에서 특히 파크 대학 졸업생들을 지목하였다. 일찍이 파크 대학 졸업생 베어드 목사가 파송되었고 하이든 양(Mary Hayden, 1857~1900)이 왔다. 하이든은 한국에서 만난 기포드 목사와 결혼했는데 아깝게도 두 사람 모두 1900년에 이질에 걸려 사망하였다. 그녀는 선교사들의 한국어 시험의 심사위원이 될 정도로 한국어에 능통하였다. 뒤따라서 도티 양(Susan Doty)이 1890년에 내한하였다. 언더우드 부인이 엘린우드 총무에게 편지를 보냈다.[157)]

> "도티 양에 따르면 파크 대학의 맥아피 박사님의 아들은 교육 선교사가 되려고 준비하고 있는데 한국에 갈 가능성이 있다고 그녀에게 말했다고 합니다. … 고아원에는 맥아피 씨가 필요합니다. 우리 선교사는 그런 사람이 필요하고 한국에는 그가 필요합니다."

파크 대학의 설립자는 맥아피 목사인데 그의 아들 대신 딸 헬렌 맥아피(Helen McAfee McCune)와 사위 매큔(George S. McCune, 尹山溫) 박사가 평양중학교에 부임하였다가 1909년 선천 신성중학교 교장으로 취임하였다 함은 앞서 썼다. 1904년 12월 15일 언더우드 목사는 맥아피 목사에게 직접 편지를 쓴다.[158)]

> "전략. 저는 이제 귀하께 우리를 도와줄 교인을 찾아주실 것을 부탁드립니다. 귀하 교회의 교인들은 한국 사역에 대해 특별한 관심을 보여주었고 한국 소식을 때때로 들었습

니다. 후략."

언더우드가 운영하는 학교가 재정난으로 문을 닫게 되자 "한국 선교에 특별히 관심"이 있는 파크 대학의 맥아피 목사에게 호소했지만 이 학교는 언더우드와 에이비슨의 반대에도 불구하고 선교본부의 결정으로 결국 문을 닫았다. 앞서 지적한 것처럼 파크 대학은 세브란스 장로가 후원하는 대학이었다. 에이비슨을 도와준 "교인"이 언더우드를 돕지 못하다니. 당시의 세브란스 장로의 관심은 "전도사업의 중요성도 알지만 지금 병원을 짓고 싶은 것이었다."

언더우드의 학교를 폐쇄한 것은 뉴욕 해외선교본부에서 파견한 로버트 스피어(Robert Speer) 총무였다. 그는 1897년 한국 선교 현장을 시찰하고 제출한 보고서에서 다음과 같이 기록하였다.

> "진정한 심령운동이 태동하고 있다고 믿을 수 있는 확실한 근거가 있다. 죄의식과 그리스도를 통하여 얻을 수 있다는 구원관은 한인 신자들이 가진 지배적 생각인 듯하다. 회개한 개인의 실정은 어느(나라) 개종인과 마찬가지로 그 철저하고 만족한 사례를 이 나라에서 찾아볼 수 있다."[159]
>
> "관서지방 교회의 발전은 세계 어느 곳에서도 볼 수 없으리만치 확대되었다. 교회당은 초만원을 이루고 확장의 기회는 무제한적이다."[160]

스피어 박사는 청일전쟁 직후 모펫, 베어드가 폐허가 된 평양에 들어간 것을 알았다. 스피어 총무가 관측한 대로 그가 다녀가고 이듬해 당장 평양 선교지부는 126개의 선교지회, 12개의 자립교회, 1,050명의 세례교인, 5,950명의 출석교인을 보고하였다.[161] 스피어 박사는 미국 남부 해방된 노예들을 돕고 있었는데 이 일에 세브란스의 친구 플로라 스톤 마서(Flora Stone Mather)가 적극 지원하였다.[162] 그녀가 후원한 노스캐롤라이나의 리빙스턴 대학(Livingston College), 애틀랜타 대학(University of Atlanta), 앨라배마의 터스키기 대학(Tuskegee Institute)은 모두 클리블랜드에서 먼 남부대학인데 플로라 스톤 마서가 이들 대학에 기부하는 이유가 바로 스피어 총무 때문이다. 클리블랜드의 올드 스톤 교회는 뉴욕 장로교 해외선교본부와 이렇게 가까웠다.

치밀한 세브란스 장로는 이러한 모든 것들을 꿰뚫고 있었던 것일까. 앞서 우리는 정부 관리의 훼방으로 새 병원 건축이 진척이 없게 되자 세브란스가 한 말을 기억한다.

> "에이비슨 박사, 이제 그 문제는 당신 하기에 달렸소. 박사가 필요로 하는 것을 황제의 고문관들이 싫어하고 황제는 자기의 고문관의 말만 믿고 있으니 더 이상 황제의 말을 기다리지 말고 지체 없이 일을 진행하시오."

세브란스는 한 번도 대면한 적 없는 고종 황제의 성격을 어떻게 알았을까. 에이비슨이 편지로 사태를 설명했을 수도 있다. 그러나 에이비슨은 세브란스의 선물을 안고 귀국했을 때 그 돈을 둘러싸고 일어난 선교사들 사이의 다툼이 일어나자(제7장 참조) 현장을 조사 나온 브라운 총무에게 변명 한마디하지 않은 인물답게, 또 황제의 어의로서 황제를 나쁘게 얘기할 처지가 아니었다(제7장). 아마 엘린우드 총무가 일러주었을 것이다. 1900년 1월 16일 자 언더우드가 엘린우드 총무에게 보낸 편지에 고종 황제의 성격이 묘사되어 있다. 에큐메니컬 선교대회가 열리기 3개월 전, 그러니까 에이비슨 박사가 세브란스 장로를 만나기 3개월 전의 일이었다.[163)]

> "전략. 둘째, 귀하[엘린우드]께서는 황제가 기부할 뜻이 있는지 문의하셨습니다. 우리는 황제가 그동안 후하게 하사하는 것으로는 유명하지 않았다고 말씀드리려고 합니다. 왕비는 생전에 후하고 손이 컸습니다. 병원에 하사한 것이나 선교회가 받은 다른 선물들은 대부분 왕비의 행위이거나 그녀가 영향을 미친 결과였습니다. 하지만 황제는 그런 방면에 선뜻 손을 벌리지는 않았습니다. …
>
> 셋째, 귀하께서는 중국 캔튼(廣東) 병원의 경우처럼 일부 자금을 외국인 공동체와 부유한 한국인에게서 모금할 수 있는지를 문의하셨습니다. 이것에 대해서는 이곳에는 하나의 소규모 외국인 공동체만 있다고 답변드리고 싶습니다. 서울에는 외국인 무역상 공동체가 없습니다. 사실 모든 상업적인 사업은 소수의 중국인과 일본인 회사들이 하고 있습니다. 이뿐만 아니라 부유한 한국인들은 캔튼의 부유한 중국인만큼 잘 살지 못합니다. 이런 상황에서 우리는 많은 자금이 이곳에서 모금될 수 있다고 기대할 수 없습니다. 후략."

황제에게 부탁하는 방법, 외국인 공동체에서 모금하는 방법, 한국인 부자에게 기대하는 방법. 그러나 모두 가능성이 없다는 답변. 그 가운데 황제가 인색하다는 답변이 세브란스 장로의 귀에 들어간 것일까. 아무튼 자체적으로는 병원 건축이 가능하지 않다는 대답에서 엘린우드 총무가 보인 반응이 궁금하다. 세브란스 장로의 자선을 여러 차례 보아온 엘린우드가 생각하기에 결국 이번에도 세브란스 씨가 나서는 방법뿐이 아니겠는가.

그러나 사람이 문제였다. 세브란스의 두 번째 기준이다. 언더우드는 에이비슨을 매우 신뢰하고 그 내용을 여러 번 엘린우드 총무에게 보냈다. 에이비슨 박사가 언더우드와 지방 의료전도에서 돌아왔을 때 제중원의 주사들이 벌인 부정행위에 대하여 에이비슨 박사가 단호한 개혁을 실시한 후 언더우드가 엘린우드 총무에게 보낸 1894년 2월 2일 자 편지이다.[164]

"전략. 귀하가 한국을 위해 하신 일 중에서 에이비슨 의사를 임명한 것보다 더 좋은 일은 없습니다. 그는 일을 두려워하지 않으며 성공하려고 단단히 결심하고 있습니다. 그는 실패를 모르기로 작정하였고 강한 힘을 소유했으나 모든 힘은 하나님께 속한 것임을 인식하고 있습니다. … 그는 바른 노선을 따라 열심히 일하고 있고 그 영향을 벌써 느낄 수 있습니다. 출발할 때부터 제중원을 지지했던 자들이 이제 그와 함께 일하려고 앞으로 나서고 있습니다. 이 편지가 도착하기 전에 시행될 예정인 제안된 새 규칙들에 관하여 귀하께서 이미 보고 받았을 줄 압니다. 이 일에 하나님을 찬양하며, 병원의 수명 연장뿐만 아니라 그 광대한 영향권을 보게 되며, 우리가 가장 원하는 바인 의료 사업이 이루어졌을 때 직접 혹은 간접으로 복음이 전파되리라는 약속도 보장됩니다."

일주일이 지나 다시 편지를 보냈다.[165]

"전략. 저는 병원이 완전히 새로운 기초 위에서 운영될 것이라고 확신합니다. 에이비슨 의사가 귀하에게 그가 정부에 제출한 건의서의 조항들을 분명히 보고했을 겁니다. 어제 알렌 의사는 그 모든 요구 조항들을 승인될 것이라고 말했습니다. 에이비슨 의사는 전심전력을 다해 일합니다. 그는 일을 걱정하지 않고, 실패라는 단어를 모르며 무엇보다 그의 자신감은 전능하신 하나님의 능력에 근거하고 있습니다. 그는 한편으로는 병든 아내를 돌보아야 하고 다른 한편으로는 의료사업으로 분주하며, … 의료사업을 하면서 한국어를 배워 어제 시험에 좋은 성적으로 통과했습니다."

언더우드만 이렇게 평가한 것이 아니었다. 알렌 공사도 엘린우드 총무에게 보낸 1893년 11월 11일 자 편지에서 일찌감치 사람을 알아보았다.[166)]

"드디어 귀하는 제1급의 사람을 가지게 되었습니다."

앞서 본대로 알렌 공사는 부산에서 제물포로 항해하는 배에서 한국에 부임하는 에이비슨 박사를 처음 만난 이래 제중원을 맡길 정도로 신임하였고 드디어 제중원의 앞날이 밝아졌다는 희망의 소식을 보낸 것이다.

여기 작지만 흥미로운 사실이 있다. 스크랜튼 박사(William B. Scranton, 1856~1922)는 1882~1884년에 클리블랜드에서 개업한 적이 있다. 이때 미첼 박사가 올드스톤 교회의 담임 목사였다. 스크랜튼 박사는 동부 코네티컷 뉴헤븐에서 태어나 같은 도시의 예일 대학을 졸업하고 뉴욕의과대학을 졸업하였는데 무슨 연고로 당시로서는 멀고 먼 오하이오주 클리블랜드시까지 가서 첫 번 개업을 하였는지 궁금하다. 스크랜튼 박사가 예일 대학에 재학할 때 나중에 전쟁장관, 필리핀 총독, 국무장관, 대통령, 대법원장이 되는 윌리엄 태프트가 그의 급우였는데 그는 오하이오 사람이었고 클리블랜드의 유니언 클럽 회원이었다. 이때 세브란스의 스탠더드 석유회사는 신탁회사로 전환되었을 때이고 그의 재산이 크게 불어날 때였다. 스크랜튼 박사가 개업 중에 일본에서 포교하는 감리교 선교사 매클레이(R. Maclay) 목사가 클리블랜드까지 찾아와 한국의 의료선교사를 권유한 것이 인연이 되어 1885년 한국에 왔다. 앞서 기술했듯이 매클레이 목사는 일본에서 김옥균을 만나서 한국 선교의 가능성을 제일 먼저 감지한 사람이다. 그 정도라면 스크랜튼 박사는 주목받은 젊은 의사였다고 생각된다. 그는 서울에서 상동교회를 설립하였는데 이 교회는 이승만, 주시경, 전덕기 등 젊은 우국지사의 모임 터가 되었다. 그의 어머니 스크랜튼 대부인이 이화학당의 설립자이다. 스크랜튼 박사는 1898~1900년에 안식년으로 미국에 머물렀으나 뉴욕 에큐메니컬 선교대회에는 참석하지 못하고 한국으로 귀환하였다. 그는 에이비슨과도 친했는데 그로서는 세브란스 장로와 만날 수 있는 기회를 두 번 놓친 것이다. 스크랜튼 박사가 감리교인이었기 때문일까. 그러나 세브란스 장로는 연합사업을 염원하였고 스크랜튼 박사는 알렌 박사를 도와 장로교 병원인 제중원에서 일한 적이 있었으니 이것은 별로 문제가 아니었을 것이다. 에이비슨 박사도 원래 감리교도가 아니었던가. 스크랜튼 박사는 1907년 6월 갑자기 선교사직을 사직하였다. 결과적으로 그는 에이비슨 박사만큼 세브란스 장로의 두 가지 기준에 합당하지 않았다.

엘린우드 박사는 한쪽에 세브란스 장로가 병원을 기증하고 싶어 하는 것을 알고 있었고 다른 쪽에 에이비슨 박사가 병원을 원한다는 사실을 알고 있었다. 세브란스는 자선가로 이름났고 에이비슨은 정평 있는 의료선교사였다. 이제 두 사람을 연결해 주면 된다. 엘린우드 총무가 보기에 이러한 의료선교의 조건을 갖춘 선교지를 한국 이외에 어디에서 찾을 수 있을까. 세브란스의 "두 가지 자선 기준"이 충족되었다고 본 것이다. 병원 기증지를 물색하고 있던 세브란스 장로에게 참고가 될 만한 정보였다.

나머지 문제는 선교 현장의 정보였다. 그것은 선교 현장에 남은 언더우드의 지원으로 해결될 수 있다. 그 이유는 에이비슨 박사가 한국을 떠난 후 한국의 물가가 변했기 때문이다. 언더우드도 한때 안식년에 비슷한 경험을 한 적이 있다.

> "전략. 한국을 떠나온 지 제법 시간이 지났고 저에게 편지하는 자마다 공사비가 너무 올랐다고 말합니다. … 나는 최저비용으로 이 일을 하도록 최선을 다했습니다. … 이렇게 멀리 떨어져 있으므로 가능한 한 저는 조심스럽게 계산을 했습니다."[167]

그래서 "[엘린우드의] 12월 5일 자 서신에서 문의한 병원 … 에 관한 질문에 답변하도록 저[언더우드]를 임명"하였다. 왜 바로 곁에 있는 에이비슨에게 문의하지 않고 먼 한국에 있는 언더우드에게 문의했는지 그 이유를 알 수 있다. 이래서 에이비슨의 앞당긴 안식년은 허락되고 언더우드의 앞당긴 안식년은 허락되지 않았을까.

결국 언더우드가 예상한 대로 에이비슨은 5천 달러가 아니라 1만 달러를 구하는 데 성공하였고 그것은 이 모든 사정을 꿰뚫고 있는 엘린우드가 어떤 역할을 하였을 것으로 추측할 수 있다. 엘린우드 총무는 세인트루이스 회의에서 세브란스 장로가 에이비슨 박사에게 1만 달러를 기부했다고 발표된 직후 6월 22일에 한국에 있는 언더우드에게 소식을 알렸다. 그에 대해 언더우드는 8월 18일에 "귀하께서 한국을 위해 애쓰고 계신다는 소식을 듣게 되어 매우 기쁩니다."라는 답장이 그 증거가 될 수 있을 것이다.[168]

세브란스 씨가 관심을 갖는 같은 극동이라고 하여도 중국이 아니라 한국을 선택한 것은 엘린우드 박사의 영향이라고 추측할 수 있지만 중국은 극동이 아니었다. 더욱이 중국은 의화단 사건으로 시끄러웠고 그 와중에 많은 선교사가 죽었다. 특히 세브란스가 이사로 봉직하고 있던 오벌린 대학 출신이 많이 희생당하였다. 게다가 중국은 이미 4백여 개의 서양 병원이 문을 열고 있었다. 엘린우드의 한국 관계 활약을 요약하면 다음과 같다.

1884년 선교부에 중국에 있던 알렌 박사 한국 파송 설득
1885년 언더우드 박사 한국 파송
1889년 미첼 박사 한국 시찰
1893년 에이비슨 박사 한국 파송
1897년 의화군 이강의 미국 유학 후견인
1900년 에이비슨 박사 뉴욕 세계선교대회 연설 초청
1900년 에이비슨 박사 세인트루이스 토론 초청
1904년 언더우드 부인의 저서 『상투 속에서 15년』의 추천서

엘린우드 박사가 에이비슨 박사를 한국에 파송할 때 감리교도인 그가 장로교로 옮기는 것보다는 감리교 신자로서 "한국에서 선교활동에 불꽃을 피우게 하고 싶다"고 말하였다. 엘린우드가 에이비슨에게 거는 기대가 얼마나 컸는지 알 수 있다. 엘린우드 총무가 에이비슨 박사를 세인트루이스 회의에 참석할 것을 권유했을 때 그는 그 이유를 설명하였다.

"당신이 참석해야 하는 이유는 각국의 지역 교회가 자립하는 데 대한 찬반 토론이 열릴 예정인데 한국 교회가 자립 문제에 있어서 가장 모범이고 당신이 그 방면에 전문가이기 때문입니다."[169)]

이 말은 전 세계를 상대로 하는 장로교 해외선교에 대한 모든 통계와 업적을 파악하지 않고는 할 수 없다. 뉴욕 에큐메니컬 선교대회에서 "선교의 자립"이라는 주제로 연설한 사람은 부지기수였다. 4월 27일 회의의 내용은 몽땅 이 주제였다. 그런데 언더우드

출처: Ecumenical Missionary Conference 1900 New York

LAYMEN'S VIEWS ON MISSION WORK

Big Meeting and Impressive Proceedings at Carnegie Hall.

TO AID WITH PRAYER AND PURSE

Colleges of America, It Is Declared, Will Double the Number of Missionaries in Five Years If Means Be Furnished.

NATIVES MUST BE INTERESTED.

Discussion on the Question of Self-Support Continued at the Central Presbyterian Church.

〈자료 Ⅵ-15〉 사업가 회의의 세브란스 참석과 에이비슨 연설 뉴욕 타임스 기사

박사의 발표제목도 여기에 속한다. 그러나 언더우드 박사는 참석하지 못하고 논문만 보냈는데 그래도 언더우드의 부인은 매우 자랑스럽게 생각하였다. 또 엘린우드는 에이비슨보다 언더우드와 더 오랫동안 친분을 쌓았다. 언더우드의 부인이 『상투 속에서 15년』을 1904년에 뉴욕의 출판사에서 출판하였을 때 추천서를 써주었을 정도였다.

엘린우드 박사의 간단하고 평범한 말에 숨은 뜻은 두 가지로 해석할 수 있다. 첫째, 어느 나라보다 한국에 의료선교를 지원하면 곧 자립할 가능성이 가장 크다. 둘째, 그것을 집행할 사람으로서 에이비슨 박사가 적임자이다. 세브란스 "두 가지 기준"이 아니겠는가. 여기에 더하여 중국과 달리 한국에서는 개신교 선교사를 학살한 사건이 없었다. 엘린우드 자신은 고종의 아들을 미국으로 데려오는 데 중요한 역할을 하였다. 이러한 몇 가지 사실을 들어 극동에 관심 많은 세브란스 씨를 설득했을지도 모른다. 예로부터 극동이란 한국을 가리키는 말이 아니던가.

여기에 더하여 "선교의 자립"이라는 주제로 하루 회의를 보낸 4월 27일 저녁 8시에는 해외선교사와 기업가와 만나는 회의(business meeting)가 있었지만 에이비슨 박사는 같은 시간에 중앙장로교회에서 "선교의 자립"으로 중국에서 온 애시모어 박사와 함께 발표해야 하므로 후원자가 될지 모르는 기업가를 만날 기회를 놓치고 말았다(자료 Ⅵ-15의 왼쪽 점선사각형과 오른쪽 점선 사각형을 참조). 그렇기 때문에 그다음 날(4월 28일 토요일)에 엘린우드 박사는 에이비슨 박사에게 세넥터디 기

차 제작 회사 부사장 월터 피트킨 씨(Mr. Walter Pitkin, ?~1905)에게 보낸 것이라고 추측할 수 있다.

세인트루이스 회의에 참석을 권하는 엘린우드 박사의 말에 에이비슨이 대답하였다.

"주제로 보아서 비록 현지 교회와 더 밀접한 관계에 있는 복음 선교사들만큼 설득력 있는 연설을 할 수는 없겠으나 기꺼이 가겠습니다."

이것은 아마도 참석하지 못한 언더우드 박사를 염두에 둔 겸손의 말 같다. 아울러 참석한 다른 전도 선교사들에 대한 예의였다. 언더우드 박사의 연설 제목이 바로 선교교회의 자립이었고 한국 선교 현장 설명회에는 다른 선교사들 모두가 참석했기 때문이다. 그러나 에이비슨 박사 자신도 이미 4월 27일에 중앙장로교회에서 「선교교회의 자립(Self-Support)」에 대한 토론시간에 한국 최초의 교회인 황해도 소래(松川)교회에서 매킨지 목사가 경험한 감동 적인 일화를 들려준 바 있다(제8장을 참조). 황해도 소래에서 "한국의 베들레헴"을 개척한 매킨지 목사는 애석하게 뜻을 펴지 못하고 일찍 병에 걸려 사망하였다.

1900년 뉴욕 에큐메니컬 선교대회는 초교파의 연합대회였다. 앞서 설명한 대로 이 대회는 1896년 엘린우드의 머릿속에서 나왔다. 그런데 그의 초교파 선교의 생각은 이미 1893년 에이비슨을 한국에 파송할 때 드러났다. 에이비슨은 당시를 회고하였다.[170)]

"전략. 37년 전에 나는 가나다 감리교인으로 미국 뉴욕 장로교 외국 선교회에 가서 조선에 선교할 목적을 말하였다. 대총무 엘린우드 박사에게 묻기를 내가 능히 장로교 선교사가 될 것 갓치 생각하느냐 하엿드니 그의 대답이 조선에 감리교적 열심을 그대로 가지고 가서 그리스도만 힘잇게 전하면 그만이라고 하엿다. 그는 또 말하기를 조선에 장로교 선교사를 보냄은 장로교를 유력하게 하려는 것보다 조선을 주의 나라로 인도하려 하노라 하엿다. 이와갓흔 고상한 이상은 나로 하여금 조선에 올 목적을 발표하고 맹약하게 하엿든 것이다."

한국에 파송된 의료선교사 가운데 뉴욕 대회에 참석한 의사는 에이비슨 박사만이 아니었다. 빈튼 박사가 있었다. 의사가 아니더라도 한국에서 온 여러 선교사들 가운데 하나를 세인트루이스 회의에 보낼 수 있었을 텐데 어째서 다른 사람도 아닌 에이비슨을 선택하여 연설을 시켰을까. 언더우드는 엘린우드 총무에게 빈튼 박사에 대하여 다음과 같이 인물평을 하였다.[171)]

"제가 보기에 그는 한국인에게 끌리지 않고 따라서 그들을 그에게로 이끄는 힘이 없습니다. 그는 한국인들에게 다가가지 않는데 결정적인 변화가 없는 한 저는 그가 결코 한국어로 의사소통할 수 없을 것이라고 생각합니다."

엘린우드 총무는 자신의 초교파 생각과 일치하는 두 사람을 만났다. 하나는 "선교 현장"의 에이비슨이고 다른 하나는 "자비로운 감성을 가진 자선가" 세브란스이다. 에이비슨은 자신의 생각을 카네기 홀에서 훌륭하게 피력하였지만 그 전에도 그러한 생각을 품고 있었다.

"내가 조선에 온 후에 [1893년] 형편을 보니 소수의 선교사들은 서로 장로교가 올흐니 감리교가 진정 신의 택한 바라고 주장하는 것을 알엇스니 대다수는 교파심이 업는 것을 발견하엿다."[172)]

"부정한 세력이 점점 가세하야 우리의 생활을 공격하는 이때에 기독교 세력은 가급적 밀접히 연결할 필요가 잇지 안이한가. 하느님은 하나요, 그리스도도 하나요, 성령도 하나이다. 그러나 그리스도교는 왜 하나가 되지 못할가. 만일 엇던 국가가 각기 정견과 정책이 상이를 따라 각 당파도 분열한다 하면 그 국가는 유지할 수 잇는가. 마태 12장 25절에 예수가라사대 무릇 나라가 분쟁하면 멸망하고 성이나 집이나 분쟁하면 서지 못하나니라 하셧고 마가 3장에는 사단이 스스로 분쟁하면 서지 못하고 망하다 하셧다. 이 모든 말씀이 사실이 안인가."[173)]

이 생각이 발전하여 카네기 홀에서 의료의 "연합"에 대해서 연설한 것이다. 한국에서 에이비슨이 초교파 의료선교를 생각하고 있을 때 미국 뉴욕에서 세브란스도 같은 생각을 하고 있었다. 세브란스는 언제나 강조하였다.

"최선의 결과는 기독교인 사이의 연합과 교파 차이의 최소화로 얻을 수 있다."[174)]

이 생각의 핵심이야말로 "연합"이 아니겠는가. 세브란스가 에이비슨을 만난 자리에서 "예양"보다 "연합(union)"이 더 좋다고 말한 것은 자신의 기독교 철학과 일치하기 때문이었다. 그가 설립한 유황 회사도 스탠더드 유황 회사가 아니라 유니언(union) 유황 회사라고 이름 지었다. 그가 속한 명사모임도 유니언 클럽이었다. 그는 클리블랜드 장로교 연합(union) 회장이었다. 교파를 연합한 기독청년회(YMCA)를 후원하였다. 나아가서 "범교회 세계운동 The Inter-church World Movement"과 모든 교파가 참여하는 "평신도 선교운동 The Laymen's Missionary Movement"에 적극적으로 참여하였다(제9장 참조).

엘린우드는 두 사람의 생각이 일치한다는 사실을 알고 있었던 중요한 위치에 있는 사람이다. 세브란스보다 16년 더 나이가 많은 그는 1900년 뉴욕 대회를 준비하면서 그 1년 전인 1899년 1월 11일에 사업가 회의(business meeting)를 열었다.[175] 여기서 재정위원회가 결성되고 엘린우드 박사가 인사말을 하였다. 재정위원회의 역할은 사업가로부터 모금하는 것이다. 이런 연유로 엘린우드 박사는 총무로서 많은 사업가를 알고 있었다. 그럼에도 불구하고 엘린우드 박사는 여러 사업가 가운데 특별회의에서 만난 세브란스에게 다음 월요일(4월 30일)에 있을 에이비슨 박사의 연설 제목 "의료선교에 있어서 예양"을 소개하고 참석하기를 권하였을 것이다. 그 제목은 엘린우드 박사 자신이 정하여 에이비슨 박사가 작성토록 한 것이었다. 세브란스가 교파를 초월한 기독교 선교사업과 기독청년교육에 관심이 크다는 사실은 선교본부에서는 누구나 다 알고 있는 사실이었기에 엘린우드도 알고 있었던 것이다. 이러한 성품의 세브란스를 평소에 잘 알고 있는 엘린우드 박사는 예정에도 없이 원래의 에이비슨 연설의 장소를 중앙장로교회에서 카네기 홀로, 시간도 오후 2시 30분에서 오전 8시로 변경하여 발표를 시킨 것으로 추측할 수 있다.

에이비슨 박사 자신도 감리교 신자였는데 장로교 의료선교사로 자원하지 않았는가. 그리고 그의 연설 내용도 연합이 아니었던가. 이러한 배경을 가진 에이비슨 박사의 연설이 시작되자마자 세브란스가 일어섰다는 것은 프로그램 위원인 엘린우드 박사로부터 에이비슨 박사의 원고를 미리 입수했기 때문에 가능했을 것이다. 회의가 끝나고 최종적으로 대회 보고서가 출판되었을 때 수많은 연설문에서 취사선택에 뽑힌 연설문 가운데 에이비슨의 연설원고가 포함되었다는 것은 프로그램 위원이었던 엘린우드 박사의 노력이었을 것이다. 여기에 엘린우드 박사에 대한 연구가 필요하다고 생각한다. 세브란스–엘린우드–에이비슨은 연합사업이라는 공통분모를 갖고 있었던 것이다.

세계 기독교가 한결같이 놀랜 사실이 있다. 한국이 서양 여러 나라에게 개국한 이래 1900년까지 한국 교회에 관한 통계가 미비하지만 한 가지 사실은 세계적으로 유래없는 교회 성장을 하였고 1900년 이후에는 이보다 더 급속한 성장을 하였다는 점이다. 호레이스 알렌 박사가 기록하기를 1887년에 한국에 1명의 개신교 신자가 있었을 뿐이었는데 불과 3년 후인 1890년에 150명으로 증가하였다. 이해에 미국과 호주 장로교의 연합회가 결성되었다.[176] 이러한 추세는 19세기 말의 성서 보급 기록에서 확인된다.

<19세기 말 한국 성서 보급 통계>

1896	1897	1898	1899	1900
2,997	6,335	34,813	43,121	38,006

출처: 백낙준, 『한국 개신교사』, 연세대학교 출판부 2002(1929), p.361.

20세기에 들어와서 1900~1904년에 장로교 신자의 연평균 증가율은 14.95퍼센트였는데 1905~1909에는 43.77퍼센트로 3배 증가하였고 감리교의 경우 1900~1904에는 12.58퍼센트였는데 1905~1909년에는 49.75퍼센트로 4배 증가하였다.[177] 1907년에 장로교 노회가 조직되었다. 그것은 32명의 외국인 선교사와 40명의 한국인 목사와 장로로 구성되었다. 노회의 관할 아래에 17,890명의 신자와 21,482명의 세례준비자, 제대로 조직된 38개의 교회, 아직 제대로 조직되지 못한 984개의 교회, 69,098명의 준교인, 8,611명의 학생이 재적하고 있는 420개의 주간학교가 있다. 이 교회는 그 전해인 1906년에 여러 가지 목적에 94,227원을 지출하였다. 어느 문헌보다 1912년 이승만의 기록이 생생하다.[178]

"32년 전(연도의 오기?)에 서양 사람들이 처음으로 와서 통상하기를 청할 때에 대원군이 거국지병을 일으켜 강화에서 싸워 물리친 후로 내외 각처에 비석을 세워 글을 적어 갈아대 외양을 화친하려는 자는 국적으로 다스린다 하였으며 그 전후로 천주학장이라고 잡아 죽인 것이 여러 천 명이라. 이런 나라에 예수교가 어찌 들어갈 수 있으며 설령 들어가기로 누가 교를 믿고저 하리오. 당시에 사람들이 일컫기를 우리네 지방에는 천만년을 지나도 서교가 결단코 행치 못할 것이라 하였거늘."

"통상한 지 삼십 년이 다 못 되어 우리 교회가 어떻게 흥왕하였던지 전국에 교인총액이 25만 명에 달하였으며 (작년[1912년] 12월 14일 아웃룩 잡지[179]에 보고한 바를 보건대 한국 예수교인이 37만 명에 달하였더라) 외국 선교사가 대략 3백 명이오 예배당이 5백 처요 교회학교가 9백62처요 의학교가 1이오 간호부 학교가 1이오 병원이 13처요 병 보는 곳이 18이며 고아원이 1이오 소경학교가 1이오 문둥 병원이 1이오 인쇄부가 1이며 한국 교회에 속한 재산이 백만(미국금전) 원에 달하며 매년 교회경비가 25만 원 가량이라. 이렇듯 굉장히 진취된 교회는 실로 고금에 희한한 바이로다."

"각국 교회가 말하기를 하나님이 한국 백성을 이스라엘 백성같이 특별히 택하여 동양에 처음 예수교 나라를 만들어 가지고 아세아주에 예수교 문명을 발전시킬 책임을 맡기심이라. 그러므로 이때에 한국 교회를 돕는 것이 이후 일본과 청국을 문명 시키는 기초가 된다 하여 각 교회에 속하는 신문, 월보, 잡지에는 한국 교회 소문이 그칠 때가 없으며 교회 유람객들의 연설이나 혹 보고에 한국 교회 일을 칭찬 아니한 때 드문지라."

이를 뒷받침이라도 하듯이 에이비슨 박사 역시 1921년에 기록하기를 한국은 시베리아, 중국, 일본의 중간지대에 있고 신자가 이미 30만 명에 이르러서 중국 산동반도와 만주 지역에 선교사를 보냈고 시베리아 동부지방에도 파송할 계획이라고 하였다.[180] 이러한 놀라운 성과가 미국의 독실한 기독교인들의 경탄 속에서 널리 알려졌으니 선교본부의 엘린우드 총무는 물론 극동에 관심이 많고 선교사들과 어릴 때부터 유대가 깊었던 세브란스 씨도 모를 리 없었을 것이다. 그 증거로서 세브란스가 말한 다음의 발언이다.[181]

"전 세계에서 가장 놀랄만한 선교의 효과가 나타나는 나라는 한국과 우간다이다."

앞서 세브란스 씨가 중국을 택하지 않은 이유를 들었는데 이러한 측면에서 보았을 때 이번에는 일본도 택하지 않은 이유가 된다. 가장 중요한 점은 한국에서 개신교 선교사에 대한 박해나 살해가 없었다는 사실이다.

헤이

세브란스 씨가 당시 서울을 잘 알고 있었을 배경은 그 밖에 또 있다. 앞서도 말했지만 세브란스 씨가 이사로 재직하던 웨스턴 리저브 대학의 재단이사장 아마사 스톤(Amasa Stone, 1818~1883)의 사위는 국무장관 존 헤이(John Hay, 1838~1905)였는데 장인처럼 그 자신도 죽을 때까지 웨스턴 리저브 대학의 이사였다. 제1장에서 이미 드러났듯이 그의 주변에 있는 인물들 가운데 락힐은 동양학자였으며 한국 주재 미국 공사를 지내고 헤이를 도와서 중국에 대한 문호개방정책을 수립한 사람이다. 그런데 그는 헤이 장관의 부인과 "매우" 친했으며 헤이는 처가에 상당히 의존했다. 그의 동서 마서 부부는 세브란스와 "매우" 친한 사이였다. 말하자면 극동에 관심이 깊고 일을 하는데 치밀한 세브란스에게 저명한 동양학자 락힐은 더 없는 전문가였다. 이 사람은 다음 그림처럼 여러 사람의 연결고리가 된다.

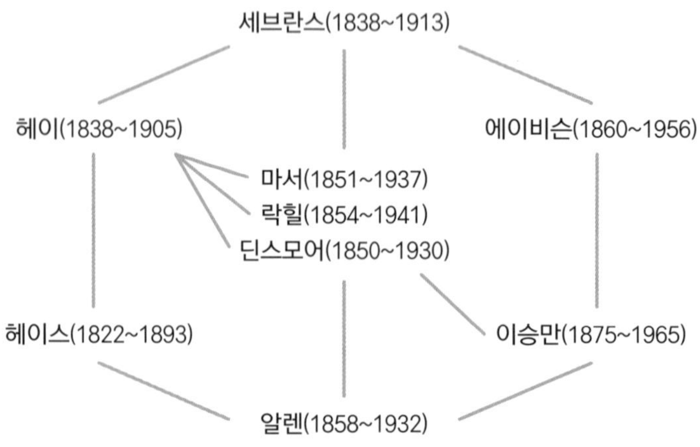

중국이 열강에 분할되는 위협을 당하여 청말의 대학자 강유위(康有爲, 1858~1927)는 이러다가 중국이 이 지구상에서 없어지는 것이 아닌가 걱정하였을 정도였다. 헤이의

정책은 동양 정세에 깊은 영향을 미쳤다. 헤이의 작은 동서 사무엘 마서는 문호개방정책 소식을 듣고 헤이 장관에게 편지를 썼다.[182)]

"정말 중국에 대한 미국의 조약을 열강들이 존중할 것을 문서로 맹약 했다는 것이 사실입니까?"

열강이 중국을 분할하는 데 대한 중국의 저항은 1900년에 의화단 사건으로 절정에 달하였다. 1899년부터 부청멸양(扶淸滅洋)의 기치 아래 산동 지역을 중심으로 일어난 의화단은 광주에서 프랑스 장교를 살해하더니 1900년 3월에 천진 일대를 장악하여 기독교도와 외국인을 습격하였다. 뉴욕 에큐메니컬 선교대회가 열리기 불과 1달 전의 일이다. 그해 6월 20일에 의화단이 독일 공사를 피살한 다음 날 21일에 청조는 열강에 대하여 선전포고를 하였다. 북경의 기독교도와 외국인들은 공사관 지역에서 55일간 농성을 하였다. 한편 만주 심양에서는 의화단이 피신하지 못한 2명의 프랑스인 사제, 2명의 수도사, 2백 명의 중국 기독교인을 살해하였다. 8월 14일 영국, 미국, 프랑스, 러시아, 독일, 오스트리아, 이탈리아, 일본 등 8개국의 연합군이 북경에 입성하여 기독교도와 외국인들을 구출하였다. 연합군은 의화단을 토벌하고 청조는 드디어 화해를 요청하여 1901년 9월에 강화조약을 체결하였다. 연합군은 북경에 주둔할 수 있게 되었고 청조는 4억 5천만 양의 배상금을 지불하지 않으면 안 되었다. 청조 세입의 5년치에 해당하는 금액이었다.

미국의 헤이 국무장관은 미국에 지불하는 배상금 가운데 절반을 중국 학생을 위해 사용하고 절반은 청화 대학(Tsinghua College)을 돕는 데 사용할 것을 제안하였다. 앞서 말했듯이 올드스톤 교회가 클리블랜드의 화교를 돌본 것이 헤이의 제안에 영향을 주었다.[183)] 세브란스의 외동딸 엘리자베스 세브란스 알렌이 1911년 중국을 여행할 때 배상금으로 설립한 대학을 방문하여 기록으로 남겼다.[184)]

[1911년] 5월 31일, 수요일. … 배상금 학교의 오 알 볼트 박사 부부와 저녁을 하였다.

6월 2일, 금요일. 전략. [북경]시내로 돌아오는 길에 배상금 학교를 방문하였다. 엄청나게 커다란 건물이 올라가고 있었다. 수백만 달러의 기금에서 지불되고 있었다. 미국대학에 보내는 예비학교와 고등학교이다. 5년 동안 매년 100명의 학생을 보낼 것이고 그 후 30년 동안에는 매년 50명의 학생을 보낼 것이다. 교사의 계약기간은 3년이다.

미국의 영향을 받아 다른 나라들도 뒤따랐다. 영국은 1천 1백만 파운드를 양국의 이익을 위해서 사용할 것을 결정하였고, 프랑스는 중국에 프랑스 산업은행을 설립하고 중국의 프랑스 학교에 투자하였다. 벨기에는 1백 80만 파운드를 중국의 교육을 위하여 사용할 것이다. 일본은 자국에 유학하는 중국 학생을 돕고 청도에 있는 학교에 투자할 것을 결의하였다.[185] 의화단 사건은 열강의 중국 분할을 보고만 있던 미국과 일본이 개입하는 구실을 제공하였고 이에 미국이 들고 나온 정책이 문호개방정책이다. 일본은 문호개방정책과 다른 생각을 품고 있었는데 아시아의 문제는 아시아인의 손으로 해결한다는 소위 아시아판 먼로주의의 맹주가 되고 싶었다. 그러나 중국이 분할되지 않은 것은 헤이 장관의 개방 정책보다는 만주족의 청조가 약해지는 틈에 한족의 지방정권이 중앙정부의 명령에 복종하지 않았기 때문이다. 중앙정부는 이미 사멸해버린 것이다. 헤이 장관의 문호개방주의는 환상으로 그치는 듯했다.

1884년 클리블랜드 최초의 교회인 올드스톤 교회가 화재로 잿더미가 되었다. 세브란스의 외할버지 집에서 창립하였으며 어머니가 이어서 평생 신자가 되었다. 극장이나 식당으로 매각하고 다른 곳으로 이사 가자는 의견이 팽배했을 때 하이든 목사의 인도하에 존 헤이, 플로라 스톤 마서, 세브란스가 앞장서서 교회를 살렸다.[186] 새 건물의 설계는 유니언 클럽빌딩, 플로렌스 하크니스 기념교회를 설계한 슈바인퍼스(Charles Schweinfurth)가 맡았다.

헤이는 국무장관이 된 이후 워싱턴에서는 코네티컷 거리의 N가의 커버넌트 장로교회(Church of the Covenant)에 출석하였다.[187] 이때 커버넌트 장로교회의 담임목사는 루이스 햄린 박사(Rev. Dr. Lewis T. Hamlin)였다.[188] 주미 한국 공사 김윤정 참사관을 하워드 대학에 입학을 알선한 사람이 햄린 목사였다. 나중에 밝혀졌지만 김윤정은 일본 밀정이었다.

이승만이 감옥에서 풀려 나와 1904년 11월에 밀명을 띠고 미국으로 떠날 때 게일, 에이비슨, 언더우드, 민영환, 한규설 등 18명의 선교사와 정부고관이 미국의 "유력한 기독교 지도자들" 앞으로 추천서를 써주었는데 그 가운데 하나가 게일 목사가 햄린 목사에게 보내는 것이었다.[189] 미국에 도착하여 1904년 12월 16일 "베일 씨 Mr. Vail"가 사준 기차표를 들고 샌프란시스코를 출발 1904년 12월 31일 저녁 7시에 워싱턴에 도착한 이승만은 곧바로 햄린 박사에게 게일 박사의 추천서를 제시하였다.[190] 여기서 특별히 "베일 씨"가 기차표를 사주었다고 기록한 사람은 에이비슨 뿐이다. 모르는 사람이라면 40여 년이 지나 회고록을 쓰는 노인이 일부러 언급했을 이유가 희박했을 것이다. 그런데 이 "베일 씨"가 스탠더드 석유회사 초창기 감사였던 조지 아이 베일(George I. Vail)이 아니면 그의 친척이 아닌가 생각된다. 그는 올드스톤 교회의 장로였는데 일찍이 클리블랜드에서 서부로 이주해 가면서 올드스톤 교회와 스탠더드의 기록에서 사라졌다. 그는 세브란스의 친구였는데 에이비슨 박사는 속사정을 알고 있었을 것이다. 상상이 허락한다면 에이비슨과 게일이 보낸 추천서 속에 "기독교의 유력한 지도자"인 세브란스 앞으로 보내는 추천서가 포함되었을지 누가 알랴. 브라운 박사 앞으로 보낸 추천서는 있다.

다음 날 1905년 1월 1일은 일요일이었는데 커버넌트 장로교회에서 아침예배를 보고 햄린 목사 집에서 점심을 먹었다. 저녁예배에도 참석하였다. 신년예배였던 만큼 헤이 장관이 참석하지 않았을까. 그랬다면 이승만은 감옥에서 손수 작성한 세계유명인사록에 헤이 장관을 올려놓은 적이 있었던 만큼 그 기회를 지나치지 않았을 것이다. 1905년 4월 23일 부활절에 이승만은 커버넌트 장로교회에서 햄림 목사로부터 세례를 받았다.[191] 그해 2월에 이승만은 헤이 장관과 회담을 가졌다.[192] 헤이 국무장관은 말했다.

> "장로교인으로서 한국의 교회사업에 대단히 큰 흥미를 갖고 있습니다. [러일]전쟁이 일어났을 때 평안도 지방에 거주하는 미국 선교사들이 할 일을 두고 떠날 수 없다는 이유로 미국 정부의 철수 권고를 거절했다는 알렌 공사의 소식에 감격하였습니다."[193]

이 말은 헤이 장관이 한국 교회에 대하여 알고 있으며 1904년 3월 16일 자 알렌 공사의 보고서를 읽었다는 증거이다. 그는 1904년 1월 6일 서울 미국 공사관에 미군 사병 36명과 장교 4명을 서울에 급파하였을 정도로 한국 정세를 잘 알고 있었다.[194] 보고서에는 그해 2월 10일에 헤이 장관이 알렌 공사에게 내린 지시사항이 언급되어 있다. 이승만이 헤이 장관에게 말했다.

> "우리 한국 사람들은 귀하께서 중국에 대하여 하신 것과 같이 우리 한국에 대해서도 힘

써 주시기를 갈망하고 있습니다."[195]

당시 미국에 대한 한국인의 기대는 대단한 것이었다. 제1장에서 소개한 아마사 스톤 마서가 1907년 9월 2일 밤에 서울에 도착하자마자 잠자리에 들기도 전에 한국인이 방문하였다. 그는 마서를 보자마자 일본인의 부당함을 쉴 새 없이 늘어놓았다.[196]

"아무도 일본인을 좋아하지 않습니다. 내가 만난 3만 명의 유럽인들도 내게 일본인을 좋아하지 않는다고 말했습니다."

"미국은 언제쯤 일본과 전쟁을 합니까. 미국은 일본이 한국을 이렇게 못살게 구는 데 대해 더 이상 인내심을 갖지 않을 겁니다."

"언제 첫 번 미국 군대가 한국에 상륙합니까."

"한국뿐만 아니라 중국도 미국 군대의 상륙을 기다리고 있습니다."

"한국에서는 '안녕하십니까' 대신 '언제 전쟁이 납니까'가 인사입니다."

젊은 마서가 그런 움직임은 없을 거라고 말하자 그는 마서의 어깨에 기대고 흐느꼈다. 1907년에 이미 3만 명의 유럽인을 만났다는 이 사람은 대체 누구였을까. 윤치호 이외에는 생각나지 않는다. 그는 어디에서 마서가 그 시각에 서울에 도착한다는 정보를 입수하였을까. 밤중에 막 도착한 22살밖에 안 되는 미국 청년에게 실낱같은 정보에 목말라하였던 것이 당시의 절박한 사정이었을 것이다.

이승만이 일본이 필경에는 미국과 전쟁을 일으킬 것이라고 굳게 믿은 것도 시대적 조류와 무관하지 않았던 것으로 보인다. 그는 일본이 진주만을 기습공격하기 직전인 1941년에 『일본 내막기 *Japan Inside Out*』를 출판하여 일본이 미국을 상대로 전쟁을 일으킬 것을 예언하였다. 이러한 배경으로 이승만도 비슷한 기대를 하였기에 헤이 장관에게 자신의 소견을 말한 것이리라. 헤이 장관은 자신의 문호개방정책에 관한 이승만의 말이 마음에 들었는지 말했다.

"나 개인적으로도 혹은 미국 정부를 대표하는 의미에서도 기회가 있을 때마다 조약상의 의무를 이행하기 위하여 최선을 다하겠습니다."

여기서 조약이란 1882년 한국과 미국이 맺은 조미우호통상조약을 가리킨다. 1905년 7월 1일에 헤이 장관이 사망하면서 이승만의 희망도 사라졌다. 그러나 조약의 문구의 해석에서 차이가 있을 수 있다. 제삼국으로부터 한쪽이 위협을 받을 때 다른 쪽에 통고를 하면 도와준다는 조건인데 한국은 이미 일본의 보호국이 되어 미국에 통고할 수 없는 상태였다.[197] 이보다 앞서 1899년 고종 황제는 한국이 보전할 수 있도록 미국이 조치를 취해줄 것을 요청하였다. 그러나 매킨리 대통령과 헤이 장관은 알렌 공사에게 부정적인 지시를 보낸 바 있다.[198] 조약상에 책임 있는 정부라고 보지 않은 것이다. 그러니 이것을 하나의 외교적 수사에 불과하다고 볼 수밖에 없는 것은 이승만과의 면담 내용과는 달리 헤이 장관이 면담 직전인 1904년 11월 17일과 면담 직후인 1905년 3월 11일부로 알렌 공사에게 보낸 서한을 보면 알 수 있다.

> "본관은 어째서 한국이 이곳[미국]에 공사관을 유지하고 있는지 상상할 수 없다. 이것은 그들에게 전혀 쓸데없는 일이다."[199]

1904년 11월 17일이라면 세브란스 기념병원이 개원한 다음 날이고 알렌 공사가 그것을 보고하기 4일 전이다. 이 무렵 러일전쟁의 강화를 주선하려는 루즈벨트 대통령의 지시에 따라서 헤이 장관은 카니시(Canissi) 러시아 대사와 다카히라 고고로(高平小五郎) 일본 공사를 매일 만나고 있었다. 그들은 아예 국무장관실에서 상주하다시피 하였다.[200]

그런 줄을 알 길이 없는 이승만은 헤이 장관을 만나서 커다란 희망을 품고 그해(1905) 7월 시어도어 루즈벨트 대통령을 만나서 1882년 조미우호통상조약을 미국이 존중해 주기를 환기시키며 청원서를 제출하려 하였다. 그러자 루즈벨트 역시 조약이 명기한 대로 그것을 정부를 통하여 공식적으로 제출하라고 말했다. 이때 워싱턴의 한국 공사관의 참사관에서 공사가 된 김윤정은 일본에게 매수되어 제출할 것을 거부하여 사명이 수포로 돌아갔다. 이승만은 커버넌트 교회의 햄린 목사에게 도움을 요청하였다. 햄린 목사는 조미우호통상조약이라는 것이 형식적인 것에 지나지 않는다고 말하고 지금 미국 정부는 일본에 우호적이라고 지적하였다. 이승만은 국가 사이의 조약이란 것이 힘이 없을 때에는 믿을 것이 되지 못한다는 것을 깨달았다. 알렌 공사에게 보내는 헤이의 서한이 바로 그 증거였다. 헤이의 말대로 한국 공사관은 이미 쓸모가 없어진 것이다.

시어도어 루즈벨트의 태도 역시 마찬가지였다. 그가 러일전쟁의 강화조약을 주선할 때 주전파였던 카니시 주미 러시아 대사는 강화조약을 거절하였다. 한 치의 러시아 땅도 빼앗기지 않았고 만주에 병력을 다시 보내고 있으므로 장기전으로 돌입하면 승산이 있다고 본 것이다. 국력이 바닥이 난 일본은 장기전을 피하고 싶었다. 루즈벨트는 일본 특사 가네코 겐타로(金子堅太郎)를 몰래 불러 사할린을 점령할 것을 훈수하였고 이에 일본은 사할린을 점령하였다. 가네코 특사와 루즈벨트 대통령은 하버드 대학 동기생으로 친했다.[201] 루즈벨트는 이미 친일정책으로 크게 기울어져 있었는데 그 이유는 사할린 점령 이틀 전 태프트–가쓰라 비밀협약을 맺어 일본의 한반도에 대한 우선권을 인정하는 대신 미국의 필리핀에 대한 우선권을 인정받기 위함이었다. 포츠머스 조약에서 한국의 운명은 정해졌다. 태프트–가쓰라 비밀협약이 데네트 교수(Professor Tyler Dennett)에 의해 『최신 역사 잡지 *Current History Magazine*』 1924년 10월호에 공개되었으니 당시에 아무도 밀약을 몰랐다.[202] 데네트 교수는 존 헤이의 전기를 쓴 사람이다. 러일전쟁을 강화조약으로 이끌어낸 업적으로 루즈벨트는 1906년에 노벨 평화상을 받았다. 실망한 이승만은 햄린 목사의 소개로 조지 워싱턴 대학 총장 찰스 니드햄 박사를 만나고 입학을 허가받아 교육의 길로 들어섰다.

당시 한국 사람 사이에서 태프트가 한국에 대하여 동정적이라고 알려져 있었다. 그러나 미국이 최대의 관심을 가진 것은 한국의 처지가 아니라 아시아로 남하하는 러시아 세력의 저지였다. 러시아는 1896년 이래로 만주에 철도를 건설하고 의화단 사건을 빙자하여 만주에서 진주한 후 사건이 끝난 다음에도 약속대로 철수하지 않고 계속 주둔하며 이 지역에 대한 야심을 노골적으로 드러내었다. 러시아의 만주 장악은 중국 장악으로 발전할 것이고 이것은 문호개방정책에 위배되는 것이었다. 미국이 생각하기에는 일본만이 이 지역에서 러시아의 진출을 막을 수 있는 세력이라고 보고 한국의 희생을 묵인한 것이다.

시어도어 루즈벨트 대통령은 러일전쟁의 강화조약을 중재하려는 사전 포석을 세밀하게 깔아놓았다. 장차 희생을 당하게 되는 필리핀, 중국, 한국을 방문하기 위하여 전쟁장관 태프트를 단장으로 한 의회대표단을 1905년 6월에 구성하였다. 그 가운데 자신의 맏딸 앨리스 루즈벨트를 포함시켰다. 미국 적십자의 명예총재는 대통령이다. 루즈벨트는 앨리스의 수행원으로 미국 적십자 총재 메이블 보드먼 여사를 딸려 보냈다. 이 여자가 세브란스의 은행장이었으며 웨스턴 리저브 대학의 이사인 윌리엄 보드먼의 딸이며

AMERICAN LEGATION,
SEOUL, KOREA.

The programme of reception for Miss Alice Roosevelt.

Arrived on September I9th., at 7. P. M., I905.

Audience on September 20th., at I2. M., I905.

Imperial tiffin on September 20th., at I2.30.M., I905.

Palace tiffin on September 2Ist., at I2. M. , I905.

The U. S. Legation garden party, on September 2Ist., at 5. P. M., I905.

Prince Wi-Yang's garden party at Chang-tuk palace, on September 22nd., at I2.30. M. , I905.

American missionaries reception, on September 22nd., at 3.30. P. M., I905.

Ride electric car, on September 23rd., at 4. P. M., I905.

Ride on horse back, on September 25th., at 4. P. M. , I905.

Ride on electric car to the Queen's tomb, on September 27th., at 4. P. M. , I905.

Audience for farwell, on September 28th., at I2. M., I905.

Leave on September 30th., at 7.30. A. M., I905.

출처: Straight Archives Cornell University

<자료 Ⅵ-16> 주한 미국 부영사 스트레이트가 작성한 1905년 엘리스 루즈벨트 방한 일정

1907년 한국을 방문한 아마사 스톤 마서에게 태프트와 함께 추천서를 써준 사람이다.

태프트는 시커먼 복안을 감추고 하와이에서 한국 교포들의 호소를 열심히 들어주면서 이승만과 민병구가 시어도어 루즈벨트와 만나도록 도와주는 한편, 7월 29일 도쿄에서 일본 전권대사 가쓰라와 소위 태프트-가쓰라 밀약을 하였다. 앨리스가 한국을 방문했을 때 이 밀약을 알 길이 없는 한국 사람들 역시 대통령의 딸에게 매달렸음은 물론이었다. 이들은 중국과 필리핀에서도 환대를 받았다. 태프트 장관은 이미 1901~1904년에 필리핀 총독을 지낸 경력이 있다. 대표단 속에 오하이오 출신 하원의원 니콜라스 롱워스(Nicholas Longworth)가 앨리스와 사랑에 빠져 귀국 길에 약혼을 하였다. 그는 나중에 국회의장이 되었다.

한국 주재 스트레이트 부영사가 앨리스 루즈벨트의 체한 일정을 책임 맡았다(자료 Ⅵ-16). 헤이 장관은 그해(1905) 7월 1일에 이미 사망하였지만 그의 사망 전에 출발한 대표단 속에는 헤이의 가족 가운데 일원이 들어 있었던 것으로 보인다. 스트레이트가 작성한 방한 일정에 차 마시는 모임에 헤이(Hay on the Tiffin)의 이름이 보이고 민영환(min young whan)의 이름도 보인다. 9월 22일 오후에는 미국 선교사들의 연회가 있었다. 헤이라는 이름은 9월 22일 오전 창덕궁에서 열리는 왕실 가든파티에 추가되었고 민영환은 9월 25일 승마와 27일 명성황후의 능에 참배하는 데 추가된 듯하다. 여기서 말하는 헤이는 누구였을까.

헤이의 장례식은 7월 5일 클리블랜드의 레이크 뷰 묘지에서 거행되었는데 아시아에 있는 태프트 전쟁장관을 제외한 전 각료를 데리고 루즈벨트 대통령이 참석하였다. 의장대가 도열하여 국무장관을 예우하였다. 장례식은 올드스톤 교회의 하이든 목사가 집행하였다.[203] 아마 세브란스 씨도 참석하였을 것이다. 헤이 장관의 미망인 클라라 스톤은 그 후 1908년 가필드 대통령의 아들과 재혼하였고 그녀의 유일한 여동생 플로라 스톤 마서가 1909년에 죽자 클리블랜드를 떠났다. 그녀는 동생과 달리 자선에 별로 관심이 없었던 것으로 보인다.

한국 주재 미국 공사관이 문을 닫은 때는 1905년 11월 28일인데 모건 공사와 스트레이트 부공사는 다음 부임지인 쿠바의 하바나로 떠났다. 그곳에서 신혼여행을 보내는 앨리스 부부를 다시 만났다. 스트레이트 부영사는 앨리스의 체한 일정을 훌륭하게 마무리하여 이에 만족한 대통령의 총애를 받아 외교관의 길로 들어섰고 헤이 국무장관 딸의 시누이와 결혼하게 되었다. 그는 대표단을 수행하였던 철도왕 해밀턴과 사귀어 사업에서도 성공하였다. 스트레이트가 한국을 떠나기 전인 11월 17일 을사조약을 성사시킨 이토 히로부미는 의기양양하게 11월 25일에 서울의 일본군 사령부에서 축하연회를 개최하였다. 각국 외교관에게 초청장을 보냈다. 스트레이

Marquis Ito
requests the pleasure of
Monsieur W. D. Straight's
Company at an afternoon party on
Saturday, November 25th, 1905, at
half-past twelve o'clock (Tokio time) at
the Army Headquarters (Gunshireibu).

출처: Straight Archives Cornell University

<자료 Ⅵ-17> 1905년 11월 25일 이토 히로부미가 보낸 연회의 초청장

트도 받았다(자료 Ⅵ-17). 사령부에는 조약에 저항하여 시위했던 한국인들이 붙잡혀 온 상태였다.[204] 그 전인 11월 9일에 보호조약을 성사시키기 위하여 내한한[205] 이토 히로부미가 고종 황제에게 바치는 일본 국왕의 신임장은 위협과 회유로 얼룩졌다(자료 Ⅵ-18).[206]

[1705]
[Nov 7]

The Letter of Credence from the Emperor of Japan, presented by His Special Ambassador Marquis Ito, to the Emperor of Korea.

x-x-x-x-xxx-x-x-x-x-x-x-x-x-x-x-x-x-x

Between the time of my declaration of war against Russia, a war fought for the preservation of my Empire and for the maintainance of the peace of the Far East, and the signing of the Treaty of Peace a period of twenty months elapsed. During these hostilities Your Majesty and ther citizens and subjects of Korea have been one in your sympathies, in your joy and your sorrow with myself and the citizens and subjects of Japan.

I have therefore, especially dispatched to Your Majesty Marquis Hirabumi Ito, President of the Privy Council, to report to Your Majesty the glorious restoration of peace, and to express to Your Majesty my sincere wish that both Korea and Japan shall prosper and that the relations between the two countries shall be more intimate and the bonds of friendship more closely unite them.

It is with regret that I express to Your Majesty my belief that it has been because your Empire has [illegible] force sufficient for its self protection that the peace of the Far East has been frequently disturbed. It is for this reason that the Korean Japanese protocol was signed last year, placing in the hands of my Government the responsibility for the defence of Your Majesty's dominions. It is essential that the friendly relatuons now existing between the two Empires should be confimred and I have instructed my Government to make certain arrangements with that idea in mind. Iassure Your Majesty that the safe y of Your Majesty and of Your Majesty's Imperial House will be safeguareded by my Government.

I hope that Your Majesty will, after considering the situation in World politices and the welfare of your country and your people accept my good advice.

I wish Your Majesty and your Imperial Family good health.

출처: Straight Archives Cornell University

〈자료 Ⅵ-18〉 1905년 이토 히로부미가 고종 황제에게 바치는 일본천왕의 신임장의 영문

이승만이 특사로 석방된 것이 1904년 8월 7일인데 10월 15일부터 상동교회의 상동청년회관의 교장에 임명되었다. 그가 밀사의 자격으로 미국으로 떠난 것은 1904년 11월 5일이다. 다음날 새벽 서울에는 첫눈이 내렸다.[207] 이 사이 1904년 9월 23일에 세브란스 기념병원이 준공되었다. 이승만이 세브란스 병원의 준공식에 참석 여부는 모르겠으나 초대받았을 가능성이 크다. 이 가능성은 추측할 수밖에 없는데 그가 출옥한 8월 7일부터 교장이 된 10월 15일 사이의 그의 행적이 구체적이지 못하였기 때문이다. 그 추측은 다음에 기반을 둔다. 이승만은 투옥되기 전부터 일요일마다 (구)제중원에 가서 에이비슨에게 영어 연습을 하며 시국을 토론하였다. 당시에는 새 병원이 건축되기 전이었다. 석방되고서도 일요일마다 에이비슨을 찾지 않을 이유가 없다. 그 밖에도 첫째, 이승만은 1904년 11월 5일 서울을 떠나기 전에 고종 황제가 궁궐로 초청할 정도로 주요인사가 되었다.[208] 둘째, 부산에서 출국하기 전에 경상감사와 점심을 나눌 정도로 전국적인 인물이 되었다.[209] 셋째, 이승만은 출옥 후 윤치호를 비롯하여 많은 사람을 만나며 매우 바쁘게 지냈다.[210] 그 가운데 자신의 출옥을 위해서 애쓴 선교사들을 방문했다니[211] 그들 가운데 에이비

슨 박사를 빼놓았을 리 없었을 것이고 세브란스 기념병원 준공에 초대받았을 확률이 높다. 넷째, 준공식의 초청 인사의 기록은 없지만 1908년 제1회 졸업식의 초청 인사를 보면 실로 방대하다는 사실을 확인할 수 있다. 정부 고위관리와 대부분의 외국인들은 물론 서울과 인근의 한국 인사들 1천 명을 초청하였다니 당시 30만 서울 인구를 생각하면 대단한 성황이었다. 준공식도 한국 역사 초유의 일이었으니 이에 버금 같을 것이고 당대 선교사들 사이에서 촉망받던 이승만이 초대되었을 가능성은 높다. 다섯째, 이승만의 수형 생활을 도와주고 프린스턴 대학원의 입학을 알선한 어네스트 홀(Ernest F. Hall) 목사는 1917년에 세브란스 의학대학을 돕는 해외선교이사회의 총무이사가 되었는데 이때 세브란스 씨의 아들 존 롱 세브란스가 재무이사였다.[212] 이승만은 1908년 1월 1일 홀 박사를 도와 한국 선전을 위한 모금을 하였다고 일기에 적었다.

Sunday. Betheny Presbyterian Church, Phila. with three Princeton men and Mr. E. F. Hall raising money for Korea.

홀 목사가 세브란스 의학대학과 이 같은 특별한 관계를 맺을 정도였으면 그가 한국에 체류했던 1903~1908년 사이에 중요한 행사였던 준공식에 초대받았을 것이고 이승만도 당연히 초대받을 것이다. 여섯째, 감옥에 있으면서 그는 신학문 교육의 중요성을 크게 깨달았고 그것은 평생 변하지 않았다.[213] 신학문 가운데에서도 자신이 감옥에서 겪었던 콜레라의 무서움과 그의 퇴치를 도와준 에이비슨 박사의 의료교육에 대해서 각별한 관심을 가졌을 것이다. 일곱째, 그가 열 살 때 천연두에 걸려 실명했을 때 제중원에서 치료를 받고 눈을 떴고, 커서 제중원의 여의사 화이팅 박사에게 한국어를 가르쳤다. 스스로 누구보다 세브란스 병원과 인연이 깊다고 자부했을 것이다. 앞서 인용한 이승만의 1913년의 글에 다음이 눈에 띈다.

"… 의학교가 1이오 간호부 학교가 1이오"

여기서 의학교가 1이고 간호부 학교가 1라고 한 것은 세브란스 의학대학과 세브란스 간호사양성소를 가리키는 만큼 이승만은 세브란스 병원을 알고 있었다. 앞서 밝혔듯이 이승만의 상투를 잘라준 사람이 에이비슨 박사였고 나이 차이에도 불구하고 둘은 친구 사이였다. 에이비슨은 1901년 11월에 이승만의 석방을 위한 탄원서에 서명한 5명의 서양인 가운데 하나였다. 1908년 이승만이 프린스턴 대학원에 박사과정을 두들길 때 그의 수입원은 연설이었는데 마침 두 번째 안식년으로 미국에 왔던 에이비슨 박사와 연설장에서 만났다. 한국 선전에 에이비슨, 언더우드, 헐버트, 이승만이 함께 미국 전역을 순회강연하였다.[214] 앞서 밝혔듯이 이승만은 자신의 일기를 에이비슨에 맡겼다. 일곱째, 러들로 교수가 은퇴한 후 1939년에 이승만은 그를 신축한 하와이 한인교회에 초대를 하였다. 두 사람은 동갑이었는데 교우가 된 것은 세브란스 병원 덕택이다.[215]

이승만은 에이비슨-세브란스의 관계는 알고 있었겠지만 세브란스-스톤-헤이의 관계를 알고 있었는지 궁금하다. 모두 클리블랜드의 유니언 클럽(The Union Club)의 회원이었으며 억만장자의 거리에 살았다. 헤이는 세브란스 씨와 함께 웨스턴 리저브 대학의 이사였으며 올드스톤 교회의 교인이었다. 1892년 존 헤이는 작은 동서 사무엘 마서(Samuel Mather)와 함께 웨스턴 리저브 대학 총장의 관저를 기부하였다.[216] 1905년에 헤이 장관이 갑자기 세상을 떠나자 그의 부인은 1911년에 아버지를 기념하는 아마사 스톤 기념교회(Amasa Stone Memorial Chapel)를 세브란스 홀의 맞은편에 세웠다.[217] 새로 출범하는 여자대학에 세브란스가 대학교회를 기부할 때 존 헤이도 3천 달러를 기부하였고 그의 장모는 5천 달러를 기부하였다. 세브란스-스톤-헤이의 관계를 이승만이 알고 있지 않았을까를 추측할 수 있는 것은 이승만의 친구 에이비슨 박사를 통해 알고 있지 않았을까 하는 정도이다. 호레이스 알렌 공사는 1897~1905년 동안 헤이 장관 앞으로 자주 공문서를 보냈으니 그는 한국 사정을 훤히 알고 있었다. 공문서 가운데에는 세브란스 기념병원의 1902년 정초식과 1904년 준공식에 관한 것도 있었고 이 문서에 클리블랜드의 세브란스 씨의 이름을 특별히 명기하였다. 거꾸로 이승만과 헤이 장관의 회견의 내용은 외교행랑을 통해서 민영환에게 보내어 한국 내에도 알려졌다.[218] 앞서 인용한 아마사 스톤 마서의 일기에는 "클라라 이모와 굉장히 친한 락힐 공사가 자신의 중국 체류를 도와주고 있다"고 기록하였다. 클라라 이모란 헤이 장관의 부인이고 락힐은 중국 대사로 가기 전에 한국 공사를 지낸 적이 있는 당시로서는 드문 친한파였다. 그는 한국 공사 다음에 헤이 장관의 고문이 되었는데 그를 통해서 헤이는 한국 사정을 익히 알았을 것이다. 세브란스 씨는 평소에 존 헤이를 통하여 한국의 장로교 선교 사정을 잘 알고 있었을 것이다.[219]

헐버트

이승만의 사명이 실패한 후에도 고종은 밀사를 보낸다. 1905년 가을에 헐버트(Homer B. Hulbert, 1863~1949, 한국표기 訖法)가 뽑혔다. 헐버트(자료 Ⅵ-19)가 1942년에 처음 밝히는 내용은 이렇다.[220] 헐버트는 민영환에게 조미우호통상조약을 다시 이용할 것을 제 의하였다. 이왕 이렇게까지 된 것 한번 배짱이라도 부려서 미국이 어떻게 나오는지 보자는 것이었다. 헐버트는 자문하였다. 국가 간의 조약을 맺을 때에는 의회의 동의를 얻는데 파기할 때에는 행정부의 독단이 좌우하다니! 행정부의 변명은? 한국이 스스로를 위해서 싸우지 않는데 미국이 싸울 이유가 무엇이냐. 그렇다면 3천 곳에서 봉기한 의병은 대체 무슨 존재란 말인가.[221]

알렌 공사는 방금 전에 해임되어 출국한 뒤라 믿을 사람이 없었다. 그러자 민영환이 제안자 헐버트를 천거하였다. 고종의 신임장과 밀서를 미국 공사관 외교행랑에 넣어 보내고 동시에 헐버트가 출국하였다. 이 일을 대행해주면서 신임 미국 공사 모건은 "나는 당신을 본 적이 없습니다"라고 시치미를 뗐다. 이 광경을 부공사 윌러드 스트레이트(Willard Straight)가 목격하였다.[222] 헐버트가 워싱턴에 도착한 지 30분 뒤에 일본은 을사조약을 강행하였다.[223] 밀서는 너무 늦었고 접수되지 않았다. 고종은 마지막으로 1907년에 이준, 이상설, 이위종을 헤이그 밀사로 보내고 별도로 헐버트도 보냈지만 이 역시 실패하였고 강제로 퇴위

출처: 연세대학교/ 유영익 『이승만의 삶과 꿈』 1997

〈자료 Ⅵ-19〉 청년 호머 헐버트 / 노년의 호머 헐버트(오른쪽에서 두 번째)와 이승만

당하였다. 헐버트는 그 후 상원 외교위원회에 제출한 성명서에서 다음 글을 남겼다.[224)]

"나는 [시어도어 루즈벨트] 대통령이 친서를 열렬히 환영할 것으로 추측하였기 때문에 친서를 접수하지 않는다는 회답은 실로 청천벽력이었다. 여러 가지로 이유를 생각해보았으나 전혀 이해할 수가 없었다. 내가 친서를 가지고 국무성을 방문했을 때 그들은 바빠서 만나 줄 수 없다는 것이었다. 나는 그 순간 한국이 사경에 직면하여 고민하고 있다는 것을 상기하고, 한미 양국은 수호[통상우호]조약의 약속이 있는 것과 양국의 공사관이 서울과 워싱턴에 주재하고 있다는 사실을 생각해 달라고 말했다."

"얼마 후 나는 이런 조치가 단순한 부주의에 의한 것이 아니라고 깨달았다. 황제 친서의 거부는 분명히 미리 계획된 것으로 여겨졌다. 다른 이유는 있을 수 없었다. 국무성 당국자로부터 내일 오라는 말을 듣고 이튿날 다시 찾아갔으나 역시 바쁘니 내일 오라고 거절당했다."

"나는 백악관으로 달려가 면회를 청하였다. 그러자 비서가 나와서 단도직입적으로 그 친서의 내용은 이미 다 알고 있으니 국무성에 가서 적당히 해보라는 것이었다."

"나는 또 이튿날을 기다려야 했다. 그러나 내가 면회 허가를 받은 전날, 행정부는 한국 조정과 백성은 일본 정치에 대하여 만족하고 있다는 일본 측의 일방적인 성명서를 접수하였다. 황제의 친서가 아직 행정부에 전달되지는 않았으나 그 내용은 이미 행정부가 충분히 알고 있는 처지였다. 그리고 주한 공사관에는 이미 철수 명령을 타전하고 한국 조정과는 일체의 통신연락을 두절하여 버렸다. 이러한 일이 벌어진 뒤에야 비로소 나에게 면회가 허가되었던 것이다."

한국의 독립을 위해 자신의 일처럼 애썼으며 "한국의 친구"라는 별명을 가진 헐버트 박사는 누구이며 특히 세브란스 장로와 어떤 사이인가. 그가 고종의 밀사로서 떠나기 전 자신의 집 앞에서 갓난아기를 발견하였다. 한국인 집사에게 영문을 물어보니 방금 어떤 부인이 아기를 방금 놓고 갔다면서 방향을 가리켰다. 그 여인은 뛰어가고 있었다. "왜 풀 밭 위에 놓고 가느냐." "자식이 셋인데 남편이 죽고 집이 불타서 갓난아기를 돌볼 수 없어서 그랬답니다." "왜 우리 집이냐." "한국의 친구라서랍니다." 헐버트 박사는 눈물이 나는 것을 참을 수 없었다. 그 후 이 아기의 소식에 대해서는 알려진 바가 없다. 헐버트 박사가 이 이야기를 1942년에 공개하는 것으로 보아서 미국으로 데리고 간

듯하다. 앞서 보았듯 이 그가 수집한 금속활자 53개가 뉴욕의 자연사 박물관에 소장되어 있으며 그는 그것이 1406년에 세계 최초로 만들어진 금속활자라고 선전하였다. 아무튼 그는 "한국의 친구"로 널리 알려졌다고 생각된다.

그의 외할아버지 헨리 우드워드 목사(Rev. Henry Woodward)는 프린스턴 신학교에서 1820년에 세일론에 파송한 최초의 선교사였다. 그가 인도에서 선교활동을 할 때 또 한 명의 선교사가 부임해 왔다. 얼마 되지 않아 사망하자 과부가 된 그의 젊은 부인은 홀로 된 부인의 체류를 허락하지 않는 동인도회사의 법률에 따라 출국하지 않으면 안 되는 딱한 처지가 되었다. 미혼이었던 우드워드 목사가 그녀와 결혼하였으니 그들 사이에서 출생한 딸이 헐버트의 어머니 메리 우드워드(Mary Woodward)이다. 그녀의 증조할아버지 엘리자 윌록(Eleazar Wheelock)이 다트모스 대학의 창설자이다.

메리 우드워드가 장성하여 미들버리 대학(Middlebury College)의 총장인 칼빈 버틀러 헐버트(Calvin Butler Hulbert) 성결교 목사와 결혼하였으니 이래서 다트모스는 헐버트 집안의 대학이 되었다. 그들은 세 아들을 두었는데 둘째 아들이 호머 헐버트 박사이다. 그의 형 헨리 우드워드 헐버트 목사(Rev. Henry Woodward Hulbert, 1857~?)가 1897년에 히람 하이든 목사의 클리블랜드 올드스톤 교회의 부목사가 되면서 세브란스와 아는 사이가 되었다.

헐버트 목사는 일찍이 아버지가 학장으로 있는 미들버리 대학을 거쳐서 유니언 신학원을 1885년에 졸업하였다. 졸업 즉시 베이루트에 있는 시리아 신학대학(Syrian Protestant College)으로 가서 1888년까지 가르쳤다. 그 후 아버지가 총장으로 있는 매리에타 대학(Marietta College)에서 가르치다가 1889년에 장로교 목사 안수를 받았다. 그 후 인도 벤굴(vengurle) 신학대학에서 교회사를 가르쳤다. 이곳은 클리블랜드의 올드스톤 교회가 선교사를 파견한 곳이며 플로라 스톤 마서가 지원하였다. 그녀를 따르는 세브란스의 두 번째 부인 플로렌스 하크니스도 지원하였다. 헐버트 목사는 1897~1902년까지 올드스톤 교회의 부목사로서 히람 하이든 목사를 도왔는데 그가 1902년에 은퇴하자 그를 따라 그만두고 다른 교회로 옮겼다. 그의 재임 기간 가운데 1897~1900년은 세브란스 장로가 병원 기부 장소를 물색하고 있던 기간이었다.

그는 동생 호머 헐버트의 영향을 받아서 동양에 대하여 이해가 깊었는데 특히 중국 화교가 올드스톤 교회에서 예배보는 것을 적극 지원하였다. 그 전에는 교회 밖에서 중국인들을 도왔다. 그러나 화교들을 교회 내로 끌고 들어와 성경과 영어를 가르치기 시작한 것은 헐버트 목사가 처음이었다.[225] 그가 이 일을 시작할 때 클리블랜드의 중국인 인구는 100명이었다. 남북전쟁 후 철도건설 등으로 미국인들은 값싼 노동력의 중국인들을 데려왔지만 여자는 거절하였다. 인간 이하의 멸시 속에서 중국인들은 직장을 구할 수 없었고, 구한다 해도 노동조합에 가입할 수 없었다. 세탁소를 차리려 해도 아무도 그들에게 세탁기계를 팔지 않았다. 올드스톤 교회에서 세탁기를 사다가 그들에게 되팔아서 그들을 도왔다.[226]

출처: Courtesy of the Old Stone Church

〈자료 Ⅵ-20〉 장개석의 부인 송미령이 올드스톤 교회에 보내온 공로패

1900년 의화단 난으로 중국이 항복을 하고 연합국에게 지불한 배상금을 미국이 중국 유학생을 위해 사용한 결정을 올드스톤 교회의 신자 존 헤이 국무장관이 내렸다 함은 앞서 밝혔는데 그 배경에는 헤이 장관의 처제 플로라 스톤 마서가 있었고 헐버트 목사가 있었다. 그는 올드스톤 교회를 1902년에 떠났지만 그 후에도 그가 시작한 중국인에 대한 성경 공부와 영어교육은 계속되었다. 1911년 신해혁명이 성공하자 손문 대통령이 올드스톤을 방문하여 감사를 표하였고[227] 장개석 부인 송미령 여사도 중국 후원에 대한 공로패를 보내왔는데 〈자료 Ⅵ-20〉에 그녀의 서명이 보인다.

인종차별이 심한 19세기 말에 헐버트 목사가 클리블랜드에서 이 같은 일을 할 수 있었던 것은 가족들이 모두 아시아에서 선교사업을 하고 있었으며 특히 동생 호머 헐버트 박사가 한국에서 일하고 있었던 것과 무관하지 않았을 것이다. 그 밖에 올드스톤 교회는 인도, 중국, 버마, 세일론 등 동양 각처에 선교사를 파송하였는데 한국에도 마우리 박사를 보낸 것은 그의 일환이었다. 동양에 대한 이해가 남달랐다.

헐버트 목사와 함께 올드스톤 교회를 떠난 하이든 목사는 오래 전부터 사임을 원했다. 너무 늙었다고 생각했기 때문이다. 그러나 그의 공적을 인정한 올드스톤 교회는 사직서를 접수하지 않았다. 그에게 6개월 유럽 유급휴가를 제의하였지만 하이든 목사는 다시 한번 사직을 원했다. 이때 헐버트 목사도 함께 사직서를 제출하였다. 올드스톤 교회와 여기에서 파생된 볼턴 교회가 합동으로 마지막 집회를 열었다. 그에게 후한 전별금이 전달되었는데 이러한 것은 앞서 지적한 대로 클리블랜드 장로교 연합회에서 결정하는 것이었고 그 회장은 다름 아닌 세브란스 장로였다(제3장 참조).

헐버트 목사에게는 4명의 아들과 2명의 딸이 있었는데 큰딸은 세브란스가 대학교회를 기증한 웨스턴 리저브의 여자대학을 졸업하고 유니언 신학원에서 공부를 마친 후 터키의 콘스탄티노플 여자대학에서 가르쳤다. 작은딸은 베이루트로 떠났다. 아들 하나는 다트모스 대학을 졸업하고 유니언 신학원을 거쳐 콘스탄티노플 대학에서 가르쳤다. 또 하나의 아들은 베이루트의 신학대학에서 가르쳤다. 이처럼 모든 자녀가 해외 선교사가 되었다. 회교가 성한 베이루트는 미국의 주요 선교지로서 1867년 성지순례를 떠난 세브란스의 형 내외가 이곳을 방문하였다 함은 이미 설명하였다.

헨리 우드워드 헐버트가 유니언 신학원 4학년일 때 그의 동생 호머 헐버트도 다트모스 대학을 졸업하고 유니언 신학원으로 진학하여 2학년이었다. 그해에 고종 임금이 육영공원(育英公院, Royal English School)을 설립하고 미국 국무성에 3명의 영어교사를 부탁하였다. 마침 국무성의 교육관계 담당자 이튼 장군(General Eaton)이 헐버트의 아버지와 다트모스 대학 동기생이라서 헐버트의 아버지에게 의뢰를 보냈다.[228] 이때가 1884년이었다. 아버지는 큰아들 헨리와 둘째 아들 호머에게 기회를 주었다. 막내아들 아처는 아직 어려서 자격이 미달이었다. 헨리는 졸업반이라 거절하고 호머가 기회를 잡았다. 이때 호머는 다트모스 대학에 재학 중이던 1883년 마침 대학을 방문한 도포입고 갓 쓴 한국 사절단(민영익 보빙사 일행)과 마주친 것을 상기한 것이다. 1885년 호머는 유니언 신학원의 친구 다젤 벙커(Dalzell Adelbert Bunker, 1863~1938, 한국표기 房巨)와 상의하여 조지 길모어(George William Gilmore)와 함께 셋이서 한국의 부름에 응하기로 결심하였다. 벙커 목사는 한국에 와서 헐버트의 뒤를 이어 동대문교회 담임목사가 되며 이승만의 배재학당 스승이 되고 감리교 의료선교사이며 정신여학교 초대교장을 지낸 엘러즈 박사와 결혼하는데, 세브란스의 외아들 존과 오벌린 대학 동창생이었음은 앞서 말했다.

고종의 아관파천이 일어났을 때 헐버트 박사와 벙커 박사가 종로를 함께 걷고 있었다. 그때 사오천 명의 군중이 모여들었다. 엄청난 함성과 함께 동쪽으로 몰려가더니 다시 서쪽으로 몰려갔다. 궁금했던 헐버트와 벙커는 가운데로 뚫고 들어갔다. 그때 그들의 눈에는 어제의 총리대신 김홍집의 시체가 나뒹굴고 있었다. 성난 군중들이 흡사 "고양이가 죽은 쥐를 갖고 노는 것 같았다."라고 헐버트는 적고 있다.[229] 수분 후에 지나가던 일본인이 성난 군중에게 맞아죽었다. 전해지기로는 군중에 둘러싸였을 때 동료 대신이 겁에 질리자 김홍집 대신이 "대감, 여기가 우리가 죽을 자리요. 전하를 아라사[러시아] 공관으로 가게 한 책임을 져야 하지 않겠소"라고 의연히 죽음을 맞이했다고 한다.

육영공원에서 1886년부터 가르치는 한편 1887~1890년까지 제중원에서 영어를 가르쳤다. 육영공원이 재정난으로 문을 닫자 1891년 미국으로 귀향한 헐버트 박사는 오하이오주 제인스빌(Zanesville, Ohio, 위치는 자료 Ⅱ-3을 참조)의 퍼트넘 사관학교(Putnam Military Academy)의 교수가 되었다. 제인스빌은 클리블랜드에서 아주 가까운 외곽 마을이다(위치는 자료 Ⅱ-3을 참조). 이 학교의 교장은 친척인 제이 헐버트(J. M. Hulbert) 목사였다. 목사가 사관학교 교장이라니! 그러나 언더우드 목사도 17세의 아들 언더우드 Ⅱ세(元漢慶)를 1907년에 뉴저지주에 있는 보든타운 군사학교(Bordentown Military Institute)에 입학시켰으니 그리 놀랄 일도 아니다. 헐버트 박사는 제인스빌에서 성결교회를 찾지 못해 제일장로교회의 등록신자가 되었다. 그는 헐버트 가문이 교육에 종사해온 전통에 따라 이곳에 정착할 듯이 보였다. 그러나 한국에서 다시 부르는 소리가 너무 강력하였다. 성결교 선교단체인 회중교회 해외 선교본부(ABCFM)에 한국 선교를 의뢰하였으나 계획이 없다는 답변에 감리교 선교를 생각하게 되었다. 하이든 목사가 한때 미국 해외 선교 본부 총무를 지냈다 함은 앞서 소개하였다.

그는 1893년 감리교의 삼문출판사(三文出版社, Trilingual Press)의 책임자로 다시 한국으로 왔다. 그를 위해서 그는 장로교에서 감리교로 이적하였으니 에이비슨과 반대로 교적을 옮긴 셈이다. 아버지는 성결교 목사였고 형은 장로교 목사였으며 자신은 감리교로 이적하였으니 이들에게 교파는 그렇게 중요한 문제가 아니었다. 그 과정에서 배재학당의 아펜젤러가 적극 도왔다. 다시 내한한 헐버트 박사는 고종의 부탁으로 한성사범학교를 설립하고 교장으로 교육에 힘쓰는 한편 동대문교회의 제2대 담임목사가 되었다.

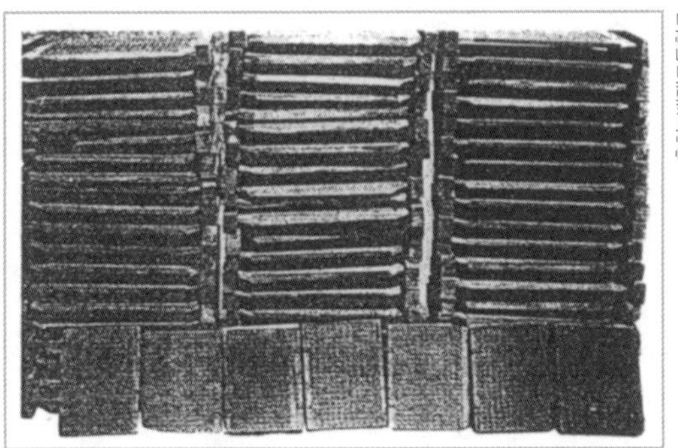
출처: 배재고등학교

〈자료 Ⅵ-21〉 삼문출판사 목각판

1896년에는 서재필 박사가 독립신문을 창간하자 헐버트 박사가 이를 돕게 되자 동대문교회는 그의 친구 벙커 목사가 제3대 담임목사가 되었다. 서재필 박사가 국문판을, 헐버트 박사는 영문판을 맡았다.[230] 1년 뒤 1897년에 그의 형이 클리블랜드의 올드스톤교회에 부목사로 임명되었을 때 헐버트 박사는 동생 아처(Archer B. Hulbert, 1873~?)를 한국으로 불렀다. 둘이서 함께 독립신문에서 2년간 일하면서[231] 특히 아처는 형이 만든 『사민필지』의 개정 작업에도 동참하였다. 헐버트의 책은 당시 중학교에서 사용하였다.

삼 형제 가운데 두 명이 한국에서 일하였으니 해외선교의 중심지인 올드스톤 교회에서 모르는 사람이 없게 되었다. 거의 같은 시기에 세브란스는 병원을 기증할 것을 기도 중이었는데 히람 하이든 목사와 절친한 친구였으니 헐버트 목사와도 친구가 된 것은 자연스런 일이다. 헐버트 목사는 하이든 목사를 너무 좋아하여 그가 1902년 은퇴하자 자신이 담임목사가 될 기회가 되었는데도 함께 그만두었다. 앞서 말한 바와 같이 헐버트 목사는 애초에 동생 호머와 함께 한국에 갈 기회가 있었는데 유니언 신학원 졸업을 목전에 두어 동생만 홀로 보냈던 만큼 한국에 대하여 잘 알고 있었다. 홀로 떠나는 동생이 그때까지 출판된 한국에 관한 문헌을 집중적으로 읽는 것을 보았다. 동생이 한국 관계 책을 많이 썼고 『사민필지』를 필두로 학생들을 위한 교재도 많이 출판하였다. 그는 퍼트넘 사관학교에 교수로 근무하는 기간에도 한국에 돌아갈 때를 대비하여 출판 관계 업무 습득을 게을리하지 않았다.

헐버트 박사의 경영하에 삼문출판사는 대성공이었다. 각종 선교잡지, 선교전단지, 선교학교 교과서, 독립신문이 이 출판사에서 인쇄되었다. 1899~1900년도에 1천1백만 페이지를 인쇄하였다.[232] 이 출판사는 감리교출판사로 개명하고 한국 내의 모든 출판물을 독점적으로 출판하였다. 언더우드 부인은 1894년 5월 28일 자 편지로 뉴욕 선교본부에 보고하였다.[233]

> "몇 주 전에 대규모의 과거(科擧)가 열렸습니다. 수백 명의 시골 사람들이 서울에 왔습니다. 언더우드는 재빨리 착상을 해서 세 가지 전도지와 두 권의 소책자를 이틀 만에 출판했는데 (헐버트가 밤 새워 인쇄했습니다.) 3,000권의 소책자가 즉시 처분되었습니다. 언더우드는 직접 약 1,000매의 전도지를 반포했습니다. 만일 선교회 위원회의 결정을 기다려야 했다면 이는 불가능했을 것입니다."

수요가 폭증하자 이 감리교 출판사는 뉴욕 장로교 해외선교부에 자금을 차입하게 되었다. 이때 세브란스 장로는 클리블랜드 장로교 연합회장으로 이곳에 근무하고 있었다. 이 차입금은 놀랍게도 이듬해에 완전 청산하였으니 세인의 이목을 끌기에 충분하였다. 이 출판사는 머지않아 대한성서공회가 주관하는 모든 성서를 인쇄하는 출판사로 발전할 것이다.

평생 극동 선교에 대하여 관심을 갖고 있었던 세브란스도 헨리 우드워드 헐버트 목사를 통하여 서울사정에 대하여 알고 있었을 것이다. 그의 동생 호머 헐버트 박사가 『코리아 리포지터리 *Korea Repository*』에도 관계하였고 한국에 관하여 저술한 책은 기독청년회의 필독서 목록에 포함되었으며 클리블랜드 기독청년회관에서 1893년부터 시작된 "해외선교 세계 학생자원운동 대회"의 참석 학생 교재에도 포함되어 있었다. 세브란스의 조카가 이 대회에 참석하였으니 그도 읽었을 것이다. 1907년 서울을 방문하기 전에 아마사 스톤 마서도 헐버트 박사의 책을 읽었다.[234] 앞서 소개한 대로 1893년 제1회 학생자원운동대회에 일찍이 한국에서 봉사하던 여의사 메타 하워드 박사가 참석하여 한국 선교에 자원할 것을 역설하고 이에 학생들이 감동하여 반응을 보였고 이것을 보고서에 기록까지 할 정도였으니 그 기회에 서울 선교를 알리는 데 기여한 셈이다. 여기에 추가하여 제3회 대회에는 한국에서 온 게일 박사와 기포드 목사가 서울의 선교에 대하여 "명강의"를 하였다고 기록되었으니 서울 선교를 역설하는 데 부족함이 없었을 것이다.

호머 헐버트 박사 자신도 한국에서 병원건립에 대해서 관심이 많았는데 고종의 어의 분쉬 박사의 일기에 나타나 있다.[235]

1902년 2월 28일. 헐버트 씨와 오랫동안 얘기를 나누었다. 그는 코리아 리뷰의 발행인이자 유명한 극동 보도원이다. 우리는 의료학교 설립에 관하여 이야기를 나누었다. 헐버트 씨는 한국 사람이 서양 사람보다 먼저 혈액순환의 원리를 발견했다고 주장하였다.

1902년 3월 15일. 헐버트 씨와 함께 고궁으로 산책 나가 병원이 들어설 부지를 둘러보았다.

여기서 "유명한 극동 보도원"이란 런던의 더 타임스(The Times)의 보도원임을 의미하며 고궁의 병원부지란 앞서 말한 대로 1897년 미국으로 유학 갔다가 일본에 체류 중인 왕자 이강 공의 저택을 가리키는 것 같다. 그는 영(친)왕의 생모 엄비의 철저한 견제

속에서 귀국을 하지 못하고 있었다. 그러나 영국 총영사가 영국 군병원으로 사용하기를 청하여 성공회의 밸덕 박사를 책임자로 내정하자 분쉬 박사의 계획은 수포로 돌아갔다. 궁전은 독일보다 영국의 도움을 받고 싶었던 것이다.

처음 보는 독일 의사에게 혈액순환의 원리를 한국인이 발견했다는 주장을 펼치는 『코리아 리뷰 *Korea Review*』의 발행인이었으니 그의 형 헨리 우드워드 헐버트 부목사도 구독하였을 것이다. 그 전에 감리교가 발행하던 『코리아 리포지터리 *Korea Repository*』는 미국과 유럽에서 비상한 관심을 끌었고 이를 이어서 『코리아 리뷰 *Korea Review*』는 그 이상의 관심을 모았다.[236] 특히 『코리아 리뷰』는 그가 국제적으로 한국을 대변하여 일본과 싸우는 무기였다.

헨리 우드워드 헐버트 목사는 세브란스와 함께 1900년 뉴욕 에큐메니컬 선교대회에 참석하였다. 그로부터 7년이 지난 1907년에 세브란스가 한국을 거쳐서 인도에 이어 세일론을 방문했는데 그 직전에 세일론과 마주보는 인도의 동남단 마두라(Madura)를 찾았다(제8장 참조). 이곳은 헐버트 박사의 외할아버지 우드워드 목사가 과부였던 외할머니와 결혼한 후 결핵에 걸려 요양하던 곳인데 그 인연으로 최초로 선교사를 받아들인 곳이다. 그 전에는 선교의 금지지역이었다. 여기에다 세일론의 콜롬보는 헐버트 박사의 어머니가 태어난 곳이며 일찍이 올드스톤 교회가 허친스 목사를 파견한 곳이다. 세브란스가 이곳을 찾은 것은 우연이 아니라 헨리 우드워드 헐버트 부목사의 집안 내력을 잘 알고 있었던 데 연유한다. 더욱이 클리블랜드 장로교 연합회의 대표였던 세브란스가 헐버트의 친척 제이 헐버트 목사(퍼트넘 사관학교 교장)를 모를 리 없었을 것이다.

헐버트 박사는 육영공원뿐만 아니라 언더우드와 함께 제중원에서도 영어를 가르쳤다. 민 왕후가 시해된 후 고종은 궁중에서 만드는 음식을 두려워하여 언더우드 박사 집에서 준비하여 자물쇠로 잠그고 배달되는 음식만 들었다. 어느 추수감사절 전날 헐버트 박사가 길에서 언더우드 박사를 만났다.[237]

"당신과 에이비슨 박사는 나와 함께 궁전에서 오늘밤 숙직합시다. 내가 알기로는 수천 명이 오늘밤 궁전으로 들어가 일본의 앞잡이 대신들을 골라낸다고 합니다. 이들은 손가락을 잘라 피로 맹세하였다고 들었습니다."

"부인이 무어라 합디까."

"말하지 않았습니다."

"나도 말하지 않겠소. 계획은 어떻소."

헐버트 박사의 부인은 메이 벨 한나(May Belle Hanna)이다. 언더우드는 만일 일본의 앞잡이 대신들이 고종을 인질로 잡고 저항하는 경우를 생각하여 고종을 그들로부터 보호할 수 있는 계획을 말해주었다. 아닌 게 아니라 궁전에서 친일파 대신들이 고종을 양쪽에서 잡고 안채에서 끌어내려 하고 있었다. 헐버트, 언더우드, 에이비슨은 대신들보다 젊고 키가 크고 강했다. 대신들을 가로막고 고종을 다시 안채로 보내는 데 성공하였다. 그리고 문 앞에서 교대로 밤새 보초를 섰다.

이처럼 한국에서 누구보다 풍부한 경험을 가진 헐버트 박사의 한국에서 활동은 곧 올드스톤 교회뿐만 아니라 클리블랜드 일대에 알려졌다. 제4장에서 소개한 대로 러들로 목사가 집필한 『올드스톤 교회 : 백년의 이야기 1820~1920』에 헐버트 박사의 집안 내력이 자세히 소개되고 있는데 여기에는 한국에서 교육자로 활동하는 호머 헐버트 박사와 그의 아우 아처 헐버트를 구체적으로 묘사하고 있다.[238)]

"그[헨리 우드워드 헐버트 목사]의 두 아우, 호머와 아처는 높은 명성(high reputation)을 얻었다. 하나는 한국에서 교육으로 다른 하나는 역사 연구에서."

이 글을 쓸 때 러들로 목사는 세브란스 병원에서 일하는 자신의 동생 러들로 박사를 생각했을지 모른다. 헐버트 목사의 형제와 자신의 형제가 비슷하게 하나는 클리블

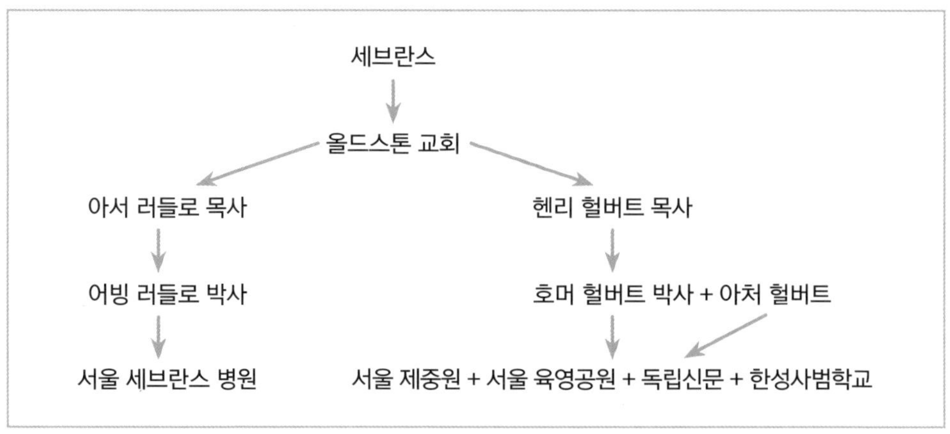

랜드에서 세브란스 씨와 관계를 맺고 다른 하나는 지구의 반대편 서울에서 세브란스 병원(제중원)과 관계를 맺었기 때문이다.

이것은 러들로 목사와 친한 세브란스 장로도 호머 헐버트의 "명성"을 잘 알고 있었다는 뜻이 된다. 앞서 얘기했듯이 그가 클리블랜드의 외곽인 제인스빌의 장로교인이었고, 그의 친척이 그곳의 군사학교의 교장이며 목사였으며 그의 형이 올드스톤 교회의 부목사였으니 어쩌면 그가 한국 어디선가, 아마도 제중원에서 가르치고 있다는 사실도 알고 있었을지 모른다. 그 증거가 있다. 러들로의 1907년 여행기를 보면 일본, 중국, 버마, 인도, 세일론의 부분에서는 책 이야기를 하지 않는데 유독 한국 부분에서만 책 이야기를 하고 있다. 헐버트 박사의 책이다. 당시 아시아로 여행을 떠나기 전에 많은 나라의 책을 읽는 것이 관례이었다. 젊은 아마사 스톤 마서의 경우 그 목록이 5쪽을 넘으며 그 가운데 한국에 관한 책은 오히려 빈약하다. 그럼에도 러들로의 여행기에 헐버트 박사의 책만이 등장했다는 것은 그의 형의 지적처럼 그가 이미 헐버트 박사의 "명성"을 알고 있었다는 증거라고 볼 수 있다.

또 하나의 증거를 제시할 수 있다. 앞서 소개한 홀덴 박사가 우스터 대학의 총장으로 초청 받았을 때 그는 이튼 박사와 상의하였다. 이튼은 헐버트 아버지와 유니언 신학원의 동기동창이었으며 그를 통하여 헐버트가 한국 육영공원 교사로 추천되었다 하였는데 이때는 벨로잇 대학(Beloit College)의 총장이었다. 이튼 박사는 홀덴 총장의 후견인 같은 존재로서 젊은 홀덴을 여러 모로 지도하였다. 홀덴과 헐버트는 동갑으로 유니언 신학원을 다녔다. 세브란스가 화재에서 복구한 우스터를 200명의 장로교 인사들과 방문했을 때 이튼 총장도 포함되었음은 앞서 본대로 이다.

이러한 것들이 병원 후보지를 물색하던 세브란스에게 도움이 되었을 것이다. 클리블랜드 일대에서 "높은 명성"의 헐버트 가문의 일원인 헐버트 박사가 한국에서 일하고 있었다는 그 사실이 세브란스가 서울을 결정하는데 어떠한 역할을 했을지 궁금하다.

스탠더드

세브란스 씨가 서울을 알고 있었을 또 하나의 통로로 스탠더드 석유회사를 들 수 있다. 세브란스가 재무이사로 재직하던 스탠더드 석유회사는 벌써부터 한국에 진출하고 있었다. 미국의 유수한 신문인 뉴욕 트리뷴, 시카고 트리뷴, 신시내티 인콰이어, 샌프란시스코 클로니클에 알렌 공사는 한국에서 미국 석유, 등잔, 시계, 맥주와 철판, 난로와 바늘 등이 인기가 있다고 기고하였다.[239] 그러나 그 가운데 미국의 수출품은 주로 스탠더드 석유였다.[240] 이 사실은 국무장관도 잘 알고 있었다. 한국에서 일본 세력이 커질 때 미국의 상표인 스탠더드 석유, 리치몬드 담배, 이글 우유, 아머 쇠고기, 캘리포니아 술, 캘리포니아 과일을 일본이 모방하기 시작하였다.[241] 전라도 구례의 유생 황현은 다음과 같은 기록을 남겼다.

> "이해(1880)에 서양 풍속을 따라 석탄과 석유를 사용하였다. 이것은 서양의 연료이다. 석유는 영미제국(英美諸國)에서 생산된 것이다. … 그것이 천연자원이란 것은 다 알고 있었다. 우리나라는 경진년부터 석유를 사용하기 시작하였다."[242]

경진년이면 1880년인데 이해에 석유와 함께 원면, 염료, 양철이 수입되어 크게 유행하였다. 그러나 무엇보다도 스탠더드 석유회사의 이사회는 조미우호통상조약 체결의 해인 1882년에 이미 헐버트 리비(Herbert Libby)를 극동에 파견하여 2년간 시장조사를 시킨 적이 있다. 그것은 아시아 시장에 등장하는 새로운 위협을 예상한 것이기보다 아시아 시장을 개척하려는 의도였다.

석유의 수요 측면을 보면 이미 미국의 등유시장은 1879년부터 에디슨의 발명품 전구가 대체하기 시작하였다. 가스등으로 돈을 벌던 가스회사의 주가가 폭락하였다. 세브란스가 타이터스빌에서 원유생산 이외에 소유했던 가스회사를 진작 처분한 것은 다행한 일이었다. 가스 산업은 다른 용도를 찾아야 했다. 당시 원유생산자들은 부산물인 가스가 골칫거리였다. 1883년에 제이 엔 퓨(J. N. Pew)가 피츠버그로 가스관을 건설하여 취사용으로 사용한 것이 가스 산업의 시작이었다. 스탠더드 석유회사도 석유 이외에 가스도 취급하였다. 스탠더드 석유회사는 1886년에 천연가스 신탁회사(The Natural Gas Trust)를 설립하여 취사용을 겨냥하였다. 여기서도 신탁회사를 이용하여 시장을 장악하였다. 사람들은 스탠더드 석유 가스에 다시 한번 놀랐다.[243] 그러나 등유는 에디슨의 전구로 도시에서 밀려나 시골밖에 남지 않았지만 그것도 시간문제였다. 공급측면에서 보면 기름이 미국 펜실베이니아에서만 채취되는 것이 아니라 지구 곳곳에서 채취될 수 있다는 새로운 사실로 남보다 먼저 아직 에디슨의 전구가 대체하지 못한 아시아 시장을 개척할 필요성이 있었다.

그러한 일이 이미 터졌다. 스탠더드 석유회사가 출범하던 1870년에 지구 반대편에서 위협이 등장하였다. 카스피해의 바쿠(Baku, 오늘날 아제르바이잔 공화국의 수도)에서 대규모 유전이 발견된 것이다. 1871년 루드비히 노벨(Ludwig Nobel)과 알프레드 노벨(Alfred Nobel, 1833~1896) 형제가 바쿠로 가서 석유왕이 되었다.[244] 그러나 바쿠의 문제점은 서쪽 시장으로 가져오기에는 높은 카프카스 산맥이 가로막고 있다는 점이다. 바쿠 석유는 판로가 러시아에만 제한되었다. 이러한 지리적인 조건이 스탠더드 석유회사를 안이하게 만들었다.

그러나 안이함도 잠시일 뿐 1886년 알프레드 노벨이 발명한 다이너마이트로 카프카스(코카서스) 산맥을 뚫고 카스피해에서 흑해의 바투미(Batumi)까지 송유관을 놓는 데 성공하였으니 그것이 1889년의 일이다. 바투미에서 노벨이 건조한 유조선 조로아스터호가 석유를 흑해를 거쳐 지중해로 나와 서유럽으로 실어 날랐다. 그러나 루드비히가 갑자기 심장마비로 죽었다. 신문이 다이너마이트왕 노벨이 죽었다고 오보를 내는 바람에 알프레드는 충격을 받고 바쿠에서 철수하였다. 이로써 석유사업에서 노벨의 이름은 사라지지만 자신이 창설한 노벨상으로 오늘에도 남아있다.

노벨이 개척한 바투미 기름의 상업성을 발견한 것은 영국의 로스차일드 집안(the Rothschilds)이다. 이들은 러시아와 서유럽 밖에서 새로운 시장을 찾던 중 아시아를 주목하였다. 그러나 1869년에 뚫린 수에즈 운하의 물길은 프랑스의 것이었다. 1892년 조개껍질 장식품 상인의 아들 마커스 사무엘(Marcus Samuel)이 로스차일드와 계약을 맺고 수에즈 운하와 협상을 성공시켰다. 마침내 그는 아무도 생각하지 못한 방법으로 바투미(Batumi)에서 흑해를 거쳐 지중해로 나와 새로 개통된 수에즈 운하를 통과하여 아시아로 유조선으로 석유를 운송하는 데 성공하였다. 당시로서는 아무도 예상할 수 없는 석유 업계의 쿠데타였다. 이것이 1892년이었다. 그는 회사 이름을 아버지를 추모하여 조개껍질이라는 의미에서 쉘 석유회사(The Shell Oil Company)라고 지었다. 스탠더드 석유회사에게 쉘 회사는 위협이었다. 바투미에서 싱가포르까지 18,000킬로를 2개월에 도달할 수 있는 데 필라델피아에서는 24,000킬로를 4개월을 항해해야 하므로 운송비용에서 불리하였다.

여기에 더 큰 위협이 등장하였으니 아시아의 한복판에서 기름이 발견된 것이다. 1880년에 해협식민지(Straits Settlements)의 수마트라(Sumatra)에 있던 네덜란드 담배회사에 근무하던 네덜란드 청년 얀 질커(Jan Zijlker)는 원주민의 도움으로 우연히 밀림 속에서 기름 연못을 발견하였다. 그 위치는 말라카 해협(Straits Settlements)으로 흘러 들어가는 발라방강(Balabang River)에서 10킬로 떨어진 곳이다. 그는 네덜란드 국왕 윌리엄 Ⅲ세의 재정후원을 받아 왕립 로얄 더치 석유회사(the Royal Dutch Oil Company)를 설립하였다.

스탠더드는 리비(Herbert Libby)를 보내 쉘을 매입하려다 실패하였고, 로얄 더치를 매입하는 데에도 실패하였다. 이제 세계는 3분이 되었다. 유럽시장은 쉘이, 아시아 시장은 로얄 더치가, 미국 시장은 스탠더드가 장악하였다. 이것이 대체로 1897년까지 상황이었다. 스탠더드 이사회에서 한국에 교두보를 마련해야 한다는 목소리가 심심하지 않게 나온 것도 이 무렵이다. 일본과 중국은 일찍부터 스코틀랜드 상인이 장악했기 때문이다.

아시아에는 일찍부터 스코틀랜드 상인이 진출해 있었다. 일본이 개국한 직후 스코틀랜드 출신 제임스 브루스가 1858년에 영국을 대표하여 일본과 조약을 체결하였다. 그해에 스코틀랜드 상인 자르딘 매터슨이 나가사키에 회사(Jardine Matheson and Company, 怡和洋行)를 차렸다. 이 회사는 제물포에 출장소도 두었다. 1889년에 토마스 글로버(Thomas Glover, 1838~1911)가 이 회사에 취직하였다. 글로버는 1891년에 매터슨 회사에서 나와 자신의 회사를 차렸다. 그가 만든 나가사키 조선소는 미쓰비시 조선소로 성장하였다.[245] 스탠더드는 이들과 계약으로 유조선 주문과 석유판매를 시작하였다. 당시 최첨단의 조선소는 쉘의 설립자 사무엘이 주문한 유조선을 건조한 영국의 웨스트 하티풀(West Hartiepool)이었는데 중국의 인건비와 재료비가 저렴하므로 상해에 조선소가 등장하였다. 쉘의 사무엘은 상해에 부지를 확보하면서 말했다.

> "중국은 열강에 배상해야 할 많은 돈이 필요하기 때문에 저렴하게 살 수 있다."[246]

그러나 경쟁이 치열해지자 스탠더드 석유는 전략을 바꿔 아시아에 직접 교두보를 세우기로 결정하고 주요 거점을 마련하였다. 일본의 요코하마, 나가사키, 고베, 중국의 상해, 홍콩, 한국의 서울, 제물포, 부산, 말라카 해협의 싱가포르, 페낭, 인도의 캘커타, 봄베이에 직원을 상주시키거나 대리점을 두었다. 이 지역은 공교롭게도 세브란스 씨의 극동 방문과 정확하게 일치한다. 제1장에서도 미리 말했지만 세브란스를 동행한 주치의 러들로 박사의 기록에 따르면 그들이 일본, 중국, 만주, 한국, 해협식민지, 버마, 인도를 차례대로 여행하였다고 전하고 있다. 좁은 말라카 해협을 두고 북쪽은 영국령이고 남쪽은 네덜란드 영이다. 당시 싱가포르는 인구 10만의 도시로서 주로 회교도를 믿는 중국인과 말레이인이 주민이다. 미국 장로교가 성한 곳이 아니었고 중개무역의 요충지인데 수마트라에서 석유가 발견된 이후로 그 중요성이 더 커졌다. 특히 중국의 방대한 석유시장을 겨냥한 것이다. 록펠러 재단이 1914년에 중국 북경협화의과대학을 영국 선교부에서 인수한 것은 그 일환이었다.

1897년 한국에도 스탠더드 석유회사의 대형 거점이 생겼다. 그해 알렌 공사가 국무장관 앞으로 보낸 외교문서(No.3)가 이 사실을 보고하고 있다.

No. 3 미국 공사관

한국, 서울, 1897년 9월 17일

국무장관 귀하

전략. … 이곳에 대형 미곡상과 그 밖에 여러 도매상을 경영하는 중요한 상사가 있습니다. 이 상사는 한국의 거의 곳곳에서 사용하는 등유를 공급하는 스탠더드 석유회사의 대리점입니다. … 후략.

호레이스 엔 알렌

여기서 "곳곳에서 사용"한다는 표현 가운데에는 그해 7월 27일 서울 종로에 처음으로 석유가로등이 등장한 것도 포함된다.[247] 알렌 공사가 말하는 중요한 상사 즉 스탠더드 석유회사의 대리점이란 월터 타운센드(Walter Davis Townsend, 한국표기 淡于孫, ?~1918)의 타운센드 상사(Messers Townsend & Company)였다.[248] 그는 유일의 미국 무역상인이었는데 그의 부인은 일본 여자였다.[249] 타운센드 상사의 지배인은 한국인 장기빈(張箕彬)이었는데 그의 장남이 총리가 된 장면(張勉, 1899~1966)이다.

그러나 스탠더드 석유 뉴욕회사는 타운센드의 대리점으로 만족하지 않고 직접 운영할 것을 1893년에 결정하고 1897년 12월에 제물포의 월미도(Rose Island)에 부지를 매입하여[250] 스탠더드 석유회사의 석유저장시설을 건설하였다.[251] 월미도에는 러시아의 석탄 창고도 있었다. 석유와 석탄을 수송하는 철도 다리가 가설되었다. 이러한 결정은 한국뿐만 아니라 중국도 마찬가지였다. 방대한 경쟁시장을 겨냥한 것이다. 로얄 더치나 쉘은 기름을 유조선에 가득 싣고 갔지만 스탠더드는 5갤런의 석유를 가장 자리에

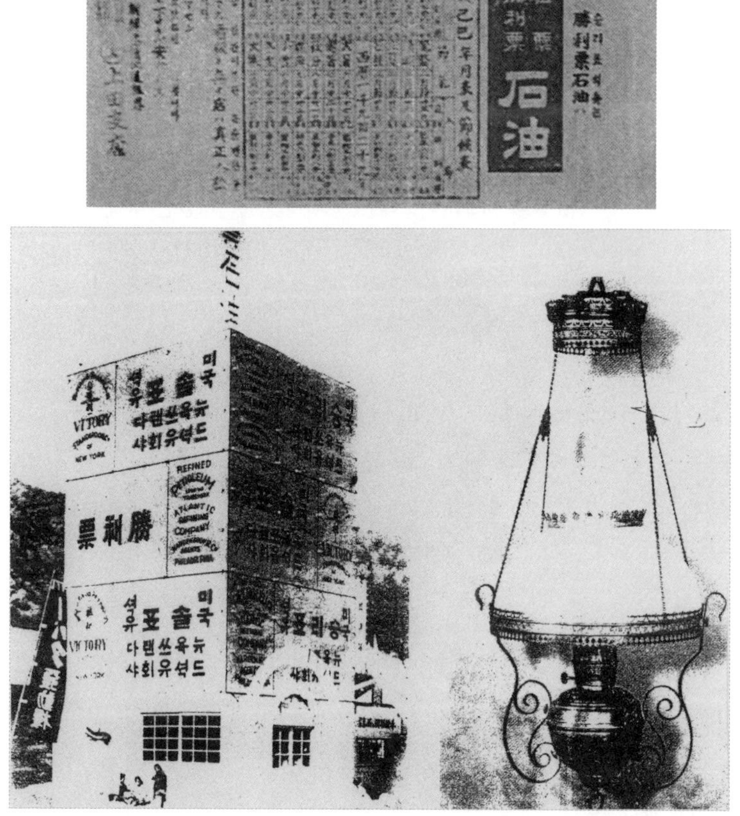

출처: 동아일보사

〈자료 Ⅵ-22〉 19세기 말~20세기 초 한국에서 스탠더드 석유와 등잔 광고

호두나무로 테를 두른 청색의 틴 석유통에 담아 싣고 가는 전략을 택하였다. 틴 석유통에는 스탠더드 석유회사(Standard Oil Company)의 이름이 선명히 찍혀 있었다. 하나의 나무 테에 두 개의 틴 석유통을 함께 묶어 하나로 만들었다. 한국에서 틴은 생산되지 않아서 틴 석유통은 다용도로 쓰이는 귀한 물건이 되었다. 두레박, 그릇, 새우젓 통, 물통, 함석지붕, 굴뚝, 수저, 남포, 촛대, 장난감, 장식품 등을 만드는 데 유용하게 쓰였는데 그 밖의 쓰임새에도 무한인 것 같았다.[252] 테두리의 호박나무는 밥상, 방문, 걸상

등을 만드는데 쓰였다. 황현은 엉뚱하게 다른 점을 걱정하고 있었다.

"… 양철(틴)이 나오자 국내의 강철 생산이 부진하였다."[253)]

로얄 더치가 마차에 기름을 가득 싣고 마을에 가서 팔 때 주민들이 용기를 가지고 나올 줄 기대했는데 아시아에서 스탠더드의 청색의 틴 깡통은 지붕 등에 사용되었고 나무는 의자 등에 사용되어 로얄 더치의 전략은 이 같은 작은 부분에서 실패하였다.[254)] 로얄 더치는 급하게 붉은 색의 틴 석유통으로 준비하여 대항하려 하였지만 스탠더드의 선점을 뒤집을 수는 없었다. 스탠더드의 전략이 성공하였는데 본사에서도 이 전략에 대해서 자축하였을 정도였다.[255)] 이 전략은 에이비슨 박사조차 자서전에서 당시 사정을 자세하게 소개할 정도였다.[256)] 황현의 증언은 계속된다.

"석유를 처음 사용했을 때에는 그 색깔이 붉고 냄새가 극히 고약하며 1홉만 가져도 열흘 밤은 사용할 수 있었다. 수년이 못 가 그 색깔은 점점 하얗게 변하고 냄새도 없어져 화력이 매우 감퇴되는가 하면 1홉당 겨우 사나흘 밤 정도밖에 사용할 수 없었다."[257)]

황현의 기록은 유황이 섞인 석유의 모습이다. 그는 석유에 대단한 관심이 있었는지 1905년 1월에는 평남 강동군에서 유정이 발견되었다고 기록하고 있다.[258)] 석유 색깔에 대한 황현의 관찰기록은 정확했는데 석유시장에 일본 상인들이 품질이 떨어지는 러시아 기름을 스탠더드 틴 석유통에 넣어 스탠더드 석유로 둔갑시켜 팔기 시작하였기 때문이다.[259)] 일본 상인의 약삭빠른 도전에 대하여 타운센드 상회는 "정직하고 정면 돌파 상술"로 러시아 기름을 추방할 수 있었다.[260)] 알렌의 보고서에도 언급했듯이 한국에서는 스탠더드가 지배적이었다. 조선물산전시회에도 뉴욕 스탠더드 석유회사 광고탑이 등장하였다(자료 Ⅵ-22).

스탠더드 석유회사가 한국 시장을 장악하자 제물포 월미도에 추가하여 부산 영도(Deer Island)에 저장시설을 증설할 필요가 생겼다. 이때 대지를 매입하는 과정에서 불상사가 일어났다. 그 전말이 알렌 공사가 국무부 장관 앞으로 외교문서(No. 368)에 나타나 있다.

No. 368

미국 공사관

한국, 서울, 1901년 6월 19일

국무장관 귀하

본관은 한국에서 미국의 이익과 관련하여 만족스럽게 해결한 사건을 보고하게 되어 영광스럽습니다.

뉴욕의 스탠더드 석유회사는 제물포에 저장시설을 갖고 있는데 본관의 도움과 한국 외무부의 동의하에 작년에 부산 영도에 부지를 확보하였습니다. 이 부지를 매입하는데 문제가 발생하였습니다. 이 섬에 관해 제의한 조약은 외국 조계의 범위에 간여하지 못한다는 것을 명백히 하였습니다. 그 지방관리와 부지 주인 사이에 말다툼 때문에 매입에 문제가 생긴 것입니다. 그 결과 지방관리가 부지 주인을 감옥에 쳐 넣었습니다. 이 행위에 대하여 부산항의 세관장인 프랑스인은 부당하다고 선언한 바 있습니다. 이 문제는 결국 외무부를 통하여 본관이 해결하게 되었고 드디어 양도증서가 정식으로 발부되었습니다. 스탠더드 석유회사의 대리인은 그 땅에 건물을 세우기 시작하였습니다. 금년 봄에 건물이 거의 완공될 즈음 부지 매각자를 다시 한번 감옥에 쳐 넣고 심히 구타하였습니다. 이유는 "정부의 토지를 외국인에게 매각"했다는 것입니다.

본관은 이 소식을 지난 달 27일에 접하였습니다. 그 즉시 외무장관을 만나서 정식 매각임을 상기시키며 양도증서를 보여주고 모든 대화내용과 서신을 언급하였습니다. 이 기회에 본관은 한국에서 스탠더드 회사의 업무범위를 설명하고 이러한 행위는 참을 수 없는 훼방이라고 주장하였습니다. 그 이유는 그곳이 개항장이고 그곳에서는 조약에 의하여 외국인은 토지를 매입할 수 있으며, 그 토지의 주인은 양도증서를 제출함에 의하여 그가 그 토지의 소유자임을 보였기 때문입니다. 본관은 그가 즉시 석방되어야 하며 동일한 이유로 - 즉 미국인에게 그 땅을 매각하는 행위- 그에게 가해지는 계속적인 박해는 조약에 의해 한국인이 미국인과 거래하는 것을 방해하는 위협으로 간주하겠다는 점을 밝혔습니다.

외무부 장관은 그 사람을 그렇게 다룬 것은 잘못되었다는 점에 대하여 나에게 동의하고 부지 매입은 정례적이고 완전히 정당하다는 데 동의하였습니다. 그는 또한 전보를 보내어 즉시 그 사람을 석방하고 다시는 괴롭히지 말 것을 요구하였습니다.

그 사람을 석방하는 데 실수가 행여 있을까 봐 그 지방수령의 아들에게 이 사건에 대하여 아버지에게 전보 치게 하였습니다.

답신전보로 그 사람이 곧 풀려났다는 소식을 받았습니다. 그리고 편지로 그가 즉시 풀려났으며, 그에 대한 추가적인 박해는 멈추었고, 이 사건은 이제 만족스럽게 해결되었다고 보고 받았습니다.

호레이스 엔 알렌

이때에도 국무장관은 존 헤이였는데 그는 스탠더드 석유회사에 대하여 잘 알고 있었으니 이 보고서가 무엇을 의미하는지 정확하게 알았을 것이다. 헤이는 국무장관이 되기 전에 한때 장인 아마사 스톤을 대신하여 스탠더드 석유회사의 자산을 1백만 달러에서 2백만 달러로 증액할 것을 제의한 적이 있었다.[261]

이 두 통의 보고서를 다른 보고서와 비교하면 재미있는 점을 발견할 수 있다. 앞서 두 통의 보고서(No.542와 No.828)에는 관련된 사람(세브란스 씨)의 성씨와 이름뿐만 아니라 출신 도시(클리블랜드)까지 연거푸 등장하는데 여기 두 통의 보고서(No.3과 No.368)에는 관련자(지방관리, 부지소유자, 프랑스 세관장)의 이름조차 보이지 않는다. 타운센드도 성만 표기하였고 출신 도시도 생략하였다. 스탠더드의 대주주였던 세브란스 씨는 극동정책의 대가 존 헤이 국무장관의 친구였고 웨스턴 리저브 대학을 위하여 함께 일하였기 때문이다.

그러한 연고로 세브란스 씨는 당시 누구보다 한국에 대해서 어느 정도 알고 있었을 것이다. 아마 세브란스 기념병원에 관한 알렌 공사의 보고를 받고 헤이 장관은 웨스턴 리저브 대학 이사회 정기 모임에서 세브란스 씨에게 축하했을지도 모르는 일이다. 더욱이 헤이 장관은 처가와 사이가 아주 좋았는데 작은 동서인 사무엘 마서와 처제인 플로라 스톤 마서로부터 세브란스가 서울에 병원을 기증했다는 사실을 들었을 것이다. 그러니까 조카인 아마사 스톤 마서의 세계일주 여행에 세브란스 병원을 방문하라고 권유까지 했을 것이다. 당시 세브란스 기념병원은 클리블랜드에서 대단한 화제가 되었다.[262]

세계선교평론

세브란스는 1893년부터 장로교 선교본부의 클리블랜드 대표였고 뉴욕에서 1887년부터 거주하였음으로 각종 매체에 폭넓게 접할 수 있었다. 책과 잡지도 읽었을 것이다. 당시 한국에 관한 책 가운데 기독교인들 사이에 널리 읽힌 책은 그리피스(William

Griffith, 1843~1928)가 쓴 『조선왕국: 은둔의 나라 *Corea: The Hermit Nation*』가 있었다. 잡지로서는 『세계선교평론 *The Missionary Review of the World*』을 지적해야 한다. 세브란스 장로가 서거하자 1913년 12월호에는 속표지 전면에 그의 초상화를 게재하고 장문의 추도문을 실었다(자료 Ⅵ-23).[263]

이것은 보통 부고란(자료 Ⅵ-22의 958쪽의 부고란을 참조)에서 몇 줄로 전하는 것에 비하면 파격적인 우대로서 해외선교에 있어서 세브란스 씨의 위치를 말하며 생전에 이 잡지를 애독하였다는 증거인데 이 잡지는 뉴욕과 런던에서 공동 편집하여 전 세계적으로 읽히는 권위 있는 잡지였다. 이 잡지만 보면 전 세계의 선교사들의 활동상을 훤하게 꿰뚫을 수 있다. 이 잡지에 한국 주재 선교사들도 자주 기고하였다. 특히 제물포 내리 감리교회의 존스 목사(Rev. George Heber Jones)의 기고가 자주 보인다. 이강 공의 미국 유학의 후견인으로 엘린우드가 지정되었다는 소식도 이 잡지에 기재되었다. 이 잡지는 엘린우드 총무가 시작하였다.

세브란스 장로가 이 잡지를 애독하였다는 증거가 있다. 앞서 소개한 대로 세브란스 장로가 "전 세계에서 가장 놀랄만한 선교의 효과가 나타나는 나라는 한국과 우간다이다."라고 평양에서 만난 영국 성공회 웨어 박사(Hugh H. Weir, MD)에게 말했는데 이것은 1902년 7월호 『세계선교평론』에 실린 글을 인용한 것이다.

> "영국 성공회 선교회가 우간다에서 세운 선교실적 다음으로 이 한반도에서 장로교 선교부처럼 놀라운 발전을 이룩한 곳을 찾아볼 수가 없다고 하는데 그 보급지역은 서북쪽 두 개 도의 전역이다. 아마 이곳 평양 선교지부는 우간다를 빼놓고는 세계 어느 교회보다 진정한 의미에서 교회가 자립되어 있다."

한국을 전 세계에 알리는 데 결정적인 것은 민 왕후가 시해되던 1895년 뉴욕 헤럴드의 커크힐(John Cockhill) 기자의 보도였다. 그의 보도로 이 야만적인 행위가 문명국의 사람들에게 알려지게 되었다. "이 세계 역사상 유래가 드문 극악무도한 참변[을미사변]"으로 고종 황제는 신변의 위험을 느끼고 이듬해 러시아 공사관으로 피신하니 이것이 아관파천이다. 1882년 미국과 조미우호통상조약을 체결하면서 서양 제국과 조약을 체결하였지만 1895년까지 명목상 여전히 기독교 금지였다. 그러나 을미사변으로 미국 선교사에 신변을 크게 의존하였던 고종의 호의로 기독교 선교는 기회가 많아졌다.

The Missionary Review of the World

AN ILLUSTRATED MONTHLY MAGAZINE OF MISSIONARY PROGRESS, PROBLEMS, BIOGRAPHY, AND HISTORY

Founded in 1878 by REV. ROYAL G. WILDER, D.D.

Editor-in-Chief 1888 to 1911, REV. ARTHUR T. PIERSON, D.D.

DELAVAN LEONARD PIERSON, *Editor*, 354-360 Fourth Avenue, New York City

ASSOCIATE EDITORS

REV. D. L. LEONARD, D.D., General News and Exchanges

REV. J. STUART HOLDEN, British Missionary Intelligence.

CONTENTS FOR DECEMBER, 1913

Correspondence, etc: All subscriptions and other communications of a business nature should be sent direct to the *Publishers* Funk & Wagnalls Company, 354-360 Fourth Avenue, New York.

Books, Contributions, and other Editorial Correspondence address to the *Editor*.

Subscription: One year, $2.50. To club of ten or more, subscriptions $2.00 each; five subscriptions, two of which may be renewals, will be given for $11.00. [Extra postage for foreign addresses 50 cents. No extra postage required to Shanghai, Cuba, Mexico, or Canada, or to any territory of the United States.] Per copy, 25 cents.

Receipts: The label pasted on the wrapper is a receipt for payment of subscription to and including the printed date.

Extension: The extension of a subscription is shown by the printed label *the month after* a remittance is received.

Discontinuance: Many subscribers prefer not to have their subscriptions interrupted and their files broken in case they fail to remit before expiration. Subscribers are expected to notify us with reasonable promptness to stop if the paper is no longer required.

Post-Office Address: Instructions concerning renewal, discontinuance, or change of address should be sent *two weeks prior* to the date on which they are to go into effect. In ordering any change the exact post-office address (both old and new) *must always be given*.

☞ *This Review* and *The Homiletic Review* together, one year, $4.50.

Each number of *The Missionary Review of the World* contains 80 pages, 8vo. The Bound Volume at the end of each year (nearly 1,000 pages) is a great Missionary Library and Encyclopedia.

출처: Missionary Review of the World 1913

〈자료 Ⅵ-23〉 1913년 12월 『세계선교평론』 세브란스 추모호 제중원의 의사 빈튼 박사(Charles C. Vinton, MD, 1856~1936, 한국표기 賓頓)는 이 시기를 "새 기원의 여명"이라고 반기며 1895년 9월호 『세계선교평론』에 글을 투고하였다.

"새 기원의 여명이 밝았으니 개화라는 개혁기이다. 신설된 학교는 근대 교육을 고안 중이다. 철도부설도 계획하였다. … 궁내와 관공서는 일요일을 쉬는 날로 지키고 있다. 정부의 높은 자리들은 외국에 나가 살아본 양반자제들이 차지하게 되었다. … 외국사상, 의복, 법률, 관습, 지식을 좋게 말하고 종래의 구습은 무리 무익한 것으로 여기고 있다. … 신 각료와 그들의 측근들 중에 몇 사람은 외국에 나가 있는 동안 기독교를 신봉하고 교인도 되었다. … 대군주와 왕비께서는 지난겨울 동안 시의로 있는 선교사들로부터 구원의 진리의 개략을 성의 있게 들으셨다. … 상류층에 반영된 기독교의 관심은 일반인들에게도 역시 동일할 것이다. 예배처소는 가득 차고 …"

이어서 1897년 뉴욕 장로교 해외선교본부에서 파견한 로버트 스피어(Robert E. Speer) 총무는 『한국 선교에 대한 보고서 *A Report on the Mission in Korea of Presbyterian Board of Foreign Missions*』를 제출하였다. 커크힐 기자는 1896년에도 『세계선교평론』에 기고했는데 콜레라가 발생했을 때 서양의학의 감동적인 활약기사였다.[264)]

"이곳 선교부에 대해 간단히 설명함에 있어서 잊을 수 없는 것은 콜레라가 유행하였을 때 선교부와 관련을 맺고 활동한 '아바클' 양, '휘트니' 양, 그리고 '제이콥슨' 양이 병원에서 영웅적인 봉사를 했다는 것을 언급하지 않을 수 없다. 고상하고 자기희생적인 이 여자들은 간호사로 주요병원에서 6주간 봉사하였다. 그들은 비참하고 더러운 환자들을 처음부터 끝까지 돌보았다. 그들의 목숨은 끊임없이 위험에 놓였으나 병원에서 하는 일 이외에 더럽고 불쾌한 도시로 나가 고통을 당하고 있는 사람들을 찾아가 약품을 주었다. 많지 않은 외국인 사이에서는 그들의 활동에 대해 잘 알고 칭찬하였지만 위험을 무릅쓰고 고상하고 착한 일을 하느라고 뛰어다닌 것을 일반인이 모르고 있으니! 일반사람들은 이들 용감하고 고상한 여자들을 어찌해서 기억하지 못하는지."

그렇게 헌신적이었던 간호사 제이콥슨 양(A. P. Jacobson, 1868~1897, 한국표기 雅各善)은 1897년 질병에 감염되어 사망하였다. 한국에서 활동하던 여러 선교사들도 정기적으로 기고하였다. 1898년 5월호에는 부산의 어빈(Charles Irvin, 魚乙彬) 박사가 에이비슨과 언더우드의 의료전도 활약을 소개하고 있다(제8장을 참조). 이를 이어서 에이비슨 박사도 뉴욕 선교본부에 보고하는 1898년 11월 19일 자 편지에서 선교에 수술이 훌륭한 수단이 되었다면서 병원이 단순하게 병자에게 치료만 하는 곳이 아니라 복음을 전도하는 곳임을 상기시켰으며 이에 앞서서 1895년 9월호에는 한국 의료선교의 전망이 매우 밝다는 내용을 기고하였다.

여기에 더하여 『세계선교평론』 1895년 8월호에는 놀랄만한 글이 실렸다. 일찍이 1884년 서양 선교사로서 한국을 최초로 방문한 매클레이 박사의 고무적인 글이다. 매클레이 박사에 대해서는 앞서도 썼거니와 그가 한국을 방문한 것은 김옥균의 영향 탓이다. 수신사 일행으로 일본에 와있던 김옥균은 일본에서 선교를 하던 매클레이를 우연히 만났다. 앞서 언급한 대로 민영익을 대륙횡단 기차에서 만나 한국 선교 가능성을 확신한 가우처는 매클레이에게 한국을 방문할 것을 권유하였다. 매클레이는 1884년 7월에 과감하게 한국에 와서 김옥균을 만나고 그를 통하여 고종에게 진정서를 제출하였다. "김 씨는 나를 극진한 온정으로 대하여 주셨고, 임금님께서 지난밤에 나의 편지를 읽어보시고 나의 요청대로 선교회가 한국에서 병원사업과 교육사업을 시작하기로 결정하였다."(백낙준 1929, p.83). 김옥균은 그해 갑신정변의 실패로 일본으로 망명하여 그의 도움은 사라졌지만 감리교는 그의 덕분에 스크랜튼 박사를 의료선교사로 파송하게 되었다. 김옥균은 그가 도움을 준 개신교 선교의 시작만 보고 1894년 암살당하였다. 매클레이의 글이 세브란스 장로에게 한국에서 의료사업에 대해 어떠한 가능성을 심어주었다 볼 수 있다.

세브란스는 뉴욕 브로드웨이 26번지의 스탠더드 석유회사 건물 9층의 최고이사식당에서 매일 함께 점심을 먹으며 새로운 정보와 아이디어를 교환하였다. 한국 이외에 만주와 중국의 기독청년회의에 후원을 하고 있었고 그곳의 선교사들이 미국에서 안식년을 보낼 때 머물 수 있는 집도 마련해주었으므로 그들을 만날 수 있는 기회도 많았을 것이다.

그가 어릴 때 세일론과 남아프리카의 선교사가 안식년을 어머니 집에서 보내었으므로 그로부터 선교의 얘기도 익히 들었다. 해외선교에 깊은 관심을 갖고 있었던 것만큼 그에 대한 강연, 기도회나 대화에 참석하였다. 장로교해외선교본부의 화이트 총무는 어느 모임에 참석한 세브란스 씨가 즉석연설을 하는 장면을 회상하였다.[265]

중국에는 4백 개가 넘는 선교병원이 있었으니 중국은 그만하면 됐다. 그렇다면 극동에서 남은 곳은? 그에게 서울은 낯선 곳이 아니었을 것이다. 카네기 홀에서 에이비슨 박사의 연설이 시작된 지 얼마 되지 않아 서울에 병원을 기증하기로 결심하고 자리에서 일어섰다는 것이 그 증거이다.[266] 이승만의 말대로 "마지막에 나온 뿔이 우뚝하다."

제7장
서울 1904년

봉헌

드디어 1904년 9월 23일 세브란스 기념병원의 봉헌식이 열렸다. 이해에 미국은 헤이 국무장관의 주도로 체결한 헤이-펀스포트 조약(Hay-Pauncefote Treaty)에 기초하여 파나마 운하를 착공하였다. 미국령이 된 필리핀을 보호해야 하기 때문이다. 그의 친구 한나 상원의원도 적극 지지하였는데 그는 미국 동부, 특히 클리블랜드의 사업가들에게 이익이 된다고 내다 본 것이다. 클리블랜드에서 출발하는 선박은 이리 호수에서 세인트 로렌스강을 빠져 나오면 대서양이 되는데 파나마 운하를 거쳐 태평양에 도달하게 되니 대환영이었다. 드디어 미국은 태평양과 대서양을 연결하는 거점을 마련하고 아시아 정책에 유리한 여건을 만들었다. 이해 2월에 러일전쟁이 일어나자 클리블랜드 올드스톤 교회의 장로교인 국무장관 헤이는 미국 선교사를 보호하기 위하여 군함 빅스버그(Vicksburgh S.S.)를 평양 연안에 급파하였다. 이 사실이 1904년 1월 6일 자 분쉬의 일기에 기록되었다. "제물포항에 러시아 함대 두 척이 정박해있고, 영국 순양함 두 척과 미국 순양함 한 척 역시 이 위기가 지나갈 때까지 머물 것이다." 그 직전 1월 21일에 뉴욕의 감리교 선교본부는 서울로 전문을 보냈다.[1)]

"[러일전쟁으로] 무슨 급박한 일이 벌어지면 즉시 전문을 보내시오. 주의를 부탁합니다."

아무 반응이 없자 본부는 약간 안심이 되었다. 그러나 2월 9일에 다시 전문을 보냈다.

"선교사들은 극히 조심할 것을 당부합니다. 여자와 어린이의 안전에 만전을 기하시오."

당시 한국에 감리교 선교사는 모두 32명이 거주하고 있었다. 제물포, 서울, 평양의 세 곳에서 활약하고 있었다. 마침 벙커 목사(Rev. Bunker), 셔먼 목사(Rev. Sherman), 존스 목사(Rev. G. H. Jones)는 안식년이어서 미국에 있었다. 평양의 노블 목사(Rev. W. A. Noble)가 선교본부에 보낸 편지는 다음과 같다.[2)]

"서울에서 2주를 보냈는데 여기의 동태에 대하여 정규적인 보고서를 보낼 수 있었다. 평양에서 서울로 오면서 서부지역을 위해서 여러 가지 사역을 하였다. 일반적으로 상태가 양호하다. … 일본군이 하루나 이틀 후에 상륙할 것이다. … 미국 공사관 경호부대가 내일 도착할 것이다.

"군대만 오면 내륙을 제외하고는 우리에게 위험은 없을 것이다. 선교본부는 선교사들에게 내륙은 여행하지 말기를 부탁하였다. 그러나 나는 다음 월요일에 평양으로 떠나야만 한다. 폭동이라도 일어난다면 나는 평양에 있어야만 한다. 당국자들은 앞으로 10일 내에 평정될 것이라고 말한다. 그러기 전에 여기서 보내는 전문이 어떤 것보다 더 많은 정보를 전해줄 것이다. 현재 한국은 군대의 움직임을 전혀 감지하지 못하고 있는 형편이다. 일본군이 입성하면 한국 황제는 러시아 영사관으로 도망갈 것이라고 수군거린다. 그럴 경우 일본은 틀림없이 이 왕조를 끝장 낼 것이다. 정부는 러시아편인데 일반대중은 일본편이다. 현재 러시아군은 한국에 없다."

청년 이승만이 역적으로 수배되어 숨어 지낼 때 셔먼 목사가 그의 통역을 부탁하여 잠시 밖으로 나온 사이에 체포되어 사형언도(?)를 받은 적이 있고, 벙커 목사와 노블 목사는 이승만의 배재학당 스승이다. 존스 목사는 감옥에 있는 이승만에게 성경을 보내주었고 미국 유학시절 방학 때 쉴 수 있는 뉴저지의 보이드 부인을 소개해주었다.

노블 목사가 이 편지를 쓴 것은 1904년 1월 1일이다. 외국 선교사가 사태를 이렇게 보고할 때 한국의 사정은 어떠했나. 세브란스 병원이 봉헌되기 하루 전인 9월 22일에 한국 정부는 외부아문에 명하여 칙임관(勅任官) 및 주임관(奏任官)에게 양복을 착용하도록 하였다.[3)] 이틀 전에는 마포에서 3명의 한국인이 경의선 철도건설을 방해하였다는 혐의로 일본 군인에게 총살당하는 일이 일어났다. 그 전인 3월에 경의선의 마지막 구간인 용산과 마포 간 공사가 강제로 착공된 데 대해 항거를 한 사람들이었다. 한 달 뒤인 10월 17일에 서울은 2만 5천 명의 일본군에게 점령당할 것이다. 11월에는 경부선이 개통되어 일본 군인을 대거 실어 나를 것이고 여순은 일본군에 의해 함락 직전에 있었다. 한국의 운명이 일본의 손아귀에 들어가는 것은 시간문제가 되었다. 세계의 열강은 이것을 눈감아 주고 있었다. 세브란스 씨와 에이비슨 박사는 헤이 장관이나 한나 상원의원과 달리 국제정세 따위는 생각도 않고 오직 한국 사람을 위한 의료선교사업에만 마음을 집중하였다.

병원의 정식 개원은 11월 16일이었다. 에이비슨 박사가 구상한 지 만 5년 만의 일이다. 1900년에 세브란스의 재정지원에 힘입어 1902년에 정초식을 가진 지 2년 만에 병원의 자태가 드러난 것이다. 한국 의료역사에 한 획을 긋는 쾌거였다. 그러나 병원에 의사라고는 에이비슨 박사 혼자였다. 요즈음 식으로 말하면 하드웨어만 있고 소프트웨어가 미비된 셈이다. 세브란스 씨는 이것을 예상하고 1904년에 제시 허스트 박사(Jasse E. Hirst, MD, 1875~1934, 한국표기 許濟)를 새 병원에서 일하도록 보내 놓았다. 병원 건물만 희사한 것이 아니라 에이비슨 혼자서 벅찬 의료선교를 도와주라고 자신의 비용으로 의사까지 보낸 것이다.[4)] 세브란스 씨는 그 밖에도 별도의 격리병동도 기증할 것을 약속하였다.[5)] 격리병동은 1905년에 세워져서 세브란스가 방문하였을 때에는 이미 완성되어 있었다.[6)]

다툼

그러나 여기까지 도달하기가 무척 힘들었다. 세간에서는 점잖은 집안의 자제를 서양의사로 만드는 것 자체를 망상이라고 생각하던 시절이라[7)] 의학생을 선발하기가 어려웠다. 이뿐만이 아니다. 에이비슨 박사가 세브란스의 선물을 안고 1900년 10월 2일에 한국으로 돌아오자, 첫째, 이 돈을 둘러싸고 선교사들 사이에 싸움이 벌어져서 1년을 허비하였고, 둘째, 한국의 관리, 특히 친러파의 거두 이용익이 훼방을 놓아 또 1년을 허비하였다. 합하여 2년이 지나서 1902년 11월에 간신히 머릿돌을 놓게 되었다.

선교사 사이의 다툼은 평양에서 활동하던 의사가 아닌 장로교선교사들이 일으켰다. 앞서 본대로 평양 선교사들은 언더우드가 서울에 연희전문학교를 세우는 데 대하여 반대하더니 이번에는 에이비슨이 서울에 현대식 병원을 짓는 데 대해 간섭을 하였다. 그들의 주장은 한국과 같은 나라에 고급 병원을 지으면 한국인이 기독교에 대한 잘못된 인식을 갖게 된다는 것이었다. "미국의 부에 대한 방어가 없을 때 이 선교지는 다른 선교국의 전철을 밟게 될 것이고,"[8] "세속적 수단을 위해 영적 수단을 포기"[9]해서는 안 된다는 주장이었다. 이들은 병원 건축에 그렇게 많은 돈을 쓰지 말도록 뉴욕 선교본부에 진정서를 제출하였다. 진정서의 내용은 5천 달러만 병원 건축에 사용하고 나머지 5천 달러는 복음 전도사업에 전용해야 한다는 것이다. 에이비슨 박사는 이때 장티푸스로 누어있었다.

진정서를 받은 뉴욕 선교본부에서도 이 진정서의 주장에 동조하여 서울에 연락하였다. 알렌, 언더우드, 에이비슨을 도와준 프랭크 엘린우드 총무가 은퇴하여서 그 경위를 아는 사람이 없었기 때문이다. 서울 선교회는 즉시 뉴욕 선교본부에 항의서한을 보냈고 동시에 세브란스 씨에게 이 사실을 알렸다. 이에 세브란스 씨가 뉴욕 선교본부에 항의하였다.

> "좋습니다. 그러나 선교본부는 알아야 합니다. 나는 현재 병원을 지으려는데 5천 달러로 충분하다고 하니 나의 기부금도 5천 달러로 하겠습니다. 전도사업을 위해서는 나의 기부금은 없습니다. 나도 전도사업의 중요성을 알고 있지만 지금 나는 병원을 세우려 하고 있습니다."

여기서 세브란스는 병원 건축이 5천 달러면 되는 것을 1만 달러로 부풀렸다고 에이비슨 박사를 의심한 흔적을 발견하기 힘들다. 그는 선교사 사이의 이간질이라고도 생각하지 않았다. 에이비슨 박사도 변명한 기미가 보이지 않는다. 오히려 세브란스는 자신과 에이비슨이 처음부터 마음먹은 뜻을 관철하려는 분명한 의도가 보인다. 두 사람 모두 병원 건축을 위해서 1년 동안 기도하였다. 그런데 전도를 위해서 쓰자니. 그것은 별개의 문제였다.

세브란스는 때때로 돈을 무기로 삼았다. 자신의 사위와 형의 사위가 웨스턴 리저브 의과대학에 교수로 임명되자 이사에 취임하여 많은 기여를 하였고, 자신의 사위가 부당하게 조기은퇴 당할 때에도 이사직 사퇴와 함께 재정지원을 끊었으며, 우스터 대학의 동아리가 비기독교적 행위를 한다고 해체하라고 경고할 때에도 수단이 재정지원이었다. 전임 총무였던 미첼 박사나 프랭크 엘린우드 박사는 세브란스 씨의 이러한 뜻을 잘 알고 있었다. 그러나 브라운 박사는 신임총무여서 그것을 몰랐다.

이 소동은 평양의 장로교선교사들이 에이비슨의 숭고한 의도를 몰랐기 때문에 일어났다. 에이비슨은 병원만 생각한 것이 아니라 기독교 의학대학을 생각하고 있었다 함은 제6장에서 이미 설명하였다. 아마 병원만 생각하였다면 평양의 선교사들의 의견도 고려할 만하였을 것이다. 그러나 의학대학까지 생각한다면 1만 달러는 오히려 부족한 자금이 될 것이다.

또 평양의 선교사들의 주장은 세브란스 씨가 왜 그 시점에서 서울에 병원을 지으려고 하는지 헤아려보지 않았다는 점을 지적하지만, 동시에 세브란스 씨의 병원 건축 의도를 잘 드러내고 있다. 그는 어머니의 소원과 막내딸 앤 벨의 추억으로 병원을 짓고 싶었던 것이다. 전도사업에 대한 기부는 다른 얘기였다. 세브란스 씨의 처지에서 보면 병원은 작게는 앤 벨 세브란스 기념병원이면서 동시에 크게는 폐렴으로 요절한 아버지를 비롯하여 모든 가족을 포함하는 세브란스 가문의 기념병원으로 혼자 마음속으로만 생각하고 있었을지 모른다. 사실상 세브란스 기념병원은 루이스 헨리 세브란스뿐 아니라 그의 아들 존과 딸 엘리자베스의 세 사람을 기념하기 위하여 서울에서 붙인 이름이다.[10)]

그러나 수줍은 세브란스는 그러한 요구를 하지 않았다. 세브란스의 둘째 부인을 기념하는 플로렌스 하크니스 기념교회의 이름은 처가인 하크니스 집안에서 요구한 것이지 세브란스가 요구한 것이 아니다. 세브란스의 부인임에도 불구하고 세브란스라는 이름은 빼고 처녀 적 이름만 남긴 것만 보아도 알 수 있다. 그의 사위 더들리 피터 알렌 박사는 말했다.

> "그의 [자선] 방식은 남이 모르게 기부하는 것이었다."[11)]

우스터 대학의 플로렌스 하크니스 성경선교교육학과에도 자신의 이름은 붙이지 않았다. 이것은 일찍이 그의 본보기가 되었던 레오나드 케이스 Ⅱ세의 뜻이며 그의 사촌의 뜻이기도 하였다. 이러한 뜻은 외동딸의 비서에게도 영향을 주어 사후 55년이 지나

유산을 기부하게 하였다.

그러나 세브란스의 단호한 결심에도 불구하고 소동은 이것으로 끝나지 않았다. 평양은 물러서지 않고 조건을 제시하였다. 첫째, 앞으로 병원 확장이란 명목으로 선교본부에 더 이상의 보조금을 요구하지 말 것. 둘째, 선교본부로부터 병원 운영비로 현재 연 3천 원을 받고 있는데 그 금액 이상을 받지 않겠다고 에이비슨 박사가 동의할 것.

에이비슨 박사는 두 조건을 모두 거부하였다. 매년 물가가 오르는데 3천 원으로 동결하라는 것은 지키기 불가능한 조건이다. 나무 값이 이미 두 배로 올랐고 키니네 약값도 세 배 올랐는데 이것은 불가능하였다.[12] 러일전쟁의 소문으로 자재 값이 오르고 앞으로는 더 오를 텐데 이 조건을 수락하는 것은 어리석은 일이었다. 회의가 결렬되었다. 마침내 뉴욕 선교본부에서 아무 조건 없이 1만 달러를 병원 건축에 사용해도 좋다는 소식이 왔다. 평양은 불만스러웠지만 세브란스 병원의 기부금은 기부자의 원래 의도에 따라 쓰이게 되었다. 여기서 우리는 미국 장로교 선교규칙의 엄격함을 짐작할 수 있다. 기부자가 마음대로 기부할 수 없고, 선교사가 개인의 노력만으로 마음대로 병원을 지을 수 없었다. 모든 것은 선교본부의 승인이 필요하였다.

브라운

여기서 뉴욕 본부가 원래대로 재고하게 된 중간과정을 생략할 수 없다. 세브란스 기부금을 갖고 평양의 장로교선교사들이 소동을 일으켰을 때 뉴욕 선교본부에서 파견한 브라운(Arthur J. Brown, 1856~1945) 감독관이 1901년 4월 28일에 서울에 도착하였다. 다음은 이에 대한 에이비슨 박사 자신의 글이다.

> "그가 서울에 도착했을 때 나는 얼마큼 기동할 수 있어도 아직 정상근무는 하지 못하고 있는 참이다. 브라운 감독관은 서울 주재 단원들을 만나 현황보고를 받았지만 병원 문제에 대한 본부의 조처에 대해서는 한마디도 들어오지 않았기 때문에 나도 그 문제에 관하여는 언급을 피했다.
>
> 다음 행선지는 평양이었다. … 브라운 감독관은 현지의 실정을 똑똑히 관찰하기 위해 육로를 택했다.[13] … 나는 병원 문제는 한 번도 입에 올리지 않았다. 그러나 출발할 때 워

낙 여정이 길었기 때문에 가는 곳마다 도움이 필요한 환자가 많은 것 같아서 약간의 약품과 의료기구를 챙겨서 나섰다. 우리들의 행차 소식은 우리보다 앞서 가 있었던지라 길목마다 환자를 데리고 나오는 사람들이 자주 있었고 기동이 불가능한 환자를 위해 집으로 와달라는 사람도 많았다.

이로 인해 여행의 일정이 지연되긴 했지만 의사인 내가 그 밖에 또 무슨 할 일이 있겠는가? 그래서 우리는 우리의 도움을 필요로 하는 곳마다 멈추었고 브라운 감독관은 몹시 흥미를 가지고 지켜봤다. 그에게는 모든 것이 신기하게 느껴졌다. …

하루는 도보로[14] 가고 있던 중 감독관이 불쑥 이런 말을 했다. '에이비슨 선생, 실은 세브란스 씨의 헌금을 나누자는 데 내 자신부터 찬성을 했던 사람이요. 당시로서는 사정을 너무 몰랐기 때문에 그것이 옳다고 생각했지요.

서울에 왔을 때 선생께서 그 문제로 나를 원망하는 말을 한마디도 하지 않는 것이 이상했습니다. 하지만 이제 다 보아서 압니다. 선생의 병원을 찾아드는 그 많은 사람들 에게 요구되는 도움이 얼마나 절실한가도 잘 보았습니다. 그리고 이번 여행을 통하여 도움을 필요로 하는 환자가 얼마나 많은가도 알았고요.

우리 일행 중에 의사가 있다는 것이 저들에게 얼마나 큰 희망을 불어넣어 주었던가도 직접 목격한 지금 나는 자신의 생각을 바꾸지 않을 수가 없군요. 기독교 의료사절이 역량을 다 발휘할 수 없다고 해서는 환자들과의 바람직한 관계를 맺을 수 없을 겝니다. 그리스도의 정신을 증명하는데 복음을 전하는 것도 중요하지만 그것만으로는 어림없다는 것을 깨달았습니다. 이번에 선생을 위시한 의료 사절 의사들이 하는 노고를 확인 할 기회를 가진 것을 참으로 다행으로 생각합니다.

이 사업에 1만 달러라는 돈이 전액 필요할 뿐만 아니라 그것도 오히려 너무 적다는 것도 깨달았습니다. 즉시 뉴욕 본부로 편지를 보내 이 문제에 대한 재고와 전액지원을 요청하겠습니다.' 나는 이 말에 참으로 기뻤고 무엇보다 감독관 스스로 사실을 깨닫게 한 것이 기뻤다."

서울에서 평양까지 육로로 걸어간 것은 아직 경의선이 개통되지 않았기 때문이다. 브라운 총무는 그 후 1904년에도 러일전쟁으로 선교사들이 위험에 빠질지도 모를 때 소개령을 갖고 평양에 왔다. 1911년에는 일제가 소위 105인 사건을 날조하여 기독교 지도자를 체포하자 일본의 음모를 규탄할 자료를 모으기 위하여 다시 내한한 적도 있다.[15]

결과적으로 볼 때 세브란스 씨와 에이비슨 박사의 생각이 옳았다. 1900~1904년에 장로교 신자의 연평균 증가율은 14.95퍼센트였는데 1905~1909년에는 43.77퍼센트로 3배 증가하였다.[16] 1884년 1명의 장로교 선교사 알렌이 뿌린 복음의 씨는 1백 년이 지난 1984년 현재 9백만 명의 개신교 신자로 불어났는데 그 가운데 5백만 명이 장로교인이다. 이 숫자는 미국과 캐나다의 장로교인을 합친 것보다 많다. 심지어 여기에 장로교의 본산인 스코틀랜드의 장로교인까지 합쳐도 많다.[17] 물론 이 증가의 원인은 이뿐만이 아니었을 것이다. 여하튼 세브란스 병원의 의료사업이 5천 달러 전도사업에 비하여 비교할 수 없는 전도 효과를 낳았다.[18] 1930년에 와서야 비로소 평신도 조사에서 "의료사업은 그 자체로서 기독교 사업의 본질을 드러냈다"라고 보고하였다.[19] 브라운 감독관은 현장을 보고 생각을 바꾸었다.[20] 그러나 세브란스 씨는 현장을 목격하지 않고서도 어떻게 알았을까.

뉴욕 선교본부의 입장 선회로 일이 잘 풀렸지만 이번에는 한국 정부에서 건축허가를 내주지 않는 문제가 남았다. 에이비슨은 건축을 강행하였지만 정초를 준비하고 있던 일꾼을 순검이 잡아가서 어려움을 치르게 되었다.[21] 여기에 더하여 러일전쟁으로 치솟는 건축자 재비로 건축 계약을 했던 중국인 해리 장(Harry Chang, 張時英)이 거의 파산지경이 되어 계약을 파기하자 서양 병원을 지어본 경험이 있는 사람이 없어서 에이비슨 박사와 고든 설계사가 직접 납땜을 하며 배관도 하였다. 고든 설계사는 병원을 완성하지만 준공식도 참석하지 않고 1904년 7월에 한국을 떠났다. 1901년 6월에 와서 한국 관리의 훼방으로 필요 이상의 3년 동안 고생만 하다가 돌아간 셈이다.

고든을 보낸 것은 뉴욕 장로교 해외선교본부이지만 그를 보내달라고 추천한 것은 언더우드 박사였다. 에이비슨이 세브란스 씨의 선물을 안고 돌아오자 이 선물을 둘러싸고 선교사들 사이에 다툼이 생겼을 때 그는 아파서 누워있었기 때문에 그의 친구 언더우드가 대신 1901년 12월 10일 자로 엘린우드 총무에게 서신을 쓴 것 같다.[22]

> "전략. 우리들에게 새 건물들의 건축을 감독할 미국인 건축가 한 명이 곧 필요합니다. 동시에 그는 새 병원 건물도 감독할 수 있으며, 밀러의 집과 게일의 집도 있습니다. … 현재 이곳에서 우리는 매우 좋은 중국인 건축업자를 구할 수 있는데 필드 의사의 집을 지은 자로 신뢰할 수 있으며, 미국에 다녀온 적도 있는데, … 침례교회에서 세례를 받은 자입니다. 따라서 모든 일을 감독할 좋은 감독자로서 이 중국인이 제대로 일하고 있는 지를 지켜볼 수

있는 자라면 우리에게 족할 것입니다. 이뿐 아니라 캐나다 토론토의 연방생명 빌딩에 있는 고든 씨에게 편지를 쓰고 있습니다. 그는 토론토의 건축사 자격증을 가진 자로서, 고든과 힐리웰 회사 소속이며, 캐나다에서 여러 정부 청사들의 입찰에 참여하여 공사를 따낸 자입니다. 그는 한국 선교에 상당히 많은 관심을 가지고 있습니다. … 건축가 한 명이 이곳에 와서 일 년 반 동안 현장에 있다가 미국으로 돌아가는 경비로 우리는 6,000엔 혹은 금화 3,000달러를 책정하였습니다. 만일 그가 감독할 수 있는 선교회 건물 때문에 일 년 이상 머물러야 한다면 추가 시간에 대해서는 선교본부가 지불해야 한다고 생각합니다. 후략."

고든의 한국여행 경비는 세브란스 씨가 지불하였다고 에이비슨 박사는 추정하였다. 두 사람은 친구였으므로 이 추측은 신뢰할 수 있는데 언더우드의 편지와 약간 차이가 있다.

완벽

숱한 우여곡절 끝에 그래도 대미를 장식한 세브란스 기념병원의 첫 번째 수술환자는 10월 4일의 백내장 환자였다. 앞으로 세브란스 기념병원은 "빛으로 인도한다"는 정신을 강조하여 특별히 선택되었다.[23] 첫 번째 입원환자는 성홍열을 앓던 두 아이였다. 이 두 아이의 형들은 불행히도 같은 병으로 죽었다. 에이비슨 박사도 한국에 부임하는 캐나다 여행길에서 아들 하나를 성홍열로 잃었다.[24]

록펠러도 외손자를 50만 달러의 상금에도 불구하고 성홍열로 잃었다. 이에 비하면 첫 번 환자 두 아이는 마침 세브란스 병원이 있었기에 목숨을 건질 수 있었던 행운의 아이들이었다.[25] 아직 병동은 하나뿐이고 별도의 전염병동이 준비되지 않아서 본관을 사용해야 했으므로 일반 환자를 받기 전에 철저히 소독을 하였다. 그러나 이것은 첫 시작에 불과하였다. 앞으로 전염병동도 필요하고 숙소도 지어야 하고 의사도 필요하다. 그러나 시급한 것은 병원과 독립된 의학대학 건물이었다.

세브란스 기념병원의 정신적, 신체적 특징 가운데 정신적 특징은 제8장에서 기술하기로 하고 여기서는 몇 가지 신체적 특징을 열거하겠다. 첫째, 일본에도 이처럼 완벽한 병원이 없었다. 둘째, 병원 내에 있는 의학대학의 수업연수가 8년이었다. 셋째, 파스퇴르 연구소(The Pasteur Institute)가 있었다.

제1장에서 소개한 알렌 공사가 미국 국무장관 앞으로 보내는 편지(No. 828)에서 밝힌 것처럼 일본에서 파견한 감독관리가 일본에도 이보다 큰 병원은 여럿 있지만 이처럼 완벽한 병원이 없다고 보고했다. 이 일본 관리의 보고뿐만 아니라 당시 클리블랜드 병원의 사정에도 적용될 수 있다.[26] 그런데 "완벽"하다는 것은 무슨 뜻인가.

헐버트 박사가 해리 장을 고용하여 자신의 집을 지었다. 지금의 조선호텔 부근이다. 아래층의 내장이 끝나기 전에 그는 입주하였다. 어느 날 밤 그는 이상한 소리를 들었다. 날씨는 좋았고 천둥도 없었다. 한국에는 지진이 거의 발생하지 않았는데 그날 서울의 한복판에서 지진이 발생한 것이다. 헐버트의 한국 친구들이 집 밑에 있던 용이 이제 잠이 들었으므로 더 이상 깨어나지 않을 것이라고 일러주었다.[27] 지진을 이렇게 설명하는 것으로 보아 지진이 전혀 없었던 것은 아니라고 생각할 수 있다. 땅이 심하게 흔들렸는데 완공되지 않았음에도 불구하고 집이 무사하였던 것은 해리 장이 제대로 지은 덕택이다. 세브란스 기념병원도 제대로 지었을 것이다. 그러나 병원의 "완벽"한 점은 이런 뜻이 아니었을 것이다.

세브란스 병원은 지하 1층 지상 2층 벽돌 건물인데 건축비만 2만 5천 달러에 달하였다. 최초에 세브란스 씨가 보낸 건축비가 1만 달러였는데 러일전쟁으로 인건비와 자재비가 앙등하여 결국 세브란스가 보낸 건축비는 2만 5천 달러에 달하게 된 것이다.[28] 여기에 별도로 보낸 대지 구입비용 1만 달러는 제외되었다.[29] 여기서 몇 가지 질문이 제기될 수 있다.

첫째, 세브란스의 최초의 약정금액 1만 달러는 얼마나 큰 금액이었을까. 이 질문이 중요한 것은 흔히 당시의 거부들이 미국 내의 대학을 설립할 때 수백만 달러를 기증하는 것과 비교하여 별 것 아닌 것처럼 여길 수 있기 때문이다. 그러나 처음부터 수백만 달러를 전액으로 지불하는 경우는 없다. 록펠러가 시카고 대학을 설립할 때 3천5백만 달러는 시카고 대학의 수많은 건물을 모두 포함한 것이고 더욱이 그 지불은 한꺼번에 이루어진 것이 아니었다. 카네기가 2천3백만 달러로 카네기 공과대학을 세울 때에도 수년에 걸쳐서 조금씩 기증하며 증액하였다. 세브란스 씨도 마찬가지였다. 〈자료 Ⅲ-33〉가 보여주는 그의 기부장부가 그것을 증언하고 〈자료 Ⅵ-8〉의 편지도 마찬가지이다. 세브란스 병원 건축을 위하여 에이비슨에게 1만 달러를 약속하였지만 아직 지불하지 않았다. 평양 선교사들이 5천 달러면 충분하다고 주장하자 5천 달러만 기증하겠다는 발언은 아직 지불하지 않았다는 증거이다.

또 당시에 미국과 한국의 경제 규모나 인건비 자재비를 비교해야 한다. 이 작업은 하나의 논문이 될 것이다. 1904년 당시 한국인 1가구당 연소득이 70달러 정도였다.[30] 이 비율을 적용시키면 오늘날 1인당 소득은 2만 달러이므로 세브란스 병원 건축 예산 1만 달러는 3천만 달러에 해당한다. 이것은 최초의 예산규모였고 토지매입비 없이 최종 건축비 지급만 2만 5천 달러였으니 세브란스 기념병원은 7천만 달러의 건물이 된 셈이다.

1884년 미국 북장로교 총회의 한국 선교 예산 총액이 6,319달러 70센트였다.[31] 이 금액을 16년 후의 1900년의 가치로 환산한다 하여도 이자율을 5부로 칠 때 약 1만 3천 달러가 된다. 거꾸로 역산하면 1900년 세브란스 씨의 최초의 약정금액 1만 달러의 1884년의 가치는 북장로교 한국 선교 예산 총액과 맞먹는 크기였다. 그러나 선교본부의 예산은 증가하니 1900년의 그것은 4만 9천 달러에 달하였다. 세브란스의 최초 약정의 5배로 성장하였다. 예산액은 대체로 평균 10~20퍼센트의 성장세를 보였는데 세브란스 장로가 한국을 방문한 이듬해 1908년에는 40퍼센트가 증가하여 증가율로 최고치가 되었다.[32] 세브란스 장로의 보고서를 발견하지 못하여 그의 방문 효과를 알 수가 없지만 우연의 일치였을까. 그전 해에는 처음으로 일본 예산액을 넘었다. 당시 한국 장로교회의 재정 형편을 살펴보면 1899년 헌금 총액이 1,538원(770달러)에 불과하였다.[33] 한국 장로교 총 헌금을 15년을 모아야 세브란스 병원의 최초 1만 달러가 되는 형편이었으니 준공까지 지출된 금액을 모으려면 30년을 기다려야 했다.

이러한 요인들을 모두 고려하지 않는다 하여도 1만 달러면 미국에서도 대학 건물 한 채의 가격이었다. 앞서 우스터 대학의 도서관 건축을 위해서 헨리 프릭(Henry Frick)이 1만 달러를 기증하였고, 대학교회 건축을 위하여 사라 데이비드슨(Sarah Davidson)이 1만 5천 달러를 기증하였다. 앤드류 카네기(Andrew Carnegie)도 홀덴 총장에게 처음에는 1만 달러를 보냈다. 세브란스 씨도 애초에 우스터에 약정한 금액이 1만 달러였다. 앞서 말했듯이 카네기 도서관의 건축과 책 구입 평균 비용이 2만 달러였다. 1913년 하와이 교포들이 한인학교를 설립하고자 모은 기금이 3만 달러였다.[34] 1900년 당시에 미국에서도 대체로 이 정도 금액이면 벽돌로 된 대학건물이나 병원 한 채를 지을 수 있었기 때문에 부자들이 기부하는 초기 금액이 대체로 이 정도였다(자료 Ⅶ-1). 당시 한국과 미국의 인건비와 자재비를 비교하면 한국에서 2만 5천 달러의 벽돌 건물은 훌륭한 건물이라 쉽게 추측할 수 있다.[35] 분쉬 박사의 일기에 의하면 고종 황제가 독일인 의사 분쉬 박사에게 제의한 구 제중원 인수가격이 1만 6천 달러였다. 세브란스 기념병원과 그 규모나 모양을 비교할 수 있는 서울의 기독청년회관도 1907년 5월에 착공되었는데 건축비가 4만 달러였다.[36] 〈자료 Ⅲ-6〉의 클리블랜드의 기독청년회관과 서울의 황성 기독청년회관을 비교하면 그 규모를 짐작할 수 있다. 1906년 중국의 북경협화대학의 건축비용이 5만 달러였는데 그의 3분의 1을 중국인이 담당하였다.[37] 1907년 윤치호가 개성에 지으려는 기독교인 거류지의 교회, 학교, 숙소의 건축비도 2만 달러였다.[38] 참고로 세브란스 병원 건축비를 다른 건축비와 비교할 수 있다. 1897년 미국 공사관이 새 건물을 국무성에 요청하면서 서울 주재 각국 공사관의 건축비를 첨부한 사실을 살펴볼 수 있다.[39] 지금도 남아있는 러시아 공사관은 2만 5천2백 달러, 일본 공사관은 4만 달러, 프랑스 공사관은 2만 6천 달러라고 보고하며 미국 공사관은 3만 달러여야 한다고 요청하였다(자료 Ⅶ-2).

〈자료 Ⅶ-1〉 세브란스 기념병원과 외국의 여러 대학 건물의 건축비

건물이름	건축연도	건축비[40]
우스터 대학 도서관[41]	1902~1906년	60,000달러
우스터 대학 화학관(세브란스관)	1902~1903년	60,000달러
우스터 대학 교회	1903년	30,000달러
카네기 도서관	1900~1920년	20,000달러(평균)
중국 북경협화대학	1906년	50,000달러[42]
서울 세브란스 기념병원	1902~1904년	25,000달러

출처: 세브란스 기념병원과 외국의 여러 대학 건물의 건축비/ 저자 작성

〈자료 Ⅶ-2〉 세브란스 기념병원과 서울의 외국 공사관 건물의 건축비

건물이름	건축연도	건축비
러시아 공사관	1890년	25,200달러
일본 공사관	1890년대	40,000달러
프랑스 공사관	1897년	26,000달러(예상)
미국 공사관	1897년	30,000달러(예상)

출처: 세브란스 기념병원과 서울의 외국 공사관 건물의 건축비/ 저자 작성

루터란 병원(1896)

원저 병원(1898)

여성 병원(1894)

클리블랜드시립 병원(1888)

세브란스 병원(1904)

페어뷰 병원(1892)

출처: 연세대학교/ History of Philanthropy of Cleveland Ohio

〈자료 Ⅶ-3〉 세브란스 생전 클리블랜드의 각종 병원들과 세브란스 병원

둘째, 최초의 1만 달러는 어떤 근거에 의한 금액인가. 에이비슨 박사가 캐나다에서 안식년을 보내며 서울에 40명의 환자를 입원시킬 수 있는 새 병원을 구상하고 있을 무렵 친구인 설계사 고든(Henry B. Gorden)을 찾아가서 상의하였다 함은 앞에서 설명하였다. 1만 달러라는 금액은 캐나다인 설계사 고든의 머릿속에서 나왔으니 이 정도면 대체

로 캐나다에서 대학건물 한 채의 비용이라고 생각해도 좋을 것이다. 고든은 토론토 대학의 위클리프 교회(The Wickliff Church)와 자신이 세운 고든 신학선교대학을 설계한 적이 있다. 북경의 선교병원도 설계한 경험도 있다.

우연의 일치인 것은 에이비슨이 고든과 이러한 상의를 하고 있을 무렵에 서울 장로교 선교부에서 병원 건립기금으로 1만 달러를 모금해달라고 뉴욕 선교본부에 요청하였다는 점이다. 에이비슨은 이들과 상의한 적도 없었는데 동일한 결과를 제시한 셈이다. 이것은 세계 각국의 사정을 누구보다 잘 알고 있는 선교본부도 1만 달러이면 현대식 병원을 지을 수 있다고 판단했음을 뜻한다. 세브란스는 에이비슨이 요청한 이 금액을 들어준 것뿐이다.

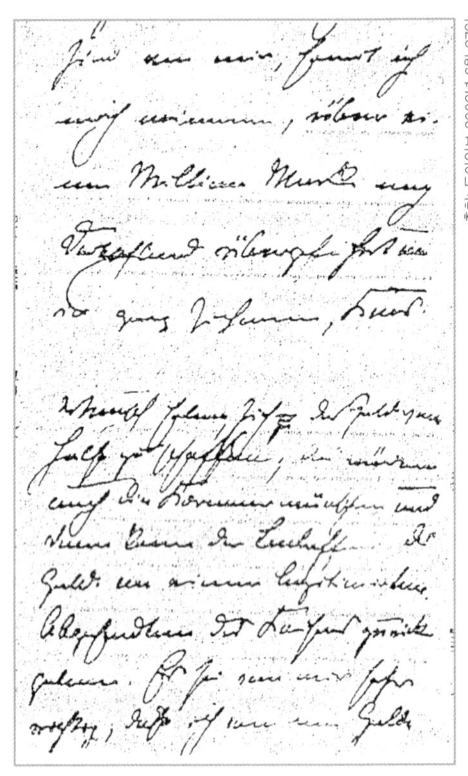

〈자료 Ⅶ-4〉 주한 독일공사가 독일 외교부차관에게 보낸 고종 황제의 예금 사건 보고서

출처: 동아일보 2008년 6월 27일

오히려 세브란스는 좋은 병원을 짓는 것이 목적이지 비용이 문제가 아니라고 말하며 비용이 증가될 때마다 미안해하는 에이비슨 박사를 격려하였다.[43] 뉴욕 선교본부는 설계자 고든을 세브란스 기념병원의 건축을 감독하도록 1901년 5월 6일 서울에 파견하였다. 이 감독자의 경비를 누가 담당하였겠는가? 아무도 가르쳐 주는 사람은 없었지만 에이비슨 박사는 마음속으로 알고 있었다. 세브란스 씨였다.[44]

셋째, 세브란스가 활동하던 클리블랜드시의 각종 병원의 규모와 서울의 세브란스 기념병원의 크기를 비교하면 결코 작은 병원이라고 단정 지을 수 없다(자료 Ⅶ-3). 클리블랜드의 여러 병원에 관여한 경험이 있었던 세브란스는 그에 근거하여 판단했을 것이다.

넷째, 한국에는 이만한 돈이 없었겠는가. 1886년 민상호와 윤정식 두 청년이 홍콩의 프랑스 은행에 예치된 민영익(민 왕후의 조카)의 예금 1만 2천 6백 달러를 훔쳐 미국으로 달아났다.[45] 어느 날 고종 임금이 비밀리에 헐버트 박사에게 편지를 보냈다. 상

해의 독일 아시아 은행(Deutsche Asiatische Bank)에 예치된 자신(고종)의 25만 달러 이상의 예금을 일본이 동결하거나 빼돌릴까 걱정하며 헐버트에게 조사해달라는 내용이었다. 헐버트가 의뢰한 뉴욕 변호사가 베를린의 본점에 문의한 결과 한국 정부의 내무대신(Minister of Household)의 권한으로 일본인이 찾아갔다는 것이다. 내무대신은 일본이 임명한 대신이었다.[46] 1905년 10월에 을사보호 조약의 성사시키기 위해서 이토 히로부미가 뿌린 돈이 1백 50만 달러였다.[47] 1907년 당시 국가 부채가 1천 3백만 원이었다.[48] 그해 1월에 서상돈은 국채보상 운동을 한다고 전국적으로 금연운동을 시작하더니 모은 돈을 자신이 챙겨버렸다는 의심을 샀다.[49] 1905년 2월 왕자 이강(李堈)이 미국 유학에서 귀국하려 할 때 그를 싫어하는 엄비가 그가 귀국하지 못하게 보낸 학자금이 2만 5천 달러였다. 그가 미국으로 가지 않고 일본에 주저앉자 엄비가 다시 보낸 돈이 1백 50만 달러였다.[50] 주한 미국 공사 모건이 탄식하기를 "한국 국민이 가련합니다. 내가 9만 리를 돌아다녀 보고 상하 4천 년의 역사를 보았지만 한국 황제와 같은 사람은 처음 난 인종이라고 할까요?"[51] 풍전등화 앞에 놓인 백성을 서양 사람이 돕고 나섰는데 정부 관리는 홍콩 은행으로 돈을 빼돌리고 매국노들은 뇌물 받고 있었으며 왕비나 왕자는 그만한 돈을 그렇게 쓰고 있었다.

병원[52]

건축비 2만 5천 달러의 세브란스 기념병원의 모습의 기록을 보면 다음과 같다.

"너비 13미터 길이 27미터의 지하실이 있는 2층 건물이다. 지하실의 천장은 아주 높고 밝아서 3층인 셈이다. 모두 합쳐 300평의 건물이다. 지하실에는 외래가 자리 잡았다. 2개의 대기실, 1개의 진찰실, 1개의 실험실, 약국, 1개의 약품창고, 보일러와 석탄저장고, 주방과 세탁실, 건조실로 구성되었다. 1층에 의사의 사무실, X-선 시설, 증기탕 시설, 관절치료를 위한 뜨거운 공기 기구, 코와 목 등의 치료에 필요한 압축공기 기구, 기타 특별 기구, 3개의 남자입원실, 침대보를 두는 벽장, 남자화장실과 목욕실, 여자화장실과 목욕실, 집회장이 있었다. 이 모든 시설과 기구에 공급하는 전력실이 진찰실과 문으로 통해 있었다."

“2층은 온전히 남성외과만을 위해 정해졌다. 여기에 수술실이 있는데 문을 열면 의사를 위한 수세실 및 소독실이 붙어 있다. 수술실은 길이 5.3미터에 너비 5.3미터이며 높이가 4.7미터이다. 북동쪽을 바라보는데 그쪽은 잔디라서 자연광 이외에 수술실에 쓸데없는 빛의 간섭이 없이 이상적인 빛만 반사한다. 수술실은 흰색의 에나멜을 입힌 철제 수술 기구와 수세 소독 기구가 자리 잡고 있고 작업이 제대로 되도록 배정되어 있다. 2층에는 7개의 입원실, 침대보 벽장, 목욕실, 화장실, 간호사실, 소규모 수술실이 있고, 주방이 있는데 이 주방의 벽장과 1층 주방의 벽장이 연결되어 그 속에서 도르래로 움직이는 승강기(dumb-waiter)로 아래층에서 위층으로 음식을 올린다. 의사는 사무실에 앉아서도 모든 방과 연결된 소리 관으로 어느 곳과도 대화할 수 있다. 병원과 의사의 집은 전화로 연결되어 있다. 외국인 환자의 편의를 위해서 병원 전화가 도시의 전화망과 연결되었다.”

“건물의 벽과 천장은 부드러운 색깔로 칠했는데 물로 닦을 수 있고 깨끗하게 유지할 수 있다. 이래서 구석도 먼지가 쌓이지 않는다. 개인 입원실은 혼자 있고 싶어 하는 환자에게 맞도록 꾸며 졌다. 외국인에게도 적합하다. 목욕실, 화장실, 세척대야가 현대식으로 꾸며졌고 급수관으로 온수와 냉수가 공급된다. 건물 전체가 더운물에 의한 중앙난방식이다. 그래서 연기나 석탄 먼지, 재가 일어나지 않는다. 똑같은 실내온도가 유지된다. 건물 전체에 공급되는 전기가 입원실에 가스냄새가 나지 않게 해주어 큰 도움을 준다. 환기도 잘된다. 문 위에 설치한 통풍창과, 더운 새 공기는 들여보내고 냄새나는 공기는 밖으로 내보내는 판막이 붙은 기구에 의해 환기가 된다. 그 결과 입원실의 문을 닫거나 창문을 닫아도 새 바람이 들어오는지 느끼지도 못하면서도 항상 새 공기가 공급된다.”

“실험실은 혈액, 오줌, 대변, 가래 등을 검사하는 최신 기구를 갖추었다. 이 기구는 전적으로 병원이 개원하고 얼마 되지 않아 입국한 스미스 박사(Roy K. Smith, MD)의 덕택이다. 스미스 박사 부부는 집을 구할 수 없어 임시로 새 병원의 비어있는 병실에서 기거하였다. 그는 한국어를 공부하면서 최신의 실험방법을 배운 대로 실험실에서 일했다. 그는 갖고 온 실험기구로 진단하는 방법을 도입하였다. 그의 진단은 전에는 없던 방법이었다.”[53]

“토끼장이 준비되었고 파스퇴르 연구소가 조만간 문을 열 것이다. 미친개에게 물린 사람이 파스퇴르 방식에 따라 즉시 치료를 받을 것이다. 이런 사고가 자주 일어나기 때문에

이 연구소의 필요성을 강조한다."

규모는 작았지만 이러한 시설이라면 19세기 말과 20세기 초 세계의 어떤 병원에 뒤지지 않았을 것이다. 세브란스의 사위 더들리 피터 알렌 박사가 1883년에 클리블랜드시의 레이크사이드 병원에 왔을 때 수술기구와 위생시설이 부족했다고 술회하였다.[54] 앞서 설명했다시피 레이크사이드 병원은 세브란스의 어머니 메리가 세운 병원이었다.

박사

1910년 미국의 교육학자 에이브러햄 플렉스너 박사(Dr. Abraham Flexner)[55]가 『미국과 캐나다의 의학교육 *Medical Education in the United States and Canada*』이라는 보고서를 출간하였다(자료 Ⅶ-5). 이것이 유명한 『플렉스너 보고서 *The Flexner Report*』이다.[56] 1908년 미국의학협회(American Medical Association)는 카네기 교육재단(The Carnegie Foundation for the Advancement of Teaching)에 의학교육 실태를 조사해 줄 것을 의뢰하였다. 그는 후일 독지가를 설득하여 프린스턴 대학 내에 고등연구소를 설립하여 교육은 하지 않고 연구만 하는 학자들을 초청하였다. 아인슈타인 박사가 그 1호였다. 그의 동생 사이먼 플렉스너(Simon Flexner)는 록펠러를 도와 록펠러 의학연구소를 설립하였다.

카네기 교육재단의 후원을 받은 플렉스너 박사는 1909년에 미국과 캐나다의 155개 의과대학을 빠짐없이 방문하여 조사한 결과를 보고한 것이

MEDICAL EDUCATION
IN THE
UNITED STATES AND CANADA

A REPORT TO
THE CARNEGIE FOUNDATION
FOR THE ADVANCEMENT OF TEACHING
BY
ABRAHAM FLEXNER

WITH AN INTRODUCTION BY
HENRY S. PRITCHETT
PRESIDENT OF THE FOUNDATION

BULLETIN NUMBER FOUR (1910)
(*Reproduced in 1960*)
(*Reproduced in 1972*)

437 MADISON AVENUE
NEW YORK CITY 10022

출처: Flexner Medical Education in the United States and Canada 1910

〈자료 Ⅶ-5〉 1910년 플렉스너 보고서 『미국과 캐나다의 의학교육』의 표지

다. 155개 의과대학 가운데 단지 23개 의과대학만이 고등학교 졸업장 이상을 요구하고 나머지는 그러한 수준에도 못 미치는 것이었다. 심지어 고등학교 졸업장도 요구하지 않는 의과대학도 있었다. 어떤 의과대학에서 플렉스너가 학장에게 실험실을 보여달라고 하자 "문제없습니다. 2층에 가서 그것을 가져오지요"라고 말하고는 혈압기를 갖고 나타났다. 어떤 대학은 책상, 걸상, 칠판이 전부였다. 대부분의 의과대학 교수들에게 강의는 부업이었고 개업이 본업이었다. 주요 의과대학도 대동소이하였다. 황량하고 위험해 보였으며 개업의사들이 가르치도록 방치되었다. 기준이 없어서 대학 졸업장을 요구하는 대학이 없었다. 연구의 동기가 없어서 의학은 과학과 추측 사이에서 헤매는 형편이었다. 플렉스너 보고서의 결론은 의과대학 입학생은 대학 졸업생에 한정해야 한다는 것이다. 최소 7년의 교육기간을 요구하였다.

> "현재 수준으로는 제대로 훈련된 의사를 배출할 수 없다는 사실을 확인하였다. 우리는 수년 내에 학생들을 지식으로 무장시키고, 의학의 방법과 정신으로 훈련시켜, 활발하게 배우고 관찰하고 읽고 생각하며 실험하는 사람으로 만들어 내보기를 희망한다."[57]

플렉스너 보고서는 공전에 없던 일로 그 충격은 실로 엄청났다. 155개 가운데 100개 이상의 의과대학이 사라지거나 다른 대학에 흡수되었다. 플렉스너 보고서가 나오기 10년 전인 1900년에 이미 클리블랜드의 웨스턴 리저브 대학교 의과대학의 학장이 된 벤자민 밀리킨 교수(Benjamin Millikin, MD)는 대학졸업장을 가진 학생만 입학생으로 선발할 것을 결심하였다. 앞서 소개한 대로 밀리킨 학장은 루이스 헨리 세브란스의 조카사위였다. 실시한 첫 해 1901년에 입학생 수가 37명에서 17명으로 격감하였다.[58] 그해(1901)에 러들로 박사는 이 의과대학을 졸업하였는데 그는 이미 대학 졸업장을 갖고 의과대학에 입학하여 졸업했으니 7년 과정을 수료한 의사로서 당시 미국에서도 드문 학력의 의사가 된 셈이다. 밀리킨 학장은 학생 수의 격감에도 굴하지 않고 계속 그 정책을 고집하였다. 매년 입학생 수는 줄어갔다. 그러나 7년이 지난 1908년에야 비로소 30명이 되어 정상을 회복하였다.[59] 여기에 더하여 웨스턴 리저브 의과대학은 세브란스의 사위 더들리 피터 알렌 교수에게 의학교육개혁의 보고서를 작성할 것을 의뢰하였다. 그는 1907년 7월 8일에 훌륭한 보고서를 제출하였다.[60] 에이브러햄 플렉스너가 웨스턴 리저브 의과대학을 방문하고 미국 의과대학 가운데 존스 홉킨스 의과대학 다음으로 2

등으로 평가한 것은 밀리킨 학장과 알렌 교수의 덕택이다.

"웨스턴 리저브의 미래에 대해서 의심의 여지가 없다. 이 대학은 이미 미국에서 가장 훌륭한 의과대학 가운데 하나이다."[61)]

이것이 웨스턴 리저브 의과대학에 대한 플렉스너 보고서의 평가였다. 이때 러들로 교수가 재직 중이었다. 이상이 1900년 미국과 캐나다 의과대학의 사정이었다.

세브란스 의학대학의 수업연한은 1901년부터 시작하여 1908년에 졸업한 제1회 졸업생, 1911년의 제2회 졸업생, 1913년의 제3회 졸업생은 모두 7~8년을 수학하였다. 당시 중국 제1의 의과대학이라는 북경협화의과대학(The Union Medical College of Peking)과 소주(蘇州)의과대학의 수학기간은 5년이었고[62)] 만주 목단의학대학에서도 5년이었다. 광동(廣東)에서는 4년이었고[63)] 인도 봄베이 부근의 미라즈(Miraj) 의과대학에서도 4년이었다.[64)] 평양의 제중원의학교의 수학기간은 3년이었다.[65)] 에이비슨도 처음에는 한국의 사정을 고려하여 빨리 의사를 길러내야 하므로 3년 정도로 생각했으나 가르치는 과목이 많고 임상도 거쳐야 하므로 3년으로는 부족하다고 느꼈다. 의사가 턱없이 부족하지만 7~8년을 결심하였다. 그가 모범으로 삼은 의학대학은 그의 모교 토론토 대학의 의과대학이었다.

"의학교육에 대한 나의 이상은 토론토 대학의 제도이다."[66)]

플렉스너 보고서도 토론토 의과대학은 교수진, 재정, 예산, 학생 수에 있어서 우수한 의과대학으로 평가하였다. 토론토 의학대학은 대학 졸업생만 입학시키므로 7년제였던 셈이다. 에이비슨 박사 자신도 초등학교 교사를 하다가 온타리오 약학대학을 졸업하고 잠시 약국 근무를 거쳐서 토론토 의학대학을 입학하여 졸업하였다. 학업과 임상을 모두 합쳐 7년을 보냈다. 러들로 박사와 동일한 학력이었다. 다시 말하면 세브란스 의학대학의 에이비슨과 러들로는 학력에 있어서 이미 동시대의 의사들보다 앞섰다는 것이다. 고종의 어의 웨버 박사는 독일의 의사였는데 편지에 자신의 학력에 대하여 기록하였다.[67)]

"영국 국가고시를 마칠까 합니다. 베를린에서 시 소속 의사로 근무하려던 계획은 유감스럽게도 수포로 돌아갔습니다. 하지만 영국에서 시험을 보아 한 과목만 더 합격하면 이곳에 와 있는 [웨어 박사를 비롯하여 성공회 병원의] 세 명의 영국인 의사보다 한 등급 높은 학위를 따게 됩니다."

세브란스 의학대학의 교육연한에 대한 에이비슨의 결심은 1905년 장로교 선교부 의료위원회에 보고된 다음의 글이 확인해 준다.

"제8항. 2년 전에 채택되었던 재한 선교부의 지시에 따라 에이비슨 박사는 의학부 과정은 7년제로 약학부 과정은 3년제로 편성하였다."[68]

그러나 에이비슨이 손수 작성한 기록은 이와 다르다(자료 Ⅶ-6). 당시 학생들은 사회 풍속으로 이미 결혼했거나 학생 신분으로 결혼하였으므로 가장의 의무를 포기할 수밖에 없었다. 여기에 학비까지 가족에게 부담 지우면 입학할 사람이 없게 될 것이다. 에이비슨은 자금을 조달하여 급료를 주는 방법을 택하였다. 대신 중도에 그만두면 급료를 반환해야 하므로 보증인을 세우도록 하였다. 학생에게 주는 월급은 1학년부터 8학년까지 점차 증가하였다.

1학년 없음
2학년 3원(충분한 식비에 해당)
3학년 5원
4학년 6원
5학년 7원
6학년 8원
7학년 9원
8학년 10원(5달러)

고학년이 당시 보통사람의 평균급료를 받을 수 있었던 것은 급료를 받는 대신 병원 일을 도울 수 있었기 때문이다. 외래, 소독, 간호 등을 시키면 실습도 되며 월급도 벌 수

IO

One of them applied for re-admission but as I had not funds on hand to provide even his food I could not at that time receive him. This boy was Suh Hyo Kwon of Chang Yun and some money xx which can be applied fon this purpose having since come in I have arranged for him to come back on Sept. Ist.

The two boys living in Seoul came back as soon as the Dispensary was reopened and asked to be re-instated. Having apologised for former misbehavings I allowed them to return and soon afterwards added three new boys who seemed likely to do well but one of these was soon sent away as he did not develop the qualities which are necessary to success in the medical calling. We have therefore had five students and expect to open on Sept. Ist with six.

The rule under which they are received is that they agree to remain for 8 years or until they complete the required course of study and are considered competent to go out as doctors. If they leave before that time, they must return to us all the money that has been spent upon them. This agreement must be ratified by a responsible person on the student's behalf and an undertaking entered into for its carrying out.

The present staff consists of

Chun Pyung Say,	fifth year,	
Suh Hyo Kwon,	fourth year,	son of Suh Kyung Jo,
Pak Suh Yang,	second year,	,, ,, Pak , the butch
Kim Chung Won,	second year,	
Hong In Hoo,	first year,	,, ,, Hong
Hong Tuk Soo,	first year,	Son-in-law-to-be of Suh Sang Yu

All these are Christians.

One difficulty in the way of keeping young men as students for so many years is the financial one. They are either married before they come to us or they marry soon after in accordance with the almost universal Korean customs of marrying early so that as the years go by their responsibilities increase and few are so placed that they can depend upon their parents or others to supply their needs. It becomes therefore necessary that they must have some way of earning a living wile they are continuing their studies. To this end as well as to give them a practical experience in all lines that pertain to medical work they are employed as dispensers, dressers, nurses &c. and I have arranged a scale of remuneration based upon length of service, proficiency, etc. which will enable them to go through their long period of apprenticeship with a moderate degree of comfort.

This schedule is as follows

First year	No remuneration
Second year	Enough to provide food for himself, say 3 yen
Third year	Five Yen per month
Fourth year	Six ,, ,, ,,
Fifth year	Seven ,, ,, ,,
Sixth year	Eight ,, ,, ,,
Seventh year	Nine ,, ,, ,,
Eighth year	Ten ,, ,, ,,

This gives the total cost of a student for eight years as 576 Yen or $288. C Gold, or an average of $36.00 gold per year. By such a scheme I hope to keep together a good class who will become useful helpers and physicians, ready to fill any position

출처: 연세대학교

〈자료 Ⅶ-6〉 1900년 에이비슨 박사의 세브란스 의학대학 수학기간 계획

있었다. 말하자면 한국 최초의 조교장학제도가 탄생한 것이다. 에이비슨 박사 자신이 온타리오 약학대학 다니며 토론토 약국에 근무할 때 이 제도의 혜택을 받은 바 있다.

이처럼 1901년 당시 세브란스 의학대학은 8년제 대학으로 세계적으로 일류 의과대학의 기준에 맞추었다. 동양에서 이 기준에 맞춘 유일한 의과대학이 되었다. 에이비슨 박사는 1908년 6월 3일 제1회 졸업식에 대하여 다음과 같이 말했다.

"이 졸업식은 한국에서 외국 기준에 맞는 의학교육을 실시하여 의사로서 배출하는 제일 처음의 일이었기에 우리는 되도록 성대히 거행하려고 하였다."[69]

그 전해 1906년 10월에 대한제국은 박사(博士)를 사업(司業)이라 개칭하였다. 일본 사람들이 한국에서 급제한 사람을 박사로 호칭하는 것을 비웃었다고 이렇게 개칭한 것이다.[70] 그런데 세브란스 졸업생을 일본의 의학학사(MB)와 달리 의학박사(MD)로 불렀다. 융희 3년(1909) 10월 31일 자 대한매일신보 광고에 다음과 같은 글이 이 사실을 확인해 준다.

"본원(本院)[71]에서 금년 1월부터 주 박사(朱博士) 현칙(賢則) 씨 영빙하여 시무하옵더니 위번다(爲煩多)하와 1분(壹分)의사론 난가지영(難可支營)이오매 경성 남문 제중원에셔 고명(高明)하신 의학박사 김희영(金熙榮)[72] 씨를 영빙하왔사오니"

주현칙(1883~1945)은 세브란스 제1회 졸업생인데 선교사를 통해 상해 임시정부에 독립자금을 보낸 사실이 탄로 나서 고문 끝에 그 후유증으로 사망하였다. 1972년 독립유공자 건국후장을 추서하였다. 같은 신문 11월 16일 자에도 비슷한 광고를 볼 수 있다.

"본원[73]을 작년 음(陰) 11월 분(分)에 설립하고 평양 의사 최용화(崔龍化) 씨로 동사(同事) 개업이옵더니 우원(右員)이 인사귀향(因事歸鄕) 되옵기 호상 분장(分掌)하고 경성 제중원에서 졸업하고 해원(該院)에서 진료에 종사하던 의학박사 신창희[74], 홍종은 양씨를 연빙(延聘) 시무하오니"

그러나 조선총독부는 1914년부터 수학연한을 일본식의 4년으로 제한하여 졸업 후 1년 동안 임상 실습으로 보충하는 인턴제도로 대체하게 되었다.

학생들의 수준에 대한 기록도 전해온다. 에이비슨은 제1회 졸업생 7명의 실력을 다음과 같이 평가하였다.

"내가 토론토 대학 의학부에 있을 때에 학생시험을 받아본 경험이 많지만 당시 [세브란스의] 일곱 명 학생의 성적과 같이 우수한 성적을 보지 못하였다. 일곱 명 중에 한 사람도

70점 이하를 한 사람이 없게 되었다."[75]

"이것은 다 학술시험을 말한 것이지만 이밖에도 실제 실험시험도 보았다. 그런데 당시 우리 학생들에 있어서 실제 실험이 학술시험보다 비교적 쉽게 되었다. 왜 그러냐 하면 반에 학생 수가 적고 모든 수술에 학생들이 가서 조수노릇을 하게 된 연고였다. 그들은 일반 외과 치료에만 조수노릇을 할 뿐만 아니라 진찰과 치료에 있어서 모든 종류의 질병을 전부 취급하게 되었음으로 그들의 기술이나 경험은 학술에 비할 것이 아니었다."[76]

백신

광견병균을 발견한 파리의 파스퇴르 연구소(the Pasteur Institute)가 1888년에 설립되었고, 1881년에 콜레라균을 발견한 베를린의 코흐 연구소(the Koch Institute)는 1891년에 설립되었다. 일본의 기타사토(北里) 박사가 코흐 연구소에서 세균학을 연구하여 파상풍균을 발견하고 돌아왔지만 도쿄 대학을 비롯하여 주요대학에서 받아주지 않았다. 당시에 세균학은 생소한 것이었다. 그는 독자적으로 기타사토 전염병균연구소(北里傳染病硏究所)를 설립하였다. 이때가 1892년이다. 이에 비하여 당시 미국에서는 의학연구소의 개념이 전무하였다.

1904년 세브란스 병원의 파스퇴르 연구소가 비록 그 규모가 작았지만 세계적으로 보았을 때 희소한 의학연구소 가운데 하나가 되었다. 이 연구소는 1914년 러들로 교수에 의해 의학연구소(The Research Department)로 발전하였다. 그런데 세브란스 병원의 파스퇴르 연구소의 탄생에는 에이비슨 박사 자신의 경험이 배어 있다.[77]

1904년 에이비슨 박사의 아이가 미친개에게 물렸다. 당시 한국에는 백신이 없었는데 일본 나가사키(長崎) 의학교에 있다는 사실을 알았다. 고종의 어의 독일인 의사 분쉬 박사의 일기를 보면 1902년에 서울에도 이미 광견병 예방주사가 있었다고 보고하고 있다. 마침 러일전쟁 중이었으므로 일본에 간다는 것은 불가능한 것처럼 보였다. 다행히도 일본 공사의 도움으로 제물포에서 떠나는 군함을 타고 갈 수 있었다. 치료를 마치고 에이비슨은 백신을 만드는 방법을 배웠다. 서울로 돌아오는 길에는 러일전쟁을 취재하려는 외신기자들과 함께 승선하였다. 서울에서 에이비슨 박사는 배운 그대로 토끼를 길렀다. 토끼의 척수에 침입한 바이러스를 얻기 위함이었다. 이로써 이름뿐인 연구소가 아니라 실질적인 연구소가 되었는데 이것은 세브란스 병원을 방문한 제물포 성공회 성누가 병원의 웨어 박사의 의견이었다.

파스퇴르 연구소에는 토끼장을 준비하였는데 하루에 한 마리씩 필요한 토끼를 구하는 비용이 문제였다. 러일전쟁으로 서울에는 각국 공사관을 지키는 자국의 군대가 있었다. 1904년 4월 경운궁(현재의 덕수궁)에서 원인 모를 화재가 났을 때 영국 수비대와 이태리 수비대가 진화를 도와주었다.[78] 일본 군대는 질서를 핑계로 진압에는 도움을 주지 않았다. 다음날 국왕이 사례금을 하사하였는데 이태리 수비대는 규칙상 받을 수 없었다. 국왕이 쓰고 싶은 곳에 쓰라고 하자 광견병 예방에 관심이 있었는지 이 수비대장이 에이비슨 박사에게 그 하사금을 기부하였다. 이것이 파스퇴르 연구소의 밑거름이 되었다. 1907년 6월 서울에서 광견이 일본인 7명을 죽이는 사건이 발생하였다.[79]

의학연구소

세브란스 씨가 서울의 의료선교에 지원을 시작하던 같은 시기에 그의 친구 록펠러도 의료에 관심을 갖기 시작하였다. 그의 지시에 의하여 의학연구소를 구상하고 있던 감리교의 프레데릭 게이츠 목사(Rev. Frederic Gates, 1853~1929)는 1897년에 우연히 1,000쪽의 책 한 권을 읽었다. 존스 홉킨스 의과대학(Johns Hopkins Medical School)의 윌리엄 오슬러 박사(William Osler, MD, 1849~1919)가 쓴 『의학의 원리와 실천 *Principles and Practice of Medicine*』이었다. 당시 의사들에게는 성서와 같은 책이었다. 게이츠 목사는 이 두꺼운 책이 질병의 증세를 자세히 설명하고 있지만 병원체와 처방에 대해서는 별로 설명하지 않고 있음을 이상하게 생각하였다. 이때 게이츠는 의학연구소가 필요하다는 사실을 처음 깨달았다. 그의 권유로 록펠러는 1억 달러를 출연하여 "록펠러 의학연구소 The Rockefeller Institute of Medical Research"를 설립하고 펜실베이니아 의과대학의 사이먼 플렉스너 교수(Dr. Simon Flexner, 1863~1946)를 소장에 임명하였다. 그 목적은 "모든 세계의 인류의 복리를 향상시키기 위함"이었다.

이때가 1901년이었다. 이해에 오스트리아 병리학자 칼 란트슈타이너(Karl Landsteiner, 1868~1943)가 사람의 혈액형을 발견하였고 그다음 해에는 런던 대학의 생리학자 베일리지와 스터링이 호르몬을 발견하였다. 록펠러 의학연구소의 설립은 미국에서 초유의 사건이다. 당시 세균학은 새로운 분야였다. 이 연구소의 일본인 연구원 노구치 히데요(野口英雄, 1876~1928)가 황열균을 배양하고 백신을 만드는 데 성공하였다.[80] 그는 노벨상 후보가 되었지만 제1차 대전으로 시상이 중단되어 수상할 기회를 놓쳤다. 그는 아프리카 가나에서 새로운 균을 연구하다가 감염되어 그곳에서 죽었다. 연구원 알렉시스 카렐 박사(Dr. Alexis Carrel, 1873~1944)는 1909년에 소화기관에서 피가 배어 나오는 어린 애를 수술로 살렸는데 환자 아버지의 동맥을 뜯어다가 환자의 다리 정맥에 붙여서 살렸다.[81] 혈관 이식수술의 효시이다. 록펠러는 너무 좋아 이 이야기를 반복하여 말하곤 하였다. 나중에 카렐 박사는 노벨 의학상을 수상한 첫 미국인이 되었고 록펠러 의학연구소는 세계의학계에서 인정을 받았다. 록펠러 의학연구소가 실시하는 동물의 생체실험에 반대하는 목소리가 높아졌지만 록펠러의 6천1백만 달러 연구소는 의학 발전에 커다란 공헌을 하였다. 이 연구소가 제2차 세계대전 때에 DNA가 유전자의 본질이라는 사실을 발견한 세 명의 과학자가 속한 록펠러 대학의 모태가 되었다.

록펠러 의학연구소는 록펠러 자신의 가족의 불행에서 시작되었다. 그의 아버지는 가족을 버리고 윌리엄 레빙스턴 박사(Doc William Levingston)라는 가명으로 떠돌아다니던 엉터리 약장사 겸 돌팔이 의사였다.[82] 이름부터 당시 유명했던 리빙스턴 박사를 흉내 내었다. 그는 다른 곳에서 이중결혼을 하여 또 하나의 가족을 거느리고 있었다. 록펠러는 이 아버지 때문에 평생 속이 편치 않았다. 허스트의 신문과 퓰리처의 신문이 경쟁적으로 아버지를 찾아내는 데 혈안이 되었다. 여기에 아버지는 골치 덩어리 막내 동생과 한 통속이었다. 록펠러는 아버지에게 금전이나 재산을 사드릴 때 반드시 차용증서를 받아서 첩이 차지하는 것을 막는 장치를 하였다. 록펠러는 결국 아버지를 가족 묘지에 받아들이지 않았다.

록펠러는 가난하던 어릴 때 2살의 막내 동생이 열병에 걸려 죽는 것을 보았다. 거부가 되었다고 질병에서 피할 수 있는 것이 아니다. 록펠러의 외손자 존 록펠러 맥코믹이 4살 때 성홍열에 걸렸다. 록펠러는 치료에 50만 달러의 상금을 제시하였다. 이러한 노력도 헛되이 어린 외손자가 죽었다. 슬픔에서 벗어나기 전에 외손녀 에디타 맥코믹도 1살도 되지 않아 이름 모를 병으로 죽었다. 애들 어머니 에디스 록펠러는 이 비극을 견디지 못하고 건강을 상하여 결핵으로 발전하였으나 다행히 회복되었다. 그러나 미쳐버렸다. 평생 집이 감옥이 되었다. 록펠러 자신은 1901년에 몸에서 머리털뿐만 아니라 모든 털이 빠지는 희귀한 병(alopecia)에 걸렸고 평생 만성 위통에 시달렸다. 록펠러는 모든 상실감에서 헤어 나오자 프레데릭 게이츠 목사를 불러서 의학연구를 위하여 좋은 생각을 찾아보라고 지시하였다. 이것이 시작이 되었다. 록펠러는 건강과 장수에 관심이 많았다. 그를 만나 본 스위스의 정신분석학자 칼 융(Carl Jung)은 말했다.

"록펠러는 그의 건강에 대하여 강박증세가 있었다. 대체의학, 새로운 식이요법, 새로운 의사를 끊임없이 생각하였다."

칼 융은 록펠러의 우울증에 빠진 딸 에디스를 치료한 적이 있었다. 록펠러가 98세에 죽었을 때 윈스턴 처칠이 말했다.

"역사가 록펠러를 평가할 때가 되면 그의 의학연구에 대한 기부가 인류 발전에 이정표를 세웠다는 점을 인정할 것이다. 처음으로 과학은 머리를 들었고 장기에 걸친 대규모 실험이 가능해졌으며 그것을 연구하는 사람은 자금을 걱정할 필요가 없어졌다. 오늘날 과학은 그 실용성에 있어서 부자들의 기부와 사려에 힘입은 바 크다. 르네상스가 교황과 영주에 그랬던 것처럼. 그 가운데 석유왕 존 디 록펠러가 단연 최고봉이다."

그런데 흥미로운 점은 이렇게 의학을 과학적으로 접근한 록펠러가 스스로는 다른 치료법에 경도되어 있었다는 사실이다. 19세기 독일 의사 사무엘 하네만(Samuel Hahnemann, 1755~1843)이 시작한 유사요법(homeopathy, 통속의학 ?)이다. 이 치료법은 19세기 미국에서 인기가 있었는데 그것을 가르치는 의학교도 생겨났다. 록펠러의 추천에 의하여 상원의원 마크 한나와 대통령 윌리엄 매킨리도 이 치료법에 경도되어 있었다.

세브란스도 개인의 불행에서 의료사업을 시작하였고 록펠러도 개인의 불행에서 출발하였다. 규모는 다르지만 1901년 록펠러 의학연구소는 미국에서 최초의 의학연구소였고 1904년 세브란스 기념병원의 파스퇴르 연구소는 한국 최초의 의학연구소였다. 파스퇴르 연구소는 제8장에서 다시 후술한다.

미신

병원 시설은 시대적 배경을 반영한다. 세브란스 기념병원이 개화기 한국 사회에 얼마나 공헌했는지를 판단하려면 세브란스 기념병원 이전에 한국인의 질병과 그 질병에 대한 한국인의 인식이 어떠했는지 알아볼 필요가 있다.

에이비슨 박사는 1893년에 처음 한국 땅에 첫 발을 디뎠을 때 의료 환경에 대한 무지와 미신에 충격을 받았다.[83] 무지와 미신으로 전염병은 그칠 새 없어서 인구감소의 지경에 이를 수도 있었다.[84] 신체의 물것은 어디나 흔했고 이, 빈대, 벼룩이 집을 점령하였다.[85] 일본에서 사신 박공왕이 왔을 때 경운궁의 돈덕전에서 자게 되었다. 그러나 궁전 내에 빈대가 많아 그는 밤에 잠을 이루지 못하였다.[86] 당시 왕궁이라고 빈대를 피해가지 못했다. 채소를 우물물이나 냇물로 씻어서 기생충의 감염에 그대로 노출되어 있었다. 파리가 음식에 균을 퍼뜨리고, 모기는 숫제 통제 불능이었다. 에이비슨 박사가 1893년 처음 부산에 상륙해서 첫날 밤을 지내는데 모기 때문에 잠을 잘 수가 없었다.[87] 집에 모기장은 없었다.[88] 전염병에 걸려도 격리시키지 않았다. 움막에서 살게 하는 것이 고작이었다. 천연두에 걸린 어린애들을 엄마나 누이가 등에 업고서 돌아다녔다.

호주의 선교사 헨리 데이비스(Henry Davies, 1858~1890)는 한국의 남부지방을 전도여행 하는 도중에 천연두에 걸려 죽었다. 그가 인도에서 한국으로 선교지를 옮긴지 얼마 되지 않을 때였다. 그의 죽음으로 호주 장로교는 한국 선교에 더욱 열심히 되었고, 다른 6개의 선교부와 함께 세브란스 의학대학의 연합사업에 참가하는 선교부가 되었으니 그의 죽음은 헛되지 않았다.

출처: Avison Creating a Medical School 1937/ Courtesy of Allen Memorial Medical Library

〈자료 Ⅶ-7〉 에이비슨 박사가 목격한 천연두의 희생자

에이비슨 박사가 도착하던 1893년에 거의 모든 한국 사람들이 정도에 차이가 있었지만 곰보였다.[89] 에이비슨 박사의 환자 가운데 한 여인은 11명의 자녀를 낳았는데 모두 2살이 되기 전에 천연두로 죽었다고 말했다. 천

연두를 예방하거나 치료하는 방법이 무엇이냐고 물었더니 머리를 흔들면서 그 병은 귀신 들려서 생긴다고 대답했다. 그러니 귀신이 나가주기를 빌거나 귀신에게 몸을 줄 수밖에 없다고 말했다. 당시 천연두로 죽으면 시체를 거적에 싸서 지게 같은 받침대에 의지하여 성벽에 수직으로 붙여 놓았다(자료 VII-7). 땅에 묻으면 귀신이 화를 내어 다른 희생자를 찾을까 겁이 났기 때문이다.[90]

이러한 사정은 15년이 지나서 러들로 박사가 도착했을 때에도 변함이 없었다. 그는 더 재미있는 보고를 하고 있다.[91] 천연두에 걸리면 5일째 되는 날부터 가족들은 머리를 빗지 못하며, 세탁도 하지 못한다. 집안 청소는 물론 장작도 패지 못하며, 벽에 못 하나 박지 못하고, 벽지도 바르지 못한다. 만일 이것을 어길 시에는 귀신이 환자를 맹인으로 만든다고 믿기 때문이다. 만일 누군가 바느질을 하면 귀신이 환자에게 바늘을 찌르는 고통을 준다. 개나 소 등 가축을 잡지 못하는데 그 이유는 환자가 얼굴을 긁어 살더라도 곰보가 되기 때문이다. 9일째가 되면 이러한 금기가 걷어지지만 못 박기와 도배는 예외이다. 13일째가 되면 귀신이 환자의 몸에서 물러나간다. 그러면 잔치를 해야 한다. 가마니에 쌀과 돈을 넣어 목마에 싣고 지붕 위에 올려놓아야 귀신이 그걸 타고 날아간다. 환자가 죽어도 이 짓을 했다.

귀신에 대항하여 종두의 위력을 시험할 기회가 에이비슨에게 왔다. 어느 날 신자가 된 여인이 자신의 애에게 종두를 놔줄 것을 부탁하였다. 그 애는 무사히 2살이 지나고 3살이 지났다. 그것을 본 다른 여인들이 종두를 요구하였다. 곧 귀신 쫓는 신무기를 찾는 사람이 급증하였다. 이것이 계기가 되어 다른 질병까지 물리치는 예방이나 치료에 대한 신뢰가 생겼다. 그러자 정부가 나서서 종두접종을 의무로 만들었고 동대문 밖 동묘에 한성종두사를 설치하고 박진성을 소장에 임명하였다. 이제 천연두는 제어되었다. 그래도 1903년 다시 발병하여 성벽에 시체가 다시 등장하였다.[92]

천연두 다음으로 무서운 질병이 콜레라였다. 매 2~4년에 한 번씩 휩쓴다. 1895년 만주에서 발병하여 북한을 엄습하였다. 사람들은 겁에 질렸다. 정부는 에이비슨 박사에게 도움을 청했다. 경찰과 자금을 부며 모든 권한을 위임하여 위험에 빠진 도시를 구해줄 것을 애원하였다. 모든 선교단체가 에이비슨을 도왔다. 여기서도 귀신의 미신이 사람을 압도한다. 그러나 콜레라에는 백신이 없었다. 에이비슨은 다음과 같이 적은 유인물을 만들어 뿌렸다.[93]

"콜레라는 귀신의 장난이 아니다. 콜레라균이 음식을 통해서 몸으로 들어가서 생기는 병이다. 음식을 불로 요리하거나 물에 끓이면 균이 죽는다. 끓인 물만 마셔라. 끓인 음식만 먹고 항상 손을 씻어라. 그릇도 끓여야 한다. 이것을 지키는 사람은 콜레라에 걸리지 않는다."

이번에도 귀신에 대항하는 방법으로 사람들이 이 처방을 믿고 따르도록 하기 위하여 매일 세브란스 병원 앞에 솥을 걸어놓고 음식을 끓여 사람들이 보는 앞에서 병원 관계자들이 끓인 음식을 먹었다. 아무도 콜레라에 걸리지 않았음은 물론이다.

그 후에 1~2번 콜레라가 발생했지만 그리 위력적이지 못해졌다. 그래도 1902년에 콜레라가 다시 발병하였을 때 한국인이 1천 명이 사망하였다.[94] 서울의 한성전기회사 사장 콜브란(Henry Collbran)의 아들과 딸이 감염되었는데 딸이 사망하였고, 주한 이태리 영사 프란체세티 디 말그라(Francesetti di Malgra)도 사망하였다.[95] 독일 의사 분쉬 박사는 일본의 기타사토(北里) 박사의 콜레라 퇴치 방식을 도입할 것을 황실에 건의하였다.[96] 그도 1911년 중국 청도에서 사망하였는데 안타까운 것은 장티푸스 때문이었다.

유인물 작전이 성공하자 더 많은 유인물을 준비하여 교회의 성경공부반을 통해서 돌렸다. 교회가 위생 보급에 첨병이 되었다. 성경 공부 후에 다음이 적힌 유인물을 설명하였다.[97]

"천연두와 백신, 모기와 학질, 이와 발진티푸스, 빈대와 재귀열, 파리와 장티푸스, 분비(糞肥)에서 이질, 십이지장, 기타 기생충"

한국에서 근대적 수술 방법은 알려지지 않았다. 유일한 수술은 짧은 침으로 종기를 째는 정도였다. 이 침은 불로 소독하지만 많은 경우에는 그냥 사용한다. 그 결과 종기가 커지거나 복막염으로 발전한다.[98] 러들로 박사는 『클리블랜드 의학 학술지 *Cleveland Medical Journal*』에 침에 대해서 사진과 함께 보고서를 게재하였다. 현대수술로 완치시키고 생명을 구할 수 있다는 사실을 보여줄 기회가 에이비슨에게 주어졌다. 드디어 한국에서 교육과 기독교 신앙으로 귀신을 몰아낼 수 있게 되었다. 세브란스의 염원대로 기독교–교육–의료–선교–경제력의 총화가 이루어질 준비가 되어졌다.

제8장
서울 1907년

연합

이제 이 책의 처음으로 돌아갈 차례이다. 세브란스 기념병원이 완공되고 3년 후 1907년 9월 초가을에 세브란스 씨는 러들로 박사와 함께 새 병원을 돌아보기 위하여 일본과 중국을 거쳐 만주에서 국경을 넘었다. 이해에 한국의 영문표기가 Corea에서 Korea로 바뀌었다고 러들로 박사는 자신의 여행기에 기록하였다. 그들은 폭이 1미터 20센티 밖에 안 되는 안봉선(안동–봉천)의 불편하고 느린 일본 군용기차에 탑승하였다.[1] 압록강 철교도 건설되기 전이었으므로 안동에서 의주까지 압록강을 건너는 데에는 삿대로 미는 삼판평저선에 의존했다.[2]

세브란스의 방한 목적은 이미 제1장에서 밝혔지만 실천적인 목적은 두 가지였다. 하나는 세브란스 병원의 상태를 점검하고 부족함을 채워주려는 것이지만 더 중요한 것은 1900년 뉴욕 에큐메니컬 선교대회에서 에이비슨의 연설과 자신의 염원대로 세브란스 병원이 8개 교파의 연합병원(union hospital)으로서 역할이 가능한가를 검토하는 것이었다. 이 주장에는 간접적인 증거가 있다.

첫째, 오랜 시간이 지나 모든 난관을 뚫고 무사히 연합병원으로 발전시킨 에이비슨 박사는 1941년 자신의 회고록을 다음과 같이 끝맺었다.[3]

"연합(union)이라는 단어는 서로 다른 교파의 선교가 자금, 의사, 간호사를 모으는 데 있어서 조화롭게 협력한다는 뜻이다. 이것이야말로 나 에이비슨의 최초의 계획(original plan)이었고 세브란스 씨의 염원(earnest desire)이 아니었던가."

"[연합사업에] 참여한 선교교단은 북장로교, 남장로교, 북감리교, 남감리교, 캐나다 장로교, 호주 장로교이다."

여기에 캐나다 감리교가 빠졌다. 그래서 캐나다에서 감리교 신자였던 에이비슨 박사는 미국 장로교 선교사로 한국에 부임해 왔다. 그에게는 처음부터 뚜렷한 교파 개념이 없었다. 그를 장로교 선교사로 내보낸 엘린우드 박사도 오히려 감리교 신자가 장로교 선교사로 파송되는 것이 의료선교에 도움이 될 것으로 내다본 것은 연합(union)사업을 생각한 것이었다. 앞서 보았듯이 교파를 초월한 1900년 뉴욕 에큐메니컬 선교대회의 발상자가 엘린우드 박사였다. 이러한 배경에서 시작된 에이비슨의 최초의 구상과 "우연히" 일치하였던 "세브란스 씨의 염원"을 실현하기 위하여 에이비슨은 평생을 노력하였다. 마치 두 사람 사이에 평생의 암묵적 계약이 있었던 것처럼. 세브란스 씨는 사망하기 전에 자신의 염원이 실현되는 것을 보았을까.

최초의 연합은 아마 1905년 한국에서 활동하는 선교사들이 교파를 초월하여 『한국 선교 현장 *The Korea Mission Field*』이라는 잡지를 발간한 일일 것이다. 이 잡지는 1941년 일본이 선교사를 추방할 때까지 계속 발간되었다. 구독신청은 뉴욕 5번가 156번 거리의 장로교 선교본부와 150번 거리의 감리교 선교본부 두 곳이었으니 연합이었다.

또 하나의 연합의 움직임은 1908년 찬송가를 장로교와 감리교가 합동하여 편찬한 것이다. 성서번역은 1874년부터 여러 사람의 손을 거쳐 오랜 세월이 걸렸지만 드디어 1911년 신약과 구약이 역시 장로교와 감리교의 연합으로 출간하였다.

의료선교 수단의 연합은 세브란스가 서울을 방문 중이던 1907년 9월 9일에 서양 의사들이 교파를 초월하여 "한국 의료선교사협회 The Korea Medical Missionary Association"를 창립한 것이었다. 분쉬 박사의 일기에 의하면 이 협회는 1902년부터 얘기가 오갔는데 이제야 결성된 것이다. 1902년이라면 세브란스 기념병원이 공사를 시작하던 해였다. 에이비슨은 이때부터 일방 병원을 지으면서 일방 세브란스와의 약속을 실현시키기 위해 노력하였다는 증거이다. 이 협회는 서양 의사들이 세운 "중국 의료선교사협회 The China Medical Missionary Association"의 지부(branch)였다.[4] 한국 방문에 앞서 중국 상해를 방문할 때 마침 그곳에서 중국 의료선교사협회가 개최하는 학술대회

가 열려서 러들로 박사와 세브란스 씨가 참석하였다.[5)]

한국 의료선교사협회는 정회원, 준회원, 명예회원으로 구성된다. 정회원은 감리교의 폴웰(E. D. Follwell), 북장로교의 허스트, 남감리교의 리드(W. T. Reid), 북감리교의 스크랜튼(Scranton, MD) 등이었다. 세브란스를 대동하고 서울에 도착한 러들로 박사가 명예회원으로 선출되었다. 회장은 에이비슨, 부회장은 북장로교의 웰즈(Wells, MD), 서기 및 회계는 성공회의 웨어 박사(Hugh H. Weir, MD)였다. 협회의 목적은 다음과 같았다.[6)]

1. 진료를 통해 한국인에게 복음을 전파하는 것
2. 의학을 연구하고 발전시키는 것
3. 한글로 의학 서적을 준비하고 교육활동을 통해 한국인에게 의학지식을 전하는 것
4. 한국에서 의사로 일하는 사람들 사이에 연합하여 협력하는 정신을 증진시키는 것

다른 목적도 그렇겠지만 마지막 목적이 특히 "세브란스의 염원"이며 "에이비슨의 최초의 구상"이었다. 첫 번째 목적은 모두가 생각한 것이었지만 웨어 박사의 제안인 듯하다.[7)] 1904년 세브란스 기념병원을 완성한 에이비슨이 1905년부터 이미 북감리교 선교부의 합동위원회와 시험적으로 함께 일하는 연합계획을 세울 위원을 선발한 것이 "한국 의료선교사협회"로 발전한 것이다. 그러나 더 근원을 올라가면 1895년의 콜레라를 함께 방역한 경험에서 유래된다. 이 같은 경험이 1900년 뉴욕 에큐메니컬 선교대회에서 "예양과 연합"이라는 연설의 토대가 되었고 "연합"에 더 무게를 실은 세브란스의 기부에 대해 그와 약속한 것이다.

둘째, 세브란스 장로는 1907년 9월 17일에 한국 최초로 개최된 "대한국 예수교 장로회노회"에 참석하였는데 노회 이후 평양에 있는 병원은 장로교와 감리교가 "연합"하여 공동 운영하기로 하였다.[8)] 성과가 있었던 것일까. 교육사업에서도 두 교파의 연합이 이루어졌다. 에이비슨이 뉴욕 에큐메니컬 선교대회에서 연설한 예양과 연합에서 연합은 이렇게 진행되는 한편 예양도 성과가 있었으니 1907년에 두 교파 사이에 선교지역 분할이 마지막으로 매듭지었다. 세브란스 장로가 방문한 1907년은 한국 기독교에 유래없는 발흥이 일어나는 시기였으니 이해에 대부흥회가 일어났다. 그해에 한국을 방문한 세계기독청년회 모트 박사는 경이로운 말을 남겼다.

"한국을 생각해보십시오. 그 나라에는 지금 전국적으로 영적인 부흥의 물결이 휩쓸고 있습니다. … 이 사실은 하나님의 성령이 어떻게 역사하는가를 보여주고 있습니다. 한국을 방문하고 돌아오는 사람들은 만일 오늘날 한국의 기독교가 이만큼의 속도로 계속 성장하게 된다면 한국은 근대 선교 역사상에서는 완전히 복음화된 유일한 비기독교국이라는 확신을 가지게 될 것입니다."[9)]

세브란스도 이 현상을 목격하고 "돌아간 사람들" 가운데 하나가 되었으니 한국에 대해 확신을 가졌고 자신의 연합사업의 염원이 성취되리라 의심하지 않았을 것이다.

셋째, 세브란스와 러들로는 한국 방문에 앞서서 이미 중국과 만주에서 여러 교파가 독립적으로 운영하는 약 20개 이상의 병원을 방문하였다. 그들의 면면을 보면 가톨릭, 장로교, 감리교, 영국 성공회, 여성연합선교회, 런던 선교회가 운영하는 병원이었다. 그리고 마침내 북경에서 이들 여러 교파가 연합하여 세운 "북경협화의학대학 The Union Medical College of Peking"을 시찰하였다. 그때의 소감을 러들로 박사가 대신 피력하였다.[10)]

"중국의 수도에 의학 센터가 있어야만 한다는 주장은 합당한 것이다. 여러 의료선교 교단이 나뉘어서 일을 하는 대신 연합하였고, 그 결과 북경 연합의학대학이 창립되었다. 새 건물은 1906년 2월에 봉헌되었다."

세브란스 여행에 동행한 젊은 러들로 박사가 연합의 중요성을 기록했을 저변에는 세브란스 씨가 이 여행의 목적을 자신이 후원한 세브란스 병원을 연합사업으로 발전시킬 것으로 구상하였다는 증거이다. 세브란스 기념병원보다 늦게 출발한 "북경협화의학대학"도 이미 합심하여 연합대학이 되었는데 서울은 무엇하고 있는가.

넷째, 서울도 가만있지 않았다. 그것은 아무래도 세브란스가 방문하여 독려했기 때문이라고 추측할 수 있다. 그 근거는 뉴욕에서 돌아온 에이비슨 박사가 자신의 연설과 세브란스의 염원을 실천에 옮기려고 동분서주하였으나 1906년까지 별로 성과를 얻지 못하였던 점에서 발견할 수 있다. 오히려 세브란스 병원 건립 기부금을 둘러싸고 평양의 선교사들과 분쟁 만 일어났다. 그러나 세브란스가 에이비슨을 대동하고 평양을 직접 방문하고 사진도 함께 찍었다. 그의 지원은 제1회 졸업생을 배출한 1908년부터 성과가 나타나기 시작하였다. 제물포에 있는 영국 성공회 성누가 병원의 웨어(Hugh H. Weir) 박사가 병리학, 평양 감리교의 폴웰(E. D. Follwell) 박사가 내과학, 개성 감리교의 레이드(W. T. Reid) 박사가 내과학을 가르치면서 세브란스 병원에 동참하기 시작하였다. 웨어 박사는 1907년 6월 상해에서 열린 중국 의학협회 대회에서 세브란스와 러들로를 만난 바 있었고, 레이드 박사의 아버지는 1900년 뉴욕 에큐메니컬 선교대회에서 에이비슨이 연설하던 의료 분과 회의에서 개회기도를 올린 바 있다.

감리교가 연합사업에 처음 참가하는 것을 시작으로 1912년 5월 12일 한국인으로서 미국 남장로교의 의료선교사 된 오긍선 박사가 피부과 교수로 임용되면서 연합사업은 박차를 가하였다. 이해 7월에는 미국 북장로교의 러들로 박사가 외과 교수로 임용되었다. 세브란스가 미국으로 돌아가서 러들로를 천거하였기 때문이다. 연합사업에 장로교의 전폭적인 지지를 받은 것은 세브란스의 독려 덕분이다. 세브란스 병원이 장로교에서 시작하였는데 감리교가 먼저 연합사업에 참여하였으니 순서가 뒤바뀐 셈이다.

한국에서 연합사업이 시작한 것을 보고 1912년에 미국 뉴욕 5번가 150번 거리에 있는 감리교 선교본부에 "조선의 기독교육을 위한 협의체 Cooperating Board for Christian Education for Chosen"를 설립하였다. 회장은 언더우드 박사의 형이며 언더우드 타자기 회사 사장인 존 언더우드(John T. Underwood)였고 총무는 어네스트 홀 박사(Ernest Hall)였다. 흥미 있는 사실은 재무위원장이 세브란스의 외아들 존 세브란스(John L. Severance)라는 점이다.

1913년 6월 13일 세브란스 의학대학 교사가 신축되면서 명칭이 "세브란스 연합의학대학 Severance Union Medical College"이 되었다. 세브란스가 1913년 6월 25일 갑자기 사망하였으니 그는 죽기 12일 전에 자신의 염원이 실현되는 것을 보았고 에이비슨 박사는 약속을 지켰다.

세브란스와 에이비슨의 연합사업은 시대를 앞선 것이었다. 제1차 세계대전이 종식되고 미국의 기독교단은 전쟁에서 연합하여 종군한 데에서 교훈을 얻고 1918년 12월에 모든 교파가 참여하는 "교단 간 세계운동 The Inter-church World Movement"을 전개하였다.[11] 이에 앞서 1906년에는 모든 교파가 참여하는 "평신도 선교운동 The Laymen's

Missionary Movement"을 일으켰다. 1910년 이 운동에 필요한 20억 달러 모금에 세브란스가 참여하였다.[12] 또 1910년에 스코틀랜드 에든버러에서 교파를 초월한 "세계선교대회 The World Missionary Conference"가 개최되었다. 이 대회의 주요안건 가운데 하나가 의료사업의 연합이었다. 에든버러 대회를 준비하는 위원회의 아서 브라운과 존 모트에게 보내는 시어도어 루즈벨트 대통령의 격려편지에도 연합정신이 나타나 있다.[13]

> "악의 힘이 날로 증대되는 이때에 선의 힘은 더 커지고 있다. 이 시대는 연합의 시대이다. 우리가 가치 있는 무언가를 성취하고자 한다면 우리는 반드시 힘을 합쳐 공동의 목표를 위해 노력해야 한다."

에든버러 세계선교대회 직후 일본에서 한국으로 임지를 옮긴 감리교의 해리스 주교(Bishop Harriman C. Harris)도 이미 일본의 장로교, 감리교, 영국 성공회, 성결교를 연합하여 성교회(聖敎會, Holy Catholic Church)를 조직한 바 있다.[14] 연합사업은 세계적인 운동의 힘을 얻게 되었고 세브란스 병원이 바로 그 시작이며 본보기였다.

1912년 세브란스 의학대학에 외과교수로 부임한 러들로 교수에 의하면 그해에 15명이 졸업하였는데 6명이 모교에 인턴으로 남았고 5명이 전국의 다른 교파가 운영하는 병원으로 보내졌다.[15] 세브란스 의학대학은 졸업생을 한국에 교파를 초월하여 전국으로 의료선교병원으로 보내는 일에 성공하였다. 에이비슨 박사가 뉴욕에서 연설한 대로 세브란스에서 기독교 의사를 배출하여 한국의 모든 병원에 기독교 의사를 보내고자 하였던 숭고한 뜻이 처음으로 실천된 것이다. 이때 이미 교수들은 앞서 본 대로 6개의 교단을 대표하는 의사들이었다. 1908년 7명의 제1회 졸업생을 내보내고 6명의 제2회 졸업생을 배출한 해는 3년이 지난 1911년이었다. 이렇게 느리지만 공을 들여 교육시킨 효과는 1912년에 15명이 졸업하던 당시 본과 56명과 예과 21명으로 급증하는 것으로 나타났다.[16]

여로

그러나 이것은 모두 세브란스가 다녀간 다음의 일이고 1907년 방문에서는 연합의 초석을 놓은 에이비슨 박사를 돕기 위하여 세브란스와 러들로는 누구보다 여러 선교교단의 의사들을 먼저 만나야 했다. 만나서 자신과 에이비슨 박사의 연합의 뜻을 전하고 협력을 구해야 했다. 폴웰 박사와 웰즈 박사는 평양, 웨어 박사는 제물포에서, 리드는 개성에서 의료선교를 하고 있었다. 그 밖에 여기 저기 흩어져 있는 의료선교사들을 되도록 많이 만나고 선교병원을 시찰하여야 한다. 세브란스 씨와 러들로 박사는 한국에서 3개월을 머물 것이다. 별로 볼 것도 없는 작은 나라 한국에서 3개월은 그가 연합사업을 위해서 수많은 병원과 학교를 방문하는 데 충분한 시간이었다. 러들로 박사는 1908년 "클리블랜드 의학저널 Cleveland Medical Journal"에 2회에 걸쳐 방문기록을 남겼다.[17] 한국까지 포함한 세브란스 씨의 여행일정(자료 Ⅷ-1)은 다음과 같았다.[18]

미국 클리블랜드(1907년 1월 28일 출발)→호놀룰루(2주 체류)→일본(도쿄, 오사카 2개월 체류)→중국(상해, 광동, 상해, 영포, 항주, 소주, 남경, 보정부, 북경, 청도, 제남, 등주, 만

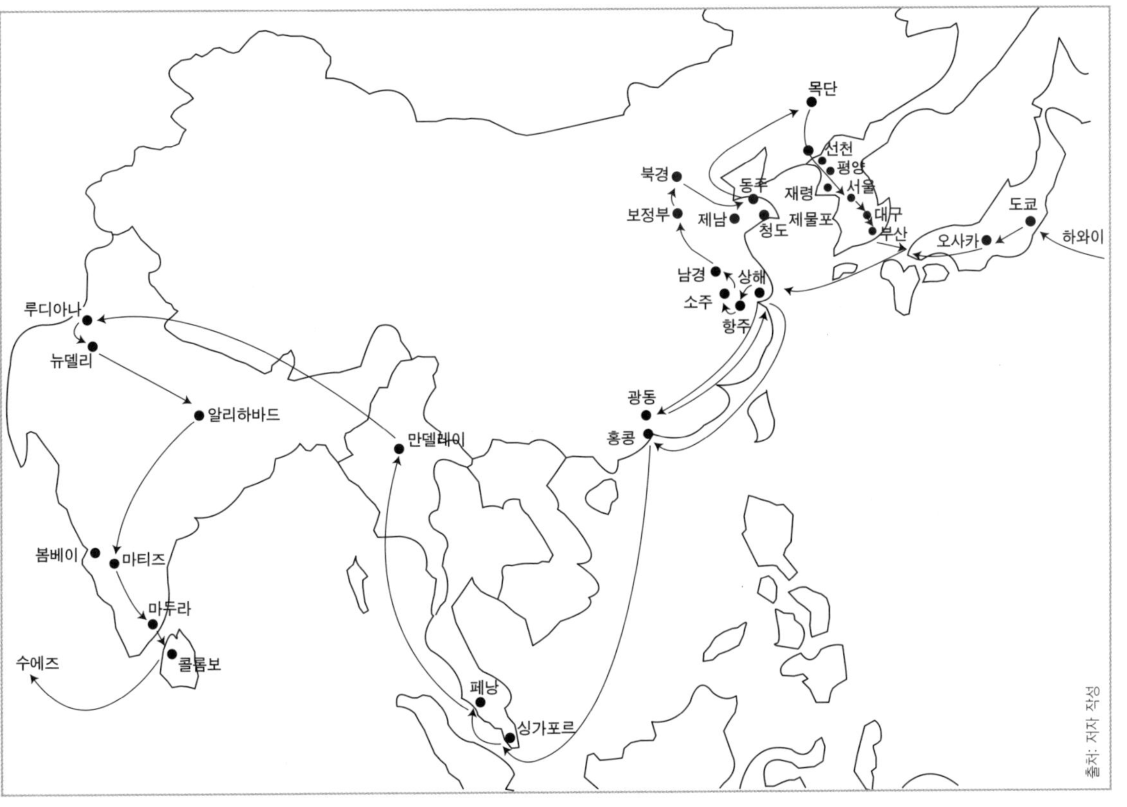

〈자료 Ⅷ-1〉 1907~1908년 세브란스 여행지도

주, 체류 4개월)→한국(서울, 평양, 선천, 재령, 서울 부근, 대구, 부산, 체류 3개월)→일본(체류 1~2일)→상해와 홍콩(체류 1~2일)→해협식민지(싱가포르, 페낭, 체류 각각 1~2일)→버마(만달레이 2주 체류)→인도(줄린다르, 루디아나, 알라하바드, 미라즈, 마두라, 체류 3개월)→세일론(체류 6주)→수에즈 운하→유럽→뉴욕→클리블랜드(1908년 5월 26일 도착)

러들로 박사는 호놀룰루 유일의 병원을 방문했다고 기록하였는데 당시 호놀룰루에는 "퀸즈 병원 The Queen's Hospital"뿐이었다. 현재 퀸즈 병원은 대규모로 발전하였지만 당시에는 서울의 세브란스 병원 규모의 병원이었다. 퀸즈 병원의 여러 건물 가운데 "하크니스 병동 Harkness Building"은 세브란스의 방문 훨씬 후가 되겠지만 그의 막내처남 에드워드 하크니스(Edward Harkness, 1874~1940)가 기증한 것이다.

이상의 도시들은 기록에 등장한 행선지였지만 이밖에도 기록에서 누락된 곳도 적지 않으리라 생각한다. 예를 들면 만주이다. 만주의 어느 도시를 방문했는지 구체적으로 지목하지 않았지만 목단(심양)이 거의 틀림없다. 첫째, 목단에는 스코틀랜드 의료선교사 크리스트 박사가 세운 만주 유일의 의학교가 있었는데 방금 새 병원 건물을 봉헌하였다.[19] 둘째, 앞서 본 것처럼 세브란스가 서울을 방문하는 동안 에이비슨 박사가 아마사 스톤 마서의 편에 크리스트 박사에게 편지를 보냈다. 친구가 아니면 보낼 수 없을 것이다. 셋째, 앞서 소개한 대로 세브란스는 1900년 가을에 크리스트 박사의 고향인 에든버러를 방문한 적이 있었다. 넷째, 치안이 확보되지 않고 마적이 출몰하며 지형이 험한 만주에서 한국으로 입국하는 경로는 목단에서 기차로 안동을 거쳐 의주로 들어오는 방법 이외에는 없었다.[20] 1907년 아마사 스톤 마서도 그렇게 기록하고 그 길을 택할 수밖에 없었고, 1911년 세브란스의 외동딸 엘리자베스도 마찬가지였다.

한국 방문에 앞서 1907년 4월에 일본 도쿄와 중국 상해에서 국제 기독청년회 대회가 열렸다. 여기에 한국 대표는 윤치호였다.[21] 윤치호는 일찍이 미국 유학을 마친 사람답게 영어에 불편이 없었는데 도쿄에서 감리교 극동 해외 선교지를 방문하는 램버스 목사(Rev. W. R. Lambuth, DD)를 만났다.[22] 램버스는 1900년 4월 27일 뉴욕 세계선교대회에서 자신의 논문 "선교교회의 현황"을 발표했고, 1891년과 1898년에 클리블랜드에서 개최된 해외 선교를 위한 청년자원대회에서 연설한 사람이다. 도쿄에서 램버스와 윤치호는 구면의 세브란스 씨와 러들로 박사를 만났을 것이다. 램버스는 세브란스가 도와주는 사람이었기 때문이다. 세브란스가 사망했을 때 그의 기부처 명단에서 램버스의 이름도 있었다(제9장 참조). 그렇다면 윤치호도 만났을 것이다.

세브란스와 러들로는 일본에서 중국 상해로 떠났고 램버스와 윤치호는 4월 12일에 다시 서울에서 만났다. 윤치호는 개성에 기독교 모범 거류지를 설립할 꿈을 갖고 있었다. 여기에 필요한 것은 선교센터, 교육기관, 100개 정도의 숙소, 자금이었다. 감리교는 장로교에 비해 의료선교가 크게 뒤쳐지고 있었는데 감리교의 야심작이 될 것이다. 램버스 박사, 웨스트 씨(Mr. West), 스탠리 박사(Stanley, MD)가 개성을 방문하였다. 1910년 6월 스코틀랜드 에든버러에서 열린 "세계선교대회 The World Missionary Conference"에 한국 대표로 윤치호와 조지 히버 존스 목사가 참석하였고 미국 대표이며 재정위원회 부회장으로 세브란스가 참석하였다.

에이비슨 박사는 1921년에 기록하기를 한국은 시베리아, 중국, 일본의 중간지대에 있고 신자가 이미 30만 명에 이르러서 중국 산동반도와 만주지역에 선교사를 보냈고 시베리아 동부지방에도 파송할 계획이라고 하였다.[23] 이번 여행에서 세브란스 씨와 러들로 박사는 이들 지역을 먼저 방문하고 한국으로 들어오는 것이다. 특히 세브란스 씨는 만주 지역의 YMCA와 YWCA에 깊은 관심을 가졌다.[24]

만주는 한국 기독교 역사에서 특별한 위치를 차지한다. 아직 한국이 기독교의 전교를 금하던 1877년 만주에서 이응찬이 성서 번역에 착수하였는데 서상륜(1848~1926)과 백홍준이 관여하였다. 외국 선교사가 입국하기 전에 성경이 번역된 것은 전 세계에서 유일한 경우이다. 서상륜은 1878년 만주에서 스코틀랜드인 존 매킨타이어 목사(Rev. John McKintyre)에 의해 기독교인이 되었고 1879년에 그의 매제 존 로스(John Ross, 1842~1915)에 의해 세례를 받았다. 그는 1887년 9월 27일에 백홍준과 함께 최초의 안수 장로가 되었다. 그의 아우 서경조는 1907년 9월 17일 평양에서 개최하는 한국 장로교 제1회 노회에서 7명의 한국인이 최초의 목사 안수를 받는데 첫 번째로 안수를 받는 영광을 갖게 되었다. 이때 서경조의 아들 서광호는 세브란스 의학대학에 재학 중이었다. 세계 장로교 선교지부를 시찰하는 것이 여행목적인 세브란스 씨와 러들로 교수가 평양에서 열리는 한국 최초의 장로교 독노회를 지나칠 수는 없는 노릇이다. 그러나 평양 방문은 아직 시간이 남았고 서울 방문이 더 급했다.

바로 그 순간 앞서 얘기한 대로 미국에서는 스탠더드 석유회사가 세기의 재판에 불려갔다. 독점금지법에 저촉된 혐의였다. 랜디스 판사가 최고의 벌금 2천9백만 2십4만 달러를 선고하였다. 이 판결은 매년 4만 8천7백3십 명의 일자리에 해당하는 금액이었는데 이 소식을 들은 록펠러는 "랜디스가 죽기 전에는 내 돈을 못 볼 걸" 하고 중얼거렸다. 이 판결은 다음 해에 뒤집혔다.[25] 그러나 4년 뒤 1911년 스탠더드 트러스트는 미국 대법원에서 독점기업으로 판결받고 마침내 분할하게 된다. 재미있는 사실은 이 분할로 록펠러를 비롯한 주주들의 재산은 더욱 불어났다는 점이다. 이때 판결문에 등장한 이름이 45명인데 대부분 세브란스의 클리블랜드 친구들이었다. 세브란스의 이름은 보이지 않는다. 앞서 얘기한 것처럼 그는 은퇴한 지 오래되었고 이번 해외여행에 회계장부를 갖고 나와서 검사가 조사할 수 없었다.[26]

의학대학

미국 클리블랜드를 1907년 1월 28일에 출발하여 하와이에서 2주, 일본에서 2개월, 중국과 만주에서 4개월을 보냈으니 대체로 195일이 소요되었다. 여기에 미국 대륙을 횡단하는 시간과 샌프란시스코–하와이의 항해 시간과 일본–중국의 항해 시간을 합치면 최소 215일은 걸렸을 것이다.[27] 그때가 1907년 9월 초순의 "가을"이었는데 9월 1일이었다. 세브란스 씨와 러들로 박사는 서울로 향했다. 마침내 세브란스 씨가 지하 1층 지상 2층의 세브란스 기념병원과 전염병 격리병동을 마주하게 되었다. 세브란스 병원의 뿌리가 제중원에서 시작했다는 것은 앞서 말했지만 의학대학의 뿌리 역시 1885년 제중원까지 거슬러 올라갈 수 있다.

1885년 알렌 박사는 조선 조정에 『병원설립안』을 제출하면서 병원에서 학생들에게 서양의학을 가르칠 계획을 제시하였다. 고종 임금도 "건물을 구입하여 학교로 사용하도록 명을 내렸다." 정부는 외아문으로 하여금 8도 감영에 공문을 보내 1886년 12명의 학생을 선발하는 일을 도왔는데 최근에 일본에서 그 학생들의 명단이 발견되었다.[28] 그 결과 제중원에서 "알렌(安論)이 화학, 헤론(惠論)이 의학, 언더우드(元穆禹特)가 영어"를 가르쳤다. 1889년 언더우드 부부가 관서지방으로 여행 갔을 때 언더우드는 자신을

'제중원 교사'라고 소개했다.[29] 1897년 1월~3월에 독립협회가 주최하는 각종 대회에 참여한 학생들의 명단에 '제중원학도'가 포함되었고 독립협회에 헌금하였다.[30] 그러나 이때 교육은 완전한 의사교육이 되지 못하였고 조수 양성에 그쳤다. 그럼에도 불구하고 제중원에서 최초로 서양의학을 시작하였다는 데에는 의심의 여지가 없다. 이것은 크리스티 박사가 세운 만주 최초의 의학교인 목단의학대학의 경우도 마찬가지였다. 이 대학도 조수양성에 시작하여 정식 의학대학이 되었고 현재 중국 의학대학의 전신이 되었다.

제중원이 1885년부터 서양 의술과 의학교육의 우수성을 보여주는 데 성공하자 독립협회는 1898년 7월 15일 종로에서 열린 만민공동회에서 정부에 신식 의학교 설립을 요구할 것을 결의하고 공문을 발송하였다. 이것은 제중원이 정부가 설립한 의학교라기보다는 서양 의사가 주관하는 사립 의학교라고 보는 당시의 분위기를 표출한 것이라고 보인다. 이 공문에서 신식 병원[제중원]이 한국 백성에게 위생의 중요함을 깨우쳤으니 서양 의술을 가르치는 의학교 설립으로 이어져야 한다고 주장하였다. 그러한 계기가 있었으니 콜레라의 내습이다. 콜레라는 중국과 한국에서 2~5년에 한 번씩 반복되는 전염병이었다(자료 I-3을 참조). 일찍이 1895년 청일전쟁의 말기에 만주에서 시작한 콜레라가 한국까지 퍼지자 제중원이 그것을 제어하는 데 큰 역할을 한 것을 사람들은 알고 있었다. 이에 자극을 받은 만민 공동회는 정부에 다음과 같이 요구하였다.

> "전략 … 대한에서도 서양 의술을 배우고 익혀 의방하여 시험함이 위생의 급선무거늘 지금 학습을 열지 아니함은 오히려 스스로 다행히 여겨 그러는 것입니까. … 인민 구원하여 살리는 의술학교에 이르러는 지금까지 베풂이 없으니 나라 백성에게 큰 부끄러움을 어느 때에나 면하며 그 의약의 현현 미미한 묘리를 배워 우리나라 병든 사람들을 어느 날에나 능히 다스리오리까. 대범 곤궁하고 지극히 간난한 집에도 의약을 쓰거늘 하물며 온 나라리요. … 사민이 함께 모여 의론하고 이에 어울려 고하오니 나려 헤아리신 후에 가라대 있을지 없을지 느지려히 할지 급히 할지 폐혀보여 사민으로 하여금 밤낮 옹명하는 것을 특별히 마치심을 엎드려 바라노라."[31]

이 일화는 지난 13년 동안 사립기관인 제중원이 보여준 서양 의술과 의학교육의 영향이 얼마나 광범위하게 퍼졌는가를 보여준다. "국립 의학교"를 설립해달라는 만민공동회의 요구에 대해 조선 정부는 경비가 부족하여 예산에 넣지 못하였으니 후일을 기다려 달라고 답변하였다.[32] 1898년에 대한제국 정부가 3만 5천 달러, 즉 7만 원이 없어서 의학교를 짓지 못하겠다는 궁색한 변명이었다. 이것은 제중원이 국립의학교가 아니었다는 뜻이다. 대한제국 정부가 하지 못한 일을 1900년에 세브란스 씨가 대신하였고 그 첫 번째 결실을 1907~1908년의 연차보고서가 기록하고 있다.

연차보고서

세브란스 씨는 에이비슨 박사가 우편으로 보내준 병원 사진과 설명으로 이미 알고 있었겠지만 오늘 서울에 온 것은 병원과 의학교의 활동 상황을 보기 위함이다. 그리고 부족함이 없는지 알고자 함이었다.[33] 여기서 부족하다 함은 물질적인 것을 말하기도 하지만 병원 운영에 있어서 그가 생각한 초교파 연합정신을 가리킨다. 세브란스 씨의 방문을 계기로 연합사업은 최우선 과제가 될 것이다.

세브란스 병원을 시찰함에 있어서 세브란스 씨에게는 경험상 최소한 세 가지 기준이 있었다. 하나는 한국 방문에 앞서서 중국 방문에서 등주의 여학교 기숙사를 기부하였고(자료 Ⅷ-2), 항주 방문의 결과 복건성의 영파(寧波) 고등학교가 항주대학으로 발전할 때 본관 건물을 기증하였다. 이것이 "세브란스 홀"이다. 남경 대학에도 건물을 기증하였으니 여기서도 "세브란스 홀"이라 이름하였다. 세브란스의 작은 처남 에드워드 하크니스도 여기에 매부를 따라 기증하였다. 세브란스는 그로부터 2년 후에 작고하였으니 이들 학교의 미납금을 상속받은 외아들 존 세브란스가 대납하였고 아버지의 뒤를 이어 이들 대학의 이사가 되었다.

둘째, 1907년 7월 8일 세브란스 사위 알렌 교수는 웨스턴 리저브 의과대학에 의학교육의 개혁안을 제출하였다. 이때 세브란스는 만주를 여행하고 있었지만 그 전에 사위가 이 보고서를 준비

출처: Missionary Review of the World 1913

〈자료 Ⅷ-2〉 1907년 중국 등주에 있는 세브란스 여학교

하는 것을 알고 있었을 것이다. 조카사위인 밀리킨 학장과 상의한 일인 것이기 때문에 온 집안이 알고 있었다. 알렌 교수의 제안은 세 가지로 요약된다. 학생들에게 실습과 임상의 교육시간을 증가시킨다. 교수들이 밖에서 개업하는 것을 중단하는 대신 대학이 월급을 지급한다. 학생들에게 정해진 학과시간을 줄이고 선택과목의 시간, 후일 자유시간이라고 부르는 시간을 늘린다. 여기서 교수들이 개업을 중지하고 전원 월급제로 하기 위한 제안이 실시되려면 의과대학의 예산 문제가 뒷받침되어야 한다. 그러기 위하여 레이크사이드 병원과 협력을 증가할 필요가 있으며 기부에 의존할 것을 권하였다. 1895년 레이크사이드 병원의 이사회는 다음과 같은 결의를 한 바 있다.[34]

출처: Courtesy of Professor Lowell Coolidge

〈자료 Ⅷ-3〉 1907~1908년 세브란스 병원과 의학대학 보고서 겉표지

"레이크사이드 병원 이사회는 웨스턴 리저브 대학의 의학과와 협력하는 제안을 허락한다. 그러나 상세한 사항은 5명의 위원회에 맡긴다."

이 결의안을 채택한 이사에는 세브란스, 그의 어머니, 그의 친구 사무엘 마서도 포함되었다(자료 Ⅲ-22를 참조). 세브란스가 세브란스 의과대학의 허스트 박사와 러들로 박사를 자신의 지갑에서 월급을 지출하며 한국에서 개업하지 않고 교육에 전념할 수 있도록 한 것은 사위의 제안에 따른 시대를 앞선 것이다. 또한 세브란스 병원과 협력하여 임상과 실습을 병행한 것을 이해한 것은 그가 병원과 의학교육에 대해 제대로 이해한 것으로 볼 수 있다.

마지막으로, 한국에 앞서서 방문한 일본–중국–만주의 20여 개의 병원과 비교할 수 있는 기준이 있었고, 1895년 레이크사이드 병원이 새로운 부지에 크게 확장했을 때 이사 가운데 한 사람으로 병원 건축의 경험이 있었다.[35] 젊은 사무엘 마서가 주도하였다 하지만 그래도 연속되는 이사회에 적극적으로 참석한 세브란스 씨는 경험으로 병

Mr. L. H. Severance

Dr. O. R. Avison

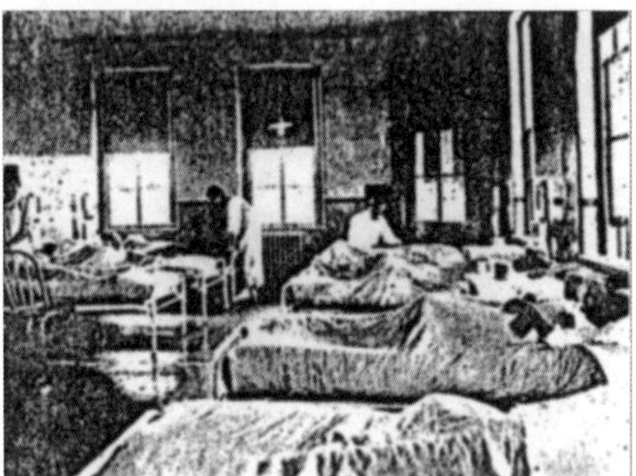

A Ward in the Severance Hospital, Seoul

Public Dispensary Cases

〈자료 Ⅷ-4〉 1907~1908년 세브란스 병원과 의학대학 연차보고서에 실린 사진들 (계속)

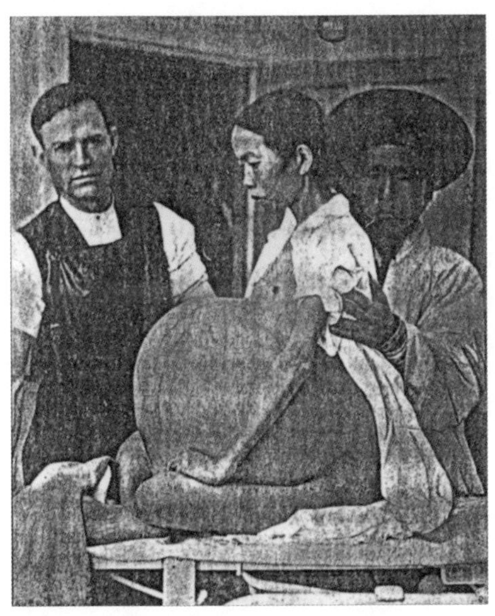
Abdominal Tumor Successfully Removed at Severance Hospital(Dr. Hirst at the left)

Miss E. L. Shields

출처: Courtesy of Professor Lowell Coolidge

ass of Graduates of Severance Hospital Medical College, Ju
Kim Pil Soon Hong Suk Hoo Shin Chang Hui
Hong Cheung Eun J. W. HIRST Pak Suh Yang
Kim Hui Yung Chu Hyun Chik

Pupil Nurses in Severance Hospital

〈자료 Ⅷ-4〉 1907~1908년 세브란스 병원과 의학대학 연차보고서에 실린 사진들[홍종은의 유일한 사진 기록]

원 건축과 운영에 대해 세세한 점을 알고 있었다. 이것은 에이비슨 박사 소전에도 잘 기록되어 있지만 1907~1908년 연차보고서(자료 Ⅷ-3)에 너무 생생하게 잘 기술되어 있어 그것으로 대신(자료 Ⅷ-5)하는 편이 낫겠다. 이 연차보고서의 공개는 내가 알기로는 최초이다.

〈자료 Ⅷ-5〉 1907~1908년 세브란스 병원 의학대학 연차보고서

세브란스 병원 보고서
한국, 서울
1907~1908년[36)]
연차보고서
세브란스 병원과 의학대학
한국, 서울
미국 장로교 선교본부

일반사항

세브란스 병원은 국적을 불문하고 남자, 여자, 어린이를 위해 한국 서울에 세워진 종합병원인데 미국의 장로교 한국 선교본부의 주관하에 있다.

전체 건물과 대지는 뉴욕의 세브란스 씨의 기증으로 세워졌고 그의 이름을 기념하는 병원이 되었다.[37)] 그는 이 사실을 모른다.[38)] 병원은 모든 면에서 현대식이며 더운물 난방에 냉온수가 나오고 전기도 공급된다. 1904년 9월에 준공되었다. 그 이후로 한국인과 외국인의 후원으로 지속적인 성장을 보이고 있다.

부서는 다음과 같다.

- 입원실 - 세 종류의 입원실이 있다. 한 명을 위한 독방 병실, 두세 명을 위한 겸용 병실, 세 명 이상을 위한 공용 병실이다. 모든 입원실은 외부로 환기가 되며 수도관을 통해 더운물이 공급된다.
- 개인 진료실 - 일반외래 진료보다 사적으로 의사에게 상담을 원하는 한국인과 외국인을 위한 시설.
- 외래 진료실 - 개인 진료를 감당할 수 없는 환자를 위한 시설.

- 왕진 - 병원에 올 수 없는 환자를 위한 가정방문 진료.
- 수술실 - 수술실은 현대적 시설에 엄격한 무균 처리가 실행된다. 모든 종류의 수술이 수행된다.
- 안과 - 눈의 굴절을 측정하고 안경이 제공된다. 병원 내에서 조달하거나 미국과 영국에 특별 주문한다.
- 파스퇴르 연구소 - 바이러스가 준비되어 미친개에게 물린 환자는 즉시 치료가 가능하다. 아직까지 공수병 환자가 보고된 적은 없다.
- 약국 - 대규모 재고량이 있어서 조제되지 않은 약이나 그렇지 않은 약을 막론하고 모든 부서에 공급된다. 병원에 공급되는 알약, 정제약, 연고, 유제품 등에서 조제가 가능하다. 이 방법이 한국과 같이 모든 것이 부족한 나라에서 경제적이다. 앞으로도 이 방향으로 더욱 발전할 것이다.
- 간호과 - 간호학교에서 간호사를 교육시키고 각자의 능력에 따라 취업시킨다. 간호과는 이 엘 쉴즈 양의 책임 아래 있는데 엘라 벌피 양이 도와준다. 벌피 양은 지역간호협회의 규칙에 따라 서울에 있는 외국인을 개별적으로 간호할 수 있다.

기금

외국인의 봉급을 제하고 현재의 지출은 1년에 7,000달러이다. 이 금액은 앞으로 더 커질 것이다. 만일 병원의 성장이 수입과 연결된다면 자금문제는 없을 것이다. 그러나 병원의 업무가 대부분 자선의 성격적이므로 병원이 커질수록 우리의 문제가 커진다. 우리의 소득은 다음이다.

1. 환자의 지불
2. 안과의 수입
3. 약국의 수입
4. 기부금
5. 기금 수입

모든 수입은 병원을 유지하는 데에만 쓰이고 친구들이 기부하는 것은 감사하며 신중하게 쓸 것이다.

선한 목적의 대규모 기금이 투자되는 것이 바람직하다. 병원의 발전이 되도록 그러한 기금은 특히 바람직하다.

세브란스 씨는 병원만 기부한 것이 아니라 외국 의사들의 봉급까지 책임지고 있다. 클리블랜드의 에스 엘 세브란스 씨는 수간호사와 간호사의 봉급도 책임지고 매년 3,000달러를 보내고 있다.[39)]

뉴욕 브루클린의 카이어 선교본부에서 간호사 훈련에 매년 90달러를 보내고 있다. 일년에 병상 하나에 대하여 50달러를 기증하면 1,000달러 기금에 보탬이 될 것이다.

세브란스 병원의 보고서

한국, 서울

1908년 6월 30일에 끝나는 회계 연도

책임 의사 오 알 에이비슨 박사

제이 더불유 허스트 박사[40)]

작년은 우리에게 가장 번영한 해였다. 우리 노력에 어울리는 성공에 대하여 하나님께 감사를 드린다. 작년의 일과 진실하신 하나님을 회고해보면 미래에 대하여 희망과 자신을 갖게 된다. 이 일에 종사하는 우리에게 매년 여러 가지 요청이 밀려온다. 그러나 각 요청과 필요에 대해 개인으로나 공중으로나 우리 병원을 쳐다보는 그들을 병원의 필요 범위 안에서 우리에게 인도하심을 기쁘게 생각한다. 그러면서 다른 한편 책임과 신중한 생각, 계획, 제도, 감독이 부가된다.

금년은 우리 병원의 역사에 특별한 해로 기록될 것이다. 에이비슨 박사가 긴 세월 애쓰고 낙담하고 노력하는 가운데 젊은 한국 의학도를 준비시켰다는 점이다. 금년은 제대로 갖춘 7명의 훌륭한 첫 번째 의학 졸업생을 우리 병원에서 배출하는데 그의 노력과 희망이 결실을 보게 되는 해이다. 이에 대하여 나중에 더 자세하게 기술할 것이다. 금년은 또한 에이비슨 박사의 두 번째 임기가 종료되어 그의 고향에서 두 번째 안식년이 될 것이다.[41)]

입원실

병원 입원환자의 수가 급격히 증가하고 있다. 작년에 비하여 43퍼센트 증가하였다. 입원환자의 수는 655명이었다. 이 가운데 수술이 332명이고 의료가 316명이며 산과가 7명이었다.

내과(한국인)

입원실에서 한국인 내과는 다양하다. 말라리아 병이 85명으로 가장 많았다. 이 가운데 20명은 특별한 경우라서 어떻게 분류할지 몰라 여기에 포함시켰다. 환자들은 대체로 하급 노동자(coolie)였는데 철도변의 천막에서 왔고 일본인들이 많은 노동자를 부리는 용산에서 왔는데 그곳에서는 그들을 보살펴주지 않았다. 그들 증세의 외적 특징은 선홍색의 황달이 빠르게 모든 조직으로, 심지어 눈까지 퍼진다. 이 환자들은 현재까지 키니네로 치료가 잘 되고 피하주사로 처치하고 있다. 그렇다고 모두 구한 것은 아니다. 실험실 시설이 개선되어 이들을 좀 더 잘 연구하기를 희망한다.

폐렴이 31명으로 그다음이다. 약 10퍼센트를 차지한다. 다른 나라와 특별히 다른 점은 없었다. 토질 폐렴이라는 특별한 환자를 몇 명 보았다. 토질은 풍토 객혈(Endemic Haemotysis)의 한국 이름이다. 폐는 보통의 폐렴증세를 보이지만 때때로 격렬해서 감염이 일반적이라면 사망이 될 수 있다. 그러나 때때로 절망적인 상태처럼 보이다가도 회복하곤 한다. 풍토 객혈의 일반적인 모습은 끝없는 고질병이 되어 디스토마 같은 다른 병으로 죽기 쉽다.

지금까지 우리는 폐결핵 환자는 받아들이지 않았다. 그러나 금년에는 받아들였다. 뉴욕의 화이트 박사(Dr. White)의 실험방법대로 치료하였다. 이것이 그들에게 최선이라고 우리는 판단하였다. 지금까지 6명의 환자를 치료하였다. 그중 5명은 크게 도움되었다. 그러나 마지막 환자는 그 치료법이 효과를 보기에는 병이 너무 깊어서 계속하여 나빠졌고 치명적인 상태로 끝났다. 첫 번째 환자는 열이 있고, 밤에는 땀을 흘리고, 심한 기침을 하며, 타액에 간상균이 있었다. 그러나 치료한 지 10일 후 열은 없어졌고, 기침과 밤의 발한은 감소하였다. 1개월 후에는 약간의 간상균만 보일 뿐이었다. 만일 치료가 계속 된다면 완치의 희망을 가질 수 있다. 나머지 4명도 빠르게 회복하여서 검사하고 완치된 다는 확신을 할 필요가 없어서 병원에 잡아둘 이유가 없어졌다.

매독은 진료실에서 계속 볼 수 있는 데 입원실에서도 발견되어 골칫거리였다. 재발은 수술실에서 두통거리였고 장질부사, 천연두, 콜레라, 디프테리아, 탈저정, 볼거리, 홍역, 백일해, 등과 함께 격리병동이 필요하다.

이질, 설사, 유사질병은 여름철에 흔한 병인데 모르는 새에 우리도 감염될까 봐 우리를 긴장시킨다.

신경질환은 거의 주목받지 못한다. 광기는 신약성서 시대를 연상하게 한다.

때때로 모르핀과 아편 환자를 볼 수 있었다. 이 같은 독을 수입하는 것을 엄격하게 금하는 한국법률이 최근의 "개혁"으로 느슨해졌다는 의미이다.

외과(한국인)

우리의 수술 업적은 수와 질에 있어서 압도적이다. 한국인들에게 수술을 권유할 때가 어려웠다. 특히 마취하에서는 더욱 그랬다. 이제는 수술을 하지 않고 단순 치료로 보내면 섭섭해한다.

한꺼번에 수술을 많이 한 경우는 1907년 8월 1일 서울에서 총격전이 일어났을 때였다.[42] 총상으로 62명이 병원에 실려 왔고 6명은 총검과 장검에 찔렸다. 그중 한 명은 27군데 찔렸고 다른 한 명은 18군데 찔렸다.

가장 규모가 큰 응급 경우는 앞서 8월 1일에 46명이 병동으로 들어왔고 이밖에 많은 인원이 응급 처치 후 병원을 떠난 경우이다. 이틀 동안 수술실은 새벽부터 밤늦게까지 분주했다. 강제로 해산된 구 한국 군인들이 시가전을 벌였는데 이 사건의 흥미로운 결과는 이들이 수술에서 부상을 치료받는 과정에서 기독교인이 받을 수 있는 특별한 대접을 받았다는 것이다. 우리는 이러한 증언을 한국의 곳곳에서 듣는데 부상당한 군인들이 세브란스병원에 실려 와서 기독교인들이 치료해 주었기 때문이라는 것이다. 뿐만 아니라 기독교 선교사가 부상자를 돌볼 때에는 친절로 대하므로 왕왕 복음을 가르쳐 달라고 조르기도 하였다. 최소 3명의 선교사가 총을 들고 있는 군인들 앞에 뛰어나갔는데 다행히 발포하기 직전 선교사의 신분을 알았고 정중하게 대했다.[43]

농으로 가득 찬 심한 부황과 결핵성 뼈 질병이 일상의 수술의 대부분을 차지한다.

가슴과 복부에 관한 수술이 중요한 부분인데 전자는 농흉이고 후자의 대부분은 부인과에 관한 것이다.

아주 특이한 복부수술이 있었는데 소한테 받혀서 생긴 상처를 봉합하는 것이었다. 병원에 오기 전에 출혈이 심해서 수술했는데도 죽고 말았다.

이 나라에는 암이 흔한데 아마 다음 환자가 흥미로울 것이다. 회복을 위해서 가로 6인치 대머리를 남기고 인디언 머리가죽 벗기듯 머리 가죽을 벗긴 것이다. 뒤는 피부이식으로 덮어서 마치 누더기처럼 보였다. 마취에서 깨어난 환자는 뒤에 붙어있는 "판자"를 떼어달라고 말했다. 퍽 안 된 경우는 간 수술에서 회복하고 있는 환자인데 암이 심하여 제대로 제거하지 못했다. 그 여자 환자는 수술이 완전히 잘 되어 회복하고 있는 중이라고 알고 있다. 우리는 그렇지 않다는 것을 말할 용기가 없었다. 암으로 혀를 제거한 여인은 병원 교회에 빠짐없이 참석하며 매일 매일 그녀의 삶에서 마음이 변해 감을 보이고 있다.

눈병은 열대지방과 달리 여기서는 그렇게 보편적이지 않다. 그러나 아주 특이한 경우를 보았다. 점차 실명해 가는 눈병을 가진 8명의 환자를 수술하였다. 허스트 박사 부인에 의하면 그녀의 주일 성경학교에 가장 열심인 사람은 시력을 회복한 어떤 여자라는 것이다. 가장 불쌍한 환자는 어릴 때 열병으로 시력을 완전히 잃어버린 사람이다. 그들은 외국의사가 자신의 눈을 뜨게 해주어 며칠 내에 이웃들처럼 보는 사람이 되어 집으로 보내준다는 어린애와 같은 믿음을 갖고 먼 곳을 마다 않고 찾아온다.[44)]

불쌍한 환자는 자해한 사람이다. 귀에서 귀까지 목을 찢은 사람이 찾아왔다. 그는 재산 싸움에서 상대방에게 보이기 위해 자해한 것이다. 그는 후회막급하여 시키는 대로 얌전히 앉아 마취도 없이 수술을 받았다. 잠깐 전에 그가 우리를 찾아왔을 때 괜찮아 보이기에 나는 무심했었다. 여자들이 남편들에게 불쾌한 감정을 보이기 위해 잿물을 퍼먹고 찾아온다. 나중을 생각해 보라. 위장이 협착되니까 복부에 구멍을 뚫어야 아사를 면할 수 있지 않느냐.

이 나라에는 치질이 많다. 18명의 환자가 입원실에 왔고 수술을 받았다. 단지 심한 환자만 받았다. 대부분의 환자는 진료실로 보냈다.

산과

금년에 산과가 크게 발전하였다. 한국 부인들이 자발적으로 병원을 찾은 것은 처음 있는 일이었다. 진통이 이상해서 이웃들이 데리고 온 환자가 2명 있었다. 이전 같으면 병원으로 데려오는 것은 한 마디로 거절당했다. 병원 시설이 없이 조그만 방바닥에 누어서 우리가 할 수 있는 힘껏 할 도리밖에 없었다. 지금까지 우리 기록은 훌륭하고 모든 환자는 입원실에서 치료받고 회복하였다. 어떤 남편은 부인의 병원 비용을 지불하고 1년에 병상 하나를 책임지겠다고 50달러를 놓고 갔다.[45)]

일반외래

우리의 외래는 병원 건물의 지하에 있다. 금년의 환자 수는 17,000명인데 그 가운데

6,000명이 새 환자이다. 외래의 특징은 그것이 수술로 연결된다는 것인데 1,241명이 수술을 받았다. 외래는 의학생들을 훈련시키는 실습의 장소이기도 하다. 사실 대부분의 외래는 그들이 담당하고 있다. 여러 종류의 종양이 절개된다. 매일 기관을 수술하고, 덴 것과 등창을 처치하며, 치아를 뽑고, 눈을 치료한다. 대부분의 입원환자는 처음에는 외래에서 시작한다. 심지어 사고도 먼저 외래로 들어온다.

개인 진료(한국인)

또 하나 부서가 있으니 개인 진료실이다. 한국인 부자들이 매일 찾아온다. 많은 한국인 환자가 공짜인 외래보다 돈을 내고 개인 진찰을 받는 것을 좋아한다는 사실을 알게 되었다. 그래서 개인진료를 지난 가을부터 시작하여 인기가 높아지고 있다. 환자는 1원(50 센트)을 지불하는데 약값은 별도이다. 여기서 수입이 367달러였다.

파스퇴르 백신 연구소

금년에 파스퇴르 연구소의 일은 많지 않았다. 미친개에게 물린 7명의 환자를 치료했는데 아무도 공수병으로 발전하지 않았다.[46)]

왕진(한국인)

과거에는 왕진을 피했다. 시간이 부족했던 탓이다. 그러나 이제는 한국인 조수들의 실력이 늘어나서 그들을 왕진에 보낸다. 왕진 비용을 댈 수 있는 사람이 점점 늘고 있다. 우리는 이제 막 졸업한 새내기 의사들이 담당하기를 기대하고 있다. 우리는 왕진 비용을 미국처럼 정해진 회원제 회비로 대체하려고 한다. 관심과 격려로 이 부서가 발전할 것이다.

외국인 진료

미국인과 유럽인에 대한 진료 또한 소홀히 할 수 없는 부분이다. 이것이 병원 운영수입의 큰 부분을 차지한다. 외국인 환자는 세 종류가 있다. 외래, 왕진, 입원이다. 앞의 두 종류에 대해서는 언급할 만하지 않다. 그러나 마지막 종류는 그 중요성이 커지고 있다. 현재까지 입원환자의 수가 많지는 않지만 한번 입원했다 하면 1주일에서 6개월 입원하는 환자도 있다. 우리가 장려하면 그러한 환자의 숫자는 증가할 것이다.

외국인 인구가 증가하는 추세이고 주로 선교사들이지만 그들을 위한 병원이나 요양소가 없어서 결국 그들은 자신들과 일하는 사람들에게 짐이 되는 도움에 의존할 수밖에 없다. 우리 병원은 한국인을 위한 시설이다. 한국인의 생활이 병원에 그대로 묻어있다. 눈에 보이는 것, 소리, 한국 음식 등은 외국인에게 도저히 참을 수 없는 것이다. 특히 외국인이 아플 때에는 더욱 그렇다. 우리는 외국인을 위해 조그만 방을 준비했지만 그들을 위한 주방시설이 없다. 이것은 유일한 미국간호사인 쉴즈 양(Miss. Shields)에게 짐이 되고 있으니 그녀는 의사 부인의 도움을 받아 외국인 환자의 음식을 준비하고 있다. 우리는 최선을 다하여 외국인 환자를 돌보지만 병원 시설이 따라가 주지 못하여 그들을 충분히 보살피지 못하고 있다. 더욱이 시간이 부족하다. 외국인을 위한 요양 시설이 생기기를 기대하는 도리밖에 없다. 그래서 그들을 돌보아 빠르게 회복되도록. 미국인에 대한 치료를 우리는 부족하다고 생각하지만 그들은 고맙게 생각한다. 때때로 병약한 환자를 우리 자신의 집으로 데려가 입원에서 오는 압박에서 벗어나서 편안하게 만들어 준다. 그러나 이 방법에 계속 의존할 수 없다.

외국인 외래와 왕진의 진료수입은 2,700달러 825센트이다.[47] 외국인 입원환자의 수입은 1,512달러이다. 모두 합쳐 4,212달러 825센트이다.

앞서 기술한 것을 모두 정리하면 우리 병원은 다음과 같이 구성된다.

1. 한국인 내과와 외과
2. 한국인 외래
3. 한국인 개인진료
4. 한국인 왕진
5. 외국인 내과와 외과
6. 외국인 진료
7. 외국인 왕진
8. 파스퇴르 연구소
9. 전염병 부서
10. 안과

의학대학

이 보고서의 범위 내에서 모든 것을 기술하는 것은 불가능하다. 더욱이 우리에게는 시간과 생각을 요구하는 다른 일들이 쌓여있다. 그 가운데 가장 중요한 것이 세브란스 병원의학대학이다.[48] 여기서 금년 6월 3일에 첫 번 졸업생에게 의학과 외과의학의 박사학위(Doctor of Medicine and Surgery)를 수여하였다.

지난 15년 동안 에이비슨 박사는 의학생을 준비시키느라 그의 모든 의학지식을 바쳐 애써 왔다. 동시에 서양의학의 온갖 비밀을 그들에게 전수시키는 모든 의학 교재를 완성하였다. 병원 한 구석에 방이 있는데 여기에 몇몇 한국인이 의학 교과서를 번역, 복사, 등사하느라고 바쁘다. 지금까지 교실에서 사용할 수 있는 수준의 다음 일이 진행되었다. 3권의 해부학, 생리학, 2권의 화학, 현미경, 병리학, 세균학, 의료재료학, 치료학, 2권의 진단학, 피부학. 외과학, 개업, 의학사전이 현재 진행 중이다. 의학사전에 관하여 한국어에는 적절한 의학용어가 없다. 교재를 준비하고 가르치는 동안 하나씩 둘씩 의학 용어를 만들어야 하고 어휘를 늘여야 한다. 나중에야 비로소 일본 책을 구해 큰 도움을 받았다. 첫 번째 교재가 해부학이었다.[49] 에이비슨 박사가 첫 번 안식년에 미국으로 가기 전에 끝낸 것이다. 그런데 그의 부재중에 그만 분실하고 말았다. 그가 한국에 돌아와서 다시 써야 했다.

일곱 명이 금년 봄에 졸업했는데 모두 매우 드문 경험의 소유자들이다. 의사들과 함께 외래, 수술실, 입원실에서 함께 일해서 관찰과 임상의 경험을 갖고 있다. 미국에서도 그러한 기회를 갖는 의사는 드물다. 이들 가운데 일부는 졸업 전에 수술을 훌륭히 마친 경험도 갖고 있다. 모두 모든 종류의 작은 수술을 해보았다. 일부는 교재를 준비하는데 참여했다. 몇몇은 세브란스 병원 공사 중에 공사 감독도 해 본 경험을 갖고 있다. 졸업식에 많은 사람과 유명한 사람들이 참석하였다. 졸업생들은 지적이고 잘 생겼으며 어느 곳에 내놓아도 손색이 없는 젊은이들이다.

졸업식은 서울에서 화제가 되었으며 한국의 문명사에서 중요한 사건 가운데 하나가 되었다. 식장을 빛내준 각계 대표들의 면면이 이 사실을 증언한다. 황실 가족 대표, 이등 통감과 그의 참모, 한국 정부 장관, 한국과 일본 정부 고관, 외국 공사관 대표, 교육기관과 기독교회 대표, 외국인 사회 대표, 기타 한국인들, 모두 합쳐 1,000명이 넘는 인파가 비상한 관심을 갖고 졸업식을 참관하며 우리가 성취한 결실을 함께 즐거워하였다.

정부는 한국 최초의 면허증을 수여하며 정식으로 우리가 성취한 일을 인정하였다. 정부의 이 같은 자세는 새내기 의사들에게 무엇과도 바꿀 수 없는 인정받는 지위를 부여하였다. 졸업식에 참석한 이등 통감은 우리가 성취한 일에 대해 감사의 표현을 하고 졸업생 개개인에게 통감부가 인정하는 의학대학 졸업장(his Medical College Diploma)을 수여하였다.

네 명의 졸업생은 병원에서 계속 일할 것이고, 두 명은 서울에서 개업할 예정이며, 한

명은 북한의 고향에서 개업할 것이다. 서울에 남는 졸업생은 강의실에서 우리가 가르치는 일을 도울 것이다.

이들이 배운 의학교육의 목표가 개인의 영달을 위해서가 아니라 동포의 복지를 위해서 쓰이는 것이었다고 우리는 믿는다. 우리는 우리가 성취한 것에 대하여 자긍심을 갖는 충분한 이유가 있다. 그리고 우리는 희망을 갖고 이들이 한국에서 의료와 기독교 봉사에 앞장설 것을 기대한다.

간호과
책임자　이 엘 쉴즈 양
엘라 벌프 양

우리 병원의 효율성을 높이기 위하여 새로 신설된 것이 쉴즈 양이 2년 전에 시작한 간호학교이다. 그녀는 이제 7명의 젊은 여성을 교육시키고 있다. (이 보고서를 준비하는 중에 5명이 더 늘었다.)[50] 그 가운데 3명은 처음부터 교육을 받아 이제 입원실에서 맡은 바 책임을 다하고 있다. 지난해에 학교 전체가 크게 발전하였다. 이 발전이 더욱 확대되어 무엇이든지 부족한 병원에 큰 도움이 올 때를 기대한다. 과거에 잘 훈련된 간호사의 부족이 병원의 큰 약점이었다. 이제 잘 훈련된 간호사로 인하여 병원은 커다란 진전을 볼 것이다. 여자 간호사의 출현으로 병원 환자의 남녀 비율이 개선될 것이다. 금년에 남자 환자가 3대 1로 여자 환자를 능가하였다. 이것은 여자가 질병에 덜 걸려서 그런 것이 아니라 관습 때문이다. 여자 환자를 집에서 데려와 병원에 입원시키기가 어렵다. 입원실의 여자 간호사만이 이 어려움을 극복할 수 있다.

서울에 있는 외국인 거류지에서 간호사를 미국에서 데려오는 움직임이 시작되었다. 우리와 관련하여 우리 간호사는 병원밖에 일이 없을 때 병원에서 일해야 한다는 약속을 하였다. 엘라 벌프 양은 밴쿠버가 고향인데 이 조건하에 5월 1일에 서울에 왔다. 그녀의 도착으로 간호과의 효율성이 향상되었으며 그녀의 쾌활한 성격이 작은 외국인 사회에 활력을 불어넣었다. 그녀의 숙소는 외국인 거류지에 있다.

복음 전도

질병의 회복은 환자에게 말할 수 없는 은혜이고 그 과정에서 병원은 하나님이 부여한 사명이라고 우리는 믿지만, 예수님이 우리에게 주신 이상 속에서 육신과 영혼의 고침이 함께 한다는 것을 우리는 알고 있다. 이 이상을 가슴에 품고 우리에게 부과된 육신의 질병을 고치는 일을 통해서 우리에게 의지하는 사람들의 영적인 치료까지 해야 한다는 생각을 잊은 적이 없다.[51)]

매일의 정례 예배가 회복환자와 병원관계자에게 열린다. 참석할 수 있는 입원환자에게 개별적인 성경공부가 실시된다. 외래환자에게도 기다리는 동안에 약간씩 가르친다. 우리에게 치료받으러 오는 모든 환자들은 누구나 빠짐없이 세상에서 가장 위대한 의사[하나님]의 말씀과 세상을 위한 그의 위업을 듣지 않고는 병원을 떠날 수 없다는 것이 우리의 뜻이다.

매일 오는 외래환자에 대해서는 분명한 결과를 보고하기 어렵다. 그러나 오래 입원하는 환자에 대해서는 분명하게 보고할 자료가 있다. 많은 환자가 기꺼이 말씀을 받아들이고 집에 돌아갈 때에는 더 배우려고 복음서와 기타 기독교 책을 갖고 지방 여러 곳으로 간다. 왕왕 그 결과가 열매를 맺는다는 말이 우리에게 들려온다. 신자가 된 사람의 수효는 알 길이 없지만, 여기 한 사람 또는 한 어린아이, 저기 한 여자 또는 어린 소녀, 병원에 입원하였던 한 사람을 통해 때로는 가족의 일부 또는 가족 전원이 신자가 되는 것을 일 년 내내 볼 수 있다. 이들 중 "가장 작은 한 사람," 집 없는 작은 소녀가 마음에 다가온다. 어떤 인연으로 여러 달 전에 그녀는 병원에 왔는데 아무도 그녀를 데려가지 않았다. 질병에 걸린 뼈를 제거하여 오랫동안 고통에 시달렸지만 그녀는 진지하고 빠르게 작은 신자가 되었다. 언제나 배움에 목말라 있었고 고통이 일시 멈추면 공부를 하였다. 그러나 장애가 된 작은 몸의 제약으로 슬퍼하였다. 그 제약이 곧 제거되면 그녀는 우리의 "작은 보석"이 될 것으로 우리는 확신한다. 우리가 그녀를 치료할 수 있다는 것에 대하여 우리는 감사한다.

병원의 일요일 예배가 빠르게 발전하였다. 원래는 다른 교회에 갈 수 없는 병원 관계자들과 회복환자들을 위해 시작하였다. 모이는 장소는 이 병원 노변의 한국 건물이었다. 그러나 밖에서 오는 신자들이 백 명이 넘게 되었다. 많은 사람들이 교인이 되자 빠르게 모임이 결성되어 교회가 설립되었다.[52)] 일요일 아침에 에이비슨 박사가 설교하였고 허스트 박사가 주일학교를 담당하였다. 에이비슨 부인과 허스트 부인이 어린애와 여자를 가르쳤다. 일요일 예배와 평일의 예배와 여자 성경반을 제외한 나머지 성경반은 한국인 기독교인들이 담당하였다.

외래 대합실과 붙은 노변에서 서적을 팔았다. 이것은 아주 효과적인 복음 전도의 방법이다. 약을 타러 오는 사람들은 복음을 듣는 것뿐만 아니라 그것을 적은 유인물을 갖고 가는 기회가 주어지기 때문이다.

회계보고(U. S. Gold)

〈이월잔고〉

현금	$29.10	
예금[53)	1,502,165	$1531.265

〈현금과 수입〉

진료 외국인	$2700.825	
입원 외국인	1,512.00	
한국인	1,146.945	
외래	824.75	
한국인 개인진료	367.325	
한국인 왕진	168.825	
안경(공제 전 판매)	439.92	
약품	185.16	
임대	223.18	
은행이자	11.21	
생명보험신체검사	5.075	
기부	1,597.135	
선교 재무	162.00	$9,344.35
		$10,875.615

〈지출〉

음식	$1,360.6625	
얼음	45.875	
약품과 처치용품	874.95	
안경(공제 전 비용)	559.535	
파스퇴르 연구소	16.03	
일반 보급품	146.4775	
가구	263.16	
간호	475.1925	
종업원	471.23	

학생, 보조업무	269.85	
보수	307.5375	
연료	237.215	
전기	200.825	
여행	167.1225	
수업과(공제 후)	419.23	
문헌조수	114.125	
복음 전도	116.39	
기부	100.00	
잡비	45.86	
할인 및 잡청구서 손실	107.475	
사무실지출	187.8925	$6,487.535

잔고	$4,388.08	
현금	$1,195.1075	
예금(공제 전)	3,192.9725	4,388.08

행정

선교병원과 연계하여 의사에게 가장 어려운 업무는 이미 기술한 것이 아니다. 매일의 구체적인 병원 운영이다. 서툰 노동자를 데리고 외국 건물 유지, 옥내 배관과 난방 시설의 감독, 종종 의사가 직접 배관을 담당, 우물이 자주 마르는 땅에 세워진 커다란 건물에 충분한 수돗물 공급,[54] 병원이 원활하게 움직이도록 유럽이나 미국에서 구입해야 하는 약품과 일반 기구의 충분한 확보와 유지, 나태와 무책임에서 효율적인 단계로 끌어 올려야 하는 종업원들의 훈련과 관리, 종업원의 불완전한 책임 때문에 매 시간 병원 구석구석에서 밀려오는 요청과 질문에서 오는 업무중단, 연료, 음식, 기타 보급품 구매에 있어서 현지 상인과 벌이는 흥정, 종업원 숙소와 별채의 검사, 자신의 뜻을 알리고 다른 사람의 의도를 전하는 데 있어서 자주 일어나는 언어의 혼란 속에서 이런 모든 것을 처리해야 한다.

회계장부 정리, 현금수납, 의료기록은 한 사람의 능력에서 벗어나는 일이다. 앞의 회계보고의 계정 이외에도 우리 장부에는 약 200개의 계정이 있다. 일 년에 약 1만 달러 규모라서 항목은 작지만 그 상세함은 복잡하다. 누군가 능력 있는 사람이 우리를 대신하여 이 일을 맡아준다면 크나큰 은혜이다. 언젠가 어떤 한국 청년이 우리를 도왔는데 한 달 정도 있다 가버렸다. 이 글을 쓰는 이 순간에 그 청년과 다시 시도하고 있다. 성공했으면 좋겠다. 사무실 업무는 의사가 아닌 사람이 해야 하기 때문이다.

미래의 발전

우리 일의 미래에 관하여 기독교 신앙과 서양의학이 한국의 수도에서 발휘되어야 한다고 생각하지만, 강제로 그렇게 하고 싶지는 않다. 사람들의 요구와 함께 보조를 맞추어 순리대로 발전하여 불쌍한 육신의 요청에 합당하기를 바란다.

아래 사항이 우리가 관심을 갖는 가장 시급한 일이다.

일반외래는 병원에서 별도의 건물로 옮겨져야 한다. 질병이 외래에서 병원 입원실로 전염되는 것을 막기 위함이다. 빠르게 증가하는 환자 수를 감당하고 동시에 의학생들에게 더 나은 실습시설을 제공하기 때문이다.

화학, 해부학, 생리학, 조직학, 병리학, 세균학을 가르치는 실험실 시설이 시급히 필요하다.

외과학적으로 감염되지 않은 환자를 위한 두 번째 수술실의 배치가 현명하고 인도적이다. 우리에게 오는 대부분의 수술환자는 이미 감염되어 있어서 감염되지 않은 환자에게 위험하다.

한국 같은 나라에서 제대로 갖추어진 세균학과 병리학 실험실은 병원 업무에 큰 이득이 된다. 여기에는 특이한 질병이 많은데 이들을 치료하려면 조사와 특별한 연구가 필요하다. 그러나 현재로서는 시설도 없고 사람도 없다. 병리학과에 자리가 비어있다. 미국 병리학회에서 관심을 갖고 이 분야에 그러한 사람을 붙잡아 둘 수 있는 방법을 찾기를 바란다.

외국인을 위한 요양소 건은 이 보고서에 이미 포함되어 있다. 이것을 위하여 병원과 연계하거나 근처에 별도의 건물과 그 운영을 위한 시설이 필요하다.

이런 식으로 빠르게 병원 업무가 폭주하면 우리는 병원을 확장해야만 할 것이다. 서울역이 지금 병원 부근에 빈 땅을 역 업무의 요청에 맞게 사용하려고 한다. 이렇게 우리 주변에 큰 땅이 있는데 문제는 높이가 다른 땅을 고르게 하는 비용이 높다는 것이다.[55] 지금 이 문제가 어렵다고 지금 현재의 땅 면적을 늘리는 일을 하지 않는다면 미래에는 더욱 더 어려울 것이다. 지금 이 일은 결코 쉬운 일이 아니다. 붙어있는 땅은 작고 가격은 비싸서 쉽지 않다. 그러나 어려움은 매년 커진다. 이 대지 문제는 우리의 코앞에 당면한 문제이다.

기금 10만 달러가 있으면 우리의 모든 가능성을 실현시킬 수 있으며 병원은 굳건한 반석 위에 설 것이다.

엘 에이치 세브란스 씨의 방문

이 보고서를 마감하면서 생략할 수 없는 사항이 하나 있다. 지난 가을[56]에 이 병원을 건축하는데 관대하게 도와준 엘 에이치 세브란스 씨의 방문을 기쁨을 갖고 보고한다. 세브란스 씨는 병원 업무와 그 성취의 최선의 수단에 대하여 세세한 관심을 나타냈고 공감하는 친구이자 현명한 조언자임을 보였다. 그의 비평과 조언, 그의 공감과 격려로 이미 우리의 사업에 결실을 맺었다. 우리뿐만 아니라 그를 만난 한국인들이 그에게 고마워하고 그를 사랑하며 그의 이름을 들을 때마다 그들의 얼굴이 환하게 빛난다. 세브란스 씨는 병원에만 관심을 가진 게 아니라 환경을 조사하고, 교회와 학교를 방문하며, 여러 곳의 요청을 듣고, 도움을 주었다. 사람들에게 가까이 하고 그들에게 관심을 갖고 그들에게 그가 친구임을 드러냈다. 그들은 그를 잊지 못할 것이다. 어제만 해도, 앞서 소개한 그 작은 장애 소녀가 자기의 두 친구, 세브란스 씨와 에이비슨 박사를 이 세상에서 다시 볼 수 없다는 절망감에 비통하게 울었다.[57] 세브란스 씨를 대동한 러들로 박사가 우리의 기쁨을 배가하였다. 그는 머무는 동안에도 우리 수술에 동참하였다.

통계

〈입원실〉

입원환자	655
1907년 6월 30일에 남아있던 입원환자[58]	34
입원 치료받은 환자 총수	689
남자	529
여자	160
의료입원환자	316
수술입원환자	332
총 치료환자	8127
환자 1인당 평균 입원일수	12.4
하루 평균 환자 수	22+
하루 환자의 평균비용	52센트[59]
전체 일부 비용을 지불한 환자 수	233 또는 36퍼센트

〈퇴원환자의 상태〉

완치	464
호전	75
호전되지 않음	18
완치되지 않음	21
입원 후 24시간 내에 사망	35
치료 후 사망	54
사망률, 위의 두 경우 포함	13.43퍼센트
사망률, 위의 두 번째 경우만	8.09퍼센트
1908년 6월 30일 현재 입원환자	22

〈외래〉

새 환자	5,674
재 내방 환자	11,000
수술	1,241

〈내과〉

한국인	936
외국인	657

〈왕진〉

한국인	131
외국인	605
황실	57

〈안과〉

안과 검사 및 언경 착의	164
무료 치료	64퍼센트

1907~1908년 연차보고서 끝.

신분타파

이 연차보고서의 서두는 매우 중요한 사실을 지적하고 있다. "세브란스 병원은 국적을 불문하고 남자, 여자, 어린이를 위해 한국 서울에 세워진 종합 병원인데 미국의 장로교 한국 선교본부의 주관하에 있다." 첫째는 신분제 사회인 한국에 대해 신분과 성별을 가리지 않는다는 선언이다. 아래에서 얘기하겠지만 에이비슨 박사는 백정에 대하여 그의 회고록에 많은 지면을 할애하고 실제로 신분 타파를 위하여 노력하였다. 그 결과 백정도 상투를 틀고 갓을 쓸 수 있게 되었다. 많은 백정들이 교회의 장로가 되었다. 둘째는 미국의 보호 아래 있다는 선언이다. 이것은 앞서 언급했지만 일본 정부가 접수할 것을 방지하기 위함이라고 추측할 수 있다. 이 연차보고서가 발표되는 1908년에 미국과 일본은 조약을 맺고 상호와 지적재산권을 인정하기로 하였다. 세브란스라는 명칭과 선교본부의 재산권은 이 조약에 의해 보호받을 수 있었다.

한국인을 위한 자선병원

국적을 불문한다고 하였지만 그럼에도 불구하고 이 보고서는 다음과 같이 선언하였다.

"우리 병원[세브란스 병원]은 한국인을 위한 시설이다."

이것은 에이비슨 박사의 카네기 홀 연설 서두와 일치하며 중국의 여러 서양 병원과 비교할 때 판이한 차이를 보인다. 세브란스와 함께 중국을 시찰한 러들로는 홍콩의 병원은 영국인을, 상해의 병원은 유럽인을, 청도의 병원은 독일인을 위한 시설이었다고 기록하였다.[60)]

"중국에는 정부병원이 드물다. … 대부분의 [병원] 시설은 중국인보다는 유럽인을 위한 것이었다."

여기서 유럽인이란 누구인가. 사업가와 선교사들이다. 중국인이 불쌍하다. 이에 비하면 한국인들이 다른 병원보다 세브란스 기념병원을 찾는 이유가 바로 세브란스 병원이 한국인을 위한 시설이라는 데 있다. 1907년에 3월 15일에 개원한 대한의원의 사정은 달랐다. 연차보고서에 기초하여 1907~1908년의 세브란스 기념병원의 환자 통계를 정부에 의해 운영되는 대한의원의 1908~1909년 환자 통계와 비교하면 세브란스 기념병원의 위상을 알 수 있다.

	세브란스 기념병원(1907~1908)	정부 대한의원(1908~1909)[61)]
입원환자	655명	287명
외래환자	16,674명	10,116명

대한의원은 직제상 의정부의 직할이었음에도 불구하고 일본의 통감부가 장악하였다. 대한의원의 설립도 보기에는 대한제국이 시작한 것처럼 보이지만 처음부터 이토 히로부미의 구상에서 시작되었다. 그는 광제원, 적십자병원, 의학교를 통합하여 대한의원을 만들었다. 흥미로운 점은 황실의 57명이 대한의원 대신 세브란스 기념병원의 왕진으로 치료를 받았다는 사실이다. 그 전해에는 황실에 121번 왕진을 하였다.[62] 외래환자도 증가하였는데 그 전해에는 12,000명이었다.[63]

총수입 9,344달러 가운데 외래 825달러가 차지하는 비중은 9퍼센트에 불과하다. 그러나 외래환자 16,700명은 입원환자 655명의 25배이다. 이것은 외래환자가 거의 무료라는 뜻이다. 진료비의 전부 또는 일부를 지불한 환자가 전체의 36퍼센트였음을 뒷받침하며 보고서 모두에 밝혔듯이 세브란스 기념병원은 자선병원의 성격임이 드러났다. 러들로 교수가 친구에게 보내는 편지에서도 확인된다.[64]

> "여기 병원의 아주 어려운 문제 가운데 하나는 무료환자가 너무 많아 매년 6만 원[3만 달러]의 비용이 든다는 점이다. 정부병원, 적십자병원, 개인병원도 있지만 이들은 무료환자를 아주 조금 받기 때문에 무료환자들이 우리에게 몰려온다. 일이 힘들다는 자체보다 우리의 동정에 너무 매달리는 이 일로 지친다. 그러나 우리가 할 수 있는 것 다하려고 한다."

자선병원의 성격은 세브란스 병원이 출발할 때부터 목표로 삼은 정신이고 다른 병원과 확연한 차이점이다. 머릿돌을 놓은 알렌 공사의 연설에 다음과 같은 구절이 있다.

> "이십 세기를 당하여 미국의 풍성한 재산과 발달한 재주로 병원을 창설하는 일은 대한 병인을 위하여 치료금을 받지 아니하고 하는 일인 즉 서국 사람의 마음에나 대한 사람의 마음에나 고맙게 여길 일이옵나이다."

자선병원의 정신은 재정에서 이미 나타나기 시작하였다. 총수입 9,344달러 가운데 외국인 4,200달러로 45퍼센트를 차지하고 내국인 1,700달러는 20퍼센트에 달한다. 총지출 6,500달러 가운데 음식비와 약품 및 처치 비용 2,200달러는 35퍼센트를 차지한다. 문헌조수의 지출은 아마도 의학교재 번역에 대한 보수였을 것이다. 지출에 의사와 간호사의 보수는 포함되지 않았다. 건물의 감가상각비도 없었다. 그것은 모두 세브란스 씨의 몫이 되었으니 보고서에 이미 "세브란스 씨는 병원만 기부한 것이 아니라 외국 의사들의 봉급까지 책임지고 있다. 클리블랜드의 에스 엘 세브란스 씨는 수간호사와 간호사의 봉급도 책임지고 매년 3,000달러를 보내고 있다"라고 적고 있다.

1907년의 9,344달러의 총수입은 얼마나 큰 성과였을까. 앞에서 소개한 대로 1910년 에이브러햄 플렉스너 박사가 쓴 『미국과 캐나다의 의학교육』이라는 책을 보면 1909년 현재 미국과 캐나다의 155개 의과대학의 절반이 1만 달러 미만의 수입으로 운영하였다.[65] 당시 보고서에 알려진 대학병원의 경비를 보면 아이오와 주립대학 통속의학병원 7,867달러, 아이오와 주립대학 의과대학병원 33,745달러, 미시간 의과대학병원 70,000달러, 미시간 통속의학대학병원 31,000달러, 미주리 워싱턴 의과대학병원 30,000달러, 텍사스 의과대학병원 39,611달러였다.[66] 세브란스 병원의 하루 입원비가 52센트였고 레이크사이드 병원의 하루 입원비는 3달러 70센트였으므로 이 비율을 적용한다면 9,344달러는 대체로 7만 달러에 해당한다는 가치라고 말할 수 있다.[67] 20세기 초 미국과 한국의 경제력을 감안한 입원비를 비교한다면 세브란스 기념병원의 성적은 우수한 것이었다.

세브란스 교회

이 연차보고서에는 특별히 복음전도라는 장이 눈에 띈다. 육신의 병뿐만 아니라 영적인 치료를 잊은 적이 없다고 기록하고 있다. 세브란스 병원의 교수들은 기독교인이 아니면 임명될 수 없었다.[68] 이로써 의료선교와 순수선교 가운데 어느 방법이 효과적이었나를 판단할 자료가 생겼다. 그 전인 1904년 제중원의 전도사업 지침도 이 연차보고서만큼 실감나는 현장보고를 따라가지 못한다. 그것은 다음과 같다.[69]

1. 의료사업의 일차적인 목표는 복음전도이어야 하며 모든 사업은 사람들이 복음을 기쁘게 들을 수 있도록 마음을 준비시켜 주는 관점에서 이루어져야 한다.
2. 최상의 복음적인 결과는 최상의 의료사업에서 나오는 것이므로, 시설을 잘 갖춘 병원과 진료소를 설립해서 의사가 평상시에 필요한 의료사업을 할 수 있도록 하는 것이 선교부의 정책이어야 한다.

전도활동을 위해서 설립한 작은 교회에서 환자와 병원 관계자들이 함께 예배를 보았다. 이것이 발전하여 병원 노변에 남대문교회가 되었는데 세브란스 교회라고도 불렀다.[70] 에이비슨 박사는 의사이지만 목사는 아니었다. 그러나 그가 교회에서 설교할 수 있었던 것은 토론토 감리교회가 부여한 "평신도 설교자"였기 때문이라고 여겨진다.[71]

세브란스 병원이 구리개에 있던 구 제중원에서 남대문 밖의 도동으로 이사했을 때 병원 구내에 남대문교회를 지었다. 1907년 병원을 방문한 세브란스 장로의 헌금으로 고궁의 옛 건물을 옮겨 지은 것으로 한국의 건축양식의 건물이다.[72] 1910년 12월 4일에 봉헌하였으며 피어슨 박사(A. T. Pearson)가 참석하였다. 1911년 6월 18일 일요일에 서울을 방문 중인 세브란스의 사위 알렌 박사가 아름다운 한옥의 세브란스 교회에서 예배를 보았다. 그다음 날에 외동딸이 세브란스 교회를 방문하였다(제3장 참조).

공덕리

세브란스 교회에서 에이비슨 부인은 부인성경연구회를 만들어 부녀자들에게 성경을 가르쳤다. 에이비슨 박사는 회고록에서 자신의 집에 한국인 가정부를 고용한 것을 미안하게 생각했는지 자기 부인이 복음전도와 환자들 뒤치다꺼리를 하느라고 그럴 수 밖에 없었다고 술회하였다. 어쨌든 에이비슨 부인은 마포 공덕리에 장로교회가 설립되는 것을 도왔는데 그 내력이 흥미롭다.

에이비슨 부인의 노력으로 한 여자 환자가 기독교 신자가 되었다. 그녀는 자신의 집에 이웃사람들을 모아 에이비슨 부인을 매주 초청하여 성경공부를 하였다. 이 모습을 보던 세브란스 기념병원의 수위의 아들이 애들을 상대로 똑같은 일을 하기로 마음먹었다. 애들의 숫자는 불어나자 실내가 비좁아서 야외의 빈터에서 모였다. 그러자 겨울이 찾아와서 추워서 밖에서 모일 수 없었다. 한국 사람들은 겨울에 짚신을 삼는다. 방에서 삼으면 건조하여 짚들이 부러지게 되고 밖에서 삼으면 추워서 짚이 얼어버린다.

이 문제를 해결하려고 겨울에는 빈터에 약 60센티에서 90센티 깊이의 구덩이를 파고 짚으로 지붕을 하고 지붕에 입구를 만들어 그 속에서 짚신을 삼았다. 입구는 열었다 닫았다 하여 짚의 온도와 습도를 유지할 수 있었다. 밖에서 놀고 있는 어린애들을 이 구덩이 안으로 불러 모아 일요일마다 성경과 노래를 가르쳤다. 어린애들은 일요일마

출처: Avison Creating a Medical School University of Toronto Monthly 1937

〈자료 Ⅷ-6〉 1935년 공덕리 교회에서 에이비슨 박사 부부

다 이 구덩이 교회를 찾는 습관이 생기게 되었다. 이 구덩이 교회가 자라서 교회당이 되고, 유치원이 생기고, 주간과 야간학교가 생기고, 그 밖에 교회 부속시설이 갖춘 교회로 발전하여[73] 250명의 신자가 모였다. 에이비슨 박사가 한국을 떠나기 마지막 일요일인 1935년 11월 17일에 찍은 사진에는 에이비슨 박사 내외와 의사 아들 더글라스 에이비슨 박사가 가운데 앉아있다.[74] 윤치호라고 추정되는 인물도 보인다. 윤치호는 3일 전 11월 14일에 조선호텔에서 열린 에이비슨 박사 송별회에서 한국 교회를 대표하여 감사의 연설을 하였다.[75] 사진의 날짜와 교회 이름이 보인다. 에이비슨 박사 송별기념/공덕리 장로교회/1935년 11월 17일(자료 Ⅷ-6). 공덕리교회는 에이비슨 박사에게 기념쟁반을 증정하였다. 가운데에는 공덕리 교회의 모습을 새겼고 테두리에는 1935년/에이비슨 박사 기념/조선 경성/공덕리교회라고 새겨져 있다. 에이비슨 박사는 1935년 12월 2일에 서울역을 떠나 부산을 거쳐 출국하였다.

제주도

지금은 제주도가 먼 곳이 아니다. 그러나 1백 년 전의 제주도는 외국처럼 먼 곳이어서 평양 장로교 신학교 제1회 졸업생 이기풍 목사가 부임할 때 "선교사"라 칭할 정도였다. 그런데 세브란스 병원이 여기까지 그 명성이 높았다는 사실을 알 수 있는 자료를 소개할 필요가 있다. 1903년 세브란스 기념병원이 아직 건축 중일 때 제주도에서 김씨 성을 가진 농흉(empyema) 환자가 올라왔다.[76] 지금도 어려운 수술이지만 당시에는 더 어려워 한쪽의 늑골을 모두 드러내고 늑골이 없어진 빈 공간을 협착시키는 대수술이다. 수술은 성공적이어서 2년간 세브란스 병원에서 요양하면서 기독교인이 되었다. 제주도로 돌아가서 그는 누가 시키지도 않았는데 스스로 전도하였다. 이윽고 1907년 장로교 총회에서 처음으로 제주도에 선교사를 파견하자 그의 일을 도왔다. 30년이 지난 어느 날 에이비슨 박사를 찾는 사람이 나타났다. 그가 바로 치료를 받은 김 씨였는데 이제 평양에서 열리는 장로교 총회에 제주도 대표로 참석하는 길에 세브란스 병원을 방문한 것이다. 김 씨가 전도한 제주도 사람 가운데 하나가 서울에 올라와 세브란스 병원의 부속 남대문교회의 장로가 되었는데 이번 길에 그를 대동하였다. 한국의 많은 교회가 세브란스 병원에서 진료를 받으며 신자가 된 사람들에 의해 세워졌다.[77] 김 씨의 예는 그 가운데 하나였는데 특별한 것은 한국의 남쪽 끝인 제주도에서 일어난 일이었다는 것이다.

강계

남쪽 끝뿐만 아니라 북쪽 끝에서도 이러한 일이 일어났다. 이곳의 책임자는 로데스 박사(Dr. Rhodes)였는데 연차모임으로 서울에 왔다가 그가 데리고 온 가정부가 말에서 떨어져 목 아래가 마비되었다. 러들로 교수가 그녀를 수술하여 결과가 좋아졌다. 걷지는 못하지만 앉을 수 있을 정도로 호전되었다. 세브란스 병원의 간호사와 함께 강계로 보냈다. 러들로 교수는 서울역까지 배웅하였다.[78] 그녀는 감사한 마음으로 울었다.

간도

북쪽 끝을 넘어서 만주의 간도에서도 이러한 일이 일어났다. 에이비슨이 1935년 은퇴하여 한국을 떠나게 되었을 때 만주의 간도 땅 용정을 들렀다.

> "캐나다로 돌아가기 전에 용정에 있는 캐나다 선교부에 갔었다. 그곳에 박서양의 집이 있었는데, 그를 찾아가 보고 싶었지만 비가 너무 많이 와서 방문이 불가능해졌다. 심한 폭우가 쏟아지고 있는 날 박 씨 부인이 우리가 기거하고 있는 집 문 앞에 나타났다. 그녀는 우리들의 어깨에 머리를 기댄 채 기쁨의 눈물을 흘렸다. 우리는 박 박사에 관해 물었다. 그녀는 우리가 그의 집으로 가는 것이 힘들 것 같아서 둘이 함께 우리를 방문하려고 나오는 순간에 정반대 방향에 살고 있는 환자들에게서 왕진을 요구받고 한참 망설이다가 그의 의무를 충실하기 위하여 그 환자 집으로 갔다고 대답하였다."[79)]

박서양 박사는 세브란스 병원이 1908년에 배출한 제1회 졸업생 7명 가운데 한 명이다. 그는 졸업 후 모교에서 일을 한 후 만주 용정에 가서 작은 병원을 운영하면서 소학교와 교회를 세우는 일에 종사하였다. 후에 세브란스 병원 구내에 남대문교회의 유치원이 설립되어 에이비슨 부인이 원장으로 선출되었다. 어떤 아이들의 부모가 젊은 여자를 데려와서 교사로 추천하였다. 알고 보니 그녀가 박서양 박사의 딸이었다.

백정

세브란스 병원은 지리적으로 한국의 남쪽 끝 제주도에서 북쪽 끝 용정에 이르기까지 그 명성이 퍼졌으니 세브란스라는 이름을 모르는 사람이 없었다. 그러나 지리적인 측면에서 명성뿐만 아니라 신분의 측면에서도 그 명성이 퍼졌다. 세브란스 병원은 신분을 타파하는 데 중요한 공헌을 하였기 때문이다. 박서양 박사는 백정의 아들이었다.

1893년 에이비슨 박사가 한국에 도착하고 얼마 후 무어 목사(Rev. Samuel F. Moore, 한국표기 牟三悅)가 에이비슨에게 환자를 보여주었다. 그의 이름은 박성춘이었는데 백정이었다. 에이비슨 박사가 그를 치료하는 동안에 그는 기독교 신자가 되었다. 그러나 교회의 신자들이 그가 백정이라고 꺼려하였다. 백정들은 따로 예배를 보아야만 되었다. 그때 무어 목사가 사람은 모두 똑같다는 기독교 정신을 들어 일반 신자들을 타일렀다.

1895년 콜레라가 퍼졌을 때 고종은 에이비슨이 항상 곁에 있어주기를 바랬다. 그러나 에이비슨은 "전하, 저에게는 다른 환자도 있습니다"라고 용기 있게 말하고 이틀에 한 번 궁전을 살폈다. 다행히 궁전은 무사해서 에이비슨의 영향력이 커졌다. 에이비슨은 무어 목사의 간청을 받아들여 『서유견문록』을 쓴 내무협판 유길준에게 백정도 상투를 올리고 갓을 쓸 수 있도록 탄원서를 제출하였다. 이 탄원서는 받아들여져서 백정은 처음으로 사람 구실을 할 수 있게 되었다. 박성춘은 후에 은행가가 되었으며 승동교회의 집사와 장로가 되었다.

박성춘은 아들 박서양을 에이비슨에게 데려와 세브란스에 입학시켜 사람을 만들어 달라고 부탁하였으니 그 결과로 그는 제1회 졸업생이 되었다. 박성춘의 노력은 여기에서 그치지 않아 그의 두 딸을 정신여학교에 입학시켰다. 이것은 여자아이는 집에서 교육시켜 시집보내는 당시에 반상을 가리지 않는 파격적인 일이었다. 1908년 연동교회에 열린 정신 여학교 제1회 졸업식에 초대받은 에이비슨은 그녀가 영어로 훌륭한 연설을 하였다고 술회하였다.

감동

이 연차보고서에 감동적인 장면이 기록되었는데 그것은 병원시설이 아니었고 세브란스의 기부도 아니었다. 그 작은 장애 소녀가 짧은 기간에 사귄 자기의 친구 세브란스 씨를 이 세상에서 다시 볼 수 없다는 절망감에 비통하게 울었다는 점이다. 세브란스 씨의 순수 인류애는 뉴욕 장로교 선교본부 화이트 총무의 증언에 잘 나타나 있다.

"세브란스 씨의 장점은 순수한 인류애이다. 기부를 결정할 때 그는 의무감에서 그 일에 대한 철저한 조사와 자신의 순수한 인류애 사이의 갈등에서 싸우지 않으면 안 되었다. 그에게는 불행한 사람의 불행을 자신의 불행으로 여기는 능력이 있다. 내가 기억하는 바로는 어떤 어려움이 있는 사람에 대하여 그에게 말하자 그는 괴로워하며 대답했다. '제발 나에게 그걸 말하지 마시오. 그것 때문에 어젯밤에 한숨도 못 자고 뜬눈으로 지냈소.'"[80)]

그는 계속해서 증언한다.

"세브란스 씨는 친구를 만드는데 놀라운 능력을 가졌다. 그리고 사람들이 그에게 선하게 가까이 다가오도록 하는 특별한 재능을 지녔다."81)

우스터 대학 사람들이 세브란스 씨에게 고마워하는 것은 그가 자선을 베풀었기 때문일 것이다. 그것은 당연하다. 그러나 이 작은 장애 고아 소녀에게까지 마음을 열고 친구가 되는 세브란스의 태도에서 그가 사람을 좋아한다는 그의 사위의 말이 새삼스럽다. 실제 연차보고서에도 그를 만나는 사람들을 사랑으로 포용하는 모습이 그려지지 않는가.

반석

보고서는 감동적인 것 못지않게 이성적인 면도 보고하였다. 보고서 말미에서 미래에 대한 전망을 하며 "기금 10만 달러가 있으면 우리의 모든 가능성을 실현시킬 수 있으며 병원은 굳건한 반석 위에 설 것이다"라고 기록했는데 앞으로 이것을 성취시켜 반석에 올려놓을 사람이 누가 되겠는가. 러들로 박사가 여행 중임에도 불구하고 수술에 동참하는 장면이 기록되었는데 그가 세브란스 씨의 분신이 되어 이 일을 감내할 것인데 이에 대해서는 제10장에서 따로 설명할 것이다. 러들로 박사는 그해 9월 9일에 "한국 의료선교협회"에서 논문을 읽고 첫 번째 명예회원으로 피선되었다.

연차보고서 말미에 외래진료소가 병원에서 나와 별도의 건물로 이전하는 일이 시급하다는 의견이 개진되었다. 세브란스 씨가 병원을 방문했을 때 이 점을 지적하였다. 다음은 그에 대한 에이비슨 박사의 기록이다.

"1907년에 엠[엘] 에이치 세브란스 씨가 그의 가정 의사인 에이 아이 러들러 박사와 동반하여 세계 각지 장로교 선교지를 시찰하는 길에 조선에도 오게 되엿든 것이다. 이 병원의 건축은 씨에게 특별한 취미를 주엇으니 씨는 거진 3개월 동안이나 조선에 류하며 각처에 선교사 주재소를 방문도 하고 일반 사업의 각 방면을 세밀히 시찰도 하였다. 마침 병원 건축 공사를 진행하엿으므로 하로 나는 세브란스 씨와 공사를 시찰하게 되엿다. 병원의 맨 밑층을 진료소로 사용하겟다는 계획을 듣고 씨는 이러케 말하엿다.

'진찰 사무가 중요한 일인데 이 건물 중의 가장 보잘 것 없는 지하실을 사용하는 것을 옳게 생각하는가? 진찰 사무를 위하여 특별히 딴 건물을 짓는 것이 필요치 않는가?' 하여 나로 하여금 놀라게 하엿다. 씨의 이 제의가 내게 의외의 감을 주게 된 것은 씨가 오기 전에 우리를 위하여 해 주기를 기대하는 모든 일에 대하여 '허스트' 박사와 내가 설계를 만드러 둔 것이 잇엇는데 씨가 도착하자 이 진찰소 문제가 급히 해결을 요하는 문제의 하나임을 깨닷고 나는 그에게 이 문제를 내놓으랴든 것이엇든바 아직껏 말도 비최지 않은 것을 그 스스로가 이 문제를 생각하여 병원 발전의 가장 필요한 것 중의 하나로 녁이게 된 것은 그 생각의 실머리를 어데서 잡은 것인지 알지 못하게 된 까닭이엇다. 그의 다음 질문은 "당신은 진찰실의 제일 좋은 설계를 어떻케 생각하시오?" 함이엿다. 그래서 아직 구체적 생각이 없엇으나 즉시 고안에 착수하려 한다고 나는 대답하엿다. 그런데 이것은 선교회 오는 년회에 제출해야 되겟다 말하고 선교회의 승인이 없이는 건축할 수 없는 뜻을 고하엿다. 그는 말을 계속하여 '그러면 우리가 할 수 잇겟지' 하였다. 그 뜻은 씨가 친히 오는 선교년회에 출석할 것을 생각하엿든 것이니 이회는 평양서 모히게 되엿든 것이다."[82]

이 글에 나타난 세브란스 씨의 모습은 우스터 대학을 방문하여 세밀히 관찰을 하는 모습을 연상케 한다. 또한 우스터에서 문제를 지적하고 해결하는 방법과 세브란스 병원에서 문제를 해결하는 태도도 흡사하다. 더욱이 이미 병원에다 별도의 격리병동까지 기증하였는데 에이비슨 박사가 염치없이 독립된 외래환자를 위한 진찰실 건물을 차마 입 밖으로 꺼내지 못하자 세브란스 씨가 먼저 꺼내었다. 세브란스 씨의 이 같은 치밀함은 성격에서 나오는 것이겠지만 레이크사이드 병원을 새로 지을 때 이미 겪은 경험에서 유래한다고 밝혔다. 이 병원의 이사였던 세브란스는 사무엘 마서와 함께 병원 건축의 원칙을 세우고 구체적인 사항을 파악하고 있었다. 이 사실은 사무엘 마서가 기록한 문서를 보면 확인할 수 있다.[83] 입원환자가 외래환자에게서 감염되기 쉽기 때문에 입원실과 별도의 외래병동이 필요하다는 세브란스의 생각은 이렇게 해서 생긴 것이다.

에이비슨 박사가 뉴욕에서 연설할 때 각 선교단체가 서울에 파견한 의사가 1900년 당시 8명이라고 하였다. 이들은 그 후 평양, 선천, 재령, 제물포, 대구, 부산 등 전국으로 흩어졌다. 이제 세브란스 씨는 이들을 만나러 가야 한다. 그 가운데에서도 외래환자의 진찰실 건물의 승인을 선교회에서 얻기 위하여 평양 방문이 시급하였다. 세브란스 씨의 행동은 빨랐다. 그해 가을 평양에는 두 가지 중요한 회의가 열렸다. 하나는 제1회 장로교 독노회가 9월 17일~19일에, 또 하나는 제23차 미국 북장로회 한국 선교부 연례회의가 9월 22일~30일에 열렸다. 세브란스는 두 회에 모두 참석하였는데 하나씩 그의 참석기록을 찾아보자.

평양

외래 진료소 문제를 해결하기 위하여 에이비슨 박사는 세브란스 씨와 러들로 박사를 대동하고 선교연회에 참석하러 평양(平壤)으로 향하였다. 평양역에서 하차한 세브란스 일행은 웰즈 박사의 마차를 타고 그의 병원으로 갔다. 웰즈 박사의 친구 노블 박사(Dr. Noble)는 종종 사람이 끄는 인력궤도차를 타고 역에서 병원을 다녔다.[84] 6인승이었는데 세 사람씩 좌우로 등을 맞대고 밖을 향해 앉으면 두 사람의 인부가 철로 위로 차를 밀었다.

이 철도는 1907년 1월에 등장하였는데 한국 사람들은 인차철도(人車鐵道)라고 불렀고, 선교사들은 미국의 유명한 풀맨 기차(the Pullman Car)의 이름을 따서 풀맨 기차라고 불렀다.[85] 글자 그대로 인력궤도차였다.[86]

사방 3킬로에 6만 명이 살고 있는 평양은 서울보다 왜색풍이 덜하였다. 그러나 여기에도 일본이 세력을 키우고 있었으니 전차노선이 가설되기 시작하였다. 인력궤도는 조만간 사라질 것이다. 전화와 전신시설을 급속히 증가시키고 있으며 엄격한 치안을 일본 경찰이 담당하고 있었다. 공터에 가설극장을 차린 사당패가 춤을 추고 줄타기를 하였다. 장광설의 판소리가 시작되자 퇴장하였다.[87] 평양 방문에 대하여 에이비슨 박사의 증언은 계속된다.

"시일 관계로 진찰소의 설명서를 완성치 못한 채로 년회에 참석하게 되엿다. 그래서 나는 구두로 세브란스 씨가 진찰소 건축 자금을 기부하시고 선교회에 대하여 건축의 허락을 받으려 한다고 회중에 제출하엿다. 그러나 이 일은 의료위원회에 일임하기로 가결이 되엿다. 의료위원회 석상에서 세브란스 씨는 말하기를 만일 일만 불이 잇으면 쓸만한 진찰소를 지을 수 잇겟느냐고 하엿다. 그리하여 이 위원회에서는 이 기부를 감사히 접수하고 진찰소의 건축 설계를 즉시 착수하게 되엿다."[88]

이로써 세브란스가 이때까지 병원에 2만 5천 달러, 전염병 병동에 1만 달러(?), 진료소에 1만 달러를 기부하였다. 미국 장로교 해외 선교본부의 특징은 독지가가 기부를 하고 싶어도 승인을 얻어야 한다는 점이다. 세브란스가 진료 건물을 기증한다는데 누가 거절하겠는가. 그러나 승인을 받아야 한다는 데 선교사업 고유의 목적과 질서를 살필 수 있다. 다시 말하면 개인이나 개별 교회의 독단적인 행동은 용납하지 않는다는 뜻이다.

세브란스 일행이 방문할 곳의 중요성은 그 지역의 장로교 보고서가 일찍이 1902년에 세브란스 병원 건축이 시작되던 머릿돌 밑에 들어간 것을 보면 알 수 있다.[89] 그것들은 『1901~1902년 선천지부의 일반보고서』 1권과 『1901~1902년 평양지부의 일반보고서』 1권이다.[90] 여기에 더하여 『1901~1902년 장로교 선교 서울지부의 일반보고서』 1권과 『1901~1902년 부산지부 일반보고서』 1권도 포함되었다.[91]

때마침 선교연회가 열린 평양에서 한국의료선교 분과학회가 개최되었다. 세브란스의 주치의 러들로 박사는 평양 분과학회에서 외과 논문을 발표하였다.[92] 회원들은 러들로 박사의 논문의 내용대로 수술을 보여줄 것으로 요청하였고 러들로 박사는 그들 앞에서 수술을 하였다. 그 광경을 한국 사람들이 구경하였다. 러들로는 이러한 분위기가 마음에 들지 않았지만 한국의 특수한 상황으로 받아들였다. 러들로 박사가 웨스턴 리저브 의과대학의 선진 기법의 수술을 한국에 소개한 장면이다.

평양 병원은 1895년에 한국에 온 웰즈 박사(J. Hunter Wells, MD, 한국표기 魏越時)의 책임 아래 있었다.[93] 그는 제중원에서 에이비슨 박사를 도와 의학교과서를 번역한 적이 있었다. 평양에 오기 전에 그는 1899년에 서울 제중원의 의사였다. 그러나 웰즈 박사는 뉴욕의 선교본부에 에이비슨 박사가 일본 간호사를 채용하고 있다고 비난하는 서한을 1902년에 보낸 적이 있었다.[94] 유일한 간호사 에스터 쉴즈 양(Miss. Esther Shields)이 병에 걸려 에이비슨 박사가 하는 수 없이 일본 간호사를 초청했을 때였다. 그러나 일본 간호사들은 한국말을 할 줄 몰라 얼마 되지 않아서 그만두었다. 세브란스 씨와 러들로 박사를 데리고 온 에이비슨을 맞이하는 웰즈 박사의 입장이 난처했을 것이다. 황성신문 1900년 1월 11일 자 잡보에 "평양 의사"라는 제목의 기사에 평양 병원의 소식을 전하고 있다.

"평양 제중원 미국 의사 위월시(魏越時)가 병자(病者)의 래문자(來問者)를 수증진치(隨症診治)하난대 한역(漢譯) 의서(醫書)를 외국에서 구치(購致)하야 학도를 분급(分給)하고 기졸업기한을 3년이라더라."

평양 병원에서는 영어 교재가 아니라 한문으로 번역된 교재를 사용하고 있어 세브란스 의학대학과 대조를 이룬다.

평양 제중원의 병원 건물은 양식과 한식을 절충한 것이다.[95] 입원실은 온돌방이었고 환자들은 침상이 없는 바닥에 요를 깔고 그 위에 누었다. 장로교 의료선교사 웰즈 박사는 감리교 의료선교사 폴웰 박사(E. Douglas Follwell, MD)와 함께 병원의 방 한 개를 의학교실로 사용하여 의학교육을 시작했다가 일본 사람이 세운 새로운 정부 의학교에 이관하였다.[96] 폴웰 박사도 평양으로 오기 전에는 서울 제중원에서 에이비슨을 도운 적이 있었다. 매년 평양의 입원환자 수는 5백 명이고 외래환자는 9천 명이었다. 많은 환자 가운데 운산 금광에서 일하는 한국인 노동자가 많았다.[97]

웰즈 박사는 식당에서 팔을 절단하고, 침실에서 눈 수술을 하며, 창고에서 다리를 절단하고, 그 밖에 작은 수술은 부엌에서 하였다.[98] 그만큼 병원시설이 열악하였다. 불과 2~3년 전 여의사 에바 필드 의사(Eva H. Field, MD, 1868~1932)가 쉴즈 간호사와 함께 이곳을 방문했을 때 웰즈 박사가 뛰어난 솜씨로 홍채 절제술을 보여주었다.[99] 한쪽 눈이 완전히 멀었고 다른 쪽 눈에 각막궤양으로 고통 받는 어떤 여인을 수술하여 한쪽 눈이라도 보게 하였다. 웰즈 박사는 백내장 수술도 집도하였는데 그다음 날은 필드 박사가 홍채 절제술을 할 예정이 잡혔다. 어떤 집회에서 맹인 봉사자를 만났는데 그는 성경에 대하여 막힘이 없었다.[100] 맹인이기 때문에 여성전도를 위하여 봉사할 수 있었다. 그에게 찬송가 '세상의 빛'을 낭송시켰는데 예전에 눈이 멀었으나 지금은 볼 수 있네 부분에서 매우 기뻐하였다. 웰즈 박사가 가져온 축음기를 들었다.[101]

제1회 장로교 독노회

세브란스가 진료소 신축 승인문제로 평양 숭실학교에서 열린 미국 북장로교 선교연회에 참석하러 평양에 도착했을 때 장대현교회(장대재교회, 중앙교회)에서는 또 하나의 회의가 열렸다. 9월 17일~9월 19일에 한국 최초로 장로교 독노회가 개최되었는데 한국에 나와 있던 미국 북장로교, 남장로교, 캐나다 장로교, 호주 장로교가 모두 참석하였다. 정식 명칭은 "대한국 예수교 장로회 노회 The Presbytery of the Presbyterian Church in Korea"이다. 세브란스는 여기에 "미국 회중교회 해외선교본부 American Board of Foreign Missions"의 "통신위원 Corresponding Member" 자격으로 참석하였다.[102)]

세브란스 장로는 절묘한 시기에 한국 장로교 독노회 창설의 증인이 되었다. 세브란스가 참석한 제1회 독노회 회의록의 요약은 다음과 같다.[103)]

THIRD SESSION.

CENTRAL CHURCH, PYENG YANG,
7.30 p.m., Sept. 17th, 1907.

The Presbytery of the Presbyterian Church in Korea having reassembled, the Moderator, Dr. Moffett, read I Tim. 3 : 1-13, and II Tim. 5 : 11-15, and opened the meeting with prayer by Mr. Chung Keui Chung.

Present, the same members as before, and also Elder Severance, member of the American Board of Foreign Missions, as corresponding member. The Moderator called for the reports of the committees to examine the trial parts of the candidates; and the various committees reported that the sermons and exegeses were without fault. The Moderator announced that if no exception were taken to these reports, they would be adopted. He then called the names of the seven candidates; viz., Suh Kyung Jo, Han Suk Chin, Song Yin Suh, Yang Chun Paik, Pang Keui Chang, Kil Sun Chu, and Ye Keui Poong; spoke of their having graduated in Theology, and of

출처: 1967년 대한국 예수교 장로회 노회 회의록

〈자료 Ⅷ-7〉 세브란스 제1회 장로교 독노회 참석 기록

〈자료 Ⅷ-8〉 1907년 9월 17일 평양에서 열린 대한국 예수교 장로회 노회 회의록 요약과 표지

□ 일시 : 1907년 9월 17~19일

□ 장소 : 평양 장대현 장로교회

□ 참석총대의원 : 목사 33명 장로 36명(선교사 38명)

□ 개회예배 : 벨 목사가 「증인」(행1:8)이라는 제목으로 설교하다.

□ 임원선거 : 의장-모펫, 부의장-방기창, 서기-한석진, 부서기-송린서, 회계-그래함 리

□ 사회봉을 「고퇴(叩堆)」라 부르다(게일 목사와 한석진 목사가 창안).[104)] 은으로 십자가를 면에 새기고 청홍으로 태극을 머리에 그리고 광채 나는 은으로 띠를 띠은 이 고퇴를 베른하이셀 목사가 의장 모펫 목사에게 전했다. 그 뜻은 "대한국 예수교 장로회

를 견고히 십자가로 설립하여 영광을 돌리며 세세토록 노회 의장에게 전하도록 한다."

- □ 평양 신학교 제1회 졸업생 7인에게 목사 안수식을 거행하다.
- □ 검사위원(문답) : 신학-레이놀즈, 정치-애덤스, 교회사-전킨, 성경-게일
- □ 안수 받은 사람 : 서경조, 방기창, 이기풍, 길선주, 송린서, 양전백, 한석진
- ■ 미국 회중교회 해외선교본부의 통신위원 세브란스(Severance) 장로가 참석하다.
- □ 대한 장로교회 신경 및 정치를 제정하여 1년간 채택하고 연구케 하다.
- □ 안수 받은 목사 7인의 사역지를 정하다.

  이기풍 목사-제주도 선교사

  방기창 목사-용강, 제재, 주달교회 전도목사

  한석진 목사-평양, 장천, 미림, 이천교회 전도목사

  길선주 목사-평양 장대현 지교회 목사

  송린서 목사-증산, 한천, 외서장, 영유, 허리몰 교회 전도사

  양전백 목사-선천, 정주, 박천 등지에서 위트모아 목사와 같이 전도목사

  서경조 목사-장연, 옹진 등지에서 史祐業 목사와 같이 전도목사
- □ 당회위원은 노회위원으로 정하되 각 지회 장로는 언권회원으로 총회에 참석하도록 하다.
- □ 4년마다 열리는 미국 장로교 연합총회에 대한장로교회도 참여하기로 하고 미국에 있는 목사를 대한 장로회 위원으로 파송하기로 하다.

1907
MINUTES
Of The
Fifteenth Annual Meeting
Of
The COUNCIL of
PRESBYTERIAN MISSIONS IN KOREA
And The
First Annual Meeting
Of
The PRESBYTERY of
THE PRESBYTERIAN CHURCH IN KOREA

PYENG YANG
September 13-19

(출처: www.kmpnh.com/ 예수교 장로회 죠선 총회 일회 회록 1912)

이 회의에서 첫 번째 안건으로 평양장로신학교에서 5년간 이수한 7명의 제1회 졸업생에게 목사 안수를 하였다. 이들이 한국 최초의 목사들이다. 이 가운데 첫 번째로 안수를 받은 이가 서경조 목사이다.[105] 둘째 안건으로 전문 4조 14항과 7개의 세항으로

구성된 헌법이 채택되었다. 모펫(Rev. Samuel Austin Moffett) 의장이 미국에서 안식년을 보내고 있는 언더우드 박사에게 보낸 편지에 회의가 잘 묘사되어 있다.

"금년은 한국 교회사에서 위대한 해입니다. 회의는 9월 17일 정오 대회 의장이 의사봉을 두드리며 네 개의 장로교회의 통합으로 조직된 공의회에게 주어진 권한에 따라 독노회의 성립을 선포하였습니다. 노회에는 36명의 교회 대표인 장로들이 모였습니다. 적어도 2개의 교회에서는 장로가 있었으나 대표로 참가치 않았습니다. 노회에서는 간사를 선출하였고 첫 사업으로 5년간의 신학 과정을 마친 7명에 대한 심사를 하여 목사 안수식을 거행키로 하였습니다. 야간 집회에서 7명에게 목사로 임명하는 매우 인상적인 식을 거행하였습니다. 그들은 한국 장로교회에서 최초로 임명된 목사였습니다.

노회는 이들에게 안수식을 거행한 뒤 첫 모임에서 조직되었습니다. 그것은 32명의 외국인 선교사와 40명의 한국인 목사와 장로로 구성되었습니다. 노회의 관할하에 17,890명의 신자와 21,482명의 세례준비자, 제대로 조직된 38개의 교회, 아직 제대로 조직되지 못한 984개의 교회, 69,098명의 준교인, 8,611명의 학생이 재적하고 있는 420개의 주간 학교가 있습니다. 이 교회는 작년 1년간 여러 가지 목적에 사용하려고 94,227원(47,113달러 50센트)을 기부하였습니다.… 후략."[106]

평양에는 감리교 선교부가 운영하는 여성병원(Woman's Hospital)도 있었다. 이 병원의 책임자는 여의사 로제타 홀 박사인데 1903년에 시작하였다. 여기서 감리교 연례회의가 열렸다. 한국인 여의사 박 부인(朴夫人 김점동 Esther Kim Pak, MD, 金愛施德)이 그의 동생 간호사 박배세(Bessie Pak, 1876~1910, 朴背世 또는 朴培世)와 함께 근무하고 있었다. 박 부인은 홀 박사가 미국의 존스 홉킨스 의과대학에 보내 1900년 한국 최초의 여의사가 된 인물이다. 박배세는 여기서 간호사였는데 당시에는 세브란스 병원에서 간호사 수련을 받고 있었다. 그녀는 1910년 세브란스 간호학교 제1회 졸업생이 되었다. 그녀의 언니 김점동 의사는 아깝게도 그해에 폐결핵으로 죽었다. 홀 박사는 그녀를 애석하게 생각하여 황해도 해주에 결핵병원을 세우고 크리스마스 씰을 한국에 도입하였다.

세브란스 씨와 러들로 박사는 평양에서 기념사진을 찍었다(자료 Ⅷ-9). 앞줄 의자 왼쪽에서 우산을 소지한 여인의 옆이 세브란스 장로이고 둘째 줄 왼쪽에서 네 번째 모자 쓴 사람이 러들로 박사이다. 에이비슨 박사는 앞줄 의자 오른쪽 두 번째에 앉아있다. 독노회 의장이 된 평양 장대현교회의 사무엘 모펫 목사(Rev. Samuel A. Moffett, 1864~1939, 한국표기 馬布三悅)와 회계가 된 그래함 리 목사(Rev. Graham Lee, 1861~1916, 한국표기 李吉咸)의 얼굴도 눈에 띈다. 모펫 목사는 세브란스 씨의 1만 달러 기부금을 반씩 나누어 전도에 사용하자고 주장하며 뉴욕 선교본부에 진정서를 제출했던 사람이다. 세브란스 씨와 화해한 것일까. 세브란스 씨가 귀국한 직후 1909년에 클리블랜드 올드스톤 교회에서 마우리 박사(Dr. Eli Mowry, 1877~1969)를 장대현교회에 파송한 것이 그 증거가 아닐까. 한국의 어떤 교회보다도 장대현교회가 클리블랜드의 올드스톤 교회 창립 100주년 축하 선물을 보냈다는 것은 예사롭지 않은 일이다(자료 Ⅲ-10 참조). 올드스톤 교회의 해외 선교부는 오랫동안 세브란스의 두 번째 부인 플로렌스 하크니스가 후원하였다. 〈자료 Ⅷ-9〉의 사진 속에는 숭실전문학교 설립자 베어드(Rev. W. M. Baird, 裵偉良) 목사도 보인다. 그와 세브란스는 초면이 아닐 것이다. 베어드 박사가 1900년 뉴욕 해외선교대회에 참석했고 그의 부인은 글을 발표했다. 게일 목사(Rev. J. S. Gale, 奇一)도 베어드 목사 옆에 앉아있다.

게일 목사는 1898년 클리블랜드 기독청년회관에서 개최된 해외선교 학생자원운동 대회에 참석하여 연설을 한 적이 있어서 구면이다. 그 밖에도 개회설교를 한 벨 목사(Rev. E. Bell, 裵維址), 고

1907

MINUTES AND REPORTS

OF THE

TWENTY-THIRD ANNUAL

MEETING

OF THE

KOREA MISSION

OF THE

PRESBYTERIAN CHURCH IN THE U. S. A.

HELD AT PYENG YANG

SEPTEMBER 22-30

1907

출처: Courtesy of Professor Lowell Coolidge

〈자료 Ⅷ-9〉 미북 장로회 연례회의 보고서 표지, 1907년 평양 장대현교회에서 세브란스 씨(첫 줄 왼쪽에서 세 번째 의자)와 러들로 박사(둘째 줄 왼쪽에서 다섯째 모자)

출처: Courtesy of the Old Stone Church

<자료 Ⅷ-10> 1920년 평양 장대현교회의 신자와 올드스톤 교회 선교사 엘리 마우리 박사

퇴를 전한 베른하이셀 목사(Rev. C. F. Bernheisell, 片夏薛), 검사위원인 레이놀즈 목사(W. D. Reynolds, 李訥瑞), 애덤스 목사(Rev. J. Adams, 安義窩), 전킨 목사(Rev. W. M. Junkin, 全緯濂)도 찾을 수 있을 것이다.

재판

제3장에서 지적한 대로 클리블랜드의 올드스톤 교회는 마우리 박사(Dr. Eli Mowry)를 1909년에 장대현교회로 파견하였다(자료 Ⅷ-10와 자료 Ⅲ-10). 사진에서 마우리 목사의 왼쪽이 정의로 장로인 듯하며 그 뒤가 조만식 장로이고 마우리 박사 우측 두 번째가 박치로 장로인 듯하다. 마우리 목사는 1919년 독립만세를 부르던 한국인들을 숨겨주었다는 혐의로 4월 4일에 일경에 의해 체포되었다(자료 Ⅷ-11). 장대현교회의 모펫 목사는 이 사실을 즉시 서울의 미국 영사 베르홀즈(Leo A. Bergholz)와 뉴욕의 브라운(A. Brown) 총무에게 알렸다. 베르홀즈 미국 영사는 총독부의 히사미즈(Saburo Hisamizu)를 만나 즉시 석방을 요구했고 브라운 총무는 미국에 있는 마우리 박사의 친구와 친척들에게 알렸다.[107] 에이비슨 박사도 뉴욕 선교본부에 이 사실을 보고하였다.[108] 클리블랜드뿐만 아니라 미국의 언론들은 이 문제를 크게 보도하였다.[109]

출처: New York Times 1919년 4월11일

AMERICAN MISSIONARY IS ARRESTED IN KOREA

The Rev. Eli Mowry Is Accused by Japanese of Aiding the Independence Riots.

WASHINGTON, April 10.—The State Department has been advised of the arrest of the Rev. Eli Miller Mowry, a Presbyterian missionary at Pyeng Yang, Korea, on a charge preferred by the Japanese authorities that he was aiding and abetting the Korean independence propagandists.

It was explained by an official of the State Department that the Rev. Mr. Mowry, if found to be connected with any political disturbance in Korea, would be amenable under the Japanese laws, and that the only possible action by the United States would be to see that he received a fair trial.

Korea being under Japanese rule, it was explained that an American citizen in that country was in the same position in respect to Japanese laws that a Japanese would be in the Philippines under the laws of the United States governing those islands.

Information to the State Department as to alleged activities of American missionaries has been meagre, although all advices are said to have indicated that the missionaries have kept apart from the independence movement.

출처: Henry Chung 1920

International Film Service Co., Inc.
Photograph Department
225-238 WILLIAM ST. NEW YORK

DOMESTIC BUREAUS

FOREIGN BUREAUS

80 Summer Street, Boston, Mass.,
May 23, 1919.

Mr. Y. C. Young,
80 East Concord Street,
Boston, Mass.

Dear Mr. Young:

Enclosed please find receipt of $2.50 for our photo of "Japanese Executing Coreans" and balance of fifty cents of the three dollars sent us by you.

It is not necessary to write Dr. Rhee regarding publication rights for this photo as you have already paid the publication price.

Have written to our New York office asking if other photos similar to the above were taken, and if so, will forward them to you immediately.

Cordially,

INTERNATIONAL FILM SERVICE CO., Inc.
by: Geo. S. Woodruff
Boston Mgr.

GSW/M

〈자료 Ⅷ-11〉 1919년 마우리 박사 체포 뉴욕 타임스 기사와 한국인 학살장면을 촬영한 선교사의 사진의 사용허가를 이승만 박사가 받은 편지

하급 법원에서 6개월 중노동 징역형을 선고하였으나 마우리 박사는 한국인들이 고문으로 자백한 것이라고 4월 19일에 고등법원에 상소하였다. 그 직후 그는 석방되었다. 그러나 8월에 자택연금을 선고받았다. 마침내 12월에 100엔의 벌금형으로 감형하였다. 무죄선고가 아니었다. 일본이 마우리 박사를 유죄로 처리한 것은 한국 독립운동가들에게 미국 선교부가 그들에게 아무 의미가 없다는 경고를 보내는 동시에 형량을 줄인 것은 미국과 마찰을 일으키고 싶지 않았기 때문이다.[110] 앞서도 말했지만 1908년의 조약으로 미국의 상호와 지적재산권은 보호받았지만 미국 시민의 재판관할권은 일본에 있었다. 대신 미국령 필리핀에서 일본인의 재판관할권은 미국에 있었다(자료 Ⅷ-11의 상단 기사를 참조).

기미독립선언문에 서명한 33명 지도자의 종교 분포를 보면 개신교가 16명으로 제일 많다. 그다음이 천도교의 15명, 불교의 2명이 뒤따랐다. 천주교는 없었다. 불과 40년 사이에 개신교가 성취한 놀라운 성과였다. 수많은 개신교 선교사가 직접간접으로 참여하였다. 마우리 박사도 그들 가운데 한 사람이었다. 대한민국 정부는 마우리 박사에게 1950년 건국공로훈장, 1968년

에 건국훈장을 수여하였다.

한편 선교사들은 일본 경찰의 무력진압을 찍은 사진을 뉴욕의 사진 소장회사에 보냈다. 미국에서 독립운동을 하던 이승만 박사는 이 사진들의 사용료를 지불하고 책자에 인쇄하여 미국 전역에 선전하였다(자료 Ⅷ-11의 하단을 참조).

모란봉에 오르니 대동강이 한눈에 들어왔다. 청일전쟁과 러일전쟁으로 평양은 무참히 짓밟혀져 그곳 관리와 주민들은 뿔뿔이 흩어졌고 관사와 성채도 훼손된 채로 그대로 있었다. 옛날 경관이라고는 찾아볼 수 없이 쓸쓸하였다.[111] 이곳에서 배를 타면 황해도 재령이다. 예전 선교사들은 그랬다. 그러나 경의선 철도가 들어섰으니 이제는 그럴 필요가 없었다.

선천

평양에서 9월 17일부터 19일까지 머문 뒤 북쪽으로 올라가 의주에서 가까운 선천(宣川)을 방문하였다. 선천 미동병원은 작지만 청결하였다. 마침 병원장 샤록스 박사(Alfred M. Sharrocks, MD, ?~1919, 한국표기 謝樂秀)가 안식년이라서 없었지만 건물이나 대지가 완벽하고 깨끗하게 운영되고 있었다.[112] 샤록스 박사는 1895년에 한국에 왔는데 서울에서 에이비슨을 도와 의학교과서를 번역하였다. 그는 선천에 오기 전에 서울 제중원의 의사였다. 샤록스 박사가 선천에 온 후 1900년 5월에 선천군수가 가옥매입을 불법이라 하여 고발하자 한국 외무부에서 철수를 요청한 적이 있었다.[113] 샤록스는 의사가 아픈 사람 치료하여 사람들을 이롭게 하는데 무슨 잘못이 있느냐고 항의하였다. 이런 고생 끝에 병원을 시작한 것이다.

이 병원의 특이한 사항은 공중목욕탕을 지어 모든 사람에게 개방하여 적은 돈으로 사용할 수 있게 하였다는 점이다.[114] 이 목욕탕은 아주 인기가 높았다. 미국에는 공중목욕탕이 없는데 미국 선교사들이 현지 문화를 잘 이해한 증거라고 볼 수 있으며 청결이 공중보건의 기초임을 간단한 방법으로 실천한 것이라 볼 수 있다. 이 목욕탕이 한국 최초의 공중목욕탕으로 알려져 있다. 거의 같은 무렵 서울 서린동 부근에도 하나가 생겼다.[115] 동아일보 1920년 4월 3일 자에는 경성부청에 다닌다는 일본인 관리가 여탕에 입장하는 바람에 소동이 일어났다.[116] 일본에서는 남녀 혼탕이었기 때문이었을까.

출처: Korea Mission Field/ Missionary Review of the World 1908

<자료 Ⅷ-12> 1908년 선천 제중원과 의학생과 선교사 샤록스 박사

환자의 수는 평양 병원과 대동소이하였다. 미국에서 발간하는 『세계선교평론 *The Missionary Review of the World*』 1908년 2월호와 1912년 9월호에 「한국 선천 제중원 학생 Medical Students at Syen Chun, Korea」이라는 제목의 서양 선교사와 9명의 학생 사진이 실려 있다(자료 Ⅷ-12).[117] 세브란스 기념병원 제1회 졸업생 주현칙(朱賢則)이 졸업 후 1909년 1월에 이곳 인제병원으로 부임해 왔다.[118]

미국 북장로회 연례회의

세브란스 일행은 선천에서 다시 평양으로 돌아왔다. 평양에서 9월 22일(일)부터 30

일(월)까지 미국 북장로회 한국 선교부 23회 연차대회가 열리기 때문이다(자료 Ⅷ-9의 상단을 참조). 이 대회는 1885년 알렌 박사가 시작한 것이다. 숭실학교 교회에서 열렸다. 대회 의제는 요한복음 15장의 "기독인의 삼중 관계 Christian's Threefold Relationship"이다. 개회 첫날 나와 예수의 관계, 나와 너의 관계, 나와 세계의 관계에 대한 일요예배를 보고 다음날 오후 2시 회의에 세브란스 장로와 러들로 박사는 방문객으로 참석하였다. 회의 폐회는 세브란스 장로의 기도로 마쳤다. 다음은 "1907년 미국 북장로회 한국 선교부 연례 회의록 1907 Minutes and Reports of the Annual Meeting of the Korea Mission of the Presbyterian Church in the U.S.A. p.11"에 나타난 세브란스 참석 기록이다. 이 명단에서 주한 선교사가 아닌 외국인은 세브란스 장로와 러들로 박사뿐이다.

23, 1907] KOREA MISSION. 11

2 P. M.

The Mission again assembling Mr. Sharp led the devotional exercises, and the election of a member in the vacancy caused by Mr. Kearns' resignation was resumed, and Mr. Ross was elected on ballot.

On motion the Pyeng Yang report was accepted.

The privileges of the floor were granted to our visitors: Mr. E. W. Blair and Mr. McClure, Mr. Severance and Dr. Ludlow, Mr. A. R. Ross and Mr. Robb, Miss Babcock, Mr. Hugh Miller and Mr. Curtis.

사흘 째(9월 24일) 오전회의는 8시45분에 시작되었다. 전일의 회의록을 낭독하고 수정한 후 전도위원회의 뒤를 이어 참석자들은 세브란스 장로에게 여러 선교지부를 방문한 그의 풍부한 경험을 얘기해줄 것을 요청하였다. 참석자 모두 그의 연설을 매우 흥미롭게 경청하였다(Minutes and Reports, pp.26~27).

It was moved and carried unanimously that Mr. Severance be asked to address us on his experiences on his visit among the Missions. His address was listened to with enjoyment by all.

닷새 되던 날 폐회기도는 러들로 박사가 하였다. 드디어 9월 28일 회의에서 세브란스 장로와 에이비슨 박사가 제출한 서울 세브란스 기념병원의 외래병동 신축을 승인하였다. 조건은 세 가지였다. 첫째, 의료건물이 완공되고 향후 5년 동안 건축비용의 3퍼센트 유지비용을 확보한다. 둘째, 건물이 기공되기 전에 건축계획을 재산위원회에 승인받아야 한다. 셋째, 의료 빌딩의 확장은 6항의 비용 증가에 포함시키지 않는다(Minutes and Reports, p.42). 이날은 안식일 다음 날이었는데 1909년 대회에 세브란스 장로와 러들로 박사를 다시 초청할 것을 결의하였다. 세브란스 장로가 이에 긍정적으로 대답하였다. 남의 부탁을 거절하지 못하는 그의 성격이다.

A resolution *re* the presence at this meeting of Mr. Severance and Dr. Ludlow was carried as also an invitation to attend the 1909 conference. Mr. Severance responded appropriately.

재령

선천 방문 다음이 황해도 재령(載嶺)이었다. 재령에는 화이팅 박사(H. C. Whiting, MD)가 책임자였는데 새 병원 건물을 짓고 있었다. 병원은 기차역에서 25킬로 떨어져 있었고 한옥에 입원실과 외래가 함께 있었다. 인구 5천 명의 사방 5킬로에 이 병원 하나뿐이었다. 사정이 이러하여 환자가 많고 한국 풍토의 희귀한 질병이 발견되었다. 5년 후 1912년 2월 5일에서 7월 29일까지 짧은 기간이지만 러들로 박사가 이 병원의 책임자가 될 줄을 이날에는 몰랐으리라.

연동교회

세브란스 씨와 러들로 박사는 북한 땅에서 거의 20여 일을 보내고 다시 서울로 돌아왔다. 평양에서 독립된 외래진료소를 건축하는 1만 달러를 의료선교회에서 승인받은 세브란스 씨는 에이비슨 박사에게 부탁하였다.

"에이비슨 박사, 그 밖에 의료사업에 관한 모든 총계획서를 마련하여 내년 안식년에 가지고 오시지 않겠소."[119]

아무래도 세브란스는 에이비슨 박사의 일 처리에 아주 만족한 듯하다. 이번 여행의 목적이 달성된 듯하기에 총계획서를 요청하였으리라.

에이비슨 박사는 세브란스 씨와 러들로 박사를 안내하여 동대문 부근 연동교회를 방문하였다.[120] 세브란스 씨가 연동교회를 방문하는 같은 무렵(10월)에 동대문 밖에서 호랑이가 출몰하여 사람을 물어 죽였다. 이 교회는 다니엘 기포드(Rev. Daniel Gifford, 1861~1900, 한국표기 奇普) 선교사가 1894년에 시작한 곳이다.[121] 그는 1898년 클리블랜드 기독청년회관에서 개최된 해외선교 학생자원운동 대회에 참석하여 강연을 한 적이 있다. 그 후 그는 서울 북부 근교에 순회설교를 하던 중 이질에 걸렸다. 너무 심해서 부인이 달려갔지만 집으로 옮기기도 전에 죽었다. 부인 메리 하이든(Mary Hayden)도 감염되어 역시 수일 만에 사망하였다. 이들 부부는 한국에 따로 따로 왔는데 각기 혼자서 하나님의 일을 하는 것보다 함께하는 것이 능률적이라는 생각이 맞아 결혼한 사이였다. 부부는 죽었지만 이들이 시작한 연동교회는 200명의 신자로 성장하였다.

연동교회는 미음 자(ㅁ) 한옥인데 가운데 마당에 마루를 깔아 "임시변통"으로 예배

출처: Government-General of Chosen Annual Report on Reform and Progress in Chosen Korea 1916~1917

〈자료 Ⅷ-13〉 1907년 서울 연동교회

실을 만들었다.[122] 한국인의 습관대로 의자가 없이 바닥에 앉게 되어 있다. 미국 같으면 50명이 앉을 공간에 약 200명의 신자들이 멍석에 촘촘히 앉아 있었다. 가운데 포장을 쳐서 남녀 좌석을 구분하였다.[123] 세브란스 씨가 방문했을 때 담임목사는 제임스 게일(Rev. James S. Gale, 한국표기 奇一)이었는데 그는 방금 안식년에서 돌아왔다. 앞서 말했듯이 게일 목사는 1893년 클리블랜드 기독청년회관에서 연설을 했고 세브란스 기념병원 정초식에서 유창한 통역을 한 사람이다. 에이비슨 박사는 혼자 생각했다.

"미국 대도시의 크고 호화스런 교회를 보아온 세브란스 씨로서는 임시변통으로 꾸며 놓은 이 교회를 보고 이상한 생각이 들겠지. 하지만 이 건물을 이용하던 몇 년 사이에 신도수가 늘어난 것이나 신도들의 신앙심이 어느 정도였던가를 보았다면 미국의 아무 리 큰 교회의 신도라도 놀라지 않을 수 없을 것이다."[124]

에이비슨 박사는 책상다리에 불편하지만 익숙해졌다. 세브란스 병원이 들어서기 이전에는 한옥 제중원이나 왕진 간 환자의 집에서 방바닥에 누워있는 환자를 치료하려면 그 자신이 책상다리로 앉을 수밖에 없었다. 당시에는 설교강단에서 관객을 마주 보고 앉는 습관이 없었으므로 설교자 이외에는 모두 목사를 향해 바라보는 자세였다. 가운데 포장을 중심으로 여인 좌석은 목사 이외에는 볼 수 없었기 때문이다. 그렇다면 추측컨대 세브란스 씨도 멍석에 책상다리로 앉았을 것이다. 이 연동교회는 1907년 가을에 신축교회를 봉헌되었다(자료 Ⅷ-13). 이것이 연동교회의 네 번째 예배당이다. 경복궁을 지었던 "늙은 목수"가 설계하고 지었는데 목재를 제외한 함석, 못, 유리, 도료는 국내에서 구할 수 없어서 게일 목사가 캐나다에서 가져온 기증물품을 썼다. 석유등을 달았고 겨울에는 무연탄 난로를 설치하였다.[125]

이 교회의 신자이며 국민교육회 제2대회장인 이준 판사가 1907년 7월에 헤이그에서 분사하니 아쉽게도 세브란스 씨를 만날 수 없었다. 그는 상동교회의 전덕기 목사에게서 세례를 받았고 이승만과 함께 상동청년회에 봉사하였다. 상동청년회가 해산되자 국민교육회에서 일하며 학교설립에 나섰다. 이준 열사와 법관 양성소 제1회 동기생인 함태영(1872~1964)이 판사를 그만두고 목사가 되어 1929년에 이 교회에 부임하였다. 그는 나중에 대한민국의 부통령이 되었다. 에이비슨 박사가 연동교회 창립 30주년 예배에 초대되어 연설을 하였다. 젊은 판사 함태영이 중병에 걸려 세브란스 병원에서 치료해준 일을 회상하였다. 그다음에 등단한 김정식 장로가 자기가 경무청장으로 있을 때 당시 개화파 2백 명과 연동교회 초대 부목사를 투옥시킨 장본인이라는 사실을 얘기하였다. 마지막으로 함태영 목사가 등단하여 김 장로가 투옥한 인사들의 영장을 발부한 판사가 바로 자기 자신이었다고 고백하였다. 그리고 세브란스 병원(남대문교회)에서 기독교 신자가 되어 나이 50세에 신학교에 입학하여 오늘날 연동교회 목사가 되었다고 말했을 때 신자들이 보여준 감동은 대단하였다.[126]

세브란스관

예배가 끝나자 세브란스 씨와 러들로 박사는 언더우드 목사가 세운 남자학교와 여자학교를 돌아보았다. 이 가운데 남자학교는 1902년에 게일 목사가 발의하여 세운 「예수교 중학교」라 이름하였는데 1905년에 「경신학교」로 개명하였다. 후에 1915년에 기독청년 회관을 빌려 미국 기독교 북장로교, 남북감리교, 캐나다 장로교 선교부 연합위원회 관리로 경신학교 대학부로 발전하니 이것이 곧 연희전문학교의 시작이며 연세대학교의 모태 가운데 하나이다. 앞서 밝힌 대로 세브란스의 외동딸 내외가 1911년 서울을

출처: Underwood Modern Education in Korea 1923/ 연세대학교 중앙도서관 학술정보원

〈자료 Ⅷ-14〉 1910년 세브란스 씨가 기증한 정신여학교 구 본관인 세브란스관

방문하고 떠날 때 100명의 학생들이 역까지 행진하여 환송하였다. 여학교는 1909년에 「정신여학교」로 발전하였다.

1907년 세브란스 씨가 방문했을 때 정신여학교는 1층 기와집이었다. 그가 다녀간 후 1910년에 그는 정신여학교에 본관 건물을 기증하였다. 그를 기념하여 이 건물의 이름을 "세브란스관"이라 이름 지었다. 지하 1층에 지상 3층 건평 670평의 르네상스 식 건물이다. 당시 3층의 여학교 건물은 초유의 일이었다(자료 Ⅷ-14).

지하실과 1층의 재료는 화강암이고 2층부터 벽돌이었다. 기숙사의 각 방에는 침대가 놓였으며 당시로서는 드물게 수세식 화장실을 갖추었다. 이 건물 옆에 있었던 수령 500년의 나무는 세브란스를 보았을 것이다. 일제가 정신학교를 대대적으로 수색할 때 교사와 학생들이 독립운동 관계 비밀서류를 이 나무 중간의 구멍에 깊이 감추어서 독립운동나무라고 부른다. 보호수 120호로 지정되어 있다.

세브란스 씨는 무슨 생각으로 정신여학교에 건물을 기증했을까. 이에 대해서는 알려진 기록이 나타나지 않았다. 한 가지 분명한 사실은 1902년 선교본부는 연동교회가 정신여학교와 함께 설립한 경신학교에 4천657달러의 예산을 책정하여 그 돈에서 연지동 1번지에 학교 대지를 6천9백 원에 매입하였다는 점이다.[127] 이때 정신여학교는 예산에서 빠졌다고 생각된다. 당시 선교본부의 클리블랜드 연합회장이고 해외선교본부 이사였던 세브란스는 이 사정을 알았기에 후원했을지 모른다. 그 밖에 추론할 수 있는 것은 연동교회의 게일 목사는 기포드 목사와 함께 일찍이 1898년 세브란스 외아들의 장인이 회장이며 세브란스 자신도 관여하는 클리블랜드 기독청년회관에서 열린 제3회 해외선교 세계 학생운동 대회에 참석하여 강연을 한 적이 있다. 또 게일 목사는 세브란스 기념병원 기공식에서 에이비슨 박사의 연설을 유창한 한국어로 통역한 바 있어 여러 모로 세브란스와 연관을 맺었다. 게다가 게일 목사는 에이비슨이 주축이 된 토론토 의과대학 기독청년회에서 한국의 선교사로 파송된 인물이다. 이러한 의미에서 세브란스 씨는 정신여학교를 세브란스 의학대학의 분신이라고 생각했을지 모른다.

또 하나 생각할 수 있는 점은 세브란스가 방문하기 불과 3년 전 정신여학교의 교장은 수잔 도티(Susan Doty)였다. 그녀는 미주리 파크 대학 출신인데 앞서 지적했듯이 이 대학은 세브란스가 후원하였다. 도티 교장은 밀러 목사(Rev. F. S. Miller, 閔老雅)와 결혼한 후 청주로 옮겨 충청도 선교에 헌신하였다.

어찌되었든 세브란스가 다녀가고 나서 정신여학교는 웜볼드(Katherine Wambold) 양이 가난한 학생들을 위하여 만든 공작부를 없애버리고 "당당한" 여학교로 새 출발하였다. 공작부는 간단한 수예품을 만들어 팔았었다. 웜볼드 양은 세브란스의 외동딸이 서울을 방문했을 때 선교사 월례모임에서 보고서를 읽은 적이 있다.

백정과 외과의사

앞서 말했지만 1908년 정신여학교 졸업식에서 백정 박성춘의 딸이 졸업생을 대표하여 영어로 연설하여 참석했던 에이비슨 박사를 비롯하여 모든 사람들을 놀라게 했다.[128] 그녀의 오빠가 세브란스 제1회 졸업생 박서양(1885~?)이다. 에이비슨 박사가 1893년 박성춘의 병을 고쳐주었을 때 그는 백정이었으므로 상투를 틀고 갓을 쓸 수 없었다. 당시 백정의 인구는 3만 명으로 추산되었다.[129] 에이비슨 박사가 유길준 대신에게 탄원하여 그 악법을 없앴다 함은 이미 썼다. 박성춘은 에이비슨 박사가 신분을 가리지 않고 성심껏 베푼 의술에 감동하여 예수를 믿어 승동교회의 장로가 되었고 은행가가 되었으니 에이비슨 박사만이 만들 수 있는 놀라운 변신이었다. 1904년 승동교회를 건축할 때 1900년 뉴욕 에큐메니컬 선교대회의 부회장이었던 존 컨버스(John Converse)가 2,750달러를 기부하였다 함은 앞에서 밝혔다. 그가 한국에 기부하도록 만든 사람은 끝내 드러나지 않을 것인가.

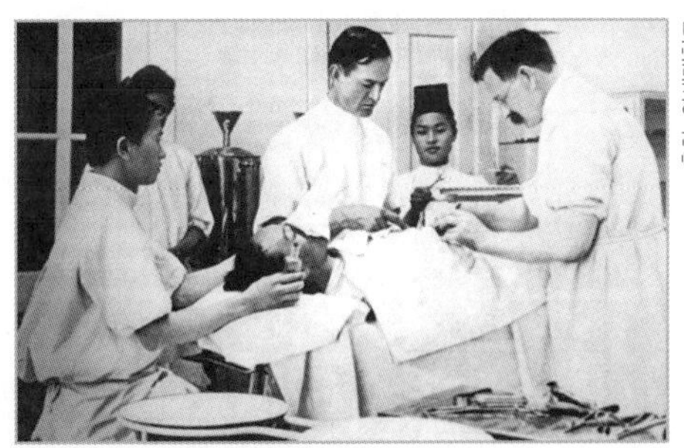

출처: 연세대학교

〈자료 Ⅷ-15〉 백정의 아들 의학생 박서양, 외과 의학교수 박서양

그가 아들 박서양의 교육을 에이비슨 박사에게 맡겼을 때 에이비슨은 어린 박서양을 시험하기 위하여 병원의 허드렛일을 시켰다. 병원 바닥 청소와 침대

정리 등을 통하여 신임을 얻어 드디어 1900년에 의학생으로 받아주었다. 에이비슨 박사의 수술을 돕는 망건을 쓴 청년이 박서양이다(자료 Ⅷ-15). 그가 졸업하여 모교에서 1908~1918년에 화학과 외과의학을 가르쳤는데 그 무렵 찍은 사진과 비교해보면 에이비슨 박사의 오른쪽을 건너 한복의 젊은이가 박서양 교수이다(자료 Ⅷ-15). 에이비슨 박사 뒤에 러들로 교수가 보이고 그 뒤에 제2대 교장이 되는 오긍선 박사가 보인다. 백정의 아들이 외과의사가 되다니! 프랑스에서 외과의사를 백정이라고 불렀는데(제10장을 참조), 한국에서는 진짜 백정이 외과의사가 된 것이다. 세브란스가 만든 천지개벽이 아니고는 불가능한 일이다. 박서양은 세브란스에서 가르치면서 서울의 여러 학교에서 화학을 가르쳤는데 학생들이 백정의 자식이라고 수군거리면 "백정의 피가 붉으냐 과학의 피가 붉으냐"고 응수하였다.[130] 에이비슨이 박성춘을 백정의 신분에서 풀어주었다면 그의 아들 박서양을 풀어준 사람도 에이비슨이지만 또 한 사람이 있다. 신필호가 정신여학교 졸업식에서 영어로 연설하여 에이비슨 박사를 놀라게 만든 박서양의 누이동생과 결혼한 것이다.[131] 신필호는 의사였으며 세브란스 의학대학 교수가 되는데 단재 신채호의 아우였다. 양반 자제와 백정 자제의 결혼. 상상할 수 없는 일이 일어났다. 모두 세브란스 덕분이다.

인습 타파

에이비슨이 어릴 때부터 교육시킨 사람 가운데 김마리아가 있다. 그녀는 황해도 소래에서 어릴 때 그녀의 작은아버지가 되는 세브란스 제1회 졸업생 김필순을 따라서 세브란스 구내로 이사 와서 성장하였다. 1906년 정신여학교에 입학한 김마리아는 1907년에 방문한 세브란스 씨를 보았을 것이다. 그녀는 세브란스관 기숙사 21호에서 생활하였다.[132] 제1장에서 말했듯이 세브란스 씨가 한국을 방문하기 불과 1개월 전인 8월 1일 한국 군대가 강제 해산되어 일본 수비대와 일전을 벌여 생긴 부상병을 치료하는 에이비슨 박사와 김필순 의학생을 김마리아는 두 언니 함라와 미렴과 함께 밤새도록 도왔다. 당시에 여자가 남자를 간호한다는 것은 상상할 수 없는 일이었다. 이와 같은 일이 일어나는 시기를 에이비슨 박사는 20년으로 내다보았다. 그러나 불과 24시간 만에 세브란스 기념병원에서 기적이 일어나서 오랜 인습이 깨진 것이다.[133] 여성들이 드디어 남성 환자를 돌보게 된 것이다. 뿐만 아니라 점잖은 집안의 아들을 서양 의사로 만드는 것을 망상이라고 생각하던 시절이라 여자를 간호사로 양성한다는 생각을 어리석다고 손가락질하던 세속에서 놀라운 변화를 가져오기 시작하였다.[134)]

당시 김필순의 집은 세브란스 병원에 붙은 상점이었다. 이러한 성장 배경으로 작은 아버지 김필순 박사처럼 김마리아는 독립운동가가 되었다. 정신여학교를 졸업하고 이화대학교를 거쳐 모교에서 교편을 잡았다. 1919년 2월 8일 도쿄에서 독립만세를 부르는 것을 시작으로 그녀의 독립운동은 시작되었다.

선교교회의 자립

김마리아의 고모부가 제2회 졸업생 서광호의 동생 서병호이었으므로 그녀는 아주 어려서부터 세브란스 병원 구내에서 살면서 에이비슨 자녀들과 함께 자랐다.[135)] 서병호는 연동교회 신자였다. 그의 형 서광호는 세브란스 재학생이었으니 세브란스 씨를 보았을 것이다. 서병호는 한국에서 최초의 유아세례자였다. 그의 아버지 서경조는 황해도 장연군 대구면 송천동에 한국 최초로 소래교회(송천교회)를 세운 사람이고 그의 큰아버지 서상륜은 한국 최초로 성서를 한글로 번역한 사람이다. 서경조는 세브란스가 참석한 평양 장로교 제1회 독노회에서 한국 최초로 목사 안수를 받았으니 세브란스는 그가 목사가 되는 것을 지켜본 증인이 된 셈이다. 에이비슨 박사는 1900년 뉴욕 에큐메니컬 선교대회 기간 중 4월 27일에 중앙장로교회에서 「선교교회의 자립(Self-Support)」에 대한 토론시간에 다음과 같이 서경조에 대한 일화를 들려주었다.[136)]

"아마 돈이야말로 선교를 성공시킬 수도 실패를 불러올 수도 있다. 여러분들이 잠시 생각한다면 내가 말하는 뜻을 알게 될 것이다. 어느 나라에 선교사를 보낸다. 그는 돈을 가지고 도착하였다. 현지에서 사람을 골라 그에게 돈을 주고 말을 배운다. 그리고 나서는 설교하는데 기독교인 조수가 필요하게 된다. 그 대가로 돈을 지불한다. 그 주변에 사람이 모이면 교회가 필요하게 되고 선교사는 돈을 들여 이 일을 해결한다. 그러면 교회를 돌볼 사람이 필요하게 된다. 그러면 또 돈이 들게 되고 선교사에게 손을 벌린다. 신자가 늘어나면 목사가 더 필요하여 신학교를 세워야 한다. 이번에도 선교사가 해결할 수밖에 없다. 이런 식이 계속되면 선교사를 교회의 돈주머니로 여기게 될 것이다.

한국 소래마을에 서[경조]라는 사람이 있다. 우리가 알기로는 그는 한국에서 첫 번째로 예수를 믿은 사람이다. 그는 만주 목단에서 장로교 로스 목사 밑에서 신자가 되었다. 그리고 소래마을에 내려와서 설교를 하였다. 1893년에 [캐나다의] 매킨지 장로교 선교사가 한국에 왔다. 서[경조]를 살펴보고서는 소래로 가겠다고 말했다. 그리고 서경조의 집으로 들어갔다. 서는 집에서 가장 좋은 방을 그에게 주었다. 서는 매킨지 목사를 보살피며 한국어를 가르쳤다. 그를 따라 마을에 나가 그와 함께 설교를 하며 그의 조수가 되었다. 한 달이 지나자 매킨지 목사는 "서 선생 수고비를 주고 싶소." "목사님은 나에게 빚진 게 없습니다." "어째서요?" "나는 이 일로 아무 것도 받을 수가 없습니다. 돈 때문에 일한 것이 아니니까요." 매킨지는 말했다. "그러나 나는 서 선생의 집에서 살았고, 나에게 밥을 주었고, 한국어를 가르쳤으니 나는 서 선생의 시간을 빼앗은 것이고 그래서 나는 돈을 드려야만 합니다. 이런 식으로는 일이 되지 않습니다."서가 말했다. "그래도 나는 돈을 받을 수 없습니다." 매킨지가 말했다. "그러면 나를 위해서 더 이상 일을 할 수가 없습니다." "그렇다면 하숙비만 받겠지만 설교에 대해서는 받을 수가 없습니다." "내가 돈을 받고 밖에 나가 설교를 하면 사람들이 웃습니다. 나는 영향력을 잃게 되어 일을 할 수 없습니다." 서는 한국인이고 토박이지만 나는 그가 내가 말하고자 하는 것을 분명하게 보여주었다. 한국에 이렇게 핵심을 분명하게 보는 사람이 있어서 현지 교회의 자립의 원칙을 도입하는 길을 열어 준 것은 한국의 복이다. 이런 정신이 있으니까 교회가 빠르게 성장하지 않을 수 있겠는가. 그가 말하는 것 이상으로 사람들이 빠르게 믿지 않겠는가. 그 결과가 한국에서 가장 굳건한 교회가 되었고 모든 점에서 자립적인 교회가 된 것이다.

방금 어떤 발표자는 중국 같은 곳에서 교회는 자립하기가 불가능하다고 주장하셨다. 그것은 전적으로 성취될 수 있다고 믿고 그것을 원하느냐에 달려있다. 한 사람은 이쪽으로 줄을 당기고 또 한 사람은 저쪽으로 당기면 어떻게 성공할 수 있겠는가. 물론 그러한 조건하에서 중국에서는 실패할 것이다. 그러나 한국에서는 성공하였다. 요점은 이것이다. 선교본부에서 돈을 조달하여 선교지로 보낸 돈을 제대로 쓰느냐 아니냐가 복음이 이 사람들에게 제대로 전달되느냐를 결정하는 요인이 된다. 하나님의 사업이지만 다른 일과 마찬가지이다. 사람이 관계하는 이상 원칙에 따를 필요가 있는 것이다. 하나님의 성령이 이 원칙과 함께 계시고 역사하시고 살아 계셔서 능력을 주시기 때문이다."

뉴욕 장로교 선교본부에서 여의사 엘러즈 박사(Annie J. Ellers, MD, 1860~1938, 한국표기 房巨夫人)를 한국으로 보냈다. 그녀는 의학교육을 받았으나 자격증은 없었다. 언더우드 박사의 노력으로 내한하였는데 정신여학교의 초대교장이 되었다. 다시 말하면 정신여학교는 장로교 선교사가 세운 최초의 여학교였다. 마치 세브란스 병원(제중원)이 장로교 선교사가 세운 최초의 병원이듯이. 그녀는 곧 왕비의 시의가 되었고 정경부인의 칭호를 받았다. 그런데 흥미를 끄는 사실은 1887년 7월에 엘러즈 교장과 결혼한 사람이 이승만 박사의 배재학당 스승인 벙커 박사였는데 그가 세브란스 씨의 외아들 존 세브란스와 오벌린 대학 동창생이었다. 나이가 동갑(1863년생)이었으니 함께 재학하였다. 또 친형의 외아들 알렌 더들리 세브란스(1865년생)와도 동창이었다. 당시 오벌린시의 인구는 1,600명이었고 대학의 재학생은 소수였으므로 서로 알고 지냈다고 추측할 수 있다. 벙커 박사는 헐버트 박사와 유니언 신학의 동창으로서 함께 육영공원 교사로 한국에 첫발을 디뎠다. 헐버트 박사는 클리블랜드 올드스톤 교회 헐버트 목사의 동생이다. 엘러즈 박사는 벙커 박사와 결혼하고 남편을 따라서 1894년 미국 감리회로 교적을 옮겼다. 그녀는 감리교 의사가 된 것이다. 세브란스가 그녀를 자신의 염원인 연합병원을 위하여 헌신할 것을 설득하였을까. 모를 일이다.

세브란스관은 지금도 남아있다. 정신여고가 이사 간 후 개인 회사의 건물로 사용되고 있지만 세브란스 씨가 한국에 기증한 많은 건물 가운데 유일하게 남아있다는데 그 의의가 있다. 곧 1백 년 주년이 될 것이며 보존할 가치가 있다고 믿는다. 이 건물의 독립운동나무도 보호수로 지정되었으니 독립운동을 모의하였던 세브란스관도 보호되어야 마땅할 것이다.

황성기독청년회

세브란스 장로는 국제기독청년회 이사인데 마침 11월 7일에 서울의 황성기독교청년회관이 정초식을 가졌다. 머릿돌의 글씨는 황태자 이은(李垠)이 썼는데 이 일이 있고 나서 12월에 이토 히로부미가 그를 볼모로 삼아 강제로 일본으로 끌고 갔다. 이 건물의 공사는 지난 5월부터 시작되었다. 황성기독청년회관의 건립은 1899년으로 올라간다. 한국의 기독청년회의 지도자들이 미국 기독청년회 국제위원회에 청원하였다. 미국 본부는 즉시 허락하며 1901년 질레트(P. Gillett)를 파견하였다. 1903년 중국에 있던 브룩맨(F. Brookman)도 보냈다. 브룩맨은 세브란스의 친구였다. 1911년 상해에서 세브란스의 외동딸이 브룩맨과 만났다.

(1911) 4월 10일, 월요일. (상해기독청년회의 총무)인 테일러 박사 집에서 저녁을 먹었는데 브룩맨 부부가 합석하여 기뻤다. 아주 즐거운 저녁이었다. 후략.

서울에서 엘리자베스의 남편 더들리 피터 알렌 박사는 기독청년회관을 방문하였다.

(1911) 6월 23일, 금요일. 실내에서 편지를 쓰고 쉬면서 보냈다. 더들리는 기독청년회관과 일본 정부병원을 방문하고 에이비슨 박사와 허스트 박사와 함께 의료에 대한 얘기로 바빴다.

황성기독청년회관의 건물은 세브란스 병원보다 2배 큰데 4만 달러의 건축비가 소요되었다. 이 건축비를 세브란스의 고향친구 한나 상원의원의 친구인 백화점왕이며 전 체신장관이었던 존 워너메이커(John Wanamaker, 1838~1922)가 기부하였다. 워너메이커는 열렬한 기독청년회의 후원자였으며 필라델피아 기독청년회관을 기부한 사람이다. 이승만은 1909년 1월 10일 "한국 선전" 유세에서 워너메이커의 도움을 받았다고 일기에 기록하였다.

Bethany Presbyterian Church Sunday School, introduced by Mr. Wanamaker, Phila. Sunday evening. Temple Presbyterian Church.

에이비슨 박사는 오랫동안 황성기독청년회의 이사였고 일본 기독청년회 산하로 집어넣으려는 일본의 음모를 막아내었다. 황성기독청년회 이사회 초대회장이었던 헐버트(Homer B. Hulbert)는 고종의 밀사로 헤이그에서 아직 돌아오지 못한 상태였다. 세브란스 장로는 올드스톤 교회 부목사 헨리 우드워드 헐버트를 생각하며 그의 동생을 만나고 싶었을 것이다.

헐버트 박사는 사명이 실패하자 1907~1909년에 미국의 조야(朝野)에 돌아다니면서 여론에 호소하였다. 1909년 헐버트는 신변의 위험을 무릅쓰고 내한하였다. 그는 남대문역에 내릴 때 마침 기차에서 내리는 서양 부인의 아기를 대신 안고 다른 손으로 주머니에 권총을 움켜쥐고 있었다. 그러나 아무 일이 일어나지 않았다. 어느 날 미국인이 접근하며 신분을 밝혔는데 미국에서 파견한 비밀요원이었다. 그는 헐버트를 폴란드의 바르샤바까지 안전하게 호송하는 임무를 부여받았다.[137)]

1박 2일

제1장에서 등장한 아마사 스톤 마서의 일기를 보면 그가 1907년 9월 3일에 세브란스 병원을 방문하니 허스트 박사만이 있어서 자신의 다리 종기를 처치하고 약을 주었다고 말하며 세브란스 씨가 내륙지방(up-country)에 갔다고 기록하였다. 세브란스는 다음날(9월 4일) 저녁에 서울로 돌아왔다. 그가 1박 2일 동안 방문한 곳이 서울 근교일 것으로 추정되는데 한국어를 모르니 에이비슨 박사가 대동했을 것이다. 그래서 병원에는 허스트 박사만이 지키고 있었다. 1박 2일에 갈 곳이 어디였을까. 그는 9월 2일부터 최소한 9월 13일까지는 서울과 1박 2일 묵을 수 있는 서울 근교에 있었음에 틀림없다. 9월 12일 저녁에 그를 환영하는 모임이 세브란스 병원에서 열렸고 9월 17일부터 9월 30일까지에는 평양과 선천을 방문하였기 때문이다. 그 전에 세브란스와 러들로는 9월 2일에 순종 황제를 알현하였다.

1883년 뉴욕의 장로교 해외선교본부는 한국을 위한 의료선교를 결의하였다. 이에 따라 서울, 평양, 선천, 재령, 대구, 부산에 선교병원을 설립할 것을 추진하였다. 한편, 감리교의 스크랜튼 박사도 서울과 제물포에 병원을 설립할 것을 계획하였다.[138)] 세브란스는 자신의 염원인 여러 교단의 의료선교 연합을 완성하기 위해서 여러 도시도 방문해야 한다. 그래야 자신의 기부의 목적이 완성되는 것이다. 평양에서는 감리교의 폴웰 박사를 만났으니 개성의 감리교 레이드 목사와 제물포의 성공회의 웨어 박사를 만나야 했다. 앞서 소개하였듯이 개성의 레이드 목사는 1900년 뉴욕 대회에서 에이비슨 박사가 역사적인 연설을 하는 의료선교 분과학회에서 개회기도를 하였고 에이비슨이 열변을 토하느라 원고를 잊고 주머니에 넣는 것을 본 친구였다. 말하자면 그는 자신도 모르는 사이에 세브란스 병원 탄생의 증인이 된 셈이다. 그러나 레이드 목사는 의사가 아니었다. 결과적으로 보면 평양의 폴웰 박사와 제물포의 웨어 박사가 세브란스가 다녀간 이듬해부터 세브란스 병원에서 가르치기 시작하여 연합의 시작이 되었다. 세브란스가 제물포에 다녀간 증거가 될 수 있을까.

여기서 중요한 사실은 1904년 현재 북감리교 의료선교사는 평양의 폴웰 박사, 서울의 맥길 박사(William B. McGill, MD)와 감리교로 교적을 옮긴 엘러즈 벙커 박사(Annie Ellers Bunker, MD)뿐이었다는 점이다.[139] 그러나 엘러즈는 의학을 공부했으나 자격증이 없었다. 북감리교는 스스로는 독립적으로 의학교를 설립하기가 어려웠다. 당연히 연합이라는 우산 속으로 들어와야 하였다. 제물포 웨어 박사(Hugh H. Weir, MD)의 영국 성공회도 사정은 마찬가지였다. 서울의 성공회 병원인 성마태 병원이 경영난으로 1904년에 폐쇄되면서 제물포의 성누가 병원만이 홀로 남았고 성공회 의사라고는 웨어 박사 혼자였다.

1907~1908년 세브란스 병원 연차보고서는 세브란스 씨가 한국 체류 3개월 동안 많은 병원과 학교를 방문하였다고 보고하였다. 러들로 박사의 기록은 서울, 평양, 선천, 재령, 대구, 부산, 그 밖에 지명을 밝히지 않은 곳 한 군데에 그쳤다. 에이비슨 박사의 기록에는 서울, 평양, 서울근교에 그쳤다. 그렇다면 3개월을 어디에서 보냈고 그 밖에 세브란스가 방문한 많은 학교와 병원은 어디였을까. 우리는 모두 알 수 없을 것이다. 다만 여러 문헌을 비교하여 그중 몇 곳을 추정할 수 있다. 원산에는 에이비슨 박사의 친구인 하디 박사(Hardie, MD)가 있었지만 아직 경원선이 가설되기 전이었으므로 교통이 허락하지 않았다. 짐작되는 곳은 개성과 제물포이다. 개성에는 뉴욕 에큐메니컬 선교대회에서 에이비슨이 발표하고 세브란스가 참석한 의료 분과에서 개회기도를 올린 레이드 목사가 있었고, 제물포에는 상해에서 만난 웨어 박사가 있었다.

개성 선교부를 창설한 레이드 목사(C. F. Reid, 李德)는 처음에는 교육사업에 치중하다가 전도사업으로 방향을 전환하였다(백낙준, 2002(1929), p.347). 그는 의사가 아니었으므로 의료사업은 뒷전이었다. 무엇보다 레이드 목사는 감리교 내에서도 북감리교와 남감리교의 합작을 반대한 인물인 만큼 연합에 대한 열정이 높지 않았다.[140] 윤치호가 개성에 설립한 한영서원도 의료사업보다 실업교육을 통해 기독교 인재를 길러내는 교육사업을 중시하였다. 모두 세브란스 장로의 연합정신과 차이가 있다. 개성에 남성병원이 들어선 때는 레이드 박사가 아이비 씨(Mr. W. C. Ivey)의 후원을 받은 1907년이고 그의 아들 레이드 박사(M. T. Reid, MD, 李慰萬)가 부임하면서 의료선교가 시작되었다. 세브란스의 한국 방문 후의 일이다.

제물포는 다르다. 1907년 9월 6일 서울에서 평양으로 향하는 아마사 스톤 마서는 개성에서 영국인 선교사와 미국인 선교사가 하차하였다고 일기에 기록하였다. 당시 서울에서 개성으로 갈 수 있는 영국인 선교사는 그리 많지 않았으니 웨어 박사였을까. 이 두 사람이 내리자 서양 사람은 마서와 러시아 기자 두 사람뿐이었다. 이 러시아 기자는 원래 제물포에서 선박으로 평양을 가려고 하였으나 마서와 동행하고 싶어서 기차를 탔다.

제물포는 한국 최초로 장로교와 감리교가 들어올 때 언더우드 박사와 아펜젤러 목사(Henry Gehard Appenzeller, 1858~1902, 한국표기 阿片雪羅)가 동시에 상륙한 땅인 말하자면 개신교의 성지이다. 첫 발자국을 디딘 자리가 알려져 있다면 성역으로 지정되었을 곳이다. 개신교인들에게는 필그림 선조(Pilgrim Father)가 미국에 최초로 상륙한 매사추세츠 플리모스(Plymouth, MA)와 같은 곳이다. 알렌 박사도 제물포를 통해서 입국하였다. 사실 그가 선교사 자격을 숨기고 의사로 들어와서 최초 선교사의 영예를 빼앗겼지만 그도 최초 서양 의사이면서 최초 개신교 선교사였음은 틀림없다. 제물포는 그의 여름별장이 있는 곳이다(자료 Ⅷ-16). 고종 임금은 알렌 박사가 제물포와 서울을 왕래하기 편하게 그의 별장이 있는 우각현(牛角峴)에서 기차가 출발하도록 배려하였다.[141] 1897년 우각현에서 경인선 철도 가설의 첫 삽을 뜰 때 알렌 공사, 이채연 한성 판윤, 타운센드 사장도 참석하였다.[142] 그러나 우각현 역은 1905년 알렌 공사가 귀국한 직후 1906년에 석연치 않은 이유로 폐지되었다. 그리고 알렌 박사가 귀국한 1905년 이래로 그의 여름별장이 누구의 소유가 되었는지 알려지지 않았다. 해방 후 알렌 별장은 개명학원과 무선학교로 사용되다가 철거된 자리에 1950년대 중엽 인천 전도관이 들어섰지만 이제는 흔적도 없어져 버렸다.

제물포에는 당시 다른 곳에 없는 서양식 별장이 또 있었다. 알렌 별장에서 30분 거리의 서쪽 해안 언덕에 서 있는 존스톤(James Johnston) 별장이 있다(자료 Ⅷ-16). 스코틀랜드인 존스턴은 중국 상해조선소의 사장인데 1904년에 만국공원 서쪽 제일 높은 봉우리에 독일풍의 멋진 4층 별장을 지었다. 제물포와 마주 보는 중국 유일의 독일 조차지 청도에 1908년에 들어선 독일 총독 관저와 크기만 다를 뿐 건축양식이 동일하다. 여기서 보면 월미도를 포함하여 제물포 앞바다가 한눈에 들어온다. 인천을 방문하는 외국인들은 존스턴 별장을 한 번은 둘러본다. 별장 이름이 1936년에 인천각(仁川閣)으로 바뀌는데 1950년 한국전쟁 시 인천상륙작전의 포화로 소실되었다. 최초의 서양 병원인 세브란스 기념병원의 건물도 없어졌듯이 최초의 서양 의사의 별장과 최초의 서양 기업가의 별장도 사라졌다.

이러한 유서 깊은 제물포를 세브란스 일행이 방문했다는 기록은 발견되지 않았지만 정황 증거는 있다. 세브란스 씨는 여행을 좋아하는 사람이다. 한국에 앞서서 중국의 도시에서도 걸어서 "어린애처럼" 구석구석을 찾아다닌 기록이 보여주듯이 제물포도 쉽게 지나치지 않았을 것이다. 그러나 이것은 그저 단순한 추측에 불과하겠지만 제물포를 방문하였을 정황증거는 많다. 우선 제1장에서 등장한 아마사 스톤 마서의 일기를 보면 1907년 9월 3일에 세브란스 병원을 방문하니 허스트 박사만 있어서 자신의 다리 종기를 처치하고 약을 주었다고 말하며 세브란스 씨가 내륙지방(up-country)에 갔다고 기록하였다. 세브란스는 9월 4일 저녁에 서울로 돌아왔다. 그가 1박 2일 동안 방문한 곳이 서울 근교일 것으로 추정되는데 한국어를 모르니 에이비슨 박사가 대동했을 것이다. 그래서 병원에는 허스트 박사만이 지키고 있었다. 1박 2일에 갈 곳이 어디였을까.

다시 아마사 스톤 마서의 일기로 돌아가면 1907년 9월 초에 외국인이 여행할 수 있는 곳은 서울, 제물포, 부산과 북한 땅뿐이었다.[143] 1907년 8월 1일에 구 한국 군대 해산에서 비롯한 무력충돌에 이어 전국에서 의병이 일어났는데 강화, 이천, 여주, 원주가 심하였고 특히 청주와 제천은 극심하였다. 영국 특파원 매킨지는 제천에 가고 싶어서 안달이었는데 일본군이 서울을 포위하여 뚫고 나갈 수가 없었다. 아마사 스톤 마서도 매킨지를 따라서 "빠져나간다 해도, 이것이 가능할지 의심스럽지만, 자신들의 무자비한 탄압이 세상에 알려지기를 원하지 않는 일본군에 의해 저지당할 것이다."[144] 매킨지는 교묘한 속임수를 써서 서울을 탈출하는 데 성공하였다. 그 결과가 자신의 눈으로 참상을 직접 보고 쓴 『대한 제국의 비극 The Tragedy of Korea』이다. 선교사들도 언론인에 못지않게 저지당하였다. "일본인들은 선교사들이 회의하고 복음을 전하는 것을 막으려 애쓴다. 선교사들이 한국인들을 선동한다고 믿기 때문이다."

왕실 시위대 박성환 대장이 자살하여 서울에서 전투가 일어나고 의병이 봉기한 첫 번째 장소는 강화였다. 수원 친위대 강화 분견대는 이동휘 참령 지휘 아래 8월 9일 봉기하였다. 이에 대해서는 성공회의 터너 주교(Bishop Turner)가 보고서를 썼다. 강화, 이천, 여주, 제천, 청주는 공교롭게도 모두 성공회 교구였다. 수원 교구의 브리들(Bridle) 신부는 이천 부근에서 일본 군인에게 폭행을 당했다. 청주 교구의 거니(Gurney) 신부는 교인의 집이 불타는 것을 보았다. 한국인들은 승리할 수 없음을 알면서도 조금도 물러서지 않았다. 일본 군인과는 대조적으로 의병들은 선교사와 교인들에 대하여 호의적이었다. 어느 한 교인이 의병에게 붙들렸다. 자신이 전도인이라고 밝히자 의병이 그에게 고린도전서의 첫 번째 서간을 암송해 보라고 주문하였다. 그는 암송할 수 없었다. 그러자 벌벌 떠는 그에게 "그렇다면 십계명을 읊어 보라." "그것도 잘 모르겠습니다." 결국 그는 주기도문 덕택에 풀려났다.[145)]

강화와 수원은 제물포에서 가까웠다. 그 밖의 곳은 설사 일본군이 여행을 허락한다 하여도 왕복하는 데 4일 이상이 걸렸다.[146)] 평상시에도 철로교통이 편한 평양이 10시간 걸렸고 부산 역시 기차로 10시간 소요되었다. 지금은 모든 역마다 일본군이 지키고 있으니 기차가 없는 곳은 왕복 3~4일은 족히 걸렸다.[147)] 교통이 통제된 상태에서 1박 2일 동안 서울에서 갈 수 있는 왕복할 수 있는 곳은 제물포 부근과 개성뿐이다.

이상의 여건으로 세브란스와 에이비슨이 1박 2일 방문한 내륙지방(up-country)으로 우선 수원을 꼽을 수 있다. 이천에서 전투가 벌어졌지만 수원은 일본군이 장악하여 안전하였다. 그러나 당시에 수원에는 세브란스 장로가 묵을 곳이 없었지만 제물포에는 묵을만한 호텔이 있었다. 수원에 머물지 않았다는 또 하나의 이유는 수원 근교에는 러들로 기록과 달리 외국인 병원이 없었기 때문이다. 수원에서 경부선을 타고 서울로 오는 길에 제물포로 왔다고 추정할 수 있다.

그러나 장로교회가 없는 수원보다 제물포 부근이 더 유력하다. 1903년 언더우드는 서울 선교지역을 다른 선교사에게 넘겨주었다 다음은 1903년 1월 3일 자 그가 엘린우드 박사에게 보낸 편지이다.[148)]

> "저[언더우드]는 서울과 제물포 사이에 있는 네다섯 개의 작은 군만 맡게 되었는데 그 지역은 남북감리교와 성공회와 공동으로 점유한 지역입니다.(이만열·옥성득, 2007, p.37)."
>
> "저에게 배정된 지역은 … 한편으로는 바다이며 다른 한편으로는 선교회의 다른 선교사들이 일하고 있습니다. 이뿐만 아니라 남북감리교 선교사들이 이미 일하고 있는 영토입니다."

"이 지역을 배정한 이유는 서울을 하루나 이틀만 비우면 어디나 갈 수 있고 …."

선교사 언더우드가 1박 2일 머물 수 있는 곳이다. 브라운 총무가 한국을 방문하기 2개월 전 1903년 11월에 이곳을 순회하면서 많은 사람에게 세례를 준 언더우드는 브라운 총무에게 이 사실을 보고하면서 다음을 강조하였다.[149)]

"저는 때때로 가장 뛰어난 한국인 지도자들을 그곳에 방문하도록 했고 …."

앞서 지적한 대로 제물포와 서울 사이에 감리교 및 성공회와 겹치는 지역이라면 강화, 제물포 부근, 김포뿐이다. 언더우드는 김포와 시흥 일대에 많은 장로교회를 창설하였다. 김포 교회에 가는 방법은 언더우드가 1906년 1월 24일 자 편지에서 인용한 웜볼드 양의 보고서에 기록되어 있다.[150)]

"김포까지의 여행은 소사까지 [경인선] 기차로 간 후 그곳에서 40리를 걸어서 갔다."

언더우드는 에이비슨과 단짝이었다. 언더우드는 세브란스 병원 건축을 위해서 에이비슨을 많이 도왔다. 세브란스가 서울을 방문했을 때 언더우드는 안식년으로 미국에서 "한국 선전"을 벌이며 모금할 때인데 세브란스가 귀국한 후 이 운동에 참여하여 언더우드를 돕는다.(제9장 참조). 에이비슨은 언더우드의 사역지를 생략할 수 없었다. 그러나 김포에도 70세의 세브란스 장로가 묵을 적당한 곳이 없다.

제물포는 다르다. 제물포는 개항 이후 외국인이 도착하는 기항지였다. 이곳에는 중국인이 경영하는 "깨끗한" 스튜어드 호텔(Steward Hotel)이 있었고 그 중국인은 "피젼" 영어를 구사하고 양식을 요리할 줄 알았다. 에이비슨 박사는 1893년 인천 첫날을 이 호텔에서 묵었다. 그러나 그 건너편의 대불(大佛, 다이부츠)호텔이 더 크고 좋았다. 일본인 리키타로(掘力太郎)가 세운 한국 최초의 호텔로서 아펜젤러 박사가 한국 첫날 묵었다. "요리가 입에 맞았고 영어로 손님을 대접하였다." 그 밖에 많은 외국인 한국에서 첫 밤을 보낸 곳이다.

무엇보다 제물포의 월미도 북쪽에는 스탠더드 석유 뉴욕 회사(Standard Oil Company of New York)의 커다란(extensive) 석유저장고가 있었다.[151)] 한국에서 세브란스 씨가 제

출처: 朝鮮鐵道協會會誌

월미도 철교

출처: 연세대학교/ 京畿地方の名勝古蹟 1937

알렌 별장

출처: 인천 화도진도서관/ 京畿地方の名勝古蹟 1937

존스턴 별장

〈자료 Ⅷ-16〉 1904년 제물포 월미도 철교-알렌 별장-존스턴 별장물포를 지나치지 않았을 또 하나의 이유이다. 제물포의 회사는 한국 본사이고 부산의 회사는 그 지사였기 때문이다.[152] 1902년 당시 제물포의 통관기록은 전체의 40퍼센트를 차지하였다. 제물포 12,243,373원, 부산 5,890,087원, 원산 4,023,152원, 진남포 3,093,436원, 목포 2,071,569원, 군산 1,294,890원이어서 알렌 공사는 한국의 제1항구에 영사관을 설치해야 한다는 의견을 국무성에 여러 차례 건의하였다.[153]

앞서 말한 바대로 스탠더드는 압도적인 인구를 갖고 있는 극동에 각 지역의 도매상이나 대리점을 통해 석유를 판매하였다. 그러나 1893년에 정책을 바꾸어 극동의 주요 항구에 직원을 직접 상주시켰다. 이것은 쉘과 로얄 더치의 도전을 뿌리치기 위해 극동시장 전문가 리비(W. H. Libby)가 작성한 보고에 따른 결정이었다. 이에 따라 제물포와 부산에 거대한 석유저장고를 건설하였다. 제물포 석유저장고는 1896년에 만든 것인데 제물포의 수봉산보다 컸다고 한다. 5갤런짜리 50만 통이 있었으니 그럴 만도 하였다. 여기에는 1902년에 이미 교량이 가설되어 기차가 석유를 수송하였다(자료 Ⅷ-16).

그러나 이 교량은 누가 놓았을까. 한국 정부는 그럴만한 힘도 없었고 당시 월미도와 육지를 연결할 필요성이 시급하지 않았으니 외국이 가설하였을 것이다. 석탄저장고를 갖고 있는 러시아 아니면 석유저장고를 갖고 있는 스탠더드 석유 둘 가운데 하나였을 것이다. 아직 일본은 러일전쟁 전이었다. 아무튼 이 교량은 한국에서 한강철교를 뒤이어서 두 번째로 건설된 근대식 교량이었을 것이다. 경부선과 경의선은 아직 공사 중이었다.

아무래도 개항장 제물포와 부산에는 외국인이 토지를 살 수 있다는 조약에 의거하여 스탠더드 석유회사가 저장고를 건설하고 철교도 임시로 가설했을 것이다. 그 조약은 당시 대한제국이 프랑스, 미국, 영국, 오스트리아 등 여러 나라와 맺은 것이었다. 이와 별도로 제물포에는 미, 영, 청, 독, 일의 5개국이 1884년 조선 정부와 제물포 조계잠정협정을 맺었다. 그러나 을사조약 이후 일본이 한국을 장악하면서 투자를 많이 한 스탠더드 석유는 이제부터는 자력으로 일본 통감부와 최선을 다해 싸워야 할 것이다.[154] 앞서 지적한 대로 1908년 미일조약에 의해 미국의 상호가 보호를 받게 되었음에도 불구하고 스탠더드가 홀로 일본과 싸울 수밖에 없는 것은 일본이 일찍부터 월미도를 탐냈기 때문이다. 1901년 3월에 제물포에 거주하는 일본인이 월미도를 통째로 매입했다고 주장하고 나섰다. 누군가가 팔아먹은 사람이 있었기에 이 주장은 조야(朝野)를 흔들었다. 엉터리 조사가 시작되어서 관련자가 모두 무죄가 되었다. 그리고 그 전해(1900)에 부정부패로 사형당한 김영진(Kim, Yung-jin, ? 김영준의 오기)에게 뒤집어씌웠다. 그러나 실제는 민씨 일족인 민영주(Min, Yung-ju)가 팔아먹은 것이었고 소란이 커지자 그는 35,000원(17,500달러)을 주고 도로 사버리면서 사건을 끝냈다.[155] 감리교 선교부가 제물포에 병원을 세우려고 계획했던 것은 제물포가 위치상 중요함을 의미한다.

1907년 9월 1일에 개최된 경성박람회에 오는 관광객을 유치하기 위하여 제물포는 대대적인 선전을 하였다(朝鮮新報 明治四十年九月一日). 서울-인천 기차편도 증설하고 월미도를 개방하였다. 호텔 시설도 개선하였다.

제물포

세브란스 일행이 1박 2일 제물포 부근을 방문했다는 주장은 아마사 스톤 마서가 기록한 대로 내륙지방이어야 하고 묵을 수 있는 호텔이 있어야 한다. 일본군이 교통을 통제하여 서울 남부의 여행이 불가능한 상황에서 유일한 내륙은 김포이고 호텔이 있는 곳은 제물포였다. 그렇다면 경인선을 타고 소사를 거쳐 김포의 장로교회를 시찰하고 다시 제물포로 내려와서 1박 묵었다고 추정할 수 있다. 스탠더드 석유 저장고도 볼 겸. 세브란스를 대동한 주치의 러들로 박사의 기록에서도 그 실마리를 찾을 수 있다.[156]

> 우리[러들로 일행]가 길을 가다가 어떤 마을(village)을 지나게 되면서 시끄러운 소리를 들었다. 문에 다가가서 안을 들여다보았다. 심한 류머티즘으로 부풀어 오른 다리로 고생하는 남자를 둘러싸고 친구들이 천장에 종이로 만든 조리를 늘어뜨려 놓고 북을 치면서 귀신을 그 속에 집어넣으려고 애쓰고 있었다. 가엾은 환자는 그것을 견디고 있었다. 우리는 약간의 충고와 함께 소음을 멈추도록 설득하였다. 우리는 처방을 써주고 이웃 마을 병원 약국에 가지고 가라고 일러주었다.

러들로 박사는 모든 행선지를 밝혔는데 이곳의 경험에 대해서만 지명을 밝히지 않고 있다. 그곳은 도시(city)가 아니라 마을(village)이었는데 길에서 푸닥거리의 환자를 설득하여 처방전을 써주고 이웃 병원에 가서 약을 얻으라는 내용이었다. 지명이 밝혀진 곳과 이 무명의 곳을 비교하면 제물포일 가능성이 크다. 그 이외의 지역은 전투로 어수선했는데 러들로의 이 기록은 사뭇 대조적이다. 그랬다면 에이비슨 박사와 웨어 박사, 아마도 존스 목사도 함께 잠시 틈을 내어 세브란스 씨와 러들로 박사를 데리고 기차를 타고 제물포로 내려왔을 것이다. 마서가 아침에 세브란스 병원에 왔으나 세브란스를 볼 수 없었던 것은 아마 오전 특급열차를 이용하였기 때문이었을지 모른다.[157] 이처럼 제물포는 서울과 가까우며 열차교통이 자주 제공되어 편리하다. 그러기에 헐버트 박사는 일찍부터 "서울-제물포 테니스 클럽"을 조직하여 선교사들 사이의 친목을 이끌었다.[158] 이 클럽이 정기적으로 시합(Seoul-Chemulpo Tennis Tournament)을 가질 정도로 왕래가 쉬웠다. 제물포는 그해 2월에 화재가 발생하여 400채의 건물이 전소되고 도시가 크게 파괴되었다.[159]

첫째, 당시 제물포의 중심은 각국 조계지로서 그곳에는 외국인이 1만 4천 명이 거주하였는데 일본인이 1만 2천 명, 중국인이 2천 명, 서양인이 100명이었다.[160] 당시의 인천은 제물포에서 2킬로 떨어진 외곽 마을(지금의 문학동)이었다. 러들로 일행이 처방전을 써준 환자는 외곽의 한국인 거주 마을이었을 것이다. 그 이유는 작은 마을인 선천에는 샤록스 박사가 안식년 중이므로 부재중이었고, 재령은 사방 25킬로 내에 병원이 없어서 환자에게 처방전을 들고 이웃 마을의 병원을 찾으라는 표현은 어울리지 않는다. 두 곳 모두 1박 2일에 갈 수 있는 곳이 아니다. 두 곳을 제외하면 러들로가 방문한 곳은 평양, 서울, 대구, 부산뿐이다. 그러나 이것들 역시 1박2일의 일정이 아니며 마을이 아니다.

둘째, 에이비슨 박사의 회고록을 보면 세브란스의 방문 이전에도 위와 같은 경험이 기록되어 있다.[161] 그때는 콜레라가 창궐할 때였는데 한국 정부에서 에이비슨 박사에게 치료와 예방에 전권을 부여하자 교파를 초월하여 모든 의료선교사가 콜레라 퇴치에 연합하였다. 에이비슨은 당시 의료진을 이끌고 서울 외곽에서 치료를 할 때 푸닥거리를 하는 모습을 목격한 것을 기록하였다. 따라서 경험 많은 에이비슨 박사는 이 기묘한 행위가 무엇인지 즉시 알았을 것이고 초행이라서 어리둥절하였을 세브란스 일행에게 설명하였을 것이다. 아마 세브란스에게 한국의 민간 미신행위를 보여주기 위하여 일부러 참견하였을지 모른다.

셋째, 한국어를 아는 사람을 대동하지 않으면 길에서 마주친 환자나 주민들과 대화가 불가능했을 것이다. 더욱이 푸닥거리 미신행위를 중단시키고 대화로 설득한 것은 한국어를 구사할 수 있는 의사가 아니었으면 불가능하다. 에이비슨 박사와 웨어 박사,

여기에 한국어에 능통한 존스 목사마저 대동하여 가능했을 것이다. 러들로는 한국 방문에서 에이비슨 박사와 상당한 시간을 함께 보냈다고 기록하였다. 처방전을 써 준 행위의 주어를 내[러들로]가 아니라 우리라고 표현하였다. 그는 짧은 체류기간에도 세브란스 병원에서 수술을 하였는데 이때에는 나의 환자라고 표현한 것과 대조적이다. 또한 러들로는 여행객이므로 처방전을 쓸 만한 처지가 아니었다. 그는 9월 9일에 한국 의료선교사협회의 명예 회원으로 뽑혔지만 이때는 아직 아니었고 다른 의사들을 만나기 전이었기 때문이다.

한편 에이비슨은 습관적으로 먼 길에는 처방전과 함께 의약품을 챙겨 떠난다.[162] 만나는 환자에게 약품을 주기 위함이다. 처방전만 써주었다는 것은 가까운 곳을 암시한다. 처방전을 써준 의사가 웨어 박사였다면 자기 병원을 상대로 썼으므로 약국직원은 금방 알아보았을 것이다. 따라서 이 무명의 마을이 지리를 잘 모르는 평양, 대구, 부산은 아니다. 더욱이 환자에게 처방전을 써주었는데 영어를 아는 의사가 있는 곳이어야 한다. 당시 전국을 통틀어 서양 선교의사는 10명 내외였다. 아직 영어를 읽을 줄 아는 한국인 의사가 배출되지 않았다. 제물포 성누가 병원은 제물포에서 약대인(藥大人)병원이라고 워낙 널리 알려진 병원이었고 웨어 박사 부인이 간호사였는데 한국어를 이해하였다. 그녀는 환자를 보면 서툴지만 한국어로 "이 길로 곧장 걸어가면 큰 대문이 보이는데 그곳으로 들어가시오"라고 말하곤 하였다.[163]

처방전을 써주며 이웃 마을의 병원을 찾아가라고 일러준 것은 그 마을 사정에 익숙한 사람이 아니면 할 수 없는 일이다. 서양 병원이 이웃마을에 있다는 정보를 알고 있어야 했다. 웨어 박사는 말할 것도 없고 에이비슨 박사도 제물포 사정에 대하여 밝았다. 에이비슨은 제물포 포구에서 서울까지 걸어간 적도 있었다. 그는 호레이스 알렌 공사의 초청으로 그의 제물포 별장에 여러 차례 온 적도 있었다. 여기서 독일, 영국, 러시아, 일본에서 온 의사들과 교제하였다.[164] 이웃 마을 병원에 약국이 있어야 하고 영어를 아는 약사나 의사가 있어야 한다. 이러한 조건을 갖춘 병원약국이 이웃 마을에 있다는 사실은 에이비슨과 웨어 박사만이 알고 있었다. 그곳은 웨어 박사가 책임자로 있는 제물포의 성누가 병원일 가능성이 크다. 이 병원은 원래 미국인 성공회 의사 랜디스 박사(Eli Bar Landis, MD, 1865~1898, 한국표기 南得時)가 설립하였다. 그곳에는 약국도 있었다.[165] 랜디스 박사는 1898년 4월 16일에 장티푸스에 감염되어 사망하는 바람에 잠시 폐쇄되었다가 웨어 박사가 맡게 되었다. 약을 주는 대인이라는 존경을 담은 약대인(藥大人) 병

출처: 신태범 인천 한세기 1996

출처: Morning Calm 1907

〈자료 Ⅷ-17〉 제물포 영국 성공회의 성누가 병원

원이라고 불렀고 사람들은 그곳을 약대이산(지금의 자유공원)이라고 불렀다. 웨어 박사는 지금의 성공회 부지에 병원을 증축하여 진료실과 두 개의 간호원실, 한국인을 위한 두 개의 병동, 외국인을 위한 병동, 수술실, 대기실과 함께 약국을 갖추었다.[166] 성누가 병원(자료 Ⅷ–17)의 한국인 조수들이 영어를 해득하여 효율적이었다.[167]

랜디스 박사에 대해서는 별로 알려진 것이 없는데 하나 확실한 것은 펜실베이니아에서 출생한 그가 1888년 의사가 되어 펜실베이니아 랭카스터 시 소재 병원에서 근무하였는데 그때 존 모트가 이끄는 "해외선교학생자원운동"에 영향을 받아 한국으로 오게 되었다.[168] 앞서 이 자원운동은 1891년 클리블랜드에서 세브란스와 그의 외아들의 장인 펜의 후원 아래 제1회 대회를 열었다 함은 앞서 여러 번 애기했다. 랜디스 박사는 그 전해인 1890년 9월에 제물포로 왔다. 하여간 그도 세브란스가 관심을 크게 갖는 해외선교자원운동 출신이었다. 그는 청일전쟁의 제물포 해전에서 포로가 된 청국 병사를 치료하여 청국 황제로부터 쌍룡훈장을 받았다.

넷째, 우선 세브란스는 제중원에서 일한 적이 있는 의사는 모두 만났다. 평양의 웰즈와 폴웰, 재령의 화이팅, 대구의 존슨, 부산의 어빈이 그들이다. 선천의 샤록스는 안식년이라 말날 수 없었다. 그 밖에 세브란스 병원과 관련된 연동교회도 마찬가지였다. 세브란스가 다녀가고 1908년 6월 3일 제1회 졸업식에 초대되어 참석한 사람 가운데 평양의 베어드 박사, 대구의 존슨 박사와 함께 제물포의 웨어 박사 부부가 있었다.[169]

다섯째, 에이비슨 박사는 웨어 박사와 영국 성공회에 미안한 감이 있었다. 영국 성공회는 서울에서 성마태 병원을 운영하였는데 1904년 세브란스 기념병원이 설립되자 도저히 경쟁할 수 없음을 깨닫고 서울병원을 폐쇄하고 제물포의 성누가 병원만이라도 제대로 집중지원하기로 결정하였다.

> "우리의 한옥 병원[성공회 서울 성마태 병원]은 이 새 병원[세브란스 병원]과 경쟁할 수 없게 되었다."170)
>
> "병원은 서울보다 제물포에 더 필요했다. 특히 새로운 세브란스 병원이 세워진 다음에 그랬다."171)

제물포의 성누가 병원은 영국 해군이 지원하였는데 당시 영국은 강화도와 제물포를 기항지로 생각하고 있었으므로 영국 해군은 이 지역에 병원이 필요하였다. 성누가 병원은 제물포의 해관에서 일하는 외국인도 겨냥하였다. 성공회의 포교는 자연히 제물포와 강화도에 중심을 두었다. 그러나 영국 해군이 중국 산동반도 위해위에 새로운 기항지를 마련하자 제물포의 중요성이 약해졌다. 이러한 변화가 성공회의 포교와 의료 사업에 영향을 주었다.

성공회 서울 성마태 병원의 와일즈 박사(I. Wiles, MD)는 영국 해군 군의감 출신이고 그 뒤를 이은 한국 주교 코르페(Bishop C. J. Corfe, 한국표기 高耀翰) 역시 해군의 종군 신부 출신이었다. 그 인연으로 병원해군기금(Hospital Naval Fund)은 성누가 병원을 후원하기 위하여 만들어졌다. 이러한 이유로 제물포 성누가 병원의 두 개의 병동 가운데 하나는 코르페 병동이라고 이름하여 그의 업적을 기렸다. 다른 하나는 랜디스 병동이다. 그런데 그 운영주체는 왕립 연합봉사기관(The Royal United Service Institution)이었다. 재미있는 것은 후원자(Patron)가 영국 왕세자(The Prince of Wales)라는 점인데 더 재미있는 것은 실제 후원금을 내는 사람들은 장교에서 사병에 이르기까지 다양하다는 사실이다.

HOSPITAL NAVAL FUND

"And He sent them to preach the kingdom of God and to heal the sick."

Patron

Admiral H. R. H. The Price of Wales, K. G., &c.

서양 사람들은 알렌 박사가 창립한 (구)제중원을 왕립병원이라고 종종 불렀는데 이 명칭을 자세히 살펴보면 명목상으로 모든 것이 군주의 재산이었던 군주국가에서 흔한 명목적인 명칭에 불과한 경우가 허다하다는 점을 서양 사람들이 잘 이해하였기 때문이다. 제물포에 있는 영국 성공회 소속 성누가 병원도 그 예의 하나이다. 영국인이었던 에이비슨 박사는 말할 것도 없고 미국인인 알렌 박사도 이 점을 잘 알고 있었으므로 아무렇지 않게 왕립병원이라고 불렀다. 그러나 역시 적절한 번역은 아니었다.

> "왕은 병원을 '제중원'이라고 불렀는데 알렌은 "문명개화를 베푸는 집"을 의미하는 것으로 받아들였다. 그러나 후세의 번역자들이 왕립병원이라고 한 것을 잘된 번역이라고 지적한 것은 참 애석한 일이 아닐 수 없다."[172)]

이보다 더 중요한 이유는 언제 어떻게 선교 상황이 바뀔지 모르는 당시 한국의 현실에서 이 명칭이 병원을 보호할 수 있었기 때문이다. 이러한 의미에서 영국에서는 관직의 임명권자를 가리키는 패트론이라는 말이 보호자라는 의미가 더 강하다.

여섯째, 1904년 서울 성공회 성마태 병원이 폐쇄되자 에이비슨 박사는 웨어 박사와 상의하여 그 병원의 입원환자와 외래환자들을 세브란스 병원으로 데려왔고 그 병원이 돌보던 고아들도 떠맡았다.[173)] 웨어 박사에게는 다행한 일이었다.

> "서울 [성공회] 병원을 폐쇄하면서 우리가 환자들을 돌보지 않고 팽개쳤다고 우리의 후원자들은 생각할 필요가 없게 되었다."

1905년 웨어 박사가 성누가 병원을 확장했을 때 에이비슨 박사와 동료들이 제물포로 내려와서 준공식에 참석하였다. 그해 1월에 웨어 박사는 새로 지은 세브란스 기념병원을 방문하였으니 이번에는 에이비슨 박사의 답방이 되었을 것이다. 서울행 기차시간이 되어 서울손님들이 떠날 때 제물포의 참가자들이 역까지 따라가서 배웅하였다. 웨어 박사는 아쉬운 석별을 기록으로 남겼다. 그러나 그들이 남기고 떠난 축복의 말을 언제까지나 회상하였다.[174)]

앞서 러들로 박사와 세브란스 씨는 한국 방문에 앞서서 중국 상해에서 마침 열리는 중국 의료선교사협회 주최 학술대회에도 참가하였다고 말했다. 웨어 박사도 참석하였다.[175)] 이 참석을 위하여 그는 2주간 병원을 비울 수밖에 없었으므로 에이비슨 박사에게 그동안을 부탁하였다. 이때 에이비슨 박사는 세브란스 일행의 여정을 알고 있었으므로 웨어 박사에게 그들을 만나보기를 권하였을 것이다. 또 상해에서 러들로 박사와 세브란스 씨는 런던 선교회가 후원하는 병원과 영국 성공회가 운영하는 성누가 병원을 방문하였으니[176] 같은 계통의 제물포의 성공회 성누가 병원 방문을 마다할 이유가 없었을 것이다. 또는 상해 성공회 성누가 병원에서 제물포 성누가 병원을 소개받았을 가능성도 생각할 수 있다. 이 병원과 동일 계통의 병원을 책임진 웨어 박사도 이곳을 방문한 것은 당연한 일이었을 것이다. 성공회가 발행하는 선교잡지 『모닝 캄 *Morning Calm*』에는 항상 중국의 선교소식이 게재되기 때문이다. 상해에서 돌아온 다음 그해 가을에 웨어 박사는 평양 대회에도 참석하였는데 선교에 대해 많은 지식과 경험을 가진 어느 미국인을 만났다고 기록하였다.[177]

> "나는 최근에 평양 [대회]을 방문하고 [제물포로] 돌아왔습니다. … 해외선교에 대해 해박한 지식을 가진 어느 미국인을 만났습니다. 그는 영국 교회의 해외선교에 대해 칭찬을 하였습니다. 특히 한국과 우간다에서 가장 성공하였다고 자신의 의견을 피력했습니다. 이것은 그만의 견해가 아니라 미국에서 일반적인 생각이라는 사실을 알았습니다. … 이번 [1907년] 가을에 [대회에 참석한] 5개 선교단체 가운데 어느 선교단체는 미국에 전보로 40명의 선교사를 충원해줄 것을 요청했습니다."

이 내용은 앞서 제6장에서 소개한 『세계선교평론 *Missionary Review of the World*』 1902년 7월호에 실린 기록과 일치한다고 말했다. 이 기록은 1908년 4월호 『모닝 캄 *Morning Calm*』에 게재된 것인데 잡지 발행의 시차를 생각하면 1907년 9월(가을) 평양에서 개최된 제1회 장로교 독노회 방문기임에 틀림없다. "한국과 우간다에서 가장 성공했다"는 의견은 앞서 소개했듯이 세브란스의 의견임이 증명한다. 웨어 박사는 미국 북장로회 신자가 아니므로 미국 북장로회 연례회의에는 참석하지 못했지만 제1회 장로교노회 결성에는 축하차 참석했을 수 있다. 그 증거가 40명의 선교사 충원 요청을 이 회의에서 의결한 것을 웨어 박사가 증언하고 있는 것이다. 미국 북북장로회 연례회의에도 여러 명의 감리교 선교사들이 배석하긴 하였지만 웨어 박사는 병원을 오래 비워둘 수 없어서 참석하지 못했다. 대신 9월 9일에 서울에서 개최되었던 한국 의료선교협회의 9월 11일 보고서를 미국 북북장로회 연례회의에 제출하였다(Minutes and Reports, 1907, p.47). 앞서 러들로의 여행기록을 근거로 이 협회의 평양지회가 평양에서 개최하였으니 웨어 박사는 제1회 장로교 독노회 창설에는 배석하였을 것이다. 세브란스 장로는 앞서 본 것처럼 미국 북북장로회 연례대회에서 참석자들의 요청에 의해 자신의 선교지 방문경험을 얘기하였다. 그 내용이 웨어 박사가 들은 내용과 같았을 것이다. 앞서 본 것처럼 평양대회에 참석한 선교사가 아닌 외국인은 세브란스 장로와 러들로 박사뿐이다(Minutes and Reports, p.11, p.41). 웨어 박사는 모든 주한 선교사들은 알았고 러들로 박사도 상해 의학대회에서 만났으니 의사가 아니어서 이 대회에 참석하지 않았던 세브란스만이 초면이었을 것이다. 그래서 어느 선교사라고 하거나 선교사 이름을 밝히지 않고 그냥 미국인이라고 표현하였을 것이다. 무엇보다 웨어 박사가 묘사한 대로 여러 나라의 해외 선교 현장에 대하여 풍부한 경륜을 갖춘 사람이 세브란스 장로 말고 누가 있었겠는가.

웨어 박사가 가을이라고 시간을 명기하고 있는 것으로 보아 더욱 그렇다. 마서의 일기에도 그가 9월 6일 평양행 기차에서 2명의 외국인 선교사를 보았는데 1명은 영국인이라고 기록하였다.[178] 그들은 개성에서 하차하였다. 평양으로 가는 길에 개성에 머문 이 영국인 선교사는 누구였을까.

평양대회를 성공리에 마친 노회가 본국에 선교사를 충원해달라는 요청을 한 것을 보면 웨어 박사의 기록은 더욱 확실하다. 그 결과가 "한국 선전" 운동이었다. 미국에서 안식년을 보내고 있는 선교사들을 동원하여 선교에 필요한 모금운동을 전개하는 이 운동을 1907년 12월에 뉴욕 장로교 해외선교본부는 승인하였다. 이 운동을 세브란스 장로가 도와주었는데 성과를 얻어 9만 달러를 모금하였고 20명의 새 선교사가 파견되었다(제9장을 참조). 충원된 새 선교사 가운데 하나가 올드스톤 교회에서 평양 장대현교회에 파송한 마우리 박사였다. 이때 세브란스는 해외선교본부의 이사였다.

제물포는 성공회의 대표적인 선교지이다. 이 미국인은 성누가 병원의 선교 성과를 알고 있었다는 뜻이 된다. 그가 제물포를 방문하지 않고는 이러한 자신 있는 견해를 내놓지 못했을 것이다. 웨어 박사는 평양 장대현교회에 모인 미국 선교사들을 모두 알고 있었으니 그 미국인은 유일하게 임시 전도위원으로 참석한 세브란스였을 가능성이 크다. 〈자료 Ⅵ-9〉을 보더라도 모두 선교사이고 세브란스 장로와 러들로 박사만이 미국인 초청자이다. 제1장에서 소개한 세브란스 씨의 해외선교에 대한 평가의 일부를 다시 반복하면 다음과 같다.[179]

"평신도 선교운동에 위촉을 받고 선교 현장에 뛰어들은 사람 가운데 완벽하고 독립적이면서 가치 있는 업적을 이룬 사람이 있다. … 클리블랜드의 엘 에이치 세브란스와 같은 사람은 훌륭하게 훈련된 정신을 선교 현장의 여건을 조사하는 데 쏟았다. 그의 비평과 추천에는 무게가 있다."

이것은 웨어 박사가 기록한 인상과 거의 일치한다. 웨어 박사는 9월 9일 서울에서 설립된 한국 의료선교사협회의 초대 서기와 회계로 선출되었다. 여기서 러들로 박사는 명예회원으로 피선되었다 함은 여러 번 설명한 바 있다. 웨어 박사는 상해에서 중국 의료선교사협회 학술대회에서 크게 느낀 바가 있어서 한국 의료선교사 협회를 설립하는 창립회원이 되면서 4가지 목적 가운데 첫 번째를 강조하였다.[180] 또 러들로 박사도 상해 학술대회에 참석하였음도 여러 번 말했다. 말하자면 구면이었다.

일곱째, 상해 중국 의료선교사협회 학술대회에 다녀온 직후 웨어 박사는 병원 내부를 수리하였다. 자금이 핍박하여 서울 병원을 폐쇄한 상태에서 개축한 지 2년밖에 되지 않은 병원을 새 단장한 것은 손님을 맞이하려는 의도였을 것이다.

"이것[1907년 상해 방문]은 … 직무상에나, 육체적으로나, 정신적으로 유익하였다. 그 밖에도 중요한 결정에 영향을 주었는데 … 상해에서 돌아오자마자 이것[병원 수리]을 했다는 것이다."[181]

개축하던 1905년 당시에도 서울에서 에이비슨 이하 여러 손님들이 내려와서 축하를 해주었지만 이번에는 다른 의도로 초대하였을 것이다. 상해에서 만난 세브란스 씨와 러들로 박사가 제물포 성누가 병원을 방문하고 싶다는 뜻이 있었기에 새 단장을 한 것 같다. 이런 저런 이유로 성누가 병원의 장부는 처음으로 적자를 기록하였다. 그래서 왕립 연합복무기관(Royal United Service Institution)에서 이사회가 열려 대책을 논의하였다. 여기 참석자는 모두 제독과 함장을 비롯한 영국 해군의 고급 장교였다.

여덟째, 에이비슨 박사는 1907년 9월 12일 저녁에 병원 내 자신의 관저에서 세브란스 씨와 러들로 박사를 영접하는 공식 환영회를 열었는데 초청장을 여러 사람들에게 보냈다. 당시 서울에서 발행되던 『한국 선교 현장 *The Korea Mission Field*』에도 그 기사가 실렸다.[182] 서울을 비롯한 여러 곳의 선교사들을 비롯하여 여러 사람들이 참석했을 것으로 짐작할 수 있다. 제물포의 웨어 박사도 참석하였을 것이다. 웨어 박사는 그

출처: 연세대학교/ Morning Calm

〈자료 Ⅷ-18〉 성누가 병원의 웨어 박사와 세브란스 의학대학 졸업식의 웨어 박사

이전 1905년 1월에 세브란스 기념병원을 방문하고 영국 선교본부에 보고한 바 있다.

아홉째, 세브란스 씨가 서울에 도착하고 1주일 후인 9월 9일에 연합의 모체가 되는 한국 의료선교사협회가 발족했다. 우연치고는 우연이다. 흡사 세브란스 장로의 방문을 앞두고 서두른 느낌이다. 제물포의 웨어 박사는 이듬해 가을부터 안식년이었다(Morning Calm, April, 1908, p.61). 그를 대신하여 로우(Mr. Law)가 안식년에서 돌아올 것이다. 그럼에도 웨어 박사는 앞장서서 의료선교협회에 서기로서 가입하였다. 여기에 더하여 러들로 박사의 기록에 의하면 한국 의료선교사협회는 그해 4월 상해에서 개최된 중국 의료선교사협회의 지부(branch)에 불과하였다.

열 번째, 웨어 박사는 안식년을 영국 대신 세브란스 병원에서 보낸 것일까. 그는 1908년부터 세브란스 의학대학에서 강사로서 기생충학과 병리학을 가르치며 학생교육을 담당하고 있었다. 그렇게까지 할 이유가 있었을까. 그는 갸름한 얼굴에 콧수염을 길렀는데 1911년 제2회 졸업식에 박사 제복을 입고 졸업생들과 함께 기념사진을 찍었다(자료 Ⅷ-18).[183] 웨어 박사 역시 에이비슨 박사와 함께 황성기독청년회에서 이사로서 중요한 역할을 하고 있었다. 그는 1907년 10월 황성기독청년회관이 준공될 때 참석하여 기록으로 남겼는데 이토 히로부미의 연설에 불쾌감을 나타냈다. 그러나 황태자가 참석한 의의를 설명하고 선교사를 박해한 대원군의 손자가 기독교인의 축제에 나타나 축하를 한 사건에 크게 의미를 부여하였다.[184] 그 준공식에서 국제 기독청년회 이사인 세브란스 장로를 다시 만났을 것이다.

열한 번째, 웨어 박사야말로 선교에 있어서 세브란스 씨의 연합정신을 가장 잘 이해한 사람 가운데 하나였다. 세브란스가 반드시 만날 사람이다. 그 결과가 세브란스가 다녀가고 웨어 박사가 세브란스 병원에 동참한 것이라고 볼 수 있다. 그는 기회 있을 때

마다 연합의 중요성을 말했는데 예를 들면 1907년 9월 9일에 한국 의료선교사협회의 발기인 가운데 하나가 되었으며, 1908~1909년의 안식년을 보내고 돌아와 1911년 제2회 세브란스 의학대학 졸업식에서 한국 의료선교사연합회를 대표하여 개회사를 선포하고 의학대학과 한국 의료선교사협회의 관계를 설명하고 모든 서양 선교사들이 3단계를 거쳐 교파를 초월한 연합의학대학을 만들게 되었는지 설명하였다.[185] 또한 어떻게 교수를 파견하고 교육 과정을 유지하며 시험을 관리했는지를 설명하였다. 1912년 6월 25일~30일에 황성기독청년회 주최로 개최한 학생하령대회에서 28일에 학생들에게 연합사업의 의미를 해설하였다. 그의 전임자 와일즈 박사(I. Wiles, MD)도 일찍이 정동에 있던 스크랜튼 박사의 감리교 병원을 맡아서 거의 2년간 무료로 봉사한 적이 있다.

열두 번째, 성공회가 서울 성마태 병원을 폐쇄되고 제물포 성누가 병원만을 유지할 때 문제는 어려운 환자를 보낼 곳이 서울 세브란스 병원뿐이었다. 웨어 박사는 이런 환자의 거주지에 연락할 수 있는 방법이 매우 어렵다고 기록하고 있다. 당시 한국에는 근대식 주소제도가 전무하였기 때문이다. 또 제물포에는 떠돌이 환자가 많았다. 최초의 개항장답게 급속히 발전하고 있었기 때문이다. 심지어 어떤 미국인은 무일푼이 되어 죽었다. 웨어 박사가 한국 의료선교협회에 적극적이었던 이유 가운데 하나가 이곳을 통하여 환자의 정보를 공유하려는 것이었다. 말하자면 그가 생각하기에 제물포 성누가 병원은 서울 세브란스 병원의 협조 병원이었다.

열세 번째, 에이비슨 박사가 1901년 장티푸스에 걸려서 사경을 헤맬 때 "제물포의 서양 의사"가 서울로 왕진하여 여러 날 체류하며 그를 치료한 적이 있다.[186] 그는 성누가 병원의 카든 의사였다. 제물포에는 서양 의사가 있는 병원이라고는 그곳뿐이었기 때문이다. 이때 언더우드는 몹시 걱정하였다.[187]

> "에이비슨 의사가 장티푸스로 지난 두 주일 동안 누워 있었는데 우리는 혹시나 그를 잃지 않을까 무척 두려워했습니다. … 장티푸스 전염병이 유행하였고 [제중원]에 한 환자가 입원했는데 며칠 후 사망했습니다. 그 결과 병원의 거의 모든 남자 간호원, 곧 한국인 의학생들이 감염되었고 얼마 지나지 않아 에이비슨 의사도 병에 걸렸습니다. … 우리는 제물포에 있는 영국 교회 선교회의 카든 의사를 부르지 않을 수 없었습니다. … 우리 선교회가 그를 고용해서 에이비슨 의사를 돕게 하면 좋을 것이라고 생각합니다."

언더우드는 영국에서 태어나서 미국으로 이주했다. 영국인 의사 카든 박사(Dr. William Carden)를 채용했으면 좋겠다는 그의 의견은 에이비슨 박사가 영국에서 태어나서 어릴 때 캐나다로 이민 갔지만 당시는 캐나다가 영국에 속했으므로 영국 국적의 의사와 친했음을 나타낸다. 한국에서 그는 국적신분상 영국 공사관 소속이었다.[188] 웨어 박사는 런던 세인트 바솔로뮤 병원에서 근무하다가 1904년에 제물포로 왔다. 그의 부인 마가레트는 같은 병원의 간호사였는데 금상을 수상한 경력을 갖고 있었고 "명예로운 레이디 Honorable Lady"라는 칭호를 받았다. 웨어 박사가 한국에 오자마자 러일 전쟁이 터졌다. 제물포 앞바다에서 침몰 당한 러시아 전함에서 구출된 부상병을 임시로 가설된 적십자병원이 치료하였지만 역부족이었다. 이때 이곳 성공회 성누가 병원이 나서서 도왔다.[189]

열네 번째, 에이비슨이 세브란스를 연동교회와 정신여학교에 데리고 간 것은 그곳이 세브란스 병원과 밀접한 관계가 있기 때문인데 마찬가지로 동료이며 같은 영국 국적의 친구이고 어려울 때 도와준 웨어 박사의 병원에 세브란스를 데리고 가지 않았을 이유가 없다. 더욱이 그는 1907년 9월 9일 러들로 교수가 한국의료선교학회에 명예회원으로 선출될 때 그 발기인이었다. 의료선교의 연합에 앞장선 선구자였다. 웨어 박사가 근무하던 제물포 성공회의 성누가 병원은 작지만 제물포 최초의 근대식 서양 병원이었다.

열다섯 번째, 세브란스 장로가 서울을 방문하는 그 시간에 영국 성공회는 선교대회를 개최하였다.[190] 한국에 주재하는 모든 선교사가 참석하였고 이 모임을 위해서 일본에서 킹 목사가 왔다. 차례대로 서울, 제물포, 강화, 수원, 진천의 선교사들이 현장을 보고하였다. 제물포의 웨어 박사는 유일한 의료선교사였고 성누가 병원은 유일한 선교병원이었으므로 특별한 관심을 받았다. 선교 현장의 전문가인 세브란스 장로에게는 좋은 기회가 되었을 것이다.

마지막으로 에이비슨 박사가 세브란스 일행을 제물포로 안내하였다면 조지 히버 존스 목사(Rev. George Heber Jones, Ph. D., 한국표기 趙元時) 때문이었을 것이다. 1895년 명성황후가 시해되고 불안한 고종 황제는 게일 목사와 존스 목사를 불렀다.[191] 당시 알렌 공사가 한국어가 서툴러서 통역을 부탁한 것이었다. 여기에 에이비슨, 언더우드, 헐버트 등이 가세하였다. 그들은 교대로 당번을 섰다. 에이비슨 박사는 매일 밤을 머물렀다. 1900년 이용익의 사주에 의하여 전국 보부상에게 외국인을 죽이라는 사발통문이

돌 때 제일 먼저 알렌 공사에게 정보를 제공한 사람이 존스 목사였다.[192] 곧 언더우드도 알게 되어 알렌 공사에게 라틴어로 전보를 쳤다 함은 앞서 본 대로이다. 1901년 매킨리 대통령이 암살당하였을 때 서울 정동교회에서 빈소를 마련하였다. 이때 제물포의 존스 박사, 배재학당의 벙커 박사, 제중원의 여의사 필드 박사가 알렌 공사를 도왔다. 이 자리에는 서울의 모든 외교관, 선교사가 조문하였고 고종 황제가 왕자 이재선을 보냈고 내각의 대신들이 참석하였다.[193] 앞서도 얘기한 바 있지만 세브란스 씨가 서울을 방문하기 한 달 전 한국군 해산으로 전투가 벌어졌을 때에도 존스 박사는 부상병을 치료하는 에이비슨 박사를 도왔다.

앞서 황성기독청년회를 조직하는데 도움을 주기 위하여 파송된 브룩맨 박사는 알렌 공사, 터너(A. B. Turner) 성공회 주교, 게일 목사, 헐버트 박사와 함께 존스 목사를 초청하여 협조를 구하였다. 헌장이 채택된 것이 1903년 10월 28일이었는데 회장에 헐버트 박사, 총무에 질레트, 이사에 에이비슨이 선출되었다.

존스 목사는 감리교 목사임에도 1902년 세브란스 기념병원의 정초식에서 개회기도를 올린 사람이다. 1911년 세브란스 의학대학 제2회 졸업식에 감리교의 해리스 감독이 참석하여 여전히 초교파 행사임을 과시하였다.[194] 존스 목사는 1903년부터 1905년까지 뉴욕 5번가 150거리에 있는 감리교 선교본부의 총무가 되었다.[195] 156번 거리에 있는 장로교 선교본부와 지척간이다. 1905년 존스 목사는 이승만이 미국 유학 시절 방학에 쉴 수 있도록 뉴욕에서 가까운 뉴저지주의 감리교인 보이드 여사를 소개하였다. 그녀는 이승만의 외아들 봉수를 맡아서 돌보았음에도 불구하고 아들은 애석하게도 디프테리아로 죽었다. 이승만이 워싱턴의 커버넌트 장로교회에서 세례를 받았지만 장로교단의 양해로 하와이의 감리교회에서 일할 수 있었던 배경은 여기에 있었다.

친한 게일 박사의 연동교회도 안내하였는데 친구인 존스 박사와 함께 그가 시무하던 제물포를 방문하지 않을 이유가 없었을 것이다. 존스 박사는 당시 감리교 신학교 책임자이며 성서공회 책임자였다. 성서공회에는 수년 째 구약을 번역하는 피터스 목사가 있었고 그는 세브란스 병원의 여의사 필드 박사의 남편이었다. 존스 목사는 1907년 9월 12일 에이비슨 박사가 자택에서 마련한 세브란스 씨 환영회에도 참석했을 것이다. 더욱이 세브란스 씨가 평양 장로교 독노회에 참석하던 1907년 9월 17일부터 10월 12일까지 서울에서 에이비슨 박사의 토론토 의과대학 친구인 하디 박사(Rev. R. A. Hardie), 평양의 노블 박사(Rev. W. A. Noble)와 함께 감리교 신학 성서반을 가르치고 있었으니[196] 이들의 제물포행에 동행하기 쉬웠을 것이다. 연합을 중시하는 세브란스 씨가 반드시 만나야 할 사람이었다. 그에 대하여 정황 증거가 있다.

조지 히버 존스 목사가 시무하던 내리 감리교회는 성공회 성누가 병원에서 지척 간에 있었다. 이제는 케이블 목사(Rev. Elmer M. Cable)가 담당하고 있었다. 세브란스 일행이 이 교회를 방문했다는 기록 역시 발견된 바가 없다. 다만 러들로 박사는 은퇴하고 클리블랜드에서 지내던 1939년 2월~4월에 하와이 교민사회와 한인감리교회로부터 초대를 받았다(제10장을 참고). 이때뿐만 아니라 그전에도 러들로 박사는 안식년에는 하와이를 방문하였다. 무슨 인연이었을까.

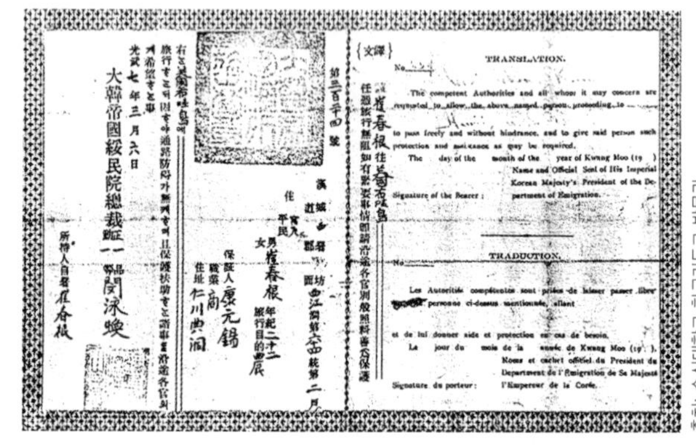
{文譯}

TRANSLATION.

No.

The competent Authorities and all whom it may concern are requested to allow the above named person proceeding to

to pass freely and without hindrance, and to give said person such protection and assistance as may be required.

The day of the month of the year of Kwang Moo (19)

Name and Official Seal of His Imperial Korean Majesty's President of the Department of Emigration.

Signature of the Bearer :

TRADUCTION.

No.

Les Autorités compétentes sont priées de laisser passer libre personne ci-dessus mentionnée, allant

et de lui donner aide et protection en cas de besoin.

Le jour du mois de la année de Kwang Moo (19).

Noms et cachet officiel du President du Department de l'Emigration de Sa Majesté l'Empereur de la Corée.

Signature du porteur :

光武七年三月六日

大韓帝國綏民院總裁

閔泳煥

所持人自署

<자료 Ⅷ-19> 민영환이 발행한 이민 여권

1902년 최초의 하와이 이민 102명 가운데 58명은 존스 목사가 보낸 제물포 내리교회 신자들이었고 이들은 호놀룰루에 도착하자 곧 교회를 세웠고 내리교회에서 목사를 파견하였다.[197] 이것이 호놀룰루 릴리하 한인감리교회의 시작이다. 세브란스가 방문한 호놀룰루 퀸즈 병원은 서울의 세브란스 병원 정도의 크기였는데 세브란스 방문 후에 그의 막내처남 에드워드 하크니스(Edward Harkness)가 건물을 기증하여 오늘날 하크니스 병동이 되었다. 청빈한 의료선교사로 평생 자동차도 소유해본 적이 없는 러들로 박사가 자비로 여행하기 힘들고 연고가 없는 하와이를 수차례 방문한 것은 이들의 초청이 있었기에 가능하였을 것이다(초청자는 제10장을 참조).

존스 목사는 1906년 새로운 사명을 갖고 한국으로 돌아가는 길에 하와이 호놀룰루의 한인감리교회를 방문하고 자신이 이민 보낸 내리교회 신자들을 만났다.[198] 여기서 흥미로운 점은 세브란스 일행과 존스 목사의 여행 일정이 거의 일치했다는 점이다. 세브란스와 러들로가 2주간 하와이의 병원과 교회를 방문하던 1907년 2월에 존스 목사도 한국 가는 길에 하와이에 있었다. 세브란스 일행이 호놀룰루 유일의 병원인 퀸즈 병원(The Queen's Hospital)을 방문한 것은 분명하지만 어느 교회를 방문하였는지는 밝히지 않았다. 1907년 당시 호놀룰루에는 영국인 목사의 교회, 일본인 목사의 교회, 한국인 민찬호 목사의 교회 등 교회는 3곳뿐이었다. 어느 교회도 장로교회는 아니었다. 러들로 교수는 평생 안식일을 지키지 않은 적이 없었다니[199] 2주간 머물면서 3곳 가운데 한 곳에서 틀림없이 예배를 보았을 것이다.

이 모든 것이 러들로 박사가 세브란스 씨와 함께 1907년에 제물포 내리교회를 방문하였던 데에서 유래한다고 추측할 수 있다. 더욱이 존스 목사가 총무로 일하던 뉴욕 감리교 선교본부(150가 거리)는 세브란스가 이사로 있는 장로교 선교본부(156가 거리)의 이웃에 있었다. 앞서 보았지만 의화단 사건이나 러일전쟁 등으로 해외 선교 환경이 불안할 때 교파를 가리지 않고 장로교 선교본부에 모여 대책회의를 열고 합동하여 일에 대처하였다. 러일전쟁 때 미국이 군함을 평양 연안에 급파하는 와중에 뉴욕의 감리교 선교본부에서는 1월 21일에 서울로 걱정스러운 전문을 보냈고 2월 9일에 다시 전문을 보냈다. 한국에 거주하는 32명의 감리교 선교사 가운데 평양의 노블 목사(Rev. W. A. Noble)가 1월 1일에 편지를 선교본부에 보냈다. 당시 뉴욕 선교본부에 있었던 존스 목사는 한국 사정에 밝고, 더욱이 해전이 벌어진 제물포 앞바다 일대 서해안 지방에 밝았으니 이러한 일에 개입하였을 것이다.

존스 목사는 세브란스가 익히 아는 『세계선교평론 *The Missionary Review of the World*』에 한국 사정을 자주 기고하였다. 그는 제물포를 중심으로 경기도 일대에 많은 교회를 설립하였고 이 일대의 사정에 대하여 누구보다 잘 알고 있었다. 선교사업의 문제가 생기면 미국 공사관은 그에게 의뢰하여 일을 해결하였다.[200] 러일전쟁은 감리교회의 걱정만은 아니었을 것이다. 이웃의 장로교 선교본부에서도 사정은 마찬가지였을 것이다. 서로 모여 정보도 교환하고 의논도 하였다. 엘린우드 총무가 보고서를 준비하였다 함은 앞서 밝혔다. 존스 목사의 다채로운 경력을 보아 러들로 박사가 출석한 호놀룰루 교회는 한국 교회였을 가능성이 크다. 이것이 인연이 되어 러들로 박사가 후에 하와이를 자주 방문하게 되고 1939년 2월~4월에 한국 교회가 광화문을 본 따서 새로운 교회를 봉헌할 때 러들로 교수를 초청하는 계기가 되었는지 모른다.[201]

존스 목사는 1910년 1월에 교파가 연합하여 벌이는 "평신도 선교운동 The Laymen's Missionary Movement" 뉴욕 대회에 참석하였고 1910년 6월에는 스코틀랜드 에든버러에서 개최되는 세계선교대회에 참석하였다. 이로써 이 두 대회에 참석한 유일한 한국 주재 선교사가 되었다. 뉴욕 대회에서 존스 목사는 연설하는 사람들만이 앉는 연단에 초대되었다.[202] 그의 옆에는 인도에서 온 에디 목사(Rev. George Sherwood Eddy)도 앉아있었다. 앞서 잠깐 설명했듯이 두 대회 모두 세브란스가 재정적으로 후원하는 대회였고 1900년 뉴욕 대회 이후 줄곧 준비해온 대회였다.[203] 세브란스도 두 대회 모두 참석하였다. 두 대회 모두 회의 주제 가운데 하나가 선교에 있어서 연합이었다. 1907년 세브란스가 한국을 방문할 때에도 이미 그는 두 대회에 관여하고 있었다. 에든버러 선교대회의 참석자는 1,216명이었는데 그 가운데 18명이 아시아의 대표였다. 뉴욕 대회와는 비교가 되지 않는 적은 숫자였다. 한국의 공식대표 윤치호는 감리교인이긴 하였지만 목사가 아니었는데 교육부 차관과 외교부 차관의 자격으로 선발된 것으로 보인다. 존스 목사가 한국 대표로 인정되었다. 왜 그랬을까.

에든버러 선교대회에 아프리카 흑인 대표는 한 명도 초대되지 않았고 아시아 대표가 전체 참석자 가운데 7퍼센트에 불과하다는 것은 무엇을 말하는가. 세계선교대회의 목적은 뉴욕 에큐메니컬 선교대회 회의장 연단 뒤에 걸려있는 세계지도의 서반구에 써 있는 "땅 끝까지 복음을 전하라"와 동반구에 써 있는 "그러하매 가서 복음을 전하더라"가 적혀 있는 대로 하나님을 모르는 곳, 동반구인 아시아에 복음을 전파하는 방법을 논의하는 것이 아닌가.

대회 의장 존 모트는 대표를 선정하는 데 영향력을 행사하였다.[204] 회의장에서도 아시아 대표들의 발언권을 차별하여 제한하였다.[205] 특히 동아시아 대표들을 차별하였는데 토론에 참석할 기회를 한 번만 주었다. 남아시아 대표들 7명 가운데 3명은 자유롭게 참석하고 나머지 4명에게 한 번만 주었다. 윤치호는 2번 연설하였다. 또 하나 지적할 사항은 일본 대표 하라다 타추쿠가 한국에 대한 일본의 지배를 이 지역에 하나님의 평화를 정착하는 데 기여한다는 강변을 하였다.[206] 이때는 아직 강제병합이 되기도 전이었다. 1910년 강점 직후 일본은 기독청년회 국제위원회 총무 존 모트를 앞세워 한국기독청년회를 탈퇴시키는 문제를 결정하도록 위원회를 만들었다. 모트는 만일 한국 기독청년회 이사회를 한국인, 서양인, 일본인으로 각각 같은 비율로 구성하면 없었던 일로 할 것이라고 절충안을 내놓았다. 그러나 한국 기독청년회의 에이비슨, 언더우드 등은 모트의 제안도 거부하고 일본인 이사를 선출하지 않았다.

윤치호의 영어가 탁월하였다 하지만 이러한 차별 분위기에 안심이 되지 않았을지 모른다. 사실 그는 에든버러 대회에서 엉뚱한 발언을 하여 참석자들을 당황하게 만들었다.[207] 그렇다면 선의로 생각하여 이러한 모든 배경을 알고 있는 재정위원회 부위원장 세브란스는 존 모트에게 영향력을 행사하여 존스 목사를 두 대회에 초청하는 데 일조를 하지 않았을까 생각해 보는 것이다. 세브란스 씨는 1904년에 세계선교대회 미국 유럽총회 부회장이 되었고, 앞서 본 대로 1891년과 1898년에 존 모트가 클리블랜드의 기독청년회관에서 해외선교 학생자원운동 대회를 개최하게끔 도와주었으니 그의 능력으로 가능한 일이었다. 세브란스의 도움은 자녀에게 계승되어 존 모트가 1917년 기독청년회를 위하여 3천5백만 달러를 모금할 때 외아들 존 세브란스가 재정위원이 되어 도왔다. 외동딸 엘리자베스는 세계일주여행 중인 1911년 3월 1일 홍콩에서 모트 총무를 만났다.

1910년 에든버러 대회가 끝나고 8월 1일 감리교의 해리스 감독(Bishop Herriman C. Harris)이 25만 달러를 모금하러 미국으로 왔을 때 그의 연설주제는 연합이었다. 그는 한국 근무 전 일본에 있을 때 장로교, 감리교, 성결교, 성공회를 하나로 묶어 성교회(聖敎會)라는 연합체(union)를 만들었다. 한국에서 해리스의 연합사업을 존스 목사가 도왔다.[208] 앞서도 말했지만 존스 목사는 에든버러 대회 전 1월 17일에 평신도 뉴욕 대회에 참석하여 초교파 연합운동에 앞장섰다. 이러한 존스 목사였기에 에든버러 대회의 연합의 전망(Prospects of Unity)이라는 분과 회의에서 "서울에 방금 연합의학대학이 설립되었다"고 연설하였다.[209] 세브란스 의학대학을 두고 한 말이다. 애초에 장로교가 세웠지만 이제 초교파의 연합의학대학이 되었다는 발언은 감리교대표가 하면 한층 효과적이었을 것이다. 이 효과를 보는 것이 제물포 방문의 계기가 되지 않았을까.

존스 목사의 연합사업 참여는 오래되었다. 1907년 한국에 돌아와서 감리교 신학교 교장과 성서공회(Bible Institute of Korea) 회장이 된 그는 일찍이 1893년에 초교파 연합사업으로 장로교 언더우드, 게일, 레이놀즈 목사와 함께 한글로 성서를 번역하는데 참여한 바 있으며 1891년 한국 최초로 찬송가를 만들기 시작하였고 1894년에 언더우드가 이를 완성하였다. 일찍이 『코리아 리포지터리 *The Korea Repository*』를 창간한 사람답게 새 선교잡지인 『신약월보』를 창간하여 편집을 맡았다. 존스 목사의 집은 배재학당에 있었는데 앞서 얘기한 대로 한국으로 돌아온 지 얼마 되지 않은 1907년 8월 1일 박성환 연대장의 자결로 촉발된 한국 군인과 일본 군인 사이의 전투에서 남대문 성벽에 일본 군인이 기관총을 설치하고 무차별 사격을 가하는 와중에 세브란스 간호사 여러 명이 탄환을 무릅쓰고 쓰러진 한국 병사들을 인력거에 싣고 세브란스 병원으로 운반하였다. 이때 병원과 가까운 배재학당에 있던 존스 목사가 달려와 부상병을 옮겼다.[210] 급박한 상황에서 에이비슨 박사가 제안하여 모두 팔에 적십자 완장을 차서 구조원임을 나타냈다. 그럼에도 불구하고 하마터면 사살될 뻔하였다.[211]

앞서 말한 대로 에이비슨 박사는 캐나다에서는 감리교인이었다. 그러나 그가 한국에 부임한 것은 뉴욕 장로교회 선교본부의 파송이었다. 엘린우드 박사에게 에이비슨은 자신이 장로교 신자가 될 수 있을 거라고 생각하느냐고 묻자 엘린우드는 에이비슨이 장로교로 개종하는 것을 원하지 않으며 감리교 신자를 보내어 선교활동의 불꽃을 피우게 하고 싶다고 대답하였다. 에이비슨 박사는 장로교 선교회의 의도가 그렇다면 장로교로 이적하는 것도 괜찮으리라 생각하고 고향의 성 앤드류 장로교회로 이적하였다.

그러나 내리감리교회를 방문하는 데에는 그보다 더 중요한 이유가 있었을 것이다. 이 감리교회는 미국 선교사 아펜젤러가 세웠다. 그가 1885년 제물포에 도착하여 서울로 올라가기 전에 작은 초가집을 빌려 약 한 달간 머물렀다. 이 초가집이 한국 최초의 감리교회가 되었다. 1885년 7월 27일 서울로 올라간 아펜젤러는 배재학당과 정동교회를 설립하였다. 이듬해 배재학당의 제자 노병일을 제물포에 보내 그 초가집을 매입하게 하였는데 노병일의 임무는 이 초가집을 처분하여 새 교회를 짓는 일이었다. 그 사이에 1892년에 아펜젤러의 후임으로 존스 목사가 부임하였다. 에이비슨 박사의 요청으로 1898년 한국에 온 장로교 여의사 에바 필드(Eva H. Field MD, 1868~1932)가 제물포에 도착하여 존스 목사의 안내로 이 감리교회에서 첫 예배의 기록을 남겼다.[212)]

> "예배는 9시 30분에 있었다. 예배를 시작하는 처음에는 모든 사람이 한 방에 있다가 다음에는 … 흩어졌고 설교를 하기 바로 전에 다시 모였다. 우리들은 여자들이 공부하고 있는 방으로 갔다. 인도자는 무척 열성적이고 지적인 여성이었다. 대예배시간에 4명의 여자들이 세례를 받고 또 세례명을 받았다. 베시, 아라벨라, 카롤리나, 도르카스. 이러한 이름들을 한국 여성들과 연관시키기는 힘들어 보인다. 그러나 아직 그들에게는 한국 이름조차 없다. 노블 씨가 설교를 한 다음 성찬예식이 베풀어졌다. 세례 받지 않은 사람들은 자리를 뜨게 했다. 방은 작았고 아마 그 이유 때문일 것이다. 어쨌거나 다른 사람들이 없자 방은 더 조용했고 가족적이 되었다. 그것은 즐겁고도 힘이 되는 예배였다."

여기서 우리들이라 함은 에이비슨 박사가 뉴욕 선교본부에 요청한 여의사 에바 필드 박사와 간호사 에스터 쉴즈 양이었다. 이 두 여자는 오래 살았다. 그 전에 파송된 여자 간호사는 한국에 와서 얼마 되지 않아 모두 이질에 걸려 죽었다. 초기 의료선교사는 자신부터 질병에서 지켜야 하였다. 에바 필드 의사는 1898년부터 1904년까지 에이비슨의 제중원에서 여성 환자를 담당하는 의사로 근무했다.

노병일은 초가집을 처분하여 1901년 현재의 내리교회 자리에 벽돌로 아름다운 서양식 교회를 지었다. 세브란스 일행은 이 아름다운 교회를 방문할 수 있었다.[213] 에이비슨 박사는 존스 목사를 잘 알고 있었다. 그는 일찍이 1902년에 세브란스 기념병원 정초식에서 첫 번째 기도를 올린 사람이다. 청년 이승만이 무기수로 감옥에 있을 때 그에게 기독교를 소개하였으며 그의 출옥운동에 앞장섰다.[214]

존스 목사 부인(Margaret Josephine Bengel Jones, 1869~1962)은 미국의 여성 해외선교부 소속으로 한국에 왔다가 존스 목사를 만나 결혼하였다. 그녀는 1897년에 자기 집에서 한 명의 여자 어린이를 데리고 교육을 시작하였으니 이것이 내리감리교회 영화여학교의 시작이다. 한국 최초의 여자중학교이다. 미국인 카를린 씨가 1천 달러를 희사하여 1904년에 26평의 벽돌교사를 신축하였다. 이화여자대학교 총장을 지낸 김활란 박사(1899~1970)가 이 학교를 졸업하였다. 내리교회에서 김활란 어린이는 가족들과 함께 존스 목사의 후임인 케이블 목사에게서 세례를 받았다. 그녀는 1907년 봄에 이화여학교로 진학하였으니 세브란스의 방문을 못 보았을 것이다. 영화학교는 내리교회에서 10여 분 거리에 있었다.

대구

서울 부근에서 충분히 머문 다음 세브란스 씨와 러들로 박사는 대구(大邱)로 향하였다. 대구지방 최초의 선교사는 미국 북장로교 베어드 목사(Rev. W. Baird, 한국표기 裵偉良)였다. 1893년 4월 22일 대구에 도착한 그는 대구 약전골목에서 전도지를 배포하면서 복음을 전하였으니 이것이 남문안교회의 시작이며 오늘의 대구제일교회의 모태이다. 베어드 목사는 1895년 처남 애덤스 목사에게 대구 제중원을 맡기고 평양으로 임지를 옮겨 숭실학교를 설립하였다. 애덤스 목사는 의료선

外務衙門 爲
給發護照事照得美國人馬布悅三前往
各道地方遊歷合行給照護送仰沿途
各官驗照放行毋令阻滯該人亦不得
藉端逗留致干查究切切須至護照者
右給美國人馬布悅三持憑
開國五百三年十一月初九日
限回日繳銷

출처: 숭실대학교 한국기독교 박물관

〈자료 Ⅷ-20〉 모펫 목사의 호조

<자료 Ⅷ-21> 대구동산병원의 존슨 박사와 그 의료진

교사 우드브리지 존슨 박사(Woodbridge O. Johnson, MD, 1869~?, 한국표기 장인차 또는 장오린)와 함께 복음을 전하는 한편 대구제일교회에 제중원을 설립하니 이것이 대구 동산병원의 시작이다(자료 Ⅷ-21). 제일교회에서 서문교회, 삼덕교회, 남산교회, 동부교회, 동신교회가 태어났다. 그 밖의 대구지역에 안동읍교회, 김천황금동교회, 구미상모교회, 경주제일교회, 경산사월교회도 태어났다. 학교도 지었으니 계성학교, 신명학교, 경산 학교가 그것이다. 안동성 소병원도 설립하였다.

세브란스 씨와 러들로 박사가 방문하였을 때 대구제중원의 책임자 존슨 박사는 새로운 병원 건물을 짓고 있었다. 존슨 목사는 미국 라파예트 대학(Lafayett College)에 재학 중일 때 존 모트가 시작한 "세계선교 학생 자원 운동"에 가입하고 1891년 클리블랜드에서 개최된 제1회 해외선교 세계 학생자원운동 대회에 참석하였다. 한국에서 온 여의사 메타 하워드(Meta Howard, MD)가 이 대회에서 연설하였고, 이 대회에 세브란스가 후원하였다 함도 앞에서 함께 언급하였다. 그는 그 길로 시카고 의과대학에 입학하여 1895년 졸업하여 의사가 됨과 동시에 한국으로 떠났다.

1897년에 한국에 도착한 존슨 박사가 1899년에 선교할 집을 구하려 할 때 관아로부터 훼방을 받았다. 1900년 10월 11일에는 한국 정부가 발행한 호조(여행증명서)를 지니고 부산에서 대구로 아내와 어린 아기와 함께 조랑말을 타고 가던 중 밀양 부근에서 무장 강도를 만나 구타당하고 소지품을 강탈당한 적이 있는 사람이다. 알렌 공사가 이 사건을 대구 관아와 서울 외아문에 항의하였다.[215] 존슨 목사는 1908년 제1회 세브란스 의학대학 졸업식에 참석한 적이 있다. 그는 건강을 해쳐 1915년 미국으로 떠났다.

존슨 박사는 한국에 부임할 때 미국 사과나무의 묘목을 가져와 대구가 한국에서 사과의 원산지가 되었다. 이 사과나무의 자손은 현재 보호수로 지정되어 있다. 한국의 토양이 사과 재배에 적합하였다는 것이 알려졌고 잠자고 있던 한국 사람의 근면성이 곧 발휘되어 곧 사과의 주산지가 되었다. 에이비슨 박사는 한국산 사과가 캐나다를 경유하여 사과의 본고장인 영국까지 수출하는 광경을 생생하게 기술하였다. 캐나다를 경유하는 이유는 홍해를 거쳐 지중해로 운송되는 경우 더위 때문에 사과가 상하기 쉬웠기 때문이다. 캐나다 사람들은 한국인이 너무나 빠른 시일에 자신들을 제치고 영국 시장에 판매하는 것을 보고 놀랐고 대견하게 생각하였다.[216] 에이비슨 박사는 회고록에서 한국인의 장점을 기술하기에 바쁘다.

부산

한국 땅을 떠나기 전에 마지막 방문지가 부산이었다. 1893년 대구의 베어드 목사는 부산에 집을 갖고 있었는데 그해 6월 16일 부산에 처음 상륙한 에이비슨 박사가 그 집을 찾아갔다. 여기서 일본으로 여름휴가를 떠나는 감리교의 벙커 목사와 그의 아내 엘러즈 의사를 만났다. 평양의 모펫 목사도 여름휴가를 보내기 위해 부산까지 찾아왔다. 모두 여름휴가를 떠나는데 에이비슨 부인이 진통을 시작하였다. 방이 부족하게 된 이 집에서 에이비슨 부인은 넷째 아이를 낳았는데 이 아들이 장차 미국에서 의학을 공부하고 세브란스 의학대학의 부교장이 되는 더글라스 에이비슨 박사이다. 에이비슨 박사는 선교사가 모두 떠난 서울로 올 수밖에 없었다. 서울로 오는 배편에 한국 사절단을 데리고 미국에 갔다가 돌아오는 호레이스 알렌 박사를 만난 것이 인연이 되어 제중원의 책임의사가 되고 세브란스 기념병원으로 발전시키게 된 것이다.

어빈 박사(Charles H. Irvin, MD, 1862~1933, 한국표기 魚乙彬)는 1893년 내한한 이래 부산 전킨 기념병원(The Junkin Memorial Hospital)을 운영해 왔다. 그는 에이비슨 박사보다 약 4개월 늦게 도착했는데 부산으로 내려가기 전에 잠시 제중원에서 환자를 돌보았다. 그는 1894년 재귀열로 사경을 헤맨 적이 있었다. 재귀열은 토착성 질환으로 사망률이 높았다. 어빈 박사는 서울의 에이비슨 박사에게 긴급 전보를 쳤다. 에이비슨 박사는 서울에서 제물포까지 조랑말을 타고 가서 그곳에서 일본행 쌀 수송선에 승선하여 부산에 도착하였다. 4일이 걸렸다. 돌아오는 길은 부산에서 제물포까지는 배를 탔지만 제물포에서 노량진까지 걷고 그곳에서 사공의 도움으로 서울에 도착하였다. 그러나 새벽인지라 도성의 문이 잠겨 있어서 성벽 위에서 어떤 사람이 내려뜨리는 밧줄을 타고 올랐다. 그 사람은 자기 동생이 제중원에서 치료를 잘 받았기 때문에 에이비슨 박사를 알고 있어서 도와주었다고 말했다. 1913년 4월 1일 세브란스 병원의 러들로 교수가 재귀열의 병원체를 최초로 발견하게 된다.

1898년 언더우드와 에이비슨이 함께 부산에 내려와 매일 밤 병원에서 예배를 인도한 적이 있었다. 당시에는 기차가 없어서 마포에서 배를 타고 서해를 돌아 항해하였다. 에이비슨과 언더우드는 시골로 5일장을 따라다니며 전도하였다.[217] 에이비슨이 진료소를 차려서 사람들을 진료하면 언더우드는 소책자를 돌리며 설교하였다. 에이비슨이 처방전을 쓰면 언더우드가 약을 지어주었다. 물약은 빈 맥주병에, 가루약은 종이에, 연고제는 큰 조개껍질에 담아 주었다. 방부제와 탈지면, 붕대, 핀셋으로 마취 없이 간단한 수술도 할 수 있었다. 치과용 기구도 갖고 있어서 이를 뽑고 농을 터뜨려 뼈의 환부를 긁어내기도 하였다. 에이비슨이 휴식을 취할 때 언더우드는 종교책자들을 나누어주고 설교하였다. 더 없이 좋은 한 쌍이었다.[218] 어느 날 밤에는 150명이 집회에 참석하였는데 신앙을 간증하는 사람도 나타났다. 이를 목격한 어빈 박사는 자기도 다음 여름에 그대로 해보려고 생각했다.[219] 언더우드 박사는 이렇게 회고하였다.

> "한국인은 극장이나 연설장이나 공회당을 갖고 있지 않아 집회에 나가는 일에 익숙하지 않으므로 초기에 선교사들은 사랑방에 모일 정도의 몇 사람을 상대로 직접 선교해야만 했다."[220]

전킨 기념병원은 1904년에 미국 뉴저지주 몽클레어(Montclair, New Jersey) 장로교회가 전킨 목사(Rev. William. M. Junkin, ?~1908, 한국표기 全緯兼)를 기념하여 지은 현대식 병원이다. 전킨 목사는 미국 순회 전도여행 중이던 언더우드 박사 연설에 감동하여 한국에 파송을 자청한 선교사였다. 연동교회를 시작했던 기포드(Daniel Gifford, MD, 1861~1900, 한국표기 奇普)가 1897년에 발간한 『조선의 일상생활』에 전킨 목사의 모습이 기록되어 있다.

"조선에서 사랑방 선교라고 부르는 전교활동을 보기 위해 전라북도 군산의 한 어촌으로 내려갔다. 이곳에서는 남부 장로교 소속 전킨 목사가 전통가옥의 사랑방에다 주민들을 모아놓고 아늑한 온돌에 짚으로 엮어 만든 멍석을 깔고 앉아 있었다. 전킨 목사는 한 손에 옥스퍼드 성경을 들고 있었고 그의 조수가 강독할 구절들을 사전에 한글로 통역하기 위해 한문 성경을 뒤적이고 있었다. 비록 한문 성경이 일반 주민들에게는 해독하기 어려운 점이 있으나 선교사들은 보조자들의 눈과 입을 빌려서 그들에게 반복해서 성경을 읽어 주었다. 이렇게 쉽고 편안한 설교는 상당히 좋은 반응을 얻었다. 특히 한 신도는 두 손을 모은 채 무릎을 꿇고 앉아 목사의 말을 들을 때마다 감흥에 복받쳐 몸을 앞뒤로 흔들었다. 이러한 활력 있는 사랑방 선교는 신앙심을 충만케 하고 기독교 교리에 대한 관심을 증폭시켜 나갔다."[221]

초기 서양 선교사들은 소규모의 사랑방 집회를 위해서 전국을 다녀야 했으니 체력의 한계가 절실하였을 것이다. 남장로교에 속한 전킨 목사는 부산에서 두 명의 외국인에 관한 입소문을 듣고 찾아와 에이비슨과 언더우드의 의료전도에 동참하였는데 그의 잠자리가 특이하였다. 침낭 속에 들어가서 겨드랑이까지 끌어올리고 침낭에 달린 끈으로 묶은 뒤 고무줄로 잠옷 속에다 단단히 묶은 장갑을 끼고 잤다. 빈대나 이에 물리지 않으려는 고육책(苦肉策)이었다.[222] 이들에 물리면 재귀열이나 발진티푸스에 걸릴 수 있었는데 에이비슨 박사도 환자에게서 감염되어 발진티푸스와 장티푸스를 앓았다. 전킨 목사는 폐렴으로 죽었다. 전주의 기전여학교는 그를 기념하여 설립되었다.

이승만은 1905년 11월에 밀명을 띠고 미국으로 출국하기 직전 부산에서 경상도 감찰사의 대접을 받았다.[223] 그는 출옥한 지 불과 2개월 만에 유명인사가 되었다. 전킨 목사의 아들 에드워드(Edward Junkin)는 부산에서 태어났다. 그는 장성하여 펜실베이니아 루이스버그의 장로교회의 목사로 시무하고 있었는데 이승만 박사의 독립운동을 열심히 도와주었다. 그는 미국 전시식량성(현 농업성)의 식량낭비계획회의 의장인 로버트 올리버 박사(Dr. Robert Oliver)에게 이승만 박사를 소개하였다. 올리버 박사는 평생 이승만 박사의 후원자가 되며 그의 전기를 쓰게 된다.[224]

전킨 기념병원의 규모는 비록 크지 않지만 깨끗하고 질서가 잡혀 있었다. 외래와 입원을 통틀어서 일 년에 1만 명의 환자를 돌보고 있다. 어빈 박사는 다음과 같은 글을 남겼다.

〈자료 Ⅷ-22〉 1910년경 부산 외국 의사가 운영하는 한센병 환자 병동

출처: Government-General of Chosen Annual Report on Reform and Program in Chosen Korea 1916~1917

"지금까지 가장 괴로운 환자는 나환자입니다. 너무 슬프고 쓰라린 환자입니다. 매일 매일 발이 떨어져 나가고, 귀와 코가 없어지고, 얼굴이 부풀어 오르고, 육신은 비참한 지경이 되어 그 위에 넝마로 덮고, 그의 등에 부러진 호리병에 음식을 넣고 지푸라기 가방 위에 자는 마지막 단계로 진행하는 모습을 대면하는 것, 당신 앞에 몹쓸 병으로 목소리가 꺼지고 당신이 어떻게 할 수 없는 도움과 자비를 구하는 그러한 사람을 보는 것이 일생의 모습입니다. 이 정복되지 않은 인류의 적에 감염된 수많은 사람이 여기에 살고 있습니다. 그들은 도움을 기다리고 있습니다. 나병환자가 거주할 수 있는 건물에 대한 계획이 진행되고 있습니다. 이 병을 고칠 수는 없지만 그들의 고통을 덜어 주고 그들의 삶이 연장되고 견딜 수가 있습니다."[225]

한센병(나병)은 흔했는데[226] 특히 남부 지방에 환자가 많았다.[227] 앞서 소개한 대로 이승만이 하와이에서 1912년에 집필한 『한국 교회 핍박』에서 다음과 같이 기록하였다.

"문둥 병원이 1이오"

이것은 부산에 있는 어빈 박사의 한센병 환자 병원을 가리키는 것이다(자료 Ⅷ-22). 그 후 1907년 영국의 인도 및 동양을 후원하는 나병환자구호선교회(The Mission of Lepers in India and the East)의 원조를 얻어 1909년에 부산의 적기반도(赤崎半島)에 확장하였다. 지금의 부산 외국어 대학 부근이다. 훨씬 후에 전라도 광주에 있는 남장로교의 윌슨 박사(Dr. R. M. Wilson)에 의해 또 하나의 나환자 병동이 들어선다. 윌슨 박사는 1917~1918년에 세브란스 연합의학전문학교의 조선연합재단법인의 이사가 된다. 운명이란 이상한 것이어서 러들로 박사는 여러 해 뒤에 윌슨 박사를 방문하는 기회에 나환자 치료소를 세우는 데 중요한 공헌을 한다(제10장을 참조).

러들로 박사는 여기서 어빈 박사의 한국인 조수를 칭찬하고 있다. 어빈 박사가 여러 해 동안 훈련시킨 그는 일본어, 영어, 한국어를 구사하였다. 마취도 담당했는데 치명적인 실수 없이 1만 번의 클로로포름 마취를 해냈다. 그는 또한 숙련된 약제사이며 어빈 박사가 없을 때에는 병원 일을 관리할 수 있었다. 그는 아마 고명우(高明宇, 1883~1951?)였던 것 같다. 러들로 박사가 보기에 이 젊은이는 다른 일을 하면 5배의 월급을 받겠지만 다른 사람을 돕는다는 열정으로 가득 차 있었다. 나환자 병동을 세우는 데 그가 도움을 줄 것이다.

수년 후에 러들로 박사는 이 젊은이와 다시 만나게 되는데 고명우가 1913년 세브란스 의학대학을 제3회로 졸업하고 외과교실에서 러들로 교수의 제자가 되기 때문이다. 외과교실에는 고명우 이외에 이용설이 있었다. 러들로 교수는 고명우보다 8살이 위였고 고명우는 이용설보다 12살이 위였다. 고명우는 후에 뉴욕 롱아일랜드 의과대학에서 의학박사를 받았다. 그는 세브란스에서 강사를 거쳐 교수가 되었는데 한국전쟁에서 납북되어 생사를 모른다. 고명우의 둘째 딸 고황경(1909~2000)은 1961년 서울여자대학을 설립하고 학장과 명예총장을 지냈다. 고명우의 아버지 고학윤(高學崙)은 황해도 송천(솔내) 교회에서 언더우드 박사에게서 세례를 받고 조사가 되었다. 이것이 인연이 되어 아들 고명우가 김세라와 결혼할 때 언더우드 박사의 주례로 한국 최초의 신식결혼을 하였다. 부인 김세라의 4촌 동생이 앞서 소개한 정신여학교의 김마리아였고 고모부가 김규식 박사이다. 고학윤이 서울을 거쳐 부산으로 이주한 것은 선교부의 요청에 의한 것이었다. 고학윤은 부산지방 순회전도사가 되어 베어드 박사와 어빈 박사의 선교를 도왔다.

어빈 박사의 전킨 기념병원을 떠나기 전에 러들로 박사는 한 명의 환자를 수술하였고(Ludlow, 1908), 세브란스 장로는 어빈 박사의 부인(Bertha K. Irvin)이 1899년 여자야학교로 시작하여 발전시킨 규범여학교(Model Training School)에 (D. B. Gamble과 함께) 학교 건물을 희사하였다.[228] 이 여학교는 1909년에 한국에서 "가장 시설이 좋은 장로교 여학교"가 되었다.

그러나 이 여학교의 장래가 어떻게 되었는지. 어빈 박사는 환자들의 치료를 위해 물약을 제조하였는데 평이 좋아서 전국에서 수요가 쇄도하였다. "어을빈 만병수"라는 이 물약은 위장약이었는데 만병통치약으로 알려졌다(자료 Ⅷ-23 참조). 이 약의 판매로 어빈 박사는 부자가 되었다. 그러나 그에게 유혹이 들었으니 자기 병원의 한국인 간호사와 치정을 일으킨 것이다. 그만 불행한 결말을 낳았으니 그의 부인이 이혼을 하고 미국으로 귀국한 것이다.

〈자료 Ⅷ-23〉 어을빈 만병수 신문광고

출처: 조선일보

어빈 박사는 선교사 재판에서 추방되었고 본국에서도 소환령이 하달되었다. 그 바람에 세브란스가 기증한 이 여학교의 건물이 그 후 어떻게 되었는지 궁금하다. 어빈 박사는 더 이상 선교사가 아니라는 이유로 소환에 불응하고 부산에서 일생을 보내고 그곳에 묻혔다.[229] 나환자를 위한 공헌이 큰 그였기에 애석타 아니할 수 없다. 언더우드는 그를 높이 평가하였다.[230]

> "얼마 전에 도착한 어빈 의사는 사역에 착수하였고 그가 힘쓴 의료 사역의 성공은 장로교 선교회의 명성을 널리 퍼지게 하였습니다. 그는 모든 면에서 탁월한 의사이고 한국 풍습을 이해하며 한국인들을 아주 요령 있게 다루고 한국어를 잘 말합니다. 그는 모든 사역을 특별히 전도사업이 되도록 노력했고 그 결과 부산 전역에서 북부지방과 비슷한 비조직 교회들이 성장하고 있습니다."

그러한 그였기에 실족만 하지 않았으면 부산에 학교를 기증한 세브란스의 후원을 얻어서 부산의 에이비슨 박사가 되었을 수도 있었을 것이다. 부산 여학교에 대해 언더우드 박사가 1908년 11월 24일에 브라운 총무에게 보낸 흥미로운 기록이 있다.[231]

> "전략. 그 자금을 허락하지 않은 것은 바로 선교본부입니다. 그것이 선교회이든 선교본부이든 부산여학교에 적용된 이번 부제와 관련된 원리는 동일합니다. 저는 이 학교가 반드시 유지되어야 하고 어빈 의사에게 앞으로 각별히 조심하도록 주의를 환기시켜야 하며 전체 기금은 마련되어야 한다고 생각합니다."

예감

세브란스 씨와 러들로 박사는 한국 방문을 마치고 서남아시아로 여행을 계속해야 하는데 부산에서 직항노선이 없었다. 이것은 일본이 이미 항로를 장악했음을 의미한다. 할 수 없이 일본을 경유할 수밖에 없어서 부산에서 일본행 기선에 승선하였다. 세브란스는 이번 여행에서 일기와 수첩을 남겼다. 일기에는 여러 선교 현장에 대한 그의 깊은 관심이 적혀있고 수첩에는 선교사들의 성격, 건물의 수와 특징, 토지와 기구 등 세세하게 기록되어 있었다.[232] 귀국 후에는 그가 만난 선교사들과 수많은 편지를 주고받았다. 애석한 것은 일기, 수첩, 편지가 모두 전해지지 않는다는 것이다.

배는 대한해협을 미끄러지듯 항해하고 있었다. 러들로 박사는 선상에서 에이비슨 박사의 마지막 작별의 말을 상기하면서 한국에 다시 돌아올지 모른다는 예감이 들었다.

"러들로 박사, 내 말을 믿으시오. 이 백성은 하나님이 선택하신 백성(Chosen)이라 오.[233] 그래서 시련과 고난을 주시는 것이라오. 사람들은 고통에서 치유될 때 하나님을 발견하게 되지 않소. 그것이 우리 의사가 돕는 일이지요."

"에이비슨 박사님, 체류기간이 3개월밖에 안되지만 나는 한국 사람들의 처지를 생각하게 되었습니다. 이 사람들의 친절함에 더욱 그렇습니다."[234]

일본에서 이틀 묵으며 피로를 회복한 다음 세브란스 씨와 러들로 박사는 싱가포르, 페낭, 버마, 인도로 향하는 기선을 탔다. 상해와 홍콩에서는 하루 아니면 이틀을 보낼 것이다. 인도에 이어 세일론(지금의 스리랑카)을 마지막으로 둘러본 다음 유럽을 거쳐 뉴욕으로 회항할 것이다. 러들로 박사의 예감은 맞았다. 5년 후 1912년에 그는 다시 돌아온다. 그리고 그 후 25년 동안 세브란스 기념병원과 의학대학에서 세브란스 씨의 정신을 실천하고 그의 유업을 계승하여 많은 제자를 길러내면서 현대 한국 외과의학의 머릿돌을 놓았다.

제9장
레이크 뷰 1913년

졸업

세브란스와 러들로가 서울을 방문한 다음 해 1908년 6월 3일 오후 4시 드디어 제1회 졸업생을 배출하였다. 이것이 역사에 기록된 한국 최초로 서양의학을 체계적으로 이수한 의학대학 졸업생들이다. 이들 이전에도 한국인으로 최초로 서양 의원을 개업한 사람이 있었으니 그가 1898년 일본 구마모토현 의학강습소를 졸업한 박일근(朴逸根)이다. 그는 서울 청진동에 제생의원을 열었다. 그가 개업한 지 5년 후에 김익남, 8년 후에 안창호가 개업을 하였다. 김익남 의사에 대해 짧은 기록은 분쉬 박사의 일기에 등장한다.

> 1902년 3월 19일. 고 씨가 내 편지를 번역해주러 낮에 왔다. 김익남 박사도 식사에 초대했다. 2시에 미국 병원(제중원)에 가서 많은 환자를 진찰해 매우 피곤하다.
>
> 1902년 3월 25일. 수술 준비를 했다. 김 박사가 마취를 엉터리로 해놓아 환자가 깨어나는 바람에 다시 마취를 했는데 또 깨어나더니 이번에는 죽은 듯이 마취가 되었다. … 정오에 미국 병원을 찾아갔다.
>
> 1902년 3월 29일. 김 박사와 함께 내번족(內飜足) 수술을 했다.

박일근이 서양 의술을 공부하게 된 동기는 에이비슨 박사의 영향 때문이라고 한다.[1] 그러나 세브란스가 새로운 역사를 만들었던 것은 대한제국 내부 위생국이 최초로 이들 졸업생들에게 의술개업인허장을 수여하였기 때문이다.

인허장번호	이름	수여일
제1호	홍종은	1908년 6월 4일
제2호	김필순	1908년 6월 4일
제3호	홍석후	1908년 6월 4일
제4호	박서양	1908년 6월 4일
제5호	김희영	1908년 6월 4일
제6호	주현칙	1908년 6월 4일
제7호	신창희	1908년 6월 4일

이들에게는 의학박사(Doctor of Medicine and Surgery)가 수여되었다. 〈자료 Ⅸ-1〉은 이 가운데 김희영에게 수여된 졸업증서인데 Severance Hospital Medical College, 世富蘭偲病院醫學校, 醫學博士 칭호와 함께 魚丕信 校長의 이름이 보이며 隆熙 二年 六月 三日의 졸업일자가 확인된다.

에이비슨 박사가 졸업식을 거행하기 전날 7명의 졸업생을 불렀다.

Severance Hospital Medical College
Seoul. Korea.
世富蘭偲病院醫學校

This is to Certify that
Kim Hui Yung
having completed the full course of study required for the practice of Medicine, Surgery and Obstetrics and passed a Satisfactory Examination on the same is hereby granted the full title of
Doctor of Medicine and Surgery.
with all the rights, honors and privileges pertaining thereto.
Seoul Korea [illegible] Dean of College

卒業證書
金熙榮 年二十九
右員이內外科及産科
의醫學全科를畢ᄒᆞ고
同課程에充分ᄒᆞᆫ試驗
을經過ᄒᆞ여
醫學博士
의稱號를得ᄒᆞᆫ證書를
授與ᄒᆞᆷ
隆熙二年六月三日
校長 [illegible] 魚丕信

〈자료 Ⅸ-1〉 1908년 제1회 졸업장

출처: 연세대학교

"전략 … 수년간의 공부와 어려운 일을 끝내고 나니 어떤 생각이 드는가를 듣고 싶다고 했다. … 그들 중 한 사람이 바로 이 문제를 함께 얘기해 왔었다고 말했다. 이들은 비록 공부에 큰 관심이 있었지만 장기간 아주 고된 시간을 보냈다고 생각했으며 내가 일에 붙들어 주지 않았다면 가끔 모든 것을 팽개쳐 버리고 싶었다고 했다. 그는 '아시다시피 우리가 아직 어리고 의학도가 되기 전에 조선의 관습에 따라 모두 결혼했었습니다. 우리 모두가 처자가 있지만 우리가 공부할 동안 그들을 부양하는 데 아무 것도 할 수 없어 정말 어려웠습니다. 이제 개업하여 생계를 꾸려갈 수 있다는 생각에 안도감을 느낍니다.'고 했다. 바로 내가 예상했던 그런 대답이었다. … 그때 또 한 사람이 개업을 할 수 있고 가르칠 수도 있는 준비를 갖춘 사람들을 키워내려는 희망에서 그들을 교육하는데 선생들이 여러 해 동안 기울인 노력을 생각할 때 여기 남아서 다음 학년을 가르치는 것을 도와야 한다는 결정을 내렸다고 했다. 그때 나는 7명의 의사를 양성하는 동안 7명의 인간을 만들었다는 것을 알고 감개무량했다."[2)]

에이비슨 교장이 보기에 이들은 세계 어디에 내놔도 부족함이 없는 젊은 의사가 되었다.[3)] 이 가운데 주현칙을 제외한 6명이 학교에 남아서 에이비슨 선생의 후배 교육을 도왔다. 1910년 국권을 빼앗기자 김필순, 주현칙, 신창희, 박서양이 몽고와 만주에서 독립운동에 투신하였다. 서양 의료선교사가 무엇을 어떻게 가르쳤기에 독립투사가 되었겠는가.

졸업식장에서 미국 영사 세몬스(W. Sammons)가 세브란스 씨를 다시 한번 칭송하였다. 스크랜튼 박사(Dr. Scranton, 1856~1922)가 축사를 하면서 이날의 졸업의 의의를 말한 것이 상기된다.

"우리는 서양 의술이 여러분에게 혜택을 준다고 쉽게 생각할 수 있겠으나, 대신 여러분은 그 보답으로 노력과 헌신을 바쳐야 합니다."[4)]

에이비슨 박사는 오래 전부터 현대병원만으로는 한국이 버틸 수 없다고 생각하고 의학대학의 필요성을 일찍부터 깨달았다. 그는 주위에서 비웃고 정부에서는 인가도 내주지 않았기에 자신의 생각을 조용하게 실천에 옮겼다. 그 시작은 비록 작았으나 그 끝은 실로 장대하게 될 것을 확신하였다.

"나는 조선에서의 의료사업의 전망에 대해 보다 깊이 생각해 왔었다. 전염병이 만연하는 것도 보았고 가공스런 사망률도 보았으며 도회지와 시골 어느 곳이던 비위생적인 환경을 보았다."

이런 식으로 방치하면 한국의 인구가 감소하리라 걱정하였다.

"또한 외국인 의사수가 너무 적고 또 그 수가 이 나라 전역을 통틀어 30명 선 이상으로 늘어나지 않을 것 같으며 이런 숫자로서는 불결한 환경을 개선하기 위한 많은 일을 도저히 감당할 수 없을 것이라는 데 유의하였다. 만일 조선의 젊은이들을 넉넉히 뽑아 의사로

교육을 시킨 후 소수의 외국인 의사들로 이룰 수 없는 것을 말하도록 하라는 노력이 없는 한 조선은 지금과 같은 상태로 계속 가다가 쓰러질 것이다."

"이런 관점에서 나는 의료교육을 시킴과 동시에 사람들의 병을 세심하게 치료하고 또 질병의 발생을 줄일 수 있는 위험의 원칙들을 가르쳐 주어 국민들의 건강을 향상시키는 일에 그들의 생애와 정력을 바치려는 생각을 갖도록 유도하려는 의도하에 병원 조수들을 신중하게 선발하였다."[5)]

슈바이처 박사는 위대한 의사였음에 틀림없지만 아프리카에서 병자만 돌보았지 수많은 일을 할 수 있는 현지인 의사를 길러내지 못하였다. 그는 에이비슨의 생각에 미치지 못하였다. 슈바이처만 그 생각에 미치지 못한 것이 아니다. 뉴욕의 선교본부와 현장의 선교사들도 그 생각에 미치지 못하였기에 의학교육을 반대하였다.[6)] 그러한 이유로 에이비슨은 처음에는 학교를 설립하고 학생을 모집하는 일을 공개적으로 하지 않았다. 앞서 본 것처럼 세브란스도 처음에는 병원만 지을 생각이었다.

"선교본부는 알아야 합니다. 나는 현재 병원을 지으려는데 5천 달러로 충분하다고 하니 나의 기부금도 5천 달러로 하겠습니다."

그러나 곧 에이비슨의 생각이 옳다는 것을 깨닫고 병원에 추가하여 의학대학 교사, 의료교육에 따르는 시설, 의료진까지 책임지게 되었다. 세브란스 씨보다 에이비슨 박사가 더 넓은 시야를 갖고 있었다고 볼 수 있다. 그 결과가 세브란스 의학대학이다. 세브란스 씨는 수많은 에이비슨을 길러내는 터전을 제공하였다.

한국 선전

세브란스 씨는 세계일주여행에서 돌아온 1908년에 장로교 해외선교본부 이사회의 이사로 피선되었다. 부인도 없는 그는 자신의 모든 시간을 이 일에만 집중하였다. 해외 선교사와 통신, 기독교 교육의 향상, 국내와 해외 교회의 발전에 시간을 쏟았다.[7)] 그 외에 장로교 대학위원회 위원, 장로교 총회 부회장의 직분도 감당하였다. 1906년 4월

"평신도 선교운동 The Laymen's Missionary Movement"에도 참여하였고, 1910년 5월 에든버러 "세계선교대회 The World Missionary Conference"에도 다녀왔다. 고령임에도 건강하게 활동하였다. 1910년 5월 22일에는 서울 새문안교회에 풍금(파이프 오르간)을 기증하였다.[8] 앞서 얘기한 대로 1908년에 시작된 "한국 선전"을 위해서 언더우드는 1년 동안 미국에서 동분서주하였다. 그가 안식년을 마치고 귀국하려 하자 세브란스가 말렸다. 언더우드가 브라운 총무에게 보내는 1908년 10월 23일 자 편지에 나타난다.[9]

"전략. 우리가 희망했거나 예상했던 것보다 길게 12월까지 있기로 계획하고 한국 사역의 간절한 요구가 있으므로 그때는 돌아가야 한다고 생각합니다. 세브란스 씨는 제가 그렇게 돌아가는 것은 잘못이며 체류하면서 캠페인을 마쳐야 한다고 말씀합니다."

이어서 11월 5일의 편지.

"한국 캠페인 위원회는 오늘 회의를 열고 장시간 세브란스 씨와 토론한 후 다음 사항을 결정했습니다. 1. 위원회 판단에 의하면 한국 캠페인은 충분한 금액을 모금할 때까지 계속해야 한다. 2. 위원회 위원들과 이곳에 있는 선교사들의 판단에 의하면 이렇게 하려면 언더우드가 기금을 모금할 때까지 이곳에 머물러 있어야 한다. 중략. 이 문제를 선교본부에 거론해 주시겠습니까."

세브란스는 병원만 기증하고 끝낸 것이 아니라 한국 선교부의 자금모금을 도왔다. 결과적으로 9만 달러를 모금하였고 20명의 새 선교사가 파견되었다.

말년

클리블랜드에 있을 때에는 자신의 농장에 나무와 꽃을 가꾸었으며(자료 IX-2), 그의 사무실이 있는 아케이드(Arcade)로 출근하였다(자료 IX-3). 이 건물은 1890년에 장차 장인이 되는 스탠더드 석유의 하크니스, 친구인 록펠러, 마크 한나와 함께 투자하여 건설한 클리블랜드의 유클리드 거리와 수피리얼 거리를 연결하는 87만 5천 달러의 실내시장이었다.[10] 이리 호수를 끼고 있어서 날씨가 변덕스런 클리블랜드시민에게 대환영이었다. 이 자리는 어머니 메리가 태어난 집의 맞은편에 있는데 레오나드 케이스 Ⅰ세의 집터였으며 그가 젊을 때 처음 일하던 상업은행의 자리였다(자료 Ⅲ-7 참조). 이 아케이드는 미국에서 최초의 실내 시장이며 세계적으로 보아 이태리 밀라노의 실내시장인 '갈레리아 비토리오 엠마누엘레 Ⅱ세 아케이드' 다음으로 규모가 컸다.

출처: © Courtesy of Western Reserve Historical Society

〈자료 Ⅸ-2〉 꽃을 들고 서 있는 노년의 세브란스

그는 클리블랜드에 머물 때에는 마차를 타고 자신의 저택에서 이곳까지 매일 출근하였다. 이 아케이드는 아들 존에게 물려주었고 존이 사망한 후에도 활발하게 영업하였으며 지금도 성업 중이다. 1940년에 아케이드 앞부분에 세브란스의 장인 하크니스와 친구 록펠러의 모습을 부조(浮彫)하였다.

세브란스는 어릴 때부터 애정을 가졌던 클리블랜드 기독청년회를 지원하였고 동시에 만주, 일본, 한국 등의 기독청년회를 후원했다. 다른 기관을 지원할 때처럼 기독교사업에 연계하여 최대의 효과를 얻으려고 애썼고 교파를 초월하려는 작업을 게을리 하지 않았다. 그러나 수많은 지원기관 가운데 서울의 세브란스 병원과 의학대학에 특별한 애정을 가졌다. 그의 사위 더들리 피터 알렌 박사의 증언이다.

> "그는 그 어느 곳보다 서울의 병원과 의학대학을 가장 사랑했다."[11]
> "서울의 세브란스 병원과 의학대학은 그의 자랑(pride)이었다."[12]

이것이 진실이라고 믿을 수 있는 것은 알렌 박사가 이 말을 증언한 곳은 1913년 세브란스를 추도하는 오벌린 대학 동창회보라는 점이다. 한국 사람들이 듣기 좋은 수사가 아닌 것은 그 자리에는 한국인이 없었고 그 글을 볼 수 있는 한국인도 없을 때였기 때문이다. 그가 한국을 사랑한 만큼 자손들도 사랑하여 집에 한국 정자를 만들어 놓을 정도였다.

세브란스 씨에게 걱정이라면 손자 손녀가 없다는 것이다. 이제 며느리도 40세를 넘겼고 딸도 40세를 넘겼지만 모두 자식이 없다. 그는 자신의 혈통이 끊긴다는 사실을 알았을 것이다. 그러나 그에게는 서울에 그의 자선이 낳은 병원과 의학대학이 있다. 그의 "머리자식 brainchild"이다. 그는 희망을 가져본다. 1908년 가을에 에이비슨 박사는 두 번째 안식년을 얻어[13] 세브란스 씨를 방문하였다. 그는 세브란스 씨와 약속한 대로 의학대학 교사 건축 계획서를 갖고 왔다.

> "세브란스 씨가 조선을 떠나기 조금 전에 나더러 언제나 안식년이 되어 귀국하느냐고 무러 보앗다. 나의 귀국할 해는 1908년이지마는 원체 할 일이 많이 밀려 잇음으로 어찌 될는지 모르겟다고 한즉 그는 아모조록 그해를 넘기지 말고 오라고 하며 말하기를 우리가 당신이나 내가 늙어가는 사람인즉 의료사업에 잇어서 투철히 한 가지라도 함이 잇으랴면 시기를 일치 말아야 될 것이라고 하엿다. 그리고 또 말하기를 내가 귀국할 때 의료사업 방면에 잇어서 내가 하고저 하는 모든 일의 총 설계를 만드러 가지고 오게 되면 자기는 힘을 다하여 방조하겟노라고 하엿다. 씨의 이 모든 말슴은 나를 비상히 장려 고취함이 되엇다."[14]

세브란스 씨가 서울을 방문했을 때에는 병원 건물 하나와 격리병동 하나만 서 있었다. 여기서 에이비슨 박사는 환자가 없는 틈을 타서 병실을 빌려 옹색하게 의학생들을 교육시켰다.[15] 세브란스는 현장을 시찰하고 의학대학의 독립된 교사의 필요성을 절감하고 병원사업에서 의료교육까지 망라한 의료사업의 총설계를 가지고 오라고 에이비슨 박사에게 부탁하였다. 그러면서 모든 난관을 뚫고 세브란스 기념병원의 건축을 훌륭하게 마무리한 에이비슨 박사에게 안식년의 핑계를 사려 깊게 만들어 주었다.

재귀열

1908년이면 세균학이 태동되는 시기였다. 1882년 코흐가 처음 콜레라균을 발견한 지 25년에 불과하였다. 세브란스 병원도 여기에 동참하게 되려면 의학대학 시설이 필요하였다. 세브란스 씨의 추가적인 3만 달러의 기부로 세브란스 의학대학 신축 교사의 건축이 시작되었다.

1912년 9월에 신축 교사가 낙성되었다(자료 Ⅸ-4). 언덕에 있는 세브란스 기념병원 아래에 남대문 대로 평지에 놓여있는 세브란스 의학대학이다. 오늘날 세브란스 빌딩 자리 부근이다. 1913년 6월 13일 금요일 오후 4시 30분에 봉헌식을 가졌다. 다시 한번 서울 장안의 많은 사람들이 참석하였다. 그러나 이 봉헌식에서 가장 큰 선물은 그 해 4월 1일에 러들로 박사가 재귀열 병원체를 발견했다는 소식이었다.[16] 러들로 박사는 1907년 세브란스와 함께 한국을 다녀간 후 1912년에 다시 와서 세브란스 기념병원에 봉직하고 있었다.

"당시(1899)에는 회귀열의 원인이 밝혀지지 않아 징후에 따라 치료하는 수밖에 없었다. 후에 혈액 중에서 나선균이 발견되어 이 균이 회귀열을 유발시킨다는 것이 밝혀졌다. 이 균은 현미경으로 볼 수 있는데 시간이 지남에 따라 비교적 소량의 살바르산으로 이 균을 박멸할 수 있고 살바르산을 투입하면 잠시 후 모든 증상이 가셔질 뿐만 아니라 회귀열도 예방된다는 것을 곧 알게 되었다. 이것은 조선에 있던 우리들에게는 큰 발견이었다."[17]

THE

Cleveland Arcade Company.

THE ARCADE.

IN this building you can buy goods of all descriptions, and at lower prices than elsewhere in the city. It is also a good place to start business. Rents are lower than elsewhere, when the accommodations are considered.

From 35,000 to 40,000 people come into the building every day, and 15,000 more make use of the Elevators.

Ninety-four per cent. of the stores and sixty-seven per cent. of the offices are rented.

출처: Lakeside Magazine 1895

<자료 Ⅸ-3> 1890년 세브란스의 사무실이 있는 클리블랜드 아케이드

이것은 한국 역사상 최초의 병원체 발견으로 기록되면서 독일의 코흐가 콜레라 병원체를 발견한 지 31년 만에 한국 의학계에서도 병원체를 발견한 것이다. 이로써

세브란스는 세계적인 의학대학이 된 것이다. 이 소식을 듣고 러들로의 스승 더들리 피터 알렌 박사가 기뻐했겠지만 가장 기뻐한 사람은 세브란스 씨였을 것이다. 이제 세계 의학계에 세브란스라는 불멸의 이름이 첫 번째로 기록된 것이다.

봉헌

출처: Underwood Modern Education in Korea 1923/ 연세대학교 중앙도서관 학술정보원

〈자료 Ⅸ-4〉 1913년 세브란스 의학대학 신축교사

나라는 이미 없어져 산하만 남은 백성에게 에이비슨 박사의 의료선교는 쉬지 않았고 세브란스 씨의 자선사업도 끊이지 않았다. 봉헌식은 언더우드 목사의 사회로 시작되었다. 게일 목사가 성경을 봉독하고 어느 목사의 기도에 이어 에이비슨 박사가 짧게 연설을 한 후 구세군 사령관의 축도로 식은 끝났다. 교사는 100명의 학생을 가르치기에 넉넉하였다. 그러나 아직도 교수가 부족하여 학생을 충분히 선발하지 못하고 있다. 이제부터 이름이 "세브란스 연합의학대학 Severance Union Medical College"으로 바뀌었다. 중국의 "북경협화 의과대학 The Union Medical College of Peking"[18]처럼 모든 교파를 초월하여 연합한 의학대학이다. 세브란스 씨가 꿈꾸어왔던 교파를 초월한 하나님의 사업이 드디어 성취된 것이다.

에큐메니컬 선교대회의 부회장이 성취한 것으로 매우 어울리는 작품이었다. 아마 세브란스 씨가 후원한 세계 각국의 여러 기관 가운데 교파를 초월한 것은 이것이 유일할 것이다. 봉헌식 초청장을 보면 사립 세브란스 병원 의학교에 제중원을 병기하고 있다. 다시 한번 제중원의 후신임을 밝히고 있는데 사람들이 여전히 둘을 동일시하기 때문이었다.

에든버러

1900년 뉴욕 에큐메니컬 선교대회에 참여했던 많은 사람들이 그 같은 대회가 10년 내에 대서양 건너편에서 개최되어야 한다는 데 의견을 모았다. 1907년 1월 29일 스코틀랜드 해외선교 위원회의 37명의 대표들이 글래스고에 모여서 다음 대회는 1910년 6월에 에든버러에서 개최할 것을 만장일치로 결정하였다. 사실 선교대회는 1860년 리버풀에서 개최된 영국만의 회의를 효시로 1885년 런던에 이어서 1900년 뉴욕에서는 전 세계로 확장하여 열린 것이다. 에든버러 대회는 1910년 6월 14일~23일에 열렸는데 존 모트가 의장이 되었다. 전 세계에서 100여 개의 교파가 모였다. 가톨릭과 동방정교회만 제외하고 거의 모두 모인 셈이다. 뉴욕 대회를 능가하는 1200명이 참가하였다. 한국에서는 윤치호와 존스 목사가 참석하였다.[19] 세브란스도 참가하였는데 그는 재정을 후원하는 위원회(Home Base of Missions)의 부회장 가운데 하나였다.[20] 시어도어 루즈벨트 대통령도 1908년 8월에 대회를 준비하고 있는 존 모트 의장, 존 발톤 재무위원장, 아서 브라운 총무에게 서신을 보내 연합정신을 격려하였다.

"세계의 모든 선교사를 한 자리에 불러 모으는 노력은 매우 중요하며 깊은 인상을 의미한다고 생각한다. 악의 힘은 그 어느 때보다 강하지만 선의 힘은 더 강하다. 지금은 연합의 시기이다. 우리가 가치 있는 일을 해야 한다면 공통의 목표를 연합하여 노력해야만 한다."[21]

에든버러 대회는 뉴욕 대회를 모범으로 삼았는데 뉴욕 대회를 이어 의료선교에 있어서 교파를 초월한 연합(unity)이 다시 한번 강조되었다. 연합대학, 의료선교의 협동, 공통의 기독잡지, 공통의 찬송가 등이 다루어졌다. 여기서 존스 목사는 다음과 같이 보고하였다.[22]

"… 수도 서울에 방금 연합대학이 결성되었습니다."

세브란스 의과대학을 두고 하는 말이었다. 연합의 주제는 1910년 1월과 4월에 미국에서 조직된 "평신도 선교운동 The Laymen's Missionary Movement"에서도 마찬가지였다. 미국의 모든 교파가 연합하여 20억 달러를 모금하기로 결정하였다. 그 목표는 전 세계 15억 인구 가운데 5억 인구만이 기독교를 믿으므로 나머지 10억 인구에게 기독교를 선교하는 야심찬 계획이었다. 시카고에서 첫 번째 회의를 개최하였을 때 세브란스가 참석하였다.[23)] 본부를 뉴욕 5번가 158번 거리에 두었다. 장로교 선교본부와 감리교 선교본부 사이였다.

세브란스가 일찍부터 생각하던 연합사업은 여기서 그치지 않는다. 그가 죽고 1920년 3월에 평신도 선교운동을 비롯한 수많은 연합체들이 모두 모여 더 큰 연합체를 결성하였다.[24)] 그러나 이 가운데 가장 오래 생명력 있게 계속된 회의는 역시 뉴욕 대회를 이어받은 에든버러 세계선교대회의 계속이었다. 일본이 날조한 105인 사건을 조사하기 위하여 1913년에는 세계선교대회 한국계속위원회 회의가 1913년 3월 25~28일에 서울에서 개최되었는데 밀러(Miller), 애덤스(Adams), 웨어(Weir), 스톡스(Stokes), 헌트(Hunt), 스와인하트(Sweinhart), 모펫(Moffett), 하디(Hardie), 블래어(Blair), 트로로프(Trollope)가 회의 결과를 보고하였다.[25)]

예언

세브란스 씨는 에이비슨 박사와 큰 나이 차이에도 불구하고 1907년 서울에서 에이비슨 박사에게 예언 비슷한 말을 하였다.

> "당신이나 내가 늙어가는 사람인즉 의료사업에 잇어서 투철히 한 가지라도 함이 잇으랴면 시기를 일치 말아야 될 것이오."[26)]

그 말은 예언이 되었다. 서울에서 5일 전 6월 13일(금요일)에 세브란스 연합의학대학 교사의 봉헌 소식을 아는지 모르는지 세브란스 씨는 1913년 6월 18일 수요일에 우스터 대학의 졸업식에 참석하였다. 졸업이사회의 예배에서 이사장으로서 기도를 했다. 그의 기도는 하나님과 대화하는 것 같았다.[27)] 항상 그렇듯이 경기장의 봉헌식에도 그는 불참하였기에 이제야 졸업식을 끝내고 방문하였다. 돌아보고 나서 그는 대단히 만족스러워 하였다. 그리고 반기독교적인 학생 동아리를 폐쇄한 것에 대해서도 올바른 결정이었다고 생각하였다. 그는 건강하게 보였다(자료 Ⅸ-2와 자료 Ⅸ-5를 참조).

루이스 헨리 세브란스는 홀덴 총장 관저에서 체류하고 6월 19일 목요일 오후에 기차를 타고 클리블랜드로 돌아갔다. 이날 뉴저지에서 온 코브 목사 부부와 함께 형님 집에서 저녁을 먹었다. 금요일에는 골프를 쳤다.[28] 토요일에는 비가 와서 쉬었다. 그다음 날부터는 형수인 에밀리(솔론의 부인이며 사위의 누나)의 일기가 심상치 않다(자료 Ⅸ-6).

출처: © Courtesy of Western Reserve Historical Society

〈자료 Ⅸ-5〉 1910년경 말년의 세브란스

[1913년] 6월 22일, 일요일. 루이스가 밤새도록 매우 아팠다. 솔론과 나는 교회에 갔다. 아이들이 모두 집에 왔다. 아이들은 1주일 동안 벤베래에서 지냈다. 그러나 줄리아[맏딸]와 밀리킨 박사[맏사위]는 엘리자베스[세브란스 외동딸] 집에서 지냈다. 루이스가 호전되는 방법을 상의하였다. 밤에 루이스가 좋아지기를 바랐다. 우리 모두 그렇게 희망했지만 그는 좋아지지 않았다.

6월 23일, 월요일. 루이스는 좋아지지 않았다. 하루 종일 걱정이 앞섰다. 의사에게 문의했다. 날씨가 따듯했다.

6월 24일, 화요일. 루이스는 여전히 심히 아팠다. 우리는 희망과 걱정 사이에서 왔다 갔다 하였다. 동생 더들리[루이스의 사위]가 오고 남편이 가서 루이스를 보았다. 조금 지나서 나도 가서 루이스를 보았다.

6월 25일, 수요일. 가족들은 [루이스의] 마지막이 아침이 되리라 느꼈다. 잠시 후에 루이스의 증세가 약간 나아지는 듯하였지만 희망은 없었다. 밤에 8811[엘리자베스의 집]에 갔다가 집 [에밀리의 집 8821]에 잠시 자러 왔다. 그때 전화가 울렸다. 우리가 도착하기도 전에 심지어 엘리자베스가 침대에서 나오기도 전에 루이스는 다른 세상으로 가버렸다. 한숨도 나오지 않고 성모 마리아만 찾았다.

6월 26일, 목요일. 침대에 누워 있었다. 많은 친구들이 와서 장례식을 준비했다. 나는 실수로 화학물질을 흡입하였기 때문이다. 더들리가 와서 약을 주었다. 소이어 박사가 왔다.

6월 27일, 금요일. 조용했다. 줄리아가 다녀갔다.

6월 28일, 토요일. 코브 박사와 다른 이들이 왔다. 노워크 사촌[세브란스 첫 번째 부인의 조카]들이 모두 와서 점심을 먹었다. 오후 3시에 장례식을 하였다. 섭튼 목사가 루이스를 표현한 "왕자다운"이라는 말이 고마웠다. 맥윌리엄스 목사가 도왔다. "오, 주님 예루살렘", "모든 성인을 위하여" 바이블 목사와 중국의 윌리엄 선교사가 와서 일요일을 지냈다.

Wea. WEDNESDAY 25 Ther.

The family felt that the end might be coming in the morning - Later some symptoms were more favorable but gave no real encouragement - At night we were over to 8811 late and came home ready to go to bed - When the telephone called and before we arrived - or even Elizabeth for her bed-room Louis had gone to the other world - without a sigh We sent out for Mary at noon -

출처: © Courtesy of Western Reserve Historical Society

<자료 Ⅸ-6> 1913년 6월 25일 루이스 헨리 세브란스 사망 기록

루이스 헨리 세브란스는 6월 25일 수요일 밤 10시 15분에 유클리드 거리 8811번지 사위 더들리 피터 알렌 박사의 집에서 서거하였다(자료 Ⅸ-7).[29] 갑작스런 죽음이었다. 복통이 있었지만 편안하였고 유언은 없었다.[30] 향년 75세이었다. 수많은 병원을 기증한 세브란스 씨가 정작 자신이 위독했을 때에 병원에 입원도 못 해보다니! 세브란스가 사망한 외동딸의 집은 1944년 그녀가 작고한 이후 헐렸는데 사진에서 보는 거실의 벽난로는 해체하여 현재 알렌 기념의학도서관에 장식되어 있다.

장례식은 유클리드 거리 8821번지에 있는 그의 형 솔론의 집에서 치렀다. 이때 아들 존은 이집트를 여행 중이어서 참석이 불가능했다.[31] 딸 엘리자베스만이 조문객을 맞이했다. 다른 기록에 의하면 존이 간신히 참석하였다고도 전한다. 그러나 형수 에밀리의 일기에는 아들 부부의 거취에 대해서는 일체 말이 없다가 7월 19일에야 처음으로 이들 부부가 방문했다고 간략하게 기록하고 있는 것으로 보아서 이집트에서 기선으로 급히 귀국하는 데 20일 이상이 걸린 것으로 보인다.[32]

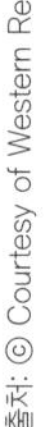

출처: © Courtesy of Western Reserve Historical Society

〈자료 Ⅸ-7〉 1913년 루이스 헨리 세브란스가 임종한 외동딸의 집

장례식이 끝나고 루이스 헨리 세브란스는 레이크 뷰 공원묘지(Lake View Cemetery)의 가족묘지에 안장되었다. 묘석 위의 커다란 십자가가 그의 기독교적 일생을 말해주고 있다(자료 Ⅸ-8). 십자가 밑을 그가 좋아하는 장미꽃을 조각하였다. 이 공원묘지에는 록펠러의 가족묘지도 있다. 어머니가 묻혔고 부인도 2년 후에 묻힐 것이다. 록펠러 자신은 오래 살아서 24년 후에 묻힐 것이지만 오늘은 조문객이었다.

홀덴 총장도 조문객 속에 있었다. 록펠러는 겸손하여 감사의 표시를 하기가 어려운 사람이었다.[33] 홀덴 총장은 록펠러 씨에게 말할 기회를 잡았다.[34]

"우스터 대학에 기부하여 주셔서 진심으로 감사합니다."

"홀덴 총장, 그렇게 사의를 표명하시니 나도 기쁘오. 그러나 오늘 총장은 가장 친한 친구를 잃었습니다. 지갑뿐만 아니라 자신까지 던져준 친구 말입니다. 그래서 슬픕니다."[34]

록펠러 씨는 세브란스 씨의 기독교 자선가로서의 일생을 알고 있었던 것이다. 결국 서울의 세브란스 의학대학 신축 교사와 우스터 대학의 경기장이 지상에서 루이스 헨리 세브란스 씨의 마지막 선물이 되었다. 그가 사망한 해에 소득세가 등장하였으니 그의 모든 자선은 소득세가 없었던 시기에 행해졌으므로 소득세 감면 혜택도 얻지 못했다.[35]

애도

그의 사망을 접하고 각처에서 그의 죽음을 애도하였다. 다음다음 일요일 7월 13일에 우들랜드 장로교회에서 추모예배가 거행되었다. 그의 어머니 메리가 설립했으며 그 자신 40년간 주일학교 교장과 장로를 지낸 교회였다. 그가 죽기 직전 이 교회에 교육관과 체육관을 기증하였다. 윌콕스 목사(Rev. W. T. Wilcox)의 사회로 웨스턴 리저브 대학의 트윙 총장(Rev. Charles Twing, DD. LLD.), 오벌린 대학의 윌리엄 총장(Rev. James William, DD. LLD.), 우스터 대학의 홀덴 총장(Louis Edward Holden, DD.)이 고인을 추모하는 연설을 하였다. 홀덴 총장은 자신의 일생 가운데 그렇게 황망한 연설은 해보지 못했다고 술회하였다. 그는 우스터 대학의 위급한 일로 뉴욕의 세브란스 씨를 방문하였을 때 그와 함께 참석한 모임에서 즉석 연설하는 장면을 회상하며 추모사를 끝맺었다.

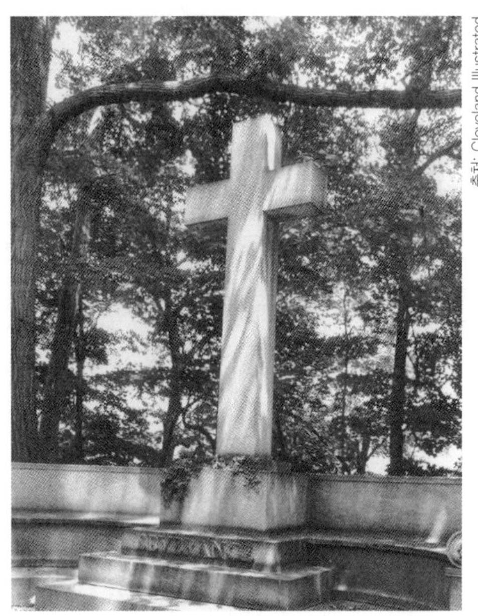
출처: Cleveland Illustrated

〈자료 IX-8〉 레이크 뷰의 세브란스 묘지

"세브란스 씨는 마침 벽에 걸린 '십자가에서 내려오는 예수'의 그림을 가리키며 우리를 드높이고 우리에게 용서의 마음과 미래의 희망을 줄 수 있는 유일한 권세로서 예수 그리스도를 보라고 간청하였습니다."[36]

그의 부음을 접한 서울 선교부에서는 다음의 결의가 채택되었다.[37)]

세브란스 씨의 죽음에 대한 서울 선교부의 결의: 세브란스 씨가 돌아가신 것은 서울 선교부에 큰 영향을 끼쳤고 이 상황을 당해 다음과 같은 결의를 하였다.

첫째, 우리는 세브란스 씨의 미국 유족에게 삼가 조의를 표한다.

둘째, 우리는 세브란스 씨가 보여준 사랑과 우정에 매우 감사하고 있다.

셋째, 우리는 세브란스 씨가 주님의 뜻을 따르는 진정한 친구였다. 한국에 세운 병원과 의학교뿐만 아니라 다른 여러 가지 형태로 세브란스 씨가 베푼 것들은 우리들의 가슴속에 항상 남아 있을 것이다.

넷째, 우리는 이상의 결의 사항들을 『코리아 미션 필드 *The Korea Mission Field*』, 『미국교 회보』 등에 출판할 것이고, 세브란스 씨의 유족에게도 전달되게 할 것이다.

에이치 지 언더우드
오 알 에이비슨 서명

서울 선교부의 네 번째 결의대로 『코리아 미선 필드』 1913년 8월호에 조문이 실렸다.

"유월 말에 세브란스 씨의 부음을 들었다. 그는 언제나 그렇듯이 주님, 예수 그리스도, 그의 왕국을 위하는 모든 이들의 친구이며 선교의 친구이다.

세브란스 씨는 한국 선교의 친구일 뿐만 아니라 그가 모든 선교의 친구이듯이 우리 모두에게 개인적인 친구가 되었다. 그래서 우리의 세브란스이지만 그들도 그렇게 생각할 것이라는 것은 의심할 바 없다. 서울에 있는 여학교, 남학교, 교회는 그의 사랑을 받는 특혜를 입었다. 그러나 그는 특별히 세브란스 병원을 동양에서 가장 훌륭한 장비와 훌륭한 의사로 구비하도록 뒤에서 밀어주었다. 그는 흡사 수호천사처럼, 사실 그랬지만, 우리 의료진을 적극 뒷바라지해서 병원과 의학교가 한국의 은총이 되는데 모든 노력을 아끼지 않았다.

이 손실이야말로 우리에게는 하나님을 믿는 신앙에 더 의지하게 하는 교훈이 되었다. 그 누구도 하나님의 사업을 성공시키는 데 절대적으로 필요한 것은 아니다. 아마도 젊은 기독교교인들은 그의 자리를 어떻게 메울 수 있을지 마음의 동요가 일지 모르겠다. 그러나 그 교훈이 무엇이 되든 - 잊어서는 안 되며 오늘 모든 기독교인들은 우리와 함께 세계는 주님이 기뻐하시는 사업에 종사하였던 하나님의 충실한 청지기와 종이었던 그, 세브란스 씨 같은 분을 잃은 것에 대해 슬퍼해야 한다."

서울에서 발행되던 서울 프레스(Seoul Press)는 다음과 같은 글을 실었다.

"유월 말에 세브란스 씨의 서거 소식을 들었다. 주님과 예수님의 친구 되시듯이 선교의 친구이신 세브란스 씨. 하나님의 나라만 생각하는 모든 사람의 친구인 세브란스. 그러나 한국만 생각한 것이 아니라 우리 모두의 친구 되신 세브란스. 수백 명의 선교사의 친구이신 그를 우리 또한 그렇게 생각하는 특별한 세브란스 씨였다."

뉴욕의 장로교 선교본부에서도 결의문을 발표하였다.[38)]

장로교 해외 선교본부는 1913년 6월 26일 특별회의를 열고 다음을 결의하였다: "선교본부는 형언할 수 없는 놀라움과 슬픔으로 세브란스 씨가 6월 25일 오하이오주 클리브랜드시의 그의 딸 더들리 피터 알렌 부인의 집에서 갑작스럽게 사망했다는 소식을 접하였다. 세브란스 씨는 6월 16일 선교본부의 회의에 참석하였을 때 아무도 그가 곧 유명을 달리하리라고 생각지도 못하였다. 그는 선교본부의 위원인 코브 목사와 함께 우스터 대학 이사회에 참석하기 위하여 오하이오로 떠났다. 그때만 해도 그는 건강하였다. 토요일인 21일에 격렬한 복통이 일어났는데 의사들의 모든 노력에도 불구하고 수요일 오후 10시 15분에 운명하였다.

세브란스 씨가 교회에 헌신한 것을 말로 설명하기 어렵다. 그는 수많은 종교적, 교육적, 자선적 기관의 위원이었는데 각 기관들이 이미 그의 헌신에 대하여 표명한 바 있다. 그럼에도 선교본부가 애도하는 특별한 이유가 있다. 해외선교에 대한 이지적이며 관대한 그의 관심은 1906~7[1907~8]년의 아시아 순방으로 발전하였다. 그는 거의 2년을 해외선교지 순방에 보내며 그들의 사업을 조사하고, 그 특성을 연구하였으며 그들과 특별한 친분을 발전시켰다. 1909년 그는 해외선교본부의 위원으로 피촉되었으며 즉시 가장 활발한 활동을 하였다. 해외선교는 그가 가장 애착을 가진 분야였다. 계속하여 해외 선교사들과 교류하면서 그들의 청을 들어주고, 그들이 안식년을 맞이했을 때 그들을 초청하였으며, 선교본부의 사업에 대하여 시간을 아끼지 않았다. 선교본부의 임원을 제외하고 평신도 가운데 그만큼 시간과 생각을 쏟은 사람이 없을 것이다. 그의 기부는 다양하고 컸으며 그 규모를 알 수 없을 만큼 총액이 컸다. 해외선교에 대한 그의 지식, 관심, 헌신, 공감, 그의 시간과 재산을 아낌없이 바치려는 태도가 그를 아주 뛰어난 조언자와 후원자로 만들었다.

그의 사망은 선교본부의 크나큰 손실이다. 그는 충성과 유능함과 재능으로 본부를 도왔다. 수많은 선교지로부터 그만큼 사랑받고 널리 알려진 사람도 없다. 그의 사망을 접한 모든 장로교는 세상 모든 곳에서 애도한다. 그의 헌신은 광범하였으니 그가 온전히 또는 부분적으로 후원한 병원, 유치원, 학교, 대학, 의과대학, 신학대학, 종합대학에 이르렀다. 또 앞으로 성장하는 소년 소녀들에게 기독교 교육시키는 시설과 병든 사람들에게 전능하신 위대한 의사의 정신과 이름으로 치유되는 기관들에 뻗쳤다.

선교본부는 그를 단순하지만 매우 경건한 인물로 그릴 수 있다. 그는 신앙인이고 기도하는 사람이다. 그는 하나님과 함께 걷는 사람이다. 그가 예수와 함께한다는 것을 그가 알고 있음을 우리는 그와 가까이 교제하면서 알았다. 우리는 보이지 않은 세계의 바로 그 경계선에서 기독교에 헌신하는 기쁨을 갖고 그와 함께 걷고 있음을 성스럽고 소중한 특혜로 여긴다. 이제 그는 우리에게서 떠났으되 그가 진정으로 하나님과 함께 걷고 있음을 알고 있다. 우리는 그와 친구였고 그가 하나님과 함께 지내고 일을 하게 하신 하나님께 감사드린다."

그가 사망한 지 3개월 후 1913년 9월 28일에 그가 속한 우들랜드 장로교에서 추모 예배가 열렸다. 뉴욕 장로교 선교본부의 총무 스탠리 화이트 박사(Rev. Stanley White, DD)는 추모사의 마지막을 다음과 같이 장식하였다.

"여기 재산을 바르게 사용하는 문제를 성공적으로 해결한 사람이 있었다. 그는 자신이 재산의 주인이 되었지 재산이 자신의 주인이기를 거부하였다. 그는 돈이 자신을 고립시키지 않게 하였고 자신을 냉혹하게 만들지 않았고 돈이 일을 만들게 만들지도 않았다. 그는 모든 요청을 허락했으며 그 요청의 짐에서 결코 피하려 하지 않았다. 그는 하나님의 목적을 자신의 목적으로 삼았다. 그는 그 정신을 우위에 놓았다. 동양과 미국에서 그의 이름으로 된 건물이 많지만 그의 이름을 가슴에 새긴 사람이 많다는 사실이 더 중요하다. 나는 경외심을 가지고 감히 말하건 데, 그리고 믿건데 사람의 가슴뿐만 아니라 하늘에도 그의 이름이, 세브란스의 이름이 예수를 위하여 그의 일생을 바쳤노라 기록되었을 것이다. 모두에게 감동이 되기를 바라면서 이 훌륭하고 고매한 사람에게 애정을 바친다."[39]

그러나 어떤 추모사보다 더 심금을 울리는 슬프고도 아름다운 추모사가 있었으니 우스터 대학 이사회가 결의한 추모사이다.[40]

우스터 대학 이사회는 1913년 7월 8일에 다음의 추모사를 채택한다: 우스터 대학 이사회는 이사장이며 친구인 루이스 헨리 세브란스의 서거를 접하고 깊은 슬픔과 함께 고인을 향한 우리의 깊은 애정과 고인이 이 배움의 전당에 베푼 공헌을 증거하는 문서를 기록하여 그 사본을 고인의 아들 존 롱 세브란스와 딸 더들리 피터 알렌 부인과 고인의 친형 솔론 롱 세브란스에게 보낸다.

우스터 대학의 이사장 루이스 헨리 세브란스 씨의 서거로 우리는 가장 현명한 조언자, 가장 유능한 조력자, 가장 좋은 친구를 잃었다. 그의 서거가 우스터 대학 역사상 가장 역동적인 12년의 역사를 만든 가장 훌륭한 지도자를 우리에게서 빼앗아 갔다.

대화재를 딛고 재기한 이야기는 그의 인격과 일을 말하지 않고는 설명할 수 없다. 그 어려운 시기에 보여준 그의 크나큰 공헌은 아무리 높게 평가해도 지나치지 않는다. 물리학과와 화학과 건물의 기증이야말로 새로운 우스터 대학의 첫 번째 선물일 뿐이다. 그의 신앙과 자유로움은 많은 사람에게 영감을 주었다.

고인은 이사장의 요청을 하나님으로부터 받은 소명으로 받아들였고 그 순간부터 자신의 직분을 하나님의 일처럼 헌신하였다. 고인은 타고난 지도자였다. 그는 사람들을 좋아했고 자신의 기독교 신앙 안에 쉽게 끌어들였다. 사람들은 신뢰감을 갖고 그의 정의로움에 안겼다. 그의 현명함, 긴 안목의 다양한 사업 경험, 폭넓은 인격, 깊은 종교심, 기독교 교육에 대한 헌신이 그를 이 기관이 가장 필요할 때 가장 유능한 지도자로 만들었다.

우스터 대학에 대한 그의 교육 이상은 끝이 없다. 그는 한 번도 이 대학의 설립자들의 정신을 따르는 데 주저하지 않았다. 고인은 이들 설립자들의 목표를 이루기 위하여 플로렌스 하크니스 성경선교교육학과를 설립하였다.

그의 지도로 수많은 건물들이 들어섰고 교과과정이 늘어났고 교수들이 증가하였다. 이러한 확장에 따르는 모든 경비를 고인이 앞장서서 기부하였다.

선교사 자녀들의 안식처, 리빙스턴 홀과 웨스트민스터 홀에 깊은 관심을 보였고 그곳의 학생들이 부모를 초청하고 통신을 하고자 하는 요청을 한 번도 실망시키지 않았다. 그들 부모를 위하여 네 채의 집을 마련하였다.

우스터 대학을 향한 그의 열정은 전염성이므로 즉시 모든 국내와 해외의 장로교에 퍼졌다. 고인은 우스터의 친구였으며 교회 안에서 우스터가 위하는 모든 사람의 친구였다는 것은 장로교 노회와 총회에서 널리 알려졌다. 고인이 수많은 종교기관, 교육기관, 자선단체에 관계하였으나 우스터만큼 그의 도움을 받은 곳은 없었다. 아무도 고인을 우리만큼 그리워하지 못할 것이다.

우리에게 고인은 전능하신 하나님의 선택받은 종으로서 새로운 우스터의 기초를 놓았다. 우스터는 그의 지혜와 관대함을 추모하는 전당이다.

고인은 세상 떠날 때까지 이사회의 일원이 되었고 바쁜 가운데에도 자문과 지도에 시간을 할애하여서 우리는 기뻤다.

이제 그가 우리 곁을 떠났으므로 그가 우리와 함께 있을 때 우리 모두가 그에게서 느꼈던 애정을 표현할 길이 없다. 그에 대한 소중한 추억을 반추하는 영예를 표현할 길도 없다. 그를 다시 볼 수 없다는 사실에 통곡한다. 그것은 비록 짧은 기간이었지만 고인을 친구로서 가까이 할 수 있었고 그와 함께 우리 주님의 사업을 함께할 수 있었던 우리에게는 크나큰 특혜였다.

고인과 함께할 수 있었던 마지막 날들은 기쁨이자 은혜였다. 졸업식 날 이사회의 끝은 그의 열정적이고 아름다운 기도로 장식하였다. 그에게는 뛰어난 표현의 능력이 주어져서 하늘에 계신 아버지께 마치 친구에게 대하듯 말하는 재주가 주어진 것 같았다. 고인은 지난해의 모든 은총과 영적으로 하나가 되도록 인도하신 하나님께 감사를 드리는 데 온 마음을 드러내 놓았다. 크나큰 번성과 하나님의 나라를 통하여 대학이 성취한 높은 이상에 대해 깊은 만족감을 표현하였다.

갈수록 고인이 그리울 것이다. 그의 명랑함이 자꾸 회상될 것이다. 그러나 우리는 그의 추억 하나하나에 대하여 하나님께 감사드리는 것을 잊어서는 안 된다. 그가 그토록 너그럽게 헌신하였던 이 대학의 발전과 유지를 위하여 열성과 노력을 새로이 하지 않으면 안 된다.

유족들에게 우리 마음속의 깊은 슬픔을 보내며 하늘에 계신 아버지께서 위로의 말씀이 함께하여 슬픈 가슴에 평화가 있기를 빈다.

루이스 에드워드 홀덴
오스카 에이 힐스
윌리엄 에프 웨어
존 이 웨스트
이븐 비 콥 위원회

Memorial Service

Memorial Chapel, Wooster, Ohio

Sabbath, October 12, 1913, 10:30 A. M.

1838 Mr. Louis H. Severance 1913

Mr. Severance was a Trustee of the University of Wooster 1901-1913 and was President of the Board of Trustees 1905-1913.

Order of Service

Organ Prelude---Lamentation in D Minor — *Guilmant*

Doxology

Invocation

Hymn 409

Scripture Lesson---Revelation 22

Anthem---My God, My Father — *Marston*

Prayer--The Rev. W. F. Weir, D.D.

Sevenfold Amen

Addresses

Mr. Severance and the Building of the New Wooster
President Louis Edward Holden

Mr. Severance's Vision of the Kingdom of God
The Rev. Oscar A. Hills, D.D. [For the Trustees]

Mr. Severance as the Faculty Saw Him
The Rev. Chalmers Martin, D.D.

Mr. Severance as the Students Knew Him
Mr. David Roderick

Poem

In Loving Remembrance of Mr. Louis H. Severance
Prof. H. C. Grumbine

Solo---"Eye Hath not Seen"—(The Holy City) — *Gaul*
Mrs. J. Milton Vance

Prayer

Hymn 631

Benediction

Sevenfold Amen

Organ Postlude--Postlude — *Lytle*

출처: Courtesy of Professor Lowell Coolidge

〈자료 Ⅸ-9〉 1913년 10월 12일 우스터 대학교회의 세브란스 씨 추도식 주보

홀덴 총장은 마치 아버지를 여읜 것처럼 슬퍼하였다. 그 후 17년이 지나서 자서전을 쓰는 당시에도 그 슬픔이 가시질 않아서 세브란스 씨의 사진을 집무실 벽에는 걸어놓고 책상에는 올려놓았다.[41] 사진을 볼 때마다 영감을 얻는 듯하다고 고백하였다. 세브란스의 친구 히람 하이든 목사는 한 달 뒤인 7월 31일에 죽었다.

세브란스 씨가 서거한 지 4개월이 지난 1913년 10월 12일 일요일 10시 30분에 우스터 대학 교회에서 추모예배가 열렸다(자료 Ⅸ-9).[42] 대영광송에 이어 찬송가 409장을 부르고 요한계시록 22장을 낭독한 후 웨어 목사가 기도하였다. 이어서 대학을 대표하여 홀덴 총장이 "세브란스 씨와 새 우스터의 건설", 이사회를 대표하여 오스카 힐즈 목사가 "세브란스 씨가 본 하나님 나라", 교수를 대표하여 차머스 마틴 목사가 "교수들이 본 세브란스 씨", 학생을 대표하여 "학생이 아는 세브란스 씨"를 말했다. 그름바인 교수가

"세브란스 씨를 추모하는 시"를 낭송하였다. 한국의 의료선교를 위해서 애쓴 한 자선가를 추모하는 주보의 광고란에 영스타운시에서 열리는 오하이오 장로교 노회에서 "아프리카에서 급하게 부름"이라는 제목으로 우드 교수의 연설이 있을 것이라는 알림이 있었다. "한국에서 급하게 부름"이라는 제목의 주인공과 연설할 사람은 어디로 갔나.

최후의 자선

아버지의 부음을 듣고 이집트 여행에서 급히 돌아온 세브란스의 아들 존이 유산의 집행인이 되었다. 1913년 11월 26일 세브란스 재산의 가치를 뉴욕 법원이 판결하였다(자료 Ⅸ-10).[43] 대부분은 스탠더드 석유회사의 주식의 가치였다. 그가 남긴 스탠더드 석유 뉴저지 회사 주식은 5,070주였고 그 가치는 14,774,918달러였다. 그 밖에 회사채 643,458달러, 은행예금 267,529달러, 약속어음 151,110달러, 사무실 가구 346달러, 개인소지품 2,452달러를 남겼다. 참고로 록펠러와 세브란스가 은퇴한 후 스탠더드의 회장이 된 존 아치볼드가 1916년에 사망했을 때 보유주식은 5,000주였고 가치는 15,000,000달러였다.[44] 세브란스는 아치볼드 회장보다 더 대주주였다. 세브란스가 남긴 구체적인 자산 목록은 다음과 같다.[45]

SEVERANCE ESTATE WORTH $14,508,984

Property of Oil Man Who Left No Will Divided Between Son and Daughter.

AIDS FATHER'S CHARITIES

Son Carries Out Benefactions Promised by Former Associate of John D. Rockefeller in Standard Co.

Louis H. Severance, one of the organizers of the Standard Oil Company and a former associate of John D. Rockefeller, left an estate of $14,508,984, according to an appraisal filed yesterday in the Surrogates' Court. Mr. Severance, who had apartments in this city at the Waldorf-Astoria, died on June 25 in Cleveland, Ohio, at the home of Dr. Dudley P. Allen, his son-in-law. As Mr. Severance left no will, his estate was divided between John L. Severance, his son, and Elizabeth S. Allen, his daughter.

The bulk of Mr. Severance's estate was in stocks, the largest block being one of 5,070 shares of the Standard Oil Company of New Jersey valued at $1,035 a share. The stocks were appraised at $14,774,918 and the bonds at $643,458. Mr. Severance left bank accounts of $267,529 and held notes for $151,110. His office furniture was appraised at $346 and his personal effects at $2,452. The 5,070 shares of the Standard Oil Company of New Jersey represented the 5,070 shares of the Standard Oil Company of New Jersey and the proportionate shares of stock in the subsidiary companies which were distributed at the time of the dissolution of the so-called "Standard Oil Trust."

Mr. Severance was noted throughout his life for his many gifts to colleges and missionary schools. The following gifts, promised Mr. Severance and noted down by him in a memorandum, were paid by John L. Severance, his son and executor, after his father's death: $15,250 to the Cleveland Presbyterian Union for the purpose of erecting Presbyterian churches in Cleveland; $7,500 to Dr. Ibuka of Meiji Gakuim, Japan, for a new land purchase for a boys' school in Tokio; $8,000 to Dr. Oscar F. Hills for a hospital in Chefoo, China; $5,000 to the Laymen's Missionary Campaign; $5,000 to Hastings College at Hastings, Neb., contingent upon its obtaining $100,000 and keeping out fraternities; $5,000 to Coe College at Cedar Rapids, Iowa, contingent upon its obtaining $650,000; $4,900 for a girls' school dormitory at Cebu in the Philippines; $10,000 to F. W. Bible for the Union Girls' School in Hangchow, China; $3,050 to Dr. H. M. McCandleus for a hospital at Hainan, China; $5,000 to the Winona Assembly and Dr. Sol S. Dickey provided he obtained $100,000; $3,000 to the Y. M. C. A. of Titusville, Penn.; $1,000 to the German Hospital in Cleveland, Ohio; $10,000 to John R. Mott for the Shanghai, China, Y. M. C. A.; $45,000 to the True Light Seminary in Canton, China; $3,000 to the University of Nanking, China, for land and $25,000 for an endowment; $10,000 to Wooster University in Ohio for a pension fund; $50,000 to Wooster University for an athletic field; $2,225 to the Woman's School and Seminary in Nanking; $1,070.76 to the Girls' School at Kelhapur, India, and $15,000 to the Theological Seminary at Chieng Mai in Siam.

출처: New York Times 1913년 11월 27일

〈자료 Ⅸ-10〉 1913년 11월 27일 뉴욕 타임스의 세브란스 유산 기사

스탠더드 석유 뉴저지 5,070주, 에퀴터블 신탁회사 100주, 제너럴 일렉트릭 2,500주, 웨스턴 유니언 전보 2,000주, 레이크 숄 철도 700주, 클리블랜드, 콜럼버스, 신시내티 철도

500주, 클리블랜드, 신시내티, 시카고 철도 500주, 남캐나다 철도 500주, 미시간 센트럴 철도 200주, 뉴욕, 시카고, 센트루이스 철도 600주, 철로강철 용수철 회사 1,500주, 미국전차 회사 1,100주, 라카와나 제철회사 2,000주, 리퍼블릭 강철 회사 1,500주, 국제해상회사 400주, 시카고 그레이트 웨스턴 철도 172주, 시보드 국립은행 440주, 뉴욕 센트럴 허드슨 리버 철도 3,000주, 애치슨, 토파크, 산타페 철도 1,000주, 볼티모어 오하이오 철도 1,500주, 펜실베이니아 철도 300주, 아마갈레이트 구리 5,000주, 국립연료가스 694주, 오하이오 연료공급 200주, 부동산 신탁회사 50주, 퍼스트 내셔널 은행 1,215주, 시티즌 저축 신탁회사 208주, 클리블랜드 신탁회사 1,216주, 북미상업은행 510주, 애크런 내셔널 시티은행 21주, 미국조선 100보통주, 미국조선 1,001우선주, 영스타운 튜브 9,121보통주, 영스타운 튜브 2,943우선주, 셔윈-윌리엄스 2,963주, 내셔널 카본 1,500주, 라카와나 기선 500주, 켈리 아일랜드 라임 1,144주, 워싱턴, 볼티모어 아나폴리스 전기철도 695주, 메이필드 컨츄리 클럽 3주, 클리블랜드 상공회의소 1석, 클리블랜드 유니언 클럽 11주, 컨츄리 클럽 2주, 틸던 철광석 83주, 골든 리워드 금광 7,000주, 마리온빌가스 7주, 피츠버그 철광석 77주, 페더럴 난방 1,275주, 클리블랜드 아케이드 379주, 클리블랜드 철강 555주, 콜로니얼 소금광산 4,000주, 유니언 유황 330주, 린데 공기 940주, 콜로니얼 크레온 200주, 유나이티드 석유 2주, 라카와나 철강 200주, 국제해상 35주, 덜레스 메사바 노던 철도 4주, 헌팅턴 빅 샌디 철도 2주, 국제항해 25주, 오하이오 리버 철도 20주, 클리블랜드 터미널 밸리 철도 8주, 모농가헬라 철도 2주, 오하이오 연료공급 1주, 페더랄 난방 95주, 영스타운 튜브 104주, 레이크 수피리얼 철도 44주, 시라큐즈 래피드 트랜지트 철도 10주, 워싱턴 볼티모어 아나폴리스 전기철도 110주, 쿠바 동광 168주, 홈 리버사이드 석탄광 15주.

주식과 채권이 광범위하게 분산되어 오늘날의 재무이론의 측면에서 보아도 그의 재산은 안전하였다. 그러나 유산 목록에 집과 토지가 없었다. 세브란스는 장년이 되어 뉴욕으로 진출한 이후에는 자신의 집을 갖고 있지 않았음이 드러났다. 그는 버킹엄 호텔에서 살았다. 두 번째 결혼 이후에는 부인의 집에서 살았고, 부인이 죽자 월도프-아스토리아 호텔로 거처를 옮겼다. 사람들은 형님 집에 초대하였고, 죽음도 외동딸의 집에서 맞이했다. 영결식도 형님의 집에서 치렀고, 유산에도 집은 없었다. 수많은 교회와 학교와 병원에 기부한 당대의 대자선가가 정작 자신의 집과 토지는 갖고 있지 않았다.

세브란스의 유산은 외아들 존과 외동딸 엘리자베스에게 분배되었다. 그러나 세브란스에게는 살아있을 때 기부를 약속하고 지불을 마치지 못한 잔금이 있었다. 그의 사후 발견된 수첩에 기록된 대로 아들은 아버지를 대신하여 지불하였다.

클리블랜드 장로교 연합회 15,250달러
일본의 메이지 학원 이부카 원장 7,500달러
중국 체푸 병원의 오스카 힐즈 박사 8,000달러
평신도 선교운동 5,000달러
네브래스카 헤이스팅스 대학 5,000달러
아이오와 시다 레피드 시의 코 대학 5,000달러
필리핀 세부 여자학교 4,900달러
중국 항주 유니언 여학교 10,000달러
중국 해남 병원의 메칸드러스 박사 3,050달러
위노마 성경학교 디키 박사 5,000달러
타이터스빌 기독청년회 3,000달러
클리블랜드 독일병원 1,000달러
상해기독청년회 존 모트 10,000달러
중국 광동 진리의 빛 신학교 4,500달러
중국 남경 대학 5,000달러, 기금 25,000달러
우스터 대학 경기장 50,000달러, 연금 기금 10,000달러
중국 남경 여자 신학교 2,225달러
인도 캘하푸르 여자학교 1,670달러 76센트
시암(태국) 치앙마이 신학교 15,000달러

미지급 잔금만 196,095달러 76센트였다. 처음이자 마지막으로 그의 자선의 범위가 일부나마 밝혀진 셈이다. 미국, 중국, 일본, 인도, 필리핀, 태국에 걸쳐 있다. 여기서 한국이 빠진 것은 그가 살아있을 때 약속을 모두 이행했던 것으로 보인다. 인도 캘하푸르 여자학교의 경우 달러 이하 센트까지 기록된 것으로 보아 약속한 총액은 알 수 없지만 지급하고 남은 금액인 것으로 보인다. 명단 속에 평신도 선교운동, 존 모트, 이부카 등은 모두 익숙한 이름들이다. 타이터스빌의 기독청년회는 젊을 때부터 후원하던 곳이다.

앞서 스탠더드 석유회사의 주식은 록펠러, 페인, 하크니스, 프래트의 네 가족이 절반 이상을 차지한다고 밝혔다. 이 가운데 페인은 죽었을 때 32,367,174달러를 남겼다.[46] 프래트는 2천만 달러를 남겼다. 이로 미루어보아 대주주로서 세브란스 씨의 위치를 가늠할 수 있다고 앞에서 밝혔다.[47]

중국의학재단

앞서 록펠러가 자선을 할 때 세브란스에게 자문을 구했다고 했는데 록펠러는 최소한 세 가지 경우에 세브란스 자선을 모범으로 삼았다. 첫째가 중국의학 재단이다. 세브란스 씨가 작고한 1913년에 록펠러는 1억 달러를 출연하여 뉴욕에 "록펠러 재단 Rockefeller Foundation"을 설립하였다. 이 재단은 다시 1914년에 "중국의학재단 China Medical Board"을 뉴욕에 설립하고 영국 선교부가 주관하던 북경협화의학대학을 인수하였다. 이 방면에서는 세브란스가 역시 선구자라 할 수 있다. 록펠러가 이미 있던 북경협화대학을 인수하여 발전시킨 것이 세브란스가 이미 있던 제중원을 확대 발전시킨 것을 본받았을까.

그 첫째 목적은 중국의 의학 수준을 향상시키고, 중국 의사를 양성하는 것이었다. "외부에서 약간 도와주면 내부에서 힘이 생겨 커다란 혜택을 일으키고 중국뿐만 아니라 전 세계에 이롭게 될 것이다."[48] 둘째 목적은 극동의 다른 지역에 그와 유사한 기관을 지원하는 것이었다. 대표단이 파견되어 중국의 북경, 남경, 상해, 제남, 광동을 시찰하여 보고서를 제출하였다. 이곳들은 7년 전에 이미 세브란스 씨가 방문한 곳이다. 하버드 의과대학에서 교수를 파견하여 영어로 가르치는 것을 건의하였다. 결국 6명의 전임교수와 1명의 약사, 4명의 간호사로 시작하였다. 교과서를 번역하는 작업도 도왔다. 그 방식이 세브란스가 오래 전에 서울에 병원과 의학대학을 지원하는 것을 닮았다. 다른 점이 있다면 중국은 방대한 석유시장이라는 것이다.

1950년 한국전쟁이 발발하여 중공이 참전하자 미국과 중국은 적국이 되었다. 중공은 북경협화대학을 국유화하였다. 뉴욕의 중국의학재단은 첫째 목적이 불가능해지자 둘째 목적에 의거하여 극동에서 지원할 기관을 찾다가 세브란스 의학대학을 선택하였다. 전쟁으로 황폐하게 된 세브란스 의학대학으로서는 절호의 기회였다. 1953년부터 매년 10만 달러의 원조와 별도로 병원을 복구하는 데 150만 달러를 지원하였다. 이렇게 되어 세브란스 씨가 설립한 세브란스 의학대학과 록펠러가 설립한 중국의학재단은 인연을 맺게 되었다.

둘째, 록펠러가 세브란스의 뒤를 이어 자선에 등장한 것은 중국의학재단뿐이 아니다. 앞서 세브란스 병원에 조그맣지만 의학연구소를 설치한 것은 록펠러 의학연구소를 앞선 것이다.

셋째, 세브란스가 1907년 장로교 해외선교의 사명을 부여받고 아시아, 특히 극동의 선교 현장을 시찰한 직후 1908년 록펠러는 시카고 대학의 버튼 박사(Ernest DeWitt Burton, DD, 1856~1925)에게 침례교 선교 현장을 조사하도록 사명을 주었다. 버튼은 인도, 중국, 일본, 한국을 여행하였다. 이 여행을 위하여 세브란스 장로와 서신교환을 하였다. 한국에서 그는 기독청년회를 조사하여 보고서를 남겼다. 그는 1910년 에든버러 세계선교대회에도 관여하였고 모금을 위하여 세브란스와 서신을 주고받았다.

명암

세브란스 씨는 이제 고인이 되었다. 남긴 것은 그의 명성인데 스탠더드 석유회사의 명성과 구분해야 한다. 긍정적이든 부정적이든 록펠러의 이름이 스탠더드와 함께 붙어 다니듯이 이보다는 훨씬 드물고 정도의 차이는 있겠지만 세브란스의 이름도 스탠더드의 이름에서 자유로울 수 없을 것이다. 스탠더드 석유회사에 대한 평가는 저마다 달라서 명암을 이룬다. 아이다 미네르바 타벨에게 스탠더드는 증오의 대상이었다.

잡지에 실린 타벨의 글에 자극 받아 의회는 1890년에 셔먼 독점금지법을 제정하였다. 스탠더드 석유회사는 세브란스 씨가 은퇴한 지 11년 후인 1907년에 독점금지법에 저촉되어 재판을 받게 된다. 그러나 스탠더드는 미국 시장의 80퍼센트를 차지하였고 20퍼센트는 다른 회사가 차지하여서 완전한 독점은 아니었다. 스탠더드는 석유가격을 안정시키는 데 80퍼센트만으로 충분하다고 생각했다. 〈자료 Ⅸ-11〉를 보면 스탠더드 석유회사가 설립되는 1870년 전후에서 석유가격은 안정을 보이기 시작한다.

〈자료 Ⅸ-11〉 원유의 명목가격과 실질가격-1991년 기준

연도	최고가격($)	최저가격($)	연도	최고가격($)	최저가격($)
1864	13.00	4.00	1870	4.00	2.75
1865	9.25	4.00	1871	5.15	3.40
1866	5.00	1.65	1872	4.60	3.00
1867	4.00	1.50	1873	1.05	1.00
1868	5.00	1.80	1874	1.90	0.65
1869	7.00	4.25			

자료 : Yergin, The Prize, p.792, 출처: 원유의 명목가격과 실질가격/ 저자 작성

한 가지 분명한 것은 스탠더드 석유회사는 독점가격을 형성하지 않았다는 점이다. 이 사람들은 석유가격을 비싸게 책정하면 다른 상품이 석유를 대체한다는 것을 잘 알고 있었다. 석유는 여러 가지 에너지 원천의 하나일 뿐이다. 그리고 여러 가지 광원(光源)의 하나일 뿐이다. 만일 가격이 비싸지면 다른 에너지 원천이 등장하고 다른 광원이 발명된다. 당장 석유가격이 비싸면 석탄이 대체할 것이다. 비싸지 않았는데도 에디슨의 전구가 발명되었다. 이러한 경쟁가격정책은 그 후 1893년에 멜론(Andrew Mellon)이 소유한 알루미늄 독점 생산업체 알코아(Alcoa)가 따랐다.

그러나 록펠러의 뒤를 이은 아치볼드는 석유가격을 올렸다. 이것은 독점가격이 개인에 의해서 결정된다는 사실을 나타내는 경험적 증거이다. 20세기 후반에 석유수출국이 카르텔을 형성하고 담합하여 가격을 결정하는 가능성은 이때부터 보였다.

스탠더드 신탁이 시작된 이래 여러 분야에서 이를 모방하여 신탁회사가 등장하였다는 점도 묵과할 수 없다. 맨 먼저 등장한 것이 위스키 신탁회사이고 두 번째가 설탕 신탁회사이다. 담배를 이어서 철강도 뒤따랐다. 내버려두면 모든 산업분야에서 신탁회사가 등장할 판이었다.

그러나 예긴(Daniel Yergin)에 의하면 시야를 미국에서 세계로 넓히면 세계 석유시장은 경쟁적이었고 스탠더드 석유회사는 무자비한 경쟁자가 될 수밖에 없었다. 예긴은 다음과 같은 평가를 내린다.

"많은 악덕자본가(the robber baron)들이 투기, 주가조작, 사기, 주주에 대한 배신 등으로 재산을 긁어모았다. 그러나 스탠더드 석유회사는 젊고, 예측할 수 없고, 무질서한 산업

을 안정되고 질서 잡힌 산업으로 변화시켰다. 그럼으로써 빛을 애타게 찾는 세계에 어둠을 물리쳤다. … 동시에 새로운 인물, 새로운 회사가 미국, 바쿠, 스마트라, 버마, 페르시아에서 일어났다. 그리하여 강한 경쟁이 지속된 것이다. 누구는 살아남고 누구는 사라질 것이다."[49]

체르노프(Ron Chrnow)는 오스트리아의 세계적인 경제학자 슘페터(Joseph Schumpeter, 1883~1950)의 이론으로 스탠더드 석유회사의 역할을 높이 평가하고 있다.[50] 마지막으로 미국 정부의 평가는 어떠했을까. 1882년 미국 상무성의 공식 잡지에 다음과 같은 견해가 실렸다.

"[스탠더드 석유회사]가 큰일을 하였다는 것은 의심의 여지가 없다. 그리고 그를 통하여 정유가 정상적인 사업이 되었다. 수송도 크게 개선되었다. 그러나 이러한 긍정적인 것과 함께 부정적인 면에 대해서는 명확한 판단을 내릴 수 없다."[51]

스탠더드 석유가 처음 시장에 등장했을 때 대환영하며 그의 사용법을 책으로 쓴 사람이 있었으니 『톰 아저씨의 오두막』의 저자 스토(Harriet Stowe) 부인이었다. "좋은 석유는 빛을 준다. 그러나 나쁜 석유는 폭발하니 조심해야 한다." 이런 내용이었다. 1870년대에 매년 7천 명이 석유 폭발로 목숨을 잃었다. 스탠더드의 공헌은 80퍼센트의 석유 시장을 장악하여 값싸고 품질이 안전한 "표준석유 standard oil"를 제공했다는 점이다. 1876년 미국 독립 1백주년 기념 만국박람회가 필라델피아에서 개최되었다. 여기에 처음으로 에디슨의 전구와 벨의 전화가 소개되었는데 이것과 함께 등잔을 비롯한 석유관련 상품도 선보였다. 사람들은 밤을 안전하고 밝게 밝혀주는 석유등잔에 넋을 잃었다.

자선과 영혼

스탠더드 석유회사의 평가야 어떻든 세브란스 씨는 자신의 부를 선하게 쓰고 그의 직계 가문은 홀연히 사라졌다. 세브란스 씨가 자선에 얼마를 썼는지는 아무도 모른다. 앞서 사위 더들리 피터 알렌 박사의 말을 인용한 대로 남이 모르게 기부하였기 때문이다. 그런데 그의 자선을 목격했던 여러 사람의 말에서 그의 행동이 확인된다. 이 책에서 인용한 사람만 나열하여도 에이비슨, 홀덴, 핸드, 화이트, 엘린우드, 피트켄, 어머니 메리, 사위 알렌 등이다. 이들이 무심코 한 말에서 세브란스 씨의 자선의 암시를 받을 수 있었다.

세브란스 씨의 기독교 의료선교사업이 돋보이는 것은 당시의 다른 선교사들과 비교할 때이다. 일찍이 뉴욕 장로교 총무 엘린우드 박사[52]는 다음과 같은 예언을 하였다.

> "장차 수십 년간 우리의 선교사업은 우리가 그것을 원하건 원치 않건, 또 좋건 나쁘건 간에, 여하튼 외교와 상업의 영향을 더 밀접하게 받지 않을 수 없을 것이다."[53]

모든 선교사가 그런 것은 아니었겠지만 상당히 많은 의사와 선교사들은 소위 '장사꾼 선교사'들이었다. 선교사들은 거의 자신의 양품시장을 갖고 있었다.[54] 원산의 한 선교사는 장사를 위한 과수원을 경영하였고, 서울의 어느 선교사는 하숙을 경영하였다. 사무엘 모펫 목사는 압록강 목재를 3천 그루나 잘라 내었다.[55] 빈튼(Vinton) 박사는 재봉틀 100대를 수입했고, 언더우드 목사는 석유, 석탄, 농기구 등을 수입했다. 이 문제로 알렌 미국 공사는 언더우드와 절교하였다.[56] 그러나 언더우드 부인의 기록은 다소 다르다. 알렌 공사는 "선교사들의 상업적 경향성이 … 상인들을 대단히 괴롭히고 있다"라고 적었다. 스탠더드 석유회사의 대리인 타운센드는 하도 답답하여 본국의 모친에게 편지를 내어 선교사를 돕는 일을 중지하라고 요청하였을 정도였다. 영국 언론인 해밀턴이 미국 선교사들의 상행위를 공격하는 글을 썼다. 이러한 상행위를 못마땅하게 생각하던 알렌 공사 자신도 결국에는 한국의 대규모 이권에 개입하였다. 1900년에 그는 국왕에게 1만 2천5백 달러를 바치고 운산 금광의 이권을 15년간 더 연장하였다.[57] 서울-제물포 사이의 철도부설권에도 개입하였다.[58] 알렌 공사의 후임자였던 에드윈 모건(Edwin V. Morgan) 공사는 다음과 같이 증언하였다.

> "점쟁이, 내시, 기생, 외교사절, 그리고 그러한 일을 해서는 안 된다는 것을 알아야 할 사람들까지도 은밀히 이면에서 활동하여 너무나 많은 한국의 이권이 외국인의 손에 넘어갔다."

세브란스 씨는 한국에 단 한 번 다녀갔을 뿐 일체 간섭하지 않았다. 오히려 계속 후원하였고 그 지원은 자식 대까지 44년간 계속되었다. 당시에나 지금에나 대학이나 병원을 짓고 자신의 애완물(pet institution)로 여기는 세태에서 세브란스 씨나 그 자식이 한국에서 이익을 얻었다는 기록은 단 한 줄도 없다. 더욱이 세브란스 씨가 거금을 기부할 때에는 조세 혜택도 없던 시절이었다. 에이비슨 박사도 마찬가지였고 러들로 교수도 베풀기만 하였지 세속적인 이익을 취한 바 없다. 진정한 자선이었다.

> "세브란스 씨는 일이 단순한 자선이 되도록 내버려두지 않았다. 그는 자선을 한 단계 더 높이 끌어올려 영혼의 차원에 도달하려고 애썼다."[59]

그는 자신과 함께 이 세계가 예수 그리스도에게 돌아가는 것을 목적으로 삼았다.[60] 에이비슨 박사의 봉사에 대한 이승만의 연설이 세브란스의 순수자선을 간접적으로 설명할 것이다.[61] 이 연설은 미국 교회에서 이승만의 단골 주제였다.

> "… 나는 에이비슨 박사와 그의 동료들에게 한국어를 가르치게 되었다. 나는 그들에게서 선함만 보고 놀랐지만 이들이 겉으로만 그러는 척하는 줄로 계속 의심하였다. … 내가 기독교인이 되고 그들의 참됨을 믿지 않을 수 없게 되면서도 여전히 불신에 매달리고 있었다. 그러나 에이비슨 박사의 경우에는 진정한 사랑이 생기기 시작하였다. 상투를 자르게 되었을 때 그가 잘라주었다. 내가 행복을 느끼는 사람에게서 상투가 잘렸다는 것은 아주 소중한 것이었다. 내가 체포되게 되었을 때 그는 나를 숨겨주었고, … 감옥에 있을 때에는 영어성경과 영어사전을 보내주었다. 내가 기독교인이 되고 기도하자 나는 다른 사람이 되었고 선교사와 그들의 종교에 대한 증오가 사라졌다. … 감옥 내에 콜레라가 만연하자 에이비슨 박사는 감옥에 와서 약을 넣어주었다."

분쉬

세브란스 씨의 업적은 동시대의 다른 의료사업과 비교된다. 당시 서울에 근대식 병원을 짓고 싶어 하던 의사가 있었다. 독일인 의사 분쉬 박사(Richard Wunsch, 1869~1911,

富彦士)이다. 그는 1901년 고종의 어의(御醫)로 임명되어 한국으로 왔다. 그러나 그는 병원을 짓는 데 실패하였다. 고종의 어의라는 지위를 이용하여도 서울에 근대식 병원을 짓는다는 것이 얼마나 어려운 일이었던가를 가늠할 수 있다. 그는 결국 1905년에 한국을 떠날 수밖에 없었고 당시 독일의 조차지였던 중국의 청도에서 1911년 장티푸스에 걸려 뜻을 펴지 못하고 사망하였으니 애석타 아니 할 수 없다. 그렇지 않았다면 1914년에 발발한 제1차 세계대전의 와중에서 청도의 독일군 5천 명이 일본에 항복하였을 때 함께 포로가 되었을 것이다.[62)]

분쉬는 왜 실패하였을까. 물론 고종의 우유부단함과 이용익의 교묘한 방해가 있었다. 앞서 에이비슨의 병원 부지 매입도 관리가 방해하였다. 그러나 세브란스 씨는 어려울 때마다 신속하고 단호한 결정을 내린 것이 현명한 일이었음으로 드러났다. 그렇지 않았으면 세브란스 병원도 지지부진하였을 것이다. 앞서 소개한 세브란스의 말을 다시 상기할 필요가 있다.

> "에이비슨 박사, 이제 박사에게 달렸소. 귀하가 필요로 하는 것을 황제의 고문관들이 싫어하고 황제는 자기의 고문관의 말만 믿고 있으니 더 이상 황제의 말을 기다리지 말고 지체 없이 일을 진행하시오."[63)]

분쉬 박사가 실패한 또 하나의 중요한 요인은 그는 의료만 생각했지 선교는 생각하지 못했던 것이다. 분쉬는 의료기술을 이용하여 대접받고 부자가 되기 위하여 한국에 왔다 해도 과언이 아니다. 그의 언행록을 모아보면 알 수 있다.[64)]

> "한국에 가면 적어도 생계는 해결되리라 생각해서 궁리 끝에 그렇게 결정 내렸습니다."
>
> "그런데 유감스러운 점은 마치 전도하듯이 지나치게 열심히 의료행위를 하는 바람에 의사로서 물질적 혜택을 누릴 수도 있는데도 의료행위의 가치가 수치스러울 만큼 낮게 평가되고 있다는 것입니다."
>
> "제가 하는 일의 공로를 인정받아 최고의 숙련된 조수, 제반시설을 갖춘 한국과 일본이 공동으로 설립한 종합병원의 가장 높은 자리에 앉아 있기를 바란답니다. 인술을 생각하는 양심적인 의사에게는 가소로운 일이지만요."
>
> "이곳에서도 땅을 살 수 있겠지만 여기에 영원히 머문다는 건 쓸모없는 짓이겠지요."

“문제의 청구서를 완전히 청산해 이제 빚은 없으며 저축도 좀 할 수 있을 것 같습니다. 이 직장이 비록 불리한 점이 있긴 하지만 어디서 그렇게 빨리 수천 마르크를 모을 수 있겠습니까.”

에이비슨은 가만히 있어도 국왕이 세우는 근대 의학교의 교장이 될 수 있는데도 이를 뿌리치고 기독교 의학교를 짓는 목표를 세우기 위하여 후원자를 찾아 미국을 헤매었던 것과 대조적이다. 분쉬의 스승 피르호는 인종 연구에 관심이 많았다. 분쉬는 강원도의 어느 소년의 나체사진을 보내면서 편지를 썼다.

“존경하는 추밀고문관님, 제가 런던에서 들은 바로는 인종 문제에 각별히 관심을 가지고 계신 줄로 압니다. 인종에 관한 연구 때문에 조사할 일이나 문의할 일이 있으면 도움을 드리겠으니 언제든지 물어보십시오.”

분쉬는 한국에 계속 머물 생각이 없는 기회주의자였다.

“만약 일본이 한국 황제를 폐위할 경우 도쿄에서 정기적인 진료를 할 수 있는지 그[에퀴터블 생명보험회사의 수석비서]에게 알아보려고 합니다.”

“저는 착잡한 마음으로 도쿄로 자리를 옮겨볼까 생각하고 있습니다.”

분쉬 박사는 매일 2시간을 승마에 보냈다.[65] 서울에서 승마하는 사람은 그를 포함하여 3사람뿐이라고 편지에 썼다.[66] 그러나 헐버트 박사의 자서전에 의하면 모두 말을 갖고 있었고 서울에는 6개의 승마단체가 있었으며 여자들도 승마를 했다.[67] 분쉬 박사는 또 사냥을 좋아하였다. 그가 사냥여행으로 전국 각처를 돌아다닐 때 에이비슨 박사는 의료선교로 10분 단위로 촌음을 아껴서 건강까지 해칠 정도로 전국을 다니며 일하였다. 에이비슨 박사는 너무 시간이 없어서 사냥은커녕 왕진을 거의 삼갈 정도였다.[68] 에이비슨 박사가 공개한 자신의 일과를 보면 보통사람은 숨이 막힐 지경이다.[69]

오전 6시 30분	기상
6시 30분 ~ 50분	세수와 체조

6시 50분 ~ 7시 10분	목욕과 옷을 입음
7시 10분 ~ 7시 30분	하루의 계획
7시 30분 ~ 8시	기도와 아침식사
8시 ~ 8시 25분	가사 처리
8시 25분 ~ 8시 30분	사무실 출근
8시 30분 ~ 8시 45분	논문과 편지를 읽음
8시 45분 ~ 9시	의학전문학교 기도회에 참석
9시 ~ 10시 30분	공개회의
10시 30분 ~ 11시 30분	편지 쓰기
11시 30분 ~ 12시 30분	일반 사무
오후 12시 30분 ~ 1시	점검
1시 ~ 1시 40분	점심
1시 40분 ~ 2시	휴식
2시 ~ 4시	연희전문학교 방문과 사무처리
4시 ~ 5시	특별회의
5시 ~ 6시	방문과 야외운동
6시 ~ 7시	저녁식사
7시 ~ 7시 30분	음악과 시를 들으면서 휴식
7시 30분 ~ 8시	아들의 일을 도움
8시 ~ 9시	독서, 계획을 세우고 편지를 씀
9시 ~ 10시	오락
10시 ~ 10시 30분	저녁 기도
10시 30분	취침

분쉬 박사는 의료가 선교와 손을 잡을 때 힘을 발휘한다는 사실을 몰랐다. 이것은 스크랜튼 박사(William B. Scranton, MD)의 경우에도 마찬가지였다. 그는 말했다.

"나는 한국에 와서 복음을 위한 문을 여는 하나님의 열쇠로서 의술활동을 하였다. 그러나 나는 곧 이미 넓게 열려진 문의 자물쇠를 만지작거리고 있다는 것을 알게 되었다. 그래서 의료사업을 떠나 전도사가 되었다."[70]

다른 의사들도 찬성이었다. 그래서 그들은 병원을 짓는다는 것은 어리석은 "제도 존중 사상"의 연장이라고 생각했다.[71] 이 경우에도 세브란스 씨의 단호함이 승리를 거두었다.

"좋습니다. 그러나 선교본부는 알아야만 합니다. 나는 현재 병원을 지으려는데 5천 달러로 충분하다고 하니 나의 기부금도 5천 달러로 하겠습니다. 전도사업을 위해서는 나의 기부금은 없습니다. 나는 전도사업의 중요성을 알고 있지만 지금 나는 병원을 세우려 하고 있습니다."

이와 대조적으로 자선의료가 없는 순수선교를 지향하였던 윤치호의 원산 기독교인 거류지 계획도 효과적이지 못하였다. 1907년 감리교에서 7천 달러의 토지매입과 2만 달러의 건물로 계획하였던 이 일은 학교, 교회, 숙소로 구성되어 이국적인 마을을 형성했지만 한국 사람들의 마을과 동떨어져 있었고 무엇보다도 한국인들을 위한 자선의료가 빠졌다. 사람들의 삶 속에서 육신과 영혼을 동시에 치료하지는 못했다.[72]

웨어

분쉬 박사가 실패한 또 다른 이유는 그를 지원하는 후원자 혹은 후원단체가 없다는 데 있었다. 이 점에서는 제물포 성공회 소속 웨어 박사도 크게 다르지 않았으니 1916년에 성누가 병원을 폐쇄하고 말았다. 자금과 인력의 부족이었다. 그는 곳곳에서 이 문제를 거론하고 있다. 그는 성공회 서울병원이 문을 닫을 때 이미 "위기"라고 표현하였지만 그래도 희망을 버리지 않았다. 그는 세브란스 병원을 못내 부러워하였다. 그는 고국에 편지를 썼다.[73]

"어떤 선교단체[미국 장로교]는 한국 선교의 절반 이상의 일을 하는데 이번 가을에 40명의 선교사를 추가적으로 보내줄 것을 전보로 요청하였다. 이것은 한국이 필요와 기회의 땅이라는 것을 의미한다."

"우리는 한국에서 1명의 주교, 4명의 목사, 6명의 수녀, 4명의 레이디, 1명의 의사가 전부이다."

"나는 이 글을 보는 사람에게 호소한다. 여기[한국]에 올 수 없겠느냐? 자금을 보낼 수 없을까? 한 가지 여러분이 할 수 있는 일은 기도하는 일이다."

웨어 박사의 기록을 보면 1명 의사의 단독 선교병원이 얼마나 어려운 사업인가를 알 수 있다. 결국 에이비슨과 세브란스가 생각했던 "연합사업"만이 성공할 수 있었다는 것을 보여준다.

하나님 사업의 신탁회사

미국에는 젊은 선교사를 교육시키는 수많은 신학교와 신학교로 인도하는 수많은 기독청년회가 포진해 있었다. 여기에 더하여 해외선교 청년봉사운동대회가 끊임없이 개최되었다. 이들을 후원하는 자선단체 또한 많다. 말하자면 하드웨어와 소프트웨어가 충분하다. 그러면서도 부족감을 느껴 연합하여 의료복음사업을 계획하고 실천하는 데 소규모의 빈약한 재정과 하드웨어가 충분히 갖추지 않은 선교단체는 어려울 수밖에 없음이 드러났다. 독일 의사 분쉬와 영국 의사 웨어가 실패한 것도 바로 이 점 때문이다. 이에 비하면 세브란스는 모든 면을 갖추었다. 그것이 바로 "연합정신"이었다. 기독교 교파 사이의 연합, 기독교 사업 사이의 연합, 기독교 세대 사이의 연합이 세브란스가 꿈꾸던 연합이었다. 세브란스가 장로교 대표, 교육재단 이사, 에큐메니컬 대회 부회장, 세계선교대회 부회장, 평신도 선교대회 참석, 기독청년회 후원, 등 그 많은 기독교 선교단체에서 적극적으로 봉사한 것은 해외선교의 처음부터 끝까지 수직결합과 수평연합을 목표로 "하나님 사업의 신탁회사"를 만든 것이다. 1백 년이라는 세월이 지나 이 신탁회사가 남긴 결과가 세브란스 병원과 의학대학이다.

결국 세브란스 씨의 기독교–의료–선교–교육–재정에 바탕을 둔 순수 하나님 사업정신과 에이비슨 박사의 순수 봉사정신이 합쳐져서 그들이 함께 꿈꾸던 하나님 사업을 한국 사람들의 삶 속에서 이룰 수 있었던 것이다.

역사

세브란스 병원 및 의학대학의 시작과 그의 영속적인 계승은 에이비슨 박사가 말했듯이 "우연의 연속"에서 시작된 것으로 보일 수가 있다.[74] 잘 짜인 각본과 같다.

제1막: 중국에 있던 알렌 선교사가 뉴욕 선교본부의 엘린우드 총무의 지시로 한국으로 오기 무섭게 갑신정변이 일어나 7군데 칼에 찔린 민영익을 27군데 수술하여 살려 놓았다. 그것도 미국 의사라면 원수처럼 여기던 러시아와 청국의 이익을 대표하는 묄렌도르프의 부탁이었다. 그 덕택에 그는 민 왕후의 신임을 얻어 제중원을 설립할 수 있었다.

제2막: 캐나다에서 편안하게 의과대학교수를 하던 에이비슨이 마침 언더우드 선교사의 강연을 들은 다음 모든 것을 버리고 엘린우드 총무의 주선으로 한국으로 떠났다. 때맞추어 제중원에 싫증을 내고 미국 외교관이 되고 싶어 하는 알렌 선교사를 부산에서 제물포로 오는 배 안에서 우연히 만난 것이 인연이 되어 그에게서 제중원을 인수받았다.

제3막: 에이비슨 박사가 건강 때문에 안식년을 예정보다 2년이나 앞당겨 캐나다로 귀향하고 한국으로 귀환도 엘린우드 총무의 요청으로 예정보다 반 년 연기하면서까지 뉴욕 대회의 참석과 연설을 부탁받았다. 연설 제목도 에이비슨 박사가 정한 것이 아니라 엘린우드 총무가 정했는데 하필 세브란스 씨가 평소에 생각하던 예양과 연합에 관한 것이었다. 여기에 때맞추어 세브란스 씨가 극동에 병원을 짓고 싶어 하던 차에 클리블랜드 장로교 대표로 뉴욕 대회에 참석하게 되었다. 이 셋이 만나서 세브란스 병원의 역사가 시작되었다.

제4막: 더욱 믿기 어려운 것은 세브란스 씨가 거금만 보내고 일체 관여를 하지 않았다. 각본의 절정은 세브란스 가문이 세브란스 병원과 의학대학을 남기고 역사의 무대에서 홀연히 사라졌다는 점이다.

흡사 알라딘 앞에 생면부지의 마음씨 좋고 인정 많은 지니가 작은 등잔에서 펑 하고 나타난 아라비안나이트 같다. 그 등잔이 엘린우드이고 지니는 세브란스이며 알라딘이 에이비슨이다. 이 각본을 믿을 수 있겠는가. 한국 땅에서 모든 의사와 선교사가 실패한 이 위업을 세브란스 병원과 의학교만이 각본처럼 진행된 것을 믿기 어렵다. 만일 이것이 역사가 아니었고 누가 쓴 소설이었다면 "우연의 연속" 또는 "우연의 연합"으로 신파소설이라고 매도했을 것이다.

신파소설 같은 역사는 이것뿐이 아니다. 19세기 영국의 목사 와틀리(Rev. Richard Whately, 1787~1863)는 프랑스 황제 나폴레옹 보나파르트에 대해 다음 같은 글을 남겼다.

> "이 비상한 사람이 역사에서 나타나는 특이한 점은 그는 패하는 것이 유리할 때 패한다는 점이다. 결코 패하지도 않았는데 실제보다 더 과장하여 패배한다. 그것이 그의 소생을 기적으로 보이는 데 도움이 된다면 말이다. 그것도 요술지팡이처럼 재빠르고 완벽하게. 러시아에 불패의 군대를 끌고 가서 역사상 전례 없는 겨울 때문에 패배하였다.(이 사람에 대해서는 무엇이든지 전례가 없는 것이며 천재적인 것이다.) 그러나 군대를 다시 만들어주었더니 불과 수개월도 안 되어 라이프치히에서 독일 군대에게 철저히 패했다. 프랑스는 이 사람이라면 너무 자비로워서 세 번째 군대를 만들어주었더니 다시 패하여 이번에야말로 엘바섬으로 쫓겨 갔다. 철저한 패배였다. 여기서 또 한 번 기적으로 소생하니 거기서 탈출한 것이다(여기서도 철저한 패배와 기적적인 소생이 반복된다.) 프랑스는 환호 속에서 그에게 또 한 번의 패배의 기회를 워털루에서 주려고 열광하였다. 이 변덕스러운 프랑스 사람들은 마침내 그를 세인트헬레나섬으로 보내기 위하여 여섯 번이나 그에게 기회를 주었던 셈이다. 그리고도 못 믿어서 대서양의 고립무원의 조그만 섬에 군대를 주둔시켰다. 그가 원할 때마다 불사조처럼 일어날까 두려워서. 믿을 수 있겠는가."[75)]

하나님의 기적은 믿지 못하며 나폴레옹의 기적은 믿는다. 이에 대해 와틀리는 목사답게 나폴레옹의 역사적 업적의 증명이 충분하지 않아서 하나님의 기적보다 믿지 못하겠다는 취지에서 이러한 풍자 글을 썼다. 역사가 아니었다면 또 하나의 신파소설이 되었을 것이다.

빛과 약

세브란스 씨의 알라딘 등잔 같은 기적을 이해하기 위해서라도 그의 일생을 돌아볼 필요가 있는 것이다. 그는 기름으로 거부가 되었다. 그러나 그가 젊은 나이에 기름사업을 시작했을 때의 기름의 용도는 의약품 정도이었다. 석유의 아버지 비셀(George Bissel)

은 석유가 두통, 치통, 류머티즘, 기생충, 위통, 심지어 말과 당나귀의 등창에 효험이 있다고 믿었다. 세네카 기름이라는 이름은 인디언 추장 레드 자케트(Red Jacket)에서 비롯하는데 그는 백인에게 기름의 의학용도를 전수했다고 한다. 당시 타이터스빌에서는 기적의 치료 능력이라는 제목의 광고가 나붙었다.

건강한 향유, 자연의 비밀스러운 샘
건강이 꽃피고, 그리고 생명, 사람에게 가져다주는
기적의 액체가 흐르는 곳
우리의 고통을 멈추고, 우리의 걱정을 잠재운다.[76)]

세브란스 씨의 외할아버지 의사 데이비드 롱 Ⅱ세의 병원에 어느 날 환자가 실려 왔다. 벼락을 맞아 나무가 쓰러지면서 그 밑에 깔려 다리가 부러진 사람이었다. 외할아버지가 그 사람의 다리를 절단하여 살린 것은 촛불 아래였다.[77)] 그것을 숨어서 본 어린 딸 메리는 후에 아들 루이스에게 동화처럼 들려주었다. 세브란스는 장성하여 남북전쟁에서 자기 대대의 군의관이 석유 남포 아래에서 부상자를 치료하는 것을 보았다. 세브란스는 남북전쟁 종군의 경험으로 의약용 이외에 등잔용도 알고 있었다. 알라딘의 등잔이다.

드레이크가 타이터스빌에서 석유를 생산한 지 불과 5년 만에 미국은 물론 전 세계에 등잔이 등장하였다. 석유의 등장으로 사람들의 활동시간이 늘어났다. 전에는 해가 뜨면 일어나고 해가 지면 잠자리에 들었다. 석유의 등장으로 저녁에는 가족이 모여 등잔 아래에서 하루 일을 얘기할 수 있는 시간도 늘어났다. 여자아이들은 등잔의 심지를 조절하는 일을 도맡았다. 남자아이들은 벽난로의 장작이 담당이 되었다. 책 읽는 시간이 늘어나서 책 주문이 증가하였다. 야간학교가 생기기 시작하였다. 대학의 연구실의 시간이 연장되었다. 석유시대는 인류에게 생활시간을 연장해주었다. 기름의 두 가지 용도. 병자를 치료하는 기름과 어둠을 밝히는 기름이다.

"너희 중에 병든 자가 있느냐 저는 교회의 장로들을 청할 것이요 그들은 주의 이름으로 기름을 바르며 위하여 기도할지니라."(약5:14).

"그때에 천국은 마치 등을 들고 신랑을 맞으러 나간 열 처녀와 같다 하리니 미련한 자들은 등을 가지되 기름을 가지지 아니하고 슬기 있는 자들은 그릇에 기름을 담아 등과 함께 가져갔더니."(마태25:1-4).

우연의 일치일까. 1923년 에이비슨 박사가 한국에서 의료선교를 시작한 지 30주년을 기념하는 자리에서 이승만의 죽마고우 신흥우가 비슷한 말을 하였다.

"30년 동안 그들[에이비슨 부부]는 한국에 있으면서 환자를 고쳐주고, 병 고쳐줄 사람들을 가르치고, 지식을 구하는 자에게 지식을 넣어주고, 암흑에 있는 사람에게 광명의 길을 보여주었다."[78)]

앞서도 소개하였지만 세브란스 기념병원이 준공하여 첫 번째 수술환자가 1904년 10월 4일의 백내장 환자였다. 앞으로 세브란스 기념병원은 "빛으로 인도한다"는 정신을 강조하여 특별히 선택되었다. 세브란스 씨는 성서가 가르치는 대로 장로가 되었고 슬기로운 신부가 되어서 기름이 갖는 빛과 약의 기능을 하나님 사업에 충실하게 사용하였다. 그 당시 선박에는 석탄을 사용하였고 그가 은퇴하는 해에 자동차가 처음 등장했으니 그의 기름은 오로지 의료용과 등잔용이었다. 그는 기름으로 돈을 벌어 기름의 용도대로 육신의 병을 치료하는 의료사업과 영혼의 어둠에 빛을 주는 복음사업에 사용하는데 일생을 바쳤다. 루이스 헨리 세브란스 씨의 의료선교사업은 하나님의 살아있는 역사가 되었다. 그 증거가 세브란스 병원과 의과대학이다.

제10장
서울 1912년

유업

세브란스 씨는 죽었지만 그의 유업은 그것으로 끝나지 않았다. 그의 사후 30년 동안 그의 혈육인 아들과 딸이 계속 물질적으로 후원을 그치지 않았고 그들의 사후에도 오늘날까지 계속되고 있다. 한편, 세브란스의 기독교 정신은 그의 주치의이며 분신이었던 러들로 교수에 의하여 계승되어 세브란스 의학대학에서 그가 기른 수많은 제자를 통하여 오늘날까지 살아있다. 세브란스의 별세 1년 전인 1912년에 러들로 박사가 세브란스 병원으로 돌아온 것이 그 유업의 시작이 되었다. 1907년에 세브란스를 따라서 한국에 와서 단순한 방문객이었음에도 불구하고 서울, 평양, 부산 등지에서 환자를 수술하고 특히 새로운 수술 방법을 선교의사들에게 설명한 뒤 그들의 요청에 의해 시범까지 보인 러들로 박사는 어떤 인물이었나. 그가 새로운 수술을 시범했다는 것은 당시 『플렉스너 보고서』가 제2위로 우수하다고 평가한 발달된 클리블랜드 웨스턴 리저브 의과대학과 레이크사이드 병원의 높은 의학 수준을 알려준 지표가 된다.

에이비슨 박사가 세브란스 씨의 도움으로 서울에 세브란스 기념병원과 의학대학을 세웠는데 10년도 되지 않아 후원자 루이스 헨리 세브란스가 작고하게 되자 에이비슨 박사의 짐이 무거워졌다. 다시 말하자면 세브란스 병원의 창업보다 수성이 어려워진 것이다. 세상에는 창립되었다가 사라진 학교도 많다. 세브란스 병원을 설계한 고든이 1889년에 설립한 "고든 신학선교대학 Gorden College of Theology and Mission"도 그 숭고한 뜻에도 불구하고 문을 닫았다. 세브란스 병원과 의학대학도 그런 운명이 될 것인가.

러들로 교수의 나이는 세브란스 씨와 37년 차이이며 에이비슨 박사와 15년 차이가 났다. 그는 세브란스 씨의 분신이며 제2세대에 속한다. 그 후 25년 동안 세브란스 가문과 세브란스 병원을 계속 이어주는 다리 역할을 하며 세브란스의 정신을 몸소 실천하고 제자들을 가르쳐서 그 유업을 전파한 사람이 루이스 헨리 세브란스의 주치의였던 러들로 교수이다.[2)]

감히 비유하자면 에이비슨은 베드로요 러들로는 바울인 셈이다. 절손이 된 루이스 헨리 세브란스 가문의 의업이 혈육으로는 친형 솔론 세브란스의 자손을 통해서 미국 땅에서 계속되었다면, 세브란스 씨의 기독교 의료선교의 정신은 에이비슨과 러들로로 이어져서 마침내 서울에서 세브란스 병원과 의학대학이 계승하여 오늘에 이른 것이다. 러들로 교수는 25년 동안 이 소명을 다하였다. 그의 수제자 이용설 교수는 다음과 같이 그의 업적을 요약하였다.

> "러들러 선생의 공로가 대단히 큽니다. 러들러 선생은 클리블랜드라는 곳에서 오셨어요. 클리블랜드의 큰 재산가인 세브란스가 자신을 대신해서 러들러 선생을 의사로 보냈단 말야. 러들러 선생이 세브란스[학교]와 그 양반[재산가 세브란스]과의 밀접한 관계를 발전시켜 나가는 데 공이 대단히 크지요."[3)]

루이스 헨리 세브란스 씨가 러들로 박사를 서울로 보낸 것은 병원 건물만 기증하고 나 몰라라 하였던 것이 아니라 그의 기증으로 설립되는 병원과 의학교가 자신의 의료선교의 정신을 살려 잘 운영이 되는가를 보고자 함이었다.[4)] 우리는 앞서 우스터 대학에 도서관을 기증한 프릭이나 건물을 기증한 카네기를 기억할 것이다. 그들의 경우는 그것으로 끝났다. 오늘날 아무도 그것을 기억하는 사람도 없다. 그들의 기증은 1회성으로 끝나고 유업이 계승되지도 않았다. 그러나 세브란스 씨의 자선은 그렇게 끝나지 않았다. 세브란스 씨의 치밀함을 여기서 다시 확인할 수 있다.

그렇다고 세브란스 씨가 러들로 박사를 통하여 세브란스 기념병원과 의학대학을 조정하려는 뜻은 없었다. 19세기와 20세기에 거부들이 대학에 거금을 기부하는 사례가 많은데 그렇게 세운 대학을 자신이나 자신의 후손의 애완물로 생각하고 경영하는 경우가 많았다. 앞서 웨스턴 리저브 대학의 아마사 스톤이 좋은 예이다. 그러나 세브란스 씨의 경우 그러기에는 지리적인 거리가 너무 멀었다. 멀지 않았다 해도 그럴 의도가 없었다. 처음부터 세브란스 기념병원과 의학대학은 세브란스 씨의 순수 의료선교 정신의 유산이었다. 여기에 세브란스 기금을 만들어 계속적인 물질적 유산까지 만들어 주었다. 도표로 그리면 다음과 같다.

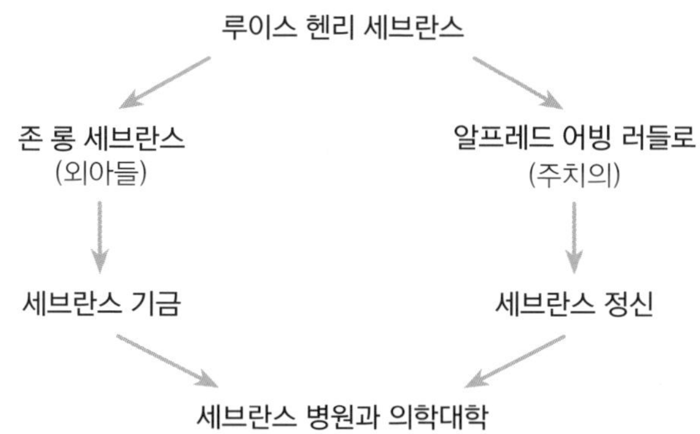

이 유산을 정신적으로, 재정적으로 계속 관계를 맺는 연결고리의 역할이 러들로 교수에게 맡겨진 임무였다. 이것이 자신의 사후까지 내다본 세브란스 씨의 훌륭한 점이며 그것을 실천한 러들로 교수의 숭고한 점이다. 세브란스 의학대학 제2대 교장을 지낸 오긍선 교수의 인물평이 이 점을 증언한다.

> "러들로는 침착하고 자기 할 일에는 책임을 갖고 하고 있고 에이비슨 박사 때도 행정에는 일절 말이 없었어."[5)]

행정에 전혀 관계하지 않고 학생을 가르치고 연구를 수행하고 기독교 의료선교정신을 실천하는 그의 임무는 평생토록 성실히 수행되었다. 러들로 교수는 세브란스 씨와 에이비슨 박사가 심은 세브란스 의학대학을 반석에 올려놓는 데 기여한 커다란 공로자이다. 그는 지도자가 되려고 하지 않는 것을 신조로 삼았다. 세브란스 같은 사람만이 지도자라고 생각한 것일까.

> "지도자가 되지 말라'는 말은 고대 철학자의 놀라운 가르침이다. 이것은 의무와 함께 왔을 때 책임을 피하라는 주문이 아니라 그 자체를 목적으로 삼지 말라는 것이다. 소수의 사람만이 세계적인 인정을 받는다. 우리의 희망은 세속적인 갈채 속에 있는 것이 아니라 인

간사는 표면에 나타나지 않는 '여타 사람'에 의해서 이루어진다는 사실에 있다. 이 '여타 사람들'이야말로 문명의 건설자이다.

"아메리카를 발견한 것은 콜럼버스와 '여타 사람'이고, 미국을 건설한 것은 워싱턴과 '여타 사람'이다. 라디오를 발견한 것은 마르코니와 '여타 사람'이다. 비행기를 발명한 것은 라이트 형제와 '여타 사람'이다. 위대한 사람을 도와준 것이 '여타 사람'이다." 피라미드 꼭대기에는 한 사람의 자리밖에 없지만 그것을 지탱하는 데에는 많은 자리가 있다.

우리는 명성과 통솔력을 목표로 삼는 것을 쫓지 말고 세계 발전에 꼭 필요한 '여타 사람'에 동참하도록 노력해야 한다. 지도자가 되려고 애쓰는 것으로 지도자의 올바른 마음까지 품을 수 없다."[7)]

러들로 교수가 세브란스 기념병원에 부임한 지 1년 정도 되어 세브란스 씨가 작고하였다. 자신의 평생 후원자가 없어진 셈이다. 아마 당황했을 것이다. 2년 후인 1915년에는 자신의 스승이며 루이스 헨리 세브란스 씨의 사위인 더들리 피터 알렌 박사도 세상을 떠났다. 좌절했을 것이다. 이제 외아들 존과 외동딸 엘리자베스만 남았다. 제1세대가 모두 사라진 것이다. 러들로 교수 자신도 이제 40세였다. 자신의 경제적인 위치마저 불안했을 것이다. 그럼에도 불구하고 자신의 모든 후원자가 사라진 이제 세브란스 가문의 2세대와 1세대를 연결하는 역할은 오로지 러들로 교수의 몫이었다. 다음 글이 그의 역할을 잘 보여준다.

〈자료 X-1〉 알프레드 어빙 러들로 교수와 그의 자필 서명

"러들로 교수는 세브란스 병원과 의과대학의 운영에 어려운 문제가 생겼을 때 김명선을 비롯한 책임자들이 그에게 의논을 하면 곧바로 세브란스 [가문]에 연락을 취해 이러한 문제들을 해결해 주기도 했다."[8)]

러들로 교수는 세브란스의 외아들 존보다 13살 아래였고 외동딸 엘리자베스보다 10살 아래였다. 세브란스 병원과 의학대학의 설립자 루이스가 세상을 떠난 후에 외아들 존이 매년 1만 5천 달러를 보냈다.[9] 그는 1917년에 별관을 기증하였다.[10] 1923년에는 20만 달러를 보내왔는데 그 가운데 10만 달러를 신관[11]의 건축비로 사용하고 10만 달러를 기금으로 적립하였다. 이것이 선교재단이 되었다.[12] 다시 1928년 3월 20일에는 80명 환자를 수용할 수 있는 신병실의 증축 공사비의 전액을 존과 엘리자베스가 보낸 10만 달러 가운데 5만 달러로 충당하고 나머지 5만 달러를 기본재산으로 편입하였다.[13] 엘리자베스는 알렌 박사와 사별하고 사업가 프렌티스와 재혼하였는데 그와 상의하여 오빠와 함께 1927년에 세브란스 기념병원과 의학대학을 연결하는 세브란스-프렌티스 병동(The Severance-Prentiss Wing)을 기증하였다.[14] 1929년에는 엘리자베스와 존이 교수 사택 2채를 기증하였다.[15] 1931년에는 아들 존이 4만 원을 보내와서 부채를 청산할 수 있었다.[16] 1936년에 존이 사망했을 때 그의 유언대로 10만 달러를 보내왔다. 그리고 영원히 계속될 「세브란스 기금」을 만들었다. 1944년 딸 엘리자베스가 사망했을 때 그녀의 유언 속에 유산의 2퍼센트를 아버지가 관심을 갖던 극동의 의료선교에 보낼 것이 포함되었다.[17] 그녀의 유언대로 세브란스 의학대학 학장 공관 건축에 7천 달러를 배정하였다.[18]

루이스 헨리 세브란스의 친형 솔론 롱 세브란스는 수간호사와 간호사의 봉급을 매년 보내왔다.[19] 이용설 교수의 노스웨스턴 의과대학 유학경비를 세브란스 가문에서 지불하였다.[20] 허스트 교수의 평생 봉급을 세브란스 가문이 책임졌다.[21] 아마 신탁기금에 의존했을 것이다. 그렇지 않고서야 어떻게 한국의 열악한 의료 환경에서 평생을 안심하고 보낼 수 있었겠는가. 이것은 후대의 연구분야이다. 자신의 사망 후까지 생각한 루이스 헨리 세브란스의 세심함과 책임감을 다시 한번 엿볼 수 있다.

통찰

루이스 헨리 세브란스 씨의 별세 후에도 그의 가문과 세브란스 기념병원 및 의학대학을 충실하게 연결한 러들로 박사는 1907년 세브란스 씨를 대동한 한국 방문 보고기록을 남겼다. 비록 체류기간이 3개월에 불과했지만 지금도 읽어보면 그의 깊은 통찰력에 감탄한다. 이 보고에서 그는 다음과 같은 결론을 내렸다.

"서울과 평양과 부산에서 겪은 현장 경험과 관찰에 미루어 볼 때 수년 내에 한국인들은 의학 분야에서 커다란 발전을 성취할 것이다."[22)]

같은 기간에 방문한 일본, 중국, 인도에 대해서는 이러한 예측을 하지 않았다. 이 예측을 한 지 31년 후 한국을 떠나면서 서울의 신문기자와 인터뷰 자리에서 자신의 예측이 맞았음을 기쁘게 말하고 있다.

"나는 한국의 장래에 대하여 큰 희망을 가지고 있으며, 그간 이 나라에 얼마나 놀라운 의학 발전이 있었는가를 생각할 때 기쁨을 감출 길 없다."[23)]

이 같은 예측을 하고 그것을 실현시키는 데 일생을 보냈고 마침내 그 실현을 보고 미련 없이 한국을 떠난 러들로 교수는 어떤 사람이었나. 그는 1912년 한국에 부임해 온 최초의 현대 외과 의학교수였다.[24)]

러들로 교수는 1905년 1월 1일부터 1950년 5월까지 매일 일기를 썼다고 기록하였는데[25)] 이 가운데 1912~1937년의 기록은 부분적으로 전해오는데 1905~19011년의 일기는 전혀 찾을 길이 없다. 이 부분은 세브란스와 함께 한국을 방문한 기간이 포함되기 때문에 이 일기가 세브란스 씨와 러들로 교수를 연구하는 데 중요하다.[26)]

러들로

알프레드 어빙 러들로 박사(Alfred Irving Lodlow, MD)는 1875년 11월 24일 미국 오하이오주 클리블랜드시에서 아버지 리나우스 러들로(Linaeus C. Ludlow)와 어머니 헬렌 스타포드(Helen A. Starfford)의 6남매 가운데 5번째 아이로 출생하였다. 이해는 한국의 건국 대통령 이승만 박사가 태어난 해이다. 위로는 형 월레스, 아서, 리나우스와 누나 메이가 있었고 아래로는 여동생 헬렌이 있었다. 첫째 형 월레스는 텍사스주 달라스시의 시장을 역임하였다. 둘째 형 아서가 클리블랜드 제일장로교회(올드스톤 교회)

의 부목사를 거쳐 마일즈 팍 장로교회의 목사였는데 우스터 대학이 화재가 났을 때 하이든 목사와 함께 세브란스를 도와 우스터 대학이 복구되는데 앞장을 섰던 인물이다. 앞서 얘기한 대로 그의 세 번째 부인이 된 사람이 세브란스의 외동딸의 37년간 비서였던 릴리안 프랄 여사이다. 러들로 목사는 『웨스턴 리저브 대학의 역사』라는 책도 저술하였는데 미완성으로 타자본만이 전해 온다. 그러나 『올드스톤 교회; 백년의 이야기 1820~1920』과 『허드슨 백주년 축하, 1800~1900』은 한정판으로 출판되었다.

어머니 헬렌은 가족예배를 드릴 때에 기도 가운데 선교사업의 중요성을 언급하였다.[27] 친할아버지 올리버 러들로 박사(Oliver W. Ludlow, MD, 1800~1865)는 뉴욕의학대학을 졸업한 의사였다(자료 IX-2). 의사 밑에서 수련하여 의사가 되는 당시로서는 드문 경력이다. 그의 의학 강연 광고지는 지금도 전해오는데 약용식물에 대한 강연이었다(자료 IX-2).

출처: © Courtesy of Allen Memorial Medical Library

의사 할아버지는 자선에 관심이 많았다. 가난한 사람들에게 먹을 것과 의복을 주었다. 어떤 가난한 가족이 서부로 이사할 수 있도록 자금을 대주었다.[28] 러들로 박사 집안도 세브란스 집안처럼 의사-목사-자선의 집안이었다. 세브란스 씨나 에이비슨 박사의 의료선교의 정신을 이을 수 있는 적임자라고 할 수 있다.

출생하자마자 그보다 3살 위의 셋째 형 린(Linaeus의 애칭)이 그를 핀(pin)이라고 즉시 이름지었는데 이것이 평생 별명이 되었다. 겨우 말을 배운 어린 형이 린을 발음하기 어려워 핀이 된 모양이다. 그는 나중에 뜻하지 않은 곳에서 이 별명 값을 하게 될 것이다. 그의 집은 야구장 부근이었다. 그가 태어난 해에 야구

A CARD.

DR. LUDLOW;

Respectfully informs the citizens of this vicinity, that he will deliver a Lecture on Botany at

The principal object of theabove Lecture, is to show the superiority of the Botanic over the Mineral System of practice, in treating chronic or old complaints.

Having been long engaged in the practice of Physic, and daily witnessing the failure of mineral Medicines, in removing lingering complaints, he was induced to search the vegetable kingdom, to find something more congenial to the constitution and more efficient in removing those lingering diseases that have so long baffled the skill of Apothecary Physicians

After several years research into the nature of Plants growing in our own soil, he flatters himself that he has been able to prepare several compounds that will prove highly serviceable to the sick and afflicted.

N. B. The above Medicines may be had at

STEELE'S PRESS—PAINESVILLE, O

출처: Courtesy of Allen Momorial Medical Library

〈자료 X-2〉 러들로 교수의 의사 할아버지 올리버 러들로 박사와 그의 강연광고

의 포수가 처음으로 안전모와 장갑을 착용하였고 세브란스의 친구 마크 한나가 오페라 하우스의 문을 열었다.[29] 그래서 그런지 러들로 교수는 평생 운동과 음악을 좋아하였다. 2살에서 4살까지 성홍열, 디프테리아, 복막염, 늑막염, 폐렴에 걸렸다. 마지막에는 농흉 수술까지 받았다. 약골이었지만 살아남았다. 5살이 되던 해 마차에 치어 두개골과 왼쪽 팔에 골절이 됐다. 성인이 되어 그의 신장은 평균보다 작았다. 그럼에도 불구하고 야구장 담을 타고 넘어 야구 관람을 즐겼다. 그는 야구광이었고 평생 모든 운동을 즐겼다. 세브란스 씨의 골프 친구였다.

중앙고등학교를 1894년 6월에 졸업하고 웨스턴 리저브 대학교의 아델버트 대학에 진학하여 인문학을 공부하고 1898년 6월에 우등으로 졸업하였다.[30] 재학 시 1897년에 웨스턴 리저브 대학 농구부를 처음으로 조직하여 운동에 대한 한과 열정을 풀었다(자료 Ⅸ-3). 농구는 1891년에 발명되었고 직업농구팀이 생긴 것이 1896년이었으며 대학의 시합이 처음 열린 것이 1898년이었으니 러들로의 농구부 창설은 매우 빠른 것이었다.[31] 후에 그는 한국에 야구, 정구, 농구의 보급에도 힘을 쏟았다. 세브란스에 재직할 때에도 틈틈이 농구를 하였다. 은퇴하여 고향으로 귀향한 후 웨스턴 리저브 대학 미식 축구팀의 무보수 코치를 자원하였다. 그의 스승 더들리 피터 알렌 박사는 항상 직업(vocation)과 취미(avocation)의 균형을 유지하라고 일렀다. 스승은 장인을 닮아서 꽃이 취미였다. 그가 1915년 뜻하지 않게 사망한 것은 꽃 때문이었다. 저택에 한국 정자(자료 Ⅰ-13을 참조)를 만들고 지붕을 씌울 기와를 한국에 있는 제자 러들로 박사에게 부탁하고 자신은 꽃을 사러 뉴욕에 갔다가 그곳에서 유행하던 감기에 걸린 것이 폐렴으로 발전하여 사망하게 되었다.

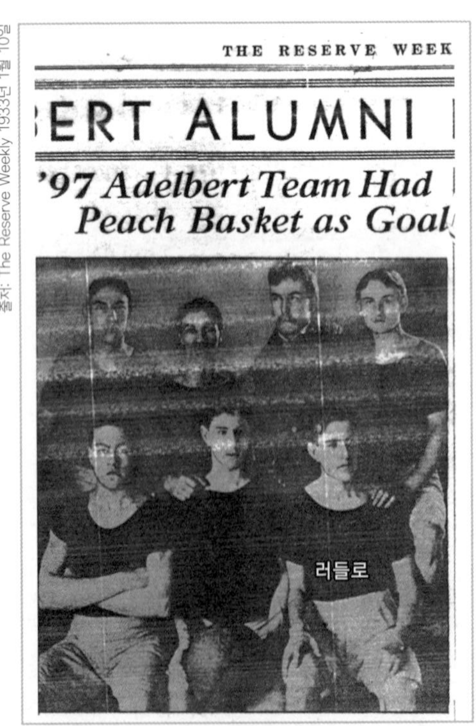
THE RESERVE WEEK
ERT ALUMNI
'97 Adelbert Team Had Peach Basket as Goal

출처: The Reserve Weekly 1933년 1월 10일

〈자료 Ⅹ-3〉 웨스턴 리저브 대학 재학시절의 농구선수 러들로

러들로 학생은 1898년 7월에 웨스턴 리저브 의과대학에 진학하였는데 이때는

아직 밀리킨 학장이 대학 졸업생만 선발하는 시기가 아니었다.[32] 그러나 그는 대학을 졸업하고 의대에 진학하여 1901년 6월에 우등으로 졸업하면서 의학박사(MD)가 되었으니 그는 클리블랜드 최초의 7년 의학교육을 받은 의사 가운데 하나가 되었다. 이러한 배경이니 인턴시험에서 8명의 후보자 가운데 1등으로 합격한 것은 당연한 것이었으리라.

졸업 후 곧바로 레이크사이드 병원(The Lakeside Hospital)에서 1년간 인턴을 거쳐서 1902년에 세브란스 씨의 사위 더들리 피터 알렌 박사 밑에서 외과 레지던트가 되었다. 이해에 레이크사이드 병원의 설립자이며 이사였던 세브란스의 어머니 메리가 죽었다. 이 병원이 러들로가 인턴일 때에 웨스턴 리저브 의과대학의 부속병원이 되었다. 이것이 알렌 박사–세브란스 가문과의 인연이 되었다.[33] 그러나 다음 해 1903년에 폐결핵으로 캘리포니아에 가서 두 달간 요양하였다. 러들로 박사의 전반기 일생은 의사로서 준비시기이면서 병마와 싸우는 일생이었다.

알렌

이 준비시기에 그는 스승 더들리 피터 알렌 박사(세브란스의 사위)에게서 영향을 크게 받는다. 그리고 그를 본보기로 삼았다. 러들로 학생이 고등학교를 졸업하고 웨스턴 리저브 대학에 입학하는 1893년에 알렌 박사는 이 대학 의과대학의 교수로 부임하였다. 그리고 러들로 학생이 의과대학에 입학하는 1898년에 알렌 교수는 외과교실의 주임교수이었다. 알렌 교수는 제대로 훈련받은 클리블랜드 최초의 외과 전문 의사였고 외과 전문 교수였다.[34] 그가 러들로 박사를 얼마나 신임하였는지 다음의 여러 일화를 보면 알 수 있다.

알렌 박사는 레지던트인 그와 두 편의 논문을 함께 썼다.[35] 스승의 논문 목록을 볼 때 이것은 다른 레지던트들에 비하여 파격적인 우대이다. 알렌 박사의 장인 세브란스도 그를 신임하여 1907~1908년 세계일주여행에 대동하였다. 1912년에 한국으로 부임한 러들로 교수는 1915년에 스승에게 기와를 보내어[36] 그의 저택에 있는 한국 정자의 지붕을 덮었다. 스승이 죽은 후 부인은 남편이 아끼던 오팔 넥타이핀(stickpin)을 러들로 박사에게 주었다(자료 IX–1 사진의 넥타이핀).[37] 러들로 교수는 그것을 자랑스러워하였다. 그 밖에도 여러 가지로 부인이 그에게 매우 잘 해주었다고 술회하였다.[38] 부인이 죽자

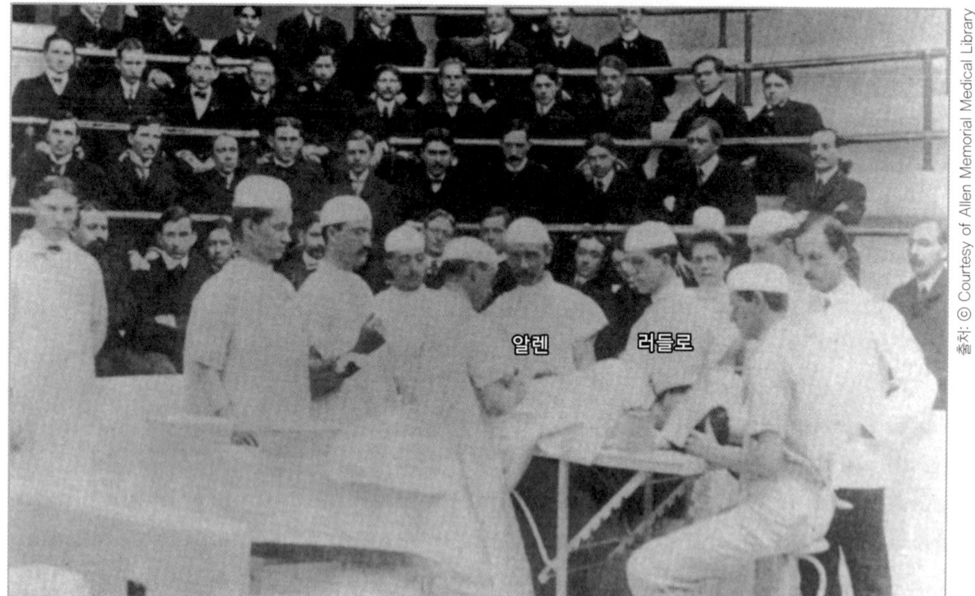

출처: © Courtesy of Allen Memorial Medical Library

〈자료 X-4〉 1900년경 러들로 교수의 스승 더들리 피터 알렌 교수 수술 강의

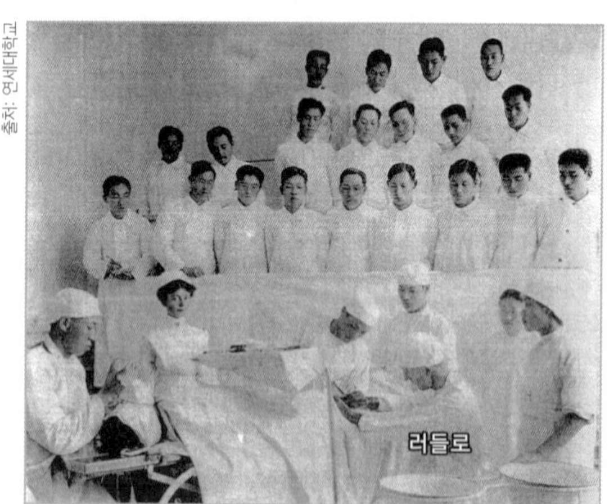

출처: 연세대학교

〈자료 X-5〉 1920년경 러들로 교수의 수술 강의

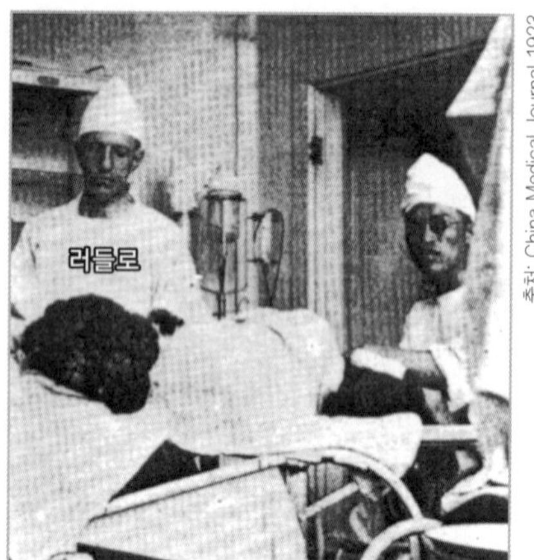

출처: China Medical Journal 1923

〈자료 X-6〉 1923년 러들로 교수의 수술

그녀를 위한 조문도 러들로 교수가 썼다.[39)]

이때 레이크사이드 병원의 수술진과 함께 찍은 사진(자료 Ⅲ-26)을 보면 앞줄 중앙에 알렌 교수가 보이고 그 뒤가 엘리어트 박사이다. 앞줄 오른쪽 끝이 러들로 박사이다. 그의 뒤가 조지 크라일 박사(George Crile, 1864~1943)라고 추정된다. 크라일 박사는 1900년에 웨스턴 리저브 의과대학 교수가 되었는데 나중에 세계 최초로 성공적인

수혈을 하는 등 유명한 외과의사가 된다(자료 X-7). 또 하나의 사진(자료 X-4)은 수술강의 모습인데 중앙이 알렌 교수이고 그 옆이 러들로 박사이다. 〈자료 X-5와 X-6〉은 세브란스에서 러들로 교수의 수술 모습이다.

출처: © Courtesy of Allen Memorial Medical Library

〈자료 X-7〉 조지 워싱턴 크라일 박사

더들리 피터 알렌 박사는 1846년 에테르에 의한 마취의 발견으로 수술이라는 것이 과학으로 자리를 잡은 지 불과 30년밖에 안되었을 때 외과과학을 선택한 사람이다. 그가 하버드 의대를 졸업하는 1879년만 하여도 대부분의 의사들은 의과대학 졸업생이 아니라 의사 밑에서 조수로 수련받고 의사가 되는 시절이었다. 알렌 박사는 하버드 의대를 졸업하고 최초의 마취수술을 시행한 매사추세츠 종합병원에서 인턴을 마치고 유럽에서 3년의 외과수련을 쌓은 당시로서는 드문 경력의 소유자이었다. 유럽 수련비용 2만 달러를 그의 아버지가 지불하였다.[40] 그는 보스턴보다 당시로서는 중심에서 벗어난 클리블랜드를 찾았다.

그는 외과과학에 많은 논문을 썼는데 첫 번째 논문은 이렇게 시작한다.[41] "이 환자의 경우는 수술결과가 좋아서가 아니라 수술의 어려움 때문에 보고한다." 그는 이론보다 수술 기술의 발전에 노력한 사람이다. 그가 제 자들에게 끼친 영향력은 단순한 외과기술을 뛰어넘는 것이었으니 그는 의사라는 직업에 소명의식을 가진 사람이었기 때문이었다. 의업이라는 직업이 점점 상업화되어 가는 세태를 걱정하며 예수의 제자 가운데 의사였던 성 누가(St. Luke)를 항상 본보기로 삼아 육신뿐만 아니라 영성도 치료하기를 원했다.[42] 그가 죽고 그의 부인이 설립한 병원의 이름이 성누가 병원이다. 그는 제2장로교회(커버넌트 교회)의 장로였으며 세계일주여행에도 일요일에는 교회를 찾았다. 앞서 살핀 대로 알렌 박사는 1892년에 레이크사이드 병원의 이사장의 손녀딸이며 세브란스 씨의 외동딸인 엘리자베스와 결혼하였다. 알렌 박사는 자비를 들이면서 매년 빠짐없이 유럽에 가서 날로 발전하는 살균수술(antiseptic)과 무균수술(aseptic)을 실습하였다.[43]

이 새로운 수술 방법은 1861년에 영국의 리스터 경(Lord Joseph Lister, 1827~1912)

출처: © Courtesy of Allen Memorial Medical Library

〈자료 X-8〉 1905년 레이크사이드 병원의 동기생 앨범 사진[1번이 러들로 박사]

이 개척한 분야인데 수술에 혁신적 이정표를 세웠다. 그럼에도 불구하고 뒤떨어진 과거 수술 방법을 계속 고집하는 동료 의사들의 비웃음을 샀지만 알렌 박사는 개의하지 않고 새로운 수술 방법을 클리블랜드에 소개하였다.[44] 러들로 박사가 리스터 경의 무균수술을 일찍부터 알게 된 것은 이 스승 덕분이었다. 그 증거가 러들로 박사가 세브란스 씨와 함께 1907년 한국을 거쳐 인도 의료계를 시찰할 때 기록이다. 인도 북부 주룬다르의 시립병원은 영국 군의관 스미스 소령이 책임자였는데 러들로 박사는 다음과 같은 평가를 하였다.[45]

> "스미스 소령은 … 백내장을 20분에 수술했다. 무균 처치는 주로 기구에만 국한되었다."

의료진을 당시 수술사진을 보면 의료진이 마스크를 착용하지 않았음을 발견할 수 있다. 무균 처리하지 않는 것을 보면 아직 완전하게 정착되지 않았음을 지적한 것이다.

더들리 피터 알렌 교수가 미국 외과 학회 총무가 된 것은 1901년이었다. 이해가 러들로 학생이 의과대학을 졸업하고 레이크사이드 병원의 알렌 박사 밑에서 수련을 시작하는 해였다. 알렌 교수는 1906년에 미국 외과 학회(The American Surgical Association)

회장에 피선되었고 국제외과 학회(The International Surgical Congress)의 총무를 오랫동안 역임하였다. 모교인 오벌린 대학의 이사로 피선되었다. 1910년에는 미국 외과의사협회의 명예 펠로우가 됨으로써 그의 경력은 절정에 달하였다. 알렌 박사는 음악과 예술에 관심이 많았다. 말년에 클리블랜드 미술관의 이사를 지낼 정도였다. 특히 중국 도자기에 대하여 일가견이 있어 글도 남겼다. 많은 문화재를 여러 박물관과 미술관에 기증하였다.

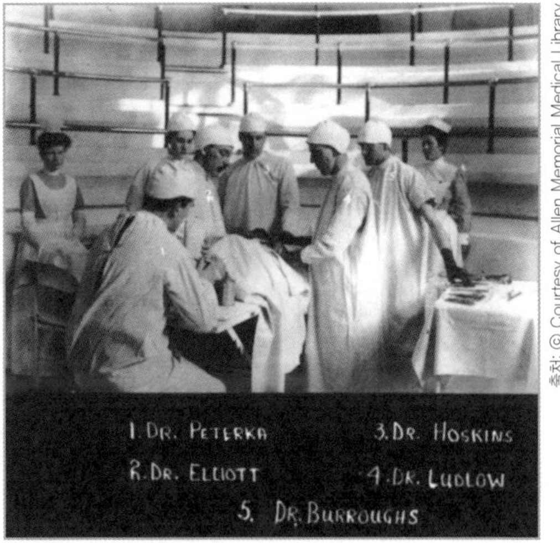

〈자료 X-9〉 1905년 동기생 엘리어트 박사와 함께 수술하는 러들로 박사

이제부터 러들로 박사는 스승의 족적을 그대로 따를 것이다. 유럽에서 수련을 쌓는 것을 시작으로, 스승이 하버드보다 못한 클리블랜드를 찾았듯이 그도 클리블랜드보다 못한 한국을 찾을 것이다. 육신의 치료만이 아니라 영성의 치료를 우선으로 삼을 것이다. 스승처럼 많은 논문도 발표할 것이고 무엇보다 소명의식에 투철할 것이다. 제자들에게 단순한 외과기술을 전수하는 것이 아니라 그들에게 기독교의 소명의식을 심어줄 것이다. 학회 회장에 피선되는 영예도 얻을 것이다. 스승처럼 음악과 예술을 좋아하고 수집한 문화재를 말년에 여러 곳에 기증할 것이다. 스승처럼 후손을 남기지 않았다는 것도 너무나 우연의 일치이다.

유럽

러들로 박사는 1905년 6월부터 1906년 5월까지 유럽으로 건너가 베를린, 드레스덴, 비엔나, 베른, 파리, 런던에서 외과의학과 병리학을 수련하였다.[46] 25년 전 더들리 피터 알렌 박사가 밟은 수련과정을 거의 그대로 따랐다. 베를린에서는 스승 알렌 박사가 1학기를 보낸 피르호 교수(Professor Rudolf Virchow, 1821~1902)[47]의 실험실에서 그의 제자들이 수술하는 것을 보았다. 피르호는 부검(剖檢)을 체계화시킨 의사이다. 그는 인종학에도 비상한 관심을 갖고 있었다. 그의 연구실에는 여러 곳에서 제자들이 보내온 두개골과 사진들도 많았다. 여러 인종의 특징을 기록한 노트도 보았다.[48] 고종의 독일인 의사 분쉬 박사도 피르호의 제자였고 한국 강원도 동현(銅峴)에서 한 소년의 나체 사진을 찍어 스승에게 보내주었다.

러들로 박사는 라이프치히 대학에도 갔다. 그곳은 병리학으로 명성이 높았다. 그 계보를 만든 사람이 바이게르트 교수(Professor Weigert)였다. 그는 이름난 현미경학자였는데 백혈구의 이동을 발견한 사람이다. 이 사람에 대해서 일화가 전해져 온다. 1882년에 이곳을 먼저 다녀간 더들리 피터 알렌 박사가 현미경으로 조직검사를 하는데 의심이 생겨서 독일인 의사에게 물었더니 즉시 대답이 돌아왔다. 여전히 의심이 들어서 주임교수에게 물었더니 “진단을 잘 모르겠네. 바이게르트 교수에게 물어보는 것이 좋겠다.”라고 대답하였다. 이 말을 전해들은 러들로 교수는 진단이 틀릴 수 있다는 것을 언제나 가슴에 새겼다. 웨스턴 리저브 의학대학에서 알렌 박사의 수술 장면(자료 X-4)과 세브란스 의학대학에서 러들로 박사의 수술 장면(자료 X-5)을 비교하면 당시 세브란스 병원의 수준을 짐작할 수 있다.

파리에서 의사들이 고슬린(Rischet Gosslin) 박사가 체계를 세운 방법으로 수술하는 것을 보았다. 고슬린 박사는 수술에서 혈액 보존, 체온의 보존, 시간 보존의 3가지 원칙을 확립하였다. 혈액 보존을 위하여 집게를 사용하였고, 체온보존을 위해 천으로 환자의 몸을 쌌으며, 시간 보존을 위해서 3명의 환자를 한꺼번에 대기시켰다. 첫째 환자는 마취를 기다리고 둘째 환자는 마취를 하는 중이며 셋째 환자는 수술 중이다. 당시 파리에서 외과의사 고슬린 박사를 백정이라고 불렀다.

1906년 귀국하여 클리블랜드로 돌아와 네 가지 일을 동시에 하였다. 알렌 박사의 요청으로 레이크사이드 병원의 외과의사와 웨스턴 리저브 치과대학의 병리학 교수가 되었다. 동시에 동기생 존 엘리어트와 필립이 개업한 유클리드 10509번지의 사무실에서 함께 개업의가 되었다(자료 X-9). 1905년에 제작한 동기생 앨범(자료 X-8)을 보면 1번이 러들로 박사이고 6번이 엘리어트 박사이며 9번이 필립 박사이다. 그의 스승의 사무실은 이웃의 8811번지에 있었다. 아마 이 무렵에 스승 더들리 피터 알렌 박사의 추천으로 세브란스 씨의 주치의가 되었을 것이다. 세브란스 씨의 주치의 허스트 박사가 1904년 한국으로 에이비슨 박사를 도와주러 가서 그 자리가 비었기 때문이다. 무엇보다 건강의 회복이 다행이었다.

크라일

건강의 회복이 1907년 1월 28일부터 1908년 5월 26일까지 세브란스 씨와 함께 세계 일주를 하면서 한국 방문을 가능하게 하였다. 귀국 후 수많은 강연에 초대되었고 1908년 6월에 다시 더들리 피터 알렌 박사의 초청으로 레이크사이드 병원의 외과에 합류하는 동시에 1908년부터 1911년까지 웨스턴 리저브 대학의 외과와 병리학 강사를 지냈다. 이때 유명한 외과의사 조지 크라일(George Crile, 1864~1943) 박사와 잠시 일할 기회를 얻었다.[49] 크라일 박사는 러들로가 졸업하기 1년 전인 1900년부터 웨스턴 리저브 의과대학의 교수가 되었으니 스승이었다. 졸업 후에는 레이크사이드 병원에서 6년간 함께 일하며 배웠다. 은퇴 후 러들로 교수는 알렌 기념의학도서관에 걸려 있는 여러 유명한 의사들의 초상화를 가리키며 기자에게 말했다.[50]

"여기 초상화가 보이지? 이분들은 내 선생님이지. 내가 잘 알아요."

러들로 교수는 당대 최고 의학교수에게 배웠고 그것을 세브란스 의학대학에 직접 전수하였다. 그 가운데 하나가 세브란스 사위인 더들리 피터 알렌 박사였다. 앞서(제3장)에서 알렌 박사가 하버드 의대를 졸업하고 세계 최초로 마취수술을 실시한 매사추세츠 종합병원의 수련을 거쳐 유럽 수련을 마쳤으며 그의 수술 방법이 외과의학 역사책에 등재되었고[51] 유럽의 새로운 수술기법(살균수술과 무균수술)을 클리블랜드에 최초로 도입한 개척자로서 미국 외과의학회 회장을 역임하였다 함은 이미 언급했다. 또 1910년 플렉스너 보고서가 나왔을 때 웨스턴 리저브 의과대학이 존스 홉킨스 대학 다음에 2위가 되었다고 지적하였다. 이것은 세브란스의 사위 알렌 교수와 조카사위 밀리킨 학장의 공이다. 플렉스너 보고서가 나오기 전 웨스턴 리저브 의과대학의 밀리킨 학장은 1907년에 의과대학 교육 개혁의 초안을 알렌 교수에게 위임하였다. 그의 보고서는 탁월한 것이었다.[52] 그는 자신이 주임교수로 있는 외과의학을 강조하였다.

알렌 교수는 1893년에 두 번째로 웨스턴 리저브 의과대학으로 돌아왔는데 이때는 외과 주임교수 자격이었다. 1895년 레이크사이드 병원의 이사회는 새로운 병원을 짓고 웨스턴 리저브 대학의 협력병원이 되었고 마침내 대학병원이 되었다. 이것 역시 알렌 박사의 공적이다. 그는 그 전해인 1892년에 세브란스의 외동딸과 결혼하여 세브란스의 사위가 되었는데 8명의 이사 가운데 세브란스와 모친 메리가 있었다. 여기에 사무엘 마서도 이사였다.

알렌 교수를 능가하는 의학자가 나타났으니 조지 워싱턴 크라일 교수이다. 그의 공적과 유럽 연수 또한 알렌 교수에 뒤지지 않는다. 크라일 교수도 1892년과 1895년 두 번에 걸쳐 당대 세계적인 유럽 외과의사들에게서 수련을 받았다.[53] 특히 1895년에는 베를린의 피르호(Virchow) 교수 밑에서 수련을 받았는데 그는 졸면서 강의하는 것 같다고 기록하였다.[54] 이때 고종의 독일인 어의 분쉬 박사도 피르호 밑에서 수련을 받았으니 만나거나 함께 일하지 않았을까. 파리의 파스퇴르 연구소에서 잠시 일하고, 런던 의과대학의 연구원이 되었다. 이때 그는 영국 국새(國璽)와 수상 아퀴나스의 직인이 날인된 생체실험 허가증(licence for vivisecting)을 받았다. 대신 그는 실험할 때마다 보고서를 국무장관에게 제출해야 하는 의무를 진다. 그는 이 허가증을 커다란 영예로 생각하여 소중하게 간직하였다가 후에 클리블랜드 클리닉(The Cleveland Clinic Foundation)을 설립하고 운영하는 데 큰 힘이 되었다. 클리블랜드 클리닉은 지금도 세계적인 의료기관이다.

크라일 교수는 일찍이 수술 충격(shock)에 관한 실험으로 1897년 33살의 젊은 나이에 카트라이트 상(Cartwright Prize)을 수상하였고 1898년에는 니콜라스 센 상(Nicholas Senn Prize)을 수상하였다. 친구가 마차에 치어 수술을 받는 도중 충격으로 사망한 것이 계기가 되어 수술 충격의 연구를 거듭한 결과였다. 1901년에 칼 란트슈타이너(Karl Landsteiner)가 혈액형을 발견하자 크라일 박사는 그를 기초로 1906년에 세계 최초로 인간의 수혈을 성공시키면서 수혈수술의 길을 열어놓았다. 그는 생리외과의학(Physiological Surgery)의 아버지가 되었고 제1차 세계대전에서 군의학(軍醫學)을 창시하여 장군이 되었다. 제2차 세계대전에는 크라일 교수를 기념하여 미국 해군에서는 전함의 이름을 "조지 크라일호 George Crile S.S."로 명명하였고 달에는 "크라일 분화구 The Crile Crater"가 있다.

크라일 교수가 아직 웨스턴 리저브 의과대학에 교수가 되기 전 1892년에 유럽으로 첫 번째 수련을 떠났다. 이때 베를린 대학의 개드 교수(Professor Gad)의 지도를 받았는데 그는 개의 척추 조직(spinal code)을 제거하고 그것이 회복되는 실험을 크라일 박사에게 보여 주었다.[55] 1893년 웨스턴 리저브 의과대학이 교수진을 강화할 때 개드 교수를 초빙하였다.

학문의 전통

러들로 박사는 웨스턴 리저브 의과대학에서 당시로서는 세계적인 의학, 특히 외과의학을 배우고 유럽 본고장에서 수련을 쌓았다. 여기에 그가 자긍심을 갖는 비밀이 있다. 미국이 독립하기 전에 의학지식은 유럽에 비해 크게 뒤떨어졌다. 대부분의 의사들은 개업의사의 집에서 기숙하면서 의술수업을 쌓아서 의사가 되었다. 미국의 의학대학은 희귀하였다. 1760년대에 유럽에서 의학박사를 받고 귀국한 두 젊은 의사가 있었다. 필라델피아 출신 존 모건(John Morgan, MD)과 윌리엄 시펜 2세(William Shippen, Jr. MD)이다. 두 사람은 미국의 의학교육을 개혁할 것을 결의하였다. 각기 자신의 모교의 방식을 고집하였다. 이 가운데 에든버러 의과대학을 졸업한 존 모건은 모교인 필라델피아의 프랭클린 대학(오늘날의 펜실베이니아 대학)의 의학교수로 취임하면서 자신의 뜻을 천명하였다. 1783년 코네티컷 출신 존 알렌(John Allen)이 틸자 모건과 결혼하였다. 부부는 자신들의 아들 피터 알렌(Peter Allen)을 의학교육 때문에 그곳에 남기고 클리블랜드 부근의 킨스먼(Kinsman, Ohio)으로 이주하였다. 후에 부모와 합류한 피터 알렌은 그곳에서 개업하였다. 그는 아들 더들리 알렌(Dudley Allen)이 웨스턴 리저브 대학을 졸업하자 필라델피아의 제퍼슨 의과대학에 보냈다. 더들리 알렌 박사 역시 자신의 외아들 더들리 피터 알렌을 하버드 의과대학에 보내 의사로 만들었으니 이 사람이 러들로 박사의 스승이다. 말하자면 미국의 의학 전통을 갖고 태어나서 웨스턴 리저브 의과대학의 중흥을 일으킨 인물이다.

소명

러들로 박사는 미국의 전통 의학가문 출신의 알렌 교수에게서 최신의 수술 방법, 개척적인 크라일 교수로부터 수술 충격과 수혈수술, 유럽 의학계의 개드 교수로부터 의학실험을 배웠다. 최초의 7년 의학교육 졸업생이었고, 플렉스너 보고서에서 2위로 인정받은 의과대학을 수석으로 졸업하였으며, 레이크사이드 병원의 인턴시험과 레지던트 시험에 수석을 하였다. 유럽에서 수련하였다 함은 여러 차례 언급하였다. 그리고 모교의 조교수가 되었다. 세브란스 장로와 세계일주하면서 여러 나라의 의학 수준을 시찰할 기회도 가졌다. 말하자면 탁월하고 장래가 촉망되는 당시로서는 보기 드문 젊은 의학도였다. 이러한 학문의 전통을 그가 서울의 세브란스 의학대학에 직접 전수한 것이 그의 업적이다.

그러나 불행한 일은 스승인 알렌 교수와 크라일 교수 사이의 알력이 심해졌고 마침내 1910년에 알렌 교수의 사임으로 끝났다는 사실이다. 알렌 박사의 배경은 이미 본 바대로 든든하였던 데 비하여 크라일 박사는 우스터의 시골 출신에 뒷배경도 시원치 않았다. 그럼에도 그는 이미 훌륭한 업적을 쌓았고 무엇보다 매킨리 대통령의 여동생이 그의 환자였고[56] 레이크사이드 병원의 이사인 사무엘 마서의 부인 플로라 스톤 마서도 그의 환자였다. 크라일 박사의 탁월한 수술에도 불구하고 그녀는 유방암으로 세상을 떴다.[57]

알렌 박사의 사임에 부인 엘리자베스는 마음에 상처를 입고 성누가 병원으로 후원을 바꾸었다. 그의 장인 세브란스 씨도 이 일로 화가 나서 이사직을 사임하였다. 웨스턴 리저브 의과대학과 레이크사이드 병원에서 러들로 박사의 입지가 좁아졌다.[58]

때마침 한국이 그를 부르는 소리가 너무 강력하였다. 그 백성의 질병과 굶주림과 비참한 삶의 참상, 그것과 싸우는 세브란스 병원과 여러 조그만 병원들이 그를 불렀다.[59] 그는 꿈에서 한국 여자가 도움을 청하는 모습도 보았다고 기록하였다.[60] 1907년 방문 때와 달리 이제는 일본이 강점하여 나라도 없어졌다. 그러나 그는 한국 백성을 사랑하였다.

> "우리[세브란스 씨와 러들로 박사]는 [한국에서] 3개월 체류하면서 상투와 말총 갓과 순백의 옷과 아주 품이 넓은 바지를 입은 이 나라 백성을 사랑하게 되었다. 이 백성이야말로 진실로 우리가 관심을 가져야 할 사람이라는 것이 대부분 사람들의 견해이다."[61]

이 글을 아직 한국에 의료선교사로 자원하기 전인 1908년에 썼으니 그의 진심이었다고 보아도 좋다. 그의 방문보고서에는 그 밖에 일본, 중국, 버마, 인도 등 5개국의 문화와 의학을 기록하였는데 읽는 이로 하여금 그가 한국에 대해서 각별한 애정을 갖고 있음을 느낄 수 있다. 최초의 단기간 방문임이었음에도 불구하고 일본과 일본인에 대한 그의 직관은 놀랍다.

"여러 가지 면에서 일본인들은 방문객들을 놀라게 하는데 그 가운데 모방하려는 능력, 별로 중요하지 않다고 생각되는 것에 대한 놀라운 집중력, 정보에 대한 끊임없는 갈망, 권위에 대한 절대 복종이야말로 이들의 성취에 중요 요인이 될 것이다."[62]

에이비슨 박사도 일본에 대한 인상을 남겼다.[63]

"[요코하마의] 부두는 넓었고 산들은 6월의 태양으로 눈부시고 들었던 바와 같이 아름다웠으나 정박한 배를 향해 거의 벌거벗은 것이나 다름없는 많은 남녀가 작은 돛단배를 타고 달려올 때는 주위 환경의 아름다움은 사라지고 말았다. 아내의 첫 반응은 혐오감이었고 그리고는 일본의 발전한 문명에 관해 읽었던 책에 속았다고 깨닫게 되었던 것이다. 개화와 문명이라 읽었던 것이 이 정도라면 그 이전에는 과연 어떠했을까."

출처: Ludlow Personal Papers

〈자료 X-10〉 러들로 박사가 장로로 재직하던 클리블랜드 볼턴 장로교회

스승 더들리 피터 알렌 박사가 의대 내의 암투에서 밀려나 조기은퇴하고 부인 엘리자베스와 함께 세계일주 여정 가운데 유럽을 거쳐 서울 세브란스 기념병원을 방문한 것은 1911년 6월이었다(제3장 참고). 그들은 일본을 거쳐 미국으로 귀국하였는데 하와이에 도착했을 때 아버지 세브란스가 무사 귀환을 축하하는 전보를 보냈다. 엘리자베스는 여행 가운데 틈틈이 러들로 목사 내외에게 편지를 썼다.[64] 귀국하여 한국 방문에 대하여 이야기를 하였다.[65] 러들로는 마침내 소명에 굴복하고 세브란스 씨의 추천으로[66] 1911년 9월 18일 한국에 의료선교사를 자원하였다. 이것은 어느 정도 예상할 수 있는 굴복이었으니 그의 1907년 방문기의 마지막에 그 암시가 이미 나타나 있다.

"이 땅[한국]에서 가장 고무적인 일은 병원과 의학교육에 대한 사람들의 커지는 열의를 보았다는 겁니다. 이 열의가 도움을 주고자 하는 우리의 마음을 사로잡았습니다."[67]

의료선교사를 자원한 날 간호사인 테레사 엘리자베스 랑게(Theresa Elizabeth Lange, ?~1938)와 결혼하였다(자료 X-11).[68] 이때 이미 러들로 박사는 젊은 나이에도 불구하고 볼턴 장로교회(Bolton Avenue Church)의 장로였으며 주일학교 교장이었다. 볼턴 교회는 올드스톤 교회에서 3번째로 파생된 교회(자료 X-10)였는데 재정적으로 어려울 때 올드스톤의 히람 하이든 목사의 지도력으로 열심히 도와주었다.[69] 앞서 밝혔듯이 올드스톤 교회의 부목사였던 헐버트 목사가 사직하던 1901년에 올드스톤 교회에서 볼턴 교회와 합동예배를 보았다. 이 예배에서 "올드스톤 교회의 80년 역사"를 연설하였는데 러들로 박사는 당시 웨스턴 리저브 의과대학 졸업반이었고 이 교회의 신자였다.

PHYSICIAN AND BRIDE WILL GO TO KOREA

Dr. A. Irving Ludlow, an elder and Sunday school superintendent in Bolton Avenue church, has accepted a call to foreign missionary service in connection with medical work at Seoul, Korea. Dr. Ludlow has received a fine preparation for this professional service abroad. A graduate of Adelbert College and the medical department of Western Reserve University, he served five years in Lakeside hospital of this city and then studied over a year in Europe. When Elder Louis H. Severance made a mission tour of the would, Dr. Ludlow was medical companion. Since returning to this country the young physician has been in great demand as an inspirational speaker in the churches, and his growing enthusiasm for the foreign work has finally led to an acceptance of the Korean position. In addition to the hospital building, erected at Seoul a number of years ago by Elder L. H. Severance, a second building for medical college work has now been constructed. To assist in this developing work Dr. Ludlow goes. He will take with him as his bride Miss Theresa E. Lange, a skilled trained nurse. They expect to sail for the Orient in December.

출처: © Courtesy of Allen Memorial Medical Library

<자료 X-11> 1911년 러들로 박사와 랑게 간호사의 결혼 발표 사진과 신문기사 그리고 랑게 신부

1911년 11월 25일에 스승 더들리 피터 알렌 박사를 위해 클리블랜드 의학 도서관 학회가 마련한 연회가 유니언 클럽의 연회장에서 열렸다. 여기에는 세브란스 씨와 록펠러 씨가 참석하였다. 그는 스승 더들리 피터 알렌 박사 강연의 마지막 말을 상기하였다.

"의사라는 직업은 다른 직업과 다르다. 의사는 금전적으로 크게 보상받지도 못하고 커다란 명예를 얻는 것도 아니다. … 의사의 삶이란 자기 자신을 부정하는 고된 노력의 일생이다. … 오로지 자신을 누가 되었든, 다른 사람에게 최선을 다해 바치는 사람만이 의사가 될 수 있다. 이 의사세계에서 최고가 되는 사람은 가장 가난한 사람이나 가장 부자인 사람을 가리지 않고 똑같은 의술, 똑같은 보살핌, 똑같은 친절을 베푸는 사람이다. 우리의 신념이 무엇이든, 얼마큼 실천하든, 우리 직업의 본보기는 위대한 의사 곧 하나님이시라는 점과 그의 가르침이라는 점을 잊어서는 안 된다. 아무리 위대한 의사라도 그의 종이라는 점도 잊어서는 안 된다."[70)]

알렌 박사는 신앙이 깊은 사람이었는데 세계일주여행에서도 주일이면 반드시 교회에 출석하고 선교병원, 기독청년회관을 방문하였다. 다음 글은 어떤가. 세브란스 병원의 제1회 졸업생 홍석후 박사가 제7회 졸업생에게 주는 1917년의 글이다.

"전략 … 현재 우리 세브란스 의학교가 설립된 지는 수십 년이 되지 못하지만, 오륙십 명의 졸업생은 옛 것을 배우면서 더러움에 물들지 않고 현재를 공부하면서 시류에 편승하지 않았다. 마음으로는 사랑을 구하고 의술에서는 핵심을 추구하면서 힘써 의심나는 것을 해결하려 하였다. 이들의 앞과 뒤를 계발하는 것, 이것은 누구의 덕택인가. 첫째는 교주인 세브란스 씨의 자선이고, 둘째는 교장인 에이비슨의 가르침이며, 셋째는 교직원 여러분의 근무 덕택이다. 한 학교 내의 세 가지가 융화되어 흥성하였다. … 후략."[71)]

더들리 피터 알렌 박사의 당부의 말에 훌륭한 화답이 되지 않는가. 세브란스 의학대학의 정신이 그대로 반영되었다고 볼 수 있다.

재령

러들로 박사 부부는 스승의 연설을 듣고 보름 후 1911월 12월 11일에 클리블랜드를 출발하여 1912년 1월 13일에 서울에 도착하였다. 이로써 러들로 교수는 한국 최초의 전문 외과 의학교수가 되는 첫발을 내디뎠다.[72] 러들로 박사가 1912년 2월 5일에 제일 먼저 부임한 곳이 황해도 재령의 장로교 선교병원이었다. 이곳은 지난 1907년에 세브란스 씨와 1차로 방문한 적이 있는 곳이었다. 그때는 새 병원이 올라가는 것을 보았는데 어느덧 완공되었다. 그러나 여전히 작은 한옥이었다. 이 병원 근무에 대하여 그는 기록을 남겼다.[73]

전략. 처음 7개월은 기차역에서 15마일 떨어진 인구 5천 명의 도시에서 보냈다. 작은 한옥의 병원과 외래는 수마일 내에 유일하다. 이런 이유로 많은 환자가 오는데 보기 드문 환자도 가끔 있다. 75파운드의 난소 낭종의 여자가 첫 환자였다. 40파운드와 30파운드의 환자도 수술하였다. 세 환자 가운데 작은 낭종의 환자가 매우 힘들었다. 내장에 거의 붙어있었기 때문이다. 다른 대부분의 환자처럼 이 환자도 찾아간 한의사가 불로 지졌을 뿐만 아니라 3내지 4인치의 "침"을 놓았다. 한의사는 그녀의 배에다 여러 번 찔렀다. 침이 감염을 일으키고 말할 수 없는 고통을 준다. 세 환자 모두 회복되었다.

독사에게 물린 세 환자가 찾아왔다. 그중 하나는 발을 물렸다. 그의 아버지가 한의사를 불렀다. 한의사는 그를 묶은 채 다리와 발에 200번 이상 침을 놓고 다리에 진흙, 털, 똥을 발랐다. 이틀 후 우리가 보았을 때 다리가 어떻게 되었는지 상상해보시라. 일요일에 어떤 여자가 병원에 와서 소변이 나오지 않는다고 호소하였다. 그녀에 의하면 열흘 동안 소변을 보지 못했다고 한다. 그녀의 집이 10마일 밖인데 병원에 오는데 걸어서 삼 일이 걸렸다. 그녀는 너무 가난하여 걸을 수밖에 없었다. 도뇨관을 이용하여 100온스의 오줌을 뽑아내었다. 몇 달 후 서울에서 어떤 환자에게서는 128온스를 배뇨하였다.

또 하나 보고할만한 것은 자궁외 임신이었다. 수마일 떨어진 마을에서 내 조수를 불렀다. 내 조수는 가족과 무당이 둘러보는 가운데 분만의 진통을 하는 환자를 보았다. 무당은 주문으로 악을 물리쳐서 분만을 유도하고 있었다. 들여다보니 아이의 손과 팔이 보였다. 무당은 종이에 아버지의 이름을 적고 아기의 손목에 줄을 묶어 분만을 유도하고 있었다. 나의 조수는 병원으로 데려가야만 한다고 설득하였다. 보니까 산월은 꽉 찼다. 진통은 그 전날 정오부터 시작하여 저녁까지 계속되었다. 엄청난 진통 끝에 손이 보였다. 그러자 건잡을 수 없는 출혈이 따랐다. 가족들이 배를 무리하게 누른 것이 분명하였다.

임기응변으로 들 것을 만들어 산모를 병원으로 데려왔다. 도착하자마자 과도 출혈로 심각한 지경이 되었다. 그녀를 수술대 위에 눕히고 깨끗이 씻은 다음 진찰하였다. 복강에서 자궁의 우측으로 팔이 삐져나왔음을 발견하였다. 간호사인 나의 아내가 배를 만져 보더니 아기가 자궁밖에 있는 것 같다고 말했다. 우리는 아기의 손을 깨끗이 씻어서 도로 밀어 넣고 복부를 절개하였다. 아기는 8파운드였는데 자궁을 가로질러 오른쪽에 있었다. 이미 죽었지만 몇 시간 전에는 분명히 살아 있었다.

중략. 수술 후 6일이 지나 환자의 상태가 좋아졌다. 상태가 호전이 되어갈 때 그녀의 남편이 마른 생선을 먹였다. 그런데 그것이 상한 것이어서 24시간 후에 죽었다. 며칠이 지나서 남편이 닭을 들고 병원을 찾아왔다. 부인에게 상한 마른 생선을 주어 미안하게 되었다고 말했다. 그러면서 그녀를 살리려고 애쓴 의사에게 고마움을 알아주길 바란다고 덧붙였다. 후략.

재령에서 1912년 2월 5일부터 7월 29일까지 한국인 조수 한 명을 데리고 간호사인 부인의 도움을 받으며 원장으로 일하였다. 부인이 급성 충수염에 걸리자 급히 기차를 5시간 타고 서울 세브란스 병원으로 옮겨 수술을 한 것이 재령병원에서 그의 마지막 날이 되었다. 앞서 보았듯이 이것은 재령 장로교 병원에는 그만한 시설이 없었음을 의미한다. 1907년 언더우드가 황해도 구미포에서 실족하여 다리가 부러졌을 때 재령에서 응급처치를 받고 서울로 이송된 것도 그런 이유였다. 이러한 일을 예상이라도 하였듯이 스승 알렌 박사 내외는 1911년 한국을 방문할 때 미리 맹장을 떼어놓고 출발하였다.

당시로서는 드물게 미국과 유럽에서 전문 외과의학의 수련을 쌓고 미국 대도시 클리블랜드시의 레이크사이드 외과의사이며 웨스턴 리저브 의과대학 교수가 짧은 기간에 불과하였지만 어쨌든 시골 역에서 25킬로나 떨어진 한국 농촌의 한옥 병원에서 일하였다는 것은 그가 범상치 않은 인물이었음을 말해준다.

그것은 스승 알렌 박사의 영향에 힘입은 바가 클 것이다. 그는 재령을 그 이상으로 사랑하였다. 서울로 옮긴 다음에도 재령에서 손님이 오면 언제나 반가워하였다.[74] 그의 편지를 보면 재령의 선교사가 대구까지 가서 일하고 다시 재령으로 돌아가는 모습을 볼 수 있다. 교통이 발달된 요즈음도 하기 힘든 일이다.

용산교회

부인의 맹장수술을 계기로 1912년 7월에 서울 세브란스 기념병원의 외과 책임자로 부임하였다. 그의 스승 알렌 박사의 충수염 수술 논문이 외과의학 역사책에 소개되는 정도였으니 그의 제자도 능숙하였을 것이다.[75] 그가 세계일주여행 가운데에서도 여러 병원의 의사들이 그에게 새로운 수술 방법을 요청한 것도 이러한 학문적 배경 덕택이다.

러들로 교수 부부는 그 전해(1911) 새로 문을 연 원효로 소재 용산 장로교회[76]에 신자 등록을 하였다. 용산교회의 초기 신자들은 대부분 근처 일본 사람 밑에서 일하는 노동자들이었다.[77] 일본 사람이 돌보지 않아서 세브란스 병원의 의학생이 돌보고 있었다. 이렇듯 용산교회는 남대문교회에서 파생되었다.[78] 첫 예배는 언더우드 목사가 집전하였다. 신자는 20여 명에 불과하였다.[79] 그가 장로로 재직하던 클리블랜드의 볼턴 교회와 비교가 되지 않는 작은 교회였다(자료 X-10과 자료 X-12를 참조).

이 역시 러들로 교수다운 결정이었다. 가까운 남대문교회나 새문안교회 등 대형교회를 택하지 않은 것은 어려운 한 곳을 찾아 집중적으로 헌신하기 위함이었다. 그는 고향 클리블랜드에서도 올드스톤 교회보다는 거기서 파생된 어려운 볼턴 교회를 선택하였던 바로 그 이유 때문이었다. 심지어 자신의 둘째 형 아서 러들로 목사의 마일즈 팍 교회도 회피하였다. 그는 평생 술과 담배를 멀리하였으며 한 번도 안식일을 지키지 않은 적이 없었다고 기록하였다.[80]

출처: 용산장로교회 제공/ Allen Memorial Medical Library

〈자료 X-12〉 1929년 용산 장로교회와 러들로 교수 부부

러들로 교수는 용산교회 이외에 한강 건너 다른 교회도 도왔다. 둔전뫼 또는 통진뫼 주일학교(Tung Jimmie Sunday School)에서 설교할 때에는 통역조수를 동행하였다.[81] 김포 통진 언덕에는 언더우드 목사가 세운 장로교회가 있다. 오늘날 성남 언덕에 있는 둔전교회는 세브란스 병원과 인연이 깊었다. 이곳은 피터스(A. A. Pieters, 1872~1958) 목사가 1904년에 시작한 곳인데 그는 세브란스 병원의 여의사 에바 필드(Eva Field MD, 1863~1932)와 결혼하였기 때문이다. 또 일제가 신사참배를 강요하자 연동교회에 있던 함태영 목사는 그것을 거부하고 1937년 성남으로 낙향하여 둔전교회에서 시무하였다. 함태영 목사가 세브란스 교회 출신이라 함은 앞서 말했다.

피터스 목사는 1913년 재령으로 선교지를 옮겼는데 이곳은 러들로 박사가 의료선교하던 곳이다. 유태인답게 해박한 히브리어를 구사하여 40년(1897~1938) 동안 구약성서를 한글로 번역하였다. 번역이 끝나자 1941년 세브란스 의학대학의 이사를 역임하였으니 둔전리교회는 세브란스와 여러 경로로 인연이 깊고 러들로 교수는 이곳에도 봉사하였다.

업적

러들로 교수는 1912년부터 한국을 떠나는 1938년까지 36편의 외과 논문을 발표하였고 185편의 일반 논문을 발표하였다.[82] 1년에 평균 6편의 논문을 쓴 셈이다. 그 가운데 한국의 전통의술을 외국에 소개하는 논문도 있었다. 책도 3권이나 저술하였는데 모두 제자들에 의해 한글로 번역되었다. 이 책들은 모두 러들로 박사의 기독교 신앙고백서이다. 그는 성경을 영어의 철자(BIBLE)를 이용하여 자신의 신앙을 다음과 같이 5가지로 요약하였다.[83]

B=Boundless in its Scope (내용의 무한성)

I= International in its Distribution (땅 끝까지 전파)

B=Beneficent in its Effect (은혜 충만)

L=Life giving in its Message (생명의 복음)

E=Everlasting in its Duration (영원에서 영원으로)

그는 한국 체류 기간인 1912년부터 1938년까지 약 5백 명의 의사 제자를 길러 냈으며, 5만 명의 환자에게 27만 5천 건의 처치[84]를 하였고, 1만 5천 건의 작은 수술과 7천5백 건의 전신마취 수술을 하였다.[85] 1년에 평균 1만 1천 건의 처치, 6백 건의 작은 수술, 300건의 전신마취 수술이다. 주말을 제외한다면 하루 평균 200건의 처치, 2건의 작은 수술, 1건의 전신마취 수술이다. 초인적인 업적이라 아니할 수 없다. 그 사이에 그 자신은 수차례 질병에 시달렸다. 1920년에 아메바성 이질에 걸렸었고 1925년에는 말라리아에도 감염되었다. 당시 한국 인구가 2천만 명이었으니 400명 가운데 한 명이 그의 환자였다.

앞서 본 대로 러들로 교수는 1912년 세브란스 병원에서 맹장수술을 성공리에 시행하여 국내 의학자들을 놀라게 하였다.[86] 또 앞서 말한 것처럼 1913년 4월 1일에 최초로 재귀열 병원체를 발견하였다. 1927년에는 한국 최초로 새로운 방법으로 마취를 시행하였다.

러들로 교수는 빠르게 발전하는 외과의학에 뒤떨어지지 않으려고 클리블랜드의 웨스턴 리저브 의과대학 및 레이크사이드 병원의 수술진과 접촉을 게을리하지 않았다. 안식년으로 클리블랜드로 돌아갈 때에도 수술진이 없는 휴가철을 피하려고 애썼다.[87] 예를 들어 1927~28년에는 유급 안식년이 6개월에 불과하여 빨리 고향에 돌아가고 싶었지만 수술진이 없는 여름휴가이므로 일부러 이를 피하고자 유럽을 경유하여 귀국하였다. 고향에서 쉴 수 있는 시간이 짧으므로 선교부에 연장을 신청할 수 있지만 그것은 무급휴가가 된다.[88] 짧은 체류를 효과적으로 보내기 위하여 초청 연설도 피하였다. 러들로 교수는 말한다.[89]

> "우리 [세브란스 병원의] 친구들은 두 가지 목표를 갖고 있다: 첫째, 최고의 과학적 수준을 유지한다. … 둘째, 한국 동료들과 체계적인 협력을 통하여 그들에게 자극을 준다."

러들로 교수의 이러한 필사적인 노력이 세브란스 의학대학을 빠르게 정상으로 올려놓는데 커다란 기여를 하였다.

새로운 외과의학에 뒤떨어지지 않으려고 끊임없이 노력한 러들로 교수는 마침내 1926년에 아메바성 간농양 치료에 세계적인 업적을 남겼는데 그해 『중국의학저널 *China Medical Journal*』 12월호의 편집인이 가장 우수한 논문으로 뽑았다(자료 X-13).

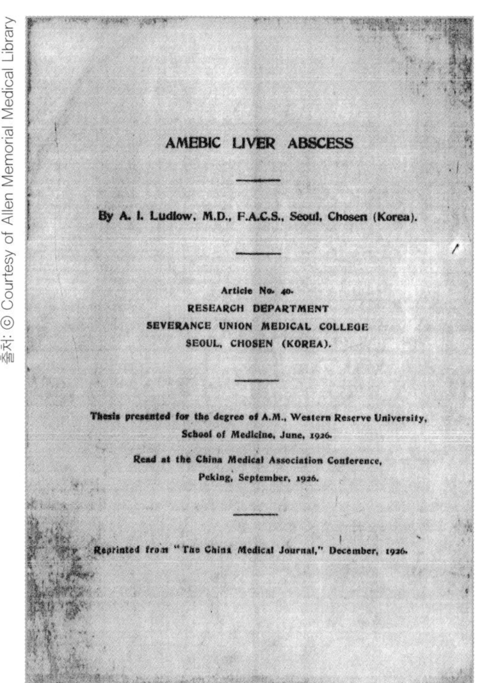

AMEBIC LIVER ABSCESS

By A. I. Ludlow, M.D., F.A.C.S., Seoul, Chosen (Korea).

Article No. 40.
RESEARCH DEPARTMENT
SEVERANCE UNION MEDICAL COLLEGE
SEOUL, CHOSEN (KOREA).

Thesis presented for the degree of A.M., Western Reserve University, School of Medicine, June, 1926.

Read at the China Medical Association Conference, Peking, September, 1926.

Reprinted from "The China Medical Journal," December, 1926.

〈자료 X-13〉 러들로 교수의 간농양 치료 논문 표지

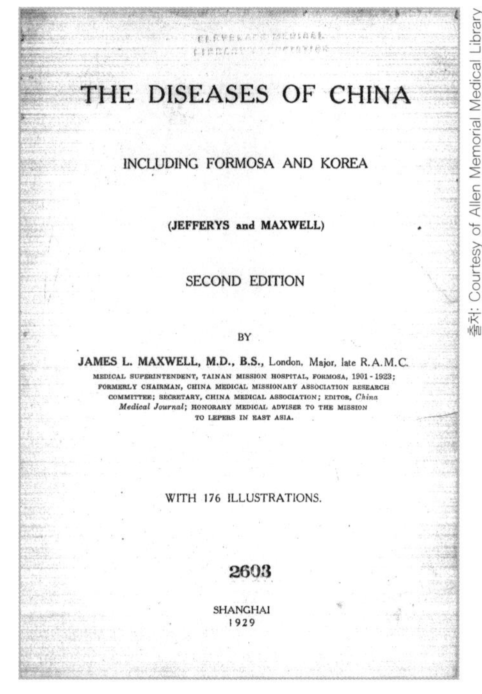

THE DISEASES OF CHINA

INCLUDING FORMOSA AND KOREA

(JEFFERYS and MAXWELL)

SECOND EDITION

BY

JAMES L. MAXWELL, M.D., B.S., London, Major, late R.A.M.C.
MEDICAL SUPERINTENDENT, TAINAN MISSION HOSPITAL, FORMOSA, 1901 - 1923; FORMERLY CHAIRMAN, CHINA MEDICAL MISSIONARY ASSOCIATION RESEARCH COMMITTEE; SECRETARY, CHINA MEDICAL ASSOCIATION; EDITOR, *China Medical Journal*; HONORARY MEDICAL ADVISER TO THE MISSION TO LEPERS IN EAST ASIA.

WITH 176 ILLUSTRATIONS.

2603

SHANGHAI
1929

〈자료 X-14〉 러들로 교수의 간농양 시술이 소개된 제프리-맥스웰의 저서 「중국의 질병」 표지

수술하지 않고 에메틴 내복과 주사기로 농을 배출하는 좋은 결과를 얻어 400개의 임상 보고를 함으로써 자신의 이름과 함께 세브란스 병원의 이름도 높이는 데 기여를 하였다.[90] 제프리와 맥스웰(Jeffreys and Maxwell)은 그들의 방대한 저서 『중국과 한국의 질병』의 제2판에 무려 5쪽을 할애하여 러들로 교수의 업적을 사진과 함께 소개하고 있다(자료 X-14).[91] 간농양은 당시에 결핵 및 기생충 관련 질병과 함께 중국과 한국에 가장 흔한 질병 가운데 하나였다.[92] 에메틴 치료의 개척자인[93] 영국의 레오나드 로저스 경(Sir Leonard Rogers, 1868~1962)은 러들로 교수의 치료법이 세계 의학계의 간 치료에 영향을 주었다고 말했다.[94] 로저스 경은 러들로 교수가 유럽을 거쳐 미국으로 귀국할 때 런던에 들러 줄 것을 요청하였다.[95] 간농양 치료의 또 한 명의 개척자 영국의 패트릭 맨슨 경(Sir Patrick Manson)은 배출의 원리를 확립하였다. 러들로 교수는 이 두 사람의 업적에서 한 단계 더 발전시킨 것이다.[96]

그의 일생의 업적은 보답을 받았다. 제네바의 세계외과학회에서 러들로 교수를 평의원(Regent)으로 임명하였다(자료 X-15). 1927년 6월 13일 우스터 대학에서 명예과학

COLLÈGE INTERNATIONAL
DE CHIRURGIENS

FONDÉ A GENÈVE

La Science n'a pas de patrie parce que le savoir est le patrimoine de l'Humanité, le flambeau qui éclaire le monde.
Pasteur.

Genève, octobre 1936.

Dr. A.I. LUDLOW
Severance Union Medical College
Seoul, Korea
Japan.

Très honoré Collègue,

Nous avons l'honneur et le plaisir de vous informer, au nom du Comité du Collège International de Chirurgiens, de votre nomination au titre de National Regent for Korea (Japan). Le Comité de Fondation est très heureux de cette nomination et vous en félicite chaleureusement.

Nous vous prions d'agréer, très honoré Collègue, l'expression de nos sentiments les meilleurs.

Le Directeur-général: Le Président du Collège:

Prof.H.Lyons Hunt
New York

Prof. Arnold Jirasek
Prague

Le Secrétaire-général
pour l'Europe:

Prof. Albert Jeantzer
Genève.

P.S. La correspondance est à adresser au Secrétaire-général, Prof. A. Jentzer, rue de l'Université, Genève.

출처: © Courtesy of Allen Memorial Medical Library

〈자료 X-15〉 1936년 제네바의 세계외과학회에서 평의원 임명 편지

박사(Hon. Degree, D. Sc.)와 1926년 6월 17일에는 웨스턴 리저브 대학의 100주년에서 명예 의학석사(Hon. Degree M. A. in Med.)를 받았는데 미국에서 4명만이 이 영예의 주인공이었다(자료 X-13).[97] 왕립외과학회의 평의원으로 선출되었으며 1923년 4월 5일에

는 한국 의료선교학회 회장에 피선되었다. 1921년 10월 28일에는 필라델피아의 미국 외과학회의 평의원(FACS)으로 뽑혔다. 그러나 무엇보다도 오늘날까지 세브란스에서 가장 존경받는 외과교수로 기억되고 있다. 그의 전기도 출간되었다. 그의 흉상도 제작되었다. 스승 더들리 피터 알렌 박사를 만난다면 부끄럽지 않은 제자가 되었다고 말할 수 있게 되었다. 후원자 세브란스 씨를 만난다면 의료선교사업을 완성했다고 말할 수 있을 것이다.

의학연구소

러들로 교수는 한국 최초의 외과교실을 제2회 졸업생인 강문집을 데리고 창설하였다. 나중에는 수전증으로 수술이 어렵게 되자 그가 길러 낸 외과교실의 고명우 교수, 이용설 교수, 고병간 교수가 도왔다. 그의 친필은 초기(자료 X-1)와 달리 한창 진행된 후는 수전증으로 알아보기 힘들다(자료 X-20). 그의 제자 이용설 교수의 증언을 들어 보자.

> "세브란스에서 있으면서 학생들 가르치는 일이라든지, 클리닉 보는 일을 고명우 박사와 함께 했지요. 수술하는 일은 거의 내가 맡아서 했어요. 왜 그런고 하니 러들러 박사가 수전증이 있었어요. 수전증이 있으니 수술할 수 있겠어요. 그리고 고명우 박사가 수술을 했지만, 그이는 정규적으로 수련을 받지 못했어요. 그래서 어려운 수술은 내가 하게 되었지요."98)

당시 이용설 교수가 수술을 하는 사진을 보면 러들로 교수가 옆에서 참관을 하고 있다(자료 X-16). 말하자면 합동 수술인 셈이다. 러들로 교수의 서명이 차츰 변해간다. 그의 수전증이 진전됨을 알 수 있다(자료 X-20의 필체를 참조). 대체로 1930년을 전후하여 변화가 일어났다. 외과의사에게 손은 생명과 같은 것이다. 다행스러운 것은

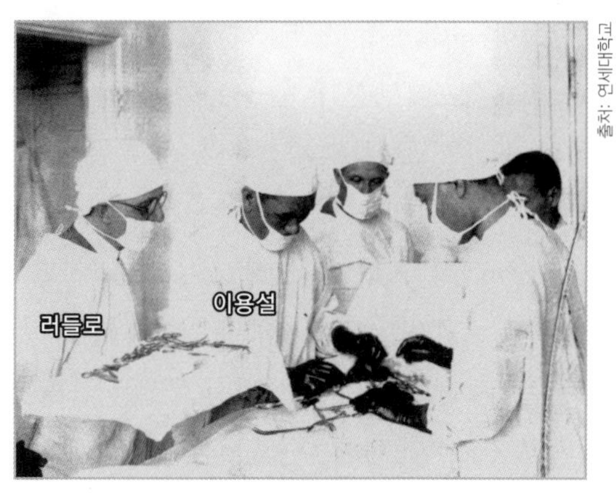

출처: 연세대학교

〈자료 X-16〉 수전증이 보여주는 러들로 교수의 수술광경

훌륭한 제자들을 길러내어 뒤를 잇게 하였다. 이용설 교수와 고명우 교수의 미국유학을 러들로 교수가 알선하였는데 그 경비를 클리블랜드 독지가가 했다니 그가 누구였는지 짐작할 수 있다.[99)]

러들로 교수는 한국어가 서툴렀다. 그는 가족에게 보내는 편지에서 선교사에게 요구하는 한국어 시험을 대비하여 준비한다고 썼다. 시간이 충분하지 않았으나 선교본부의 기준을 통과하였다.[100)] 그러나 강의할 때에는 통역을 세워서 학생들을 가르쳤다. 지금도 당시의 사진을 보면 홍석후를 대동하고 있다. 주일학교에서 설교할 때에도 의학생을 데리고 갔다.[101)]

러들로 교수는 단순한 외과의사이기를 거부하고 노력하는 일환으로 1914년 11월 4일 반 버스커크(J. D. van Buskirk) 교수와 밀즈(R. G. Mills) 교수와 함께 대학 내에 "의학연구소 The Research Department"를 설립하였다. 각자의 교실에 소속이 되다 보니 모여서 연구할 수 없었기 때문이었다. 러들로는 의학연구소의 목표와 목적을 기록으로 남겼다.[102)]

목표: 다른 나라와 차이가 있는 습성, 관습, 식사가 일으키는 의학 문제, 집안의 위생과 공중위생의 문제, 고유의 음식과 영양가, 평균 영양, 생활과 생명에 필요한 고유음식의 적정량에 대한 실험, 수백 년 전통 의약품과 치료의 효능, 식물과 동물 문제, 특히 기생충의 문제를 조사한다.

현안 목적: 생활수준과 주거환경을 향상시킬 수 있는 해결책, 학생기숙사의 효율적 개선으로 결핵을 퇴치할 수 있는 해결책을 조사한다. 의사들이 병리학적 진단을 할 수 있는 의학기준을 만든다. 지금까지 소홀히 했던 세속의 여러 문제를 한국에서 일하는 우리 의사의 각도에서 본다.

이 연구소의 노력의 덕택으로 『세브란스 연합의학대학 논문집 The Journal of the Severance Union Medical College 世富蘭偲 醫學 紀要』이 발간되었다. 연구소의 당면문제는 지적한 대로 결핵과 기생충이었다.[103)] 김명선 교수는 당시 1학년이었다. 하루는 반 바스커스 교수가 김명선 학생을 불러 밀즈 교수를 도와 줄 것을 부탁하였다. 그는 밀즈 교수와 함께 한국인 유아 사망 통계를 연구 중이었는데 미국에 다녀와야 할 일이 생겼기 때문이다. 김명선 학생은 밀즈 교수의 조교가 되었고 밀즈 교수는 1923년 가을 학회에 그 결과를 발표하였는데 한국에서 출생한 전 아동의 4분의 1이 6개월 이내에 사망했고 50퍼센트는 6살을 넘기지 못하는 것으로 나타났다.[104] 한국의 인구가 감소할까 걱정한 에이비슨의 염려는 기우가 아니었다.

러들로 교수는 부검도 실시하였다. 그가 1934년에 작성한 부검기록이 남았다. 러들로 교수가 세브란스로 부임하기 훨씬 전 독일 의사 분쉬(Richard Wunsch)가 1905년 세브란스 병원에서 윤치호 부인의 자궁외 임신을 수술했는데 환자가 사망하였다. 그런데 자신과 상의도 하지 않고 부검을 했다고 불평을 늘어놓았다. 분쉬가 보기에는 전문적인 부검이 아니었다.[105] 분쉬는 부검의 개척자 피르호(Rudolf Virchow, 1821~1902)의 제자였는데 러들로 교수가 베를린에 갔을 때에는 피르호 박사는 이미 세상을 떠난 후였다. 러들로 교수는 그의 제자들이 부검하는 것을 보았을 것이다. 러들로 교수의 부검기록은 "오늘날의 외과소견으로 보면 미진한 점이 있지만 그 기록 형식이 체계화된 점이 주목된다."[106]

군의관 대위

1914년 제1차 세계대전이 터졌을 때 개전 초에 미국은 즉각 참전하지 않았다. 이때 충격 연구와 수혈수술의 개척자 클리블랜드의 웨스턴 리저브 의과대학의 조지 크라일 교수는 병사들의 불안과 충격을 연구할 수 있는 좋은 기회라고 생각하였다. 미국이 아직 참전하지 않았음에도 그는 이 목적을 위하여 자원하여 프랑스 전선으로 떠나기 전에 레이크사이드 병원의 이사장이며 웨스턴 리저브 대학의 이사인 사무엘 마서에게 편지를 썼다.

> "공포와 피폐가 인간의 신체에 미치는 영향을 관찰할 수 있는 좋은 기회입니다. 나의 실험실에서 동물을 대상으로 수많은 실험을 했으나 사람에 대해서는 할 수 없었습니다. 미국은 그러한 영향이 나타나지 않는 평화로운 곳이기 때문입니다. 그러나 지금 유럽에서는 수많은 예가 일어나고 있습니다. 이러한 방대한 예는 앞으로 다시 나타나기 어렵습니다. 이에 대한 연구는 의학 발전에 크게 기여할 것입니다. 이것을 연구할 수 있는 곳은 클리블랜드 연구진 밖에 없습니다. 그러나 연구할 자원이 부족합니다."[107]

마서의 지원으로 크라일 교수는 레이크사이드 병원의 수술 인원을 데리고 1915년 1월부터 파리에서 활동하였다. 크라일 교수는 마서의 부인의 주치의였는데 그의 수술에도 불구하고 유방암으로 죽었다 함은 앞서 썼다. 이것이 미국 야전병원(American Ambulance Hospital)이며 최초의 이동외과병원(MASH)이다. 그는 군의학(military medicine)을 창시한 셈이다.

당시에는 생소한 그의 수혈수술을 보러 저명한 의사들이 몰려왔다. 그 가운데에는 앞서 소개한 대로 록펠러 의학연구소에서 노벨상을 수상한 알렉시스 카렐 박사(Dr. Alexis Carrel)도 있었다. 그는 살균수술(antiseptic surgery)을 발전시킨 의사이다. 크라일 교수는 자신이 발견한 수혈과 수술로 많은 병사를 살리고 장군도 되었다.

1915년 여름 미국으로 돌아온 크라일 박사는 미국의 참전을 대비하여 민간의사가 부상병을 치료할 수 있는 방법을 정부에 건의하였다. 당연히 그가 속한 미국 적십자 클리블랜드 지부가 책임지고 계획을 마련하였다. 클리블랜드 지부는 사무엘 마서가 창설한 것이다. 참전의 경우 원하는 민간 의료진들은 적십자에서 정부의 전쟁성으로 소속이 바뀌면서 군인의 신분이 된다. 1916년 봄에 레이크사이드 병원이 이 계획에 서명하

출처: Lakeside Hospital

〈자료 X-17〉 1917년 레이크사이드 병원 의료진을 환영하는 조지 5세

였다. 마침내 미국이 참전하자 레이크사이드 병원의 26명의 의사와 64명의 간호사가 전쟁성 소속 적십자 군의관이 되어 1917년 4월에 영국으로 떠났다. 이것이 유명한 "제1차 대전 레이크사이드 부대 The Lakeside Unit, WWI"이다. 버킹엄 궁전에서 국왕 조지 5세의 영접을 받았다(자료 X-17).

당시 연합국의 적국은 독일과 오스트리아였다. 서부전선에서는 영국과 프랑스가 독일과 싸웠고 제정 러시아가 동부전선에서 독일을 상대로 싸우고 있었다. 체코슬로바키아는 오스트리아의 지배하에 있었는데 러시아에 살던 체코슬로바키아 사람들이 청원을 제출하여 오스트리아와 싸우는 군대를 조직하였다. 이것이 유명한 "체코슬로바키아 군단 Czechoslovakia Legion"이다. 오스트리아 군대에서 탈영한 체코슬로바키아 군인들까지 합류하여 자원자의 수가 한때 7만 명에 육박하였다. 그들은 오스트리아와 독립전쟁을 벌이기 위하여 유럽의 동부전선에 투입되길 희망하였다. 그러나 1917년 러시아 혁명으로 정권을 잡은 볼셰비키 정권은 독일과 손을 잡았으므로 수포로 돌아갔다. 유럽전선이 막히자 그들은 할 수 없이 블라디보스토크와 미국을 거쳐 유럽 서부전선으로 갈 수밖에 없었는데 이동 중에 체코슬로바키아 군대는 시베리아에서 볼셰비키 군대와 싸우게 되었다.

영국은 볼셰비키 혁명으로 무너진 유럽의 동부전선에서 러시아 대신 체코군단이 독일과 싸워주길 기대하면서 일본과 미국이 시베리아에 개입하도록 압력을 넣었다. 일본은 재빨리 시베리아에 상륙하였다. 일본을 견제하기 위하여 윌슨 대통령은 군대를 파견하였지만 러시아 내전에 휩쓸리지 않도록 명하였다. 이에 미국공병대가 시베리아에서 활동을 하였다. 미국 적십자는 유럽전선에 의료진을 파병하는 동시에 이미 400명의 의료진을 시베리아에 보낸 상태였고 이들을 5천 명의 현지인들이 도왔다. 장티푸스가 창궐하여 많은 사람들이 쓰러졌고 여러 명의 의료진들도 희생되었다. 우랄산맥 동쪽의 시베리아에 14개의 병원을 차리고 체코군인들과 러시아군인들을 치료하였다. 18개의 열차가 의료품과 구호품을 가득 싣고 시베리아 횡단철도를 이용하여 맹활약을 하였다. 1개의 밀봉기차는 위생 열차로서 방(防)장티푸스 기차라고 불렀는데 각처를 다니며 환자들을 치료하였다. 현지 기관사들의 부족으로 미국 기관사들이 자원하여 도왔다. 미국공병대가 시베리아 횡단철도와 기관사를 보호하였다.

윌슨 대통령 부인의 사촌 동생인 루돌프 튜슬러 박사(Rudolph Teusler, 1876~1934, MD)가 체코슬로바키아 의료 책임자로 임명되었다(자료 X-19). 그의 계급은 육군 중령이

<자료 X-18> 1918년 미국적십자 한국지부 단장 육군대위 러들로 교수 (앞줄 가운데)

었다. 그는 1901년에 미국 의술의 불모지인 일본에 성누가 병원을 설립한 인물답게 일본어가 유창하였다. 일본공병대나 미국공병대와 협력할 수 있는 유일한 의사였다. 미국 적십자의 지시를 받은 튜슬러 박사는 주한 미국 공사관을 통해 한국 지부에 전보를 보내 시베리아에 있는 체코슬로바키아 부상병과 전염병에 감염된 환자들을 돌보아줄 것을 요청하였다.

이에 따라 1918년 미국 적십자의 한국 지부에서는 세브란스 병원의 러들로 교수를 단장으로 의사 3명과 간호원 5명으로 의료진을 구성하여 미국 영사관이 있는 만주 하얼빈의 러시아 육군병원과 적십자 병원에서 1918년 8월부터 1919년 1월까지 봉사하였다. 군인이 된 것이다. 여기에 중국에서 일하던 미국 선교사 3명이 합류하였다. 그 가운데 루이스 박사(Charles Lewis, MD, 한국표기 陸大夫)는 1907년 러들로가 세브란스와 함께 중국 북경 부근 보정부(保定府)에 있는 그의 병원을 방문한 적이 있었다. 그때 그는 안식년으로 시베리아를 거쳐 미국으로 가서 부재중이었다.[108] 루이스 박사는 나이가 많아 소령이 되었고 러들로 교수는 대위가 되었다(자료 X-18).[109]

군의관이 되었지만 봉급이 없었다. 선교병원에서 이탈하였으니 선교본부의 봉급이 걱정이 안 될 수 없었다. 루이스 박사는 미국 해외 선교본부에 편지를 보냈다. 이 편지에 러들로 교수도 공동 서명하였다.[110]

"우리들은 적십자로부터 시베리아의 철도를 따라 체코슬로바키아 군단을 도우라는 공식요청을 받았다. 이 요청에 응한 우리들은 지금 여기서 일하고 있다. 우리들은 무료로 봉사하고 있는데 질문은 우리들의 봉급에 관한 것이다.

"미국 선교교회에서 파견된 선교사들이 여기 함께 있고 일본의 터커 주교도 여기에 함께 있다. 그들도 자신들의 본부에 가족을 부양할 수 있도록 봉급을 끊지 않기를 요청하고 있다. 그들도 적십자에 무료로 봉사하고 있다.

"의료선교를 성심껏 하고 있던 우리가 적십자에게 무료 봉사할 수 있도록 봉급을 계속 지급할 것을 요청한다. 우리가 각자의 선교병원에서 일했듯이 우리를 필요로 하는 이곳에서 계속 일할 수 있기를 희망한다.

여기서 흥미로운 사실은 러들로 박사가 튜슬러 박사와 함께 오난강(Onan River)에서 체코군 사령관 라돌라 가이다(Radola Gajda, 1892~1948, 미국표기 Rudolph Gaida) 장군을 만났다는 점이다.[111] 체코슬로바키아 군단은 블라디보스토크에서 철수하여 독립한 조국의 군대가 되었는데 이때 귀국하지 않고 뒤에 남은 가이다 장군은 무기를 한국 독립군에게 제공하였다. 이 무기로 청산리 전투에서 승리하였다. 이 무기는 미국에서 제작한 것이었다.[112]

서울에는 적십자 병원이 따로 있었는데[113] 세브란스 병원의 러들로 교수에게 요청한 이유는 무엇이었나. 증거는 없지만 몇 가지 추측할 단서가 있다. 첫째, 러들로 편지에 기록되었듯이 "우리 미국 적십자 부대(our American red cross unit)"라고 표현하고 있다.[114] 당시 미국 적십자 총재는 클리블랜드 태생의 메이블 소프 보드먼(Mabel Thorp Boardman, 1860~1946)이었는데 그녀의 아버지 윌리엄 보드먼(William J. Boardman)은 러들로 교수가 재학하던 당시의 웨스턴 리저브 대학의 이사였고, 세브란스 씨가 젊어서 근무하던 클리블랜드 상업은행의 행장이었으며, 클리블랜드 유니언 클럽의 창설자 가운데 한 명이었다. 클리블랜드 적십자는 1905년 레이크사이드 병원에서 사무엘 마서에 의해 창설되었다.

둘째, 웨스턴 리저브 의과대학의 스승 크라일 교수와 레이크사이드 병원과의 친분도 무시할 수 없었을 것이다. 러들로 교수도 한국에 오지 않고 계속 레이크사이드 병원에 있었으면 그들과 함께 영국에서 국왕 조지 5세의 영접을 받았을 것이다. 그러나 실망할 필요가 없게 되었다. 1918년 마침내 독립한 체코슬로바키아 정부는 시베리아의 체코슬로바키아 군단을 정식 군대로 편입하고 러들로의 적십자 의료 부대를 체코슬로바키아 군대의 의무부대(The Medical Corps of the Czechoslovakia Army)로 인정하였다.[115] 시베리아의 체코슬로바키아 군단에는 자신들의 의무부대가 없었기 때문이다.

셋째, 무엇보다 당시 참전 직전의 미국의 분위기는 놀라울 정도로 적대적이었다. 독일과의 전쟁을 훈 족(the Huns)에 대한 십자군이라고 여겼다. 무엇이건 독일과 관련된 것은 반대였다. 웨스턴 리저브 대학에서 독일식 이름의 학생이나 교수는 의심을 받았다. 미국에서 살면서 시민권을 신청하지 않은 사람 역시 마찬가지였다. 대학에서 독일어 과목을 선택하면 비애국적이라고 여겼다. 웨스턴 리저브 대학교의 아델버트 대학과 여자 대학의 독일어 관련 과목 등록 수가 급격히 하락하였다. 트윙 총장조차 이를 바로잡는 성명을 발표하는 데 대단한 용기가 필요하였다.[116)]

"우리 대학인들은 언어를 탓해서는 안 된다고 믿는다. 오히려 독일어를 공부하는 일이야말로 적과 동지를 구별하는 데 도움이 되고, 5년 전에 독일어가 중요했다면 미래에는 더 그러하다. 영국과 프랑스를 방어하는 데 중요한 수단이다. 우리보다 더 고통을 받는 그들이 우리보다 더 독일어를 공부하는 것은 그러한 까닭이다. 적을 아는 첩경은 그들의 언어를 이해하는 데에서 출발한다."

앞서 얘기한 대로 1915년 여름 파리에서 귀국한 크라일 교수가 미국 적십자사와 함께 레이크사이드 부대를 구상할 때 러들로 교수는 안식년으로 클리블랜드에 있었다.[117)] 또 앞서 지적한 대로 러들로는 레이크사이드 병원의 수술진과 끊이지 않고 관계를 맺고 있었으므로 크라일 박사의 계획을 알았을 것이다. 크라일 교수는 러들로 박사의 스승이었으니 당연한 일이다. 여기에 안식년을 마치고 한국으로 귀환할 무렵 웨스턴 리저브의 적대적 강한 기류를 충분히 알고 있었다.

넷째, 크라일 교수의 지도 아래 레이크사이드 병원만 참전한 것이 아니었다. 러들로 교수의 후원자인 세브란스의 외동딸 엘리자베스가 이사장으로 있는 성누가 병원도 참전하였다. 이 병원 외과과장 스킬 박사(Roland E. Skeel, MD)가 외과 의료진과 함께 영국 의료 부대(The English Medical Corps)에 합류하였다.[118)] 그의 편지는 재미있다.[119)]

"우리는 건물, 난로, 석탄이 있는 곳에서 아무 것도 없는 곳으로 이동했다. 내가 살아서 돌아간다면 나는 외과의사에서 도적, 강도, 소매치기로 직업을 바꾸려 한다. 이 분야에서 나를 따를 사람이 없을 것이다."

자신의 후원자 엘리자베스 세브란스의 성누가 병원도 참전한 상태였고[120)] 웨스턴 리저브 의과대학의 교수였으며 레이크사이드 병원의 외과의사였던 러들로 교수는 옛 동료들이 영국으로 갔음을 알고 하얼빈에서 체코 군대를 보살폈을 것이다. 1918년 체코의 지도자 토마스 마사리크 망명정부 대통령은 윌슨 대통령을 움직여 결국 외교로 독립을 얻어 내고 만다. 이승만은 그를 본보기로 삼아 외교로 독립을 꿈꾸었다. 필라델피아 독립관의 조지 워싱턴이 앉았던 의자에 마사리크가 앉아서 독립의지를 나타냈고, 삼일운동으로 크게 고무된 이승만도 그 의자에 앉아서 독립의지를 불태웠다. 한국도 일본으로 부터 독립되어야 했다.

체코이든 한국이든 피압박 민족에 대한 러들로 교수의 동정심은 그의 편지에 잘 나타나 있다.[121] 러들로는 체코의 독립전쟁을 동정하여 체코슬로바키아가 독립할 때까지 더 도와주려고 시베리아에 남고 싶었지만 서울도 그가 필요하였다.[122] 1919년 한국에 거주자는 16,648,129명이었다. 이 가운데 한국인이 16,309,179명, 일본인이 320,928명(군인은 제외), 그 밖의 외국인이 18,012명이었다. 면허의사의 수는 한국인이 202명, 일본인이 977명, 그 밖의 외국인이 32명이었다. 의사 1명당 13,747명이었다. 한의사는 5,626명이었지만 면허 없는 한의사도 많았다.[123] 아직도 의사가 턱없이 부족하였다. 1919년 1월 9일 러들로 교수는 세브란스로 돌아왔다. 러들로 교수가 시베리아를 떠난 지 불과 10일이 못 되어 뉴욕 타임스에 의사가 급히 필요하다는 튜슬러 박사의 호소 기사가 났다(자료 X-19 참조).

DOCTORS NEEDED IN SIBERIA.

Nurses and Medical Supplies Also Required, Dr. Teusler Says.

VLADIVOSTOK, Jan. 16, (Associated Press.)—There is urgent need for doctors, nurses, and medical supplies in Western Siberia, declared Dr. Arthur Rudolph Teusler, head of the Czecho-slovak Medical Service, who arrived here today from Ekaterinburg and Omsk. The spread of typhus and the coming of 200,000 Russian soldiers formerly imprisoned in Austria and Germany, the doctor said, will tax every agency to the utmost.

Dr. Teusler directed the establishment of Red Cross hospitals at Omsk, Ekaterinburg, Cheliabinsk, and Tiumen. At Ekaterinburg the public bath-house was transformed into a typhus hospital. The tide of former prisoners already has begun to flow into Western Siberia and probably will continue two months.

출처: New York Times 1919년 1월 18일

<자료 X-19> 시베리아에 의사가 급히 필요하다는 1919년 뉴욕 타임스 기사

다이아몬드 핀

1910년 어느 날 군산과 목포에서 의료선교사업을 하는 미국 남장로교 소속 포사이스 박사(Dr. W. H. Forsythe)가 집에 가는 도중에 나환자를 보았다. 그녀는 너무 약해 걸을 수조차 없었기에 포사이스 박사는 자신의 말에 태워 전라남도 광주에 있는 윌슨 박

사(Dr. R. M. Wilson)의 병원에 데려다 주었다. 그러나 나환자는 병원에 들여 놓을 수 없다는 규정 때문에 들에 있는 옹기 가마에 둘 수밖에 없었다. 이것이 윌슨 박사의 나환자 치료소의 시작이 되었다.

1924년 10월 29일 러들로 부부는 삼일예배를 드리려고 윌슨 박사의 나환자 치료소를 방문하였다. 나환자 치료소에서 러들로 부부는 그들에게 찬송가를 골라서 부르도록 요청했던 바 그들은 '눈물만이 구원하지 못하네[울어도 못하네]'라는 찬송을 골랐다. 찬송을 들으며 러들로 교수는 옆에 앉은 부인에게 속삭였다.[124)]

"그래, 눈물이 한국의 3만 명 나환자를 구하지 못한다는 찬송가의 구절이 맞는다."

당시 2천만 명의 한국 인구 7백 명 가운데 하나가 나환자였다니! 다음 날 병원 문 앞에 13명의 나환자가 울면서 집으로 돌아가는 모습을 보고 그는 무언가 해야겠다는 생각으로 비용을 계산해보았다. 나환자들 자신이 노동력을 제공하면 20명의 나환자를 수용할 수 있는 건물을 짓는 데 약 500백 원(250달러)이 필요하였다. 그러나 러들로 교수에게는 돈이 없었다. 그는 자신이 가진 것은 필요한 사람에게 주곤 하였다. 갖고 있던 약간의 주식도 필요한 사람에게 주었다.[125)] 대공황 때에는 월급도 40퍼센트가 삭감되었다.[126)] 은퇴 후에는 연금만으로 단순한 생활을 하였다. 그러나 그는 청빈 생활을 단순한 생활로 여기며 편안하게 지냈다. 그는 말했다.

"대부분의 사람들은 자동차를 보유한다. 자동차를 유지하려면 돈이 얼마나 들까. 5백 달러? 나는 자동차를 가져 본 적이 없다. 그러니 나는 항상 5백 달러가 있는 셈이다."[127)]

돈이 생기면 가난한 학생을 돕는 데 썼다. 그의 제자 김명선 교수의 회상을 들어보자.[128)]

"하루는 나를 불렀다. 5백 달러를 주면서 '생활이 어려운 학생을 도와주되 돈을 누가 주었는지는 절대로 비밀로 해달라'고 부탁하였다. 영문을 알 수 없는 나는 그 돈을 여러 명 학생들을 위한 장학금으로 사용하였다. 이때 나는 '선을 행하되 바른 손이 하는 일을 왼손이 모르게 하라'는 성경구절이 떠올랐다."

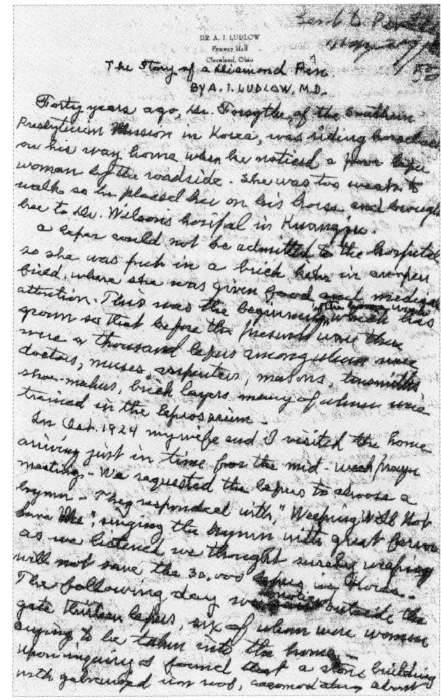

DR. A. I. LUDLOW
Pravey Hall
Cleveland, Ohio

The Story of a Diamond Pin.
BY A. I. LUDLOW, M.D.

Forty years ago, Dr. Forsythe, of the Southern Presbyterian Mission in Korea, was riding horseback on his way home when he noticed a poor leper woman by the roadside. She was too weak to walk so he placed her on his horse and brought her to Dr. Wilson's hospital in Kwangju.

A leper could not be admitted to the hospital so she was put in a brick kiln in a nearby field, where she was given food and medical attention. This was the beginning of the home which has grown so that before the present war there were a thousand lepers among whom were doctors, nurses, carpenters, masons, tinsmiths, shoe-makers, brick layers many of whom were trained in the Leprosarium.

In Oct. 1924 my wife and I visited the home arriving just in time for the mid-week prayer meeting. We requested the lepers to choose a hymn. They responded with, "Weeping Will Not Save Me"; singing the hymn with great fervor as we listened we thought surely weeping will not save the 30,000 lepers in Korea. The following day we noticed outside the gate thirteen lepers, six of whom were women crying to be taken into the home. Upon inquiring I found that a stone building with galvanized iron roof, accomodating about twenty lepers could be built for Yen 500 or $200 at that time. This was possible because all the work was done by the lepers.

On our way back to our home in Seoul we kept thinking of the women crying at the gate. We decided to sell a diamond pin which had been purchased several years previously. On Jan 11, 1925 Dr. Wilson came to Seoul for a talk on Leprosy at our Seoul Union Church. The following day Mr. and Mrs. John Timothy Stone arrived from the U.S.A. and were guests in our home. I asked Dr. Stone if he could help me dispose of the pin. He replied, "I'll be glad to purchase it now". We gave the check to Dr. Wilson with instructions to build a cottage for women, which is shown in the accompanying picture. It was called, "The Diamond 'Pin' Ludlow" cottage "Pin" being my nickname.

Several years passed and Dr. Stone was speaking at a church in Akron Ohio. My sister happened to be in the audience. At the close of the service she spoke to Dr. Stone asking him if he happened to know her brother. Whereupon Dr. Stone related the story of the diamond pin then added, "I have already sold the pin many times and on each occasion [illegible] the purchaser to return the pin. In this way the pin has earned many thousand of dollars for leprosy work".

〈자료 X-20〉 1925년 러들로 교수의 다이어몬드 핀을 팔아 지은 250달러 광주의 나환자집과 그 사연을 적은 러들로의 자필

"그 후에도 러들로 교수는 수시로 나를 불러 이 같은 일을 하였고 '돈이란 쓸 곳에 쓰는 것'이라면서 가정 형편이 어려운 환자가 있으므로 주머니를 털곤 하였다. 한 번도 와보지 않은 나라, 가난한 한국에 의료시설을 위해 거액을 헌금한 세브란스 씨가 특별히 뽑아 보낸 사람다운 행동이었다. 나는 러들로 교수로부터 돈이란 이렇게 써야 한다는 것을 배웠다."

나환자를 위해서 무언가 시작해야겠다고 생각하던 러들로 교수는 자신이 지니고 있던 넥타이에 꽂는 다이몬드 핀(a diamond pin)을 만져봤다. 이것은 자신의 스승 알렌 박사가 준 코팔 핀(자료 X-1 사진의 넥타이 참조)과 함께 오랫동안 간직하던 핀이었다. 해를 넘겨 1925년 1월 11일 윌슨 박사가 나환자 병동 문제로 광주에서 서울로 올라 왔을 때 마침 미국에서 존 티모시 스톤 박사(Dr. John Timothy Stone)가 왔다. 러들로 교수는 핀을 스톤 박사에게 주었다.

"이것을 팔아 시작하면 어떨까요."

러들로 교수는 이것이 작은 시작이지만 이것으로 인해 많은 사람들이 자신의 시작을 따라 주기를 믿었다. 그의 믿음은 이상한 방법으로 현실이 되었다. 닥터 스톤은 이 핀을 어떤 사람에게 팔았는데 그 사람은 다른 사람에게 팔고 이런 식으로 사람에게서 사람으로 넘겨지면서 마지막에는 필요한 액수가 되었다. 이 돈으로 나환자의 병원은 만들어질 수 있었던 것이다. 러들로 교수의 별명은 어릴 때부터 핀이었는데 그가 그의 별명 값을 하고도 남음이 있게 된 것은 묘한 기연이라 아니할 수 없다. 결국 윌슨 박사는 250달러짜리 여자 나환자 병동과 500달러짜리 남자 나환자 병동을 지었다(자료 X-20). 지금도 남아있는 사진을 통해서 그들이 훌륭한 교회도 봉헌하였다는 것을 알 수 있다. 물론 나환 자들 스스로가 노동력을 제공하였다.[129)]

러들로 다리

자금 2백 50달러가 없어서 다이아몬드 핀을 희사한 러들로 교수는 1932년 9월에 돈 680원(240달러)을 희사하니 그해 12월 7일에 의대 교사 본관 4층부터 병원의 대수술실 사이를 잇는 육교가 가설되었다.[130] 이 다리 이름을 학생들은 러들로 다리(The Ludlow Bridge)라고 불렀다(자료 X-21). 그는 안식년에 미국에서 독지가를 만나 1931년 2월 5일에 세브란스 의학대학에 호이트 외과 장학제도(Hoyt Surgical Fellowship)도 신설하였다.

출처: 연세대학교

〈자료 X-21〉 1932년 러들로 다리

손기정

1936년 늦은 가을 어느 날 세브란스 병원과 의학대학은 들떠 있었다. 베를린 올림픽 마라톤의 우승자 손기정이 학교를 방문하였다(자료 X-22). 입은 옷으로 보아 아직 학생이었다.[131] 그는 연희전문-세브란스 단축 마라톤 대회에서 우승한 적이 있었다.[132] 에이비슨 교장이 있었으면 얼마나 좋아했을까. 그는 작년에 은퇴하여 고향으로 돌아가고 그의 아들 더글라스 에이비슨 박사만이 남았다. 러들로 교수는 에이비슨 교장이 없는 것이 아쉬웠다. 그러나 에이비슨 박사도 미국에서 이 소식을 듣고 한국 사람의 영광이라고 매우 기뻐하였다.[133] 교수들과 함께 찍은 손기정 선수의 사진을 보면 마라톤의 영웅이라 하기보다 18세의 수줍은 소년이다. 그의 자필 한문 서명이 보인다. 그 옆에서 미소 짓는 러들로 교수를 보라. 그가 한국에서 남긴 많은 사진 가운데 이처럼 웃는 사진은 거의 없다. 왜 웃었을까.

러들로 교수는 체코슬로바키아의 독립만큼 한국의 독립을 열망하였다. 그는 일본의 식민지 학정에 대하여 잘 알고 있었는데 이미 1907년의 짧은 한국 여행에서 일본 사람들이 한국 사람에게서 존경을 받지 못한다고 기록한 바 있다.[134] 그는 1944년 미국과 일본의 전쟁 시기에 다음과 같이 말하였다.

> "일본이 우리를 감시한다는 것은 알고 있었지만 증거가 없었다. 그러나 한국에서 유명 인사가 환자를 가장하고 입원하여 의료선교사의 대화를 감시하였다."[135]
>
> "한국에서의 경험에 비추어 볼 때 둘리틀 중령(Lieutenant Col. Doolittle)의 지휘하에

출처: Voice of Reserve 1950

〈자료 X-22〉 1936년 러들로 교수와 손기정 선수

도쿄를 폭격한 미국 조종사의 처형 소식[136]에 나는 놀라지 않는다. 나는 일본제국주의자들의 잔악성을 오래 전부터 알고 있었다. 그러나 선교사였기 때문에 정치 문제에 관여하지 말라는 선교본부의 지침을 따라야만 했다. 세브란스 병원의 외과과장으로서 많은 잔인한 행위를 목격했으며 특히 삼일운동 기간에는 극심하였다."[137]

"일본의 진주만 공격이 있기 전 25년 동안, 유화정책이 그 무엇보다 우선이었다. 선교사들은 정치에 의견을 내지 말라는 선교본부의 지침이 있었다. 지금은 잘 알려진 대로 일본의 여러 가지 잔혹함에 대해서 당시에는 우리가 공개적으로 거론하지 못하였다."[138]

이것은 선교본부의 지침이기 이전에 더 높은 차원의 국가 간 조약에 의한 것이다. 1908년에 미국과 일본은 조약을 맺어 한국에서 미국의 상표와 지적재산권을 인정받았다. 이에 따라 세브란스 기념병원과 의학대학의 명칭을 사용할 수 있었다. 그러나 미국은 치외법권을 포기하였다. 미국 시민은 일본 법정에 서야 하였다. 에이비슨은 영국 시민이었으므로 예외이었지만 미국 의료선교사들은 법적으로 지위를 보장받지 못하였다.

1910년에 미국은 경술국치를 인정하였고 일본 정부가 한국과 거래하는 외국인을 제재할 수 있고 권리를 제한할 수 있다고 선언하였다. 다시 1914년에 미국 정부는 일본이 한국의 조약에 의해 설치된 개항장의 외국인 거류지를 없애는 데 동의하여 선교사들의 거주지가 위태로워졌다. 그래서 1919년에 삼일운동이 일어나자 미국 정부는 일본 주재 미국 대사에게 훈령을 내려 서울 주재 미국 공사관에서 어떠한 관련을 가져서도 안 되도록 극도로 조심할 것을 당부할 수밖에 없었다.[139] 평양 장대현교회의 마우리 박사가 일본 법정에서 재판을 받은 것은 이러한 배경 때문이었다. 이러한 미국 정부의 방침을 보면 한국 주재 미국 선교사들이 얼마나 어려운 처지에 있었는지 할 수 있다.

제자

1928년 11월 11일. 지난 3일 동안의 폭우가 끝났다. 서양인 한 사람이 호텔로 걸어가고 있었다. 그는 상점 앞에서 젖은 신문 뭉치를 보았는데 그 속에서 이상한 소리를 들었다. 헤치고 보니 거지소년이 잠들어있었다. 그 소년에게 50전을 손에 쥐어주고 돌아서려다가 자기 고향의 의사 친구 존슨 박사를 생각해서 그의 몫으로 50전을 더 쥐어 주었다. 50센트이면 당시 하루 품삯이었다. 의사 친구에 생각이 미치자 그 소년을 데리고 세브란스 병원을 찾았다. 서울을 방문한 버밍햄 뉴스(The Birmingham News)의 칠더스(James Saxon Childers) 기자였다.[140] 그가 러들로 교수에게 소년을 인계하면서 물었다.

> "한국 사람들은 서양 의사를 무서워한다지요. 병원으로 끌고 오기 어렵겠습니다."
>
> "그건 옛날 일입니다. 우리가 할 일은 우리를 찾아오는 사람들을 보살피는 겁니다. 장비야 낡았지만 한국인들은 우리가 그들을 보살핀다는 것을 알고 있습니다. 경향 각지에서 우리를 찾아옵니다. 나환자가 산에서 내려오고, 이질 환자가 들것에 실려 오고, 치료를 받은 친구들이 데리고 옵니다. 어제만 하여도 어떤 사람이 쩔뚝거리며 문을 열고 들어온 이유가 무엇이겠습니까. 그는 내 손바닥만큼 큰 염증의 아픈 다리를 끌고 괴로움을 참으며 40킬로를 걸어왔습니다."

이어서 러들로 교수가 에이비슨 박사를 소개하였다. 기자는 생각했다. 에이비슨 박사나 러들로 박사가 미국에서 몇 배 높은 봉급을 받을 의사들인데 겨우 생활하는 봉급을 받고 이곳에서 의료선교를 하고 있구나. 두 의사가 기자를 데리고 오후 내내 병원을 구석구석 소개하였다. 어떤 방에서 의사가 환자의 치아를 보고 있었고 다른 방에서는 눈을 검사하고 있었다. 러들로 박사는 제일 어려운 문제가 현지에서 숙련된 의사 조수를 구하는 일이라고 하였다. 이어서 러들로 박사는 말했다.

"한국인 의사를 길러내는 일이야말로 우리의 가장 중요한 일이며 그들에게 자신을 심어주어야 합니다."

에이비슨 박사가 부연하여 설명하였다.

"내가 한국에서 보니 여러 가지 여건상 외국인 의사 수가 너무 적고 또 그 수가 전국을 통틀어 30명 선 이상으로 늘어나지 않을 것 같으며 이런 숫자로서는 불결한 환경을 개선하기 위한 많은 일을 도저히 감당할 수 없을 것이라는 데 유의했습니다. 만약 한국의 젊은이들을 넉넉히 뽑아 의사로 교육을 시킨 후 소수의 외국인 의사들로 이룰 수 없는 것을 이루도록 하려는 노력이 없는 한 한국은 지금과 같은 상태로 계속되다가 쓰러질 것입니다. 이런 관점에서 나는 의료교육을 시킴과 동시에 사람들의 병을 세심하게 치료하고 또 질병의 발생을 줄일 수 있는 위생의 원칙들을 가르쳐 주어 국민들의 건강을 향상시키는 일에 그들의 생애와 정력을 바치려는 생각을 갖도록 유도하려는 의도하에서 병원 조수를 신중하게 선발했습니다. 진작부터 교재를 준비 제작하기 시작했으며 이를 활용 현대의 의료 방법에서 찾아볼 수 있는 기적 같은 의술의 일부를 내 조수들에게 가르쳐 왔습니다."

러들로 교수는 기자에게 한 학생의 예를 들었다. 1916년 러들로 교수와 에이비슨 교장은 함께 샌프란시스코 한인 교회를 방문하였다.[141] 그곳에서 의료를 통한 한국에서의 선교사업에 관한 강연을 하였는데 마침 그 자리에 최동(崔棟)이라는 학생이 앉아 있었다. 그는 캘리포니아 주립 대학에 재학 중이었다. 한국 청년을 의사로 양성하기 위해 의학 교육을 시작하였으나 지원자가 극히 적다는 말에 감동을 받은 이 학생은 자신이 귀국하여 의학교육을 받겠노라고 하였다. 그 자리에서 입학허가가 떨어졌다. 세브란스 의학대학을 졸업한 그는 중국 북경의 협화대학에 유학하여 한국인 최초의 기생충학을 전공하였다. 당시에는 기생충이 일으키는 질병은 중국이나 한국에서 큰 문제였다. 에이비슨 박사의 모교인 토론토 대학으로 옮겨 병리학을 연구하였다. 그는 러들로 교수의 영향을 받아 아메바성 간농양의 치료를 많이 하였고 러들로 교수와 함께 『중국의학저널 『The China Medical Journal』에 공동논문을 썼다. 그러나 시술 중 환자가 사망하는 의료사고가 발생하자 법의학의 필요성을 절감하고 일본 동북 도호쿠 제국대학으로 유학을 떠났다. 이로써 최동 박사는 한국인 최초의 법의학자가 되었다.

기자가 보니 옆의 연구실에서는 방금 미국에서 의학박사를 마치고 돌아온 세브란스 출신의 젊은 김창세 교수(金昌世, 1893~1934)가 다음 학기 해부학 시간에 교재로 사용할 신경조직의 모형을 만들고 있었다.[142] 러들로 교수가 그를 기자에게 소개하였다. 그는 세브란스를 졸업하고 상해에 있는 미국인 안식교회의 홍십자회 총의원에서 의사로 3년간 근무하였다. 그 후 1920년에 미국으로 건너가서 존스 홉킨스 대학에서 보건학으로 박사학위를 받았다. 그 후 베를린 대학 세균학 교실에서 수개월 연구하고 1925년 10월에 세브란스로 부임하였다. 베를린 대학 세균학 교실은 더들리 피터 알렌 박사와 러들로 교수도 박사를 받은 후 연구한 곳이다. 그는 한국 최초로 세브란스에 공중보건학 교실을 창설하였다. 김창세 박사는 한국 공중보건학의 선구자인데 그의 글에 잘 나타나 있다.

> "프랑스가 파나마 운하 개척에 실패한 원인은 病毒과 病苦로 工人중에 일년간 죽는 자가 七人에 하나씩 되었음이라. 그 후 美國은 먼저 醫師를 보내어 그곳의 위생상태를 개량하여 毒蚊과 십이지장충의 방어설비를 충분히 하고 착수하여 工人 70인 중에 1인의 死者가 出하였슴으로 운하개척에 성공하다.
>
> 동양인의 疾病率이 구미인의 3배가 됨을 지적하고 그 病人으로 인하여 받는 손해가 거액에 달함을 數字上으로 증명하였다. 또 구미인의 平均壽命이 44년이요, 동양인의 그것은 23년에 불과함을 들고 23세부터 44세까지가 인생의 가장 활동적 시기임을 부언하고, 또 兒童死亡率도 구미에는 1년에 7인 중 1인데 東洋에서는 7인의 嬰兒중 4인이 사망함을 例證하여 國家 興亡이 국민의 건강여하에 달렸음을 밝혔다.
>
> 우리의 질병은 거의 다 부주의와 무식함에서 나오나니 우리의 病苦중 10분지 9까지는 능히 예방할 수 있는 者라. 우리는 지금 국민의 건강이 국가의 흥망과 어떠한 밀접한 관계가 있음을 알았은 즉 나아가 國民健康增進의 사업을 계획치 못할 지언정 개인 一身 또는 한 가정의 건강을 주의함은 우리의 急務이다."[143]

2층 수술실에서는 한국 의사가 수술을 하고 있었는데 한국인 조수가 돕고 있었다.

〈자료 X-23〉 1929년 8월 16일 호놀룰루 범태평양의학외과학회 이용설 교수 참석

환자의 농부 남편은 밖의 관람실 유리를 통해 수술 광경을 보고 있었는데 초조감을 견딜 수 없어 땀으로 옷이 흠뻑 젖었다. 에이비슨이 말했다.

"저런 광경은 몇 년 전만 해도 볼 수 없었습니다. 한국 학생에게 자신감을 불어넣는 것이 우리의 임무입니다."

그 옆방에서는 이용설 교수가 옆구리에 커다란 수술 자국의 환자를 보고 있었다.

"이 박사, 그 환자 괜찮은가?"
"갈비뼈 3개를 떼어내야 했지만 괜찮습니다."

그를 가리키며 이용설 박사는 동양에서 인정받고 유능한 외과의사인데 그는 소년 때 이미 세브란스 병원에서 심부름 소년(errand boy)으로 시작했다고 말했다.[144] 이용설 교수는 러들로 교수의 제자인데 1919년 기미독립만세사건으로 일본 경찰을 피해 북경으로 피신하였다. 그곳 협화의과대학(록펠러 의과대학)에서 의학을 공부를 계속하고 있던 중 에이비슨 박사가 이곳을 방문하고 신원을 보장하여서 다시 세브란스로 돌아올 수 있었다.

러들로 교수의 외과교실에 근무하다가 러들로 교수가 세브란스 집안에 재정지원을 부탁하여 노스웨스턴 대학(Northwestern University)으로 유학을 떠났다. 이용설 박사가 세브란스로 돌아왔을 때 러들로 교수는 대학 구내에 집까지 마련해 주었다. 물론 엘리자베스 세브란스와 존 세브란스의 후원으로 2채의 사택이 마련된 것이다.[145)]

기자가 병원을 떠날 무렵 러들로 교수는 심부름 소년을 보내 인력거를 불렀다. 그 사이에 계단에서 잠시 얘기를 나누는데 세월에 시달려 깊은 주름의 노파가 오더니 러들로 교수에게 깊은 절을 하였다. 러들로 교수가 몇 마디 위로의 말을 그녀에게 건네었다.

출구

1931년 어느 날 러들로 교수는 세브란스 병원 정원에서 한 달 묵은 신문을 읽고 있었다. 그 신문은 고향 클리블랜드시의 일간지 『플레인 딜러 *The Plain Dealer*』였다. 러들로 교수는 야구와 미식축구 시합이 궁금했다. 그러나 그 신문은 배달되는 데에만 한 달이 걸려서 추수감사절의 시합의 결과가 항상 크리스마스 선물이 되었다.[146)] 지금쯤 결말이 났겠지만 궁금증을 달랠 길이 없었다. 그때 반가운 사람이 찾아왔다. 이역만리 고향에서 찾아온 『플레인 딜러 *Plain Dealer*』의 통신원 바이젠버거(M. B. Weissenburger)였다. 그녀는 남편을 따라 세계일주 여정에서 서울을 들른 것이다. 러들로는 아마 시합의 결과가 더 궁금했을 것이다. 그는 야구장 평생입장권을 지니고 있었다.

그는 클리블랜드의 시민에게 세브란스 씨가 얼마나 훌륭한 자선을 했는지를 알릴 수 있는 기회를 잡았다. 에이비슨 박사를 소개하자 그는 병원의 유래를 설명하는 가운데 클리블랜드의 시민에게 감사한다는 인사말을 잊지 않고 똑같은 말을 강조하였다.

> "가장 시급한 일은 의사의 확보이다. 미국에서 유능한 의사를 모셔 오려면 돈이 많이 든다. 유일한 방법은 여기 청년들을 훈련시키는 것이다. 그건 그렇게 쉬운 일이 아니다. 한국에는 학교가 없고 의학교과서도 없다. 의학에 필요한 단어도 없다."[147)]

한국어 성서 번역에 참여했던 게일 목사도 비슷한 어려움을 토로하였다.

"한국어에는 빵이라는 말이 없어서 최후의 만찬에서 빵과 포도주를 설명하는 데 애를 먹었다. 예수께서 양을 치는 목자에 비유했는데 한국에는 양이 없어서 이를 표하는 데 어려움이 있었다."

마지막으로 에이비슨 박사는 단호하면서 조용하게 말했다.

"언젠가는 모든 외국 선교사는 그들이 의사이건 간호사이건 선생이건 목사이건 간에 출구라고 명기된 문을 나가야 한다는 것을 예상하고 있어야 합니다."[148)]

1923년 6월 14일에 황성기독청년회관에서 에이비슨 박사 의료선교 30주년 기념회의가 열린 자리에서도 그는 강조했다.[149)]

"모든 선교사들이 그러했듯이 앞으로 7년 있으면 나는 은퇴할 나이가 된다. 우리들의 시대는 이제 끝이 가까워오고 있다."

한국인에게 모든 것을 인계하고 모두 떠날 때를 대비하라는 뜻이었다. 제자 윤치왕 박사도 증언하였다.

"하루는 학감으로 계신 오 박사가 나를 오라고 하시여서 갔더니 말씀이 선교사들은 장차 세브란스를 한국 사람에게 넘기어 주고 갈 예산인데 외과에는 러들로 선생이 계시고 그다음에 고명우 선생 그다음에 이용설 선생이 계시니깐 네 차례에 올 때까지는 대단히 창창하다."[150)]

1908년 제1회 졸업식에서 축사를 읽은 스크랜튼 박사는 식장에서 일찌감치 말했다.

"외국인은 단지 하루 여기에 있을 뿐이다. 그리고 머지않아 사라질 것이다. 여러분은 그들이 가르친 것을 제대로 숙지하여 여러분 동포와 나라를 위해 배운 바를 실천해야 한다."[151)]

에이비슨 박사는 동료 의료선교사들의 반대를 무릅쓰고 한국인 오긍선 박사를 제

2대 교장에 임명하는 데 결정적인 역할을 하였다. 오랫동안 교수로 재직하였던 반커크 교수는 이에 반발하고 사직하고 귀국하였다. 에이비슨 박사는 한국에서 낳은 자신의 아들 더글라스 에이비슨 박사도 교장으로 앉히지 않았다. 그는 기회가 있을 때마다 말한 것을 결국 실천에 옮겼다. 에이비슨 박사의 말은 이제 한국인의 능력이 충분히 발휘될 수 있다고 판단한 것이다. 한국에서 봉사한 선교사 가운데 가장 업적이 높은 에이비슨 박사도 그 업적을 한국인에게 맡기고 귀국하겠다는데 누가 반대할 수 있을까.

에이비슨 박사는 자신의 출구로 나가기 전에 마지막 봉사의 기회를 놓치지 않았다. 그는 1931년 5월에 미국으로 떠났다. 그 내용을 다음 글이 대신한다.[152)]

> "내5월 이내로 어비신교장께서는 미국에개최되는 장로회선교회15년총회에출석할차로 출발하실예정이신대 사실그목적은 본교자단운동을 하시기위하야떠나심이라한다. 금번행차 하시면 얼마나 속히예상하시던 자단이 성취되실는지 예측키난함으로 조선으로 돌아오실 기약도 예측키난하시다고한다. 고령임을불구하시고 최후까지 본교를위하야진력하 심에 대하야 우리는 무엇이라 표히기어렵다. 은사내외분에 수륙만리 소원한여로에 평안히가시여 속히 목적하신바를 성취하신후 다시조선으로 도라오시여여년을 이따에함께보내주심만 쌍수로 축원할따름입니다."

여기서 자단은 자금모집을 가리킨다. 에이비슨 박사는 1900년 뉴욕의 세계선교대회에서 세브란스 씨를 만나 병원과 대학을 현대식으로 발전시킨 것을 시작으로 기회가 생길 때마다 후원자를 찾는데 게을리하지 않았다. 안식년도 편안하게 쉬지 않았다. 최후까지 이토록 애쓰던 에이비슨 교수가 1935년 75세로 은퇴하고 12월 2일에 캐나다로 떠났다. 한국을 찾아서 온 지 42년 만이다. 서울역은 눈물과 그를 보내는 인파로 가득했다.

귀국

러들로 교수에게도 그러한 날이 왔다. 1938년 3월 6일 러들로 교수는 한국과 작별을 하였다. 63세였다. 몇 년 더 있을 수도 있었지만 후두종양을 제거하여 말하기도 힘들었다. 그러나 무엇보다 1937년 일본은 중일전쟁을 일으키고 일본어 상용을 강요하였다. 강의도 일본말로 해야만 하였다. 1938년에는 신사참배를 강요하였다. 1939~1940년에 모든 서양인 교수가 강제로 출국할 수밖에 없었고 이 와중에 정신과의 맥라렌(Charles McLaren) 교수는 11주 동안 경찰서 유치장에서 지냈다. 그는 이때의 고생을 책(Eleven Weeks in a Japanese Police Cell)으로 출간하였다. 독실한 기독교인들은 견딜 수 없는 사태에 이르고 만 것이다. 어쩔 수 없이 떠나기는 하지만 러들로 교수는 자신이 지난 25년간 세브란스에서 전수한 서양의학 교육의 결과(자료 X-24)를 뒤돌아보지 않을 수 없었다.[153] 그는 떠나가 전 손수 세브란스를 알리는 안내장을 만들었다(자료 X-25). 여기에 지난 세월이 요약되어 있다.

〈자료 X-24〉 1893~1938년 세브란스 의학대학 발전상

	1884년	1893년	1912년	1938년
	알렌 도착	에이비슨 도착	러들로 도착	러들로 은퇴 귀국
		한국전체	세브란스 의학대학	세브란스 연합의학대학
서양 의학 졸업생	0명	0명	13명	469명 졸업
의학교수	0명	알렌(1명)	서양인(6명)	한국인 학장
				한국인(13명, 학장 포함)
				미국인(3명)
				영국인(4명)
재학생 수	0명	5명	13명	183명
입학경쟁률				40명 선발/300명 지원
근대식 병원시설	0동	0동	교사(0동)	교사(2동)
			병원(1동)	병원(2동)
			격리병동(1동)	격리병동(3동)
			치과병동(0동)	치과병동(1동)
			외래병동(1동)	외래병동(1동)
			실험병동(0동)	실험병동(1동)
여자 간호 졸업생	0명	0명	4명	172명 졸업

출처: Avison Creating A Medical School in Korea University of Toronto Monthly 1937/ Courtesy of Allen Memorial Medical Library

첫 장의 맨 아래에 제작자 러들로의 이름이 한문표기로 羅道魯인 것이 보인다. 기독청년회관에서 인쇄하였다. 세브란스 연합의학대학의 조직은 1)의학대학, 2)치과대학, 3)

의학연구소, 3)세브란스 병원과 외래진료소, 4)간호학교로 구성되어 있다. 이 안내서의 목적은 후원금의 모금에 있고 방문객에게 알리고자 함이다. 후원금은 다음과 같은 조직으로 되어있다. 뉴욕에 있는 미국과 캐나다의 선교본부는 의학대학의 사업에 참여하고 있는데 교파를 합쳐 합동이사회가 되었다. 이 이사회는 뉴욕 주법에 따라 조직되었다. 법적인 이름은 조선의 기독교육을 위한 협력이사회(The Cooperating Board for Christian Education in Chosen)이다. 존 세브란스와 존 언더우드가 이사였다. 재무이사는 서덜랜드 박사 (Dr. Geo. F. Sutherland)이다. 그의 주소는 뉴욕시 5번가 150거리이다. 이 주소는 감리교 선교본부가 있는 자리이다. 모든 수표는 그의 이름으로 보내든가 세브란스 연합의학대학의 이름으로 보낼 수 있다. 수표 사용의 구체적인 용처를 밝히지 않으면 행정 담당자가 최선의 판단하에 사용할 것이다.

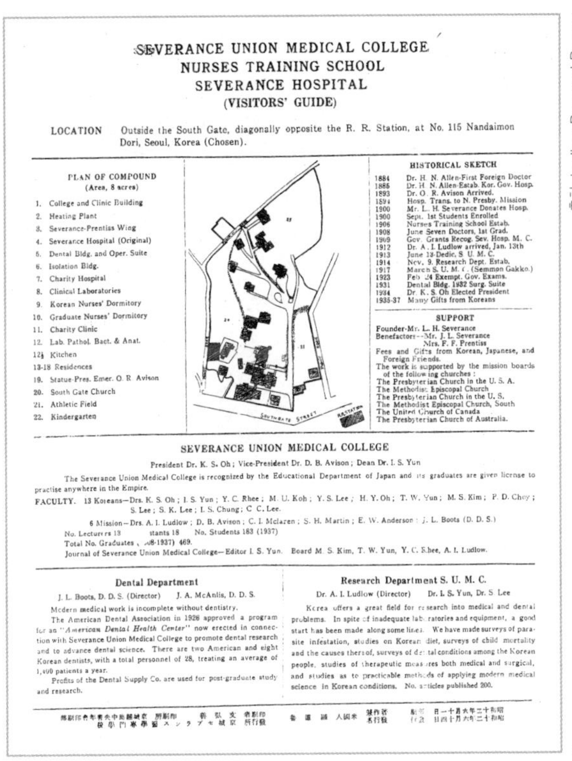

SEVERANCE UNION MEDICAL COLLEGE
NURSES TRAINING SCHOOL
SEVERANCE HOSPITAL
(VISITORS' GUIDE)

LOCATION Outside the South Gate, diagonally opposite the R. R. Station, at No. 115 Nandaimon Dori, Seoul, Korea (Chosen).

PLAN OF COMPOUND
(Area, 8 acres)

1. College and Clinic Building
2. Heating Plant
3. Severance-Prentiss Wing
4. Severance Hospital (Original)
5. Dental Bldg. and Oper. Suite
6. Isolation Bldg.
7. Charity Hospital
8. Clinical Laboratories
9. Korean Nurses' Dormitory
10. Graduate Nurses' Dormitory
11. Charity Clinic
12. Lab. Pathol. Bact. & Anat.
12½ Kitchen
13-18 Residences
19. Statue-Pres. Emer. O. R. Avison
20. South Gate Church
21. Athletic Field
22. Kindergarten

HISTORICAL SKETCH

1884	Dr. H. N. Allen-First Foreign Doctor
1885	Dr. H. N. Allen-Estab. Kor. Gov. Hosp.
1893	Dr. O. R. Avison Arrived.
1894	Hosp. Trans. to N. Presby. Mission
1900	Mr. L. H. Severance Donates Hosp.
1900	Sept. 1st Students Enrolled
1906	Nurses Training School Estab.
1908	June Seven Doctors, 1st Grad.
1909	Gov. Grants Recog. Sev. Hosp. M. C.
1912	Dr. A. I. Ludlow arrived, Jan. 13th
1913	June 13-Dedic. S. U. M. C.
1914	Nov. 9. Research Dept. Estab.
1917	March S. U. M. C. (Semmon Gakko.)
1923	Feb. 24 Exempt. Gov. Exams.
1931	Dental Bldg. 1932 Surg. Suite
1934	Dr. K. S. Oh Elected President
1935-37	Many Gifts from Koreans

SUPPORT

Founder-Mr. L. H. Severance
Benefactors--Mr. J. L. Severance
Mrs. F. F. Prentiss
Fees and Gifts from Korean, Japanese, and Foreign Friends.
The work is supported by the mission boards of the following churches :
The Presbyterian Church in the U. S. A.
The Methodist Episcopal Church
The Presbyterian Church in the U. S.
The Methodist Episcopal Church, South
The United Church of Canada
The Presbyterian Church of Australia.

SEVERANCE UNION MEDICAL COLLEGE

President Dr. K. S. Oh ; Vice-President Dr. D. B. Avison ; Dean Dr. I. S. Yun

The Severance Union Medical College is recognized by the Educational Department of Japan and its graduates are given license to practise anywhere in the Empire.

FACULTY. 13 Koreans—Drs. K. S. Oh ; I. S. Yun ; Y. C. Rhee ; M. U. Koh ; Y. S. Lee ; H. Y. Oh ; T. W. Yun ; M. S. Kim ; P. D. Choy ; S. Lee ; S. K. Lee ; I. S. Chung ; C. C. Lee.
6 Mission—Drs. A. I. Ludlow ; D. B. Avison ; C. I. Mclaren ; S. H. Martin ; E. W. Anderson ; J. L. Boots (D. D. S.)
No. Lecturers 13 [illegible]stants 18 No. Students 183 (1937)
Total No. Graduates ([illegible]08-1937) 469.
Journal of Severance Union Medical College—Editor I. S. Yun. Board M. S. Kim, T. W. Yun, Y. C. Rhee, A. I. Ludlow.

Dental Department

J. L. Boots, D. D. S. (Director) J. A. McAnlis, D. D. S.

Modern medical work is incomplete without dentistry.

The American Dental Association in 1926 approved a program for an "*American Dental Health Center*" now erected in connection with Severance Union Medical College to promote dental research and to advance dental science. There are two American and eight Korean dentists, with a total personnel of 28, treating an average of 1,400 patients a year.

Profits of the Dental Supply Co. are used for post-graduate study and research.

Research Department S. U. M. C.

Dr. A. I. Ludlow (Director) Dr. I. S. Yun, Dr. S. Lee

Korea offers a great field for research into medical and dental problems. In spite of inadequate laboratories and equipment, a good start has been made along some lines. We have made surveys of parasite infestation, studies on Korean diet, surveys of child mortality and the causes thereof, surveys of dental conditions among the Korean people, studies of therapeutic measures both medical and surgical, and studies as to practicable methods of applying modern medical science in Korean conditions. No. articles published 200.

〈자료 X-25〉 1937년 러들로 교수가 제작하고 기독청년회관에서 인쇄한 세브란스 의학대학 안내장

출처: Ludlow Personal Papers

일제 강점하의 열악한 여건 속에서 불과 반세기 만에 세브란스 의학대학은 반석 위에 올라섰다. 에이비슨 박사가 구상한 대로 한국인의 손에 맡길 단계에 이르렀다. 러일전쟁, 을사조약, 병술국치, 만주사변, 중일전쟁을 거쳐 태평양전쟁으로 일본이 강제로 교명을 바꾸는 1941년까지 7백여 명의 의사를 배출하였고 3백여 명의 간호사를 졸업시켰다. 이들은 그 후 기독교 정신으로 한국의 의학계를 이끌어 가는 재목이 되었으며 1945년 나라를 되찾았을 때 새로운 나라에 필요한 인재로 성장하였다. 반세기 사이에 한국인의 사망률, 특히 유아 사망률의 하락은 우연이 아닐 것이다. 에이비슨 박사가 제중원을 인수하던 1897년 무렵 한국의 인구는 1천2백만 명이었는데 러들로 교수가 은

〈자료 X-26〉 1936년 기독교 교육 공로 표창장을 받은 러들로 교수

퇴하던 1937년 무렵에 2천만 명이 되었다. 불과 40년 만에 8백만 명이 증가하여 거의 2배로 불어났다. 김창세 박사가 생존하였다면 그의 연구 대상이 되었을 것이다. 이러한 업적을 인정받아 1936년 11월에 러들로 교수는 표창장을 받았다. 〈자료 X-26〉의 앞줄 앉은 사람 가운데 왼쪽에서 네 번째 러들로 교수이고, 앞에서 네 번째 줄의 첫 번째에 백낙준 박사의 얼굴도 보인다. 윤치호가 개성에 세운 송도학교에서 찍은 사진이다.

이러한 업적을 뒤에 두고 러들로 교수가 한국을 떠나 클리블랜드에 도착한 것은 1938년 6월 6일이었다. 스승 더들리 피터 알렌 박사와 세브란스 씨는 이미 작고하였고, 그의 아들 존도 세상을 뜬 지 2년이 되었다. 그의 딸 엘리자베스만이 73세가 되어 그를 반갑게 맞이하였다. 이제 제2세대도 모두 사라질 차례가 된 것이다. 지난 40년간 줄기차게 세브란스 기념병원과 의학대학을 만들고 가꾸고 키운 사람들이 무대에서 사라질 때가 되었다.

귀국한 지 2개월이 지나자 그가 사랑하던 세브란스 씨의 탄생 1백 주기였다. 그는 서울에 있던 1918년 8월 1일 세브란스의 80세 생일에 추도하는 편지를 가족에게 보냈다.[154] 그는 클리블랜드 의학 도서관 학회의 명예회원으로 피선되었고 웨스턴 리저브 대학의 교수 클럽의 명예회원이 되었다. 은퇴한 선교사들이 모여 사는 캘리포니아에서 여생을 보낼 수도 있었지만 알렌기념의학도서관을 떠나기 싫어서 거절하였다.[155] 그해 11월 27일 부인 테레사 랑게 러들로가 여성모임에서 한국 선교를 강연한 직후 쓰러져 레이크사이드 병원에서 사망하였다. 고국에 돌아온 지 불과 반년도 안 되어 세상을 떠난 것이다. 너무나 우연한 일인 것은 에이비슨 부인도 귀국하고 1년도 되지 않아 사망했다는 점이다. 모두 지쳤기 때문일까.

이승만

이승만 박사는 1937년에 호놀룰루에 광화문 모양의 한국 교회 건립을 위한 모금운동을 전개하였다.[156] 1938년 4월에 릴리하 거리(Liliha Street)에 교회가 완공되자 1939년 2월에 이승만은 하와이 전체에 거주하는 여러 민족을 포함하여 범민족 축제를 열었다. 이때 러들로 교수를 초청하였다. 아마 그 전해 그가 은퇴하면서 귀국 길에 하와이를 들렀을 때 모금운동을 보았을 것이다. 그는 1907년 세브란스를 대동하고 세계일주 길에 하와이를 본 이후 하와이를 너무 좋아하여 기회 있을 때마다 방문하였다.[157] 러들로 교수는 새 한국 교회를 방문하고 이승만 박사 부부를 만났다. 두 사람은 동갑이었다. 에이비슨, 러들로, 이승만은 모두 왕립아시아 학회 한국 지부(Korea Branch of the Royal Asiatic Society) 회원이었다. 러들로 교수는 하와이에서 4월까지 지내고 미국으로 돌아왔다. 이승만 박사도 그해 4월에 워싱턴의 임시정부 구미위원회로 거처를 옮겼고 바로 그달에 뉴욕으로 에이비슨 박사를 방문하였으니 두 사람은 러들로 교수의 하와이 방문을 얘기했을 것이다.[158]

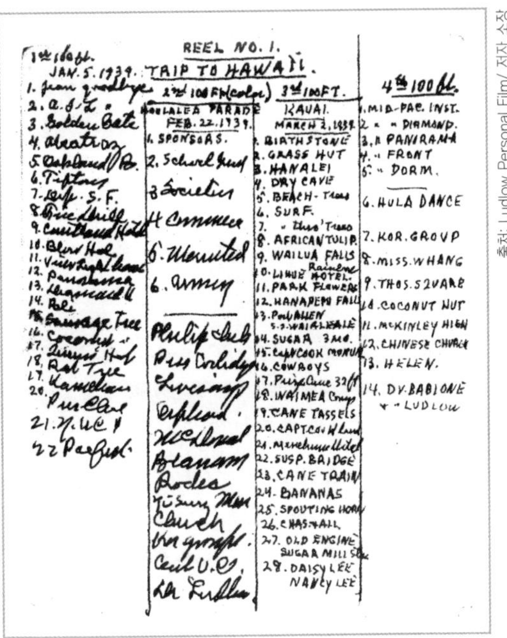
REEL NO. 1.
JAN. 5. 1939. TRIP TO HAWAII.
3rd 100 FT. KAUAI. MARCH 2, 1939
BIRTHSTONE
GRASS HUT
HANALEI
DRY CAVE
SURF.
AFRICAN TULIP.
WAILUA FALLS
PARK FLOWERS
SUGAR
COWBOYS
CANE TASSELS
SUSP. BRIDGE
CANE TRAIN
BANANAS
SPOUTING HORN
OLD ENGINE SUGAR MILL
DAISY LEE NANCY LEE
4th 100 ft.
MID-PAC. INST.
DIAMOND.
PANORAMA
FRONT
DORM.
HULA DANCE
KOR. GROUP
MISS. WHANG
THOS. SQUARE
COCONUT NUT
McKINLEY HIGH
CHINESE CHURCH
HELEN.
DV. BABIONE
LUDLOW

출처: Ludlow Personal Film/ 저자 소장

〈자료 X-27〉 1939년 2월 하와이 교민들이 러들로 교수를 초청했을 때 만난 사람 명단

러들로 교수는 하와이 방문을 영사기에 촬영하여 남겼다(자료 X-28).[159] 촬영 내용(Reel #1)을 적은 종이(자료 X-27)의 둘째 열의 1939년 2월 22일 호놀룰루 행진 밑 첫 번째에 초청자(sponsor)라고 쓰여있고, 세 번째 열은 축제에 참가한 여러 민족 사회

(Societies)를 가리킨다. 이승만(Yi Sung Man)의 이름도 보인다.[160] 그 밑에 교회(Church)와 한국인(Kor. Group)이라는 글자가 보이고 한국인의 이름이 여럿 보인다.

러들로 교수는 1940년에 2주간 한국을 방문하였다. 이때 함께 초대받은 에이비슨 교수는 고령이므로 오지 못했다. 러들로 박사는 은퇴 후 세 번째로 하와이를 여행하던 1941년 12월 7일 일본이 기습공격을 하여 클리블랜드로 돌아왔다. 그해 루이스 헨리

출처: Ludlow Personal Film/ 저자 소장

〈자료 X-28〉 1939년 2월 하와이에서 러들로가 촬영한 이승만 박사 부부, 신축한 한인교회, 축제의 한인교포

세브란스의 유일하게 남은 혈육 엘리자베스 세브란스 알렌 프렌티스가 수술을 받았다. 그다음 해에 그녀가 웨스턴 리저브 대학에서 명예 인문학 박사학위를 받았다.[161] 여자에게 수여하는 것은 처음이다. 1944년 그녀마저 세상을 떠났다. 그녀의 영결식은 커버넌트 장로교회에서 치렀다. 러들로 교수가 그녀의 추모사를 썼는데 그는 과학자이며 의사이지만 아무래도 영적인 사람인 듯하다. 그는 추모사를 이렇게 시작하였다.

> "오후 내내 어둡던 하늘이 열리며 한 줄기 아름다운 빛이 커버넌트 교회의 제단을 비추었다. 그녀를 마지막 보내는 조문객들에게 이것은 빛나는 그녀의 일생을 상징하는 것으로 보였다."[162]

이제 루이스 헨리 세브란스의 직계 가족은 모두 사라졌다. 부인마저 사별하여 홀로 남은 러들로 교수는 그해 웨스턴 리저브 대학의 이사로 피선되었다. 이 자리에서 그는 다음과 같이 말했다.

> "극동에서 평화를 유지하고 일본의 침략을 저지하는 것은 그들의 소유가 아닌 땅에서 그들을 축출하여 섬 안에 가두는 것이다. 내가 걱정하는 것은 미국이 일본 및 독일과 싸우는 데 지쳐 일본과 적당한 타협을 고려할까 하는 것이다. 독일이 패망한 후에도 경계를 늦춰서는 안 된다."[163]

한국 독립의 기회가 사라질까 염려한 발언이었을 것이다. 러들로 교수는 1945년에 블랙키스턴 고울드 의학 사전 개정판(Blakiston's New Gould Medical Dictionary)의 편집을 맡았다. 1885년 이래로 교인이던 볼턴 장로교회에서 갈보리 장로교회(Calvary Presbyterian Church)로 교적을 옮겼다. 한국과 동양에서 모은 여러 가지 물건들을 클리블랜드 박물관, 오벌린 대학의 알렌 기념박물관, 시카고의 필드 박물관, 버펄로의 버펄로 과학박물관, 클리블랜드의 알렌 기념의학도서관에 기증하였다.

연세대학교 박물관

미국 박물관에 한국 유물을 기증하기 훨씬 앞서서 1928년에 러들로 교수는 그때까지 수집한 한국 유물을 한국 최초의 대학 박물관으로 새로 개관한 연희전문학교 박물관에[164] 기증하였다. 이때 그와 함께 유물을 기증한 사람 가운데 정인보와 남궁억이 있었다. 박물관에는 한국인 최초의 비행사 안창남의 비행기도 있었다고 한다. 한국전쟁으로 모두 없어졌지만 러들로 교수의 유물기증은 기록으로 남아있다.[165]

낙천가

러들로는 웨스턴 리저브 미식축구팀의 무보수 코치를 자원하였다. 그는 매일 스승의 알렌 기념의학도서관에서 책을 보거나 웨스턴 리저브 대학의 반 호른 경기장(Van Horn Field, 위치는 자료 Ⅳ-6을 참조)에 나가 선수들과 함께 지냈다. 이 경기장은 관람석이 2층으로 되어있는 최신식 대학구장이었다. 여기서 케이스 공과대학과 웨스턴 리저브 대학 사이에 경기가 상시 열렸다. 1940년에 텍사스 엘파소에서 열리는 선 보울(Sun Bowl) 미식축구 경기에 참석하여 애리조나 대학팀을 26대 13으로 격파하는 기쁨도 맛보았다. 학생들은 그를 너무 좋아하여 엉클 핀(Uncle Pin)이라고 불렀다. 1951년에는 웨스턴 리저브 출신 대법원 판사 존 클라크를 기념하여 만든 클라크 축구장 봉헌식에서 명패를 개봉하는 영예를 가졌다. 그는 웨스턴 리저브 대학의 미식축구팀 붉은 고양이(red cats, "R")를 너무 좋아하여 그의 연습 장면을 촬영기에 담았다.[166]

'Rah, Anyone!

DR. LUDLOW, A FOOTBALL ORPHAN, WANDERS TO CASE SIDE OF FENCE

BY HOWARD PRESTON

ONE of the minor problems posed by the dropping of collegiate football here and there around the country is that of the orphaned football fan who finds himself with no alma mater to root for. Quite often he will be forced, if he wants to holler "Hold 'Em!" at all, to swear a luke-warm allegiance to an old and traditional foe.

Such is the case in Cleveland where Western Reserve has abandoned the sport while Case, just across what remains of the old fence, is carrying on with the aid of Navy V-12 students. The old Red Cat rooters, unless they want to go west and cheer for Baldwin-Wallace, will have to bend the elbow and toast their old rival.

• • •

Things are quite changed out University Circle way this autumn so it could be that Case's cheering section will be augmented by the Voice of Reserve for, like the dyed-in-the-wool gambler who stayed in the crooked card game because "It's the only one going on," there will be no other football.

• • •

A forewarning of this is found in the discovery that Dr. A. I. "Pin" Ludlow, probably the Number One Reserve rooter—or at least the man closest to the players—is watching Case work out.

• • •

Boys Are Gone and Reserve's Different

BEFORE declaring Dr. Ludlow under a new banner, remember that he has no choice right now but to watch the Rough Riders. And he has been at only two practices.

"Coach Ray Ride," says Dr. Ludlow, "is a good friend of mine and I believe in being friendly."

That explains partly why the good doctor is seen at Case. But it goes beyond that. He will attend some Case football games, too.

• • •

"I think," said the doctor, "that football, as long as it doesn't interfere with the war effort, is a good thing. Young fellows are restless and they want to get into the fight. If they're being trained for some war job and therefore aren't yet in the forces, football is the thing for them."

• • •

출처: Cleveland News 1943년 9월 14일

〈자료 X-29〉 기자가 그린 러들로 교수의 모습

한 가지 슬픈 일은 웨스턴 리저브의 붉은 고양이가 해체된 것이다. 그는 케이스를 응원할 수밖에 없었다. 일간신문의 기자가 그의 슬픈 모습을 그림으로 그렸다(자료 X-29).

그러나 그가 남긴 붉은 고양이의 훈련 동영상 자료는 오늘 귀중한 사료가 되었다.[167)]

러들로 교수의 동료 에이비슨 박사는 은퇴 후 플로리다에서 살고 있었다. 그가 은퇴하기 전에 연희전문학교와 세브란스 의학전문학교의 통합을 계획하였다. 그 일환으로 연희전문학교의 부지를 일부 매입하였다.[168)] 여기에 결핵병동과 정신병동을 세울 예정이었다. 그러나 생각을 바꿔서 1940년에 설계사에 결핵병동과 정신병동 이외에 의과대학, 부속병원, 사택까지 포함하는 종합설계를 의뢰하였다. 오긍선 학장이 은퇴한 에이비슨 명예 학장에게 다시 한번 한국에 오기를 요청하였다. 그러나 에이비슨 박사는 80세이므로 여행이 무리이고 새 학장이 잘 해내리라 믿었다. 이때가 1941년이었다. 그러나 1941년 일본의 진주만 기습공격으로 일어난 제2차 대전으로 이 계획은 미래로 기약할 수밖에 없었다.

8

KOREAN DOCTORS GREET OLD PROF

Two From Seoul Honor Severance as Benefactor

BY J. A. WADOVICK

Reminder of a tie between the people of this city and those of far-off, beleaguered Seoul, Korea, is the memorial tablet in the entrance hall of the Allen Medical Library.

Two doctors from Korea made a pilgrimage here yesterday. Their purpose was twofold: to renew an old asquaintance and to pay their respects to the memory of a generous, civic-minded Cleveland family whose funds made possible not only the Allen Medical Library in Cleveland but also the Severance Union Medical College and Hospital in Seoul.

The visitors were Drs. Kim Myung Gun and Lew Choon, formerly of Seoul. They were joined here by their former countryman, Dr. H. J. Roh, currently with Polyclinic Hospital, and their former teacher and friend, Dr. Alfred I. Ludlow, who lives at Hotel Fenway Hall. The two visitors also conferred with several professors at the Western Reserve University school of medicine.

KOREANS' GRATITUDE for Cleveland's contribution to their country's medical advancement was voiced on a visit here yesterday by Dr. Kim Myung Gun (right) of Seoul. Shown with him are his old mentor and friend, Dr. Alfred I. Ludlow (center) of Cleveland and Dr. H. J. Roh of Polyclinic Hospital.

〈자료 X-30〉 1951년 한국전쟁 중에 미국 국무성 초청으로 러들로 교수를 방문한 김명선 교수

출처: Plain Dealer 1951년 2월 21일

1945년 독립한 땅에서 그 계획을 실행에 옮기려 할 때 불행한 일이 터졌다. 한국전쟁이 발발한 것이다. 제2세대가 안심하기도 전에 제1세대가 이룬 업적이 사라질 위기에 놓였다. 다음은 당시 간호학교 1학년이었던 오윤숙 씨의 증언.[169)] 1950년 6월 26일 월요일 당시 학사력으로 2학기 말 시험이었는데 시험이 연기되었고 대신 세브란스 병원에서 실습을 하였다. 6월 28일 새벽 남대문교회 앞에 북한군 탱크가 들어섰다. 세브란스 병원이 넘쳐 국군 부상병을 치료하던 남대문교회 문을 박차고 들어온 북한 군인이 권총을 뽑아들고 "너희들 중 장교는 모조리 일어나라"고 외쳤다. 대부분 계급장이 없는 속옷 차림이었지만 장교들은 의연히 일어나 "대한민국 만세"와 "어머니"를 부르며 죽어갔다. 장교를 처치한 이 시각부터 교회와 세브란스 병원은 인민군에 의해 장악되었다. 그해 8월 초순 인민군은 부상병을 창덕여고로 옮기면서 의약품, 병원집기, 수술도구 등을 챙겨 가지고 갔다. 다시 1개월 후 유엔군의 인천상륙작전 성공으로 인민군은

출처: 연세대학교

〈자료 X-31〉 1951년 포격 맞은 세브란스 병원

부상병을 의정부로 옮기면서 후퇴가 시작되었다.

오윤숙 학생은 세브란스의 의사, 간호사, 직원들과 함께 중앙청에서 청량리로 가는 전차에 분승하였다. 도중에 오윤숙 학생이 탑승한 전차가 전복되어 청량리에 도착했을 때에는 모두 의정부로 떠난 후였다. 그녀는 구사일생으로 납북되지 않았다. 북으로 끌려간 세브란스 사람들은 후퇴하는 인민군을 따라 철원, 평양, 신의주, 만주를 거쳐 북경까지 갔다. 에이비슨과 러들로가 심혈을 들여 기른 제자들은 이렇게 납북되었다. 한국전쟁으로 세브란스 병원과 의학대학의 12개의 건물이 잿더미가 된 사진은 그의 제자인 이용설 교수가 편지와 함께 보내 온 것이었다.[170] 그 편지는 1950년 12월 6일 자로 되어 있었고 이용설 교수 자신도 그의 가족의 생사를 모르는 상태라고 하였다. 전쟁 발발 이틀 전인 6월 23일 러들로 교수가 주선하여 세브란스의 장학금으로 클리블랜드의 폴리클리닉 병원에서 연구를 시작한 노형진 교수는 가족의 생사에 대하여 크게 걱정하고 있었다. 이용설 교수가 러들로 교수에게 보낸 편지에 의하면 60퍼센트의 건물이 파괴되었고 90퍼센트의 장비와 시설이 약탈당했다. 세브란스-프렌티스 병동, 치과병동, 의사숙소, 간호사 숙소, 3층 건물, 결핵병동이 파괴되었다. 남은 것은 본관 건물의 벽뿐이다(자료 X-32).

이런 상황에서 러들로 교수는 클리블랜드인이 세운 이 병원과 의학교가 여기서 좌절되지 않도록 클리블랜드시민에게 호소하였다.[171] 세브란스가 길러낸 800명의 의사와 500명의 간호사가 납치되었거나 납치당할 위험에 놓여 있다고 역설하였다. 우스터 대학은 실수로 인한 화재로 잿더미가 되었으나 세브란스 대학은 동족의 공산주의자에 의해 잿더미가 되었음을 슬퍼했다. 그러나 러들로 교수는 말했다.

"사람들은 '내가 생각하기에 당신은 너무 상심하여 미칠 지경일 것이다'라고 말하지만 나는 "그렇지 않다"고 말하였다."

"물론 병원 건물이 파괴된 것은 생각하기에도 끔찍한 일이다. 그러나 사람이 한 일의 진정한 평가는 그가 기른 사람에 있다. 우리가 그 병원과 대학에서 기른 사람이 이미 8백 명이다. 그 사람들이 아니면 오늘날 한국은 어떻게 되었을까?"[172)]

러들로 교수는 타고 난 낙천가였다.[173)] 한국 전쟁 중 미국을 방문한 김명선 교수(자료 X-30)는 회고하였다.

"'일이 잘 풀릴 것이라고 생각하면 언제나 잘 되게 되어 있다'는 것이 늘 하는 말이었다. 6.25 전쟁 중 그 어려운 때에 내가 잠시 미국에 가게 되어 클리블랜드에서 그를 만났을 때에도 그는 한국의 장래는 매우 밝을 것이라며 용기를 주기도 했다."[174)]

출처: 연세대학교

〈자료 X-32〉 2007년 연세대학교 의과대학과 세브란스 병원

그의 말이 옳았다. 그가 전망한 대로 한국은 전화를 딛고 일어났으며 세브란스 병원과 의과대학은 세계적인 기관이 되었다(자료 X-32). 한국 병원으로서는 최초로 국제인증(Joint Commission International)을 받았다(자료 X-33). 2천 병상 이상의 병원으로서는 세계 최초이다. 오늘날 이 기관은 1백 년 전에 세브란스 씨가 그랬던 것처럼 그 유업을 이어받아 몽골에 병원을 세웠고 우즈베키스탄에도 세워서 수많은 에이비슨과 러들로를 길러내고 있다. 앞으로 어디에 또 세브란스 병원과

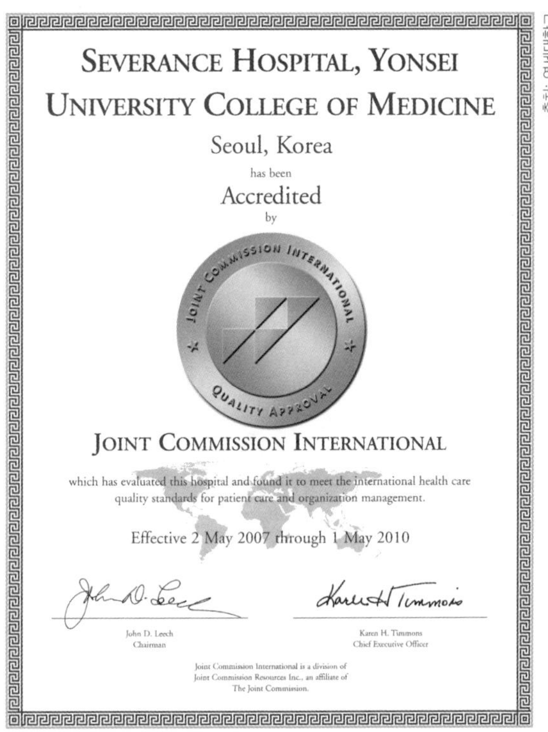

SEVERANCE HOSPITAL, YONSEI UNIVERSITY COLLEGE OF MEDICINE

Seoul, Korea

has been

Accredited

by

JOINT COMMISSION INTERNATIONAL

which has evaluated this hospital and found it to meet the international health care quality standards for patient care and organization management.

Effective 2 May 2007 through 1 May 2010

John D. Leech
Chairman

Karen H. Timmons
Chief Executive Officer

Joint Commission International is a division of Joint Commission Resources Inc., an affiliate of The Joint Commission.

출처: 연세대학교

〈자료 X-33〉 2007년 한국 병원으로서는 최초로 국제인증 JCI 증서

의학대학을 세울 것인가. 하나의 밀알이 썩어 수많은 밀알을 낳았다.

그 배경에는 러들로 교수의 힘이 컸을 것으로 보인다. 앞서 소개한 대로 뉴욕 록펠러 재단이 세운 중국의학재단이 지원하는 북경협화의학대학을 중공이 1951년에 국유화하자 다른 기관을 물색하기 시작하였다. 그 책임자가 라욱스 박사(Harold H. Loucks, MD, 1894~?)인데 러들로 교수의 웨스턴 리저브 의과대학 후배였으며 1922년에 북경협화의과대학의 외과교수가 되었다. 러들로 교수는 북경협화의과대학에서 개최하는 학회에 자주 참석하여 그를 알고 있었다. 그는 러들로 교수로부터 파괴된 세브란스 의학대학의 참상과 그 대학의 유래와 정신에 대하여 설명을 들어 알고 있었다. 뉴욕의 중국의학재단은 세브란스 의학대학을 지원하기로 결정하였다. 전후 복구에 결정적인 지원이 되었다.

러들로 교수는 1961년 11월 3일 클리블랜드에서 100킬로 떨어진 오하이오주 버밀리온(Vermillion, Ohio)시 스테이트 거리 815번지 해롤드 러들로의 집에서 사망하였다. 향년 86세였다. 클리블랜드 일간지 『플래인 딜러』에 사망기사가 실렸다. 11월 6일 오후 1시에 피셔 장례식장에서 장례를 치른 후 레이크 뷰 묘지공원의 부인 묘 옆에 안장되었다. 우연이었을까 아니면 미리 준비된 것이었을까. 그의 묘는 세브란스 씨의 묘 바로 앞에 있어서 그를 바라보고 있다. 그는 자신의 임무를 충실히 완수했노라고 보고하는 걸까. 죽어서도 그의 주치의가 되었다.

루이스 헨리 세브란스, 더들리 피터 알렌, 알프레드 어빙 러들로 모두 약속이라도 하듯이 2대 이상 후손을 두지 못했다. 세브란스 병원과 의과대학을 남기고 홀연히 사라졌다. 그러나 그들이 심혈을 기울인 세브란스 병원과 의학대학에서 배출한 수많은 러들로가 대를 이어 계속 탄생할 것이다.

맺는말

진실

1893년 6월 16일. 부산에는 상징적인 두 모임이 있었다. 하나는 주 베를린 일본 대사관의 무관 후쿠시마 대위가 2년여에 걸쳐 시베리아를 동서로 횡단하여 무사히 부산에 도착한 여정을 축하하는 일본인 거류단의 모임이었다. 또 하나는 미국 장로교 해외 선교부가 조선에 파송한 에이비슨 박사를 환영하는 미국 선교사들의 모임이었다.

후쿠시마 대위는 베를린에서 러시아가 전쟁을 대비하여 시베리아 횡단 철도를 계획하고 있음을 알았다. 그는 참모본부의 허락하에 그 노선을 탐험하였다. 4필의 말을 소모하며 횡단을 성공리에 마친 그는 다시 인도에서 아프가니스탄을 거쳐 러시아로 들어가는 남북의 여정까지 주파하였다. 조선을 놓고 러시아와 한판의 전쟁을 준비하는 제국주의의 발자취였다.

에이비슨 박사의 내한 목적은 평화였다. 의료선교가 수단이었다. 1882년 조선과 미국의 영구평화를 기약하는 〈조미우호통상조약〉을 맺었다. 이에 기초하여 미국 선교사들이 내한하였다. 에이비슨 박사는 영구평화의 첫 번째 열매이다. 그러나 조선인들은 의심하였다.

미국 선교사들이 조선에 도착하기 시작한 직후 우리 조선인들은 어떻게 선교사들이 하와이 군도에 가서 그곳 원주민들을 다수 기독교로 개종시켰는지를 알았다. 그리고 선교사들 뒤에 미국 기업가들이 따라와서 원주민과 장사하면서 원주민들에게는 별로 이익을 끼치지 않고 자기들만 치부하고 있었다는 것도 알았다. 그리고 우리는 미국 선교사들이 한국에 오기 조금 전에 미국 정부가 이 섬들을 모두 병합하여 그 영토의 일부로 만들었으며 이 과정에서 하와이의 여왕이 폐위되었음을 알았다. 따라서 우리 한국인은 당연히 우리나라에 대해서도 똑같은 운명이 계획된 것으로 생각했다. 미국인들이 일본과 중국 그리고 한국으로 하여금 문호를 개방하고 통상을 하도록 강요한 다음 선교사들이 왔기 때문에 우리로서는 그렇게 생각하지 않을 수 없었다.[1]

이 글을 쓴 이는 이승만인데 그는 곧 에이비슨 박사가 사귈수록 진실하다는 것을 알게 되었다. 이에 이승만은 곧 선교와 통상에서 평화적 공생의 원리를 발견하게 된다. 그는 1904년에 쓴 글에서 다음을 지적하였다.

조선이 아직까지 부지해온 것은 다 외국들의 교제상 서로 관계한 형편에 달려 된 것이라. 만일 지금껏 통상이 아니 되었다면 어떤 강한 나라이 무슨 욕심을 부렸는지 알 수 없을지니 오늘날 이 뜻을 깨쳐본 즉 전 일에 까닭 없이 남을 의심하던 것이 어찌 어리석지 않으리오.[2]

이승만의 상투를 잘라준 이도 에이비슨 박사이다. 또 기록하기를

당초에 미국이 동양 각국과 통섭을 시작할 때 두 가지 큰 목적이 있었으니 일은 통상이오, 일은 선교라.[3]

미국으로 건너간 이승만은 프린스턴 대학원에서 통상을 주제로 박사학위 논문을 썼고, 선교를 이해하기 위하여 프린스턴 신학원에서 공부하였다. 통상은 국경을 넘어 물건을 파는 행위이고 선교는 국경을 넘어 복음을 전하는 행위이다. 전쟁이 있는 곳은 통상과 선교에 해가 되므로 이웃과 평화가 불가능하다. "싸움은 말리고 흥정은 붙여라."

하늘은 자원을 고루 주지 않았다. 그리고 명했다. 땅을 다스려라. 이 두 가지 모순되는 현상을 해결하는 방법이 교환 곧 자유통상이다. 선교사가 파송되면 그들에게 필요한 물품과 의료를 조달하기 위하여 통상과 의사가 뒤따른 것은 하늘의 이치이다. 전쟁을 기피하고 사해동포가 되는 길이다. 시장의 기능을 믿지 않는 마르크스와 그의 제자들의 주장에는 국가 간 관계를 설명하는 이론이 부족하다.

자유통상은 곧 독립을 의미한다. 제국주의-중상주의의 식민모국은 자신의 식민지에 다른 나라의 통상을 거부하였다. 국제통상이론은 식민지가 많을수록 쓸모가 없다. 독립 국가가 많을수록 자유통상의 상호이익은 커진다. 약소국의 영토를 빼앗는 제국주의의 무력통상이 아니라 시장을 넓히는 자유통상에서 약소국도 독립을 이룰 수 있는 것이다. 자유통상은 물질적 힘으로 선교는 정신적 힘으로 평화를 유지한다.

선교와 통상. 이것이 세브란스 장로와 에이비슨 박사가 꿈꾸었던 하나님 사업이었다. 의심 많던 이승만이 선교를 이해하고 자유통상을 국가 근본의 하나로 삼은 것은 에이비슨 박사와 세브란스 장로의 진실을 깨달았던 덕택이다. "진리를 알면 자유롭게 된다."라는 요한복음이 이 땅에 구현되는 밑거름이 되었다.

삼상(參商)

이 책에서 그동안 내가 세브란스의 이름 넉 자만 가지고 시작하여 수집한 한정된 자료만으로 세브란스 씨의 일생을 추적해 보았다. 결과는 그의 일생을 추적했다는 것보다 단편적인 자료의 나열이 되고 말았다. 그래서 그 나열이 평면적이 되지 않으려고 주변을 입체적으로 삽입하였는데 성공했는지 의문이다. 오히려 줄거리를 읽어 가는 데 방해가 되었을 수도 있다. 그러나 세브란스의 얘기는 주변의 삽화 없이 독립적으로 전해질 수 없다. 그 작업을 위해서 고문서실에 들어가서 지난 60년~100년 동안 어둠 속에 잠자던 문서, 정지사진, 활동사진을 찾아내어 빛을 주었다. 그 결과 먼지 속에 파묻혀 잊혀졌던 문서 한 조각, 사진 한 조각에 생명을 불어넣어 세브란스라는 사람이 무슨 운동을 즐겼고, 무슨 꽃을 좋아했으며, 무슨 생각을 했는지를 조금이나마 얘기할 수 있게 되었다. 그의 필체도 알게 되었고 그가 좋아하는 취미도 얘기를 할 수 있다. 그가 타고 다닌 자가용 기차에서 친구와 무슨 대화를 했는지 짐작할 수 있다. 그의 목소리는 재생할 수 없지만 그의 기쁨과 슬픔의 표현이 어떤 것이었는지 느낄 수 있을 것 같다. 얼마나 다정하고, 얼마나 고집이 셌으며, 어떤 일에 심통 사납게 구는지 말할 수 있다. 한편으로는 정부의 조사를 피해 회계장부를 갖고 해외로 피했던 배짱도 얘기할 수 있다.

러들로 교수가 작고한 지 47년이 되었다. 그는 조그마한 쪼가리 기록이라도 버리지 않고 여러 문서관에 분산하여 기증하였다. 그러나 내가 조사를 시작하던 1985년까지 그의 기록을 찾아본 사람이 없었다 한다. 고문서 관리사조차 그의 자료가 있었는지 모르는 상태였다. 개인적으로 그는 위대한 일생을 살았지만 너무 평범하여서 아무도 그의 일생에 대해 관심을 갖지 않는 것은 당연한 것처럼 보인다. 그 스스로 목표로 삼았듯이 지도자가 되지 않으려고 하였다. 그럼에도 그는 언젠가는 누군가가 자신의 기록을 찾아줄 확신을 가졌던 것 같다. 이것은 나의 생각이었지만 그의 기록을 여는 순간 초 냄새를 맡으면서 확신으로 변했다. 그는 자신이 기록한 문서에 초를 입혀서 언젠가 나타날 사람을 위해 보관에 힘썼다(자료 X-28). 고문서 관리사도 매우 놀랐다. 그가 남긴 기록은 역사에 기록될 만하지 않을지 모른다. 그러나 그가 기록을 남김으로써 세브란스가 남기지 못한 부분을 복원하는 데 커다란 도움이 된 것은 사실이다. 러들로 교수는 이러한 면에서도 끝까지 자신의 사명에 충실했다.

세브란스 씨가 거만의 부를 쌓은 것은 남북전쟁 직후부터 제1차 세계 대전 직전까지 대체로 35년간이었다. 이것을 바탕으로 자선사업을 하던 시기는 1890년대부터 그가 죽기까지 약 25년간이었다. 젊어서 전쟁을 겪었고 살아남아 다음 전쟁이 터지기 직전에 세상을 떴으니 그렇게 험한 세상을 산 것은 아니었다. 다만 한 가지 그의 재산도 질병에는 속수무책이어서 혈육을 잃는 아픔이 애통했을 것이다. 결국 그의 일생의 초기 삼분의 일은 준비 기간이었고, 중간의 삼분의 일은 부를 쌓는데 보냈고, 나머지 삼분의 일은 기독교-의료-교육 사업에 대한 자선에 바쳤다. 그는 어쩌면 최초의 전업 선교자선가였을 것이다.

세브란스 씨의 후반 일생은 19세기 말에 들어서면서 안팎으로 팽창하는 미국 경제의 한복판에 섰다. 안으로는 석유, 철도, 철강, 전기, 기계공업이 급속히 발달하여 영국을 능가하게 되었고 밖으로는 그 내적인 힘을 바탕으로 세계주의를 표방하여 대서양과 태평양을 모두 석권하게 되었다. 이렇게 되게끔 정치적인 힘을 뒷받침해 준 것이 미국의 경제력과 기독교의 두 가지 힘이었다.

교우 사이였던 헤이 국무장관은 젊을 때의 이상적인 반세계주의 시인에서 변신하여 세계주의 국무장관이 되었고 그를 뒷받침한 것은 공화당 집권세력인 헤이스-매킨리-루즈벨트-태프트 대통령과 그들을 지지했던 클리블랜드의 산업자본과 월스트리트의 금융 자본이었다. 이와 대조적으로 세브란스 씨는 같은 시기에 자신의 경제력만을 바탕으로 오로지 순수 기독교 의료선교사업에만 매진하였다.

이승만은 강탈당한 조국의 독립을 쟁취하는 데 있어서 미국의 기독교와 세계주의를 모두 이용하려고 애썼다. 그가 쓴 박사학위 논문은 사실상 존 헤이 국무장관의 문호개방주의에서 출발한 것이었고 프린스턴 대학원에서 학기 중에 쓴 논문 대아중립론(對亞中立論)이 그에 대한 습작으로 보인다. 대아중립론은 그가 생각한 미국 세계주의의 일환이며 그를 실현시키는데 미국의 기독교 세력을 이용하려 하였다고 볼 수 있다.

헤이는 중국의 분할을 막는 데 성공하였고 이승만은 조국독립의 숙원을 이루었다. 그러나 헤이 장관의 문호개방정책은 문이 침탈되어 환상이 되었고[4] 이승만의 논의는 절반의 성취로 그치고 말았다. 세브란스 씨의 업적이 어느 역사책에서도 언급되지 않은 것은 그것이 세계사와 한국사의 커다란 물결에서 보아 아주 작은 물줄기였기 때문일 수 있다. 그러나 그가 뿌린 씨앗, 그가 가졌던 이상은 환상이 아니라 실제로서 지금도 자라고 있다. 그가 믿었던 기독교 선교에 있어서 자금, 인력, 정신의 연합은 연세대학교의 재단 구성에 남아있기 때문이다.

알베르트 슈바이처 박사(Dr. Albert Schweitzer, 1875~1965)는 아프리카에서 서양인술로 봉사한 훌륭한 의사였다. 그 업적으로 노벨상을 수상하였다. 그러나 흑인에 대한 백인의 죄를 사죄한다는 숭고한 뜻을 갖고 있었음에도 의학대학을 세워 현지인 제자를 조직적으로 학문적으로 길러내어 아프리카의 의료 환경을 향상시키는 인재를 배출하지 못했다.

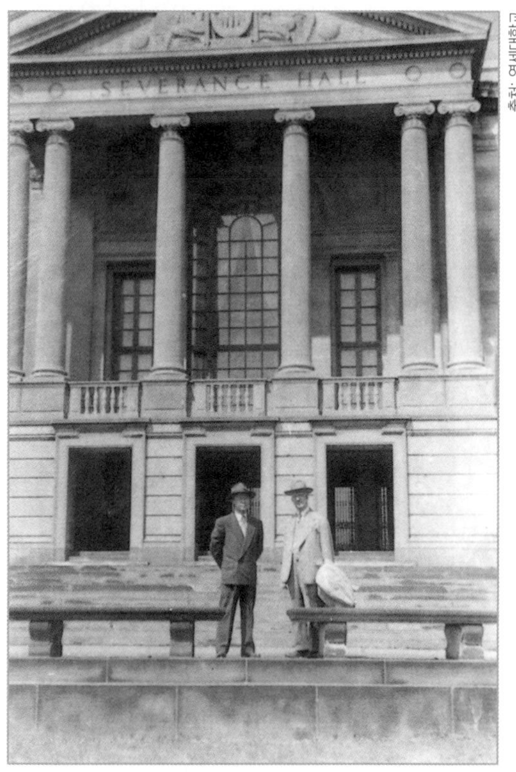

출처: 연세대학교

〈자료 XI-1〉 1951년 세브란스 홀 앞에서 러들로 교수와 김명선 교수

에이비슨 박사의 업적은 서양 의료의 불모지인 한국에서 인술을 펼쳤다는 사실에 있지만 최대의 업적은 무수히 많은 에이비슨을 길러냈다는 점이다.[5] 더욱이 그에게는 한국인에게 사죄할 어떠한 이유도 없었다. 마찬가지로 거금을 쾌척하여 에이비슨 박사를 도와 세브란스 기념병원을 세운 것은 분명 세브란스 씨의 업적이지만 이보

다 무수히 많은 에이비슨을 길러내도록 세브란스 의학대학을 세우고 자신의 주치의 러들로 박사를 보낸 것이야말로 세브란스 씨의 최대의 업적으로 꼽을 수 있다. 그의 업적은 순수 자선이었다. "받는 기쁨보다 주는 기쁨이 더 크다"는 이유 하나였다. 이것이야말로 진정한 숭고함이다.

그것을 상징적으로 나타내는 사진 한 장이 있다. 1951년 미국 국무성 초청으로 미국을 방문한 김명선 교수가 스승 러들로 교수를 찾아갔다. 김명선 교수는 잿더미가 된 세브란스 병원과 의학대학의 전후 복구를 위하여 미국으로부터 도움을 얻으려고 애썼다. 그러나 그보다 은사인 러들로 교수를 모시고 세브란스 홀 앞에서 기념사진을 찍은 것은 어떠한 물질적인 도움보다 더 값진 미래의 희망을 보여주는 징표가 되었다. 세브란스 홀은 한때 클리블랜드의 메디치 가문이었지만 지금은 사라진 세브란스 가문을 상징한다. 세브란스 홀 내부에는 두 개의 대형 초상화가 걸려 있다. 아들 세브란스 내외의 초상화이다.

그 아들이 아버지를 추모하여 봉헌한 건물이 세브란스 홀이다.[6] 이 책은 세브란스 씨의 초상화 한 장으로 시작하였다. 이제 또 하나의 사진 한 장으로 마지막을 장식할 차례이다(자료 XI-1). 세브란스-에이비슨-러들로-김명선으로 이어지는 행렬을 기록한 이 사진 한 장이야말로 지난 100년에 걸친 세브란스의 연합의료선교사업의 성공을 증언하고 있다. 이 사진 한 장을 얻기 위하여 구한말에서 일제시대와 제2차 대전과 한국전쟁을 거쳐 변화무쌍한 100년을 헤쳐 왔다.[7] 이 책이 한 일이라고는 이 두 장의 사진 사이의 여백을 채운 것뿐이다. 끝.

루이스 헨리 세브란스 연표

1810	세브란스 외조부 데이비드 롱 Ⅱ세 박사, 클리블랜드로 이주. 그곳 최초의 의사가 됨
1811	세브란스 외조부모, 결혼
1816	세브란스 어머니 메리 헬렌 롱, 출생
1820	롱 박사 진찰실 4층에서 올드스톤 교회 창립
1833	세브란스 부모, 결혼
1838	루이스 헨리 세브란스, 출생 존 밀턴 헤이, 출생
1839	존 데이비슨 록펠러, 출생 마크 알론조 한나, 출생
1843	세브란스 외조부 데이비드 롱 Ⅱ세 박사, 웨스턴 리저브 의과대학 창립 위원에 피선
1856	세브란스, 고등학교 졸업과 은행입사
1859	에드윈 드레이크, 펜실베이니아 타이터스빌에서 최초로 상업용 원유 채취
1860	올리버 알 에이비슨, 출생
1861~65	미국 남북전쟁
1862	세브란스, 파니 버킹엄 베네딕트와 결혼
1963	아들 존 세브란스, 출생 어머니 메리 롱 세브란스, 레이크사이드 병원의 전신인 「무연고자의 집」을 설립
1864	세브란스, 북군 자원입대
1865	세브란스, 타이터스빌로 이주. 딸 엘리자베스 세브란스, 출생 링컨 대통령, 암살
1870	록펠러, 오하이오주의 클리블랜드에 스탠더드 석유회사 설립 세브란스, 스탠더드 석유 오하이오 회사 창립이사
1872	어머니 메리 롱 세브란스, 「우들랜드 장로교 교회」 기증
1873	노벨 형제, 아제르바이젠 바쿠 유전에서 석유 채취
1874	세브란스, 스탠더드 석유 오하이오 회사 재무이사 파니 베네딕트 세브란스, 첫 번째 부인 사망

1875	알프레드 어빙 러들로, 출생
1879	에디슨, 전구 발명
1882	록펠러, 뉴욕에 스탠더드 석유 트러스트 창립
1885	얀 질커, 인도네시아에 네덜란드의 왕립 더치 창립
1889	어머니 메리 롱 세브란스, 「무연고자의 집」을 「레이크사이드 병원」으로 확장
1890	세브란스, 클리블랜드 기독청년회관에 교회를 기증
1891	세브란스, 클리블랜드 기독청년회관에서 열리는 해외선교 학생자원대회에 후원
1892	마커스 사무엘, 흑해에 영국의 쉘 석유회사 창립
1894	세브란스, 플로렌스 하크니스와 재혼
1895	플로렌스 하크니스 세브란스, 두 번째 부인 사망
1895	세브란스, 오벌린 대학에 「화학실험관」 기증
1896	세브란스, 스탠더드 석유 오하이오 회사 재무이사 은퇴 헨리 포드, 디트로이트에서 자동차 생산
1897	세브란스, 「메이플라워 교회」와 「블러바드 교회」 봉헌
1898	세브란스, 클리블랜드 기독청년회관에서 개최된 해외선교 학생자원 대회 후원
1900	올리버 알 에이비슨, 뉴욕 카네기 홀에서 「예양과 연합」 연설 세브란스, 뉴욕 카네기 홀에서 개최된 세계선교 대회에 장로교 파견위원으로 참석
1900	세브란스, 서울에 「세브란스 기념병원 기증」(1904년에 봉헌)
1901	매킨리 대통령, 암살
1902	세브란스 어머니 메리 롱 세브란스, 사망 세브란스, 웨스턴 리저브 대학에 「플로렌스 하크니스 기념 교회」 봉헌 세브란스, 우스터 대학에 「세브란스 화학관」 기증
1903	라이트 형제, 버지니아의 키티호크에서 비행기 성공
1904	세브란스, 서울 세브란스 기념병원에 「전염병 격리병동」 기증
1907	세브란스, 한국 방문 세브란스, 서울에 「외래병동」과 「세브란스 의학대학 교사」 기증(1913년에 봉헌) 세브란스, 남대문교회에 예배당 기증 세브란스, 정신여학교 본관 건물 「세브란스관」 기증(1910년 봉헌) 세브란스, 부산의 규범여학교에 건물 기증 쉘과 왕립 더치 합병 첫 주유소 등장
1908	세브란스, 한국 선전에 동참
1910	세브란스, 평신도 선교대회에 참석 세브란스, 에든버러에서 열린 세계선교대회에 재무위원회 부회장으로 참석
1912	알프레드 어빙 러들로, 세브란스 의학대학 교수 취임

1913	세브란스, 사망
1914	제1차 세계대전 발발
1915	더들리 피터 알렌, 사망 엘리자베스 세브란스, 오벌린 대학에 「더들리 피터 알렌 기념 미술관」 기증 엘리자베스 세브란스, 오벌린 대학에 「아델리아 필드 존스톤 석좌교수」 신설 엘리자베스 세브란스, 「성 누가병원」 봉헌 크라일, 레이크사이드 병원 의료진을 데리고 제1차 대전에 참전
1917	엘리자베스 세브란스, 프렌티스와 재혼
1918	러들로, 미 육군 군의관 대위로 시베리아에 출정
1919	마우리, 삼일운동에 참가한 혐의로 일경에 체포
1924	엘리자베스 세브란스 알렌 프렌티스, 세브란스 의학대학에 「세브란스-프렌티스 병동」 기증 (1928년 준공)
1925	엘리자베스 세브란스, 오벌린 대학에 「알렌 기념병원」 봉헌
1926	엘리자베스 세브란스, 웨스턴 리저브 대학 구내에 「알렌 기념 의학 도서관」 기증
1931	존 세브란스, 클리블랜드시에 「세브란스 홀」 기증
1935	에이비슨, 은퇴하여 미국으로 귀환
1936	존 롱 세브란스, 사망
1938	러들로, 은퇴하여 미국으로 귀환
1944	엘리자베스 세브란스 알렌 프렌티스, 사망. 루이스 헨리 세브란스 가문 절손
1950	한국전쟁 발발, 세브란스 병원과 의학대학 거의 피폭
1956	올리버 알 에이비슨, 사망
1961	알프레드 어빙 러들로, 사망

세브란스병원

역대 병원장

구분	기간	성명	소속	대학교
초대	1885.4.10~1887	H.N.Allen		마이애미 의과대학
제2대	1887~1890	J.W.Heron		테네시대학 의대
제3대	1890~1893.08	C.C.Vinton		
제4대	1893.08~1925.09.01	O.R.Avison		토론토 의과대학
제5대	1925.09.02~1928	J.W.Hirst	산부인과	필라델피아 제퍼슨 의과대학, 존스홉킨스 대학
제6대	1928~1929.07	T.D.Mansfield	해부학	
제7대	1929.07~1935	D.B.Avison	소아과학	토론토대학 의학부 졸업
제8대	1935~1938	이영준	피부비뇨기과학	세브란스의전
제9대	1938~1940	윤치왕	산부인과	영국 글래스고대
제10대	1940~1943	오한영	내과학	세브란스의전
제11대	1943~1945.08	이학송	비뇨기과	세브란스의전
제12대	1945.08~1947	최재유	안과	세브란스의전
제13대	1947~1949	정기섭	이비인후과학	세브란스의전
제14대	1949~1955.10	문창모	이비인후과학	세브란스의전
제15대	1955.10~1961.09.30	이용설	외과학	세브란스의전, 시카고 노스웨스턴 의과대학
제16대	1961.10.01~1964.03.31	고병간	외과학	세브란스의전
제17대	1964.04.01~1972.09.20	임의선	소아과학	세브란스의전
제18대	1972.09.21~1974.10.28	김효규	소아과학	세브란스의전
제19대	1974.10.29~1981.02.23	진동식	소아과학	세브란스의과대학
제20대	1981.02.24~1985.02.28	김춘규	외과학	세브란스의과대학
제21대	1985.03.01~1987.02.28	유재덕	성형외과학	세브란스의과대학
제22대	1987.03.01~1991.02.28	신정순	정형외과학	세브란스의과대학

제23대	1991.03.01~1995.01.31	박인용	이비인후과학	연세대
제24대	1995.02.01~1999.01.31	이경식	외과학	연세대
제25대	1999.02.01~2000.07.31	강진경	내과학	연세대
제26대	2000.08.01~2003.01.31	조범구	흉부외과	연세대
제27대	2003.02.01~2005.01.31	김성규	내과학	연세대
제28대	2005.02.01~2008.07.31	박창일	재활의학	연세대
제29대	2008.08.01~2010.07.31	이 철	소아과학	연세대
제30대	2010.08.01~2012.07.31	박용원	산부인과학	연세대
제31대	2012.08.01~2014.07.31	정남식	내과학	연세대
제32대	2014.08.01~2016.07.31	윤도흠	신경외과학	연세대
제33대	2016.08.01~2020.07.31	이병석	산부인과	연세대
제34대	2020.08.01~ 현재	하종원	심장내과학	연세대

제1대
호레이스 뉴턴 알렌
(1885. 4. 10~1887)

제2대
존 헤론
(1887~1890)

제3대
캐드왈래더 빈튼
(1890~1893. 8)

제4대
올리버 알 에이비슨
(1893. 8~1925. 9. 1)

제5대
허스트
(1925. 9. 2~1928)

제6대
맨스필드
(1928~1929. 7)

제7대
더글라스 에이비슨
(1929. 7~1935)

제8대
이영준
(1935~1938)

제9대
윤치왕
(1938~1940)

제10대
오한영
(1940~1943)

제11대
이학송
(1943~1945. 8)

제12대
최재유
(1945. 8~1947)

제13대
정기섭
(1947~1949)

제14대
문창모
(1949~1955. 10)

제15대
이용설
(1955. 10~1961. 9. 30)

제16대
고병간
(1961. 10. 1~1964. 3. 31)

제17대
임의선
(1964. 4. 1~1972. 9. 20)

제18대
김효규
(1972. 9. 21~1974. 10. 28)

제19대
진동식
(1974. 10. 29~1981. 2. 23)

제20대
김춘규
(1981. 2. 24~1985. 2. 28)

제21대
유재덕
(1985. 3. 1~1987. 2. 28)

제22대
신정순
(1987. 3. 1~1991. 2. 28)

제23대
박인용
(1991. 3. 1~1995. 1. 31)

제24대
이경식
(1995. 2. 1~1999. 1. 31)

제25대
강진경
(1999. 2. 1~2000. 7. 31)

제26대
조범구
(2000. 8. 1~2003. 1. 31)

제27대
김성규
(2003. 2. 1~2005. 1. 31)

제28대
박창일
(2005. 2. 1~2008. 7. 31)

제29대
이 철
(2008. 8. 1~2010. 7. 31)

제30대
박용원
(2010. 8. 1~2012. 7. 31)

제31대
정남식
(2012. 8. 1~2014. 7. 31)

제32대
윤도흠
(2014. 8. 1~2016. 7. 31)

제33대
이병석
(2016. 8. 1~2020. 7. 31)

제34대
하종원
(2020. 8. 1~ 현재)

끝주

초판 서문 _ 책의 사연

1) Cashman, Sean D., *America in the Gilded Age*, 3rd Edition, New York University Press, 1993, p.11.
2) Cashman, Sean D., *America in the Gilded Age*, 3rd Edition, New York University Press, 1993, p.40.
3) Morris, *The Tycoons*, Owl Books, 2005, p.331.
4) Hobsbawm, Eric, *The Age of Empire: 1875~1914*, New York: Vintage, 1989.
5) 플렉스너 보고서(Flexner Report, 1910)에 의하면 웨스턴 리저브 의과대학은 존스 홉킨스 의과대학 다음으로 우수하게 평가되었다. Cramer, *Case Western Reserve: A history of the University, 1826-1976*, Boston: Little, Brown & Co., 1976, p.299; 김학은, 『현대한국외과의학의 기원과 러들로』, 미간행.
6) 김두종, 『한국의학사』, 탐구당, 1966, pp.486, 539.
7) Segall, Grant, "The Severance Legacy," *Plain Dealer Sunday Magazine*, February 20, 2005, pp.13~15.
8) 세브란스를 선교자선가(Missionary Philanthropist)라고 부른 대표적인 사람은 미국 장로교 해외선교본부의 총무 스탠리 화이트 박사였다.(White, Stanley, "A Missionary Philanthropist: A Sketch of the Life and Work of Louis Henry Severance," *The Missionary Review of the World*, December 1913)
9) 또 한 사람은 존 데이비슨 록펠러 Ⅰ세이다. 카네기도 노년에 자선가가 되었지만 기독교인이 아니고 불가지론자였다(제5장 참조).
10) 언더우드, 이광린(역), 『한국 개신교 수용사』, 일조각, 1989, p.110.
11) 이만열·옥성득, 『언더우드 자료집』 Ⅱ, 연세대학교 출판부, 2006, p.237.
12) 제7장에서 상술.
13) 細川嘉六, 『植民史』, 理論社, 1972, p.233; 朝鮮總督府, 『(調査資料 第22輯)朝鮮の人口現象 附圖』, 1927, p.103; 이현희, 『한국 철도사』, 한국학술정보, 2001, p.85에서 재인용.
14) 황상익·기창덕, 「조선말과 일제 강점기 동안 내한한 서양 선교의료인의 활동 분석」, 『대한의사학회 춘계학술대회 발표자료집』, 1994. 5. 6.
15) 최초의 이름은 광혜원(廣惠院)이었는데 2주 후에 제중원으로 바꾸었다.
16) 이유복·박형우, 『알프레드 어빙 러들로의 생애』, 연세대학교 출판부, 2000.

제1장 _ 서울 1907년

1) 원래 이름은 염초청교(焰硝廳橋)이다. 윤석범 교수가 지적하였다.
2) 리하르트 분쉬, 김종대(역), 『고종의 독일인 의사 분쉬』, 학고재, 1999, p.32. 시발역인 인천역과 종착역인 남대문역 사이에는 축현→우각동→부평→소사→오류동→노량진→용산 등 7개의 역이 있었다. 후에 경부선이 개통되면서 영등포역이 추가되었다. 이현희, 『한국 철도사』, 한국학술정보, 2001, p.147.
3) 리하르트 분쉬, 김종대(역), 『고종의 독일인 의사 분쉬』, 학고재, 1999, p.32.

4) 경의선은 1906년 3월 25일에 완전 개통되었다.

5) 그러나 경인선은 황해를, 경부선은 대한해협을, 경의선은 압록강을 건너야 한다. 압록강철교의 가설은 몇 년을 더 기다려야 한다.

6) 기록에 의하면 세브란스 씨는 "가을"에 서울에 도착했다(*Report of Severance Hospital 1907~1908*, p.28). 또 다른 기록에 의하면 에이비슨 박사가 9월 12일에 자택에서 세브란스를 영접하는 환영회를 열었다(*The Korea Mission Field*, October 1907, p.149). 러들로 박사의 기록에 의하면 9월 9일에 이미 서울에 있었다(Ludlow, A. I., "Observations on the Medical Progress in the Orient," *The Cleveland Medical Journal*, November 1908; Ludlow Personal Report, Allen Memorial Medical Library). 여기에 추가하여 서울에서 세브란스와 러들로를 만난 아마사 스톤 마서(Amasa Stone Mather)의 일기를 보면 그가 9월 2일 밤에 도착하여 3일 아침에 세브란스 병원에 들어서니 세브란스 씨는 이미 1박 2일 동안 지방으로 떠났고 9월 4일에 만날 수 있었다(*Extracts from the Letters, Diary and Note Books of Amasa Stone Mather: June 1907 to December 1908*, vol.I, Cleveland: Private Publication, 1910, pp.437~453). 명동성당 뮈텔 주교의 일기에 의하면 1907년 9월 10일에 어느 가든파티에서 세브란스를 만났다. "나는 거기에서, 보름 전부터 서울에 와 있는, 에이비슨 병원의 설립자인 세브란스(L. H. Severance) 씨를 만났다." 보름을 역산하면 8월 26일이다. 뮈텔과 세브란스는 10월 3일에 병원에서 다시 만났다(『뮈텔 주교 일기』 4, pp.185, 190).

7) Mather, Amasa S., *Extracts from the Letters, Diary and Note Books of Amasa Stone Mather: June 1907 to December 1908*, vol.I, Cleveland: Private Publication, 1910). 이해 8월 1일 한국 군대 해산하는 날 큰비가 왔다(에이비슨, 에이비슨기념사업회(역), 『구한말 비록』(하), 대구대학교 출판부, 1986, p.90). 이해 봄과 여름에는 한발이 들어 제때 모내기도 어려웠다. 가을에 들어서면서 폭우가 쏟아져 산동 반도와 영일만에서 큰 여객선이 전복되었고 일본에는 태풍이 불었다(황현, 김준(역), 『매천야록』, 교문사, 1996, pp.735, 755, 763). 세브란스 씨가 1907년 9월 19일 평양에서 찍은 사진을 보면 함께 찍은 사람 가운데 우산을 손에 쥐고 있는 이가 있다(자료 Ⅷ-9를 참조). 1907년 9월 중국을 여행한 아마사 스톤 마서(Amasa Stone Mather)의 일기를 보면 이 사실을 확인할 수 있다(*Extracts from the Letters, Diary and Note Books of Amasa Stone Mather: June 1907 to December 1908*, vol.Ⅱ, Private Publication, 1910, pp.10, 21). 독일 의사 분쉬는 비 오는 날 남대문 밖 거리가 미끄럽다고 기록하였다(리하르트 분쉬, 김종대(역), 『고종의 독일인 의사 분쉬』, 학고재, 1999, pp.81~82, p.169).

8) 의주~용산의 구간은 1905년에 개통되었고 용산-남대문-경성-서소문-아현-신촌-수색의 연결은 1919년에 완공하였다. 朝鮮鐵道協會, 「京義線 業績の昔今」, 『朝鮮鐵道協會會誌』, 昭和 六年(1931) 十月號, p.62.

9) 당시 경의선 객차는 러일전쟁에서 포획한 낡은 러시아형이었는데 일본 군인을 만주로 실어 나르는 군용으로 사용하던 것을 그대로 객차로 사용하였다[吟月生, 「京義線을 代表한 平壤驛」, 『半島時論』 1(5), 半島時論社, 1917. 8., p.30]. 군용철도를 민간사용으로 이관한 것은 1931년이었다[朝鮮鐵道協會, 「京義線 馬山線의 起源: 軍用鐵道移管 二十五年 紀念」, 『朝鮮鐵道協會誌』 八月號, 1931]. 고향에서 세브란스 씨는 자가용 기차를 소유하고 있었다(Frazier, *Family*, Picador, 2002, p.163). 당시는 자동차와 비행기가 없던 시절로 부호들은 자가용기차로 이동하였다. 1907년 7월 1일 경의선 열차 시간표가 바뀌어 평양에서 오전 8시 30분에 출발하여 남대문역에 오후 6시 30분에 도착하였다(『朝鮮新報』, 明治四十年 六月二三日).

10) 1906년 3월 25일에 개통된 경의선은 용산~신의주 노선이었는데 용산에서는 경인선을 이용하여 남대문역까지 운행하였다. 아직 남대문역과 경의선의 수색역이 직접 연결되지 않았기 때문이다. 이승만도 시베리아 철도와 경의선 철도를 이용하여 1910년 10월 10일 오후 8시에 남대문역에서 하차하였다(유영익, 『이승만의 삶과 꿈』, 중앙M&B, 1996, p.76). 경의선 열차는 1931년까지 군용열차였다. 군

용열차 뒤에 민간을 위한 객차를 달았다. 여객 수는 1906년 9월 1일 1,164명이 불과하였지만 1931년 9월 1일에는 29,964명으로 28배 급증하였다(朝鮮鐵道協會, 「京義線業績の昔今」, 『朝鮮鐵道協會會誌』, 昭和六年(1931) 十月號, p.61). 1907년 3월에 예일 대학의 라드 교수(Professor Ladd)는 경의선을 타고 서울에서 평양에 간 기록을 남겼다(Ladd, *In Korea with Marquis Ito*, Longman, 1908).

11) 당시 신의주에서 서울로 내려오는 경의선에서 서양인을 발견하기가 쉽지 않았다(Mather, Amasa S., *Extracts from the Letters, Diary and Note Books of Amasa Stone Mather: June 1907 to December 1908*을 참조).

12) Holden, *Autobiography*, unpublished manuscript, University of Wooster Archives, p.114; 에이비슨, 에이비슨기념사업회(역), 『구한말 비록』(하), 대구대학교 출판부, 1986, p.112.

13) 〈자료 Ⅲ-4〉와 〈자료 Ⅸ-2〉를 참조할 수 있다.

14) Ludlow, Personal History Alfred Irving Ludlow, Personal Archives.

15) 사위 더들리 피터 알렌 박사 부부는 1910년 은퇴 후 세계일주 여정에서 1911년 6월에 세브란스 병원을 1주간 방문하였다(제3장 참조: *The Korea Mission Field*, August 1911, p.207).

16) Mather, Amasa S., *Extracts from the Letters, Diary and Note Books of Amasa Stone Mather: June 1907 to December 1908*, vol.I, Private Publication, 1910.

17) Mather, Amasa S., *Extracts from the Letters, Diary and Note Books of Amasa Stone Mather: June 1907 to December 1908*, vol.I, Private Publication, 1910.

18) 세브란스 씨를 남대문역에서 맞이했다는 기록이 발견된 적은 없다. 그러나 러들로 박사의 기록(Ludlow, A. I., "Observations on the Medical Progress in the Orient," *The Cleveland Medical Journal*, October, November 1908, pp.550~620)과 다른 기록들을 비교하면 그것을 유추할 수 있다. 첫째, 만일 세브란스가 일본과 중국을 거쳐 제물포를 통해 서울에 도착했다면 그 전의 선교사들이 행한 관례대로 제물포 부두로 마중을 나갔을 수 있다. 그러나 세브란스 씨가 러들로 박사의 기록에 의하면 하와이에서 2주일, 일본에서 3개월, 중국과 만주에서 4개월을 보낸 후, 한국 땅을 밟았다(Ludlow, A. I., 같은 글, p.550). 이때 신의주까지 마중 나가기에는 무리였을 것이다. 그 증거가 에이비슨 박사가 1935년 한국을 떠날 때까지 한국의 최북단 선교지는 가 본 적이 없었다는 기록이다(Avison, *Memoirs of Life in Korea*, p.337). 에이비슨 박사는 하루를 10분 단위로 쪼개 쓸 정도로 바쁘게 살아서(제Ⅸ장을 참조) 선교지에도 못 갔는데 그 이외의 목적으로 최북단을 갔을 리가 없다. 러들로 박사는 서울에서부터 에이비슨의 빈객이 되어 한국 체류 3개월 동안 내내 함께 지냈다는 기록이 이 사실을 받쳐준다(Ludlow, A. I., 같은 글, p.613). 둘째, 세브란스 씨와 러들로 박사는 한국 방문을 마치고 다시 일본으로 돌아간다(Ludlow, A. I., 같은 글, p.615). 그리고 상해, 홍콩, 싱가포르에서 각각 하루 또는 이틀을 지내고 버마와 인도로 갔다(Ludlow, A. I., 같은 글, pp.615~620). 이것은 한국에 오기 전에 중국과 만주에서 4개월을 보내고 한국으로 들어왔다는 증거이다. 셋째, 다른 가능성을 생각할 수 있다. 일본에서 기선으로 만주로 가서 거꾸로 중국을 거쳐서 다시 기선으로 제물포로 입국할 수 있는 여정이다. 이것은 러들로 박사의 여정 순서와 다르며 무엇보다 시간이 많이 소모되며 힘든 여행이다. 70세 노인에게 무리이다. 무엇보다 러들로 박사의 기록에 의하면 중국의 첫 번 방문지가 상해로 되어있다(Ludlow, A. I., 같은 글, p.555). 넷째, 또 다른 가능성은 일본에서 중국을 거쳐 만주까지 간 다음 여기서 기선으로 제물포로 입국하는 방법이다. 이것은 러들로의 여행일정에 어긋나지 않지만 경의선의 이점을 이용하지 않는다는 의문이 제기될 수 있다. 세브란스 씨가 70의 고령이고 주치의까지 대동하고 나서는 마당에 1904년 세브란스 기념병원의 준공과 1906년 사이를 여행에 택하지 않은 것은 교통의 불편함 때문이라고 여겨지는데 만주에서 제물포로 뱃길여정을 택한다면 구태여 경의선이 개통된 직후인 1907년을 방문의 해로 택했을 리 없다. 이 모든 가능성을 생각할 때 새로 개통된 경의선 열차를 타고 서울에 도착하였음에 틀림없다. 방문 도시까지 포함한 더 자

세한 일정은 제8장에서 제시된다. 참고로 세브란스의 외동딸 엘리자베스 실 세브란스 알렌이 1911년 6월에 한국을 방문하였는데 그녀의 여정이 아버지를 따라서 일본→중국→만주→서울이었다. 이때 남대문역에 에이비슨 박사가 마중 나갔다. 엘리자베스의 상세한 여정은 제3장을 참조.

19) 세브란스 기념병원을 공사하던 1903년의 사진에는 남대문역 앞에 광장은 없었고 초가집으로 꽉 차있었다. 러들로 박사도 세브란스 씨가 서울을 방문하는 1907년에 남대문역 앞 언덕이라고만 표현하였다(Ludlow, A. I., "Observations on the Medical Progress in the Orient," *The Cleveland Medical Journal*, November 1908, p.613).

20) 보통 에비슨이라고 기록하고 부르지만 에이비슨이 맞다. 저자가 1987년 여름에 루이스 헨리 세브란스를 생전에 본 유일한 생존자인 그의 형 솔론(Solon L. Severance)의 90세 외손녀 마리엔 엘리자베스 밀리킨(Marrianne Elizabeth Millikin) 여사를 만나서 확인한 것이다. 밀리킨 부인은 어릴 때 클리블랜드를 방문한 에이비슨 박사를 자주 보았다고 회고하였다.

21) 이해에 러시아 정부가 함경도를 3백만 달러에 매입하겠다는 제의를 하였는데 한국 정부가 거절했다는 풍문이 있었다(Heard to the Secretary of State, February 10, 1893, Dispatches, State Department Archives; Harrington, *God, mammon, and the Japanese*, University of Wisconsin Press, 1944, p.261). 조선 8도 가운데 7도를 일본에게 양보하고 함경도를 러시아가 점령한다는 러시아의 제의는 "이광린, 『한국개화사의 제문제』, 일조각, 1986"을 참조. 참고로 미국이 1867년에 러시아로부터 알래스카를 매입한 가격이 7백만 달러였다.

22) 1885년 4월 10일에 개원하여 4월 12일에 공식적으로 확정되었던 이름은 광혜원이었다. 2주 후인 4월 26일에 불분명한 이유로 광혜원에서 제중원으로 개칭되었다. 이경록(외 3인), 「광혜원의 개원과 제중원으로의 개칭과정」, 『연세의사학』 2(4), 1998, pp.478~570. 이 밖에 개원일자에 대한 자세한 연구는 이광린, 『한국개화사의 제문제』, 일조각, 1986, pp.114~123.

23) Ludlow, A. I., "Observations on the Medical Progress in the Orient," *The Cleveland Medical Journal*, November 1908.

24) 에이비슨, 에이비슨기념사업회(역), 『구한말 비록』(하), 대구대학교 출판부, 1986; 리하르트 분쉬, 김종대(역), 『고종의 독일인 의사 분쉬』, 학고재, 1999, p.175.

25) 제7장을 참조.

26) 이광린, 『올리버 알 에비슨의 생애』, 연세대학교 출판부, 1992, p.40; Avison, *Memoirs of Life in Korea*, unpublished manuscript.

27) 그전인 1890년에 미국 공사관의 서기관이 되었다. 그러나 제중원을 계속 운영하였다.

28) Avery, *A History of Cleveland and Its Environs*, The Lewis Publishing Co., 1918, p.65; Ludlow, A. I., "Observations on the Medical Progress in the Orient," *The Cleveland Medical Journal*, October 1908, p.551.

29) Ellis, William T., *Men and Missions*, Philadelphia: The Sunday School Times Company, 1909, p.97.

30) American Presbyterian Mission, *1907~1908 Annual Report of Severance Hospital*.

31) Ludlow, A. I., "Observations on the Medical Progress in the Orient," *The Cleveland Medical Journal*, October, November, 1908, pp.550~621.

32) Mather, Amasa S., *Extracts from the Letters, Diary and Note Books of Amasa Stone Mather: June 1907 to December 1908*, vol.Ⅱ, Private Publication, 1910, p.6.

33) Mather, Amasa S., *Extracts from the Letters, Diary and Note Books of Amasa Stone Mather: June 1907 to December 1908*, vol.Ⅱ, Private Publication, 1910, p.14.

34) Mather, Amasa S., *Extracts from the Letters, Diary and Note Books of Amasa Stone Mather: June 1907*

to December 1908, vol.Ⅱ, Private Publication, 1910.

35) 세브란스 일행의 여정은 오늘날까지 제대로 알려지지 않았는데 여러 문헌을 교차 비교하여 복원한 것이다. Ludlow, A. I., "Medical Experiences in Korea," *The Cleveland Medical Journal*, 1914, pp.476~481; Ludlow, A. I., "Observations on the Medical Progress in the Orient," *The Cleveland Medical Journal*, October, November, 1908, pp.550~620; Ludlow, Personal History Alfred Irving Ludlow, Allen Memorial Medical Library, Cleveland, Ohio; *Seoul Press*, February 28, 1937; *Report of the Korea Mission of the Presbyterian Church in the U.S.A. to the Annual Meeting held in Pyeng Yang*, August 1908; 에이비슨, 에이비슨기념사업회(역), 『구한말 비록』(하), 대구대학교 출판부, 1986, p.104; 하디, 「에비슨 박사 소전」, 『기독신보』, 1932. 7. 20. 이들 자료를 종합해 보면 일본, 중국, 만주, 서울, 평양, 선천, 재령, 서울, 대구, 부산, 일본, 상해, 홍콩, 싱가포르, 페낭, 버마, 인도, 실론, 유럽이 여정 순서이다(The first place visited was Honolulu where two weeks were spent. After two months in Japan a four months sojourn was made in China and Manchuria followed by three months in Corea. Returning to Japan the trip was continued westward to the Straits Settlements and Burmah. The next three months were spent in India and the remaining six weeks were occupied in visiting Ceylon and making the homeward trip to New York). 이용설 교수는 만주 가는 길에 한국에 들렀다고 기록하였는데 러들로 교수의 기록과 배치된다(Lee, Y. S., "In Memory of the Late Alfred Irving Ludlow," *Yonsei Medical Journal*, 1967). 한국에 1907년 9월에 와서 3개월을 체류하고 12월에 한국을 떠났다는 이용설 교수의 증언대로라면 12월에 만주를 여행해야 하는데 혹한의 겨울이 된다. 이용설 교수는 1919년에 세브란스 의학전문학교를 졸업하였으므로 세브란스 씨 방한의 증인이 되지 못한다.

36) *Report of Severance Hospital 1907~1908*, p.5. 이 보고서는 세브란스가 다녀간 지 1년 뒤에 출판되었는데 여기서도 여전히 병원 이름에 자신의 이름이 붙었다는 사실을 세브란스가 모르고 있다고 기록하고 있다(제8장을 참조).

37) 이에 대해서는 제7장에서 소개된다.

38) *Report of Severance Hospital 1907~1908*.

39) *Annual Report of Severance Hospital and Medical College 1907~1908*.

40) 이 연차보고서는 지금까지 공개된 적이 없었다. 속표지에는 연도가 없다. 겉표지에만 연도가 기록되어 있다. 겉표지는 제8장을 참조.

41) 당시 학사력(academic calendar)은 매년 7월 1일에서 다음 해 6월 31일까지였다. *Report of Severance Hospital 1907~1908* 참조.

42) Avison, "Creating a Medical School in Korea," *University of Toronto Monthly*, November 1937; 박형우·박윤재, 「세브란스연합의학전문학교 일람」, 『연세의사학』 1(3), 1997, p.57.

43) 이광린, 『한국개화사의 제문제』, 일조각, 1986, p.128; *Severance Union Medical College Catalogue 1925~6*에도 이 사실을 적시하고 있다(The College is the direct successor of the work established by Dr. H. N. Allen, the first Presbyterian missionary in Korea, …. The work was successfully carried on by Drs. Allen, J. W. Heron, C. C. Vinton, and O. R. Avison. In 1894 the work of the hospital was taken over from the Korean Government by the Northern Presbyterian Mission, and since then has been distinctly a missionary institution). Ireland, *The New Korea*, E. P. Dutton & Company, 1926, p.228에서 재인용.

44) 연세대학교 의과대학, 『한국최초 면허의사 100주년 기념 특별전』, 2008, p.7; 김인수(역), 『언더우드 목사의 선교편지(1885~1916)』, 장로회신학대학교 출판부, 2002, pp.77~78.

45) 리하르트 분쉬, 김종대(역), 『고종의 독일인 의사 분쉬』, 학고재, 1999, p.77. 이승만은 『옥중잡기』에

서 1902년 9월 12일과 10월 8일에 콜레라로 수인(囚人)이 사망하였다고 기록하였다. 유영익, 『젊은 날의 이승만』, 연세대학교 출판부, 2002, p.416.

46) "그해 3월에는 경기도 교하에서 굶주린 사람들이 장릉(長陵)의 송림에 들어가 불법적으로 소나무 껍질을 벗겼으나 군인들이 차마 말리지 못하였으니 그 송림 밑에서 쭈그리고 앉아 굶어 죽은 사람이 줄을 잇고 있었다. … 철종 5년(1853)에 소나무를 베지 못하게 하였다." 황현, 김준(역), 『매천야록』, 교문사, 1996, pp.511, 515.

47) Burnett, *Korean-American Relations*, vol.Ⅲ, University of Hawaii Press, 1989, p.179.

48) *Willard Dickerman Straight and Early US-Korea Diplomatic Relations*, Cornell University Archives. 1919년 미국선교사가 구금되어 재판 받는 예는 제8장을 참조.

49) 리하르트 분쉬, 김종대(역), 『고종의 독일인 의사 분쉬』, 학고재, 1999, p.104.

50) 리하르트 분쉬, 김종대(역), 『고종의 독일인 의사 분쉬』, 학고재, 1999, p.110.

51) 리하르트 분쉬, 김종대(역), 『고종의 독일인 의사 분쉬』, 학고재, 1999, p.151.

52) Hulbert, *The Echoes of the Orient A Memoir of the Life in the Orient*, typed manuscript.

53) 이만열·옥성득, 『언더우드 자료집』 Ⅲ, 연세대학교 출판부, 2007, p.124.

54) 그의 이름은 『실낙원』을 쓴 영국의 시인 존 밀턴에서 따왔다. 그의 세계주의는 보호무역을 주장하였다는 점에서 오늘날의 세계주의와 다르다. 유럽 열강이 중국을 분할하자는 중국분할주의를 반대하고 중국의 자원을 나누는 데 있어서 기회균등으로 요약되는 중국 문호개방정책이 그의 세계주의였다. 그의 세계주의는 질서주의라고도 부르는데 제국주의에 가깝다.

55) Cramer, *Case Western Reserve: A history of the University, 1826-1976*, Boston: Little, Brown & Co., 1976.

56) Cramer, *Case Western Reserve: A history of the University, 1826-1976*, Boston: Little, Brown & Co., 1976. 가입을 반대한 것이 사무엘 마서의 아버지 사무엘 리빙스턴 마서(Samuel Livingston Mather) 연방 상원 의원이라는 견해도 있다. 또 그의 장인 아마사 스톤(Amasa Stone)이었다는 견해도 있다. 마서와 스톤은 록펠러와 앙숙이었다.

57) Mather, Amasa S., *Extracts from the Letters, Diary and Note Books of Amasa Stone Mather: June 1907 to December 1908*, vol.I, Private Publication, 1910, pp.212~214.

58) Mather, Amasa S., *Extracts from the Letters, Diary and Note Books of Amasa Stone Mather: June 1907 to December 1908*, vol.I, Private Publication, 1910, p.437.

59) Mather, Amasa S., *Extracts from the Letters, Diary and Note Books of Amasa Stone Mather: June 1907 to December 1908*, vol.I, Private Publication, 1910.

60) Mather, Amasa S., *Extracts from the Letters, Diary and Note Books of Amasa Stone Mather: June 1907 to December 1908*, vol.I, Private Publication, 1910. p.450.

61) 에이비슨, 에이비슨기념사업회(역), 『구한말 비록』, 대구대학교 출판부, 1986.

62) Haddad, *Flora Stone Mather*, Kent State University Press, 2007; Severance Family Papers, Western Reserve Historical Society.

63) Hulbert, *The Echoes of the Orient The Memoir of the Life in the Orient*, typed manuscript, pp.182~186.

64) Mather, Amasa S., *Extracts from the Letters, Diary and Note Books of Amasa Stone Mather: June 1907 to December 1908*, vol.I, Private Publication, 1910, p.441.

65) Mather, Amasa S., *Extracts from the Letters, Diary and Note Books of Amasa Stone Mather: June 1907 to December 1908*, vol.I. p.453; vol.Ⅱ, p.29. 사람들은 크리스티 박사를 만주의 크리스티라고 불렀는데 그는 지금의 심양(봉천)에 목단의학대학을 1911년에 설립하였다. 이것이 만주의 첫 번째 의학대학이 되었다. 크리스티 박사는 1883년 스코틀랜드 장로교회가 중국에 파송한 첫 번째 의료선교사였

다. 1884년 12개 병상의 병원을 개원하였고 3년 과정의 의사조수, 약사, 간호사를 교육시켰다. 1892년 8명의 학생을 데리고 5년제 센칭 의학교(Shenching Medical School)로 발전시켰다. 일본의 남만주철도회사가 만주 의과대학을 설립하자 명칭의 혼동이 생겨 1939년에 크리스티 기념의학대학으로 개칭하였다. 1934년 크리스티 박사의 모교 에든버러 의학대학에서 이 대학을 인정하여 졸업생을 데려다 훈련시켰다. 1945년 일본이 물러가고 요녕 의과대학으로 바뀌었다가 1949년 중공이 들어서면서 중공정권이 세운 첫 번째 의학대학인 중국의과대학에 흡수되었다. 크리스티 박사는 선교사 로스(John Ross, 1842~1915, 羅約翰) 목사와 함께 1883년부터 심양에서 선교활동을 하였는데 평양의 모펫(Samuel A. Moffett) 목사도 자주 회동하였다. 로스 목사의 처남인 매킨타이어(J. MacIntyre, 1837~?) 목사가 서상륜에게 기독교를 전도하였고 로스 목사가 세례를 주었으며 성경을 한국어로 함께 번역하였다. 크리스티 박사와 로스 목사는 1907년 4월에는 봉천 북쪽으로 전도여 행을 떠났고 같은 해 6월부터 로스 목사는 안식년이었다. 이로 미루어보아 크리스트 박사는 1907년 6월 이후에는 봉천에서 일하고 있었다고 여겨지고 아마사 스톤 마서가 지니고 온 에이비슨 박사의 편지를 받았다. 아마사 스톤 마서를 잘 대접하였다.

66) 목단은 청나라 시대에는 성경(盛京)이라고도 불렀다. 러들로 교수가 성경(Shunching)에 출장 갔음을 가족에게 보내는 편지에서 발견할 수 있다. Ludlow Papers, Allen Memorial Medical Library.

67) Mather, Amasa S., *Extracts from the Letters, Diary and Note Books of Amasa Stone Mather: June 1907 to December 1908*, vol.Ⅱ, Private Publication, 1910, p.20.

68) Mather, Amasa S., *Extracts from the Letters, Diary and Note Books of Amasa Stone Mather: June 1907 to December 1908*, vol.Ⅱ, Private Publication, 1910, p.19.

69) Mather, Amasa S., *Extracts from the Letters, Diary and Note Books of Amasa Stone Mather: June 1907 to December 1908*, vol.I and vol.Ⅱ, Private Publication, 1910, pp.128~129.

70) Haddad, *Flora Stone Mather*, Kent State University Press, 2007.

71) Mather, Amasa S., *Extracts from the Letters, Diary and Note Books of Amasa Stone Mather: June 1907 to December 1908*, vol.I, Private Publication, 1910, p.212.

72) Haddad, *Flora Stone Mather*, Kent State University Press, 2007, pp.89~90.

73) 웨스턴 리저브 대학 내의 단과대학이다.

74) 세브란스는 우들랜드 장로교회(The Woodland Avenue Presbyterian Church)에, 존 헤이는 제1장로교회(속칭 The Old Stone Church)에 다녔지만 전자는 후자에서 파생된 것이다. 세브란스의 할아버지가 올드스톤 교회의 창립교인이고 어머니가 평생 이 교회를 돌보았다. 세브란스는 클리블랜드의 장로교를 대표하는 인물답게 교회를 가리지 않고 후원하였으며 제1장로 교회의 히람 하이든 목사와 매우 친하였다. 올드스톤 교회의 파이프 오르간은 그의 가족이 기증한 것이다. 그의 자녀들은 모두 이 교회에서 결혼하였다. 우들랜드 교회는 재정적 후원으로 다녔다. 이러한 관행은 세브란스에게만 국한된 것이 아니었다. 사무엘 마서는 올드 트리니티 감리교회에 다녔는데 그의 부인 플로라 스톤 마서는 올드스톤 장로교회의 신자이면서 남편의 교회에 출석하였다. 이 부부는 양쪽 교회를 모두 후원하였다(Haddad, *Flora Stone Mather*, Kent State University Press, 2007, p.66).

75) 지금도 대저택의 일부는 남아있지만 거리는 빈민가가 되었다.

76) Haddad, *Flora Stone Mather*, Kent State University Press, 2007, p.47.

77) 아마사 스톤이 오하이오주 허드슨시에 소재하였던 웨스턴 리저브 대학을 현재의 주소로 옮기면서 아델버트 대학을 설립하였으나 웨스턴 리저브 대학교의 하나의 단과대학이었다. 이러한 의미에서 웨스턴 리저브 대학을 사실상 재창립한 셈이다.

78) Cramer, *Case Western Reserve: A history of the University, 1826-1976*, Boston: Little, Brown & Co., 1976.

79) 해링톤, 이광린(역), 『개화기의 한미관계』, 일조각, 1973, p.148.

80) 해링톤, 이광린(역), 『개화기의 한미관계』, 일조각, 1973, p.434.

81) 해링톤, 이광린(역), 『개화기의 한미관계』, 일조각, 1973, p.332.

82) 정식 이름은 The Treaty of Peace, Amity, Commerce and Navigation between the Kingdom of Korea and the United States of America. 1882년 5월 22일에 체결하였다. 이하에서 간략하게 조미우호통상조약이라고 부르겠다.

83) Mather, Amasa S., *Extracts from the Letters, Diary and Note Books of Amasa Stone Mather: June 1907 to December 1908*, vol.Ⅱ, Private Publication, 1910, p.32.

84) Mather, Amasa S., *Extracts from the Letters, Diary and Note Books of Amasa Stone Mather: June 1907 to December 1908*, vol.Ⅱ, Private Publication, 1910, p.32.

85) 국무장관이 일일이 읽지 않을 수도 있다. 알렌 공사는 말했다. "그들은 겉을 싼 봉투에 보통 이상으로 문제가 중요하다는 것을 보여주지 않는 한, 내가 발송한 전문조차도 읽지 않았다." 그러나 이 표현은 과장된 면이 없지 않다(해링톤, 이광린(역), 『개화기의 한미관계』, 일조각, 1973, p.195). 필요에 따라 헤이 장관은 알렌 공사에게 훈령을 내리곤 하였다. 예를 들면, Secretary of State Hay to Allen, November 30, 1900, Instruction, State Department Archives. 더욱이 그가 알렌 공사의 전문을 읽었다는 증거도 있다. 그는 한때 말했다. "장로 교인으로서 한국의 교회 사업에 대단히 큰 흥미를 갖고 있습니다. 러일전쟁이 일어났을 때 평안도 지방에 거주하는 미국 선교사들이 할 일을 두고 떠날 수 없다는 이유로 미국 정부의 철수 권고를 거절했다는 알렌 공사의 보고에 감격하였습니다."(이원순, 『인간 이승만』, 신태양사, 1988, pp.94~95).

86) Burnett, *Korean-American Relations*, vol.Ⅲ, University of Hawaii Press, 1989, p.206.

87) Avison, *Memoirs of Life in Korea*, pp.430, 438. 에이비슨의 회고록을 자세히 읽어보면 9.5에이커(약 1만 2천 평)의 병원 부지를 사기 위하여 5천 달러를 두 번 보내준다. 건축비는 애초 예상액 1만 달러에서 2만 5천 달러로 증액되었다.

88) 1900년 아버지 루이스 헨리 세브란스가 시작하여 1944년 마지막 혈육인 딸 엘리자베스가 사망할 때까지 계산한 것이다. 엘리자베스의 유언에도 기부금이 포함되어 있었다.

89) Avison, *Memoirs of Life in Korea*, pp.444~445.

90) 1970년 12월 18일 서울 역전 구 세브란스병원 철거 시에 머릿돌 밑에서 발견되었는데 기념사와 출토유물 36점이 나왔다.

91) *The Korea Review*, 1902, p.510.

92) 에이비슨, 에이비슨기념사업회(역), 『구한말 비록』(상), 대구대학교 출판부, 1986, pp.268~269.

93) 에이비슨, 에이비슨기념사업회(역), 『구한말 비록』(상), 대구대학교 출판부, 1986, p.269.

94) 에이비슨, 에이비슨기념사업회(역), 『구한말 비록』(상), 대구대학교 출판부, 1986, p.268.

95) 이용익의 방해가 심하였다. 에이비슨, 에이비슨기념사업회(역), 『구한말 비록』(상), 대구대학교 출판부, 1986, p.69. 이용익은 자기의 병원을 짓고 싶어 하였다. 리하르트 분쉬, 김종대(역), 『고종의 독일인 의사 분쉬』, 학고재, 1999, pp.171~179.

96) Avison, *Memoirs of Life in Korea*, pp.232~233; Burnett, *Korean-American Relations*, vol.Ⅲ, University of Hawaii Press, 1989, p.205.

97) 남대문교회는 세브란스 교회라고도 불렀다. 함태영 목사(후에 부통령을 지냄)가 3.1운동 민족대표 48인 중 하나로 체포되어 1919년 5월 22일 경성지방법원 예심판사의 심문에 "나는 연동교회 교도로서 세브란스 교회의 조수로 있다"라고 신분을 밝혔다. 이병헌, 『삼일운동비사』, 1959, p.649; 연동교회100년사편찬위원회, 『연동교회100년사 1894~1994』, 연동교회, 1995, p.219에서 재인용.

98) *The Korea Review*, vol.4, 1904, p.494. "The weather and everything else combined to make

the opening of the new Hospital in Seoul, known as the Severance Memorial Hospital, an auspicious event."

99) *The Report of Ecumenical Missionary Conference 1900 New York*, p.537.

100) Avison, "History of Medical Work in Korea under the Mission of the Presbyterian Church in the U.S.A. from 1884 to 1909," *Quarto Centennial Papers*, 1910, p.31; 민경배, 『알렌의 선교와 근대한미외교』, 연세대학교 출판부, 1991, p.126에서 재인용.

101) 김두종, 『한국의학사』, 탐구당, 1966, pp.472~475.

102) *Report of Severance Hospital 1907~1908*. 개화기에 한국 사람은 병원 치료에 비용을 지불하지 않는 것으로 외국인들 사이에 소문나 있었다. 심지어 약품도 거저 얻어갔다. 리하르트 분쉬, 김종대(역), 『고종의 독일인 의사 분쉬』, 학고재, 1999, p.51.

103) *The Korea Review*, 1904, p.495; Ludlow, A. I., "Observations on the Medical Progress in the Oriental," *The Cleveland Medical Journal*, Novemebr, 1908; 1907년에 문을 연 오벌린 대학의 알렌기념병원의 1주 입원비는 10달러였다. 여기서 알렌은 세브란스의 사위 더들리 피터 알렌이다.

104) "The New Hospital," *The Korea Review*, vol.4, 1904, p.498. 입원실의 40개의 병상의 유지비가 2천달러(50달러×40병상)이며 외래비용이 1천8백 달러이므로 일단 3천8백 달러가 주요 경상비용이다. 제8장의 *Report of Severance Hospital 1907~1908*에 보고된 비용과 비교할 수 있다.

105) 제7장을 참조.

106) 이광린, 『올리버 알 에비슨의 생애』, 연세대학교 출판부, 1992, p.283.

107) 1896년 한국을 다녀간 러시아의 카르네프 대령은 기록을 남겼다. 그 기록에 의하면 미국 선교사의 봉급은 다음과 같다. 기혼자: 연봉 1,350달러에 자녀 1명당 100달러 추가. 주거비와 가구비는 별도로 600달러. 독신남자: 연봉 800달러에 주거비와 가구비 600달러. 독신여성: 연봉 675달러에 주거비와 가구비 600달러. ゲ·デ·チャガイ(編), 井上纊一(譯), 『朝鮮旅行記』(東洋文庫547), 平凡社, 1992, p.244; 장명수, 『성곽발달과 도시계획 연구』, 학연문화사, 1994, p.197에서 재인용. 1902년 3월 현재 서울 주재 외국의사들의 연봉은 다음과 같다. 카르덴 박사(Dr. Carden)=72파운드, 발독 박사(Dr. Baldock)=100파운드, 르가시아 박사(Dr. Legasia)=150파운드, 에이비슨 박사(Dr. Avison)=300파운드(리하르트 분쉬, 김종대(역), 『고종의 독일인 의사 분쉬』, 학고재, 1999, p.174). 1905년 장로교 선교사의 평균 주급은 10~12달러였으니 연봉으로 환산하면 520~624달러였다(Brown, A., "Reading Journey Through Korea," *Chautauqua*, 1905, p.495). 에이비슨 박사가 한국에 오기 전에 토론토대학 교수일 때 연봉이 1천2백 달러였다(Avison, *Memoirs of Life in Korea*, pp.78~79).

108) *Report of Severance Hospital 1907~1908*, p.7.

109) 1908년 수간호사와 간호사의 연봉을 합쳐서 3백 달러였다. *Report of Severance Hospital 1907~1908*. p.7. 숙소는 별도로 제공되ㄴ었다.

110) "The New Hospital," *The Korea Review*, vol.14, 1904, p.498.

111) 에이비슨, 에이비슨기념사업회(역), 『구한말 비록』(하), 대구대학교 출판부, 1986, pp.173~174.

112) *The Korea Review*, 1904, p.494.

113) 1904년 2월 다급해진 러시아는 얼어붙은 바이칼 호수에 임시 철로를 가설하여 병력을 수송하였다. 기관차가 무거워 얼음이 깨질 위험으로 말이 객차를 끌었다(조선일보사(편), 『격동의 구한말 역사의 현장』, 1986, p.57). 여순항은 1904년 12월 5일에 함락되었다.

114) Burnett, *Korean-American Relations*, vol.Ⅲ, University of Hawaii Press, 1989, p.207.

115) *The Morning Calm*, July 1905, p.83.

116) 연세대학교 의과대학 의사학과, 「한국 최초의사 배출 90주년 기념 자료사진」, 『연세의사학』 2(2), 1998, p.330. 이 자료에는 8년 교육의 증거로서 에비비슨 박사의 타자 원고 사본을 보여주고 있다. 그

러나 이광린은 7년을 주장한다. 이광린, 『한국개화사의 제문제』, 일조각, 1986, p.194.

117) 그것도 일본의 정책에 따라서 선별적인 소개였다. 예를 들어서 경제학과 정치학은 가르치지 못하게 하였다.

118) 하디, 「에비슨 박사 소전」, 『기독신보』, 1932년 7월 20일 자.

119) 반병률, 「세브란스와 한국독립운동」, 『연세의사학』 18(2), 2015, pp.49~71.

120) 제8장을 참조할 수 있다.

121) Cashman, Sean D., *America in the Gilded Age*, 3rd Edition, New York University Press, p.53.

122) 월돌푸-아스토리아 호텔은 5번가 34거리에 있었다. 지금의 엠파이어-스테이트 건물 자리였다.

123) 제6장의 각주 123을 참조.

124) 제6장의 각주 75를 참조.

125) 스트레이트의 편지는 시어도어 루즈벨트 대통령의 딸 앨리스(Alice Roosevelt)의 한국 방문, 민영환의 장례식, 일진회의 보호조약 촉구문서, 선교사들의 활동 등을 담고 있다.

126) Mather, Amasa S., *Extracts from the Letters, Diary and Note Books of Amasa Stone Mather: June 1907 to December 1908*, vol.II, Private Publication, 1910, p.29.

127) 해링톤, 이광린(역), 『개화기의 한미관계』, 일조각, 1973, p.336.

128) 에이비슨, 에이비슨기념사업회(역), 『구한말 비록』(상), 대구대학교 출판부, 1986, p.164.

129) Hulbert, *The Echoes of the Orient, A Memoir of the Life in the Orient*, Typed manuscript, p.283.

130) *The Independence*, February 1903, pp.417~423.

131) Mather, Amasa S., *Extracts from the Letters, Diary and Note Books of Amasa Stone Mather: June 1907 to December 1908*, vol.I, Private Publication, 1910, p.440.

132) 유영익, 『이승만의 삶과 꿈』, 중앙M&B, 1996, p.64.

133) 해링톤, 이광린(역), 『개화기의 한미관계』, 일조각, 1973, p.336, p.348.

134) Burnett, *Korean-American Relations*, vol.Ⅲ, University of Hawaii Press, 1989, p.190.

135) Burnett, *Korean-American Relations*, vol.Ⅲ, University of Hawaii Press, 1989, p.191.

136) 이정식(역), 「청년 이승만의 자서전」, 『신동아』, 1979년 9월호, p.438. 이승만과 에이비슨 사이의 우정은 Avison, *Memoirs of Life in Korea*, pp.269~291에 자세하게 묘사되어 있다.

137) 이승만의 실명 연도는 문헌마다 엇갈린다. 이승만의 영문일기에는 6세라고 기록했지만 이때는 1881년으로 외국인 의사가 입국하기 전이므로 그들에게 치료받아 눈을 떴다는 것은 이해하기 어렵다(Lee, Chong-Sik, *Syngman Rhee*, Yonsei University Press, p.153). 로버트 올리버는 치료한 의사가 1884년에 입국한 알렌 박사이며 열 번째 생일에 치료의 효과가 나타났다고 기록하였다(로버트 올리버, 「내가 아는 이승만 박사」, 『신동아』, 1979년 9월호, p.464). 이승만이 10세 생일인 1885년 3월 26일이면 알렌 박사가 제중원을 정식으로 개원하기 약 보름 전인데 알렌 박사는 그 전부터 이미 의료행위를 하였다.

138) 그러나 이승만은 알렌의 노력을 공개서한으로 거절하였다. 그의 독립정신의 발로인 듯하다. 그는 이 서한이 발표되기 전에 석방되었다. 유영익, 『젊은 날의 이승만』, 연세대학교 출판부, 2002, p.25.

139) 유영익, 『젊은 날의 이승만』, 연세대학교 출판부, 2002, p.128.

140) 예를 들면 Secretary of State Hay to Allen, November 30, 1900, Instruction, State Department Archives.

141) 해링톤, 이광린(역), 『개화기의 한미관계』, 일조각, 1973, p.148.

142) 존 헤이가 러더포드 헤이스에게 보낸 편지는 제5장에서 소개된다.

143) Cramer, *Case Western Reserve: A history of the University, 1826-1976*, Boston: Little, Brown & Co., 1976.

144) Lee, Chong-Sick, *Syngman Rhee*, Yonsei University Press, 2001.

145) 이승만의 세례는 오랫동안 미루어 온 것이었다. 그러나 후에 공부를 마치고 감리교회에 속하게 되는데 이것은 장로교 해외선교본부의 양해 아래 이루어진 것이다. Avison, *Memoirs of Life in Korea*, pp.281, 282. 세례받기 전인 2월에 이승만은 민영환의 특사 자격으로 헤이 장관과 면담을 가졌다.

146) 이 책을 계속 읽어보면 이해하겠지만 수줍음은 그의 성격 가운데 하나였다. 예를 들어 제5장에서 소개할 우스터 대학 경기장 준공식에도 불참하고 나중에 나타났다.

147) Avison, *Memoirs of Life in Korea*, Typed Manuscript.

148) 에이비슨, 에이비슨기념사업회(역), 『구한말 비록』(상), 대구대학교 출판부, 1986, pp.227~228; 리하르트 분쉬, 김종대(역), 『고종의 독일인 의사 분쉬』, 학고재, 1999, p.82.

149) 당시 부호들의 여행 준비 목록을 참고하면 노인의 여행이 얼마나 어려운 일인지 짐작할 수 있다. 부호 한 사람의 여행준비 목록은 Mather, Amasa S., *Extracts from the Letters, Diary and Note Books of Amasa Stone Mather: June 1907 to December 1908*의 부록을 보면 무려 타자용지 5장 분량이다.

150) 이광린, 『올리버 알 에비슨의 생애』, 연세대학교 출판부, 1992, p.165에서 재인용. 그러나 이광린도 원전을 밝히지 않았다.

151) 사임수리가 되었다는 국무성 편지 날짜는 1905년 3월 30일이다(Burnett, *Korean-American Relations*, vol.Ⅲ, University of Hawaii Press, 1989, p.259). 알렌 공사는 1890년에 주한 미국 공사관의 서기관으로 시작하여 1897년에 공사가 되어 1905년 5월까지 도합 15년을 외교관 생활을 하였다. 1905년 11월에 미국 공사관이 철수했으니 불과 6개월 남겨두고 전격적으로 불명예 해임되었다. 미국의 대한정책에 대하여 시어도어 루즈벨트 대통령과 심한 말다툼 탓이었다.

152) 한일의정서에 이어 일본은 1905년 4월 1일에 통신기관 위탁에 관한 협정에 의거하여 우편, 전신, 전화 업무를 박탈하였다. 1905년 프랑스인 앙리 갈리가 쓴 『극동전쟁』에 「일본군에 무력으로 강점되는 조선 전신국」이라는 제목의 그림이 있다. 이 그림은 3명의 일본 군인이 총을 들고 통신원을 협박하는 장면이다. 백성현·이한우, 『파란 눈에 비친 하얀 조선』, 새날, 1999에서 재인용.

153) Straight의 1905년 11월 30일 자 편지. Cornell University Archives.

154) Straight가 보낸 1905년 11월 30일 자 서신. Cornell University Archives.

155) 제8장을 참조.

156) 리하르트 분쉬, 김종대(역), 『고종의 독일인 의사 분쉬』, 학고재, 1999, p.115.

157) 제1대대는 순화동에 있었고 제2대대는 남대문시장에 있어서 서소문과 남대문 근처에서 전투가 일어났다. 이날 큰비가 쏟아지는 가운데 에이비슨 박사의 친구가 전투장면을 찍었다(Avison, *Memoirs of Life in Korea*, pp.90, 204). 프랑스 신문 『르 프티 주르날』에도 전투장면이 실렸다(조선일보사(편), 『격동의 구한말 역사의 현장』, 1986, p.37). 1907년 군대 해산과 더불어 전국 각지에서 항일의병 운동이 퍼져 나갔으며 1911년까지 1,331회의 전투를 벌였다.

158) 황현, 김준(역), 『매천야록』, 교문사, 1996, p.745; 에이비슨, 에이비슨기념사업회(역), 『구한말 비록』(하), 대구대학교 출판부, 1986, p.90.

159) Ladd, *In Korea with Marquis Ito*, Longman, 1908, p.425.

160) 리하르트 분쉬, 김종대(역), 『고종의 독일인 의사 분쉬』, 학고재, 1999, p.204.

161) 리하르트 분쉬, 김종대(역), 『고종의 독일인 의사 분쉬』, 학고재, 1999, p.204.

162) 황현, 김준(역), 『매천야록』, 교문사, 1996, p.771.

163) *The Proceedings of First General Assembly of Presbyterian Church of Korea, 1907; The Christian Encyclopedia*, vol.8; *Christian News*(한국어), 1907. 상세한 것은 제8장을 참조.

164) *Report of Severance Hospital 1907~1908*, p.28.

165) 러일전쟁 취재기자들의 대한제국 입국을 일본군이 심하게 제한하였다(『東京朝日新聞』, 1904년 7월

3일 자). 러일전쟁을 취재하러 온 스웨덴의 작가 아손 그랩스트는 그의 저서 『코레아 코레아』에서 대한제국에 입국하는데 신분을 속여 장사꾼으로 변장하여 일본군의 허가증 하나로 해결되었다고 기록하였다. 아마사 스톤 마서도 1907년 9월 한국 입국에 대하여 기록을 남겼다(Mather, Amasa S., *Extracts from the Letters, Diary and Note Books of Amasa Stone Mather: June 1907 to December 1908*, vol.I, Private Publication, 1910. pp.444, 446). 영국 성공회의 아서 터너 주교가 1908년 7월에 시베리아 철도를 거쳐 영국으로 떠날 때 압록강을 건너는 장면을 보면 일본 국경수비대의 통관을 거치는 장면을 기록하였다(*The Morning Calm*, July 1908, pp.78~79).

166) 『황성신문』, 광무 6년(1902) 8월 25일.

167) 우연이라는 단어가 여러 번 등장한다(Avison, *Memoirs of Life in Korea*, pp.418, 420, 424).

168) Avison, *Memoirs of Life in Korea*, p.241.

169) *Report of Severance Hospital 1907~1908*에 잘 기록되어 있다.

170) Severance Family Papers, Western Reserve Historical Society.

171) 에이비슨 박사는 캐나다인이지만 캐나다가 당시에는 영국 식민지였으므로 영국 시민이었고 영국인 웨어 박사와 친했다. 분쉬의 일기를 보면 에이비슨을 도와주는 기록이 자주 등장한다(*The Morning Calm*, 1905: 리하르트 분쉬, 김종대(역), 『고종의 독일인 의사 분쉬』, 학고재, 1999, pp.169, 171, 172, 175, 176, 179, 231).

172) *Report of Severance Hospital 1907~1908*에 의사는 두 사람의 이름만 보인다.

173) "a two-story building."(Ludlow, A. I., "Observations on the Medical Progress in the Orient," *The Cleveland Medical Journal*, November 1908, p.613). "지하실의 반이 밖으로 나와 있고 그 천장이 높아서 3층으로 보아도 무방하다. 전염병동은 별도의 건물이었다(a separate building for an isolation ward."(같은 글, p.613).

174) 이만열·옥성득, 『언더우드 자료집』 Ⅲ, 연세대학교 출판부, 2007, p.114.

175) Avison, *Memoirs of Life in Korea*, p.244.

176) 해링톤, 이광린(역), 『개화기의 한미관계』, 일조각, 1973, p.345.

177) Willard Straight's Letter, Cornell University Archives.

178) 1907년 3월 이토 히로부미와 함께 한국을 방문한 예일대학의 라드 교수는 자신이 서울을 방문하는 동안에 수도관을 묻기 시작하였다고 기록하였다(Ladd, *In Korea with Marquis Ito*, Longman, 1908, p.35).

179) American Presbyterian Mission, *Report of Severance Hospital 1907~1908*, p.5.

180) 세브란스 농장에 있는 풍차 사진은 Severance Family Photograph, Western Reserve Historical Society.

181) 미국이 1882년 조선과 한미 우호통상조약을 체결한 후 뉴욕의 장로교 선교본부에서 조선에 선교사업을 시작하기로 결정했다. 이때부터 뉴욕 선교본부 엘린우드 박사는 알렌, 언더우드, 에이비슨을 한국에 보낼 때 큰 역할을 담당한 사람이고 에이비슨을 세브란스와 연결시키려고 애쓴 사람이다. 뉴욕 카네기 홀에서 에이비슨을 만나고 싶다는 세브란스의 전갈을 에이비슨에게 보낸 주인공이다. 그와 호레이스 알렌 공사 사이의 주고받은 통신은 방대하다. 엘린우드 박사는 에이비슨이 감리교인이라는 데에 거부감을 나타내지 않고 감리교나 장로교나 함께 일할 것을 권장하였다. 이 생각은 훨씬 후에 세브란스 연합 의과대학이란 이름의 모태가 되었다(제VI장에서 상술함). 엘린우드 총무 이전에는 히람 하이든(Hiram Haydn)이 총무였는데 하이든 목사는 세브란스 씨의 친구였다. 이 사람을 이 책에서 계속 만날 것이다(제V장에서 상술함).

182) Cramer, *Case Western Reserve: A history of the University, 1826-1976*, Boston: Little, Brown & Co., 1976, p.102. 작고한 자신의 부인에게 헌정했다고도 전한다. 그러나 건물을 계획하고 설계할 때 그의

부인은 생존하였으므로 이 주장은 적합한 것 같지 않다.

183) Severance Family Papers, Western Reserve Historical Society.

184) 한국인의 대변자이기보다 한국인 환자의 대변자가 옳을 것이다. 1904년에 영국 성공회의 성마태 병원이 폐쇄되면서 서울에서 세브란스 기념병원이 한국인이 자유로이 진료를 받을 수 있는 유일한 병원이 되었다.

185) 보통 문헌에는 5천 달러로 부지를 구입했다고 기록한다. 그러나 에이비슨의 영문 회고록(*Memoirs of Life in Korea*)을 자세히 읽어보면 5천 달러를 2번 보내준다. 회고록 430페이지와 438페이지를 참고할 수 있다.

186) 에이비슨은 캐나다인이지만 당시에는 영국 국적을 소유하고 있었다. 한국이 영국과 맺은 조약 4조 2항에 의하면 서울의 부동산을 구입할 수 있었다. 제물포, 부산, 원산은 4.8킬로 안에서 구입할 수 있었다.

187) 정운현, 『서울시내 일제유산답사기』, 한울, 1995, pp.110~112.

188) 1899년 7월 11일 판결선고서에 이승만의 주소가 한성부 남서 장동으로 되어 있다. 유영익, 『젊은 날의 이승만』, 연세대학교 출판부, 2002, p.18.

189) 정운현, 『서울시내 일제유산답사기』, 한울, 1995, 110~112.

190) 동묘는 현재 남아있는데 명나라 만력제가 보내준 돈으로 세웠다고 한다.

191) 호레이스 알렌 박사가 세운 제중원은 원래 재동에 있었다. 그 후 구리개[銅峴, 을지로]로 옮겼고 에이비슨 박사는 을지로의 제중원에서 일을 시작하였다.

192) 특히 이용익의 반대가 심하였다(에이비슨, 에이비슨기념사업회(역), 『구한말 비록』(상), 대구대학교 출판부, 1986, p.69). 고종 황제가 토지를 하사할 뜻을 밝힌 것은 알렌 공사의 머릿돌 연설문에 나타나 있다.

193) 당시 서울에서 수표를 추심할 수 있는 미국계 은행은 소수였다.

194) Avison, *Memoirs of Life in Korea*, p.430.

195) 윤치호, 『윤치호 서한집』, 국사편찬위원회, 1980.

196) 국무성에 문의했을 때 헤이 장관에 보고했는지는 확인하지 못했다.

197) Burnett, *Korean-American Relations*, vol.Ⅲ, University of Hawaii Press, 1989, pp.205~206.

198) 그러나 1937년에 러들로 박사가 만든 세브란스 안내지도에는 8에이커라고 적혀있다. (자료 Ⅹ-26을 참조).

199) Weir, "Report," *The Morning Calm*, July 1905, p.83.

200) 최초의 벽돌 건물은 1888년의 정동교회이다.

201) 장명수, 『성곽발달과 도시계획 연구』, 학연문화사, 1994, pp.205~206, p.252.

202) 고래로 동양 3국 가운데 중국만이 벽돌 건축 기술을 갖고 있었다. 중국의 대표적인 건축물인 자금성은 벽돌로 축조되었다. 1872년 일본 도쿄 긴자의 목조건물들이 화재로 모두 소실되었다. 도쿄 지사 유리 고세이(由利公正)는 불타지 않는 도쿄를 계획하였다. 그러나 벽돌 건축을 아는 사람이 없었다. 할 수 없이 영국인 기사에게 일을 맡겼는데 그는 벽돌공을 양성하는 일부터 시작하였다. 사람들은 벽돌집에서 살면 몸이 퍼렇게 퉁퉁 불어 죽게 된다고 믿어 벽돌집을 사지 않았다. 지사는 자금난에 빠져 계획을 취소하였다.

203) Avison, *Memoirs of Life in Korea*, p.439; Hulbert, *Echoes of the Orient: A Memoir of Life in Far East*, Typed manuscript.

204) 이만열·옥성득, 『언더우드 자료집』 Ⅲ, 연세대학교 출판부, 2007, pp.17~18

205) Weir, Report, *The Morning Calm*, July 1905, p.83.

206) 저자는 1987년 이용설 교수를 면담하였다.

207) 연세대학교의과대학 의학백년편찬위원회, 『의학백년』, 연세대학교 출판부, 1986, p.184.

208) 주진오, 「서양의학의 수용과 제중원-세브란스」, 『연세의사학』 1(3), 1997, p.27.

209) 남대문역과 수색은 1919년에 연결되었다.

210) 이광린, 『초대 언더우드 선교사의 생애』, 연세대학교 출판부, 1991, pp.203~204.

211) 에이비슨은 언더우드 박사를 토론토 의과대학에 초청하였다. 원래 목적은 의학생들을 의료 선교를 고취시키려는 강연을 부탁한 것이었다. 그런데 그 강연 자리에서 에이비슨의 부인이 감동을 받았고 에이비슨 박사에게 전염되었다(Avison, *Memoirs of Life in Korea*, p.89).

212) 삼성출판사(편), 『대세계의 역사』 10, 삼성출판사, 1982, p.324.

213) 베베르 공사의 부인은 러시아어뿐만 아니라 영어, 독어, 한국어, 일본어, 중국어를 구사하였다. 서울의 외교가에서 퍼스트레이디라고 불렸다(Avison, *Memoirs of Life in Korea*, pp.217~220).

214) 리하르트 분쉬, 김종대(역), 『고종의 독일인 의사 분쉬』, 학고재, 1999, p.66.

215) 삼성출판사(편), 『대세계의 역사』 10, 삼성출판사, 1982, p.324; 황현, 김준(역), 『매천야록』, 교문사, 1996, p.616에는 10월 14일이라고 기록되었다.

216) 정운현, 『서울시내 일제유산답사기』, 한울, 1995, pp.110~112.

217) 에이비슨, 에이비슨기념사업회(역), 『구한말 비록』(하), 대구대학교 출판부, 1986, pp.55~56.

218) 에이비슨, 에이비슨기념사업회(역), 『구한말 비록』(하), 대구대학교 출판부, 1986, p.55.

219) 방마다 욕실이 달린 호텔이 최초로 등장한 것은 1908년 미국의 버펄로시에 있었다.

220) 아마사 스톤 마서의 일기를 보면 잘 기록되어 있다. Mather, Amasa S., *Extracts from the Letters, Diary and Note Books of Amasa Stone Mather: June 1907 to December 1908*, vol.II, Private Publication, 1910. 영국의 육군대장 키치너 경이 한국에 왔을 때 호텔을 통째로 빌렸다. Hulbert, *Echoes of the Orient: A Memoir of Life in Far East*, Typed manuscript, p.295.

221) Ludlow, A. I., "Observations on the Medical Progress," *The Cleveland Medical Journal*, November, 1908.

222) 제3장을 참조. *Diary E.S.A. Around the World 1910~1911*, pp.184~194; Severance Family Papers, Western Reserve Historical Society.

223) 러들로에 의하면 에이비슨 박사에게 신세 졌다고 기록하였는데 정확하게 무슨 의미인지는 분명하지 않다. 아마 그들이 체류 중에 항상 대동했다는 뜻일 텐데 여기에 숙소까지 포함되었는지는 알려지지 않았다. 알렌에 의하면 미국 공사관이 숙소를 제공한 적이 많았다고 기록하고 있다. 유럽에서 발행된 여행안내서에 미국 공사관이 호텔로 소개되어 있다(Allen, *Things Korean*, Fleming H. Revell Company, 1908, pp.226, 236). 러일전쟁으로 미국 공사관을 호위하기 위하여 1904년 1월 6일에 상륙한 미군 사병 36명과 장교 4명이 미국 공사관에 투숙하였다(리하르트 분쉬, 김종대(역), 『고종의 독일인 의사 분쉬』, 학고재, 1999, p.214).

224) 전택부, 『월남 이상재의 생애와 사상』, 연세대학교 출판부, 2001.

225) Avison, *Memoirs of Life in Korea*, pp.81~82.

226) 유영익, 『젊은 날의 이승만』, 연세대학교 출판부, 2002, p.15. 1899년 이승만에게 체포령이 내렸을 때 에이비슨 박사가 자기 집에 숨겨주었다. 당시 이승만의 집은 장동에 있었다. 근처에 사는 셔먼 박사(Harry Sherman, MD, 한국표기 薩曼, 1869~?)가 낙동에 있는 병원에 출근하면서 이승만에게 통역을 부탁하여 거리로 나왔다고 현재의 신세계백화점 앞에서 시위 제2대대 군졸에게 체포되어 병영에 수감되었다. 1907년 8월 1일 한국군 해산에 자결한 박성환의 대대였다.

227) Mills, "Gold Mining in Korea," *Transactions of the Korea Branch of the Royal Asiatic Society*, vol.Ⅶ, part I, 1916, p.24.

228) Burnett, *Korean-American Relations*, vol.Ⅲ, University of Hawaii Press, 1989, pp.66~67.

229) 1907년 당시 한국에 진출하였던 외국 금융기관은 일본계를 제외하고 데쉴러 은행(大是羅銀行, 미국), 에퀴터블 보험회사(미국), 콜브란-보스틱 은행(高佛安-寶時旭 銀行, 미국), 홍콩상하이 은행(匯豊銀行, 영국), 차타드 은행(영국), 독일아시아 은행(독일), 露淸銀行(러시아)이 있었다. 大是羅銀行은 한국인에게 하와이 이민을 알선하는 大是羅洋行이 세운 것인데 이것은 미국인 데이비드 데쉴러(David W. Deshler)의 소유였다. 그는 알렌과 같은 오하이오주 출신으로 알렌의 승진을 도운 대가로 받은 특혜 가운데 하나가 하와이 이민사업이었다. 그는 오하이오 주지사 내쉬의 양아들이었다(데쉴러에 대해서는 *The Korea Review*, vol.3, 1903, pp.30, 255~6, 529~33). 1903년 2월에 90명을 하와이로 보냈다. 이때 제물포 내리교회의 존스 목사가 교인들을 설득하여 58명이 하와이로 이민을 가게 하였다. 홍콩상하이 은행과 차타드 은행은 일반고객을 상대하지 않고 주로 외국상인과 환거래를 하였다. 콜브란-보스틱 은행은 한성전기회사 2층에 있었는데 콜브란과 보스틱이 이 회사의 주인이었다. 한성전기회사는 서울에 전차를 처음 가설하였다. 1907년에 황성신문과 대한매일신보가 주도한 1천3백만 원의 국채보상운동의 모금액 7천8백22원을 여기에 예치하였다. 그 이유는 아마도 이 은행에서는 특이하게 당좌예금에 이자를 지급하였기 때문이라고 추측할 수 있다. 최근에야 많은 미국 은행들이 당좌예금에 이자를 지급하고 있다. 콜브란-보스틱 은행은 일본에서 영업을 하지 않았다(이석륜, 『한국화폐금융사연구』, 박영사, 1984).

230) *The New York Times*, November 27, 1913, p.17.

231) 독일인 의사 분쉬 박사는 독일 국적 마이어 상사의 수표를 이용하였다(리하르트 분쉬, 김종대(역), 『고종의 독일인 의사 분쉬』, 학고재, 1999, p.61).

232) Ludlow, A. I., "Observations on the Medical Progress," *The Cleveland Medical Journal*, November, 1908, p.613; 1905년 일본제일은행이 주도한 화폐개혁에 의해 구화 2元과 신화 1圜이 교환되었다. 여기서 한자 圜은 보통 환으로 읽지만 이 당시 화폐의 경우 원으로 읽었다(이석륜, 『한국화폐금융사연구』, 박영사, 1984, p.499). 한국 정부는 일본제일은행에게 사실상 중앙은행의 자리를 인정하여 국고관리와 화폐관리를 위임한 형편이었다. 1909년 10월에야 (구)한국은행이 설립되었다.

233) *The Morning Calm*, July 1908, pp.78~79.

234) Severance, Elizabeth, *Diary E.S.A. Around the World 1910~1911*, p.1; Severance Family Papers, Western Reserve Historical Society.

235) Mather, Amasa S., *Extracts from the Letters, Diary and Note Books of Amasa Stone Mather: June 1907 to December 1908*, vol.I, Private Publication, 1910.

236) Ludlow 박사가 친구에게 보낸 1937년 9월 11일 자 편지. 당시에는 지금과 달리 고층건물이 없어서 남대문까지 한강의 바람이 휘몰아쳤다.

237) 에이비슨, 에이비슨기념사업회(역), 『구한말 비록』(상), 대구대학교 출판부, 1986, p.222.

238) *Architectural Record*, June 1917; Frazier, *Family*, Picador, 2002, p.164에서 재인용.

239) 이때 클리블랜드의 여론은 그 저택을 보존해야 하는 쪽이었다. 그러나 여론보다 조카손자의 뜻에 따라 처리하였다. 그의 부인이 영화배우 Marta Abba(Tovarich)였는데 이혼의 위자료 때문으로 보인다. 클리블랜드 시민들은 매우 아쉬워하였다. 이때 조카손자의 처남인 존 하덴(John A. Hadden, Sr) 변호사가 관련되었다.

240) Ludlow 교수가 가족에게 보내는 1905년 1월 30일 자 편지. 그러나 기와를 부치고 이 편지를 발송했을 때에는 알렌 박사는 사망한 후였다. 알렌 박사는 1월 6일 뉴욕에서 폐렴으로 급서하였다. 러들로는 그의 사망 소식을 아직 받지 못한 채 발송하였다. 그러나 기와는 도착하여 한국 정자는 세워졌다.

241) 이 기록영화는 저자가 발굴하였는데 그 사본을 저자가 보관하고 있다. 이 기록영화에는 그 밖에도 여러 가지가 실려 있는데 예를 들면 하와이의 한인사회 모습과 이승만 박사 부부의 모습도 보인다(제10장을 참조).

242) 하나는 Hudson, *The Life and Times of Dudley Peter Allen*, Cleveland Medical Library Assn., 1992, p.43이고, 다른 하나는 Ludlow, Personal Film, Ludlow Archives, Allen Memorial Medical Library 이다.

243) 저자가 한국 정자의 모습을 찾아내자 역사박물관에서 클리블랜드시 당국에게 시 유산으로 지정해 줄 것을 요청할 것을 고려하였다. 남아있는 두 장의 사진을 비교해보면 한국 정자의 지붕 모습이 약간 다르다. 하나는 일본식에 가깝고 다른 하나는 한국식이다. 역사박물관에서 이 점에 대하여 의아해 하고 있다. 저자의 추측은 세브란스가 한국을 방문하고 모습을 설명하자 외동딸이 고증을 생략한 채 세운 것을 자신이 직접 방문하고 한국식으로 수정한 것 같다. 한국에서 러들로 박사가 기와를 새로 보낸 것이 아마 그 이유였을 것이다.

244) 1928년에 세브란스 병원을 취재 차 방문한 버밍햄 뉴스의 기자에 의하면 취재를 마치고 호텔에 돌아가려 할 때 세브란스 병원에서 인력거를 불러주었다고 기록하였다(제10장을 참조). 당시에 인력거는 주요교통수단이었다. 1907년에는 자동차가 없었으니 전차를 제외하면 인력거와 마차가 서울시내에서 유일의 교통수단이었다. 여자들은 가마를 탔다.

245) 이 선물이 언제였는지는 알려지지 않았지만(에이비슨, 에이비슨기념사업회(역), 『구한말 비록』(하), 대구대학교 출판부, 1986, p.134) 언더우드의 편지에 의하면 1906년 11월 아니면 12월이라고 생각된다(이만열·옥성득, 『언더우드 자료집』 Ⅲ, 연세대학교 출판부, 2007, p.113). 왕실은 가마 1채와 4명의 교꾼도 보냈다(Avison, *Memoirs of Life in Korea*, p.221).

246) Frazier, *Family*, Picador, 2002, p.163.

247) Allen, D. P., "Louis H. Severance," *The Oberlin Alumni Magazine*, October 1913, p.5. 제6장에서 일화를 참조.

248) Ludlow, A. I., "Observations on the Medical Progress in the Orient," *The Cleveland Medical Journal*, November 1908, p.561.

249) Avison, *Memoir of Life in Korea*, p.210.

250) 이광린, 『올리버 알 에비슨의 생애』, 연세대학교 출판부, 1992, p.117; Allen, *Things Korean*, Fleming H. Revell Company, 1908. p.109; 리하르트 분쉬, 김종대(역), 『고종의 독일인 의사 분쉬』, 학고재, 1999, pp.80~81, 169.

251) 리하르트 분쉬, 김종대(역), 『고종의 독일인 의사 분쉬』, 학고재, 1999, p.71. 당시의 남대문역 앞 사진을 보면 이 사실을 알 수 있다.

252) 미국 군함 파로스(Palos)호의 함장이다.

253) 여인석, 「에바 필드 일기 3」, 『연세의사학』 2(3), 1998, pp.447~448. 이것은 에바필드의 기록을 번역한 듯한데 다른 번역도 있다. 해링톤, 이광린(역), 『개화기의 한미관계』, 일조각, 1973, p.78. 원본은 Brown, "A Reading Journey in Korea," *Chautauquan*, 1905, pp.510~511에 게재되어 있다. 이 당시 Brown 박사는 뉴욕 장로교 해외선교본부의 총무였다.

254) 해링톤, 이광린(역), 『개화기의 한미관계』, 일조각, 1973, p.78.

255) 에이비슨, 에이비슨기념사업회(역), 『구한말 비록』(하), 대구대학교 출판부, 1986, pp.184~185.

256) 시바 료타로, 정재욱(역), 『꿈꾸는 열도』 1, 신원문화사, 1995, p.227.

257) 윤치호, 송병기(역), 『국역 윤치호 일기』 1, 연세대학교 출판부, 2001, p.239.

258) Ludlow, A. I., "Observations on the Medical Progress in Orient," *The Cleveland Medical Journal*, October 1908.

259) 리하르트 분쉬, 김종대(역), 『고종의 독일인 의사 분쉬』, 학고재, 1999, p.33.

260) 황현, 김준(역), 『매천야록』, 교문사, 1996, p.770.

261) Childers, James S., "Korea is Land of Great Promise," *The Birmingham News*, Sunday, November

11, 1928.

262) 황현, 김준(역), 『매천야록』, 교문사, 1996, p.770.

263) 에이비슨, 에이비슨기념사업회(역), 『구한말 비록』(상), 대구대학교 출판부, 1986, p.118; 리하르트 분쉬, 김종대(역), 『고종의 독일인 의사 분쉬』, 학고재, 1999, pp.70~71, 76.

264) 에이비슨, 에이비슨기념사업회(역), 『구한말 비록』(하), 대구대학교 출판부, 1986, p.266.

265) 그는 걷기를 좋아했는데 빠른 걸음으로 유명했다. 계단도 한꺼번에 두세 개를 건너뛰어 올랐다(Avison, *Memoirs of Life in Korea*, p.241). 그는 서울과 제물포를 걸어다닌 적도 있었다(Avison, *Memoirs of Life in Korea*).

제2장 _ 타이터스빌 1864년

1) 노예해방선언은 1862년 9월인데 발효는 1863년 1월 1일부터였다. 게티즈버그 전투는 1863년 7월에 일어났다.

2) Severance Family Papers, Western Reserve Historical Society.

3) 이 기록이 실린 출처를 저자의 부주의로 분실하였다. 그러나 기록 자체는 갖고 있다.

4) 클리블랜드는 세브란스에게 고향이지만 한나에게는 그렇지 않다. 한나는 15살 때 오하이오 뉴 리스본(New Lisbon)에서 클리블랜드로 이사 왔다.

5) 장성할 때까지 살아남은 그의 딸 엘리자베스의 출생지 기록이 타이터스빌이므로 가족과 함께 갔음에 틀림없다. 아프리카 줄루에 선교활동을 하고 돌아온 애덤스 부인이 2년 동안 타이터스빌의 세브란스의 집에서 살았다(White, "A Missionary Philanthropist: A Sketch of the Life and Work of Louis Henry Severance," *The Missionary Review of the World*, December 1913, p.898).

6) 데이비드 베네딕트에 대하여는 Norwalk 시의 잡지 *Reflector*(1865~1900)에서 발견할 수 있다.

7) Platt Benedict에 대해서는 Norwalk의 Firelands Historical Society Library의 정리된(file) *The Firelands Pioneer*(March 1856) 참조. *Reflector*(November 6, 1886)에는 그의 장례식에 대한 기록이 수록됨.

8) Frazier, *Family*, Picador, 2002, p.59.

9) 클리블랜드 의과대학은 나중에 웨스턴 리저브 의과대학에 흡수당할 것이다.

10) Frazier, *Family*, Picador, 2002, p.164.

11) Frazier, *Family*, Picador, 2002.

12) Frazier, *Family*, Picador, 2002, p.88.

13) Frazier, *Family*, Picador, 2002, p.157.

14) Frazier, *Family*, Picador, 2002, p.163.

15) Frazier, *Family*, Picador, 2002, pp.178~185.

16) Frazier, *Family*, Picador, 2002, p.214.

17) Frazier, *Family*, Picador, 2002, p.192.

18) Frazier, *Family*, Picador, 2002, p.192.

19) Frazier, *Family*, Picador, 2002, p.165.

20) Tuve, *Old Stone Church*, Cleveland: Old Stone Church, 1994, p.39.

21) Haddad, *Flora Stone Mather*, Kent State University Press, 2007, p.16.

22) Thayer, *Life and Letters of John Hay*, vol.I, Houghton Mifflin, 1916, p.330.

23) Clymer, *John Hay*, University of Michigan Press, 1975, p.23.

24) Beer, *Hanna*, Knopf, 1929, p.178.

25) Haddad, *Flora Stone Mather*, Kent State University Press, 2007.

26) Severance Family Papers, Western Reserve Historical Society.

27) 현재 그의 저택의 일부는 웨스턴 리저브 역사 기록관(The Western Reserve Historical Society)이 되었다.

28) Dennett, *John Hay: From Poetry to Politics*, Dodd, Mead & Co., 1933, pp.100~103.

29) Haddad, *Flora Stone Mather*, Kent State University Press, 2007, p.35를 참조.

30) 여기서 National이라는 단어는 국가 소유라는 뜻이 아니다. 연방정부로부터 인가를 받았다는 뜻이다. 따라서 정확한 번역은 국법상업은행이다. 이 은행의 전신은 Commerce Branch Bank of Cleveland인데 1865년에 이름을 바꾸었다.

31) Frazier, *Family*, Picador, 2002, p.159.

32) 지금은 웨스트버지니아주(West Virginia)에 속한다.

33) Frazier, *Family*, Picador, 2002, p.159.

34) 1834년에 클리블랜드의 인구는 3천3백2십3명이었다(Severance, Solon L. "Reminiscences," *Annals of the Early Settlers' Association of Cuyahoga County, Ohio*, vol.6, no.1, 1910, pp.25~29).

35) 중앙고등학교라는 이름은 이들이 졸업하고 1878년에 붙인 이름이다. 세브란스, 록펠러, 한나, 페인이 재학 중일 때에는 클리블랜드 공립학교라고 불렀다(Miggins, Edward M., "The Search for the One Best System: Educational Reform and the Cleveland Public Schools, 1836~1920," Van Tassel(ed.), *Cleveland: A Tradition of Reform*, 1986). 학교의 위치에 대해서는 알렌기념의학도서관(Hist. F q497C9 L192a): *Inside District News*(Weekly), January 28, 2004.

36) 록펠러는 뉴욕주에서 태어나서 어려서 클리블랜드로 이주하였다.

37) Chernow, *Titan: The Life of John D. Rockefeller, Sr.*, Vintage, 1998, pp.39~40.

38) 세브란스는 클리블랜드 유니언 클럽의 11주를 보유하였다. 출처는 제9장의 〈자료 Ⅸ-10〉을 참조.

39) 자동차와 비행기가 발명되기 전이다. 선박과 전함은 기차처럼 석탄이 주요 동력이었다.

40) Frazier, *Family*, Picador, 2002, p.159.

41) 워너메이커는 헤이스 대통령 행정부에서 체신부장관도 지냈다.

42) 시카고-이리 철도회사의 사장은 존 매칼로우(John McCullough)였는데 호레이스 알렌 박사가 1897년에 미국 공사가 되는 데 도움을 주었다. 이 기차 노선은 알렌 박사의 고향 톨레도(Toledo)를 지난다(해링톤, 이광린(역), 『개화기의 한미관계』, 일조각, 1973, p.310). 매칼로우는 1897년 4월 29일에 알렌 박사에게 편지를 썼다. 알렌 박사는 그해 7월 27일에 미국 공사가 되었다.

43) Severance Family Papers, Western Reserve Historical Society.

44) Sodom and Gomorrah에서 Sodom의 철자를 Sodden으로 바꾸었다.

45) Chernow, *Titan: The Life of John D. Rockefeller, Sr.*, Vintage, 1998, pp.81~82.

46) 문헌마다 생산과 정제 사이에서 엇갈린다. 그의 사위는 생산을 주장했고(Allen, "Louis H. Severance," *The Oberlin Alumni Magazine*, October 1913, p.1), 프레이저는 정제를 추측했다(Frazier, *Family*, Picador, 2002, p.162). 사위의 기록이 맞을 것이다. 록펠러는 클리블랜드에서 정제를 하였다. 그가 곡물중개에서 정유사업으로 돌아선 이유는 곡물중개는 장차 시카고가 유리하고 클리블랜드는 정제가 유리하다고 판단했기 때문이다(Frazier, *Family*, Picador, 2002, p.160). 세브란스의 고향도 클리블랜드인데 정제를 한다면 록펠러처럼 고향에서 하지 낯설고 비용이 드는 타이터스빌까지 갈 필요가 없었을 것이다. 클리 브랜드 사람이 타이터스빌에 갔다는 것은 생산을 목적으로 하였기 때문이다. 고향 친구 한나는 분명히 생산을 하였다(Chernow, *Titan: The Life of John D. Rockefeller, Sr.*, Vintage, 1998, p.101). 세브란스의 외동딸이 1939년에 설립한 엘리자베스 세브란스 프렌티스 재단

(The Elizabeth Severance Prentiss Foundation)의 역사에도 세브란스가 원유생산자였다고 주장하고 있다. 세브란스가 가스 생산에도 손을 댔다는 기록은 그가 원유생산에 종사했다는 증거가 된다(Severance Family Papers, Western Reserve Historical Society).

47) 가스 생산에 대해서는 Severance Family Papers, Western Reserve Historical Society.

48) Severance Family Papers, Western Reserve Historical Society.

49) White, "A Missionary Philanthropist: A Sketch of the Life and Work of Louis H. Severance," *The Missionary Review of the World*, December 1913, p.898.

50) *The New York Times*, September, 1907.

51) Severance, Solon L. "Reminiscences," *Annals of the Early Settlers' Association of Cuyahoga County, Ohio*, vol.6, no.1, 1910, pp.25~29.

52) 제5장에서 설명.

53) Haddad, *Flora Stone Mather*, Kent State University Press, 2007, pp.16, 118.

54) Chernow, *Titan: The Life of John D. Rockefeller, Sr.*, Vintage, 1998.

55) Morris, *The Tycoons*, Owl Books, 2005, p.346.

56) Powers, R., *Mark Twain: A Life*, New York: Free Press, 2005, p.223.

57) Chernow, *Titan: The Life of John D. Rockefeller, Sr.*, Vintage, 1998.

58) 여기서 딸 엘리자베스(Elizabeth Severance, 1865~1944)가 1865년에 태어났다.

59) Stigler, G., *The Theory of Price*, Macmillan, 1952, pp.288~289.

60) Chernow, *Titan: The Life of John D. Rockefeller, Sr.*, Vintage, 1998, p.97.

61) Yergin, *The Prize: The Epic Quest for Oil, Money and Power*, Simon & Schuster, 1991, p.30.

62) Marianne Elizabeth Millikin의 증언. Allen, "Louis H. Severance," *The Oberlin Alumni Magazine*, October 1913, p.2.

63) Severance Family Papers, Western Reserve Historical Society.

64) *The New York Times*, November 27, 1913.

65) Marienne Millikin Hadden의 증언.

66) Chernow, *Titan: The Life of John D. Rockefeller, Sr.*, Vintage, 1998, p.83.

67) Powers, R., *Mark Twain: A Life*, New York: Free Press, 2005; Severance Family Papers Western Reserve Historical Society.

68) 타이터스빌에 선물거래가 등장한 것이 1866년이고 공식적인 선물시장은 1871년에 개장하였다. Chernow, *Titan: The Life of John D. Rockefeller, Sr.*, Vintage, 1998.

69) Holden, *Autobiography*, unpublished manuscript, University of Wooster Archives, p.114.

70) Louise Franke는 현존하는 세브란스의 방계후손이다. 그녀는 루이스의 형 솔론의 고손녀(高孫女)이다. 그녀가 서울을 방문했을 때 나에게 표현한 것이다. 이 증언은 이안 프레이저의 기록과 일치한다(Frazier, *Family*, Picador, 2002, p.160).

71) John D. Rockefeller's Charity Index, Rockefeller Family Archives.

72) Chernow, *Titan: The Life of John D. Rockefeller, Sr.*, Vintage, 1998, p.109.

73) Chernow, *Titan: The Life of John D. Rockefeller, Sr.*, Vintage, 1998, p.165.

74) 타이터스빌 선물시장의 사장이 아치볼드였다.

75) Chernow, *Titan: The Life of John D. Rockefeller, Sr.*, Vintage, 1998, pp.441~442.

76) Tarbell, I. M., *The History of Standard Oil Company*, 2 vols. Glouchester, Mass: Peter Smith, 1963(1904). 타벨의 책과 유사한 책이 많이 출판되었다. 링컨 스테픈스(Lincoln Steffens)의 도시의 수치(*The Shame of the City*, 1904), 업튼 싱클레어(Upton Sinclair)의 정글(*The Jungle*, 1906) 등이 대

표적이다. 이러한 작가들을 마크레이커츠(Muckrackers)라고 불렀다. 이 말은 존 번얀(John Bunyan)의 『천로역정』에서 마루의 먼지를 갈퀴로 긁어모으려 애쓰는 어리석은 사내의 이름이었다.

77) Chernow, *Titan: The Life of John D. Rockefeller, Sr.*, Vintage, 1998, p.86.

78) Allen, "Address," *The Bulletin of the Cleveland Medical Library*, April 1968(1911), p.36.

79) 뒷돈 거래가 불법이 된 것은 1887년 이후이다(Morris, *The Tycoons*, Owl Books, 2005, p.345).

80) Kennedy, *A History of the City of Cleveland(Biographical Volume)*, The Imperial Press, 1897, p.144.

81) 처남이 아니라 장인이라는 주장도 있다(Morris, *The Tycoons*, Owl Books, 2005, p.344).

82) *The New York Times*, November 27, 1913.

83) 베일이 흥미를 끄는 이유는 이승만이 1904년 샌프란시스코에서 뉴욕에 가는 기차표가 필요할 때 도와준 사람이 베일이었다(Avison, *Memoir of Life in Korea*, p.281). 혹시 동일 인물이 아닐까. 그렇게 생각할 수 있는 가능성은 스탠더드의 6명의 창립임원이 모두 올드스톤 장로교회와 트리니티 감리교회의 신자였다는 사실이다. 두 교회는 올드 트리니티 교회에서 갈라져 나갔다. 베일이 이승만을 도와주었다는 기록은 다른 곳에서는 볼 수 없고 에이비슨의 기록뿐이다. 이승만은 에이비슨의 친구였고, 에이비슨은 세브란스와 친했으며, 베일은 세브란스와 스탠더드 석유의 동료이며 올드스톤 교회의 장로였다(Ludlow, A. C., *The Old Stone Church the story of a Hundred Years 1820-1920*, Privately printed, 1920, p.239).

84) Severance Family Papers, Western Reserve Historical Society.

85) *The Elizabeth Severance Prentiss Foundation Report*.

86) 추측할 수밖에 없는 이유는 이에 대한 초기 기록이 거의 남아있지 않기 때문이다. 일부의 기록은 소각하였고, 일부의 기록은 스탠더드의 후신 엑손(Exxon)이 텍사스 대학(University of Texas)에 기증되었는데 2006년 이후에 공개하는 조건이었다.

87) *The New York Times*, September 20, 1907.

88) *The New York Times*, November 27, 1913.

89) Chernow, *Titan: The Life of John D. Rockefeller, Sr.*, Vintage, 1998, p.169.

90) Petroleum Producer's Union, *A History of the Rise and Fall of the South Improvement Company: Report of the Executive Committee of the Petroleum Producer's Union, Lancaster, Pa.*, Wylie & Griest, printers, 1872; Tarbell, I. M., *The History of Standard Oil Company*, 2 vols. Glouchester, Mass: Peter Smith, 1963(1904).

91) 세브란스 씨는 여러 기업에 관여하였다. 존 록펠러의 동생 윌리엄 록펠러과 존 모건이 차지한 중역자리는 342개였다(김성근 감수, 『대세계사』 11권, 마당, 1987, p.497).

92) Avery, *A History of Cleveland and Its Environs*, The Lewis Publishing Co., 1918, p.64.

93) Allen, "Louis H. Severance," *The Oberlin Alumni Magazine*, October 1913, p.2.

94) White, "A Missionary Philanthropist: A Sketch of the Life and Work of Louis H. Severance," *The Missionary Review of the World*, December 1913, p.899.

95) Holden, *Autobiography*, unpublished manuscript, University of Wooster Archives, p.114.

96) Haynes, *The Stone That Burns: The Story of the American Sulphur Industry*, D. Van Nostrand Co., 1942.

97) Frazier, *Family*, Picador, 2002, pp.162~163.

98) Chernow, *Titan: The Life of John D. Rockefeller, Sr.*, Vintage, 1998, p.81.

99) 성냥은 석유황의 준말에서 유래되었다.

100) Frazier, *Family*, Picador, 2002, p.151.

101) Chernow, *Titan: The Life of John D. Rockefeller, Sr.*, Vintage, 1998, p.344.

102) Chernow, *Titan: The Life of John D. Rockefeller, Sr.*, Vintage, 1998. p.291.
103) *The New York Times*, September 20, 1907.
104) *The New York Times*, November 29, 1917.
105) *The New York Times*, December 8, 1916.
106) *The New York Times*, May 30, 1891.
107) *The New York Times*, December 19, 1916. 뉴욕 타임스는 스탠더드 회사의 관계자 말을 인용했는데 그 액수가 정확하지 않다. 많게는 25백만 달러에서 적게는 15백만 달러였다. 그러나 보유 주식이 5천 주라는 것은 사실인 것 같다.
108) *The New York Times*, November 27, 1913. 자세한 사항은 제9장을 참조.
109) Chernow, *Titan: The Life of John D. Rockefeller, Sr.*, Vintage, 1998, p.538.
110) 그의 뜻과 달리 명목적인 회장 자리는 그 후에도 갖고 있었다.
111) Morris, *The Tycoons*, Owl Books, 2005, p.160.
112) Morris, *The Tycoons*, Owl Books, 2005, p.160.
113) Chernow, *Titan: The Life of John D. Rockefeller, Sr.*, Vintage, 1998, p.249.
114) Holden, *Autobiography*, unpublished manuscript, University of Wooster Archives, p.142.
115) 세브란스의 전문지식이 발휘된 예가 제5장에서 제시된다.
116) 자세한 것은 제5장을 참조.
117) 제5장에서 회계에 대한 그의 전문적 지식이 발휘되는 장면을 볼 수 있다.
118) Morris, *The Tycoons*, Owl Books, 2005. p.345.
119) *The New York Times*, October 9, 1907.
120) Morris, *The Tycoons*, Owl Books, 2005, p.332.
121) Morris, *The Tycoons*, Owl Books, 2005, p.332.
122) *The New York Times*, September 20, 1907, p.1.
123) *The New York Times*, September 20, 1907, p.1. 비밀검사국은 1865년 법안으로 탄생하였다.
124) *The New York Times*, September 20, 1907, p.1.
125) *The New York Times*, September 20, 1907, p.1.
126) *The New York Times*, September 23(Monday), 1907, p.2.
127) *The New York Times*, November 24, 1911.
128) *The New York Times*, September 20, 1907, p.1.
129) *The New York Times*, September 23, 1907, p.2.
130) *The New York Times*, November 23, 1887.
131) Croly, Herbert, *Marcus Alonzo Hanna: His Life and Work*, Macmillan, 1912, pp.267~269.
132) Morris, *The Tycoons*, Owl Books, 2005.
133) Morris, *The Tycoons*, Owl Books, 2005, pp.345~346.
134) Chernow, *Titan: The Life of John D. Rockefeller, Sr.*, Vintage, 1998, p.525.
135) *The New York Times*, June 23, 1907.
136) Cashman, Sean D., *America in the Gilded Age*, 3rd Edition, New York University Press, 1993, p.54.
137) Cashman, Sean D., *America in the Gilded Age*, 3rd Edition, New York University Press, p.54.
138) Frazier, *Family*, Picador, 2002, p.164.
139) *The New York Times*, October 10, 1906.
140) 예를 들어서 록펠러의 문서는 방대하다.

141) Chernow, *Titan: The Life of John D. Rockefeller, Sr.*, Vintage, 1998, p.545.
142) Morris, *The Tycoons*, Owl Books, 2005, p.332.
143) 1907년 청문회에서 록펠러의 지분이 밝혀졌다(*The New York Times*, September 20, 1907).
144) *The New York Times*, September 20, 1907.
145) Chernow, *Titan: The Life of John D. Rockefeller, Sr.*, Vintage, 1998.
146) Chernow, *Titan: The Life of John D. Rockefeller, Sr.*, Vintage, 1998.
147) Chernow, *Titan: The Life of John D. Rockefeller, Sr.*, Vintage, 1998.
148) *The New York Times*, September 20, 1907, p.1.
149) Chernow, *Titan: The Life of John D. Rockefeller, Sr.*, Vintage, 1998, p.543.
150) "Saint Luke's Hospital, Shaker Boulevard: Born of Prosperity and Philanthropy," 제목이 알려지지 않은 잡지, Winter 1984, p.4, Case Western Reserve University Archives. 그러나 프레이저는 1896년 세브란스가 은퇴할 때 스탠더드 석유로부터 재산이 8백만 달러였고 여기에 유니언 유황회사에서 수백만 달러가 추가되었다고 한다(Frazier, *Family*, Picador, 2002, p.163.). 이 두 가지가 자라서 작고했을 때 3천8백만 달러가 되었을 것이다. 스탠더드의 재산이 1896년부터 급속히 커졌고 독점금지법에 의해 분할될 때 2배로 커졌기 때문이다.
151) *The New York Times*, November 27, 1913. 유산의 정확한 크기는 제9장을 참조.
152) McKibben, "The Allen–Severance Connection," unpublished manuscript, Oberlin: Oberlin Nineteenth Century Club, p.20.
153) Avery, *A History of Cleveland and Its Environs*, The Lewis Publishing Co., 1918, p.65; White, "A Missionary Philanthropist: A Sketch of the Life and Work of Louis H. Severance," *The Missionary Review of the World*, December 1913, p.98.
154) *Minutes of the General Assembly of the Presbyterian Curch in the U.S.A.*, 1885, p.766; 민경배, 『알렌의 선교와 근대한미외교』, 연세대학교 출판부, 1991, p.91에서 재인용. 이 가운데 한국 선교 예산은 6,319달러였다. 당시 미국의 평균 금리 5부를 적용한 금액이다.
155) Avison, *Memoir of Life in Korea*, p.438. 그러나 언더우드의 기록은 다소 다르다. 제6장을 참조.
156) 이만열·옥성득, 『언더우드 자료집』 Ⅲ, 연세대학교 출판부, 2007, p.16.

제3장 _ 클리블랜드 1871년

1) Frazier, *Family*, Picador, 2002, p.159.
2) Bruce, D. A., *The Mark of the Scots*, Citadel, 1996, p.127.
3) Croly, Herbert, *Marcus Alonzo Hanna: His Life and Work*, Macmillan, 1912, p.228.
4) Croly, Herbert, *Marcus Alonzo Hanna: His Life and Work*, Macmillan, 1912, p.229.
5) Cashman, Sean, *America in the Gilded Age*, 3rd(ed.) New York University, 1993, p.336: Barnes, J. A., "Myths of the Bryan Campaign," *Mississippi Valley Historical Review*, December 1947, pp.367~400.
6) Chernow, *Titan: The Life of John D. Rockefeller, Sr.*, Vintage, 1998, p.388.
7) Chernow, *Titan: The Life of John D. Rockefeller, Sr.*, Vintage, 1998, p.388.
8) Croly, Herbert, *Marcus Alonzo Hanna: His Life and Work*, Macmillan, 1912.
9) 지금과 달리 당시의 상원의원은 주의회에서 결정하였다. 상원의원을 주민이 선출하게 된 것은 1913년부터이다.

10) 해링톤, 이광린(역), 『개화기의 한미관계』, 일조각, 1973, p.187.

11) 1882년 한미수호조약 이후 조선 정부가 최초로 미국에 외교관을 보낸 것은 1883년의 보빙사였다. 이때 전권대신이 민영익 부대신이 홍영익이었다. 통역관은 마침 한국을 여행하던 퍼시벌 로웰(Percival Lowell, 1855~1916)이라는 젊은이였는데 그가 바로 태양계의 마지막 행성 명왕성의 존재를 예언한 사람이다. 그는 명왕성의 존재를 굳게 믿고 있었는데 그의 사후 그의 조수가 1930년에 발견하고 로웰의 이름의 두문자 PL을 따서 그 별의 이름을 PLUTO라고 지었다. 그러나 2006년에 세계천문학대회에서 명왕성을 태양계의 행성에서 제외시켰다. 보빙사 일행이 대륙횡단 열차에 탑승했을 때 우연히 미국인 가우처 목사(Rev. John F. Goucher)를 만났다. 퍼시벌 로웰의 통역으로 보빙사들은 대화를 할 수 있었는데 이 미국인 목사는 이때 한국에 선교사를 보낼 계기를 감리교 선교본부에 건의하였다. 우여곡절 끝에 장로교 선교본부에서는 찬성과 반대로 나뉘었는데 프랭크 엘린우드(Rev. Frank Ellinwood, Ph. D.) 총무가 적극적으로 설득하여 1884년에 중국에 있던 알렌에게 한국으로 임지를 바꾸게 허락하였다. 결과적으로 천문학자 퍼시벌 로웰은 자신의 의도와는 상관없이 통역으로 한국 선교의 최초의 증인이 된 셈이다.

12) 해링톤, 이광린(역), 『개화기의 한미관계』, 일조각, 1973, p.90.

13) 알렌 박사는 1896년 9월 14일에 윌리엄 매킨리에게 편지를 썼다. 매킨리는 그해에 대통령에 당선되었다.

14) 태프트는 미국 역사상 대통령과 대법원장을 역임한 유일한 인물이다. 그의 증손자가 오하이오 주지사와 상원의원을 지냈고 현재도 신시내티의 명문가이다.

15) Hulbert, *Echoes of the Orient: A Memoir of Life in Far East*, Typed manuscript, p.111.

16) Shaw, Carole C., *The Foreign Destruction of Korean Independence*, 2006.

17) Western Reserve Historical Society.

18) Marriane Millikin Hadden 부인의 1987년 증언.

19) 그가 은퇴한 시기를 1895년이라고 기록한 문헌이 많은데 사위 알렌 박사에 의하면 1896년까지 재무이사였다고 한다(Allen, "Louis H. Severance," *The Oberlin Alumni Magazine*, October 1913, pp.1~2).

20) Wilson, Ella Grant, *Famous Old Euclid Avenue of Cleveland*, Privately Printed, 1937, Copy in Western Reserve Historical Society.

21) The Rockefeller Family Archives.

22) Allen, "Louis H. Severance," *The Oberlin Alumni Magazine*, October 1913, p.5.

23) Cramer, *Case Western Reserve: A history of the University, 1826-1976*, Boston: Little, Brown & Co., 1976.

24) Allen, "Louis H. Severance," *The Oberlin Alumni Magazine*, October 1913, p.5.

25) Cramer, *Case Western Reserve: A history of the University, 1826-1976*, Boston: Little, Brown & Co., 1976, p.201.

26) 모세 클리블랜드 장군이 클리블랜드를 설립한 역사에 대해서는 Frazier, *Family*, Picador, 2002, p.55에 잘 요약되어 있다. 이 요약은 웨스턴 리저브(Western Reserve)의 의미를 이해하는 데에도 도움이 된다.

27) Severance Family Papers, Wesetern Reserve Historical Society.

28) *Manual for the Members of the First Presbyterian Church in Cleveland*, Cleveland, 1842, p.13. 이 책에서 흑인 신자의 이름을 발견할 수 있다.

29) Tuve, *Old Stone Church*, Cleveland: Old Stone Church, 1994.

30) Frazier, *Family*, Picador, 2002, p.156.

31) Tuve, *Old Stone Church*, Cleveland: Old Stone Church, 1994, p.90.
32) Zuciano, Luis J., "Old China Town," *The Clevelander*, December 1928, p.31; Fordyce, "Immigrant Institutions in Cleveland," *Ohio Archeological and Historical Quarterly*, vol.47. 1938, p.96.
33) Tuve, *Old Stone Church*, Cleveland: Old Stone Church, 1994, p.20.
34) Haddad, *Flora Stone Mather*, Kent State University Press, 2007, p.80.
35) Wolfe, K., "Lyric Song and the Birth of Korean Nation," *Fidelio*, summer 1996.
36) Ludlow, A. C., *The Old Stone Church the story of a Hundred Years 1820-1920*, Privately printed, 1920, p.287.
37) 『진리와 자유』, 2007년 겨울호, p.30. 당시 동아일보와 조선일보에 "연희박물관계획"을 보도하였다. 러들로와 연세대학교 박물관에 대해서는 제10장을 참조.
38) 자세한 내용은 이광린, 『초대 언더우드 선교사의 생애』, 연세대학교 출판부, 1991를 참조.
39) 연세의료원 120년사 편찬위원회, 『인술, 봉사 그리고 개척과 도전의 120년』, 연세의료원, 2005, p.332.
40) 12개 미국 중앙은행 가운데 하나이며 한국은행과 같다.
41) 그러나 우표가 발명된 것은 1840년이다. 영국에서 빅토리아 여왕의 초상화가 인쇄된 1페니가 발행되었다.
42) Severance Family Papers, Western Reserve Historical Society.
43) 웨스턴 리저브(Western Reserve)라는 말은 코네티컷 토지회사(Connecticut Land Company)가 매입한 펜실베이니아주 외곽의 서부의 토지를 일컫는 말로서 오늘날의 클리블랜드시를 포함하는 카야호가 카운티(Cuyahoga County)를 가리킨다. 1803년 제퍼슨 대통령이 루이지애나 매입을 한 후 미국 땅이 2배 커졌지만 미시시피강 이동은 클리블랜드의 웨스턴 리저브 지역이 서부 개척의 최전선이었다.
44) 이 편지는 웨스턴 리저브 역사 학회(Western Reserve Historical Society)에 보관되어 있다.
45) 당시의 루이지애나는 오늘날의 루이지애나, 알칸사, 미주리, 아이오아, 미네소타, 노스다코타, 사우스다코타, 네브래스카, 캔자스, 오클라호마, 콜로라도, 와이오밍, 몬태나 등 13주를 합친 것으로 록키산맥과 미시시피강 사이의 방대한 땅을 포함한다.
46) Severance, Solon, "Reminiscences of Solon L. Severance," *Annals of the Early Settlers' Association of Cuyahoga County, Ohio*, vol.6, no.2, 1910, pp.25~29; *A Comic History of Cleveland 1791~1901*, Case-Reserve Student's Hospital Committee, 1901, Ch.XII.
47) 도시의 이름에서 클리블랜드 장군의 이름의 철자 a가 떨어져 나간 것은 그 이름을 쓰자니 당시(1831년 5월 11일) 신문의 칸이 좁아 궁여지책으로 철자 a를 생략했다는 설이 유력하다(*A Comic History of Cleveland 1796~1901*, Case-Reserve Student's Hospital Committee, 1901, Ch.XII).
48) 저자가 복사본을 갖고 있다.
49) *Cleveland Register*, 1819, 1st edition; *Forecast*, vol.2. no.1, p.4에서 재인용.
50) Allen, "Louis Henry Severance," *The Oberlin Alumni Magazine*, October 1913, p.1. 제2차 독립전쟁에서 영국은 1만 7천 명을 보냈다. 미국은 5만 명의 정규병과 1만 명의 지원병과 45만 명의 국민병을 투입하였는데 많은 전사자로 고아가 많이 생겼다.
51) Allen, "Pioneer Medicine of the Western Reserve," *Magazine of Western Reserve History*, January 1886, p.287.
52) Allen, "Pioneer Medicine of the Western Reserve," *Magazine of Western Reserve History*, January 1886, p.287.
53) Wickham, G. V. R., *The Pioneer Families of Cleveland 1796~1840*, vol.I, Evangelical, 1914, p.120.
54) Severance Family Papers, Western Reserve Historical Society.

55) Hudson, *The Life and Times of Dudley Peter Allen*, Cleveland Medical Library Assn., 1992, pp.8~9.
56) Severance, J. F., *The Severance: Genealogical History*, Donnelley, 1893.
57) 코네티컷주는 그 당시로서는 가장 서부인 개척지에 방대한 땅을 갖고 있었다. 이 땅이 현재의 클리블랜드시를 포함한 그 일대의 땅인데 웨스턴 리저브(Western Reserve)라고 불렀다.
58) 이때가 1834년이었는데 1820년의 오하이오주 전체의 인구는 581,400명이었다. 이때 어머니 메리의 나이가 4살이었다.
59) 앞서 설명한 대로 이 기간 가운데 2년은 타이터스빌의 루이스 헨리 세브란스의 집에서 살았다.
60) 밀러 교회의 2층은 종탑 대신 하늘에 오르기 쉽게 창문이 많은 다락이었다. 1843년 7월에 밀러 목사의 종말 예언으로 많은 추종자가 재산을 버리고 그를 따라 산으로 들어갔다. 그 후 종말 일자를 여러 번 수정하였지만 그는 아무 해도 입지 않았다. 이때 루이스는 5살 형 솔론은 9살이었다.
61) Severance, S. L., "Reminiscences," *Annals of the Early Settlers' Association of Cuyahoga County, Ohio*, vol.6, no.1, 1910, pp.25~29.
62) 클리블랜드의 최초의 교회는 1820년, 최초의 공립학교는 1822년, 최초의 기독청년회는 1854년에 창설되었다.
63) 캐나다에서는 무디 목사(Rev. D. L. Moody, 1837~1899)가 리빙스턴의 정신을 이어받았다. 1973년 리빙스턴의 서거 1백 주년에 잠비아의 대통령 캐네스 카운다는 수천 명의 순례자를 데리고 리빙스턴의 유적지 우지지를 방문하였다. 그는 장로교 신자이다.
64) White, "A Missionary Philanthropist: A Sketch the Life and Work of Louis H. Severance," *The Missionary Review of the World*, December 1913, p.900.
65) Miller, Carol P., *Church with a Conscience: A History of Cleveland's Church of the Covenant 1844~1995*, Cleveland: The Church of the Covenant, 1995, p.2.
66) 몰리 교수와 그의 실험에 대해서는 제4장을 참조.
67) 남북전쟁으로 고아가 많이 생겼다. 북군의 전사자는 35만 9천 명, 남국의 전사자는 25만 8천 명. 전투원만 도합 61만 7천 명이 죽었다.
68) 1885년 제중원의 1일 입원비는 20센트였다(해링톤, 이광린(역), 『개화기의 한미관계』, 일조각, 1973, p.69). 1887년 무렵 한국 노동자 1일 임금은 5내지 10센트였다(같은 책, p.138).
69) 세브란스가 효자였다는 사실과 어머니가 자신의 아들이 자선가라는 사실을 인지한 사실의 흔적은 제5장에서 약간 엿볼 수 있다.
70) *The Plain Dealer Magazine*, Sunday, August 4, 1991, p.6.
71) 김학은, 『현대한국외과의학의 기원과 러들로』, 미간행.
72) Hudson, *The Life and Times of Dudley Peter Allen*, Cleveland Medical Library Assn., 1992, p.25. 우스터 대학에 대해서는 제5장을 참고.
73) Lefton, Douglas, "Cleveland's Rise to Medical Prominence," *The Plain Dealer Magazine*, August 4, 1991, pp.16~17.
74) Mather, Samuel, "The New Lakeside Hospital," *The Lakeside Hospital Magazine*, 1895, pp.159~174.
75) 정확한 장소는 제6장을 참조.
76) Chernow, *Titan: The Life of John D. Rockefeller, Sr.*, Vintage, 1998, p.107.
77) Haddad, *Flora Stone Mather*, Kent State University Press, 2007.
78) 〈자료 Ⅵ-8〉의 세브란스 씨의 편지에도 이 설계사의 이름이 등장하였다.
79) Millikin, Severnace A., "Dudley p.Allen: A Reminiscence," *The Bulletin of the Cleveland Medical Library*, October 1976, p.78.
80) 이원순, 『인간 이승만』, 신태양사, 1988, p.116; 이정식(역), 「청년 이승만의 자서전」, 『신동아』, 1979

년 9월호, pp.455~456.

81) 해링톤, 이광린(역), 『개화기의 한미관계』, 일조각, 1973, p.348.

82) 구 제중원을 한국 정부가 인수하여 사교장이 들어설 것이라는 계획은 분쉬의 일기에도 등장한다. 리하르트 분쉬, 김종대(역), 『고종의 독일인 의사 분쉬』, 학고재, 1999, p.230.

83) 리하르트 분쉬, 김종대(역), 『고종의 독일인 의사 분쉬』, 학고재, 1999, p.236.

84) Hudson, *The Life and Times of Dudley Peter Allen*, Cleveland Medical Library Assn., 1992.

85) Allen, Dudley P., "Address Delivered by Dr. Dudley P. Allen, at the Banquet Tendered Him by the Cleveland Medical Library Association, no.25, 1911," *The Bulletin of the Cleveland Medical Library*, vol.xv, no.2, April 1968.

86) Millikin, Severance A., "Dudley P. Allen: A Reminiscence," *The Bulletin of the Cleveland Medical Library*, October 1976, p.78.

87) *Forecast*, Spring 1984, p.5. 그러나 이 기록은 다른 기록과 다르다. 엘리자베스와 줄리아가 대학을 졸업하고 비엔나에 간 때는 1885년이다. 그러나 알렌 박사는 1882년[1883년]에 유럽을 떠났다. 그 이후에는 필라델피아와 클리블랜드에 있었다.

88) Fitz, R., "The Crimson Thread," *The Clinical Bulletin of the School of Medicine of Western Reserve University and the Associated Hospitals*, vol.Ⅷ, no.2, March 1944, pp.24~29.

89) 마리엔느 밀리킨 여사를 내가 만난 것은 1987년이었다.

90) 다른 기록과 약간 차이를 보인다. 한 기록(*Forecast*, spring 1984, p.5)에 의하면 알렌과 밀리킨이 유럽에서 만났다고 기록하는데 밀리킨의 딸은 필라델피아에서 만났다고 증언한다. 알렌 박사가 필라델피아에서 일한 것은 유럽에서 돌아온 다음이었다(Allen, Dudley P., "Address Delivered by Dr. Dudley P. Allen, at the Banquet Tendered Him by the Cleveland Medical Library Association, no.25, 1911," *The Bulletin of the Cleveland Medical Library*, vol.xv, no.2, April 1968, p.39).

91) *Forecast*, Spring 1984, p.5.

92) 세브란스는 병원 건축도 중요하지만 그 후 운영을 더 생각하였다. 많은 병원이 건축에는 성공하였지만 운영에 실패하여 문을 닫았다.

93) McKibben, W. Jeanne, "The Allen-Severance Connection," unpublished manuscript, Oberlin Nineteenth Century Club, 1988.

94) Case Western Reserve University Archives.

95) *The Korea Mission Field*, July 1911.

96) *The Bulletin of the Cleveland Medical Library*, April 1968, p.43.

97) 1987년 내가 마리엔느 엘리자베스 밀리킨 부인을 면담했을 때 그의 아들 하덴 박사가 입회하였다. 이 면담은 그가 주선한 것이었다.

98) 성누가 병원에 대해서는 Robertson, Josephine, *Saint Luke's Hospital, 1894~1980*, Cleveland, 1981을 참조.

99) "Saint Luke's Hospital, Shaker Boulevard: Born of Prosperity and Philanthropy," 제목이 알려지지 않은 잡지, Winter 1984, p.4, Case Western Reserve University Archives.

100) *The Bulletin of the Cleveland Medical Library*, April, 1968, p.33.

101) 클리블랜드시를 둘러싼 군(郡)의 이름.

102) 하크니스의 재산이 엘리자베스에 귀속된 것은 Oral History Interview with Henry Sayles Francis at Walpole New Hampshire March 28 1974, by Robert Brown, Smithsonian Archives of American Art. www.aaa.si.edu/collections/oralhistories/tranSCRIPTs/franci74.htm

103) Hudson, *The Life and Times of Dudley Peter Allen*, Cleveland Medical Library Assn., 1992,

pp.36~38; 김학은, 『현대한국외과의학의 기원과 러들로』, 미간행.

104) *The Korea Mission Field*, 1911.

105) Millikin, Severance A., "Dudley P. Allen: A Reminiscence," *The Bulletin of the Cleveland Medical Library*, October 1976, p.79.

106) Rotkow, Ira M., *The History of Surgery in the United States 1775~1900*, San Francisco: Norman Publishing Co., 1988.

107) 리하르트 분쉬, 김종대(역), 『고종의 독일인 의사 분쉬』, 학고재, 1999, p.190.

108) 예를 들어서 Avery, *A History of Cleveland and Its Environs*, The Lewis Publishing Co., 1918, p.66.

109) Johnson, "John L. Severance," *The Oberlin Alumni Magazine*, December 1913, p.65.

110) 자세한 것은 제8장을 참조.

111) Chernow, *Titan: The Life of John D. Rockefeller, Sr.*, Vintage, 1998, pp.511, 551.

112) Ludlow, A. C., *The Old Stone Church the story of a Hundred Years 1820-1920*, Privately printed, 1920, p.239.

113) Severance Family Papers, Western Reserve Historical Society.

114) Segall, Grant, "The Severance Legacy," *Plain Dealer Sunday Magazine*, February 20, 2005, pp.13~15.

115) 세브란스 의학대학은 여러 번 이름이 바뀌었다.

116) *Catalogue Severance Union Medical College*, 1917, p.4.

117) Visitor's Guide, Severance Union Medical College, 1937, Ludlow Archives, Case Western Reserve University Archives.

118) 제8장을 참조.

제4장 _ 클리블랜드 1896년

1) *The Lamp: 75th Anniversary of Jersey Standard Oil Company(New Jersey) 1882~1957*, New York: Standard Oil Company(New Jersey), 30 Rockefeller Plaza, New York 20.

2) Allen, "Louis H. Severance," *The Oberlin Alumni Magazine*, October 1913, p.3.

3) 이만열·옥성득, 『언더우드 자료집』 Ⅱ, 연세대학교 출판부, 2006, pp.115, 117.

4) 문헌들은 한결같이 세브란스병원과 의학대학을 지적하며 그의 최대의 업적이라고 기록한다.

5) Severance Family Papers, Western Reserve Historical Society.

6) John D. Rockefeller's Charity Index Cards 1864~1903, Rockefeller Family Archives.

7) Rose, K. W., "John D. Rockefeller's Philanthropy and Problems in Fundraising at Cleveland's Floating Bethel Mission and the Home for Aged Colored People," *Ohio History Journal*, vol.108, p.151.

8) Cramer, *Case Western Reserve: A history of the University, 1826-1976*, Boston: Little, Brown & Co., 1976, p.201.

9) Avery, *A History of Cleveland and Its Environs*, The Lewis Publishing Co., 1918, p.65; Randall, E. O., *History of Ohio: the rise and progress of an American state*, The Century history Co., 1912, p.192; White, "A Missionary Philanthropist: A Sketch of Louis H. Severance," *The Missionary Review of the World*, December 1913, p.898.

10) Cramer, *Case Western Reserve: A history of the University, 1826-1976*, Boston: Little, Brown & Co.,

1976, p.201.

11) Fingulin, Jean A., "The Cleveland Medical Library Association," *The Bulletin of the Cleveland Medical Library*, October 1976, p.102.

12) Cramer, *Case Western Reserve: A history of the University, 1826-1976*, Boston: Little, Brown & Co., 1976, p.200.

13) Cramer, *Case Western Reserve: A history of the University, 1826-1976*, Boston: Little, Brown & Co., 1976, p.202.

14) Cramer, *Case Western Reserve: A history of the University, 1826-1976*, Boston: Little, Brown & Co., 1976, p.219.

15) White, "A Missionary Philanthropist: A Sketch of the Life and Work of Louis H. Severance," *The Missionary Review of the World*, December 1913, p.899.

16) Haddad, *Flora Stone Mather*, Kent State University Press, 2007, p.67.

17) Haddad, *Flora Stone Mather*, Kent State University Press, 2007, p.18.

18) 이 실험을 기념하는 기념비가 옛 케이스 건물 자리에 세워졌다.

19) 러들로 교수의 이력에 대해서는 제10장을 참조.

20) Clymer, *John Hay*, University of Michigan Press, 1975, p.52.

21) Cramer, *Case Western Reserve: A history of the University, 1826-1976*, Boston: Little, Brown & Co., 1976, pp.78~79.

22) Cramer, *Case Western Reserve: A history of the University, 1826-1976*, Boston: Little, Brown & Co., 1976, p.96.

23) 민주당의 글로버 클리블랜드는 1885~1889년과 1893~1897년에 대통령을 지냈다. 그 사이 1889~1893년에는 공화당의 벤자민 해리슨이 24대 대통령이 되었다. 1897년에 공화당의 매킨리가 대통령이 되었는데 헤이는 매킨리 사람이었다. 헤이의 편지는 글로버 클리블랜드의 두 번째 대통령 시절에 쓴 것이다.

24) "Remembrances of WRU," *The Voice of Reserve*, April 26, 1951, p.8.

25) 이때 에이브러햄 플렉스너 박사(Dr. Abraham Flexner)의 도움을 받는다. 그는 1910년 카네기재단의 위촉으로 미국과 캐나다의 의학대학의 실태를 조사하여 보고서를 발표하였다. 이 보고서가 『플렉스너 보고서』인데 커다란 반향을 불러왔고 의학교육에 일대 혁신이 일어났다(제7장을 참조). 그는 프린스턴 대학에 고등연구소를 설치하였다. 여기에 아인슈타인을 비롯하여 세계적인 학자들을 불러 모았다.

26) Cramer, *Case Western Reserve: A history of the University, 1826-1976*, Boston: Little, Brown & Co., 1976, p.119.

27) Holden, *Autobiography*, unpublished manuscript, University of Wooster Archives, pp.115~116.

28) Hay, J. M. and J. Nicolay, *Abraham Lincoln: A History*, 10 vols., New York: Century, 1890.

29) Haddad, *Flora Stone Mather*, Kent State University Press, 2007, p.73.

30) Haddad, *Flora Stone Mather*, Kent State University Press, 2007, p.xi.

31) Haddad, *Flora Stone Mather*, Kent State University Press, 2007, p.105.

32) Haddad, *Flora Stone Mather*, Kent State University Press, 2007, p.114.

33) Haddad, *Flora Stone Mather*, Kent State University Press, 2007, p.79.

34) Tuve, *Old Stone Church*, Cleveland: Old Stone Church, 1994, p.59.

35) Cramer, *Case Western Reserve: A history of the University, 1826-1976*, Boston: Little, Brown & Co., 1976, p.107.

36) John D. Rockefeller's Charity Index, The Rockefeller Family Archives.

37) *The New York Times*, September 20, 1907.
38) Haddad, *Flora Stone Mather*, Kent State University Press, 2007, p.75.
39) Ludlow, A. C., *The Old Stone Church the story of a Hundred Years 1820-1920*, Privately printed, 1920.
40) 릴리안 프랄은 엘리자베스의 비서이기 이전에는 더들리 피터 알렌과 벤자민 밀리킨의 비서였다.
41) *The Korea Mission Field*, August 1923, p.176.
42) *Cleveland Letter*, October 23, 1902.
43) Haddad, *Flora Stone Mather*, Kent State University Press, 2007, p.80.
44) Haddad, *Flora Stone Mather*, Kent State University Press, 20077, pp.80, 109.

제5장 _ 우스터 1902년

1) 이 부분은 홀덴 총장(Louis Holden)의 출판되지 않은 자서전에서 발췌한 것이다. 대화체는 모두 원문이다.
2) Holden(et al.), "Louis H. Severance," unpublished mimeo, The University of Wooster Archives, 1913.
3) Allen, "Louis H. Severance," *The Oberlin Alumni Magazine*, October 1913, pp.4~5.
4) Holden(et al.), "Louis H. Severance," unpublished mimeo, The University of Wooster Archives, 1913.
5) 예를 들어 이승만 박사에 관한 수많은 문헌만 보아도 충분히 이해할 수 있다.
6) Avison, *Memoirs of Life in Korea*, p.425.
7) 이광린, 『올리버 알 에비슨의 생애』, 연세대학교 출판부, 1992, p.153; Benson, "Doctor in Korea: the Story of Oliver R. Avison," *Varsity Graduate*, January 1956, p.46; 하디, 「에비슨 박사 소전」, 『기독신보』, 1932년 7월 20일 자; Avison, *Memoirs of Life in Korea*, p.425. 이 이야기는 에이비슨 박사가 1908년 두 번째 안식년을 우스터 대학에서 보내게 되었을 때 홀덴 총장이 에이비슨 박사를 데리고 마차로 산보 나가면서 들려준 얘기였다. 이때 이미 에이비슨 박사의 두 자식이 우스터 대학에 재학하고 있었다.
8) Avison, *Memoirs of Life in Korea*, p.425.
9) Weissenburger, M. B., "Cleveland Men and Money Are Helping Korea," *Cleveland Plain Dealer*, February 22, 1931, p.19.
10) Avison, *Memoirs of Life in Korea*, p.283. 에이비슨이 회고록을 쓴 시기는 1941년이었는데 이때에도 이승만의 일기를 간직하고 있던 것처럼 보인다. 그 증거가 다음 문장이다. "As one reads his notes of those days, to which I have had full access," 이 일기는 영문으로 기록된 것 같다. 왜냐하면 에이비슨은 한국어에 서투른데 이승만의 일기를 완전히 이해하고 있기 때문이다. 그 추측의 증거로서 이 일기 이외에 청년기까지, 즉 1910년 박사학위를 받을 때까지 기록한 자서전이 있는데 이것 역시 영어로 쓴 것을 이정식 교수가 번역하였다(이정식(역), 「청년 이승만의 자서전」, 『신동아』, 1979년 9월호, pp.424~460). 그러나 에이비슨이 인용하는 일기는 지금까지 발표된 이승만의 기록보다 더 자세하다.
11) Avison, *Memoirs of Life in Korea*, p.290. 회고록에는 연도를 밝히지 않고 있는데 에이비슨의 안식년과 이승만 박사가 하와이에서 활약하던 시기가 일치하는 해는 1916년뿐이다. 이때가 에이비슨의 세 번째 안식년이다. 이때 러들로 교수를 대동한 것 같다. 제8장의 최동 교수의 부분에서 언급된다. 이승만은 1913년 2월 3일부터 1917년 1월 6일까지 하와이에 머물렀다. 그해 하와이를 떠나 10월 16일

에 워싱턴에 도착 한국구미위원회(韓國歐美委員會)를 조직하고 미국 전역을 다니며 한국 독립을 위하여 연설하였다.

12) Avison, *Memoirs of Life in Korea*, p.290.

13) 제6장의 각주 123을 참조.

14) Avison, *Memoirs of Life in Korea*, p.283.

15) 유영익, 『이승만의 삶과 꿈』, 중앙M&B, 1996.

16) 제9장을 참조.

17) Avison, *Memoirs of Life in Korea*, p.282. 다음 문장이 이것을 뒷받침한다. "It was a delight to me to meet him and *have* him speak on the same platform with me."(이탤릭 문자는 저자).

18) Avison, *Memoirs of Life in Korea*, p.282. 헐버트(Dr. Homer Hulbert, 1863~1949, 한국표기 轄甫 또는 訖法)는 다트머스 대학과 유니언 신학교를 졸업한 후 선교사로 1886년 한국에 와서 육영공원과 한성사범학교의 교사를 지내며 영문 잡지 *The Korea Review*를 편집하였고 저서 *The Passing of Korea*와 *The History of Korea*를 남겼다. 황성 기독청년회의 초대회장이며 창설임원이었다. 그는 고종의 밀사로 워싱턴(1905)과 헤이그(1907)로 갔었다.

19) 1908년은 에이비슨, 헐버트, 언더우드에게 안식년이었다. Avison, *Memoirs of Life in Korea*, p.282.

20) 저자가 면담한 세브란스 씨의 조카손녀인 Marianne Elizabeth Millikin Hadden 여사는 에이비슨 박사가 클리블랜드에 자주 방문했다고 회상하였다. 면담 당시에 그녀 90세였다. 네 사람이 한국 선전 순회강연으로 클리블랜드와 뉴욕에 갔다는 기록은 Underwood, *Underwood of Korea*, 1918, p.268을 참고.

21) 그는 미국적을 취득하지 않았다(Avison, *Memoirs of Life in Korea*, p.289). 이승만이 1919년 파리강화조약에 가기 위하여 미국 정부에 신청한 여행허가서는 외교관 여권이었는데 이런 종류로는 처음이었다고 한다(같은 책, p.289).

22) Namba, Winifred Lee, "Sohn, Nodie Kimhaikim," Barbara B. Peterson(ed.), *Notable Women of Hawaii*, Honolulu: University of Hawaii, 1984, pp.356~7; 유영익, 『이승만의 삶과 꿈』, 중앙M&B, 1996에서 재인용. 노디 김은 우스터 대학에 재학 중인 1919년 4월 14~16일에 개최된 제1회 한민족대회에 여성 대표로 참가하여 세 번 연설한다. 이 회의는 1919년 3월 1일 기미독립운동이 일어나고 미국에서 열린 첫 번째 민족대회였다. 이 대회에 세브란스 병원의 약리 학교실의 쿡 교수(E. D. Cook, MD)의 부인이 참석하여 연설하였다(*First Korean Congress*, Philadelphia, 1919). 노디 김은 이승만 박사가 워싱턴의 매사추세츠가에 구미위원회 공관을 마련했을 때 그 공관의 살림을 맡게 된다. 이 공관에는 이승만, 김규식, 노백린 등이 기거하였다(이원순, 『인간 이승만』, 신태양사, 1988, p.208).

23) 이승만이 감옥에서 기록한 〈옥중잡기〉의 美國興學新法을 쓸 때 참고한 원전에 미국의 여러 대학 가운데 오벌린 대학이 포함되어 있었다. 여기에 더하여 그가 수감되었을 때 그에게 책을 보내주고 기독교로 개종시키고 석방 탄원서에 서명한 배재학당 당장을 지낸 벙커 목사(Rev. Dalziel A. Bunker, 한국표기 房巨, 1863~1932)가 유니언 신학교에 진학하기 전에 오벌린 대학 졸업생이었다. 이승만은 배재학당에서 그의 제자였다(유영익, 『젊은 날의 이승만』, 연세대학교 출판부, 2002, pp.46, 126). 벙커 목사는 정신여고의 초대교장인 여의사 애니 앨러즈(Annie Ellers, MD)와 결혼하였다.

24) 이 무렵 이승만은 감리교 선교부에서 독립한 듯하다. 최영호, 「이승만의 하와이에서의 초기 활동」, 유영익(편), 『이승만 연구』, 연세대학교 출판부, 2000, p.78.

25) Notestein, L. I., *Wooster of the Middle West*, New Haven: Yale University Press, 1937, p.270.

26) Randall, E. O., *History of Ohio: the rise and progress of an American state*. The Century history Co., 1912, p.191; Allen, "Louis H. Severance," *The Oberlin Alumni Magazine*, October 1913, p.2.

27) Allen, "Louis H. Severance," *The Oberlin Alumni Magazine*, October 1913, p.4.

28) Allen, "Louis H. Severance," *The Oberlin Alumni Magazine*, October 1913, p.5.

29) 카네기는 평생 7,689대의 파이프 오르간을 기증했다. Bruce, D., *The Scottish 100*, New York: Carroll & Graf Publishers, 2000, p.34.

30) 카네기는 평생 2,811개의 도서관을 기증하였다. 이 도서관들을 위하여 5천만 달러를 지불하였다. 1개 도서관 평균 2만 달러이다. Bruce, D., *The Scottish 100*, New York: Carroll & Graf Publishers, 2000, p.34.

31) 그의 사무실은 오늘날에도 남아있다. 시내 중심부에 그가 세운 아케이드의 2층이었다.

32) Ludlow, A. C., *The Old Stone Church the story of a Hundred Years 1820-1920*, Privately printed, 1920, p.290.

33) Notestein, L. L., *Wooster of the Middle West*, New Haven: Yale University Press, 1937, p.241.

34) Notestein, L. L., *Wooster of the Middle West*, New Haven: Yale University Press, 1937, p.241.

35) Notestein, L. L., *Wooster of the Middle West*, New Haven: Yale University Press, 1937, p.239.

36) Holden, *Autobiography*, unpublished manuscript, University of Wooster Archives, p.120.

37) Notestein, L. L., *Wooster of the Middle West*, New Haven: Yale University Press, 1937, p.240: Holden, *Autobiography*, unpublished manuscript, University of Wooster Archives, p.131.

38) Avery, *A History of Cleveland and Its Environs*, The Lewis Publishing Co., 1918, p.62.

39) Holden, *Autobiography*, unpublished manuscript, University of Wooster Archives, p.121.

40) Severance Family Papers, Western Reserve Historical Society.

41) Severance Family Papers, Western Reserve Historical Society.

42) Notestein, *Wooster of the Middle West*, New Haven: Yale University Press, 1937, p.250.

43) Holden(et al.), "Louis H. Severance," unpublished mimeo, The University of Wooster Archives, 1913.

44) White, "A Missionary Philanthropist: A Sketch of the Life and Work of Louis H. Severance," *The Missionary Review of the World*, December 1913, p.900. 화이트의 글에는 홀덴 총장의 이름을 거론하지 않지만 홀덴의 자서전과 비교하면 홀덴 총장이라는 점을 알 수 있다.

45) Severance Family Papers, Western Reserve Historical Society.

46) Notestein, L. L., *Wooster of the Middle West*, New Haven: Yale University Press, 1937, p.249.

47) Lee, Chong-Sik, *Syngman Rhee*, Yonsei University Press, 2001, p.177.

48) Allen, "Louis H. Severance," *The Oberlin Alumni Magazine*, October 1913.

49) *Catalogue Severance Union Medical College*, 1917, p.4(The Severance Union Medical College and Its Affiliations Are Supported by The Following Mission Boards).

50) 세브란스 병원의 회계연도는 매년 7월 1일에서 다음 해 6월 30일까지였다.

51) 에이비슨 박사의 두 번째 안식년은 1908년 7월 1일부터 1909년 6월 30일까지였다. 서울에서 우스터까지 쉬지 않고 간다면 1개월이 걸리니 우스터에 8월 초순에 도착했을 것이다. 세브란스 씨는 여름에는 클리블랜드에서 지내니 에이비슨은 클리블랜드로 방문했을 것이다. 만일 도중에 일본이나 하와이를 들러 갔다면 9월에 도착했을 공산이 크다. 그러면 뉴욕으로 세브란스 씨를 방문했을 것이다. 세브란스 씨의 조카손녀 마리안느 엘리자베스 밀리킨 여사(Mrs. Marienne Elizabeth Millikin)는 에이비슨 박사가 클리블랜드를 여러 번 방문했을 때 보았다고 회상하였다. 이것은 여름이었을 것이다.

52) 이만열·옥성득, 『언더우드 자료집』 Ⅲ, 연세대학교 출판부, 2007, p.139.

53) 백낙준, 『한국개신교사 1832–1910』, 연세대학교 출판부, 1973, p.381.

54) Avison, *Memoirs of Life in Korea*, unpublished manuscript, p.282(It seems strange that we, three, Underwood, Hulbert and I … should be the ones to have his [Syngman Rhee's] help

in our speaking engagements that year[1908] when we were addressing audiences all over America).

55) Severance Family Papers, Western Reserve Historical Society.

56) 에이비슨, 에이비슨기념사업회(역), 『구한말 비록』(상), 대구대학교 출판부, 1986, p.139.

57) Holden, *Autobiography*, unpublished manuscript, University of Wooster Archives, pp.131~134.

58) Holden, *Autobiography*, unpublished manuscript, University of Wooster Archives, p.133.

59) Holden, *Autobiography*, unpublished manuscript, University of Wooster Archives, pp.133~141.

60) Avison, *Memoirs of Life in Korea*, pp.81~83. 웨어 박사는 성공회 소속이었는데 성공회에서는 음주를 장로교만큼 엄하게 다루지 않는다.

61) Frazier, *Family*, Picador, 2002, p.19.

62) Frazier, *Family*, Picador, 2002, p.282.

63) Frazier, *Family*, Picador, 2002, p.82.

64) *Report of the Board of Trustees of the University of Wooster*, 1913, p.2.

65) *Report of the Board of Trustees of the University of Wooster*, 1913, p.2.

66) Holden(et al.), "Louis H. Severance," unpublished mimeo, The University of Wooster Archives, 1913.

67) 1884년 미국 북장로교 총회 외국선교 예산은 757,625달러였다. 이 가운데 한국 선교 예산은 6,319달러였다(*The Minutes of the General Assembly of the Presbyterian Church in the U.S.A.*, 1885, p.766; 민경배, 『알렌의 선교와 근대한미외교』, 1991, p.91에서 재인용).

68) Rockefeller Index Archives.

69) *The New York Times*, November 27, 1913.

70) Avison, *Memoirs of Life in Korea*, p.429.

제6장 _ 뉴욕 1900년

1) Malone, *Dictionary of American Biography*, vol.Ⅲ, 1929, p.601.

2) 이것이 공식명칭이었다(*The Report of Ecumenical Missionary Conference 1900*).

3) Phillips, Kevin, *William McKinley*, New York: Times Books, 2003, p.147.

4) Avison, *Memoirs of Life in Korea*.

5) *World Missionary Conference Records, Edinburgh, 1910*, Missionary Research Library Archives: Section 12, The Burke Library Archives Union Theological Seminary, New York, p.2.

6) Rockefeller Family Archives, John D. Rockefeller's Charity Index Cards.

7) *The New York Times*, April 21, 1900, p.6.

8) *The New York Times*, April 28, 1900, p.6에는 부회장이라고 표현하였는데 *The Ecumenical Missionary Conference 1900 New York*, p.47에는 명예부회장이라고 밝혔다.

9) *The New York Times*, April 28, 1900, p.6.

10) *The New York Times*, April 21, 1900, p.9.

11) Avison, *Memoirs of Life in Korea*.

12) 에이비슨의 연설원고는 아래에서 주어진다.

13) Avison, *Memoirs of Life in Korea*.

14) Holden, *Autobiography*, unpublished manuscript, University of Wooster Archives, p.142.

15) 지금은 웨스트버지니아주에 속한다.
16) The Western Reserve Historical Society Archives. 무선전신은 1895년에 마르코니에 의해 처음 등장하였다.
17) The Western Reserve Historical Society.
18) *The Ecumenical Missionary Conference 1900 New York*, p.11.
19) *The Ecumenical Missionary Conference 1900 New York*, pp.9~10.
20) Woodward, E. L., *China Medical Journal*, September 1907. Jefferys, W. H. and J. L. Maxwell, *The Diseases in China*, 2nd Edition, Philadelphia: Blaikston's Son and Company, 1911, p.660에서 재인용.
21) *The Ecumenical Missionary Conference 1900 New York*, pp.9~10.
22) *The New York Times*, April 1900.
23) *The New York Times*, April 1900.
24) *The New York Times*, April 1900.
25) *The New York Times*, June 12, September 22, 1900.
26) Avison, *Memoirs of Life in Korea*, p.422.
27) 에이비슨, 에이비슨기념사업회(역), 『구한말 비록』(하), 대구대학교 출판부, 1986, p.112: Avison, *Memoirs of Life in Korea*, p.422.
28) *The New York Times*, April 28, 1900, p.6.
29) *The New York Times*, April 28, 1900, p.6.
30) 『승동교회 110년사』, 2004, p.119.
31) 이만열·옥성득, 『언더우드 자료집』 Ⅲ, 연세대학교 출판부, 2007, p.108.
32) 이만열·옥성득, 『언더우드 자료집』 Ⅲ, 연세대학교 출판부, 2007, p.54.
33) 이만열·옥성득, 『언더우드 자료집』 Ⅲ, 연세대학교 출판부, 2007, p.61.
34) Avison, *Memoirs of Life in Korea*, p.425.
35) White, "A Missionary Philanthropist: A Sketch of the Life and Work of Louis H. Severance," *The Missionary Review of the World*, December 1913, p.900.
36) Ludlow, A. C., *The Old Stone Church the story of a Hundred Years 1820-1920*, Privately printed, 1920, p.288.
37) Avison, *Memoirs of Life in Korea*, p.422.
38) 에이비슨은 자신이 준비된 원고를 읽었다고 생각했는데 객석에 앉았던 친구가 원고를 접었다고 일러주었다. Avison, *Memoirs of Life in Korea*, pp.422~423. 이 친구는 이 회의의 기도를 올린 리드 박사일 것이다.
39) Avison, *Memoirs of Life in Korea*, p.425.
40) Hulbert, *Echoes of the Orient: A Memoir of Life in Far East*, Typed manuscript, pp.228~229: United Korean Committee, *Korean Liberty Conference*, Held in Lafayette Hotel, Washington, D. C., February 1942, p.96.
41) 에이비슨, 에이비슨기념사업회(역), 『구한말 비록』(하), 대구대학교 출판부, 1986, p.20.
42) 에이비슨, 에이비슨기념사업회(역), 『구한말 비록』(상), 대구대학교 출판부, 1986, p.6.
43) Ludlow, A. I., "Observations on the Medical Progress in the Orient," *The Cleveland Medical Journal*, November 1908, p.609.
44) Tullock, *The Economics of Special Privilege and Rent Seeking*, Kluwer Academy, 1989; 김일중, 『규제와 재산권』, 한국경제연구원, 1995, p.378에서 재인용.

45) 리하르트 분쉬, 김종대(역), 『고종의 독일인 의사 분쉬』, 학고재, 1999, p.167.
46) Avison, *Memoirs of Life in Korea*, p.9.
47) Weems, *Hulbert's History of Korea*, p.ED43.
48) Avison, *Memoirs of Life in Korea*, p.285. "His scholastic success in America… gave clear evidence of the complete equality of the brain power of the Korean people with that of white and other colored folks and showed that their misfortunes and failure to win their way to recognition among the nations was due to causes other than mental inferiority."
49) 클리블랜드에서 나오는 일간신문에 이 같은 표현은 열거할 수 없을 정도로 많다.
50) 에이비슨, 에이비슨기념사업회(역), 『구한말 비록』(상), 대구대학교 출판부, 1986, p.253.
51) Avison, "History of Medical Work in Korea under the Mission of the Presbyterian Church of the U.S.A. from 1884 to 1909," *Quarto Centennial Papers*, 1910, p.31; 민경배, 『알렌의 선교와 근대한미외교』, 연세대학교 출판부, 1991, p.126에서 재인용.
52) Avery, *A History of Cleveland and Its Environs*, The Lewis Publishing Co., 1918, p.64.
53) 윤치호, 『윤치호 서한집』, 국사편찬위원회, 1980; *World Missionary Conference Edinburgh 1900*.
54) Jabez Abel Bostwick(1830~1892). 보스트윅은 펜실베이니아주 프랭클린에서 태어나서 정유업자가 되었는데 록펠러에게 우호적이었고 록펠러가 무자비하게 통합할 때 스탠더드에 합류하였다. 그는 그란트 대통령, 헤이스 대통령, 아서 대통령의 친구가 되었고 미국 해군을 육성하는 데 공헌을 하였다. 그가 죽을 때 재산은 1천2백만 달러였는데 교회, 종교단체, 대학에 남이 모르게 기부하였다. 그가 얼마나 기부했는지는 아무도 모른다.
55) 1882년에 설립한 스탠더드 석유 트러스트는 1892년 오하이오에서 위법으로 판결을 받자 뉴저지로 옮겨 스탠더드 석유회사 뉴저지가 된다. 뉴저지에서는 모기업이 자기업의 주식을 보유할 수 있었기 때문이다. 이때 이 회사는 미국 석유 생산의 75퍼센트를 차지하였다. 1911년에 대법원은 스탠더드 뉴저지가 독점금지법에 저촉이 된다는 판결을 내림으로써 38개의 독립된 회사로 분할되었다. 세브란스는 스탠더드 뉴저지의 주식을 대량 갖고 있었다(*The New York Times*, November 27, 1913).
56) Hudson, *The Life and Work of Dudley P. Allen*, Cleveland Medical Library, p.20.
57) 마크 트웨인은 록펠러 Ⅰ세와 Ⅱ세를 모두 풍자하기를 즐겼다. 그러면서 한편으로는 스탠더드 석유회사의 이사 헨리 로저스와 한패가 되었다. 그러나 그의 딸이 24살로 수막염에 걸려 사망할 무렵, 록펠러 의학연구소에서 수막염 혈청이 개발되어 사망률을 75퍼센트에서 25퍼센트로 대폭 줄이자 더 이상 풍자적일 수 없었다.
58) Chernow, *Titan: The Life of John D. Rockefeller, Sr.*, Vintage, 1998, pp.213~214.
59) *Cleveland Illustrated*, Special Collection of Case Western Reserve University Library, p.79.
60) Powers, R., *Mark Twain: A Life*, New York: Free Press, 2005, p.223.
61) Allen, "Louis H. Severance," *The Oberlin Alumni Magazine*, October 1913, p.2.
62) Avison, "Making the Most of One's Opportunities," *The Korea Mission Field*, May 1920, pp.97~98: 제9장을 참조.
63) 이광린, 『올리버 알 에비슨의 생애』, 연세대학교 출판부, 1992, pp.221~222.
64) Avison, *Memoirs of Life in Korea*, p.241.
65) Weissenburger, M. B., "Cleveland Men and Money Are Helping Korea," *Cleveland Plain Dealer*, February, 22, 1931.
66) 에이비슨, 에이비슨기념사업회(역), 『구한말 비록』(상), 대구대학교 출판부, 1986, p.227.
67) 이만열·옥성득, 『언더우드 자료집』 Ⅱ, 연세대학교 출판부, 2006, p.51.
68) 에이비슨, 에이비슨기념사업회(역), 『구한말 비록』(하), 대구대학교 출판부, 1986, p.55.

69) 캐나다 토론토 대학의 학생들이 YMCA를 조직하고 게일(James Gale)과 펜윅(Malcolm Fenwick)을 한국에 파송하였다. 기독청년회는 에이비슨의 집에서 조직되었다.(Avison, *Memoirs of Life in Korea*, pp.81~82).

70) *Knox College Monthly*, May 1887, p.25.

71) 이광린, 『올리버 알 에비슨의 생애』, 연세대학교 출판부, 1992, p.42.

72) Ludlow, A. C., *The Old Stone Church the story of a Hundred Years 1820-1920*, Privately printed, 1920, p.288.

73) *The New York Times*, January 17, 1910, p.3.

74) 이만열·옥성득, 『언더우드 자료집』 Ⅱ, 연세대학교 출판부, 2006, pp.70~71.

75) Avison, *Memoirs of Life in Korea*, p.421. "You are wanting a hospital and the Board has given permission for it."

76) Avison, *Memoirs of Life in Korea*, p.421. "If you just get in with that *family*, they could build it themselves and think nothing of it."

77) Avison, *Memoirs of Life in Korea*, p.423. "that family could build the hospital for me without any help from others if I could get their interest."

78) Avison, *Memoirs of Life in Korea*, p.421.

79) Avison, *Memoirs of Life in Korea*, p.421.

80) *The New York Times*, April 28, 1900, p.6.

81) *The Ecumenical Missionary Conference 1900 New York*, p.18.

82) Avison, *Memoirs of Life in Korea*.

83) Avison, *Memoirs of Life in Korea*, p.426.

84) Avison, *Memoirs of Life in Korea*, p.427.

85) *The Ecumenical Missionary Conference 1900 New York*, p.18.

86) 이곳은 한국 최초의 교회가 세워진 곳으로 한국의 베들레헴이라고 부른다.

87) 알렌 공사가 국무성에 보내는 문서 no.300(1900년 11월 22일)과 no.307(1900년 12월 14일). 알렌 공사는 외국인 살해지령이 적힌 보부상의 사발통문을 입수하여 번역하여 국무성에 보냈다. Burnett, *Korean-American Relations*, vol.Ⅲ, University of Hawaii Press, 1989, pp.199~202.

88) 열강이 개입한 북경의 의화단 사건은 1900년이지만 그 전에도 의화단 사건은 도처에서 일어났다.

89) 전보에 한글이 사용된 것은 1908년이다. 서울-부산 간 전신이 준공된 것은 1886년 2월이다. 청나라가 가설하였다.

90) 에이비슨, 에이비슨기념사업회(역), 『구한말 비록』(상), 대구대학교 출판부, 1986, 1984.

91) 에이비슨, 에이비슨기념사업회(역), 『구한말 비록』(하), 대구대학교 출판부, 1986, p.255.

92) 형식상 한국 정부가 설립하였으나 실제로는 일본 통감부가 장악하였다.

93) *Report of Ecumenical Missionary Conference*, vol.Ⅱ, New York, 1900, p.224.

94) 에이비슨, 에이비슨기념사업회(역), 『구한말 비록』(상), 대구대학교 출판부, 1986, pp.135~136.

95) 뉴욕 타임스에 게재된 제목은 Comity in Medical Works이다. 아마 이 제목이 맞을 것이다. 이 제목은 전체 제목에서 파생된 것으로 예를 들면 엘린우드 박사의 제목은 Comity in Educational Works이었기 때문이다.

96) 에큐메니컬 선교대회 보고서에는 모든 연설문이 실리지 않고 중요하다고 생각되는 연설문만 뽑았다.

97) 하나는 Comity in Medical Work, 또 하나는 Comity in Medical Missions.

98) *Ecumenical Missionary Conference New York 1900*, vol.I., New York: American Tract Society, 1900, pp.243~248.

99) *The New York Times*, April 22, 1900, p.23.
100) Holden, *Autobiography*, unpublished manuscript, University of Wooster Archives: Avison, *Memoirs of Life in Korea*.
101) *The Ecumenical Missionary Conference 1900 New York*, p.17.
102) Avison, *Memoirs of Life in Korea*, p.425.
103) Avison, *Memoirs of Life in Korea*, p.425.
104) Clark, A. D., *Avison of Korea: The Life of Oliver R. Avison, M. D.*, Seoul: Korea, Yonsei University Press, 1978, p.114. 여기서 "Well, I must go"는 다른 곳에 볼일이 있을 때에 쓰는 표현이다.
105) Avison, *Memoirs of Life in Korea*, p.428.
106) *The Wooster Voice*, December 1902, p.164.
107) Severance Family Papers, Western Reserve Historical Society
108) Avison, *Memoirs of Life in Korea*, pp.418~429.
109) Holden, *Autobiography*, unpublished manuscript, University of Wooster Archives, pp.119~120.
110) White, "A Missionary Philanthropist: A Sketch of the Life and Work of Louis H. Severance," *The Missionary Review of the World*, December 1913.
111) Severance Family Papers, Western Reserve Historical Society.
112) Severance Family Papers, Western Reserve Historical Society.
113) Avison, *Memoirs of Life in Korea*, p.426.
114) Avison, *Memoirs of Life in Korea*, p.281.
115) Frazier, *Family*, Picador, 2002, p.154.
116) Frazier, *Family*, Picador, 2002, p.167.
117) Fenwick, M. C., *The Church of Christ in Corea*, New York: George H. Doran Co., 1911, p.9.
118) Fenwick, M. C., *The Church of Christ in Corea*, New York: George H. Doran Co., 1911, p.9.
119) Weir, Report, *The Morning Calm*, April 1908, p.67.
120) 해링톤, 이광린(역), 『개화기의 한미관계』, 일조각, 1973, p.62.
121) Avison, *Memoirs of Life in Korea*, p.425.
122) 이광린, 『올리버 알 에비슨의 생애』, 연세대학교 출판부, 1992.
123) 앞서 소개한 것처럼 세브란스 기념병원 고든이 서울을 거쳐 중국으로 갔고, 제8장에서 제공한 등주의 세브란스 여학교 건물의 사진이 그 증거이다. 이만열·옥성득, 『언더우드 자료집』 Ⅱ, 연세대학교 출판부, 2006를 참조.
124) 이에 대해서는 제8장을 참조.
125) *The Ecumenical Missionary Conference 1900 New York*, p.11.
126) 이만열·옥성득, 『언더우드 자료집』 Ⅱ, 연세대학교 출판부, 2006, p.102.
127) Severance Family Papers, Western Reserve Historical Society.
128) *Report of the First International Convention of the Student Volunteer Movement for Foreign Missions*.
129) 클리블랜드 장로교 노회의 총무와 클리블랜드 기독청년회관의 재무관을 지냈다(Ludlow, A. C., *The Old Stone Church the story of a Hundred Years 1820-1920*, Privately printed, 1920, p.257).
130) 백만장자의 거리의 15개의 대저택, 유니언 클럽 건물, 올드스톤 교회, 하크니스 교회 등을 설계한 사람이다.
131) *Report of the First International Convention of the Student Volunteer Movement for Foreign Missions*.
132) *Report of the First International Convention of the Student Volunteer Movement for Foreign Missions*.
133) *The New York Times*, November 4, 1917, p.19.

134) *The New York Times*, November 4, 1917, p.19.
135) *The Missionary Review of the World*, December 1897, p.926.
136) 연동교회100년사편찬위원회, 『연동교회100년사 1894~1994』, 연동교회, 1995, p.111.
137) 이만열·옥성득, 『언더우드 자료집』 I, 연세대학교 출판부, 2005.
138) Ludlow, A. C., *The Old Stone Church the story of a Hundred Years 1820-1920*, Privately printed, 1920, p.160.
139) 해링톤, 이광린(역), 『개화기의 한미관계』, 일조각, 1973, p.7: Brown, Arthur J., *The Mastery of the Far East*, New York, 1919, p.501: Brown, Arthur J., *One Hundred Years: A History of the Foreign Missionary Work of the Presbyterian Church in the U.S.A.*, New York, 1936: Brown, Arthur J., *The Foreign Missionary: An Incarnation of a World Movement*, New York, 1907.
140) Tuve, *Old Stone Church*, Cleveland: Old Stone Church, 1994, p.70.
141) Woodward, E. L., *China Medical Journal*, September 1907; Jefferys, W. H. and J. L. Maxwell, *The Diseases in China*, 2nd Edition, Philadelphia: Blaikston's Son and Company, 1911, p.660에서 재인용.
142) 해링톤, 이광린(역), 『개화기의 한미관계』, 일조각, 1973, p.7., Brown, Arthur J., *The Mastery of the Far East*, New York, 1919, p.501.
143) A notable event is the arrival in the country of the heir apparent [sic] of Korea, Prince Eui Wha, who, by the wish of his royal father, comes to remain some years in America and pursue his education under the special guardship of Dr. Ellinwood, secretary of the Presbyterian Board(*The Missionary Review of the World*, September 1897, pp.717~718). 의화군 이강은 황태자가 아니었으므로 이것은 오기이다.
144) 이광린, 『초대 언더우드 선교사의 생애』, 연세대학교 출판부, 1991, p.162.
145) 언더우드가 엘린우드에 보내는 편지(자료 Ⅵ-12)에 루미스 박사를 언급하고 있다.
146) no.244, Allen to Secretary, November 4, 1896.
147) Barnett, *Korean-American Relations*, vol.Ⅲ, University of Hawaii Press, 1989, p.157. 같은 달러 금액이라도 은달러와 금달러의 가치는 달랐다.
148) 세브란스 씨가 극동에 관심이 많다는 사실은 선교본부에 있는 사람은 모두 알고 있다는 증거는 화이트 박사의 글에 나타나 있다(White, "A Missionary Philanthropist: A Sketch of the Life and Work of Louis H. Severance," *The Missionary Review of the World*, December 1913).
149) Avison, *Memoirs of Life in Korea*, p.425.
150) 이만열·옥성득 편역, 『언더우즈 자료집 Ⅱ』, 연세대학교 출판부, 2006, p.78.
151) 에이비슨, 에이비슨기념사업회(역), 『구한말 비록』(하), 대구대학교 출판부, 1986, p.110.
152) 이만열·옥성득, 『언더우드 자료집』 Ⅱ, 연세대학교 출판부, 2006, p.104.
153) Avison, *Memoirs of Life in Korea*, unpublished manuscript.
154) 이만열·옥성득, 『언더우드 자료집』 Ⅱ, 연세대학교 출판부, 2006.
155) 이만열·옥성득, 『언더우드 자료집』 I, 연세대학교 출판부, 2005, pp.262~263.
156) 이만열·옥성득, 『언더우드 자료집』 Ⅱ, 연세대학교 출판부, 2006, p.74.
157) 이만열·옥성득, 『언더우드 자료집』 Ⅱ, 연세대학교 출판부, 2006, p.199.
158) 이만열·옥성득, 『언더우드 자료집』 Ⅱ, 연세대학교 출판부, 2006, p.84.
159) 백낙준, 『한국개신교사 1832-1910』, 연세대학교 출판부, 1973, p.273.
160) 백낙준, 『한국개신교사 1832-1910』, 연세대학교 출판부, 1973, p.285.
161) 이만열·옥성득, 『언더우드 자료집』 Ⅱ, 연세대학교 출판부, 2006, p.97.

162) Haddad, *Flora Stone Mather*, Kent State University Press, 2007, p.80.
163) 이만열·옥성득, 『언더우드 자료집』 Ⅱ, 연세대학교 출판부, 2006, p.103.
164) 이만열·옥성득, 『언더우드 자료집』 Ⅱ, 연세대학교 출판부, 2006, p.29.
165) 이만열·옥성득, 『언더우드 자료집』 Ⅱ, 연세대학교 출판부, 2006, p.35.
166) 이만열·옥성득, 『언더우드 자료집』 Ⅱ, 연세대학교 출판부, 2006, p.29.
167) 이만열·옥성득, 『언더우드 자료집』 Ⅰ, 연세대학교 출판부, 2005, p.271.
168) 이만열·옥성득, 『언더우드 자료집』 Ⅱ, 연세대학교 출판부, 2006, p.122.
169) Avison, *Memoirs of Life in Korea*, p.427.
170) 하디, 「에비슨 박사 소전」, 『기독신보』, 1932년 7월 20일 자; 이광린, 『올리버 알 에비슨의 생애』, 연세대학교 출판부, 1992, p.107에서 재인용.
171) 이만열·옥성득, 『언더우드 자료집』 Ⅱ, 연세대학교 출판부, 2006, p.34.
172) 하디, 「에비슨 박사 소전」, 『기독신보』, 1932년 7월 20일 자; 이광린, 『올리버 알 에비슨의 생애』, 연세대학교 출판부, 1992, p.107에서 재인용.
173) 하디, 「에비슨 박사 소전」, 『기독신보』, 1932년 7월 20일 자; 이광린, 『올리버 알 에비슨의 생애』, 연세대학교 출판부, 1992, p.107에서 재인용.
174) Allen, "Louis H. Severance," *The Oberlin Alumni Magazine*, October 1913, p.5.
175) *The New York Times*, January 12, 1899.
176) Rhodes, *History of the Korea Mission: Presbyterian Church U.S.A., 1884~1934*, Chosen Mission Presbyterian Church U.S.A., 1934.
177) 최석우, 『한국천주교회의 역사』, 한국교회사연구소, 1982, p.130; 문규현, 『민족과 함께 쓰는 한국천주교회사 I』, 빛두레, 1994, p.146에서 재인용.
178) 이승만, 『한국교회핍박』, 하와이: 신한국보사, 1913, pp.408~409.
179) 아웃룩(The Outlook)은 리만 애보트(Lyman Abbott 1835~1922)가 편집하는 기독교 주간잡지로서 매주 10만 부 이상이 팔렸다. 이승만은 감옥시절부터 선교사가 보내주는 이 잡지를 애독하였다.
180) *The Missionary Review of the World*, January 1921.
181) Weir, Report, *The Morning Calm*, April 1908, p.65. 이 말을 한 사람의 이름이 밝혀지지 않았지만 전후 문맥으로 보아 세브란스임이 틀림없다. 자세한 것은 제8장의 주석 177을 참조.
182) Dennett, *John Hay: From Poetry to Politics*, Dodd, Mead & Co., 1933, p.295.
183) Tuve, *Old Stone Church*, Cleveland: Old Stone Church, 1994, pp.56~59, p.70: *The Missionary Review of the World*, October 1923, p.859.
184) Severance, Elizabeth, *E. S. A. Diary around the World 1910~1911*, pp.167~172.
185) *The Missionary Review of the World*, October 1923, p.859.
186) Ludlow, A. C., *The Old Stone Church the story of a Hundred Years 1820-1920*, Privately printed, 1920, pp.251~254. 세브란스가 직접 관여한 직접적 증거는 없지만 정황적 증거는 있다. 그러나 그의 어머니가 다니던 제2장로교회의 목사 찰스 포메로이가 관여하였다.
187) Lee, Chong-Sik, *Syngman Rhee*, Yonsei University Press, 2001, pp.120~125. 그러나 헤이는 그렇게 독실한 교인은 아닌 것 같았다. 그는 교회보다 법률을 선택하여 변호사가 되었다. 그는 삼촌에게 말했다. "I would not do for a Methodist preacher, for I am a poor horseman. I would not suit the Baptists, for I dislike water, I would fail as an Episcopalian, for I am no ladies'man." Thayer, *Life and Letters of John Hay*, vol.I, Houghton Mifflin, 1916, p.59.
188) Avison, *Memoirs of Life in Korea*, p.281.
189) Avison, *Memoirs of Life in Korea*, p.278.

190) Avison, *Memoirs of Life in Korea*, p.281. 그러나 다른 문서에 의하면 로스앤젤레스에서 출발한 것으로 되어 있다(이정식(역), 「청년 이승만의 자서전」, 『신동아』, 1979년 9월호, p.443).

191) Avison, *Memoirs of Life in Korea*, pp.281~282. 이승만은 한국에서 학습을 받았다(전택부, 『인간 신흥우』, 대한기독교서회, 1971, pp.46~47). 커버넌트 교회에서 장로교인으로 세례를 받았으나 1910년 한국에 귀국하면서 또는 1911년 하와이로 가면서 감리교를 택한다. 에이비슨에 의하면 장로교에서 양해하였다고 한다.

192) 이 회담은 알칸사 출신 하원의원 휴 딘스모어(H. Dinsmore)가 주선하였는데 그는 1887~1890년에 한국 주재 미국 공사였다. 그러나 그 이전에 일본 주재 한국 공사의 노력이 있었다. 1900년 한국 공사는 도쿄 주재 미국 공사 알프레드 벅(Alfred E. Buck)에게 미국이 한국의 독립을 보존하는데 열강의 힘을 모아줄 것을 간청하였을 때 벅은 워싱턴 주재 한국 공사가 제출해야 한다고 대답하였다. 헤이 국무장관이 이 경로를 승인하였다.

193) 이원순, 『인간 이승만』, 신태양사, 1988, p.94; Allen to Secretary of State, no.700, Burnett, *Korean-American Relations*, vol.Ⅲ, University of Hawaii Press, 1989, p.206에서 재인용.

194) 리하르트 분쉬, 김종대(역), 『고종의 독일인 의사 분쉬』, 학고재, 1999, p.214.

195) 그러나 문호개방정책은 환상에 지나지 않았다고 평가한다. 헤이의 최대의 업적은 열강에 의한 중국의 분할을 저지한 것이었다.

196) Mather, Amasa S., *Extracts from the Letters, Diary and Note Books of Amasa Stone Mather: June 1907 to December 1908*, vol.I, Private Publication, 1910, pp.439~440.

197) Lee, Chong-Sik, *Syngman Rhee*, Yonsei University Press, 2001, pp.120~125; 이정식, 「해방 전후의 이승만과 미국」, 유영익(편), 『이승만 연구』, 연세대학교 출판부, 2000, p.408.

198) *Willard Dickerman Straight and Early US-Korea Diplomatic Relations*, Cornell University Archives.

199) 해링톤, 이광린(역), 『개화기의 한미관계』, 일조각, 1973, p.250.

200) Thayer, *Life and Letters of John Hay*, vol.I, Houghton Mifflin, 1916.

201) 가네코 겐타로는 원래 후쿠오카(福岡) 출신으로 메이지 초기에 고향 선배인 사법성 관원 요시타다(平賀義質)의 연고로 도쿄에 나와 짚신 담당 하인에서 출발한 사람이다. 히라가가 사법성에 등청할 때 짚신이 든 상자를 메고 따라가고 퇴청할 때에는 사법성 현관에 꿇어 엎드려 짚신을 내주는 것이 그의 일과였다. 그러던 그가 1899년 사법성 장관이 되었고 마침내 한국의 운명을 좌우하는 자리에 올랐다. 한국은 1592년 짚신 담당 도요토미 히데요시(豊信秀吉)에게 당하더니 1905년에는 또 하나의 짚신 담당 가네코 겐타로(金子堅太郎)에게 당하였다.

202) Dennett, T., "President Roosevelt's Secret Pact with Japan," *The Current History Magazine*, October 1924, pp.15~21.

203) Haddad, *Flora Stone Mather*, Kent State University Press, 2007, p.93.

204) Straight가 친구 Whitey에게 보낸 1905년 11월 30일 자 편지.

205) Burnett, *Korean-American Relations*, vol.Ⅲ, University of Hawaii Press, 1989, p.149.

206) Straight's Archives, Cornell University.

207) 리하르트 분쉬, 김종대(역), 『고종의 독일인 의사 분쉬』, 학고재, 1999, p.226.

208) 그러나 이승만은 그 초청을 거절하였다. 유영익, 『젊은 날의 이승만』, 연세대학교 출판부, 2002, p.223.

209) Avison, *Memoirs of Life in Korea*, p.280.

210) Lee, Chong-Sik, *Syngman Rhee*, 2001, p.105. 그러나 이 기간 동안 휴식을 취하며 집안일을 돌보았다는 견해도 있다. 유영익, 『젊은 날의 이승만』, 연세대학교 출판부, 2002, p.27. 상동청년학원의 설립이 그의 발상이었는지 아니면 그의 '진고개파' 동지들(전덕기, 주상호)의 발상이었는지 불분명하지

만 어느 경우이든지 그 설립을 위해서는 회합도 많이 가졌을 것이다. 따라서 휴식을 취하고 집안일도 돌보고 사람들도 만났을 것이다.

211) Lee, Chong-Sik, *Syngman Rhee*, 2001, p.105. "He[Syngman Rhee] wanted to see the missionaries who worked so earnestly to comfort him in prison and to obtain his release."

212) *Catalogue Severance Union Medical College*, 1917, p.4.

213) 유영익, 『젊은 날의 이승만』, 연세대학교 출판부, 2002, 제Ⅲ장-제Ⅳ장; 유영익, 「이승만의 〈옥중잡기〉 백미」, 유영익(편), 『이승만 연구』, 연세대학교 출판부, 2000, pp.53~60; 최영호, 「이승만의 하와이에서의 초기 활동」, 같은 책, pp.72~85.

214) Avison, *Memoirs of Life in Korea*, p.282.

215) 이에 대한 자세한 내용은 제10장을 참조.

216) Cramer, *Case Western Reserve: A history of the University, 1826-1976*, Boston: Little, Brown & Co., 1976, p.119.

217) Cramer, *Case Western Reserve: A history of the University, 1826-1976*, Boston: Little, Brown & Co., 1976.

218) 이정식(역), 「청년 이승만의 자서전」, 『신동아』, 1979년 9월호, p.428.

219) 이 책은 헤이의 문호개방정책에 대해 왈가왈부할 자리가 아니다. 다만 그의 다채로운 경력이 흥미롭다. 그는 인디애나에서 출생하여 브라운 대학에서 인문학을 공부하였으나 변호사가 되었다. 1860년 22살의 나이에 링컨 대통령의 개인비서로 출발하였는데 그의 임종을 지켰다. 그를 주목한 사람은 당시 국무장관이며 1867년에 알래스카를 매입한 윌리엄 헨리 시워드(William Henry Seward, 1801~1872)였다. 그러나 링컨의 암살에서 충격을 받고 정치에 환멸을 느껴 문학과 사업에 힘을 쏟았다. 그는 시인이었고 반세계주의자였다. 당대 미국 문단에 영향력 있는 작가가 되었고 지금도 그의 시집이 전해져 온다. 최근에는 닉슨 대통령의 탄핵에 관여했던 아치볼드 콕스(Archibald Cox) 특별검사의 애송시가 됐다(Gormley, *Archibald Cox: Conscience of a Nation*, Addison-Wesley, 1997, p.7). 콕스의 외할아버지 윌리엄 에바르츠(William Evarts, 1818~1901)가 헤이스 대통령의 국무장관이었는데 앤드류 존슨 대통령의 탄핵 재판에서 대통령을 옹호하여 명성을 높였다. 헤이는 영국, 스페인, 프랑스에서 초급 외교관 생활을 지내고 매킨리 대통령이 1897년에 주영 대사로 임명하였을 때 비로소 세계 대세에 눈을 떴는데 이 경험이 국무장관이 되었을 때 세계주의자로 변신하는 데 커다란 도움이 되었다. 스페인과 전쟁에서 승리하자 필리핀을 병탄하는 데 앞장섰고, 그를 지키기 위하여 대서양과 태평양을 연결하는 파나마 운하 개발을 위하여 영국 대사 펀스포트(Julian Paunceforte)와 교섭에 성공하였다. 그 결과로 1900년 헤이-펀스포트 조약(Hay-Paunceforte Treaty)을 체결하였다. 이 지역에 있어서 영국의 중요성을 이해한 것이다. 콜롬비아령 파나마 지역이 콜롬비아에 대하여 반란을 일으키자 파나마를 독립국가로 승인하고 파나마 운하건설 협정을 체결하였다. 파나마 운하는 미국의 아시아정책과 세계전략에 매우 중요해졌다. 먼로 대통령 밑에서 먼로주의를 기획한 존 퀸시 애덤스 국무장관의 후계자가 링컨 대통령 밑의 국무장관 윌리엄 시워드였고 그의 후계자가 매킨리 대통령 밑의 국무장관 존 헤이였다. 헤이 국무장관이 젊을 때 쓴 시는 다음과 같다. "결코 우리의 국책으로 삼지 말자/저 멀리 바다의 암초나 도서에/우리 힘, 우리 의지, 과시하는 것을" 그러나 세월이 지나 그의 이 같은 태도는 변하여 미국의 세계주의의 전도사가 되었고 금융자본주의가 그것을 뒷받침하였다. 정치에 환멸을 느낀 것이 링컨의 암살이었고 그래서 반세계주의자가 되었는데 이번에는 그를 국무장관에 임명한 매킨리 대통령이 암살되었을 때에는 정치에 환멸을 느끼기는커녕 더욱 세계주의자가 되었고 시인답게 자신의 정책을 현란한 언어로 구사하였다. 스페인과의 전쟁을 "작고 멋진 전쟁"이라고 표현하였다. 그러나 당대에 그만큼 세계정세 변동에 민감한 정치가도 드물었다. 이승만이 그를 눈여겨본 것은 당연한 일이었다. 더욱이 일본은 비밀리에 아시아의 문제는 아시아인에 의해 결정

해야 한다는 아시아판 먼로주의(Asian Monroeism)를 내심 갖고 그의 맹주가 되려고 노력하였는데 헤이의 문호개방주의와 상충되는 것이었다(Bix, Herbert P., *Hirohito*, New York: Perennial, 2001, p.147). 결과적으로 그의 업적은 문호개방주의는 환상으로 끝났지만 중국의 분할을 막았고 필리핀을 얻었다는 것으로 평가된다. 존 헤이가 웨스턴 리저브 대학의 이사장 아마사 스톤의 딸인 클라라 스톤과 결혼하여 클리블랜드시에 온 것은 세브란스가 타이터스빌에서 클리블랜드로 귀향한 1874년이다. 1881년부터 1905년까지 장인이 세운 웨스턴 리저브 대학의 이사를 지내며 한나, 헤이스, 세브란스의 친구가 되었다.

220) Hulbert, *Appendix I*, Korean Liberty Conference, Los Angeles: The United Korean Committee in America, 1919, pp.101~102.

221) Hulbert, *Echoes of the Orient: A Memoir of Life in Far East*, Typed manuscript, p.270, p.309.

222) Willard Straight's Letter of November 30, 1905.

223) Weems, *Hulbert's History of Korea*, vol.I, ED46에는 1시간 전이라고 써 있다.

224) 이원순, 『인간 이승만』, 신태양사, 1988, pp.86~87.

225) Ludlow, A. C., *The Old Stone Church the story of a Hundred Years 1820-1920*, Privately printed, 1920.

226) Tuve, *Old Stone Church*, Cleveland: Old Stone Church, 1994, p.58.

227) Tuve, *Old Stone Church*, Cleveland: Old Stone Church, 1994.

228) Weems, *Hulbert's History of Korea*, vol.I, Hillary House Publishing, 1962, p.ED 24.

229) Hulbert, *Echoes of the Orient: A Memoir of Life in Far East*, Typed manuscript, pp.211~212.

230) Hulbert, *Echoes of the Orient: A Memoir of Life in Far East*, Typed manuscript, pp.217~218.

231) Weems, *Hulbert's History of Korea*, vol.I, p.ED33.

232) 백낙준, 『한국개신교사 1832-1910』, 연세대학교 출판부, 1973, p.358.

233) 이만열·옥성득, 『언더우드 자료집』 Ⅱ, 연세대학교 출판부, 2006, p.39.

234) Mather, Amasa S., *Extracts from the Letters, Diary and Note Books of Amasa Stone Mather: June 1907 to December 1908*, vol.I·II, Private Publication, 1910.

235) 리하르트 분쉬, 김종대(역), 『고종의 독일인 의사 분쉬』, 학고재, 1999, pp.167~170.

236) Hulbert, *Echoes of the Orient: A Memoir of Life in Far East*, Typed manuscript.

237) Hulbert, *Echoes of the Orient: A Memoir of Life in Far East*, Typed manuscript, pp.197~280.

238) Ludlow, A. C., *The Old Stone Church the story of a Hundred Years 1820-1920*, Privately printed, 1920, p.347.

239) 해링톤, 이광린(역), 『개화기의 한미관계』, 일조각, 1973, p.138.

240) 해링톤, 이광린(역), 『개화기의 한미관계』, 일조각, 1973, p.131.

241) 해링톤, 이광린(역), 『개화기의 한미관계』, 일조각, 1973, p.207.

242) 황현, 김준(역), 『매천야록』, 교문사, 1996, p.110.

243) Chernow, *Titan: The Life of John D. Rockefeller, Sr.*, Vintage, 1998, p.260.

244) 아제르바이젠의 바쿠에도 백만장자의 거리가 있다. 카스피 해안을 따라 형성된 이 거리는 구소련의 공산주의 지배에도 불구하고 살아남았다.

245) 글로버는 스코틀랜드의 아버딘(Aberdee)에서 조선소를 만들고 분해하여 나가사키로 가져와 조립하였으니 이것이 일본 최초의 조선소가 되었다. 그는 메이지유신 때 막부 정권을 전복한 장주 번 무사들에게 총기를 팔아서 막대한 이익을 얻었다. 이때 주일 영국 공사 헨리 퍼크스가 이들을 도왔다. 글로버는 장주 번 출신 이토 히로부미를 영국으로 보낼 때 옥스퍼드와 캠브리지를 알선하였다. 이때 이토 히로부미는 브래해드(Braehead)에 있는 글로버의 고향집을 방문하였다. 글로버는 일본 여자 마

키 사이에 낳은 아들 토미사부로를 나가사키의 외국인 학교에 보냈는데 이 학교의 교장 사라 커렐이 자신의 오빠 존 루터 롱에게 글로버, 마키, 토미사부로의 관계를 얘기하였다. 롱은 이것을 윤색하여 소설 『나비부인』을 썼다. 이 소설을 데이비드 벨라스코가 각색하여 런던 극장에서 공연하였는데 관객 가운데 푸치니가 있었다. 오페라 『나비부인』은 이렇게 하여 탄생하였다(Vivienne Forrest, *The Highlander*, May/June 1992, pp.48~52).

246) 1895~1898년의 3년간 중국의 차관 총액이 4억 냥이었는데 이는 당시 국가 세입의 5년치에 해당하였다. 이자율이 5부였는데 이것만 해도 국가 세입의 4분의 1이었다.

247) 석유가로등이 생기자 독립관에서 이에 대한 토의가 일어났다. "가로등을 켜면 도적이 없어진다."는 주장에 "관 쓴 백주 도적이 가로등 무서워 가렴주구 못하겠느냐"는 주장이 대두되었다. 전기가로등의 등장은 1900년 4월이었으니 한국에서도 석유는 전기에 밀리기 시작하였다.

248) 해링톤, 이광린(역), 『개화기의 한미관계』, 일조각, 1973, p.197.

249) 일본 부인이 첩이라는 주장도 있다. 리하르트 분쉬, 김종대(역), 『고종의 독일인 의사 분쉬』, 학고재, 1999, p.44. 다만 분쉬는 일기에서 이름은 거명하지 않고 미국인 대실업가라고만 밝혔다. 그러나 당시 제물포에는 미국인 실업가는 타운센드 한 사람뿐이었다. 그와 일본 여자 사이에서 딸이 있었다. 타운센드는 1884년 한국에 진출한 도매상인으로 당시 유일한 미국 무역상인이었다. 그가 세운 상회가 Messers Townsend & Company(陀雲仙商會)였다. 이밖에 독일의 Meyer & Company(世昌洋行), 영국의 Jardine Matheson & Company(怡和洋行)가 대표적인 외국상회였다. 이들은 대부분 상해와 나가사키, 요코하마 등지에 본부를 둔 출장소였다. 세창양행은 1886년 2월 26일 자 한성주보에 광고(德商 世昌洋行 告白)를 하였다. 그 광고 속에 소개하는 물품 가운데 "각종(석유) 램프"가 눈에 띈다. 외아문 독판 김윤식은 타운센드에게 울릉도 목재 판매권을 주고 그 대가로 일본 유학생의 식비와 여비를 지급하도록 편지를 보냈다(이광린, 『한국개화사의 제문제』, 일조각, 1986, p.60). 타운센드는 한국인과만 다툰 것이 아니라 알렌 공사와도 다투었다(해링톤, 이광린(역), 『개화기의 한미관계』, 일조각, 1973, pp.113, 131, 157). 타운센드는 알렌이 주선하여 특권을 얻고 있었다. 그러나 알렌은 말했다. "타운센드라는 녀석은 고마워할 줄 모른다. 그러나 이렇게 하지 않으면 그 이권이 독일인에게로 넘어가게 된다." 알렌은 장사를 하는 선교사가 되고 싶지 않았다. 타운센드는 선교사와 자주 부딪혀 자본국의 어머니에게 선교사를 돕는 일을 중지하라고 졸랐다(타운센드에 대해서는 뉴욕 헤럴드 1895년 12월 1일 자의 John Cockerill의 기사와 Cook, Harold F. *Pionee American Businessman in Korea, The Life and Times of Walter Davis Townsend*, Royal Asiatic Society Korea Branch, 1981을 참조).

250) 1901년 6월 19일 알렌 공사의 미국 국무성 보고 no.368.

251) 알렌, 「한국근대사연표 및 미안 1, 2, 3」; 이현희, 『한국 철도사』, 한국학술정보, 2001, p.86에서 재인용.

252) Allen, *Things Korean*, Fleming H. Revell Company, 1908, p.93; Avison, *Memoirs of Life in Korea*, p.215.

253) 황현, 김준(역), 『매천야록』, 교문사, 1996, p.110.

254) Yergin, *The Prize: The Epic Quest for Oil, Money and Power*, Simon & Schuster, 1991, p.68.

255) Yergin, *The Prize: The Epic Quest for Oil, Money and Power*, Simon & Schuster, 1991; Chernow, *Titan: The Life of John D. Rockefeller, Sr.*, Vintage, 1998.

256) Avison, *Memoirs of Life in Korea*, p.215.

257) 황현, 김준(역), 『매천야록』, 교문사, 1996, p.110.

258) 황현, 김준(역), 『매천야록』, 교문사, 1996, p.587.

259) Allen, *Things Korean*, Fleming H. Revell Company, 1908, p.217.

260) Allen, *Things Korean*, Fleming H. Revell Company, 1908, p.217. 타운센드는 러시아 석유를 물리치는 데 성공했지만 그렇게 정직한 사람이 아니었다. 한국 상인들이 타운센드로부터 수입물품을 선대받은 후 계약위반으로 분쟁에 휘말리는 사례가 빈번하였다. 인천의 장공변은 1만 4천8원, 경성의 전도일은 5천5백3십원68전, 인천의 장명규는 711원 1각, 의주의 홍종대는 1만 2천1십2원41전, 수원의 송화겸은 3천5백1십2원5전을 받지 못했다(경인일보사 특별취재팀, 『인천의 역사』, 경인일보사, 2001). 그러나 한편 타운센드 자신도 한국 정부에 외상을 주고 못 받은 미불채권이 많이 있었다(해링톤, 이광린(역), 『개화기의 한미관계』, 일조각, 1973, p.132).

261) Dennett, *John Hay: From Poetry to Politics*, Dodd, Mead & Co., 1933, p.100.

262) 일일이 열거할 수 없을 정도로 당시의 각종 신문, 잡지, 문헌에 언급하지 않은 곳이 없다.

263) 이승만이 감옥에 수감되어 있을 때 서양선교사들이 보내준 잡지 속에는 이 잡지가 2권 들어있었다(유영익, 『젊은 날의 이승만』, 연세대학교 출판부, 2002, p.68).

264) Cockhill, *Missionary Review of the World*, February 1896; 이광린, 『올리버 알 에비슨의 생애』, 연세대학교 출판부, 1992, p.85에서 재인용.

265) White, "A Missionary Philanthropist: A Sketch of the Life and Work of Louis H. Severance," *The Missionary Review of the World*, December 1913, p.900.

266) Avison, *Memoirs of Life in Korea*, p.425. 다음은 에이비슨 박사가 홀덴 총장으로부터 들은 원문이다. When you[Avison] were reading your paper in Carnegie Hall, I[Holden] was sitting with Mr. Severance away up in the back gallery. You had *not been reading long when* he turned to me and said, "What would you think if I gave that man a hospital?" *With that he got up*, went down to the main floor, and made his way through the crowd along the side aisle till he reached the platform where he waited till noon to meet you.[이탤릭 문자는 저자의 강조].

제7장 __ 서울 1904년

1) *The New York Times*, February 1904.

2) *The New York Times*, February 14, 1904.

3) 황현, 김준(역), 『매천야록』, 교문사, 1996, p.574. 단발령이 내려진 것은 1895년 11월이다.

4) *Report of Severance Hospital 1907~1908*, p.7.

5) 에이비슨, 에이비슨기념사업회(역), 『구한말 비록』(하), 대구대학교 출판부, 1986, p.127.

6) *The Korea Review*, 1904, p.490.

7) 에이비슨, 에이비슨기념사업회(역), 『구한말 비록』(하), 대구대학교 출판부, 1986, p.77.

8) W. B. Hunt의 1902. 5. 22일 자 편지; 이만열, 「한말 미국계 의료선교를 통한 서양의학의 수용」, 『국사관논총』 3, 1989, pp.171~205에서 재인용.

9) S. A. Moffett의 1902. 7. 3일 자 편지; 이만열, 「한말 미국계 의료선교를 통한 서양의학의 수용」, 『국사관논총』 3, 1989, pp.171~205에서 재인용. 1907년 세브란스 씨가 한국을 방문했을 때 모펫 목사 등 평양의 선교사들과 함께 사진을 찍었다. 제8장 참조.

10) 에이비슨, 에이비슨기념사업회(역), 『구한말 비록』(하), 대구대학교 출판부, 1986, p.129. 세브란스의 세 가족을 기념하여 만든 엽서에 Co-donors of the Severance Union Medical College라고 명기하고 있다. 세브란스 연합의학대학이라는 이름이 어떻게 채택되었는지 모르겠으나 에이비슨의 마음 속에는 그의 가문, 특히 아들과 딸을 포함한 세 가족을 기념하는 병원이었다.

11) Avery, *A History of Cleveland and Its Environs*, The Lewis Publishing Co., 1918, p.65; Randall, E.

O., *History of Ohio: the rise and progress of an American state*. The Century history Co., 1912, p.192.
12) 에이비슨, 에이비슨기념사업회(역), 『구한말 비록』(하), 대구대학교 출판부, 1986, p.122.
13) 아직 경의선이 가설되기 전이었다.
14) 서울에서 평양까지 남자들은 조랑말을 이용하였고 부인들은 가마를 이용하였다.
15) 체포된 105명에게 일본 총독 암살 음모죄의 판결을 내려 그중 3명이 옥사하였고 93명이 징역형을 받았다. 이승만은 이 체포를 간신히 피해 미국으로 출국하였다. 이때 하버드대학의 엘리어트 총장은 성명서를 발표하였다. "서구 열강에 참여하려는 일본의 지위는 이른바 입건된 범죄자들에 대한 법적 절차를 분별 있게 함으로써만 향상될 것이다." 감리교 선교부에 서도 성명서가 나왔다. "일본 관헌들이 그들을 체포한 것은 큰 잘못이다. 그 사람들은 사회 적 지위로 보아서 범죄를 범하고 무책임한 행동을 할 사람들이 아니다. 그들은 결코 그러한 음모를 꾸밀 사람들이 아니다."(이원순, 『인간 이승만』, 신태양사, 1988, p.129).
16) 최석우, 『한국천주교회의 역사』, 한국교회사연구소, 1982, p.130; 문규현, 『민족과 함께 쓰는 한국천주교회사 I』, 빛두레, 1994, p.146에서 재인용.
17) Bruce, D. A., *The Mark of the Scots*, Citadel, 1996, p.167; *The New York Times*, 26 Mar 1984, p.2.
18) *Report Severance Hospital 1907~1908*.
19) Brown, *Re-Thinking Missions*(7 volumes, New York and London, 1932~1933), vol.7, pp.139, 194~213; 해링톤, 이광린(역), 『개화기의 한미관계』, 일조각, 1973, p.68에서 재인용.
20) Brown, A. J., *Report of a Visitation of the Korean Mission*, 1901.
21) 당시 한국 정부는 서양건물이 궁전보다 높아지는 것을 못마땅하게 여겼다. 이미 명동성당이 궁전을 내려다본다고 반대가 심하였고 감리교가 도성 내에 높은 교회를 지려는 계획에 대해서도 반대하였다. 외국인 거류지를 용산에 따로 마련해야 한다는 의견이 나온 것도 그러한 이유였다. 여기에 세브란스 병원이 도동의 언덕 위에 높이 올라가니 이 또한 건축허가도 내주지 않고 훼방을 하게 되었다(Avison, *Memoirs of Life in Korea*, pp.232~233).
22) 이만열·옥성득, 『언더우드 자료집』 Ⅱ, 연세대학교 출판부, 2006, pp.131~132.
23) 연세의료원 120년사 편찬위원회, 『인술, 봉사 그리고 개척과 도전의 120년사』, 연세의료원, 2005, p.80.
24) Avison, *Memoirs of Life in Korea*.
25) 두 어린애는 자라서 일본 유학을 하게 된다(에이비슨, 에이비슨기념사업회(역), 『구한말 비록』(하), 대구대학교 출판부, 1986, p.133).
26) Lefton, Douglas, "Cleveland's Rise to Medical Prominence," *The Plain Dealer Magazine*, August 4, 1991, pp.6~9.
27) Hulbert, *Echoes of the Orient: A Memoir of Life in Far East*, Typed manuscript, p.225.
28) Avison, *Memoirs of Life in Korea*, p.441.
29) Avison, *Memoirs of Life in Korea*, pp.430, 438.
30) 언더우드, 이광린(역), 『한국 개신교 수용사』, 일조각, 1989, p.110. 하루 품삯이 15센트에서 20센트였다니 이를 연소득으로 환산하였다.
31) *The Minutes of the General Assembly of the Presbyterian Church in the U.S.A.*, 1885, p.766; 민경배, 『알렌의 선교와 근대한미외교』, 1991, p.766에서 재인용.
32) 이만열·옥성득, 『언더우드 자료집』 Ⅲ, 연세대학교 출판부, 2007, p.79.
33) 이만열·옥성득, 『언더우드 자료집』 Ⅱ, 연세대학교 출판부, 2006, p.237.
34) 이원순, 『인간 이승만』, 신태양사, 1988, p.131.
35) 1928년에 한국 노동자의 임금은 하루에 35센트였다(Childers, James S., "Korea is Land of Great

Promise," *Birmingham News*, November 11, 1928).

36) 황현, 김준(역), 『매천야록』, 교문사, 1996, p.768. 한국화폐로는 4만 원이었는데 황태자가 1만 원을, 일본에서 2만 원, 미국 정부에서 1만 원이라고 기록되었다. 그러나 다른 기록에 의하면 워너메이커가 보낸 4만 달러로 지었다.

37) Ludlow, A. I., "Observations on the Medical Progress in the Orient," *The Cleveland Medical Journal*, October 1908, p.563.

38) 윤치호, 『윤치호 서한집』, 국사편찬위원회, 1980.

39) Burnett, *Korean-American Relations*, vol.Ⅲ, University of Hawaii Press, 1989, p.243.

40) 토지구입비용은 제외.

41) *Report of the Board of Trustees of the University of Wooster*, 1913, p.3.

42) 건물에 장비 포함. Ludlow, A. I., "Observations on the Medical Progress in the Orient," *The Cleveland Medical Journal*, October 1908, p.563.

43) 이광린, 『올리버 알 에비슨의 생애』, 연세대학교 출판부, 1992.

44) 에이비슨, 에이비슨기념사업회(역), 『구한말 비록』(하), 대구대학교 출판부, 1986, p.124.

45) 이광린, 『한국개화사의 제문제』, 일조각, 1986, p.77.

46) Hulbert, *Echoes of the Orient: A Memoir of Life in Far East*, Typed manuscript, pp.304~309; Weems, *Hulbert's History of Korea*, vol.I, Hilary House Publishers, 1962[1905], p.ED56.

47) 황현, 김준(역), 『매천야록』, 교문사, 1996, p.625.

48) 『대한매일신보』, 1907년 2월 21일. 이광린, 『한국개화사의 제문제』, 일조각, 1986, p.281.

49) 황현, 김준(역), 『매천야록』, 교문사, 1996, pp.713~714.

50) 황현, 김준(역), 『매천야록』, 교문사, 1996, pp.593, 603.

51) 황현, 김준(역), 『매천야록』, 교문사, 1996, p.591. "이승만은 1904년 11월 미국으로 떠날 때 고종이 궁궐로 초대하였지만 거절하였다. 이승만은 고종을 유약하며 세계정세에 몽매한 군주로 파악했기 때문이다." 심지어 그는 루즈벨트 대통령에게 바치는 진정서에서 "자신을 고종 황제의 대표라고 칭하지 않고 1천2백만 한국 백성의 의견을 대변하는 8,000명 하와이 교포의 대표로 자처하였다"(유영익, 『젊은 날의 이승만』, 연세대학교 출판부, 2002, p.223).

52) Avison, "The Severance Hospital," *The Korea Review*, 1904, pp.486~493에서 발췌 번역.

53) Avison, *Memoirs of Life in Korea*, p.447.

54) *The Plain Dealer Magazine*, Sunday, August 4, 1991, p.6.

55) 록펠러 의학연구소 소장 사이먼 플렉스너(Simon Flexner)의 동생이다.

56) Flexner, *Medical Education in the United States and Canada*, 1910.

57) *The Flexner Report*, 1910, Introduction.

58) "A Toast to the Profession," *Forecast*, Spring 1984, p.5.

59) "A Toast to the Profession," *Forecast*, Spring 1984, p.5.

60) *Faculty Minutes*, July 8 1907, Medical Department, Western Reserve University.

61) Cramer, *Case Western Reserve: A history of the University, 1826-1976*, Boston: Little, Brown & Co., 1976, p.299.

62) Ludlow, A. I., "Observations on the Medical Progress in the Orient," *The Cleveland Medical Journal*, October 1908, p.563.

63) Ludlow, A. I., "Observations on the Medical Progress in the Orient," *The Cleveland Medical Journal*, October 1908, p.557.

64) Ludlow, A. I., "Observations on the Medical Progress in the Orient," *The Cleveland Medical

Journal, November 1908, p.620.

65) 『황성신문』, 광무 4년(1900), 1월 11일 자 잡보.

66) Avison, "Creating a Medical School in Korea," *University of Toronto Monthly*, November 1937.

67) 리하르트 분쉬, 김종대(역), 『고종의 독일인 의사 분쉬』, 학고재, 1999, p.138.

68) 백낙준, 『한국개신교사 1832–1910』, 연세대학교 출판부, 1973, p.351.

69) 에이비슨, 「개업장 수여」, 『황성신문』 잡보, 융희 2년(1908) 6월 7일: 연세대학교, 『연세대학교사』, p.58.

70) 황현, 김준(역), 『매천야록』, 교문사, 1996, p.766.

71) 평안북도 선천군 인제병원을 가리킴.

72) 김희영 박사에 대해서는 알려진 바가 없다(연세대학교의과대학 의학백년편찬위원회, 『의학백년』, 연세대학교 출판부, 1986, p.57).

73) 평안북도 의주의 구세병원(救世病院)을 가리킨다.

74) 신창희 박사에 대해서 알려진 바가 없다(연세대학교의과대학 의학백년편찬위원회, 『의학백년』, 연세대학교 출판부, 1986, p.57).

75) 하디, 「에비슨 박사 소전」, 『기독신보』, 1932년 7월 20일 자.

76) 하디, 「에비슨 박사 소전」, 『기독신보』, 1932년 7월 20일 자.

77) *The Korea Review*, January 1904, New Calender.

78) 이 화재의 사진은 영국 화보 주간지 『그래픽』 1904년 6월 11일 자에 게재되었다.

79) 황현, 김준(역), 『매천야록』, 교문사, 1996, p.735.

80) 2005년 일본 은행은 1,000엔 지폐에 노구치 히데요 박사의 초상화를 넣었다.

81) 그러나 카렐 박사는 유명한 인종의학자였다. 그에게서 영향을 받은 사람 가운데 하나가 대서양 단독 비행에 성공한 린드버그와 독일의 나치주의자들이었다.

82) 이 이름은 그의 묘비명이 되었다.

83) Avison, "Creating a Medical School in Korea," *University of Toronto Monthly*, November 1937.

84) 1897년 한국의 인구는 1천2백만 명이었다. 1937년에 2천만 명이었다. 불과 40년 만에 8백만 명이 증가한 것이다. 이것은 연평균 20만 명의 증가이다.

85) 리하르트 분쉬, 김종대(역), 『고종의 독일인 의사 분쉬』, 학고재, 1999, p.88.

86) 황현, 김준(역), 『매천야록』, 교문사, 1996, p.597.

87) 에이비슨, 에이비슨기념사업회(역), 『구한말 비록』(하), 대구대학교 출판부, 1986, p.139.

88) 에이비슨 박사가 처음 부산에 도착했을 때 먼저 자리 잡은 선교사의 집에서 유숙하였는데 모기장이 없어서 고생하였다.

89) Avison, "Creating a Medical School in Korea," *University of Toronto Monthly*, November 1937: Avison, *Memoirs of Life in Korea*, p.401. 이러한 현상은 한국만이 아니었다. 서양에서도 곰보가 많았다. 여자들은 밀랍으로 화장하였다. 그러나 벽난로 앞에 앉으면 열기에 밀랍이 녹아내리므로 부채로 가렸다.

90) 에이비슨 박사가 직접 목격한 이러한 시체 처리방법은 에이비슨, 에이비슨기념사업회(역), 『구한말 비록』(하), 대구대학교 출판부, 1986, p.34.

91) Ludlow, A. I., "Observations on the Medical Progress," *The Cleveland Medical Journal*, November 1908, pp.610~611.

92) 리하르트 분쉬, 김종대(역), 『고종의 독일인 의사 분쉬』, 학고재, 1999, pp.81, 201.

93) Avison, "Creating a Medical School in Korea," *University of Toronto Monthly*, November 1937.

94) 리하르트 분쉬, 김종대(역), 『고종의 독일인 의사 분쉬』, 학고재, 1999, p.77.

95) 리하르트 분쉬, 김종대(역), 『고종의 독일인 의사 분쉬』, 학고재, 1999, p.77.
96) 리하르트 분쉬, 김종대(역), 『고종의 독일인 의사 분쉬』, 학고재, 1999, p.72.
97) Avison, "Creating a Medical School in Korea," *University of Toronto Monthly*, November 1937.
98) 이에 대한 서양의사의 보고로서 Ludlow 교수의 논문이 있다. Ludlow, A. I., "Medical Experiences in Korea," *The Cleveland Medical Journal*, 1914, pp.476~481.

제8장 _ 서울 1907년

1) 알렌은 만주의 도로사정을 기록하였다(Allen, *Things Korean*, 1908). 목단에서 안동까지 철도의 불편함에 대해서는 아마사 스톤 마서의 일기(*Extractions from the Letters, Diary, and the Notebooks of Amasa Stone Mather*, vol.Ⅱ)와 아서 터너 성공회 주교의 기록(Bishop Arthur Turner, *The Morning Calm*, July 1908, pp.78~79)을 참고할 수 있다. 밤에는 위험 때문에 열차운행을 중지하여 이틀이 걸렸다. 안동과 봉천(목단)을 연결하는 안봉철도는 일본이 1905년 가설하였다. 러일전쟁으로 급히 만든 것이다. 러시아 국경의 만주리-할빈-장춘의 철도는 1903년에 러시아가 준공하였다. 러일전쟁에서 승리한 일본은 1907년에 남만주철도주식회사를 만주에 설립하고 만주의 철도를 장악하였다. 그밖에 상해-서주 철도는 1908년 영국이 준공, 청도-제남 철도는 1904년 독일이 준공, 서주-제남-천진 철도는 1911년에 독일이 준공, 천진-심양 철도는 1912년 영국이 준공하였다.
2) 압록강 철교는 1909~1911년에 가설되었다. 1907년 9월 7일 의주에서 안동으로 압록강을 삼판평저선으로 건너는 장면은 *Extracts from the Letters, Diary and Note Books of Amasa Stone Mather: June 1907 to December 1908*에 훌륭하게 기술되어 있다. 또 세브란스의 외동딸의 1911년 6월 17일 일기에도 돛도 없이 삿대만으로 움직이는 평저선으로 건너는 장면이 기술되어 있다.
3) Avison, *Memoirs of Life in Korea*, p.445.
4) Ludlow, A. I., "Observations on the Medical Progress in the Orient," *The Cleveland Medical Journal*, Novemebr 1908, p.613.
5) Ludlow, A. I., "Observations on the Medical Progress in the Orient," *The Cleveland Medical Journal*, 1908, p.555.
6) Anderson, "Early Days of the Korea Medical Missionary Association," *The Korea Mission Field*, May 1939, pp.95~96.
7) Wier, *The Morning Calm*, 1908.
8) 민경배, 『한국기독교회사』, 연세대학교 출판부, 2007, p.286.
9) Mott, J., *Addresses and Papers*, vol.Ⅱ, Student Volunteer Movement for Foreign Missions, American Press, 1946, pp.326~327; 민경배, 『한국기독교회사』, 연세대학교출판부, 2007, p.287에서 재인용.
10) Ludlow, A. I., "Observations on the Medical Progress in the Orient," *The Cleveland Medical Journal*, October 1908, p.563. It is appropriate that in the capital city of the great Empire of China there should be established a center for medical instruction. The various missionary bodies, instead of endeavoring to carry on their work separately, have united, and as a result have established the Union Medical College of Peking. The new college building was dedicated in February 1906.
11) *The New York Times*, March 14, 1920.
12) *The New York Times*, April 10, 1910.

13) *The New York Times*, August 20, 1908.
14) *The New York Times*, August 1, 1910, p.6.
15) Ludlow, A. I., "Medical Experiences in Korea," *The Cleveland Medical Journal*, vol.13, 1914, p.479.
16) Ludlow, A. I., "Medical Experiences in Korea," *The Cleveland Medical Journal*, vol.13, 1914, p.479.
17) 김학은, 「루이스 헨리 세브란스」, 『진리와 자유』, 1993년 겨울호, pp.49~55; Ludlow, A. I., "Observations on the Medical Progress in the Orient," *The Cleveland Medical Journal*, October 1908호에는 일본과 중국과 만주의 의학 발전을 기록하였다. November 1908호에는 한국, 버마(미얀마), 인도의 의학 상태를 기록하였다. 러들로 교수는 홍콩, 싱가포르, 페낭으로 가기 전에 들른 상해에는 1~2일만 체류했다고 보고하였다. 이것은 여행 순서가 일본, 중국, 만주, 한국, 다시 일본, 상해, 홍콩, 싱가포르, 페낭, 버마, 인도임을 뜻한다. 이 책은 이 순서대로 기록하였다.
18) Ludlow, A. I., "Observations on the Medical Progress in the Orient," *The Cleveland Medical Journal*, October, November, 1908.
19) Mather, Amasa S., *Extracts from the Letters, Diary and Note Books of Amasa Stone Mather: June 1907 to December 1908*, vol.II, Private Publication, 1910.
20) Mather, Amasa S., *Extracts from the Letters, Diary and Note Books of Amasa Stone Mather: June 1907 to December 1908*, vol.I·II, Private Publication, 1910.
21) 윤치호, 『윤치호 서한집』, 국사편찬위원회, 1980, p.158.
22) 윤치호, 『윤치호 서한집』, 국사편찬위원회, 1980.
23) *The Missionary Review of the World*, January 1921.
24) Avery, *A History of Cleveland and Its Environs*, The Lewis Publishing Co., 1918, p.65.
25) Chernow, *Titan: The Life of John D. Rockefeller, Sr.*, Vintage, 1998, p.541.
26) Frazier, *Family*, Picador, 2002, p.164(The trip[1907~1908 trip] happened to coincide with an antitrust lawsuit filed in Ohio against Standard Oil of Ohio, one of many suits at that time which finally led to the break-up of the Standard Oil Trust. … Louis Severance carried the account books he had kept as treasurer with him on his trip abroad so investigators couldn't find them).
27) 클리블랜드-샌프란시스코가 5일, 샌프란시스코-하와이는 5일 반, 하와이-도쿄는 4일, 고베-상해가 2일이 걸린다(이순탁, 『최근 세계 일주기』, 학민사, 1997[1934]).
28) 『朝野新聞(明治 19년 7월 29일), 12명의 이름은 다음과 같다. 李宜植, 金鎭成, 禹濟翌, 李謙來, 金重聲, 崔奎?, 崔鏞岳, 尹鎬, 李軫鎬, 秦學洵, 尙楗, 高濟案.
29) 이광린, 『한국개화사의 제문제』, 일조각, 1986, p.115, pp.131~132.
30) 신용하, 『독립협회연구』, 일조각, 1985, p.129.
31) 『독립신문』, 1898년 7월 18일 자, 잡보, 사민편지; 신용하, 『독립협회연구』, 일조각, 1985에서 재인용.
32) 『독립신문』, 1898년 7월 25일 자, 잡보, 학부회답; 신용하, 『독립협회연구』, 일조각, 1985에서 재인용.
33) Randall, E. O., *History of Ohio: the rise and progress of an American state*. The Century history Co., 1912, p.193.
34) Hudson, *The Life and Times of Dudley Peter Allen*, Cleveland Medical Library Assn., 1992, p.28.
35) Mather, S., "The New Lakeside Hospital," *The Lakeside Magazine*, 1895, pp.167~171. 이 잡지는 1회성 잡지였던 것 같다.
36) 1907년 7월 1일~1908년 6월 30일 회계연도.
37) 앞서 지적한 대로 클리블랜드의 세브란스 씨가 아니라 뉴욕의 세브란스 씨라고 표현한 것이 주목된다. 앞서 국무장관 헤이에게 알렌 공사가 보낸 정초식 보고와 준공식 보고에는 클리블랜드의 세브란

스 씨라고 기록된 것과 비교된다. 알렌이 보고할 1902년과 1904년에는 헤이가 살아있었지만 연차보고서를 쓸 1908년에는 헤이 장관은 사망한 후였다. 이것은 헤이의 주목을 끌기 위함이었다고 볼 수 있다.

38) 이 보고서는 세브란스 씨가 다녀간 다음에 기록한 것이다.

39) 에스 엘 세브란스는 루이스 헨리 세브란스의 친형이다.

40) 1904년에 부임하여 왔다. 에이비슨은 그에게 임상을 맡기고 강의에 몰두할 수 있었다.(Avison, "Creating a Medical School in Korea," *University of Toronto Monthly*, November 1937).

41) 1899년 첫 번째 안식년에 이어 1908년 에이비슨 박사가 두 번째 안식년을 가졌다는 증거이다. 세 번째 안식년은 1916년이었다.

42) 한국군 해산으로 한국군과 일본군 사이에 교전이 있었다. 특히 남대문에 걸어놓은 일본군의 기관총 난사로 한국군 피해가 컸다.

43) 이 가운데 한 사람이 제물포의 내리교회의 조지 하버 존스 목사일 것이다. 그는 에이비슨을 도와 부상자를 날랐다(에이비슨, 에이비슨기념사업회(역), 『구한말 비록』(하), 대구대학교 출판부, 1986).

44) 심지어는 죽은 사람도 살릴 수 있다는 믿음을 가진 사람도 있었고 고장 난 시계를 살릴 수 있다고 믿는 사람도 있었다.

45) 이 사람에 대해서는 에이비슨 박사의 회고록 『구한말 비록』(하)에 자세히 기록되어 있다.

46) 파스퇴르 연구소의 유래에 대해서는 에이비슨의 회고록 『구한말 비록』(하)에 기록되어 있다.

47) 예전에 달러의 가치가 높을 때에는 센트 아래에 판트라는 화폐 단위가 있었다. 825센트는 82센트 5판트이다. 그러나 미국에서는 이 단위를 사용한 적이 없었다. 여기서는 원화를 달러로 환산할 때 소수점 3자리도 무시할 수 없을 정도의 큰 가치라서 버리지 못한 것 같다.

48) 세브란스 기념병원은 건물 2동이다. 의학대학 강의실이 따로 없었다. 비어있는 입원실을 강의실로 사용하였다(Avison, "Creating a Medical School in Korea," *University of Toronto Monthly*, November 1937).

49) *Gray's Anatomy*.

50) 평양의 여성병원의 간호원들이 세브란스 병원의 간호과정에서 교육받았다(*The Korea Mission Field*, July 1908, p.103).

51) 다른 선교사들과 달리 에이비슨 박사는 처음부터 의료선교가 전도 효과를 더 낼 수 있다고 확신하였다. 이 생각이 옳다는 것이 증명되었는데 여기에는 언더우드 박사도 동감하였다. 세브란스 씨의 의견도 마찬가지였다.

52) 남대문교회인 듯하다.

53) 1천5백2달러 16센트 5판트. 원화를 달러로 환산하였으니 판트까지 동원되었을 것이다.

54) 병원 건물 옆에 풍차를 세워 지하수를 끌어 올렸다.

55) 이 일을 해결하는 장면은 『의학백년』, p.108에 기록되어 있다.

56) the fall of 1907.

57) 세브란스 일행은 1907년 12월에 한국을 떠났고, 에이비슨 박사는 연차보고서를 완성하고 1908년 7월 1일부터 1년간 미국으로 안식년을 떠났다.

58) 1907~1908년 회계연도의 시작이 1907년 7월 1일이므로 이것은 전년도에서 이월된 것이다.

59) 앞서 클리블랜드 레이크사이드 종합병원의 하루 입원비가 1880년대에 1달러였는데 5퍼센트 평균 금리로 1907년 현재 가치로 환산하면 대략 3달러 70센트이다.

60) Ludlow, A. I., "Observations on the Medical Progress in the Orient," *The Cleveland Medical Journal*, October 1908, p.555.

61) 1908~1909년 대한의원 통계는 『통감부 한국시정연보』, 1909, p.221; 주진오, 「서양의학의 수용과

제중원–세브란스」, 『연세의사학』 1(3), 1997, p.27에서 재인용.

62) Ludlow, A. I., "Observations on the Medical Progress in the Orient," *The Cleveland Medical Journal*, November 1908, p.613.

63) Ludlow, A. I., "Observations on the Medical Progress in the Orient," *The Cleveland Medical Journal*, November 1908, p.613.

64) Ludlow가 친구에게 보내는 사신, 1930년 정초, Ludlow Personal Papers.

65) Flexner, A., *Medical Education in the United States and Canada*, New York: Carnegie Foundation, 1910, p.10.

66) Flexner, A., *Medical Education in the United States and Canada*, New York: Carnegie Foundation, 1910.

67) 1907년에 설립된 오벌린 대학의 알렌 기념병원은 1주일 입원비가 10달러였다.

68) *Catalogue Severance Union Medical College*, 1917, p.9.

69) 박형우, 『제중원』, 몸과마음, 2002, p.279.

70) 연동교회100년사편찬위원회, 『연동교회100년사 1894~1994』, 연동교회, 1995.

71) 에이비슨, 에이비슨기념사업회(역), 『구한말 비록』(하), 대구대학교 출판부, 1986, p.254.

72) Rhodes, *History of the Korea Mission: Presbyterian Church U.S.A., 1884~1934*, Chosen Mission Presbyterian Church U.S.A., 1934, pp.102~103.

73) Avison, *Memoirs of Life in Korea*, pp.113~115.

74) Avison, *Memoirs of Life in Korea*, p.115.

75) 이광린, 『올리버 알 에비슨의 생애』, 연세대학교 출판부, 1992, p.288.

76) Avison, *Memoirs of Life in Korea*.

77) Avison, *Memoirs of Life in Korea*, pp.234~235.

78) Ludlow가 가족에게 보내는 사신, 1915년 1월 30일.

79) 연세대학교의과대학 의학백년편찬위원회, 『의학백년』, 연세대학교 출판부, 1986, pp.59~60.

80) White, "A Missionary Philanthropist: A Sketch of the Life and Work of Louis H. Severance," *The Missionary Review of the World*, December 1913, p.899.

81) White, "A Missionary Philanthropist: A Sketch of the Life and Work of Louis H. Severance," *The Missionary Review of the World*, December 1913, p.898.

82) 하디, 「에비슨 박사 소전」, 『기독신보』, 1932년 7월 20일 자.

83) Mather, S., "The New Lakeside Hospital," *Lakeside Magazine*, 1895, pp.167~172.

84) 청년 이승만의 배제학당 선생님이다. 세브란스 씨 일행보다 6개월 앞서서 1907년 3월 이토 히로부미를 수행하여 한국을 방문한 라드(Ladd) 교수를 노블 박사가 평양역에서 맞을 때 이런 광경을 목격하였다.

85) Ladd, *In Korea with Marquis Ito*, Longman, 1908.

86) 인력거를 끄는 사람은 풀러(puller)라고 불렀다.

87) Mather, Amasa S., *Extracts from the Letters, Diary and Note Books of Amasa Stone Mather: June 1907 to December 1908*, vol.II, Private Publication, 1910, p.13.

88) 하디, 「에비슨 박사 소전」, 『기독신보』, 1932년 7월 20일 자.

89) 1970년 세브란스 기념병원이 해체될 때 머릿돌의 내용물이 발굴되었다.

90) *General Report Syen Chyun Station 1901~1902: General Report Pyeng Yang Station 1901~1902*.

91) *General Report of Seoul Station of Presbyterian Mission 1901~1902: General Report of Fusan Station 1901~1902*.

92) 1937년 2월 28일 자 *Seoul Press*에 러들로 교수가 1907년 9월 9일에 논문을 읽고 명예회원이 되었다고 기록되어 있다. 그런데 러들로 교수의 1908년의 보고서에는 그 논문을 발표한 곳이 모호하다. "Having attended this meeting and having read a surgical paper, *the physicians in Pyeng Yang*, …, requested me, …, to put into practice *what had been preached to them*. It was a unique experience to operate upon a case … of the operating room. … *This hospital at Pyeng Yang* … combines both foreign and Corean styles of architecture."(Ludlow, A. I., "Observations on the Medical Progress in the Orient," *The Cleveland Medical Journal*, 1908, p.614, 이탤릭 문자는 저자의 강조). 러들로 교수는 1907년 방문 때에는 Corea라는 영문표기가 1908년에는 Korea로 바뀌었다고 지적하고 있다.

93) Ludlow, A. I., "Observations on the Medical Progress in the Orient," *The Cleveland Medical Journal*, November 1908.

94) 이광린, 『올리버 알 에비슨의 생애』, 연세대학교 출판부, 1992, p.213.

95) 평양 병원에 대한 러들로 교수의 기록보다 더 자세한 기록이 있다. 세브란스와 러들로보다 불과 2~3년 먼저 이 병원을 방문한 여의사 에바 필드 박사(Eva H. Field, MD, 1868~1932)는 큰 병동 한 채와 작은 병동 두 채이며, 약제실과 시약소, 대기실이 있었다고 기록하고 있다. 흥미로운 사실은 의사는 선교회가 정한대로 병원에서 하루에 두 시간만 머물도록 제한된다는 점이다. 이것은 언어시험에 통과할 때까지만 적용된다. 언어 시험은 러들로 박사도 괴롭혔다(Ludlow가 가족에게 보낸 편지 1915년 1월 2일).

96) 이것은 러들로 교수의 기록인데 백낙준의 기록과 차이를 보인다. 백낙준에 의하면 폴웰 박사는 감리교 기홀 병원(Hall Memorial Hospital)의 책임자였고 웰즈 박사는 1905년 장로교 캐롤라인 라드 기념병원(Caroline Ladd Memorial Hospital)의 책임자라고 기록하고 있다. 그러나 두 병원이 협력하여 의료조수를 양성하고 있다고 기술하였다(백낙준, 『한국개신교사 1832-1910』, 연세대학교 출판부, 1973, p.346).

97) 여인석, 「에바 필드 일기 3」, 『연세의사학』 2(3), 1998, p.452. 운산은 동양 최대의 금광이었다. 이 금광개발을 둘러싼 얘기는 해링톤, 이광린(역), 『개화기의 한미관계』, 일조각, 1973을 참고할 수 있다.

98) *The Missionary Review of the World*, September 1897, pp.717~718.

99) 여인석, 「에바 필드 일기」, 『연세의사학』 1(2), 1997.

100) 이 맹인에 대해서 알렌도 언급하고 있다. 평양에서 이 맹인은 "서로 회개하라"라는 제목으로 설교를 하는데 큰 호응을 일으키고 있었다(Allen, *Things Korean*, Fleming H. Revell Company, 1908, p.171).

101) 에디슨이 축음기를 발명한 것은 1876년이다.

102) *The Proceedings of First General Assembly of Presbyterian Church of Korea*, 1907, p.11; *The Christian Encyclopedia*, vol.8, p.984; Yoo, Young Sik, *Earlier Canadian Missionaries in Korea: A Study in History 1888~1895*, The Society for Korean and Related Studies, 1987, p.95. 이것은 1907년 제1회 총회기록인데 1912년 제1회 총회의 기록이 또 존재한다. Kim Kiv Sik, "The First General Assembly of the Presbyterian Church in Korea," *The Korea Mission Field*, November 1912, pp.323~324. 평양장로회신학교, 『예수교장로회죠선총회뎨일회회록』, 조선야소교서회, 1912. 『조선예수교장로회사기』 상권.

103) www.kmpnh.com/doknohye.htm에서 인용.

104) 연동교회100년사편찬위원회, 『연동교회100년사 1894~1994』, 연동교회, 1995, p.186.

105) *The Proceedings of First General Assembly of Presbyterian Church of Korea*, 1907, p.11; *The Christian Encyclopedia*, vol.8, p.984.

106) 언더우드, 이광린(역), 『한국 개신교 수용사』, 일조각, 1989, pp.148~149; Underwood, "The Growth of the Church in Korea," *Missionary Review of the World*, February 1908; 이광린, 『초대 언더우드 선교사의 생애』, 연세대학교 출판부, 1991, pp.232~233.

107) Brown to Relatives and Friends of the Rev. E. M. Mowry, 15 April 1919, Korea, March 1st Independence' Movement 1919, Microfilm(Philadelphia: Department of History and the Presbyterian Historical Society, 1972).

108) Records of the Department of States Relating to Internal Affairs of Korea 1910~1929, microfilm, no.426, roll 2~3.

109) *San Francisco Chronicle*(4/11/1919), *Washington Post*(4/15/1919), *The New York Times*(4/11/1919, 4/20/1919, 4/21/1919, 4/22/1919, 4/29/1919, 8/29/1919, 12/8/1919).

110) Nagata, A., "American Missionaries in Korea and the U.S. – Japan Relations 1910~1920," *The Japanese Journal of American Studies*, 2005, pp.166~167.

111) 황현, 김준(역), 『매천야록』, 교문사, 1996, p.601.

112) Ludlow, A. I., "Observations on the Medical Progress in the Orient," *The Cleveland Medical Journal*, November 1908.

113) 민경배, 『알렌의 선교와 근대한미외교』, 연세대학교 출판부, 1991, pp.384~385.

114) Ludlow, A. I., "Observations on the Medical Progress in the Orient," *The Cleveland Medical Journal*, October 1908.

115) 김은신, 『한국 최초 101장면』, 가람기획, 2003, p.256.

116) 김은신, 『한국 최초 101장면』, 가람기획, 2003, p.268에서 재인용.

117) Sharrocks, Alfred M., "The Doctor in Korea," *The Missionary Review of the World*, February 1908.

118) 대한매일신보 융희 3년 10월 31일 광고에는 주현칙이라고 표기되었는데 『의학백년』에는 주현측으로 표기되어 있다. 또 동 신보는 주현칙이 인제병원에 영빈되어 왔다고 기록하였는데 『의학백년』은 인제병원을 개설하였다고 기록하였다.

119) 에이비슨, 에이비슨기념사업회(역), 『구한말 비록』(하), 대구대학교 출판부, 1986.

120) 에이비슨, 에이비슨기념사업회(역), 『구한말 비록』(하), 대구대학교 출판부, 1986.

121) 에이비슨, 에이비슨기념사업회(역), 『구한말 비록』(하), 대구대학교 출판부, 1986, pp.101~104.

122) 에이비슨, 에이비슨기념사업회(역), 『구한말 비록』(하), 대구대학교 출판부, 1986, p.104.

123) 이 포장은 1908년에 없어졌다(Avison, *Memoirs of Life in Korea*, p.334).

124) 에이비슨, 에이비슨기념사업회(역), 『구한말 비록』(하), 대구대학교 출판부, 1986, p.104.

125) 연동교회100년사편찬위원회, 『연동교회100년사 1894~1994』, 연동교회, 1995, p.183.

126) 에이비슨, 에이비슨기념사업회(역), 『구한말 비록』(하), 대구대학교 출판부, 1986, p.108. 에이비슨 박사의 회고록에는 등장인물의 이름을 밝히지 않았다. 다른 문헌과 비교하여 주인공들의 이름을 찾은 것이다.

127) Rhodes, *History of the Korea Mission: Presbyterian Church U.S.A., 1884~1934*, Chosen Mission Presbyterian Church U.S.A., 1934, p.113; 백낙준, 『한국개신교사 1832–1910』, 연세대학교 출판부, 1973, p.328; 연동교회100년사편찬위원회, 『연동교회100년사 1894~1994』, 연동교회, 1995, p.141에서 재인용.

128) 에이비슨, 에이비슨기념사업회(역), 『구한말 비록』(하), 대구대학교 출판부, 1986, pp.45~46.

129) 백낙준, 『한국개신교사 1832–1910』, 연세대학교 출판부, 1973, p.214.

130) 김영환, 『사진으로 본 한국 기독교 100년』, 보이스사, 1984, p.65.

131) 『승동교회 110년사』, 2004, p.148.

132) 이혜숙, 「독립운동가 김마리아」, 『한국기독교사연구』, 1988년 6월, pp.21~22.
133) 에이비슨, 에이비슨기념사업회(역), 『구한말 비록』(하), 대구대학교 출판부, 1986, pp.91~93.
134) 에이비슨, 에이비슨기념사업회(역), 『구한말 비록』(하), 대구대학교 출판부, 1986, p.77.
135) 에이비슨, 에이비슨기념사업회(역), 『구한말 비록』(하), 대구대학교 출판부, 1986, p.52.
136) *The Report of Ecumenical Missionary Conference 1900 New York*, vol.Ⅱ, pp.305~307.
137) Hulbert, *Echoes of the Orient: A Memoir of Life in Far East*, Typed manuscript.
138) 김두종, 『한국의학사』, 탐구당, 1966, p.488.
139) *The New York Times*, February 14, 1904.
140) 백낙준, 『한국개신교사 1832-1910』, 연세대학교 출판부, 1973, p.347.
141) 명성황후가 시해된 다음 신변의 위협을 느낀 고종은 미국 공사관이 3면으로 둘러싼 궁전을 지었다. 여기에 더하여 알렌 공사가 제물포에 여름별장을 짓자 고종은 그 별장이 둘러싼 주변의 땅을 사도록 지시하였다(Allen, *Things Korean*, Fleming H. Revell Company, 1908, p.225). 그러나 성사되지 않았다.
142) 그러나 모스가 철도부설권을 일본에 팔아버린 후 1899년 현재의 인천역 자리에서 제2차 기공식을 거행하였다.
143) Mather, Amasa S., *Extracts from the Letters, Diary and Note Books of Amasa Stone Mather: June 1907 to December 1908*, vol.I, Private Publication, 1910, p.457.
144) Mather, Amasa S., *Extracts from the Letters, Diary and Note Books of Amasa Stone Mather: June 1907 to December 1908*, vol.I, Private Publication, 1910, p.458.
145) *The Morning Calm*, January 1908, p.24.
146) Mather, Amasa S., *Extracts from the Letters, Diary and Note Books of Amasa Stone Mather: June 1907 to December 1908*, vol.I, Private Publication, 1910, p.458.
147) Mather, Amasa S., *Extracts from the Letters, Diary and Note Books of Amasa Stone Mather: June 1907 to December 1908*, vol.II, Private Publication, 1910.
148) 이만열·옥성득, 『언더우드 자료집』 Ⅲ, 연세대학교 출판부, 2007, p.37.
149) 이만열·옥성득, 『언더우드 자료집』 Ⅲ, 연세대학교 출판부, 2007, p.56.
150) 이만열·옥성득, 『언더우드 자료집』 Ⅲ, 연세대학교 출판부, 2007, p.114.
151) Burnett, *Korean-American Relations*, vol.Ⅲ, University of Hawaii Press, 1989, p.219. 스탠더드 석유 뉴욕회사가 관리(maintain)하는 저장고였다.
152) Burnett, *Korean-American Relations*, vol.Ⅲ, University of Hawaii Press, 1989, p.251.
153) Burnett, *Korean-American Relations*, vol.Ⅲ, University of Hawaii Press, 1989, p.255.
154) 해링톤, 이광린(역), 『개화기의 한미관계』, 일조각, 1973, p.212.
155) Hulbert, *History of Korea*, vol.Ⅱ, p.330.
156) Ludlow, A. I., "Observations on the Medical Progress in the Orient," *The Cleveland Medical Journal*, November 1908, p.611.
157) 예일대학의 라드 교수가 이 특급열차를 타고 제물포에 간 것은 1907년 4월이었다. Ladd, *In Korea with Marquis Ito*, Longman, 1908.
158) Weems, *Hulbert's History of Korea*, p.ED43.
159) Ladd, *In Korea with Marquis Ito*, Longman, 1908: 황현, 김준(역), 『매천야록』, 교문사, 1996, p.715.
160) Ladd, *In Korea with Marquis Ito*, Longman, 1908.
161) Avison, *Memoirs of Life in Korea*.
162) Avison, *Memoirs of Life in Korea*의 곳곳에서 이 장면을 볼 수 있다.

163) *The Morning Calm*, December 1905, p.16.
164) 리하르트 분쉬, 김종대(역), 『고종의 독일인 의사 분쉬』, 학고재, 1999, p.129.
165) 경인일보 특별취재팀, 『인천이야기』, 다인아트, 2001, p.121.
166) 경인일보 특별취재팀, 『인천이야기』, 다인아트, 2001, p.121.
167) *The Morning Calm*, December 1905, p.16.
168) Trollope, "Eli Barr Landis, MD," *The Korean Repository*, May 1898, p.182.
169) 연세의료원 120년사 편찬위원회, 『인술, 봉사 그리고 개척과 도전의 120년』, 연세의료원, 2005, p.96.
170) *The Morning Calm*, July 1905, p.83.
171) "St. Lukes Hospital, Chemulpo," *The Morning Calm*, October 1905, p.107.
172) 해링톤, 이광린(역), 『개화기의 한미관계』, 일조각, 1973, p.67.
173) *The Morning Calm*, 1904.
174) *The Morning Calm*, 1906.
175) *The Morning Calm*, October 1907, p.135.
176) Ludlow, A. I., "Observations on the Medical Progress in the Orient," *The Cleveland Medical Journal*, October 1908, p.556.
177) Weir, Report, *The Morning Calm*, April 1908, p.65.
178) Mather, Amasa S., *Extracts from the Letters, Diary and Note Books of Amasa Stone Mather: June 1907 to December 1908*, vol.II, Private Publication, 1910.
179) Ellis, William T., *Men and Missions*, Philadelphia: The Sunday School Times Company, 1909, p.97.
180) *The Morning Calm*, January 1908, p.14.
181) Hugh H. Weir, "Hospital Naval Fund," *The Morning Calm*, October 1907, p.135.
182) *The Korea Mission Field*, October 1907, p.149.
183) 기념사진에서 에이비슨 박사 옆이 웨어 박사이다. 졸업기념 사진과 성공회에서 랜디스 박사 생전에 함께 찍은 사진을 비교한 것이다.
184) *The Morning Calm*, January 1908, pp.26~27.
185) *The Korea Mission Field*, July 1911.
186) Avison, *Memoirs of Life in Korea*, p.243.
187) 이만열·옥성득, 『언더우드 자료집』 Ⅲ, 연세대학교 출판부, 2007, pp.8~9
188) *The Morning Calm*, July 1905, p.82.
189) Hulbert, *History of Korea*, vol.Ⅱ, p.363.
190) *The Morning Calm*, January 1908, p.28.
191) 민경배, 『알렌의 선교와 근대한미외교』, 연세대학교 출판부, 1991, pp.353~354.
192) Burnett, *Korean-American Relations*, vol.Ⅲ, University of Hawaii Press, 1989, p.199.
193) Burnett, *Korean-American Relations*, vol.Ⅲ, University of Hawaii Press, 1989, p.248.
194) *The Korea Mission Field*, July 1911.
195) The Burke Library Archives(Columbia University Libraries), Union Theological Seminary, George Herber Jones Papers 1898~1918.
196) *The Korea Mission Field*, 1907.
197) 하와이 이민이라고 모두 고생한 것은 아니다. 하와이 이민자 가운데 17세의 소년이 있었다. 그의 부친이 인천 해관 직원이었는데 내리교회 교인이었다. 그는 아들과 함께 처남을 데리고 하와이로 갔다.

처남이 철종의 부마였던 박영효의 동생이다. 그는 아들과 처남을 시카고로 이주시키고 다시 한국으로 귀국하였다. 아들은 링컨 고등학교를 졸업한 뒤 프린스턴 대학에 입학하였다. 학생 신분으로 고학을 하던 그는 집주인의 눈에 들었다. 집주인은 공화당 간부였는데 하딩 대통령 후보를 위해 선거운동을 하였다. 청년으로 장성한 이 한국인은 프린스턴 대학 2학년을 중퇴하고 집주인의 지도로 공화당 지구당 위원장이 되어 하딩을 도왔다. 집주인은 그가 도료 회사에 투자하는 것도 도왔다. 그는 1923년 하딩 대통령이 사준 1등 배표로 귀국하여 결혼하고 다시 미국으로 돌아갔다. 그러나 하딩 대통령이 사망하자 1926년 재차 귀국하였다. 그가 도료 회사에 투자한 것이 성공하여 그에게 송금했는데 조선은행 인천지점이 거금이라서 지불할 때마다 애를 먹었다고 한다. 해방 후 링컨 고등학교 후배인 하지 중장이 그를 정치에서 끌어들이려 하였지만 그는 마다하였다. 신태범, 『인천 한 세기』, 홍성사, 1982, pp.274~277.

198) 유영익, 『이승만의 삶과 꿈』, 중앙M&B, 1996.

199) Ludlow Personal Report.

200) Burnett, *Korean-American Relations*, vol.Ⅲ, University of Hawaii Press, 1989, pp.204, 248.

201) 이에 대해서는 제10장을 참조.

202) *The New York Times*, January 17, 1910, p.3.

203) *The New York Times*, April 10, 1910: 자세한 사항은 제9장을 참조.

204) Hopkins, *John R. Mott 1865~1955: A Biography*, William B. Eerdmans Publishing Co., 1979, p.357.

205) Stanley, Brian, *The World Missionary Conference, Edinburgh 1910*, Wm. B. Eerdmans Publishing, 2009, pp.6~8.

206) Stanley, Brian, *The World Missionary Conference, Edinburgh 1910*, Wm. B. Eerdmans Publishing, 2009.

207) Stanley, Brian, *The World Missionary Conference, Edinburgh 1910*, Wm. B. Eerdmans Publishing, 2009.

208) *The New York Times*, August 1, 1910, p.6.

209) 제9장을 참조. 특히 각주 22를 참조.

210) 황현, 김준(역), 『매천야록』, 교문사, 1996, p.745.

211) 에이비슨, 에이비슨기념사업회(역), 『구한말 비록』(하), 대구대학교 출판부, 1986.

212) 여인석, 「에바 필드 일기」, 『연세의사학』 1(2), 1997, p.82.

213) 이 아름다운 교회는 196X년에 화재로 소진되었다.

214) 유영익, 『이승만의 삶과 꿈』, 중앙M&B, 1996: 이승만이 특사 명단에서 빠진 것을 알고 존스 목사가 1903년 3월 20일에 이승만에게 편지를 보냈다. "요전번 일요일, 나는 당신의 아버님으로부터 황제가 최근 재가한 특사죄수 속에 당신이 포함되어 있지 않다는 것을 들었습니다. 이 이야기를 전하는 제 마음은 분해서 못 견디겠습니다. 저의 탄식 정도를 전해 드립니다. 그러나 너무 실망하지 마십시오. 언젠가는 하나님이 당신을 구해주실 것입니다. 황제가 당신을 용서하고 당신이 어서 자유의 몸이 되어 한국을 그리스도의 나라로 만드는 우리의 일을 도와주실 날이 하루 바삐 올 것을 빌며 또한 갈망하고 있습니다." 이원순, 『인간 이승만』, 신태양사, 1988, p.78.

215) 알렌 공사가 국무성에 보내는 문서 no.307(1900년 12월 14일)와 no.318(1901년 3월 5일). 중국의 의화단 사건에 자극을 받은 이용익이 전국 보부상에 지령을 내려 선교사를 몰살시키려는 와중이었다(민경배, 『알렌의 선교와 근대한미외교』, 연세대학교 출판부, 1991, p.383; Burnett, *Korean-American Relations*, vol.Ⅲ, University of Hawaii Press, 1989, pp.202~203).

216) 에이비슨, 에이비슨기념사업회(역), 『구한말 비록』(상), 대구대학교 출판부, 1986, p.237.

217) 에이비슨, 에이비슨기념사업회(역), 『구한말 비록』(상), 대구대학교 출판부, 1986, pp.177~179.
218) 에이비슨, 에이비슨기념사업회(역), 『구한말 비록』(하), 대구대학교 출판부, 1986, pp.177~178.
219) Irvin, Charles H., *The Missionary Review of the World*, May, 1898.
220) 백성현·이한우, 『파란 눈에 비친 하얀 조선』, 새날, 1999, p.284.
221) Gifford, Daniel L. *Every-day Life in Korea: A Collection of Studies and Stories*, New York: Fleming H. Revell Company, 1898; 백성현·이한우, 『파란 눈에 비친 하얀 조선』, 새날, 1999, p.284에서 재인용.
222) 에이비슨, 에이비슨기념사업회(역), 『구한말 비록』(하), 대구대학교 출판부, 1986, p.178.
223) Avison, *Memoirs of Life in Korea*, p.280.
224) 로버트 올리버, 「내가 아는 이승만 박사」, 『신동아』, 1979.9, pp.462~464.
225) Ludlow, A. I., "Observations on the Medical Progress in the Orient," *The Cleveland Medical Journal*, November 1908. 이 말의 원전은 *The Korea Mission Field*, October 1907, p.156에 있다.
226) 1924년에 대략 3만 명으로 추산하였다. 제10장을 참조.
227) Avison, "Disease in Korea," *Korea Repository 4*, 1897, p.208.
228) 백낙준, 『한국개신교사 1832–1910』, 연세대학교 출판부, 1973, p.418.
229) 김승태·박혜진, 『내한 선교사 총람 1884~1984』, 한국기독교역사연구소, 1994, p.317.
230) 이만열·옥성득, 『언더우드 자료집』 Ⅱ, 연세대학교 출판부, 2006, p.117.
231) 이만열·옥성득, 『언더우드 자료집』 Ⅲ, 연세대학교 출판부, 2007, p.141.
232) Allen, "Louis H. Severance," *The Oberlin Alumni Magazine*, October 1913, p.3.
233) 에이비슨은 조선의 영문 표기를 이렇게 표기하였다.
234) Ludlow, A. I., "Observations on the Medical Progress in the Orient," *The Cleveland Medical Journal*, November 1908, p.610.

제9장 _ 레이크 뷰 1913년

1) 김은신, 『한국 최초 101장면』, 가람기획, 2003, pp.207~209.
2) 에이비슨, 에이비슨기념사업회(역), 『구한말 비록』(상), 대구대학교 출판부, 1986, pp.207~208.
3) 에이비슨, 에이비슨기념사업회(역), 『구한말 비록』(상), 대구대학교 출판부, 1986, pp.207~208.
4) *The Korea Mission Field*, July 1908, p.101.
5) 에이비슨, 에이비슨기념사업회(역), 『구한말 비록』(하), 대구대학교 출판부, 1986, p.185.
6) 김일순, 「제중원에서의 초기 의학교육(1885~1908)」, 『연세의사학』 2(2), 1998, p.271.
7) 이 당시 세브란스 씨와 해외선교사들 사이에 주고받은 편지가 상당하다고 사위 더들리 피터 알렌 교수가 증언하였지만 현재 그 소재지가 알려지지 않고 있다.
8) 새문안85년편찬위원회, 『새문안 85년사』, 새문안교회, 1973, p.100.
9) 이만열·옥성득, 『언더우드 자료집』 Ⅲ, 연세대학교 출판부, 2007, p.139.
10) Goulder-Inant, Grace, *John D. Rockefeller: The Cleveland Years*, Western Reserve Historical Society, 1972.
11) Allen, "Louis H. Severance," *The Oberlin Alumni Magazine*, October 1913, p.4.
12) Severance Family Papers, Western Reserve Historical Society.
13) *Report of Severance Hospital 1907~1908*: Avison, *Memoirs of Life in Korea*, p.425.
14) 하디, 「에비슨 박사 소전」, 『기독신보』, 1932년 7월 20일 자.

15) Avison, "Creating a Medical School in Korea," *University of Toronto Monthly*, November 1937.

16) Ludlow, A. I., Personal History, mimeo: Avison, *Memoirs of Life in Korea*, p.256. 1953년 영국의 엘리자베스 Ⅱ세의 여왕 즉위식의 가장 큰 선물이 그해 힐러리 경의 에베레스트 최초 등정이라고 평가했다는 것에 비교하였다.

17) 에이비슨, 에이비슨기념사업회(역), 『구한말 비록』(상), 대구대학교 출판부, 1986, p.230.

18) 1914년 록펠러 재단이 영국선교부로부터 인수하였다. 세브란스 씨가 세운 세브란스 의학대학과 록펠러가 세운 협화대학이 협력관계인 것이 흥미롭다. 마치 세브란스와 록펠러가 친구인 것처럼.

19) *World Missionary Conference*(1910: Edinburgh, Scotland), Report of Commission VI, The Home Base of Missions, Published for the World Missionary Conference by Fleming H. Revell Company, New York, 1910.

20) *World Missionary Conference*(1910: Edinburgh, Scotland), Report of Commission VI, The Home Base of Missions, Published for the World Missionary Conference by Fleming H. Revell Company, New York, 1910. 위원회 회장 James L. Barton 목사(미국 해외선교 이사회 ABCF, Boston)와 세브란스와 교환한 편지는 The Burke Library Archives, Union Theology Seminar의 Missionary Research Library Archives에 보관되어 있다. *World Missionary Conference Records, Edinburgh, 1910*, The Burke Library Archives, Union Theology Seminary, New York, Missionary Research Library Archives, Section 12, p.21.

21) *The New York Times*, August 20, 1908.

22) Gairdner, *William H., Edinburgh 1910: An Account and Interpretation of the World Missionary Conference*, Edinburgh: Olophant, Anderson and Ferrier, 1910, p.182.

23) *The New York Times*, April 10, 1910.

24) *The New York Times*, March 14, 1920.

25) *World Missionary Conference Records, Edinburgh, 1910*, The Burke Library Archives, Union Theology Seminary, New York, Missionary Research Library Archives, Section 12, p.26.

26) 하디, 「에비슨 박사 소전」, 『기독신보』, 1932년 7월 20일 자.

27) Holden's Eulogy, University of Wooster Archives.

28) Holden, *Autobiography*, unpublished manuscript, University of Wooster Archives.

29) 홀덴 총장의 자서전에도 세브란스 씨의 마지막 5일을 요일별로 기록하고 있는데 6월 23일에 작고하였다고 기록하였다. 세브란스 의학대학이 봉헌된 것은 1913년 6월 13일 금요일이다. 다음 금요일은 6월 20일인데 세브란스는 이날 골프를 치고 22일 일요일에는 교회에 출석하고 월요일 23일 밤에 별세하였다(Holden, *Autobiography*, unpublished manuscript, University of Wooster Archives. p.142). 그러나 그의 형수의 일기를 보면 일요일에 이미 병석에 누워있었다. 아마 시차 때문에 이러한 착오가 생겼을 것이다. 23일 밤 10시 15분이면 한국에서는 24일 낮 12시 15분이다. 이때에는 여름시간(summer time)이 없을 때였다. 이러한 착오는 뉴욕 장로교 선교본부 총무 화이트 박사의 추모사에도 나타난다. 그는 그해 6월 28일을 일요일이라고 기록하였는데 이날은 토요일이었다. 그러나 뉴욕 타임지와 클리블랜드 프레인 딜러는 모두 6월 25일을 사망일로 보도하고 있다. 홀덴 총장의 착각이었을 것이다.

30) Holden, *Autobiography*, unpublished manuscript, University of Wooster Archives.

31) Holden, *Autobiography*, unpublished manuscript, University of Wooster Archives.

32) Severance Family Papers, Western Reserve Historical Society.

33) Holden, *Autobiography*, unpublished manuscript, University of Wooster Archives.

34) Holden, *Autobiography*, unpublished manuscript, University of Wooster Archives, p.142.

35) 1895년에 미국 대법원은 소득세가 위헌이라고 판결하였다.

36) White, "A Missionary Philanthropist: A Sketch of the Life and Work of Louis H. Severance," *The Missionary Review of the World*, December 1913, p.900. 화이트의 글에는 홀덴 총장의 이름을 거론하지 않지만 홀덴의 자서전과 비교하면 홀덴 총장이라는 점을 알 수 있다.

37) Underwood, H. G., and Avison, O. R., "Resolutions passed by Seoul Station on the death of Mr. Severance," *The Korea Mission Field*, August 1913, pp.234~235.

38) Severance Family Papers, Western Reserve Historical Society.

39) White, "A Missionary Philanthropist: A Sketch of the Life and Work of Louis H. Severance," *The Missionary Review of the World*, December 1913, pp.900~901.

40) Courtesy of Professor Lowell Coolidge.

41) Holden, *Autobiography*, unpublished manuscript, University of Wooster Archives, p.143.

42) 어째서 사후 105일이 지나서 추모예배를 다시 보아야 하는지 궁금하다. 아마 사후 1백 일째가 되는 일요일을 특별하게 생각하는 당시의 관습이 있었을까.

43) *The New York Times*, November 27, 1913.

44) *The New York Times*, December 19, 1916.

45) *The New York Times*, November 27, 1913, p.17.

46) *The New York Times*, November 29, 1917. 페인은 스탠더드 석유의 주식을 모두 팔아 여러 주식에 투자하였다.

47) *The New York Times*, May 30, 1891.

48) Greene, R. S., "The Work of the China Medical Board, Rockefeller Foundation," *China Medical Journal*, May 1917, pp.191~202.

49) Yergin, *The Prize: The Epic Quest for Oil, Money and Power*, Simon & Schuster, 1991, p.55.

50) Chernow, *Titan: The Life of John D. Rockefeller, Sr.*, Vintage, 1998, p.151.

51) US Department of Commerce, Bureau of Mines, *Mineral Resources of the United States*, 1882~1931; Yergin, *The Prize: The Epic Quest for Oil, Money and Power*, Simon & Schuster, 1991, p.54에서 재인용.

52) 엘린우드 박사는 1887년 한국 정부가 미국인 군사교관을 알선해 달라는 편지를 받고 거절하였다. 이 편지에는 증인으로서 알렌 박사의 서명이 들어있다(해링톤, 이광린(역), 『개화기의 한미관계』, 일조각, 1973, p.232).

53) 해링톤, 이광린(역), 『개화기의 한미관계』, 일조각, 1973, p.109; 백낙준, 『한국개신교사 1832-1910』, 연세대학교 출판부, 1973, p.258.

54) 해링톤, 이광린(역), 『개화기의 한미관계』, 일조각, 1973, p.112.

55) 해링톤, 이광린(역), 『개화기의 한미관계』, 일조각, 1973, p.114.

56) 해링톤, 이광린(역), 『개화기의 한미관계』, 일조각, 1973, pp.112~113.

57) 해링톤, 이광린(역), 『개화기의 한미관계』, 일조각, 1973, p.171.

58) 해링톤, 이광린(역), 『개화기의 한미관계』, 일조각, 1973, p.185.

59) White, "A Missionary Philanthropist: A Sketch of the Life and Work of Louis H. Severance," *The Missionary Review of the World*, December 1913, p.900.

60) White, "A Missionary Philanthropist: A Sketch of the Life and Work of Louis H. Severance," *The Missionary Review of the World*, December 1913, p.900.

61) Avison, *Memoirs of Life in Korea*, pp.272~276.

62) 일본은 청일전쟁의 승리로 요동반도를 차지하였다. 그러나 러시아, 독일, 프랑스가 간섭하여 포기하

였다. 그 후 독일은 산동반도의 청도를 차지하였다. 제1차 세계대전이 발발하자 영일동맹으로 일본은 독일에 대하여 선전포고를 하고 청도를 공격하여 독일군 5천 명을 포로로 잡았다. 이들은 일본 내부에 설치한 다섯 군데의 수용소에 보내졌다.

63) Avison, *Memoirs of Life in Korea*,

64) 리하르트 분쉬, 김종대(역), 『고종의 독일인 의사 분쉬』, 학고재, 1999.

65) 리하르트 분쉬, 김종대(역), 『고종의 독일인 의사 분쉬』, 학고재, 1999, p.116.

66) 리하르트 분쉬, 김종대(역), 『고종의 독일인 의사 분쉬』, 학고재, 1999, p.137.

67) Hulbert, *Echoes of the Orient: A Memoir of Life in Far East*, Typed manuscript, p.61.

68) *Report of Severance Hospital 1907~1908*.

69) Avison, "Making the Most of One's Opportunities," *The Korea Mission Field*, May 1920, pp.97~99; 이광린, 『올리버 알 에비슨의 생애』, 연세대학교 출판부, 1992, pp.221~222에서 재인용.

70) 해링톤, 이광린(역), 『개화기의 한미관계』, 일조각, 1973, p.126.

71) 해링톤, 이광린(역), 『개화기의 한미관계』, 일조각, 1973, p.126.

72) 윤치호, 『윤치호 서한집』, 국사편찬위원회, 1980.

73) *The Morning Calm*, April 1908, pp.66~67.

74) Avison, *Memoirs of Life in Korea*, pp.418~427. 에이비슨 박사 자신이 글에서 3번이나 우연의 연속이라고 표현하고 있다.

75) Whately, Richard, *Historical Doubts Relative to Napoleon Buonaparte*, 1819.

76) Townsend, Henry H., *New Heaven and the First Oil Well*, New Heaven 1934, pp.1~3.

77) Wickham, G. V. R., *The Pioneer Families of Cleveland 1796~1840*, vol.I, vol.Ⅲ, Evangelical, 1914.

78) 백낙준, 『한국개신교사 1832-1910』, 연세대학교 출판부, 1973, p.348.

제10장 _ 서울 1912년

1) 이 장은 저자의 미발간 저서 『현대한국외과의학의 기원과 러들로』의 일부이다.

2) 러들로 교수의 생애는 이유복 교수와 박형우 교수에 의해 2000년에 출간되었다. 여기서는 중복을 삼가고 세브란스 씨가 세브란스 병원과 의학대학 건물을 세워서 세브란스 씨의 의료 선교 정신의 씨앗을 뿌린 후, 1912년 자신의 분신과도 같은 러들로 교수를 보내어 세브란스 의학대학에 그 씨앗을 키우는 데 초점을 맞추겠다.

3) 이유복, 「이용설 선생과의 대담」, 『연세의사학』 2(5), 1998, p.668.

4) 김명선선생탄신100주년기념사업회, 『영원한 세브란스인 김명선』, 1998, p.127.

5) 정구충, 「후진들의 사표였던 해관 선생」, 『해관 오긍선』, 연세대학교 출판부, 1995, p.256.

6) 사진출처: Courtesy of Dittrick Medical Historical Center. 서명출처: 러들로 교수의 소장 장서 *Transactions of the Korea Branch of the Royal Asiatic Society*, vol.V, Part I, 1914 속표지의 자필서명.

7) Ludlow, A. I., "Be Not Leaders," personal paper, archives.

8) 김명선선생탄신100주년기념사업회, 『영원한 세브란스인 김명선』, 1998, p.128.

9) 『신동아』 1934년 2월호, 뿌쓰 박사 술회. 그러나 우스터 대학의 홀덴 총장의 자서전에는 세브란스가 갑자기 서거하는 바람에 유언장이 없었다고 전한다. 뿌쓰 박사는 유언이라기보다 평소의 언질을 생각한 것이 아니었을까 사료된다.

10) Weissenburger, M. B., "Cleveland Men and Money Are Helping Korea," *Cleveland Plain Dealer*, February, 22, 1931.

11) Marino, Ben, "Korean War Ruins Hospital Built by Clevelanders," *The Voice of Reserve*, January/February 1951, pp.12~13.

12) 에이비슨, 「세브란스 기본금에 대하여」, 『세브란스 교우회보』 14(2), 1931.

13) 박형우·박윤재, 「세브란스연합의학전문학교 일람」, 『연세의사학』 1(3), 1997, p.60; 이광린, 『올리버 알 에비슨의 생애』, 연세대학교 출판부, 1992, p.173, 신병실의 내용.

14) Marino, Ben, "Korean War Ruins Hospital Built by Clevelanders," *The Voice of Reserve*, January/February 1951, pp.12~13; Dietz, David, "Hospital Work in Korea Told by Dr. Ludlow," *The Cleveland Press*, November 12, 1927.

15) Ludlow가 친구에게 보낸 1930년 1월 1일 편지.

16) 『세브란스 교우회보』, 1931, p.14.

17) McKibben, W. Jeanne, "The Allen–Severance Connection," unpublished manuscript, Oberlin: Oberlin Nineteenth Century Club, 1988; Memorandum to Mr. Mayo from Kay Semrau, May 11, 1949.

18) Marino, Ben, "Korean War Ruins Hospital Built by Clevelanders," *The Voice of Reserve*, January/February 1951, pp.12~13.

19) *Report of Severance Hospital 1907~1908*, p.7.

20) 이용설 교수 증언.

21) *Report of Severance Hospital 1907~1908*.

22) Ludlow, A. I., "Observations on the Medical Progress in the Orient," *The Cleveland Medical Journal*, November 1908, p.613.

23) McLaren, "Departure of Rev. and Mrs. J. N. Mackenzie," *The Korea Mission Field*, June 1938, p.120.

24) *Cleveland Press*, May 20, 1935.

25) Ludlow, A. I., Personal History, mimeo, Allen Memorial Medical Library Archives.

26) Ludlow 교수는 붉은색의 조그만 수첩을 항상 지니고 다니며 기록을 했는데 이 수첩의 행방도 모르겠다.

27) Ludlow, A. I., Personal History, Case Western Reserve University Archives.

28) Ludlow, A. I., Biographical Sketch From A Geauga Co History, mimeo, 1880. Case Western Reserve University Archives.

29) Weissenburger, M. B., "Cleveland Men and Money Are Helping Korea," *Cleveland Plain Dealer*, February, 22, 1931. 프로야구팀이 등장한 것은 1869년의 신시나티 레츠(Cincinnati Reds)였다: *A Comic History of Cleveland 1796~1901*, Case–Reserve Student's Hospital Committee, 1901, Ch.XXI.

30) 문헌에는 아델버트 대학에 입학했다고 기록되었지만 아델버트 대학(Adelbert College)은 웨스턴 리저브 대학의 단과대학이다. 아마사 스톤(Amasa Stone)의 죽은 아들의 이름을 붙였다.

31) Ludlow 교수는 서울에서 클리블랜드 친구에게 보낸 1931년 4월 3일 자 편지에서 초창기 농구 선수단의 경기 내용과 규칙에 대하여 자세히 회상하고 있다. 농구 역사에 귀한 자료가 될 것이다.

32) 앞서 1907~1908년 세브란스 기념병원과 의과대학의 연차보고서의 학교연도가 7월 1일에서 6월 30일인 것과 일치한다. 이것은 세브란스 기념병원이 미국 장로교 감독 아래 있으므로 미국 학년도를 따랐다는 증거이다.

33) Weissenburger, M. B., "Cleveland Men and Money Are Helping Korea," *Cleveland Plain Dealer*, February, 22, 1931: *Seoul Press*, February 28, 1937.

34) Millikin, "Dudley P. Allen: Reminiscence," *Bulletin of the Cleveland Medical Library*, October 1976, pp.77~79.

35) "Wounds from blank catridges; observations upon 16 cases cared for at Lakeside Hospital together with a bacteriologic report," *The Cleveland Medical Journal*, 1903, pp.547~556; "Super-numerary thyroid at base of tongue," *Surgery, Gynecology, & Obstetrics*, 1905, pp.213~216.

36) 러들로가 가족에게 보내는 1913년 1월 30일 편지.

37) Memorandum, Kay Semarau to Mr. Mayo, May 11, 1949. Case Western Reserve University Archives.

38) *Cleveland Plain Dealer Pictorial Magazine*, May 18, 1952.

39) Ludlow, "In Memoriam Elizabeth Severance Allen Prentiss 1865~1944," *The Bulletin of the Academy of Medicine of Cleveland*, February 1944, p.7.

40) Hudson, *The Life and Times of Dudley Peter Allen*, Cleveland Medical Library Assn., 1992.

41) "Three cases of scarletina with eighteen of sympathetic sore throat," *Boston Medicine and Surgical Journal*, 1879, pp.540~543.

42) *The Cleveland Medical Journal*, vol.1, 1915, pp.151~156.

43) Millikin, Severance A., "Dudley P. Allen: A Reminiscence," *The Bulletin of the Cleveland Medical Library*, October 1976, pp.78~79.

44) Millikin, Severance, A., "Dudley P. Allen: A Reminiscence," *The Bulletin of the Cleveland Medical Library*, October 1976, pp.78~79.

45) Ludlow, "Observations on the Medical Progress in the Orient," *The Cleveland Medical Journal*, November 1908, p.617.

46) 앞서 얘기대로 알렌 박사가 박사후 수련을 위해 유럽으로 갔을 때 그의 아버지가 2만 달러를 비용으로 지불하였다. 러들로 교수의 집안은 그를 유럽의 수련을 보낼 만큼 부자가 아니었다. 그의 수련 비용을 누가 지불했는지 기록이 없다.

47) 1902년부터 1905년까지 황실 의사로 일하던 독일 의사 리하르트 분쉬(Richard Wunsch) 박사도 피르초우 박사의 제자였다. 분쉬 박사는 서울에 독일병원을 세우기 위하여 애썼는데 정부 관리의 방해로 실패하였다. 그는 한국에 유일한 독일 의사였다. 그는 에이비슨 박사를 도와 수술에 참여하였다. 윤치호 부인이 자궁외 임신으로 세브란스 병원에서 수술을 받을 때 집도의사가 분쉬였다. 윤치호 부인은 사망하였다. 리하르트 분쉬, 김종대(역), 『고종의 독일인 의사 분쉬』, 학고재, 1999, p.231.

48) 그의 영향을 받은 분쉬 박사가 한국 강원도 인제에서 한 소년의 나체 사진을 찍었다. 리하르트 분쉬, 김종대(역), 『고종의 독일인 의사 분쉬』, 학고재, 1999, p.88. 분쉬 박사는 인종주의 의학자였던 것 같다.

49) Maxwell, "An Appreciation of Dr. A. I. Ludlow *China Medical Journal*," *The Korea Mission Field*, April 1927, p.88.

50) Hawkins, "Uncle Pin's Little Red Book," *Plain Dealer Pictorial Magazine*, May 18, 1952.

51) Rutkow, *The History of Surgery in the United States 1775~1900*, San Francisco: Norman Publishing Company, 1988.

52) Hudson, *The Life and Times of Dudley Peter Allen*, Cleveland Medical Library Assn., 1992, p.34.

53) Crile(ed.), *George Crile, An Autobiography*, Lippincott, 1947, pp.54~70.

54) Crile(ed.), *George Crile, An Autobiography*, Lippincott, 1947, pp.55~71.

55) Crile(ed.), *George Crile, An Autobiography*, Lippincott, 1947, p.70.

56) Crile(ed.), *George Crile, An Autobiography*, Lippincott, 1947, p.175.

57) Haddad, *Flora Stone Mather*, Kent State University Press, 2007, pp.98~105.
58) 이에 대해서는 김학은, 『현대한국외과의학의 기원과 러들로』, 미간행.
59) Weissenburger, M. B., "Cleveland Men and Money Are Helping Korea," *Cleveland Plain Dealer*, February, 22, 1931.
60) Ludlow, "Surgical Flashlights–I, Abundant Life," *The Korea Mission Field*, April 1932, p.87.
61) Ludlow, "Observations on the Medical Progress in the Orient," *The Cleveland Medical Journal*, November 1908, p.610.
62) Ludlow, "Observations on the Medical Progress in the Orient," *The Cleveland Medical Journal*, October 1908, p.552.
63) 에이비슨, 에이비슨기념사업회(역), 『구한말 비록』(하), 대구대학교 출판부, 1986, p.266.
64) Severance Family Papers, Western Reserve Historical Society.
65) Millikin, Severance, A., "Dudley P. Allen: A Reminiscence," *The Bulletin of the Cleveland Medical Library*, October 1976, pp.78~79.
66) Dietz, David, "Hospital Work in Korea Told by Dr. Ludlow," *The Cleveland Press,* November 12, 1927.
67) Ludlow, "Observations on the Medical Progress in the Orient," *The Cleveland Medical Journal*, November 1908, p.620.
68) 웨스턴 리저브 농구부 선수 시절의 감독의 이름이 랑게(Lange)였다.
69) Ludlow, *The Old Stone Church the story of a Hundred Years 1820-1920*, Privately printed, 1920, pp.276, 281.
70) Allen, "Address Delivered by Dr. Dudley P. Allen, at the Banquet Tendered Him by the Cleveland Medical Library Association, no.25, 1911," *Bulletin of the Cleveland Medical Library*, April 1968, p.42.
71) 『연세의사학』 1(2), 1997년, p.90.
72) 그전의 의사들도 수술을 하였다. 그러나 전문 외과의사는 아니었다. *Cleveland Press*, May 20, 1935.
73) Ludlow, "Medical Experiences in Korea," *The Cleveland Medical Journal*, vol.13, 1914, pp.476~481.
74) 러들로가 가족에게 보낸 1915년 1월 30일 자 편지.
75) Rutkow, Ira M., *The History of Surgery in the United States 1775~1900*, vol.Ⅱ, San Francisco: Norman Publishing, 1988, p.288.
76) 러들로 교수가 다니던 대한예수교 용산교회는 1959년 10월에 누전으로 전소하였다. 흥미로운 점은 1963년 8월에 미국 오하이오주 메리스빌에 거주하는 프리다 지 에지워즈(Frieda G. Edwards) 여사가 새 성전 건축을 위하여 1만 달러를 헌금하였다는 사실이다. 그녀가 편지와 함께 보내온 사진을 보면 그녀 앞에 수많은 수표가 보이는데 편지에서 밝혔듯이 그녀가 여러 사람들로부터 수표를 받은 것을 모아 보낸 것이다. 이 기부자는 누구인가. 그녀가 클리블랜드와 버밀리온에서 가까운 곳에 거주한다는 사실이 흥미를 더 자아낸다. 러들로 교수는 1961년 11월에 버밀리온에서 사망하였다.
77) *Report of Severance Hospital 1907~1908*, p.9. 일본 공사가 용산에 일본 상인의 조차지 획정을 요청한 것은 1890년이었다.
78) 1912년 에이비슨 박사의 전도로 남대문교회의 신도가 용산에 대지를 매입하고 교회를 세웠다. 1914년에 언더우드 목사가 초대 당회장이 되었다.
79) Ludlow가 가족에게 보내는 1918년 8월 3일 자 편지.
80) Hawkins, "Uncle Pin's Little Red Book," *Plain Dealer Pictorial Magazine*, May 18, 1952.

81) Ludlow Persoal Papers. 여기서 Ludlow 교수는 Tung Jimmie S. S.라고 표기하였는데 이것 이 둔전뫼교회 주일학교라고 추정하였다. 그 이유로 본문에서 열거한 대로 세브란스와 둔전 교회가 너무 가까운 사이였기 때문이다.

82) Ludlow, Personal History Alfred Irving Ludlow, mimeo, Allen Memorial Medical Library.

83) Ludlow, "The Five-Fold Bible," personal paper, Allen Memorial Medical Library.

84) 김학은, 「루이스 헨리 세브란스」, 『진리와 자유』, 1993년 겨울호.

85) 이유복·박형우, 『알프레드 어빙 러들로의 생애』, 연세대학교 출판부, 2000, p.137.

86) 김명선선생탄신100주년기념사업회, 『영원한 세브란스인 김명선』, 1998, p.127.

87) Ludlow의 1927년 2월 26일 자 편지(We leave Seoul June 22nd and, technically, our stay at home will begin July 16th and last until January 16th, 1928. This will give us only six months furlough. In some cases the Board extends the time but no home salary is given for time over the limit. We realize that the time is short but we fee that we will get more rest by returning by way of Europe for if we come straight home we would land there *in the middle of summer when so many of the leading surgeons are off duty*). 부인의 편지(The more I think of Irving I am afraid our stay at home will not be long enough to do him much good either physically or mentally. He ought to get some time for rest and recreation and he does need to *get in touch with surgical things once more*). Case Western Reserve University Archives.(이탤릭 문자는 저자의 강조)

88) Ludlow의 1927년 2월 26일 편지. Case Western Reserve University Archives. 이 편지는 Ludlow 교수의 봉급이 선교부에서 지급된다는 사실을 밝히는 귀중한 문서이다. 이와 대조적으로 허스트 교수는 세브란스가 책임진 듯하다. *Report of Severance Hospital 1907~1908*, p.7.

89) Ludlow의 1927년 2월 26일 편지. Case Western Reserve University Archives.

90) 연세대학교의과대학 의학백년편찬위원회, 『의학백년』, 연세대학교 출판부, 1986, p.116.

91) Jefferys, and Maxwell, *The Diseases of China: including Formosa and Korea*, 2nd Edition, Shanghai: ABC Press, 1929. 이 책의 초판은 1911년 미국 필라델피아의 Blakiston's Son & Co.에서 출판되었다. 초판이 나왔을 때에는 아직 러들로 교수의 치료법이 발견되기 전이어서 흔한 간농양을 소개했지만 제2판에서 비로소 러들로의 치료법을 자세히 소개하고 있다.

92) 러들로 교수도 같은 보고를 하였다. Ludlow, "Medical Experiences in Korea," *The Cleveland Medical Journal*, vol.13, 1914, pp.476~481.

93) Maxwell, "An Appreciation of Dr. A. I. Ludlow *China Medical Journal*," *The Korea Mission Field*, April 1927, p.88.

94) Weissenburger, M. B., "Cleveland Men and Money Are Helping Korea," *Cleveland Plain Dealer*, February, 22, 1931. 러들로 교수는 그의 논문에서 1922년 레오나드 경의 선행 논문을 인용하고 있다. Rogers, Sir L., *Amebic Liver Abscess its Pathology, Prevention and Cure*, Lancet, London, 1922와 *British Medical Journal*, 1922.

95) Ludlow의 1927년 2월 26일 편지. Case Western Reserve University Archives.

96) Maxwell, "An Appreciation of Dr. A. I. Ludlow *China Medical Journal*," *The Korea Mission Field*, April 1927, p.88.

97) 두 명예학위는 러들로 교수가 불참한 가운데 수여되었다.

98) 이유복, 「이용설 선생과의 대담」, 『연세의사학』 2(5), 1998, p.675.

99) 이용설 교수의 증언.

100) 1915년 1월 2일에 작성한 일기.

101) 러들로가 가족에게 보낸 편지.

102) Ludlow Private Record, Case Western Reserve University Archives.
103) *The Cleveland Press,* May 20, 1935.
104) 재단법인 김명선기념재단, 『김명선 교수 일화집』, 1992, pp.238~239.
105) 리하르트 분쉬, 김종대(역), 『고종의 독일인 의사 분쉬』, 학고재, 1999, p.231.
106) 신동환, 「1934년의 세브란스 부검 기록」, 『연세의사학』 2(5), 1998, pp.739~742.
107) Dittrick Medical Museum Archives.
108) Ludlow, "Observations on the Medical Progress in the Orient," *The Cleveland Medical Journal,* October 1908, p.563.
109) Speer, *Lu Taifu: Charles Lewis, M.D. a Pioneer Surgeon in China*, Ch.IX.
110) Speer, *Lu Taifu: Charles Lewis, M.D. a Pioneer Surgeon in China*, Ch.IX.
111) "Medical Missionaries from China in Russia," *China Medical Journal* 1919, pp.150~153.
112) Bradley, *The Czechoslovak Legion in Russia 1914~1920*, East European Monographs, 1991, p.156; Garfield, *Kolchak's Gold.*
113) 서울에 적십자병원이 설립된 것은 1905년이다. 황현, 김준(역), 『매천야록』, 교문사, 1996, p.601.
114) Ludlow가 하얼빈에서 가족에게 보낸 1918년 8월 31일 자 편지.
115) *Publicity Secretary*, Case Western Reserve Archives.
116) Cramer, *Case Western Reserve University*, Little, Brown and Company, 1976, p.142.
117) Ludlow가 가족에게 보낸 1915년 1월 30일 자 편지. 그는 그해 4월 9일에 서울을 떠났다.
118) "Saint Luke's Hospital, Shaker Boulevard: Born of Prosperity and Philanthropy," 제목을 알 수 없는 잡지, Winter 1984, pp.4~5. Case Western Reserve University Archives.
119) "Saint Luke's Hospital, Shaker Boulevard: Born of Prosperity and Philanthropy," 제목을 알 수 없는 잡지, Winter 1984, p.4, Case Western Reserve University Archives.
120) 러들로 교수는 한국에 있으면서도 엘리자베스 세브란스와 긴밀한 연락을 유지했다. 예를 들면 엘리자베스의 두 번째 남편이며 세브란스 의학대학에 세브란스-프렌티스 병동을 기증한 프렌티스가 사망했을 때 친구에게 보낸 1937년 9월 11일 자 편지에서 슬픔과 놀라움을 표시하고 있다. 그 편지에서 바로 1년 전 Ludlow 교수의 안식년에 프렌티스 씨를 만난 일을 회상하였다.
121) 러들로가 가족에게 보낸 1918년 8월 31일 자 편지.
122) Ludlow가 하얼빈에서 가족에게 보낸 1918년 8월 31일 자 편지.
123) *China Medical Journal*, July 1919, p.362.
124) Ludlow, "A Diamond Pin," Personal Record, Allen Memorial Medical Library.
125) Hawkins, "Uncle Pin's Little Red Book," *Plain Dealer Pictorial Magazine*, May 18, 1952.
126) *Reserve Weekly*, July 20, 1933.
127) Hawkins, "Uncle Pin's Little Red Book," *Plain Dealer Pictorial Magazine*, May 18, 1952.
128) 김명선선생탄신100주년기념사업회, 『영원한 세브란스인 김명선』, 1998, p.128.
129) 자료출처: Wilson, R. M., "A Leper Colony Its Management and Maintenance," *China Medical Journal*, September 1931, p.834.
130) 박형우·박윤재, 「세브란스연합의학전문학교 일람」, 『연세의사학』1(3), 1997, p.60.
131) 그는 양정고보 학생이었다.
132) 에이비슨, 에이비슨기념사업회(역), 『구한말 비록』(상), 대구대학교 출판부, 1986, p.253.
133) 에이비슨, 에이비슨기념사업회(역), 『구한말 비록』(상), 대구대학교 출판부, 1986, p.253.
134) Ludlow, "Observations on the Medical Progress in the Orient," *The Cleveland Medical Journal*, November 1908, p.610.

135) Preston, Howard, *The Cleveland News*, September 4, 1950.

136) 1941년 12월 일본의 진주만 기습공격에 대한 보복으로 1942년 4월에 둘리틀(LC. James H. Doolittle 1896~1993) 중령이 이끄는 B-25 폭격기가 항공모함 호네트(Hornet)호에서 발진하여 도쿄를 폭격하였다. 이때 8명의 조종사가 포로가 되었고 그 가운데 3명의 미국 조종사가 처형되었고 1명은 포로수용소에서 사망하였다. 폭격 자체는 미미했지만 일본은 본토가 폭격으로부터 안전하지 않다는 사실에 경악하였고 병력을 계획대로 태평양에 집중할 수 없었다.

137) Memorandum from Kay Semrau to Mr. Mayo. May 11, 1949, Case Western Reserve Archives; "Introducing the Trustee," *The Voice of Reserve*, 1944.

138) *The Voice of Reserve*, October 30 1944, p.8.

139) *Willard Dickerman Straight and Early US-Korea Diplomatic Relations*, Cornell University Archives.

140) Childers, "Korea is Land of Great Promise," *The Birmingham News*, November 11, 1928.

141) 1916년은 에이비슨 박사의 세 번째 안식년이었다. 이때 그가 하와이에 들러 이승만 박사를 만났다 함은 앞서 얘기하였다.

142) 신문기자는 이 의사의 이름은 밝히지 않았다. 그러나 다른 문헌과 비교해 보면 김창세 박사임을 알 수 있다.

143) 『독립신문』, 1920년 4월 8일 자; 노재훈, 「공중보건학의 선구자 김창세 박사」, 『연세의사학』 1(1), 1997.

144) 이용설 교수의 이력이나 학력과 비교할 때 심부름소년이었다는 신문 기사의 표현은 잘못인 듯하다.

145) Ludlow가 친구에게 보낸 1930년 1월 1일 자 편지.

146) Preston, Howard, "Signals! The Ludlow Pass," *The Cleveland News,* September 28, 1939. 미식축구에서 앞으로 던지는 행동을 "러들로 패스"라고 이름 지었다.

147) Weissenburger, M. B., "Cleveland Men and Money Are Helping Korea," *Cleveland Plain Dealer*, February, 22, 1931.

148) 클라크, 『에비슨 전기』, p.306.

149) *The Missionary Review of the World*, October 1923, p.858.

150) 윤치왕, 「산부인과학 전공케 한 선각자」, 『해관 오긍선』, 연세대학교 출판부, 1995, p.235.

151) *The Korea Mission Field*, July 1908, p.101.

152) 『세브란스 교우회보 카다로그』, 1931년 3월, p.14.

153) Ludlow, "Severance Union Medical College," *The Bulletin of the Academy of Medicine of Cleveland*, July 1935, pp.5, 13; Avison, "Creating a Medical School in Korea, *University of Toronto Monthly*, November 1937.

154) Ludlow가 가족에게 보낸 서신, 1918년 8월 3일.

155) Hawkins, "Uncle Pin's Little Red Book," *Plain Dealer Pictorial Magazine*, May 18, 1952.

156) 이승만 박사의 전기를 쓴 올리버는 남대문 모양이라고 주장하였다. Oliver, R., *Syngman Rhee, The Man behind the Myth*, New York: Dodd Mead & Co., 1954, p.358.

157) 러들로 교수가 하와이를 좋아하는 것은 기록으로 남겼다. Ludlow, "Observations on the Medical Progress in the Orient," *The Cleveland Medical Journal*, October 1908, p.551.

158) Avison, *Memoirs of Life in Korea*, p.290.

159) 이 자료는 내가 발굴한 것이다. 김학은, 『현대한국외과의학의 기원과 러들로』, 미간행.

160) 에이비슨도 항상 이 철자로 표기하였다.

161) *The Bulletin of the Cleveland Medical Library*, April 1968, p.32

162) Ludlow, A., "In Memoriam: Elizabeth Severance Allen Prentiss," *The Bulletin of the Academy of*

Medicine of Cleveland, February 1944, p.7.

163) *The Voice of Reserve*, October 30, 1944, p.8.

164) 동아일보 1929년 1월 13일 자 기사; 조선일보 1929년 1월 13일 자 사설.

165) Underwood, "A Museum at Chosen Christian College," *The Korea Mission Field*, January 1929, p.16.

166) 이 기록영화는 내가 발견하였다. 3통으로 구성되었는데 세 번째 통(reel 3)이 붉은 고양이의 연습 모습이고, 두 번째 통(reel 2)은 알렌 박사의 저택의 한국 정원의 모습이고, 첫 번째 통(reel 1)이 하와이 한국교민들의 모습이다.

167) 이 자료는 내가 발굴하였다.

168) Avison, *Memoirs of Life in Korea*, p.445.

169) 조병도, 「한국 최초 유일의 소녀 간호장교 오윤숙 씨」, 『월간조선』, 2008년 7월호, p.252.

170) Marino, Ben, "Korean War Ruins Hospital Built by Clevelanders," *The Voice of Reserve*, January/February 1951, pp.12~13.

171) Marino, Ben, "Korean War Ruins Hospital Built by Clevelanders," *The Voice of Reserve*, January/February 1951, pp.12~13. Ben Marino.

172) Hawkins, "Uncle Pin's Little Red Book," *Plain Dealer Pictorial Magazine*, May 18, 1952.

173) Hawkins, "Uncle Pin's Little Red Book," *Plain Dealer Pictorial Magazine*, May 18, 1952.

174) 김명선선생탄신100주년기념사업회, 『영원한 세브란스인 김명선』, 1998, p.128.

맺는말

1) Avison, *Memories of Life in Korea*, unpublished manuscript, 1940, pp.272~3.

2) 이승만, 『풀어 쓴 독립정신』, 청미디어, 2008, 159쪽.

3) 이승만, 『한국교회핍박』, 청미디어, 2008, 11쪽.

4) Cashman, Sean D., *America in the Gilded Age*, 3rd Edition, New York University Press, 1993, p.352.

5) 1952년 3월 1일 이승만 대통령은 에이이슨 박사에게 독립유공훈장을 수여하였다.

6) Cramer, *Case Western Reserve: A history of the University, 1826-1976*, Boston: Little, Brown & Co., 1976, p.102.

7) 세브란스와 에이비슨이 최초로 만난 1900년부터 김명선이 방문한 1951년은 51년간이다. 그러나 그에게 영향을 준 어머니의 의료자선부터 시작하면 100년이다.

참고문헌

국문문헌

경인일보사 특별취재팀, 『인천의 역사』, 경인일보사, 2001.
경인일보 특별취재팀, 『인천이야기』, 다인아트, 2001.
김두종, 『한국의학사』, 탐구당, 1966.
김명선선생탄신100주년기념사업회, 『영원한 세브란스인 김명선』, 1998.
김승태·박혜진, 『내한 선교사 총람 1884~1984』, 한국기독교역사연구소, 1994.
김양수, 『인천개화백경』, 화인재, 1998.
김영환, 『사진으로 본 한국 기독교 100년』, 보이스사, 1984.
김은신, 『한국 최초 101장면』, 가람기획, 2003.
김인수(역), 『언더우드 목사의 선교편지(1885~1916)』, 장로회신학대학교 출판부, 2002.
김일순, 「제중원에서의 초기 의학교육(1885~1908)」, 『연세의사학』 2(2), 1998.
김일중, 『규제와 재산권』, 한국경제연구원, 1995.
김학은, 『현대한국외과의학의 기원과 러들로』, 미간행.
노길명, 「개화기의 한국 가톨릭교회와 국가 간의 관계」, 『가톨릭사회과학연구』 4, 1987.
노재훈, 「공중보건학의 선구자 김창세 박사」, 『연세의사학』 1(1), 1997.
리하르트 분쉬, 김종대(역), 『고종의 독일인 의사 분쉬』, 학고재, 1999.
문규현, 『민족과 함께 쓰는 한국천주교회사 I』, 빛두레, 1994.
민경배, 『알렌의 선교와 근대한미외교』, 연세대학교 출판부, 1991.
민경배, 『한국기독교회사』, 연세대학교 출판부, 2007.
박형우, 『제중원』, 몸과마음, 2002.
박형우·박윤재, 「세브란스연합의학전문학교 일람」, 『연세의사학』 1(3), 1997.
반병률, 「세브란스와 한국독립운동」, 『연세의사학』 18(2), 2015.
백낙준, 『한국개신교사 1832-1910』, 연세대학교 출판부, 1973.
백성현·이한우, 『파란 눈에 비친 하얀 조선』, 새날, 1999.
삼성출판사(편), 『대세계의 역사』 10, 삼성출판사, 1982.
새문안85년편찬위원회, 『새문안 85년사』, 새문안교회, 1973.
손정목, 『한국 개항기 도시사회경제사 연구』, 일지사, 1992.
시바 료타로, 정재욱(역), 『꿈꾸는 열도』 1, 신원문화사, 1995.
신동환, 「1934년의 세브란스 부검기록」, 『연세의사학』 2(5), 1998.
신용하, 『독립협회연구』, 일조각, 1985.
신태범, 『인천 한 세기』, 홍성사, 1982.
알푸레드 얼빙 러들로, 이재완(역), 『聖書拾遺』, 京城: 朝鮮基督敎書會, 1939.
언더우드, 이광린(역), 『한국 개신교 수용사』, 일조각, 1989.
에이비슨, 「세브란스 기본금에 대하여」, 『세브란스 교우회보』 14(2), 1931.
에이비슨, 에이비슨기념사업회(역), 『구한말 비록』, 대구대학교 출판부, 1986.
여인석, 「에바 필드 일기」, 『연세의사학』 1(2), 1997.

여인석, 「에바 필드 일기 3」, 『연세의사학』 2(3), 1998.
연동교회100년사편찬위원회, 『연동교회100년사 1894~1994』, 연동교회, 1995.
연세대학교의과대학, 『한국최초 면허의사 100주년 기념 특별전』, 2008.
연세대학교의과대학 의학백년편찬위원회, 『의학백년』, 연세대학교 출판부, 1986.
연세의료원 120년사 편찬위원회, 『인술, 봉사 그리고 개척과 도전의 120년』, 연세의료원, 2005.
올리버 로버트, 「내가 아는 이승만」, 『신동아』, 1979. 9.
용산교회, 『사진으로 보는 용산교회 80년』, 1995.
유영익, 『이승만의 삶과 꿈』, 중앙M&B, 1996.
유영익(편), 『이승만 연구』, 연세대학교 출판부, 2000.
유영익, 『젊은 날의 이승만』, 연세대학교 출판부, 2002.
윤치호, 『윤치호 서한집』, 국사편찬위원회, 1980.
윤치호, 송병기(역), 『국역 윤치호 일기』 1, 연세대학교 출판부, 2001.
이경록·박윤재·여인석·박형우, 「광혜원의 개원과 제중원으로의 개칭과정」, 『연세의사학』 2(4), 1998.
이광린, 『올리버 알 에비슨의 생애』, 연세대학교 출판부, 1992.
이광린, 『초대 언더우드 선교사의 생애』, 연세대학교 출판부, 1991.
이광린, 『한국개화사의 제문제』, 일조각, 1986.
이만열, 「한말 미국계 의료선교를 통한 서양의학의 수용」, 『국사관논총』 3, 1989.
이만열·옥성득, 『언더우드 자료집』 Ⅰ, 연세대학교 출판부, 2005.
이만열·옥성득, 『언더우드 자료집』 Ⅱ, 연세대학교 출판부, 2006.
이만열·옥성득, 『언더우드 자료집』 Ⅲ, 연세대학교 출판부, 2007.
이병헌, 『삼일운동비사』, 시사시보사출판국, 1959.
이석륜, 『한국화폐금융사연구』, 박영사, 1984.
이승만, 『한국교회핍박』, 하와이: 신한국보사, 1913.
이원순, 『인간 이승만』, 신태양사, 1988.
이유복, 「이용설 선생과의 대담」, 『연세의사학』 2(5), 1998.
이유복·박형우, 「동양 최고의 외과의사 러들로의 생애」, 『연세의사학』 3(2), 1999. 131-141
이유복·박형우, 『알프레드 어빙 러들로의 생애』, 연세대학교 출판부, 2000.
이정식(역), 「청년 이승만의 자서전」, 『신동아』, 1979. 9.
이현희, 『한국 철도사』, 한국학술정보, 2001.
이혜숙, 「독립운동가 김마리아」, 『한국기독교사연구』, 1988. 6.
인천광역시 역사자료관 역사문화연구실(편), 『근대문화로 읽는 한국 최초 인천 최고』, 2005.
장명수, 『성곽발달과 도시계획 연구』, 학연문화사, 1994.
재단법인 김명선기념재단, 『김명선 교수 일화집』, 1992.
전택부, 『월남 이상재의 생애와 사상』, 연세대학교 출판부, 2001.
정운현, 『서울시내 일제유산답사기』, 한울, 1995.
조병도, 「한국 최초 유일의 소녀 간호장교 오윤숙 씨」, 『월간 조선』, 2008. 7.
조선일보사(편), 『격동의 구한말 역사의 현장』, 1986.
주진오, 「서양의학의 수용과 제중원-세브란스」, 『연세의사학』 1(3), 1997.
최석우, 『한국천주교회의 역사』, 한국교회사연구소, 1982.
평양장로회신학교, 『예수교장로회죠선총회뎨일회회록』, 조선야소교서회, 1912.
하디, 「에비슨 박사 소전」, 『기독신보』, 1932. 7. 20.
해관오긍선선생기념사업회(편), 『해관 오긍선』, 연세대학교 출판부, 1995.

해링톤, 이광린(역), 『개화기의 한미관계』, 일조각, 1973.
황상익·기창덕, 「조선말과 일제 강점기 동안 내한한 서양 선교의료인의 활동 분석」, 『대한의사학회 춘계 학술대회 발표자료집』, 1994. 5. 6.
황현, 김준(역), 『매천야록』, 교문사, 1996.

국문잡지

연세의사학.
세브란스 교우회보.
독립신문, 1920. 4. 8.

일본어문헌

ゲ·デ·チャガイ(編), 井上纊一(譯), 『朝鮮旅行記』(東洋文庫547), 平凡社, 1992.
細川嘉六, 『植民史』, 理論社, 1972.
吟月生, 「京義線을 代表한 平壤驛」, 『半島時論』 1(5), 半島時論社, 1917. 8.
朝鮮鐵道協會, 「京義線業績の昔今」, 『朝鮮鐵道協會誌』, 昭和六年(1931), 十月號.
朝鮮鐵道協會, 「明治三十六年八月 南大門驛の附近」, 『朝鮮鐵道協會誌』 八月號, 1931.
朝鮮鐵道協會, 「京義線 馬山線의 起源: 軍用鐵道移管 二十五年 紀念」, 『朝鮮鐵道協會誌』 八月號, 1931.
朝鮮總督府, 『(調査資料 第22輯)朝鮮の人口現象 附圖』, 1927.

Books and Articles

Akin, Edward N., *Flgler: Rockefeller Partner and Florida Baron*, Ohio: Kent State University Press, 1988.
Allen, Dudley P., "Address Delivered by Dr. Dudley P. Allen, at the Banquet Tendered Him by the Cleveland Medical Library Association, no.25, 1911," *Bulletin of the Cleveland Medical Library*, vol.xv, no.2, April 1968.
____________, "Louis H. Severance," *The Oberlin Alumni Magazine*, vol.X, no.1, October 1913.
____________, "Pioneer Medicine on the Western Reserve," *Magazine of Western History*, vol.4, 1887.
____________, Dudley Peter Allen Archives, Historical Division, Cleveland Health Sciences Library.
____________, *Lectures*, Archives of the Allen Medical Library Museum.
Allen, Dudley P. and A. I. Ludlow, "Wounds from Blank Catridges," *The Cleveland Medical Journal*, vol. Ⅱ, no.12, December 1903.
Allen, Dudley P. and J. M. Ingersoll, and A. I. Ludlow, "Supernumerary Thypoid at Base of Tonge," *Surgery, Gynecology and Obstetrics*, September 1905.
Allen, Elizabeth Severance, *Correspondence*, Archives at Mudd Library.
Allen, H. N., *Things Korean*, New York: Fleming H. Revell Company, 1908.
American Presbyterian Mission, *Report of Severance Hospital 1907~1908*, New York: 1908.
Anderson, E. W., "Early Days of the Korea Medical Missionary Association," *The Korea Mission Field*, May 1939.

Anonymous, "A Toast to the Profession," *Forecast*, vol.2, no.1, 1984.

Archbold, J. D., "The Standard Oil Company: Some Facts and Figures," *The Saturday Evening Post*, December 7, 1907.

Asbury, Herbert, *The Golden Flood: An Informal History of America's First Oil Field*, New York: Alfred A. Knopf, 1942.

Avery, Elroy M., *A History of Cleveland and Its Environs: The Heart of New Connecticut*, vol.I~III, The Lewis Publishing Co., 1918.

Avison, Oliver R., "Creating a Medical School in Korea," *University of Toronto Monthly*, November 1937.

________________, "Making the Most of One's Opportunities," *The Korea Mission Field*, May 1920.

________________, "Mens Calendar," *The Korea Review*, vol.2, 1902.

________________, "The Severance Hospital," *The Korea Review*, vol.4, 1904.

________________, *Memoirs of Life in Korea*, unpublished manuscript, in Goerge Baik's Archives, Yonsei University Library.

Beer, T., *Hanna*, New York: Knopf, 1929.

Benson, Nathaniel A., "Doctor in Korea: the Story of Oliver R. Avison," *Varsity Graduate*, January 1956.

Bix, Herbert P., *Hirohito*, New York: Perennial, 2001.

Bradley, John F., *The Czechoslovak Legion in Russia 1914~1920*, East European Monographs, 1991.

Brown, Arthur J., "A Reading Journey in Korea," *Chautauquan*, 1905.

________________, *One Hundred Years: A History of the Foreign Missionary Work of the Presbyterian Church in the USA*, New York, 1936.

________________, *The Foreign Missionary: An Incarnation of a World Movement*, New York, 1907.

________________, *The Mastery of the Far East*, New York, 1919.

Bruce, D. A., *The Mark of the Scots: Their Astonishing Contributions to History, Science, Democracy, Literature*, New York: Citadel, 1996.

Bruce, D. A., *The Scottish 100*, New York: Carroll & Graf Publishers, 2000.

Bunts, Frank E., "Reminiscences of Cleveland Doctors," *Bulletin of the Cleveland Medical Library*, July 1961.

Burnett, Scott S., *Korean-American Relations*, vol. Ⅲ, University of Hawaii Press, 1989.

Burton, Ernest DeWitt, Papers, [Box 44, Folder 4], Special Collections Research Center, University of Chicago Library.

Cashman, Sean D., *America in the Gilded Age*, 3rd Ed., New York University Press, 1993.

Chernow, R., *Titan: The Life of John D. Rockefeller, Sr.*, New York: Vintage, 1998.

Childers, James S., "Korea is Land of Great Promise," *The Birmingham News*, November 11, 1928.

Clark, Allen DeGray, *O R Avison*, Seoul: Yonsei University Press, 1976.

Clymer, K., *John Hay: The gentleman as diplomat*, University of Michigan Press, 1975.

Cone, Andrew, and Walter R. Johns, *Petrolia: A Brief History of the Pennsylvania Petroleum Region*, New York: D. Appleton, 1870.

Cook, Harold F., *Pioneer American Businessman in Korea, The Life and Times of Walter Davis Townsend*, Royal Asia Society Korea Branch, 1981.

Cramer, C. H., *Case Western Reserve University*, Little, Brown and Company, 1976.

Crile, George W., "Dudley Peter Allen," *Surgery, Gynecology and Obstetrics*, May 1925.

________________, *George Crile, An Autobiography*, Lippincott, 1947.

Croly, Herbert, *Marcus Alonzo Hanna: His Life and Work*, New York: Macmillan, 1912.
Darrah, William C. *Pithole: The Vanished City.* Gettysburg, Pa., 1972.
Deaver, John B., "The Dudley Peter Allen Memorial Meetings," *The Cleveland Medical Journal*, vol 1, 1915.
Dennett, T., *John Hay: From Poetry to Politics*, New York: Dodd, Mead & Co., 1933.
Diez, David, "Hospital Work in Korea Told by Dr. Ludlow," *Cleveland Press*, November 12, 1927.
Dunn, Waldo H., "The Builder of Wooster," *Wooster Alumni Bulletin*, vol.1, no.4, January 1924.
Eaton, S. J. M., *Petroleum: A History of the Oil Region of Venango County, Pennsylvania*, Philadelphia: J. P. Skelly & Co., 1886.
Ellinwood, Frank F., *The Oriental Religions and Christianity*, New York: IndyPublish, 2006(1891).
Ellis, William T., *Men and Missions*, Philadelphia: The Sunday School Times Company, 1909.
Fenwick, M. C., *The Church of Christ in Corea*, New York: George H. Doran Co., 1911.
Fingulin, J. A., "The Cleveland Medical Library Association," *The Bulletin of the Cleveland Medical Library*, October 1976.
Fitz, Reginald, "The Crimson Thread," *Clinical Bulletin of the School of Medicine of Western Reserve University and Its Associated Hospitals*, vol.VIII, no.2, March 1944.
Flexner, A., *Medical Education in the United States and Canada*, 1910.
Flynn, John T., *God's God: The Story of Rockefeller and His Times, New York*: Harcourt, Brace, 1932.
Forbes, R. J., *More Studies in Early Petroleum History 1860~1880*, Leiden: E. J. Brill, 1959.
__________, *Studies in Early Petroleum History*, Leiden: E. J. Brill, 1958.
Fordyce, Wellington G., "Immigrant Institutions in Cleveland," *Ohio Archeological and Historical Quarterly*, vol.47. 1938.
Frazier, I., *Family*, New York: Picador, 2002.
Gale, J. S., *Korea in Transition*, The Board of Foreign Missions of the Presbyterian Church in the U.S.A., 1909.
Gerald T. White, "Reviewed Work: *Portrait in Oil: How the Ohio Oil Company Grew to Become Marathon*. By Hartzell Spence, New York, McGraw-Hill Book Company, 1962," *The Business History Review*, Spring/Summer 1963.
Giddens, P. H., "The Search for a New Illuminant and Lubricant," *Titusville Herald*, August 27, 1980.
Giddens, P. H., "True Significant of the Drake Well," *Titusville Herald*, August 27, 1980.
Giddens, P. H., "Why Ida M. Tarbell Wrote History of Standard Oil Company," *Titusville Herald*, August 27, 1980.
Giddens, P. H., *Early Days of Oil: A Pictorial History of the Beginnings of the Industry in Pennsylvania*, Princeton University Press, 1948.
Giddens, P. H., *Pennsylvania Petroleum, 1750~1872: A Documentary History*, Titusville, Pa.: Pennsylvania Historical and Museum Commission, 1947.
Giddens, P. H., *The Beginnings of the Petroleum Industry: Sources and Bibliography*, Pennsylvania Historical Commission, 1941.
Giddens, P. H., *The Birth of the Oil Industry*. New York: Macmillan, 1938.
Gifford, D. L. *Every-day Life in Korea: A Collection of Studies and Stories*, New York: Fleming H. Revell Company, 1898.
Glover, D. M., "To Gallant Lady," *Bulletin of the Cleveland Medical Library*, vol.XV, no.2, April 1968.

Gormley, Ken, *Archibald Cox: Conscience of a Nation*, New York: Addison–Wesley, 1997.

Goulder–Inant, Grace, *John D. Rockefeller: The Cleveland Years*, Western Reserve Historical Society, 1972.

Greene, R. S., "The Work of the China Medical Board, Rockefeller Foundation," *China Medical Journal*, May 1917.

Haddad, Gladys, *Flora Stone Mather: Daughter of Cleveland's Euclid Avenue and Ohio's Western Reserve*, Kent State University Press, 2007.

Harrington, F. H., *God, mammon, and the Japanese: Dr. Horace N. Allen and Korean-American relations, 1884-1905*, Madison: University of Wisconsin Press, 1944.

Hawkins, Larry, "Uncle Pin's Little Book," *Plain Dealer Pictorial Magazine*, May 18, 1952.

Haydn, H. C., *Western Reserve University, from Hudson to Cleveland, 1878~1890: An Historical Sketch*, Western Reserve University, 1905.

Haynes, Williams, *The Stone That Burns: The Story of the American Sulphur Industry*, D. Van Nostrand Co., 1942.

Henry, J. T., *The Early and Later History of Petroleum*, Philadelphia: Jas. B. Rodgers Co., 1873.

Hidy, Ralph W., and Hidy, Muriel E., *Pioneering in Big Business, 1882-1911: History of Standard Oil Company(New Jersey)*, New York: Harper & Brothers, 1955.

______________________, *The Resurgent Years 1911~1927: History of Standard Oil Company (New Jersey)*, New York: Harper & Brothers, 1956.

Hobsbawm, Eric, *The Age of Empire: 1875~1914*, New York: Vintage, 1989.

Holden, Louis Edward, *Autobiography*, unpublished manuscript, University of Wooster Archives.

Holden, Louis Edward(et al.), "Louis H. Severance," unpublished mimeo, The University of Wooster Archives, 1913.

Holliday, W. Trevor, *John D. Rockefeller 1839~1937: Industrial Pioneer and Man*, New York: Newcomen Society, 1948.

Hopkins, C. H., *John R. Mott 1865~1955: A Biography*, William B. Eerdmans Publishing Co., 1979.

Hudson, Charles L., *The Life and Times of Dudley Peter Allen*, Cleveland Medical Library Association, 1992.

Hulbert, H. B., *Appendix I*, Korean Liberty Conference, Los Angeles: The United Korean Committee in America, 1919.

__________, *Echoes of the Orient: A Memoir of Life in Far East*, Typed manuscript.

Ireland, Alleyne, *The New Korea*, New York: E. P. Dutton & Company, 1926.

Jameson, G. C., "The Historian's Notebook," *The Ohio State Medical Journal*, vol.33, March 1937.

Jefferys, W. H. and Maxwell, J. L., *The Diseases of China: including Formosa and Korea*, Philadelphia: Blakiston's Son & Co., 1910.

John Mott Papers, Record Group no.45, Special Collections, Yale Divinity School Library, Box 170, Folder 2888[Severance Correspondence], Box 174, Folder 2764[Korea], Box 152, Folder 2535[Korea 1913], Box 142, Folder 2343[Student Voluntary Movement], Box 120, Folder 2102.

Johnson, A. M., *The Development of American Petroleum Pipelines: A Study in Private Enterprise and Public Policy, 1862~1906*, Ithaca: Cornell University Press, 1956.

Johnson, H. H., "John L. Severance," *The Oberlin Alumni Magazine*, vol.X, no.3, December 1913.

Keeler, Harriet L., *The life of Adelia A. Field Johnston*, Cleveland: Korner & Wood Co., 1912.

Kennedy, J. H., *A History of the City of Cleveland(Biographical Volume)*, Cleveland: The Imperial Press, 1897.

Kim Kiv Sik, "The First General Assembly of the Presbyterian Church in Korea," *The Korea Mission Field*, November 1912.

Kitzmiller, Helen, H., *One Hundred Years of Western Reserve University*, Hudson, Ohio, 1926.

Ladd, G. T., *In Korea with Marquis Ito*, London: Longman, 1908.

Lee, J. S., *Syngman Rhee*, Yonsei University Press, 2001.

Lee, Y. S., "In Memory of the Late Alfred Irving Ludlow," *Yonsei Medical Journal*, 1967.

Lefton, Douglas, "Cleveland's Rise to Medical Prominence," *The Plain Dealer Magazine*, August 4, 1991.

Ludlow, Alfred I., "Bacteriologic Report," *The Cleveland Medical Journal*, vol. Ⅱ, no.12, December 1903.

__________, "Be Not Leaders," in the A.I. Ludlow Archives.

__________, "Biographical Sketch from A Geauga County History 1880," in the A.I. Ludlow Archives.

__________, "In Memoriam Elizabeth Severance Allen Prentiss 1865~1944," *The Bulletin of the Academy of Medicine of Cleveland*, February, 1944.

__________, "Medical Experiences in Korea," *The Cleveland Medical Journal*, vol.13, 1914.

__________, "Observations on the Medical Progress in the Orient," *The Cleveland Medical Journal*, October, November, 1908.

__________, "Personal History Alfred Irving Ludlow," in the A.I. Ludlow Archives.

__________, "Severance Union Medical College," *The Bulletin of the Academy of Medicine of Cleveland*, July 1935.

__________, "Surgical Flashlights–I, Abundant Life," *The Korea Mission Field*, April 1932.

__________, "The Story of the Leper Diamond Pin," in the A.I. Ludlow Archives.

__________, *A Doctor's Spiritual Diary*.

__________, *Chapel Talks*, Seoul: Severance Union Medical College, 1937.

Ludlow, Arthur C., *Centennial Celebration, Hudson, Ohio, 1800~1900*, Cleveland, 1900.

__________ *The History of Western Reserve University, Cleveland: 1927*, unpublished manuscript.

__________ *The Old Stone Church the story of a Hundred Years 1820-1920*, Privately printed, 1920.

Malone, Dumas(ed.), *Dictionary of American Biography*, vol. Ⅲ, New York: Charles Scribner's Sons, 1929.

Manual for the Members of the First Presbyterian Church in Cleveland, Cleveland, 1842.

Marino, Ben, "Korean War Ruins Hospital Built by Clevelanders," *The Voice of Reserve*, January/February 1951.

Mark Twain Papers and Projects, University of California Berkley Library, Bancrof Library. Journal Letters of Emily A. Severance.

Mather, Amasa S., *Extracts from the Letters, Diary and Note Books of Amasa Stone Mather: June 1907 to December 1908*, vol.I·II, Private Publication, 1910.

Mather, Samuel, "The New Lakeside Hospital," *The Lakeside Magazine*, 1895.

Maxwell, J. L., "An Appreciation of Dr. A. I. Ludlow *China Medical Journal*," *The Korea Mission Field*, April 1927.

McKibben, W. Jeanne, *The Allen-Severance Connection*, unpublished manuscript, Oberlin: Oberlin Nineteenth Century Club, 1988.

McLaren, C. I., "Departure of Rev. and Mrs. J. N. Mackenzie," *The Korea Mission Field*, June 1938.

Metcalf, Emily E., *Historical Papers Delivered at the Centennial Anniversary of the First Congregational Church of Hudson Ohio, September 4, 1902*, Akron, 1902.

Miller, Carol P., *Church with a Conscience: A History of Cleveland's Church of the Covenant 1844~1995*, Cleveland: The Church of the Covenant, 1995.

Miller, Earnest C.(ed.), "Ida Tarbell's Second Look at Standard Oil," *The Western Pennsylvania Historical Magazine*, vol.39, Winter 1956.

Millikin, Julia(ed.), *Journal Letters of Emily A. Severance*, Cleveland: The Gates Press, 1938.

Millikin, Severance, A., "Dudley P. Allen: A Reminiscence," *The Bulletin of the Cleveland Medical Library*, October 1976.

Missionary Research Library Archives: Section 12, *World Missionary Conference Records, Edinburgh, 1910*, The Burke Library Archives, Union Theological Seminary, New York: [series no.1, box no.12, folder no.5], "Korea, Japan Reports, A–L"; [series no.1, box no.12, folder no.6], "Korea, Japan Reports, M–Y"; [series no.1, box no.21, folder no.1], "The Financial Support of the Missionary Enterprise: Responses to Dr. J. L. Barton: Correspondence; financial returns; returned questionnaires; memo; notes for report"; [series no.1, box no.6, folder no.10], "Korea: Taiku; Seoul; Mokpo"; [series no.1, box no.6, folder no.11], "Korea: Pyeng Yang; Songdo; Wonsan; Seoul"; [series no.1, box no.22, folder no.12], "Correspondence: J. L. Barton and L. H. Severance, 1908–10"; [series no.2, box no.1, folder no.14], "Korea by George Heber Jones, draft and edited copy"; [series no.2, box no.3, folder no.12], "2 Commission I questionnaire responses re Korea"; [series no.2, box no.4, folder no.11], "papers by S. A. Moffett, R. A. Hardie, W. N. Balir, M. N. Trollope"; [series no.2, box no.4, folder no.12], "papers by H. Miller, J. E. Adams, H. H. Weir, M. B. Stokes"; [series no.2, box no.4, folder no.14], "Continuation Committee Korea Conference: Lists of delegates"

Montague, Gilbert H., "The Legend of the Standard Oil Company," *The North America Review*, September 1905.

________________, *The Rise and Progress of the Standard Oil Company*, New York: Harper & brothers, 1903.

Moore, Austin L., *John D. Archbold and the Early Development of Standard Oil*, New York: Macmillan, 1930.

Morris, Charles R., *The Tycoons: How Andrew Carnegie, John D. Rockefeller, Jay Gould, and J. P. Morgan Invented the American Supereconomy*, Owl Books, 2005.

Mott, John R., *Addresses and Papers of John R. Mott*, vol.3, New York: Association Press, 1946.

Nagata, A., "American Missionaries in Korea and the US–Japan Relations 1910–1920," *The Japanese Journal of American Studies*, vol.16, 2005.

Nevins, Allan, *John D. Rockefeller: The Heroic Age of American Enterprise*, 2 vols., New York: Charles Scribner's Sons, 1940.

Notestein, L. L., *Wooster of the Middle West*, College of Wooster, 1937.

Oliver, Robert, *Syngman Rhee, The Man behind the Myth*, New York: Dodd Mead & Co., 1954.

Packard, Roy D., *Informal History of the Standard Oil Company (Ohio) (1870~1911)*, 2 vols. Typescript in Archives of British Petroleum(Cleveland). July 1958.

Peterson, Barbara B.(ed.), *Notable Women of Hawaii*, Honolulu: University of Hawaii Press, 1984.

Petroleum Producer's Union, *A History of the Rise and Fall of the South Improvement Company: Report of the Executive Committee of the Petroleum Producer's Union, Lancaster, Pa.*, Wylie & Griest, printers, 1872.

Powers, Ron, *Mark Twain: A Life*, New York: Free Press, 2005.

Preston, Howard, "Signals! The Ludlow Pass," *Cleveland News*, September 28, 1939.

Randall, Emilius O., *History of Ohio: the rise and progress of an American state*, New York: The Century history Co., 1912.

Rhodes, Harry A., *History of the Korea Mission: Presbyterian Church U.S.A., 1884~1934*, Chosen Mission Presbyterian Church U.S.A., 1934.

Robertson, J., *Saint Luke's Hospital 1894~1980*, Cleveland, 1981.

Rockefeller, John D., *Random Reminiscences of Men and Events*, New York: Doubleday, Page & Co., 1909.

Rose, Kenneth W., "John D. Rockefeller's Philanthropy and Problems in Fundraising at Cleveland's Floating Bethel Mission and the Home for Aged Colored People," *Ohio History Journal*, vol.108.

____________, "Why Chicago and Not Cleveland? The Religious Imperative Behind John D. Rockefeller's Early Philanthropy, 1855~1900," Typescript, Rockefeller Archive Center, Sleepy Hollow, New York.

Royal Asiatic Society, *Transactions of the Korea Branch of the Royal Asiatic Society*, vol.V, part I, 1914.

____________, *Transactions of the Korea Branch of the Royal Asiatic Society*, vol.Ⅶ, part I, 1916.

Rutkow, Ira M., *The History of Surgery in the United States 1775~1900*, San Francisco: Jeremy Norman Co, 1988.

Segall, Grant, "The Severance Legacy," *Plain Dealer Sunday Magazine*, February 20, 2005.

Severance, J. F., *The Severance: Genealogical History*, Donnelley, 1893.

Severance, Solon L., "Reminiscences," *Annals of the Early Settlers' Association of Cuyahoga County Ohio*, vol.6, no.1, 1910.

Seymour, Nathan P., "Hudson and the Early Days of Western Reserve College," *Commemoration Exercises of the 90th Anniversary of M.A.M. Hudson Baldwin*, published by the students of Western Reserve Academy in 1890.

Sharrocks, Alfred M., "The Doctor in Korea," *The Missionary Review of the World*, February 1908.

Shaw, Carole C., *The Foreign Destruction of Korean Independence*, 서울대학교 출판부, 2006.

Speer, Robert E., *Lu Taifu: Charles Lewis, M.D. a Pioneer Surgeon in China*, New York: Board of Foreign Missions, Presbyterian Church in the U.S.A., 1930.

Standard Oil Company Minute Books, BP America, Cleveland, Ohio.

Standard Oil Company of New Jersey, *The Lamp, 75th Anniversary of Jersey Standard, Standard Oil Company (New Jersey) 1882~1957*, New York: Standard Oil Company(New Jersey), 30 Rockefeller Plaza, NY 20.

Stanley, Brian, *The World Missionary Conference, Edinburgh 1910*, Wm. B. Eerdmans Publishing, 2009.

Stephen, James, "The Allen Family–Three Generations of Physicians," in celebration of Oberlin's susquicentennial, *Oberlin News Tribune*, 1983.

Stigler, G. J., *The Theory of Price*, Macmillan, 1952.

Straight, W., *Willard Dickerman Straight and Early US-Korea Diplomatic Relations*, Cornell University Archives.

Tait, Samuel W., Jr., *The Wildcatters: An Informal History of Oil-Hunting in America*, Princeton: Princeton University Press, 1946.

Tarbell, I. M., "The Oil Age," *McClure's Magazine*, November 1924.

____________, *All in the Day's Work: An Autobiography*, New York: Macmillan, 1939.

____________, *Ida Minerva Tarbell Papers*, Pennsylvania Historical and Museum Commission, Drake Well Museum Collection, Titusville, Pennsylvania.

____________, *The History of Standard Oil Company*, 2 vols. Glouchester, Mass: Peter Smith, 1963(1904).

Thayer, W. R., *Life and Letters of John Hay*, vol.I, Houghton Mifflin, 1916.

Tomkins, Floyd W. *First Korean Congress*, Philadelphia, 1919.

Townsend, Henry H., *New Heaven and the First Oil Well*, New heaven, 1934.

Tullock, Gordon, *The Economics of Special Privilege and Rent Seeking*, Boston: Kluwer Academy, 1989.

Turner, Arthur, *The Morning Calm*, July 1908.

Tuve, Jeanette E., *Old Stone Church: In the Heart of the City Since 1820*, Cleveland: Old Stone Church, 1994.

Underwood, Horace G., "A Museum at Chosen Christian College," *The Korea Mission Field*, January 1929.

____________________, "Reminiscences," *Quanto Centennial Papers Read Before the Korea Mission of the Prebyterian Church at the Annual Meeting in Pyeng Yang*. Aug 27, 1909.

____________________, "The Growth of the Church in Korea," *Missionary Review of the World*, February 1908.

Underwood, H. G., and Avison, O. R., "Resolutions passed by Seoul Station on the death of Mr. Severance," *The Korea Mission Field*, August 1913.

Underwood, L. H. *Underwood of Korea*, Yonsei University Press, 1983(1918).

United Korean Committee in America, *Korean Liberty Conference*, Lafayette Hotel, Washington, D.C., 1942.

United States Department of Commerce, Bureau of Mines, *Mineral Resources of the United States* 1882~1931.

Unknown(ed.), *A Comic History of Cleveland 1791~1901*, Case–Reserve Student's Hospital Committee, 1901.

Van Tassel, David D. and Grabowski, John J., *Cleveland: A Tradition of Reform*, Kent State University Press, 1986.

Waite, F. C., *The First Forty Years of the Cleveland Era of Western Reserve University*, Cleveland, no date.

Weems, Clarence, *Hulbert's History of Korea*, vol.I·II, New York: Hillary House Publishers Ltd., 1962.

Weir, H., "Hospital Naval Fund," *The Morning Calm*, October 1907.

_______, "Report," *The Morning Calm*, July 1905.

Weissenburger, M. B., "Cleveland Men and Money Are Helping Korea," *Cleveland Plain Dealer*, February, 22, 1931.

Whately, Richard, *Historical Doubts Relative to Napoleon Buonaparte*, 1819.

White, Stanley, "A Missionary Philanthropist: A Sketch of the Life and Work of Louis H. Severance," *The Missionary Review of the World*, December 1913.

Wickham, G. V. R., *The Pioneer Families of Cleveland 1796~1840*, vol.Ⅰ·Ⅲ, Evangelical, 1914.
Willard Dickerman Straight and Early US-Korea Diplomatic Relations, Cornell University Archives.
Williamson, Harold F., and Arnold R. Daum, *The American Petroleum Industry, vol.1., The Age of Illumination, 1859~1899*, Evanston: Northwestern University Press, 1959.
Wilson, Ella Grant, *Famous Old Euclid Avenue of Cleveland*, Privately Printed, 1937.
Wilson, R. M., "A Leper Colony Its Management and Maintenance," *China Medical Journal*, September 1931.
Wolfe, K., "Lyric Song and the Birth of Korean Nation," *Fidelio*, Summer 1996.
Woodward, E. L., *China Medical Journal*, September 1907.
Yergin, D., *The Prize: The Epic Quest for Oil, Money and Power*, New York: Simon & Schuster, 1991.
Yoo, Young Sik, *Earlier Canadian Missionaries in Korea: A Study in History 1888~1895*, The Society for Korean and Related Studies, 1987.
Zuciano, Luis, "Old China Town," *The Clevelander*, December 1928.

Magazines and Reports

Annual Report on Reforms and Progress in Chosen Korea, 1916~17.
Bulletin of the Cleveland Medical Library, April 1968, October 1976.
Bulletin of the Academy of Medicine of Cleveland, February 1944.
Catalogue Severance Union Medical College 1917.
Christian Encyclopedia.
Cleveland, Cleveland: H. R. Page Company, 1889.
Cleveland, Lewis Publishing Company, 1918.
Cleveland Register, 1819.
Clevelander, December 1928.
Forecast, n.d.
Knox College Monthly, May 1887.
Lakeside Hospital Magazine, 1895.
Minutes and Reports of the Annual Meeting of the Korea Mission of the Presbyterian Church in the U.S.A. Held at Pyeng Yang 1907.
Missionary Review of the World, September 1897, February 1908, December 1913, January 1921, October 1923.
Plain Dealer Magazine, August 4, 1991.
Proceedings of First General Assembly of Presbyterian Church of Korea, 1907.
Report of the Ecumenical Missionary Conference 1900 New York.
Report of the Board of Trustees of the University of Wooster, 1913.
Report of Severance Hospital 1907~1908, New York: American Presbyterian Church, 1908.
Reserve Weekly, July 20 1933.
The Korea Mission Field.
The Korea Review.
The Korea Repository.
The Voice of Reserve.

Wooster Voice, December 1902.
World Missionary Conference Report Edinburgh 1910.

Newspapers

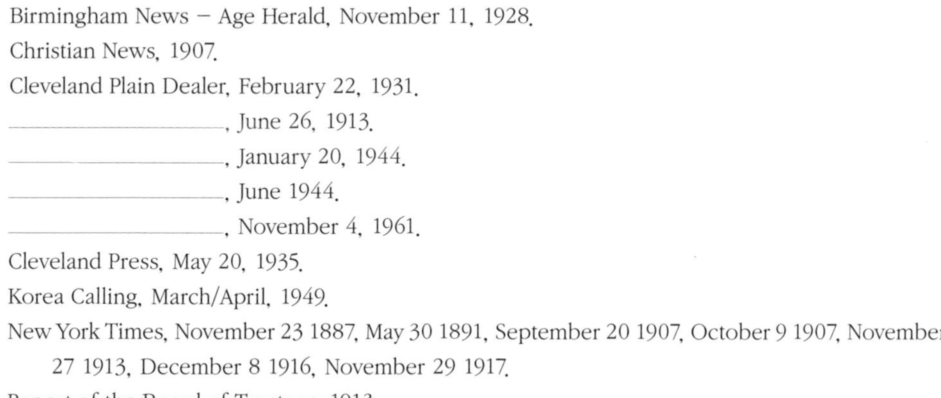

Birmingham News – Age Herald, November 11, 1928.
Christian News, 1907.
Cleveland Plain Dealer, February 22, 1931.
__________, June 26, 1913.
__________, January 20, 1944.
__________, June 1944.
__________, November 4, 1961.
Cleveland Press, May 20, 1935.
Korea Calling, March/April, 1949.
New York Times, November 23 1887, May 30 1891, September 20 1907, October 9 1907, November 27 1913, December 8 1916, November 29 1917.
Report of the Board of Trustees, 1913.
Seoul Press, February 28, 1937.

Manuscripts

Colonel Drake Manuscript, Drake Well Museum, Titusville, Penn. Ida Tarbell Papers, Drake Well Museum, Titusville, Penn.
Rockefeller Archives, Tarrytown, New York. Straight Archives.
Ludlow Archives.
Mather Archives.
Burke Library Archives.
Dittrick Medical Museum Archives. John R. Mott Papers.
The Burke Library Archives. Ernest DeWitt Burton Papers.
Yale University Library, Divinity Library Special Collection. Severance Family Papers.
Severance Family Photograph Group.

찾아보기

ㄴ

ㄷ

ㄹ

ㅁ

ㅂ

ㅅ

ㅇ

ㅈ

ㅊ

ㅋ

ㅌ

ㅍ

ㅎ

김학은(金學㹠)

서울대학교 농과대학 졸업

미국 University of Pittsburgh 대학원 경제학과 졸업, Ph.D.

미국 Case Western Reserve University 경제학과 조교수

연세대학교 상경대학 경제학부 교수

현재 연세대학교 상경대학 경제학부 명예교수

주요 저서

A Study on Inflation and Unemployment, New York and London: Garland, 1984

화폐와 이자, 법문사, 1984

화폐와 시간, 법문사, 1984

돈의 역사, 학민사, 1994

폰지게임과 베짓처방, 전통과 현대, 1998

새 거시경제학(공저), 세경사, 2005

자유주의 경제학 입문(공저), 세경사, 2006

정합경제이론, 박영사, 2006

화폐와 금융—불확실성의 경제학, 박영사, 2007

이승만과 마시리크, 연세대학교 이승만 연구원 학술총서 6, 북앤피플, 2013

이상의 시 괴델의 수, 보고사, 2014

이승만의 정치·경제사상 1899~1948, 연세대학교 이승만 연구원 학술총서 7, 연세대학교 대학출판문화원, 2014

한국의 근대경제학 1915~1956 : 연세대학교 상경대학 100년사 제1권, 연세대학교 대학출판문화원, 2015

Louis
Henry
Severance

루이스 헨리 세브란스
그의 생애와 시대

2023년 9월 22일 초판 1쇄 펴냄

지은이 김학은
펴낸이 김흥국
펴낸곳 보고사

책임편집 황효은
표지디자인 김규범

등록 1990년 12월 13일 제6-0429호
주소 경기도 파주시 회동길 337-15 보고사
전화 031-955-9797(대표), 02-922-5120~1(편집), 02-922-2246(영업)
팩스 02-922-6990
메일 kanapub3@naver.com/bogosabooks@naver.com
http://www.bogosabooks.co.kr

ISBN 979-11-6587-535-0 03990

정가 35,000원